COUTUMES
GÉNÉRALES ET LOCALES DU PAYS ET DUCHÉ DE BOURBONNOIS,

AVEC

LE COMMENTAIRE,

DANS LEQUEL CES COUTUMES SONT EXPLIQUÉES Suivant les Observations manuscrites & Sentimens des plus savans Magistrats, & plus habiles Avocats de la Province, qui ont vécu depuis la rédaction de ces Coutumes, jusqu'à présent; les Sentences contradictoires de la Sénéchaussée & Siége Présidial de Moulins, rendues sur les contestations formées touchant l'explication de ces Coutumes; les Arrêts qui sont intervenus sur ces Sentences; l'Usage qui s'observe dans la Province: A quoi on a joint les Notes de M. Charles Dumoulin, les Décisions tirées des Commentaires imprimés de M. Jean Papon, Jean Duret, Jacques Potier, & la conformité de ces Coutumes, avec l'ancienne Coutume de cette Province, le Droit Écrit, & les autres Coutumes du Royaume.

Par Messire MATTHIEU AUROUX DES POMMIERS, *Prêtre, Docteur en Théologie, Conseiller-Clerc en la Sénéchaussée de Bourbonnois & Siége Présidial de Moulins.*

SECONDE PARTIE.

SECONDE ÉDITION.

A RIOM,
Chez MARTIN DÉGOUTTE, Imprimeur-Libraire, près la Fontaine des Lignes.

M. DCC. LXXX.

AVEC APPROBATION ET PERMISSION.

STYLE
DE LA SÉNÉCHAUSSÉE DE BOURBONNOIS, DES GRANDS JOURS, RESSORT D'ICELLE.

Publié en la ville de Moulins en la présence des trois États dudit Pays & Duché de Bourbonnois, par Nous Roger Barme, Président, & Nicole Brachet, Conseiller du Roi notre Sire, en sa Cour de Parlement, commis & députés par ledit Seigneur.

DES AJOURNEMENS.

Journemens simples, pour répondre ou pour ouir telles demandes, requêtes & conclusions en jurisdictions ordinaires, se peuvent faire par les sergens desdites jurisdictions, sans commission verbale ou par écrit, appellé un témoin pour le moins à voir faire ledit ajournement.

Mais les ajournemens en matiere d'exécution de biens, en cas & matiere de nouvelleté, fournissement de gages, & tous exploits formels, ajournemens personnels en cas d'appel, reprise de procès, matiere de retenue, sauve-garde enfreinte de retrait lignager, ajournement sur défaut, portant gain de cause, & autres ajournemens libellés, se doivent faire par commission expresse & en présence de témoins; & en doivent les sergens bailler relation, signée d'eux, ou par un notaire à leur relation, & insérer le nom des témoins, autrement l'ajournement est réputé nul.

Ajournemens tant en matiere civile qu'en matiere d'excès, soient simples ou personnels, se doivent faire à personne ou domicile, auquel les ajournés font leur demeure au temps dudit ajournement.

Ajournement personnel, décrété par le juge, pour raison de crime ou excès commis en sa jurisdiction, contre aucun non ayant domicile en icelle, s'exécutera par les sergens d'icelle jurisdiction, à cri public, ès lieux accoutumés à faire criées; & le premier défaut obtenu contre lui, sera réajourné en cas de ban, judiciairement par trois ajournemens de ban, de dix jours en dix jours, qui sont huit jours francs.

Ajournement en matiere civile ne doit être fait contre le mâle mineur de vingt ans, & contre la femelle mineure de seize ans, sans autorité de tuteur, sinon que ladite femelle fût en lien de mariage; car en ce cas elle est réputée hors de tutelle.

Ajournemens contre chapitres, couvens ou colleges, se doivent faire ès lieux desdits chapitres, couvens & colleges, en parlant à la personne du chef si faire se peut, sinon à la personne de celui dudit chapitre, couvent ou college, qui viendra au son du timbre ou cloche, qui pour ce sera sonnée par le sergent: & si audit son du timbre ou de cloche aucun dudit chapitre, couvent ou college ne compare, sera fait ledit ajournement par attache à la porte de l'église, signé dudit sergent ou d'un notaire à sa relation, & par lui affiché en présence de témoins ou d'un notaire. Et sera ledit sergent tenu notifier en présence d'un notaire ou de deux témoins à quelque voisin dudit chapitre, couvent ou college, ledit ajournement ainsi par lui fait par attache, & lui enjoindre le faire savoir audit chapitre, couvent ou college, ou président d'icelui.

Ajournemens contre consuls, maires, échevins des villes, ou contre communautés, se doivent faire ès personnes de deux desdits consuls, ou l'un d'eux; & où ils ne sont trouvés, seront faits lesdits ajournemens en la maison du consulat de ladite ville ou communauté, si maison y a : *Aliàs* à la porte de l'église paroissiale, par attache mise & affichée par le sergent en la présence de deux témoins ou d'un notaire; laquelle sera tenu ledit sergent notifier à quelqu'un des voisins comme dessus, pour le faire savoir auxdits consuls & communautés.

Contre celui qui est trouvé en jugement, on peut proposer demande, combien qu'il n'ait été ajourné, & est tenu de répondre sauf le renvoi, s'il y échet.

Si les parties ajournées comparans ne sont du pays & duché de Bourbonnois, elles sont tenues, si la partie le requiert, élire domicile au lieu où est la cause introduite; & sert telle élection tant en la cause principale, qu'en la cause * d'appel.

* *Scilicèt infrà fines hujus Consuet. secùs si per appellationem Causa extrà provinciam devoluatur.* C. M.

DES DEFAUTS.

DÉfaut ou congé donné sur ajournement simple, fait de partie à partie, & sans commission, n'emporte en quelque matiere que ce soit gain de cause: mais en ce cas se baille commission, pour voir donner congé ou défaut.

Congé donné au défendeur, contre le demandeur non-comparant, ajourné par commission, emporte absolution de l'instance, avec condamnation de dépens.

Contre un défendeur ajourné par commission libellée, en matiere d'exécution de meubles, en matiere de criées pour voir adjuger, en matiere de nouvelleté, en connoissance & vérification de cédulles, en cession de biens, en répits à un ou cinq ans, en entérinement de lettres provisionnelles, en sommation de garantie, & contre un acheteur de biens, & en exécution de sentences contre le condamné, un seul défaut emporte gain de cause; & par vertu d'icelui l'exécution encommencée à faire sera parfaite, & les biens pris vendus au plus offrant. L'adjudication du décret se fera sans plus appeller le propriétaire. Le demandeur sera maintenu & * gardé; la cédulle sera tenue pour confessée; le detteur sera reçu à faire cession des biens. Les lettres de répit, & autres lettres provisionnelles seront entérinées; les sommations & protestations seront enrégistrées, & l'acheteur de biens contraint par prise de corps à payer la somme pour laquelle il est constitué acheteur de biens: & sera la sentence exécutée contre le condamné avec condamnation de dépens.

* *Et sic*, définitivement: mais ce style a été déclaré abusif; & par arrêt dit bien appellé de tel jugement par un défaut, l'intimé condamné aux dépens de la cause d'appel, & les parties renvoyées devant autre que celui qui avoit jugé. *Et ferè generaliter ab ann.* 1539. *cœpit observari nova constitutio, hoc stylo neglecto.* C. M.

Contre un défendeur ajourné par commission en matiere d'assurement, reprise de procès en exécution de sentences, contre un tiers non condamné en recours de garantie formelle, en matiere de réintégration, en matieres purgatives: & aussi quand un detteur est ajourné pour affirmer ce qu'il doit à son créancier: taxes de journées, cancellations de lettres, déclaration d'hoirie, dation de tutelle, reddition de compte, *an possideat vel non*, en demande de douaire, deux défauts avant contestation en cause, emportent gain de cause: &, par vertu d'iceux les conclusions des demandeurs leur doivent être faites & adjugées avec condamnation de dépens, en vérifiant par le demandeur le contenu en sa demande; pourvu qu'au premier défaut soit inférée la demande du demandeur.

En autres actions personnelles ou pétitoires, le défaillant en vertu du premier défaut est déchu de ses fins déclinatoires; & baille ledit demandeur sa demande & profit qu'il requiert dudit défaut, laquelle doit être inférée audit défaut: & pour voir adjuger ledit profit est le défaillant rajourné derechef; & s'il fait défaut pour la deuxieme fois, il est encore ajourné aux fins que dessus avec intimation: & s'il est défaillant pour la troisieme fois, les fins & conclusions contenues en la demande sont adjugées audit demandeur avec dépens desdits défauts & procès, en justifiant par ledit demandeur le contenu en sa demande.

En matieres criminelles esquelles y a décret d'ajournement personnel, convient obtenir quatre défauts, comme dessus est dit; & par vertu d'iceux sera déclaré tel défaillant atteint & convaincu des cas & crimes à lui imposés, & pour réparation d'iceux condamné selon la qualité du délit, qui sera prise sur les informations, sur lesquelles le juge a décrété l'ajournement personnel: lesquelles informations, en jugeant lesdits défauts, le juge sera tenu voir à cette fin, sans autrement les recoller.

Si pour celui qui est ajourné à comparoir en personne, ou en cas de ban compare à l'une des assignations quelqu'un ayant charge de l'exoiner d'exoine suffisante, après ce que l'exoinateur aura affirmé par serment l'exoine par lui proposée être véritable, en ce cas le juge doit bailler défaut sauf exoine; & si l'exoinateur, ou autre procureur de la partie, requiert commission pour vérifier l'exoine proposée, sera décerné commission à cette fin, & aussi à la partie pour prouver au contraire.

Et si la preuve a été faite sur l'exoine, le juge en jugeant ses quatre défauts doit voir lesdites preuves, & selon ce ordonner des défauts ce que de raison: c'est à savoir si l'exoine légitime est prouvée, doit ordonner que derechef sera ajourné, *aliàs* si l'exoine n'est suffisamment prouvée, ou le contraire soit mieux prouvé : en ce cas doit adjuger le profit des quatre défauts, comme dessus est dit.

Défaut donné en matiere d'assurement & sauve-garde enfreinte, emporte prise de corps ou de biens, si le corps ne peut être appréhendé ; & néanmoins le demandeur demeure assuré.

Contre une femme ajournée par commission expresse, pour reprendre ou délaisser certain procès commencé contre son feu mari, si au jour elle ne compare, est donné défaut, par vertu duquel le procès est tenu pour délaissé quant à elle.

Congé en cas d'appel, obtenu par l'intimé contre l'appellant non-comparant ou non-obéissant à l'appointement de venir dire ses causes d'appel, ou de conclure au procès, si c'est procès par écrit emporte gain de cause ; c'est à savoir qu'il doit être dit par vertu d'icelui, bien procédé ou bien jugé, mal appellé, & condamné l'appellant en l'amende & aux dépens.

Mais si l'appellant sur son appel est anticipé, & tel appellant anticipé ne compare, en ce cas convient d'obtenir deux défauts ; & par vertu d'iceux doit être dit comme dessus, bien procédé ou bien jugé, & mal appellé, avec l'amende & dépens. Toutefois si l'appellant anticipé compare, & au jour à lui préfix de dire ses causes d'appel, ou d'icelles bailler par écrit, ou de conclure au procès par écrit, ne satisfait à ce, contre lui est donné congé, lequel congé emporte gain de cause.

Contre l'intimé en cas d'appel non-comparant, ou contre un appellant ajourné en matiere de désertion d'appel, convient obtenir deux défauts, & par vertu d'iceux en tant que touche l'intimé non-comparant, sera dit mal fait, mal procédé ou mal jugé, & bien appellé : & fera le juge d'appel ce que devoit faire le juge *à quo*, avec condamnation de dépens, & contre l'ajourné en matiere de désertion sera l'appellation déclarée déserte, & que ce dont a été appellé sortira sont effet avec dépens & amende.

Contre ajournés pour porter témoignage, & pour pourvoir de tuteurs & curateurs à aucuns mineurs non-comparans, est donné défaut, par vertu duquel est dit qu'ils seront réajournés à peines.

Défauts ou congés sont donnés contre tuteurs, curateurs, cessionnaires & autres agissans pour autrui, s'ils ne font *promptement* & à la premiere journée apparoir de la qualité en laquelle ils *agissent*, si requis en sont, avec condamnation de dépens.

Si après la demande baillée, ou causes d'appel proposées ou baillées par écrit, est donné défaut, tel défaut n'emporte aucun profit, sinon que par vertu d'icelui le défaillant est débouté de ce qu'il avoit à faire : c'est à savoir si le défendeur a à défendre, & dedans les délais à lui préfix il ne baille ou propose de ses défenses, il est déchu de défenses : si le demandeur ou défendeur dedans les délais de faire enquête ne fait son enquête, par vertu du défaut, il est débouté de faire enquête. *Et sic de similibus*, forts & excepté à l'appointement de répondre par crédit, *vel non* : car si au jour échéant à répondre par crédit *vel non*, la partie ne compare ou n'obéit, sera donné défaut, & par vertu d'icelui sera réajourné avec intimation : & si à l'assignation ne compare ou n'obéit, sera donné de rechef défaut, & par vertu desdits défauts les faits de la partie seront pour confessés.

Le défaut donné contre la partie qui a jour pour voir jurer témoins, est de tel profit, que par vertu d'icelui le commissaire peut procéder à la réception & examen de témoins.

Défauts donnés à l'encontre d'aucunes parties sont rabbatus sans dépens ni amende, si le juge séant la partie défaillant vient comparoir : & sont les défaillans appellés à l'issue du siége, & s'ils comparent seront relevés comme dessus, sans payer aucune chose au greffe.

Quand aucun convenu en la cour de la Sénéchaussée ès grands jours de Bourbonnois aura comparu à la premiere ou à l'autre assignation à lui donnée par aucun procureur esdites cours, & après est obtenu défaut contre lui, ledit défaut ne se peut lever, sinon qu'il soit notifié au procureur qui aura comparu, & ladite notification à lui faite, s'il veut procéder, & ledit défaut rabbatu.

DES RENVOIS.

Un défendeur en matiere civile comparant devant le juge, ou procureur pour lui, qui prend sur la demande du demandeur délai d'absence garant ou sommation, ou fait défaut après demande faite, ne peut tendre à fin de renvoi, sinon qu'il fût clerc, & convenu en action personnelle ou autre, dont la connoissance en appartienne au juge séculier.

Un défendeur en matiere civile, après demande contre lui faite, peut décliner la jurisdiction & demander son renvoi devant le juge dont il est sujet, supposé que son seigneur ne le requiere. Et si le demandeur le consent, doit la cause être renvoyée, sinon que le procureur de la justice, pour aucune cause, empêchât ledit renvoi. Et en ce cas, soit le procureur d'office ou le défendeur succombant en son nom, doit être condamné aux dépens.

Un défendeur en matiere civile pour décliner la jurisdiction du juge devant lequel il est ajourné, faisant faux aveu d'autrui seigneur, outre les dépens, doit être condamné en l'amende de soixante sous ou moindre, selon la qualité de la matiere & des personnes.

En matiere criminelle, si le seigneur demande le renvoi de son sujet, il est tenu de payer les frais de justice faits devant le juge qui renvoie. *Aliàs*, s'il ne les paye dedans le temps à lui préfix, le juge fera & parfera le procès dudit criminel, nonobstant le renvoi requis par le seigneur.

DES DELAIS.

DÉlais à défendre en matieres ordinaires, délais de garant ou de sommation de garant, compulsoires à produire, à bailler reproches de témoins, & autres délais semblables sont arbitraires à la discrétion des juges, eu égard ès matieres dont est question ès personnes plaidans & à leurs domiciles : & sur ce peut le juge prendre le serment des parties, ou de leurs procureurs.

En matieres de requête, déclaration d'hoirie, exhibition de lettres, & quand un résidant au pays de Bourbonnois est convenu en matiere personnelle & de son fait à la requête d'un Forain, n'y a qu'un seul délai, ou ès autres matieres en peut avoir plus largement, & les doit le juge par discrétion abréger du jour au lendemain, ou du matin à relevée, selon les matieres sujettes.

En toutes causes & matieres non-excédans vingt sous tournois pour une fois, les juges procédent sommairement & de plein par interrogations, selon ce qu'ils verront qu'il est besoin. Et s'ils ne le peuvent vuider sur le champ, ils préfigent & baillent un seul délai à informer, tant par titres que par témoins, qui seront examinés judiciairement, sans autres frais que l'acte judiciaire, auquel seront en brief rédigées les dépositions desdits témoins, & contre lesdites dépositions ne se bailleront aucuns contredits. Mais si au temps de la présentation lesdits témoins, & auparavant que recevoir leur déposition, la partie contre laquelle lesdits témoins sont produits reproche lesdits témoins de reproches recevables, & le procès ne se puisse vuider sans enquérir la vérité dudit fait de reproche; en ce cas & non autrement sera préfigé un seul terme à la partie reprochant, & aussi à la partie défaillant, d'amener leurs témoins en jugement, pour prouver le reproche & salvation : & en ce cas seront lesdits témoins examinés judiciairement & sans frais, sinon de l'acte contenant leurs dépositions.

En autres matieres excédans vingt sous pour une fois après demande baillée y a un seul délai d'absence, tant au demandeur qu'au défendeur, tous autres délais d'avis, de respit & autres ôtés, pourvu que le délai ait été pris avant l'appointement en droit : car après l'appointement en droit, ledit délai d'absence ne se peut prendre ains le jour échéant à faire droit, doit le juge procéder à la prononciation de sa sentence, nonobstant récusation ou appellation que lors on proposeroit contre lui, en ensuivant l'ordonnance du roi Charles VII.

Pour garnir la main de justice de la somme contenue en cédulle reconnue, ou obligation passée sous scel royal ou authentique, y a deux délais à garnir; & par faute de garnir dedans iceux, est le défendeur condamné à payer la somme.

En procès ordinaires y a trois délais de faire enquête, & le quart avec connoissance de cause, fors & excepté ès procès en action personnelle excédans vingt sous, & non excédans dix livres, esquels n'y a que deux délais à faire enquête.

Mais en cause d'appel en surséance de sequestre, en recréance, en reproches de témoins & autres choses incidentes en un procès, n'y a qu'un seul délai à faire enquête.

Si on fait ajourner quelqu'un en qualité d'héritier, pour reprendre ou délaisser certain procès encommencé, tel ajourné peut demander délai à délibérer s'il est héritier ou non de celui au lieu duquel il est poursuivi : lequel délai le juge est tenu lui bailler à quarante jours ou autres termes plus briefs, selon la qualité de la matiere & la distance des lieux, sinon qu'il fût par la partie maintenu héritier, auquel cas ne lui sera baillé aucun délai pour délibérer : mais en ce cas lui sera baillé un brief délai de huitaine ou moindre, à la discrétion du juge, que l'on appelle jour de conseil; & ledit jour de conseil échu, aura deux délais à la discrétion du juge, pour reprendre ou délaisser.

Le greffier ne doit recevoir aucunes productions qu'elles ne soient inventoriées par les parties ou leurs procureurs, lequel inventaire ledit greffier doit vérifier & en charger son registre. Et ne doit ladite production être retirée sans ordonnance du juge, partie appellée ou son procureur.

DES APPELLATIONS ET ATTENTATS.

L'On doit appeller incontinent & sur le champ, après la sentence ou appointemens donnés, ou exploits faits; autrement ne sont recevables comme appellans, sinon qu'il y eût cause de n'avoir pu appeller *illicò*, & en fussent relevés, & ne servent de rien les protestations que l'on fait aucunes fois d'en appeller.

§ Les appellans peuvent renoncer à leurs appellations par eux interjettées dedans huit jours après, sans amende, & n'est le jour de l'appel rien compté. Et sont tenus faire lesdites renonciations quand ils sont appellans des juges pardevant les juges dont ils ont appellé ou *apud acta*; & en ce cas ne sont tenus icelles notifier à la partie : & s'ils sont appellans des sergens, sont tenus faire les renonciations ès mains des sergens desquels ils ont appellé *aut apud acta*, &

& icelles notifier dedans la huitaine aux parties : *Aliàs*, telle renonciation n'excuſe en rien l'appellant.

Si l'appellant eſt anticipé dedans leſdits huit jours introduits à renoncer à ſon appel, & il y renonce dedans ledit temps, il eſt reçu à ladite renonciation, & aura dépens contre l'anticipant, & s'il ne renonce il n'y a point de dépens.

Les appellans des ſergens, prévôts, châtelains, baillifs & autres juges inférieurs du ſénéchal de Bourbonnois, reſſortiſſans pardevant lui, qui n'ont renoncé à leurs appellations, ſont tenus de les relever, impétrer & exécuter pardevant ledit ſénéchal dedans quarante jours, deſquels le jour de l'appel interjetté & le jour de l'ajournement ne ſont comptés que pour un, & *ad idem* des appellations interjettées du premier juge devant le baillif ès juſtices où y a deux degrés de juriſdiction.

Les appellans dudit ſénéchal ſont tenus de relever leurs appellations en la cour des grands jours de Bourbonnois dedans trois mois.

Tous appellans des ſergens, châtelains, prévôts, baillifs & autres juges & commiſſaires & reſſortiſſans par appel pardevant le ſénéchal de Bourbonnois, ſont tenus en vertu de relief faire ajourner les ſergens, prévôts, châtelains, baillifs & autres juges dont ils ſont appellans, ou leur ſeigneur juſticier de la juſtice deſdits prévôts, châtelains ou baillifs, & intimer les parties adverſes reſpectivement ; c'eſt à ſavoir les appellans du châtelain de Moulins & ſergens de ladite châtellenie, pour le plus long à la prochaine audience du ſiége dudit Moulins, après les quarante jours introduits à relever paſſés, ou autre jour avant icelle audience, ſi faire le veulent. Et touchant les autres appellans des autres châtellenies dudit pays de Bourbonnois & juges inférieurs, ils ſont tenus relever leurſdites appellations à prochaine aſſiſe du ſénéchal enſuivant, & ſelon les lieux où les parties reſſortiſſent : & touchant les ajournemens deſdits juges ou ſeigneurs appellés, ils ſeront faits au lieu de l'hôtel & place forte de ladite juſtice, ſi aucune en y a, & qu'il y ait gens y demeurans, ou à la perſonne des officiers de la juſtice ou de l'un d'eux ; & à faute deſdits officiers à un ſergent de ladite juſtice, & peuvent leſdites parties relever & anticiper leurs cauſes d'appel à briefs jours & ſans attendue d'aſſiſe, ni audience par lettres de chancellerie.

Tous anticipés dedans le temps de relever leur appel ſont par ce tenus pour bien relevés, & avoir bien impétré & exécuté, & ne ſont tenus de déclarer le jour de leurdit appel ; mais ne ſont par ce relevés de n'avoir appellé *illicò*, ni d'autres fins de non-recevoir non procédans du relief de leurdit appel.

L'appel de celui qui ne releve, impétre & exécute dedans temps dû & ordonné, eſt déſert, & peut être la ſentence exécutée, partie appellée par le juge qui l'a donnée, ſans ce qu'il ſoit beſoin à la partie de faire ajourner l'appellant pour la déſertion dudit appel : & ne doit le juge déclarer l'appellation déſerte ſans réquiſition de partie ou de procureur du ſeigneur dont vient ledit appel.

Appellans ajournés en déſertion d'appel, n'ont qu'un ſeul délai d'abſence à l'arbitrage du juge, eſt tenu le demandeur en ladite déſertion faire apparoir comme & duquel jour le défendeur eſt appellant, & d'en bailler copie à l'ajourné s'il le requiert.

Les appellans des ſergens & de ſentences interlocutoires des juges qui ont relevé leur appel & n'ont été anticipés, ſont tenus déclarer le jour qu'ils ont appellé, s'ils en ſont requis ; autrement ſur le champ l'appellation eſt déclarée déſerte, condamné l'appellant en l'amende & ès dépens de la partie.

Les appellans ſont tenus juſtifier à la premiere journée des actes appellatoires ès appellations verbales ; & faute de ce eſt donné congé avec amende & dépens contre les appellans ; & en procès par écrit l'intimé eſt tenu juſtifier de la ſentence, autrement défaut eſt donné contre ledit intimé.

Si l'appellant en appellation verbale eſt anticipé, & l'anticipant le tient pour bien relevé, impétré & exécuté, ledit appellant doit dès-lors déclarer s'il eſt appellant ou non & de qui ; & s'il eſt appellant & ne ſoit prêt de dire ſes griefs, il aura un délai d'abſence ſeulement pour les venir dire, qui lui ſera préfigé à l'arbitrage du juge, auquel jour eſt tenu de dire ſeſdits griefs & tirer avant en ſa cauſe d'appel ; autrement eſt donné congé contre lui, & ſon appel déclaré déſert & mal pourſuivi, & condamné en l'amende & aux dépens de la partie.

Intimés ſont tenus défendre & répondre aux griefs plaidés par l'appellant ſans aucun délai : mais après ce que les parties auront plaidé, ſi la cauſe ne ſe peut promptement expédier, le juge les appointe en droit à bailler par avertiſſement & produire dedans un ſeul délai à l'arbitrage du juge.

Si l'intimé ſe départ du profit de la ſentence auparavant l'exécution du relévement d'appel ou après, il eſt néanmoins condamné aux dépens de l'appellant, tels que de raiſon.

Les appellans pardevant le ſénéchal en ſes aſſiſes ſont tenus de pourſuivre leurs cauſes d'appel d'an en an : & à faute de ce faire, l'appellation doit être déclarée déſerte & mal pourſuivie, & condamné l'appellant en l'amende & aux dépens de partie.

Quand l'intimé va de vie à trépas, l'appellant eſt tenu de faire ajourner les héritiers dudit intimé, pour voir reprendre ou délaisser le procès dedans le délai qui lui sera donné par le juge; autrement s'il ne le fait, l'appellation sera déclarée déserte & mal poursuivie.

Ès procès par écrit qui viennent du châtelain de Moulins ou de ses lieutenans pardevant le sénéchal de Bourbonnois, les appellans ont deux délais pour rapporter le procès, chacun délai pour trois semaines pour le plus long : & sauf audit sénéchal de l'abréger selon la qualité de la matiere, personnes & distances des lieux, & pour contraindre les greffiers dudit châtelain ou de sondit lieutenant à iceux apporter, sera aux appellans baillé compulsoire, s'ils le requiérent : *Aliàs* les deux délais pour rapporter par l'appellant le procès par écrit passés, sera contre l'appellant donné congé, & par vertu d'icelui ce dont a été appellé sera confirmé, & l'appellant condamné en l'amende & ès dépens. Mais ès procès par écrit des autres châtellenies de Bourbonnois ressortissans pardevant ledit sénéchal, & qui se vuident en assise & sur les lieux au jour de l'assise qui auparavant a été proclamée, l'appellant est tenu de faire apporter les procès par écrit; *aliàs* si à ce jour il n'en fournit, sera contre lui donné congé comme dessus. Toutefois en ce ne sont compris les procès par écrit esquels l'appellation est interjettée depuis la publication de l'assise, & *ad idem* de l'intimé, s'il ne fournit de sa sentence, car contre lui sera donné défaut par vertu duquel sera déchu de l'effet de sa sentence.

Quand il y a sentence donnée par baillifs, sénéchal ou en la cour des Grands-Jours dont n'est appellé, & de l'exécution d'icelle est appellé, ladite appellation se doit relever pardevant le juge duquel est émanée ladite sentence.

Si aucun appelle d'un juge, il n'est partant exempt ès autres causes de plaider pardevant ledit juge, sinon qu'il fût appellant de dénégation & de droit, & il eût observé la forme en tel cas requise.

Si l'anticipant obtient en fin de cause, l'anticipation & voyage du sergent sont taxés, sinon que la partie eût premiérement relevé avant qu'avoir été anticipée.

Et combien que par ci-devant les appellans des juges inférieurs dussent relever leurs appellations à la prochaine assise du sénéchal de Bourbonnois, lesquelles il alloit tenir sur les lieux & châtellenies du pays deux fois l'an seulement, & sous ombre de ce telles appellations étoient, quant à la décision, immortelles, à tout le moins de long-temps elles n'étoient décidées, & qu'à la grande priere & requête de tous les états du pays & duché de Bourbonnois, monseigneur le Duc leur a octroyé qu'ils puissent relever lesdites appellations pardevant le sénéchal de Bourbonnois à Moulins : ou à l'intimé de faire anticiper l'appellant audit Moulins, nonobstant que l'appellant eût jà relevé à ladite prochaine assise, & par commission du greffe de ladite Sénéchaussée. A cette cause nonobstant la maniere de faire dessus déclarée, a été avisé par l'avis des trois états, qu'en ensuivant ledit privilege & octroi à eux fait par monseigneur le Duc, l'appellant devra relever devant ledit sénéchal esdites assises ou audit lieu de Moulins, à tel jour que bon lui semblera : & s'il releve esdites assises ou audit lieu de Moulins à trop long jour, l'intimé le pourra faire anticiper audit lieu de Moulins à plus brief jour, par commission du greffe de ladite Sénéchaussée, pour illec en décider de jour à jour, & par briefs & compétans intervales de temps.

PUBLICATION DE LA COUTUME.

LES Coutumes & articles ci-dessus écrites, ont été lues, publiées & accordées comme contenu est en notre Procès-verbal, en la ville de Moulins par Mᵉ. Jean Dinet, licencié en Loix, avocat de Madame & Monseigneur le Duc de Bourbon, par l'ordonnance & ès présences de Nous Roger Barme, président, & Nicole Brachet, conseiller du Roi notre Sire en sa Cour de Parlement, commis & députés par le Roi notredit Seigneur à faire ladite publication : lesquelles Coutumes & articles autres que ceux desquels est fait mention en notre Procès-verbal qu'elles soient nouvelles, avons déclaré être les Coutumes du Pays & Duché de Bourbonnois, selon lesquelles avons commandé au sénéchal de Bourbonnois illec présent, à son lieutenant & à tous juges dudit Pays & Duché de Bourbonnois, qu'ils ayent à juger, décider & déterminer tous les Procès mus, autres que ceux esquels est jà faite enquête sur les Coutumes; & semblablement les autres Procès à mouvoir, en défendant par exprès à tous avocats qu'ils n'ayent dorénavant à alléguer, poser ou articuler aucunes Coutumes contraires ou dérogeantes à icelles, & à tous juges dudit Pays & Duché que pour la preuve des Coutumes & articles dessusdits ils n'ayent à recevoir aucuns témoins en turbe, ains pour la vérification d'icelles il ayent à prendre extraits par le greffier de ladite Sénéchaussée, ou par le greffier de ladite cour de parlement, sans préjudice des oppositions particulieres des opposans, desquelles est fait mention en notre Procès-verbal : pour lesquelles décider les avons renvoyées en la cour de parlement à deux mois. Et cependant pourront mettre & produire pardevers nous tout ce que bon leur semblera, & ce sans préjudice des droits du Roi, lesquels par exprès avons réservés au procureur-général dudit seigneur, ainsi que plus à plein est contenu en notre Procès-verbal. Et entant que touchant les Coutumes nouvelles, avons ordonné que lesdites Coutumes demeureront écrites, comme accordées par les trois états ou la plus grande partie d'iceux : mais l'autorisation & décret d'icelles avons reservé au Roi notre Sire, en lui supliant très-humblement, que si son vouloir est icelles autoriser, son plaisir soit reserver la décision des oppositions d'aucuns particuliers opposans en petit nombre en la cour de parlement. Et est nonobstant cette présente publication reservée aux seigneurs justiciers qui prétendent droit particulier sur leurs sujets plus ample que par ces présentes Coutumes d'user de leurs droits si bon leur semble, & à leurs sujets leurs défenses au contraire. Et aussi avons réservé aux sujets d'user des priviléges, libertés & franchises qu'ils prétendent leur compter & appartenir comme de raison, & aux seigneurs leurs défenses au contraire. En témoin de ce nous avons cy mis nos seings manuels, & fait signer par noble homme messire François de Vienne, chevalier, seigneur de Listenois, & sénéchal de Bourbonnois ; & Me. Antoine Chauveau, licencié ès droits, lieutenant général de ladite Sénéchaussée, & Me. Philippes Chambon, greffier d'icelle Sénéchaussée, le quinzieme jour d'avril, l'an mil cinq cent vingt-un, après Pâques.

Ainsi signé, BARME, BRACHET, DE VIENNE, CHAUVEAU, CHAMBON.

PROCÈS-VERBAL

DESDITS BARME ET BRACHET.

L'AN 1520, le vingt-troisieme jour de février : à nous Roger Barme président, & Nicole Brachet, conseiller du Roi notre Sire en sa cour de parlement ; de la partie du procureur de madame la Duchesse de Bourbonnois & d'Auvergne, comtesse de la Marche : en la ville de Paris furent présentées les lettres patentes du Roi notredit seigneur à nous adressans : nous requérant, en ensuivant le contenu d'icelles, nous transporter en la ville de Moulins, pour arrêter & publier les Coutumes du Pays & Duché de Bourbonnois ; & pour ajourner les gens des trois états dudit pays au quinzieme du mois de mars ensuivant, pour assister à ladite publication, bailler nos lettres de commission : ce que leur accordâmes, & leur baillâmes nosdites lettres de commission ; desquelles lettres patentes du Roi notredit seigneur & notredite commission la teneur s'ensuit.

FRANÇOIS, par la grace de Dieu, Roi de France. A nos amés & feaux Mes. Roger Barme, président, & Nicole Brachet, conseiller en notre cour de parlement, salut & dilection. Notre très-chere & très-amée tante & cousine la Duchesse de Bourbonnois & d'Auvergne, Comtesse de la Marche, nous a fait exposer que pour le bien, profit & utilité dudit Pays & Duché de Bourbonnois, feu notre très-cher & très-amé oncle & cousin PIERRE, Duc & Comte desdites Duchés, son époux, après plusieurs assemblées de ses officiers & des trois états de sondit Pays & Duché, de l'an mil cinq cent, auroit fait rédiger par écrit & arrêter les Coutumes dudit Pays & Duché de Bourbonnois : Et en vertu des lettres obtenues de feu notre très-cher Seigneur & beau-pere, le Roi LOUIS XII de ce nom, que Dieu absolve, auroit fait publier lesdites Coutumes par nos amés & feaux Mes. Thibaut Baillet & Jean de Besançon, lors conseillers en icelle en la ville de Moulins, capitale dudit Pays : à laquelle publication auroit obmis plusieurs articles des Coutumes, styles & usances tenues, gardées & observées audit Pays, déclarations, intelligences, modification d'iceux, grandement nécessaires pour l'abréviation & décision de plusieurs débats & procès qui se meuvent journellement audit Pays & Duché ; aussi l'autorisation & décret desdites Coutumes lors rédigées, n'auroient été poursuivies en notre cour de parlement, & les défenses en tel cas nécessaires n'auroient été faites aux praticiens & autres personnes dudit Pays, de ne poser, articuler & ne prouver par turbes, styles, usances, & Coutumes autres que celles qui sont ou seront écrites audit Coutumier, & lesquelles se prouveroient par l'extrait d'icelles. Aussi nous auroit fait exposer notredite tante, qu'en ensuivant nosdites ordonnances, & pour le bien & utilité de son Pays & Comté de la Marche, après plusieurs assemblées de ses officiers dudit Pays & des trois états d'icelui, elle auroit puis n'a guere fait rédiger par écrit & arrêter les styles, Coutumes & usances dudit Pays, lesquelles encore ne seroient publiées & décrétées, ainsi qu'il est besoin. Et doute notredite cousine qu'au moyen des choses des susdites on ne voulût ajouter pleine foi auxdites Coutumes, tant dudit Pays de Bourbonnois que dudit Pays & Comté de la Marche, & aussi que les praticiens & autres personnes dudit Pays voulussent poser, articuler & prouver par turbes autres Coutumes non rédigées par écrit, au grand préjudice & dommage du pauvre peuple, & de la chose publique desdits Pays, requérant sur ce nos lettres de provision : par quoi nous, ces choses considérées, désirant pourvoir à notredite cousine exposant, & lesdites ordonnances sur la réduction des Coutumes de notre royaume sortir leur plein & entier effet, vous mandons, & par ces présentes commettons, qu'appellés ès villes que verrez être commodes esdits Pays de

Bourbonnois & de la Marche respectivement, les trois états desdits Pays exempts & non exempts, privilégiés & non privilégiés en la maniere accoutumée, lesquels voulons & ordonnons comparoir pardevant vous, s'il n'y a excusation légitime, & à ce être contraints; à savoir les gens d'église par prise de leur temporalité, & les laïcs par vente & exploitation de leurs biens meubles & immeubles, & autres voies dues & raisonnables, nonobstant opposition ou appellation quelconques, privileges, le contenu en iceux tenu pour exprimer, & sans préjudice d'iceux. Et en la présence des comparans, & absence des défaillans suffisamment appellés, leurs absences réputées pour présences, faites rédiger & mettre par écrit, lire & publier en la maniere accoutumée lesdits styles, usances & Coutumes desdits Pays, ensemble quant au Pays de Bourbonnois les styles, usances, Coutumes, déclarations, modifications, intelligence & limitations d'icelles nécessaires & utiles pour le bien de la chose publique dudit Pays, obmises à ladite publication faite audit an 1500. Et néanmoins voulons tous & chacuns articles desdites Coutumes qui seront accordées par lesdits trois états assemblés, comme dit est, ou la plus grande & saine partie d'iceux, être publiées par vous qui serez commis à ladite publication, & lesquelles Coutumes ainsi accordées dès maintenant comme pour lors, & dès lors pour maintenant, nous avons ainsi autorisé & décrété, autorisons & décretons de notre certaine science, propre mouvement, puissance & autorité royale, pour y asseoir jugement, & être gardées & observées inviolablement comme loi & édit perpétuel par les procès mus & à mouvoir, esquels n'aura été fait enquête au jour & date d'icelle publication: & sans ce qu'il soit besoin de faire preuve d'icelles Coutumes ainsi accordées, comme dit est, autrement que par extrait du Coutumier, duement signé & vérifié, pris & signé du greffier de notre cour de parlement, & autres greffes & cours où ledit Coutumier sera duement enrégistré. Et d'abondant avons prohibé & défendu, prohibons & défendons expressément par la teneur des présentes à tous avocats, procureurs, praticiens & autres personnes quelconques, de ne poser & articuler autres Coutumes, styles & usances desdits Pays, que celles qui seront écrites, arrêtées & publiées en la forme & maniere des susdites. Et si en faisant ladite publication y survenoient aucunes difficultés sur aucuns articles desdites Coutumes, nous désirant icelles être vuidées, vous avons donné & donnons pour faire ladite publication, pouvoir, puissance & autorité de les accorder, du consentement toutefois desdits trois états de la plus grande & saine partie d'iceux, comme dit est: voulons & nous plaît que ce que par vous sera ainsi accordé, soit tenu & observé comme loi; & au cas que lesdites difficultés ne pourroient être vuidées par le consentement de la plus grande & saine partie desdits trois états, icelle publication toutefois demeurant en sa force & vertu quant aux articles & Coutumes accordées, voulons & ordonnons que vous fassiez mettre & rédiger par écrit icelles difficultés, ensemble les raisons & avis des officiers de notredite tante & des gens desdits trois états: Et le tout renvoyé pardevant nos amés & feaux les gens tenans ou qui tiendront notre parlement à Paris, pour par eux, vous présens & appellés, en décider & déterminer ainsi que de raison: De ce faire vous donnons plein pouvoir, autorité, commission & mandement spécial par ces présentes. Mandons & commandons à tous nos justiciers, officiers & sujets, qu'à vous en ce faisant soit obéi; car ainsi nous plaît être fait. Donné à Mauny le 7 août, l'an de grace 1520, & de notre regne le sixieme, &c.

En la grand'sale du château de Moulins, le 18 mars 1520, pour R. P. en Dieu M. l'évêque d'Autun se comparut son official & son procureur par procuration. Pour M. l'évêque de Clermont, M^e^. Durand Cebret, son procureur. Pour M. l'évêque de Nevers, tant à cause de sondit évêché que du prieuré de Moucet, Nicolas Guerin, son procureur, par procuration expresse. M. l'évêque du Puy, seigneur de Gondaly, en personne. Pour les abbés de Sephons, seigneur du petit Montet, Guillaume Allotot, procureur en la Sénéchaussée de Bourbonnois. De Saint-Guillebert, M^e^. Guillaume Mury, licencié en loix, son procureur, par procuration expresse. D'Ebreuille, M^e^. Christophle Regin, licencié en loix, son procureur. De Noverlat, M^e^. sieur de Cumieres, son procureur, par procuration expresse. Pour l'abbesse de Saint-Menoux, Nicolas Margot, par procuration expresse. Pour le prieur de Souvigny, M^e^. Geoffroy Bigue, de Saint-Pourçain, M. Jean Dagart, son procureur, par procuration expresse. Le prieur de Saint-Germain de Salles, en personne. Pour les vénérables doyen & chapitre de Moulins, M. Henry du Montier, doyen de ladite église. Pour les vénérables doyen & chapitre d'Herisson, M. Jean des Ecures, doyen dudit lieu. Pour les vénérables doyen & chapitre de Mont-Luçon, M. Nicolas Margot, leur procureur. Pour les vénérables de Moncenoux, ledit M. Nicolas Margot. Pour madame & monseigneur les duchesse & duc de Bourbonnois, messire Pierre Popillon, chevalier, seigneur de Paray & de Chaudousiers, chancelier dudit Bourbonnois. Messire François de Vienne, chevalier, seigneur de Listenois, du Donjon & de Castel-don, sénéchal dudit duché de Bourbonnois, en personne. Messire Jean de Levy, chevalier, baron de Châteaumorant, seigneur de Pierrefite, Montarmentier, Chastillon, Bournat & Chantemolle, en personne. Pour dame Françoise Dauphine, dame de Jaligny, M^e^. Victor Chauderon, son procureur. Messire Lodin de Salligny, seigneur dudit lieu, en personne. Pour M. Jean de Chabonnes, seigneur de Chezeves, M^e^. Noël la Brose, son procureur. Jacques de la Croix, seigneur de Flory-sur-Loire, en personne. Pour Antoine de Pierrepont, seigneur de Saint-Martin Désactx & de Barienne,

Barienne, M. Michel Baraveau, son procureur. Pour demoiselle Louise Pasquiere, dame de Beauvois, de la Foi, Brosselouise, M[e]. Aubert Cuisson, son procureur. Nicolas Popillon, écuyer, seigneur du Riau, baron de Château-de-Montaigne, seigneur du Bois & de Martigny, en personne. Les seigneurs de Basse, Claude Petit, écuyer, un desdits seigneurs, en personne. Pour demoiselle Anne de la Touche, veuve de feu Jacques de Sarre, dame de Bouchaut, M[e]. Guillaume Allotot, son procureur. Messire Jean Differpens, chevalier, tuteur des seigneurs du Bosme, mineurs d'ans, en personne. Pour Gilbert de Bressolles, seigneur dudit lieu, M[e]. Jean Penard, son procureur. Jean & Antoine de Vallorie, seigneurs de Bizy, en personne. Messire Antoine le Long, chevalier, seigneur de Verrieres, Chevillac & des Fougis, en personne. Pour messire Jacques de Chabannes, chevalier, seigneur de la Palisse, Montagu, le Blein, Château-Perron, & autres, ses seigneuries, M[e]. François Obeilh, licencié en loix, son procureur. Pour messire Jacques de Beaufort, seigneur de Ferrieres, M[e]. Nicolas du Cholet, son procureur. Jean Dalbon, écuyer, seigneur de St. André, de Strizac, de Foctai, la Guillermie, le Preste-Channel, Prouffac & St. Christophle, en personne. Ledit Jean Dalbon & Louis du Péchin, écuyer, seigneur de Suillet, en personnes. Pour le seigneur de Coignac, Matthieu Caneau, son procureur, par procuration expresse. Guillaume de Chantellot, écuyer, seigneur de la Chaises-lez-le Brulliz, en personne. Pour le seigneur de Lourdie, Claude Dinet, son procureur. Le seigneur de la Chaize-en-Aude, en personne. Guillaume de Chacellot, seigneur de Beauperrier, en personne. Pour le seigneur de St. Gerandophe, M[e]. Guillaume Nury, son procureur. Pour dame Magdelaine de Guyette, comme tutrice de ses enfans, seigneur de Bouce, M[e]. Claude Dinet, son procureur, par procuration expresse. Nicolas de Bouce, seigneur de Poncena, en personne. Pour Charles de Tongnes, écuyer, seigneur de la Motte & des Noix, M[e]. François Obeilh. Le seigneur de Glenetande, en personne. Jean de Villars, écuyer, seigneur de Servilis, en personne. Le seigneur de la Roche-Chauffraut, en personne. Pour le seigneur de Togeres, en partie, icelui M[e]. François Obeilh, son procureur. Pour le seigneur de Bassechieres, lesdits Dinet & Obeilh. Antoine Dussel, seigneur du Crepin, en personne. Le seigneur de Bonnefont, en personne. Le seigneur de la Chieure, en personne. Pour M[re]. P. de Bourbon, seigneur de Vandat, Jean Vigier, son procureur. Pour le seigneur de Château-Roux, M[e]. Fr. Obeilh, son procureur. Le seigneur de Verseillis, en personne. Le seigneur de la Breilliere, en personne. M[re]. Blaise de Chareil, chevalier, seigneur de Cordebœuf, en personne, par M[e]. Cl. Dinet, son procureur, par procuration expresse. Les Celestins de Vichy, par les prieur & procureur du couvent, & par ledit Aloutot, leur procureur, par procuration expresse. Pour Pierre de la Roche, écuyer, seigneur de la Motemorgon, M[e]. François Obeilh. Pour le seigneur de Beaucevoir, ledit Obeilh. Le seigneur de Billezois, en personne. Les seigneurs de Paramont, l'un en personne, l'autre par la Chaize. Pour dame Magdelaine de Gayete, dame dudit lieu, M[e]. Guillaume Nury. Le seigneur de Baucherel, en personne. Fr. Gabart, écuyer, seigneur Deschalette, en personne. Pour messire L. de Levy, comte de Vantadour, & seigneur de Beauregard, M[e]. Claude Dinet, son procureur. Jean de la Fayette, seigneur de St. Germain, en personne. Pour Guillaume de Rollat, seigneur d'Isserpens, M[e]. François Obeilh. Pour le seigneur de Charnat, M[e]. Claude Dinet. Pour demoiselle Jeanne de Rollat, dame de Chambon, M[e]. Guillaume Nury, son procureur, par procuration expresse. Le seigneur de Buxolles, en personne. Pour le seigneur Daronne, M[e]. Guillaume Nury, son procureur. Pour le seigneur de St. Pierre de Laval, Jean Bernard. Le seigneur de Grand-Val & Vaux, en personne. Pour le seigneur de St. Clement, Noël Brosse. Messire Jean Differpens, seigneur de Chitain, en personne. Le seigneur de Sainctirre, en personne. Le seigneur de Croset-le-vieil, en personne. Pour le seigneur de Nicolles, le seigneur de Buslet, son procureur, par procuration expresse. Philippe Finnyer, seigneur de Pouzeillieres, en personne. Jean de Colonges, écuyer, seigneur de Buschasnes & de Chabanes, en personne. Pour le seigneur de Droiturier, le seigneur de Poncena, comme tuteur. Pour le seigneur de Burnat, M[e]. Guillaume Nury. Le seigneur de Jozeran, Jayet & Prisat, en personne. Le seigneur de la Tonnine, justice de Sauzet, en personne. Le seigneur de Sauzet, à la part de Merlin-Blanc. M[e]. Louis Falcon pour le seigneur ou dame de Langlads, par Michel Intraud. Pour Robert de Cordebœuf, écuyer, seigneur de Beauverger, M[e]. Louis Falcon. Gilbert Fallot, écuyer, seigneur de la Fauconnerie, en personne. Le seigneur de Marchat, à cause de Champs, en personne. Le seigneur de Saint-Agolin, en personne. Philibert de Beaujeu, seigneur de Lynieres, à cause Dussel & Rochefort, en personne. Pour messire Louis Jean, Chevalier, seigneur de Vallen, M[e]. Claude Dinet. Pour le seigneur de Naddes, Matthieu Caneau, son procureur, par procuration expresse. Pour le seigneur de la Font-Saint-Margeran, André Pierre. Le seigneur de Dozon & de Juillart, en personne. Annet Bréchart, écuyer, seigneur Duliez, en personne. Pour le seigneur de Challard, Pierre Girard. Pour le seigneur de Marcillat, M[e]. Claude Dinet. Pour Ythier d'Aubigny, écuyer, seigneur de Genzat, ledit Dinet. Messire Louis du Peschin, écuyer, seigneur de Barbatte, en personne. Pour le seigneur de Chazeul, M[e]. Claude Dinet. Antoine & Geoffroy de Saint-Geran, seigneurs de Saint-

Loup, en perſonne, & par Me. Jean Soreau. Pour les religieux de Souvigny, ſeigneurs de la Ferté, Me. Geoffroy de Bigue. Le ſeigneur de Montſan, en perſonne, & par Me. Claude Dinet. Pour M. Jean de la Loere, ſeigneur de Paray ſous Ariale, Me. Denis Berlan. Le ſeigneur de Moulin-neuf, en perſonne. Pour Gilbert Pointer, écuyer, ſeigneur de Laugieres, Me. Denis Berlant & Martin Villon. Pour Jean du Bois, écuyer, ſeigneur de Souppezes & Salus, Me. Jean Soreau, protonotaire. Meſſire Claude de Montcoquier, chevalier, ſeigneur de Fouagie, en perſonne. Le ſeigneur de la Mouſſe, à cauſe de Chemilly-Madame, par moitié, pour l'autre moitié, Charles de la Mouſſe, écuyer, en perſonnes. Pour le ſeigneur de Villars, le ſeigneur de Pontena. Pour le ſeigneur de Sorbier, Jean Niole. Pour Ymbert de Chantemerle, ſeigneur dudit lieu & de la Clayette, Antoine Robin, ſon procureur, par procuration expreſſe. Le ſeigneur de Chambot, en perſonne, Jean de Veſures, écuyer, ſeigneur dudit lieu, en perſonne. Le ſeigneur de Chantelot, en perſonne. Pour Charles de Marcounay, écuyer, ſeigneur de Montare, Me. Antoine Varon. Pierre Trouſſebois, écuyer, ſeigneur de Rizet-Champmeſgre, en perſonne. Pour Ytier d'Aubigny, ſeigneur de Genzac, Me. Louis Falcon, ſon procureur. Jacques de Graſſay, écuyer, ſeigneur de Champeroux, en perſonne. Regnaut de Bar, ſeigneur de Cluſors, en perſonne. Le ſeigneur de Leſpau, à la part de Cluſors, en perſonne. Le ſeigneur de Beaumont, en perſonne. Pour Jean & Guillaume de Saint-Aubain, mineurs, ſeigneurs de l'Eſpine, meſſire Jacques de Saint-Aubin, tuteur deſdits, en perſonne. Le ſeigneur de Robin, en perſonne. Le ſeigneur de Beauregard, en perſonne. Claude Dalenis, écuyer, ſeigneur de Mont-Verin, en perſonne. Jean Eſgrain, ſeigneur de la Foreſt-Saint-Aubin, en perſonne. Le ſeigneur de Sarguerin, en perſonne. Dame Jeanne de Graville, dame Daveurdre, en partie, par François Touzelles. Pour Louis Desbarres, écuyer, ſeigneur de Nenny, Guillaume Aloutot. Pierre Andrault, ſeigneur de Langeron, par ledit Aloutot. Le ſeigneur du Peſchin, en perſonne. Jean Blanc, écuyer, ſeigneur de la Tour-de-Neuvre, en perſonne. Charles de Villars, ſeigneur de Blanc-Foſſé, en perſonne. Pour Me. Gilbert de Raquet, lieutenant en la châtellenie de Bourbon, ſeigneur de Froidequeuë, Me. Gilbert Daignet, par procuration expreſſe. Pour le ſeigneur du Bouys, Me. Jean de l'Eſpine. Le ſeigneur de Valligny-Vaur, en perſonne. Meſſire Jacques de S. Aubin, chevalier, ſeigneur de Saligny, en perſonne. Pour le ſeigneur de Ponzy, Me. Jean l'Eſpine. Jean & Charles de la Souche, écuyer, ſeigneur de S. Auguſtin, en perſonne. Philippe & Gilbert de Malgibert, ſeigneur de Miſcry, par Philippe de Malgibert, pour lui & pour Guillaume de Malgibert, ſon couſin, ſeigneur de Nuſery, ledit Gilbert de Boule, en perſonne. Les ſeigneurs de Bort, en perſonne. Les ſeigneurs de Beaucaire, en perſonne. Le ſeigneur de S. Marcel, en perſonne. Le ſeigneur de Fourchault, en perſonne. Pour le ſeigneur du Chaudray, Me. Claude Dinet. Le ſeigneur de Veanne, en perſonne. Le ſeigneur de Sauget, en perſonne. Les ſeigneurs de Marcillac, à la part de Michel-Jacques & de Me. Gilbert Digne, par Nicolas Guenin, par procuration expreſſe. Pour Gadiffert de Maillez, & ſeigneur de Luſſart, Nicolas Margot. Pour le ſeigneur de Gonzon, François Rapault. Jean de Laige, ſeigneur de Quinſanes, en perſonne. Le ſeigneur de Puynault, en perſonne. Meſſire Antoine de Follet, chevalier, ſeigneur de Reville, en perſonne. Pour les ſeigneurs de Dorcenay, François Roy. Pour meſſire Jean Dallebret, chevalier, ſeigneur de Dorval, & autres pluſieurs ſeigneurs, Me. Guillaume Aloutot. Pour le ſeigneur de Hariet, G. Condoux. Pour le ſeigneur de Chauvieres, ledit G. Condoux. Pour le ſeigneur de Paillieres-Rapault, le ſeigneur de Meanice, en perſonne. Pour le ſeigneur de Jaligny, pour moitié, Jean Becas. Pour le ſeigneur de Vaux, N. Margot. Guyot Dubus, ſeigneur de Tizon, en perſonne. Jean de Mauvoiſin, ſeigneur de la Foreſt-Mauvoiſin, en perſonne. Pour meſſire Gabriël du Cullant, ſeigneur de Saint-Deſiré, par René Babon, par procuration expreſſe. Le ſeigneur de Naſſignes, en perſonne. Pour Huguet de Malleret, écuyer, ſeigneur de la Roche-Guillebaut, ledit François Rapaut. Pour le ſeigneur de Vieille-Vigne, ledit François Rapaut. Pour le ſeigneur de Virignet, Jacques Bragnon. Pour le ſeigneur de la Crofte, René Badon, Guillaume de Villelume, ſeigneur de la Rocheauton, en perſonne. Le ſeigneur de Valleguinaut, en perſonne. Pour dame Jeanne de Graville, dame de Sagone, Meillant, Charenton, & autres, ſes ſeigneuries, ledit François Touzelle. Le ſeigneur de la Foreſt-Taumier, en perſonne. Pour les ſeigneurs de Saint-Amand, François Roy. Pour le ſeigneur de Saint-Amand-le-Châtel & le ſeigneur de Changy, ledit Roy. Le ſeigneur du Moulin-Porcher, en perſonne. Pour les ſeigneurs du Pontdis, ledit François Touzelles. Pour le ſeigneur de Cimbe, N. Margot. M. Jean Dinet, licencié en loix, avocat-fiſcal de Bourbonnois, ſeigneur de Brueil-ès-Chas, en perſonne. Pour le ſeigneur de Thomeray, ledit Margot. Le ſeigneur de Saint-Angin, en perſonne. Pour le ſeigneur de Chandeul, Cumieres. Pour le ſeigneur de Laigny, J. Mouton. Pour le ſeigneur de Jouy, N. du Chollet. Pour le ſeigneur de Fontenay, Martin Billon. meſſire Cl. Griveau, chevalier, ſeigneur de Croſſonne, en perſonne. Le ſeigneur Desbordes, en perſonne. Pour le ſeigneur de Cheizelles, N. Margot. Le ſeigneur de Bonebuche, en perſonne. Cl. Segaug, écuyer, ſeigneur de la Fogerolle, en perſonne. Pour le ſeigneur de Croiſy, J. Mouton. Le ſeigneur de Salles, en personne. Guillaume de Pierrepont, écuyer, seigneur de Ballenne, la Granche & Lucenat, en personne. Pour le seigneur de Givry & la Vallée, dame Catherine de Barres, veuve de feu messire Guillaume de Pierrepont, dame de Darizolles, par Michel Baraveau & J. de Pierrepont, & le seigneur de Baléne pour sa part, en personne. Pierre de Bonnay, écuyer, seigneur de Bussay, en personne. M. Gilbert Daignet, maire, Me. J. Duret, J. Parregnon, Guillaume Benoît, dit Treilles, & Louis Rongnon, échevins de la ville de Moulins, en personne. Pour les échevins de Mont-Luçon, Me. P. Urban, Antoine Baron, Jean Dury & Guillaume Hugues, échevins de Souvigny, en personne. Pour les habitans de Bourbon, P. de Bellemaniere. Pour les habitans de Villefranche, J. Huguet. Pour les habitans d'Ainay, Martin Odeau. Pour les habitans de Hernon, M. J. Gouffinet le jeune. Pour les habitans de Verneuil, P. de Cusi & Jean Feraud. Pour les habitans de Chantelle, M. Ch. Barbier. Pour les habitans de Charroux, Jean Gad. Pour les habitans de Billy, M. Guillaume Nury. Pour les habitans de Varennes. J. Morel. Pour les habitans de Vichy, Guillaume Ligier. Pour les habitans de Gannat, J. Collier & J. Gannay. Pour les habitans de la Villeneuve, J. Morant. Pour les échevins de Saint-Pourçain, Joachim Vache avec M. Jean Chomat, licencié ès loix : on dit que lesdits habitans ne sont du ressort de la Sénéchaussée de Bourbonnois, ni de la contribution d'avec ceux de Bourbonnois, ains sont du ressort de Montferrant, l'une des treize bonnes villes d'Auvergne, contribuant à tous subsides avec ceux du bas Auvergne, & qu'au dernier octroi fait à Monseigneur le Connétable par ceux du pays d'Auvergne, lesdits Saint-Pourçain ont contribué, & semblablement aux frais de la publication des Coutumes d'Auvergne ; & par ce ont protesté n'être tenus à l'octroi & frais des Coutumes de Bourbonnois, & sous les protestations ont comparu & mis en cour deux procurations. Pour les habitans de Germigny, Me. Pierre Mathe. Pour les habitans de Montagu en Combraille, Me. Louis Falcon. Pour les habitans de Saint-Germain-des-Fossés, Cl. Maréchal. Pour les habitans du Moucet, Gilbert Fauconnier. Pour les habitans de Cône, F. Bâle. Pour les habitans de Chauveroche, J. Merle le jeune. Pour les habitans de Charenton, M. Simon de Cumieres. Pour les habitans du Puy, ledit Cumieres. Pour les habitans de Chandeul, ledit Cumieres. Pour les habitans de Meillan, ledit Cumieres ; à tous lesquels procureurs ordonnâmes mettre leurs procurations devers le greffe, en commandant au greffier les prendre & garder pardevers lui.

Comparurent aussi M. Jacques de Lorme, président de Bourbonnois, M. Antoine Chauveau, lieutenant général de ladite Sénéchaussée, M. Jean Chanteau, auditeur des comptes de Bourbonnois, M. Jean Dinet, avocat-fiscal dudit duché, Me. Nicole Lapelin, procureur dudit duché, M. Jean Cadier, lieutenant général au Domaine, M. Jean Villommat le jeune, procureur pour ladite dame & duchesse du Domaine, le châtelain de Moulins, Me. Charles Rouer, lieutenant général dudit châtelain, le maître des Eaux & Forêts, par Me. François Tancard, lieutenant particulier en ladite Sénéchaussée, M. Jean Billonnat, l'aîné, M. Remi Guilloüet, M. Gilbert Daignes, M. Denis Berland, M. Jacques Cornilier, lieutenant de Billy, M. Louis Débon, M. Antoine Carrel, M. Charles Coterouge, M. Vincent de Laloëre, M. Gabriël Lugaron, M. Clément Aubert, M. Gilbert Gay, M. Etienne Burelle, M. Jean Duret, M. Jean de l'Espine, M. Pierre Taboulas, M. Gabriël du Monstier, Me. Jean Bachelier, Geoffroy de Bigue, Me. Louis Foucher, M. Antoine Garbet, M. Simon Girard, M. Louis Guilloüet, Me. Pierre Penier, tous avocats en ladite Sénéchaussée.

Comparurent aussi Antoine Gros, Guillaume Allotot, Guy Faucheur, Pierre des Granges, Martin Billon, N. Margot, lieutenant en la châtellenie de Beçay, Nicolas du Chollet, Jean des Pastureaux, Jacques Admirand, Jean Arnaud, Jean Gascon, Michel Baraveau, Thomas Taneau, Aubert Cousson, Nicolas Herault, Etienne Touzet, Jean Bequas, Jean Penard, N. Guernier, J. Jontat, J. Planchard, P. Amiraud, N. Guénie, Jacques Brugnon, L. Allard, J. de la Croix, Cl. Dinet, Gilles de Rouzay, Christ, Prevost, Olivier, Simonet, Charles Pennier, Matth. Dufford, Antoine Lécullier, tous procureurs en ladite Sénéchaussée de Bourbonnois.

Aussi semblablement comparurent Guillaume Bouciquaud, Odras Bourcier, G. Peugris & Philippe Chambon, greffiers de ladite Sénéchaussée, M. Fr. Obeilh, Mrs. Nicolas Blein, procureur en la châtellenie de Beçay, Berault Guy, J. Gascon de Beçay, M. J. Morel, lieutenant de Varennes, M. Louis Bréman, substitut du procureur général de Bourbonnois, audit lieu de Varennes, Etienne Burelles dudit Varennes, les seigneurs de Bernet & de la Mote de Valieres, exoinés pour maladie.

Et ce fait, par ledit Dinet nous a été requis défaut contre les non-comparans : sur quoi avons ordonné que les comparans par procuration spéciale mettroient devers le greffe de ladite Sénéchaussée leur procuration ; & contre les autres non-comparans, ou comparans par procurations générales, *ad lites*, avons donné défaut : sauf que si auparavant la publication des Coutumes, ils comparoient ou fournissoient de procuration spéciale, il sera rabattu, & sans plus appeller : & après ce aux dessusdits gens d'église avons fait mettre la main au pis. Aux nobles, praticiens & autres du tiers état avons fait faire le serment de bien & loyalement déposer du fait desdites Coutumes, & de nous avertir sur icelles des choses qu'ils verront être utiles & profitables, & aussi dommageables au bien & utilité du pays: & par ledit official d'Autun, tant pour ledit évêque, que pour le clergé, fut protesté que sa comparition, présence de lui, & autres gens d'église, ne peut porter préjudice ou dommage aux droits & libertés de l'église. Sur quoi lui fut par nous fait réponse qu'ils étoient appellés comme le premier & principal membre des états, & qu'ès articles concernans les droits de l'église & autres, ils pourroient dire ce que bon leur sembleroit, tant pour leur intérêt, que pour le bien commun du pays: par quoi sembloit que ladite protestation ne fût recevable; & sur ce, par ledit official, au nom que dessus, fut dit qu'il entendoit faire ladite protestation, quant aux droits spirituels; pour raison desquels ils n'étoient sujets à la jurisdiction temporelle. Et à cette cause protestoit que cette comparition, quant aux droits spirituels, leur peut préjudicier; & sur ce accordames que ladite protestation & déclaration en ferions mention en notre procès-verbal. Et pareillement les manans & habitans de Montagu-les-Combraille ont protesté que par la comparition qu'ils font ou feront ci-après, ils n'entendent déroger à leurs privileges, disant qu'ils sont du pays d'Auvergne. Aussi semblablement les religieux, prieur & couvent de Saint-Pourçain, eux disans seigneurs temporels en toute justice, haute, moyenne & basse dudit prieuré, membres & dépendances d'icelle, par fondation royale, se sont comparus par M^e. Jean Danglards, licencié en loix, leur procureur exprès pour comparoir comme ajournés aux états & réduction desdites Coutumes: & les manans & habitans de ladite ville de Saint-Pourçain, aussi se sont comparus par Joachim Vache, procureur au fait commun d'icelle ville, & leur procureur exprès, avec M. Jean Chomat, bachelier en loix; lesquels nous ont dit que ladite ville & prieuré de Saint-Pourçain, & membres dépendans d'icelle, sont du bas pays d'Auvergne, au ressort du bailliage de Montferrant, contribuables en tous subsides avec ceux du bas pays d'Auvergne, & ne sont dudit duché de Bourbonnois, ressort & contribution d'icelui, combien que leur territoire soit environné dudit pays de Bourbonnois, & qu'ils se gouvernent & régissent hors leurs compositions & privileges, selon les us & Coutumes dudit pays de Bourbonnois, excepté que par Coutume locale, en matiere de retrait & retenue, le lignager peut recouvrer la chose immeuble vendue par son lignager, provenue de son être dedans l'an & jour, à prendre du jour de la vente, en payant le sort & loyaux coutemens: & ès matieres d'assurement se gouvernent selon la Coutume dudit pays d'Auvergne; lesquelles deux Coutumes locales doivent être contenues & déclarées au nouveau Coutumier dudit pays d'Auvergne, & qu'ils n'entendent, ne veulent par la publication & décret qui sera fait des Coutumes dudit pays de Bourbonnois, déroger en aucune maniere à leurs privileges, concordats, accords & compositions faits entre les seigneurs & ducs de Bourbon, & lesdits religieux & iceux habitans. Ains ont protesté que lesdites Coutumes ne puissent préjudicier auxdits privileges, droits, accords & compositions: nous requérans lesdits religieux & habitans, & chacun d'eux respectivement que de leur dire, déclaration & protestation en fût faite mention en notre procès-verbal, que leur avons accordé: & ce fait fut par nous remontré aux gens desdits états, qu'au cahier desdites Coutumes à nous envoyé, y avoit plusieurs Coutumes de tout temps gardées & observées audit pays de Bourbonnois; & aussi y avoit autres articles de nouveau ajoutés, desquels ils requéroient la publication, parce que lesdits articles leur sembloient utiles & profitables: & pour ce que par les articles ajoutés, supposé que par le consentement de tous les états ils soient accordés & lus, toutefois ils n'avoient effet que pour les cas qui écherroient & adviendroient le temps avenir après l'autorisation & décret d'iceux. A cette cause étoit besoin connoître les Coutumes vieilles, & les séparer de celles qu'ils y vouloient être ajoutées pour nouvelles, afin que les juges & les parties en ayent vraie connoissance: ce qu'ils promirent faire, & fimes procéder à la lecture desdites Coutumes, lesquelles furent lues par ledit Dinet, avocat de ladite dame.

Et sur le deuxieme article, contenant: *Celui qui a haute justice, a connoissance des cas à mort, incision de membres & autres peines corporelles, comme de fustiger, pilorisér & écheller, marquer, bannir & autres semblables*; remontrames que ce mot, *bannir*, étoit trop général, & qu'ils ne pouvoient bannir hors que des limites de leur jurisdiction; & accorderent lesdits trois états que lesdits mots fussent limités, c'est à savoir, bannir hors de sa terre & jurisdiction.

Sur le quatrieme article, commençant: *Le bas justicier peut connoître en matiere civile indifféremment des causes de ses sujets ès terres de sa jurisdiction: mais des matieres criminelles ne peut connoître des choses dont l'amende excede soixante sous tournois. Aussi y a autres bas justiciers qui n'ont connoissance criminelle ni civile, que jusqu'à sept sous d'amende: Tous lesquels bas & moyens justiciers, s'ils ont un prisonnier dont ils ne doivent avoir connoissance, le doivent signifier à leur supérieur dedans vingt-quatre heures pour le venir querir, en payant les frais raisonnables. Et si le supérieur est délayant, ledit bas & moyen justicier ne sont plus tenus de la garde; & l'on pourra avoir, si bon lui semble, recours audit supérieur, audit refus.* Et pour ce que ledit article, en ce mot, *Et si le seigneur est délayant*, en termes généraux est confus, leur a été remontré qu'il seroit bon arbitrer le temps dans lequel le supérieur fût censé

censé & réputé délayant; & aussi touchant le recours au seigneur, de déclarer qui est le supérieur: sur quoi de leur consentement a été mis en la forme & maniere qui s'ensuit: *le bas justicier peut connoître en matiere civile indifféremment des causes de ses sujets ès terres de sa jurisdiction: mais des matieres criminelles ne peut connoître des choses dont l'amende excéde soixante sous tournois. Aussi y a autres bas justiciers qui n'ont connoissance criminelle ni civile, que jusqu'à sept sous d'amende: tous lesquels bas & moyens justiciers, s'ils ont un prisonnier dont ils ne doivent avoir connoissance, le doivent signifier à leur supérieur dedans quatorze heures, pour le venir querir en payant les frais raisonnables; & si le supérieur est délayant dedans deux jours après ladite notification faite, lesdits seigneurs bas & moyens justiciers ne sont plus tenus de la garde, & on pourra avoir recours au supérieur dudit haut justicier audit refus.*

Sur le septieme article, contenant: *si contre juge ordinaire ou délégué sont proposées causes de récusation qui soient évidemment frivoles, ledit juge se peut déclarer juge compétent & procéder, autrement doit faire élire & nommer arbitres de droit en nombre impair par les parties, pour connoître desdites causes de récusation, esquelles ordonnera d'en connoître & les vuider dans le délai, qui par lui sera préfix & baillé. Et ledit délai passé, s'ils ne les ont vuidées, ledit juge peut connoître de la cause sans autre assignation.* Après les remontrances par nous faites, a semblé auxdits états, qu'on devoit ajouter ces mots: *& au cas que lesdits arbitres n'auroient vuidé lesdites causes de récusation dedans le délai, par la faute ou négligence du récusant, audit cas le juge peut connoître de ladite cause sans autre assignation.*

Sur le dixieme article, commençant: *aucuns qui n'ont corps commun, leur a été remontré que pour faire impôts & collectes d'argent sur manans & habitans de quelques parties, est besoin obtenir lettres du roi qui est souverain, & que sans autorité de lui ne se peut lever aucuns impôts ou collectes en ce royaume sur ses sujets.* Sur quoi les gens desdits états nous ont dit qu'ils entendoient ledit article de petits impôts & collectes qu'ils levent pour suite de leurs causes communes, & qu'ainsi ils en avoient joui par temps immémorial: sur quoi avons vu leurdite déposition, ordonné que sans préjudice des droits du roi ledit article demeureroit écrit; & sauf au procureur général le pouvoir débattre, comme il verra être à faire par raison.

Sur le treizieme article, qui est au titre des prescriptions, commençant: *deniers & choses dues pour façon & vente d'ouvrage, labourages, façon de vignes, voitures, salaires & journées d'avocats, procureurs & sergens, de serviteurs, chirurgiens, barbiers, orféves, maçons, charpentiers & autres ouvriers, nourritures & instructions d'enfans, denrées & marchandises vendues en détail par le menu & par parties, louages de chevaux & autres bêtes se prescrivent par un an; & après ledit an passé ne se peuvent demander, sinon qu'il y eût obligation, reconnoissance ou action intentée judiciairement dedans ledit an*: avons remontré auxdits états que ledit article devoit être rayé; parce que par l'ordonnance du feu roi Louis, dernier décédé, publiée l'an 1512, n'y avoit que six mois pour faire demande desdits ouvrages, ce néanmoins par ce présent article ils bailloient un an; & que depuis l'an 1512 qu'avoit ladite ordonnance été publiée, n'avoit temps suffisant, depuis lequel eussent pu introduire Coutume contraire à ladite ordonnance: & par lesdits praticiens & gens des trois états nous a été dit que ladite Coutume étoit ancienne, & qu'il leur sembloit que le temps de six mois étoit trop brief, requérant que ledit temps d'un an demeurât: & ouï par nous lesdits praticiens & gens desdits trois états, ordonnâmes que des remontrances par nous faites, & du dire desdits gens des trois états, en ferions mention en notre procès-verbal.

Sur le dix-septieme article, qui est audit titre des prescriptions, commençant: *émolumens des actes de cour, défauts, grosses de sentences & autres, se prescrivent par trois ans, sinon qu'il y eût innovation ou procès intenté*: avons remontré auxdits trois états, qu'il nous sembleroit être déraisonnable de contraindre les parties, plaidans pardevant un juge, fût demandeur ou défendeur, de lever les actes de la cause, si bon lui sembloit, mêmement qu'ils prenoient plusieurs délais en la cause, dont les parties n'avoient que faire de les lever: & aussi trouvions étrange qu'après que le juge avoit donné sa sentence, y eût appel ou non, que le greffier contraignît les parties, fût le demandeur ou défendeur, de lever les actes de la cause. Et par ceux de l'église & nobles, & aussi les praticiens, a été dit que les jurisdictions étoient patrimoniales, & qu'ainsi de tout temps & d'ancienneté avoit été usé audit pays de Bourbonnois. Et par les gens du tiers état a été requis que ledit article fût rayé & réformé: avons ordonné que lesdits gens du tiers état pourroient pardevant nous écrire & produire ce que bon leur sembleroit; & le procureur de madame la Duchesse, & les gens d'église & nobles au-contraire écriroient & produiroient tout ce que bon leur sembleroit, pour en faire notre rapport à ladite cour, pour par icelle en ordonner comme de raison.

Sur le dix-huitieme article, qui est au titre des prescriptions, commençant: *arrérages de rentes constituées à prix d'argent se prescrivent par cinq ans, en ensuivant l'ordonnance & arrérages de cens, & autres devoirs portans directe seigneurie par dix ans*, ledit article depuis ces mots, *& arrérages de cens*, accordé pour coutume nouvelle.

Sur le dix-neuvieme article, qui est audit titre des prescriptions, commençant: *actions de récisions de contrats & déception d'outre moitié de juste prix, ou d'autres actes quelconques fondés sur dol, fraude, circonvention, crainte ou violence, se prescrivent par le laps & espace de dix ans continuels, à compter du jour que lesdits contrats ont été faits entre majeurs & capables, en ensuivant l'ordonnance.* Avons remontré auxdits états que ledit article devoit être rayé, parce que par l'ordonnance du feu roi, publiée l'an 1512, avoit été pourvu, & par ce ne le falloit introduire par Coutume; sur quoi lesdits trois états nous ont requis à ce que ceux dudit pays en eussent connoissance, que ledit article demeurât: sur quoi avons ordonné, vu leurdite requête uniforme, que ledit article demeureroit par provision; & que néanmoins de leurs remontrances en ferions mention en notre procès-verbal, pour en être ordonné comme de raison.

Sur le vingt-unieme article, qui est audit titre des prescriptions, commençant: *la maniere de lever & payer dîmes, & aussi la quotité d'iceux, se prescrivent par laps & espace de quarante ans, sans ce que le curé ou autre dîmier en puissent quereller autre quotité que celle qui a été accoutumée.* Ceux de l'église se sont opposés audit article, disans que contre l'église par les laïcs la dîme ne se pouvoit prescrire, & par les nobles & ceux du tiers état, a été dit que la Coutume, telle qu'elle est couchée audit article, étoit ancienne, & que de tout temps & ancienneté avoit été telle, gardée & observée maintenant que ledit article devoit demeurer; & après ce que avons interrogé les praticiens; savoir, si ladite Coutume étoit ancienne, & que tous nous ont dit ladite Coutume être ancienne & observée, & gardée de tout temps & d'ancienneté, comme elle est couchée audit article, avons ordonné que contre ladite Coutume recevons l'église à opposition: mais que nonobstant & sans préjudice d'icelle, la Coutume demeureroit en sa force & vertu, jusqu'à ce que par la cour, par vertu de ladite opposition, autrement en soit ordonné.

Sur le vingt-cinquieme article, qui est audit titre des prescriptions, commençant: *l'homme de main-morte ne peut prescrire franchise ou liberté, par quelque laps de temps que fasse demeurance hors du lieu de main-morte, quelque part que ce soit.* Les consuls des villes de Gannat, de Montaigu en Combraille, Chantelle & Mont-Luçon, se sont opposés audit article, maintenans les aucuns avoir privilége, les autres Coutumes locales, que depuis qu'un homme de main-morte est demeurant par un an & jour esdites châtellenies, pouvoit prescrire franchise & liberté, requérans délai pour faire apparoir de leurs priviléges, & vérifier leursdites Coutumes locales: & les gens d'église & nobles, & aussi le procureur de ladite Dame, ont maintenu au-contraire ladite Coutume être générale par-tout le Pays & Duché de Bourbonnois; & du consentement desdits trois états, pour la conservation des dessusdits, a été ordonné que seroient ajoutés ces mots: *s'il n'y a privilége au-contraire.*

Sur le trentieme article, qui est au titre des prescriptions, commençant: *arrérages de tailles ès quatre cas se prescrivent par le laps & espace de trente ans*: leur avons remontré que ladite Coutume étoit trop onéreuse pour les sujets, & que quand le cas de la taille aux quatre cas avient, si les seigneurs ne la demandent aux sujets dedans cinq ou six ans, il est à présumer qu'ils ont volonté donner ladite taille pour celle fois à leursdits sujets: & sur ce, d'un commun accord, tous les dessusdits ont réduit ladite prescription de trente ans à dix ans. Et le vingt-deuxieme jour dudit mois de mars, nous étant en ladite salle du château, par M^{e}. Jean Bachelier, avocat audit Moulins, nous fut dit qu'il avoit charge par lettres missives de Nicolas Popillon, écuyer, seigneur du Ryau, qu'il a mise pardevers nous, de requérir distribution de conseil; c'est-à-savoir, M^{e}. Christophle Regin, qu'il disoit avoir été élu pour plusieurs gentilshommes, pour assister à ladite publication, M^{e}. Jacques Bolacre, lieutenant du bailli de Saint-Pierre-le-Moustier, au bourg de Nevers; & M^{e}. Gilbert Gay, avocat audit Moulins, pour se conseiller pour aucuns articles contenus esdites Coutumes qui lui touchoient, & à ladite heure fimes appeller lesdits Regin & Gay, lesquels nous dirent qu'ils avoient charges d'aucuns seigneurs gentilshommes & autres qui avoient été appellés auxdits états, & qu'ès articles qui seroient contre ceux pour lesquels ils avoient jà la charge, ne pourroient être de son conseil; quant aux autres articles ne refusoient être de son conseil: & ordonnâmes & distribuâmes pour conseil audit seigneur du Ryau lesdits Regin & Gay, pour les articles qui ne seroient contre les parties pour lesquelles premiérement ils avoient eu charge; aussi lui distribuâmes ledit Bachelier, & en tant que touche ledit Bolacre, parce qu'il nous fut dit qu'il n'étoit par-deçà, lui dimes qu'il l'envoyât quérir, si bon lui semble. Ce fait & lui ouï, nous en ordonnerons ainsi comme de raison.

Sur le trente-septieme article, qui est au chapitre des exceptions, commençant; *Compensation n'a point de lieu,* etiam liquidi ad liquidum, *sinon que ladite compensation se peut vuider sur le champ par la délation de serment*: avons remontré auxdits états, que ledit article étoit contre disposition de droit, & pernicieux à la chose publique; & que ceux de l'église & du tiers état nous ont dit que ledit article se devoit laisser à la disposition de droit commun, & par les nobles, que ledit article étoit Coutume ancienne & introduite pour la conservation des jurisdictions, & à ce que les créanciers poursuivissent leurs detteurs pardevant leurs juges, & que partant elle devoit demeurer. Finalement après que leur avons déclaré que tel intérêt, que de conserver sa jurisdiction, ne devoit empêcher la prompte expédition des procès qui survenoient de jour en jour entre les sujets du pays, d'un commun accord a été ledit article corrigé en la maniere qui s'ensuit : *Compensation a lieu, liquidi ad liquidum, en faisant apparoir promptement par celui qui demande compensation de sa dette.*

Sur le trente-neuvieme article, qui est au chapitre des reproches, commençant : *Combien que par ci-devant publication d'enquête n'ait eu lieu au Pays & Duché de Bourbonnois ; toutefois pour le bien du pays & pour obvier aux inconvéniens que par ci-devant ensuivis ; & pourroient par ci-après avenir, a été avisé par les états dudit pays, ladite Coutume devoit être abrogée, & que dorénavant publication d'enquête aura lieu audit pays.* A été ladite Cout. accordée du consentement desdits trois états, pour nouvelle, & du consentement desdits trois états l'article a été mis en la forme qui s'ensuit, sur la forme de ladite publication : *Que pour publication lecture sera faite des enquêtes aux parties ou leurs procureurs par le greffier ; & pour faire ladite lecture, le greffier ne prendra aucun salaire. Et néanmoins, si les parties vouloient avoir le double de leurs enquêtes ou de celles des parties adverses, ou de partie d'icelles, le greffier seroit tenu de les bailler aux dépens du requérant ; & n'aura ledit greffier pour feuillet, que dix deniers tournois.*

Sur le quarantieme article dudit chapitre des reproches, commençant : *Et se bailleront reproches contre les personnes des témoins avant publication d'enquête ; mais il n'y aura aucun délai à bailler contre les dépositions des témoins ; mais les pourront lesdites parties contredire par salvations, si bon leur semble.* A été ledit article modifié du consentement desdits trois états en la forme & maniere qui s'ensuit : *L'on peut bailler reproches contre les personnes des témoins seulement, & non contre les dits & dépositions, & se doivent bailler avant publication ; mais peuvent bailler salvations contre telles reproches, si bon leur semble.*

Et le quarante-neuvieme article, qui est au chapitre des délations de serment, commençant : *Hôtelliers, taverniers & revendeurs publics sont crus par leur serment des vivres & marchandises prises en leurs maisons comme pain & vin, huile, chandelle, épiceries & autres denrées vendues en détail jusqu'à cinq sous, dedans trois mois, à compter du jour qu'elles ont été baillées, pourvu que le marchand qui les aura baillées soit de bonne renommée ; & ne sont pour ce condamnés les défendeurs ès dépens ; & avant ledit serment fait, peut ledit défendeur alléguer & prouver paiement, si bon lui semble, par un seul délai seulement.* A été accordé pour Coutume nouvelle pour ces mots, *dedans trois mois, & ne sont pour ce condamnés les défendeurs ès dépens.*

Sur le cinquante-unieme article, au chapitre d'asseurement, commençant : *Asseurement se donne par le serment de celui qui le requiert, s'il ne peut autrement prouver l'excès, invasion ou menaces qu'il prétend lui avoir été faits, pourvu qu'il apparoisse suffisamment de la légalité, prud'hommie du requérant ledit asseurement ; & que la doléance soit d'outrages, injures réelles, menaces & voies de fait, ou notoire transport abusif de jurisdiction, par lesquels cas le juge puisse connoître & arbitrer qu'il échoit asseurement.* Leur a été remontré que ledit article en la forme qu'il est écrit, est pernicieux, & à cause d'icelui se pourroient engendrer plusieurs procès, & mêmement que ledit adjournement en matiere d'asseurement emportoit comparition personnelle ; car ledit adjourné étoit tenu comparoir en personne, & en son défaut étoit pris au corps. Sur quoi lesdits des trois états ont accordé ledit article pour Coutume nouvelle, en la forme & maniere qui s'ensuit : *L'on ne peut faire adjourner en asseurement pardevant le sénéchal de Bourbonnois à Moulins, ou à autre justicier du Pays & Duché de Bourbonnois, sinon que ce soit par transport abusif de jurisdiction, ou pour excès, information & décret de juge préalables, ou que les adjournés fussent vagabonds & non domiciliés audit Pays & Duché. Et si aucun est adjourné en asseurement en autre cas que dessusdits, il n'est tenu de comparoir personnellement, & est tenu celui qui l'aura fait adjourner de dépens, dommages & intérêts dudit ajourné.* Sur quoi ceux de l'église ont dit que contre un clerc étoit baillé assurement ; que ledit clerc ne peut être prisonnier par le juge laïc, & par lesdits nobles, praticiens & gens du tiers état, & aussi par lesdits officiers desdits seigneurs Duc & Duchesse, fut dit que si : mais n'entendoient par lesdits articles prendre connoissance du clerc par le délit commun, néanmoins ils entendoient pour ledit cas privilégié le pouvoir punir.

Sur le soixante-septieme article, au chapitre des crimes, commençant : *Si aucun délinquant obtient rémission, pardon, ou autre provision de grace, il est tenu payer tous les frais faits pour la poursuite, en laquelle aura été procédé contre lui :* leur a été remontré que, sous ombre desdits frais, la décision du procès de rémission & de pardon ne doit être différée ; mais après que lettres de rémission leur ont été exhibées, sont tenus renvoyer le prisonnier pardevant le juge ordinaire, auquel les lettres de rémission s'adressent. Sur quoi du consentement desdits trois états à la fin dudit article ont été adjoutés ces mots : *Mais pour raison d'iceux n'aura le haut justicier rétention de prisonnier.*

Sur le soixante-huitieme article, au chap. des respits & quinquenelles, commençant : *Respit d'un, deux, trois, quatre ans quinquenelles :* leur avons enquis s'ils entendoient qu'en rentes constituées respit ou quinquenelles n'ayent point de lieu. Sur quoi nous ont dit concordablement qu'ils entendent ledit article en rentes & devoirs annuels portans directe seigneurie : & qu'en icelui respit & quinquenelles n'ont lieu, & n'entendent ledit article des autres rentes.

Sur les soixante-onze & soixante-treizieme articles qui sont au chapitre de cession de biens, commençant ledit soixante-onzieme: *Qui veut faire cession de biens, il est tenu de faire appeller tous ses créanciers, demeurans au pays, pardevant le juge, pardevant lequel il veut faire ladite cession. Et s'ils sont de diverses jurisdictions & châtellenies dudit Duché, ils sont appellés pardevant le sénéchal de Bourbonnois ou son lieutenant.* Ledit soixante-treizieme, commençant: *Séparations de biens d'entre mari & femme, & aussi les cessions de biens ne sortiront effet, & ne seront valables jusqu'à ce qu'elles soient insinuées & publiées en jugement, & enregistrées en la jurisdiction du juge où sont demeurans ceux qui font ladite séparation & cession: & doivent être faites telles séparations & cessions de biens pardevant les juges séans judiciairement à jour ordinaire ou d'assise.* Sur les remontrances faites par ledit official d'Autun pour ceux de l'église, que lesdits articles étoient trop généraux, & qu'il sembloit qu'ils voulussent comprendre les clercs, & aussi défendre que les clercs ne pussent faire cession pardevant les juges d'église, qui seroit contre le droit commun & l'usance observée & gardée en cour d'église. Et par les nobles & ceux du tiers état a été dit qu'ils n'entendoient comprendre par lesd. articles les clercs, ni toucher à la jurisdiction ecclésiastique en aucune maniere; & à cette cause a été dudit consentement ajouté en la fin du soixante-treizieme article ces mots: *Et s'entendent lesdites séparations de celles qui se font & intentent principalement devant lesdits juges, sans toucher aux séparations qui accessoirement en cas de divorce se demandent devant les juges ecclésiastiques.*

A cette cause avons, du consentement desdits états, déclaré que ledit article 71, faisant mention de cession de biens, ne s'entend de la cession de biens qu'un clerc non-marié peut faire devant l'official; & dudit consentement à l'article 73 ont été ajoutés en la fin d'iceux les mots qui s'ensuivent: *Et s'entendent lesdites séparations de celles qui se font & intentent principalement devant lesdits juges, sans toucher aux séparations qui accessoirement en cas de divorces se demandent devant les juges ecclésiastiques.*

Sur le soixante-dix-huitieme article, au chapitre des notaires, commençant: *Et pareillement sont tenus de faire protocoles & registres des lettres perpétuelles par eux reçues*: leur fut par nous demandé qu'ils entendoient par ces mots, *Lettres perpétuelles*, lesquels nous ont dit que par lettres perpétuelles ils entendent lettres de testament, contrats de mariage, constitutions de rentes & hypothéques, venditions, donations, échanges & autres contrats translatifs de propriété & seigneurie. Et n'entendent qu'obligations, quittances, louages & autres contrats semblables soient dits lettres perpétuelles.

Sur le quatre-vingtieme article dudit chapitre des notaires, commençant: *aussi tous contrahans sont tenus de déclarer les rentes, charges, hypothéques spéciales & assignations sur les héritages & choses immeubles, qu'ils vendent & échangent ou aliénent entr'eux à titre onéreux; autrement s'ils les vendent franchement & elles sont trouvées chargées de leur fait ou d'autres, dont ils sont duement avertis, ils sont punis comme faussaires.* A été ledit article accordé & réformé du consentement des trois états, en la maniere qui s'ensuit: *aussi tous contrahans sont tenus déclarer les rentes, charges, hypothéques spéciales & assignations sur les héritages & choses immeubles qu'ils vendent, changent ou aliénent entr'eux à titre onéreux: autrement ils y seront griévement punis. Et s'ils les vendent franchement, & elles sont trouvées chargées de leur fait ou d'autres, dont ils sont duement avertis, ils seront punis comme faussaires.*

Sur le quatre-vingt-deuxieme article, au chapitre des notaires, commençant: *la taxe requise des contrats reçus, &c.* A été du consentement desdits états ajouté ces mots: *& doit contenir chacune peau, 60 lignes, & chaque ligne 60 mots ou syllabes.*

Sur le quatre-vingt-quatrieme article, audit chapitre des notaires, commençant: *les protocoles & registres desdits notaires de Bourbonnois, après leur décès, appartiennent à Madame: & à semblable les protocoles & registres des notaires, des vassaux ayant sceaux à contrats appartiennent après le décès desdits notaires auxdits vassaux.* A été ajouté à la fin dudit article, du consentement desdits trois états, ces mots: *& en doit être fait inventaire, & baillé quittances & décharges aux héritiers desdits notaires.*

Sur le quatre-vingt-dix-huitieme article, des exécutions, commençant: *qui est ajourné pour garnir ladite main, il aura deux délais pour garnir, à l'arbitrage du juge.* Et du consentement desdits trois états a été ajouté audit article: *& sera reçu à garnir argent ou quittance; & à faute de garnir dedans iceux délais, il sera condamné à payer.*

Sur le cent deuxieme article, au chapitre des exécutions, commençant: *le seigneur justicier peut faire procéder par exécution par son sergent sans commission aucune, sur ses sujets, pour avoir paiement de ses exploits, défauts & amendes de sa cour vérifiés & signés par son greffier; mais ne peut procéder par arrêt & détention de la personne, si n'est par faute de biens, perquisition duement faite d'en trouver. Et audit cas n'est tenu le sujet de payer aucune chose pour entrée & issue de l'arrêt. Toutefois ledit seigneur, pour ses exploits & émolumens de cour, peut procéder contre le Forain & étranger trouvé en sa justice, par arrêt & détention de sa personne, jusqu'à ce qu'il ait fourni de meubles, ou qu'il ait baillé caution sujette dudit seigneur.* Avons remontré qu'il nous sembloit ledit article être pernicieux & contre toute raison, que pour une amende procédant de cause civile une personne tînt arrêt ou prison. Et du consentement

desdits

desdits trois états a été ledit article rayé depuis ces mots: *mais l'on ne peut procéder par arrêt & détention de sa personne* jusqu'à la fin d'icelui article.

Sur le cent quatrieme article, audit chapitre des exécutions, commençant: *celui qui a reconnu tenir aucun héritage, est tenu continuer payer les cens & charge; & l'on peut contre lui procéder par exécution, posé qu'il dit non être tenancier, jusqu'à ce qu'il ait nommé le nouveau tenancier.* Du consentement desdits trois états ont été à la fin dudit article ajoutés ces mots: *Et nommant celui auquel il a transporté les biens sur lui pris par exécution, lui seront recrus & rendus sans frais: & s'il fait fausse nomination, il sera condamné en l'amende, dommages & intérêts.*

Sur le cent sixieme article, audit chapitre des exécutions, commençant: *le créancier ou son héritier, &c.* ont été, du consentement desdits trois états, ajoutés de nouveau ces mots: *& perquisition faite de biens meubles sur le detteur par le sergent, de laquelle le sergent sera cru par son rapport.*

Sur le cent onzieme article, qui est audit chapitre des exécutions, commençant: *en exécution des biens meubles, après que le sergent, par vertu de sa commission, a sommé le detteur ou son héritier déclaré, parlant à personne ou domicile, de payer ce en quoi il est obligé, condamné ou tenu par lesdites cédules reconnues ou prouvées, ledit sergent, au refus de ce faire, doit prendre & saisir des meubles du detteur ou son héritier. Et ladite prise faite, assigner jour à la quinzaine, à compter du jour de ladite prise, si elle n'est fériée; & si elle est fériée, elle se continue au prochain jour ensuivant, pour voir procéder à la vente & estrousse pardevant le juge ordinaire dudit detteur ou son héritier, lequel juge ou son lieutenant, & non lesdits sergens, procéde à la vente & estrousse desdits biens, présens ou défaillans lesdits detteurs ou ses héritiers. Et où lesdits juges ou lieutenans ne font résidence audit lieu, ou sont absens, ladite vente & estrousse se continue aux prochains jours & assises dudit lieu où lesdites ventes sont faites: & seront vendus, estroussés & délivrés lesdits biens au plus offrant & dernier enchérisseur à ladite quinzaine ensuivant, en icelle pris le jour de ladite prise & vente; & les deniers issus de la vente baillés & délivrés au créancier jusqu'à la concurrence de son dû, en baillant caution par le créancier, s'il y a opposition de rendre & restituer les deniers issus de la vente, s'il est dit que faire se doive, les frais préalablement déduits, & sont lesdits frais taxés par le juge.* De l'accord & consentement desdits trois états a été ledit article corrigé en la forme qui s'ensuit: *en exécution des biens meubles, après que le sergent, par vertu de sa commission, a sommé le detteur ou son héritier déclaré, parlant à sa personne ou domicile, de payer ce en quoi il est obligé, condamné ou tenu par lesdites cédules reconnues ou prouvées, ledit sergent, au refus de ce faire, doit prendre & saisir des meubles du detteur ou son héritier déclaré; & ladite prise faite, assigner jour à la quinzaine, à compter du jour de ladite prise, si elle n'est fériée; & si elle est fériée, elle se continue au prochain jour non-férié ensuivant, pour voir procéder à la vente & estrousse desdits biens pardevant le juge, en la jurisdiction duquel lesdits biens ont été pris; lequel juge ou son lieutenant, & non lesdits sergens, procéde à la vente & estrousse desdits biens, présens & défaillans lesdits detteurs ou ses héritiers, à la quinzaine ou à l'assise ensuivant, au choix du créancier; autrement les exécutions sont nulles: & sont les biens pris par exécution rendus par l'ordonnance du juge, sinon qu'il fût autrement convenu & accordé par les parties.*

Sur le cent trente-troisieme article, audit titre des exécutions, commençant: *les allans & les venans, &c.* Avons remontré auxdits trois états, que ledit article nous sembloit être contre tout droit & raison: & après qu'avons interrogé les praticiens si la Coutume étoit telle d'ancienneté, & que les gens des trois états nous ont dit ladite Coutume être ancienne, & qu'ils ne la vouloient muer, nous avons ordonné qu'elle demeureroit en l'état; mais que des remontrances ainsi par nous faites en ferions mention en notre procès-verbal.

Sur les cent trente-sixieme & cent trente-septieme articles, étans audit chapitre des exécutions, contenans: *les détenteurs des héritages chargés spécialement des charges & rentes perpétuelles ou à temps, déclaration faite qu'ils sont détenteurs, & sommation préalablement de payer, peuvent être convenus comme détenteurs d'iceux héritages, sans qu'il soit besoin s'adresser aux principaux obligés leurs héritiers, pleiges & répondans, ni autrement garder ordre de droit, le créancier peut commencer son exécution de criées contre le tiers possesseur & détenteur des choses immeubles sujettes à son hypothéque, sans garder l'ordre de discussion ou autre bénéfice de droit, soit qu'il ait hypothéque générale ou spéciale, pourvu qu'elle soit expresse*: avons remontré auxdits états qu'il sembloit étrange, & aussi contre droit, qu'un créancier peut contre un tiers détenteur procéder par exécution, sans préalablement faire exécution sur le principal detteur, & que c'étoit raison, là où les biens du principal detteur ne pourroient suffire, *ou qu'il seroit notoirement non-solvable*, qu'il pût avoir son recours sur les héritages détenus par ledit tiers détenteur, & que néanmoins ils pourroient agir cependant à déclaration d'hypothéque contre ledit tiers détenteur. Et avons interrogé les praticiens, lesquels nous ont dit & affirmé qu'ils avoient toujours tenu & vu tenir pour Coutume ancienne, qu'en spéciale hypothéque le créancier, sans discussion préalablement faite sur son detteur, se pouvoit adresser contre le tiers détenteur, *mais non en générale hypothéque*. Et avons demandé auxdits gens des trois états, qu'il leur sembloit de ladite Coutume: si nous ont ceux de l'église dit qu'il leur sembloit que le créancier ne se pouvoit adresser contre le tiers détenteur, que le principal détenteur ne fût préalablement discuté. Les nobles & ceux du tiers état ont dit que c'étoit Coutume ancienne; & attendu que ledit créancier avoit son hypothéque premiere que ledit tiers détenteur, qu'il se pouvoit adresser alencontre de lui, mêmement en hypothéque spéciale; & que ledit tiers détenteur eût son recours contre son vendeur, si bon lui sembloit, & aussi pour la longueur des procès qui seroit, s'il se falloit adresser contre le principal detteur, requérant que telle fût arrêtée. Sur ce avons ordonné, attendu que ceux desdits états étoient d'accord; & aussi ouï l'opinion des praticiens, que ledit cent trente-sixieme article demeureroit, & ledit cent vingt-septieme article corrigé & modifié en la maniere qui s'ensuit: *les détenteurs des héritages chargés spécialement des charges & rentes perpétuelles ou à temps, déclaration faite qu'ils sont détenteurs, & sommation préalablement faite de payer, & perquisition faite, peuvent être convenus comme détenteurs d'iceux héritages, sans qu'il soit besoin s'adresser aux principaux obligés, leurs pleiges & répondans, ni autrement garder l'ordre de droit. Le créancier, après perquisition de meubles sur son principal detteur, de laquelle le sergent sera crû par son rapport, & en faute d'iceux peut commencer son exécution de criées contre le tiers possesseur & détenteur des choses immeubles sujettes à son hypothéque spéciale, sans garder ordre de discussion ou autre bénéfice de droit: & n'est reçu à montrer ou déclarer autres biens appartenans au principal detteur ou son héritier apparent, pour empêcher l'effet desdites criées*; néanmoins que des remontrances par nous faites, & aussi que du dire de ceux de l'église en ferions mention en notre procès-verbal, pour en être ordonné par ladite cour, comme de raison.

Sur le cent quarantieme article, étant audit chapitre des exécutions, contenant: *toutefois ledit detteur son héritier détenteur dudit héritage hypothéqué, sera reçu à la forme des fruits desdits héritages, & leur seront baillés & laissés, s'ils sont derniers enchérisseurs & metteurs, en eux obligeant & baillant bonne & suffisante caution du principal payer & de rendre, & bailler chacun an, ès mains de celui qui sera commis par justice au régime & gouvernement desdits biens ainsi péremptorisés, le prix pour lequel lesdits biens lui avoient été accensés: mais le tiers détenteur sera reçu à avoir & lever lesdits fruits, en baillant caution à tout le moins juratoire.* Ont lesdits gens des trois états corrigé, modifié & accordé pour Coutume nouvelle ledit article en la forme qui s'ensuit: *en telle maniere, &c.*

Sur le cent cinquante-quatrieme article, qui est audit titre des exécutions, commençant: *le sergent ayant fait criées est tenu de faire procès-verbal des criées & en bailler copies aux opposans, moyennant salaire compétent, dedans six mois après lesdites criées achevées, de laquelle copie, en cas d'appointement, dissimulation ou département fait par ledit créancier poursuivant lesdites criées, les autres créanciers se pourront aider comme le poursuivant.* Après que leur avons remontré que ledit article étoit trop obscur, & qu'au moyen d'icelui il sembleroit que le sergent ne fût tenu bailler ses exploits de criées jusqu'à six mois, qui seroit contre toute raison, avons du consentement desdits états rédigé ledit article en la maniere qui s'ensuit: *le sergent ayant fait criées, est tenu faire procès-verbal des criées, & n'est tenu le garder que jusqu'à six mois, pendant lesquels il est tenu, s'il en est requis, bailler copies desdites criées & procès-verbal, moyennant salaire competent; de laquelle copie en cas d'appointement, dissimulation ou département fait par ledit créancier poursuivant lesdites criées, les autres créanciers s'en pourront aider.*

Quant est du cent soixante-cinquieme article, qui est au chapitre des taxes de dépens & amendes, commençant: *taxe de dépens & amendes se doit faire par le juge, &c.* Du consentement desdits trois états a été accordé ce qui s'ensuit: *& est révoquée & abrogée, &c.* Et a été ladite Coutume, du consentement desdits trois états, accordée pour nouvelle depuis ces mots, *& est révoquée*, jusqu'à la fin dudit article.

Sur le cent soixante-neuvieme article, qui est au chapitre des taxes de dépens & amendes, commençant: *si après l'ajournement posé, &c.* qui est Coutume nouvelle, se sont opposés les seigneurs de Château-Morant, Montfaut, Bellenave, Montmorin & Charenton, ou leurs procureurs, disans que depuis que l'ajournement étoit baillé, la clame & amende étoit acquise à leurs justices, soit du côté du demandeur ou défendeur; tellement que par l'accord subséquent ladite amende ne pouvoit être perdue, & que de tout temps ils en avoient ainsi usé. Sur quoi leur remontrâmes qu'il n'y avoit pas grand propos, quand un pauvre homme ajourné auparavant l'assignation paye celui qui l'a fait ajourner, ou trouve façon d'avoir terme de payer, ou autrement appointe, attendu que les parties ne sont entrées en plaid ni procès, de dire en ce cas qu'il y ait amende: & sur ce le chancelier en Bourbonnois dit le contenu dudit article être de grosse conséquence pour le duc de Bourbonnois, & que les fermes des exploits au moyen dudit article s'en diminueroient, & requit avoir délai d'en parler audit seigneur, duc de Bourbonnois: ce que lui accordâmes; & depuis nous dit, présens tous les dessusdits, après en avoir communiqué audit seigneur, duc de Bourbonnois, que pour le soulagement de ses sujets il consentoit ledit article. Et semblablement se sont départis de leurs oppositions lesdits seigneurs de Château-Morant, Montmorin, Charenton & Bellenave, & ont consenti audit article. Au moyen de quoi avons accordé que ledit article demeureroit en la forme & maniere qui s'ensuit, pour Coutume nouvelle: *si après l'ajournement posé en matiere civile, & avant l'assignation échue & rapport fait par le sergent, &c.*

Sur le titre du droit & état des personnes, parce qu'en aucuns desdits articles, ou par autres articles précédens, étoit accordé que le mâle, en l'âge de vingt ans, & la fille, en l'âge de seize ans, étoient réputés majeurs: s'ils entendoient que si lesdits mineurs, fussent mâles ou femelles, auparavant l'âge de vingt-cinq ans, faisoient aucuns contrats, esquels ils fussent blessés ou eussent dommage, ils entendoient qu'ils n'en pussent être relevés; & accorderent lesdits trois états ledit cent soixante-treizieme article en la maniere qui s'ensuit, *combien, &c.*

Sur le cent soixante-quatorzieme article, commençant: *le pere, &c.* Leur avons remontré l'iniquité de ladite Coutume, en tant que par icelle le pere qui doit être conservateur des biens de ses enfans mineurs & pupilles, par ladite Coutume les spolie & prive d'iceux; car telles charges de payer dettes & d'alimenter lesdits mineurs, ne sont causes suffisantes pour introduire ladite Coutume: car si les biens aventifs desdits mineurs sont suffisans pour payer les dettes, en ce cas le pere n'acceptera lesdits biens aventifs; & à cette cause seroit trop plus raisonnable que le pere (comme tuteur) pût prendre lesdits biens aventifs, & en rendre compte & reliquat, ladite tutelle finie. Sur quoi les nobles & gens du tiers état nous dirent que la Coutume étoit telle, & que de tout temps avoit été observée & gardée audit Pays & Duché de Bourbonnois. A cette cause, quelques remontrances qu'ayons su faire, n'ont consenti abrogation d'icelle: mais de leur consentement a été modifiée en la forme & maniere qui s'ensuit: *le pere est administrateur légitime, &c.*

Sur le cent soixante-quinzieme article, commençant: *la mere est tutrice & légitime administraresse de ses enfans mineurs, tant qu'elle demeurera en viduité, si elle est âgée de vingt ans accomplis; & est aussi tenue prendre les biens desdits mineurs par inventaire incontinent après le trépas de sondit mari, & bailler caution juratoire de rendre lesdits biens auxdits mineurs*: leur avons demandé si la mere de vingt ans, demeure en viduité après vingt ans, à savoir si elle pourra recouvrer la tutelle baillée à autre par faute de l'âge de vingt ans: sur quoi tous les dessusdits nous ont dit que ladite veuve en l'âge de vingt ans peut recouvrer ladite tutelle, & icelle administrer tant qu'elle sera en viduité. A cette cause, par leurs avis a été mis ledit article en la maniere qui s'ensuit: *la mere est tutrice & légitime administraresse de ses enfans mineurs tant qu'elle demeure en viduité, si elle est âgée de vingt ans accomplis: mais où elle seroit mineure de vingt ans accomplis, n'est capable, & ne peut avoir le gouvernement & administration de sesdits enfans. Et leur est pourvu de tuteurs & curateurs par autorité de justice; & si ladite femme venoit en l'âge de vingt ans accomplis, elle pourra (si bon lui semble) prendre la tutelle & administration de sesdits enfans, & icelle tenir tant qu'elle demeurera en viduité. Et est tenue de prendre les biens desdits mineurs par inventaire incontinent après le trépas de sondit mari, & bailler caution juratoire de rendre les biens esdits mineurs.*

Sur le cent soixante-seizieme article, qui est audit chapitre des tutelles, commençant: *femme ayant gouvernement & administration de ses enfans, est tenue, avant que convoler en secondes fiançailles ou mariage, faire pourvoir à sesdits enfans de tuteur & curateur, sur peine d'être privée de son doüaire & autres gains nuptiaux, & de la succession desdits enfans.* Du consentement desdits trois états ont été rayés ces mots: *sur peine d'être privée de son doüaire & autres gains nuptiaux, & de la succession de sesdits enfans*; & au lieu d'iceux ajoutés ces mots: *& si elle convole en secondes nopces, elle est privée de ladite tutelle & administration, & sera tenue rendre compte & payer le reliquat.*

Sur les cent soixante-dix-sept & cent soixante-dix-huitieme articles, commençant: *tutelles testamentaires sont baillables & préférées à toutes autres, & doivent les tutelles testamentaires être confirmées par le juge du domicile du testateur: mais à faute desdites tutelles testamentaires la légitime & naturelle a lieu, & la dative après. Et doivent lesdites tutelles testamentaires & datives être confirmées par le juge, & non la légitime.* Du consentement desdits états lesdits articles ont été modifiés & corrigés en la forme & maniere qui s'ensuit: *tutelles testamentaires sont baillables & préférées à toutes autres, & à faute d'icelles la légitime & naturelle a lieu, & la dative après. Et doit ladite tutelle dative être confirmée par le juge, & non ladite légitime & testamentaire.*

Le cent quatre-vingtieme article, commençant: *tutelle dative se doit donner par élection de parens & affins, &c.* A été par le consentement que dessus accordé comme nouvelle, depuis les mots, *jusqu'au nombre de sept pour le moins: & dure ladite tutelle quant ès filles jusqu'à seize ans, & quant ès mâles à vingt ans inclusivement.*

Sur les cent quatre-vingt-septieme & cent quatre-vingt-huitieme articles, faisans mention de la succession des bâtards & aubains, leur avons remontré que le procureur général du roi prétend lesdites successions lui compéter & appartenir; & prétend que nul en ce royaume, duc, comte ni autre, en quelque dignité qu'il soit, ne peut succéder à aucun bâtard & aubain que le roi: sur quoi les dessusdits nous ont dit que les hauts justiciers ont en leurs hautes justices de tout temps succédé ès bâtards, mais ès aubains le duc de Bourgogne seul. A cette cause, sous la reservation expresse du droit du roi, & sans aucunement toucher ni préjudicier à son droit, en tant que touche la succession des bâtards & aubains, avons ordonné que lesdits deux articles demeureront audit coutumier, ainsi qu'ils sont écrits esdits cent quatre-vingt-septieme & cent quatre-vingt-huitieme articles: & audit chapitre des bâtards & aubains y avoit un article contenant: *quand prêtre bâtard va de vie à trépas, le haut justicier prend les immeubles dudit prêtre bâtard; mais les meubles appartiennent & sont à son prélat, & en est saisi & possesseur. Et est tenu ledit prélat de payer les dettes jusqu'à la concurrence de la valeur desdits meubles.* Nous ont dit ceux de l'église que ledit article est contre droit, & que l'évêque d'Autun & autres prélats circonvoisins avoient accoutumé succéder aux prêtres bâtards: & après qu'avons interrogé les praticiens sur la Coutume couchée audit article, s'ils l'avoient gardée & observée, lesquels nous ont dit que de ce n'ont aucune Coutume, & qu'ils n'en virent jamais question ni procès; du consentement desdits trois états avons ordonné que ledit article seroit rayé, & qu'ils demeureroient en leurs possessions & droits tels que de raison. Et au chapitre des tailles personnelles, & au premier article cotté 189, ont protesté ceux de la châtellenie de Murat, que lesdites Coutumes ne leur pussent préjudicier, & qu'ils devoient seulement taille franche, & n'entendoient eux départir de l'arrêt donné par la cour pour raison desdites tailles entre madite Dame & eux: de laquelle protestation avons ordonné qu'en ferions mention en notre procès-verbal.

Sur le deux cent neuvieme article, commençant: *Donation universelle, &c.* jusqu'à ces mots, *c'est-à-savoir*, leur avons requis de déclarer ces mots: *Et le donataire s'en saisit tant que faire se peut.* Lesquels nous ont dit que le donataire est réputé suffisamment saisi, quant aux choses féodales par la réception de foi & hommage, des censuelles par l'investition du Seigneur censier, des allodiales par la prise de possession réelle en présence d'un notaire & deux témoins. Outre leur avons enquis si tel donataire universel de tous biens présens est tenu de payer les dettes du donateur, & quelles dettes; lesquels nous ont dit d'un commun accord, que quand la donation est faite de tous biens présens, comme contenu est audit article, le donataire universel est tenu payer toutes les dettes que devoit le donateur au temps de la donation: & à cette cause, de leur consentement audit article 209, avons ajouté ces mots: *C'est-à-savoir quant ès terres féodales*, jusqu'à la fin de l'article.

Sur le deux cent dixieme article leur avons demandé quelles dettes est tenu payer le donataire universel de tous biens présens & à venir; lesquels nous ont dit que tel donataire universel de tous biens présens & à venir est tenu payer les dettes que le donateur doit & devra jusqu'à l'heure de son trépas, & à cette cause, en la fin dudit article, avons, du consentement desdits états, ajouté ces mots: *Et en ce cas le donataire est tenu payer les dettes que le donateur devoit & devra à l'heure de son trépas.*

Quant au deux cent dix-neuvieme art. qui est aud. titre des donations, dons mutuels & autres conventions, &c. commençant: *Toutes donations, conventions, avantages, &c.* Du consentement desdits trois états ont été ajoutés ces mots, *ou dès descendans dudit mariage, le mariage fait par parole de présent.* Et en tant que touche lesdits mots de ladite Coutume a été accordé pour nouvelle, le résidu demeurant pour vieille Coutume.

Sur le deux cent vingt-unieme art. qui est aud. titre des donations, dons mutuels, &c. commençant: *Quand par contrat de mariage n'est convenu quelle partie de somme accordée pour la dot de la femme doit sortir nature d'héritage au profit de ladite femme; audit cas les deux tiers de la somme sortent nature d'héritage au profit de la femme, & l'autre tiers nature de meuble au profit des mariés: Mais, quand il y a héritage ou argent, ou autre meuble ensemble, l'héritage est propre à la femme, & le meuble est censé meuble au profit desdits mariés & de leurdite communauté, si autrement n'est accordé.* Ont du consentement desdits trois états été accordés pour l'avenir ces mots: *Entre les Nobles les deux tiers, entre les non-Nobles la moitié.* Et auparavant n'y avoit différence entre les nobles & roturiers, & les deux tiers sortoient nature d'héritage, & le surplus nature de meubles.

Sur le deux cent vingt-cinquieme article, contenant: *Donation entre-vifs ou à cause de mort universelle, soit* per modum quotæ, *ou institution d'héritier faite en contrat de mariage, ou autre contrat au profit des mariés, ou autrement, en quelque maniere que ce soit, sont révoquées si ledit disposant ou instituant a eu enfans naturels & légitimes survivans après lesdites dispositions & institutions.* Leur avons demandé si après une donation universelle, *aut per modum quotæ*, le donateur n'avoit eu enfans, ou lesquels n'auroient vêcu, tellement qu'à l'heure de son décès & trépas le donateur n'auroit aucuns enfans, si telle donation universelle, *aut per modum quotæ*, demeureroit bonne & valable: lesquels tous nous dirent que telles donations sont bonnes & valables; tellement que par la nativité desdits enfans telles donations ne seront révoquées, si tels enfans ne vivoient au temps du donateur: car en ce cas telle existence d'enfans fait révoquer la donation universelle, *aut per modum quotæ.* A cette cause, de leur consentement, a été ledit article corrigé en la maniere qui s'ensuit: *Donations entre-vifs universelles*, aut per modum quotæ, *sont révoquées, si ledit disposant au temps de son trépas a enfans naturels & légitimes survivans, fors ès donations faites en contrat de mariage, lesquelles ne sont audit cas révocables.*

Sur le deux cent vingt-septieme article, commençant: *Donation mutuelle entre le mari & la femme, constant leur mariage, vaut & tient quant à tous biens meubles & conquêts faits constant ledit mariage; tellement que par le trépas du premier décédé, le survivant a la jouissance par*

par usufruit desdits biens meubles & conquêts, & en est possesseur & saisi le cas avenant: mais telles donations faites durant la maladie de l'un desdits disposans, dont il décéderoit trois mois après, ne sont valables. Et après que leur avons remontré ladite Coutume être pernicieuse, mêmement quand il y auroit enfans, du consentement desdits trois états a été ledit article accordé en la maniere qui s'ensuit: *Donation mutuelle faite entre le mari, &c.* Et est accordé pour Coutume nouvelle depuis ces mots: *Et en sera saisi incontinent après le décès, &c.*

Quant est du deux cent treizieme article, a été aussi accordé pour Coutume nouvelle depuis ces mots: *Sur laquelle prisée, avenant ladite restitution, sera premier distrait ce que monte la part des dettes du décédé, & ce qui est nécessaire pour acquitter le Testament dudit défunt, avec ses obséques & funérailles. Et outre led. survivant doit bailler caution ès héritiers du prémourant, de soutenir & entretenir lesd. conquêts immeubles durant sa vie, & les rendre quittes & déchargés des arrérages du cens, rentes & autres redevances dont ils seront chargés.*

Sur le deux cent quarante-septieme article, commençant: *La propriété des biens dotaux, &c.* Avons interrogé lesdits praticiens quels biens ils entendoient être dits dotaux, & quels biens ils entendoient par ce mot, *Douaire;* lesquels nous ont dit que biens dotaux sont quand à une fille est constitué & baillé en dot & mariage aucun héritage ou autre chose immobiliaire; parce que ledit héritage & chose immobiliaire à elle baillée demeure propre à elle & ès siens; ou quand aucune somme de deniers est accordée & promise être baillée & payée pour ladite dot, & que partie d'icelle doit être convertie en héritage au profit de la femme ou des siens, ladite partie ainsi accordée est la dot de ladite femme: & douaire est ce qui est dit par ladite Coutume, que la femme survivant son mari, doit jouir sa vie durant de la moitié des héritages dont le mari meurt saisi & vêtu au jour de son trépas, ou ce qui est accordé ou enconvenancé au contrat de mariage par le mari, que sa femme doive jouir d'aucune chose par ladite maniere de douaire sa vie durant, quand elle survit sondit mari.

Sur le deux cent quarante-huitieme article audit titre, commençant: *Si deniers de mariage, &c.* Après ces mots, *Et s'ils ne suffisent, sur les conquêts,* ont été ajoutés de nouveau par l'accord commun des dessusdits, ces mots: *Et si les biens meubles & conquêts ne suffisent, sur les propres héritages, & par faute de paiement, sommation & protestation préalablement faite pardevant juge competent, seront les héritiers tenus ès dommages & intérêts de la femme.*

Sur le deux cent cinquantieme article audit titre, commençant: *La femme est douée après le trépas de son mari de la moitié de tous les héritages que le mari a, &c.* A été l'article, du consentement comme dessus, accordé pour nouvelle Coutume depuis les mots: *Et si le mari avoit plusieurs Châteaux ou maisons, l'héritier aura & prendra le Château ou maison qu'il lui plaîra, & la veuve l'autre, sinon qu'autrement fût convenu.*

Sur le deux cent soixante-septieme article, au titre des communautés, commençant: *Communautés de biens meubles & conquêts s'acquierent entre aucuns par demeurance d'an & jour ensemble, pourvu qu'ils soient âgés, c'est-à-savoir le mâle de vingt ans, & la fille de seize ans, & qu'ils soient hors puissance paternelle, & que mixtion de biens soit faite entr'eux durant ladite demeurance d'an & jour, & qu'ils vivent à communs dépens: combien qu'auparavant la communauté se contractoit en l'âge de treize ans quant au mâle, & douze ans à la femelle:* Leur a été remontré que telle société par la teneur de ladite Coutume, se pourroit contracter entre deux jeunes enfans étrangers de diverses nations, demeurans & conversans ensemble par amitié & familiarité, entre lesquels pourroit avoir grande dissimilitude & inégalité de biens contre leur propre vouloir; tellement que si après l'an qu'ils auroient ensemble demeuré, étoient interrogés s'ils entendoient avoir contracté société par ladite Coutume, répondroient féalablement que non; & à cette cause, que ledit article étoit trop général. Sur quoi, de leur commun accord, ledit article a été mis en la maniere qui s'ensuit: *Communauté de biens ne se contracte taisiblement entre personnes demeurans ensemblement par quelque temps que ce soit, s'il n'y a convention expresse de société faite entr'eux, fors & excepté entre deux freres, auquel cas est requis qu'ils soient âgés de vingt ans pour le moins, qu'ils soient hors de puissance paternelle, demeurance d'an & jour, & qu'ils ayent fait entr'eux durant ledit temps mixtion de biens. Auquel cas lesd. freres taisiblement ont contracté entr'eux société & communauté de biens; & en icelle sont compris tous les meubles précédens ou subséquens ladite communauté, & les conquêts faits durant ladite communauté & jusqu'à la dissolution d'icelle.*

Sur le deux cent quatre-vingt-huitieme article, au chapitre des choses réputées meubles, conquêts ou héritages, commençant: *Un pressoir édifié en une maison où il y a cuves & autres ouvrages, qui y ont été mis & apposés pour l'usage dudit pressoir pour perpétuelle demeure, sont réputés héritages.* Du consentement desdits états a été mis en la forme qui s'ensuit: *Un pressoir édifié en une maison est réputé immeuble, & les cuves réputées meuble.*

Sur le trois centieme article, commençant: *Succession de pere,* contraire à l'ancienne, par laquelle telle succession se partissoit & divisoit par lits & non par têtes; excepté ès châtellenies de Mont-Luçon, Vichy, S. Amand & Charenton, esquelles châtellenies lesdites successions de pere & de mere de tous temps se sont départies par têtes & non par lits.

Sur le trois cent troisieme article, qui est audit titre des successions, commençant: *Toutefois si dedans lesd. Clôtures, &c.* Du consentement desdits gens des trois états a été accordé ladite Coutume pour nouvelle quant à ces mots, *dedans l'an.* F

Sur le trois cent cinquieme article, qui est audit chapitre des successions, contenant: *Fille mariée & appanée par pere ou par mere, ayeul ou ayeule paternels ou maternels, après le décès de ses pere ou mere, ayeul ou ayeule paternels ou maternels, ne peut demander légitime ni supplément d'icelle, ni aussi venir à succession collatérale dedans les termes de représentation, tant qu'il y ait mâle ou descendant de mâle, soit mâle ou femelle héritant esdites successions, combien qu'elle n'y ait expressément renoncé: mais en succession collatérale, hors les termes de représentation, elle ou ses descendans succédent avec les mâles ou leurs descendans, selon la prérogative de degré; & en défaut de mâle ou descendant de mâle, ladite fille ou ses descendans viennent à la succession du dernier descendant desd. mâles, selon ladite prérogative.* Me. Victor Chaudron, comme soi-disant procureur de Mre. Antoine de la Roche-Foucaut, chevalier, seigneur de Barbezieux, & de dame Antoinette d'Amboise, sa femme, s'est opposé audit article, requérant qu'il fût écrit en cette forme: *Fille mariée & appanée par pere ou par mere, ayeul ou ayeule, ou par frere*; & que telle étoit l'ancienne Coutume observée audit Pays & Duché de Bourbonnois, auparavant que lesdites Coutumes de Bourbonnois fussent rédigées par messeigneurs les présidens Baillet & Besançon; & que pour l'avenir ne vouloit empêcher que ces mots, *ou par frere*, ne fussent ôtés de l'article, requérant que nous eussions à interroger les praticiens assistans esdites Coutumes, aussi les gens des trois états, si auparavant l'an 1500 que lesdites Coutumes furent publiées par lesdits présidens Baillet & Besançon, la Coutume ancienne n'étoit pas telle qu'il s'ensuit: c'est-à-savoir que *Fille mariée & appanée par pere, mere ou freres, après la mort du pere & chacun d'eux, est privée & ne peut venir à succession de pere, mere, de sœur & frere, ni autre directe ou collatérale, dans les termes de représentation, tant qu'il y a mâle ou descendant de mâle, &c.* Et Me. Gilbert Gay, pour Mre. Philippes de Beaujeu, seigneur de Lignieres, s'est opposé à ce que ne fissions aucuns interrogatoires, maintenant au contraire que ladite Coutume, *Fille mariée & appanée par frere ne pouvoit venir, &c.* n'étoit ancienne, ains nouvelle, disant outre que pour raison de ce y avoit procès, & que ne devons examiner les témoins, & pourroient lesdites parties faire examiner les témoins au procès sur ladite Coutume, si bon leur sembloit: & nous, lesdites parties ouies, avons ordonné que ladite Coutume pour l'avenir auroit lieu sans préjudice des droits & procès des parties, & reservâmes auxdites parties de pouvoir prouver d'une part & d'autre, si ladite Coutume étoit ancienne ou nouvelle. Et au surplus ont dit lesdits gens des états, que ladite Coutume étoit nouvelle, quant à ces mots, *à l'ayeul ou ayeule, paternels ou maternels.*

Sur le trois cent onzieme article, audit titre des successions, commençant: *Le pere, mere ou autres ascendans, en mariant en premieres nôces leurs filles, &c.* Ont lesd. gens des états dit lad. Coutume être nouvelle depuis ces mots: *Mais ladite fille mariée en premieres nôces, & appanée par les pere & mere ou autres ascendans, ne peut être rappellée à aucun droit successif au préjudice des mâles ou leurs descendans, sans leur consentement exprès, soit par second Contrat de mariage ou autrement; toutefois n'est prohibé auxdits pere & ascendans donner & léguer à lad. fille ainsi mariée & appanée en premieres nôces, ou disposer à son profit de ses biens, autrement que par reservation ou rappel de leur droit successif.*

Sur les trois cent quatorzieme & trois-cent quinzieme articles, audit titre, commençant: *Les ascendans ne sont héritiers & ne succédent à leurs descendans en directe ligne, reservé les pere & mere, ayeuls ou ayeules, paternels ou maternels respectivement, quand aucun va de vie à trépas, &c.* Du consentement desdits trois états ont été ajoutés ces mots pour Coutume nouvelle seulement, *ayeuls ou ayeules, paternels ou maternels.*

Sur le trois cent dix-septieme article, qui est aud. titre des successions, commençant: *Tant qu'il y ait frere germain ou sœur germaine, ou descendans d'eux ou l'un d'eux, soit ladite sœur mariée ou appanée, ou non, le frere & la sœur qui ne sont que de l'un des côtés, soit paternel ou maternel, ni les descendans d'eux ne succédent ès meubles & conquêts & propres de l'estoc dudit germain, tant que la ligne du germain dure: mais ès propres un chacun succéde, selon l'estoc dont ils sont provenus.* A été ledit article, du consentement desdits trois états, corrigé en la forme qui s'ensuit: *Tant qu'il y ait frere germain ou sœur germaine, ou descendans d'eux ou l'un d'eux, soit ladite sœur mariée ou appanée, ou non, & ayant renoncé ou non, y ait représentation ou non, le frere ou la sœur qui ne sont que de l'un des côtés, soit paternel ou maternel, ni les descendans d'eux ne succédent, tant que la ligne de germain dure.*

Sur les trois cent dix-huitieme article, commençant, *Les biens de celui, &c.* & trois cent dix-neuvieme, commençant, *Le Monastere, &c.* audit chapitre, les gens d'église se sont opposés auxdits articles, disans le trois cent dix-huitieme être contre toute disposition de droit, en tant que touche les religieux taisiblement profès, disans que par profession taisible, comme par profession expresse, les biens du profès qui lui appartiennent au temps d'icelle profession, appartiennent par telle profession au monastere. Et semblablement le trois cent neuvieme, que les successions échues à un qui se fait profès en un monastere, appartiennent aud. monastere: car par telle profession il dédie lui, & tous les biens que lors lui appartiennent, audit monastere, requérans par ces moyens que du cahier fussent rayées lesdites Coutumes. Sur quoi avons remontré aux nobles & gens du tiers état les articles dessusdits être merveilleusement étranges & contre le droit de l'église. Mais nonobstant les remontrances par nous faites, nous ont dit tous les dessusdits, mêmement les gens du tiers état interrogés les uns après les autres par serment, que telle étoit ladite Coutume audit Pays & Duché de Bourbonnois, & que d'icelle avoient joui par temps immémorial; à quoi les gens d'église se sont formellement opposés. Sur quoi, vu la déposition de tous les praticiens étans en ladite assemblée, & le dire des nobles en concorde, avons ordonné que ladite Coutume demeureroit écrite; néanmoins qu'alencontre d'icelle recevions & avions reçu à opposition lesdits gens d'église; & que des remontrances à eux par nous faites, en ferions mention en ce présent notre procès-verbal. Et pour plus amplement déduire les causes d'opposition, & tout ce que bon leur sembleroit, avons auxdits gens d'église baillé terme de deux mois à mettre pardevers nous ce que bon leur sembleroit, pour en faire notre rapport à la cour.

Sur le trois cent vingt-sixieme article audit titre, commençant: *Quand aucun a déclaré en Jugement être héritier d'un défunt, ladite déclaration profite à celui à la requête duquel elle est faite & à tous autres. Et aussi, quand aucun a déclaré judiciairement qu'il n'est héritier dudit défunt, ladite déclaration vaut rénonciation de ladite succession, & profite à tous.* A la fin dudit article ont été ajoutés ces mots: *Autre chose est, s'il est réputé héritier par contumace; car en ce cas il n'est réputé héritier qu'au profit d'iceux contre lesquels il est déclaré héritier.*

Sur le trois cent trente-cinquieme article, commençant: *Tresors mucés, &c.* audit chapitre, après que leur avons remontré que ladite Coutume est contraire au droit écrit, & aussi qu'elle est contraire aux droits du roi, & que le roi prétend tous les trésors d'or en quelque justice ou seigneurie qu'ils soient trouvés, à lui competer & appartenir; tous les dessusdits nous ont dit ladite Coutume être ancienne & de tout temps observée audit pays de Bourbonnois. A cette cause avons ordonné que sans préjudice des droits du roi & des procès, si aucuns en y a pendans pour raison de ce, ladite Coutume demeureroit écrite: & avons reservé au procureur général du roi tout tel droit & action qu'il a & peut avoir aux cas dessusdits, en la forme & maniere qu'il avoit auparavant la publication desdites Coutumes.

Sur le trois cent trente-sixieme article, au chapitre des droits seigneuriaux, commençant: *Bêtes prises pour Epaves, &c.* A été par les gens desdits trois états accordé ledit article pour nouvelle Coutume seulement, en ces mots: *Trois jours & trois nuits, & huit jours & huit nuits.*

Sur le trois cent trente-huitieme article dudit chapitre des droits seigneuriaux, commençant: *Aussi qui trouve Epaves & les retient sans les reveler dedans vingt-quatre heures à la Justice, &c.* nous ont dit lesdits gens des états ladite Coutume être nouvelle seulement en ces mots, *dedans vingt-quatre heures.*

Sur le trois cent quarantieme article, commençant: *La Riviere tolt, &c.* Et le trois cent quarante-deuxieme, commençant: *Et si la Riviere, &c.* audit chapitre, M^e^. Denis Berland, avocat audit Moulins, pour M. Jean de la Loëre, conseiller du roi notre Sire en sa cour de parlement, & Gilbert Pointet, contrôleur des chevaucheurs d'icelui seigneur, s'est opposé esdits articles, maintenant lesdites Coutumes être nouvelles: & après ce qu'avons interrogé lesdits praticiens si les Coutumes couchées esdits articles étoient anciennes ou nouvelles, lesquels nous ont dit être anciennes, & pareillement que ceux desdits trois états ont dit être Coutumes anciennes, avons ordonné que lesdites Coutumes demeureront anciennes, sans préjudice de l'opposition desdits opposans, & des droits & procès des opposans, si aucun y en avoit; & que de leur opposition seroit faite mention en notre procès-verbal, pour leur servir ce que de raison.

Sur le trois cent quarante-quatrieme article dudit titre, contenant: *Celui qui a taille ou queste ès quatre cas, peut tailler ses Sujets, quand il va en voyage d'outre-mer, visiter la Terre-Sainte, quand il est prisonnier des ennemis, quand il marie ses filles en premieres nôces, & est fait chevalier, & est ledit cas de prison réitérable; & aussi ledit cas de mariage, s'entend de toutes les filles que le Seigneur marie en premieres nôces, & ne sont les autres cas réiterables*: Ceux du tiers état ont remontré, en tant que touche ladite taille aux quatre cas, que celui qui avoit droit de taille ou queste aux quatre cas ne pouvoit demander ladite taille sinon pour le mariage de sa premiere fille en premieres nôces; & que s'il marioit après une ou plusieurs, celui qui avoit droit de ladite taille ne pouvoit prétendre icelle taille. Et par ledit Dinet pour monseigneur le duc de Bourbon, & aussi pour les nobles, a été dit, que celui qui avoit droit de taille aux quatre cas, non-seulement pouvoit lever ladite taille au mariage de son aînée fille, ains aussi ès mariages de toutes ses autres filles. Et après qu'avons sur ce interrogé lesdits praticiens, qui nous ont dit, que quant à sa premiere fille, que le seigneur qui avoit droit de taille, les pouvoit contraindre payer ladite taille, & quant au mariage des autres filles, ne virent jamais les seigneurs ayans tailles, quant au cas, en faire aucune poursuite ou demande. A cette cause avons ordonné que ledit article seroit écrit en la forme & maniere qui s'ensuit: *Celui qui a taille ou queste ès quatre cas peut tailler ses sujets, quand il va en voyage d'outre-mer, visiter la Terre-sainte, quand il est prisonnier des ennemis, quand il marie sa fille en premieres nôces, & est fait chevalier. Et est ledit cas de prison réitérable, & ne sont les autres cas réitérables.* Et néanmoins avons reservé auxdits seigneurs leurs droits pour le mariage des autres filles, tels qu'ils leur competent & appartiennent, & aux sujets leurs défenses au contraire. Et audit titre des droits seigneuriaux y avoit cinq autres articles couchés: le premier, *Si gens d'église, confrairies, communautés, abbés, prieurs, couvents, colléges & autres mains-mortes acquiérent & leur aviennent aucuns héritages ou chevances, à quelque titre que ce soit, en la terre du haut justicier, ledit haut justicier les peut contraindre de vuider leurs mains dedans an & jour, à compter du jour du commandement. Et à défaut de ce, iceux appellés & ouis, les peut faire appliquer à son domaine.* Le second : *Et si dedans ladite haute justice y a aucuns héritages tenus en fief ou directe d'autrui par lesdits gens d'église, communauté ou main-morte, ledit seigneur haut justicier, à la requête du seigneur féodal ou direct, doit contraindre lesdits gens d'église ou main-morte d'en vuider leurs mains au profit dudit seigneur censier.* Le troisieme : *Gens d'église, communautés, colléges, luminaires, confrairies & autres semblables, si au profit de leurs églises, communautés & colléges acquierent ou à eux aviennent par confiscation, mortaille, dédication ou autrement, héritages tenus en fiefs, peuvent être contraints par les seigneurs féodaux à vuider leurs mains de la chose ainsi acquise, ou à iceux avenue dans l'an, à compter du jour du commandement de ce faire : Et à faute d'y obéir, pourront lesdits seigneurs féodaux, ledit an passé, jouir desdits héritages & faire les fruits leurs, jusqu'à ce que les héritages soient aliénés à personnes capables.* Le quatrieme article : *Si chose féodale ou redevable de cens, ou autres devoirs annuels, avoit été possédée par gens d'église, confrairie, communautés ou autres mains-mortes, par quarante ans, sans ce que les seigneurs justiciers, féodaux ou directs les eussent saisis ou interpellés d'en vuider leurs mains, lesdits seigneurs ne sont plus reçus à ce faire : mais sont lesdites mains-mortes tenues à payer indemnité, qui est la sixieme partie des deniers de l'acquêt, ou la sixieme partie de la valeur des choses acquises où il n'y aura eu deniers baillés, ou prendre le revenu dudit héritage durant six années pour l'indemnité, au choix du seigneur féodal ou direct. Mais si le seigneur du fief, ou censivier ayant pouvoir de lui, avoit reçu desdits gens d'église ou mains-mortes lods & ventes de telles choses féodales ou redevables, ou autres devoirs par eux possédés, le seigneur ne sera après recevable d'en faire vuider les mains auxdits gens d'église ou mains-mortes, & pourra seulement demander son indemnité. Mais, si ledit seigneur ou son receveur recevoit les droits & devoirs ordinaires, telle réception de devoir ou rente de tels acquêts n'empêche ladite saisie & l'indemnité, ni l'effet d'icelle, pour quelque temps que la chose sujette à icelle soit détenue ; & ne se prescrit point, sinon qu'il y ait temps immémorial.* Et le cinquieme article contient : *Les seigneurs suzerains & supérieurs peuvent user desdits droits sur les choses tenues en fief ou cens de leurs vassaux dedans le temps dessusdit respectivement, quand les vassaux sont négligens de ce faire, pour interrompre la prescription desdits gens d'église.* Avons différé de faire la publication desdits articles ; parce qu'ils faisoient mention des francs & nouveaux acquêts, esquels par ordonnance du roi étoit suffisamment pourvu, & que ne sont choses esquelles Coutume se puisse introduire au préjudice du roi, ni contre ses droits ; & parceque dit est aussi, que les gens d'église se sont opposés à ce que desdits articles ne se fit aucune publication. Avons ordonné, que quant à présent n'en ferions aucune publication, & que des remontrances par nous faites & du requisitoire fait par les gens d'église ferions mention en notre procès-verbal.

Sur le trois cent cinquante-unieme article, au chapitre des droits seigneuriaux, commençant : *On ne doit aller, &c.* Ledit article, du consentement desdits trois états, a été accordé pour Coutume nouvelle seulement, en ces mots : *Trois jours après.*

Sur le trois cent cinquante-deuxieme article, audit chapitre des droits seigneuriaux, commençant : *Quand aucun, &c.* Ladite Coutume en ces mots, *vingt-quatre heures,* a été dite par les gens des trois états être nouvelle.

Sur les trois cent soixantieme article audit titre, contenant : *Si un marchand, &c.* & trois cent soixante-unieme, commençant : *Les seigneurs ayans lesdits péages, &c.* Me. François Obeilh, pour Mre. Jacques de Chabannes, chevalier, seigneur de la Palice & maréchal de France ; & Mre. Jean de Levy, chevalier, seigneur de Château-Morant, a protesté que lesdits articles ne leur peuvent nuire ni préjudicier ; maintenant ledit Obeilh, que les sujets de ladite seigneurie de la Palice sont tenus d'entretenir les ponts & passages d'icelle seigneurie, requerans que de leur dire fût faite mention en notre procès-verbal, ce que leur avons accordé. Et le neuvieme jour d'avril ensuivant M. Cristophle Regin pour Nicolas Guenin, comme soi-disant Procureur de N. Popillon, seigneur du Ryau, suffisamment fondé de lettres de procuration, nous a requis que les articles des Coutumes, & aussi ceux qui étoient à publier, & avoient été rédigés par écrit, lui fussent communiqués pour pouvoir verbalement ou par écrit déduire son intérêt. Auquel avons remontré que touchant les articles déja lus il y avoit assisté par aucunes journées, & avoient été accordés & lus ; & que pour l'opposition d'un particulier ne se devoit différer icelle lecture ni accord. Et avons ordonné que des articles déja lus, & accordés quant à présent, ne lui en seroit faite aucune communication : mais de toutes icelles Coutumes lues & accordées en laisserions une copie signée de nous au greffe de ladite Sénéchaussée, & par les mains du greffier en pourroit avoir communication & extrait des articles dont il auroit affaire. Et quant est des articles qui étoient à accorder, que chacun desdits trois états avoient eu un cahier, & qu'il se retirât, si bon lui sembloit, pardevers l'un des trois états qu'il voudroit choisir & élire, pour lui être communiqué ; & avons enjoint à celui desdits trois états, pardevers lequel il se voudroit retirer, qu'il lui en fit communication.

Sur

Sur le trois cent soixante-huitieme article, au chapitre des fiefs, commençant : *Quand un fief, &c.* A été ledit article, seulement en ces mots, *40 jours*, accordé pour Coutume nouvelle, du consentement des gens desdits trois états.

Sur le trois cent soixante-dix-huitieme article, audit chapitre des fiefs, commençant : *Le seigneur féodal n'est tenu recevoir, &c.* Du consentement desdits états ont audit article été ajoutés ces mots de nouveau : *Et peut mondit seigneur le Duc commettre, pour recevoir les foi & hommage à lui dus, si bon lui semble, & non autre*, invitis Vassallis.

Sur le trois cent quatre-vingt-troisieme article, audit chapitre des fiefs, commençant : *Quand dénombrement est baillé audit seigneur féodal, il a quarante jours pour impugner & débattre, &c.* Ladite Coutume par lesdits trois états a été accordée nouvelle, en ces mots, *quarante jours.*

Sur le trois cent quatre-vingt-cinquieme article, audit chapitre des fiefs, commençant : *Si entre plusieurs seigneurs féodaux, &c.* Du consentement desd. états ont audit article été ajoutés de nouveau ces mots : *En consignant en main de justice les droits & devoirs, si aucuns en sont dus.*

Sur le trois cent quatre-vingt-dixieme article, audit chapitre des fiefs, commençant : *Si aucun seigneur de fief acquiert chose au fief de son Vassal tenu en arriere-fief de lui, il est tenu à cause de ladite acquisition bailler homme, pour lui faire les devoirs du fief, ou vuider ses mains.* A été ledit article, du consentement desdits états, accordé en la forme qui s'ensuit : *Si autre que monseigneur le Duc, &c.*

Sur le trois cent quatre-vingt-dix-huitieme article, commençant : *Le tenancier qui tient, &c.* Audit article s'est opposé M^e^. Jean Feraut, au nom & comme procureur des habitans de la châtellenie de Verneuil, disant qu'en pareil article, qu'on s'efforca publier l'an 1500, dès-lors s'opposerent, comme il peut apparoir par la publication faite par mesdits seigneurs Baillet & Besançon. A cette cause avons reçu lesdits habitans à opposition ; & pour icelle déduire, leur avons assigné jour en ladite cour de parlement à deux mois : & néanmoins que ledit article, sans préjudice de leur opposition, en tant que touche tous les autres, demeureroit en sa vigueur, force & vertu.

Et au regard du quatre cent septieme article, audit chapitre, commençant : *Si en faisant contrat, &c.* A été accordé pour Coutume nouvelle, quant à ces mots, *dedans un an.*

Sur le quatre cent vingt-unieme article, au chapitre des censives & droits de directe seigneurie, contenant, *Contrats par lesquels, &c.* A été accordée ladite Coutume du consentement que dessus, comme nouvelle ; & ont protesté ceux de l'église de pouvoir faire déclarer par les juges d'église tels contrats usuraires, & de punir les faisans tels contrats comme usuraires.

Sur le quatre cent vingt-deuxieme article, au chapitre des retraits, retenues & rachats, commençant : *Retenue d'héritages & autres choses sujettes à retenues a lieu dedans quarante jours, à compter du jour de la possession de la chose acquise, qui se prend par l'acheteur quant au lignager qui est de l'estoc de la chose vendue, & quant au seigneur féodal ou censivier, aussi dedans quarante jours après l'ostension à lui faite des lettres d'acquisition. Et quand il y a remeré à certain temps, les dessusdits peuvent faire la retenue dedans le temps dessusdit, à compter comme dessus, & encore quarante jours après le remeré fini.* Sur les remontrances par nous faites, que le temps de quarante jours qu'avoit le lignager pour retraire la chose vendue, qui étoit de son estoc, nous sembloit qu'il étoit bien brief. A cette cause lesdits trois états ont accordé que tant le lignager pour avoir par retrait, que le seigneur pour l'avoir par retenue, aura trois mois pour les choses féodales & censivieres : mais quant ès allodiales corporelles y auroit trois mois du jour de la possession, & icelle prise en la présence d'un notaire & deux témoins ; & ès allodiales incorporelles six mois, à compter du jour de la possession prise, comme dit est. Et ont ceux de la ville de Moulins allégué & maintenu avoir Coutume locale, que le lignager pour retraire la chose vendue de son estoc, aussi le seigneur justicier & censivier pour le droit de retenue, ont an & jour : & sur ladite Coutume prétendue être locale en ladite ville de Moulins, avons ordonné qu'ils la missent comme locale, si bon leur sembloit, entre les locales, & si lors ils l'approuvoient, que volontiers l'accorderions comme locale ; & a été du consentement desdits trois états ledit article remis, ainsi qu'il est contenu aux articles subséquens.

C'est-à-savoir ès quatre cent vingt-deux, vingt-trois & vingt-quatrieme articles : *Quand aucun a vendu & transporté son héritage à personne étrange de son lignage, du côté & ligne dont lui est venu & échu par succession ledit propre héritage, il est loisible au parent & lignager dudit vendeur, du côté & ligne dont est venu & échu ledit héritage, de demander & avoir par retrait lignager icelui héritage dedans trois mois après que l'acheteur aura été investi, s'il est tenu en censive, ou qu'il ait été reçu en foi & hommage, s'il est tenu en fief : & s'il est allodial corporel dedans lesdits trois mois, ou incorporel dedans six mois du jour de la possession réelle prise par l'acquereur en la présence d'un notaire & deux témoins, en remboursant l'acheteur de son droit principal & loyaux-coûtemens. Quand aucun a vendu rente ès cas esquels ladite rente peut être constituée sur ses propres héritages, à personne étrange non étant de la ligne dont procedent lesdits héritages propres, il est loisible au parent & lignager du côté dont procedent lesdits héritages, de demander & requérir en jugement avoir ladite rente par retrait lignager dedans trois mois de l'inféodation ou investison d'icelle.*

Et quand il y a remeré à certain temps, lesdits lignagers peuvent avoir ladite rente par retrait dans le temps dessusdit, à compter comme dessus; & encore trois mois après le remeré fini, le seigneur féodal & censivier peuvent avoir les héritages vendus en leur fief & censive dedans trois mois après l'exhibition & ostension à lui faite des lettres d'acquisition, si ce n'étoit qu'auparavant ledit seigneur féodal ou censivier eût reçu les lods & ventes : car après ladite réception ne peut user ledit seigneur féodal ou censivier de retenue.

Sur le quatre cent vingt-neuvieme article, audit chapitre des retraits, retenues & rachats, commençant: *Si l'acquereur après l'acquisition par lui faite pour doute de retrait, &c.* Après les remontrances par nous faites auxdits trois états, ont accordé ladite Coutume comme nouvelle, pour ces mots, *& offrir judiciairement à toutes les assignations les deniers & loyaux-coûtemens.*

Sur le quatre cent trente-troisieme article, audit chapitre, commençant : *Les notaires & tabellions sont tenus, & peuvent être contraints par compulsoire & autrement, &c.* A été par lesdits gens des trois états accordé ledit article pour Coutume nouvelle depuis ces mots : *Aussi sont tenus les greffiers des seigneurs féodaux, & directs ayans justice, exhiber aux lignagers, si requis en sont, les investisons & inféodations, qu'ils auront faites des choses sujettes à retrait. Et les seigneurs censiviers non ayans justices seront tenus montrer leurs papiers, lesquels dorénavant seront tenus faire, & en iceux écrire les lods & ventes qu'ils auront reçus de tel acheteur pour raison de telle acquisition, & sans rien prendre pour raison de l'exhibition.*

Sur le quatre cent trente-quatrieme article, audit chapitre, contenant : *Retrait lignager, &c.* S'est icelui Christophle Regin pour ledit Guenin, comme procureur dudit seigneur du Ryau, opposé audit article avec autres qui en dépendent: & avons interrogé les praticiens, savoir si ladite Coutume étoit nouvelle ou ancienne, lesquels nous ont dit que c'est comme Coutume ancienne, & qu'ils l'ont oui alléguer, & en ont vu donner Sentence. Pareillement a été dit par les gens desdits trois états, que ladite Coutume étoit ancienne: & ouis par nous lesdits praticiens & gens desdits trois états, avons ledit seigneur du Ryau reçu à opposition. Et néanmoins avons ordonné que ladite Coutume demeureroit en l'état qu'elle est, sans préjudice de l'opposition dudit seigneur du Ryau, & procès, si aucuns en y a.

Sur le quatre cent quarantieme article, commençant: *Si plusieurs lignagers concourent en telle maniere qu'on puisse dire l'un d'iceux avoir prévenu, chacun desdits lignagers aura sa part* pro rata. *Et si l'un d'eux délaisse sa part, ou en est débouté, les autres l'auront en payant les deniers.* Leur avons remontré qu'il feroit utile à ce que l'héritage demeurât entier à la ligne, que quand deux lignagers concourent en ajournement & matiere de retrait, que le plus prochain lignager fût préféré au plus lointain degré : mais où ils seroient concurrans & en diligence & en degré, qu'en ce cas la chose fût divisée, & qu'un chacun l'eût *pro mediâ* : ce que accorderent tous lesdits états. A cette cause a été de leur consentement couché en la forme qui s'ensuit*: Si plusieurs lignagers concourent en telle maniere, qu'on ne puisse dire l'un d'iceux avoir prévenu, le plus prochain aura le tout de la chose vendue, & s'ils sont en pareil degré, l'auront par moitié lesdits lignagers.*

Sur le quatre cent cinquante-septieme article, contenant: *Le droit de retenue ou prélation de chose féodale ou censive est cessive par le seigneur féodal ou direct, & non par le lignager, sinon à autre lignager de même estoc.* Audit article s'est opposé ledit seigneur du Ryau par ledit Regin, disant que jamais il ne pourroit rien acquerir en Bourbonnois, & monseigneur le Duc pourroit tenir par puissance de fief les choses vendues, & après les ceder à autres: & après que les trois états nous ont requis que ledit article fût introduit pour Coutume nouvelle, avons ordonné que vu que lesdits trois états étoient d'accord, que de leur requisitoire en ferions mention en notre procès-verbal; & qu'elle demeureroit écrite comme nouvelle Coutume pour l'avenir, sans préjudice de l'opposition dudit seigneur du Ryau & des procès pendans, si aucun y en a. Et le lendemain, douzieme jour dudit mois d'avril, ledit Regin, pour ledit seigneur du Ryau, nous déclara que dudit appointement par nous donné il se portoit pour appellant, disant que vu son opposition ne devions prendre connoissance, ains que la devions renvoyer pardevers la cour.

Quant est du quatre cent soixante-quatrieme article, audit titre, commençant: *Quand aucun héritage est acquis durant & constant le mariage de deux conjoints mariés, &c.* A été dit par lesdits trois états, que ladite Coutume étoit, quant à ces mots, *trois mois*, comme dessus.

Sur le quatre cent soixante-sixieme article, audit chapitre, contenant : *Si le mari & la femme, & chacun d'eux pour le tout, vendent aucune rente ès cas où il est permis, tout ainsi que le créditeur la peut demander pour le tout à celui qui bon lui semble, pareillement le lignager de l'un d'eux ou de l'autre peut* in solidum *venir au retrait de ladite rente; & si lesdits deux lignagers concourent ensemble, ils seront reçus par moitié.* A été ledit article, du consentement desdits états, modifié en la forme qui s'ensuit vers la fin : *Si lesdits deux lignagers concourent enſemble, le plus prochain lignager du vendeur ſera préféré, & s'ils ſont en pareil degré, ils ſeront reçus chacun par moitié.*

Sur le quatre cent ſoixante-ſeptieme article, audit chapitre, contenant : *Les lignagers du mari peuvent avoir par droit de retenue la choſe mouvante de leur eſtoc & ligne, baillée par aſſignal à ſa femme, quand elle la vend & met en autrui main.* Du conſentement deſdits trois états a été ajouté en la fin dudit article, & en ces mots pour Coutume nouvelle : *Mais ſi ledit aſſignal après le trépas de la femme vient par ſucceſſion à ſon frere ou couſin, & ledit frere ou couſin le vend, en ce cas le lignager dudit vendeur & de l'eſtoc de la mere ſera reçu à le demander par retrait.*

Sur les quatre cent ſoixante-quatorzieme article, commençant : *Si aucun baille ſa terre, fief & ſeigneurie à ferme, ou les vend à titre de remeré ;* & quatre cent ſoixante-quinzieme, commençant : *Et eſt obſervé le ſemblable quant ès douaires & uſufruitiers.* Le quatre cent quatre-vingt-unieme, commençant : *Et ſi durant ladite ferme le fermier achete aucune choſe ſujette à retrait, &c.* Le quatre cent quatre-vingt-quatrieme, commençant : *Si choſe vendue à titre & faculté de remeré, &c.* étant audit chapitre des retraits, retenues & rachats, &c. en tant que touche les trois mois, eſt Coutume nouvelle.

Sur le quatre cent ſoixante-dix-neuvieme article, commençant : *L'égliſe n'a point de retenue, mais a droit de lods & ventes pour raiſon des cenſives ès lieux où elle a accoutumé les avoir d'ancienneté.* Ceux de l'égliſe ſe ſont oppoſés audit article, maintenant qu'il eſt contre la liberté de l'égliſe, & qu'ils avoient des héritages féodaux dont étoient mouvans pluſieurs fiefs, & qu'ils les pouvoient auſſi-bien avoir par droit de retenue que les nobles, & que ce n'étoit Coutume ancienne, mais nouvelle, qui ne ſe pouvoit introduire ſans leur conſentement, offrans que quand ils les auroient eû par retenue, qu'on les pût contraindre d'en vuider leurs mains : & ſur ce avons interrogé les praticiens ſi ladite Coutume étoit ancienne ou nouvelle, leſquels nous ont dit que c'étoit Coutume ancienne, & que comme ancienne avoit été publiée par ledit ſeigneur préſident Baillet, l'an 1500, au chapitre des retenues ; & après que les nobles & ceux du tiers état nous ont requis ladite Coutume être couchée comme ancienne, avons reçu ceux de l'égliſe à oppoſition, & ordonné qu'ils bailleroient leurs cauſes d'oppoſition pardevers nous, pour en faire notre rapport à la cour. Et vu la dépoſition deſdits praticiens & requiſitoire des nobles, & ceux du tiers état, avons ordonné par maniere de proviſion, & que juſqu'à ce que par la cour en ſoit autrement ordonné, ladite Coutume demeureroit écrite comme ancienne, ſans préjudice de l'oppoſition de ceux de l'égliſe.

Sur le quatre cent quatre-vingt-dixieme article, qui eſt au chapitre des tailles réelles, commençant : *Quiconque porte aucun héritage taillable, &c.* M^e^. Gilbert Gay, comme procureur des manans & habitans de Germigny & Chaveroche, s'eſt oppoſé audit article, en enſuivant l'oppoſition qui avoit été faite pardevant ledit ſeigneur Baillet, l'an 1500, par les habitans dudit Germigny & Chaveroche, au cinquieme chapitre du titre des tailles réelles : à laquelle oppoſition les avons reçus, & qu'ils pourroient bailler leurs cauſes d'oppoſition, pour icelles vues en être ordonné par ladite cour, comme de raiſon.

Sur le quatre cent quatre-vingt-onzieme article, audit titre des tailles réelles, contenant : *S'ils ſont pluſieurs perſonniers, qui tiennent communément & par indivis aucun héritage taillable d'aucun ſeigneur, il ne peut être parti ni diviſé ſans la licence & congé du ſeigneur, duquel il eſt tenu à taille ; & s'ils font le contraire, il eſt acquis au ſeigneur.* Comme à l'article précédent ledit M^e^. Gilbert Gay, pour leſdits habitans de Germigny, en enſuivant l'oppoſition faite pardevant ledit ſeigneur préſident Baillet, s'eſt oppoſé audit article ; à laquelle oppoſition les avons reçus, & ordonné qu'ils bailleroient leurs cauſes d'oppoſition, pour icelles vues en être ordonné par ladite cour, comme de raiſon.

Sur le cinq cent troiſieme article, qui eſt le premier article des ſervitudes réelles & rapport des jurés, contenant : *En mur commun un ne peut ſans le conſentement de ſon commun faire vues à icelui,* & autres articles dudit titre ; & à tous les articles, qui ont été écrits pour nouvelle Coutume, ledit Regin, pour ledit ſeigneur du Ryau, s'eſt oppoſé pour le procès qu'il a & qu'il peut avoir dépendant deſdits articles. Et avons ordonné que de ſadite oppoſition en ferions mention en notre procès-verbal.

Sur le cinq cent vingt-troiſieme article, commençant : *Priſe de bêtes en garenne, eſt pour l'intérêt du ſeigneur de ladite garenne, pour la premiere bête ſept ſols tournois, & pour chacune des autres douze deniers tournois, en montrant duement de la priſe faite en ladite garenne, quand il y a pluſieurs enſemble à une priſe : & s'il ne ſe veut charger de la preuve, il aura ſon intérêt ſelon l'article précédent, en ce non compris l'amende du ſeigneur, laquelle eſt de ſept ſols tournois ; & quand il y en a une ſeule, il a toujours ſept ſols tournois.*

Et le cinq cent vingt-quatrieme article, contenant : *Taillis & bois revenans ſont après la coupe de garde trois ans & un mois ; en telle maniere que la priſe de bêtes faite en iceux durant ledit temps, eſt de telle valeur & eſtimation comme celle de garenne. Toutefois ſi en garenne ou taillis, ou joignant iceux, y a chemin royal paſſant, leſdites bêtes ne pourront être priſes en paſſant ſeulement, pourvu qu'elles n'y arrêtent aucunement ; & ne ſera ledit ſeigneur tenu faire telles preuves qu'en garenne ; mais ſera cru le preneur par ſon ferment de la priſe, en montrant de la diligence, selon le premier article. Aussi si à l'issue des villes ou villages à un trait d'arc aucuns, soient nobles, ou autres, ont bois taillis & revenans jusqu'à deux septerées, ils seront tenus les tenir clos & bouchés, autrement ils ne peuvent user de prise de bêtes comme en bois taillis; mais en pourront user comme en simple gast d'autres héritages*, qui sont au titre *des prises de bêtes*. Ledit le Gay, pour les habitans de la châtellenie de Vichy, s'est opposé, en ensuivant l'opposition faite dès l'an 1500, pardevant ledit seigneur président Baillet, auxdits articles, maintenant avoir Coutume locale & particuliere en ladite seigneurie, châtellenie & ressort d'icelle, qu'un homme ne fera qu'une amende au seigneur de ladite garenne & du bois pour toutes ses bêtes, laquelle est sept sous tournois; & avons ordonné que de ladite opposition seroit fait mention en notre procès-verbal.

Au regard du cinq cent trente-huitieme article, au titre des moulins & fours, commençant: *Le meûnier du moulin bannier est tenu de rendre la farine moulue, &c.* A été accordé par lesdits états pour Coutume nouvelle, quant à ces mots: *Deux jours & une nuit, ou deux nuits & un jour, qui sont 36 heures.*

Au titre des accenses & baux de fermes, a été le cinq cent quarante-sixieme article, commençant: *Les metteurs & enchérisseurs des accenses & fermes, &c.* accordé pour Coutume nouvelle, en ces mots, *dedans quatre jours.*

Et semblablement le cinq cent quarante-neuvieme article, qui est audit titre des accenses & baux de fermes, commençant: *Et après lesdits tiercemens & doublemens passés, &c.* A été accordé par lesdits trois états pour Coutume nouvelle, en ces mots, *jusqu'à quinze jours après les tiercemens & doublemens finis.*

Sur le cinq cent cinquante-cinquieme, qui est au chapitre de Chaptel de bêtes, commençant: *Et sont illicites & nuls tous contrats & convenances de Chaptel de bêtes, par lesquels les pertes & cas fortuits demeurent entiérement à la charge des preneurs: aussi ceux esquels outre le Chaptel & croît est promis par les preneurs aux bailleurs argent ou bled que l'on appelle droit de moisson.* Ceux de l'église ont protesté que ledit article ne leur peut nuire ni préjudicier, que de tels contrats n'en puissent avoir la connoissance, & faire déclarer par le juge d'église tels contrats usuraires, & de punir tant ceux qui feroient tels contrats, que les notaires qui les recevroient. Et le samedi treizieme avril, en l'article, commençant: *Au Pays & Duché de Bourbonnois y a trois manieres de faire assiete, l'une coutumiere, l'autre par amis, & l'autre en avaluement de terre*; qui est le premier article de la maniere de faire assiete, à icelui & autres articles dudit chapitre d'assiete, ledit Regin, pour ledit seigneur du Ryau, s'est opposé à ce qu'audit titre ne soient mis & couchés autres articles que ceux qui d'ancienneté ont été gardés, & n'y soient mis autres nouveaux; parce que sur la maniere de faire assiette y a procès entre lui & M^re^. Pierre Popillon, son frere. Aussi dit que dès l'an 1500 avoient été redigées par écrit, & publiées les Coutumes dudit Pays & Duché de Bourbonnois, par ledit président Baillet & Besançon, conseiller, & qu'il s'arrêtoit à ladite publication; & parce qu'avons publié aucunes Coutumes nouvelles, & aussi autres Coutumes contraires à celles publiées audit an 1500, d'icelle publication se portoit de nous pour appellant: auquel remontrâmes que de se porter pour appellant de ladite publication qu'il disoit par nous avoir été faite, n'y avoit apparence; parce que nous n'avions encore fait ladite publication. Et par ledit Regin fut dit que, vu lesdites remontrances par nous à lui faites, il se désistoit de sondit appel, & néanmoins s'opposoit à ce que ne fussent par nous publiées autres Coutumes, que celles qui auroient été publiées pas lesdits seigneurs président Baillet & Besançon, audit an 1500.

Sur ce ordonnâmes qu'au lundi ensuivant ledit seigneur du Ryau pourroit, si bon lui sembloit, venir dire, déclarer & coter les articles qu'il maintient être nouveaux ou contraires aux articles publiés audit an 1500; pour ce fait & lui oui auparavant la publication qu'entendions faire ledit jour, en être par nous ordonné, comme de raison. Audit titre des assietes ont été accordés, du consentement desdits trois états, pour nouveaux les articles qui s'ensuivent.

Tonneau de miel, 35 sous tournois.
Tonneau de verjus de grain, 20 sous tournois.
Tonneau de vinaigre, 20 sous tournois.
Tonneau de verjus de pommes, 12 sous 6 deniers tournois.
Quarte de sel, 2 sous tournois.
Le Paon, 2 sous 6 deniers tournois.
Faysant bruyant, 20 deniers tournois.
Le Cygne, 20 deniers tournois.
La Gruë, 20 deniers tournois.
Perdrix, 9 deniers tournois.
Chapon, 12 deniers tournois.
Chaponneau, 6 deniers tournois.
Oiseaux de riviere, 10 deniers tournois.
Quatre œufs, 1 denier tournois.
Pigeon, 1 denier tournois.

Mouton

Mouton avec laine, 5 sous tournois.
Veau, 5 sous tournois.
Chevreau, 15 deniers tournois.
Connil, 18 deniers tournois.
Cochon, 10 deniers tournois.
La chair de Mouton, 4 sous tournois.
La toison de Mouton ou Brebis, 12 d. tour.
Livre de poivre, 3 sous tournois.
Livre de beurre, 4 deniers tournois.
Livre de suif, 4 deniers tournois.
Livre de plume, 8 deniers tournois.
Charretée de foin pesant douze quintaux, 10 sous tournois.
Ledit art. est accordé pour les mots, *pesant 12 quintaux*, pour Cout. nouvelle seulement.
Charretée de paille, 2 sous tournois.

Semblablement a été accordé par lesdits états pour Coutumes nouvelles le contenu ès articles qui s'ensuivent, qui sont audit titre des assietes. « Les fiefs se baillent en assiete pour » la centieme partie de ce qu'ils valent du revenu annuel, comme le fief valant cent livres » tournois de rente, se baille en assiete pour vingt sous tournois : mais si ledit fief est chargé » d'aucun devoir, il est déduit & défalqué de ladite valeur; usufruitiers ou douairieres ne sont » tenus de prendre ledit fief pour aucune chose. Châteaux, maisons, & autres édifices dont » dépendent aucunes seigneuries baillées en assiete, se baillent pour la dixieme partie de » ce que valent lesdites seigneuries de rente de la qualité d'assiete dont elle est baillée, où » d'iceux est faite estimation par gens experts; & est la trentieme partie de l'estimation bail- » lée en assiete au choix de celui auquel est faite ladite assiete; comme si une seigneurie vaut » cent livres de rente, & le château & maison dont elle dépend est prisée ou estimée mille » livres pour une fois, ladite maison se baille en assiete pour dix livres de rente qui est la » dixieme partie de la valeur de ladite seigneurie, ou pour trente-trois livres quatre deniers » tournois de rente, qui est la trentieme partie de l'estimation de ladite maison, au choix de » celui qui prend ladite assiete, comme dit est. Et n'est tenu le créancier, à qui est dû l'as- » siete de ladite rente, prendre lesdits édifices en assiete, si ce n'est qu'en faisant ladite as- » siete la moitié du revenu & chevance dépendans desdites places pour le moins lui soit bail- » lé outre & par dessus l'estimation d'icelui édifice. Toutefois si audit créancier est plus dû en » assiete de rente, que ne monte la moitié de ladite chevance, & lesdits bâtimens excédent » ce qui lui est dû de reste, il n'est tenu prendre lesdits bâtimens; pour ce qu'il faut que » lesdits bâtimens soient pris entiérement ou laissés au detteur, sinon que le detteur voulût » laisser lesdits bâtimens pour ce qu'il resteroit de ladite rente. Aucuns édifices & maisonna- » ges en la ville & ailleurs, qui ne dépendent d'aucunes seigneuries, sont baillés en assiete, » quand ils sont francs & quittes de cens & rente pour la quarantieme partie de la prise des- » dits édifices. En matiere d'assiete coutumiere, le sou de rente est estimé pour une fois » trente sous; & en rente redevable le sou est estimé vingt sous tournois. Quand aucun est » obligé à asseoir cens ou rente en directe seigneurie, & cependant a promis payer jusqu'à ce » que l'assiete en soit faite, & ils en sont dus des arrérages, pour chacune livre de cens & » rente en directe seigneurie sont dus trente sous, qui est un tiers davantage. Bois pour bâtir » de haute futaye, doivent être estimés combien peut valoir à vendre pour une fois le fonds, » arbres & revenu d'iceux: & s'ils sont estimés quinze cents livres tournois, ils sont baillés » pour cinquante livres de rente en assiete, qui est la trentieme partie, & ainsi du plus plus, » & du moins moins. Bois de haute futaye, portant paisson de gland ou foine, se peut bail- » ler en assiete, & faut regarder qu'ils ont valu les quinze dernieres années, & de la valeur d'i- » celles en faire une somme, de laquelle se prend la quinzieme partie qui se baille en assiete, » rabattu le tiers pour la directe, & l'autre pour les cas fortuits. Toutefois le detteur peut à » son choix faire estimer ledit bois avec les fruits & fermes d'iceux; & dudit prix que les- » dits bois & fruits sont estimés à vendre pour une fois, est prise la trentieme partie, laquelle » trentieme partie dudit prix est baillée en assiete, qui est la raison de trente sous un » sou, & du plus plus, & du moins moins. La taille personnelle, franche & imposable » à volonté raisonnable; & les droits se prennent en assiete pour ce tiers davantage de ce » qu'elle aura été imposée les neuf années précédentes, & icelles réduites en somme totale, » dont en sera faite une.

« Colombier se prend en assiette pour la neuvieme partie de ce qu'il a valu ou pu valoir » par commune estimation, déduit le tiers pour l'entreténement des pigeons, & le tiers pour » la directe. »

Après lecture faite de tous lesdits articles, nous ont très-instamment les gens des trois états requis que lesdits articles desdites Coutumes nouvelles, qui sont ceux qui s'ensuivent, commençans; c'est-à-sçavoir, les quatorzieme, *Par discontinuation*, &c. Seizieme, *Deniers des collectes*, &c. Trente-troisieme, *Prescription ne court*, &c. qui sont au titre des prescriptions. Le trente-sixieme, *Exceptions de deniers non-nombrés*, &c. qui est au titre des exceptions. Le trente-neuvieme, *Combien que par ci-devant*, &c. Quarante-deuxieme, *Reproches d'être larron*, &c. Quarante-troisieme, *Reproches de familiarité*, &c. qui sont au titre des reproches. Le cinquante cinquieme, *Fils de famille âgé de vingt ans* &c. qui est au titre des assuremens. Le soixante-sixieme, *Si le dénonciateur*, &c. qui est au titre des crimes. Le soixante-neuvieme, *Respits n'ont lieu*, &c. qui est au titre des respits. Les soixante-seizieme, *Lesdits notaires*, &c. & soixante-dix-neuvieme, *En tous contrats*, &c. qui sont au titre des notaires. Le quatre-vingt-sixieme, *Rescision de contrat*, &c. & quatre-vingt-quinzieme, *Quand aucun a joui*, &c.

qui sont au titre des lettres, contrats de vente & revente, & où est tenu le detteur porter ce qu'il doit des cas de saisine & de nouvelleté, & simple saisine & matiere possessoire. Les cent vingt-huitieme, *Quand aucun doit cens*, &c. Cent-trente-neuvieme, *Et si lesd. fruits*, &c.

Cent quarante-cinquieme, *Les criées dorénavant*, &c. Cent quarante-neuvieme, *Le dernier enchérisseur est contraint*, &c. qui sont au titre des exécutions. Le cent cinquante-septieme, *En grosse d'écriture*, &c. Cent cinquante-neuvieme, *Si après l'ajournement posé*, &c. qui est au titre des taxes de dépens & amendes. Le cent soixante-sixieme, *Fils de famille mariés*, &c. Cent soixante-septieme, *Par le trépas du pere*, &c. qui sont au titre du droit & état des personnes. Le cent quatre-vingt-troisieme, *Tuteurs, curateurs & autres*, &c. qui est au titre des tutelles. Les deux cent seizieme, *Le pere & la femme*, &c. Deux cent dix-septieme, *Le pere, mere, ou l'un deux*, &c. qui sont au titre des donations. Les deux cent vingtieme, *Institution d'héritier*, &c. Deux cent vingt-sixieme, *Le mari durant le mariage*, &c. qui sont au titre des donations, dons mutuels, & autres conventions faites en contrat de mariage, & constant icelui. Les deux cent quarante-deuxieme, *Et peuvent les créanciers*, &c. Deux cent cinquante-sixieme, *En contrat de mariage*, &c. Deux cent soixante-cinquieme, *Si personne*, &c. qui sont au titre des gens mariés, dots & douaires. Le deux cent soixante-dixieme, *Si l'un des conjoints*, &c. qui est au titre des communautés. Les deux cent quatre-vingt-neuvieme, *Avant qu'un testament*, &c. Deux cent quatre-vingt-quinzieme, *Exécuteurs de testamens*, &c. Deux cent quatre-vingt-seizieme. *Un exécuteur testamentaire*, &c. Deux cent quatre-vingt-dix-septieme, *Les légataires*, &c. Deux cent quatre-vingt-dix-huitieme, *Les exécuteurs peuvent recevoir*, &c. qui sont au titre des testamens, donations à cause de mort, légats & exécuteurs d'iceux. Le trois cent seizieme, *Qui prend les meubles*, &c. qui est au titre des successions. Le trois cent trente-septieme, *Si aucun trouve un abeillon*, &c. qui est au titre des droits seigneuriaux. Les trois cent soixante-dix-neuvieme, *Quand il y a mutation*, &c. Trois cent soixante-dixieme, *Et au regard des fiefs*, &c. Trois cent soixante-douzieme, *Si le détenteur du fief*, &c. Trois cent quatre-vingtieme, *Le vassal qui veut faire foi*, &c. Trois cent quatre-vingt-onzieme, *Si plusieurs sont seigneurs communs*, &c. qui sont au titre des fiefs. Les quatre cent dixieme, *Les détenteurs d'aucun max*, &c. Quatre cent douzieme, *Si le seigneur censier*, &c. Quatre cent quinzieme, *Quand aucun héritage*, &c. Quatre cent dix-huitieme, *Rente constituée à prix d'argent*, &c. Quatre cent vingtieme, *Le detteur de ce qu'il a payé*, &c. Quatre cent vingt-unieme, *Contrats par lesquels*, &c. qui sont au titre des censives & droit de directe seigneurie. Les quatre cent vingt-huitieme, *Quand aucun lignager du vendeur*, &c. Quatre cent cinquante-septieme, *Le droit de retenue*, &c. Quatre cent soixante-onzieme, *En l'héritage propre*, &c. Quatre cent quatre-vingt-septieme, *En l'héritage vendu*, &c. qui sont au titre des retraits, retenues & rachats. Les cinq cent trente-troisieme, *Si aucun héritage n'est suffisant clos*, &c. Cinq cent trente-quatrieme, *En la saison que les bleds*, &c. qui sont au titre des prises de Bêtes. Les cinq cent trente-cinquieme, *Droit de moulage*. &c. Cinq cent trente-septieme, *Et peuvent lesdits meuniers*, &c. Cinq cent quarante-cinquieme article, *Qui achete bled hors les limites*, &c. qui sont au titre des moulins & fours.

Outre les articles contenus en ce présent notre procès-verbal, fussent & demeurassent écrites pour Coutumes nouvelles, que leur avons (*attendu leur consentement*) accordé. Et le lundi quinzieme jour dudit mois d'avril, environ deux heures après midi, nous nous transportâmes en la salle du château, pour, en ensuivant l'appointement par nous donné le samedi dernier, faire la publication desdites Coutumes; auquel lieu se comparurent lesdits gens desdits trois états & praticiens. Premierement y comparut un nommé M^e. Jean Thureau, prêtre, soi-disant procureur dudit Nicolas Popillon, seigneur du Ryau, lequel nous exhiba une procuration, & un mémoire qu'il disoit lui avoir été envoyé par ledit seigneur du Ryau, & l'interrogeâmes s'il avoit autres pieces, lequel nous a dit qu'il n'en avoit aucunes. Et après ce que l'eûmes interrogé par serment s'il avoit autres piéces, qui lui eussent été envoyées par ledit seigneur du Ryau, nous dit qu'oui, & exhiba une lettre missive dudit seigneur du Ryau; & ce fait lumes lesdites lettres, procuration & mémoire: & parce que par ledit mémoire il disoit qu'il avoit donné charge à Regin, le Gay & Guenin, ses procureurs, de nous récuser pour les causes de récusations contenues audit mémoire; interrogeâmes en la présence de l'assistance lesdits Regin, le Gay & Guenin, s'ils nous avoient reçu séau paravant le jourd'hui, lesquels nous dirent que non. Et outre, ledit Regin dit que ledit seigneur du Ryau lui avoit envoyé un mémoire signé de lui, contenant causes de récusation contre nous, & aussi plusieurs moyens pour débattre les articles des Coutumes couchés de nouveau: & parce que lui reservâmes de pouvoir débattre à aujourd'hui lesdits articles, ne proposa lesdites causes de récusation; & aussi de long-temps qu'il y avoit, que nous travaillons déja auxdites Coutumes. Vrai est qu'il nous dit ces mots, sans toutefois nous approuver à juges: & vues par nous lesdites causes de récusation, mémoire, procuration & lettre missive; attendu que ledit seigneur du Ryau ayant comparu esdites Coutumes s'étoit opposé à aucuns articles, & le temps qu'avions vacqué auxdites Coutumes, & qu'à présent étions prêts à faire notre publication, ordonnâmes que nonobstant les causes de récusations proposées par ledit seigneur du Ryau, passerions outre à faire ladite publication, sous les modifications ci-après contenues, & que lesdits mémoire, procuration & lettre missive demeureroient pardevers nous, pour être communiqués au procureur général du roi, pour par lui requerir ce qu'il verroit être à faire par raison. Au surplus sommâmes lesdits Regin, Guenin & Thureau, de cotter les articles contre lesquels ils se vouloient opposer, & de proposer les causes d'opposition, pour avant que faire ladite publication, en être par nous ordonné, comme de raison, lesquels ne voulurent aucune chose dire; & ordonnâmes que passerions outre à ladite publication, laquelle avons faite en la forme & maniere qui s'ensuit.

Nous Roger Barme, président, & Nicole Brachet, conseiller du roi notre sire en sa cour de parlement, commissaires commis & députés par led. seigneur, déclarons & publions les Coutumes en présence desd. gens des trois états, lues & accordées, autres que celles desquelles est par exprès fait mention en notre procès-verbal qu'elles soient nouvelles, être les Cout. du Pays & Duché de Bourbonnois, sans préjudice des oppositions particulieres des opposans, pour lesquelles décider les avons renvoyées en la cour de parlement au mois; & cependant pourront mettre & produire pardevant nous tout ce que bon leur semblera; selon lesquelles nous commandons à vous sénéchal de Bourbonnois, votre lieutenant, & à tous juges du Pays & Duché de Bourbonnois, que selon icelles ayez à juger, décider & terminer tous les procès mus, *autres que ceux esquels sur les Coutumes est déja faite enquête*, & ceux à mouvoir. en défendant par exprès à tous avocats de n'alléguer dorénavant en demandes, défenses & écritures, aucunes Coutumes contraires ou dérogeantes à icelles; & à tous juges dudit Pays & Duché, que pour la preuve desdites Coutumes ils n'ayent à recevoir aucuns témoins en turbe; ains pour la preuve d'icelles, que les parties ayent à en prendre extrait par le greffier de lad. Sénéchaussée ou le greffier de la cour de parlement, au greffe de laquelle seront portées lesdites Coutumes. Et en tant que touche les Coutumes nouvelles, & desquelles est fait mention en la fin de notre procès-verbal, lesdites Coutumes demeureront écrites comme accordées & demandées par les états ou la plus grande partie d'iceux : mais l'autorisation & decret d'icelles l'avons reservé au roi, notre sire, en lui suppliant très-humblement, que si son bon plaisir est d'icelles nouvelles autoriser, son plaisir soit reserver la décision des particuliers opposans à la cour de parlement, & icelles reserver à jour certain, pour être décidées avec les autres oppositions. Et est nonobstant cette présente publication reservée aux seigneurs justiciers, qui ont droit particulier sur leurs sujets, plus ample que par ces présentes Coutumes, d'user d'iceux droits comme auparavant, & à leurs sujets leurs défenses au contraire. Et aussi avons reservé à tous sujets d'user de tels privileges, libertés & franchises, qui leur competent & appartiennent, autres que celles écrites, & aux seigneurs leurs défenses au contraire. Et au surplus avons fait & faisons défenses à tous notaires de ne délivrer aucuns instrumens ou notes, dont ils auront été requis par les parties, de ce qui a été fait en procédant au fait, lectures & publication desdites Coutumes, que préalablement ils ne nous l'ayent communiqué, & ce sur peine d'amende arbitraire. Et le lendemain 16 dudit mois d'avril, Nicolas Guenin, procureur dudit seigneur du Ryau, avec ledit M^e^. Jean Thureau, se retirerent pardevers nous en notre logis audit Moulins, requerans leur bailler ce que avoit été fait contre ledit seigneur du Ryau, en faisant par nous la lecture & publication desd. Cout. auxquels fimes réponse, que ne leur baillerions ce à part, mais que notre procès-verbal fait, en mettrions une copie au greffe de lad. cour, & un autre au greffe de lad. Sénéchaussé de Bourbonnois, & là ils la pourroient recouvrer, & ladite réponse faite, nous requirent que de leur requête fissions mention en notre procès-verbal, ce que leur accordâmes. *Ainsi signé*, BARME & BRACHET.

S'ensuit la teneur des Lettres d'autorisation des Coutumes nouvelles de Bourbonnois & de la Haute-Marche, modifications, limitations, interprétation & abrogation d'aucunes anciennes.

FRANÇOIS, par la grace de Dieu, roi de France: savoir faisons à tous présens & à venir. Notre très-chere & très-amée tante la Duchesse de Bourbonnois & d'Auvergne, & notre très-cher & très-amé cousin Charles, duc & comte desdits Duché & Comté, connestable de France, ont fait exposer qu'à leur réquisition, & pour le bien de justice & soulagement des habitans de leur Pays, Duché de Bourbonnois & comté de la Marche, avons commis & député nos amés & feaux, maître Roger Barme, président, & Nicole Brachet, conseiller en notre cour de parlement, pour rédiger par écrit les Coutumes d'iceux Pays de Bourbonnois, & de la Haute-Marche, & icelles publier pardevant eux, pour les autoriser & interpréter celles, esquelles les gens des trois états d'iceux pays de Bourbonnois & la Haute-Marche consentiroient. En quoi faisant a été trouvé qu'aucunes Coutumes anciennes d'iceux pays de Bourbonnois & la Haute-Marche étoient grandement préjudiciables à la chose publique d'iceux pays, & qu'en autres y avoit diversité d'opinions sur l'interprétation & observance d'icelles entre les praticiens d'iceux : pour ce quant à celles qui étoient préjudiciables, les gens des trois états desdits pays de Bourbonnois & de la Marche ont les aucunes réduites à la disposition du droit commun, & les autres modifiées. Et à celles sur lesquelles gisoit interprétation & diversité d'opinions, ont suivi celles qui étoient plus raisonnables, ainsi qu'il appert par les coutumiers qui faits en ont été. Et si ont pour le bien desdits Pays introduits aucunes nouvelles Coutumes, qui sont comme nouvelles couchées auxdits coutumiers, ou ès procès-verbaux desdits commissaires; quoi faisant lesdits commissaires, ensuivant leur pouvoir par eux donné, ont autorisé les anciennes par eux rédigées par écrit, esquelles les gens des trois états desdits pays avoient consenti; & pareillement l'interprétation & modification desdites anciennes Coutumes, ensuivant leurdite commission. Mais quant ès nouvelles Coutumes nous ont reservé l'autorisation, pour ce que leurdite commission à ce ne s'étendoit; & par ainsi lesdites Coutumes ne sont entiérement autorisées. Aussi doutent nosdits tante & cousin, que par cavillation ou autrement on s'évertue de faire interprétations nouvelles de fait sur icelles Coutumes, & pareillement que les praticiens desdits pays veulent alléguer autres Coutumes que celles qui ont été par nosdits commissaires rédigées par écrit, qui feroit par laps de temps annuller leur effet, & revenir en la confusion en laquelle étoient lesdits pays auparavant l'exécution de notredite commission, requérant sur ce nosdits tante & cousin notre provision. Pour ce est-il que nous, ces choses considérées, désirant le bien, profit & utilité de nosdits tante & cousin, de leursdits sujets, terres & seigneuries, & que notre vouloir & intention sur la réduction des Coutumes de notre royaume sorte son plein & entier effet. De notre pleine puissance & autorité royale avons par ces présentes autorisé & autorisons lesdites Coutumes nouvelles, interprétations & modifications des anciennes, voulons & nous plaît que pour l'avenir & aux cas qui par ci-après écherront, les procès se vuident & jugent par lesd. nouvelles Coutumes : & quant aux anciennes, que les gens des trois états desdits pays ont abrogées, nous voulons que dorénavant ne portent aucun effet, ains que les procès pour les faits qui sont à écheoir, se jugent & vuident, ou par disposition de droit ès cas esquels ils ont voulu disposition du droit devoir & avoir lieu, ou par lesdites nouvelles Coutumes, lesquelles auroient été faites & subrogées esdits livres coutumiers en lieu desdites abrogées, & aussi par lesdites interprétations & modifications desdites Coutumes anciennes, sans ce qu'il soit requis ou nécessaire faire autre preuve sur icelles; ains seulement lever l'extrait qui sera pris & levé desdits siéges & cours où elles seront enregistrées, ou du greffe de notredite cour. Et avec ce avons voulu & nous plaît que dorénavant ne soit loisible ni permis aux habitans & praticiens desdits pays n'autres alléguer, user ni mettre en fait aucunes nouvelles Coutumes, autres que celles qui sont rédigées par écrit esdits livres coutumiers, & selon la qualité en iceux écrite, ni sur icelles faire aucune interprétation de fait, dérogeant à icelles & à tous juges de ne les admettre sur peine d'amende arbitraire. Si donnons en mandement par ces présentes à nos amés & feaux les gens tenans notred. cour de parlement, à tous autres justiciers & officiers, que de notre présente autorisation fassent, souffrent & laissent jouir nosdits tante & cousin, & habitans desd. pays de Bourbonnois & la Marche, pleinement & paisiblement, vuident & jugent leurs procès en la forme & maniere ci-dessus déclarée, car ainsi il nous plaît & voulons être fait, nonobstant oppositions ou appellations quelconques; & que lesdites Coutumes ne soient ici spécifiées de mot à mot, & sans préjudice de nos droits, & des droits qu'à vous & à madame notre mere peuvent compéter & appartenir pour raison & à cause de la hoirie & succession de feue M. Susanne de Bourbon; & aussi sans préjudice des oppositions, qui pardevant nosdits commissaires auroient été faites, & quelconques lettres subreptices à ce contraires. Et afin que ce soit chose ferme & stable à toujours, nous avons fait mettre notre scel à ces présentes. Donné à Fontainebleau le 13e. jour de mars, l'an de grace 1521, & de notre regne le huit.

EXTRAIT DES REGISTRES DE PARLEMENT.

SUR la requête baillée à la cour par le procureur général du roi, & duchesse & duc de Bourbonnois & d'Auvergne, comtes de la Marche, par laquelle ils requiérent les lettres octroyées par le roi à Fontainebleau, le 13e. jour de ce mois, leur être entérinées, & en ce faisant, défenses être faites à tous juges, avocats & praticiens de Bourbonnois & de la Marche, & autres qu'il appartiendroit, sur certaines & grandes peines, de n'alléguer, user ni mettre en fait aucunes nouvelles Coutumes, autres que celles qui avoient été rédigées par écrit ès livres coutumiers desdits Pays de Bourbonnois & de la Marche, publiées par les commissaires à ce commis par le roi, selon la qualité en iceux écrite, ni sur icelles faire aucune interprétation de fait dérogeant à icelles, & aux juges ne les admettre sur peine d'amende arbitraire, ni faire preuve desdites Coutumes par témoins ou autrement, que par l'extrait desdites Coutumes accordées & publiées. Vu par la cour lesdites requêtes & lettres-royaux, & tout considéré, la cour a ordonné & ordonne que inhibitions & défenses seront faites à tous les juges, officiers, avocats, praticiens & coutumiers desdits pays de Bourbonnois & de la Marche, & tous autres que dorénavant pour la preuve des Coutumes desdits pays publiées & enregistrées par lesdits commissaires à ce ordonnés par le roi, ils ne fassent aucune preuve par turbe ou par témoins particuliers, mais par l'extrait d'icelles signé & duement expédié; & aussi de non alléguer & poser aucunes autres Coutumes nouvelles, ni faire aucune interprétation contraire auxdites Coutumes accordées & publiées, mais les observent & gardent, en ensuivant lesdites lettres du roi; le tout sur peine d'amende arbitraire, & ce sans préjudice des oppositions & appellations dont est fait mention au procès-verbal desdits commissaires. Fait en parlement le 20 mars l'an 1521.

Signé, DE VIGNOLES, BARME, & BRACHET.

FIN.

COUTUMES GÉNÉRALES ET LOCALES DU PAYS ET DUCHÉ DE BOURBONNOIS.

SECONDE PARTIE.

TITRE VINGT-QUATRIEME.

Des Testamens, Donations à cause de mort, Légats & Exécuteurs d'iceux.

LA donation à cause de mort, dont le présent titre fait mention, est celle qui est faite pour avoir lieu, en cas que le donateur vienne à décéder avant que de l'avoir révoquée : desorte qu'il demeure toujours le maître de la chose donnée, & qu'il en peut disposer comme bon lui semble, de même que s'il n'y avoit point de donation.

2. Une disposition n'est point censée donation à cause de mort, parce que l'effet & l'exécution en sont remises après le décès du donateur ; & une donation faite entre-vifs avec rétention d'usufruit, de laquelle par conséquent l'effet & exécution sont différées après la mort, est bonne & valable en qualité de donation entre-vifs : parce qu'une telle donation est entiérement parfaite, accomplie & irrévocable, dès le temps de la confection du contrat, n'y ayant que l'exécution & l'effet qui est différé après la mort, le droit étant acquis au donataire dès le moment de la donation.

3. Ainsi, pour juger de la qualité d'une donation, on ne doit pas s'attacher aux termes qui concernent l'exécution, mais à ceux qui regardent la disposition ; & ce qui détermine la substance & la qualité de la donation, est l'irrévocabilité & non pas l'exécution.

4. Quelques Coutumes, comme celle de Nivernois, chap. 27, art. 4 & suivans, distinguent les donations à cause de mort, d'avec les testamens ; les autres les confondent, ou n'en parlent point : cette Coutume ne les distingue pas des testamens, & nos legs testamentaires ne sont autre chose que des donations à cause de mort ; car dans le présent titre & les articles *infrà* 291 & 294, la Coutume conjoint les mots de *testamens & de donations à cause de mort*, comme synonymes, ne signifians que la même chose ; elle les confond ensemble, & elle ne parle en aucun autre endroit de la donation à cause de mort, pour l'établir en qualité de disposition distincte des testamens.

5. Nous ne devons donc pas admettre dans cette Coutume aucunes donations à cause de mort, que celles qui sont faites par actes de dispositions testamentaires, revêtues des formalités prescrites par la Coutume, pour la validité des testamens. * C'est la disposition formelle de l'art. 3 de l'ordonnance touchant les donations, du mois de février 1731, qui porte que toutes donations à cause de mort, à l'exception de celles faites en contrat de mariage, ne pourront avoir aucun effet, que lorsqu'elles seront faites dans la même forme que les testamens, ou les codiciles ; ensorte qu'il n'y ait que deux formes de disposer de ses biens à titre gratuit, l'une par donation entre-vifs, l'autre par testament, ou codicile.

** C'est aussi la disposition de la nouvelle ordonnance concernant les testamens, du mois d'août 1735, registrée en parlement le 3 février 1736, & en ce Siége le 11 avril 1736, qui porte en l'art. 22 : « Qu'il n'y aura à l'avenir que deux formes qui puissent avoir lieu » pour les dispositions de derniere volonté ;

» savoir, celle des testamens, codiciles ou » autres dispositions olographes ..... & celle » des testamens, codiciles ou autres dispositions reçues par personnes publiques; & qui » abroge toutes autres formes de disposer à cause de mort, dans les pays où les formalités » établies par le droit écrit, ne sont pas autorisées par les loix, statuts ou Coutumes. »

6. On appelle testament, un écrit par lequel un homme déclare sa derniere volonté, touchant ce que l'on doit faire de ses biens après sa mort.

7. Dans le présent titre, composé de dix articles, depuis l'art. 289 inclusivement, jusqu'à l'art. 299 exclusivement, il est traité des solemnités des testamens & formalités qui y sont requises, art. 289 & 290; des biens dont on peut tester, art. 291; de ceux au profit desquels on ne peut pas tester, art. 292; de la révocation des donations à cause de mort & testamens, art. 294; des légataires & délivrance des legs, articles 293 & 297; & finalement des exécuteurs testamentaires & de leurs engagemens, articles 295, 296 & 298.

8. Il n'y a pas de titre sur cette matiere dans l'ancienne Coutume: mais il est parlé des testamens & des biens dont on peut tester, dans l'article premier du titre douze.

ARTICLE CCLXXXIX.

De la solemnité du Testament, & purification de Codicile.

AVANT qu'un Testament soit réputé solemnel, il est requis qu'il soit écrit & signé de la main & seing manuel du Testateur, ou signé de sa main, & à lui lu, & par lui entendu en la présence de trois Témoins, ou qu'il soit passé pardevant deux Notaires, ou pardevant le Curé de sa Paroisse, ou son Vicaire Général & un Notaire, ou dudit Curé, ou Vicaire & deux Témoins, ou d'un Notaire & deux Témoins, ou de quatre Témoins: iceux Témoins idoines & suffisans, & non légataires dudit Testateur, fors & excepté en tant que touche les légats pitoyables, obseques & funérailles d'icelui Testateur, esquels toutefois & pour le moins sera gardé la solemnité du Droit Canon.

1. UN chacun, à ne consulter que le droit de nature ou la loi naturelle, conserve ou transmet après sa mort, comme il l'entend, & à telle personne qu'il lui plaît, la propriété de ce qu'il possede: mais les loix & les Coutumes ont réglé & borné ce droit de différentes manieres, selon qu'il a paru être de l'intérêt de chaque pays en particulier; & un testament n'est bon & valable, ce que notre article appelle *solemnel*, s'il n'est conforme à ce qui est réglé par la Coutume, & qu'il ne soit revêtu des formalités qu'elle a prescrites à ce sujet.

2. Pour savoir si un testament est valable, il faut considérer la qualité des personnes qui disposent, ou qui reçoivent les choses dont on dispose, & la forme extérieure de l'acte. Nous parlerons des personnes qui reçoivent sur l'article 292, & des choses dont on peut disposer sur l'article 291. Reste à traiter sur le présent article de la qualité des personnes qui disposent, & de la forme extérieure de l'acte, conformément à ce qui est porté en notre article.

3. Il est nécessaire en premier lieu que le testateur ait les facultés naturelles requises pour tester, & assez de connoissance & de lumieres pour savoir ce qu'il fait. Et sur ce fondement on met au rang des personnes incapables de tester les impuberes, qui n'ont pas le jugement assez ferme & assez de discernement pour connoître ce qu'ils font.

4. Quant à ceux qui ont atteint l'âge de puberté, c'est-à-dire, les garçons qui ont l'âge de 14 ans accomplis, & les filles qui ont celui de 12 ans de même accomplis, ils ont, selon la disposition des loix civiles, une liberté indéfinie de comprendre tous leurs biens dans leurs testamens. *L. quâ ætat. 5, ff. de Testam. §. prætereà instit. quib. non est permiss. fa. Testam. l. si frater 4, Cod. qui Testam. fac. poss. l. ult. Cod. de Testam. milit. & Novell.* 119, *cap.* 2.

5. Comme notre Coutume ne régle point l'âge de disposer par testament, cela a fait autrefois dans cette province un sujet de contestation, & plusieurs estimoient que les mâles ne pouvoient pas tester avant l'âge de vingt ans accomplis, & les filles avant celui de seize ans aussi accomplis; leur raison étoit que, suivant le droit Romain, pour pouvoir tester, il falloit être *sui Juris*, & hors de tutelle; & que comme, suivant ce droit, la tutelle finissoit par la puberté, réglée pour les garçons à quatorze ans, & pour les filles à douze ans; c'étoit la raison pour laquelle, suivant le droit Romain, ceux qui avoient cet âge, avoient la faculté de tester: mais que dans notre Coutume la tutelle ne finissant qu'à vingt ans pour les garçons, & à seize ans pour les filles, ils ne devroient pas avoir avant cet âge la liberté de tester; & ils soutenoient que ce qui a été réglé dans le droit pour la puberté, & dans cette Coutume pour la majorité, n'est en effet qu'une même chose: ce qu'ils prouvoient par trois argumens tirés de la Coutume conférée

avec la disposition du droit Romain. Par le droit Romain, disoient-ils, il étoit ordonné que pour sortir de tutelle, pour être témoin, & pour être sujet à la prescription, il falloit être pubere, c'est-à-dire, majeur de quatorze ans pour les garçons, & de seize ans pour les filles: & dans cette Coutume, reprenoient-ils, article 180, on lit que la tutelle des mâles est fixée à 20 ans, & celle des filles à 16 ans; au titre des notaires, article 75, que le témoin doit être majeur de vingt ans; & au titre des prescriptions, article 33, que la prescription commence seulement à courir contre les mâles âgés de vingt ans, & les filles âgées de seize ans. On ajoutoit à tout cela, qu'il n'étoit pas raisonnable que les mineurs de vingt ans, qui ne peuvent contracter que sous le bénéfice de la restitution, soient jugés capables de faire testament, auquel il est requis plus de solemnité & de prudence, & qu'il y a du péril de donner à de jeunes gens, si peu avancés en âge, exposés à toutes sortes de surprise, & susceptibles de tant d'impressions différentes, tant de liberté. C'est l'observation de M. François Decullant, sur notre article; mais l'usage a enfin prévalu, que les mâles à quatorze ans accomplis, & les filles & femmes à 12 ans aussi accomplis pourroient tester. *Tamen contrà mos invaluit*, dit François Decullant, *ut fœminæ majores annis duodecim, & masculi quatuordecim, testari possint, & hoc jure utimur desumpto à Jure Civili.* M. François Decullant, sur notre article.

6. M. Jean Decullant, pere dudit François, a fait la même remarque dans son traité des Successions: *Statutum*, dit-il, *non determinat ætatem Testatoris, sed sequimur dispositionem Juris civilis, quo fœminæ post annum duodecimum, & masculi post decimum quartum, possunt testari, l. quâ ætate, cod. de Testam. & qui testam. fac. possunt. Verùm*, ajoute-t-il, *nescio quomodò apud nos is usus invaluit: sequimur enim dispositionem Juris Civilis, sed non rationem hujus dispositionis. Nam Jure Romano Testator debet esse sui Juris, & non subjectus alterius potestati, l. qui in potestate, ff. qui testam. fac. possunt. Pupillus ante decimum quartum, & pupilla ante duodecimum, non sunt sui juris, sed sub Tutoris potestate, inst. quib. mod. tutela finitur; idcircò Jus Romanum ei permittit dictâ suprà ætate testari, cùm sint sui Juris: atqui nostro statuto, § 180, fœminæ non nisi anno decimo sexto, & masculi anno vigesimo, fiunt sui Juris, & ante hanc ætatem completam sunt sub Tutore, quapropter non deberet eis permitti Testamentum, nisi post annum decimum sextum fœminis, & vigesimum masculis.* M. Jean Decullant.

7. C'est encore la remarque de M. Louis Semin sur notre article. *Decimo quarto ætatis anno*, dit-il, *masculi, fœminæ duodecimo Testamenti factionem activam habent, apud Boïos secundùm Jus commune, quod durum est & aliquatenùs contrarium, art.* 173; *& æquior videtur Consf. Paris. §.* 193. Telle est l'observation de M. Semin, & M. Jacques Potier a fait la même remarque.

8. Cet usage a été confirmé par arrêt du parlement, rendu dans cette Coutume. Car la question s'étant présentée en 1603, au sujet d'un testament fait en cette province par un mineur de 20 ans, on décida en faveur du testament.

* La question s'étant présentée au parlement de Paris en 1603, au sujet d'un testament fait en cette province par un mineur de 20 ans, on décida en faveur du testament.

Le fait étoit qu'en l'année 1603 Jean de Basmaison, fils de défunt M. Jean Basmaison, vivant lieutenant général de Montaigut les Combrailles, & de Rote-Bechonnet, demeurant en Bourbonnois, où il décéda, fit son testament âgé de 15 à 16 ans, par lequel il donna le quart de tous ses biens immeubles à ladite Bechonnet, sa mere. Après le décès dudit Jean Basmaison, fils, sa mere Bechonnet se mit en possession & jouissance des biens à elle donnés par son fils; & les héritiers du fils qui étoient ses cousins germains, formerent complainte contre ladite Bechonnet pardevant le bailli de Montaigut. La cour ayant évoqué à soi le procès, les héritiers soutinrent être bien fondés en leur complainte, d'autant que le testament fait par ledit Basmaison étoit nul pour avoir été fait par un mineur de 20 ans, *qui non habebat testamenti factionem.* Mais il fut jugé au contraire par l'arrêt qui intervint le 20 août 1703, & il fut décidé entr'autres choses par cet arrêt qui contient plusieurs chefs, que les biens immeubles dudit Jean Basmaison, seroient partagés entre ses héritiers, fors & excepté le quart desdits biens immeubles, situés ès Sénéchaussées de la Marche & Auvergne, lequel quart ladite cour adjugea à ladite Bechonnet, suivant le testament de son fils; & il fut dit en outre, que tous & uns chacuns les meubles délaissés par le décès dudit Jean Basmaison appartiendroient à ladite Bechonnet. L'arrêt est rapporté tout au long par M. Jean Cordier, avec les moyens des parties, dans ses manuscrits sur le mot *testament*; & il observe que par ledit arrêt, le quart des biens situés en la Sénéchaussée de la Marche & d'Auvergne, & non ceux du Bourbonnois, furent adjugés à la demoiselle Bechonnet, parce que par cette Cout. elle ne pouvoit être légataire & héritiere mobiliaire dudit Basmaison, son fils, & que par le procès il paroissoit que ladite Bechonnet s'étoit restreinte, & qu'elle avoit répudié le legs à elle fait des biens situés au pays de Bourbonnois. M. Jean Cordier en ses manuscrits, *verb.* testament. Le fait & l'arrêt sont rapportés par M. Jean Cordier dans ses manuscrits.

9. Cette question s'étant encore présentée en la châtellenie de cette ville de Moulins & en ce présidial, il a été pareillement décidé pour la validité du testament. *Quod autem masculus*, dit le même M. Jean Cordier, *in hoc nostro Statuto anno decimo quarto & fœmina duo-*

decimo testari possint, judicatum fuit in Curia Præsidiali Molin. 13 *Martii an.* 1637, *confirmando sententiam Castellani ejusdem Urbis. Et nuper*, ajoute-t-il, *die duodecimâ mensis Septembris & anno* 1674, *Testamentum Mariæ* Bergier *factum anno* 13, *in favorem D. Mariæ* de Laloere, *ejus matris, confirmatum fuit à Domino* Giraud, *Castellano*, *D.* Gaspard Dosches, *& Joanne* Cordier, *sententiâ arbitrali ab eis prolatâ.* M. Jean Cordier, *hìc*.

10. M. Jean Fauconnier, dans ses remarques sur le présent article, fait mention de deux arrêts rendus vers l'année 1585, qui ayant préjugé pour la validité de deux testamens faits par deux filles âgées de douze à treize ans, en ce qu'il fut ordonné par ces arrêts qu'il seroit informé de l'usage de la province, donnerent lieu aux parties de s'accommoder, & d'accorder l'exécution des testamens.

* Nous suivons dans cette Coutume, dit M. Jean Fauconnier, pour ce qui concerne l'âge pour tester, la disposition du droit romain, & notre usage a été confirmé par la jurisprudence des arrêts, en ce qu'en 1585, y ayant eu un procès dans la famille des sieurs de Jaligny, marchands, au sujet d'un testament fait par leur cousine germaine, âgée seulement de douze ans & quelques mois, par lequel elle avoit légué le quart de tous ses biens à la dame Rolin, sa mere; ce testament ayant été combattu de nullité par les héritiers paternels, & déclaré tel par sentence du châtelain de Moulins: sur l'appel qui en fut interjetté & relevé au parlement de la part de la mere légataire, *omissò medio*, la cour rendit un arrêt interlocutoire, portant qu'il seroit informé de l'usage de la province; & les héritiers persuadés que cet arrêt interlocutoire formoit un préjugé en faveur du testament, ils en accorderent l'exécution & le désistement du profit de leur sentence.

En la même année, il y eut une semblable contestation au sujet du testament fait au profit de la dame de Chitin, dame de S. Etienne, par sa fille âgée de 12 à 13 ans, qui eut la même destinée, au sujet d'un pareil arrêt interlocutoire, qui préjugea la validité du testament en conformité du droit romain, que nous devons suivre par préférence à toutes les Coutumes du royaume, aux termes de la délibération formée par les trois états, lors & au temps de la réformation de notre Coutume, suivant qu'il est porté dans le procès verbal d'icelle.

11. Le testateur, selon que l'a observé M. François Menudel sur notre article, est présumé avoir l'âge requis pour tester, & c'est à l'héritier à prouver le contraire.

12. Mais quand il est une fois constant que le testament a été fait par un impubere, il est nul de plein droit, quoique le testateur décede ayant l'âge: car encore qu'on puisse dire, qu'étant adulte & capable de tester, il l'ait approuvé, ne le changeant pas, ce testament toutefois nul dans son origine, n'est pas rendu valide par cette circonstance; telle est la décision du droit, *l.* 19, *ff. qui testam. fac. poss.*

13. Comme les mineurs qui ont l'âge de puberté peuvent, comme il vient d'être dit, tester sans l'autorité de leurs peres, tuteurs ou curateurs; de même les femmes mariées, séparées ou non, peuvent tester sans l'autorité de leurs maris; & c'est le dernier acte de la vie, où la loi leur a voulu laisser toute liberté. Il y a à la vérité quelques Coutumes qui ne les admettent pas à tester sans l'autorité de leurs maris: mais le droit commun de France est contraire; c'est l'observation de nos commentateurs, comme nous avons dit sur l'art. 171, *suprà*, & de M. Jean Cordier sur le présent article: *Porrò notandum est*, dit-il, *quòd mulier nupta potest testari sine viri auctoritate; ita apud nos & ubique observatur, nisi ubi est statutum contrarium.* Telle est l'observation de M. Cordier; c'est aussi celle de M. Jean-Marie Ricard, *des Donat.* part. 1, ch. 3, sect. 5, n. 358 & 359; & de Chopin, *lib.* 2, *tit.* 4, *n.* 21, *de morib. Paris.*

14. Toutes les personnes saines d'esprit, qui peuvent faire connoître leurs intentions, & que les loix ne rendent pas incapables, peuvent tester; les infirmités de la vieillesse, ni les maladies qui laissent la liberté d'esprit, n'empêchent pas que ceux qui sont dans cet état ne le puissent: mais il faut, pour la validité du testament, qu'elles observent toutes les formalités prescrites par notre Coutume dans le présent article, & ces formalités sont différentes suivant les différentes sortes de testamens.

15. Nos testamens dans cette Coutume, selon qu'il est porté dans notre article, sont olographes, ou reçus pardevant notaires, curés, ou vicaires. * Et par l'ordonnance concernant les testamens, du mois d'août 1735, art. 1, il est dit; « Que toutes dispositions testamentaires ou à cause de mort, de quelque nature qu'elles soient, seront faites par écrit, & on déclare nulles toutes celles qui ne seroient faites que verbalement, avec défense d'en admettre la preuve par témoins, même sous prétexte de la modicité de la somme, dont il auroit été disposé; il y a plus, c'est que l'art. 3 de la même ordonnance porte que les dispositions qui seront faites par lettres missives, seront regardées comme nulles, & de nul effet. »

16. Le testament olographe est la meilleure maniere de tester; c'est le testament le plus sûr & le plus certain, & la disposition la plus fidelle, la plus sincere, & la moins suspecte de surprise & de suggestion; aussi est-il reçu généralement dans tout le pays Coutumier, quoique la Cout. du lieu n'en parle pas. Ainsi jugé. Ricard, *des Donat.* part. 1, ch. 5, sect. 5, n. 1491.

* C'est aussi la disposition de l'ordonnance concernant les testamens, du mois d'août 1735, en l'art. 19, qui porte: « Que l'usage des testamens, codiciles ou autres dernieres » dispositions

» dispositions olographes, continuera d'avoir » lieu dans les pays, & dans les cas où ils » ont été admis jusqu'à présent. »

17. Pour être valide, il doit être entiérement écrit & signé de la main du testateur, sans apostilles, ni interlignes d'une main étrangere. C'est la disposition de notre Coutume, ainsi qu'il paroît par ces mots: *Il est requis qu'il soit écrit & signé de la main du Testateur*; c'est aussi celle de la Cout. de Paris, art. 289; de Berry, tit. 18, art. 14; de la Marche, art. 230 & 253; d'Orléans, art. 289; de Montargis, ch. 13, art. 4; de Melun, art. 244; de Sens, art. 68, & autres; tellement que le défaut de signature, ou de quelqu'autre partie, qui seroit écrite d'une autre main, que de celle du testateur, seroit une nullité absolue qui annulleroit tout le testament, ainsi qu'il a été jugé par les arrêts; & telle est le sentiment commun des auteurs, de Tournet sur l'art. 289 de la Cout. de Paris, de M. Claude Duplessis, & autres. * Et telle est la disposition précise de l'art. 20 de la nouvelle ordonnance concernant les testamens du mois d'août 1735, qui porte: « Que les testamens, codiciles & » autres dispositions olographes, seront en- » tiérement écrits, datés & signés de la main » de celui ou celle qui les aura faits. »

18. Ce n'est pas assez pour la validité d'un testament olographe, qu'il soit écrit & signé de la main du testateur; il doit de plus être conçu en forme de testament, & porter le nom de testament, autrement il ne passeroit que pour simple mémoire, & seroit nul, ainsi jugé par arrêt, remarqué par Tournet sur l'art. 289 de la Cout. de Paris, & tel est le sentiment de Duplessis sur Paris, *Traité des Testamens*, liv. 3, ch. 2, sect. 3; & de Bretonnier sur Henrys, tom. 1, liv. 5, ch. 1, qu. 2.

19. Il est encore nécessaire qu'il soit daté, & que le lieu où il a été fait soit déclaré; à la vérité on a jugé le contraire en ce siége au rapport de M. le conseiller Hareil, pour un testament olographe non daté, de N. de Cusi de Verneuil, sur le fondement d'un arrêt du 25 juin 1612: mais M. Ricard cite un arrêt de 1660, par lequel les choses ont été remises dans la regle; & en effet la date & le lieu ne sont pas moins nécessaires dans un testament olographe, que dans tout autre testament, pour faire connoître si le testateur étoit alors en âge de pouvoir tester, ou s'il n'y avoit pas quelqu'autre empêchement en sa personne, & si les loix qui s'observent dans le lieu où il a été fait, permettent de faire un testament olographe, c'est le raisonnement de Ricard, *des Don.* part. 1, ch. 5, sect. 7, n. 1560, & tel est le sentiment de Bretonnier sur Henrys, tom. 1, liv. 5, ch. 1, qu. 2. * Et la disposition formelle de la nouvelle ordonnance, concernant les testamens, article 20.

20. Dans un testament olographe, il n'est pas nécessaire de témoins; c'est la disposition de la Coutume de Chartres, article 90; de Dreux, art. 80; de Blois, art. 175; de Chateauneuf en Thimerais, art. 112, & autres; & c'est la remarque de M. le président Duret, sur ces mots de notre article, ÉCRIT ET SIGNÉ DE LA MAIN; *licèt testibus careat*, dit M. Duret, *non enim necesse est ad extraneam fidem defugere, propriâ testatoris & indubitatâ fide relictâ*. M. Duret, *hìc*.

21. Lorsqu'un testament n'est point olographe, il faut dans cette Coutume, qu'il soit passé pardevant deux notaires, ou pardevant un notaire & deux témoins, ou pardevant le curé, ou vicaire, & un notaire, ou pardevant le curé, ou vicaire & deux témoins; c'est la disposition de la Cout. au présent article.

22. Notre Coutume en notre article, comme celle d'Auvergne, tit. 12, art. 48; celle de la Marche, art. 230; de Melun, art. 244; de Senlis, art. 173, & plusieurs autres, ajoute qu'il suffit pour la validité d'un testament, qu'il soit passé pardevant quatre témoins sans notaire; sur quoi tous les commentateurs conviennent que ces Coutumes ne s'entendent que des testamens écrits, signés de quatre témoins, & non des noncupatifs non écrits, qui n'ont plus de lieu parmi nous, ainsi qu'il a été jugé par arrêt rapporté par M. Brodeau, sur M. Louet, lett. T, som. 8. Tel est le sentiment commun, & cela ne souffre pas de difficulté.

23. Mais c'en est une, si au lieu du notaire, ou du curé, ou de son vicaire, il suffit que le testateur ait testé en présence de quatre témoins, comme dit notre article, & que le testament soit écrit de l'un des témoins, & de lui signé, & des trois autres, & du testateur s'il sait signer, ou d'une autre main, & signé de quatre témoins, & du testateur; M. Jabeli sur l'art. 229 de la Coutume de la Marche, qui est le 230 dans le nouveau Coutumier général, dit que cela est suffisant par la raison que le témoignage de deux témoins ajouté aux deux autres, est plus fort que celui d'un notaire, ou de son vicaire; mais M. Prohet sur la Cout. d'Auv. tit. 12, art. 48, soutient que cela est abrogé par l'ordonnance, & que les testamens doivent être reçus par personne publique; qu'il faut un notaire, curé, ou vicaire qui les reçoive dans son distrait, qui observe les formalités prescrites par l'ordonnance pour la signature du testament & des témoins, la déclaration de la cause pour laquelle ils n'ont pu signer, & l'interpellation qui leur en a été faite, & tel est l'usage; tellement que nous n'observons pas ce que dit notre art. des quatre témoins; *quod hic dicitur, de quatuor testibus non sequimur*, dit M. le président Duret sur le présent art.

24. Le notaire qui reçoit le testament, peut être subalterne ou royal; mais il faut qu'il soit du ressort du lieu, où il reçoit le testament, autrement nullité; la raison est qu'un notaire hors son ressort est sans caractere, comme une personne privée; & pour cela, il doit toujours être fait mention du lieu où le testament est passé. Ricard, *Traité des Donat.* part. 2, chap. 5, sect. 8, n. 1578 & suiv.

25. Il en est de même des curés & des

vicaires, que des notaires; ils ne peuvent recevoir testament hors de leurs paroisses, quoique de leurs paroissiens & en cas de nécessité; parce que hors de leurs paroisses ils n'ont point de jurisdiction; tel est le sentiment commun. Il y a plus, c'est que selon la remarque de Jabely, après Guy-Pape, il faut que lors du testament reçu par le curé ou son vicaire, le testateur soit actuellement malade, autrement le testament seroit nul. Jabely, *sur la Coutume de la Marche*, art. 229, dans l'ordre de son commentaire.

26. La Coutume de Tours, art. 323, & celle de Melun, art. 245, portent que pour connoître qui sont les vicaires généraux, ils seront tenus de se faire enrégistrer ès greffes des bailliages royaux, dans le ressort desquels est la paroisse; la Coutume de Paris, art. 290, n'exige l'enrégistrement desdites lettres de vicariat qu'au greffe de la justice ordinaire de la paroisse, soit que cette justice soit seigneuriale ou royale: mais cela n'est pas observé; & on ne laisse pas de confirmer les testamens reçus par un vicaire, quoique les lettres n'ayent pas été enrégistrées en la justice ordinaire du lieu, quand il a fait publiquement la fonction de vicaire pendant un temps considérable; les particuliers qui se servent de son ministere, sont dans la bonne foi; & il ne seroit pas juste que leur testament ne fût pas exécuté à cause d'une formalité qu'ils devoient naturellement présumer avoir été observée; il y en a arrêts cités par l'auteur des notes sur Duplessis, *Traité des Testamens*, livre 3, chapitre 2, sect. 3, art. 1.

* Suivant la nouvelle ordonnance du mois d'août 1735, concernant les testamens, les seuls curés, séculiers ou réguliers, & les prêtres séculiers, préposés par l'évêque à la desserte des cures, pendant qu'ils desservent lesdites cures, peuvent recevoir des testamens, ou dispositions à cause de mort, dans l'étendue de leurs paroisses, & les vicaires & autres personnes ecclésiastiques ne le peuvent pas.

27. Il n'est pas au pouvoir d'un curé de commettre un prêtre pour recevoir un testament, & de l'instituer vicaire à l'effet de cet acte particulier; nos Coutumes parlent des vicaires ordinaires; notre article s'explique assez sur cela par le terme de *Vicaire Général* dont il se sert: ce qui vaut autant que si il avoit dit vicaire ordinaire & général en toutes choses, & ainsi jugé per arrêt; mais un prêtre commis par l'archiprêtre ou par l'évêque, pour desservir la cure pendant qu'elle demeure vacante par le décès du titulaire, ou durant le litige de deux prétendans au bénéfice, peut recevoir les testamens: car il doit du moins être considéré comme un vicaire, & peut par conséquent en cette qualité recevoir les testamens qui se font durant son exercice dans la paroisse qu'il dessert. Ricard, *des Donat.* part. 1, ch. 5, sect. 8, n. 1586 & 1588.

28. Quand les curés ou les vicaires ont reçu des testamens, ils doivent en déposer la minute dans l'étude d'un des notaires royaux de l'endroit, huit jours après le décès du testateur, pour par ledit notaire en expédier des grosses aux parties intéressées.

* La nouvelle ordonnance, concernant les testamens, porte en l'article 26: « Que le curé » ou le déservant, seront tenus, incontinent » après la mort du testateur, s'ils n'ont fait auparavant, de déposer le testament, ou autre » derniere disposition, qu'ils auront reçu, chez » le notaire ou tabellion du lieu, & s'il n'y en » a point, chez le plus prochain notaire royal, » dans l'étendue du bailliage ou sénéchaussée, » dans laquelle la paroisse est située, sans que » lesdits curés ou déservans puissent en délivrer aucunes expéditions, à peine de nullité » desdites expéditions, & des dommages & » intérêts des notaires & tabellions, & des » parties qui pourroient en prétendre. »

29. Par l'édit du contrôle de 1693, il est dit qu'il est loisible aux parties de retirer les testamens des mains des notaires, quand bon leur semblera, sans qu'il soit nécessaire de les faire contrôler dans la quinzaine de leur date: mais que les notaires ne peuvent délivrer aucunes expéditions après le décès des testateurs, qu'ils n'ayent auparavant fait contrôler les minutes; & en cas que les minutes ne leur ayent pas été remises après le décès desdits testateurs, que lesdits testamens ne peuvent avoir aucune exécution, qu'ils n'ayent été contrôlés.

30. Quant aux témoins, ils doivent, aux termes de notre article, être *idoines & suffisans, & non légataires dudit testateur:* la Coutume de Paris, art. 289, ajoute, *mâles âgés de vingt ans accomplis:* & cette disposition de la Coutume de Paris a été étendue dans toutes celles qui ne parlent point de l'âge des témoins, par arrêt d'audience de la grand'chambre, du lundi 2 juillet 1708, suivant les conclusions de M. l'avocat général le Nain; l'arrêt est rapporté par l'auteur des notes sur Duplessis, sur la Coutume de Paris, *Traité des Testamens*, liv. 3, ch. 2, sect. 3, art. premier. * C'est la disposition de la nouvelle ordonnance touchant les testamens, qui, en l'article 39, porte: « que l'âge des témoins demeurera fixé à celui » de vingt ans accomplis.

31. Les religieux, suivant la jurisprudence des arrêts rapportés par Ricard, *des Donat.* part. 1, ch. 5, sect. 8, n. 1597 & suivans, ne peuvent servir de témoins dans les testamens; & une regle générale, selon le même auteur en cette matiere, est que ceux qui ne peuvent pas servir de témoins en jugement, ne peuvent pas l'être dans les testamens; & de-là il conclut que les proches parens des légataires (il en faut dire autant du testateur) n'y peuvent pas être employés comme témoins: par cette raison qu'ils ne pourroient pas déposer en leur faveur en jugement. Ricard, *ibid.* n. 1592 & suivans.

* La nouvelle ordonnance, concernant les testamens, du mois d'août 1735, porte aux articles 40, 41 & 42: « que les témoins seront

» mâles, regnicoles, capables des effets ci- » vils; que les réguliers, novices ou profès, » de quelqu'ordre que ce soit, ne pourront » être témoins dans aucun acte de derniere vo- » lonté, & qu'on ne pourra prendre pour » témoins les clercs, serviteurs ou domesti- » ques du notaire ou tabellion, ou autre per- » sonne publique, qui recevra le testament, » codicile, ou autre derniere disposition. »

32. Il étoit nécessaire, suivant le droit romain, comme l'a observé Papon sur notre article, de faire mention dans le testament, que les témoins avoient été requis & appellés: mais cela n'est pas nécessaire dans cette Coutume, selon que l'a observé M. Jean Decullant, *Jure Romano*, dit-il, *testes debebant esse rogati, ut hìc* Papon *refert, quod etiam vult extendere ad hoc nostrum Statutum, contrarius tamen usus invaluit, ut non requiratur testium rogatio : nec enim major desideranda est observantia & formalitas, quàm ea expressa in Statuto, in quo casus omissus habetur pro omisso, quia statutum est juris stricti, cui non licet quidquam addere nec detrahere, potissimùm dum agitur de aliqua majori formalitate, de qua non loquitur Statutum.* Jean Decullant, *hìc.*

33. Le testament doit être signé par les témoins & le testateur, où mention doit être faite de la cause pour laquelle ils n'ont pu signer, & de l'interpellation qui leur en a été faite, suivant l'ordon. de Blois, art. 165; à l'égard des notaires, curés & vicaires, ils ne peuvent jamais être excusés de la signature; & le défaut d'icelle seroit une nullité : mais pour le testateur & témoins, ils en peuvent être excusés, quand ils en sont empêchés par incommodité, ou qu'ils ne savent pas écrire; & il suffit que l'un des témoins ait signé, suivant l'ordon. de Blois, art. 166. * Mais la nouvelle ordonnance, concernant les testamens, du mois d'août 1735, porte en l'article 44 : « Que dans les cas & dans les pays » où le nombre de deux témoins est suffisant » pour la validité des testamens, codiciles, ou » autres dispositions de derniere volonté, il » ne pourra y être admis que des témoins » qui sachent ou puissent signer..... »

34. Quant à la date, le jour, l'année, la qualité & demeure du testateur & des témoins, le lieu où le testament est passé, on doit le marquer dans les testamens comme dans tous les autres actes publics, aussi-bien que le temps de devant ou après midi qu'ils auront été faits; c'est la disposition de la même ordonn. de Blois, art. 167. Mais cet article ne contient pas la peine de nullité, comme l'art. 165.

35. La Coutume de Paris, art. 289, veut qu'il soit fait mention dans le testament, qu'il a été dicté, & nommé par le testateur, à celui qui l'a reçu : mais notre Coutume ne le requiert pas, & les formalités ne souffrent pas d'extension; toutefois, comme il faut qu'un testament procéde d'un mouvement libre, que le testateur n'agisse que de son propre motif, & que pour cela il est nécessaire que le testateur parle, dise & déclare sa derniere volonté en la présence du notaire & des témoins; il est à propos de se conformer à la disposition de la Coutume de Paris, d'autant plus que, selon Henrys & les auteurs cités dans les observations, tom. 1, liv. 5, ch. 4, qu. 31, un testament fait sur l'interrogatoire du notaire, n'est pas valable. A la vérité il y a quelques arrêts contraires : mais comme ils sont rendus dans des circonstances particulieres, ils ne peuvent pas servir de préjugés.

36. Il ne faut pas raisonner de même de ces mots; *lu au testateur, & par lui entendu*, comme notre Coutume au présent article les exige; il en doit être fait mention dans le testament; & un testament fait dans cette Coutume, dans lequel on auroit omis de faire cette mention, seroit déclaré nul, ainsi jugé en ce présidial au mois de mars de l'année 1667. M. Jean Cordier avoit écrit au procès en faveur de l'héritier contre le légataire; *mense martio ann.* 1667, dit M. Cordier, *Testamentum domini* de Tiroiseau *nullum fuit declaratum eâ solâ ratione, quòd nulla facta fuerat mentio horum verborum*, à lui lu, & par lui entendu, *& sententia fuit publicè lecta, ut pro lege haberetur in tali specie*; c'est l'observation de M. Cordier sur notre article, sur ces mots, *& par lui entendu*; la chose avoit été ci-devant jugée par sentence de cette Sénéchaussée, qui fut confirmée par arrêt du 3 mai 1602, appellé l'arrêt des feydeaux, rapporté dans Peleus, liv. 6, art. 21, *des actions forenses.*

37. A la vérité il paroît que la jurisprudence a varié pendant quelque temps en ce siége à ce sujet. *Hœc formalitas*, dit M. Jean Decullant, sur ces mots, A LUI LU ET PAR LUI ENTENDU, *tantùm requiritur in secunda forma Testamenti, scilicèt quando Testamentum fit sine notario coram tribus testibus, & à Testatore signatum, & non in aliis Testamenti formis; pluries ita vidi judicari.* Ce sont les paroles de Jean Decullant.

38. Au procès entre dame Marguerite Cordier, dit M. Cordier, contre dame Laure Desauges, touchant le testament fait au profit de ladite Cordier, par défunt Geoffroy Desauges, son mari, lequel étoit débattu de nullité par le défaut de l'expression desdits mots, par arrêt donné en la premiere des enquêtes, au rapport de M. de Lambert, il fut ordonné qu'il seroit informé par turbes si cette formalité étoit en usage dans la province, ledit arrêt de l'année 1650, lequel demeura sans exécution; les héritiers de ladite Laure Desauges s'étant départis de ladite nullité, & acquiescé audit testament. C'est ce qui est rapporté par M. Jean Cordier.

39. Mais suivant la jurisprudence d'aujourd'hui en ce siége depuis la sentence du mois de mars 1667, ces mots, *lu au Testateur, & par lui entendu*, sont nécessaires, & il en doit être fait mention dans le testament.

* Voyez sur cela l'art. 23 de l'ordonnance touchant les testamens, du mois d'août 1735, qui porte : « Que les notaires écriront les » dernieres volontés du testateur, telles qu'il » les dictera, & lui en feront ensuite la lecture, de laquelle il sera fait une mention » expresse, sans néanmoins qu'il soit nécessaire de se servir précisément de ces termes, » *dicté, nommé, lu & relu, sans suggestion,* » ou autres par les Coutumes ou statuts. »

** Mais il n'est pas absolument nécessaire que la clause faisant mention du *lu au testateur & par lui entendu*, porte que ç'a été en présence des témoins ; & suffit la derniere clause, portant que le tout a été fait en présence des témoins, par la raison que cette derniere clause comprend & embrasse tout. C'est l'observation de M. Brodeau sur l'article 153 de la Coutume de Mantes, rapportée dans le nouveau coutumier général ; & ainsi a été jugé en ce siége différentes fois, moi présent en qualité de juge.

40. Les testamens se réglent par la Coutume du lieu où ils sont passés, pour ce qui regarde les solemnités requises. Cette question, dit Ricard, que nous voyons avoir été autrefois susceptible de contestation, est maintenant réglée par une jurisprudence uniforme, suivant laquelle il se juge conformément aux principes qui se trouvent à ce sujet dans les loix, que l'on doit seulement avoir égard en cette occasion à la Coutume du lieu où le testament est passé ; & que pourvu que l'on ait suivi les formes prescrites par cette Coutume, il aura exécution par tout ; les arrêts qui établissent cette jurisprudence, sont rapportés par Ricard, & tel est le sentiment commun. Ricard, *des Donat.* part. 1, ch. 5, n. 1286, & suiv.

41. Cette maxime reçoit toutefois, selon le même Ricard, une exception dans le testament olographe ; la raison est que le testateur en est le seul ministre ; que le caractere qu'il a pour cet effet, étant attaché à sa personne, il l'emprunte seulement de la Coutume qui a empire sur lui, joint à cela que les écritures privées n'ont pas de date ni de lieu certain. Ricard, *du don mutuel*, traité 1, ch. 7, n. 307.

42. Quant à la disposition des biens, la qualité & quotité dont on peut disposer par testament, il est sans difficulté, & c'est encore le sentiment commun qu'il faut suivre la Coutume des lieux où les biens sont situés, ce qu'il faut entendre pour les héritages & non pour les meubles, car ils sont attachés au domicile, & le suivent ; c'est le sentiment de M. Dargentré, sur la Coutume de Bretagne, art. 218, gl. 6, n. 29 & 30 ; d'Henrys, tome 1, livre 4, chap. 6, quest. 105 ; de Bretonnier sur Henrys, *ibid.* & de la Thaumassiere, sur la Coutume de Berry, titre 18 ; & leur raison est que les Coutumes sont réelles, & affectent les biens assis dans leur territoire ; & que les meubles n'ayant pas de situation à cause de la facilité avec laquelle ils peuvent être transportés, ils suivent la Coutume du domicile du testateur, au temps de sa mort, qui est le temps où le testament est confirmé, & commence à avoir effet : *sed de mobilibus*, dit Dargentré, *alia censura est, quoniam per omnia ex conditione personarum legem accipiunt, & situm habere negantur,.. quare statutum de bonis mobilibus merè personale est, & loco domicilii judicium sumit.* Dargentré, au lieu cité, n. 30.

43. A l'égard de la capacité & de l'âge de tester, c'est une question à quelle Coutume il faut avoir recours pour la regle ; si c'est à la Coutume du domicile du testateur, ou à celle où les biens sont situés ; & sur cette question il y a diversité d'arrêts & diversité de sentimens.

44. Il y a des auteurs qui soutiennent qu'il faut avoir recours à la Coutume où les biens sont situés ; pour le prouver, ils distinguent deux cas ; le premier, lorsqu'il s'agit de régler l'état & la capacité d'une personne universellement ; & le second, lorsqu'il s'agit de régler l'état, & la capacité d'une personne, non pas simplement & universellement, mais par rapport à certaines actions & à ses biens. Dans le premier cas, ils conviennent que l'on doit suivre la Coutume du domicile, suivant le sentiment de M. Dargentré, sur la Coutume de Bretagne, article 218, gl. 6, n. 47 : mais dans le second, ils disent que l'on doit suivre la disposition de la Coutume, où les biens sont situés ; leur raison est que les Coutumes sont réelles, qu'elles décident souverainement pour tous les biens immeubles situés dans l'étendue de leur ressort : mais qu'elles ne portent pas leur empire sur les biens des autres Coutumes ; que les biens situés en différens lieux composent des patrimoines séparés, qui ont leurs regles particulieres ; qu'ils se régissent selon la Coutume où ils sont situés, & qu'ils n'empruntent rien des Coutumes étrangeres.

45. Cette distinction ainsi faite, & cela posé, ils soutiennent que dans l'espece présente, ne s'agissant pas de régler universellement l'état de la personne, mais simplement d'établir son pouvoir & sa capacité par rapport à une action qui est celle de disposer de ses biens par testament, il faut suivre la Coutume où les biens sont situés. *Talis enim afficentia, ad actum particularem arctata, non agit in universum statum personæ, nec alibi quàm in loco afficiente, loco circumscripto*, dit M. Dargentré, sur l'article 218, de la Coutume de Bretagne, gl. 6, n. 14. * M. Boullenois, dans ses dissertations, sur des questions qui naissent de la contrariété des loix & des Coutumes, question premiere, est de ce sentiment, & il soutient que la capacité particuliere de tester à l'âge de 14 ans, contre, & au préjudice de l'état générale de la personne, qui dans la Coutume n'est majeure qu'à vingt-cinq ans, est une faculté ou capacité réelle.

46. Selon

46. Selon ces auteurs, une personne peut être habile pour tester à un certain âge, par rapport aux biens situés sous le ressort d'une Coutume qui le permet, & inhabile pour les biens soumis à celles qui le défendent; & ainsi, dit-on, a été jugé par arrêt, rapporté par M. René Chopin, sur la Coutume de Paris, livre 2, titre 4, n. 6, & par autre arrêt du 30 mars 1647, rapporté dans le 1 tome du journal des audiences, livre 5, chap. 13.

47. Dans ce sentiment il est vrai de dire, 1°. Que la disposition de la Coutume qui régle l'âge de tester, étant une disposition mixte, qui participe de la personnalité & de la réalité, elle ne s'exécute pas hors la Coutume.

48. 2°. Que la faculté de tester, que donne une Coutume, affecte les immeubles à son autorité; qu'elle est accordée à tous les possesseurs de ces biens, en quelque lieu qu'ils ayent leur domicile, & qu'elle ne peut être ni détruite, ni affoiblie par une autre Coutume.

49. 3°. Que la prohibition des Coutumes, qui défendent de disposer par testament avant un certain âge, n'allant pas plus loin que l'étendue de leur ressort, cette nullité légale ne peut détruire l'effet du testament, que par rapport aux biens qui sont régis par la loi prohibitive, & non pour ceux qui n'y sont pas soumis; de maniere que le testament de celui qui n'a pas l'âge requis par la Coutume de son domicile pour disposer de certains biens, n'est pas absolument nul, mais seulement sans exécution pour les biens sujets à l'autorité de la Coutume.

50. Les auteurs qui soutiennent le sentiment contraire, sans entrer dans la distinction ci-dessus alléguée, prétendent que pour régler la capacité & l'âge de tester, il faut avoir recours à la Coutume du domicile du testateur; c'est elle, disent-ils, qui lui donne ou qui lui refuse l'habileté nécessaire pour disposer de ses biens, sa personne étant absolument soumise à ses loix; parce que dès qu'une personne établit son domicile sous une Coutume, elle assujettit sa personne aux loix d'icelle; c'est d'elle par conséquent qu'elle tire son habileté; c'est elle qui la rend capable ou non de tester, ou contracter; sans qu'il faille pour cela considérer les autres Coutumes; *Quotiescumque*, dit M. Bretonnier, après M. Dargentré, sur la Coutume de Bretagne, article 218, gl. 6, n. 47, *de habilitate aut inhabilitate personarum quæritur, toties domicilii Leges aut Statuta spectanda*. Ainsi, si la Coutume du domicile du testateur l'a une fois rendu capable de tester, & qu'elle l'autorise pour cet effet, comme celle-ci à l'âge de 14 ans, il porte la capacité attachée à sa personne, en quelque lieu qu'il se trouve, & peut pour cet égard disposer de ses biens en quelque lieu qu'ils soient situés, combien que les Coutumes des lieux où il dispose, & celles de la situation des biens (mais qui ne sont pas celles de son domicile) requierent un plus grand âge; ainsi a été jugé par les arrêts cités par Ricard, traité 1, *du don mutuel*, chapitre 7, n. 311; & par M. Louet, lettre C, sommaire 42; & tel est leur sentiment, & celui de la Thaumassiere, sur la Coutume de Berry, titre 18; d'Henrys, tome 1, livre 4, chapitre 6, question 105, & de Bretonnier sur Henrys, *ibid.*

51. Ce dernier sentiment me paroît le plus commun & le plus suivi. * C'est celui de M. Froland, dans ses mémoires concernant la nature & la qualité des statuts, tom. 2, ch. 18, pages 845, 846, & ch. 33, pages 1593 & 1594, édit. 1729, où il cite les arrêts qui autorisent ce sentiment.

52. La preuve des solemnités requises dans un testament s'en fait par l'acte même; car la Coutume désirant pour la validité d'un testament, que telles solemnités y interviennent, il n'est pas parfait, à moins qu'il ne se reconnoisse par l'acte même, qu'il est revêtu des formes prescrites par la loi; & pour cela il faut avoir égard à la minute, ne dépendant pas d'un notaire, en transcrivant un testament, & en le mettant en grosse, de détruire un acte qui a été une fois parfait, comme il ne peut pas dans le cas contraire, suppléer dans la grosse aux défauts qui se rencontrent dans la minute. C'est le raisonnement de Ricard, *des Donat.* part. 1, ch. 5, sect. 7, n. 1573.

53. Quant à la preuve des faits de faux & de suggestion, elle est admise, dit Ricard, contre les testamens, avec d'autant plus de raison, que les actions qui résultent du faux & de la suggestion, dégénerent en une espece de crime, dont la poursuite a toujours été permise. Ricard, *des Donat.* part. 3, ch. 1, n. 1 & suivans. * Et telle est la disposition formelle de l'ordonnance concernant les testamens, du mois d'août 1735, art. 47, où il est dit: « Que les moyens de suggestion & » captation dans les testamens, pourront être » allégués, sans qu'il soit besoin de s'inscrire » en faux à cet effet, pour y avoir par les » juges tel égard qu'il appartiendra. Et pour » savoir ce que c'est que suggestion, & en quoi » elle consiste, voyez Ricard en l'endroit cité, » n. 45, 46 & suivans; la Thaumassiere sur » la Cout. de Berry, tit. 18, art. 8; Henrys, » tom. 1, liv. 5, ch. 4, quest. 31; & Bretonnier, *ibid.* Dumoulin sur l'art. 170 de la Coutume de Blois; Dargentré, sur l'art. 571 » de la Coutume de Bretagne, n. 3, &c. »

54. Il en est de même du fait, que le testateur étoit sain d'esprit & d'entendement; encore que le notaire l'ait ainsi attesté dans le testament, on est reçu à prouver le contraire, sans qu'on soit obligé de passer jusqu'a l'inscription de faux, disent M. Dolive, liv. 5, ch. *9 de ses questions notables*; M. de Cambolas, liv. 2, ch. 30; Ricard, *des Donat.* part. 3, ch. 1, n. 29 & suiv. & de la Thaumassiere sur Berry, tit. 18, art. 8; & la raison de ces auteurs, c'est que ce n'est point au notaire à

juger de l'état du testateur, si absolument que son témoignage nécessite les juges de passer par son avis, & exclut les parties de prouver le contraire ; cependant M. Duplessis estime que le plus sûr est de passer par l'inscription de faux, c'est dans son *Traité des Testamens*, liv. 3, ch. 2, sect. 7, sur la Cout. de Paris.

55. Au reste, les formalités prescrites par la Coutume pour la validité des testamens, doivent être accomplies exactement & à la lettre, & le défaut emporte la nullité du testament; telle est la jurisprudence des arrêts & le sentiment des auteurs; la raison est qu'en la France coutumiere les testamens ne sont pas favorables, parce qu'ils tendent à ôter à un héritier présomptif, une partie des biens qui lui devoient appartenir, soit par le droit naturel, soit par le droit positif.

56. Il faut toutefois excepter ce qui touche les legs pieux, obséques & funérailles du testateur, qui sont très-favorables parmi nous ; ensorte que nous les dispensons de la rigueur des formalités, qui font casser les autres dispositions, & qu'il suffit à leur égard de garder la solemnité du droit canon, ainsi qu'il est dit dans notre article, à la fin d'icelui; dans l'art. 173 de la Coutume de Senlis, dans le 170 de celle de Valois, & dans l'art. 140 de celle de Clermont en Beauvoisis.

57. La solemnité du droit canon, qui selon notre Coutume au présent article & les Coutumes citées, suffit & doit être observée pour raison des legs pieux, & celle dont il est parlé dans le chapitre *Cùm esses*, 10; & le chap. *Relatum* 11, *extr. de test.* Dans le premier de ces 2 chap. le pape Alexandre III veut qu'on exécute tous les testamens qui ont été reçus par le curé du testateur, en présence de deux témoins; défendant sous peine d'anathême de les déclarer nuls. Dans le second le même pape ordonne d'exécuter les legs pieux portés par les testamens, qui n'ont été faits qu'en présence de deux témoins.

58. Il faut toutefois observer qu'outre la solemnité du droit canon, les formes générales établies par nos ordonnances doivent encore être observées, même pour raison des legs pieux; savoir, la rédaction de l'acte par écrit, la signature des parties, & celle de la personne publique qui reçoit le testament, & des témoins; attendu que les ordonnances dérogent pour ce regard aux Coutumes; tellement que nous n'admettons pas le privilege du chap. *Relatum*, établi en faveur des legs pieux, qui veut qu'ils ayent effet, quoique le testament qui les contient, ne soit fait qu'en présence de deux témoins, & qu'il est nécessaire qu'il soit fait en présence d'une personne publique, comme d'un curé, suivant le ch. *Cùm esses*, ou d'un notaire & de deux témoins; ce n'est pas que quand les legs pieux sont modiques & proportionnés aux biens de celui qui les a faits, les cours souveraines en ordonnent quelquefois l'exécution, en déclarant le testament nul par le défaut de formalités.

ARTICLE CCLXXXX.

ENTRE Testament & Codicille n'y a point de différence : & ne sont lesdits Testamens ou Codicilles invalidés, à faute d'institution d'Héritier, prétérition ou exhérédation.

1. SUivant la jurisprudence du droit romain, un testateur a la liberté entiere de se faire un héritier par testament, & de disposer de tous ses biens, à la reserve de la légitime aux personnes à qui elle est due ; il y a plus, c'est qu'il est essentiel à un testament en pays de droit écrit, qu'on y nomme & institue un héritier, lequel au moyen de cette institution devient le successeur universel de tous les biens, dont il n'y a pas de dispositions particulieres, & qui est tenu d'acquitter les legs & toutes les charges du testament; & si le testateur nomme pour son héritier, celui qui devoit lui succéder *ab intestat*, il sera héritier testamentaire; & en cette qualité tenu d'acquitter les charges du testament.

2. Il faut que l'héritier nommé par le testament, survive le testateur, & qu'il accepte la succession : car si l'héritier mouroit avant le testateur, ou qu'il ne voulût pas accepter l'institution faite de sa personne, le testament demeureroit caduc, & les autres dispositions contenues dans le testament, n'auroient aucun effet.

3. Mais on a trouvé un moyen de faire exécuter les legs & fidéicommis portés par le testament, quoique l'institution demeure caduque; c'est la clause codicillaire conçue en ces termes : *Et si mon testament ne vaut pas comme testament, je veux qu'il vaille comme codicille, donation à cause de mort, & de la meilleure maniere dont il pourra valoir ;* en ce cas les héritiers *ab intestat* sont tenus de payer les legs & fidéicommis; car pour faire des dispositions particulieres de certaines sommes ou de certains biens particuliers, il n'est pas nécessaire de faire un testament, il suffit de faire un codicille; & l'usage fondé sur le sentiment des docteurs, a introduit les clauses codicillaires dans les pays du droit écrit.

4. Le codicille est un acte qui contient des dispositions à cause de mort, sans institution d'héritier; & les codicilles sont des dispositions distinguées des testamens de plusieurs manieres.

5. 1°. En ce qu'un testament doit nécef-

sairement contenir une institution d'héritier; qu'il renferme la disposition universelle de la totalité des biens; & que les codicilles ne contiennent que des dispositions particulieres d'une partie des biens, sans institution d'héritier, leur usage étant borné aux legs & fidéicommis.

6. 2°. En ce qu'un testateur qui a des enfans, doit faire mention d'eux dans son testament, qu'il doit leur laisser leur légitime à titre d'héritier, ou les déshériter nommément; de maniere que si le pere n'en avoit fait aucune mention dans son testament, il ne vaudroit rien; par la raison qu'on suppose qu'un pere qui a oublié quelqu'un de ses enfans dans un acte aussi important, n'avoit pas l'entendement assez sain, pour disposer de ses biens. Au-lieu que l'institution d'héritier n'étant pas nécessaire pour faire subsister un codicille, qui ne contient pas la disposition de tous les biens du testateur, & l'héritier *ab intestat* y étant présumé institué, la prétérition des enfans n'est pas considérable pour donner atteinte au codicille.

7. Ceci une fois posé & établi comme dans nos Coutumes, il n'y a point d'héritier testamentaire, qu'on ne peut dans cette Coutume disposer par testament, selon qu'il sera dit sur l'art. suivant, que du quart de ses biens, la distinction des testamens & des codicilles y est inutile, & on y donne le nom de testament à toutes dispositions à cause de mort; quoique selon la distinction des testamens & codicilles ci-dessus expliquée, il n'y ait point proprement de testamens dans les provinces qui se régissent par les Coutumes, mais seulement des codicilles; mais il a plû à nos anciens de qualifier *de testamens*, toutes les dispositions à cause de mort, en avertissant que dans cette Coutume, le testament n'étoit qu'un codicille, & qu'entre le testament & codicille il n'y a point de différence: c'est ce qui est dit dans notre article, & dans l'article 86 de la Coutume de Chaumont en Bassigny.

8. Et pour mieux démontrer que nos testamens ne sont que de véritables codicilles, nos rédacteurs ont ajouté qu'ils ne sont point invalidés, faute d'institution d'héritier, de prétérition, ou exhérédation (comme le sont les testamens en pays de droit écrit,) c'est ce qui est porté par notre article, par l'art. 48 du titre 12 de la Cout. d'Auv. & par l'art. 253 de celle de la Marche; & la raison est bien claire: car comme dans notre Coutume on ne peut disposer par testament, que du quart de ses biens, qu'on ne peut par conséquent donner, ni ôter l'hérédité par un testament; ceux qui doivent succéder, ne se peuvent pas dire prétérits, ni déshérités; puisqu'il n'y a de véritables héritiers, que ceux qui le sont *ab intestat*.

ARTICLE CCLXXXXI.

Puissance du Testateur.

AUCUN ne peut par Testament, Codicille, Donation ayant trait à mort, institution, ou autre disposition de derniere volonté, disposer de ses biens, que de la quarte partie chargée de tous Legs & funérailles; tellement qu'il faut que les trois quarts demeurent à l'héritier franchement, sans charge de Legs ne funérailles; & s'entend ladite quarte partie des biens dudit défunt, ses dettes payées & acquittées: mais si ladite disposition, compris les légats, excede la quarte partie, le tout est réduit audit quart, *pro rata*, & au sol la livre sur chacun de ceux au profit desquels auroit été disposé ou légué: & quand ladite disposition est moindre que dudit quart, celui au profit duquel elle est faite, n'est chargé d'aucuns Legs & funérailles; sinon que l'héritier *ab intestat* lui voulût suppléer jusques audit quart, lequel audit cas est chargé de tous lesdits Legs & funérailles.

1. IL y a deux choses à distinguer par rapport aux biens, dont on peut disposer par testament, la quantité & la qualité.

2. A l'égard de la qualité des biens, dont le testateur peut tester, les Coutumes ont des dispositions différentes, par rapport aux meubles, acquêts & propres, pour ce qui concerne la disposition qu'on en peut faire, ou en propriété, ou en usufruit seulement: mais on ne fait point toutes ces distinctions dans cette province; & notre Coutume ne considérant les biens du testateur, que comme un seul & unique patrimoine; elle en reserve les trois quarts aux héritiers: & ce, sans distinguer les meubles, les acquêts, ni les propres. Ainsi on y peut léguer indistinctement toutes sortes de choses, meubles ou immeubles, droits, servitudes, & de toute autre nature, qui soient en commerce, & qui puissent passer de l'usage d'une personne à celui d'une autre.

3. Quant à la quantité dont on peut tester, il n'est permis de disposer par testament, que de la quatrieme partie de ses biens, chargée de tous les legs & funérailles; tellement qu'il faut que les trois quarts demeurent à l'héritier franchement, sans charge de legs, ni frais funéraires; telle est la disposition de la Coutume au présent art. de l'ancienne Coutume,

titre 12, art. 1, & de celle d'Auvergne, tit. 12, article 41. * Et il est à observer que le retranchement introduit par les Coutumes, en faveur des héritiers du sang, en ce qu'elles limitent la faculté de disposer par testament, (comme fait celle-ci au quart des biens) n'étoit pas connu du droit romain, & qu'il est de notre usage particulier, usage fort ancien, qui tire son principe de l'inclination de nos aïeux, qui ont employé leurs soins pour la conservation des familles; ce qui a produit le sujet des plus notables différences qui sont entre notre jurisprudence française & la romaine; c'est la remarque de Ricard, traité des donations, chapitre 10, n. 1418 & 1419, page 736, édit. 1713.

4. Lorsque le quart est légué, c'est une portion de la succession du testateur, chargée du quart de toutes les dettes, comme il est dit dans ledit art. 41 du tit. 12 de la Coutume d'Auvergne, & qu'il résulte de ces mots de notre article : *S'entend ladite quarte des biens dudit défunt, les dettes payées & acquittées*; la raison est que *bona non intelliguntur, nisi deducto ære alieno*.

5. Mais, quoique le légataire du quart soit chargé du quart des dettes, il ne doit pas pour cela être considéré proprement comme un héritier du quart : car il n'est tenu des dettes de la succession, que jusqu'à concurrence de la valeur du legs, pourvu qu'il reçoive les choses léguées, par un bon & fidel inventaire. *Legatarius quartæ*, dit M. J. Decullant, *accepto legato, tenetur de quartâ portione onerum hæreditatis, & ab eo peti potest cautio de debitis pro ratâ solvendis, & Testamento implendo, l. si creditores, ff. de privil. credit. l. in omnibus, ff. de judic.* Chop. *de morib. Paris. lib.* 2, *tit.* 4, *n.* 23. *Censetur hic legatarius hæres in quartâ, non tamen est propriè hæres, nec tenebitur oneribus hæreditariis ultrà vires legati, dummodò capiat res legatas legitimo Inventario.* M. Jean Decullant, *hic*.

6. Le quart des biens, dont il est permis de disposer par testament dans cette Coutume, s'entend de la quatrieme partie de tous les biens généralement de la succession, même de ceux qui composent le droit d'aînesse; * & ce en estimation; de maniere que pour régler & fixer le quart légué par le testament, on a égard aux biens qui composent le droit d'aînesse, & que distraction faite de ces biens au profit de l'aîné, le quart en est payé par estimation au légataire par les héritiers, sans que le légataire puisse prendre ce quart en espece dans ces sortes de biens, ni que l'aîné soit tenu de contribuer à ce paiement plus que ses cohéritiers, à cause de son droit d'aînesse. C'est l'observation de M. Jean Decullant, & après lui de M. Louis Semin, sur notre art. *Quarta hæc detrahitur*, dit M. Semin, *ab omnibus bonis, etiam ab his quæ juri primogenituræ debentur, per æstimationem tamen, licèt in cœteris bonis debeatur in specie; & hoc, quia illud jus successivum est. Hujus opinionis erat D. Joan.* Decullant, *qui tenebat rem juri primogenituræ subjectam ad legatarium non pervenire : valere tamen legatum, ut legatario justa æstimatio præstetur ab omnibus hæredibus pro virili, cujus legati, primogenitus non plus solvet, quàm unus fratrum.* Louis Semin.

7. Il est libre au testateur de léguer ce quart en quote d'hérédité, ou en une espece certaine & particuliere de biens, & *hæc quarta*, dit M. le président Duret, *in quarta legari potest, & in certa specie assignari, conf.* de Clermont, art. 138; de Valois, art. 85, *ubi Molin. ad verb.* SEMBLABLE. M. Duret, *hic*.

8. Quand les legs excédent la quatrieme partie des biens du défunt, les dispositions ne sont pas nulles : mais le tout, dit notre art. est réduit au quart; c'est aussi la disposition de la Cout. d'Auv. tit. 12, art. 43; ensorte que, selon que l'a observé M. Prohet sur ledit art. 43, c'est la falcidie de la Coutume qui a renversé ce qui est pratiqué en droit écrit, suivant lequel le testateur peut léguer les trois quarts, & l'héritier n'a que le quart, que la falcidie lui donne; au-lieu que par notre Cout. semblable en cela à celle d'Auv. les héritiers *ab intestat* ont les trois quarts qui leur sont conservés par la falcidie coutumiere, qui réduit les legs au quart. Et ces trois quarts demeurent à l'héritier par droit d'hérédité, encore qu'il ne soit pas des descendans du testateur, mais l'héritier collatéral, à qui il n'est point dû de légitime. C'est la remarque de M. Duret sur ces mots de notre art. DEMEURENT A L'HÉRITIER; *jure*, dit-il, *hæreditario, etsi non sit ex descendentibus, sed collateralis, cui legitima non debetur, & hoc jure utimur.* M. Duret, *hic*.

9. Dans le cas où les legs excédent le quart des biens du testateur, on tient donc pour rejetté du testament tout ce qui excéde le quart, & ensuite on diminue le legs d'un chacun, de cet excédent au *pro rata*, & au sol la livre, comme dit notre article; de maniere que celui dont le legs est plus fort, souffre une plus forte diminution.

10. C'est à l'héritier qui prétend que les legs excédent la quatrieme portion des biens, à le prouver; c'est la remarque de M. le président Duret, sur ce mot de notre art. EXCEDE : *quod non præsumitur*, dit-il, *itaque si excessum intendat hæres, hunc Judici probare debet.* M. le président Duret.

11. Pour cela il faut que l'héritier fasse un inventaire qui contienne l'appréciation & estimation de tous les biens de la succession : car on pourroit objecter, s'il n'y avoit point d'inventaire, la soustraction & transport des effets de l'hérédité; c'est l'observation de M. le président Duret, de M. Jacques Potier, & de M. Jean Cordier sur notre art. de Basmaison sur l'art. 43 du tit. 12 de la Cout. d'Auv. *Jure hæres*, dit M. Duret, *repertorium non faciens falcidiâ non utitur*; & ainsi fut jugé, dit M. Cordier, en ce présidial au mois de mai 1683.

Le

Le fait étoit qu'un particulier de Gannat, légataire de deux cents livres, en demanda le paiement à l'héritier, qui s'en défendit sur l'abandonnement du quart, à quoi le légataire opposa le défaut d'inventaire après le décès du testateur, & soutint qu'au moyen dudit défaut d'inventaire, il étoit tenu de payer le legs de deux cents livres; & ainsi fut jugé, M. le président Genin séant. M. Cordier, *hic*.

12. Quand un testateur légue l'usufruit de tous ses biens, ou le quart en propriété, au choix du légataire; en ce cas l'héritier *ab intestat* peut opter de lui laisser l'usufruit du total, ou la propriété du quart: car dans cette Coutume le testateur peut léguer l'usufruit de tous ses biens, ou le quart en propriété, au choix de ses héritiers, & non pas au choix du légataire; tel est le sentiment commun. M. Brodeau sur M. Louet, lett. U, som. 8, n. 3, en fait un principe; & M. François Menudel sur l'art. présent en donne cette raison; savoir, que le testateur ne peut léguer l'usufruit de tous ses biens, parce que les trois quarts ne sont pas en la puissance du testateur; & que, qui ne peut aliéner, ne peut constituer usufruit; *l. ult. Cod. de reb. alien. non alien.*

13. Mais, si le testateur s'est contenté de léguer simplement l'usufruit du total de ses biens, sans parler du quart en propriété, la difficulté est de savoir si le legs de l'usufruit seroit réductible au quart dudit usufruit, ou si l'héritier seroit tenu d'opter de laisser au légataire le quart en propriété, ou l'usufruit du total; & sur cette difficulté, il y a variété d'arrêts & variété de sentimens.

14. Coquille sur la Cout. de Niv. ch. 33, tit. 1; M. Potier sur notre Cout. au présent art. Lebrun, *des Succ.* liv. 2, ch. 4, n. 8, tiennent qu'on ne peut pas plus excéder la quote en donation de l'usufruit, que de la propriété; & que dans la prohibition de l'aliénation de la propriété, celle de l'usufruit y est comprise.

15. D'autres, d'un sentiment opposé, soutiennent qu'il faut faire valoir sa disposition dans toute son étendue, & autant que la Coutume le permet: & comme la Coutume ne conserve que les trois quarts aux héritiers *ab intestat*, s'ils ne veulent pas souffrir l'exécution du legs de tout l'usufruit, il faut qu'ils abandonnent au légataire le quart en propriété & usufruit, dont la Coutume permet de disposer; tel est le sentiment de M. Prohet, sur la Cout. d'Auv. tit. 12, art 41; de M. Duplessis sur Paris, *Traité des Testam.* ch. 1, sect. 7, *in fine*; de Ricard, *Traité des Donat.* part. 3, ch. 10, sect. 1, n. 1443, & suiv. & de M. J. Decullant sur notre art. & c'est celui qui étoit suivi dans cette province de son temps; & ainsi a été jugé en ce siége en 1636.

16. *Quæritur*, dit Jean Decullant, *si ususfructus omnium bonorum legatus sit, an valeat? Quidam dicunt illud legatum reducendum esse ad quartam partem ususfructûs, & non ad quartam partem proprietatis; quia non fit extensio de usufructu ad proprietatem*, Louet, *lett. V, cap. 8, refert arrestum 28 Novembris 1537; pro hac sententia, quam sequitur Chopinus, lib. 2, tit. 4, n. 16, de morib. Paris. Alii dicunt legatum valere, nisi malit hæres pro usufructu omnium bonorum concedere quartam partem proprietatis: quia legatum generale debet valere usque ad hanc quartam;* Charondas *refert ad hoc arrestum 1561, lib. 2 Pandectarum, cap. 13; & ad Paris. art. 292; Molin. ad* §. 2, *tit. de Testam.* de la Coutume de Lorris; *& ita vidi observari tam in consulendo, quàm judicando; adde l. omnium 36, de usufructu, & sic judicatum ultimâ die Martii 1636, per Castellanum* de Verneuil, *pro Susanna* de Cussi, *cui maritus legaverat usumfructum omnium bonorum immobilium & proprietatem mobilium, quod legatum filia Testatoris volebat reducere ad quartam mobilium; tamen judicatum fuit pro Testamento, nisi mallet hæres dimittere quartam bonorum pleno jure, quod fuit confirmatum in Curia Senescalli anno sequenti, domino* Hareil, *Consiliario, Relatore, scripserat pro legataria D.* Decullant.... Jean Decullant, *hic*.

17. Tel est, comme l'on voit, le sentiment de M. Jean Decullant; & telle étoit la jurisprudence de son temps en ce siége: mais il me paroît qu'aujourd'hui le plus grand nombre des conseillers & avocats du siége sont pour le sentiment contraire. On prétend qu'il faut s'attacher à l'intention du testateur, lequel ayant disposé de l'usufruit du total, & non de la propriété du quart, quoiqu'il sût qu'il lui étoit libre de disposer de cette propriété, est présumé n'y avoir pas voulu toucher; tellement qu'on ne peut abandonner au légataire le quart en propriété, sans aller contre l'intention du testateur; desorte qu'il faut dire que le testateur a fait ce qu'il ne pouvoit, & n'a pas fait ni voulut faire ce qui lui étoit permis; ce qui doit lui être imputé, & doit tomber en pure perte au légataire, qui est réduit au quart de l'usufruit; & M. Denis Lebrun, livre 2, *des Successions*, chapitre 4, n. 16, cite pour ce dernier sentiment un arrêt du 15 juin 1673, en la troisieme des enquêtes. * Et ainsi a été jugé suivant ce dernier sentiment, par sentence rendue en cette Sénéchaussée, au rapport de M. Fargonel d'Aubigny, le 10 février 1736, en faveur de Jacques & Gilbert Daufan, contre Anne Bernard, veuve de Jean Daufan; Jean Daufan, son mari, lui avoit légué en mourant l'usufruit de tous ses biens, & le legs fut réduit au quart de l'usufruit, les juges étoient M[rs]. Berger, lieutenant général, Desbouis, lieutenant particulier, Vernin, assesseur, Vernoi, Peret, Pierre de Saint-Cy, Perrotin de la Serrée, moi Auroux des Pommiers, Imbert, Farjonel, Bourgougnon & Heuillard.

18. Il ne faut pas raisonner du legs, par rapport à l'héritier institué, tout à fait de même que par rapport à l'héritier *ab intestat*;

à cause des conditions que l'instituant peut attacher à son institution : car si Pierre par le mariage de Paul, l'institue son seul & universel héritier, à condition qu'il sera libre à lui Pierre instituant, de disposer par testament, même au-delà du quart ; Paul héritier institué ne pourra accepter la libéralité qui lui est faite par l'instituant, sans consentir en même temps à la condition qui lui est apposée ; & il faut nécessairement qu'il renonce à la disposition pour le tout, ou qu'il l'accepte en toutes ses parties, & avec toutes les charges & conditions qui y sont annexées ; au lieu que l'héritier *ab intestat* ne tenant rien de la grace du testateur, la loi l'appellant à la succession, il ne dépend pas du testateur de disposer du bien de son héritier.

19. *Quòd si Mævius*, dit M. le président Duret, *in gratiam matrimonii sui hæres instituatur, eâ lege expressâ quâ instituens legare possit, etiam quartam excedendo, an & tunc institutus falcidiâ experiri potest, ut ad rationem hoc §. præscriptam Testamentum reducatur, quod vix est ut obtineat : si quidem instituto non fit præjudicium, cui nihil acquiritur nisi eâdem dispositione, & sic cum ejus onere : instituens enim gratiæ suæ potuit legem apponere, cui omninò standum est intrà suos limites, alioquin ei fieret injuria*... M. Duret, *hìc*.

20. La disposition de cette Coutume, au présent article, qui défend de disposer par testament au-delà du quart, ne regarde que les biens situés dans son district, & non ceux situés dans une autre Coutume : car les Coutumes étant réelles, on ne peut disposer de ses biens, sinon suivant les Coutumes de leur situation. Tel est le sentiment commun, & l'observation de M. Louis Semin, & de M. Potier, sur notre article, de Basmaison & Prohet, sur la Coutume d'Auvergne, titre 12, article 41. *Hic articulus*, dit M. Semin, *non ligat quoad bona in aliis Provinciis sita, in quibus plus vel minus legare licet : hoc enim casu ratione immobilium statutum loci attenditur, ratione mobilium statutum domicilii, quod ultimum defunctus habuit.* Et de-là il s'ensuit :

21. 1°. Que si une personne domiciliée dans cette Coutume, a des biens dans cette Coutume, & dans d'autres qui contiennent des dispositions différentes pour ce qui concerne la liberté de tester, la restriction au quart n'a lieu que pour les biens situés dans cette Coutume ; & que la liberté de pouvoir disposer généralement du tout, tant que la loi & les autres Coutumes, dans le district desquelles les autres biens sont situés, le permettent, demeure entiere au testateur ; de maniere que si les autres biens sont en pays de droit écrit, la disposition est valable pour le tout, quant aux biens de droit écrit : & pour les biens situés dans cette Coutume, elle ne vaut que jusqu'au quart, les trois quarts demeurans à l'héritier *ab intestat*.

22. 2°. Il s'ensuit que si le testateur domicilié dans cette Coutume a disposé par testament au-delà du quart, sa disposition, en ce qu'elle excede le quart, sera exécutée sur le surplus des biens du testateur, situés dans les autres Coutumes qui lui permettoient de disposer au-delà du quart ; telle est l'observation de M. Charles Dumoulin, sur la Coutume d'Auvergne, titre 12, article 41 ; & après lui de M. le président Duret, sur notre article, sur ces mots, DE CES BIENS ; *nisi habeat alibi*, dit-il, *de quibus ex ratione juris vel ex statuto municipali, liceat ampliùs disponere : quare quod excedit, in iis locis capietur, utique si res solares sint ; etenim quod attinet ad mobilia, domicilium sequuntur : itaque hæc Consuetudo regionis ubi est domicilium, magis servatur. Molin. ad Consuet. Arvern. cap. 12, art. 41, ad verb.* FUNÉRAILLES, & de Senlis, article 140, *ad verb.* DE LIEU, M. Duret, *hìc*.

23. Si quelqu'un ayant des héritiers paternels & maternels, légue une certaine somme à prendre sur les héritiers maternels, laquelle somme n'excede le quart de son bien, les héritiers maternels, selon M. François Menudel, auront leur recours contre les héritiers paternels, afin que tous supportent ledit légat ; *quia lege falcidiâ non apud unum, sed omnibus hæredibus, & cuilibet quarta pars debet remanere* ; c'est la remarque de M. François Menudel.

24. M. Jean Decullant est de même sentiment. *In specie Titii*, dit-il, *habentis hæredia valoris centum ex capite materno, & alia valoris mille ex capite paterno ; si idem Titius hæredia omnia materna legaverit, valebit legatum ; cedentque hæredia legatario, modò non excedant quartam totius patrimonii Testatoris, salvo recursu hæredis materni, contra hæredem paternum, qui pro modo emolumenti eum indemnem reddere debet, adeo ut unusquisque hæredum hac ratione pro modo emolumenti quid conferat, legatario capiente hæredia legata, idque quia respectu Testatoris unum censetur patrimonium, nec attendit aut distinguit Testator in bonis suis hæredia paterna à maternis.* Jean Decullant, *hìc*.

25. Toutefois M. Dargentré, sur la Coutume de Bretagne, article 218, gl. 9, n. 12, & après lui M. le président Duret, d'un sentiment contraire, estiment que quand un testateur, ayant des héritiers paternels & maternels, charge précisément la part des héritiers maternels au-delà du quart de leurs biens, le legs est réduit au quart des mêmes biens, sans que l'excédant puisse être acquitté sur la part des autres, ou que les héritiers maternels puissent exiger de la récompense des héritiers paternels. *Quid igitur*, dit M. Duret, *si Testator hæredes habeat in pluribus lineis, putà in paterna, & materna ? Proclivius est ut non possit quartam assignare in solis paternis, vel in solis maternis, & disponendo gravare in aliqua linea ultrà quartam hujus quod hæredi ejusdem lineæ defertur, Cons.* d'Anjou, art.

324; *Conf. Cænoman. art. 339, ubi Molin. ad verb.* ledit don : *quare si Testator prædium legaverit quod solum habebat ex linea materna, quarta pars ejus tantùm Legatario cedet, nec pro eo quod superest adversùs paternum hæredem recursum habet. Argentr. ad Britan. art. 228, gl. 9, n.* 12. M. Duret, *hìc.*

26. M. Jean-Marie Ricard, *Traité des Donations*, partie 3, chapitre 10, section 1, n. 1452 & suivans, s'étant proposé cette question, fait une distinction, & soutient que, pour que le legs puisse être exécuté dans toute son étendue, & que les héritiers d'une ligne puissent avoir leur recours pour leur récompense contre les héritiers de l'autre ligne, il faut qu'il paroisse par une disposition expresse, que l'intention du testateur a été que le legs qu'il a fait, fût pris sur la portion des autres, au cas qu'il ne pût pas être acquitté sur la part des premiers; & c'est ainsi & conformément à cet avis, ajoute-t-il, que M. Charles Dumoulin, en son commentaire sur la Coutume de Paris, §. 93, n. 3 & 4, ayant traité la question en général, la résout : *Carens liberis*, dit Dumoulin, *habens bona paterna & materna, legat domum maternam, quæ excedit quintum maternorum, sed non excedit quintum omnium; respondi nihil petere posse ultrà quintum maternorum : Sed nonne Legatarius habebit recursum contrà paternos ad ampliandum? Respondi, non : quia legatum non est factum in specie, sed solùm de certo corpore.*

27. Cette matiere me paroît très-incertaine, & même les arrêts intervenus sur ce sujet paroissent contraires, comme l'on peut voir dans Ricard, au lieu cité : cependant je crois qu'on peut concilier ces différens sentimens, en distinguant différentes sortes de legs, comme a fait M. Charles Dumoulin.

28. Quand le testateur légue un fonds en particulier, il faut suivre sa volonté à la lettre, autant que le permet la Coutume; c'est-pourquoi, si le fonds légué n'excede pas le quart des biens des héritiers de cette espece de biens, il ne doit y avoir aucune réduction du legs; & s'il excede le quart, le legs est réduit au quart des mêmes biens, sans que l'excédant puisse être acquitté sur la part des autres, & que les héritiers de cette espece de biens puissent avoir aucun recours contre ceux d'une autre espece. Les héritiers des propres paternels (par exemple) si c'est un propre paternel, n'auront aucun recours contre les héritiers des propres maternels, non plus que contre les héritiers des meubles & acquêts; & la raison est que ce fonds étant distrait de la succession par le testament du défunt, l'héritier ne peut prétendre aucun recours, puisqu'il n'a jamais eu rien de présent en la propriété, pour raison de quoi il puisse intenter une demande en recours : & il faut raisonner à ce sujet de la disposition que le testateur a fait du fonds légué par son testament, comme de la disposition qu'il en auroit pu faire par vente & autre disposition entre-vifs; car si la Coutume saisit l'héritier de ce que le défunt a disposé par son testament, aussi bien de ce qu'il a laissé *ab intestat*, ce n'est, à l'égard de ce qui est contenu au testament, qu'une possession momentanée qu'elle lui donne, & qui ne lui attribue aucun droit en la propriété; & quoique l'exécution du testament soit différée après la mort, il ne laisse pas de tirer son effet de la volonté, & par conséquent de la vie du testateur; & en cela je suis de l'avis de M[rs]. Dargentré & Duret.

29. Mais si le legs est d'une somme de deniers, il doit être payé sur tous les biens meubles & conquêts de la succession par les héritiers mobiliers, à proportion de l'émolument que chacun des héritiers en perçoit, au cas qu'il n'excede pas le quart des biens du testateur : la raison est que notre Coutume, article 295, affecte particuliérement les meubles, acquêts & conquêts immeubles du testateur, à l'acquit des dispositions testamentaires, & que suivant l'article 316, qui prend les meubles & conquêts d'aucun, est tenu de payer les dettes mobiliaires, tels que sont les legs d'une somme de deniers une fois payée.

30. Le testateur ne peut en ce cas ordonner valablement, que les legs qui doivent être payés sur les meubles & acquêts, seront pris particuliérement sur la part de l'un des héritiers mobiliers, & non point sur ce qui appartient aux autres co-héritiers en cette même espece de biens. La raison est qu'il peut bien, comme nous venons de dire, distraire la partie des biens dont il peut tester, & laisser l'autre : mais qu'il ne peut pas faire que les héritiers ne partagent également, aux termes de la Coutume, ce qui reste en sa succession, & dont il n'a pas disposé, le testateur ne pouvant pas toucher à ce que les héritiers prennent en cette qualité : parce que ce seroit pervertir les regles des successions, & empêcher que la disposition de la Coutume eût lieu dans sa succession, ce qu'il ne peut pas. Tel est le raisonnement de Ricard, dans son *Traité des Donations*, part. 2, ch. 1, sect. 3, n. 19; & tel est mon sentiment, & en cela je suis le sentiment de M. François Menudel, & de Jean Decullant.

31. Sur ce même fondement, quoique selon la disposition de notre article le légataire du quart soit tenu d'acquitter tous les legs, ainsi qu'il a été déja observé, toutefois si un testateur, après avoir légué par son testament le quart de son bien à un particulier, fait quelques autres legs à prendre sur les autres trois quarts, ensorte néanmoins (ce qu'il faut observer) qu'il paroisse que son intention a été que le legs du quart demeurât entier au légataire du quart; en ce cas les autres legs seront déclarés nuls & caducs, par la raison qu'ils ont un assignat caduc, le testateur n'ayant pû charger les autres trois quarts de ses biens d'aucuns legs; & c'est le

cas où l'on dit que le testateur n'a pas fait ce qu'il a pû, & qu'il a fait ce qu'il n'a pas pû; c'est l'observation de nos commentateurs, M. Jean Decullant, François Menudel, & Louis Vincent, sur le présent article; & ainsi fut jugé en ce présidial vers l'année 1636.

* Marie Chicard & Vincent Pulne, dit M. François Menudel, se léguerent par testament mutuel le quart de leurs biens; & par le même testament, ladite Chicard fit un legs particulier de dix écus à Anne Ebrard, avec déclaration qu'elle vouloit ledit legs lui être payé sur son autre bien, & sans diminution du quart par elle légué à son mari. Après la mort de la Chicard, question se meut entre les deux légataires. Pulne soutient que le legs de Ebrard est caduc, en ce qu'il est hors le quart, & sans diminution d'icelui. Ebrard réplique que la Coutume charge le légataire du quart, de payer les autres legs, *quod onus à testatore remitti non potuit*; que par la Coutume le surplus du quart n'est pas déclaré caduc, mais qu'il est seulement réduit: sur quoi jugement intervient en ce siége en l'année 1686, par lequel le legs du quart fut déchargé du legs particulier, lequel fut déclaré caduc.

Suivant cette doctrine, continue M. Menudel, je soutins contre Louis Semin l'appel interjetté de la sentence rendue par le juge de la Palisse. Le fait étoit que Mouton avoit épousé la nommée Dupré, laquelle légua à son mari le quart de son bien, & sur les autres trois quarts légua la somme de 300 liv. pour trois de ses niéces; savoir, pour chacune 100 liv. La Dupré morte, les niéces s'adresserent à l'héritier, qui se défend des termes de l'art. 291, qui veut que les trois quarts demeurent francs à l'héritier; ce qui leur donna sujet de mettre en cause Mouton, légataire du quart, contre lequel elles disoient qu'elles étoient légataires aussi-bien que lui, & partant que tout devoit être réduit, suivant l'article, au sou la livre; à quoi je répliquois qu'il étoit vrai qu'il falloit réduire tous les legs, quand ils étoient faits par une disposition générale & vague du testateur; mais qu'autre chose étoit, quand le legs avoit un assignat caduc: qu'au fait qui se présentoit, le legs étoit limitatif; ce que je prouvois par la doctrine de Loyseau, traité *du Déguerp*. l. 1, chap. 8, que la Dupré avoit fait ce qu'elle ne pouvoit pas; & qu'ainsi la question ne se devoit pas vuider par la disposition de l'art. 291, en ce qui est de la réduction, mais par la caducité de l'assignat: sur quoi la question ayant été appointée en avril 1636, jugement fut rendu au second chef de l'édit en novembre suivant, au rapport de M. le lieutenant général; par lequel il fut dit qu'il avoit été mal jugé, & en réformant, Mouton fut absous des conclusions contre lui prises. M. François Menudel, sur l'art. 291. M. Vincent, qui rapporte le même jugement, observe que si la Dupré avoit légué à ses niéces sans assignation, on eût réduit tous les legs au quart.

32. Autre chose est, quand il ne paroît pas que l'intention du testateur soit que le legs du quart demeure en entier au légataire du quart; ainsi, si un testateur après avoir légué par son testament le quart de ses biens à un particulier, fait par le même testament différens autres legs jusqu'à la concurrence ou même au-delà de la quatrieme partie de ses biens, sans qu'il se soit expliqué plus particuliérement en faveur des uns que des autres, & sans qu'il paroisse que sa volonté est que le legs du quart demeure en entier au légataire du quart par préférence aux autres legs; c'est une question en ce cas si le légataire du quart est tenu d'acquitter tous ces différens legs, de maniere qu'il ne reste rien pour lui, selon que ces termes de notre art. *la quarte partie chargée de tous les legs & funérailles*, semblent l'exiger; M. Jean Cordier se propose cette question, & la résout conformément à une sentence de cette Sénéchaussée, du 4 décembre 1658, rendue au rapport de M. Coifier, conseiller.

33. *Quœritur*, dit M. Jean Cordier, *si Testator quartam bonorum Titio legaverit, & eodem Testamento particularia legata fecerit, quæ quartam bonorum implent vel excedunt? An tenebitur Legatarius quartæ, usque ad concurrentiam legati, omnia legata particularia solvere, ut hic videtur innuere noster paragraphus his verbis*, QUARTE PARTIE CHARGÉE DE TOUS LES LEGS; *quæ verba in fine hujus paragraphi sunt repetita, adeò ut nihil penès se remaneat, eique magis expediat quartam sibi legatam Legatariis particularibus relinquere, quàm sine fructu unicuique separatim solvere?*

34. *Quidam putant Legatarium quartæ liberari abdicando cœteris Legatariis dodrantem totius legati, adeo ut sibi quadrans remaneat; alii censent quartam bonorum legatam debere dividi inter legatarium universalem & particulares, pro ratâ & virili legatorum: censet verò ex prœdictis nostri paragraphi verbis D. Joannes* Decullant, *Legatarium quartæ nihil ex tali legato lucrari, cùm debeat omnia legata solvere.*

35. *Verùm simili quœstione motâ, in Senescalli jurisdictione, inter Legatarios plures particulares scriptos in Testamento Dominæ* de Lorme, *viduæ Domini* de Torcy, *& Mariam* Hardy, *uxorem Domini* Brinon, *Legatariam quartæ bonorum totius successionis, judicatum fuit die quartâ decembris anni* 1658, *Relatore Domino* Coifier, *consiliario, quartam legatam reducendam esse ad valorem quartæ portionis legatæ, quæ est decima-sexta portio totius hæreditatis, eumdem valorem cum omnibus aliis legatis particularibus super quartam bonorum successionis solvendum pro rata cujusque legati*, & au sou la livre, *deductis & priùs solutis funerum impensis* (*in quibus putat idem D.* Decullant, *Missas per annum dicere solitas, venire, etsi has solius hœredis impensis esse multi putent.*)

36. *Quod judicium eâ potissimùm ratione puto esse observandum, quòd legata particularia in ordine scripturæ Testamenti excedebant* quartam

quartam bonorum Testatoris, cui nihil aliud legare videbatur permissum, sicque quartæ bonorum legatum videbatur caducum: tamen ut voluntas Testatoris, si non in totum, saltem pro parte adimpleretur, ut vult hic paragraphus noster, Judices hanc mediam viam fuere secuti; nec interest quòd fiat duplex reductio quartæ legatæ, una ad quartam quartæ, & altera pro rata, au sou la livre; *nam si quarta quartæ integra maneret, tale legatum utpotè sortiens quotam hæreditatis, omnes funeris impensas solveret; tandem animadverte hoc sequendum esse tantùm ubi legata particularia quartam bonorum excedunt; quòd si non excedunt, quantumvis minimum supersit, Legatarius quartæ legem huic nostro paragrapho scriptam debet subire.* Jean Cordier, *hic.* * M. Berroyer, dans sa note manuscrite sur le présent commentaire, *hic*, observe que l'art. 47 du titre 12 de la Cout. d'Auvergne, donne dans ce cas les trois quarts du quart à celui auquel il est légué, & réduit les legs particuliers au quart du quart, au sou la livre.

37. Il ne faut pas raisonner de la donation entre-vifs, dont l'exécution est différée après la mort, comme de la donation à cause de mort ou testamentaire; la donation qu'un mari fait à sa femme par leur contrat de mariage, du quart de son bien à prendre après sa mort, ne l'empêche pas de disposer par testament du quart du restant; & pareillement la disposition qu'un mari auroit faite par testament du quart de son bien en faveur de sa femme, ne l'empêcheroit pas de donner par donation entre-vifs, à un particulier une certaine somme à prendre après sa mort. *Quid igitur*, dit M. le président Duret, *si sponsus sponsæ priùs donaverit quartam partem bonorum quam relicturus esset, an iterùm quartam residui donare poterit? Et hoc negare videtur Molin. in Cons.* d'Amiens, *art.* 8. *Quod tamen à nostris non recipitur, planè perindè debet haberi, atque alia quævis inter vivos donatio; itaque nec falcidia locum habet, quasi in mortis causâ donatione.* Telle est la remarque de M. Duret, *hic.*

38. Quand les legs compris dans le testament sont réductibles, par rapport à ce qu'ils excédent la quatrieme partie des biens du testateur; en ce cas, s'il se trouve quelque légataire qui ait été payé avant la réduction, sa condition n'est pas pour cela meilleure que celle des autres: car on est en droit de répéter contre lui ce qu'il a reçu de trop, eu égard à la réduction. *Etsi quibusdam Legatariis*, dit M. Duret, *priùs solutum fuerit, non eò sunt melioris conditionis, ubi bona non sufficiunt ad integra legata; unde licèt repetitio hæredi competat, nihilominùs etiam alii Legatarii rectâ viâ possunt contra eos agere ad repetendum quod ultrà ratum eis solutum est.* M. Duret, *hic.* * Mais comme l'héritier peut remettre son droit, & renoncer au bénéfice de la réduction, pour accomplir en entier la volonté & l'intention du testateur; s'il agrée & approuve le testament du défunt, en payant & satisfaisant aux legs, sciemment & avec connoissance, *cognitis perspectisque verbis testamenti*, il ne pourra pas s'aider de la réduction, & répéter le plus qu'il aura payé outre le quart du bien. C'est la disposition de l'article 50 du titre 12 de la Coutume d'Auvergne, & l'observation des commentateurs de cette Coutume; Basmaison & Prohet, sur ledit article. C'est aussi celle de M. Berroyer, dans sa note manuscrite sur le présent commentaire, *hic.*

39. Pour connoître la valeur des biens du testateur, & si les dispositions testamentaires excédent le quart ou non, il faut avoir égard au temps de son décès, & l'estimation qu'en auroit pu faire le testateur n'est d'aucune considération. *Hujus sanè patrimonii quantitas*, dit M. Duret, *ad quam ratio legis falcidiæ redigitur, mortis tempore spectatur, non etiam ad tempus dispositionis refertur*, §. *quantitas, ad legis falcidiam instit. & augmentum vel diminutio posteà superveniens nihil affert aut detrahit, & non in Testatoris æstimationem, sed in veritatem attenditur; nam æstimatio defuncti non mutat legati conditionem, si legis falcidiæ rationem haberi oporteat.* M. Duret, *hic.*

40. Il y a plus, c'est que selon nos commentateurs la reconnoissance faite de quelque dette par le testateur, de son propre mouvement, ne peut valoir & subsister que comme legs, si la dette n'est prouvée d'ailleurs, & cela, pour obvier aux fraudes. *Confessio in testamento*, dit M. Duret, *vel codicillis, etiam motu proprio facta, nisi per modum legati, non valet; unde si talis debiti recognitio in Testamento facta quartam excedat, evanescit: nisi aliunde probetur debitum, alioquin fraus legi fieret; quia, cùm quis usque ad quartam bonorum legasset, indirectè donaret confitendo se cuipiam debere, cùm non deberet.... Equidem si de legatis aliàs debitis constet, procul dubio debita potiusquam legata intelliguntur, undè etsi excedant legitimum legandi modum, non tamen reducuntur.* Telle est la remarque de M. Duret, après Dumoulin.

41. C'est aussi celle de M. Louis Semin, & de M. Jean Fauconnier, sur le présent art. *Si testamento*, dit M. Semin, *testator declaraverit aliquid debere Legatario, vel habere penès se, & hæc declaratio ultrà quartam extendatur, reducitur talis declaratio ad legitimum modum, nisi aliundè Legatarius probationem habuerit;* mais, ajoute M. Jean Fauconnier, une telle déclaration du testateur doit passer pour commencement de preuve par écrit, qui met le créancier prétendu en état de faire preuve par témoins de la dette, suivant l'art. 3 du tit. 20 de l'ordonnance de 1667, & ainsi s'observe; ce qui fait qu'on dit qu'une telle déclaration *valet ad inquirendum.*

42. La disposition de la Coutume qui restreint la liberté de tester, & qui la limite au quart des biens, ne souffre pas d'exception en faveur des causes pies; c'est la disposition

précise de la Cout. d'Auv. tit. 12, art. 41, & ainsi s'observe dans cette Coutume, selon M. François Decullant; *ut testator quartam excedere possit in pia causa, quippè generalia verba, legis etiam municipalis, pia relicta non astringunt..... verùm contrarium verius puto, quod textus in quarta comprehendit sumptus funeris quos piam considerationem habere cuilibet palàm est, quo jure utimur: nam & de relictis ad pias causas detrahitur falcidia, Auth. similiter, Cod. ad leg. falcid.* M. Fr. Decullant, *hìc*.

43. Il faut toutefois, à ce qu'il me paroît, excepter les ecclésiastiques, qui disposent par testament des biens qui procédent des revenus de leurs bénéfices: parce que les bénéfices n'ayant été institués que pour subvenir à leurs besoins, & le reste être employé aux nécessités de l'église & des pauvres; s'il leur reste quelque chose après leur entretien & nourriture, il est bien juste qu'ils en puissent disposer en faveur de l'église & des pauvres; & que pour s'acquitter d'une obligation de conscience, ils ayent la liberté de disposer non-seulement du quart, mais même de tout ce qui leur reste de ces revenus au temps de leur décès, en faveur des pauvres, ou de leurs églises. Et quand ils le font ainsi, on doit croire qu'ils n'ont rien fait que conformément à leur obligation, & qu'ils se sont plutôt acquittés de leur devoir, qu'ils n'ont exercé une libéralité.

44. Au-reste, quoique la disposition de la Coutume au présent article soit prohibitive, conçue en termes négatifs & prohibitifs, & par conséquent une loi de rigueur, elle n'oblige toutefois que dans les cas où les raisons, pour lesquelles cette prohibition a été faite, subsistent; car, lorsque les motifs pour lesquels on a limité le pouvoir de tester à une certaine quantité de biens, cessent, le testateur reste dans la liberté naturelle qu'il a de transmettre à autrui, après sa mort, tout le bien qu'il posséde.

45. D'où il résulte que la Coutume n'ayant restreint le pouvoir de tester qu'en faveur du sang & des successeurs légitimes, ainsi qu'il paroît par ces termes de notre article, *les trois quarts demeurent à l'héritier franchement, &c.* si celui qui a disposé de tous ses biens par testament, décéde sans héritiers, cette restriction cesse, & le testament doit être exécuté en son entier; desorte que le seigneur qui, à défaut d'héritiers légitimes, prend les biens par droit de déshérence, n'a pas le privilége de réduction introduit en faveur des héritiers du sang seulement, le droit du seigneur ne consistant qu'en ce qui se trouve vacant & sans maître, c'est-à-dire, en ce dont le défunt n'a pas disposé de son vivant; ainsi qu'il a été jugé pour la veuve du sieur de Croissant, dit M. Jean Fauconnier, après M. Jean Decullant, par arrêt du 4 décembre 1617, confirmatif d'une sentence rendue en la chambre du domaine du Bourbonnois, contre les sieurs Reverdy & Namis, fermiers dudit domaine, qui combattoient l'institution universelle, faite au profit de ladite veuve par le testament de son défunt mari. La même question, dit encore M. Jean Fauconnier, fut aussi jugée par un arrêt conforme à celui-ci, rendu en 1621, en faveur de M^rs. Dubuisson, qui avoient été institués héritiers universels par M. Plotton, conseiller en la Sénéchaussée de cette province, qui étoit décédé sans aucuns parens. Telle est l'observation de M. Fauconnier, & son sentiment; c'est aussi celui de M. Jean Decullant, de M. Louis Semin, & de M. Jacques Potier, dans leurs remarques sur le présent article.

46. *Hoc intellige*, dit M. Jean Decullant, sur ces mots de notre article, AUCUNNE PEUT, *in præjudicium hæredis sanguinis sed non fisci: nam deficientibus Consanguineis possumus hæredem ex asse instituere extraneum in testamento; Statutum enim loquitur in favorem hæredis ab intestato, quæ qualitas & denominatio convenit propriè successoribus sanguinis & non fisco, qui propriè dicitur bonorum possessor.... Et sic judicatum quarto Decembris, anno 1617, in jurisdictione Domanii, pro viduâ Domini* de Croissant... *& novissimè Arresto anni 1621, pro Dominis* Dubuisson, *hæredibus institutis à Domino* Plotton, *in bonis paternis, cùm ex hoc latere deficerent consanguinei....* C'est la remarque de M. Jean Decullant, *hìc*; & M. Louis Semin s'explique à-peu-près de même.

47. Avant que de finir le commentaire du présent article, il est à propos de faire deux observations; la premiere, que quoiqu'il soit parlé dans le présent article d'institution, il est néanmoins vrai de dire que l'institution d'héritier n'a point de lieu par testament dans cette Coutume, mais qu'elle y vaut toutefois comme legs jusqu'à concurrence du quart, ainsi qu'il sera expliqué sur l'art. 324, *infrà*.

48. La seconde observation qu'il convient de faire, c'est qu'il faut mettre au rang des donations testamentaires & à cause de mort, dont il a été parlé sur le présent article, toutes les donations, quoique conçues entre-vifs, faites par personnes malades, de la maladie dont elles décedent; en quoi nous suivons dans cette Coutume la disposition de la Cout. de Paris, art. 277. C'est ce qui a été déjà observé dans la préface du tit. 19, *suprà*, *des Donations*; & telle est l'observation de M. Jean Fauconnier, sur le présent article, & de M. François Decullant, sur l'art. 219, *suprà*. *Regulariter*, dit M. François Decullant, *dispositiones factæ ab ægrotis & laborantibus eo morbo, ex quo è vivis decedunt, censentur factæ causâ mortis, §. 277, Stat. Parisi. & §. 56, cap. 14, Stat. Arvern. quod & nos observamus*; la raison est tirée de la crainte qu'on a que le donateur, en regardant la mort comme prochaine, qui l'empêche de ne plus considérer l'usage des biens, ne se porte à en disposer avec trop de facilité.

49. Par cette même raison, toutes les donations faites dans les circonstances qui menacent d'une mort prochaine, quoique conçues entre-vifs, ne sont point regardées comme telles & ne valent point comme donations

entre-vifs, selon la jurisprudence des arrêts : car dans ces circonstances on présume que la pensée de la mort a été la cause de la donation, & que le donateur désespérant de sa vie, n'a cherché qu'à éluder la disposition de la Coutume, en donnant entre-vifs ce qu'il ne pouvoit plus garder.

50. La prohibition de la loi, qui défend de donner dans la maladie dont on décede, autrement que par donation à cause de mort ou testament, s'entend tant directement, qu'indirectement; & il n'est pas permis, pour éluder la disposition de la loi, de déguiser le contrat & de le qualifier du nom de vente, au-lieu de celui de donation entre-vifs; ainsi toutes donations déguisées du titre de vente, sont déclarées sujettes à toute la rigueur de la loi, & révoquées comme telles; c'est ce qui a été jugé en cette Sénéchaussée le 5 mai 1724, au rapport de M. Pierre de Saint-Cy, en la cause de demoiselle Anne le Groin, demanderesse, contre Gilbert le Groin, écuyer, sieur de S. Laurier, défendeur.

* Jean le Groin, sieur de la Forest, malade de la maladie dont il décéda, fit le 10 août 1721, la veille de son décès, qui arriva le 11 août de ladite année, vente à Gilbert le Groin, seigneur de Saint-Sauvier, de la terre de la Forest, & généralement de tous ses biens, pour le prix de 9000 liv. desquelles 5000 liv. furent payées, selon qu'il étoit dit, en remise de promesses & obligations du vendeur, sans qu'on datât ces promesses & obligations, ni qu'on nommât le notaire qui les avoit reçues, non plus que les sommes qu'elles contenoient: obligations & promesses qui n'étoient pas rapportées, quoiqu'on soutînt que ledit le Groin de Saint-Sauvier fût resté seul le maître & en possession de sa maison & de tous ses effets, la demoiselle le Groin étant dans le temps du décès à plus de 20 lieues de là. Et pour les 4000 liv. restantes, il étoit dit qu'elles seroient employées à poursuivre un procès, pour raison duquel procès le vendeur cédoit à l'acquéreur tous ses droits, noms, raisons & actions. La demanderesse avoit pris des lettres contre la vente, qui furent entérinées, les parties remises au même état qu'elles étoient avant le contrat de vente.

On regarda cette vente comme feinte & simulée, non point comme une vente, mais comme une donation déguisée du nom de vente. Les juges étoient M[rs]. Perrotin, l'aîné, de Villaine, l'aîné, Cantat, Pierre de Saint-Cy, rapporteur, Perrotin de la Serré, moi Auroux des Pommiers, & Imbert.

51. Une question considérable sur cette matiere, c'est si les donations faites en péril de mort, par maladie ou autrement, ne pouvant valoir entre-vifs, valent du moins comme testamentaires, & doivent être réduites jusqu'à la concurrence de ce que le donateur auroit pu donner par testament, suivant notre article, ou si elles sont absolument nulles. Il n'y a point dans la jurisprudence de matiere plus embrouillée & plus confuse; il y a variété de loix, variété d'arrêts, & variété de jugemens & d'opinions. Ricard, part. 1, ch. 2, *des Donat.* tient pour la négative; & il dit que telles donations ne peuvent valoir, comme donations entre-vifs; parce que la mort qui a été le principal motif de la disposition, détruit absolument la nature des dispositions entre-vifs; qu'elles ne peuvent aussi passer pour donations testamentaires & à cause de mort, soit parce qu'elles ne sont pas accompagnées des solemnités que nos Coutumes ont prescrites pour la validité des testamens & ordonnances de derniere volonté, soit parce que la volonté du donateur a été de faire une donation entre-vifs, & non une donation testamentaire & à cause de mort; & tel étoit autrefois mon sentiment : mais après avoir examiné le sentiment de nos commentateurs, & leurs observations à ce sujet, il me paroît que l'usage dans cette province, est de suivre la disposition de la Coutume d'Auvergne, notre voisine, titre 14, article 36, qui veut que telles donations soient réductibles à la quatrieme partie des biens du donateur, chargée de tous les legs & funérailles, & valables comme dispositions de derniere volonté. C'est l'observation de M. J. Fauconnier, & il me paroît que c'est aussi le sentiment de M. Fr. Decullant.

* L'ordonnance du mois de février 1731, touchant les donations, s'est déclarée pour le sentiment de Ricard. L'article 4 porte que « toute donation entre-vifs, qui ne seroit » valable en cette qualité, ne pourra valoir » comme donation, ou disposition à cause de » mort, ou testamentaire, de quelque for- » malité qu'elle soit revêtue. » Ainsi le sentiment de Ricard, qui étoit mon premier sentiment, est celui qui doit être suivi.

ARTICLE CCLXXXXII.

LE Testateur ou Disposant ne peut donner, ne léguer directement ni indirectement, aucune chose aux Notaires recevans, & témoins instrumentaires desdits Testamens ou dispositions. Et sont telles Donations & Légats nuls, & de nul effet & valeur.

1. TOutes personnes peuvent recevoir les dispositions faites à leur profit, si la loi ne les en déclare incapables; & parmi ceux que la loi déclare tels, on compte principalement ceux qui sont nécessaires pour faire foi de la vérité du testament, & ceux qui ont

un empire trop grand sur l'esprit de ceux qui font des dispositions testamentaires.

2. Les personnes qui servent à faire foi de la vérité d'un testament, n'en peuvent pas profiter, selon les dispositions des ordonnances & des Coutumes : parce qu'on a désiré que ces personnes fussent sans reproches & sans soupçon; car comme l'intérêt est sans difficulté ce qui induit davantage les hommes à des suppositions, c'est pour cela qu'on a voulu que les testamens fussent faits en présence de personnes qui n'ayent aucun intérêt de les faire subsister.

3. Ainsi le testateur ne peut, selon qu'il est porté en notre article, donner ni léguer directement ni indirectement aucune chose aux notaires, qui reçoivent le testament, ni aux témoins à ce présens; & sont telles donations & légats nuls, de nul effet & valeur; c'est aussi la disposition de la Coutume d'Auvergne, titre 12, art. 49; de celle de Niv. titre 33, art. 12; de Berry, tit. 18, art. 17; & de la Marche, art. 254.

4. Les curés & vicaires qui reçoivent les testamens, ne peuvent pareillement recevoir testamens, esquels aucune chose leur soit donnée & léguée, selon l'ordonnance d'Orléans, art. 27; & celle de Blois, article 63: mais ils peuvent recevoir des testamens pour services ou fondations dans leurs églises, & œuvres pies, saintes & religieuses; c'est la disposition précise de l'ordonnance de Blois, article 63, & de la Coutume de Berry, titre 18, art. 17; & l'observation de M. le président Duret, sur notre article : *Eâdem ratione*, dit-il, *Curato vel ejus Vicario Testamentum recipienti legari non potest, quamvis Ecclesiæ & Collegio legari possit.*

5. L'ordonnance de Blois, audit art. 63, ne permet pas aux curés & vicaires de recevoir des testamens, qui contiennent des legs, non-seulement en leur faveur, mais encore en faveur de leurs parens; & par ce mot, *de Parens*, on doit entendre, dit M. Claude Duplessis, & leurs ascendans, & leurs proches collatéraux, comme freres, sœurs, neveux, nieces, oncles & tantes; & cela, parce qu'ordinairement les prêtres qui n'ont point d'enfans, appliquent toute leur affection en la personne de leurs collatéraux. Duplessis, sur la Coutume de Paris, traité 14, livre 3, ch. 2, sect. 3, art. 1.

6. Pour les notaires & témoins, il ne se trouve point de disposition précise dans la Coutume, ni d'ordonnance qui ait étendu la prohibition à leurs parens : toutefois comme la Coutume au présent article défend de léguer directement ni indirectement quelque chose aux notaires & témoins; par ce mot, *indirectement*, il faut entendre non-seulement les personnes interposées, mais encore leurs femmes & leurs enfans, parce qu'ils sont leurs mêmes personnes; & leurs ascendans, parce qu'ils en sont héritiers; c'est la remarque de M. Potier, sur notre art. & la disposition de la Coutume de Berry, titre 18, article 17.

7. Mais je ne crois pas qu'on doive étendre cette disposition jusqu'aux cousins germains, & issus de germains desdits notaires & témoins. Gilbert Aumaître, sieur de Chirat, par son testament du 2 février 1672, légua à Gilbert Aumaître, son neveu, la huitieme portion de tous ses biens, pour récompense de la peine qu'il prendroit en la gestion des biens de ses mineurs, dont il l'avoit nommé tuteur par le même testament. Demoiselle Odette Rapine, veuve du sieur de Chirat, conteste cette disposition, & débat le testament de nullité, pour avoir été reçu par Claude Vigier, cousin issu de germain dudit Gilbert Aumaître, légataire : mais la disposition testamentaire fut confirmée par sentence rendue en cette Sénéchaussée en janvier 1673, qui a été citée sur l'art. 177, *suprà*, M. Jean Cordier, *hic*.

8. Sur la question, si aux termes des ordonnances & des Coutumes, le legs fait à un curé, à un notaire, ou à un témoin, est seulement caduc, ou s'il rend l'acte entiérement nul & sans effet, les sentimens sont partagés. Coquille, sur la Cout. de Niv. tit. 33, art. 12, tient que le legs demeurant nul, le reste du testament vaudra; & Ricard, *Traité des Donat.* part. 1, ch. 3, sect. 10, n. 544 & suiv. soutient au contraire fortement que le testament est entiérement nul & sans effet; pour dire mon sentiment sur cette question, j'estime qu'il faut user de distinction.

9. A l'égard d'un testament reçu par un curé ou vicaire légataire, je le crois entiérement nul; les termes avec lesquels s'est expliquée l'ordonnance d'Orléans, sont décisifs. Cette ordonnance dit; *Ne pourront les curés recevoir les testamens, esquels aucune chose leur est léguée;* ces paroles étant conçues en termes généraux, négatifs & prohibitifs, emportent une incapacité absolue au curé légataire, de donner la perfection à un testament.

10. Il en est de même des témoins légataires; notre Coutume, en l'art. 289, *suprà*, conforme à celle de Paris, article 289, porte qu'avant qu'un testament soit réputé solemnel, il est requis qu'il soit passé en présence de témoins idoines, suffisans, & non légataires; desorte que, si les témoins ne sont pas conformes au texte de la Coutume, il est vrai de dire que le testament est dénué de ses solemnités nécessaires, & que le témoignage du témoin légataire devant être retranché, le nombre de témoins, requis par la Coutume, n'y est plus, & que tout le testament périt.

11. Quant à ce qui concerne les notaires, il y a une difficulté particuliere à leur égard, fondée sur ce que l'ordonnance ni les Coutumes ne parlent pas expressément d'eux, mais seulement des curés, de leurs vicaires, & des témoins; M. Jean-Marie Ricard soutient qu'il n'y a pas lieu à faire cette difficulté, parce que la raison de la prohibition est

est beaucoup plus forte à l'égard des notaires, que des témoins, en ce qu'ils ont plus de part en la solemnité de l'acte; cependant comme les dispositions pénales, & celles qui gênent la liberté de tester, ne reçoivent pas d'extension du cas exprimé à celui qui ne l'est pas, ni d'une personne à une autre, & que la nullité prononcée par notre article ne tombe que sur les dispositions faites au notaire, la Coutume se contentant de déclarer telles donations & legs nuls, & de nul effet & valeur, j'estime que le testament subsiste & est valable au surplus; & tel est l'usage, à ce qu'il me paroît. * Et le sentiment de Coquille, sur la Coutume de Nivernois, tit. 33, art. 12; de Basmaison & Prohet, sur celle d'Auvergne, tit. 12, art. 49.

12. Il y a plus, c'est que, même à l'égard d'un témoin, on apporte, après M. Charles Dumoulin, une exception à ce qui a été dit ci-dessus, très-raisonnable; savoir, que la foi d'un témoin ne doit pas être suspecte, lorsque le legs n'est que d'une somme modique, & qui n'a aucune proportion avec les biens & la fortune du légataire, pour avoir été capable de lui faire la moindre impression, & l'obliger à rendre témoignage contre la vérité; & il y a un arrêt rendu dans la Coutume de Paris, le 29 mars 1677, en la grand'chambre, suivant les conclusions de M. l'avocat général Talon, qui a confirmé un testament, nonobstant le legs d'un tableau, fait à un des témoins, la délivrance duquel tableau fut ordonnée. Cet arrêt est rapporté dans le journal du palais, & cité par Ricard, *des Donat.* part. 1, ch. 3, sect. 10, n. 546, aux aditions.

13. Voilà jusqu'ici pour ce qui regarde les personnes qui servent à faire foi de la vérité du testament; venant présentement à celles qui ont un empire trop grand sur l'esprit de ceux qui font des dispositions testamentaires en leur faveur, je dis qu'ils sont incapables de recevoir les dispositions faites à leur profit, par les personnes étant sous leur puissance; & cette incapacité est établie par l'article 131 de l'ordonnance de François I, de 1539, par la déclaration d'Henri II, du mois de février 1549, & par l'article 276 de la Coutume de Paris. Les raisons pour lesquelles nos loix n'ont pas voulu que celui qui dépend d'un autre, pût disposer en sa faveur, sont, 1°. Parce que l'on présume que la volonté libre, qui est l'ame de la donation, ne se rencontre pas dans une personne qui dispose pour l'intérêt de celui auquel elle est soumise. 2°. Pour obvier aux inconvéniens & aux désordres qui pourroient arriver, si on laissoit aux tuteurs & autres administrateurs la liberté d'exiger des donations de ceux qui sont sous leur puissance; l'ordonnance, pour leur ôter tout sujet de se laisser emporter à une telle pensée, a reprouvé & prohibé généralement, sans aucune exception, toutes les donations faites aux tuteurs & autres administrateurs, par ceux qui sont sous leur puissance.

14. Toutes sortes d'administrateurs ne sont pas compris dans la prohibition de l'ordonnance, ce mot d'*administrateur*, ne devant s'entendre que de ceux dont l'administration, comme il a été dit, emporte avec soi une espece d'empire qui leur donne de l'autorité sur celui dont ils conduisent la personne, ou les affaires, & non indistinctement de tous ceux qui sont employés dans les affaires d'autrui.

15. Mais d'un autre côté aussi, en pénétrant dans l'esprit de l'ordonnance, il est vrai de dire que sa prohibition comprend tous ceux qui ont un empire trop grand sur l'esprit de ceux qui font des dispositions en leur faveur; & les personnes comprises dans la prohibition, suivant la jurisprudence des arrêts, sont les régens, précepteurs & gouverneurs; les communautés où il y a des écoliers en pension pour les études, comme les colleges, & les couvens où les filles sont pensionnaires; les confesseurs, & les directeurs de conscience.

16. Les peres & meres, & autres ascendans, ne sont pas compris dans la prohibition de l'ordonnance de 1539; car quoiqu'il n'y ait point de puissance égale à celle que les peres & meres, aïeuls & aïeules ont sur leurs enfans; cependant, comme la qualité de pere efface tous les soupçons qui ont pû donner lieu à la prohibition de la loi, contre les tuteurs & autres administrateurs, qu'on ne doit pas croire que celui auquel la nature a donné tant de sentimens naturels, pour la conservation des enfans auxquels il a donné la vie, soit capable de concevoir des pensées qui leur soient désavantageuses, qu'il veuille entreprendre de contraindre leur volonté pour s'attirer leurs biens, & qu'enfin dans les dispositions des enfans en faveur de leur pere, on doit bien plutôt présumer l'amour filial, que les suggestions, & juger que ces dispositions ont été faites plutôt par un sentiment de piété & d'affection légitime & naturelle, que par impression & violence; la Coutume de Paris, art. 276, par ces considérations, excepte les peres & meres, & autres ascendans, de la prohibition; & permet aux enfans de leur faire tous dons entre-vifs ou par testament, soit qu'ils soient leurs tuteurs, curateurs, ou non. Cet article est considéré comme explicatif de l'ordonnance, & étant fondé sur une raison générale il doit, dit Ricard *dans son Traité des Donat.* part. 1, ch. 3, sect. 9, n. 461 & suiv. avoir lieu dans toutes les Coutumes qui ne renferment pas une disposition contraire; & ainsi s'observe dans cette Coutume. *Minor*, dit M. Jean Cordier, *vel alius in potestate alienâ existens, in gratiam Tutoris, Curatoris, Pædagogi, vel alterius Administratoris sui, vel liberorum ejus, directè vel indirectè donare, vel testari non potest constante administratione,* &

donec rationes reddiderit; quod tamen vitiatur in Patre, Matre, Avo, aut Aviâ & Ascendentibus, in quorum commodum, licèt ejusdem qualitatis sint, dispositio facta valet. Conf. Parif. art. 276. M. Cordier, *hic.*

17. La Coutume de Paris, en dispensant les peres & meres, & autres ascendans, de la prohibition prononcée par l'ordonnance, ne l'a fait qu'avec une restriction; savoir, pourvu que lors de la donation, ou lors du décès du testateur, ils ne fussent pas remariés; mais cette restriction contre les ascendans remariés, suivant le sentiment le plus suivi, confirmé par les arrêts, n'a pas de lieu dans les autres Coutumes; c'est une disposition singuliere de la Coutume de Paris, qui ne fait point de loi hors du ressort de cette Coutume, & qui ne doit pas être étendue aux autres Coutumes, par la raison que c'est une peine qui ne reçoit point d'extension, sur-tout contre les personnes favorables. A la vérité on a jugé le contraire dans ce présidial le 13 mai 1637, plaidant M. François Decullant, pour Jeanne Judet, habitante de cette ville de Moulins: mais je suis persuadé que si la question se présentoit de nouveau en ce siége, on y décideroit autrement, vu le grand nombre d'arrêts qui ont jugé la question *in terminis*, savoir, que l'article 276 de la Coutume de Paris, qui a étendu la prohibition des ordonnances aux peres & meres remariés, est une disposition singuliere qui ne fait point loi hors le ressort de cette Coutume, & qui ne peut être appliquée aux autres Coutumes, qui ne contiennent pas de disposition semblable. Ces arrêts sont rapportés dans les observations sur Henrys, tome 4, livre 5, chapitre 4, question 38; & dans le mémoire imprimé de M. Vesin, rapporté par l'auteur de ces observations, sur Henrys, *ibid.*

ARTICLE CCLXXXIII.

Des Légataires.

LÉGATAIRES ne peuvent de leur autorité prendre les choses à eux léguées, n'eux en dire saisis, mais faut qu'elles leur soient baillées & délivrées par les mains des exécuteurs ou héritiers dudit Testateur.

1. COmme nous n'admettons pas en pays coutumier les héritiers testamentaires, & que dans les pays qui se régissent par leurs usages & Coutumes, c'est une maxime que le mort saisit le vif, c'est-à-dire, que l'héritier *ab intestat* est saisi de plein droit de tous les effets de la succession; il s'ensuit de-là que ceux qui prétendent quelque chose en vertu de la volonté du testament du défunt, en doivent demander la délivrance aux héritiers *ab intestat*, ou exécuteurs testamentaires, la prendre & la recevoir de leurs mains, & que de cette façon tous les legs sont sujets à délivrance; c'est la disposition, comme l'on voit, de notre Coutume au présent article; de celle de la Cout. de Meaux, art. 32; de celle du Grand-Perche, art. 124; de celle d'Auxerre, art. 231; de Niv. ch. 33, art. 5; de la Marche, art. 259, & autres. Sur quoi il est à observer que pour se servir d'un testament contre l'héritier & obtenir la délivrance du legs, il faut commencer par faire déclarer le testament solemnel & exécutoire contre l'héritier & exécuteur testamentaire, s'il y en a, & leur donner assignation à cette fin.

2. Un testateur ne peut même, selon qu'il est porté en l'art. 273 de la Cout. de Poitou, saisir de plein droit les légataires, en l'ordonnant ainsi par son testament; & il faut nécessairement qu'après son décès, la possession de ses biens passe entre les mains de ses héritiers, aux termes de la Coutume, & que les légataires en demandent la délivrance aux héritiers ou aux exécuteurs, n'ayant pas d'autre titre que le testament, qui n'est pas translatif d'aucune possession directe & de plein droit. Ricard, *des Donat.* part. 2, ch. 1, sect. 2, n. 9 & 10.

3. Celui qui a en sa possession la chose qui lui a été léguée, ne peut toutefois être obligé d'en resaisir l'héritier, pour lui en demander la délivrance; & si un héritier demandoit en semblable rencontre à être saisi réellement de la chose léguée, sauf à requérir par le légataire la délivrance du legs, sans autre intérêt que de jouir du privilége qui lui est accordé par la Coutume, & sans coter aucun vice contre le testament, il ne seroit pas recevable en sa demande, la bonne foi de notre jurisprudence ne souffrant pas ces actions inutiles & frustratoires. *Si tamen*, dit M. François Decullant, *Legatarius tempore mortis defuncti rem sibi legatam penès se habeat, potest eam retinere ut vitetur circuitus*: c'est la remarque de M. Decullant, *hic*, & le sentiment de Ricard au lieu cité, n. 11, & suivans.

* Sur quoi il est à observer que la possession de fait du légataire n'est pas capable en cette rencontre de lui acquérir la possession de droit, & que tous les priviléges qui appartiennent au véritable possesseur de droit, doivent être donnés à l'héritier, quoique le légataire se trouve en possession de fait; c'est l'observation de Ricard, *ibid. n.* 12.

4. De ce que les legs sont sujets à délivrance, il s'ensuit que les légataires n'en doivent jouir que du jour qu'ils en ont formé la demande contre l'héritier, & que par une conséquence nécessaire les fruits des immeubles légués ne peuvent être prétendus, non

plus que les intérêts des legs mobiliaires, que du jour de la demande : car le légataire n'étant pas véritablement propriétaire de l'héritage qui lui a été laissé par le testament, jusqu'à ce qu'il ait déclaré qu'il acceptoit & avoit pour agréable la volonté du défunt, demandé la délivrance du legs qui lui a été fait, & que cette délivrance lui ait été faite ; tant qu'il est en demeure de ce faire, la possession de l'héritier est légitime, puisqu'elle lui est donnée par la Coutume ; desorte qu'ayant pour fondement la loi, on ne peut pas dire qu'il soit de mauvaise foi : & la connoissance qu'il a qu'il sera tenu de remettre l'héritage qu'il posséde, lorsqu'il lui sera demandé, n'est point capable d'ôter la justice de la possession, puisqu'il sait aussi qu'il n'est pas obligé de le livrer avant qu'il lui soit demandé, & ne l'empêche pas de gagner les fruits jusqu'à la demande du légataire : ainsi jugé par arrêt prononcé en robes rouges en 1584, cité par Ricard, traité *des Donat.* part. 2, ch. 3, n. 102, & tel est son sentiment, n. 99 & suiv. c'est aussi celui de M. François Decullant sur ces mots de notre article, BAILLÉES ET DÉLIVRÉES : *Æquissimum est*, dit-il, *unumquemque non sibi jus dicere, sed ab hærede peti, & tradi res legatæ debent cum fructibus à lite contestata, non etiam à morte testatoris..... & hoc adeò obtinet, ut bonorum legata pars sine fructibus restituatur, nisi mora hæredis intercesserit, postquam tenetur de fructibus qui percipi poterunt, & de interitu & omni casu.* M. Decullant, *hic.*

5. Les legs faits aux mineurs, & aux églises, ne sont pas exceptés de la disposition générale, & n'emportent pas, dit Ricard, selon notre jurisprudence, les fruits & les intérêts du jour du décès du testateur, mais seulement du jour de la demande, en quoi nous nous éloignons de la disposition du droit romain ; la raison est que les mineurs, aussi-bien que les églises, étant sujets au droit commun, lorsqu'il s'agit de profiter, ils ne doivent pas jouir de la faveur des dispositions des loix romaines, aux termes de notre jurisprudence. Ricard, *ibid.* n. 110.

6. Cette résolution, que les fruits & les intérêts de la chose léguée, ne sont dus qu'après la demande, n'est pourtant pas si générale, qu'elle ne reçoive quelques limitations.

La premiere est si le testateur n'en a autrement ordonné, en déclarant que son intention étoit que l'héritier payât les intérêts, & restituât les fruits des choses léguées, du jour de son décès, ou de tel autre terme ; auquel cas les fruits & les intérêts peuvent être exigés par les légataires, non pas directement comme accessoires du principal, & comme étant dus par la nature de la chose, mais parce que telle est la volonté du testateur, qui est censé en ce cas léguer le bien de son héritier, jusqu'à la concurrence des fruits & intérêts des choses léguées ; desorte que ces fruits & intérêts composent d'eux-mêmes un principal, & doivent par conséquent entrer en considération & en ligne de compte, pour voir si le testateur dans la quantité des legs n'a pas excédé ce qui lui est permis par la Coutume ; au-lieu qu'autrement, & si les fruits & intérêts étoient dus directement, il ne faudroit considérer que le fonds du legs, & réputer les fruits & intérêts accessoires du principal. Ricard, *ibid.* n. 111 & suivans.

7. La seconde limitation de la résolution, est quand il s'agit de legs faits par un pere & une mere à leurs enfans, dont l'intérêt est dû du jour de la mort du testateur, conformément aux arrêts cités par Ricard, parce qu'ils tiennent lieu de la portion héréditaire des enfans légataires : d'où il s'ensuit que si le legs étoit au-delà de la portion héréditaire du fils légataire, comme la raison du privilége cesseroit pour ce qui se trouveroit excéder la part qui devroit appartenir au légataire en vertu de la loi, il ne pourroit en prendre l'intérêt que du jour de sa demande. Ricard, *ibid.* n. 118.

8. Une troisieme limitation de la résolution, est si l'héritier étoit de mauvaise foi, comme s'il avoit tenu le testament caché ; en ce cas il devroit non-seulement tous les fruits depuis la mort, mais les dommages & intérêts, s'il y en avoit. Car c'est une regle générale, que tout possesseur de mauvaise foi est obligé à la restitution des fruits ; & ainsi fut jugé en ce présidial le 5 mars 1637, dit M. Etienne Baugi : le sieur de Giri avoit légué 300 livres par son testament à l'hôpital de Souvigny ; le maître des pauvres ne le put savoir que six ans après sa mort, dans lequel temps il fit assigner l'héritier afin de se voir condamner à payer la somme léguée, avec les intérêts de six ans écoulés ; à quoi, après longue contestation, il fut condamné par jugement présidial le 5 mars 1637, plaidans Mrs. Pailloux & Tridon. Baugi, *hic.*

Voyez l'article 297, *infrà.*

ARTICLE CCLXXXXIV.

DONATION faite par Testament & derniere volonté à cause de mort, se peut changer & diminuer, accroître & révoquer, nonobstant serment fait de non révoquer. Donation à cause de mort est révocable.

1. LA faculté de révoquer les testamens, est si fort favorisée & si fort de l'essence de l'acte, que le testateur ne peut pas s'ôter la liberté de changer son testament ou de le révoquer, quand bon lui semble : desorte qu'encore qu'il se soit engagé par un premier

testament, de ne le pouvoir plus révoquer, sous telles peines & avec telles clauses que ce puisse être, la révocation & le changement n'en seront pas moins pour cela en sa liberté; & ces clauses sont considérées comme non écrites, d'autant qu'elles sont détruites par la nature de l'acte, dans lequel elles sont comprises & rédigées. La raison est que le testament n'est attaché qu'à la volonté du testateur, laquelle trouve son essence dans la liberté du changement, & que toutes les fois que la déclaration de notre volonté n'a donné aucun droit à personne, on peut se dédire si on le juge à propos: car lors même qu'on s'est actuellement déterminé à une certaine chose, cette résolution, considérée simplement comme un acte de notre volonté, n'a jamais tant de force qu'on ne puisse, si on le juge à propos, la changer ou même la révoquer entiérement.

2. Nos Coutumes ont porté la liberté de révoquer les testamens si loin, qu'elles ont décidé que cette liberté ne pouvoit être bornée, encore que la religion semblât s'y trouver intéressée par le serment que le testateur auroit fait d'entretenir inviolablement les dispositions contenues en son testament: c'est ce qui est décidé par cette Coutume, au présent article; par celle d'Auvergne, titre 14, article 13; & par celle de la Marche, article 259.

3. Quoiqu'un testament ne fasse aucune mention du premier, & qu'il ne contienne aucune dérogation spéciale ou générale, il ne laisse pas de le révoquer par le simple effet de la volonté du testateur, qui pouvant changer ses dispositions jusqu'à la mort, marque assez par celles qu'il fait dans le second testament, qu'il veut que les premieres demeurent sans effet.

4. Si le second testament, qui révoque le premier, vient à être rayé & biffé par le testateur, dans l'intention de le rendre sans effet; pour lors, comme il est censé n'avoir jamais été, il n'apporte aucun empêchement à l'exécution du premier, ainsi qu'il a été jugé par les arrêts cités par Ricard, traité *des Donat.* part. 3, ch. 2, sect. 4, n. 182.

5. Il en faut dire de même, & par la même raison, de tout autre testament imparfait & invalide; il ne révoque point un testament parfait, c'est la disposition du droit, *l.* 2, *ff. de injust. rupt. irrit. fact. Test.* & le sentiment de Ricard, dans son traité *des Donat.* part. 3, ch. 2, section 2, n. 127, & la remarque de Potier & de M. François Decullant, sur l'art. 289, *suprà;* & ainsi a été jugé en ce présidial par sentence du 13 mai 1637: & ce fut un des chefs décidés par cette sentence, dont il a été parlé sur l'art. 292 ci-dessus. *Regulariter*, dit M. Decullant, *posteriore Testamento ritè facto, prius revocatur, quia ambulatoria est hominis voluntas usque ad extremum vitæ spiritum: tamen requiritur quòd posterius factum, sit ritè & solemniter factum; alioquin irrito facto secundo Testamento valebit primum, cùm non videatur æquum, actum semel validum ab invalido non ritè facto vitiari; & sic judicatum in Præsid. Molin. 13 Maii, ann. 1637.* M. Decullant, sur l'art. 289, *suprà.*

6. Mais si le testateur dans ce second testament s'étoit expliqué sur le fait du premier testament, qu'il eût fait connoître que sa volonté n'étoit pas qu'il subsistât, & qu'il l'eût expressément révoqué; pour lors il y auroit plus de difficulté: le même M. François Decullant s'est proposé cette difficulté, & voici comment il la résout.

7. *Sed major esset*, dit-il, *difficultas, si Testator in posteriore Testamento dixerit, quòd primum revocat; an hæc revocatio expressa in Testamento posteriore irrito & invalido posset primum annullare? quod videtur, si quidem ipsa testandi facultas ambulatoria est usque ad extremum vitæ spiritum: tamen cùm non entis nullæ sint facultates, & veritas de quâ sine solemnitate constat pro veritate non habeatur, dicendum est hanc expressam revocationem actu nullo nihil operari, cùm regulariter pro testamento præsumatur, ne decedens intestatus decedat.* Tel est le sentiment de M. François Decullant; & c'est aussi le mien, tant pour la raison alléguée, que parce que le testateur n'est censé avoir voulu révoquer le premier testament, que pour donner l'effet & la force au second; *quia ita demùm à priore Testamento recedere velim, si posterius valiturum sit, l. si jure* 18, *ff. de legat.* 3.

8. S'il se trouve deux testamens parfaits, différens d'une même date, ils se détruisent par leur concours, empêchent l'effet l'un de l'autre; & dans l'incertitude quelle est la volonté du défunt, il est réputé être décédé *ab intestat* & sans testament, puisqu'il n'en paroît aucun qui puisse avoir effet. Ricard, *des Donations*, partie 3, chapitre 2, section 2, n. 138.

9. Que si le testateur aliéne de son vivant la chose léguée, il est censé avoir révoqué le legs: car s'en dépouillant lui-même, il en prive à plus forte raison le légataire, qui devoit la tenir de lui, *l.* 11, *§.* 12, *ff. de Legat.* 3. Le 7 janvier 1638, M. Menudel & Decullant, le jeune, plaidans, dit M. Louis Semin, il fut jugé qu'un testateur ayant reçu la dette par lui léguée du débiteur, le legs étoit éteint; & que le légataire n'avoit pas d'action contre l'héritier du testateur, quoiqu'il ne se trouvât point de révocation du testament; tous nos commentateurs font mention de cette sentence.

* Un testateur avoit légué à sa sœur une obligation à lui due; quelque temps après il reçoit cette somme; six ans après la réception il décede sans faire autre testament, & sans marquer plus particuliérement sa volonté. On demandoit si l'héritier étoit obligé de donner le prix qui étoit contenu en l'obligation léguée; ou bien si par la réception du contenu en l'obligation faite par le testateur, le legs n'étoit

n'étoit pas péri : jugé qu'il étoit péri ; l'obligation qui étoit le legs étant périe par le paiement fait au testateur. Vincent & Menudel, sur l'article 291 de la Coutume.

10. Cette sentence, dit M. François Decullant, n'étoit pas du goût de M. Jean Decullant, son pere, qui estimoit qu'il falloit davantage approfondir la chose, & user de distinction. *Quam tamen sententiam*, dit François Decullant, *sic datam nullo modò approbat D. Joan.* Decullant, *sed distinguendo sic resolvit : aut debitor proprio motu solvit, & nihilominùs valet legatum, quia debitor volens se liberare, non potuit Testator recusare solutionem, & sic non cogitavit de revocando legato, siquidem coactus recepit ; aut Testator debiti exigibilis solutionem est prosecutus, debitoris bona capiendo, aliove modò, & tunc videtur voluisse legatum revocare ; adhuc videndum si Testator illud egerit propter necessitatem familiarem, aut quia debitor vergeret ad inopiam, cadens suis facultatibus, quia tunc quasi coactus egit.* M. François Decullant, *hic.*

11. Les docteurs, pour éviter les surprises, ont inventé la clause dérogatoire, par laquelle le testateur déclare qu'il ne veut pas que les testamens qu'il pourra faire ci-après, soient valables, à moins qu'il n'y ait inséré de certaines paroles, telles, par exemple, que sont celles-ci : *In te, Domine, speravi ; non confundar in æternum.*

12. Mais ces sortes de clauses dérogatoires sont diversement reçues parmi nous ; il y a des arrêts qui ont confirmé des testamens postérieurs, quoique la clause dérogatoire n'y fût pas répétée ; & il y en a d'autres qui les ont cassés : cela dépend des circonstances. Si, par exemple, le testament qui est débattu, a été fait en lieu où le testateur étoit en la possession de ceux au profit desquels il a disposé ; quoiqu'il n'apparoisse pas de la suggestion précise & formelle, on ne laissera pas de présumer que ce testament n'a pas été fait avec toute la liberté nécessaire, en conséquence de cette clause dérogatoire, qui emporte le témoignage du testateur, qui sans doute doit être de grand poids dans cette rencontre. Ricard, *des Donations*, part. 3, ch. 2, sect. 1.

* L'ordonnance du mois d'août 1735, concernant les testamens, a abrogé dans l'article 76 l'usage des clauses dérogatoires dans tous les testamens, codicilles, ou dispositions à cause de mort, & elle veut qu'à l'avenir elles soient comme nulles, & de nul effet, en quelques termes qu'elles soient conçues.

13. Ce qui a été dit jusqu'ici de la révocation des testamens, ne regarde pas les testamens mutuels, faits entre conjoints : car quoique la liberté de révoquer les testamens, s'étende même aux testamens mutuels, il y a toutefois plus de précaution à prendre pour la révocation des testamens mutuels, que des autres.

14. Quoique le testament mutuel des conjoints ait été fait conjointement, & contienne des dispositions réciproques en faveur des testateurs, il peut toutefois, les deux conjoints vivans, être révoqué par la volonté d'un seul sans le consentement de l'autre, mais en faisant signifier l'acte de révocation à l'autre : cette décision est certaine, & telle est la jurisprudence des arrêts rapportés par M. Brodeau, sur M. Louet, lettre T, somm. 10 ; & par M. Ricard, traité *du Don mutuel*, chapitre 5, section 7.

15. Ce dernier auteur apporte une seule exception à la décision générale ; savoir, que la révocation ne s'en peut point faire pendant la derniere maladie, quand le testament contient des avantages réciproques ; & sa raison est que, quoique les parties se soient réservées tacitement par la nature de l'acte, la faculté de révoquer librement, cela doit s'entendre avec bonne foi, & pourvu que les choses se trouvent en leur entier. Or les choses ne sont plus entieres, quand l'un des testateurs est malade de la maladie dont il décede ; & sa révocation seroit frauduleuse, s'il révoquoit en un temps auquel il prévoit sa mort prochaine, & qu'il n'est pas en état de pouvoir profiter des dispositions contenues au testament ; ainsi jugé par arrêts rapportés par Ricard, *ibid. n.* 237 & suiv.

16. Quand l'un des testateurs est décédé, le survivant a encore la liberté de changer de volonté, pourvu qu'il le fasse *rebus integris*, c'est-à-dire, avant que d'avoir accepté ou exécuté la volonté du défunt, suivant les arrêts rapportés par les mêmes auteurs ; par Chenu dans ses questions, quest. 78 ; & par Montholon, ch. 18 ; observations sur Henrys, tom. 1, liv. 5, ch. 4, quest. 34.

17. Mais quand le testament mutuel a été accepté par le survivant, & qu'il a accepté la disposition faite à son profit, dès ce moment les testamens mutuels sont faits synallagmatiques & réciproquement obligatoires, & *transeunt in vim & naturam contractûs.* Desorte que, comme ils ne peuvent plus être révoqués par le prédécédé, ils ne peuvent pas non plus l'être par le survivant, quand même il offriroit de rapporter ce qu'il a reçu ; & ainsi il est obligé incommutablement, sans espérance de pouvoir changer de résolution. Ricard, *du Don mutuel*, traité 1, chap. 5, sect. 7, n. 249 & suiv.

18. Dans le cas contraire, quand le survivant a fait la révocation, il ne peut plus prendre aucun avantage par le testament, qui ne laisse pas de valoir à l'égard des autres personnes, sur les biens du prédécédé ; par la raison que le survivant ne peut révoquer le testament mutuel, que pour son égard, & non pour celui du prédécédé, dont la disposition doit être exécutée. De Ferriere, *Inst. Cout.* tom. 2, liv. 3, tit. 6, art. 39.

19. Mais la révocation que fait l'un des testateurs, pour son regard, d'un testament mutuel réciproquement avantageux, opére tacitement à l'égard de l'autre ; de maniere

que si un testateur révoque du vivant de l'autre, les deux testamens demeurent tacitement révoqués, attendu qu'il est de la nature des dispositions réciproques de recevoir les mêmes loix : & que l'un ne peut pas ôter à l'autre l'espérance d'en profiter, qu'il ne la perde par le même moyen.

20. Quant à la forme en laquelle doit être faite la révocation, il est nécessaire que ce soit par un acte capable d'obliger celui qui la fait; ensorte qu'il ne soit pas en son pouvoir, en le désavouant, de faire valider le testament à son profit, si le cas y échet : parce que, comme il vient d'être observé, cette révocation doit être réciproque & obligatoire de part & d'autre, cessant quoi elle ne peut être d'aucun effet; d'autant que la principale condition de cette espece de disposition est d'être égale, & qu'elle ne peut pas subsister en faveur de l'un, qu'elle ne soit valable à l'égard de l'autre, ni perdre sa force en vertu de la révocation d'un côté, qu'elle ne demeure pareillement sans effet de l'autre; d'où il s'ensuit que la signification en doit être faite par un acte authentique; de façon que la preuve en demeure à celui auquel elle est faite, également qu'à celui qui la fait faire. Ricard, *ibid.* n. 244 & 245.

* Comme l'ordonnance concernant les testamens, du mois d'août 1735, postérieure par conséquent au présent commentaire, a abrogé en l'article 77 les testamens ou codicilles mutuels, ou faits conjointement, soit par mari & femme, ou par d'autres personnes, les observations faites dans le commentaire touchant ces testamens, deviennent inutiles.

21. Voyez ce qui a été dit sur l'art. 229, *suprà.*

ARTICLE CCLXXXXV.

Des Exécuteurs testamentaires.

EXÉCUTEURS de Testamens d'aucuns défunts, sont, dedans l'an & jour du décès & trépas pour l'accomplissement du Testament, saisis des meubles & conquêts du défunt jusques à la concurrence des Ordonnances & dispositions contenues audit Testament. Et où il n'y auroit meubles & conquêts suffisans, sont saisis lesdits Exécuteurs des propres dudit défunt jusqu'au parachevement de la quarte partie de tous ses biens pour l'accomplissement dudit Testament; sinon que lesdits héritiers mettent ès mains desdits Exécuteurs meubles suffisans pour l'accomplissement dudit Testament : car en ce cas lesdits Exécuteurs, après qu'ils seront saisis desdits meubles, ne se peuvent plus dire saisis des biens dudit défunt : mais si en la succession dudit défunt n'y avoit meubles & conquêts suffisans pour l'accomplissement dudit Testament, & que les héritiers ne voulussent bailler argent pour l'accomplir; en ce cas est permis ausdits Exécuteurs vendre des propres héritages dudit défunt jusques à la quarte partie pour l'accomplissement d'icelui, à faculté de réméré, si faire se peut, sinon à perpétuité; les héritiers appellez pour de l'argent provenant d'icelles venditions, mettre à exécution ledit Testament; & ne sera ledit Exécuteur, ou Exécuteurs désaisis des choses dessus-dites dedans l'an & jour du trépas, pour quelqu'offre que l'héritier puisse faire d'accomplir, ou faire accomplir ledit Testament.

1. LA premiere précaution pour la sûreté de l'exécution des volontés des testateurs, est que les testamens & autres actes qui contiennent leurs dispositions, soient connus de toutes les personnes intéressées, & qu'ils soient mis en lieu sûr, pour y avoir recours selon le besoin.

Comme les héritiers du sang regardent souvent les testamens avec chagrin, & font tout ce qu'ils peuvent pour en éluder l'exécution, cela oblige ordinairement les testateurs de nommer un exécuteur testamentaire, pour exécuter leurs volontés avec plus de diligence & plus de sûreté.

2. C'est au testateur à nommer un exécuteur testamentaire; & s'il n'en avoit pas nommé, les légataires ne pourroient pas demander qu'il en soit établi d'office par le juge : la raison est que la nomination d'un exécuteur dans un testament n'est pas de l'essence de l'acte, & que dans le cas où il n'y en a pas de nommé, on présume que le testateur a voulu confier à ses héritiers le soin d'exécuter ses dernieres volontés.

3. Un testateur peut nommer pour exécuteur testamentaire telle personne que bon lui semble, même sa femme : mais il faut que l'exécuteur soit capable des effets civils, & qu'il ait la libre administration de son bien, puisqu'il est obligé de rendre compte. C'est-pourquoi, si le testateur nomme une femme mariée, il faut qu'elle soit autorisée de son mari avant

que de se pouvoir ingérer dans l'exécution du testament. Ricard, *des Donat.* part. 2, chap. 2, gl. 1, n. 67.

4. Par cette même raison, les religieux ne peuvent parmi nous être exécuteurs testamentaires, d'autant que nous réputons les religieux incapables des effets civils, & que d'ailleurs un religieux ne peut s'obliger, attendu que le monastere en corps ne peut valablement contracter une obligation sans nécessité. Ricard, *des Donat. ibid.* n. 68; & de Ferriere sur la Coutume de Paris, tome 3, page 428, n. 11.

5. Mais un prêtre séculier peut accepter cet office: car, quoiqu'il fût défendu aux ecclésiastiques par l'ancien droit d'accepter une exécution testamentaire, il leur est pourtant permis par le droit nouveau, comme on le voit par une décrétale que Gregoire IX adresse à un évêque de France, rapportée dans le corps du droit canonique; *Cap. tua nobis 17, de Testam. ultim. volunt. lib. 3, tit. 26*, où ce pape ordonne à ce prélat de tenir la main à l'exécution des testamens, dont les clercs séculiers, les laïcs & les religieux même sont chargés.

6. Suivant notre Coutume au présent art. celle de Sens, art. 75; de Niv. ch. 33, art. 2; d'Anjou, art. 274; du Maine, art. 291, & autres, l'exécuteur testamentaire, pour l'accomplissement du testament, est saisi pendant l'an & jour des meubles & conquêts du défunt jusqu'à la concurrence des ordonnances & dispositions contenues audit testament, à moins toutefois que le testateur n'ait ordonné qu'il soit saisi de certaines sommes seulement, selon qu'il est dit en l'art. 297 de la Coutume de Paris.

7. L'héritier peut néanmoins fournir à l'exécuteur testamentaire meubles ou deniers suffisans pour l'exécution du testament; & ce faisant, il demeure en possession de tous les effets de la succession: c'est la disposition précise de la Coutume au présent article, ainsi qu'il résulte de ces mots, *sinon que lesdits héritiers mettent ès mains, &c.* C'est aussi celle de la Cout. du Grand-Perche, art. 133; d'Auxerre, art. 233; de Sens, art. 76; de Niv. chap. 33, art. 6, & autres; & cela est juste: car la possession qui est donnée par la Coutume aux exécuteurs, n'étant nullement pour leur profit particulier, mais uniquement pour exécuter le testament, dès que l'héritier leur laisse de quoi satisfaire, tout leur intérêt cesse.

8. Si l'héritier refuse de bailler l'argent nécessaire pour l'exécution du testament, l'exécuteur testamentaire peut, à défaut de meubles, vendre les conquêts immeubles; & si les conquêts immeubles ne sont pas suffisans, les héritages propres du défunt, pour de l'argent en provenant mettre à exécution les dispositions testamentaires, ainsi qu'il est dit dans notre article, en l'art. 38 de la Cout. de Meaux, en l'art. 4 du ch. 33, de celle de Niv. en l'art. 100 de celle de Troyes, & autres. Mais il ne peut faire cette vente, comme disent ces Coutumes, qu'avec permission de justice, & après avoir dénoncé aux héritiers du défunt si leur intention est de fournir d'autres biens pour accomplir le testament.

9. L'exécuteur testamentaire, dit notre article, ne peut être désaisi des choses susdites dedans l'an & jour du décès du testateur, quelqu'offre que fasse l'héritier, d'accomplir ou faire accomplir le testament. *Etiamsi*, ajoute M. le président Duret, *hâc gratiâ satis dare offerat, Cons.* de Sens, *art. 76, &* de Troyes, *99. Etenim præcipua est Testatoris electio, nec alteri quàm cui dixerit Testator committenda est executio.* M. Duret, sur ces mots, *ou faire accomplir.*

10. Quoique le temps de l'exécution testamentaire soit limité à l'an & jour par notre Coutume, & presque par toutes les Coutumes, à compter du jour du trépas du défunt, il peut toutefois être prorogé pour de justes causes; par exemple, si les héritiers avoient contesté le legs, ou s'ils avoient empêché la vente des meubles: car il ne seroit pas juste que l'empêchement que pourroient former les héritiers, pût priver les exécuteurs de l'exécution du testament; c'est pourquoi on estime l'an de l'exécution, utile; c'est la disposition précise de la Coutume de Valois, article 175; & tel est le sentiment commun: ainsi l'ont observé M. le président Duret, sur notre article, la Thaumassiere, sur la Coutume de Berry, titre 18, article 22; Ricard, *des Donat.* part. 2, ch. 2, gl. 3. *Sed & detrahitur*, dit le président Duret, *tempus impedimenti, si quod forte executori fiat ut exequatur, Cons.* de Valois, *art. 175. Etsi controversia sit de viribus Testamenti in hac specie exitus controversiæ magis observatur, & interim fatalia executionis non currunt.* M. Duret, sur ces mots, *dedans l'an & jour du décès.*

11. Dans le cas contraire, lorsque le testament est entiérement exécuté, les héritiers paroissent bien fondés à demander que ce qui reste des meubles leur soit rendu, & que l'exécuteur soit tenu de leur rendre compte, quand même l'année ne seroit pas finie.

Voyez ce qui est dit sur l'article suivant.

ARTICLE CCLXXXVI.

Un Exécuteur testamentaire ayant commencé son exécution, est tenu la parachever & rendre compte pardevant le Juge ordinaire, & pour ses vacations & salaires se peut adresser audit Juge, qui les lui taxera, selon qu'il verra être à faire, sinon que le Testateur par sondit Testament en eût ordonné certain salaire; & est cru ledit Exécuteur par son serment des frais du Convoi, Aumônes, & Messes célébrées.

1. La charge d'exécuteur testamentaire, n'étant pas une charge publique, elle est de pure volonté, ne l'accepte qui ne veut; & pour l'acceptation, il suffit d'en faire les actes: mais quand on en a commencé l'exécution, on doit l'achever, selon qu'il est dit dans notre article. *Planè*, dit M. le président Duret, *integris omnibus compelli non potest, nisi mandatum incœperit; tunc enim quod potest implere promissum officium deserere non debet, cap. Joannes 19, extr. de Testam..... Profectò, si quid Executori testamentario legatum sit, & exequi nolit, ex legato nihil debetur, & si consecutus fuerit, non admittitur ad excusationem*. M. Duret, *hic*.

2. Lorsque les exécuteurs nommés par le testament sont incapables de la charge, ou refusent de l'accepter, les juges ont coutume, dit Ricard, d'en subroger d'autres en leur place, ou d'ordonner s'il y en a plusieurs nommés, & qu'il y en ait quelqu'un qui l'accepte, qu'il en fera seul l'exercice, sans lui donner d'adjoints, ce qui dépend absolument de la prudence du juge: mais quoiqu'il en soit, ajoute Ricard, ces exécuteurs ne peuvent pas en subdéléguer d'autres en leur place; il faut qu'ils refusent, ou qu'ils en subissent eux-mêmes les charges; c'est le raisonnement de Ricard, traité *des Donations*, part. 2, ch. 2, gl. 1, n. 65; sur quoi M. le président Duret observe, qu'en ce cas l'obligation de faire exécuter le testament, regarde M. le procureur du roi; *Si neglexerit*, dit M. Duret, *Executor Testamenti executionem, non ad Episcopum devolvetur executio, sed moribus nostris ad Procuratorem regium pertinebit*. M. Duret, *hic*.

Les exécuteurs testamentaires ne sont pas tenus de donner caution, par la raison que leur nomination est un effet de la confiance du testateur, & que d'ailleurs toute leur administration n'est qu'un office d'ami.

3. L'exécuteur testamentaire, qui a accepté la charge, doit commencer son exécution, par faire inventaire le plus promptement qu'il peut, les héritiers présomptifs, présens ou duement appellés, selon qu'il est dit en l'article 297 de la Coutume de Paris; & s'ils étoient absens, ou mineurs sans tuteur ni curateur, en la présence du procureur du roi ou de la justice, selon qu'il est porté en l'article 75 de la Coutume de Sens; 232 de celle d'Auxerre; & article 251 de celle de Melun, & autres: & jusqu'à ce que l'inventaire soit fait, l'exécuteur ne peut être saisi, & ne doit prendre les meubles autrement, parce qu'il est comptable; telle est l'observation de M. le président Duret, sur l'article précédent, sur le mot Meubles. *Quæ sub Repertorio*, dit-il, *auctoritate Judicis, vocatis hæredibus, nisi absint à Jurisdictione in qua defunctus habebat domicilium, quo tempore vitâ excessit; & his absentibus fisci Procuratore accersito, accipere tenetur, Cons.* de Melun, *art.* 250; de Sens, *art.* 74; de Troyes, *art.* 98 *& seq.* de Rheims, *art.* 297. *Et nihil ante Inventarium factum eos agere oportet, nisi id quod nec modicam dilationem expectare possit, cujusmodi est funus defuncti, & prælegata quæ urgent, Cons.* de Valois, *art.* 174; de Berry, *cap.* 18, *art.* 22. M. Duret, *hic*.

4. Si l'exécuteur testamentaire s'étoit mis en possession des meubles sans faire inventaire, on devroit en ce cas permettre à l'héritier de faire preuve de la quantité & valeur des meubles du défunt, suivant la commune renommée; c'est-à-dire, que quoique les témoins ne déposent que de ce qu'ils ont entendu dire, cela ne laisse pas de faire une espece de preuve, sur laquelle les juges ont accoutumé de déferer le serment à l'héritier jusqu'à certaine somme. Ricard, *des Donat.* part. 2, ch. 2, gl. 7, n. 93.

5. Le testateur ne peut décharger les exécuteurs de l'obligation de faire inventaire dans cette Coutume, par la raison que la Coutume ne permettant au testateur que de disposer du quart de ses biens, cette décharge pourroit passer pour une fraude faite à la Coutume, & pour un avantage indirect & prohibé.

6. De ce que les exécuteurs testamentaires sont tenus de recevoir les meubles du défunt par inventaire, & d'en rendre compte, il s'ensuit que leur possession n'est pas une véritable possession, attendu qu'ils n'ont aucun droit réel, *in re*, ni *ad rem*, & que *non sibi possident*, mais qu'ils sont établis par la Coutume, comme gardiens avec administration; de maniere que quand notre Coutume a dit dans l'article précédent, comme font toutes les autres que l'exécuteur testamentaire est saisi dedans l'an & jour des biens du défunt, ce mot, *saisi*, ne signifie & ne dénote qu'une espece

espece de garde, qui n'empêche pas que l'héritier ne conserve le véritable titre de sa possession.

7. Cette observation faite, je reviens aux fonctions de l'exécuteur testamentaire, & je dis qu'après l'inventaire l'exécuteur testamentaire doit faire vendre les meubles en la maniere ordinaire & accoutumée, les héritiers présens ou duement appellés, pour éviter les soupçons de fraude & de collusion : c'est la remarque de M. le président Duret, sur l'article précédent, sur le mot, VENDRE. *Sub hastâ*, dit-il, *adhibitis hæredibus, ne clam & malâ fide gessisse videatur: omnis enim concessio etiam absoluta cum bonâ fide intelligenda est, & quantumcumque fuerit Executoris arbitrium, Judicis tamen arbitrio emendari potest.* M. le président Duret, *hìc.*

8. La vente que l'exécuteur testamentaire fait des immeubles du défunt, à défaut de meubles, doit se faire à faculté de rachat, si faire se peut; sinon simplement & à perpétuité, comme il est dit dans l'article précédent; dans l'article 4 du chapitre 33 de la Coutume de Nivernois; en l'article 38, de celle de Meaux; art. 100 de celle de Troyes; 107 de celle de Vitri, & article 91 de celle de Chaumont en Bassigny. Et cette vente, suivant la remarque de M. le président Duret, doit se faire des immeubles qui sont les moins estimables : *Minora tamen*, dit-il, *& quæ minùs utilia hæredibus, atque bonâ fide & justo pretio.....* M. Duret, sur l'article précédent.

9. La vente qui est permise à l'exécuteur testamentaire, dit M. François Menudel, après Coquille, lorsqu'elle est faite avec les formalités & dénonciations requises, oblige l'hérédité non-seulement à la restitution du prix, mais encore aux dommages-intérêts, en cas d'éviction, comme si l'héritier avoit vendu, parce qu'il vend comme procureur de l'hérédité : Coquille, sur Nivernois, chapitre 33, article 4. M. Menudel, sur l'article précédent.

10. Les meubles ou immeubles du défunt vendus, l'exécuteur testamentaire doit procéder au paiement des legs, & de ces paiemens en tirer quittances pour la justification de son compte & la décharge de l'héritier : mais il faut qu'il avertisse l'héritier, & le fasse appeller pour consentir le paiement des legs, ou les débattre; parce que l'héritier pourroit avoir de justes raisons de contester les legs, soit par la nullité du testament, soit par l'incapacité des légataires, soit enfin parce que le testateur auroit disposé de plus qu'il ne pouvoit; & la peine de l'exécuteur qui auroit payé les legs sans appeller l'héritier, est d'en être responsable en son propre & privé nom, si les legs venoient à être annullés ou modérés. Ricard, *des Donat.* part. 2, ch. 2, gl. 5.

11. L'exécution finie, l'exécuteur testamentaire doit rendre compte de sa gestion; & ce compte consiste, comme tous les autres, en recette, dépense & reprise; & il se rend pardevant le juge ordinaire, suivant ce qui est porté en notre article, & ce qui se pratique en France, où il n'est pas permis de faire appeller une personne pardevant l'official de l'évêque, soit pour rendre compte de l'exécution du testament, soit pour être condamné à faire la délivrance des legs : autrement il y auroit appel comme d'abus de la citation; la connoissance des testamens, l'exécution d'iceux, & les causes en dépendantes étant attribuées à la justice séculiere, selon la note de M. Dumoulin, sur le présent article, sur ces mots, LE JUGE ORDINAIRE; *Scilicèt*, dit-il, *civili, regio vel non, sed non coram Ecclesiastico, etiam inter Sacerdotes, quia negotium istud non est ecclesiasticum, C. M. hìc.* Voyez Fevret, traité *de l'Abus*, livre 4, chapitre 7, n. 7, où il cite les arrêts qui forment la jurisprudence sur cette matiere.

12. L'exécuteur testamentaire, dit notre article, est cru à son serment des frais du convoi, des aumônes, & des messes célébrées; & il y a lieu, selon M. le présid. Duret, & après lui M. Louis Semin, de dire la même chose pour les autres menus frais dont la preuve est difficile, parce que le testateur en le nommant, a suffisamment reconnu sa probité. *Quod hìc dicitur*, dit M. Semin, *de impensis Missarum, ampliandum est etiam in cæteris verisimilibus impensis, ut earum ratione juramento Executoris stetur. Præf. ad verb.* MESSES. M. Semin, *hìc.*

13. Notre article permet à l'exécuteur testamentaire d'employer les salaires & vacations dans la dépense de son compte, & de les faire taxer par le juge; ce qui est juste, sur-tout lorsque le testateur n'a fait aucune disposition à son profit; autrement il se trouveroit peu de personnes qui voulussent entreprendre l'exécution des testamens qui engagent quelquefois en des embarras & des procès, & contraignent de quitter & abandonner ses propres affaires.

14. L'obligation de rendre compte ne peut valablement être remise à l'exécuteur testamentaire par le testateur, non plus que celle de faire inventaire, par la raison ci-dessus alléguée, en parlant de l'obligation de faire inventaire; c'est l'observation de M. le président Duret, & après lui de M. Louis Semin. *Repertorium*, dit M. Semin, *debet conficere Executor, idque hærede præsente, vel legitimè vocato, quia tenetur rationes reddere; & quamvis in testamento ei remissæ sint, bonam fidem tamen in administratione præstare debet; & hoc casu subtilis tantùm inquisitio remissa censetur. Præf. ad verb.* RENDRE COMPTE. M. Semin, *hìc.*

15. Le compte rendu, l'exécuteur testamentaire est tenu de remettre entre les mains des héritiers les effets qu'il a de reste; & il est pour ce reliqua, dit M. Claude de Ferriere, contraignable par corps, parce que

c'eſt une eſpece de dépôt : ainſi jugé ; ſans néanmoins, ajoute-t-il, que les héritiers ayent pour le paiement & reſtitution une hypothéque tacite ſur ſes biens : par la raiſon, qu'il n'y a aucune loi qui établiſſe cette hypothéque, la charge de l'exécuteur teſtamentaire n'étant pas publique, comme celle de tuteur ou curateur qui ne ſe défere que par autorité publique ; c'eſt le raiſonnement de M. de Ferriere, *Inſt. Cout.* liv. 3, tit. 6, *des Teſtamens*, art. 105. Voyez Bacquet, *du droit de bâtardiſe*, chap. 7, n. 11.

ARTICLE CCLXXXVII.

Quand Légataires ſont ſaiſis.

LES LÉGATAIRES d'aucuns Teſtamens, après délivrance de leurs legs à eux faite verbalement, par l'exécuteur, ou exécuteurs du Teſtament, ſe peuvent dire ſaiſis des choſes à eux léguées, & pour raiſon d'icelles peuvent prendre & intenter complainte, en cas de ſaiſine & de nouvelleté.

1. LE préſent article eſt rélatif à l'article 293, *ſuprà*. Par l'article 293 les légataires ne ſont pas ſaiſis, & doivent recevoir leurs legs par les mains des exécuteurs, ou héritiers du teſtateur; & par le préſent article, conforme à l'article 5 du chapitre 13 de la Coutume de Montargis, quand la délivrance du legs a été faite au légataire par l'exécuteur teſtamentaire, il s'en peut dire ſaiſi: & comme, ſuivant l'article 94, il eſt en droit de joindre à ſa poſſeſſion celle du teſtateur qu'il repréſente, il peut pour raiſon du legs intenter complainte en cas de ſaiſine & de nouvelleté, ainſi qu'il eſt dit dans le préſent art. & dans ledit article de la Cout. de Montargis ; & il eſt bien fondé à ſe plaindre du trouble qui peut avoir interrompu ſa poſſeſſion, & à demander à y être maintenu. Toutefois afin que le légataire puiſſe intenter valablement complainte pour raiſon de ſon legs, après la délivrance qui lui en a été faite, il faut de deux choſes l'une, ou qu'il joigne ſa poſſeſſion avec celle de ſon auteur, ou qu'il ait poſſédé par lui-même pendant un an, ſelon qu'il eſt requis par l'article 89, *ſuprà*, & par l'ordonnance de 1667, titre 18, art. 1. Et c'eſt ainſi qu'on concilie le préſent article avec ledit article 89, où il faut avoir recours.

2. Mais ſi les légataires, avant la délivrance à eux faite de leurs legs par les héritiers du teſtateur, ou les exécuteurs teſtamentaires, ne peuvent s'en dire ſaiſis, ſelon qu'il vient d'être dit, qu'il réſulte de la diſpoſition de cet art. & qu'il eſt porté en l'art. 293, *ſuprà* ; il eſt au-moins vrai de dire qu'avant cette délivrance de leurs legs, ils ont pour le paiement d'iceux, ou pour s'en procurer la délivrance, une hypothéque tacite ſur les biens du teſtateur, ſuivant la loi 1, cod. *Communia, de legat.* Et cela, ſoit que le teſtament ſoit olographe, ou paſſé pardevant notaires : mais cette action hypothécaire qui naît du teſtament, n'a lieu que ſur les biens de la ſucceſſion, le défunt n'ayant pu par ſon teſtament hypothéquer les biens qui ne lui appartenoient pas ; & cette action hypothécaire ne regarde pas le teſtateur : car un teſtament n'étant point obligatoire contre un teſtateur, puiſqu'il le peut révoquer, il n'y a ni action perſonnelle ni hypothécaire contre lui ; mais elle regarde ſes héritiers qui poſſédent ſes biens.

3. Cela poſé, il reſte une queſtion douteuſe, & qui partage les docteurs : ſavoir, ſi l'hypothéque que la loi donne aux légataires contre les héritiers du teſtateur ſur les biens qui procédent de ſa ſucceſſion, eſt ſolidaire contre chacun des cohéritiers détenteurs des héritages du défunt ; enſorte que, lorſque le legs n'eſt pas d'une choſe certaine & indiviſible, qui ſoit actuellement dans les biens du défunt, mais (par exemple) d'une ſomme de deniers, chaque héritier ſoit tenu du legs perſonnellement pour ſa part & portion, & hypothécairement pour le tout, & qu'il ſoit obligé d'abandonner les biens qui lui ſont venus du teſtateur, ou de payer entiérement le légataire, ſauf ſon recours contre ſes cohéritiers : ſur quoi il y a quatre opinions.

4. La premiere, de ceux qui tiennent qu'elle eſt ſolidaire, comme Bacquet, Mornac ; la ſeconde, de ceux qui eſtiment qu'elle n'eſt ſolidaire que pour les legs pieux, pour les legs d'alimens, & autres de pareille faveur, comme Chopin, Carondas, Mainard ; la troiſieme, de ceux qui ſoutiennent que l'action hypothécaire ne s'étend pas plus que la perſonnelle contre chaque héritier ; de maniere que chaque héritier n'eſt tenu hypothécairement des legs que pour ſa part & portion, & non pour le tout, comme Henrys, Ricard, de Ferriere ; & la quatrieme, de ceux qui diſtinguent entre les teſtamens olographes, & ceux paſſés pardevant notaires, & qui dans le premier cas diſent qu'il n'y a pas de ſolidité, & qu'il y en a dans le ſecond.

5. Ceux qui ſoutiennent que l'action hypothécaire ne s'étend pas en cette rencontre plus avant que la perſonnelle, & que chaque héritier n'eſt tenu hypothécairement du legs que pour ſa part & portion, & non pour le tout, diſent pour établir leur ſentiment :

6. 1°. Que le teſtament n'ayant jamais été, & même n'ayant pu être exécutoire contre le défunt, toutes les actions, tant perſonnelles que hypothécaires, que la loi attribue

aux testamens, ne commencent que contre les héritiers ; de façon que le testament ne commençant de produire son effet qu'au moment de la mort du testateur, & ne le produisant que contre les héritiers en conséquence de leur adition d'hérédité, l'hypothéque qui ne prend son fondement qu'en cette adition d'hérédité, & qui n'est qu'une suite & qu'une dépendance de l'obligation personnelle, ne peut pas avoir plus d'étendue que cette obligation personnelle avec laquelle elle est née, & qui lui sert d'appui & de soutien ; & ne peut par conséquent avoir lieu, que pour ce qu'un chacun des héritiers peut devoir personnellement : d'où il suit que chacun des héritiers ne devant que sa part du legs, les héritages de la succession qui lui sont échus, ne peuvent être hypothéqués que pour cette même part.

7. Ils disent en second lieu, en continuant le raisonnement précédent, que les biens du testateur n'ayant jamais été obligés à la délivrance du legs de son vivant, & ne l'étant qu'au temps de sa mort, lorsque l'obligation pour le legs est divisée entre les héritiers, les héritages qui échéent à chacun d'eux, ne peuvent être tenus d'une plus grande part que de ce qu'un chacun peut devoir personnellement, puisque ces héritages n'ont jamais appartenu à leurs cohéritiers & coobligés, ni à autre qui fût tenu du paiement de ce legs. Autre chose seroit, disent-ils, si le testateur avoit contracté quelque obligation pour la délivrance de ce legs, qui eût produit quelque hypothéque sur ses biens de son vivant ; parce que cette hypothéque ayant été solidaire, & pour le tout, elle demeureroit telle, étant de sa nature indivisible ; & la regle, ajoutent-ils, *Hypotheca tota est in toto, & tota in qualibet parte*, n'a lieu qu'à l'égard des biens obligés & hypothéqués par le propriétaire, lesquels passent en d'autres mains ; auquel cas l'hypothéque pour toute la somme est constituée sur chaque héritage, & même sur chaque partie d'icelui.

8. De cette maniere ils ne disent pas que l'hypothéque se divise, mais qu'il n'y a jamais eu d'hypothéque pour le legs entier sur un même fonds, & par conséquent que n'y ayant point d'hypothéque totale & générale, il y en a eu autant de partiales & particulieres, qu'il y a eu de portions héréditaires.

9. Ceux qui tiennent le sentiment contraire, & qui soutiennent que l'héritier est tenu du legs personnellement pour sa part & portion, & hypothécairement pour le tout, conviennent bien qu'un testament n'est pas obligatoire contre le testateur ; mais ils disent qu'un testateur qui a fait un legs, & qui a persisté dans sa volonté jusqu'à son décès, a obligé tous ses biens à l'accomplissement de sa volonté ; & que le moment auquel l'hypothéque est acquise au légataire sur les biens du testateur, pour la délivrance du legs, est celui de son décès, qui confirme tous les actes légitimes qu'il a faits, qui n'ont pas été révoqués pendant sa vie ; de maniere que le légataire a dès l'instant de ce décès son action sur ces biens du défunt, pour demander la délivrance de son legs ; & quoique les héritiers ayent été saisis des biens de l'hérédité du temps du décès, on ne peut toutefois s'imaginer un moment dans lequel on puisse dire que les héritiers ayent été saisis de leurs parts & portions avant l'hypothéque & l'action qui a été acquise au légataire : & encore que le legs ne commence à être dû que par l'héritier, comme c'est néanmoins une charge héréditaire, cela marque que les biens de la succession en sont chargés, & qu'ils n'ont passé aux héritiers qu'avec cette charge & hypothéque qui en est une suite ; d'où il résulte que l'hypothéque étant de sa nature indivisible, n'y en ayant point d'autre, il faut, sans s'arrêter aux subtilités des jurisconsultes, conclure indistinctement que chacun des héritiers est tenu personnellement pour sa part & portion, & hypothécairement pour le tout, au paiement du legs, après que les dettes du testateur auront été acquittées : ainsi a été jugé par arrêts rapportés par Bacquet, en son traité *des Droits de Justice*, chapitre 8, nombre 26, & par Monarc, sur la loi *Si creditores*, cod. *de pactis* ; & tel est mon sentiment.

10. La distinction que fait M. Dernusson du testament passé pardevant notaires, d'avec le testament olographe, est sans fondement, & sa conséquence n'est pas juste ; car il ne s'agit pas ici d'une hypothéque conventionnelle, qui ne peut être contractée que pardevant notaires, mais d'une hypothéque légale & tacite, qui s'acquiert par la loi ; & il est vrai de dire, que quand même le testament ne seroit qu'olographe, l'hypothéque tacite a lieu, suivant la loi 1, cod. *Communia, de legat.* que nous avons reçue, & qui est en vigueur pour l'exécution des testamens ; ce qui est d'autant plus juste, que les testamens étant faits suivant les termes de la Coutume, ils sont en une forme authentique & approuvée par les loix du pays ; & tel est le sentiment de l'auteur des aditions sur Ricard, traité *des Donat.* partie 2, chapitre 1, section 4, à la fin.

11. Il en est de même de la différence que fait Chopin des legs pieux, & des autres legs : cette différence est sans fondement ; car ce n'est pas la qualité du legs, qui donne parmi nous l'hypothéque, mais la qualité de l'acte.

ARTICLE CCLXXXVIII.

Les Exécuteurs peuvent recevoir les dettes du défunt, dont les obligez & Cédules leur auront été baillées par inventaire, & non autrement, sans le sçu & consentement de l'héritier ou héritiers.

1. L'Exécuteur testamentaire ne doit pas prendre de son autorité privée les obligations, cédules, & autres titres de créances de la succession du défunt; mais il les doit recevoir par inventaire de l'héritier ou de la justice : c'est ce qui résulte de la disposition du présent article; de celle de l'article 8 du chapitre 33 de la Coutume de Nivernois; de l'art. 78 de la Coutume de Sens, & de l'article 235 de la Coutume d'Auxerre : & cela confirme ce qui a été dit sur l'art. 296, *suprà*, de l'obligation qu'a l'exécuteur testamentaire de faire inventaire.

2. Il peut, lorsque les titres de créance lui ont été délivrés, faire les poursuites & diligences pour le recouvrement des dettes; & ce recouvrement peut se faire suivant notre Coutume au présent article, & les Coutumes citées aux articles cotés, sans le su & consentement des héritiers; la délivrance desdits titres de créances ne lui ayant été faite à autre fin, que pour en faire le recouvrement.

3. Mais, quoique l'exécuteur testamentaire puisse faire le recouvrement des dettes actives, sa charge n'est point de payer les dettes passives du défunt, à moins qu'elles ne soient comprises dans le testament, & que le testateur ne l'ait chargé de l'acquittement d'icelles. Il arrive néanmoins souvent qu'il est obligé de les payer, parce que les créanciers font saisir entre ses mains, & que les dettes sont préférables aux legs : mais en ce cas il ne doit payer, qu'en le faisant ordonner en justice avec l'héritier, qui a grand intérêt qu'on ne paye pas de fausses dettes. Ricard, *des Donat.* part. 2, ch. 2, gl. 5.

TITRE VINGT-CINQUIEME.

Des Successions.

1. Les successions *ab intestat* sont les manieres dont les biens, les droits & les charges des personnes, qui meurent sans en avoir disposé, passent à leurs proches qui entrent à leur place.

2. Le pouvoir de disposer de ses biens pendant sa vie, & de les transférer valablement à autrui après sa mort, résulte du droit de propriété; & comme il n'y a aucune apparence qu'une personne qui meurt sans avoir déclaré là-dessus sa volonté, ait prétendu abandonner ses biens au premier occupant, & les laisser, pour ainsi dire, au pillage; le droit naturel ordonne de suivre les présomptions les plus vraisemblables, que l'on peut avoir de la volonté du défunt, qui sont que ses biens passent à ses enfans, &, au défaut de ses enfans, à ses autres proches.

3. Cette sorte d'acquisition étant fondée sur la volonté tacite du défunt, elle est par conséquent naturelle : mais parce qu'il y intervient plusieurs dispositions de nos Coutumes, qui pour le bien de la paix, réglent le plus exactement qu'il est possible, tout ce qui regarde les successions *ab intestat*, cela fait que l'acquisition est mixte, puisqu'elle tient du droit civil & naturel.

4. Voici en précis comment cette Coutume régle dans le présent titre les matieres des successions.

5. L'héritier le plus proche & le plus habile à succéder, est saisi de la succession du défunt, art. 299 : mais il y a diverses sortes d'héritiers, les ascendans, & descendans. Les ascendans succédent au meubles & conquêts de leurs enfans, avec les freres germains, & reprennent en outre ce qu'ils leur ont donné, art. 314. Entre les descendans héritiers, les enfans sont le premier degré; l'aîné d'eux en succession paternelle ou maternelle, noble, a un préciput franc de dettes, articles 301, 302 & 303. Les filles, quoique plus âgées, succédent avec leurs freres sans droit d'aînesse, art. 304; si ce n'est qu'elles soient appanées par mariage, auquel cas elles sont excluses de succéder dans les termes de représentation, sans supplément ni légitime, article 305. Cet appanage de la fille est au profit de l'hoir mâle germain, lequel prenant la portion de la fille paye sa dot ou ce qui s'en faut, art. 307 & 310 : mais n'y ayant point de mâle, la fille appanée revient à la succession, & est saisie en rapportant ou moins prenant, art. 309. Il y a plus; c'est qu'il est loisible de reserver à la fille le droit successif par son contrat de mariage, article 311 : que si la fille se marie contre le gré de ses pere & mere, elle peut être exhérédée, article 312 : généralement les successions se divisent entre enfans par têtes, & non par lits, article 300; & ils doivent rapporter ce qui leur a été donné par pere & mere, ou autre ascendant, sinon que la

la donation soit en préciput, article 308 : mais en succession collatérale tout rapport est rejetté, article 313 ; quand il ne se trouve aucun ascendant ni descendant, les meubles se divisent entre les plus prochains, moitié paternels, moitié maternels ; & les héritages vont aux côtés d'où ils sont partis, article 315. Il est vrai toutefois que les freres germains excluent ceux qui ne sont que d'un côté, article 317.

6. Au reste, l'adition d'hérédité est de deux sortes, simple, ou par bénéfice d'inventaire ; l'héritier simple est préféré aux autres, quoique plus proches, article 329 ; & le bénéfice d'inventaire est accordé à l'étranger, héritier conventionnel, article 330. Qui paye créanciers ou acquitte les legs, est tenu comme héritier, article 325 ; mais il est loisible aux héritiers de s'abstenir ; & ce faisant, la portion de celui qui s'abstient, accroît aux autres, article 323. L'acceptation d'hérédité expresse en jugement, profite à tous de même que la renonciation ; & ce qui s'est passé par contumace, ne sert qu'à celui qui l'a obtenu & fait juger, article 326 : mais qui prend les meubles & acquêts d'aucun, soit par contrat ou succession, est tenu de payer les dettes mobiliaires, article 316.

7. Tout ce qui a été dit jusqu'ici, doit être entendu de personnes capables de succéder : car les monasteres ne succédent à la part de leur religieux profès ; les biens qu'il avoit avant son entrée en religion, ne sont acquis à l'église ; & les prochains lignagers des gens d'église, leur succédent, articles 318, 319 & 320. Pour les bannis, ils sont incapables de succéder, article 322. Quand une personne décede sans parens habiles à lui succéder, sa succession est acquise au seigneur haut justicier, à l'exclusion de la femme, ou lignager de l'autre côté, article 328 : mais le seigneur ne peut prendre les biens du défunt, quand il y a héritier apparent, article 327. Quant à la substitution d'héritier faite en testament, elle n'a pas de lieu, article 324.

8. Ce titre comprend trente & un articles, depuis le 299 inclusivement, jusqu'au 331 exclusivement.

9. Il y a un titre dans l'ancienne Coutume, intitulé *des Successions & Tutelles*, qui est le titre douzieme, composé de quatorze articles.

* Comme la connoissance des degrés de consanguinité est nécessaire dans la matiere des successions, & que les lignes & les degrés de parenté se distinguent plus facilement dans une figure appellée arbre de consanguinité ; j'ai cru qu'avant de passer aux art. qui composent ce titre, il étoit à propos d'en donner une, & de la placer ici ; & parce qu'on ne suit pas dans le droit canonique la même supputation que dans le droit civil, pour les degrés de la ligne collatérale, l'arbre de consanguinité qui suit contient l'une & l'autre supputation ; le nombre supérieur marque le degré selon la supputation des canons, & l'inférieur selon le droit civil.

ARBOR CONSANGUINITATIS.

Non gignunt dextros, qui stant in parte sinistra :
Læva dat Uxores, dat tibi dextra mares.

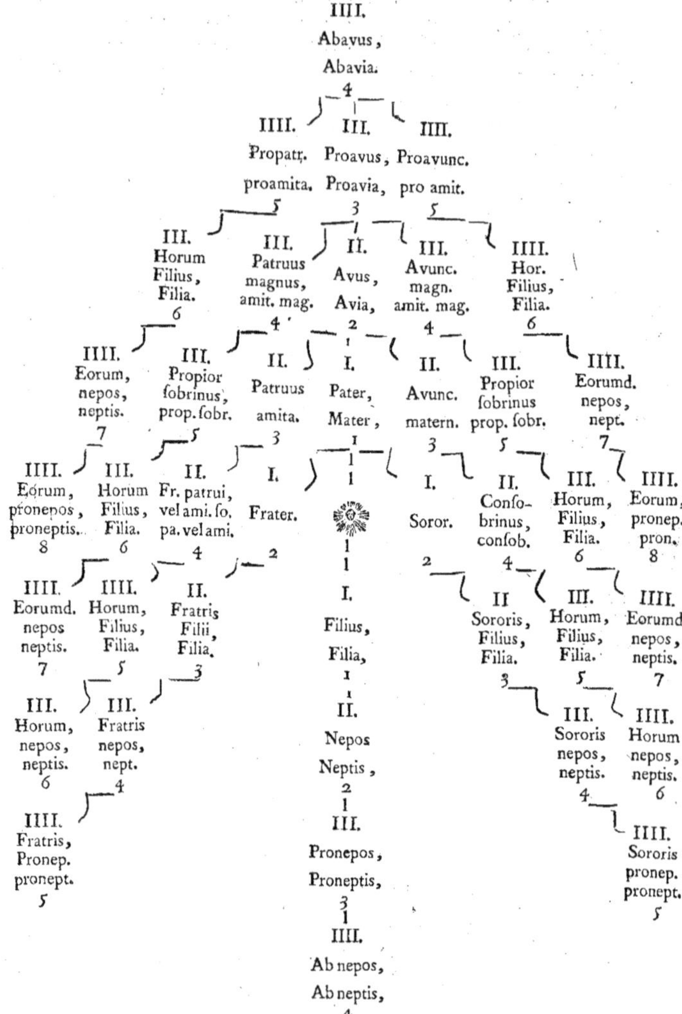

HÆC EST ARBOR CONSANGUINITATIS.

La maniere de compter les degrés, est la même dans l'un & l'autre droit pour la ligne directe, parce que dans tous les deux on compte également les degrés de parenté, par les générations, *tot gradus quot generationes.* Dans la ligne directe, le pere & le fils sont au premier degré, parce qu'ils font une génération, l'aïeul & le petit-fils au second, parce qu'il y a entr'eux deux générations.

Le droit canonique & le droit civil ne s'accordent pas, quand il s'agit de compter les degrés de la ligne collatérale.

Dans le droit civil, on compte autant de degrés dans la ligne collatérale égale ou inégale, qu'il y a de personnes, en ôtant le chef de ces personnes, entre lesquelles le degré se compte ; car les juristes, qui ne s'appliquent qu'à l'ordre des successions, veulent que les successions allant d'une seule personne à une autre, les degrés soient aussi multipliés par rapport aux personnes. Ainsi, selon le droit civil, les freres sont au second degré, les cousins germains le sont au quatrieme, l'oncle & le neveu au troisieme; & l'on comprend aisément par-là qu'en collatérale, pour compter les degrés de parenté entre deux personnes, suivant le droit romain, il n'y a qu'à suivre les générations de l'une à l'autre, en montant de l'une des deux à leur ascendant commun, & descendant à l'autre, & comptant ensuite les générations qui se trouvent, tant en montant, qu'en descendant, sans comprendre dans ce nombre la souche commune; & par ce calcul, l'oncle & le neveu se trouvent au troisieme degré, y ayant d'une personne à son oncle trois degrés ou générations, deux qui montent de cette personne à son aïeul, qui est leur premier ascendant commun, & un troisieme de cet ascendant à l'oncle.

Pour ce qui est du droit canonique, la regle pour connoître les degrés en ligne collatérale égale, est de compter combien il y a de générations de l'une des parties à la souche commune; un frere & une sœur, suivant la supputation canonique, sont au premier degré, un cousin germain & une cousine germaine le sont au second, on ne compte point la souche commune pour un degré; tellement que selon le droit canonique, on compte autant de degrés entre deux collatéraux égaux, qu'il y en a entre chacun d'eux, & le chef ou la souche, sans y comprendre la souche, & par-là on voit que ceux qui sont au quatrieme degré, suivant le droit civil, ne le sont qu'au second, suivant le droit canonique; & que le droit civil double en ligne collatérale égale les degrés du droit canon.

En ligne collatérale inégale, c'est-à-dire, quand deux personnes ne sont pas dans une distance égale de la tige commune, on compte, selon le droit canon, autant de degrés entr'elles qu'il y en a entre celle des deux, qui est la plus éloignée, & le chef ou la souche; & elles ne sont censées parentes que dans le degré le plus éloigné, où se trouve l'une de ces deux personnes; ainsi le frere & la fille de sa sœur, ou la niéce, sont parens au second degré, parce que la fille de la sœur est au second degré à l'égard du pere.

Il y a de cette maniere deux regles pour la supputation canonique en ligne collatérale; la premiere, que ceux qui sont également distans de leur ascendant commun, sont entr'eux au degré de la distance de chacun d'eux à cet ascendant; la seconde, que ceux qui sont en distances inégales de leur ascendant commun, sont entr'eux au degré où se trouve au-dessous de cet ascendant celui qui en est le plus éloigné.

ARTICLE CCLXXXXIX.

Le mort saisit le vif son plus prochain héritier, habile à lui succéder *ab intestat*, sans appréhension de fait. Le mort saisit le vif.

1. CEt article contient une regle générale en France; & telle est la disposition de presque toutes nos Coutumes; c'est celle de la Cout. de Paris, art. 318; de celle d'Auv. tit. 12, art. 1; de Berry, tit. 19, art. 28; de celle de Niv. chap. 34, art. 2; de la Marche, art. 211; d'Orléans, art. 301, & autres, qu'il seroit ennuyeux de citer: mais cette regle n'a point d'autre source, que notre jurisprudence française; tellement qu'elle est spéciale en droit coutumier, & n'avoit point de lieu dans le droit civil.

2. Suivant cette regle la premiere démarche, lors de l'ouverture d'une succession, n'est pas celle de l'héritier, mais celle de la loi qui le saisit de ce qui lui est destiné; de maniere que, *vi & potestate Legis*, le défunt en mourant, transfére tous ses biens & tous ses droits en la personne de son héritier, lequel en est saisi & revêtu sans appréhension de fait, par la seule disposition de la Coutume.

3. Mais pour que cette regle ait lieu, & qu'un héritier se puisse dire saisi, il y a trois conditions requises & nécessaires, selon notre article.

4. La premiere, c'est qu'il y ait ouverture à la succession, par la mort naturelle de celui des biens duquel il s'agit, ou par sa mort civile, arrivée par sa profession en religion, expresse & solemnelle; je dis, ou par sa mort civile, arrivée par sa profession en religion: car la mort civile, qui suit la punition du crime, donne bien ouverture à une succession; mais c'est selon la disposition de cette Coutume, article 349, *infrà*, en faveur du seigneur haut justicier, & non de l'héritier; desorte que c'est une succession irréguliere, appellée confiscation, les personnes condamnées étant indignes en mourant pour leurs crimes, de laisser des héritiers.

5. La seconde condition requise est que l'héritier qui se dit saisi, soit le plus prochain lignager; c'est la disposition précise de notre Coutume au présent article, ainsi qu'il paroît par ces mots, *son plus prochain héritier*, lesquels mots ne doivent pas être entendus de ceux-là seuls, qui au temps de l'ouverture de la succession se trouvent les plus proches, mais encore de ceux qui par le moyen de la représentation concourent avec les plus proches, & de ceux qui deviennent successivement les plus proches, par la répudiation de ceux qui étoient avant eux, & les surpassoient en degré de parenté: *Hoc ver-*

bum, SON PLUS PROCHAIN, dit Dumoulin, & après lui M. François Decullant, *non limitat ad personam ejus, qui tempore mortis est in primo gradu successionis, sed etiam omnes subordinatè comprehendit, ad quos sive ex successorio edicto à priore in gradu repudiante fit devolutio, sive qui præmortuum repræsentando, cum proximiori concurrunt, sive quibus portio paris in gradu repudiantis accrescit; & sic ista verba non significant limitationem per se, sed ordinem prælationis, ut proximior, si velit, sit saisitus, eo verò repudiante proximior post eum; ut enim aditio, ita & repudiatio trahitur retrò ad punctum obitûs defuncti.* Telle est l'observation de M. François Decullant, sur notre article, qui l'a tirée avec beaucoup d'autres, des manuscrits de M. Charles Dumoulin, qui furent communiqués à M. Louis Semin. *Ex scriptis*, dit M. Decullant, *Molinæi, quæ moriens Testamento reliquit D. Bobæo, genero suo, à quo dono accepit Matthias Marescallus, Patronus Parisiensis, quique ope & precibus Philiberti* Feydeau, *Patron. Paris.* D. Semin *Advocato Molinensi communicavit, ejus autem scripti mentionem facit Molin. ad* §. 302, *per hæc verba*, & pleniùs dixi, &c.

La troisieme condition requise, est que le plus prochain lignager de celui dont la succession est ouverte, soit habile à lui succéder *ab intestat*; ce sont les termes de notre article, lesquels mots, *habiles à lui succéder ab intestat*, doivent être entendus, comme l'a observé M. Jean Fauconnier, après Coquille, non-seulement d'une habileté *in genere*, pour succéder, ce qui exclut les bâtards, les religieux profès, les filles appanées, les enfans exhérédés, & les condamnés à mort civile & naturelle: mais encore d'une habileté *in specie*, pour succéder à telle sorte de biens, tels que sont, par exemple, les biens taillables, auxquels on ne peut succéder, si on n'a les deux qualités requises par la Coutume, comme nous le dirons en son lieu, qui sont la cohabitation & la communauté de biens avec le défunt, de la succession duquel il s'agit.

6. Quand un héritier a les deux qualités requises, qu'il est le plus prochain héritier, & habile à succéder; en ce cas, il est saisi non-seulement de la propriété des biens du défunt, mais aussi de sa possession, ensorte qu'il peut d'abord intenter toutes actions pétitoires & possessoires qui appartenoient au défunt; qu'il peut former leur plainte en cas de saisine & de nouvelleté, & demander d'être maintenu dans la possession des biens de son auteur, tout ainsi que le défunt eût pu faire; & ce, sans avoir pris la possession réelle, soit parce qu'on admet une continuation de la possession du défunt en la personne de son héritier, qui le représente, que l'on considere comme une seule & même personne, soit parce qu'il succede à tous les droits actifs & passifs; ce qui ne se doit entendre toutefois que dans le cas où il accepte la succession; car, comme il n'y a pas d'héritier nécessaire en France, selon qu'il sera dit ci après, & que nul n'est héritier, qui ne veut; s'il la répudie, il est présumé n'en avoir jamais été saisi.

7. Il faut remarquer néanmoins deux choses. La premiere, que si la possession du défunt n'étoit qu'à temps, que ce ne fût qu'une simple possession précaire, qu'il n'eût que le simple usage ou le simple usufruit de la chose, il n'est point en ce cas réputé avoir saisi son héritier; tellement que le droit du défunt régle le droit de l'héritier.

8. La seconde chose qu'il faut observer, c'est que si l'héritier souffre la possession d'un tiers pendant l'an & jour, il ne sera plus réputé saisi, à l'effet de pouvoir former complainte: c'est la décision de la Coutume d'Anjou, article 272; sur lequel article M. Charles Dumoulin a usé de distinction, & a dit que la Coutume se devoit entendre d'un étranger, ou d'un héritier d'une autre ligne, qui eût pris possession, & non d'un véritable co-héritier, dont la possession n'empêche pas que son co-héritier ne soit saisi. *Intillige*, dit Dumoulin, *de extraneo vel hærede alterius lineæ: secùs de consorte ejusdem lineæ, & vero cohærede; quia cohæres non censetur turbare, sed jure communi uti... & possessio unius conservat possessionem alterius.* Mais comme l'a observé M. Denis Lebrun, cette note est sujette à quelqu'explication: car le co-héritier conserve les droits, quand il jouit au nom de son héritier, ou pour tous les héritiers: mais souvent il jouit en son propre & privé nom, & prescrit la part de son co-héritier; (ainsi qu'il a été dit sur l'art. 26, *suprà*, où il faut avoir recours.) Lebrun, *des Succ.* liv. 3, ch. 1, n. 35.

9. On a égard au temps de l'ouverture de la succession, pour connoître l'héritier le plus prochain & habile à succéder: car ceux qui se trouvent les héritiers les plus prochains & habiles à succéder au temps du décès, se trouvant saisis, excluent tous ceux qui ne seroient pas encore nés en ce temps, & qui étant nés plutôt, auroient pu être héritiers, & cela tant en ligne directe, qu'en collatérale; ainsi qu'il a été jugé en ce siége, le 1er. février 1621. *Attende*, dit M. François Decullant, *ad hœc verba Statuti*, LE MORT SAISIT LE VIF; *siquidem qui tempore delatæ hæreditatis nec natus, nec conceptus est, non succedit.... quod & Molinis* 1°. *Feb. an.* 1621 *judicatum fuit; nempe nec natum, nec conceptum, nepotem tempore mortis avi, succedere non posse avo, repudiante patre: quippè nepos nedùm natus, non poterat bonis successionis avi esse saisitus, quæ statim proximum hæredem affectant; nec est, vel esse potest hæreditas sine successore, quasi in suspenso: itaque nullus admittitur hæres, nisi qui tempore delatæ hæreditatis natus vel capax sit; eodemque Judicio fuit decisum, viventis nullam esse hæreditatem, neque repræsentationem.* M. Decullant, *hìc.*

10. Au

10. Au reste, quoique la Coutume dans le présent article ne parle que de l'héritier *ab intestat*, ce qui est dit toutefois de l'héritier *ab intestat*, a son application à l'héritier contractuel, lequel se trouvant en état de succéder, lors du décès de l'instituant, est saisi de plein droit, ainsi qu'il a été dit sur l'article 219, *suprà*, où il faut avoir recours. Voyez ce qui est dit sur l'art. 326, *infrà*.

ARTICLE CCC.

SUCCESSION de pere & de mere, se part & divise par têtes, & non point par lits; combien que par ci-devant il y ait eu Coutume contraire. Division de succession de pere & de mere.

1. SElon l'ordre naturel des successions légitimes, les biens doivent passer des peres aux enfans légitimes, cela est fondé d'un côté sur l'obligation indispensable, que la nature impose aux peres & aux meres, de nourrir & de bien élever leurs enfans; de l'autre, sur la tendresse paternelle & maternelle, qui fait qu'il n'y a personne pour qui les peres & meres s'intéressent plus, que pour leurs enfans.

2. Sous le nom d'enfans on comprend, 1°. tous les enfans d'un pere & d'une mere, quoiqu'issus de différens mariages; 2°. nonseulement les enfans du premier degré, mais encore ceux du second & des suivans, soit qu'ils descendent des mâles ou des femelles.

3. La succession de pere & de mere se partage & divise par têtes entre les enfans du premier degré, & non par lits. Ainsi, quand un pere (il en est de même d'une mere) a plusieurs enfans de plusieurs mariages, ils lui succédent tous également par portions égales, sans distinction du premier ou second mariage: c'est la disposition de notre Coutume, au présent article; de celle de Nivernois, chapitre 34, article 6; d'Orléans, article 361; du duché de Bourgogne, chapitre 7, article 16; de la Marche, article 228, & autres. Anciennement & avant la nouvelle Coutume, telle succession se partageoit & divisoit par lits, & non par têtes; excepté ès châtellenies de Mont-Luçon, Vichi, Saint-Amand, Charenton, & quelques autres lieux; esquelles châtellenies lesdites successions de pere & de mere se sont toujours partagées par têtes, & non par lits; c'est ce qui paroît par le procès-verbal de la Coutume, sur le présent article, par l'article 5 du titre 12 de l'ancienne Coutume; ce qui a été observé par Dumoulin, dans son manuscrit, sur cette Coutume.

4. Dans le cas où les enfans issus d'un même pere, mais de différens mariages, viennent à lui succéder; ceux du premier lit prennent sur ses biens, avant le partage, ce qui doit leur revenir des droits de leur mere, & des libéralités qu'elle peut avoir faites à leur pere, & qui leur sont substituées, aux termes du second chef de l'édit des secondes noces; & ceux du second, ou autre mariage, s'il y en a, prennent aussi sur ces mêmes biens, ce qui peut leur revenir des droits de leur mere; & si c'est la succession d'une mere dont il s'agit, qui ait des enfans de divers lits, ceux de chaque lit retirent, avant le partage, ce qui peut leur revenir sur ses biens des droits de leur pere: ceux du premier lit retirent ce qui leur revient des libéralités que leur pere peut avoir faites à leur mere: mais toujours ceux d'un même pere & ceux d'une même mere leur succédent, ainsi qu'il vient d'être dit, par portions égales, sans distinction du premier ou second lit, parce qu'ils sont également leur sang.

5. A l'égard des enfans du second degré, ou de leurs descendans, soit mâles ou filles, en quelque degré que ce soit, ils doivent être appellés à la succession avec les enfans du premier degré, pour y prendre, comme nous le dirons sur l'article 306, *infrà*, la part qu'auroit eue en la succession de la personne dont ils descendent, leur pere ou aïeul, s'il étoit vivant; & cela sans distinction de lits. *Quod hìc dicitur de patre & matre*, dit M. Dumoulin, *idem de successione avi & aviæ, & aliorum ascendentium; nulla enim est deinceps differentia matrimoniorum, sed succedent liberi cujuscumque matrimonii, æqualiter & secundùm jus commune, videlicèt filii primi gradûs in capita, ulteriores autem in stirpes, & sic viriliter & æqualiter respectu singularum stirpium, nullâ diversâ ratione habitâ diversorum quorumcumque matrimoniorum. Ex scriptis Car. Molin.*

6. Il faut toutefois observer que la disposition du présent article ne doit s'entendre qu'au cas que les choses soient entieres & réduites au droit commun & naturel: car les peres & les meres y peuvent déroger en deux manieres, selon la faculté qui leur est accordée par les articles 216 & 219, *suprà*, c'est-à-dire, par le partage de leurs biens, ou par les contrats de mariage de leurs enfans; pouvant par ces contrats en instituer les uns héritiers, & réduire les autres à leur légitime.

7. Une seconde observation qu'il convient de faire, c'est que dans la succession des ascendans, au profit des descendans, on n'examine pas la nature & la qualité des biens; ainsi, quand un défunt a laissé des descendans, on n'a pas besoin de considérer si les biens sont acquêts ou propres; car il n'y a qu'un seul & unique patrimoine à l'égard

des descendans, ils succédent indistinctement à tous les biens de leurs pere & mere, & autres ascendans; & tous les biens, de quelque nature qu'ils soient, se réunissent en leurs personnes. Il n'y a que le droit d'aînesse en succession de gens nobles, que l'aîné des enfans prend par préférence aux autres, ainsi qu'il est dit dans l'article suivant.

ARTICLE CCCI.

En succession de Gens Nobles, le fils aîné, ou son fils aîné, après son trépas, emporte, pour son droit d'aînesse, le nom & les armes du défunt, le Château ou Maison Principale, en précipuité & avantage, & peut ledit fils choisir & élire tel manoir que bon lui semble, soit paternel ou maternel, si lors du partage la succession de la mere est avenue, pour sondit droit d'aînesse.

1. Les successions directes des roturiers se partagent par portions égales, dans cette Coutume, sans aucuns avantages pour les aînés. Et cela soit qu'ils possédent des terres nobles, ou qu'ils n'en possédent pas; mais en successions directes de gens nobles, notre Coutume, au présent article, donne un droit d'aînesse. C'étoit aussi la disposition de l'ancienne Cout. tit. 12, art. 12; & c'est la disposition des Coutumes de Berry, tit. 19, art. 31; de Niv. ch. 35, art. 1; de la Marche, art. 215, & autres.

2. Le droit des aînés a été reçu favorablement de plusieurs nations anciennes & modernes, parce qu'il contribue à maintenir les familles nobles dans leur éclat, & dans leur lustre. *Publicè interest*, dit Me. Jean Papon sur notre art. *familiarum nomen & dignitatem integra & salva retineri, & porrò etiam transmitti, quod fieri aliàs non poterit, nisi hoc jure primogenituræ salvo: cùm si promiscuè succedatur, divisionibus & discordiis, res in nihilum recasura sit & abitura.*

3. Il suffit, dit Coquille, pour le droit d'aînesse, que la noblesse soit acquise à l'enfant du côté de son pere, quoique sa mere soit roturiere: mais il faut que ce soit une noblesse de naissance; & une noblesse acquise par office ne suffiroit pas, parce qu'elle n'est qu'à la vie de l'officier, & qu'elle ne passe pas aux héritiers. Coquille, sur la Coutume de Niv. ch. 35, art. 1.

4. Le droit d'aînesse n'a lieu qu'en ligne & succession directe; car celui qui n'a pas d'enfans, n'a pas de fils aîné. C'est la disposition de la Coutume d'Auv. tit. 12, art. 52; de celle de la Marche, art. 214, & de celle de Niv. ch. 35, art. 3.

5. Le fils aîné à qui la Coutume accorde le droit d'aînesse, est le plus âgé des fils auxquels la succession est déférée, quoiqu'il ne soit pas le premier né: car notre article ne dit pas le premier né, mais l'aîné; ainsi le puîné des enfans a le droit d'aînesse, s'il y a eu une fille née avant lui, ou si le mâle premier né est décédé sans enfans, avant l'ouverture de la succession. C'est l'observation de M. le président Duret, sur ces mots de notre art. LE FILS AÎNÉ; *Tempore obitûs*, dit-il, *ideòque non tantùm is primogenitus dicitur, qui primus viam nascendi aperuit, sed quem nemo tempore mortis parentum præcedit.* Telle est aussi l'observation de Coquille, sur la Coutume de Niv. ch. 35, art. 13; de Pontanus, sur la Cout. de Blois, art. 143; & de la Thaumassiere sur celle de Berry, tit. 19, art. 31.

6. Si le fils aîné décédé avant l'ouverture de la succession a laissé des enfans mâles, ces enfans survivans leur pere, & venans à la succession de leur aïeul, représentent leur pere au droit d'aînesse, tellement qu'entre les enfans du fils aîné, le fils aîné prend son préciput & droit d'aînesse dans la succession de l'aïeul, en représentant son pere: c'est la disposition de notre Cout. au présent article, ainsi qu'il résulte de ces termes: *le fils aîné après son trépas*: c'est aussi celle de la Cout. de la Marche, article 215; de la Cout. de Niv. chap. 35, art. 4; de la Cout. d'Estampes, art. 119; de Montfort-Lamauri, art. 105, & autres; & ce à la remarque de M. Charles Dumoulin, & de M. le président Duret, sur notre art. sur ces mots, OU SON FILS AÎNÉ. *Idem*, dit Dumoulin, *de pronepote ex nepote masculo; & sic primogenitus præmoriens, transmittit jus primogenituræ ad seniorem legitimè descendentem masculum.*

7. L'enfant mâle né avant le mariage, & légitimé par le mariage subséquent, prend le droit d'aînesse à l'exclusion de ceux qui sont nés du même mariage; parce que la légitimation, qui se fait par le mariage subséquent, est une restitution pleine & entiere dans toutes les prérogatives & tous les droits des enfans légitimes; de maniere que l'enfant légitimé *per subsequens matrimonium*, doit avoir le droit qu'il auroit s'il étoit né légitime, & par conséquent le droit d'aînesse préférablement à ceux qui sont nés postérieurement du même mariage, ou d'un mariage postérieur.

8. Mais si l'enfant né avant le mariage de son pere, n'est légitimé que par un second mariage, l'enfant du premier lit lui est préféré. La raison est que quoique l'un & l'autre soient légitimes, & que le légitimé soit plus âgé, néanmoins, eu égard au temps de la légitimation, il ne peut pas prendre le droit d'aînesse, qui est acquis à celui qui est né du

premier mariage, avant que le second mariage, qui a donné lieu à sa légitimation, fût contracté. *Quid si Mævius*, dit M. le président Duret, *ex Sempronia concubina Titium susceperit, post hæc Arethusam duxerit, ex qua Caïus ei natus sit, tandem defunctâ Arethusâ, idem cum Sempronia concubina contraxerit matrimonium, cujus viribus palàm est Titium ante naturalem legitimum existere, neque enim filii legitimi impediunt, naturales legitimari per subsequens matrimonium; an Titius eo modo ex naturali factus legitimus, jus majoritatis consequetur? & magis est, ut ex Arethusa susceptus hâc primogeniturâ potiatur, sic ut in ejus præjudicium, & gratiam Titii, vires nuptiarum Semproniæ concubinæ non retrotrahantior, ut nec legitimatio..... sed si non supersint masculi legitimi, sed & ex concubina tantùm naturales legitimati, eo casu priori nato, hujus §. suffragium tribuitur.....* Tel est le sentiment de M. Duret; c'est aussi celui de M. Dumoulin, sur l'art. 8 de l'ancienne Coutume de Paris, gl. 1, n. 34, & suiv. & de M. Brodeau sur la même Cout. de Paris. Mais M. Lebrun, dans son traité *des Succ.* liv. 2, ch. 2, sect. 1, n. 15, est d'un avis contraire, & prétend que quoique l'opinion de Dumoulin soit la plus commune, elle n'est pourtant pas la plus juste.

* La Thaumassiere, en ses décisions sur la Coutume de Berry, liv. 4, ch. 46, estime que si une femme roturiere s'est mariée en premieres nôces à un roturier, dont elle a eu des enfans mâles, & en secondes nôces à un gentilhomme, dont elle ait eu aussi des mâles, l'aîné du second lit ne pourra prétendre le droit d'aînesse en la succession de la mere, qui a été annoblie par le second mariage; parce que la Coutume n'accorde le droit d'aînesse qu'à celui qui est l'aîné des enfans de la personne de la succession de laquelle il s'agit, de maniere que le premier né du second lit ne se pouvant dire l'aîné des enfans de sa mere, y ayant d'autres mâles de son premier lit, il ne peut, quoiqu'il soit l'aîné des nobles, demander le droit d'aînesse déféré par la Cout. à l'aîné noble. L'article 556 de la nouvelle Coutume de Bretagne dispose le contraire, en ce qu'elle porte: « Que la succession sera » partagée entre les enfans du premier lit, » comme succession égale, sans préciput sur » les portions des enfans du noble, & que » leurs portions ainsi distraites, ce qui de» meurera pour le droit des enfans du second » lit sera partagé entr'eux noblement: » mais cette disposition de la Coutume de Bretagne n'est pas approuvée par la Thaumassiere, après M. Dargentré: par la raison que, comme parle Dargentré, *statuit in eadem successione plures primogenituras, contrà receptum dogma Jurisconsultorum*; & ce n'est pas mon sentiment qu'elle doive être suivie dans notre Cout.

9. Le pere ne peut pas ôter le droit d'aînesse à son fils aîné, ni le diminuer directement, ni indirectement, soit par des dispositions gratuites entre-vifs ou par testament, soit par constitutions de dot faites aux puînés, ou partages faits de son vivant; parce que le droit d'aînesse est un bienfait de la nature & de la Coutume, & non du pere; que le pere ne peut pas par conséquent ôter à son fils; & ainsi jugé par les arrêts.

10. Dans le cas où un fils aîné se plaint que son pere l'a voulu frauder de son droit d'aînesse, on ne peut point lui objecter qu'il est héritier de son pere, & que par conséquent il ne peut pas venir contre le fait de celui duquel il est héritier; car il n'est pas défendu à l'héritier de venir contre un fait du défunt, lequel est en fraude de ses droits particuliers, & d'une police générale fondée sur l'intérêt public, comme est la disposition du pere faite au préjudice du droit d'aînesse. La maxime & regle de droit, qui dit que l'héritier ne peut venir contre le fait du défunt, disent Dumoulin, Brodeau, Cujas & Lebrun, n'a pas de lieu quand l'acte & le contrat que l'héritier attaque, est tout-à-la-fois contre le droit public, c'est-à-dire, contre la loi & la Coutume, fondée sur l'intérêt public, & contre des droits spécialement introduits en sa faveur; parce que la contravention à de pareils établissemens emporte une nullité, qui n'est pas seulement relative & respective, mais qui peut passer pour pure & simple, & pour absolue, n'étant pas au pouvoir des particuliers de déroger au droit public. Dumoulin sur l'art. 8 de la Coutume de Paris, gl. 3, n. 22, & cons. 45, n. 3. Brodeau sur Louet, lett. H, som. 14, & lett. M, som. 4. Cujas sur les questions de Papinien, liv. 28, sur la loi 66, §. dern. ff. *de evict.* Lebrun, *des Succ.* liv. 2, ch. 2, sect. 1, n. 45.

11. Après le décès des pere & mere, le droit d'aînesse dans leur succession étant acquis à l'aîné majeur, il peut valablement y renoncer par une renonciation expresse au profit de l'un des puînés qu'il voudra, dumoins pour ce qui regarde le profit & utilité des biens; auquel cas, c'est proprement une cession qu'il fait de son droit. Brodeau sur Louet, lett. E, som. 7.

12. Que si la renonciation au droit d'aînesse, faite après la mort du pere, par l'aîné majeur, est pure & simple, & expresse & non restreinte au profit de quelqu'un des puînés; en ce cas il faut examiner si la renonciation est faite moyennant quelque récompense, & *aliquo dato*, ou si elle est gratuite.

13. Si le renonçant a reçu quelque chose du défunt, & qu'il ait déclaré se tenir à son don, ou bien s'il a reçu de ses co-héritiers le prix de sa renonciation; on convient que dans ce cas il n'y a plus de droit d'aînesse, parce que l'on présume que l'aîné a eu la valeur de ce qui lui appartenoit, & que le droit d'aînesse est déja pris sur la succession. C'est la disposition de l'art. 27 de la Coutume de Paris, & l'espece d'un arrêt du 7 septembre 1552, rapporté par Papon en ses arrêts, liv.

21, tit. 5, art. 1, & par Duluc, liv. 8, tit. 10, art. 2.

14. Si le fils aîné a renoncé gratuitement, sans rien recevoir des autres héritiers présomptifs pour le prix de sa renonciation, & sans être donataire de celui à la succession duquel il renonce; sa part, dans la Coutume de Paris, suivant l'article 310, accroît aux autres enfans héritiers, sans aucune prérogative d'aînesse de la portion qui accroît. Cette décision, qui ne souffre point de difficulté dans la Coutume de Paris, à cause de la disposition de l'article 310, en souffre beaucoup dans les autres Coutumes, qui n'ont pas une disposition semblable, & qui ne déterminent rien là-dessus, telle que celle-ci; & par rapport à ces Coutumes, les sentimens sont partagés.

15. Le sentiment qui me paroît le mieux établi, & qui a été suivi dans notre Coutume par nos commentateurs, est celui de ceux qui disent que le droit d'aînesse étant donné en faveur des familles, & pour les maintenir dans leur éclat, l'aîné y renonçant, la raison pour laquelle ce droit a été introduit, veut qu'il passe au puîné: desorte que s'il n'a encore été pris sur la succession aucun droit d'aînesse, le second fils doit avoir le préciput & les prérogatives de l'aîné, au moins toutes celles qui sont attachées à la qualité d'héritier. C'est ce qui a été jugé par arrêt du 14 août 1567, prononcé en robes rouges, rapporté par Chopin, livre 3, *des Privileges des Rustiques*, chapitre 9, n. 4; par Levest, arrêt 94; & par Brodeau, sur M. Louet, lettre E, somm. 7; & telle est la disposition de la Coutume de Mantes, art. 31. Tel est le sentiment de Brodeau, au lieu cité, de Coquille sur la Coutume de Nivernois, ch. 35, article 1; de Jean Decullant, sur le présent article; & de Lebrun, *des Succ.* livre 2, chapitre 2, section 1, n. 49; & livre 3, ch. 8, sect. 2, n. 75.

16. *Quòd si*, dit M. J. Decullant, *qui tempore mortis parentis, qui reperitur major natu, abstineat ab hæreditate; aut abstinet aliquo dato, & tunc non admittitur sequens masculus ad hoc jus primogenituræ, sed cœteri succedunt æqualiter; quia quod ille accepit, & ex quo contentus abstinet, est illi in locum totius juris quod poterat accipere, & ideò alius non potest petere hoc jus primogenituræ.... Secùs autem si purè & simpliciter abstineat nullo dato, quo casu fit locus secundo genito, qui reperitur major natu inter eos qui adeunt hæreditatem....* Jean Decullant, *hìc*.

17. Ce sentiment, comme j'ai dit, me paroît le plus solide, d'autant que les choses sont au même état par la renonciation gratuite de l'aîné, ou sa répudiation, que si le répudiant n'avoit jamais été; car c'est une maxime en matiere de successions, que celui qui renonce gratuitement est considéré comme n'ayant jamais existé. *Renuncians pro nullo habetur.*

18. Le droit d'aînesse est annexé au droit successif, & qui ne succéde ne le prend; c'est ce qui se déduit de ces termes de notre article, *en successions de gens nobles*: lesquels termes font connoître que l'aîné ne peut avoir son préciput qu'à titre d'héritier, car c'est comme si la Coutume disoit *entre les héritiers venans ab intestat.* C'est la remarque de M. Jean Decullant, & de M. Louis Semin. *Hæc verba*, EN SUCCESSION, dit Decullant, *innuunt majorem natu non posse frui jure primogenituræ, nisi adeat hæreditatem, in cujus divisione capit illud præcipuum; idem expressè Cons. Paris.* §. 15. M. Louis Semin en dit autant.

19. De-là il s'ensuit 1°. que l'aîné est saisi de son droit d'aînesse, dès la mort de son pere, comme de sa légitime. *Ergò statim*, dit M. le président Duret, *post obitum efficitur verus possessor & dominus hujus præcipui, ex proprietate verbi*, EMPORTE, *quod sine ministerio alterius, dispositionem, imò & dispositionis executionem, absolutè directam continet; huic accedit quòd idem præcipuum in re hæreditariâ competit, indè propius est ut ad successionis instar regatur.* M. Duret, sur le mot de notre art. *Emporte.*

20. 2°. Que l'aîné n'a pas droit de se plaindre des dispositions entre-vifs que son pere a pu faire de ses biens, puisque le droit d'aînesse ne se prend que sur ceux qui se trouvent dans sa succession. *Hinc fit*, dit M. Jean Decullant, *ut primogenitus non possit conqueri, si parentes de bonis suis disposuerunt, venditione, permutatione, donatione inter vivos; quia jus primogenituræ desumitur ex iis quæ reperiuntur in successione......* M. Decullant, *hìc*.

21. 3°. Que le fils aîné exhérédé ne prend point de droit d'aînesse.

22. Pour prendre le droit d'aînesse, il n'est nécessaire que de se porter héritier de celui dans la succession duquel ce droit se prend: ainsi dans le cas où le fils aîné décédant avant son pere, son fils aîné prend son droit d'aînesse dans la succession de son aïeul, comme représentant son pere; il n'est pas nécessaire que ce petit-fils, qui vient ainsi par représentation, soit héritier de son pere qu'il représente, & il peut avoir le droit d'aînesse dans la succession de l'aïeul, quoiqu'il renonce à la succession du pere: car il est constant, 1°. que le petit-fils peut venir par représentation à la succession de l'aïeul, sans être héritier de son pere qu'il représente.

2°. Que celui qui vient par représentation, a tous les priviléges & avantages qu'auroit eus la personne qu'il représente; ainsi le petit-fils, quoique renonçant à la succession du pere, aura son droit d'aînesse dans la succession de l'aïeul: c'est le raisonnement de Lebrun, *des Succ.* liv. 2, ch. 2, sect. 1, n. 17.

23. Le droit d'aînesse se prend, suivant notre article, par forme de préciput & avantage; *en précipuité & avantage*, dit la Coutume, ce sont ses termes: ce qui veut dire hors part, & sans confusion, avant que de procéder au partage: d'où il résulte 1°. que l'aîné prend, outre son droit d'aînesse, sa part &

& portion dans les biens de la succession, comme ses autres freres & sœurs; & que s'il étoit réduit à sa légitime, il auroit, outre & par-dessus sa légitime, son droit d'aînesse. 2°. Que le droit d'aînesse n'est tenu d'aucunes dettes, tant que le reste de la succession est suffisant, & que l'aîné n'est point tenu de payer plus de dettes de la succession, à cause de son droit d'aînesse, que ses co-héritiers, ainsi qu'il est réglé par la Coutume de Paris, article 334; par celle d'Estampes, article 123; de Montfort, article 112; de Mantes, article 172; de Vermandois, article 68, & autres, & qu'il a été jugé par les arrêts rapportés par M. Louet & Me. Julien Brodeau, lettre D, somm. 6.

24. Ce qui a lieu, disent les Coutumes de Mantes & Montfort, même à l'égard des dettes que le pere pourroit avoir spécialement affectées sur tout ce qui comprend le droit d'aînesse; de maniere que, nonobstant cette hypothéque spéciale, l'aîné n'en doit que sa part, & que s'il paye le tout à cause de l'hypothéque, il a son recours contre ses co-héritiers; parce que, dit Dumoulin, *non attenditur in iis hypotheca, quæ est accessoria, sed obligatio ipsa personalis, quæ est principalis, & in omnes hæredes æquè descendit.*

25. Autre chose est des charges foncieres & réelles, desquelles est chargé le fonds ou le château que l'aîné prend pour son préciput ou droit d'aînesse, lesquels sont à sa charge, comme dit la Coutume du Grand-Perche, art. 149; celle de Mantes, art. 172; de Châlons, art. 98, & autres. Loiseau, traité *du Déguerpissement*, livre 1, de la distinction des rentes, ch. 3, n. 16; & Me. Jean Decullant, sur le présent article.

26. *Hoc jus primogenituræ*, dit Decullant, *dicitur legitima quædam primogeniti, quia non à parentibus, sed à lege consuetudinariâ conceditur, quæ non premitur ære alieno, & oneribus personalibus parentum, sed æqualiter cum hæredibus subit onera, nullâ habitâ ratione juris primogenituræ, §. 334. Conf. Parif. Tamen plus cæteris solvet de fundariis oneribus.* Jean Decullant, *hic.*

27. S'il n'y a dans la succession du pere d'autres biens pour la légitime ou les alimens des enfans, que ceux qui sont dus à l'aîné pour son droit d'aînesse, & qui sont, comme il sera dit sur les articles suivans, le manoir & l'enclos de quarante toises, alors ce manoir avec son enclos appartient à la vérité tout entier à l'aîné; mais c'est à la charge de fournir à ses freres & à ses sœurs leur légitime, ou l'aliment, conformément à la disposition de la Coutume de Paris, article 17. *Et si nihil superfit*, dit M. le président Duret, *sequendum est quod præscribit Conf. Parif. art.* 17: & cela est juste, car il n'y a pas de loix assez fortes pour empêcher que des enfans ne prennent leurs alimens sur les biens de leur pere, d'autant que les Coutumes n'ont pas voulu donner à l'aîné tout le bien de la succession, mais seulement quelques prérogatives dans le partage de ce même bien.

28. Que s'il y a d'autres biens, en ce cas le principal manoir avec son enclos, dans cette Coutume, doit appartenir à l'aîné, par forme de préciput, sans entrer dans la masse sur laquelle on compose la légitime; par la raison que toutes les choses sur lesquelles le légitimaire ne doit avoir aucune part, ne doivent point servir à composer la masse sur laquelle on fixe la légitime, ainsi que l'a observé Lebrun, *des Succ.* livre 2, chapitre 2, sect. 1, n. 29.

29. Notre article dit que le fils aîné emporte *pour son droit d'aînesse le nom & les armes du défunt*; toutefois, comme l'a observé M. Jacques Potier, sur cet article, les armes vont à tous ceux de la famille, avec cette distinction, que les cadets sont obligés de briser, & de mettre quelque différence en l'écu des armes: ainsi notre Coutume au présent article ne veut dire autre chose, sinon que le fils aîné a seul droit de porter les armes pleines, comme dit la Coutume de Sens, article 201.

30. En cette Coutume il n'y a qu'un seul droit d'aînesse aux successions de pere, mere, & autres ascendans, qui ne sont considérées que comme une seule succession; demeurant au choix du fils, ou petit-fils, de le prendre paternel, ou maternel, quand au temps du partage, la succession de la mere est échue, hors lequel cas le droit d'aînesse est paternel; & la succession de la mere venant ensuite à écheoir, le fils ne peut plus varier, ni le quitter pour prendre le maternel. Telle est la disposition de notre Coutume au présent article, & de la Coutume locale de Romorantin, ch. 2, article 4, & l'observation de M. Dumoulin, dans ses manuscrits, sur notre article, mot, *ou maternel.*

31. *Non intelligas*, dit Dumoulin, *quòd in utraque successione singulas mansiones, & sic duas, alteram paternam, alteram maternam eligere possit, sed unicam tantùm, veluti in prædiis paternis feudalibus tantùm, si divisio & electio fiat vivâ matre. Quòd si priùs vel interim mater obierit, indulget Consuetudo ut primogenitus hanc mansionem eligere possit in maternis, dummodò sit hæres matris, & in hæreditate matris sit aliqua mansio, & non aliàs, & ita intelligitur hæc Consuetudo. Idem censeo in hæreditate avi vel aviæ maternæ, matre præmortuâ; quòd si divisio & mansionis electio facta esset in bonis paternis, etiam ante delationem, vel aditam hæreditatem maternam, primogenitus non posset ampliùs variare, & sic tota hæreditas materna sine ullo jure primogenituræ divideretur æqualiter.... Ex scriptis C. Mol.*

32. Que si le château ou principal manoir est un acquêt de la communauté, & par conséquent un bien commun des pere & mere, pour avoir été acquis pendant & constant leur mariage, en ce cas c'est une question, si le

fils aîné peut prendre son droit d'aînesse sur la totalité dudit château ; M. Charles Dumoulin, sur l'article 4, chapitre 2 de la Coutume locale de Romorantin, qui s'est proposé cette question, & après lui M. le président Duret, estiment qu'il ne peut prendre son droit d'aînesse que sur la moitié du château. *Quòd si pater & mater*, dit Dumoulin, *acquisiverunt fundum feudalem in hoc territorio, in quo mansionem construxerunt, an integrum habeat primogenitus hæres utriusque parentis? Non enim est electio inter has partes æquales ejusdem mansionis ; & sic, cùm verba hujus Consuetudinis localis non congruant, videtur recurrendum ad Consuetudinem generalem: sed æqualitas filiorum favorabilis est, L. Illam, ubi Phil. dec. C. de Collat.* C'est ainsi que s'explique M. Dumoulin ; & c'est sur le même fondement que M. le président Duret, sur le présent article, après avoir observé que le fils aîné ne peut pas prendre son droit d'aînesse dans l'une & l'autre succession, *conjunctim*, conclud en ces termes : *Et ideò, si prædium conquisitum solùm superfit, mediam tantùm partem feret, ut notat Molin. in Conf.* de Romorantin, *in verb.* SEMBLERA, *urgente æqualitatis favore inter liberos, ex L. Illam, Cod. de Collat....* M. Duret, *hìc*.

33. Que si le fils aîné n'étoit pas héritier de l'un des deux, de la mere par exemple ; en ce cas nulle difficulté qu'il ne peut prendre son préciput & droit d'aînesse que sur la moitié du châtel & manoir principal, fesant partie de l'hérédité de son pere, duquel il est héritier, & non sur l'autre moitié, conjointement, cette moitié afférante à la succession de sa mere ; par la raison que n'étant pas héritier de sa mere, il ne peut avoir le préciput sur ses biens, cette qualité étant essentiellement nécessaire pour en profiter, comme il a été dit ci-dessus ; & ainsi fut délibéré en cette ville de Moulins, le 25 novembre 1686, par M. Jean Cordier, Perrotin & Bourdier, célebres avocats : j'ai vu la consultation.

34. Quand l'aîné a une fois choisi, il ne peut plus varier, suivant cette regle du droit Canon, *mutare quis consilium non potest in alterius detrimentum*, c'est ce qui a été déja dit ci-dessus ; & il le peut d'autant moins, que son choix porte exécution, & que l'effet en est rétroactif : ensorte que du jour de la mort, l'aîné est réputé saisi du principal manoir qu'il a une fois choisi ; autre chose seroit, si son choix n'étoit pas efficace, comme si dans la suite il est jugé que le principal manoir n'est pas de la succession, ou s'il est évincé en vertu d'une clause de *réméré*, qu'il avoit ignorée : car, s'il avoit eu connoissance de la clause, il devroit s'imputer d'avoir choisi ce principal manoir, lequel il seroit censé avoir pris avec sa condition, & dans le dessein que le prix lui tiendroit lieu de la chose, au cas que l'on exerçât le *réméré*. Lebrun, *des Successions*, livre 2, chapitre 2, section 1, n. 83.

35. Une autre exception, c'est quand l'aîné n'a pas pris le principal manoir comme un préciput ; ce qui a été jugé en cette Sénéchaussée, dit M. Jean Cordier, au rapport de M. le conseiller Rouher, au mois de mars 1670, au profit de François Edme des Roches, chevalier, seigneur dudit lieu ; par laquelle sentence le château de Noïan, procédant de l'estoc d'Anne de la Souche, sa mere, lui fut adjugé pour son préciput, quoiqu'après la mort de François Edme, son pere, il se fût mis en possession, & qu'il jouît du châtel des Roches, situé dans la Coutume d'Auvergne, qui ne donne aucun préciput à l'aîné, mais seulement une préférence de retenir le principal manoir, en récompensant ses freres & sœurs co-héritiers.

36. Le droit d'aînesse, dit M. Potier, sur le présent article, se prend en chacune province, où il y a du bien de la succession, suivant les Coutumes : tel est aussi le sentiment de M. François Decullant, & la disposition de plusieurs de nos Coutumes ; de Sens, art. 216 ; de Reims, art. 49 ; d'Anjou, art. 223, & autres. Voici comment s'explique M. Decullant, sur notre art. sur ces mots, ET PEUT CHOISIR ET ÉLIRE TEL MANOIR : *Etiamsi*, dit-il, *in alia diversa & distincta Provincia, id quod primogenituræ jure & statuto defertur, perceperit* ; *Consuet.* de Sens, *art.* 216 ; de Reims, *art.* 49 ; d'Anjou, *art.* 223, *ubi Molin. ad verb.* SÉNÉCHAUSSÉE. Tel est aussi le sentiment de M. Denis Lebrun, *des Succ.* liv. 2, ch. 2, sect. 1, n. 77.

37. Le droit d'aînesse se prend avant que la femme prenne son douaire coutumier ; du-moins en cette province le fils aîné choisit de châteaux ou maisons, avant la femme douairiere, suivant l'art. 250, *suprà* ; à moins qu'on ne fût convenu autrement.

* Claude de la Mothe, écuyer, sieur d'Apremont, au nom & comme tuteur de ses enfans, & d'Anne de la Souche, sa femme, mariée audit sieur de la Mothe, en secondes noces, lesdits enfans, freres & sœurs uterins de François Edme des Roches, soutenoit que ledit sieur Edme, fils du premier lit de ladite Anne de la Souche, après la mort de François Edme, son pere, s'étoit mis en possession & jouissance du château des Roches, situé dans la province d'Auvergne, qui lui devoit tenir lieu de préciput, & qu'icelui ayant été par ce moyen consommé, il ne pouvoit le prétendre pour la seconde fois sur les biens de sa mere, n'ayant pas droit d'élire, après avoir fait & consommé son choix : & à cela on répondoit deux choses. 1°. Qu'il se pouvoit prendre en deux provinces différentes, ainsi qu'il étoit décidé par quelques Coutumes : 2°. (& c'étoit la principale réponse) Que la Coutume d'Auvergne ne donne aucun préciput à l'aîné, mais seulement une préférence de retenir tel manoir qu'il plaît à l'aîné, en

remboursant ses freres & sœurs ses co-héritiers, suivant l'estimation qui en sera faite; ce qui ne peut passer pour un préciput. C'est ce qui est rapporté par M. Jean Cordier, qui avoit écrit au procès.

ARTICLE CCCII.

DROIT d'aînesse s'entend, s'il y a Châtel ou place forte; & s'il y a fossé ou fossez, un ou plusieurs, environnans ladite place ou basse-cour; & si dedans la clôture desdits fossez il y a granges, étables ou autres choses, ils demeurent à l'aîné ou à son fils aîné, comme dessus est dit, & outre l'enclos desdits fossez, quarante toises de terre à prendre du bout des fossez de toutes parts par dehors, tant que lesdites quarante toises se pourront étendre alentour desdits fossez: mais si en quelqu'endroit dudit Châtel ou maison, lesdites quarante toises ne se pouvoient trouver, il n'aura que ce qui se trouvera en chacun côté, & n'en sera ailleurs récompensé. Et s'il n'y a point de Châtel ou place forte à fossé ou fossez, il aura la maison, & outre, ce qui est enclos, soit de mur ou de pal servant à la clôture de la basse-cour, & quarante toises tout entour à prendre de ladite clôture, soit de mur ou de pal; & s'il y a mur, pal, ou autre clôture en ladite maison, lesdites quarante toises se prendront à icelle maison, le tout comme dessus, & est la toise de six pieds. Comment aînesse s'entend.

1. LE droit d'aînesse, selon M. Charles Dumoulin, & après lui M. le président Duret, M. Louis Semin & M. François Menudel, ne se prend que sur les fiefs ou maisons allodiales, & non sur les rotures. *Et totum hoc præcipuum*, dit Dumoulin, dans ses manuscrits, sur l'article précédent, *tam hujus, quàm sequentis paragraphi, intellige in prædio nobili, seu feudali dumtaxat: in prædiis enim censuariis, & aliis quæ roturaria vocant, nullum est jus præcipui inter nobiles; verba enim hujus & sequentis paragraphi intelliguntur secundùm qualitatem personarum de quibus loquuntur, & sic de prædiis feudalibus, quæ nobiles possident, & nobilia reputantur; imò etiam habet communis observantia loci, prout & Arvernia, ut ibi dixi, eo tit. paragrapho* 51. *Ex scriptis C. Mol.* sur le mot *préciputé*, de l'article précédent.

2. Il fait la même remarque sur le mot, *ou maternel*, du même article. *Indulget*, dit-il, *Consuetudo ut primogenitus hanc mansionem eligere possit in maternis, dummodò sit hæres matris, & in hæreditate matris sit aliqua mansio feudalis, & non aliàs; & ita intelligitur hæc Consuetudo... Quod autem requiro mansionem electam feudalem esse, hoc dico ad exclusionem & differentiam prædiorum ignobilium; si enim essent quædam allaudia nobilia, posset in illis, si qua esset mansio, jus primogenituræ eligi. Ex scriptis Car. Mol.*

3. *Quid si*, dit M. le président Duret, *nulla esset domus seu castrum nobile in successione parentum, hoc præcipuum cessat.* M. Duret, sur l'article précédent.

4. *Præcipuum intellige*, dit M. Louis Semin, après Dumoulin, *in prædio nobili seu feudali, vel allaudio nobili; nec enim in prædiis quæ roturaria vocant, locum habet jus primogenituræ, quia verba Statuti intelliguntur secundùm statum personarum.* M. Louis Semin, *hic.*

5. *Quòd si nulla sit domus*, dit M. Menudel, *præcipuum cessat... quod intelligendum meo judicio in domo nobili, & in hexapedis si sint terræ feudalis....* M. Menudel, sur le présent article.

6. La Coutume de la Marche, notre voisine, qui fut rédigée dans le même temps que la nôtre, & par les mêmes commissaires, parce que cette province dépendoit du même seigneur, ou plutôt de la même dame, en contient une disposition précise en l'art. 215. *En succession directe*, dit cet article, *entre nobles & de choses nobles.... le mâle a droit d'aînesse*; & dans l'article suivant il est dit: *Choses nobles appartenans à roturiers se partent entre eux par égales portions, & n'y a lieu droit d'aînesse.*

7. Toutefois la jurisprudence d'à présent dans ce siége, & l'usage de la province d'aujourd'hui est contraire; & en succession de gens nobles, selon que l'on juge, & que l'on pratique maintenant en cette province, l'aîné prend le principal manoir pour son droit d'aînesse, quoique ce ne soit qu'une roture, & qu'il ne soit ni fief ni allodial: mais j'estime que l'on a mal fait de s'écarter en cela de l'ancien usage, du sentiment de nos anciens & du véritable esprit de notre Coutume.

8. Ainsi, suivant ce qui s'observe aujourd'hui dans notre province, il y a cette différence entre la Coutume de Paris & la nôtre, qu'en celle-ci on n'attribue la prérogative du

droit d'aîneſſe qu'aux enfans des gentilhommes, du moins des perſonnes nobles, à l'excluſion des roturiers, ſans diſtinction de la qualité des fonds; au lieu que dans la Coutume de Paris on ne fait aucune attention ſur l'origine de ceux qui prétendent au droit d'aîneſſe, mais ſeulement ſur la qualité des fonds; tellement que le préciput ne s'y prend que ſur le fief, ſans qu'il faille diſtinguer ſi l'aîné eſt noble ou roturier.

9. Que ſi dans la ſucceſſion il n'y a pas de manoir principal, ou de maiſon deſtinée pour le pere de famille, il n'y a pas lieu au droit d'aîneſſe dans cette Coutume; c'eſt l'obſervation de M. Brirot, ſur le préſent article, qui eſt juſte, ainſi qu'il réſulte de ces termes de notre article : *Droit d'aîneſſe s'entend, s'il y a château ou place forte.... & au défaut de château ou place forte, une maiſon*; c'eſt auſſi le ſentiment de Potier, *hìc*.

10. Si le pere avoit vendu ſa maiſon, l'aîné ne pourroit demander récompenſe, parce que les ſucceſſions ſe partagent en l'état qu'elles ſe trouvent dans le temps du décès du pere. C'eſt auſſi la raiſon pour laquelle, ſi le pere avoit fait un bâtiment ſomptueux, l'aîné le prendroit ainſi qu'il le trouveroit, ſans faire aucune récompenſe à ſes puînés; & ſi le bâtiment a été fait durant la communauté, l'aîné n'eſt tenu de contribuer à la récompenſe de la veuve, que pour ſa portion, ſuivant l'arrêt du 27 mars 1626, rapporté par Pallu, ſur l'art. 297 de la Coutume de Tourraine, n. 6. La Thaumaſſiere, ſur Berry, titre 19, art. 31.

11. Si la vente faite par le pere, de la maiſon eſt ſous faculté de rachat, & que le pere décede dans le temps de grace, l'aîné a ſon droit d'aîneſſe ſur cette maiſon, tellement qu'il la peut retirer : parce que celui qui aliene ſous faculté de rachat, ſelon que l'obſerve Lebrun, après Dumoulin, retient en partie la choſe, qu'il la recouvre, & qu'il y rentre en exécution du premier contrat; que ſon action eſt immobiliaire, & appartient dans ſa ſucceſſion aux héritiers à qui la choſe eût appartenue, ſi elle n'avoit jamais été aliénée, la choſe qui ſe pourſuit déterminant la qualité de l'action : mais comme il n'y a point d'obligation d'exercer un retrait conventionnel, & que ce n'eſt pas une dette de la ſucceſſion, mais une ſimple faculté, les cadets ne peuvent être obligés d'y contribuer; & s'ils y contribuent, c'eſt à proportion de l'émolument qu'ils en tirent, & l'aîné de même. Lebrun, *des Succ.* liv. 2, ſect. 2, n. 57.

12. Que ſi au contraire le fief ou principal manoir avoit été acquis ſous faculté de rachat, il eſt d'abord conſtant que tant que la faculté dure, le fief ou principal manoir acquis ſous faculté de rachat ſe partage avec préciput d'aîneſſe : mais la difficulté eſt de ſavoir s'il y a droit d'aîneſſe, au cas que le rachat arrive depuis la mort, mais avant le partage; ou ſi le rachat arrivant après le partage, l'aîné eſt obligé de rapporter à ſes freres & ſœurs le prix à proportion de ſon préciput. De Lhommeau, en ſes maximes du droit Français, liv. 3, art. 21, ſur la fin, eſtime que le partage ſe fait entre l'aîné & les puînés, à condition que ſi le rachat eſt fait après le partage, les deniers qui ſeront rendus par ledit rachat, comme étant de nature de meubles, ſeront partagés également, ſans que l'aîné y prenne aucun préciput, ni droit d'aîneſſe : mais Lebrun, d'un ſentiment contraire, ſoutient avec raiſon que ſi le rachat ſe fait depuis la mort, mais avant le partage, & à plus forte raiſon s'il ſe fait après le partage, l'aîné conſerve ſon droit d'aîneſſe ſur le prix, parce qu'il a été une fois ſaiſi de ſa part afférante dans le fief. Lebrun, *des Succeſſions*, liv. 2, ch. 2, ſect. 1, n. 55.

13. Il n'importe pas pour que l'aîné puiſſe prendre ſon droit d'aîneſſe, que le défunt habitât ou non dans la maiſon, pourvu qu'elle ait été bâtie pour y demeurer; il eſt auſſi indifférent que la maiſon ſoit en état d'y pouvoir loger ou non : *Planè non curamus*, dit M. le préſident Duret, *ſive habitat defunctus, ſive non, dummodò ad habitationem conſtructum fuerit manerium; equidem ſi dirutum eſſet ædificium; & ad aream redactum, ædificii autem quædam ſuperſint veſtigia, licèt area propriè loquendo ſit, nihilominùs poterit locum illum primogenitus jure primogenituræ pro manſione eligere : nimirùm area pars eſt domûs vel ædificii, & quidem maxima, cui etiam ſuperficies cedit. Aliter ſi nulla omninò veteris ædificii reſtarent veſtigia.* M. Duret, ſur l'article précédent.

14. Au-reſte, le droit d'aîneſſe comprend le château ou place forte, & ſes appartenances & dépendances, qui ſont la baſſe-cour, les foſſés, granges, étables, & autres choſes qui ſe trouvent dans la clôture deſdits foſſés, & en outre quarante toiſes de terre à lentour dudit enclos, à prendre du bout deſdits foſſés, de toutes parts par dehors, comme il eſt expliqué ſuffiſamment dans notre article, dans l'article 12 du titre 12 de l'ancienne Coutume, & dans l'article 215 de la Coutume de la Marche.

15. Quand il y a deux foſſés & double enceinte, les 40 toiſes ſe comptent du dernier foſſé, & même depuis le rez de la terre, puiſqu'il en marque la propriété; c'eſt un des chefs qui furent décidés par M[rs]. Jean Cordier, Perrotin & Bourdier, dans la conſultation du 25 novembre 1686, dont il a été parlé ſur l'art. précédent.

16. Il y a plus, c'eſt que s'il y a chemin public dans les quarante toiſes, ledit chemin n'eſt pas compté dans les quarante toiſes, mais il en eſt diſtrait; & ſi le chemin joint le mur ou le foſſé, on ne doit compter les quarante toiſes que depuis le chemin. Tel eſt le ſentiment de M. le préſident Duret, & après lui de M. Louis Semin : *Si terra nobilis*, dit M. Louis Semin, *quæ jure præcipui primogenito competit, viâ publicâ intermediâ ſeparetur, primogenitus addit*

additamentum exapedarum quadraginta eo loco perdet, hoc sentit Molin. hìc. Contrà Præses ad verbum, TROUVER, *contendit, ex art.* 13 *Stat. Parif. viæ intermediæ, licèt publicæ, rationem haberi non debere, quod videtur æquius.....*

ARTICLE CCCIII.

TOUTEFOIS, si dedans lesdites clôtures & quarante toises y avoit Moulins, Pressoirs, ou Fours banniers, l'aîné les pourra retenir en récompensant ses cohéritiers de leurs parts & portions dedans l'an; autrement lesdits Moulins, Pressoirs, ou Fours banniers se partiront également: mais, s'il y a Moulins, Pressoirs, ou Fours qui ne sont banniers, ou l'un d'eux, dedans lesdites clôtures & quarante toises, ils demeureront à l'aîné pour sondit droit d'aînesse & avantage, sans récompenser ses autres cohéritiers; & pendant ledit an de récompense, les fruits desdits Moulins, Fours, ou Pressoirs banniers sont communs.

1. Me. Jean Duret, sur l'art. 92 de la Cout. d'Orléans, distingue, après M. Charles Dumoulin, trois sortes de moulins: l'un spécialement destiné pour moudre les blés du seigneur du logis & de ses domestiques; le second, que Dumoulin appelle questuaire, qui a été bâti pour en tirer quelque profit; & le dernier qui est bannal & contraint les sujets d'y venir moudre: (cette distinction peut être appliquée aux pressoirs & fours.) A l'égard de la premiere sorte de moulins, ils appartiennent constamment à l'aîné, comme faisant partie de la maison, ayant été construits pour l'usage & commodité d'icelle; quant aux moulins questuaires, Dumoulin veut qu'il en soit fait partage, si ce n'est quand ils sont notoirement incorporés a la maison, étant dans la basse-cour, ou bâtis au pied des fossés, & moulant de leurs eaux. D'autres auteurs trouvent que les moulins n'ont rien de commun avec le manoir, encore qu'ils soient bâtis dans l'enceinte accordée à l'aînesse, qu'ils sont un revenu distinct & séparé, & doivent entrer en partage; à l'égard des bannaux, nul ne fait doute qu'ils sont exclus du droit d'aînesse: c'est l'observation de M. Jean Duret, sur l'art. 92 de la Coutume d'Orléans.

2. Notre Coutume au présent article ne fait point, comme l'on voit, toutes ces distinctions; & elle veut que les moulins, fours & pressoirs, lorsqu'ils sont bâtis dans l'enceinte accordée à l'aîné, soient compris au droit d'aînesse, quand ils ne sont point bannaux; & que quand ils sont bannaux, l'aîné les puisse retenir, en récompensant ses freres & sœurs: de maniere qu'en ce dernier cas le préciput de l'aîné se trouve réduit au seul avantage de retenir, à la charge de la récompense.

3. Papon, & après lui M. le président Duret, sur notre article, donnent deux raisons de la différence que la Coutume met entre les moulins, pressoirs & fours bannaux, & ceux qui ne le sont pas. *Nota*, dit le président Duret, *duas rationes à Papone hìc allatas, cur Molendina, Furni, aut Præla bannalia, intrà quadraginta exhapedas à cespite domûs sita, primogenito non cedant; cedant autem, si bannalia non sint:* 1°. *quia, si bannalia non sunt, viliora sunt;* 2°. *quia si bannalia seu dominantia sunt, cæteris fratribus adimunt libertatem similia extruendi in eorum portionibus; imò etiam adstringerentur fratres ibidem commorantes, in tali Molendino, Furno, aut Prælo, de necessitate molere, præmere, & coquere, quæ servitus iis communibus, seu non bannalibus cessaret.* M. le président Duret, *hìc.*

4. Si le jardin se trouve dans les quarante toises, il en sera comme des moulins, pressoirs & fours, il fera partie du droit d'aînesse; & même, si partie du jardin est hors des quarante toises, cette moitié ne laissera pas d'appartenir à l'aîné en récompensant ses puînés; c'est encore l'observation de M. Duret, sur l'art. précédent, sur ces mots, QUARANTE TOISES: *In quibus*, dit-il, *continetur etiam hortus, si quis reperiatur, & quod extrà limites reperietur, ejus manebit, dummodò cohæredibus æquivalens conferatur.* M. Duret, *hìc.*

5. La récompense due, suivant notre article, par l'aîné à ses puînés, doit se faire en corps héréditaires, comme il est dit en l'art. 201 de la Coutume de Sens, & aux art. 13 & 14 de celle de Paris. C'est l'observation du même M. le président Duret, sur ces mots de notre article, EN RÉCOMPENSANT; *in corporibus*, ajoute-t-il, *hæreditariis immobilibus, Conf.* de Sens, art. 201.

6. Ce qui est porté dans notre article, que cette récompense doit être faite dedans l'an, a été ajouté pour Coutume nouvelle par les trois états, dans le temps de la rédaction de la Coutume, ainsi qu'il est dit dans le procès-verbal sur cet article; & l'année court à compter du jour du partage, & du temps que l'aîné a consommé son choix pour son droit d'aînesse: *Annus autem currit*, dit M. Dumoulin, *à tempore divisionis & electæ mansionis..quo tempore lapso, nisi à cohæredibus prorogatum sit, non erit primogenitus admissibilis ad retinendum ejusmodi*

Molendinum, Furnum, vel Torcular, etiam recompensando, sed deducto tamen solo dividentur.... Ex scriptis Car. Molin. hìc.

7. La justice, la directe & les dîmes ne sont pas annexées dans cette Coutume au droit d'aînesse, & l'aîné n'a pas la faculté de les retenir en récompensant les puînés. *Non cedunt*, dit M. Jean Cordier, après M. le président Duret, *primogenito jura subvassallorum jure primogenituræ, nec census & aliæ obventiones, quanquam à castro videantur dependere; imò nec Jurisdictio quæ castro inhæret, sed hæc omnia æqualiter dividuntur pro numero liberorum*; c'est l'observation de M. Cordier, & ainsi fut répondu par le même Jean Cordier. M. Perrotin & M. Bourdier, dans leur consultation du 25 novembre 1686, donnée au sujet de la succession de Pierre Gaumin & Anne Hule, son épouse. M. Cordier.

ARTICLE CCCIV.

Entre Filles n'y a point de droit d'aînesse.

1. Le droit d'aînesse n'appartient qu'aux mâles, par la raison qu'ils sont l'appui des familles, & qu'ils les perpétuent; au lieu que les femmes sont la fin de la leur, & le commencement d'une famille étrangere: ainsi, lorsqu'il n'y a que des sœurs qui viennent à la succession de leur pere, il n'y a point de droit d'aînesse entr'elles, mais elles partagent toutes également. C'est la disposition de notre Cout. au présent art. de celle d'Auv. tit. 12, art. 52; de Niv. ch. 35, art. 2; de la Marche, art. 213; de Paris, art. 19; de Meaux, art. 163; de Blois, art. 145, & autres; tellement que la fille aînée n'a d'autres avantages, selon la note de Dumoulin sur notre article, & après lui de M. Jean Decullant, que ceux qui sont de droit commun, qu'on ne peut lui refuser avec raison, comme le rang, la séance, & le dépôt des titres & papiers de la maison.

2. Quant à ce que Dumoulin & Jean Decullant avancent dans leurs remarques sur notre article; savoir, que si dans la succession il y a une terre ou un fonds qui ne se puisse partager, la fille aînée en ce cas n'est point tenue de subir la loi du sort, & qu'elle doit avoir la préférence, en récompensant chacune de ses sœurs de leur portion héréditaire, sur le pied de l'estimation qui en sera faite: c'est ce qui ne s'observe pas, dit M. Jean Fauconnier; & depuis quarante ans que je suis au palais, ajoute-t-il, je n'ai jamais ouï dire que l'opinion de M. Dumoulin ait été pratiquée dans cette province, & dans ce cas on prend le parti de la licitation... Fauconnier, *hìc*.

3. Il n'y a point encore de droit d'aînesse, lorsque les mâles ne viennent à la succession de l'aïeul que par la représentation des filles: ainsi si le défunt *de cujus successione agitur*, n'a eu que des filles qui soient toutes décédées avant lui, & qui ayent laissé des enfans mâles, en ce cas il ne pourra y avoir de droit d'aînesse entr'eux, parce que ne représentant tous que des filles, ils ne peuvent avoir plus de droit que leurs meres, en l'ordre desquelles ils viennent. *Sed quid*, dit M. le président Duret, *in nepote ex filiâ primogenitâ, magis est ut nihil percipiat, ex quo est ex fœminâ, tanquam ex radice infectâ, & perpetuò si viveret incapaci juris primogenituræ*; c'est la remarque de M. Duret sur le présent art. & tel est le sentiment de M. Duplessis sur la Cout. de Paris, traité *des Succ.* liv. 1, ch. 2, & de Lebrun, *des Succ.* liv. 2, ch. 2, sect. 2, n. 6.

4. Mais le droit d'aînesse est dû entre les petits enfans d'une fille unique, venans à la succession de leur aïeul, par la rénonciation de leur mere, ainsi qu'il a été jugé par arrêt rapporté dans le journal du palais. La raison est qu'en ce cas les petits enfans viennent à la succession de leur aïeul, de leur chef, & non par représentation de leur mere, puisque *non datur repræsentatio personæ viventis*; & que d'ailleurs on doit considérer, que si la fille avoit succédé à son pere & laissé le manoir dans la succession, il y auroit eu droit d'aînesse au profit de son aîné.

5. Que si l'aîné est décédé avant son pere, & qu'il n'ait laissé que des filles, ces filles de l'aîné sont excluses du droit d'aînesse, par la raison que ce droit ayant été donné à l'aîné, pour maintenir l'éclat de la famille, les filles en étant incapables, comme il a été déjà dit, elles ne sont pas par conséquent capables de prendre cet avantage destiné à l'aîné: c'est ce qui résulte de ces termes de l'art. 301, *suprà: le fils aîné, ou son fils aîné après son trépas*: la Coutume dit, *ou son fils aîné*, & non la fille aînée. Ainsi suivant la regle, *inclusio unius est exclusio alterius*, les filles de l'aîné en sont excluses; tel est le sentiment de nos commentateurs, de M. Ch. Dumoulin, de M. Jean Decullant, & de M. Louis Semin: de maniere que nous ne suivons pas la disposition de la Cout. de Paris, art. 324.

6. *Primogenitus præmoriens*, dit M. Dumoulin sur l'art. 301, *suprà, transmittit jus primogenituræ ad seniorem legitimè descendentem masculum, non autem ad filiam, nec ad masculos quidem descendentes ex eâ; & sic filiæ non repræsentant patrem in jure primogenituræ. Textus est etiam in paragrapho sequenti, ibi*, OU A SON FILS AÎNÉ, comme dessus; *& consequenter filia ad neminem transmittit quod illa non habet. Ampliùs, etiamsi primogenitus decesserit ante patrem posteà morientem sine masculis, sed relictis filiabus tantùm; quia filia masculi vel etiam*

pronepos ex eâ nullum habebit jus primogenituræ. Non obstat quòd pronepos est masculus, & cum hoc repræsentat avum maternum, in successione proavi, quia tantùm repræsentat in portione virili & æquali de jure communi, non autem in prærogativâ jure primogenituræ, quam avus maternus non potuit transmittere in filiam, hujus juris incapacem, & sic nec in descendentes ex eâ. Neptis igitur, vel pronepos ex eâ, non minùs dividet cum cunctis, quàm cum patruis primi ordinis, vel magis; quod tamen videtur absurdum, quia primogenitus transmittit ad filiam jus excludendi sororem suam nuptam, ut paragrapho trecentesimo quinto, quod majus est; imò etiam transmittit jus excludendi omnes nuptas à portione nuptæ, quæ accrescit etiam fœminæ descendenti ex masculo, ut paragrapho trecentesimo septimo; & sic multò fortius videretur transmittere jus primogenituræ, quod sub hac Consuetudine consistit. At solutio, in portione filiæ nuptæ lex est expressa, etiam in favorem fœminæ ex masculo: sed in jure primogenituræ lex non est expressa, sed limitata ad masculum ex masculo, & sic non potest extendi. Ex scriptis Car. Mol.

7. M. Jean Decullant en dit autant. *Quæritur*, dit-il, *si major natu decedens ante parentes non reliquerit masculum, sed filiam tantùm, an illa capiet hoc jus primogenituræ? Videtur ita, quia patrem repræsentat, & hac ratione dicitur in §. 305 filiam dotatam & conjugatam excludi à successionibus ibi enunciatis in favorem masculorum, & ab eis descendentium, sive sint masculi vel fœminæ. Stat. Paris. §.* 324, & de Montfort, §. 105, *admittit filiam majoris nati... tamen in hoc nostro §.* 301 *sententia contraria debet prævalere: quia Statutum, cui tenaciter est inhærendum, tantùm loquitur de filio majoris nati; & si Statutum voluisset admittere filiam deficiente masculo, expressisset. sicut in §.* 305; *ratio est evidens, quia hoc jus attribuitur masculis, qui soli nomen familiæ & insignia Gentilica conservant, filiæ verò transeunt in alienam familiam.* M. Decullant, sur l'art. 301, *suprà*, sur les mots, *ou son fils aîné.*

8. *Primogenitus præmoriens*, dit M. Louis Semin, *transmittit jus primogenituræ, ad seniorem legitimè descendentem masculum, non autem ad filiam, nec ad descendentes ex eâ, licèt sint masculi, & ita filiæ non repræsentant patrem in jure primogenituræ, quia hujus juris sunt incapaces, & Statutum limitatur ad masculum ex masculo descendentem.* Louis Semin, sur l'art. 301, *suprà.*

ARTICLE CCCV.

FILLE mariée & appanée par pere ou par mere, ayeul ou ayeule, paternels ou maternels, après le décès de ses pere ou mere, ayeul ou ayeule paternels ou maternels, ne peut demander légitime, ne supplément d'icelle, ne aussi venir à succession collatérale dedans les termes de représentation, tant qu'il y ait mâle ou descendant de mâle, soit mâle ou femelle, héritant esdites successions, combien qu'elle n'y ait expressément renoncé : mais en succession collatérale, hors les termes de représentation, elle ou ses descendans succédent avec les mâles ou leurs descendans, selon la prérogative du dégré. Et en défaut de mâle ou descendans de mâle, ladite fille ou ses descendans viennent à la succession du dernier descendant desdits mâles, selon ladite prérogative.

De fille appanée en mariage.

1. L'Appanage des filles ou leur exclusion de la succession de leur pere, mere, aïeul ou aïeule, même des successions collatérales dans les termes de représentation tacite & légale, établie par notre Coutume dans le présent article, en faveur des mâles, pour la conservation des familles, n'a rien d'injuste; parce qu'une succession pouvant diminuer comme elle peut augmenter, cette incertitude fait que l'on suppose toujours de la justice & de l'égalité dans les exclusions tacites, qui sont faites moyennant un certain prix & une certaine récompense; & que d'ailleurs on présume que les peres & meres qui ont marié leurs filles, & qui leur ont constitué une dot, quelque modique qu'elle soit, ont suffisamment pourvu à leur établissement. *Quòd si pater exiguè filiam dotaverit*, dit Papon, *illa conqueri non potest, etiamsi alleget juxtà dignitatem domûs, congruè non dotatam, L. Quæro, ff. de jure dot. L. Si filiæ, ff. de legat.* 3, *& L. Cognovimus, Cod. de hæret. Reputavit enim Lex patrem negotia liberorum tractasse, ut decet, & minimè ferendos eos si quærantur, cùm amicum aut consultorem magis observantem & religiosum habere, neque præsumantur, neque possint, illiusque factum sequi & non cavillari debent.* Papon, *hìc*, sur le mot, *par pere.*

2. Ces exclusions coutumieres des filles dotées, ou rénonciations aux successions futures, contraires à la disposition du droit civil, & qui tirent leur origine du droit canonique, *cap. Quamvis, de pact. in* 6°, sont approuvées par la Coutume générale de France, tant en pays coutumier, que de droit écrit, mais sous certaines conditions qui sont différentes dans nos Coutumes : car il n'y a rien de plus diversifié dans les Coutumes, que ce droit des rénonciations des filles aux successions futures.

3. Voici quelles sont les conditions requises

dans cette Coutume, suivant notre article, pour la validité de ces exclusions coutumieres, ou appanages.

4. La premiere, que ce soit une fille, & non un mâle qu'on appane; car l'appanage ou exclusion coutumiere ne peut valoir qu'à l'égard des filles, & non des mâles, n'y ayant que les filles qui puissent être appanées, & non les mâles qui ne le peuvent être, pas même en faveur d'autres mâles. Aussi notre Cout. ne parle-t-elle que des filles, *fille mariée*, dit notre art. l'art. 25 du tit. 12 de la Cout. d'Auv. en dit autant, aussi bien que l'art. 221 de celle de la Marche; sur quoi M. Julien Brodeau, dans sa note sur cet article de la Cout. de la Marche, ajoute *secùs* du fils. Et la raison est que ces sortes d'appanages n'ayant été reçus & introduits qu'en faveur des mâles pour la conservation des familles, ce seroit renverser le motif de leur établissement, que d'admettre l'appanage d'un mâle, même en faveur d'un autre mâle; & que ce droit étant un droit exorbitant, il doit être renfermé dans les circonstances qui l'ont fait recevoir, bien-loin d'être étendu à des cas tout opposés: c'est l'observation de M. le président Duret, & de M. Louis Semin, *hic*.

5. *Nota*, dit M. Duret, *quòd appanagium masculo factum in ejus matrimonii contractu, etiam in favorem alterius masculi, non valet; quia tale appanagium à Statuto introductum in favorem masculorum datur, undè in eos retorqueri non potest, & contrà renunciationem restitui possunt, etiamsi majores fuerint tempore matrimonii contracti, & appanagii à patre vel matre facti pro futura hæreditate: duplici tamen modo potest appanagium masculo adsignari; 1°. per divisionem à parentibus factam, ut eis permissum ex §. 216; 2°. in consequentiam hæredis instituti in favorem matrimonii. Putà quis Titium nubentem instituit hæredem, & in gratia institutionis filio centum assignat per modum appanagii juxta §. 219: tamen hi duo appanagiorum modi, ab eo per hunc §. 305 introducto, in necem filiarum, differunt; quod appanagium favore divisionis & institutionis permissum non potest minùs esse legitima: filia verò contrahendo matrimonium, potest à parentibus dotari infrà legitimam, nec conqueri potest, & à supplemento legitimæ removetur ex hoc §. nostro; undè filia sic nupta non censetur hæres; proindèque capax est legati ex §. 311. Secùs in appanagio seu portione assignata, uni liberorum per divisionem aut in consequentiam hæredis instituti: quia, cùm tale appanagium seu portio assignata debeat adimplere legitimam, & succedat legitimæ loco, censetur is qui tale capit esse hæres, proindèque ei legari non potest, cùm sit hæres saltem in legitima.* M. le président Duret, *hic*.

6. M. Louis Semin sur le mot, *fille*, de notre article, a fait la même remarque: *Benè*, dit-il, *appanagium enim masculo factum, extrà divisionem parentibus permissam, art. 216, & institutionem hæredis in contractu matrimonii, art. 219, non subsistit, quia in favorem masculorum introductum est, & contrà renunciationem restitui potest masculus, etiam major.* Louis Semin, *hic*.

7. Mais il n'importe pas dans cette Coutume, pour la validité de l'appanage, que la fille appanée soit noble ou roturiere, mineure ou majeure, pourvu qu'elle ait l'âge compétent pour le mariage, en quoi nous ne suivons pas les dispositions des Coutumes d'Anjou, art. 241, & du Maine, art. 258, où il n'y a que le pere noble qui appane sa fille en la mariant; mais bien celle de la Marche, article 291. *Non refert*, dit M. le président Duret, *sit nobilis, necne, Cons. March. art. 291: sed nec interest, & si minor vigenti quinque annis, sublatâ nullitate, & in integrum restitutione, viribus Statuti quod in iis satis efficaciter operatur, Molin. in Tract. de donat. fact. vel confirm. in contract. matrim. n. 39, ut idem ait cons. 15, n. 12, cui acquiescunt Cons. March. art. 294, & Burgund. art. 67; habilis enim ad nuptias, est habilis ad omnia pacta congrua & solita: quare filia minor viginti quinque annis, etiam sine curatore renunciare potest, secundùm tenorem hujus §. L. Mulier, Cod. de jur. dot. Attamen legitimo modo nupta esse debet; nam minor duodecim annis non priùs fit uxor, quàm apud virum duodecimum annum impleverit.* M. Duret, sur le mot, *fille mariée*.

8. *Ut appanagium subsistat*, dit de même M. Louis Semin, *non refert filia sit nobilis, necne, major viginti quinque annis, aut minor, dummodò pubes, & ad nuptias habilis, nec restitui potest adversùs renunciationem... Et quod de pubertate dictum est, limitata nisi apud virum impleverit.* Louis Semin, *hic*.

9. Une seconde condition pour la validité de l'appanage, est que la fille soit actuellement mariée: car notre article dit, *fille mariée*; c'est aussi ce que disent presque toutes les Coutumes, qui admettent ces exclusions tacites, comme celle de Niv. ch. 23, art. 24; d'Auv. tit. 12, art. 25, & autres: ce qui fait que tous ceux qui ont écrit sur ces matieres, conviennent que les exclusions & rénonciations tacites, & même les expresses ne peuvent être faites valablement par des filles mineures, que par leurs contrats de mariage, & qu'il est nécessaire que le mariage s'ensuive.

10. *Planè sponsa tantùm*, dit M. le président Duret sur notre article, *hoc §. non excluditur; aliter atque si non solùm futuras nuptias repromiserit, sed & præsens matrimonium contraxerit, tunc etiam ante congressum vel introductionem in domum non minùs uxor intelligitur; quanquam si de uxore, eâque matrimonio copulatâ, plebiscitum municipale statuisset, viribus particulæ*, copulata, *procliviùs videretur concubitum adhuc desiderari.* M. Duret, *hic*.

11. Il faut que la fille soit non-seulement mariée, pour être appanée valablement, mais que son mariage soit valide: car s'il n'y avoit qu'une figure de mariage, qu'on l'eût mariée, par

par exemple, à un impubere; comme il n'y auroit point de mariage avec celui qui est incapable d'en contracter, elle ne seroit pas excluse, & succéderoit, non-obstant cette figure de mariage, dont la Coutume n'entend pas parler, mais bien d'un mariage effectif & véritable. Telle est la remarque de Papon, & après lui, de M. Jean Decullant; & c'est aussi celle de M. Jabely, sur l'art. 219 de la Cout. de la Marche, qui est le 221 dans le coutumier gén.

12. *Molinæus*, dit M. Jean Decullant, *in sua notula ex scriptis ad hunc §. convenit cum Papone, cujus hæc sunt verba, nec igitur sponsa excluditur, cùm odiosa res agatur; oportet nempè nuptam esse filiam, & iis quidem nuptiis quæ legitimum matrimonium inducunt, non autem si alteruter impubes sit, pendeatque adhuc, cùm moritur parens, matrimonii confirmatio, quia eo casu Statutum non habet locum.* Jean Decullant, *hìc.*

13. Une troisieme condition requise pour la validité de l'appanage, est que la fille soit dotée ou appanée par son contrat de mariage. Notre article dit, FILLE MARIÉE ET APPANÉE; *& utrumque copulativè requiritur*, dit Dumoulin dans sa note sur cet article; Papon dans ses remarques sur ce même article, *verb.* APPANÉE, dit la même chose: *ergò*, dit il, *& nuptam & dotatam esse oportet, quorum alterum non sufficeret; conjunctim enim requisita compleri omninò debent.* La raison est qu'autrement il n'y auroit aucune cause de cette exclusion, qui emporte, comme nous le dirons plus bas, la déchéance de la légitime.

14. Mais il n'est pas nécessaire pour la validité de l'appanage, que la dot soit payée comptant; il suffit qu'elle ait été promise, qu'elle contienne quelque chose de certain, & qu'elle soit payable & exigible dans un bref délai: le défaut même de paiement avant la mort des pere & mere, ne révoque pas l'exclusion; ce qui semble résulter de l'art. 310, *infrà*, qui permet aux mâles, lorsque la dot de leur sœur n'a pas été payée, de la payer & acquitter, pour profiter seuls de sa portion. La raison est que c'est la faute du mari, s'il ne se fait payer comptant, ou après le terme expiré, lorsqu'il y en a un: c'est le raisonnement de Papon dans ses observations sur notre art. sur le mot, *appanée*, & sur l'art. 318, *infrà*; & de M. le président Duret, & de M. Jean Decullant.

15. *Notandum*, dit Papon sur l'art. 310, *infrà, ex primo hujus §. articulo, dotatam eam dici, cui dos est constituta & promissa: & licèt nihil hujus solutum sit, filiam nihilominùs excludi, ex §. 305: nam qui actionem habet, rem ipsam habere videtur, L. Qui actionem, ff. de reg. jur.* Papon.

16. *Quid in appanagio*, dit M. Duret, *solùm constituto & promisso, non etiam soluto, & quidem hoc jure utimur, ut promissio sufficiat; proindè quoad exclusionem pertinet, appanagii solutionem minimè desideramus, & nostras partes apertè defendit Benedictus, in verbo*, duas habens, *fol. 30, n. 155, ubi aliud probare videtur, si Statutum exquirat dotem, datam & traditam, adde Papon.* M. Duret, *hìc.*

17. *Sufficit*, dit M. Jean Decullant, *dos promissa, licèt non soluta, ut excludatur filia; patet ex §. 310....* Jean Decullant, *hìc.*

18. La difficulté est de savoir si la somme, pour laquelle la fille est appanée, doit être exigible dans un certain temps, qui précede la mort de celui qui dote; & si l'on ne peut pas stipuler que le paiement ne s'en fera qu'après le décès de celui qui dote. Le sentiment commun est que si la dot n'a été promise payable qu'après le décès de celui qui dote, l'appanage est nul. Tel est le sentiment de Chopin sur la Cout. d'Anjou, liv. 3, ch. 1, tit. 1, n. 14; de M. Brodeau sur Louet, let. R, n. 17, & dans sa note imprimée dans le nouveau cout. gén. sur le présent article; de la Thaumassiere sur la Cout. de Berry, tit. 19, art. 33; de Lelet & autres commentateurs de la Cout. de Poitou, art. 228; de Lebrun, *des Succ.* liv. 1, ch. 4, sect. 5, n. 8, & liv. 3, ch. 8, sect. 1, n. 33; & de nos commentateurs, M. J. Decullant & M. Louis Vincent; & ainsi a été jugé en ce siége par différentes sentences.

19. Cette question s'étant présentée en cette Sénéchaussée en l'an. 1614, sur un appel d'une sentence du juge de Souvigny, du 13 février 1613, elle y fut très-bien discutée, & il fut jugé par sentence qui intervint en janvier 1614, au rapport de M. Foucher, que l'appanage d'une somme de 150 liv. dont le paiement étoit différé après le décès de l'appanant, n'étoit pas légitime, & étoit de nul effet pour exclure la fille de ses successions collatérales. Cette sentence est citée par M[rs]. Jean Decullant & Genin, pere, dans leurs observations manuscrites, sur le présent article, & rapportée tout au long par M. Louis Vincent, dans ses manuscrits, avec les raisons des Parties pour & contre. Ce qu'il y a à observer, c'est que par cette sentence on infirma celle du juge de Souvigny, qui avoit déclaré l'appanage bon, & avoit été rendue, dit M. Genin, pere, sur l'avis de M[rs]. Duret, Champfeu & Bergier.

* En l'année 1574, dit M. Louis Vincent, Claudine Desfruere, après le décès de Paquet Desfruere, son pere, contracta mariage avec André Regnier, & par ce contrat elle se constitua en dot tous & uns chacuns ses droits paternels; & en ce qui concernoit la succession maternelle, Philippe Chartier, sa mere, pour sa future constitution, lui constitua en dot & appanage, la somme de 150 liv. payable pour une fois après le décès de ladite Chartier; au moyen de laquelle somme Claudine Desfruere renonça à la future succession de ladite Chartier, sa mere, au profit de ses freres.

Du vivant de ladite Chartier, mere, Philippe Desfruere, l'un des freres de Claudine, décede, & après lui décede la Chartier, mere. Jean & Jeanne Desfruere, ses enfans, s'étant rendus maîtres de ces successions, & en disposant à leur volonté, Jeanne Regnier, fille de ladite Claudine Desfruere, femme de François Palierne, au nom & comme héritiere de Claudine Desfruere, sa mere, fit appeller le 20 août 1611, lesdits Jean & Jeanne Desfruere pardevant le juge de Souvigny, aux fins de lui délaisser une cinquieme portion des biens de la succession de défunt Philippe Desfruere, & la quatrieme portion de défunt Mayeul, son oncle, avec restitution de fruits.

Jean & Jeanne Desfruere, après quelques poursuites, soutiennent Jeanne Regnier, demanderesse, non-recevable en ses conclusions; & le 13 février 1613, le juge de Souvigny ayant déchargé les défendeurs de la demande de ladite Regnier, elle en interjetta appel.

Pour griefs elle disoit qu'il s'agissoit de deux successions collatérales, l'une de Philippe Desfruere, échue avant le décès de sa mere, l'autre de Mayeul Desfruere, avenue après le décès de la mere; que suivant la maxime de droit, soit civil ou naturel, les freres & sœurs, *non superstitibus liberis*, *sibi invicem succedunt*, s'il n'y a quelqu'empêchement par quelque disposition municipale.

Les défendeurs, pour empêcher cette équité civile & naturelle, alléguoient l'article 305 de cette Coutume, & soutenoient que Claudine Desfruere, ayant été mariée & appanée par sa mere, Jeanne Regnier, sa fille, au moyen de cet appanage, étoit exclusé desdites successions.

Jeanne Regnier repliquoit que le prétendu appanage de sa mere ne pouvoit se soutenir, pour en être le paiement différé après le décès de la Chartier, son aïeule; que pour un légitime appanage, il est nécessaire que celui qui est appané reçoive quelque chose comptant, ou du vivant de celui qui appane; qu'autrement telle disposition se résout en forme de partage, & non d'appanage. Elle ajoutoit qu'à la rigueur l'appanage prétendu de sa mere ne devoit pas être étendu aux successions collatérales, parce que Claudine Desfruere, sa mere, avoit limité & borné sa renonciation à la succession de sa mere; que *limitata causa limitatum parit effectum*, joint que les contrats & les stipulations sont *stricti Juris in quibus expressa nocent, non expressa non nocent.*

Les défendeurs répondoient que la susd. renonciation n'étoit pas limitée; qu'il étoit écrit au contrat, que Claudine Desfruere, moyennant le mariage & appanage, a renoncé à la succession de la Chartier, sa mere, mais non pas avec restriction & le mot *seulement*: desorte que pour restreindre ladite renonciation, il eût fallu que la Chartier eût déclaré expressément qu'elle n'entendoit pas exclure sa fille par l'appanage des successions de ses freres, auquel cas il resteroit encore à disputer la validité de cette restriction.

Sentence intervint en janvier 1614, au rapport de M. Foucher, qui infirma la sentence du premier juge, & condamna les intimés à délaisser à l'appellante, comme héritiere de Claudine Desfruere, sa mere, la cinquieme portion des biens de Philippe Desfruere, & la quatrieme part des biens de la succession de Mayeul Desfruere; & condamna en outre les intimés aux dépens des causes principale & d'appel: tellement, dit M. Vincent, qu'il a été jugé que le pere ou la mere qui appanent leurs enfans de leurs biens, soit en deniers ou héritages par contrat de mariage, doivent, pour la validité de l'appanage, leur donner quelque chose de leur vivant; qu'autrement telle disposition se résout plutôt en forme de partage, que d'appanage: ce qui n'empêche pas les filles ainsi appanées, de succéder aux successions collatérales. M. Vincent, en ses manuscrits.

20. Cette même question s'étant de nouveau présentée en cette Sénéchaussée en 1657, intervint pareil jugement. *Primâ die Decembris 1657, in successione Antonii* Paranton, *Monluciani, judicatum fuit*, dit M. François Decullant, *tale appanagium, cujus solutio dilata fuerat in diem obitûs constituentis, non valere, licèt Jacqueta* Paranton, *cui dos erat constituta, expressè renunciasset, imò & præscriptione 30 annorum à die obitûs constituentis illapsorum, dotis solutio præsumeretur, nec contrà renunciationem expressam fuisset restituta; quæ duæ rationes pro validitate appanagii multùm militabant, & his potissimùm nitebatur Maria* Paranton, *contrà Annam* Perinet, *filiam dictæ Jacquetæ*. François Decullant, *hic*.

21. Cette question s'étant présentée pour une troisieme fois en cette Sénéchaussée le 23 décembre 1722, en la cause d'entre la dame de Richerand, fille du premier lit du sieur de Traci, & le sieur de Traci, fils, il fut jugé, au rapport de M. Demon, président & lieutenant particulier, qu'un appanage qui n'étoit payable qu'après le décès du pere, qui dote, étoit nul: j'étois des juges.

22. La même chose a été jugée au rapport de M. Vernoi de Monjournal, le 22 août 1725, en la cause de dame Marie Golard, femme de M. Antoine Martinet, sieur de la Croze, demanderesse en entérinement de lettres contre Claude Lhuillier, sieur Duplais: j'étois des juges.

23. La même chose fut encore jugée, & ce fut un des points décidés dans le procès d'entre les Boucauts & les Ravets, par sentence rendue au rapport de M. Michel de Royer, le 14 mars 1727: j'étois des juges. * Ainsi enfin a été jugé & décidé par un arrêt célebre, rendu en la Coutume de Poitou, le 19 janvier 1639, rapporté dans le journal des audiences, tom. 1, ch. 58, & par Brodeau sur Louet, lett. R, somm. 17, n. 13.

24. La raison pour laquelle on veut que, pour la validité de l'appanage, le pere ou la mere qui appanent leurs enfans de leurs biens, soit en deniers ou héritages, par contrat de mariage, leur donnent quelque chose de leur vivant, c'est parce que la stipulation d'un appanage, payable après le décès du constituant, détruit un des principaux motifs qui ont fait admettre l'appanage des filles; savoir, l'in-

certitude de la succession : car, quand la succession est échue, il n'y a plus rien d'incertain dans l'événement ; il ne s'agit plus pour lors d'appanage, mais de partage ; & la disposition se résout de cette maniere plutôt en forme de partage, que d'appanage. C'est le raisonnement de M. Louis Vincent.

25. C'est aussi celui de M. Jean Decullant : *Possunt parentes*, dit Jean Decullant, *differre solutionem in diem, vel plures, modò certos. Si tamen totum different in tempus mortis & post obitum suum, hujusmodi dotis constitutio non valeret, sed filia admitteretur ad successionem, quia illo tempore hæreditas obveniret; & ut excludatur filia, debet habere aliquid certi : ita judicatum Molinis anno 1614, relatore Domino Consiliario* Fouchier, *& ita vidi responderi in consulendo à Majoribus*. Jean Decullant, *hìc*.

26. Que si le pere & la mere, qui ont appané leur fille moyennant une somme payable après leur mort, anticipoient le paiement de la dot, & vouloient payer de leur vivant ce qu'ils n'avoient promis d'acquitter qu'après leur mort, cela ne confirmeroit pas l'appanage, qui est nul dans son principe ; & un appanage absolument nul ne peut être valide par un paiement fait avant la mort, contre les termes de la stipulation, suivant cette regle de droit : *Quod ab initio vitiosum est, tractu temporis convalescere non potest*, qui a lieu principalement dans cette espece. C'est l'observation de M. Louis Semin, sur notre article, & le sentiment de M. Denis Lebrun, *des Succ.* liv. 3, ch. 8, sect. 1, n. 33.

27. *Quòd si parens*, dit M. Semin, *dotans nihil solverit nec promiserit, post verò nuptias solverit aut promiserit aliquid, dotis nomine, licèt renunciatio sit expressa, exclusio nulla est : quia nec Jure communi, nec Consuetudine talis renunciatio sustinetur*. Louis Semin, *hìc*.

28. Mais si une fille se marie sans le consentement de son pere, & que son suffrage survienne après son mariage célébré, accompagné d'une constitution dotale, c'est une question si l'exclusion s'ensuit. Papon dans son commentaire sur notre article, sur le mot *appanée*, se propose cette question, la résout de la maniere qui suit. *Quid si*, dit-il, *patre inconsulto & nesciente nupserit filia, nullâ dote constitutâ, pater deinde Testamento leget dotis nomine certam pecuniam, excludi filia eo casu non poterit ; tamen adverte quòd si pater vivens, aut Prætore jubente, aut bonâ gratiâ constituerit dotem, secundùm facultatem bonorum, filiam excludit. Quòd si cautè differat filia, ut statutum effugiat, pater invitæ dotem dare potest, ne dolo suo statuto illudatur ejus commodo ; excluditur enim, si pater offerat, ut dicunt Bald. & Jas. in L. fin. C. de pactis*. Papon, *hìc*. Voyez Lebrun, *des Succ.* liv. 1, ch. 4, sect. 5, n. 22.

29. Une quatrieme condition requise pour la validité de ces exclusions, est que la fille soit mariée & appanée par un ascendant, pere ou mere, aïeul ou aïeule ; c'est là disposition précise de notre Coutume au présent article, par la raison qu'on présume qu'un ascendant prend toujours le bon parti pour ses enfans. Ainsi l'appanage d'une fille dans son mariage, fait par un frere, ne peut préjudicier à la fille, ni pour les successions échues de ses pere & mere, ni pour les successions collatérales à écheoir, dans les termes de représentation. Quelque instance que pût faire Victor Chaudron, procureur de M^{re}. de la Roche-Foucault, dans le temps de la rédaction de la Coutume, requérant qu'il fût ajouté au présent article, *ou par frere*, il ne put rien obtenir de M^{rs}. les commissaires, ni des états ; l'art. fut rédigé de la maniere que l'on voit, & il fut reconnu que la Coutume étoit nouvelle, quant à ces mots, *aïeul ou aïeuls paternels & maternels* : c'est ce qui paroît par le procès-verbal de la Coutume, sur notre article. La Coutume de Poitou, art. 220, en contient une disposition précise, & rejette formellement l'appanage fait par les freres.

30. Mais il suffit, pour la validité de l'appanage d'une fille, qu'elle ait été mariée & appanée par ses pere ou mere, aïeul ou aïeule, ou l'un d'eux ; de maniere qu'il y a quatre personnes dans cette Coutume, qui peuvent appaner ; savoir, le pere, la mere, l'aïeul, & l'aïeule : cela étant, c'est une question si une fille ayant succédé à sa mere, & étant ensuite dotée & mariée par son pere, son appanage a une telle force, que cette fille qui n'est appanée que par son pere seul, ne puisse rien prétendre non-seulement en la succession de ses freres, quant aux biens qui leur viennent du chef de leur pere, mais encore qui leur appartiennent du chef de leur mere décédée avant l'appanage.

31. M. Charles Dumoulin, dans son commentaire manuscrit sur cette Coutume, tient pour la négative, & il dit que telle étoit de son temps la doctrine des avocats de cette ville, & que l'on s'y conformoit dans la pratique : *Et ità*, dit-il, *etiam observatur in praxi, ut à peritissimis advocatorum Molinensium, ibi anno sesqui millesimo quinquagesimo degens accepi*. Ce sentiment de Dumoulin a bien son fondement dans la raison, qui ne veut pas qu'un pere ou une mere puisse appaner sa fille des biens de ses freres & sœurs qui ne procédent pas de lui, & l'exclure des successions, quant aux biens qui ne lui ont jamais appartenu. Un pere peut bien donner la loi aux biens qui procédent de lui, & qui ont passé à ses enfans, & y faire renoncer sa fille. L'appanage & la renonciation étant une espece de substitution, que l'on peut faire en faveur de ses enfans mâles, la raison veut qu'il ait ce pouvoir sur ses biens : mais cette même raison résiste, ce semble, à ce qu'il ait le même pouvoir sur les biens qui sont venus d'ailleurs à ses enfans, & à ce qu'il puisse leur donner dans ces biens des héritiers malgré eux ; & telle étoit autrefois, selon Dernusson, traité *des Propres*, chapitre 2,

fect. 6, n. 20 & suivans; l'opinion commune des docteurs, & la jurisprudence des arrêts.

32. Mais la jurisprudence ayant changé, & la derniere jurisprudence ayant porté l'effet des renonciations & appanages jusqu'à son dernier période, & les arrêts ayant décidé que l'appanage d'une fille & la renonciation qu'elle fait aux successions futures, directes & collatérales, est bonne & vable en faveur des mâles, & qu'elle est excluse desdites successions pour toutes sortes de biens indistinctement; les docteurs, en se conformant à cette derniere jurisprudence, ont changé de sentiment, & le sentiment de Dumoulin n'est pas suivi dans cette province.

33. *Filia maritata & dotata*, dit M. François Menudel, *ab uno ex parentibus, excluditur ab omnibus successionibus collateralibus, quæ sunt intrà terminos repræsentationis: facit contrà hic Molin. ad verb.* PAR PERE; *sed Molinæum non sequimur, ex Arresto Domini* de Marcelanges. M. Menudel, *hic*.

34. *Porrò*, dit M. François Decullant, *in summa dicendum est dotatione unius horum, patris, avi, aviæ, aut matris, filiam à cæterorum & dotantis successione excludi: portionem autem successoriam ante dotationem quæsitam, per mortem unius horum, sibi salvam fore; adeò ut dotatione unius à successione fratrum & sororum filia excludatur, nullâ habitâ ratione nec distinctione patrimoniorum, ut quidam malè censent; & sic Arresto solemni judicatum die quintâ Augusti, anno 1634, pro* Bernarchier, *pro quo Dominus Ludovicus* Semin *scripserat contrà* Saillan, apothicaire à Moulins. M. François Decullant, *hic*.

35. M. Jean Decullant, pere dudit François, est de même sentiment; & sa raison, c'est que *Hæreditas paterna sive materna semel adita, & à fratre accepta, ampliùs hæreditas non est, sed fit patrimonium fratris adeuntis, de cujus successione post ejus obitum est quæstio, in qua unicum censetur patrimonium: nec ratio habetur paternorum aut maternorum bonorum, respectu filiæ nuptæ & dotatæ, quæ & descendentes ejus à dicta successione fratris excluduntur in favorem masculi viventis, aut ex eodem descendentium.* Jean Decullant.

36. M. Jean Fauconnier & M. Brirot ont fait la même observation sur le présent article: l'appanage, dit ce dernier, a une telle force, que la fille qui n'est appanée que par son pere seul, ne peut rien prétendre, non-seulement en la succession de ses freres, quant aux biens qui leur viennent du chef de leur pere, mais encore quant aux biens qui leur appartiennent du chef de leur mere, décédée avant l'appanage, ainsi qu'il a été jugé en l'année 1649, par arrêt rendu au profit du sieur de la Fauconniere, contre demoiselle de la Fauconniere, sa sœur, veuve du sieur Demai, conseiller en la Sénéchaussée & siége présidial de Moulins.

37. Ainsi, quoique notre article dise simplement, *fille mariée & appanée, par pere ou par mere, aïeul ou aïeule*, & qu'elle n'ajoute pas, *ou par l'un d'eux*, on a cru que la disjonctive suffisoit dans l'article; & comme l'article ajoute qu'une fille mariée de la sorte est exclusе de toutes successions collatérales dedans les termes de représentation, & qu'elle parle sans distinction, on n'a pas cru que l'on dût distinguer où la Coutume ne distingue pas; de maniere que l'on a jugé que c'étoit assez qu'une fille ait été mariée & appanée par pere ou par mere, pour être exclusе de toutes successions collatérales dedans les termes de représentation: c'est le raisonnement de M. Bordel, sur notre article, qui est juste; & de M. Denis Lebrun, *des Succ.* liv. 1, ch. 4, sect. 5, n. 17.

38. Et sur ce fondement je dis que, conformément à la derniere jurisprudence des arrêts, l'appanage & renonciation d'une fille, & en conséquence son exclusion aux successions directes & collatérales, dedans les termes de représentation, doit avoir son effet pour la succession des freres, non-seulement quant aux biens qui leur sont échus de pere & de mere, mais encore quant à tous les autres biens acquis par leur industrie ou autrement: il y en a un arrêt solemnel, rendu en la grand'chambre le 20 mars 1651, rapporté par Dernusson, traité *des Propres*, chap. 2, sect. 6, n. 23. A la vérité la Coutume d'Auv. titre 12, article 33, contient une disposition contraire: mais la disposition de cette Coutume doit être reserrée dans l'étendue de son territoire.

39. Une fille qui a été mariée par pere ou par mere, aïeul ou aïeule, & à qui on a donné en mariage quelque chose de certain, est réputée appanée, & exclusе par conséquent des successions exprimées dans notre article, quoiqu'elle n'y ait pas expressément renoncé, & qu'on ne se soit pas servi du mot, *appanée, ou appanage:* car il n'est pas nécessaire, pour la validité de cette exclusion tacite & coutumiere, qu'on se soit servi du mot, *appanée*, pourvu qu'il y ait dotation faite à la fille. *Dotatam autem propriè dixeris*, dit Papon, sur notre article, *cui ex causâ matrimonii pater quid certum dederit, etiamsi dotis nulla facta sit mentio, quia pro dote intelligitur.*

40. *Hoc verbum*, dit M. le président Duret, en parlant du mot, APPANÉE, *superfluit; quoniam jus municipale in gratiam masculi simpliciter excludens fœminam, de dotatâ intelligitur, conferunt Conf. Niv. cap. 23, art. 24; March. art. 220; Burdeg. art. 66. Hoc jure utimur*, dit M. François Decullant, *ut dote simpliciter constitutâ filiæ à patre, matre, avo aut aviâ, nullâ factâ mentione appanagii, aut renunciatione expressâ, vi tacitæ renunciationis à statuto initæ excludatur eorum successionibus, & aliorum intrà metas repræsentationis in favorem masculorum; quam opinionem tenuerunt Domini* Decullant & Semin. M. François Decullant, *hic*.

41. M. Genin, pere, & M. Louis Vincent ont

ont fait la même remarque sur notre article, & disent qu'il a été ainsi jugé en ce siége, par sentence rendue au rapport de M. Coisier, dont ils ne marquent pas la date.

* Il a été jugé, dit M. Louis Vincent, par sentence rendue au rapport de M. Coisier., dont il ne dit pas la date, que, quoiqu'en la constitution de dot faite à Catherine Barbe, mere de M. Louis de Sorbieres, en son contrat de mariage, il ne fût fait mention d'appanage, ladite Barbe ne laissoit pas d'être valablement appanée.

M. Louis de Sorbieres, son fils, demandoit à venir en division & partage des biens délaissés par ses aïeuls & aïeules, & disoit que Catherine Barbe, sa mere, n'avoit pas été appanée par ses pere & mere, puisque par son contrat de mariage il n'étoit fait aucunement mention du mot d'*appanage* en la constitution de dot; & que ce n'étoit pas l'intention des pere & mere de ladite Catherine, sa mere, de lui constituer seulement en dot la somme de 60 livres, joint que ladite dot de 60 livres ne répondoit pas aux biens desdits pere & mere de ladite Catherine, lors & au temps dudit mariage; tellement qu'il étoit bien fondé, au lieu de sa mere, de demander supplément de dot ou bien à venir à division & partage: à quoi on répondoit qu'il suffisoit que ladite Catherine Barbe eût été mariée par ses pere & mere, & qu'ils lui eussent constitué en dot la somme de 60 livres, sans user & parler du mot d'*appanage*; & ainsi fut jugé, la sentence du juge *à quo*, qui avoit débouté de Sorbieres de sa demande, ayant été confirmée. M. Vincent, en ses manuscrits.

42. M. Jacques Potier, sur le présent article, observe encore qu'il fut ainsi jugé par arrêt de Paris, en juillet 1646, en la troisieme des enquêtes, au rapport de M. de Saveuse, pour le nommé Hullard, de cette ville de Moulins, sur un appel de cette Sénéchaussée, étant porté par le contrat, que la fille étoit dotée, sans faire mention du mot, *appanée*, & sans renonciation expresse. Potier, *hic.*

43. Une cinquieme condition requise pour la validité de l'appanage, est que la fille dotée soit actuellement mariée avant la mort des parens qui ont fait l'appanage; & il ne suffiroit pas qu'elle eût été fiancée lors de leur mort, suivant qu'il est dit dans l'article 37 du titre 12 de la Coutume d'Auvergne, que nous suivons en cette Coutume. Ainsi, si le pere vient à décéder entre le contrat & la célébration du mariage, l'exclusion ne s'ensuit pas, comme il a été jugé par les arrêts, & observé par Dumoulin & Papon, sur notre article. *Mors parentis*, dit Dumoulin, dans son apostille, *post Tractatum, sed ante celebratas nuptias, facit deficere hanc exclusionem.*

Nec igitur sponsa, dit Papon, sur le mot MARIÉE, *excluditur, nec sufficere potest quod filia tempore mortis parentis cui succedendum est, desponsata sit, & nondum nupserit. Oportet igitur nuptam esse filiam.*

44. A la vérité Dumoulin, dans sa note sur cet article 37 du titre 12 de la Coutume d'Auvergne, met une exception à cette décision, & il excepte le cas où la fille auroit expressément renoncé: mais Basmaison, & après lui M. Jean Decullant, rejette cette exception, & avec raison. Basmaison, *in sua paraphrasi ad dictum* §. 37, *contrà censet*, dit Decullant: *Nempe expressam renunciationem in contractu matrimonii habitam, etiam cum solutione dotis non sufficere, si filia non sit nupta ante patris dotantis obitum, & illi succedere; quod ita ait Arresto decisum. Arridet*, ajoute Decullant, *hæc sententia, quia renunciatio expressa nihil addit; filia enim dotata & nupta ab alterutro parentum est exclusa, licèt nihil caveatur de renunciatione, id est, licèt expressè non renunciaverit, itaque hæc renunciatio expressa, est tantùm repetitio verborum & mentis statuti à quo est desumpta, idcircò novum jus non inducit. Imò hæc renunciatio, cessante statuto, non valeret ut filia infrà legitimam dotata excluderetur à successionibus ascendentium & collateralium intrà metas repræsentationis in favorem masculi, quod est contrà jus commune, quo hæreditas viventis pacto non tollitur nec defertur, L. fin. C. de pact. Nec filia infrà legitimam dotari debet.... nec obstat cap. Quamvis, de pact. in* 6°. *quia non loquitur de filia infrà legitimam dotatâ in favorem masculi, imò d. cap. loquitur, dum filia nuptiis tradebatur, quod debet intelligi de ipsis nuptiis præsentibus.* Jean Decullant, *hic.*

45. Il me paroît que c'est là le sentiment de tous nos commentateurs qui ont écrit sur notre Coutume, qui décident tous cette question indistinctement & sans exception. *Filia autem*, dit M. Louis Semin, *nupta & dotata esse debet: quòd si antequam nubat, dotans decesserit, non est exclusa; quia tempus delatæ successionis est inspiciendum, quo tempore verum est filiam non fuisse nuptam; quæ opinio anno* 1648 *Arresto fuit confirmata, in familia* des Marcelanges, *aliàs* de la Fauconniere, proche Gannat, *in qua filia per contractum matrimonii cum Domino Consiliario* Demai, *à patre & matre dotata fuerat, postmodùm pater ante contractas nuptias decesserat, jam inito & consummato matrimonio, unus masculorum vitâ excessit, quibus obventis dicta filia petebat admitti ad successionem patris, eò quòd decessisset ante peractas nuptias, itemque ad successionem fratris, saltem quoad bona quæ ei ex successione paterna obvenerant. Contrà verò nitebatur alius masculus, qui successionem paternam & fraternam solus prætendebat favore dictæ dotationis, qui tamen causâ quoad hæreditatem paternam cecidit, ad quam filia fuit admissa, sed à successione fratris exclusa, eò quòd dotatione unius parentum, matris scilicèt, firma manebat.* Louis Semin, *hic.*

46. Une sixieme condition, pour la validité d'un appanage & d'une exclusion coutumiere d'une fille, des successions futures, est qu'elle soit dotée des biens du pere ou de la mere qui la marie: ainsi un pere veuf, qui veut, en mariant sa fille, l'appaner & l'exclure tant de sa succession que des successions collatérales, à écheoir dans les termes de représentation, ne doit pas seulement lui donner en dot ce qu'elle peut avoir de la succession échue de sa mere, mais il faut qu'il lui donne encore quelque chose du sien; la raison est que si le pere ne donnoit à sa fille que la valeur de ce qui lui est acquis par la succession de sa mere, la renonciation tacite & légale aux successions futures se trouveroit sans cause & sans prix, & par conséquent nulle: car une renonciation tacite ou exclusion coutumiere doit avoir son prix & sa récompense, n'étant pas juste qu'une fille soit privée de l'espérance d'une succession à écheoir pour rien. Tel est le sentiment de nos commentateurs, & ainsi a été jugé en cette Sénéchaussée. *Dos autem debet esse cum effectu; & qui dotat, debet de se aliquid dare aut promittere*, dit M. Louis Semin, dans ses observations, sur notre article.

47. M. Jean Cordier, après M[rs]. Jean & François Decullant, pere & fils, s'explique plus au long, & rapporte la sentence qui l'a ainsi jugé. *Quæstio*, dit-il, *an ad exclusionem filiæ à patruo dotatæ sufficiat, quòd parentes passi sint filiam dotari à patruo, licèt de suo nihil eidem filiæ promiserint in dotem, publicè agitata fuit in Præsidiali Curia Molinensi, orantibus Dominis* Semin & Menudel, *Patronis, præsente Henrico Borbonio Regii Stemmatis Dynastâ, & hujusce Provinciæ Borboniensis pro Rege; judicatumque fuit dotem constitutam à patruo filiæ, præsentibus dictæ filiæ parentibus, & non contradicentibus, & de suo nihil illi constituentibus, non valere, ad hoc ut filia sic dotata à successionibus parentum & aliorum, juxtà hunc & sequentem paragraphum excludatur: sed necessariò requiri quòd parentes aliquid certum in dotem promittant, quod sanè æquum est; siquidem solis patri, matri, avo aut aviæ, non etiam patruo, ex hoc nostro §. promittitur appanagium filiæ aut neptis, quod appanagium non consistit, nisi filia eorum auxilio nupta fuerit, & ab eis aut eorum altero dotata; quæ licentia ultrà personas quibus conceditur, non est extendenda, cùm appanagium illud, seu exclusio filiæ dotatæ, sit potiùs restringendum, quippè inæqualitatem constituit, quàm ampliandum: undè dicendum renunciationem expressam à filia in contractu matrimonii à patruo dotatâ tantùm in præsentia parentum non valere, nisi parentes de suo dent, aut in certum diem quid promittant: valeret tamen renunciatio etiam tacita, si dos in appanagium constitueretur à parentibus, & mox intercederet patruus, aut alius quilibet, qui de solvenda dote spoponderit; dehinc solveret, quia sufficeret quòd parentes promiserint, constituerint, & ad solutionem se obligaverint. D. Franciscus* Decullant, *Consiliarius in eadem Curia, hæc refert, & se à patre D. Joanne* Decullant *audivisse.* Jean Cordier, *hîc.*

48. Bien plus, si un pere fait & constitue un appanage à sa fille, d'une seule somme, tant pour la succession échue de sa mere, que pour la sienne, sans spécifier ce qu'il donne du sien, l'exclusion est nulle, selon qu'il a été jugé, tant à l'égard de la succession à écheoir, que de celle qui est échue; parce que, quand la constitution dotale est conçue de cette maniere, il est incertain si le pere a donné, ou s'il n'a fait que s'acquitter: & tel est le sentiment de Brodeau sur M. Louet, lettre R, sommaire 17, où il cite les arrêts qui l'ont ainsi jugé; & de M. Louis Semin, & M. Jacques Potier, sur notre article.

49. Mais, si le pere donne une somme certaine pour la succession échue, & une autre pour la succession à écheoir, il n'y a aucune raison de douter que l'appanage & l'exclusion par conséquent ne vallent à l'égard de la succession future du pere & de la succession à écheoir des collatéraux, dans les termes de représentation. *Renunciatio*, dit M. Louis Semin, *facta à filia minore, unico pretio, sine distinctione, successionibus tam delatis, quàm futuris, in totum corruit; quòd si unicuique successioni pretium fuerit assignatum, valebit pro futuris successionibus, & pro delatis infirmabitur*, Robert, *rer. jud. lib. 2, cap. 4, ubi Vallam citat & Arrestum hac de re latum; & hoc tenent pro regula Advocati Parisienses.* M. Semin, *hîc.*

50. Sur la question, si le pere & la mere de la fille étant vivans, chacun d'eux doit l'appaner de sa succession, les sentimens sont partagés: M. Charles Dumoulin, dans son commentaire, qu'il avoit commencé sur cette Coutume; Coquille sur la Cout. de Niv. ch. 23, art. 24; M. Jean Decullant, sur le présent article; M. Denis Lebrun, *des Succ.* liv. 3, ch. 8, sect. 1, n. 38, estiment qu'ils le doivent. *Censet D. Joannes* Decullant, dit M. Jean Cordier, *filiam à solo patre dotatam à successione matris non excludi, nisi ipsa mater expressè cum viro dotaverit, aut ante consummatum matrimonium, ratum habuerit appanagium.* Tellement que, si le pere seul constitue la dot, la fille ne sera pas excluse de la succession de la mere, par la raison que son exclusion seroit gratuite & sans cause, & qu'il n'est pas juste que, pour la dot des biens du pere, elle soit privée de la succession de la mere.

51. C'est-pourquoi M. Charles Dumoulin veut que la fille mariée, ne soit excluse que de la succession de celui de ses parens qui l'auroit dotée, & de celle des descendans du dotant, quant aux biens qui proviennent de lui. *Adverte*, dit Dumoulin sur notre article, *quòd Consuetudo sub simplicibus alternativis plures personas conjungit, non addito verbo, vel per alterum eorum, prout Consuetudo Arverniæ addit, & sic hæc Consuetudo propter dotatio-*

nem unius, non excludit ab omnibus : sed intelligitur respectivè, videlicèt ut nupta & dotata à patre, sit exclusa ab ejus successione & collateralium descendentium ab eo, non autem quòd sit exclusa à successione matris, si mater nullo modo dotaverit, nec à successionibus collateralibus descendentium à sola matre respectivè, id est, à matre & alio viro, & multò minùs ab omnibus conjunctis per lineam maternam dumtaxat, idem è contrà & pariter de singulis ascendentibus respectivè : & sic nupta & dotata ab uno ascendente non redditur inhabilis, nisi ad unicam successionem directam, & videlicèt dotantis & à successionibus collateralibus descendentium ab eo tantùm ascendente, sub aliis limitationibus ejusdem Consuetudinis, quæ ita debet singulatim & respectivè intelligi, nec trahi ad duriorem sensum, quàm ex verbis necessariò colligatur.... C. M. *hìc.*

52. M. Jean Papon, dans son commentaire sur le présent article, d'un sentiment contraire, soutient que la fille dotée & appanée par son pere, mere, aïeul, ou aïeule, ou par l'un d'eux, les autres vivans, est exclusé non-seulement de la succession de celui qui l'a dotée, mais encore de celle des autres. Et c'est aussi le sentiment de M. François Decullant, ci-dessus cité, n. 34; & de M. Julien Brodeau, dans sa note imprimée dans le nouveau coutumier général, sur ces mots de notre article, PAR PERE OU PAR MERE. *Si dotatâ sit*, dit Brodeau, *ab uno tantùm excluditur etiam àb hæreditate omnium nominatorum....* mais n'est exclusé des successions, que des personnes spécifiées dans la Coutume, & non des autres. M. Julien Brodeau, *hìc.*

53. Tel est encore le sentiment de M. le présid. Duret; & sa raison est que, quoique les freres ne contribuent pas à la dot de leur sœur, elle ne laisse pas d'être exclusé de leur succession, sur le simple appanage du pere ou de la mere. *Quid etiam*, dit-il, *si matre vivente pater filiam nuptui collocaverit, & consilio, appanagii eam simpliciter dotaverit, an ex tunc matris successione excludatur? Hoc magis est, & ita usus recepit; non movet quod vulgò fertur, Statutum excludens filiam dotatam, intelligi de successione dotantis... Quod verum est, nisi ultrà progrediatur Statutum, ut facit hæc Lex municipalis, quæ etiam de collateralibus apertè statuit, à quorum successione à parentibus dotatâ, aut altero eorum excludetur, licèt ei collaterales nihil contulerint...* M. Duret, *hìc.*

54. Ce dernier sentiment est celui qui doit être suivi dans cette Coutume, il est autorisé de la disposition précise de l'ancienne Cout. tit. 12, art. 7, lequel article porte, en termes formels, que la fille mariée & appanée par le pere, ne peut venir à la succession du pere, de mere, de sœur & de frere, ne autre échoite collatérale dedans les termes de représentation, tant qu'il y a mâle : & cette disposition de l'ancienne Coutume dans cet article, a été conservée dans le présent article de la nouvelle Coutume, avec cette seule différence que, dans le présent article, on a accordé pour Coutume nouvelle à l'aïeul & aïeule paternels ou maternels, le droit d'appaner leur petite fille, comme il a été déja observé. Et si on y fait bien attention, on verra que la disposition de la Coutume en notre article favorise entiérement ce sentiment; pour le comprendre, il est à propos de faire deux observations.

55. La premiere, que notre article parle de l'appanage de la fille, fait du vivant de ses pere & mere; de maniere que si la mere est décédée dans le temps de l'appanage de la fille par le pere, il n'y a point d'exclusion par rapport à la succession échue de la mere, dont le droit est acquis à la fille; & que l'exclusion de la fille ne peut concerner que la succession future de sa mere. *Nota tamen*, dit Papon, *hìc requiri filiam dotatam esse ab avo, patre aut matre viventibus, idque innuunt verba Statuti, ibi*, après le décès de ses pere & mere, *&c. Initio autem illam dotatam esse posuit à patre, matre, avo, aut aviâ, & denuò subjungit illam non admitti ad horum successionem : nam si dotata sit post mortem, aut patris, aut matris, sibique jus quæsitum sit defuncti parentis successionis, id ab ea tolli non debet... neque Statutum id comprehendit aut tacitè, aut expressè : ergò nec tam odiosè supplendum....* Papon, *hìc*, sur le mot, *aïeul.*

56. La seconde observation qu'il convient de faire, c'est que, comme il a été déja remarqué, la disjonctive *ou*, répétée dans notre article, donne suffisamment à entendre qu'une fille est bien appanée, quand elle l'est par l'un des ascendans qui y sont dénommés du vivant des autres; quand elle l'est, par exemple, par le pere seul, du vivant de la mere, & qu'en ce cas elle ne peut demander légitime ni supplément d'icelle, & se doit par conséquent tenir pour contente : d'où il suit qu'au moyen de son appanage, elle ne peut rien espérer dans les successions futures, directes & collatérales, dans les termes de représentation.

57. Ainsi de ces deux observations il reste à conclure qu'une fille dotée par son pere seul, sa mere vivante, est exclusé de la succession de sa mere comme de celle de son pere, selon qu'il est dit dans l'article 21 du tit. 7 de la Cout. du Duché de Bourgogne. *Considerandum enim est quòd Satutum in dotatione loquitur alternativè, sed in exclusione loquitur copulativè : undè dotata de uno*, dit Balde, *videtur excludi à successione alterius.* Et telle est la conclusion que tire Papon : *In summa dicendum est*, dit-il, *dotatione unius horum, patris, avi, matris, aut aviæ, filiam à cæterorum & dotantis futurâ successione excludi, portionem autem successoriam ante successonem quæsitam per mortem unius horum, sibi salvam fore, & ita intelligit Bald. cons. 197, in tertio volumine.* Papon *hìc*, mot, *aïeul.*

58. Ceci se confirme par la disposition de l'art. 311, *infrà*, qui donne au pere, mere,

ou autre ascendant, la faculté de reserver à leur fille le droit successif de pere & de mere, & autres lignagers, tels que bon leur semble; & qui veut que sans cette reserve la fille ne puisse être rappellée à aucun droit successif, au préjudice des mâles, & qu'en conséquence de son appanage elle en demeure excluse.

59. La raison de cette exclusion, c'est que quand le pere a doté sa fille, & qu'il l'a mariée, il est présumé avoir suffisamment pourvu à son établissement; que la dot qu'il lui a donnée, lui tient lieu de légitime; qu'il faut que la fille s'en contente; & qu'elle n'est plus considérée que comme étrangere par rapport aux successions directes & collatérales, dans les termes de représentation.

60. Il ne sert rien de dire qu'elle n'a pas été dotée des biens de la mere, & qu'il n'est pas juste que pour la dot des biens du pere, elle soit excluse des biens de la mere; car il en est de même par rapport aux successions collatérales: cependant, quoique les freres n'ayent pas contribué à sa dotation, elle ne laisse pas d'être privée de leur succession; & elle l'est de même de la succession de ses oncles & tantes, des biens desquels elle n'a pas été dotée, comme il a été jugé par arrêt en la famille des Herouis, le 17 mars 1644, selon que nous le dirons sur l'article suivant.

61. Cet arrêt détruit entiérement le raisonnement de M. Lebrun, qui met une différence entre la succession collatérale d'un frere, & celle d'une mere, en ce que le pere est considéré comme le chef de ses enfans, & la source des biens qui composent leur succession, & qu'il n'a aucun droit sur les biens de sa femme, sur-tout après sa mort: d'où il conclud que c'est à la mere à se choisir des héritiers, & non au mari à lui en donner: car un pere n'a constamment aucun droit sur les biens de son frere & de sa sœur; & cependant suivant qu'il a été jugé par cet arrêt, en appanant sa fille, il la prive de la succession de son oncle & de sa tante, & la fait passer, à son exclusion, à ses cousins germains, & cela parce que la fille appanée est réputée étrangere, & que la Cout. le veut ainsi.

62. Et ainsi a été jugé en cette Sénéchaussée, en infirmant la sentence du châtelain de Mont-Luçon, du 23 juin 1724, par sentence rendue au rapport de M. Perrotin, l'aîné, le 25 février 1729, au profit de Marie Coulhon, veuve de François Petit, & tutrice de Jeanne Petit, sa fille, appellante & anticipée, contre François Renaudet, intimé & anticipant. La sentence n'eut point de contradicteurs: J'étois des juges.

* François Petit avoit épousé Jeanne Rossignon; de ce mariage il eut, entr'autres enfans, François & Anne Petit.

François Petit épousa Marie Coulhon, & eut Jeanne Petit de son mariage.

Anne Petit contracta mariage avec Jean Renaudet le 30 octobre 1686. Son pere François Petit parla seul dans son contrat de mariage, & l'appana d'une somme de 350 liv. Jeanne Rossignon, mere, femme dudit François Petit, n'étoit pas en qualité dans le contrat, & n'y avoit point parlé.

Elle vécut plus de dix ans après ce contrat, & mourut en 1696, sans avoir réclamé, ni rien dit.

Du mariage de Jean Renaudet & d'Anne Petit nâquit François Renaudet, qui forma demande à Marie Coulhon, veuve de François Petit, tutrice de Jeanne Petit, sa fille, en division & partage de la succession de Jeanne Rossignon, son aïeule maternelle, & aïeule aussi de ladite Jeanne Petit; & par sentence du châtelain de Mont-Luçon du 23 juin 1724, le partage fut ordonné.

Appel en cette Sénéchaussée, où l'on soutint que Jeanne Petit ne pouvoit rien prétendre en la succession de Jeanne Rossignon, en conséquence de l'appanage d'Anne Petit, sa mere, fait par son pere: & sur ce qu'on prétendit en cause d'appel, qu'un tel appanage n'ayant été fait que par le pere seul, sans que la mere y eût parlé, cet appanage n'avoit produit contre Anne Petit, que l'exclusion des biens du pere, & non de la mere, cela donna lieu à une contestation qui fut décidée par sentence rendue au rapport de M. Perrotin, l'aîné, le 25 février 1722, par laquelle, *nemine contradicente*, il fut dit qu'Anne Petit avoit été bien appanée par son pere; qu'au moyen de l'appanage fait par le pere seul, du vivant de la mere, elle étoit excluse de la succession d'Anne Rossignon, sa mere, & la sentence du châtelain de Mont-Luçon fut infirmée. Les juges étoient M[rs]. Berger, lieutenant général, Vernin, assesseur, Perrotin, l'aîné, rapporteur, Vigier, Peret, Perrotin de la Serré, Auroux des Pommiers, Imbert, Farjonel d'Aubigny, & Bourgognon.

63. Une septieme condition, pour exclure valablement une fille des successions futures de ses pere & mere, est que la fille n'ait pas un droit acquis à ces successions; comme si par le contrat de mariage de sesdits pere & mere, il y a une clause que les enfans qui naîtront de leur mariage, succéderont également; parce que les peres & meres ne peuvent donner atteinte à leur contrat de mariage.

64. Au reste l'appanage & l'exclusion coutumiere de la fille ne regardent que les successions à écheoir, & non point les successions échues: ce qui a été observé par tous nos commentateurs. *Quid igitur*, dit M. le président Duret, *si filia titulo appanagii dotata sit à matre, patris successione jam sibi delatâ, ab eâ excludetur? Minimè verò, & hoc jure utimur.* La raison est que ces sortes d'exclusions ont pour fondement de leur justice, l'incertitude de l'événement pour ce qui regarde les successions futures, & qu'à l'égard des droits déjà échus & déférés par la nature & par la loi, comme le succès en est certain, si on ne donne pas à la fille qu'on appane, tout ce qui lui revient & qui lui est acquis, la lésion se trouve évidente

évidente dans l'instant même de l'appanage.

65. Ainsi, si la fille qui a été appanée, a renoncé, tant à la succession future de son pere, qu'à la succession échue de sa mere, on distingue si elle a renoncé pour un seul & unique prix, ou pour des prix distincts & séparés. Si c'est pour un seul prix, la renonciation à la succession échue qui est nulle, entraîne avec elle la renonciation à la succession future, selon qu'il a été dit ci-dessus: mais si l'appanage & la renonciation a été faite aux deux successions, pour deux prix distincts & séparés, la fille appanée exécutera sa renonciation à la succession future; & si elle est mineure, elle se pourra faire relever de celle à la succession échue; & quand même elle seroit majeure, & qu'elle eût renoncé en majorité, si on lui a donné une dot qui soit moindre que sa portion héréditaire, & dans laquelle elle souffre lésion du quart, elle sera restituée, parce que le droit de succéder lui étant acquis, le premier acte fait par elle avec ses cohéritiers, est réputé un partage qui doit être égal.

66. Quand l'appanage de la fille mariée est revêtu de toutes les conditions requises pour sa validité, & ci-dessus alléguées, il a deux effets principaux.

67. Le premier effet est que la fille appanée, mineure ou majeure, ne peut rien prétendre dans les successions à écheoir, directes & collatérales, dans les termes de représentation, non pas même le supplément de légitime; c'est la disposition de notre Coutume, au présent article: quant à celles de Tours, article 284; d'Anjou, 242; du Maine, 258; de Lodunois, chapitre 27, article 26, elles disent bien que la fille appanée ne peut rien demander en la succession directe de pere & de mere, aïeul ou aïeule, quand même elle n'auroit été appanée que d'un chapeau de roses: mais en même temps elles mettent une restriction à leur disposition; savoir, pourvu que la fille ait été mariée *decenter* à son pareil en noblesse & maison. Mais notre Coutume n'a point attaché cette condition à sa disposition, non plus que la Coutume de la Marche, article 246; celle de Bordeaux, article 66; & de Poitou, article 220; & l'usage dans cette province est que, quand la fille a été mariée par pere ou mere, aïeul ou aïeule, on suppose qu'il a été suffisamment pourvu à son établissement; de maniere que, quelque lésion qu'elle souffre, elle n'a point d'action pour s'en plaindre. C'est l'observation de M. le président Duret, sur ces mots de notre Coutume, NI SUPPLÉMENT D'ICELLE. *Quantacumque*, dit-il, *sit læsio, quod enim à judicio parentum procedit, id legitimè fieri censetur.* M. Duret, *hìc.*

68. Le second effet de l'appanage est que les enfans de la fille appanée souffrent de son incapacité; qu'ils n'ont pas plus de droit dans les successions collatérales, dans les termes de représentation, & en la succession de l'aïeule, que leur mere qui en est excluse, & qu'ils ne peuvent, non plus qu'elle, demander supplément de légitime. La raison est que la dot, pour laquelle leur mere a été excluse, lui tient lieu de portion héréditaire; de maniere que remplissant son degré, elle fait obstacle à ses enfans, & pour la légitime & pour la succession: c'est ce qui a été observé, & par M. le président Duret, & par M. Jean Decullant, sur notre article, sur ces mots, NE PEUT DEMANDER: *Nec liberi*, disent-ils, *ex ea præmortua, sive sint masculi, sive fœminæ; quia tunc semel à principio exclusa agnatio ampliùs non admittitur; & regulare est, quando persona aliqua à Statuto excluditur, ut etiam ex ea descendentes excludantur, & regulariter appellatione descendentium veniunt omnes, tam masculi, quàm fœminæ.*

69. Cette exclusion coutumiere de la fille appanée & de ses descendans, pour les successions à écheoir, ne va pas à l'infini dans cette Coutume, dans les successions collatérales; mais elle est limitée par notre article aux termes de représentation; desorte qu'en succession collatérale, hors les termes de représentation, la fille appanée ou ses descendans succédent avec les mâles ou leurs descendans, selon la prérogative du degré, ainsi qu'il est dit dans notre article.

70. Il y a plus, c'est que, selon que le rapporte M. François Menudel, les avocats de cette province ont jugé qu'une renonciation indéfinie à toutes successions collatérales, est nulle dans cette Coutume, par rapport aux successions collatérales, hors les termes de représentation, si ceux de la succession desquels il s'agit, n'y consentent. *Renunciatio indefinita*, dit Menudel, *omnibus successionibus collateralibus est nulla, respectu Statuti nostri, quoad renunciationes factas successionibus extrà terminos, nisi consensus interveniat parentum extrà terminos, quorum successioni renunciatur.... Et sic Advocati Borbonienses consuluère, in Causa Joannis* Desalors, *in successione Borboniensi Gabriëlis, nepotis dicti Joannis.*

71. Quand la fille appanée a parlé dans son contrat de mariage, & qu'elle a fait une renonciation expresse, c'est une question si son exclusion doit être limitée aux termes de la renonciation expresse; laquelle question sera traitée sur l'article 307, *infrà*.

72. L'exclusion de la fille appanée est en faveur des mâles, & profite à leurs enfans de l'un & l'autre sexe, parce que la représentation produit cet effet en directe: tellement que la fille appanée ne peut venir aux successions directes & collatérales dans les termes de représentation, tant qu'il y a mâle ou descendant de mâle, soit mâle ou femelle, héritant esdites successions: c'est ce qui est porté par notre article, & qui sera expliqué plus au long sur les articles 307, 309 & 310, *infrà*, où il faut avoir recours.

73. Au reste l'appanage d'une fille, & son exclusion coutumiere, ne regarde que les

biens situés dans cette Coutume, hors laquelle l'exclusion municipale ne produit aucun effet. Ainsi l'appanage n'empêche pas le retour de la fille à sa légitime, dans les biens situés dans les Coutumes qui accordent le supplément de la légitime à la fille mariée & appanée, comme fait celle de Nivernois, chapitre 23, article 24; de Berry, titre 19, article 34; de Sens, article 267, & autres. La raison est que les Coutumes sont réelles, & affectent les biens qui y sont situés. Tel est le sentiment de Dumoulin en son conseil 55, n. 14; de M. Dargentré, sur la Coutume de Bretagne, titre *des Donations*, article 218, gl. 6, n. 26; de Basmaison, sur la Coutume d'Auvergne, titre 12, article 25; de Jabely, sur la Coutume de la Marche, article 219; de Lebrun, *des Successions*, livre 1, chapitre 4, section 5, n. 31; de M. Genin, pere, & M. François Menudel, sur le présent article.

74. Mais cette décision ne regarde que l'exclusion de la fille, qui vient de la Coutume, laquelle est bornée à son territoire: car quant à l'exclusion qui vient de la convention & de la renonciation de la fille à une succession future; c'est une difficulté si elle s'étend aux biens situés dans d'autres Coutumes; sur quoi voyez Lebrun en son traité *des Succ.* liv. 1, ch. 4, sect. 5, n. 31; & liv. 3, ch. 8, sect. 1, n. 47.

ARTICLE CCCVI.

Termes de Représentation.

LES TERMES de représentation sont ès successions directes des ascendans, ou descendans *in infinitum*; & en ligne collatérale, des freres & des sœurs, ou de leurs enfans: & se partent & divisent les biens d'un défunt, en succession étant hors les termes de représentation, également entre les héritiers d'icelui, par têtes, & non *per stirpes*, tant meubles qu'héritages: mais dedans lesdits termes de représentation, lesdites successions se partent *per stirpes*, tant meubles, qu'héritages.

1. PAr l'ancien usage de France, la représentation n'avoit pas lieu, tant en directe qu'en collatérale; & l'on gardoit exactement la regle, *le mort saisit le vif*, le plus prochain, habile à succéder; mais dans la suite des temps on est revenu de cette dureté, & la représentation a été admise dans la plupart de nos Coutumes réformées, en directe & en collatérale. Dans cette Coutume nous admettons, suivant le présent article, la représentation en l'une & l'autre ligne, directe & collatérale, de la maniere qu'il sera expliqué ci-après.

2. La représentation est un droit qui met les enfans en la place de leurs peres ou aïeuls décédés, avant que la succession soit ouverte, pour succéder comme eux, s'ils étoient vivans, & prendre la part & portion que leur pere eût prise, s'il eût vécu; de maniere qu'au lieu que dans la regle, le plus proche devroit exclure le plus éloigné, le plus éloigné au contraire est admis avec le plus proche, lorsqu'il représente une personne qui étoit aussi proche que cet autre: ce que les Coutumes ont introduit, afin que la mort, qui prive les enfans de la présence & support de leur pere, ne leur causât pas une double perte, en leur ôtant la succession que leur pere eût recueillie, s'il eût vécu.

3. La représentation n'a fondement que dans la nature qui fait une subrogation perpétuelle de l'enfant au pere, & rend un pere mort en la personne du fils qui lui survit; de maniere qu'il n'y a que les enfans qui représentent; que cela n'est jamais permis en quelque cas que ce soit aux collatéraux, & que les enfans ne représentent pas, *ut hæredes*, *sed ut filii*: d'où il s'ensuit que les petits-enfans, ayant renoncé à la succession de leur pere, & venant à celle de leur aïeul par représentation de leur pere, ne sont pas pour cela tenus des faits & des dettes de leur pere, qui n'a jamais rien eu dans les biens qu'ils prennent, & qui sont passés *recta* à eux; au lieu que, si leur pere avoit survécu d'un moment leur aïeul, ils ne pourroient jamais prendre les biens de la succession de l'aïeul, qu'en se portant héritiers de leur pere, & payant ses dettes.

4. Et il en est de même en collatérale: un fils qui a renoncé à la succession de son pere, ne laisse pas en représentant son pere de venir à la succession d'un de ses oncles avec ses autres oncles & tantes, ainsi qu'il a été répondu par Mrs. Jean Fauconnier & Etienne Baugy, dans une consultation du 20 octobre 1699; ladite consultation rapportée par ledit Baugy.

5. Mais, comme le droit de représenter est une émanation & une suite du droit de succéder, celui qui n'a pas droit de succéder, comme un bâtard, n'a pas droit de représenter.

6. La représentation se fait d'une personne morte d'une mort naturelle, ou d'une mort civile; parce qu'en ce qui regarde les dispositions de la loi, la mort civile équipolle à la naturelle.

7. Mais l'on ne reçoit cette représentation, qu'au cas que les enfans qui viennent par re-

présentation, ayent été conçus avant la succession ouverte; la raison en a été alléguée sur l'article 299, *suprà*.

* Quant à la question, s'il faut être né ou conçu lors du décès de celui qu'on veut représenter, M. Denis Lebrun, dans son traité des successions, liv. 1, ch. 3, n. 11, & Ricard, traité de la représentation, chapitre 8, n. 61, tiennent pour la négative. Leur raison est que pour représenter, il n'est pas nécessaire d'être héritier de celui que l'on représente, qu'il ne s'agit que de tenir sa place & de succéder en son lieu, comme s'il étoit vivant, & qu'il suffit pour cela que le représentant soit des descendans du représenté, & qu'il soit en vie lors du décès de celui de la succession duquel il s'agit.

8. La représentation ne se fait jamais d'une personne vivante, mais seulement d'une personne morte; parce que celui qui vit naturellement & civilement, remplit son degré lui-même, & que la raison ne veut pas qu'on entre en la place d'un homme qui remplit son degré, & qui n'est représenté que par lui-même.

9. Ainsi, si un homme a laissé deux enfans, Titius & Titia, que ces deux enfans soient tous les deux mariés, & qu'ils ayent des enfans; en ce cas les enfans de Titia, par exemple, ne peuvent point venir à la succession de l'aïeul, si leur mere Titia est encore vivante; & cela soit qu'elle accepte, ou qu'elle renonce à la succession: car si Titia accepte, elle partage avec son frere Titius la succession de leur pere commun, & le droit est consommé en sa personne.

10. Si elle renonce, ou c'est moyennant une récompense, ou sans récompense. Si la renonciation a son prix & sa récompense, elle exclud ses enfans, parce que *vicem portionis hæreditariæ fungitur*, & que c'est une composition qu'elle a faite pour elle & pour ses enfans, qui deviendroit illusoire, si les enfans étoient recevables à revenir aux successions auxquelles elle a renoncé, quand même ils rapporteroient ce qu'elle a reçu.

11. Que si la renonciation est gratuite, & qu'elle soit faite à une succession échue, ou il y a des héritiers en pareil degré que la renonçante, ou il n'y en a pas. Au premier cas, la portion de la renonçante revient au moyen de sa renonciation à ses co-héritiers par droit d'accroissement, sans que les enfans y puissent prétendre aucun droit; parce que ne pouvant y avoir droit que par représentation, ils en sont entiérement exclus, par la raison que l'on ne représente jamais une personne vivante.

12. S'il n'y a pas d'héritiers en pareil degré que la fille qui renonce, & que ses enfans viennent seulement avec leurs cousins germains à la succession de l'aïeul; en ce cas Dumoulin, dans sa note sur l'article 241 de la Coutume du Maine, avoit décidé la question en faveur des enfans dont la mere a renoncé, estimant qu'ils pouvoient venir conjointement avec leurs cousins germains à la succession de leur aïeul commun; parce qu'étant en pareil degré, ce n'est pas par représentation qu'ils viennent, mais *jure suo & ex suo capite*.

13. Toutefois les arrêts ont prononcé contre son sentiment: ces arrêts sont rapportés par Ricard, dans ses observations sur la Coutume de Senlis, article 139; & quoiqu'ils n'ayent été rendus qu'en ligne collatérale, cependant n'y ayant à cet égard aucune différence à faire entre la ligne directe & la collatérale, il y auroit lieu en conséquence de cette jurisprudence d'abandonner le sentiment de Dumoulin, tant pour la ligne directe, que pour la collatérale: mais M. Denis Lebrun en cite deux autres pour la ligne directe. * Et il y en a un de 1712, cité par un nouveau commentateur de la Coutume de Vitry, selon que l'a observé M. Espiard dans son adition huitieme, sur le traité des successions, de Lebrun, édition quatrieme. De maniere qu'il n'y a nulle difficulté d'abandonner le sentiment de Dumoulin, pour se ranger du sentiment contraire, comme ont fait Ricard sur la Coutume de Senlis, article 139; Lebrun, *des Succ.* livre 1, chapitre 4, section 6, dist. 1; Dernusson, traité *des Propres*, chapitre 2, sect. 4, n. 8; la Thaumassiere, sur la Coutume de Berry, titre 19, article 43.

14. Leur raison est qu'en ligne directe, quand il y a des descendans de plusieurs souches, ils ne peuvent, comme nous le dirons ci-après, succéder que par représentation; qu'en ce cas la représentation est actuelle, puisque c'est par elle seule qu'on a le partage par souches: d'où il suit que dans l'espece présente les enfans de Titius faisant une souche dans la succession de l'aïeul, & les enfans de Titia une autre; ceux-ci doivent être exclus de la succession de leur aïeul; par la raison qu'ils ne peuvent pas représenter leur mere qui est vivante, & qu'inutilement la représenteroient-ils, puisqu'elle a renoncé & que les représentans n'ont pas plus de droit que le représenté: ce qui forme un double obstacle qui les exclud de la succession de leur aïeul.

15. Il faut dire la même chose, selon M. Dernusson, *ibid.* encore que les enfans de Titia fussent en degré plus proche, comme si Titius & ses enfans étoient décédés, laissant seulement des petits-enfans: car les petits-enfans de Titius doivent, par les raisons qu'on vient d'alléguer, exclure les enfans de Titia, quoique plus proches en la succession du bisaïeul.

16. La note de Dumoulin, sur l'art. 241 de la Coutume du Maine, ne peut avoir lieu qu'en deux cas.

17. Le premier, si, par exemple, Titius avoit renoncé aux successions de ses pere & mere, & qu'il se trouvât fils unique au temps de [illegible] décès; en ce cas, s'il a des enfans, ils succederont à leur aïeul & aïeule, non pas par représentation de leur pere, puisqu'il est vivant & qu'il a renoncé, mais *jure suo & ex*

propria persona, comme plus proches & seuls capables de recueillir la succession par préférence à des collatéraux, & à leur exclusion. Dernusson, *ibid.* n. 10; Lebrun, *des Succ.* livre 3, chapitre 5, sect. 1, n. 15, à la fin.

18. Le second, si Titius & Titia, par exemple, ayant chacun des enfans, ont renoncé à la succession de leur pere & de leur mere; car en ce cas tous les petits-enfans succédent de leurs chefs à leur aïeul & aïeule, par la raison qu'ils sont tous préférables à des collatéraux. Lebrun, *des Succ.* livre 1, chapitre 4, sect. 6, dist. 1, n. 26; Argout, *Inst. au Dr. Franç.* liv. 2, ch. 21.

19. La question, en ce dernier cas, est de savoir si les petits-fils y viennent par souches ou par têtes; & c'est ce qui sera décidé ci-après, n. 59.

20. La représentation peut être considérée par rapport à la ligne directe, ou par rapport à la ligne collatérale.

21. La représentation a lieu à l'infini en ligne directe descendante, c'est la disposition du droit civil en la novelle 118, & le droit commun du royaume; & ainsi le décide notre Coutume au présent article; celle de Paris, article 319; d'Auv. titre 12, article 9; de la Marche, article 219; de Niv. chapitre 34, article 11; d'Orléans, 304, & autres: ce qui est fondé sur le droit naturel, la nature faisant une subrogation perpétuelle des enfans aux peres, & rendant un pere mort en la personne d'un fils, ou d'un petit-fils qui lui survit; & la raison naturelle voulant que les plus éloignés étant sortis & descendus du défunt, *de cujus successione agitur*, aussi-bien que les plus proches, par un fil de sang qui ne s'altére point par l'éloignement, ils ayent une portion dans la succession à la place de leur pere ou aïeul qui n'est pas vivant pour la recueillir, maislesquels ils représentent.

THEMA.

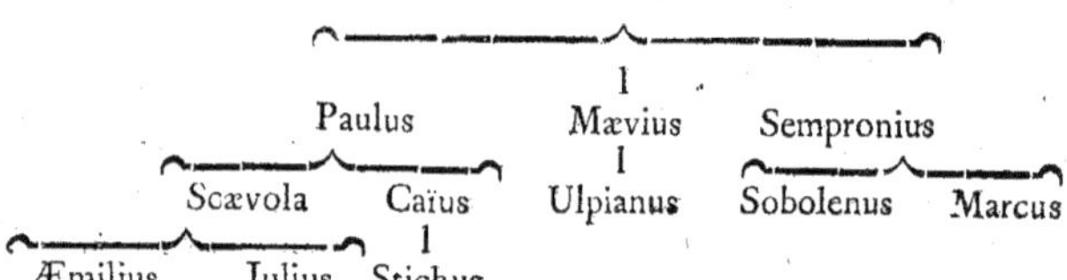

22. *In successione Titii*, dit M. Jean Decullant, *dividendâ inter liberos qui ei supervixerunt, Sobolenus & Marcus repræsentando Sempronium patrem, ferent tertiam partem; Ulpianus, filius Mævii, tertiam; & Æmilius, Julius, Stichus, tertiam, repræsentando Paulum, avum: sed in subdivisione inter hos tres, Æmilius & Julius ferent dumtaxat dimidiam hujus portionis, repræsentantes Scævolam; & Stichus feret aliam dimidiam, repræsentans Caïum: & ita repræsentatio fit in infinitum in directa, ex d. Auth. & art. 306 Statuti Borbonii.* Jean Decullant, traité *des Succ.* manuscrit.

23. J'ai dit que la représentation a lieu à l'infini en ligne directe descendante, sans parler de l'ascendante, quoique notre art. parle indistinctement des successions directes des ascendans ou descendans; & ma raison, c'est que la représentation ne se fait jamais qu'en remontant à la source, & non point en retrogradant de l'origine: desorte que la représentation n'a pas de lieu entre les ascendans, & qu'un aïeul ne sauroit représenter un pere; ce qui fait que les ascendans viennent toujours de leur chef, & non pas par représentation, & que le plus proche exclud toujours le plus éloigné. C'est la disposition de la Coutume de Nivernois, titre *des Succ.* article 12, ce qui est conforme au droit romain, en la novelle 118; & tel est le sentiment de M. le président Duret & de M. Louis Semin, sur notre article. *Repræsentatio*, dit M. Duret après M. Dumoulin, dans sa note sur l'art. 241 de la Coutume du Maine, *semper recta procedit, & non retrograditur*; & M. Louis Semin en dit autant sur le mot, REPRÉSENTATION: *Quæ repræsentatio*, dit-il, *nunquam datur descendendo, sed ascendendo tantùm.*

24. Il n'en est pas de la représentation en ligne collatérale, comme en ligne directe: la représentation en ligne directe a lieu à l'infini, comme il vient d'être dit; & en collatérale, elle est bornée aux enfans des freres & des sœurs, suivant la disposition du présent article, & celle de la Coutume de la Marche, article 219; de Melun, article 262; de Mantes, 164; de Châlons, article 82; de Valois, article 87, & autres. Et la raison de la différence entre cette ligne & la directe, c'est qu'en directe le petit-fils & l'arriere-petit-fils jusqu'à l'infini tirent toujours leur origine de celui de la succession duquel il s'agit: ce qui ne se peut point dire en collatérale des enfans des freres.

25. De cette maniere notre Coutume ne reçoit la représentation en collatérale, qu'au profit des neveux & des niéces, enfans des freres ou des sœurs, pour les faire venir à la succession de leur oncle ou tante, avec les freres ou sœurs du décédé; & au-delà des enfans des freres ou des sœurs, il n'y a, ni ne peut y avoir, de représentation en collatérale: ce qui a été tiré du droit romain, c'est-à-dire, des

des authentiques de l'empereur Justinien & de la novelle 118, ch. 3; & de-là on tire plusieurs conclusions.

La premiere conclusion que l'on tire, est que l'arriere-neveu ne représente pas son pere en la succession de son grand-oncle; ce qui fait que dans l'espece qui suit, Sabinus n'est pas admis à la succession de Labeo.

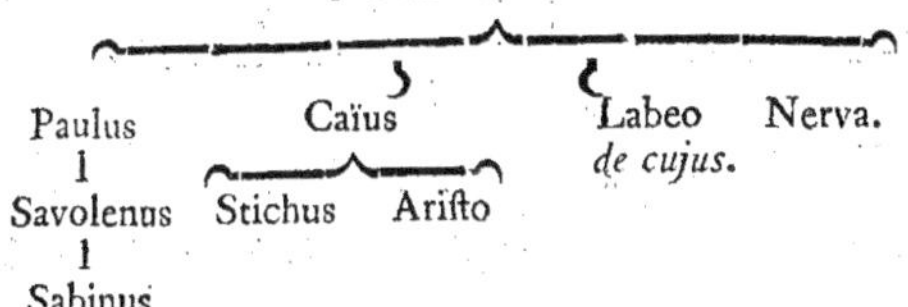

26. *In successione Labeonis*, dit Jean Decullant, *admittuntur Stichus & Aristo repræsentatione patris, & Nerva ex æquis portionibus, id est, in stirpes; Sabinus autem rejicitur, quia post fratres fratrumque filios non fit repræsentatio.* Jean Decullant dans son traité manuscrit *des Successions.*

27. La seconde conclusion que l'on tire, est que si celui qui décéde, n'a ni descendans ni ascendans, ni freres ni sœurs, & qu'il ait un oncle & un neveu, le neveu lui succédera & exclura l'oncle : car encore qu'ils soient en pareil degré, le neveu a le droit de représentation de son pere, frere du défunt, qui seroit préféré à l'oncle s'il vivoit, & l'oncle de sa part n'a aucun droit de représentation : c'est l'observation de M. Jean Decullant sur notre article.

28. *Satutum Parisiense*, dit-il, §. 339, *admittit patruum defuncti, æqualiter ad successionem cum nepote ejusdem defuncti; quippè sublato jure repræsentationis, reperiuntur patruus & nepos defuncti in eodem gradu, scilicèt in tertio. Quod non habet locum in hoc nostro Statuto; per cujus dispositionem fratrum filii succedunt, repræsentando; itaque filius fratris, patrem repræsentando, succedit patruo defuncto, excludendo patruum defuncti ut potè gradu remotiorem, quod est decisum in Auth. Post fratres autem. In themate sequenti hoc clariùs patebit.*

SIMON.

Jean. — Paul

Paul : Pierre, *de cujus.* — André

André : Jacques.

29. *Joannes & Jacobus succederent Petro in Statuto Parif. sed sivè Jure civili, sivè in hac Borboniensi Provincia Jacobus solus succedit, excludendo Joannem.* Jean Decullant, *hic.*

* Dans l'espece présente, Jacques a pour lui deux moyens pour exclure Jean de la succession de Pierre, l'un tiré du double lien suivant l'article 317 *infrà*, parce qu'André son pere, est frere germain de Pierre; & l'autre tiré de la représentation, conformément au présent article, & l'authentique *post fratres autem, cod. de legit. hæred.* M. Jean Decullant, dans son observation, n'a eu en vue que la représentation, & ce n'est que par l'effet de cette représentation, qui met Jacques en la place de Pierre, qu'il donne à Jacques la succession de Pierre, par préférence à Jean. Ainsi, en supposant qu'André soit venu d'un second mariage de Paul, & qu'il ne fût que frere consanguin à Pierre, Jacques, son fils, & neveu consanguin du défunt, feroit également préféré à Jean, oncle du défunt; la raison c'est, 1°. Qu'entre collatéraux, quand il n'y a pas de double lien, c'est la proximité qui donne le droit de succéder, le plus proche excluant le plus éloigné : 2°. Que les enfans des freres consanguins ou utérins, représentent leurs peres, suivant l'authentique *post fratres autem*, & le présent article qui accorde le droit de représenter aux enfans des freres indistinctement. 3°. Enfin que l'effet de la représentation étant de faire monter les neveux en la place de leurs peres, qui étoient freres du défunt, & qui par la proximité du degré, excluroient les oncles du défunt, ils ont le même droit qu'eux.

30. Une troisieme conclusion que l'on tire, c'est qu'en collatérale les enfans des freres & sœurs, qui sont cousins germains entr'eux, ne représentent point, quand ils viennent à la succession d'un cousin germain.

31. C'est l'observation de M. le président Duret sur ces mots de notre article, DE LEURS ENFANS : *scilicèt nepotibus*, dit-il, *collateralibus ejus, de cujus successione agitur, ex fratribus vel sororibus ejusdem. Planè consobrini non repræsentant, nec veniunt ad successionem mortui consobrini, concurrentes cum avunculo, vel patruo ejusdem defuncti.*

THEMA.

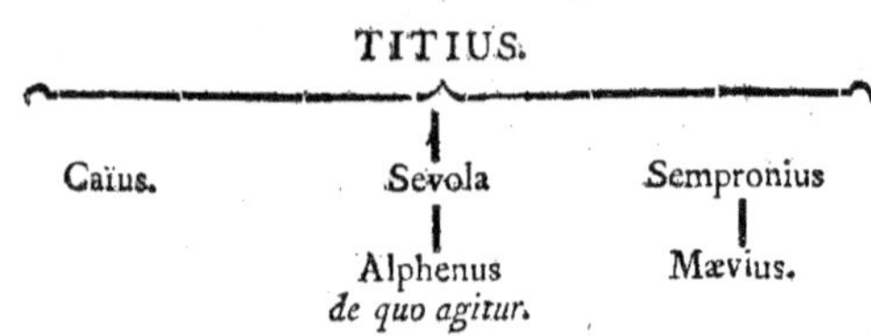

32. *In hoc themate vides Mœvium consobrinum Alpheni non concurrere cum patruo Caïo in successione dicti Alpheni, sed Caium solum hæredem esse, eò quòd successio Alpheni, respectu Mœvii, non sit intrà terminos repræsentationis, sed extrà, quæ non fit descendendo, sed ascendendo tantùm; & cùm illa successio fit extrà terminos repræsentationis, proximior gradu, qui est Caïus, qui in tertio gradu reperitur, removet ulteriorem gradu, nempè Mœvium qui est in quarto. Aliter si ageretur de successione Scevolæ, quia Mœvius admitteretur in successione ejus qui patruus est cum Caio patruo altero: idque, quia per hunc* §. *nostrum successio patrui est intrà terminos repræsentationis, respectu nepotum collateralium, id est, filiorum ex fratre, qui repræsentando patrem sunt in pari gradu defuncti; adeò ut Mœvius repræsentando patrem, similiter reperiatur in secundo gradu, sicut & Caïus patruus in successione Scevolæ, patris defuncti.* M. Duret, *hìc.*

33. M. Jean Decullant sur les mêmes mots, *de leurs enfans*, a fait la même remarque: *Hæc verba*, dit-il, *non passivè sunt intelligenda, sed activè, id est, filii fratrum & sororum succedunt per repræsentationem patrum suorum in stirpes: sed si agatur de successione filiorum fratris aut sororis, non admittitur repræsentatio, sed defertur proximiori.* M. Jean Decullant, *hìc.*

34. M. Louis Semin & Jean Fauconnier en disent autant sur ces mots, DE LEURS ENFANS: *activè*, dit Semin, *non passivè, id est, cùm succedunt, sed non cùm eis succeditur....* M. Semin, *hìc.*

35. Une quatrieme conclusion que l'on tire, c'est que la tante, quoique mariée & appanée, sera préférée en la succession de son neveu à celui qui ne sera que cousin germain au défunt; parce que telle succession, comme il vient d'être dit, est hors les termes de représentation: c'est l'observation de M[rs]. Jean & François Decullant, de M. François Menudel, de M. Bordel, & de M[rs]. Jean Cordier & Fauconnier sur le présent article; & ainsi a été jugé en cette Coutume par sentence de cette Sénéchaussée, confirmée par arrêt: c'est encore le sentiment de Dumoulin, dans sa note sur l'art. 82 de la Coutume de Châlons; & ainsi a été jugé par plusieurs arrêts, dit M. Julien Brodeau dans sa note sur le présent article, rapportée dans le nouveau coutumier général.

36. *Amita*, dit M. Jean Decullant, *licèt fuerit nupta & dotata per patrem vel matrem, & renunciaverit secundùm hoc Statutum, tamen non excludetur à successione nepotis, imò excludet ab ea nepotes suos qui essent cognati hujus defuncti, quia in tali successione non est locus repræsentationi, quæ alioquin retrogradatim ageret, Molin. ad* §. *82, Consf.* de Châlon, §. *338, Consf. Parisf. L. Advunculo priori, Cod. Communia de Succ.*

37. *Contraria opinio ante aliquot annos obtinuerat, inter Judices Molinenses, usque ad annum 1628, quæ fuit rejecta & condemnata per Arrestum publicatum, & enregistratum in foro Curiæ Molinensis, mense Augusto. Hæc quæstio mota fuit in successione Nicolai* Perret *Molin. à qua cognatæ filiæ fratris fuerunt exclusæ per amitas quamvis nuptas & dotatas, sententiâ domini Castellani datâ anno 1627, confirmatâ per dominum Senescallum, & per Arrestum datum anno 1628. Thema tale erat.*

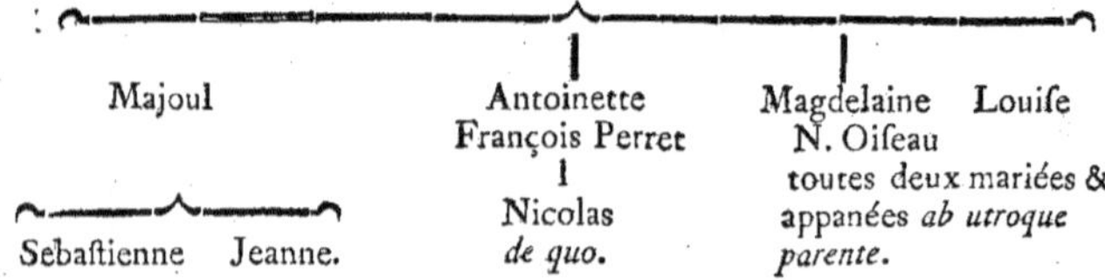

38. *In quo themate, dicta Magdalena & Ludovica, licèt dotatæ & maritatæ, fuerunt solæ admissæ ad successionem Nicolai* Perret, *ad exclusionem Sebastianæ & Joannæ filiarum fratris.* M. Jean Decullant, *hìc.*

39. M. Jean Cordier rapporte un autre exemple dans la famille Dalegre.

GASPARD DALEGRE.

Charlotte de Baulaire.

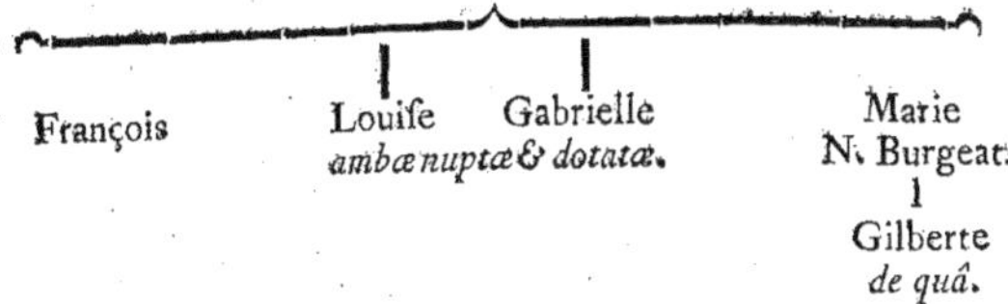

40. *In illo themate, Ludovica & Gabriela* Dalegre, *licèt nuptæ & dotatæ, fuerunt admissæ cum fratre Francisco ad successionem Gilbertæ filiæ sororis communis, in eo quod successio filiorum fratrum est extrà terminos repræsentationis, eò quòd jus repræsentationis extendatur ad filios fratrum, in eorum gratiam activè ut succedant & repræsentent, sed non passivè ut eis succedatur.* M. Cordier, *hìc.*

41. Par arrêt, dit M. François Menudel, du 20 août 1605, donné au rapport de M. Scarron, au profit des Rouhers contre les enfans de Louis Basmaison, il a été jugé qu'il n'y avoit point de représentation en la succession du cousin germain, & les enfans de la fille mariée & appanée y ont été reçus avec les enfans du mâle. M. Menudel, *hìc.*

42. Une cinquieme conclusion que l'on tire, c'est que dans le cas où les enfans des freres, qui sont entr'eux cousins germains, viennent à la succession d'un oncle, ils excluent de cette succession les enfans de leur tante, sœur du défunt, mariée & appanée, par la raison que, quoiqu'il n'y ait pas dans ce cas une représentation actuelle, & que les neveux du défunt viennent à la succession de leur oncle de leur chef, il est vrai néanmoins de dire qu'ils sont dans les termes de représentation, dans le degré & la puissance de pouvoir représenter, s'il y avoit un oncle vivant; & tel est le sentiment aujourd'hui des avocats de cette ville, & ainsi se juge en cette Sénéchaussée.

43. A la vérité c'étoit une ancienne dispute dans cette Coutume, si son esprit est tel, que pour être censé se trouver dans les termes de représentation, il suffit d'etre dans le degré dans lequel on admet la représentation, soit que l'on se trouve en degré égal, ou que l'on se trouve en degré inégal, ou s'il est nécessaire que l'on soit en degré inégal, & qu'il y ait des freres & des sœurs avec des neveux: M. Charles Dumoulin, dans sa note sur notre article, taxe un peu les avocats de cette ville de Moulins, de ce qu'ils soutenoient le sentiment qui veut que l'on soit en degré inégal: mais l'on s'est rangé de l'avis de Dumoulin, & ainsi se juge en ce siége. C'est l'observation de M. Jean Decullant, sur notre art. & après lui de ceux qui nous ont laissé leurs écrits sur cette Coutume.

44. *Thema repræsentationis*, dit M. Jean Decullant, *de quo loquitur Molinæus in sua notula ad hunc paragraphum, tale est quod sequitur.*

TITIUS.

Mævius *de cujus successione agitur.*	Sempronius 111 *Liberi.*	Seja *à parente dotata & maritata* 111 *Liberi.*

45. *Olim Advocati Molinenses dicebant liberos Sempronii & Sejæ simul succedere Mævio patruo, quia censebant repræsentationem hìc locum non habere, cùm sint omnes in pari gradu: sed contrà Molinæus, qui tenebat liberos Sejæ excludi à dicta successione per liberos Sempronii, & hanc Molin. sententiam sequimur; quia licèt liberi Sempronii & Sejæ sint in pari gradu, & sic non sit opus repræsentatione tamen sufficit, ut annotavit Molinæus, quòd successio Mævii,* soit dans les termes de représentation, *id est, in quibus est vel esse potest repræsentatio.*

46. *Hæc quæstio fuit agitata in successione domini Joannis* Vernoi, *Patroni Molinensis, qui obiit mense Februario 1628, & reliquerat plurimos nepotes & neptes, scilicèt, quinque ex fratre Ludovico, unam neptem ex Antonio, aliam ex Jacobo, & duas ex Claudia nupta & dotata per Claudiam* de la Loere *matrem.*

Famille des Vernois.

Jean	Louis	Antoine	Jacques	Claudine	
de quo.	1111	1	1		
Liberi.		N.	N.	N.	N.

47. *Neptes ex dicta Claudia nupta & dotata petebant admitti ad successionem dicti Joannis*

patrui, ex tribus potissimùm rationibus.... quarum secunda hæc erat, quòd dicerent exclusionem matris tantùm extendi ad successionem quæ fit intrà terminos repræsentationis, successionem autem d. Joann. Vernoi *esse extrà terminos repræsentationis, aut saltem opus non esse repræsentatione: quia liberi fratrum & sororis soli supervixerant, qui omnes erant in pari gradu; quo casu Statutum Parisiense, §. 321, non admittit repræsentationem; sed eis objiciebatur sententia Molinæi ad hunc §. & Arrestum datum in successione* de Chaumat. *Tandem per Sententiam domini Senescalli, 14 Martii ann. 1628, patrocinante domino Adv.* Decullant, *pro liberis fratrum, fuerunt dictæ filiæ ortæ ex d. Claudia* Vernoi, *exclusæ à successione patrui: quam Sententiam Curia confirmavit, Arresto 27 Julii 1629.* Jean Decullant, *hic.*

48. Une sixieme conclusion que l'on tire, c'est que quand les freres & sœurs d'une fille mariée & appanée, viennent à la succession d'un oncle ou d'une tante, frere ou sœur de celui ou celle qui a constitué l'appanage, ils excluent de cette succession leur sœur appanée; par la raison que les freres venant à la succession de leur oncle ou tante, sont dans les termes de représentation: c'est ce qui a été jugé par arrêt du mois de mars 1644, entre le sieur Héroüis, trésorier de France, & la femme du sieur avocat Revangier, sœur germaine du sieur Héroüis, tous les deux prétendans droit à la succession de Marguerite Héroüis, leur tante, qui fut déférée en entier à M. Héroüis, à l'exclusion de sa sœur appanée; l'arrêt est cité par M. Bordel & M. Jean Cordier, sur notre article, & rapporté au long par M. François Menudel, M. Etienne Baugy & M. Jean Fauconnier, *hic.*

* Arrêt de la cour du parlement de Paris, plaidans M. Feydeau & M. Pucelle, rendu sur les conclusions de M. l'avocat général Talon, le 17 mars 1644, confirmatif de la sentence rendue en la châtellenie de cette ville de Moulins, pour la succession de dame Marguerite Heroüis, dont voici l'espece.

M. HEROUIS, Conseiller.

Jacques Herouis.		Marguerite Herouis. veuve de M. Fevrier, morte après son frere, sans enfans.
Louis Herouis, Trésorier de France.	Jeanne Herouis, appanée, femme à Jean Revangier.	

M. Heroüis ayant plusieurs enfans, maria Jeanne Heroüis, l'une de ses filles, à M. Jean Revangier, avocat en parlement, la dote & appane d'une somme de 15000 livres, à la charge que, suivant la Coutume, elle renonceroit à toutes successions directes & collatérales, qui lui pourroient venir dans les termes de représentation, ce qu'elle fit. Des autres enfans de M. Heroüis, deux décéderent, desquels M. Louis Heroüis, trésorier général de France, en cette ville, frere de Jeanne, hérita, ainsi que des pere & mere communs des parties, sans que la dame Jeanne Heroüis y prétendît aucune chose, à cause de son appanage & de sa renonciation. Mais le décès de dame Marguerite Heroüis, tante commune des parties, étant arrivé, Jeanne Heroüis demanda sa part en cette succession, laquelle part lui fut contestée par son frere; sur quoi intervint sentence en la châtellenie, par laquelle sur la demande les parties furent mises hors de cour & de procès. Appel, & le procès évoqué au parlement; la contestation roula sur l'interprétation des articles 305 & 306 de cette Coutume, & toute la question fut de savoir, si la succession dont il s'agissoit, étoit dans les termes de représentation: l'affaire fut fortement discutée de part & d'autre.

M. Talon, avocat général, dit que les neveux du défunt, quoiqu'ils viennent à la succession de leur oncle de leur chef, étoient néanmoins dans les termes de représentation, dans le degré & la puissance de représenter leur pere, s'il y avoit un oncle ou une tante vivante; que la succession dont il s'agissoit étoit par conséquent dans les termes de représentation, & qu'il y avoit lieu de confirmer la sentence du châtelain de Moulins; & la cour faisant droit sur l'appel, le 17 mars 1644, ordonna que la sentence du châtelain sortiroit son plein & entier effet, & néanmoins sans dépens. Mrs. François Menudel, Etienne Baugy & M. Jean Fauconnier, sur l'article 306.

Il y avoit une circonstance particuliere & considérable au procès, savoir que M. Jacques Heroüis, célébre avocat, dans toutes ses consultations, & même en l'apostille qu'il avoit faite sur l'article 306, ne tenoit point la représentation virtuelle, mais seulement l'actuelle, & prétendoit que, hors le cas de la représentation actuelle, la fille appanée n'étoit pas excluse; mais la cour n'y eut aucun égard.

49. La question s'étant depuis présentée à Mrs. Fauconnier, Fevrier & Lomet, célebres avocats de ce siége, ils furent d'avis conformément audit arrêt, que la fille appanée est excluse des successions des oncles, freres de celui qui a constitué l'appanage; & le répondirent ainsi dans leur consultation du 17 septembre

septembre 1717, selon que le rapporte M. Brirot, *hic*.

50. A la vérité ce n'étoit pas là le sentiment de M. le président Duret & de M. Louis Semin, ni même, ce semble, l'ancienne jurisprudence de ce siége : mais la jurisprudence a changé depuis ledit arrêt, rendu au profit du sieur Héroüis ; c'est l'observation de M. Jean Cordier, *hic*.

51. *Quæritur*, dit M. Jean Cordier, *an hæc verba* en ligne collatérale des freres & des sœurs, *intelligantur de fratribus & sororibus dotantium, sicut & de fratribus & sororibus filiæ dotatæ, de quibus non potest esse quæstio. Sunt qui censent filiam nuptam & dotatam non excludi à successionibus patrui & amitæ; & ita referunt hæc verba*, freres & sœurs, *ad fratres & sorores filiæ nuptæ : iniquum enim censent, quòd quis dotando filiam, disponat de successionibus collateralibus, & illis hæredem constituat. Hæc sententia multis annis obtinuit, sive in consulendo, sive in judicando ; verùm contraria prævaluit : scilicèt hæc verba Statuti intelligi de fratribus & sororibus dotantium, & de liberis dictorum dotantium, qui liberi sunt fratres & sorores dotatæ, quandò quidem liberi fratrum succedunt repræsentando, patruis & amitis ; alioquin sensus hujus paragraphi non posset congruè explicari, facit paragraphus 265. Tandem hoc Arresto decisum est, dato an. 1644, confirmante Sententiam Castellani Molinensis, pro domino* Héroüis, *contrà sororem suam, uxorem domini* Revangier, *pro successione eorum amitæ, à cujus successione dicta soror, utpote dotata exclusa fuit. D. P.* Duret *pro prima opinione pugnabat, & idem tenebat dominus Advocatus* Semin. M. Jean Cordier, sur notre article.

52. M. Cordier cite, comme l'on voit, M. le président Duret & M. Louis Semin, comme étant d'un sentiment contraire à ce qui a été décidé par l'arrêt rendu en faveur du sieur Héroüis, & cela est vrai ; & leur sentiment, quoique non suivi aujourd'hui, ne laisse pas d'avoir ses partisans, & j'ai oui dire à un célebre avocat de ce siége, qu'il souhaiteroit que l'on reprît l'ancienne jurisprudence : mais il n'y a pas d'apparence ; le sentiment contraire a si fort prévalu, qu'on ne consulte pas autrement.

53. Autre chose seroit, si dans l'espece proposée le frere de la sœur mariée & appanée étoit décédé & avoit laissé un fils : en ce cas la sœur, quoique mariée & appanée, viendroit à la succession de son oncle, à l'exclusion de son neveu d'elle, fils de son frere décédé : parce que ce fils n'étant que l'arriere-neveu de celui de la succession duquel il s'agit, il est hors des termes de représentation : c'est ce qui a été jugé, dit M. François Decullant, & après lui M. Jean Cordier, dans la famille des Alexandre, de la ville de Mont-Luçon, dans l'espece qui suit.

ALEXANDRE.

Jean — Claude. *de cujus successione agitur.*

Jean : Antoine — Marie — Michelle, *ambæ nuptæ & dotatæ.*

Antoine : Nicolas.

54. *In eo themate*, dit M. Jean Cordier, *per Sententiam à Senescallo datam, Maria & Michaela, licèt nuptæ & dotatæ, fuerunt admissæ ad successionem Claudii* Alexandre *patrui, excludendo Nicolaum, filium fratris, in cujus fratris favorem dotatæ erant, & renunciaverant, eò quòd successio Claudii non erat in terminis repræsentationis, sed extrà terminos ; cùm non detur repræsentatio, nisi intrà fratres vel respectu & gratiâ filiorum fratris, utpote Antonii qui erat filius fratris Claudii ; qui Antonius si non prædecessisset, repræsentando Joannem, patrem, ad successionem Claudii patrui fuisset admissus, excludendo sorores dotatas & nuptas : sed filius ejus Nicolaus est extrà terminos repræsentationis, quia nec est frater defuncti, nec fratris filius defuncti ; & ad hoc ut reperiatur in pari gradu cum defuncto, necesse est duplicare jus repræsentationis, nempè ut Antonium patrem repræsentaret, & rursùs per Antonium patrem repræsentaret Joannem avum, quod non practicatur. Itaque, cùm successio Claudii sit respectu Nicolai extrà terminos repræsentationis, ad proximiores gradu defertur, nempè ad Michaelem & Mariam.* Jean Cordier, *hic*.

55. De tout ce qui a été dit jusqu'ici touchant la représentation, il résulte qu'elle a trois effets : le premier, que le plus proche n'exclud pas le plus éloigné, si ce n'est qu'il soit descendu de lui ; le second, que la personne qui vient par représentation, prend la même part en la succession que le représenté ; & le troisieme, qu'on ne considere pas le nombre des représentans : que s'ils sont plusieurs en nombre, ils n'ont tous ensemble que la part du représenté ; de maniere qu'ils succédent par souches, & non par têtes, suivant la disposition de la Coutume au présent article.

56. Sur quoi il est à observer, que la représentation produit toujours le partage par souches, & que par-tout où il y a représentation, l'on partage nécessairement par souches ; bien

plus que ceux qui sont dans les termes de représentation en ligne directe ou collatérale, en degré égal ou inégal, viennent par souches. La disposition de notre Coutume, au présent article, y est précise : *en ligne collatérale*, porte l'article, *dedans les termes de représentation*, (c'est-à-dire, selon la note de Dumoulin, *infrà metas in quibus est vel esse potest repræsentatio*.) LESDITES SUCCESSIONS SE PARTAGENT *per stirpes*, TANT MEUBLES QU'HÉRITAGES. Tel est le sentiment de nos commentateurs, & de M. Julien Brodeau, dans sa note, sur le présent article ; & ainsi a été jugé en cette Sénéchaussée & au parlement ; de maniere qu'aux termes de notre article, suivant le sentiment de nos commentateurs & la jurisprudence des arrêts, non-seulement la représentation actuelle, mais même la représentation virtuelle & possible produit le partage par souches.

57. *Filii fratrum*, dit M. le président Duret, *aut sororum succedunt in composito, non etiam in diviso, per stirpes, non in capita ; sive cum patruo vel avunculo, cum amita vel matertera succedant ; sive inter se, sine patruo vel avunculo succedant : quia est vel esse potest eo casu repræsentatio .... & ea est communis observantia, quæ in dubio pro lege haberi debet ..... Quæ quidem opinio antiquitùs ante redactam Consuetudinis Pragmatici Boii variare volentes, sub prætextu contrariæ Azonis sententiæ : Molinæus hic miratur istos Pragmaticos in sua hæresi perseverare* .... M. Duret, sur ces mots de notre article, *de leurs enfans*.

58. *Hæc quæstio*, dit M. François Decullant, *à Papone breviter agitata, an fratrum filii soli concurrentes succedant patruo in capita vel stirpes, fuit decisa Arresto solemni, dato die 14 Augusti 1587, pronunciato à domino P. Barnaba Brissonio, in successione Nicolai* Chaumat, *Molinensis civis, cujus bonorum divisio fuit judicata in stirpes, inter liberos fratrum : quod Arrestum citatur à* Monthelon, *cap. 29, ut semper ita observari in hac Provincia vidisse testatur d. Joannes* Decullant, *tam in judicando, quàm in consulendo ab anno 1607, quo fuit Patronus ; quod fuit agitatum in success.* Joann. Vernoi, *inter filios fratrum, & judicatum à Castellano Molin. die 16 Martii 1628, quòd succederent in stirpes : sufficit enim esse successionem in terminis, in quibus est vel esse potest repræsentatio, ut ait Molin. ad hunc §. 306*, François Decullant, *hic*.

* Ainsi on suit dans cette Coutume l'opinion d'Accurse, contre le sentiment d'Azon ; & quoique ce dernier sentiment semble aujourd'hui prévaloir, jusques-là que ce seroit maintenant, dit Ricard, dans son traité de la représentation, chapitre 7, n. 52, proposer un paradoxe, que de soutenir l'opinion d'Accurse, cette préférence ne peut avoir lieu dans cette Coutume, eu égard à la disposition du présent article ; aussi les arrêts rendus dans notre Coutume, cités par nos commentateurs, & par Ricard même dans sa note, sur notre article, rapporté dans le nouveau coutumier général, ont-ils jugé suivant l'opinion d'Accurse.

59. Ces observations faites, il est facile de décider la question ci-dessus proposée, qui consiste à savoir si les petits-enfans venans à la succession de leur aïeul, leurs peres ou meres vivans, succédent par souches : & ma décision est que les petits-fils, héritiers de leur aïeul, en conséquences des renonciations faites par leurs peres, succédent par souches ; car, quoique dans ce cas les petits-enfans ne viennent pas à la succession de leur aïeul par représentation, par la raison que *non datur repræsentatio personæ viventis*, mais parce que le droit de succéder leur est acquis de leur chef, & par la seule qualité de petits-fils, leurs peres ayant renoncé, néanmoins on ne laisse pas de considérer chaque branche, dont ils descendent, pour leur faire prendre la part & portion que leurs peres & meres prendroient s'ils avoient recueilli la succession ; parce qu'encore qu'ils ne soient pas dans le cas de la représentation actuelle, il suffit qu'ils soient dans celui de la représentation virtuelle & possible ; laquelle, selon qu'il a été dit, produit, également que la représentation actuelle, le partage par souches. Et ainsi a été jugé en la troisieme chambre des enquêtes, par arrêt rendu le premier avril 1686, au rapport de M. Portail, rapporté par de Ferriere, *Inst. Cout.* tome 2, liv. 3, tit. 7, art. 164, & dissertation 9. Voyez Lebrun, *des Succ.* liv. 1, ch. 4, sect. 6, dist. 1, n. 27.

60. Autre chose est quand les héritiers d'un défunt en ligne collatérale sont hors les termes de représentation : en ce cas, suivant notre article, le partage se fait par têtes, & non par souches ; tellement qu'ils prennent chacuns une portion, & que l'un ne prend pas plus que l'autre.

ARTICLE CCCVII.

RENONCIATION faite par la fille en son Contrat de mariage, s'entend être faite au profit de l'hoir mâle germain & des descendans de lui, sans qu'il soit besoin d'en faire autre expression, sinon qu'il fût dit expressément, au profit duquel ladite renonciation auroit été faite.

1. LA renonciation, dont il est parlé au présent article, se doit entendre par rapport aux successions, dont il est fait mention en l'article 305, *suprà*, & dont la fille mariée & appanée est exclufe selon ledit article, tant qu'il y a mâle ou descendant de lui,

encore qu'il n'y eût expressément renoncé: mais parce que la Coutume ne déclare pas dans ledit art. 305, quels sont les mâles au profit desquels la fille appanée est excluse; elle le déclare dans le présent article, & dit que ce sont ses freres germains & leurs descendans, par préférence aux freres d'un autre lit & à leurs descendans. Ainsi la renonciation de la fille appanée, *sive expressa, sive tacita*, comme dit Dumoulin, dans sa note, sur le présent article, profite à ses freres germains seuls, à l'exclusion des freres d'un autre lit; ce qui résulte encore de la disposition de l'article 317.

2. *Ea*, dit Papon, *quæ per filiam renunciata sunt, cedunt commodo hæredis masculi, fratris germani renunciantis, id est, ex utroque latere conjuncti; & ita statuentes interpretantur id verbum* (*germani*) *in* §. 317. Papon, sur notre art. à la fin.

3. Telle est encore l'observation de M. François Menudel, sur le présent article, sur ces mots, AU PROFIT DES MASLES GERMAINS; *scilicèt, privativè* aux freres paternels ou utérins, ajoute Menudel.

4. De-là il se suit que l'appanage d'une fille & son exclusion coutumiere, bien plus que sa renonciation expresse aux successions futures, directes & collatérales, ne peut être en même temps contre les freres germains, au profit des freres d'un autre lit, notre article donnant la préférence & prérogative aux freres germains: *Itaque*, dit Jean Decullant, dans son traité DES SUCCESSIONS, *renunciatio facta à filia prodest tantùm fratribus germanis, & non uterinis & consanguineis; & si fiat renunciatio, tam respectu consanguinei, quàm germanorum, illa tantùm proderit germanis*: c'est ce qui a été jugé en cette Sénéchaussée, au rapport de M. Roy, au mois de septembre 1625; laquelle sentence a été confirmée par arrêt du même mois de septembre 1626, & rapportée par M. Jean Decullant & M. le président Genin, dans leurs manuscrits.

5. *Claudius* Deschamps, *Mons-Lucianus*, dit M. François Decullant, *in contractu Annæ* Deschamps, *filiæ suæ ex primo conjugio, eam dotavit & stipulatus est renunciationem suæ futuræ hæreditati, in sui ipsius favorem & commodum, & exindè in favorem & commodum masculorum suorum ex secundo conjugio; & illis deficientibus, in favorem masculorum ex primo conjugio. Post illius obitum, Joannes* Deschamps, *frater germanus dictæ Annæ, in divisione hæreditatis paternæ, movit controversiam de portione sororis suæ germanæ, contrà fratres consanguineos, & obtinuit dictam portionem Sententiâ datâ mense Septembris anni 1625 in Curia Senescalli, domino* Roy *Relatore, omnibus Senatoribus convocatis... & hæc Sententia confirmata fuit Arresto dato die tertiâ mensis Septembris 1626, D. Joannes* Decullant *scripserat pro d. Joanne* Deschamps; *& nota quòd Anna* Deschamps *intervenerat liti, ut admitteretur ad successionem, quandoquidem renunciatio ab ea facta in favorem fratris consanguinei non valebat: sed Causâ cecidit, quia Statutum renunciat pro filia dotata & nupta.* M. François Decullant, *hic*.

6. *Tenent nostri*, dit M. Louis Semin, *in cujuslibet favorem factam renunciationem valere, quod dubio non vacat: tandem contrarium judicatum est in familia* Deschamps, *Montis-Lucii, confirmante Arresto Sententiam Senescalli hujus Provinciæ; & sic hic paragraphus de masculo germano tantùm fuerat interpretatus, nec licere filiæ renunciare in favorem fratris consanguinei aut uterini, dum adest germanus aut ex eo descendentes, & rectè, si diligenter attendatur paragraphus 317, infrà, non aliter quàm in favorem germani potest fieri interpretatio; & sic renunciatio facta per filiam in favorem consanguineorum aut uterinorum à Statuto non sustinetur extante germano, nisi in favorem ejusdem germani.* M. Louis Semin, sur notre article.

7. M. le président Genin rapporte encore que la même contestation s'étoit présentée à décider en 1643, au mois de juin, entre M. Claude Hervé, apothicaire de cette ville de Moulins, & Anne, Marie & Jean Dutheil, orfevre de cette ville, freres & sœurs utérins dudit Hervé, plaidans M. André Charbonnier & Claude Grillet, le jeune: lequel Hervé avoit deux sœurs germaines, qui étant mariées par Jeanne de Bar, leur mere, pendant son second mariage avec Dutheil, les avoit faites renoncer, l'une à son profit & de son second mari, & l'autre au profit de Jean Dutheil, fils du second lit, ce qui fut cassé & annullé au profit dudit Hervé, en faveur du double lien. M. le président Genin, & après lui M. Jean Fauconnier, *hic*.

8. On dit pour confirmer cette doctrine, que dans l'ancienne Coutume, titre 12, article 11, il étoit dit que la renonciation de la fille, faite sans autre expression, devoit être entendue faite au profit de l'hoir mâle seulement, si ce n'est qu'il fût expressément dit au profit de qui elle étoit faite: mais que dans la nouvelle Coutume on avoit ajouté le mot de *Germain*, & qu'à la place de ce mot, *de qui*, on avoit mis le mot, *duquel*, qui se rapporte à *Germain*; car il faut lire *duquel*, & non pas *de qui*, & il y a *duquel*, dans l'original qui est dans les archives de la chambre du domaine: de maniere que, suivant la nouvelle Coutume, la renonciation de la fille est censée faite au profit du frere *germain* seulement, par préférence aux freres d'un autre lit; c'est la remarque de M. Jean Decullant, sur les mots de notre article, *au profit duquel*.

9. Mais si la fille mariée & appanée ayant plusieurs freres germains, renonce aux successions directes & collatérales, au profit de l'un d'eux, nommément & expressément, sa renonciation ne profitera qu'à celui en faveur duquel elle aura été faite, conformément à ces mots de notre article, SINON QU'IL FUST DIT EXPRESSÉMENT AU PROFIT DUQUEL LADITE

RENONCIATION AUROIT ÉTÉ FAITE : *Ita ut si sint plures germani*, dit M. Jean Decullant, sur ces mots, AU PROFIT DUQUEL, *poterit fieri renunciatio in favorem unius illorum.*

10. Si la fille n'ayant, au temps de son mariage, qu'un frere germain nommé Pierre, renonce nommément & expressément en faveur de Pierre, son frere germain, sa renonciation ne profitera qu'à lui seul, quoique cette fille en ait eu plusieurs autres dans la suite; & autre chose seroit, si elle avoit renoncé en faveur de son frere germain, simplement : c'est l'observation de M. Jean Decullant, & après lui de M. Brirot, sur notre art.

11. *Quid si*, disent Decullant & Brirot, *renunciatio facta sit simpliciter in favorem fratris germani, sine expressione particulari nominis, & tempore renunciationis sit tantùm unus frater germanus, nomine Caïus, sed deinceps plures nascantur germani, an in favorem omnium debemus renunciationem interpretari? Primâ facie videntur parentes de Caïo dumtaxat cogitasse, qui solus extabat tempore renunciationis: tamen contrà videtur per L. Tale pactum 11, §. fin. §. de pact. ubi pactum factum in favorem unius qui solus successurus sperabatur, prodest aliis succedentibus, L. penult. ff. de jure codicil. L. cùm pater 77, ff. cùm existimavit, ff. de leg. 2. L. Adde. Quod, §. fin. ff. ad Leg. Falcid. Secùs autem, si in renunciatione expressum esset speciatim nomen Caïi, cui hunc soli foret provisum, juxta d. §. 307, & gl. in d. L. Tale pactum, in fine.* M. Jean Decullant & M. Brirot, sur le présent article.

12. Que si la fille mariée, en cette Coutume, renonce aux successions directes & collatérales, au profit de Jean, son frere germain, & non d'autres, & que Jean vienne à décéder avant elle sans enfans; en ce cas, la renonciation, qui ne peut pas avoir effet au profit de Jean, sera exécutée au profit des autres freres germains, parce que la forclusion légale vient au défaut de la forclusion expresse. Ainsi c'est un point fixe, dit Lebrun, que la Coutume opere, & que la forclusion légale influe sur une renonciation expresse, & que quand la renonciation expresse manque, la forclusion légale vient en sa place.

13. Le mot, *& non d'autres*, n'ajoute rien, continue Lebrun, à la renonciation en faveur de Jean; car quand on renonce en faveur d'un de ses freres, on entend seulement, que tant que le frere préféré pourra venir, il exclura les autres : mais ces mots n'opérent plus rien, quand il s'agit de la succession même du frere préféré; la renonciation devient alors pure & simple, & par conséquent au profit de tous les freres germains, nés au temps de la renonciation, ou après; suivant ces mots de l'art. 309, *infrà*, SOIT AU TEMPS DE LA RENONCIATION OU APRÈS; ces mots, *& non d'autres*, ayant assez opéré quand ils ont produit une préférence perpétuelle de Jean, tant qu'il a vécu, ou même quand il a laissé des enfans. Ainsi fut décidé, dit Lebrun, dans l'affaire des sieurs Imbert & Dainai en Bourbonnois, par Mes. Lanon, Berroyer, & lui. Lebrun *des Succ.* liv. 3, ch. 8, sect. 1, n. 45.

14. Il y a plus de difficulté à décider, si l'appanage & la renonciation de la fille profite aux freres d'un autre lit, à défaut des freres germains; & pour décider cette question méthodiquement, & par les principes, il faut distinguer les successions directes, d'avec les collatérales; & entre les collatérales, les successions collatérales des freres germains, ou sœurs germaines, d'avec les successions collatérales des autres parens.

En fait de successions collatérales des freres germains, ou sœurs germaines, l'appanage & renonciation de la fille ne profite pas aux freres d'un autre lit; tellement qu'une fille mariée & appanée par son pere, n'est pas excluse de la succession d'un sien frere germain, sinon en tant qu'elle a quelqu'autre frere germain, ou descendant de lui, qui y succédât, & qu'elle n'en est pas exclusé par un frere d'un autre lit, comme il sera dit sur l'art. 317, *infrà*, & conformément à icelui, où il faut avoir recours.

15. Quant à ce qui regarde les successions directes & collatérales, autres que celles des germains, c'est une question difficile & qui partage nos commentateurs, si au défaut des freres germains l'appanage & renonciation de la fille profite à ses freres d'un autre lit; tellement que, quoique les freres germains de la fille appanée & qui a renoncé, soient décédés, il suffit qu'il y ait des mâles d'un second lit, pour qu'elle demeure exclusé des successions directes & des collatérales, autres que celles des germains dans les termes de représentation.

16. M. François Decullant, qui s'est proposé cette question sur l'article 305 de cette Coutume, sur ces mots, *tant qu'il y a mâle*, rapporte les deux sentimens: *Quæritur*, dit-il, *an hic paragraphus intelligatur de masculo conjuncto ex utroque latere, id est, de germano dumtaxat; ita ut filia dotata & nupta, deficientibus germanis, non excludatur per alios fratres masculos ex uno latere conjunctos: ad hoc facit paragraphus 307, ubi renunciatio intelligitur facta in favorem fratris germani & ejus descendentium, nisi dictum sit terminatum*, au profit duquel; *quod pronomen* duquel, *refertur* auquel des germains. *Favet etiam huic sententiæ paragraphus 317, qui in successione collaterali præfert in infinitum germanos, id est, ex utroque latere conjunctos; & ita sentit* Papon, *in dicto paragrapho 317; scilicèt quòd tantùm utroque latere conjunctorum commodo Lex statuaria filiam repellat, ita ut deficientibus germanis filia non excludatur à successione ascendentium & collateralium, si tantùm supersint consanguinei, aut uterini.*

17. *Alii*, continue M. François Decullant, *dicunt renunciationem non restringi ad solos masculos germanos, sed ad quoslibet extendi, etiam ex uno tantùm latere conjunctos, germanos tamen*

tamen præferendo, quibus deficientibus valeat renunciatio in favorem aliorum; quia hi paragraphi 305 & 309, 310 & 311, loquentes de hac renunciatione, purè & simpliciter utuntur verbo, mâle, *sine distinctione, ita ut sufficiat superesse masculum aut ejus descendentes. Præcipua enim causa hujus exclusionis est favor lineæ masculinæ; paragraphus autem 309 intelligitur de prærogativâ fratris germani, respectu aliorum.* M. François Decullant sur l'article 305, *suprà.*

18. M. le président Duret, M. François Menudel & M. Jean Decullant sont pour le dernier sentiment. M. Duret sur notre article, mot, *mâle germain*, s'explique de la sorte : *Et eo deficiente*, dit-il, *vel deficientibus ex eo in gratiam conjuncti ex uno latere tantùm valet renunciatio, quod attinet ad bona, quæ municipum Lege huic deferuntur... & huic consentiens est paragraphus 305, in hæc verba*, tant qu'il y a mâle héritant. M. Duret, *hìc.*

19. M. François Menudel s'explique à-peu-près de même sur ces mots de notre article, AU PROFIT DES MASLES GERMAINS, *scilicèt privativè*, dit-il, AUX FRERES PATERNELS ET UTERINS : *sed, his deficientibus, succedunt consanguinei aut uterini, etiamsi renunciatio facta esset viventibus germanis in eorum commodum, quia tunc accrescit appanagium consanguineis aut uterinis, ex verbis paragraphi 305*, héritans esdites successions. M. Menudel, *hìc.*

Pour M. Jean Decullant, il traite la question à fond : mais c'est sur l'art. 317, *infrà*, où il faut avoir recours.

20. Je suis de ce dernier sentiment, parce qu'il me paroît que c'est la disposition de la Coutume en l'article 305 ; car cet article porte que la fille appanée ne pourra venir aux successions directes & collatérales, dans les termes de représentation, tant qu'il y a des mâles & des descendans de mâles, héritans esdites successions : lequel mot d'*héritant*, est remarquable ; parce que les mâles d'un autre lit, héritans du pere commun & des collatéraux, autres que des germains de la fille appanée, ils doivent, aux termes de l'art. 305, exclure desdites successions la fille appanée : au lieu qu'en successions collatérales des germains, les freres d'un autre lit n'héritant pas d'un frere, quand il a des freres ou sœurs, à cause de la prérogative du double lien, ils n'excluent pas la fille appanée de la succession de son frere germain ; & ce mot d'*héritant*, a été mis dans l'article 305, pour concilier cet art. avec l'art. 317.

21 Ainsi a été jugé en cette Sénéchaussée par sentence confirmée par arrêt, dit M. François Decullant : *Hæc quæstio*, dit-il, *fuit agitata à Margarita* Chaumont, *uxore Juliani* Menaut, *quæ fuerat nupta & dotata per patrem Julianum* Chaumont, *tertiâ Decembris* 1622, *& renunciaverat successioni maternæ, jam ei soli quæsitæ per obitum Michaelis Borniæ, matris suæ, & futuræ successioni patris in favorem liberorum quos susceperat ex secundo conjugio cum Anna* Angelier. *Dicta Margarita post obitum patris fuit restituta in bonis maternis, quibus jam quæsitis renunciaverat, non visis rationibus, & petebat admitti ad successionem patris cum liberis secundi matrimonii, Litteris Regiis ad hoc impetratis : tamen per Arrestum datum 25 Augusti 1626 caruit impetratis, & stetit renunciatio in favorem masculorum secundi conjugii, pro quibus d. Joannes* Decullant *scripserat.*

22. *Ita autem fuerat actum in successione domini Jacobi* Duret, *Molinensis, qui plures filias reliquerat ex priori conjugio, nuptas & dotatas cum renunciatione, & Philippum* Duret, *Quæstorem Regii Ærarii ex secundo, qui solus successit, & de eo non fuit mota quæstio, & hoc jure utimur.* M. François Decullant, sur l'article 305, *suprà.*

23. La même chose fut encore jugée, dit M. Jean Fauconnier, au rapport de M. le conseiller Roy, le 14 juin 1694, au profit de Jacques Veytard & de Catherine Chevarier, veuve d'autre Jacques Veytard, contre Jeanne & Marie Veytard, leurs sœurs consanguines ; lesquelles par leurs contrats de mariage avoient été dotées & appanées par leur pere & mere, & renoncé au profit de Pierre Veytard, leur frere germain, lequel depuis entra dans l'ordre de S. Benoit, & fit tous ses vœux ; & au moyen de sa mort civile, les sœurs prétendoient que l'on devoit compter pour rien leur renonciation, & qu'elle étoit demeurée caduque & inutile : laquelle prétention fut rejettée. M. Fauconnier, sur l'art. 305, *suprà.*

24. Mais, quoique les enfans mâles du second lit donnent l'exclusion à la fille appanée du premier lit, dans les successions directes, cette exclusion ne peut pas toutefois préjudicier à la fille du premier lit, pour les reserves faites en sa faveur, par l'édit des secondes noces ; de maniere que si elle se trouve seule héritiere du premier lit, au moyen du décès de ses freres germains, elle ne laissera pas, nonobstant son exclusion coutumiere, de profiter de ces reserves, qui, par une disposition précise de l'édit, appartiennent aux enfans du premier mariage par une espece de fidéi-commis légal & de restitution nécessaire & forcée, que la mere à cause de son second mariage est tenue de faire aux enfans du premier lit.

25. J'ai dit, si elle se trouve unique héritiere : car une fille dotée & appanée, & qui est excluse par son contrat de mariage, des successions futures de ses pere & mere, est aussi exclusе de ces biens sujets à cette reserve, au profit de ses freres germains ; parce que, pour les pouvoir prendre, il est nécessaire que l'on puisse être héritier, & que cette fille n'y auroit eu aucune part, quand même sa mere n'auroit pas passé à de secondes noces ; & que ce qui se défére aux enfans, quoiqu'en qualité d'enfans & non point en qualité d'héritiers, suit ordinairement l'ordre de succéder. Lebrun, *des Succ.* liv. 2, ch. 6, sect. 2, dist. 1, n. 19 & suiv. Ricard, *des donations*, part. 3,

chapitre 9, gl. 4, n. 1309, & gl. 8, n. 1389.

* Que si la fille appanée du premier lit n'a pas de freres germains, mais seulement des sœurs germaines; en ce cas, comme sa renonciation & son appanage sont caduques, & n'ont point d'effet suivant l'art. 309, *infrà*, rien ne l'empêche de profiter des biens sujets à reserve, quoiqu'elle ne soit pas seule héritiere du premier lit; d'autant plus que les enfans du premier mariage prennent les biens reservés, en qualité d'enfans & par le bénéfice de la loi, sans qu'il soit besoin qu'ils soient héritiers de leurs pere & mere, pourvu qu'ils soient capables de l'être. *Voyez*, partie premiere, tit. 20, art. 219, n. 109, page 331.

26. Il reste une question à décider pour l'intelligence de notre article; savoir, quand la fille appanée par son pere a parlé dans son contrat de mariage, & qu'elle a fait une renonciation expresse aux successions directes, sans parler des collatérales, si son exclusion doit être limitée aux termes de la renonciation expresse. M. Denis Lebrun, dans son traité *des Succ.* liv. 3, ch. 8, sect. 1, n. 25, & ch. 10, sect. 1, n. 8, soutient l'affirmative; & c'est aussi l'avis de Basmaison, dans son commentaire sur la Coutume d'Auv. tit. 12, art. 25, où il dit expressément que la renonciation expresse arrête & restreint la forclusion coutumiere, & que quand la fille quitte seulement la succession future de ses pere & mere, sans passer plus outre, toutes autres successions lui sont taisiblement reservées.

27. Mais d'autres, d'un sentiment contraire, soutiennent que dans ce cas la fille appanée est excluse non-seulement par sa renonciation, mais encore par la disposition de la Coutume; & que si l'exclusion de la premiere n'est pas si étendue, il suffit que l'autre soit générale, que l'une n'empêche pas l'autre; qu'il est vrai de dire que la renonciation est plutôt superflue, que restrictive; & que le pere a plutôt entendu assurer l'exclusion des successions directes, qu'ouvrir la porte aux collatérales; que, quand même le pere pourroit, nonobstant la Coutume & l'exclusion par elle établie, reserver le droit de succéder à la fille & rendre la disposition coutumiere inutile, il faudroit qu'il le fît expressément; & que comme l'exclusion de la Coutume est expresse, la reserve doit être semblable, étant nécessaire que le pere s'explique, s'il veut que la disposition de la Coutume n'ait pas lieu. Tel est le sentiment de Masuer, un des anciens & meilleurs praticiens que nous ayons, & auquel on a toujours beaucoup déféré, dans sa pratique, tit. 32, *des Succ.* n. 24: tel est aussi le sentiment de M. le président Duret, de M. Louis Semin & de M. Jean Cordier; & ainsi a été jugé par arrêt, en la quatrieme des enquêtes, au mois de juin 1675.

28. *Quid autem*, dit M. le président Duret, *si renunciaverit apertè successionibus patris & matris, & de collateralibus nihil cautum sit, adhuc propiùs est ut iis à Statuto excludatur, & hoc jure utimur.* M. Duret, sur l'art. 305, *suprà*, sur ces mots, *combien qu'il n'y ait.*

Quid si, dit M. Louis Semin, la renonciation est faite aux successions de pere & de mere, sans parler des autres, *idem est*, ajoute-t-il, sinon qu'il y ait reserve expresse des autres successions; & ainsi jugé par arrêt contre Lagrelaite. Louis Semin, sur l'article 305.

29. *Ad explicationem utriusque paragraphi* 305 & 307, dit M. Jean Cordier, cette question s'est présentée; savoir, si la renonciation faite par une fille mariée & appanée, aux successions directes simplement, emporte avec soi & de plein droit l'exclusion des successions collatérales; & il fut jugé pour l'affirmative par arrêt en la quatrieme des enquêtes du mois de juin 1675, au rapport de M. Grasset. La sentence du sénéchal d'Auvergne fut infirmée, & celle du juge de S. Pourçain confirmée, avec dépens. M. Jean Cordier avoit écrit au procès, ainsi qu'il l'assure. M. Jean Cordier, sur l'article 305 de la Coutume.

* M. Berroyer, dans sa note manuscrite sur le présent commentaire, *hic*, dit que le contraire a été jugé en la même chambre dans la Coutume d'Auvergne, pour le parti qu'il soutenoit, M. Hydeux ayant écrit contre, par arrêt rendu au rapport de M. Brunet. J'ai lu & examiné cet arrêt, qui est du 18 août 1684, rapporté dans le troisieme volume du journal des audiences, de l'édition de 1733, avec les moyens des parties, & il ne m'a pas paru contraire, puisque le contrat de la fille, qui contenoit une renonciation aux successions directes, contenoit aussi une reserve expresse, conçue en ces termes, *à la reserve de nouvelle échoite*, termes qui emportent, ainsi qu'il étoit soutenu au procès, & qu'il fut jugé par arrêt, une reserve des successions qui n'étoient pas comprises expressément dans la renonciation de la fille.

** CLAUDE BERLAND.
PHILIPPE IMBAUD.

SEBASTIENNE, POURÇAIN CLERAT.	ANTOINE, *de cujus.*	JEAN,	MARIE, mariée & appanée, & décédée sans enfans.
GILBERT CLERAT.		ANTOINE,	

Une nommée Imbaud, dit M. Jean Cordier, après le décès de Claude Berland, son mari, marie Sebastienne Berland, sa fille, en l'année 1615, à Pourçain Clerat, & lui constitue en dot 360 liv. savoir, 340 liv. pour les droits paternels échus, & 20 liv. pour la succession à écheoir, dont elle l'appane; moyennant laquelle constitution ainsi faite, Sebastienne Berland renonce à la succession échue de Claude Berland, son pere, & à celle à écheoir de l'Imbaud, sa mere. Et il est à remarquer qu'Antoine Berland, son frere, se constitua débiteur de cet appanage, lequel fut depuis par lui acquitté, & confirmé par une transaction sur lettres qu'elle avoit obtenues, pour être restituée contre ledit appanage.

Antoine étant décédé sans enfans, Gilbert Clerat, fils de Sebastienne & de Pourçain Clerat, fit instance à Antoine Berland, son cousin germain, fils de Jean Berland, pour venir à partage des biens de la succession d'Antoine, son oncle; auquel procédant, il demandoit qu'il lui en fût délaissé le tiers, reconnoissant que les deux autres tiers appartenoient à Antoine, son cousin, du chef & comme représentant Jean, son pere, l'un du chef dudit Jean, & l'autre par droit d'accroissement à cause de la renonciation d'une sœur desdits Jean, Antoine, & Sebastienne Berland, fille de Claude Berland & Philippe Imbaud, qui avoit été mariée & appanée en 1618.

Antoine, pour défenses, opposoit fin de non-recevoir à ladite demande, à cause de l'appanage & renonciation de Sebastienne Berland. Clerat en replique disoit que sa mere n'avoit renoncé qu'aux successions directes, & non aux collatérales : à quoi Antoine Berland répondoit que, suivant l'article 305 de la Coutume, une fille mariée & appanée, étoit censée être appanée des successions directes & collatérales, quoiqu'elle n'y eût expressément renoncé; la Coutume, audit article 305, ayant suffisamment renoncé pour elle.

Sur ces contestations le juge de Saint-Pourçain rendit sentence le dernier juin 1670, par laquelle Clerat fut débouté de sa demande pour raison de la succession, dont il interjetta appel en la sénéchaussée d'Auvergne à Riom, où par sentence du 24 mars 1672, celle du juge de Saint-Pourçain fut réformée, & Clerat admis pour tiers à la succession d'Antoine Berland, dont appel au parlement; & par arrêt en la quatrieme des enquêtes, du mois de juin 1675, au rapport de M. Grasset, la sentence du sénéchal d'Auvergne fut infirmée, & celle du juge de Saint-Pourçain, confirmée, avec dépens. Par cet arrêt, dit M. Cordier, il doit passer pour constant, qu'un simple appanage & renonciation faite par une fille, emporte une exclusion formelle en la personne de cette fille ainsi mariée & appanée, à toutes successions directes & collatérales dedans les termes de représentation; & le même M. Cordier dit avoir écrit au procès. M. Cordier, sur l'article 305 de la Coutume, sur ces mots, *combien qu'elle n'y ait.*

30. Autre chose est quand les successions collatérales sont expressément reservées à la fille qui a renoncé par son contrat de mariage: mais c'est ce qui sera expliqué sur l'article 311, *infrà.*

ARTICLE CCCVIII.

DONATIONS faites par pere, mere, ou autres ascendans, à leurs descendans en préciput en Contrat de mariage, & faveur d'icelui, ne sont sujettes à collation entre les Donataires & leurs co-héritiers. De donations non sujettes à collation.

1. LA Coutume de Berry, titre 19, art. 42, & celle de Niv. ch. 27, art. 11, contiennent une disposition à-peu-près semblable : la raison est que quand le pere, la mere ou autres ascendans le réglent ainsi par leur disposition, & que telle est leur volonté, la Coutume n'a pas voulu ni dû faire violence à leur liberté; & la disposition du présent article ne fait que confirmer celle de l'article 219, *suprà*, qui autorise toutes les dispositions contractuelles, faites en faveur des mariés ou de leur postérité, pourvu qu'elles ne blessent pas la légitime des autres enfans.

2. Trois conditions sont requises, pour qu'une chose donnée par un ascendant à son descendant, ne soit pas sujette à rapport dans le partage de sa succession.

La premiere, qu'elle soit donnée expressément en préciput & avantage; c'est l'observation de M. le président Duret & de M. Jean Decullant, sur le mot, EN PRÉCIPUT : *Expressim*, dit le président Duret, *aliàs dos etiam in collationem venit. Est autem necesse*, dit Jean Decullant, *ut donatio facta sit in præcipuum; aliàs locus est collationi, facit ad hoc notula Molinæi ad paragraphum sequentem.*

3. M. Jacques Bergier, dit M. François Menudel, rapporte à ce sujet, sur le présent article, que Marguerite Mitier, mariant Claudine Guillermet, sa petite-fille avec Martin de la Faye, fit donation, tant à ladite Claudine qu'à Pierre, son frere, de la moitié de ses héritages, sans que néanmoins ils fussent exclus de lui pouvoir succéder, & avec promesse de n'avantager les autres héritiers; que depuis mariant led. Pierre, elle répéta lad. donation, & déclara que la donation faite à Pierre est en préciput & sans rapport. La susdite Mitier décédée, la Faye prétendit que la donation faite à sa femme doit être sans rapport, comme celle de Pierre..... *sed malè, meo judicio*, dit M. Bergier, & après lui M. Menudel; d'au-

tant que la Mitier n'avoit point donné expressément à la Guillermet en préciput : lequel terme est nécessaire, & autre équipollent, dont on use dans le pays, comme de prélegs, hors part & sans retour; & ces termes, *sans qu'ils soient empêchés de venir à sa succession*, ne sonnent pas en préciput, mais démontrent plutôt que la donation avoit été faite en avancement d'hoirie, avec pouvoir aux donataires de s'y tenir, ou de venir à la succession de l'aïeule donatrice, en rapportant.... M. Menudel, *hic*.

4. Une seconde condition requise pour la validité d'un préciput, est qu'il soit fait en contrat de mariage, & en faveur d'icelui, ainsi qu'il est dit dans notre article; & la raison est qu'aux termes de l'article 217, *suprà*, les peres & meres ne peuvent donner entre-vifs à leurs enfans hors contrat de mariage. C'est l'observation de M. Jean Decullant, sur notre article : *In gratiam contrahentis matrimonium*, dit-il, *aliàs moribus nostris donatio non valet; hoc quia extrà contractum matrimonii & ejus favorem, non valet donatio facta liberis à parentibus*, *art.* 217. *Intellige etiam per contractum matrimonii, ea omnia quæ geruntur tempore intermedio, inter sponsalitia & nuptias, quæ idem robur habent, ac si in contractu matrimonii haberentur.* Jean Decullant, *hic*.

5. A la vérité, par arrêt rendu au rapport de M. l'abbé Pucelle, le 22 mai 1716, entre dames Anne Maquin, épouse de François Palierne, écuyer, sieur de Lécluse, Elisabeth Maquin, épouse de Gilbert Roy, écuyer, sieur Desbouchaines, & M. Sebastien Maquin, leur frere, pour lors avocat en parlement & présentement conseiller en ce siége; le préciput de 30000 liv. fait audit Sebastien Maquin, dans les contrats de mariage des dames ses sœurs, par les pere & mere communs, fut confirmé : mais c'est parce que ce préciput étoit une clause & condition du rappel, & institution desdites dames, sans laquelle reserve du préciput il étoit dit que *lesdits pere & mere les auroient appanées, & sans convention qu'où lesdites dames voudroient contester ledit préciput, elles demeureroient appanées pour la somme de 24000 livres chacune* : ce qui se pratique ainsi dans cette Province, selon M. François Menudel.

6. Nous recevons, dit Menudel, le préciput au profit des mâles au contrat de mariage de la fille mariée & instituée héritiere avec les freres, à la charge dudit préciput, au profit desdits freres; parce que les ascendans qui instituent, pouvoient appaner la fille; auquel cas la renonciation eût profité auxdits mâles : mais pour ôter tout doute, il est à propos de dire (ajoute M. Menudel) par le contrat, que les pere & mere ont doté ladite fille de la somme de.... à la charge de venir à la succession en rapportant, & que où elle fourniroit débat contre ledit préciput, déclarent qu'ils appanent ladite fille de la somme de.... parce qu'en mettant simplement la clause, qu'ils instituent ladite fille sous ledit préciput, elle peut dire qu'elle n'a pas été appanée à défaut de l'exécution de ladite clause, qui sonne toutefois en une institution conditionnelle, & que les mots qui seroient dans le contrat, sans lequel préciput les pere & mere l'auroient appanée, ne seroient pas un appanage formel, mais plutôt une simple énonciation du dessein d'appaner; lequel n'étant pas disertement expliqué, ne l'empêcheroit pas de venir aux successions, *ab intestat*, des pere & mere, en rapportant : laquelle objection n'est pourtant pas considérable; parce que le mot de *dot* emporte quant à soi l'appanage, lequel est valable, *aliquo dato vel promisso de præsenti.* M. Menudel, *hic*.

7. Une troisieme condition pour la validité du préciput, est qu'il ne blesse pas la légitime des co-héritiers; autrement il est sujet au retranchement de cette légitime : *Salvâ tamen legitimâ*, dit M. le président Duret, *quatenùs debita cohæredibus læderetur, & ut donatarii semper teneantur imputare in legitimam, si opus sit, Molin. in Cons. Niv. art.* 11, *ad verbum*, DONNÉE, *tit.* des donations..... *etiamsi donatarius donatis se contentum esse dicat, & hæreditate abstinere velit*..... M. Duret, *hic*.

8. L'enfant qui reçoit le préciput, n'est tenu de payer les dettes, que comme les autres héritiers, & non davantage à cause du préciput, quand le préciput est en corps certain; *aliud*, s'il étoit en quotte portion. Telle est l'observation de Coquille, sur la Coutume de Nivernois, titre 27, article 11, & après lui de M. Menudel, sur notre article. C'est aussi le sentiment du président Duret, sur ces mots de notre article, NE SONT SUJETTES A COLLATION; *nec in exsolvendo ære alieno*, ajoute-t-il, *considerantur Cons. Rem. art.* 303....

9. Que si le pere a promis un préciput à un de ses enfans, par contrat de mariage, lequel ait prédécédé son pere avec enfans; dans ce cas, si les enfans de ce fils prédécédé renoncent à la succession de leur pere, ils ne peuvent prétendre, au préjudice de leur oncle, dans la succession de leur aïeul, le préciput accordé à défunt leur pere : *quia hæc actio erat in bonis paternis, quibus filii renunciaverant.* Bergier, sur l'article 216, *suprà*; & après lui M. Menudel, sur le présent article 308.

* C'est aussi le sentiment de Chopin, *ad Cons. aud. lib.* 2, *part.* 3, *tit.* 3, *de feudoria nobilium successione*, *n.* 20, & de plusieurs autres, qui soutiennent que le préciput étant un don de succession, accepté par celui à qui il est fait, & un don irrévocable, comme le contrat de mariage dont il fait partie, il devient dès l'instant du contrat un droit acquis à l'héritier, auquel il est accordé sur la succession de l'instituant, droit par conséquent qui est dans sa succession, & qu'il

transmet

transmet à ses héritiers, & non à d'autres.

Il faut dire toutefois le contraire, car comme le préciput n'est qu'un accessoire de l'institution, que ce n'est qu'une portion plus forte de l'hérédité, & que l'institution avec le préciput participent de la donation à cause de mort, selon qu'il a été dit sur l'article 220, *suprà*, en ce qu'elle dépend absolument de la mort de celui qui l'a faite, & qu'elle ne peut avoir son effet de son vivant; il en faut conclure que l'institution avec le préciput n'ayant pas été parfaite & consommée en la personne de l'héritier institué, & n'y ayant eu aucune tradition de la chose donnée au jour de son décès, on ne peut pas dire que ce don par préciput soit en sa succession; mais bien plutôt que ce don étant conditionnel & accessoire de l'institution, il est devenu caduc, aussi-bien que l'institution, par rapport au fils institué, par son décès arrivé avant celui de l'instituant; que ses enfans néanmoins étant présumés compris dans l'institution & avantages faits à leur pere, ainsi qu'il a été dit sur l'article 219, *suprà*, n. 37, cette institution, non plus que le préciput, ne sont pas demeurés caducs à leur égard, & qu'ils peuvent prendre sur la succession de leur aïeul tous les avantages que leur pere y auroit pris s'il avoit survécu, quoiqu'ils ayent renoncé à sa succession; conformément à ce qui a été dit sur ledit article 219, nomb. 43. C'est le sentiment de Ricard, traité des donations, premiere partie, chapitre 4, section 2, distinction 3, nombre 1074 & suiv. C'est aussi celui de M[rs]. Durris & Perrotin de Lavaut, avocats de ce siége, très-estimés.

ARTICLE CCCIX.

FILLE mariée & appanée, ayant renoncé expressément ou taisiblement au profit des mâles ou descendans de mâles, s'il n'y a mâle, ou descendant de mâle, soit au tems de la renonciation ou après, & n'y ait que filles, lors de la succession écheant, ladite fille ainsi mariée succéde avec ses autres sœurs; & se peut dire saisie, en rapportant ou moins prenant ès successions de pere & mere, ou autres.

1. L'Exclusion coutumiere des filles mariées & appanées, n'est qu'en faveur des mâles, comme il a été dit sur les articles 305 & 307, *suprà*; de façon que, s'il se trouve qu'au temps de la succession ouverte il n'y ait point de mâles ni descendans de mâles, & qu'il n'y ait que des filles, la fille mariée & appanée succédera avec ses autres sœurs, en rapportant ou moins prenant, ainsi que le régle notre Coutume, dans le présent article, & celle d'Auvergne, tit. 12, art 26. C'est aussi la disposition de l'article 305, *suprà*, qui porte qu'à défaut de mâles ou descendans de mâles, la fille appanée ou ses descendans viennent à la succession du dernier descendant desdits mâles, selon la prérogative du degré.

2. La Coutume dit, *du dernier mourant desdits mâles*: car pour les successions échues auparavant, & dans lesquelles l'existence des mâles l'avoit empêchée de prendre part, elles demeurent perdues pour elle, *& non fit recursus ad præteritas successiones semel amissas*, dit Dumoulin, dans sa note, sur l'article 26 du titre 12 de la Coutume d'Auvergne.

3. Le droit de succéder, qui appartient à la fille mariée & appanée au défaut des mâles, a lieu, dit notre article, quoique la fille ait renoncé expressément ou tacitement au profit des mâles: mais il y a plus, c'est que ce droit subsiste, quand même il n'y auroit point eu, au temps de la renonciation de la fille, de mâle, & que sa renonciation eût été générale & expresse. *Quæritur*, dit M. Jean Decullant, *si neque statuto neque pacto renunciatio facta sit in favorem masculorum, an filia quæ generaliter renunciavit futuræ successioni parentis dotantis in contractu matrimonii, admittatur ad successionem cum sororibus, nullo masculo existente .... Hic paragraphus 309*, répond-il, *solvit hanc difficultatem, & admittit filiam ad successionem, sine ulla distinctione, quum tempore mortis parentum nulli masculi, vel ex eis descendentes, inveniuntur.* M. Jean Decullant, *hìc*.

* Pour confirmer cette doctrine, on fait une observation sur l'exception insérée dans l'art. 11, des successions, de l'ancienne Coutume; savoir, qu'en la châtellenie de Vichi, par Coutume particuliere & locale, la renonciation est autant au profit des filles mariées que des fils, ce qui a été retranché dans la nouvelle Coutume; d'où l'on tire deux argumens:

Le premier, que cette Coutume particuliere & locale de la châtellenie de Vichi, qui communiquoit aux filles à marier le profit de la renonciation de leur sœur, étant mise immédiatement après l'exception de la Coutume générale, pour les renonciations expresses, les filles dans tout le reste du Bourbonnois, étoient excluses de pouvoir profiter de la renonciation expresse.

Le second, que cette Coutume locale ayant été abrogée dans la nouvelle Coutume, l'on y remarque l'esprit des réformateurs, de rétablir dans tout le Bourbonnois le droit commun, qui n'a introduit l'appanage & renonciation des filles, qu'en faveur du mâle, & pour la conservation du nom.

4. Cette Coutume, en l'article 305, *suprà*, celle d'Auvergne, titre 12, article 25, & celle de la Marche, article 221, disent que la fille mariée & appanée ne peut venir à succession, &c.... tant qu'il y a mâle ou descendant de mâle, héritant esdites successions; ainsi l'existence des mâles vivans, inhabiles à succéder, ou qui répudient la succession, n'exclut pas les filles mariées & dotées, de la succession de leurs parens. * Mais la difficulté en ce cas, est de décider si le frere de la fille appanée, renonçant à la succession de son pere, son fils peut & est en droit d'accepter la succession de son aïeul, à l'exclusion de sa tante appanée.

EXEMPLE.

PIERRE,
JEANNE,

GILBERT, MARGUERITE. | GABRIELLE, mariée à Jean, & appanée.

JACQUES.

Pierre meurt; après sa mort, Jeanne, sa veuve, marie Gabrielle, sa fille, & l'appane, lui constituant en dot une somme pour la succession échue de son pere, & une autre pour la maternelle à écheoir. Jeanne étant décédée, Gilbert, son fils, répudie sa succession, & Gabrielle, sa sœur, appanée, l'accepte & jouit des biens de cette succession avec tant d'économie, que Gilbert la trouvant après quelques années profitable, fait porter Jacques, son fils, héritier de Jeanne, son aïeule. Dans cette espece il s'agit de savoir à qui appartient la succession de Jeanne, ou à Gabrielle, sa fille, appanée, ou à Jacques, son petit-fils; & sur cette question les sentimens sont partagés.

Il y en a qui prétendent que la succession de Jeanne appartient incontestablement à Jacques, son petit-fils, à l'exclusion de Gabrielle, sa tante, appanée, & ce, à cause de la disposition de l'article 305, *suprà*, qui porte que la fille mariée & appanée par pere ou par mere, ne peut venir à successions directes ou collatérales, dans les termes de représentation, tant qu'il y a mâle ou descendant de mâle, héritant esdites successions, soit mâle ou femelle, qui est le cas de l'espece présente.

Les défenseurs de ce sentiment prétendent qu'il ne s'agit pas de savoir si Gilbert, pere de Jacques, ayant répudié, son fils peut le représenter pour donner l'exclusion à Gabrielle, sa tante, dans la succession de Jeanne, son aïeule, parce que, disent-ils, le principe qui rejette la représentation d'une personne vivante, n'a ici aucune application, puisque Jacques ne vient pas à la succession de Jeanne, son aïeule, par représentation de Gilbert, son pere; mais *jure suo*, & comme y étant appellé par la Coutume, article 305, qui veut que le descendant du mâle donne, en directe, l'exclusion à sa tante mariée & appanée, & qui ne distingue pas, à l'égard des successions directes, si elles sont dans les termes de représentation, ou non.

D'autres, d'un sentiment contraire, conviennent bien que, suivant l'article 305, *suprà*, la fille mariée & appanée ne peut venir à la succession directe & collatérale, dans les termes de représentation, tant qu'il y a mâle ou descendant de mâle héritant esdites successions; mais ils disent qu'il faut faire attention au mot d'*héritant*, qui se rapporte à l'héritier le plus proche en degré, capable de succéder à Gilbert, par exemple, dans l'espece présente, parce que si Gilbert, le plus proche en degré & seul habile à succéder, à l'exclusion de sa sœur, répudie la succession de Jeanne, leur mere commune, dès-lors la sœur appanée rentrant dans ses droits, devient héritiere de sa mere, comme étant la plus proche; tellement que la répudiation de Gilbert profite seulement à Gabrielle, sa sœur, & ne sert de rien à Jacques, son fils, à qui, au contraire, Gilbert fait obstacle, l'empêchant de venir à la succession de Jeanne, son aïeule; car ne pouvant venir à la succession de Jeanne, son aïeule, à l'exclusion de Gabrielle, sa tante, que par la représentation de Gilbert, son pere, il en est entiérement exclus, par la raison qu'on ne représente pas une personne vivante, qui remplit son degré, & ne peut être représentée que par elle-même, & que d'ailleurs inutilement le représenteroit-on, puisqu'il a renoncé à tout son droit, & que le représentant n'a pas plus de droit que le représenté. Sur quoi voyez ce qui a été dit sur l'article 306, *suprà*, n. 8 & suiv.

C'est mal-à-propos, ajoute-t-on, que les défenseurs du premier sentiment soutiennent qu'il ne s'agit pas ici de représentation, puisqu'il y a inégalité de degré; que Jacques, petit-fils de Jeanne, ne peut venir à sa succession, à l'exclusion de sa tante, plus proche en degré que lui, que par la représentation de Gilbert, son pere, & que la Coutume, en l'article 305, n'exclut les filles appanées, au profit des mâles ou de leurs descendans, que dans les termes de représentation; c'est-à-dire, dans le cas où il y a, ou peut y avoir représentation, & que si elle ne distingue pas dans ledit article, à l'égard des successions directes, si elles sont dans les termes de représentation, comme elle fait à l'égard des collatérales, c'est qu'en directe, la représentation n'a pas de termes comme en collatérale, & qu'elle a lieu à l'infini; d'où l'on conclut que quand en ligne directe, le plus proche en degré & habile à succéder répudie la succession, & qu'il est vivant, que la représentation par conséquent n'est ni actuelle ni possible, par rapport à ses descendans; & que par une autre conséquence, il n'y a ni ne peut y avoir aucun mâle ou descendant de mâle héritant, pour lors la fille appanée rentre dans ses droits, & est admise à la succession comme plus proche & préférable à des collatéraux. Tel est le sentiment de M^rs. les avocats de ce siége, Fevrier, Beraud, Duris & Heuillard, à qui j'ai communiqué la difficulté; & c'est aussi le mien.

5. Le droit qu'a la fille mariée & appanée de partager, au défaut des mâles, avec ses sœurs, les successions de ses pere & mere, est à son choix; ensorte qu'elle peut, conformément à l'article 307 de la Coutume de Paris, se tenir à son appanage, si bon lui semble, & s'abstenir de l'hérédité: c'est la remarque de M. le président Duret, & de M. Jacques Potier, sur notre article. *Planè, si velit, abstinere potest* (dit Duret) *neç adire, vel se immiscere cogitur; & si appanagio stare malit, hoc conferre non tenetur.* M. Duret, *hìc.*

6. Si la fille a été mariée & appanée par sa mere après le décès de son pere, & que sa mere lui ait donné une somme pour la succession échue du pere, dont elle se soit contentée, & une autre pour la succession à écheoir; la fille pourra en ce cas, après la mort de sa mere, se tenir à ce qui lui a été donné pour la succession échue de son pere, & partager avec ses sœurs la succession de sa mere, en rapportant ce qu'elle a reçu, pour son appanage, de cette succession.

7. *Quid si mater*, dit M. François Menudel, *post obitum patris filiam dotet de paternis & maternis, cum clausula venditionis jurium paternorum matri factæ, deindè moriantur masculi, & posteà mater, eruntne dividendæ inter dotatam & alias sorores, successiones paternæ & maternæ? De materna nullum dubium; de paterna autem filia dotata, licèt malè dotata, quia mater non potuit de bonis paternis jam obventis dotem constituere, potest agere contrà sorores, ut paternam dotem à patre promissam sibi solvant, quamvis excedat contingentem bonorum paternorum, quia scilicèt ob dictam clausulam venditionis non consideratur quatenùs appanagium, sed ut contractus emptionis, à quo recedere emptori & ejus hæredibus non est licitum; & sic observamus.* M. François Menudel, *hìc.*

8. Notre article dit que la fille est saisie, en rapportant ou moins prenant: donc, dit M. le président Duret, c'est à son choix de rapporter ou de moins prendre, selon la note de Dumoulin, sur l'article 261, de la Coutume d'Anjou: *Ergo ejus electio est*, dit-il, *ex Molin. Cons. Andeg. art. 261, ita tamen ut cohæredes indemnes præstet, aliàs in specie conferre tenetur....* M. Duret, *hìc.*

9. Sur la question, si n'y ayant que des filles & point de mâles, la renonciation peut être faite au profit d'une autre fille, les sentimens sont partagés. Ce qui me paroît, c'est que ces sortes de renonciations n'ayant point leur fondement dans la disposition de nos Coutumes, elles ne doivent pas par conséquent avoir les privileges ordinaires, attribués aux renonciations des filles, en faveur des mâles; de maniere qu'elles doivent être réglées par le droit commun: & de-là il s'ensuit qu'elles doivent être faites par des majeures; qu'elles n'empêchent pas que les renonçantes ne demandent leur légitime ou le supplément, & qu'elles doivent outre cela avoir les conditions communes à toutes les renonciations à successions futures, & être faites du consentement de celui à la succession duquel elles sont faites, soit que ce soit un frere, soit que ce soit un pere. Tel est le sentiment de Lebrun, dans son traité *des Succ.* liv. 3, ch. 8, sect. 1, n. 16, à la fin.

* Mais il y a sur cela deux observations à faire; la premiere, c'est que M. Denis Lebrun, au même endroit, soutient que dans la pureté de nos maximes, il faut qu'une renonciation à succession future soit faite au profit d'un mâle; parce que la faveur des mâles est la raison dominante qui a fait admettre ces sortes de renonciations, & que s'il admet la renonciation au profit d'une fille, sous les modifications & restrictions ci-dessus alléguées, c'est parce que l'usage lui a paru tel, & qu'il avoit été jugé qu'une fille seule avoit profité d'une renonciation, par un arrêt du 14 juillet 1635, rendu en la troisieme des enquêtes, & rapporté par M. Julien Brodeau, sur la lettre R, de M. Louet, sommaire 17, n. 6.

La seconde observation qu'il convient de faire, c'est qu'on regarde cet arrêt comme incertain, & qu'on doute de sa réalité, parce qu'outre le peu d'exactitude que l'on fait être dans les citations d'arrêts du commentateur sur M. Louet, dans la discussion des droits & de la cause de madame de Boisfranc, à laquelle on opposoit cet arrêt, il a été recherché avec exactitude par des personnes illustres, à la vigilance desquelles rien n'échappe, & qu'ils ont déclaré qu'ils ne l'avoient pas trouvé, de maniere qu'il y a beaucoup à douter de son existence.

De ces deux observations, j'en tire deux conclusions:

La premiere, que M. Denis Lebrun, qui semble avoir balancé à cause de l'arrêt de 1635, eût, selon toutes les apparences, rejetté absolument, & sans aucune restriction, la renonciation à la succeſſion future, au profit d'une fille, s'il eût révoqué en doute l'exiſtence de cet arrêt.

La ſeconde, c'eſt que dès qu'on écarte l'autorité de la choſe jugée, il faut ſe déclarer pour le ſentiment qui veut qu'une renonciation faite par une fille, en faveur d'une autre fille, ne peut ſubſiſter & ne doit avoir aucune exécution. La raiſon, c'eſt que ce ſentiment eſt plus conforme à l'eſprit de notre Coutume, qui eſt une Coutume d'excluſion, laquelle déterminant en faveur des mâles, les renonciations faites par les filles dans leurs contrats de mariage, fait ſuffiſamment connoître qu'elle n'a admis ces renonciations qu'en leur faveur; que ce n'eſt qu'à leur égard & par rapport à eux qu'on a abandonné la diſpoſition du droit en la loi derniere, ff. *de ſuis & legit. hæred.* & en la loi *pactum dotale.* 3 *C. de collationibus*, & qu'on a reçu des renonciations qui ne partent jamais de la pure volonté du renonçant, & qui ne ſont que l'effet d'une révérence paternelle, & de la ſoumiſſion d'un enfant qui n'oſe réſiſter à la volonté d'un pere & d'une mere; d'où il faut tirer cette derniere conſéquence, que ces renonciations doivent être renfermées dans les circonſtances qui les ont faites recevoir, & pour les cas pour leſquels elles ont été admiſes, bien loin d'être étendues à d'autres cas oppoſés. Ainſi l'ont décidé M[rs]. les avocats de Paris, dans leur conſultation, qui eſt la trentieme de celles imprimées dans le ſecond tome de Dupleſſis, édition de 1728.

10. Quant à la renonciation de la fille au profit de ſes pere & mere qui la dotent, elle eſt contre les regles: car on ne renonce pas au profit de celui de qui on eſt héritier, mais bien en faveur d'un autre héritier. Que ſi toutefois, il ſe trouve une renonciation ainſi faite, une telle renonciation ne profiteroit pas à tous les enfans, héritiers deſdits pere & mere, comme bien qui fait partie de leur ſucceſſion, mais aux ſeuls enfans mâles germains de la renonçante. C'eſt la remarque de M. Jean Decullant, ſur l'article 307, *ſuprà. Quid ſi*, dit-il, *filia renunciaverit expreſſè in favorem parentum dotantium, an hoc proſit omnibus liberis his ſuccedentibus, quaſi hæc portio fuerit confuſa in illorum ſucceſſione inter omnes dividenda? Quod & quidam verum exiſtimant: verùm hæc renunciatio ſolis maſculis germanis & ex eis deſcendentibus prodeſt, Alex. Conſ.* 29, *lib.* 3; *& hæc mens noſtri Statuti, hocque jure utimur.* M. Jean Decullant.

11. Pour ce qui eſt de la renonciation des filles au profit des collatéraux des pere & mere, elle eſt (dit Lebrun) abſolument nulle. Lebrun, *des Succeſſions*, liv. 3, ch. 8, ſect. 1, n. 17.

ARTICLE CCCX.

La portion de la fille mariée & appanée, comme dit eſt, accroît aux mâles ſeulement, s'ils veulent payer la dot à elle conſtituée, ou le reſte d'icelle: & s'ils ſont refuſans de la payer, & il y a filles reſtans à marier, elles ſuccéderont à leur ſœur mariée vivant leur pere, avec les mâles ou deſcendans d'eux, en payant la dot *pro rata*, ou reſte d'icelui. Et combien que ladite fille ainſi mariée ne prenne part & portion eſdites ſucceſſions, comme dit eſt, ſi fait-elle nombre & part avec les autres enfans, pour la quotité & computation de la légitime.

1. Anciennement dans la Coutume d'Auvergne la portion de la fille mariée accroiſſoit à toutes les filles non-mariées, comme aux mâles, comme il paroît par l'article 31 du titre 12 de cette Coutume, maintenant elle n'accroît qu'aux ſeuls mâles, ainſi qu'il eſt dit dans notre article, dans ledit art. de la Coutume d'Auv. & dans l'art. 244 de celle de la Marche. * C'eſt-à-dire, aux ſeuls freres, & à leurs enfans mâles ou femelles, comme il eſt porté en l'article 305, *ſuprà*; ainſi le mot *ſeulement*, n'a été mis que pour exclure les ſœurs des filles appanées & leurs enfans. C'eſt l'obſervation de M. Jean Decullant, ſur ces mots de notre article, ès mâles ſeulement, *Id eſt*, dit-il, *fratribus & eorum liberis, ſivè fœminis*, §. 305, *& ideò, hæc dictio*, ſeulement, *appoſita eſt ad excluſionem ſororum dotatarum & liberorum earum, ſed non ad excluſionem liberorum fratrum, ſeu maſculorum, quibus fratrum liberis, ſicut & patribus, portio filiæ nuptæ & dotatæ accreſcit, ſolvendo dotem, vel partem dotis quæ inſoluta remanſit.* M. Decullant, *hìc.* Mais cette portion de la fille mariée & appanée, ſelon que le portent ces articles, n'accroît aux mâles qu'au cas qu'ils veulent payer la dot à elle conſtituée, ou le reſte d'icelle, ſuppoſé que la dot ou partie d'icelle ſoit due, parce que la fille n'eſt pas ſimplement excluſe à cauſe de l'exiſtence des mâles, mais auſſi parce qu'elle eſt dotée; tellement qu'il eſt juſte que ſa dot lui ſoit par eux payée, ou ce qui lui en reſte dû.

2. Que ſi les mâles ſont refuſans de payer la dot, & qu'il y ait filles reſtantes à marier, les choſes ſe réglent ſuivant le droit ancien, & les filles non-mariées ſuccédent avec les mâles

mâles ou descendans d'eux, en payant la dot *pro rata*, ou le restant d'icelle; c'est la disposition de la Coutume, au présent article. Ainsi les mâles, comme le remarque M. le président Duret, ne sont pas obligés de payer la dot, s'ils ne veulent: *ergo*, dit Duret, *ut faciant dotem, præcisè cogi non possunt; sed jus æqualis successionis filiæ offerendo liberantur.* M. Duret, *hìc*; c'est aussi la remarque de Papon, sur l'article 305, *in principio*.

3. Notre article porte, qu'à défaut par les mâles ou descendans de payer la dot de leur sœur mariée & appanée, les autres sœurs restantes à marier succéderont à leur sœur mariée: mais la Coutume ne veut dire autre chose, sinon qu'elles succéderont au lieu de leur sœur mariée avec leurs freres, à leur pere, mere ou autres. C'est l'observation du même M. le président Duret, sur ces mots, ELLES SUCCÉDERONT A LEUR SŒUR MARIÉE: *Id est*, dit Duret, elles succéderont au lieu de leur sœur mariée avec leurs freres, à leurs pere & mere également: *nec in earum præjudicium, masculus veniens, seu recusans dotem à parentibus promissam solvere, partem filiæ nuptæ & dotatæ feret; sed solventes dotem promissam unà cum masculo, simul & æqualiter parentibus succedent, eodemque modo ad successiones quibus filia nupta & dotata privatur, admittentur.* M. Duret, *hìc*.

4. M. Jacques Potier, sur notre article, a fait la même observation; savoir, que ces mots, *succéderont à leur sœur mariée*, veulent dire, succéderont à la portion de leur sœur mariée.

5. Mais si dans ce cas la fille appanée veut se porter héritiere, elle le peut en rapportant ce qu'elle a reçu: car ses sœurs ne peuvent pas profiter de son appanage à son préjudice; & en conséquence de son appanage & de sa renonciation l'exclure de la succession de ses pere & mere, & autres parens collatéraux, dans les termes de représentation; puisque cet appanage & cette renonciation n'ont pas été faits en leur faveur: c'est encore la remarque de M. le président Duret, sur ces mots de notre article, EN PAYANT LA DOT: *Nisi dotata*, dit-il, *soror collationem conferens succedere malit, quæ hoc desiderans ferenda videtur, neque sorores de renunciatione ejusdem rectè excipient, quippe harum contemplatione accepta non est, ut patet ex paragrapho 309.* M. Duret, *hìc*.

6. Le même président Duret se propose la question, si les mâles qui ont admis leur sœur appanée à partager avec eux la succession de leur pere & mere, peuvent se faire restituer contre ce partage; & il y répond de la maniere qui suit. *Quid igitur*, dit-il, *si minores exclusam hoc pacto admiserint? Proclivius est ut læsi restituantur; sed & si per majores admissa fuerit ad successionem, & partem acceperit, erronea divisio masculis non officit, modò intrà decem annos proximos, Litteris à Principe impetratis agant: error autem præsumitur, si ex post facto apparet rem aliter se habere, L. si post divisionem, Cod. de jur. & fact. ignor. Quod intellige, si filiam appanatam ignoraverint; nam si transactione res fuerit sopita, hanc resuscitari non oportet, L. 2, in fine, Cod. de veter. jur. enculeando L. Si non transact. d. tit. de jur. & fact. ignor.* M. Duret, *hìc*.

7. Quand la dot de la fille mariée & appanée a été payée, les mâles dans cette Coutume, par un usage contraire à la disposition des Coutumes d'Auvergne & de la Marche, nos voisines, aux articles ci-dessus cotés, venant à partage avec leurs sœurs restantes à marier, ne rapportent point le prix de la renonciation ou de l'exclusion de leur sœur; & ils ne sont point tenus de déduire, sur la portion qu'ils prennent dans la succession au lieu de leur sœur, la dot qui auroit été payée par les pere & mere. C'est l'observation de nos commentateurs, de M. le président Duret, de M. Jean Decullant, & après lui, de M. Jean Cordier, de M. Jean Fauconnier, & de M. Jacques Potier.

8. *Quid si in parte*, dit M. le président Duret, *vel in solidum dos soluta reperiatur, an vel integrum, vel quatenùs soluta est, masculos conferre oporteat? Et hoc magis videtur quòd filia, cujus vices gerunt, participans conferre deberet .... & ita statuunt Consuetudines Arvern. cap. 12, art. 31, & March. art. 244. Attamen probabilius est ut in hac specie collationi locus non detur, siquidem hic paragraphus collationis non meminit, ut sanè fecisset, si hanc ut suprà proximus desiderasset .... Planè ita Majoribus nostris placuit favere masculis, quos nomen & dignitas familiæ tenet plurimùm, nec obloquitur quòd filia succedens collationi obnoxia esset; quippè hìc non ejus, sed Legis municipalis suffragium propius versatur, quod & alibi in gratiam masculorum suas gratias intendit. Cæterùm hoc jure utimur, quod Judicio contradictorio à nostris firmatum novimus ....* M. Duret, sur ces mots de notre article, *ou le reste d'icelle*.

9. M. Jean Cordier, après M. Jean Decullant, s'explique de la maniere qui suit. *Hoc jure utimur*, dit M. Cordier, *scilicèt quòd masculus non tenetur conferre dotem, quia Statutum tantùm desiderat, ut solvat dotem, si non soluta sit, aut quod superest; & quod omissum est de collatione pro omisso habendum, nec supplendum .... & hanc sententiam, quod masculus non teneatur conferre, vidisse semper observari testatur J.* Decullant, *tam in judicando, quàm in consulendo; & ita judicatum in successione Claudii* Deschamps, *Mont-Lucii, anno 1625; & ita judicaverunt D.* Giraud, *Castellanus, Molin. & D. Joannes* Cordier, *Patronus, in successione Joann.* de Pontgibaut, *mense Januarii 1680 ....* M. Jean Cordier, sur ces mots, *accroît aux mâles*.

10. M. Jean Fauconnier a fait la même remarque: pour celle de M. Potier, on peut la voir dans son commentaire imprimé, où il cite pour appuyer l'usage de la province un arrêt rapporté par M. Bouguier, lett. R,

n. 2. Il est aussi dans Chenu, quest. 199; il a été rendu le 2 juin 1607, pour la Coutume de Poitou, qui est une Coutume d'exclusion. La raison qu'on donne de cette jurisprudence & de cet usage, c'est, comme il paroît par le raisonnement de nos commentateurs, parce que les mâles viennent aux parts & portions de leurs sœurs excluses, ou renonçantes, *jure suo, & non jure transmisso*; qu'ils y viennent comme étant appellés par la Coutume, qui ne demande point le rapport.

11. Ce qui vient d'être dit, que les mâles ne rapportent point le prix de la renonciation ou de l'exclusion de leurs sœurs, n'a & ne doit avoir son application, que quand ils viennent à partage avec des sœurs ou des descendans des sœurs, & non quand les freres germains viennent à partage avec des mâles d'un autre lit, ou quand l'un des germains vient à partage avec ses autres freres germains; dans le cas, par exemple, que sa sœur eût renoncé expressément en sa faveur : c'est l'observation de M. François Menudel & de M. le président Genin; & ainsi a été jugé en cette Sénéchaussée.

12. *Hic paragraphus*, dit M. Menudel, *intelligitur respectu filiarum tantùm; aliud, si masculi germani cum masculis concurrant : eo enim casu conferre germanus tenetur, quod à communi parente dotatæ sorori donatum fuit;* & ainsi je le soutins, ajoute Menudel, en la succession de la demoiselle de Latrolliere, en la contestation formée par le sieur du Coudereau, enfant du premier lit, & qui profitoit de la renonciation d'une sienne sœur germaine; le prix de laquelle renonciation il ne vouloit point rapporter au partage de ladite succession; & je soutins pour le sieur de Franchesse, enfant de ladite de Latrolliere, du second lit, qu'il devoit rapporter..... ainsi avec moi le tinrent M[rs]. le général Beauregard, Bergier, & Beraud, conseillers, appellés pour résoudre cette question; & ainsi a été jugé entre les mêmes parties, le 27 août 1639. *Idem puta, si renunciatio fiat à sorore germanâ in favorem unius ex fratribus germanis, & in necem aliorum germanorum; paragraphus enim iste est appositus tantùm in præjudicium filiarum.* Telle est la remarque de M. Menudel; M. le président Genin a fait la même observation, à l'exception de la contestation du sieur du Coudereau, dont il ne parle pas.

13. Quand les mâles de différens lits partagent la succession de leurs pere & mere, & qu'ils prennent respectivement dans cette succession la portion de leurs sœurs appanées; le rapport qu'ils sont tenus de faire de l'appanage de leurs sœurs, ne se fait que par rapport à la personne du mâle qui succéde, & proportionellement à la portion qu'il prend de son chef dans la succession : car le rapport n'est point dû par rapport aux filles; & les mâles succédans du chef desdites filles, n'en peuvent pas prétendre. C'est encore la remarque du même Menudel, sur notre art.

14. *Quod dictum est*, dit-il, *hunc paragraphum non habere locum, respectu fratrum consanguineorum aut uterinorum, verum habet, quatenùs ad personas illorum : si enim succedant patri, verbi gratiâ, ex capite suo, & ex capite sororis germanæ dotatæ & solutæ, frater verò consanguineus succedat non solùm ex capite suo, sed etiam ex capite duarum vel trium sororum dotatarum & solutarum, fiet tantùm collatio respectiva fraternæ personæ, quatenùs masculus est; non verò ratione portionis, quæ ei per dotem accrevit : soror enim si dotata non esset & veniret ad successionem paternam, non posset petere collationem fieri à fratre consanguineo, de dotibus factis sororibus consanguineis; & quod dicit paragraphus, est tantùm respectu dotatæ & non solutæ.* M. Menudel, *hic.*

15. La portion de la fille mariée & appanée n'accroît aux mâles que dans ce cas, que la fille appanée ou ses enfans sont existans au temps de l'ouverture de la succession, & en droit d'y prendre une portion, s'il n'y avoit point eu d'appanage, & non autrement. La raison est que le frere ou ses descendans n'ont droit de prendre du chef de la fille appanée, que la portion qui lui appartient dans la succession à elle ou à ses enfans; c'est l'observation de M. Jean Decullant, sur ces mots de notre article, ACCROÎT AUX MASLES: *Scilicèt*, dit-il, *dummodò filia aut ejus liberi tempore delatæ hæreditatis supervixerint, & fuerint habiles ad successionem; alioquin secùs : quia frater & illius descendentes ferunt dumtaxat portionem, quæ filiæ nuptæ & dotatæ, vel ejus liberis obtigisset, citrà renunciationem.* M. Decullant, *hic.*

16. C'est aussi le sentiment de M. François Menudel : *Juxtà Statutum 310*, dit-il, la portion de la fille mariée & appanée accroît aux mâles seulement; *ex quibus verbis infertur in renunciatione filiæ dotatæ, agi de ejus portione, non verò de portione descendentium filiæ dotatæ : quia descendentes nullam in successione, quâ mater est exclusa à Statuto, partem possunt petere; cùm Statutum matri, in puncto renunciationis, eam illi auferat, & eam deferat ei in cujus favorem facta est renunciatio.* Cela ne fait pourtant pas, ajoute M. Menudel, que la renonciation faite par la fille morte sans enfans, puisse accroître au frere, au préjudice des filles non mariées, & qu'elle lui donne droit dans une succession échue depuis le décès de ladite fille appanée : *paragraphi enim 305, 309 & 310 præsupponunt quòd filia possit advenire ad successionem adventam, & paragraphus 310 loquitur de portione ejus ei debitâ in successione obventâ.* M. François Menudel, sur l'article 305, *suprà.*

17. Ainsi a été jugé par sentence arbitrale, rendue le 3 janvier 1658 par M. René Merlin, M. François Menudel & M. François Tridon, au sujet de la succession de Nicolas Depales, décédé sans enfans : c'est M. Menudel, sur le présent article, qui fait mention de cette sentence arbitrale.

* Le 3 janvier 1658, dit M. François Menudel, il se présenta en la succession de Nicolas Depales, décédé sans enfans, la difficulté suivante. Antoinette Depales, sa sœur, avoit renoncé au profit de Michel, son frere; elle décéda laissant un fils, & ce fils décéda avant Nicolas Depales, laissant deux enfans; ces deux enfans, pour être hors le degré de représentation, supposé que leur mere n'eût été appanée, ne pouvoient venir à la succession de Nicolas, leur grand-oncle: mais ledit Michel prétendoit que la portion desdits enfans lui appartenoit par vertu de la renonciation faite à son profit, par ladite Antoinette, leur aïeule; & Françoise Depales, fille mariée & non appanée, prétendoit au-contraire que ladite portion qu'eussent pu prétendre lesdits enfans, s'ils eussent été dans le degré, devoit demeurer confuse dans la masse de la succession, pour être partagée entr'elle & ledit Michel; par la raison que lesdits enfans ne pouvoient rien prétendre; de maniere qu'il en falloit demeurer au droit commun; & tel étoit le sentiment de René Merlin, qui soutenoit que lorsque la Coutume dit que la portion de la fille mariée & appanée accroissoit au mâle, ces termes devoient être entendus tant & si longuement que la fille appanée, & les enfans qui la représentent, peuvent venir à la succession, parce qu'ils sont dans les termes de représentation: d'où il concluoit que les petits-enfans de ladite Antoinette n'y étant pas, sa renonciation n'étoit plus à considérer.

Je soutenois au-contraire, dit M. Menudel, qu'il ne falloit pas considérer en ce rencontre la capacité de la personne qui pouvoit succéder, mais qu'il falloit s'arrêter à la renonciation de la personne, laquelle pouvoit venir aux successions, dans les termes de représentation, qui la regardoient: sur laquelle contrariété d'avis, M. François Tridon fut appellé, qui me condamna. M. Menudel, sur l'art. 305.

A la vérité ce sentiment de nos anciens, lorsque je l'ai proposé à M[rs]. les conseillers & avocats de ce siége, a eu quelques contradicteurs: mais il a été approuvé du plus grand nombre.

* La portion de la fille mariée & appanée, qui accroît aux mâles sans qu'ils soient tenus de rapporter la dot qui a été payée, ne regarde que les successions futures, pour lesquelles la fille a pu être, & a été effectivement appanée, & non la succession échue, à laquelle elle auroit renoncé moyennant une somme, en faveur de ses freres. *Hunc paragraphum*, dit M. Louis Semin, sur le présent article, *intellige de filia dotata secundum paragraphum 305, non de ea quœ cessis juribus sibi jam quœsitis renunciavit pro certa summa, in favorem masculi, fratris, quam conferre masculum hoc casu verius est, quia jure proprio non venit, nec ratione statuti, sed nomine cessionis; v.g. Titia, matre mortuâ, nubendo à patre dotatur, & tam matern successioniœ jam delatœ, quàm futurœ patris renunciat, in favorem Caïi, fratris; patre demum mortuo, successionum divisio patris & matris proponitur, inter Caïum & Mœviam, fratrem & sororem Titiœ, in quâ divisione Caïus feret quidem duas portiones, nihil conferendo in successione patris, sed in successione matris tenebitur conferre dotem datam Titiœ pro dicta matris successione. Hoc tamen non impedit quin masculus ex capite suo, & sororis dotatœ, succedat alteri sorori decedenti sine liberis, & duas portiones in ea successione accipiat.* M. Semin, *hìc*.

18. La portion de la fille mariée & appanée, qui accroît aux mâles dans les successions futures, est celle qui auroit appartenue à la fille mariée, sans son appanage, non-seulement dans la succession de ses pere & mere, qui l'ont dotée, mais encore dans toutes les successions, dont elle est excluse par la Coutume en conséquence de son appanage: c'est l'observation de M. Louis Semin, sur ces mots de notre article, LA PORTION DE LA FILLE. *Portionem filiœ dotatœ, intellige*, dit-il, *non solùm in successione patris vel matris qui dotaverunt, sed etiam in omnibus successionibus, à quibus per Statutum filia nupta & dotata excluditur, idque in favorem masculi*... M. Semin, *hìc*.

19. Sur la question, si le pere & la mere de la fille mariée, en instituant l'un de leurs enfans, leur seul & universel héritier, & réduisant leurs autres mâles à leur légitime, peuvent, au préjudice de la disposition de la Coutume au présent article, & en l'art. 307, empêcher que les autres mâles ainsi réduits à leur légitime, ne prennent leur portion dans la portion héréditaire de leur sœur appanée; les sentimens sont partagés.

20. M. Charles Dumoulin estime qu'ils le peuvent; c'est ce qui résulte de sa note, sur la Coutume d'Auv. tit. 12, art. 31, où il dit, *nisi aliter dispositum sit in contractu vel testamento patris, cujus sunt hœredes*: desquels termes, il est évident, dit M. François Menudel, que, selon Dumoulin, les ascendans peuvent disposer de la portion de la fille mariée & appanée, & qu'ainsi, tant notre Coutume que celle d'Auvergne, doivent être entendues au seul cas, que les ascendans décédent *ab intestat*. C'est aussi le sentiment de Basmaison sur ledit art. 31 du tit. 12 de la Coutume d'Auvergne, où il convient avec Dumoulin, que les ascendans peuvent disposer de la portion de la fille mariée; mais en même temps, il veut qu'ils ayent à cet effet déclaré expressément leur volonté, en disant, par exemple, qu'ils instituent un tel leur seul & unique héritier, sans que ses freres puissent profiter de l'accroissement des portions des filles mariées.

21. M. Menudel, qui adhére au sentiment de Dumoulin & de Basmaison, observe qu'on a pourtant répondu autrement dans notre Coutume, tant par ce qui résulte de l'article 311 suivant, que parce que les mâles, du jour du

jour du contrat de mariage de leur sœur appanée, dans l'attente d'en être faits possesseurs à l'instant du décès des ascendans; & encore parce que ce droit d'accroissement vient du bénéfice de la Coutume, & qu'il saisit sans le ministere d'autrui: la Coutume parlant impérativement par ce mot, *accroît*, qui saisit dès le moment de la renonciation, *juris ministerio*. C'est l'observation de M. Menudel: tel est le sentiment de M. Prohet sur ledit art. 31 du tit. 12 de la Coutume d'Auvergne; & c'est le mien aussi: car dès que le droit d'accroissement est une fois acquis aux mâles, par la disposition de la Coutume, je ne crois pas que les ascendans puissent les en dépouiller par un second traité de mariage, ou par un partage; puisque la Coutume en l'art. suivant ôte aux ascendans le pouvoir de blesser ce droit, & de rappeller la fille mariée, sans le consentement des mâles auxquels le droit est acquis.

22. Notre article porte sur la fin, que quoique la fille mariée ne prenne point de part dans lesdites successions, (c'est-à-dire, dans les successions des ascendans, & autres dans les termes de représentation) elle fait toutefois nombre & part avec les autres enfans, par la quotité & computation de la légitime. C'est aussi la disposition de la Coutume d'Auvergne, tit. 12, art. 32, & de celle de la Marche, art. 245; pour l'intelligence de quoi, il faut observer que la masse des biens sur quoi on doit fixer la légitime, étant faite & composée, il est nécessaire, pour régler la légitime, de compter le nombre des enfans qui font part dans la supputation de la légitime; & que comme c'est l'avantage de ceux qui doivent fournir la légitime, qu'il s'en trouve beaucoup qui fassent part, sans prendre part, il est au contraire de l'intérêt des légitimaires, qu'il y en ait moins: car plus il y a d'enfans qui font part, moins il appartient à chacun des légitimaires; les parts de ceux qui font part, sans prendre part, tournent nécessairement au profit de ceux qui fournissent la légitime.

23. Cette observation faite, il semble que cette disposition de la Coutume au présent art. comme celle de la Coutume d'Auvergne & de la Marche, soit inutilement mise, selon que l'a observé M. Prohet; & cela pour deux raisons: la premiere, parce que l'exclusion des filles mariées, réglée par la Coutume, suppose toujours quelque dot, si légere qu'elle puisse être; la seconde & la principale, parce que cette exclusion renferme une renonciation tacite & légale en faveur des mâles; de maniere que les mâles représentans la fille mariée, & prenant sa portion dans toutes les successions, il est de nécessité qu'elle soit comptée par-tout, & fasse nombre, non-seulement dans le compte & le réglement de la légitime, mais encore dans les partages de toutes les successions: *Hoc verum*, dit M. Jean Decullant, *etiam cessante statuto, quoties filia dotata renunciavit in favorem alterius, sivè expressè, sivè tacitè*. M. Jean Decullant, sur ces mots de notre article, *combien que ladite fille*.

24. Ce qui doit toutefois s'entendre, comme il a été observé ci-dessus, de la fille mariée & appanée, qui vit, ou qui a laissé des enfans vivans dans le temps de la supputation de la légitime. *Intellige tamen*, dit M. Jean Decullant, *de filia aut ejus liberis superstitibus ex tempore computationis legitimæ: nam si præmortua esset sine liberis ante parentes, licèt fuerit nupta & dotata, non computaretur in legitimam, cùm portionem non faceret, nec ejus portione masculus gauderet, in necem aliarum sororum*. M. Decullant sur l'article 319, *infrà*.

25. M. le président Duret, sur le présent article, a fait la même remarque. *Filiæ nuptæ & dotatæ*, dit-il, *habenda est ratio in numero liberorum, ut cognoscatur, non quanta sit legitima ejus, cùm non admittatur ad successionem, sed quanta sit legitima fratrum vel sororum succedentium: non tamen computaretur in numero liberorum, si ante parentes prædecederet, nullâ sobole relictâ: item nec computatur Religiosus in Monasterium ingressus, & professus*. M. Duret, *hìc*.

ARTICLE CCCXI.

Quand les filles sont rappellées à droit successif.

LE PERE, mere ou autres ascendans, en mariant en premieres noces leurs filles & autres descendans en directe ligne, pourront réserver à leurdite fille, ou autres descendans en directe ligne, droit successif de pere & de mere, & autres lignagers, tel que bon leur semble; mais ladite fille mariée en premieres noces & appanée par ses pere, mere, ou autres ascendans, ne peut être rappellée à aucun droit successif, au préjudice des mâles ou leurs descendans, sans leur consentement exprès, soit par second contrat de mariage ou autrement: Toutefois n'est prohibé ausdits pere & ascendans, donner ou leguer à ladite fille ainsi mariée & appanée en premieres noces, ou disposer à son profit de ses biens autrement que par reservation, ou rappel de leur droit successif.

1. COmme la Coutume ne produit, à l'égard des filles, l'exclusion de succéder que par leur mariage; le pere, la mere, ou autres ascendans, peuvent par leur contrat de mariage, & avant qu'aucun droit soit acquis aux mâles, par rapport à cette exclusion municipale,

municipale, leur reserver, & à leurs descendans en directe ligne, le droit successif de pere & de mere, & autres lignagers que bon leur semble : & c'est-là le cas où il est vrai de dire que la disposition de l'homme fait cesser celle de la loi, *rebus integris*. Mais il y a plus, c'est que la Coutume autorise en ce point la disposition de l'homme, & lui donne son exécution : car c'est la disposition précise de notre Coutume, au présent article; celle de la Coutume d'Auv. ch. 12, art. 27; de la Marche, art. 240; de Tours, art. 284; de Lodunois, ch. 27, art. 26, & autres.

2. Telles reserves doivent être faites dans le contrat de mariage, & avant le mariage célébré, & non après : cela paroît par les termes de notre article, *en mariant en premieres noces;* & c'est la remarque de Dumoulin, sur l'art. 27 du tit. 12 de la Coutume d'Auvergne : *& in ipso*, dit-il, *contractu matrimonii, & non post.*

3. Ces sortes de reserves doivent être faites par le pere, ou par la mere, l'aïeul ou l'aïeule, ainsi qu'il est dit dans notre art. & la raison est que comme il n'y a qu'eux qui excluent leurs filles en les dotant, il n'y a aussi qu'eux à qui il appartienne de limiter leur exclusion, & de reserver les successions.

4. Il faut que la reserve soit expresse des successions pour lesquelles la fille dotée est reservée; car ces reserves ne sont susceptibles d'aucune extension, *tantùm valent quantùm sonant :* & ce sont des choses de droit étroit, & des causes limitées, qui ne produisent aussi qu'un effet limité. *Hæc reservatio*, dit M. François Decullant, *debet fieri non verbis generalibus, sed specialibus; quia ea quæ sunt contrà Statutum, speciali notâ derogatoriâ indigent.* M. François Decullant, sur ces mots, *pourront reserver.*

5. La raison pour laquelle la reserve doit être expresse, & n'opere que pour les successions expressément reservées; c'est que la fille étant excluse des successions directes & collatérales dans les termes de représentation, aux termes de l'art. 305, *suprà*, si le pere, ou la mere, ou autre ascendant, qui ont la liberté de lever l'empêchement introduit par la Coutume, ne font la reserve que d'une sorte de successions, & ne levent l'empêchement que pour ces successions-là, la fille demeure forclose & incapable des autres, aux termes de la Coutume, l'empêchement introduit par la Coutume subsistant à leur égard; & en cela paroît la différence qu'il y a entre l'institution contractuelle, & la reserve de succéder dans le cas de l'exclusion coutumiere de la fille dotée : l'institution rend la fille héritiere, & lui conserve le droit des successions; la reserve laisse la fille dans l'exclusion coutumiere & l'incapacité de succéder, & ne leve l'empêchement & l'inhabilité de succéder, qu'autant que cela est déclaré nommément dans la reserve : desorte que, si elle est particuliere pour quelques successions, la fille n'a point de droit aux autres; la reserve qui est faite pour une sorte de succession, confirmant l'exclusion coutumiere pour les autres.

6. Ainsi, si dans cette Coutume le pere & la mere ayant doté, il n'y a qu'un d'eux qui reserve à sa fille dotée sa succession, la reserve n'aura lieu que pour la succession de celui qui l'aura faite; & pareillement, si la reserve d'une fille dotée n'est faite que pour les successions directes, elle ne lui profitera pas pour les successions collatérales : ainsi jugé par l'arrêt des Clamansons de Thiers, & par celui de la Viscontat, qui ont été rendus sur l'interprétation de l'article 27 du titre 12 de la Coutume d'Auv. & qui sont cités par Prohet, sur cet article, & dans une note marginale du commentaire de Basmaison, & Consul, sur l'article 28, tit. 12 de la même Coutume.

7. Que si la reserve est conçue en ces termes, *sauf & à elle reservées les successions collatérales*; c'est une question si cette reserve ainsi faite assure à la fille appanée les successions collatérales dans les termes de représentation : sur quoi il paroît que la jurisprudence a varié dans ce siége.

8. On jugeoit autrefois qu'une telle reserve étoit limitée aux successions collatérales hors les termes de représentation, & avoit été faite dans l'esprit de la Coutume, & conformément à sa disposition; *& ita fuit judicatum*, dit M. François Decullant, *in quodam processu, pro successione Petri Malhæi, Notarii in Parochiâ* de Deux-Chaises, *Relatore domino* Dubuisson, *viro docto, sexto Augusti 1616 : Talis enim reservatio*, ajoute M. François Decullant, *est nimis brevis; oportet successiones nominatim declarare, aut dicere quod derogatur Statuto. Joannes* Decullant *dicit accepisse similem quæstionem decisam fuisse, Arresto dato contrà dominum* de la Grelate, capitaine de Chantelle.

9. Mais ayant considéré que telle reserve seroit donc inutile, puisque la fille mariée n'est point exclusе par la Coutume, des successions hors les termes de représentation, la jurisprudence a changé : *Verùm*, dit toujours M. François Decullant, *ab aliquot annis sententia contraria invaluit; scilicèt quòd hæc clausula*, RESERVÉE LOYALE ÉCHOITE COLLATÉRALE, *admittat filiam dotatam & maritatam, ad quamlibet successionem collateralem, Arresto dato in successione* de Gondaud de Jaligny, *anno 1620; ex quo tempore idem* Decullant *dicit se vidisse judicari bis : semel in successione cujusdam dicti* Maleau Degoulon, *1620, Relatore domino* Berault, *confirmando Sententiam Castellani urbis Mont-Lucii;* & *anno 1630, Relatore domino* de Lespaud, *confirmando Judicis Borbonii Sententiam.* M. François Decullant, sur l'article 305, & sur le présent article.

10. M. Genin, pere, & M. François Menudel, font mention de l'arrêt de Gondaud. Le premier dit qu'il fut rendu au rapport de M. Durand, pour Daumont, curé de Jaligny,

contre Gondaud ; & qu'il fut décidé que la mere dudit Daumont, sœur dudit Gondaud, qui avoit été appanée par pere & mere, mais à qui on avoit reservé *loyale échoite collatérale*, succéderoit avec ledit Gondaud, son frere, à M. Pierre Gondaud, secrétaire de M. de S. Gerand, gouverneur de Bourbonnois, leur autre frere.

11. La même chose a été jugée, dit M. Julien Brodeau, dans sa note, sur l'article 305 de cette Coutume, rapportée dans le coutumier général nouveau, par arrêt du premier juillet 1645, donnée en la quatrieme chambre des enquêtes, au rapport de M. Roujault, confirmatif de la sentence du sénéchal du Bourbonnois ou son lieutenant à Moulins, du 24 mars 1642, au profit de demoiselle Anne Letailleur, veuve de Jean Feydeau, contre Antoine Decollart, tuteur des enfans mineurs de défunt Jean Letailleur, frere de ladite Marie, pour la succession de sa sœur, tante desdits mineurs, dont il est dit que partage sera fait également entre les parties. M. Brodeau, sur l'article 305 de cette Coutume.

La même chose a encore été jugée, dit M. Etienne Baugy, le 5 février 1697, au rapport de M. le lieutenant général Bolacre, en l'affaire des demoiselles Chevariers....

12. Autre chose seroit, si la fille appanée s'étoit contentée de renoncer aux successions de ses pere & mere seulement. Ce mot, *seulement*, ajouté à sa renonciation, n'empêcheroit pas, dit M. Jean Cordier, qu'elle ne demeurât exclusé des successions collatérales dans les termes de représentation; parce qu'il ne suffit pas que ce soit la fille qui parle, il faut que ce soit le pere & la mere qui dotent; & il est nécessaire qu'il y ait une reserve expresse de leur part, la reserve dépendant uniquement de l'autorité que donne la Coutume aux peres & meres, & non pas aux filles qui se marient: de maniere que la fille ayant été dotée par ses pere & mere, & par conséquent tacitement appanée, suivant l'article 305, de toutes successions directes & collatérales dans les termes de représentation; ce mot *seulement* est inutile, & ne peut pas être regardé comme une reserve & une exception audit appanage; & ainsi a été jugé en cette Sénéchaussée, le 10 janvier 1688, au rapport de M. Beraud de Paray, en faveur de Pierre Carron, contre Marie Carron, leur tante: la sentence est rapportée par M. Jean Cordier & Jean Fauconnier.

* Marie Carron, dit M. Jean Cordier, par son contrat de mariage, moyennant la constitution de dot qui lui fut faite par ses pere & mere, renonça à leurs successions seulement. Remi Carron, son frere, étant décédé sans enfans, ladite Marie prétendit avoir droit en sa succession, & la partager également avec ses neveux, enfans de Pierre Carron, son frere, fondée sur ce que la renonciation par elle faite, étoit restreinte aux successions directes, le mot *seulement* étant un terme taxatif & limitatif; ce qui ne la devoit exclure des successions collatérales, comme étoit celle de Remi Carron, son frere. Par sentence rendue en cette Sénéchaussée, le 10 janvier 1688, au rapport de M. Beraud de Paray, lad. Marie Carron fut déboutée de sa demande, & la succession de Remi Carron fut entiérement adjugée aux enfans de Pierre. Le fondement de cette sentence, dit M. Cordier, fut que Marie Carron ayant été dotée par ses pere & mere, avoit été, suivant l'article 305, tacitement appanée de toutes successions directes & collatérales dedans les termes de représentation, & que le mot *seulement*, que l'on prétendoit être une reserve & une exception audit appanage, étoit inutile, vu que les appanages, reserves, & rappels aux successions, dépendent uniquement de l'autorité que la Coutume donne aux peres & aux meres, & non pas des filles qui se marient. Jean Cordier, sur l'article 305.

13. Si la fille mariée, à laquelle on a reservé le droit successif, se contente de sa dot, & refuse de venir à succession; en ce cas, la portion accroîtra également aux filles restantes à marier, comme aux mâles, *tanquam portio non petentis*; l'accroissement de la Coutume en l'article 301 & autres précédens, n'ayant lieu que dans le cas de l'appanage, & pour les successions desquelles la fille est forclose: c'est la remarque de Basmaison, sur l'article 31 du titre 12 de la Coutume d'Auvergne, & après lui de M. Jean Decullant, sur le présent article.

14. *Quæritur*, dit Decullant, *an cùm liceat parentibus in contractu matrimonii reservare filiæ dotatæ jus succedendi, conferendo dotem, an si ipsa sit contenta dote, & recuset adire hæreditatem, an masculi capiunt ejus portionem.* Basmaison, *in sua paraphrasi*, *§. 31*, *tit. 12 Stat. Arvern. censet quòd non, & hanc portionem fore confusam in successione parentum contendit, quæ accrescit omnibus adeuntibus: quia hic favor Statuti non obtinet, nisi in successionibus quibus renunciatur, aut Statuto, aut conventione; illa autem, cui jus succedendi reservatum est, non dicitur propriè* appanée. M. Decullant, *hic*.

15. Ces sortes de reserves faites en contrat de mariage, sont irrévocables, la faveur des contrats de mariage influant une prérogative d'irrévocabilité à toutes les clauses qui en font partie; & leur effet principal est qu'elles font venir la fille en faveur de qui est faite la reserve à la succession reservée, comme héritiere: *remotò scilicèt atque sublato obstaculo, quod ei ad successionem oberat.* Et cet effet présupposé, s'ensuivent tous ceux qui sont attachés à la qualité d'héritier, en quoi ces sortes de reserves ressemblent à l'institution contractuelle.

16. Mais ces reserves ne donnent pas plus de droit à la fille aux successions reservées, que les filles non dotées & les mâles en peuvent avoir; elles ne font uniquement que

lever l'obstacle de la forclusion coutumiere, pour les successions, pour lesquelles la fille est reservée, & rétablir la fille, ou la conserver à cet égard dans ses droits naturels, sans lui garantir les successions auxquelles elle est reservée.

17. La reserve opere également pour la fille reservée & pour les enfans, quand bien même les enfans ne seroient pas dénommés dans la reserve; la raison est que l'obstacle de l'exclusion coutumiere pour les successions, pour lesquelles la fille est reservée, étant une fois levé au moyen de la reserve, la mere & ses enfans rentrent dans leurs droits naturels, à cet égard, & que la reserve produit un retour au droit naturel & commun, pour les successions pour lesquelles elle est faite. Cela a été ainsi jugé par l'arrêt du 3 mai 1692, rapporté par Lebrun, liv. 3, *des Succ.* ch. 10, sect. 1, n. 8.

18. Quand la fille est une fois mariée & appanée par ses pere & mere ou autres ascendans, sans aucune reserve aux droits successifs, & qu'elle est tombée dans l'exclusion, soit par une renonciation expresse, soit par une renonciation tacite & coutumiere, elle ne peut plus en être tirée & rappellée, au préjudice des mâles ou de leurs descendans, aux droits successifs, dont elle est excluse, sans leur consentement exprès, soit par contrat de mariage ou autrement, (ainsi qu'il est dit dans notre article) par Coutume nouvelle, comme il paroît par le procès-verbal de la Coutume; & c'est aussi la disposition de la Coutume d'Auvergne, tit. 12, art. 29, & celle de la Marche, art. 242: la raison est que l'exclusion qui résulte du premier mariage, prévient & saisit les mâles de la portion de la fille; ensorte que, dès l'instant du mariage de leur sœur, le droit de succéder en son lieu, & de recueillir sa portion héréditaire, leur étant acquis, il ne peut plus leur être ôté sans leur consentement. *Id quod nostrum est, sine facto nostro ad alium transferri non potest*, dit la loi 11, *ff. de Reg. jur.*

19 Ce consentement doit être exprès, comme dit notre article; parce que c'est une renonciation à un droit acquis, duquel il faut que le mâle se départe nommément, en consentant expressément au rappel de la fille.

20. Et parce que les descendans de la fille dotée & appanée ont contracté la même inhabilité à succéder qu'elle, & que le droit est acquis aux mâles à leur égard, aussi-bien qu'à l'égard de la fille, ils ne peuvent pas succéder sans rappel, non plus que la fille; car la raison étant la même dans l'un & l'autre cas, il faut y établir la même décision. Prohet, sur la Coutume d'Auvergne, titre 12, article 29.

21. Le consentement des mineurs au rappel est sujet à restitution: mais, quand les majeurs ont une fois consenti, ils ne peuvent plus s'en dédire; & s'ils viennent à décéder, leurs héritiers sont obligés d'entretenir le rappel: *Mutare consilium quis non potest in alterius detrimentum*, dit la regle de droit 33, *in 6°*. Et tel est le sentiment de Dumoulin, dans sa note, sur l'art. 8 du ch. 15 de la Coutume de Montargis; & de Lebrun, *des Succ.* liv. 3, ch. 10, sect. 1, n. 6.

22. Mais si venant à décéder, leurs enfans renoncent à leur succession & se portent héritiers de leur aïeul, c'est une difficulté en ce cas, s'ils sont tenus d'entretenir le rappel consenti par leur pere, dont ils ne sont pas héritiers. M. Jean Decullant tient qu'ils n'y sont pas tenus, selon que le rapporte M. François Decullant, son fils.

23. *Quæritur*, dit M. François Decullant, *quid Juris est in hac thesi. Titius, Mœvio filio suo consentiente, revocat ad jus successorium Titiam, filiam suam; Mœvius postea præmoritur Titio, & relinquit Sempronium, qui, repudiatâ paternâ hæreditate, petit integram Titii, avi sui, hæreditatem, volens excludere Titiam, amitam, beneficio, art.* 305, *eò quòd fuerit maritata & dotata à parente, nec vult stare consensui à patre præstito, cùm non sit illius hæres, nec jus, seu utilitas renunciationis factæ à Titia fuerit unquam actu Mœvio quæsita. Censet Joannes* Decullant, *eum excludere Titiam, quia consensus eorum omnium quorum interest, requiritur per hœc verba*, NE PEUT AU PRÉJUDICE DES MASLES, OU DE LEURS DESCENDANS, SANS LEUR EXPRÈS CONSENTEMENT. *Beneficium renunciationis seu exclusionis à futuris successionibus quam patitur filia, non acquiritur fratri determinativè, sed indeterminativè illi vel suis descendentibus, si velint adire successionem, à qua filia per dotem & matrimonium excluditur ex paragrapho 305: ita ut hoc beneficium competat illi determinatè qui supervixit, & capax est adeundi tempore delatæ hœreditatis, hinc fit ut consensus à Mœvio prœstitus intelligatur valere in casu, quo ei hœreditas parentis defereretur; imò etiam, si Sempronius foret hœres Mœvii, adhuc aliquid dubii superesset: quia Mœvio prœmortuo, Sempronius jure suo & ex suo capite gaudet beneficio Statuti, in dicto paragrapho 305*. Tel est le sentiment de M. Jean Decullant, selon M. François Decullant, son fils.

24. Mais ce n'est pas le mien: car les intéressés, dont il est parlé dans notre article, & qui doivent consentir au rappel, ne sont pas ceux qui sont en plus proche degré au temps du décès, mais ceux qui sont tels lors du rappel; puisque le pere ou la mere, dans le temps du rappel, ne peuvent faire autre chose, que de requérir le consentement de ceux qui pour lors sont les plus proches & habiles à succéder; & s'ils viennent à décéder, leur mort imprévue ne doit pas être une occasion de faire déclarer le rappel nul, quand le pere ou la mere a usé des précautions qui lui sont indiquées par la Coutume.

25. Le rappel qui se fait du consentement des personnes intéressées, fait venir la fille

rappellée aux successions, comme héritiere; c'est ce qui résulte de ces termes de notre article, *ne peut être rappellée à aucun droit successif*; la raison est que le rappel ne fait qu'éloigner l'empêchement, & lever l'obstacle qui arrêtoit le cours naturel des successions, & qui empêchoit le droit commun d'agir, en faveur de la fille, qui avoit renoncé expressément ou tacitement.

26. Le rappel fait venir la fille rappellée, non-seulement à la succession de celui qui fait le rappel, mais encore à celle des parens collatéraux, & *iis etiam non vocatis nec consentientibus*, dit M. François Decullant: *Contrariorum*, dit-il, *contraria est causa; ergo, si simplici matrimonio & dotatione factâ per alterutrum ascendentium, filia excluditur non solùm à dotantis futurâ successione, sed etiam à successione collateralium intrà metas repræsentationis, paragraphis 305 & 306; licèt non consenserint collaterales, neque vocati fuerint, si etiam liberum est parentibus dotantibus filiam in contractu matrimonii, illi reservare quodlibet jus successorium, ut patet ex hoc paragrapho 311, non requisitis aliis propinquis: hinc fit à sensu contrario, quòd ipsi soli parentes & alteruter eorum, non consentientibus iis quos beneficium exclusionis afficiebat, possint revocare filiam ad jus aliarum successionum.* M. Decullant, *hìc*.

27. Le consentement des freres & personnes intéressées n'est requis que pour le rappel à droit successif, & non pour de simples legs & donations particulieres; car il n'est pas défendu aux peres & ascendans de disposer au profit de la fille mariée & appanée, autrement que par reservation & rappel de droit successif: c'est la disposition de notre article.

28. Il n'est pas fait mention de la mere dans cette disposition du présent article; mais il faut de deux choses l'une, ou que la mere soit comprise dans le mot d'*ascendans*, ou qu'elle soit omise par inadvertence: aussi a-t-il été jugé, selon que le rapporte M. Menudel, sur notre article, par jugement de cette Sénéchaussée, contre Annet Martinet, sur un appel d'une sentence du bailli d'Orval, le 7 mars 1640, que la mere pouvoit donner & léguer à sa fille appanée; & la même chose a encore été jugée en ce siége, comme nous le dirons ci-après. Et la raison pour laquelle il est permis aux pere, mere, & autres ascendans, de donner & léguer à une fille mariée & appanée, c'est (dit M. François Decullant) qu'elle est regardée comme étrangere dans la famille. *Hæc filia maritata & dotata non est hæres*, dit-il, *sed extranea censetur; & ideò ei permittitur donare, & legare: donare scilicèt donatione inter vivos; legare verò testamento, sive causâ mortis.*

29. Mais il faut pour cela que la fille ait été mariée & appanée par son contrat de mariage: car autre chose seroit, si elle avoit été seulement réduite à sa légitime, & appanée par le contrat de mariage de son frere, en conséquence d'une institution d'héritier, faite en faveur dudit frere; par la raison que la fille est héritiere en sa légitime, & par conséquent ne peut être légataire ni donataire. Aussi notre article dit, *à la fille ainsi mariée & appanée*: c'est l'observation de M. François Menudel, *hìc*, & de M. François Decullant. *Est enim hæres*, dit M. Decullant, *in re particulari, quam sortitur loco legitimæ.... In hoc autem nostro statuto, ex paragrapho 321 nemo potest esse hæres & legatarius; neque in linea directâ hæres & legatarius, quia donata debet conferre in divisione hæreditatis, paragrapho 313, nisi datum sit nubendo in præcipuum, paragrapho 303. Hinc sequitur, quod quidquam legari aut donari non possit liberis dotatis in favorem institutionis factæ in contractu matrimonii ultrà appanagium constitutum, salvo legitimæ supplemento: secùs in filia nupta & dotata, quæ de modico appanagio etiam infrà legitimam conqueri non potest, quia non est hæres.* M. Decullant, *hìc*.

30. Quant à la question, si le don fait à la fille mariée & appanée, sans le consentement des intéressés & à leur préjudice, peut excéder le quart; il y a sur cela diversité de sentimens & de jugemens.

31. Le premier sentiment est de ceux qui veulent qu'on peut lui donner par donation entre-vifs, *quidquid libuerit, quando quidem hæc filia reputatur & censetur extranea & capax donationis, ex hoc nostro paragrapho 311; extraneis autem, si nulla sit prohibitio, quis possit liberè donare*; & ainsi a été jugé, dit M. Jean Cordier, par sentence rendue en cette Sénéchaussée, en mars 1684, au rapport de M. Bolacre, lieutenant général: par laquelle la donation & autres dispositions entre-vifs, faites par demoiselle Françoise de Champfeu, au profit de demoiselle Françoise Treille, sa petite-fille, furent confirmées & déclarées n'être réductibles au quart, nonobstant l'appanage de la mere de ladite Françoise Treille.... M. Jean Cordier, *hìc*.

32. Le second sentiment est de ceux qui estiment que le don fait à la fille mariée & appanée, par donation entre-vifs, peut bien excéder le quart; mais qu'il ne peut pas excéder sa portion, *ab intestat*, parce que ce seroit rappeller. Tel est le sentiment de M. Jean Decullant & de M. Menudel; & ainsi a été jugé, conformément à ce sentiment, au rapport de M. Ploton, le 5 mai 1601, pour Louise Regrain, veuve d'Antoine de Laloire; contre Marie de Laloire, donataire de Jeanne Cherier, sa mere; & cela, en reformant le châtelain de Chaussiere.

33. Le troisieme sentiment est de ceux qui veulent que la disposition qu'un pere, ou une mere, ou autre ascendant, peuvent faire au profit de leur fille mariée & appanée, dans le cas proposé, ne doit pas excéder le quart de leurs biens, dont il leur est permis de disposer par testament; & que si elle excede, elle est réductible au quart: mais aussi qu'ils peuvent

peuvent donner à leur fille mariée & appanée le quart de leurs biens, encore qu'ils ayent plus de quatre enfans. M. Louis Semin est de ce dernier sentiment, & c'étoit le sentiment le plus commun de son temps. *Tenent*, dit-il, *Molinenses nostri donationem istam non posse protendi ultrà quartam bonorum.... & potest*, ajoute-t-il, *dari quarta, etiamsi sint plures liberi, quàm quatuor; quia potest dari extraneo...* C'est encore le sentiment de M. Brirot, & il en donne la même raison; savoir, qu'une fille appanée est étrangere, & ne peut être de pire condition qu'un étranger.

34. Et ainsi a été jugé par sentence du bailli de S. Pierre, en l'année 1670, confirmée par arrêt: par laquelle sentence il a été jugé, au profit de M. Nicolas Desessards, que la donation faite par Marguerite Vialet, sa mere, à demoiselle Marguerite des Genevriers, sa petite-fille, seroit réduite au quart, à cause de l'appanage fait à sa mere, en son contrat de mariage; & c'étoit le sentiment de M. Etienne Feydeau & Auzanet, deux célébres avocats de la cour: c'est ce qui est rapporté par M. Jean Cordier & M. Jean Fauconnier, *hic*.

35. J'ai dit que le quart pouvoit être donné ou légué à la fille mariée & appanée, encore qu'il excedât sa portion, *ab intestat*. C'est ce qui a été jugé par arrêt, au rapport de M. Lebret, en la premiere des enquêtes, le 27 janvier 1606, pour Marguerite Pelletier: car par cet arrêt, dit M. François Menudel, il fut jugé que le legs du quart, fait à son profit, étoit valable, quoiqu'elle ne pût prétendre qu'une cinquieme portion, *ab intestat*. M. Menudel, sur notre article.

36. M. François Decullant cite le même arrêt: *Quæritur*, dit-il, *quis habet quinque filios, putà quatuor mares & filiam, ipsam dotat, & viro collocat. Posteà testamento suo ei legat quartam bonorum; conqueruntur alii quatuor liberi, quod ista plus habeat, quàm si hæres esset: quare offerunt ei, ut dotem acceptam referat, & cum illis æqualiter succedat, nullâ ratione habitâ renunciationis sivè expressæ, sivè tacitæ; ipsa replicat se esse contentam dote suâ: quod facere posset, etsi non renunciasset, paragrapho 307 Statuti Paris. legatum autem accipere tanquam extraneam: nam extraneo, etiam in præjudicium liberorum, legari potest; & ita Arresto Parisiensi judicatum fuit*, pour les Pelletiers de Montaigu-lez-Combrailles. Telle est l'observation de M. François Decullant, & tel est mon sentiment.

37. Que si le pere ou autre ascendant, au lieu d'un legs ou de quelqu'autre donation particuliere qu'il auroit pû faire, en faveur de sa fille, par lui appanée, rappelle cette même fille, ou l'institue héritiere dans son second contrat de mariage; & cela, sans le consentement de ses freres ou autres parens intéressés: c'est encore une question si ce rappel ou institution d'héritier n'est pas nul, mais doit valoir & subsister comme legs; & sur cela les sentimens sont encore partagés.

38. Basmaison, sur la Coutume d'Auvergne, titre 12, article 30, est d'avis que telle institution, & rappel, n'est pas absolument nulle, mais doit valoir comme legs: ce qu'il confirme par un arrêt solemnel, de l'an 1577. Tel est aussi le sentiment d'Henrys, tome 2, liv. 4, quest. 7; de M. le président Duret & de M. Jacques Potier, sur notre article. *Quid ergo*, dit Duret, *si non consentientibus, imò & inconsultis masculis, revocata fuerit filia ad successionem? Adhuc magis est, ut hæc revocatio ad legatum reducatur, & tanquam legatum valeat cum temperamento paragraphi 291. Molin. in Consuet.* du Maine, *art.* 258 .... & Lepuroux, *Cout. locales de Blois*, article 6. M. Duret, *hic*.

39. M. Jean Cordier, après M. François Decullant, d'un sentiment opposé, estime que telle institution, ou rappel, est absolument nulle, & ne peut opérer dans cette Coutume, attendu qu'elle est conçue en termes négatifs & irritans; & il dit qu'il faut faire grande différence de notre Coutume & autres semblables, qui s'expliquent en termes négatifs & irritans, d'avec celles qui se contentent d'exclure simplement la fille dotée & appanée de la succession.

40. *Verùm placet*, dit M. Cordier après M. François Decullant, *distinctio quam affert Chop. lib. 2, tit. 4, n. 8, de Morib. Paris. Scilicèt sententiam, quæ affirmat valere in vim legati, procedere cùm simpliciter filia à successione excluditur; secùs autem cùm statutum occurrit actui, & eum irritum facit, & sancit omni modo, is tunc nihilùm operatur. Hìc autem noster paragraphus occurrit revocationi, his verbis*, NE PEUT ÊTRE RAPPELLÉE .... TOUTEFOIS ON PEUT DONNER ET LÉGUER AUTREMENT, QUE PAR RESERVATION ET RAPPEL DE LEUR DROIT SUCCESSIF. *Itaque non possunt parentes donare vel legare filiæ, revocando eam ad jus successorium: sed debent disponere simpliciter, legando vel donando.* M. Cordier, *hìc*.

41. J'adhere à ce dernier sentiment; par cette raison que notre article défend en termes négatifs de rappeller une fille excluse par la Coutume, sans le consentement des mâles; & que quand il permet aux pere & ascendans de lui donner, léguer & disposer à son profit de ses biens, c'est avec cette restriction & condition; savoir, *autrement que par reservation ou rappel de leur droit successif*: de maniere que ces termes restreignent la permission de donner & léguer à la fille ainsi forclose de succession, à de simples dons & legs; qu'ils sont exclusifs de rappel & institution d'héritier, & que la Coutume rejette & reprouve cette maniere de disposer, en faveur de la fille appanée: d'où il reste à conclure que le pere, dans le cas en question, a fait ce qu'il ne pouvoit pas, & n'a pas fait ce qu'il pouvoit: *Quod voluit, non potuit; & quod non potuit, voluit.* Voyez l'arrêt du 3 juin 1650,

rapporté par Henrys, tome 2, liv. 4, qu. 7, où la question a été jugée : le frere, qui gagna sa cause, employoit deux moyens, dont celui-ci en étoit un.

42. Ce qui vient d'être dit de la défense que fait la Coutume, de rappeller à droit successif la fille mariée & appanée, ne regarde, selon nos commentateurs, que les ascendans qui ont doté & appané la fille mariée, & non les autres : de maniere qu'un parent collatéral, qui n'est pas entré dans le mariage, peut non-seulement donner à la fille mariée & appanée, de son bien par disposition entre-vifs ou testamentaire, mais encore le rappeller à sa succession, ou l'instituer héritiere par son second contrat de mariage ; & cela, sans le consentement des parens intéressés. *Quid si*, dit M. François Decullant, après Jean Decullant & M. Louis Semin, *hæc revocatio*, *gallicè* rappel, *fiat ab aliquo sivè ascendentium, sivè collateralium, qui filiam non dotaverat in tabulis nuptialibus, talis revocatio non protenderetur ultrà illius successionem, nisi alii consentiant ; sed ad illius successionem valeret, quia per ipsum non fuit exclusa, cùm ipse non dotaverit, nec renunciationem successionis suæ fuerit stipulatus, sicque legem sibi non dixerit, de non revocando ad jus successorium : quod hìc notat d. Ludovicus* Semin. Telle est l'observation de M. François Decullant, qui ne parle pas de Jean Decullant : mais tout ce qu'il dit, est tiré du manuscrit dudit Jean Decullant ; je l'ai vérifié, & ce sont les mêmes termes.

43. Cette décision de nos anciens n'est pas sans difficulté : par la raison que notre article parle indéfiniment ; que ces termes, *ne peut être rappellée*, sont indéfinis ; que quoique la Coutume n'ait pas ajouté, *par le pere ou autres parens*, cela est suffisamment entendu : parce que le droit, *indefinitum æquivalet universali* ; & que ces mots s'expliquent par ceux qui suivent, *à aucun droit successif :* ce qui est général, & comprend toutes successions directes & collatérales de représentation, dont la fille est excluse par la Coutume. Et ce qui augmente la difficulté, c'est qu'il semble que notre Coutume, dans ce qu'elle peut avoir omis, doit être interprétée par les Coutumes d'Auvergne & de la Marche, nos voisines, qui contiennent une disposition semblable, & qui ont été rédigées dans le même temps : lesquelles ont ajouté ces mots, *ou autres parens*, tant dans la prohibition de rappeller, que dans la permission de donner & léguer ; savoir, celle d'Auvergne, au titre 12, art. 29 & 30 ; & celle de la Marche, aux articles 242 & 243. Tellement que, selon M. Ignace Prohet, la fille qui est une fois tombée dans la forclusion de succéder par son premier contrat de mariage, ne peut être tirée de cette forclusion, ni purgée de cette incapacité de succéder à son pere, ni à aucun de ses parens, dans les termes de représentation, si les freres ou leurs descendans n'y consentent ; par la raison que dès l'instant du premier mariage de leur sœur, le droit de succéder en son lieu, & de recueillir sa portion héréditaire, leur est acquise, & ne peut leur être ôtée (aux termes de notre article) & sans leur consentement.

44. Toutefois ce qui fait que je me rends au sentiment de nos anciens, & qui me fait croire que ces mots, *ne peut être rappellée*, doivent être limités aux peres & ascendans qui ont doté & appané, ce sont ceux qui suivent : *Toutefois il n'est prohibé auxdits pere & ascendans de donner & léguer*, &c. Car il me paroît que les parens, à qui il est permis de donner & léguer, sont les mêmes que ceux à qui il est défendu de rappeller ; ce mot, *auxdits*, le donnant suffisamment à entendre : & comme ces mots, *auxdits pere & ascendans*, sont relatifs à ceux-ci, *fille mariée & appanée par ses pere, mere, & autres ascendans* ; il s'ensuit que la Coutume, tant dans la défense de rappeller, que dans la permission de donner & léguer, n'a entendu parler que des pere & mere, & autres ascendans qui ont doté, &c.

ARTICLE CCCXII.

De fille qui se marie à son plaisir.

FILLE qui se marie sans le sçu & outre le gré de ses pere & mere, ou de son pere seulement, ou de sa mere après le trépas du pere, avant l'âge de vingt-cinq ans, peut être par eux ou l'un d'eux exhérédée ou appanée de telle chose que bon leur semble. Et audit cas ne peut prétendre, ni avoir droit ès biens & successions de sesdits pere & mere, par légitime ou autrement.

1. NOtre Coutume ne parle que des filles dans le présent article ; & l'exhérédation, qui y est énoncée, n'est prononcée que par rapport à elles : mais les ordonnances ont étendu la prohibition & la peine de l'exhérédation contre l'un & l'autre sexe. Suivant les ordonnances de 1556 & de 1639, lorsqu'un fils, avant l'âge de trente ans, & une fille avant celui de vingt-cinq, se marient sans le consentement du pere ou de la mere, ils peuvent être déshérités : mais après cet âge ils peuvent se marier sans ce consentement, & sont à couvert de l'exhérédation ; pourvu qu'ils se soient mis en devoir de l'obtenir, & qu'ils l'ayent requis par un acte public. L'arrêt du 27 août 1692, rendu en forme de

réglement, porte qu'ils seront tenus de demander aux juges des lieux des domiciles des peres & meres, permission de faire cette requisition, qui ne pourra être faite en la ville de Paris, que par deux notaires royaux, & par-tout ailleurs par deux notaires royaux, ou un notaire royal & deux témoins.

2. Quelqu'âge qu'ayent les fils & les filles qui se marient sans le consentement de leurs pere & mere, ou sans avoir fait les sommations respectueuses, ils ne sont pas à couvert de l'exhérédation; ainsi jugé contre un fils âgé de 40 ans.

3. Les veuves même, qui ont déja été mariées avec le consentement de pere & de mere, ne peuvent se remarier sans avoir obtenu, ou du moins requis une autre fois leur consentement, comme il a été dit sur l'article 166, *suprà*, où il faut avoir recours.

4. Outre cette cause d'exhérédation énoncée dans notre article, & dans l'art. 247 de la Coutume de la Marche, qui contient une disposition semblable; il y en a plusieurs autres, tant celles qui sont contenues dans la novelle 115 de Justinien, & qui sont toutes en usage en France, suivant les ordonnances & les arrêts, à quelques modifications près, que d'autres qui n'y sont pas exprimées.

5. Mais, comme la nature & les loix, qui appellent les enfans à la succession de leurs parens, regardent les biens des parens comme déja propres aux enfans, ils ne peuvent en être privés, s'ils n'ont mérités une telle peine, qui leur ôtant ces biens, flétrit leur honneur, & les met en état de tomber encore dans de plus grands maux; & la cause de l'exhérédation doit être exprimée dans l'acte d'exhérédation, autrement l'exhérédation est nulle: c'est la décision précise du chapitre 3 de la novelle 115.

6. Ce n'est pas même assez, pour rendre une exhérédation valable, que la cause en soit exprimée dans l'acte; il faut encore que les héritiers prouvent les faits qui fondent l'exhérédation; & s'ils ne les prouvent, elle sera nulle, selon l'authentique, *Non licet*, Cod. *de liber. præter.*

7. Trois choses sont donc requises pour la validité d'une exhérédation: la premiere, que le pere ait fait l'exhérédation formellement & précisément par un acte authentique; la seconde, que la cause qui y donne lieu, y soit clairement exprimée; & la troisieme, que celui qui prétend en tirer avantage, en fasse une preuve claire & constante: c'est le raisonnement de Ricard, *des donat.* part. 3, ch. 8, sect. 4, n. 942; & de Coquille, sur la Coutume de Nivernois, ch. 34, article premier.

8. Notre article porte que la fille exhérédée, pour s'être mariée contre le consentement de ses pere & mere, ne peut prétendre ni avoir droit ès biens & successions de sesdits pere & mere, par légitime ou autrement: c'est aussi la disposition de la Coutume de la Marche, art. 247; de celle d'Auvergne, tit. 12, art. 36: & cela est juste; autrement sa condition seroit meilleure, quoique désobéissante, que celle de la fille mariée, respectueuse & soumise, qui ne peut demander de légitime ni de supplément de légitime, après qu'elle a été mariée & dotée, ainsi qu'il est porté en l'article 305, *suprà*.

9. L'exhérédé, pour juste cause, n'est donc pas recevable à demander des alimens sur les biens de celui qui l'a déshérité: mais la cour, *ex æquitate*, en adjuge selon les circonstances; & peut même un pere exhérédant son fils, lui laisser des alimens sans blesser l'exhérédation, ainsi qu'il a été jugé par les arrêts rapportés par Ricard, *des donat.* part. 3, ch. 8, sect. 4, n. 971; & par Bretonnier, sur Henrys, tome 2, liv. 5, quest. 35.

ARTICLE CCCXIII.

COLLATION & rapport se doivent faire en successions directes, & non en collatérales. Quand collation a lieu.

1. C'Est une regle générale, qu'on ne peut être héritier & donataire en ligne directe, que l'enfant qui a reçu un avantage au-dessus des autres, ne doit pas avoir encore celui de partager également avec eux le bien qui reste; mais qu'il est tenu, ou de se tenir à son don, ou de rapporter ce qui lui a été donné dans le partage de la succession, à moins qu'il ne lui ait été donné par préciput, suivant l'article 308, *suprà*: c'est ce qui a été remarqué par Dumoulin, dans sa note sur l'article 321, *infrà*; & telle est la disposition de notre Coutume au présent article; de celle de Paris, art. 303 & 304; de Niv. ch. 34, art. 20, & ch. 27, art. 10; de Berry, tit. 19, art. 42; d'Auxerre, art. 244; de Melun, art. 274, & autres. Cette regle est d'une équité toute naturelle, qui a son fondement sur l'égalité naturelle entre les enfans dans la succession de leurs ascendans, & sur ce qu'on présume que le don n'a été fait, que pour avancer au donataire une partie de ce qu'il pourroit espérer de l'hérédité.

2. Il n'y a en ligne directe, que les enfans ou autres descendans, héritiers de leurs peres & meres, ou d'autres ascendans, qui soient obligés entr'eux au rapport; les ascendans n'y sont point tenus, ainsi que l'a remarqué Dumoulin, dans sa note sur le présent article, & après lui M. le président Duret, sur le mot, DIRECTES. *Intellige*, dit M. Duret, *secundùm Juris rationem, in descendentibus, non*

etiam de ascendentibus : quia ascendentes non conferunt, ut nec collaterales cum quibus plerùmque concurrunt, ut notat hìc Molinæus; & hoc Jure utimur, quidquid velit Papo, hìc, adstringens ascendentes ad collationem. Telle est l'observation de M. Duret; c'est aussi le sentiment de Potier, sur notre article; & celui de Lebrun, *des Succ.* liv. 3, ch. 6, sect. 2, n. 23 & suivans.

3. Si les enfans ou autres descendans, qui ont des biens sujets à rapport, s'abstiennent de l'hérédité, le rapport n'a pas lieu; & comme ils ne prennent point de part aux autres biens de l'hérédité, ils n'en font point aux autres enfans ou descendans, des biens qui leur étoient déja acquis, avant qu'elle fût ouverte. C'est la disposition de la Coutume de Paris, article 307; la décision du droit civil, *Leg.* 25, C. *famil. Ercisc.* & l'observation de M. le président Duret, sur notre article. *Intellige*, dit-il, *per succedentes, & succedentibus, non enim conferunt non succedentes, & aliis à non succedentibus non confertur*.....

4. Telle est l'observation de M. Duret, sur notre article : observation qui est fondée sur ces mots, *en successions;* lesquels mots font voir que le rapport ne doit être fait, que par les enfans qui viennent à la succession des pere & mere, & non par ceux qui renoncent.

5. Ainsi le petit-fils qui ne partage point dans la succession de l'aïeul, & qui n'y demande rien, conserve son don comme un étranger, & ni son pere, ni les héritiers de son pere n'ont point d'action de rapport contre lui : la seule action qui peut leur être donnée, est pour la légitime, soit au pere, supposé que le don fait à son fils absorbe sa part entiere; soit aux co-héritiers du pere, lorsque le don absorbe aussi quelque chose de leur légitime. Duplessis, sur la Coutume de Paris, traité *des Succ.* liv. 1, chap. 3, sect. 2.

6. Les enfans qui renoncent à la succession de leurs peres & meres, & se tiennent à leur don, ne sont pas obligés de rapporter, pour satisfaire aux dettes contractées par leurs peres & meres, avant ou après leur contrat de mariage, suivant la jurisprudence des arrêts rapportés dans le journal du palais, & par M. Brodeau, sur M. Louet, lett. D, somm. 56. La raison est, dit Delhommeau, que si ce sont des deniers, ou autres meubles qui ont été donnés, meubles n'ont point de suite par hypothéque; que si ce sont des héritages, les créanciers antérieurs peuvent agir par action hypothécaire; & quant aux créanciers postérieurs, n'ayant point d'hypothéque, ils n'ont aucun droit. Delhommeau, *Maximes du Droit Français*, liv. 3, ch. 36, à la fin.

7. De cette maniere les enfans qui renoncent à la succession des peres & meres, pour se tenir à leur don, ne sont tenus de rapporter les avantages qu'ils ont reçus, qu'en deux cas.

8. Le premier, quand les autres enfans ne trouvent pas leur légitime dans leurs biens; ainsi qu'il résulte de ces termes de l'article 307 de la Coutume de Paris, *la légitime reservée aux autres enfans.*

9. Le second, quand il y a une clause formelle de rapport, apposée à la donation; parce qu'un donateur impose telle loi qu'il lui plaît, à sa libéralité.

10. La clause par laquelle on donne à la charge de rapport, non plus que celle par laquelle on donne en avancement d'hoirie, n'oblige le donataire au rapport, qu'en cas qu'il se porte héritier, ce qui lui est libre; la condition qui résulte de ces clauses, n'étant pas d'accepter la succession & de rapporter, mais bien de rapporter, supposé qu'on accepte la succession : ensorte qu'un donateur qui voudroit seulement avantager un de ses héritiers présomptifs d'une jouissance anticipée, & l'obliger précisément au rapport, devroit stipuler expressément que le donataire seroit tenu de rapporter à la succession, même au cas qu'il voulût renoncer; laquelle stipulation est valable. Tel est le sentiment de Lebrun, *des Succ.* liv. 3, ch. 6, sect. 2, n. 43; & de l'auteur des nouvelles notes, sur Tournet, Jolly & Labbé, sur l'article 307 de la Coutume de Paris; & ainsi s'observe, contre le sentiment de Dumoulin, sur l'article 17 de l'ancienne Coutume de Paris.

11. L'enfant n'est donc tenu de rapporter, que quand il vient à la succession de ses pere & mere : mais aussi l'enfant venant à la succession de ses pere & mere, doit rapporter ou moins prendre, non-seulement par rapport à ce qui lui a été donné, mais encore par rapport à ce qui a été donné à ses enfans ou enfans de ses enfans, par les pere & mere, à la succession desquels il vient : car en ligne directe, tout ce qui a été donné au fils ou à ses descendans infiniment, est présumé donné au pere : *Pater & filii sunt una eademque persona.* Telle est la disposition précise de la Coutume de Paris, article 306; ce qui s'observe dans cette Coutume, quoiqu'opposé à la disposition du droit, en la loi *Filium*, ff. *de collat. bon. Quid si*, dit M. le président Duret, *Titius, avus Semproniæ nepti suæ ex Mœviâ dotem dederit, an Mœvia succedens Titio, patri suo, ejusmodi dotem conferre debeat, & hoc magis est*.... M. Duret, sur l'article 309, *suprà*, sur le mot, EN RAPPORTANT.

12. Le petit-fils venant à la succession de son aïeul, par le prédécès de son pere, est tenu pareillement de rapporter tout ce qui a été donné à son pere, par ledit aïeul, encore qu'il ait renoncé à la succession, & qu'il n'en ait profité aucunement; parce que le pere auroit été chargé de ces rapports, & qu'il est tenu de tout ce dont son pere auroit été chargé : c'est encore la disposition de la Coutume de Paris, article 308.

13. Il y a plus; c'est que le petit-fils venant à la succession de son aïeul, par le prédécès de son pere, est tenu de rapporter non-seulement

seulement ce qui a été donné à son pere défunt, mais encore les avantages faits par son aïeul, à ses freres & sœurs, quoiqu'ils renoncent à la succession de leur aïeul, & cela, par la raison déja alléguée; savoir, parce que venant à la succession de son aïeul, il est sujet aux mêmes rapports, auxquels son pere seroit tenu. Mais aussi, si dans ce qu'il aura dans la succession de l'aïeul, après ce précompte fait, il ne trouve pas sa légitime entiere; il en peut demander le supplément contre les donataires de la souche, ses freres & sœurs, qui ont renoncé à la succession de leur aïeul, pour se tenir à leur don. Duplessis, sur la Coutume de Paris, traité *des Succ.* liv. 1, ch. 3, sect. 2, page 210, édit. 1709.

14. Ainsi, dans les successions directes qui se partagent par souches entre les petits-fils, chaque souche est obligée de rapporter tous les avantages faits à chacun de la même souche; par la raison que chaque souche est tenue au même rapport, auquel celui qu'elle représente seroit sujet, s'il vivoit & qu'il fût héritier; & quoique le donataire, quand il vient lui-même au partage, soit seul obligé au rapport, dans le cas toutefois où il s'abstient de la succession, ceux de la souche qui y viennent sont obligés de rapporter à son lieu & place.

15. Le rapport est particulier dans la ligne directe, & n'a pas lieu dans la collatérale, selon la disposition précise de cette Coutume, au présent article; de celle de Nivernois, chapitre 34, article 20, & autres. La raison est que le rapport en directe est fondé sur l'égalité requise de droit naturel, entre les enfans venans à la succession de leurs ascendans, & que cette raison cesse dans la ligne collatérale; celui qui n'a point d'enfans, ne devant rien à ses héritiers collatéraux, & pouvant leur ôter de son bien, pour le donner aux autres.

16. Cependant, comme un donateur impose telle loi qu'il lui plaît, à sa libéralité, il est permis en donnant à un des héritiers présomptifs, en quelque degré & ligne qu'il puisse être, de stipuler qu'il sera tenu de rapporter la chose donnée, venant à la succession; ce qui est décidé par l'article 250 de la Coutume d'Auxerre, en l'article 265 de celle de Sens, en l'article 107 de celle de Châlons, & en l'article 324 de celle de Reims: & pour lors on est tenu de rapporter en succession collatérale; mais hors de ce cas on n'y est pas tenu.

17. Toutefois, si l'héritier collatéral se trouve débiteur de la succession du défunt, on impute sur la portion héréditaire tout ce qu'il doit à la succession; & cela, au préjudice de ses créanciers, dont la créance étoit antérieure à celle du défunt. Ainsi, si l'héritier collatéral doit, par exemple, 8000 liv. au défunt, que sa part en la succession soit de 20000 livres, y ayant 80000 livres de biens dans la succession & quatre héritiers; en ce cas, après que l'héritier débiteur aura confondu en sa personne une partie de la dette, pour telle part & portion qu'il est héritier, 2000 livres par conséquent, qui est une quatrieme portion, comme étant héritier d'un quart, on prendra encore sur sa portion héréditaire les 6000 livres, sans que les créanciers puissent venir sur ces 6000 livres, au préjudice des co-héritiers, comme créanciers antérieurs au défunt.

18. La raison est que le co-héritier débiteur, prenant sa part dans cette dette de 8000 livres, par la voie de confusion, ses trois co-héritiers doivent prendre dans la même dette aussi chacun 2000 livres; & que ces lots étant garans les uns des autres, si ces co-héritiers du débiteur ne pouvoient pas être payés de leurs 2000 livres chacun, ils auroient leur recours sur la portion de leur co-héritier débiteur: tellement que, pour éviter le circuit, & *celeritate conjungendarum actionum*, il est nécessaire de faire d'abord l'imputation sur la même part; & on ne peut pas dire que cette garantie de lots, n'étant qu'une action subsidiaire, les créanciers antérieurs empêcheroient qu'elle n'eût effet, au préjudice de leurs hypothéques: car cette garantie s'exerce avec privilege. Lebrun, *des Succ.* liv. 3, ch. 6, sect. 2, n. 7.

* Voici pour ce qui concerne l'obligation de rapporter; il reste à parler des choses sujettes à rapport, & de celles qui ne le sont pas, de la maniere de rapporter, & du rapport des fruits.

Les choses que les enfans ou petits-enfans ne sont pas obligés de rapporter selon l'usage, la disposition des Coutumes, la jurisprudence des arrêts & le sentiment commun des docteurs, sont:

1°. Les frais de nourriture & entretenement, parce que, selon la loi naturelle, les peres & meres doivent la nourriture & le vêtement à leurs enfans, du moins jusqu'à ce qu'ils soient mariés, ou qu'ils ayent appris un métier qui les mette en état de gagner leur vie. C'est la disposition de la Coutume de Reims, art. 352, & de Blois, art. 159.

2°. Les dépenses que les ascendans ont faites pour entretenir leurs enfans, & les avancer aux études, telles que sont celles qu'ils ont faites pour des pensions, des précepteurs, des gouverneurs, pour des livres, à moins qu'ils ne fussent dans une quantité assez considérable pour former une bibliothéque, & celles qu'ils ont faites pour les faire passer maîtres ès arts, gradués & licenciés, (les frais de doctorat seuls exceptés:) les enfans ne sont pas obligés de rapporter ces dépenses, parce que leurs peres & meres leur doivent l'éducation & l'instruction. C'est ce qui est porté par l'article 42 du titre 19 de la Coutume de Berry, l'article 253 de celle d'Auxerre, l'art. 304 de celle de Tourraine, l'article 597 de celle de Bretagne, l'art. 279 de celle du Maine, 261 de celle d'Anjou, 322 de celle de Reims, l'art. 7 du chap. 29 de celle de Lodunois, & autres.

3°. Les frais d'apprentissage ne se rapportent pas, & généralement ce que les ascendans peuvent avoir dépensé pour faire apprendre à leurs enfans quelque exercice honnête; par exemple, les frais de l'académie, quoiqu'ils soient considérables, parce que tout cela fait partie de leur éducation; autre chose est des frais de maîtrise, comme il sera dit ci-après; & telle est la disposition de la Coutume de Lodunois, de Reims, d'Auxerre, aux articles cités, dans le nombre précédent, de Châlons, art. 105, & autres.

4°. Ce que les ascendans ont dépensé pour entretenir leurs enfans ou petits-enfans à la guerre, jusqu'à ce qu'ils ayent charges dans l'armée, ou appointement du prince, n'est pas sujet à rapport, parce qu'avant ce temps-là, cela n'est considéré que comme apprentissage & instruction. C'est la disposition de la Coutume de Châlons, art. 105; pourvu toutefois, dit cette Coutume, que ces dépenses ayent été faites modérément, & selon leur qualité.

5°. Les frais de noces & fiançailles, comme du repas, & les présents donnés à ceux qui se sont entremis pour faire réussir un mariage, ne sont pas sujets à rapport, parce qu'il n'en demeure rien au profit de l'enfant; mais il n'en est pas de même des habits, bagues & joyaux, parce qu'ils font partie de la dot. C'est la distinction que font plusieurs de nos Coutumes, & telle est la disposition de la Coutume de Melun, art. 277; de Sens, art. 269; d'Auxerre, art. 253, & autres; & cette distinction a été suivie par le judicieux Coquille, sur la Coutume de Nivernois, ch. 17, des donations, art. 10 & 11.

Quoique tous les faits ci-dessus énoncés ne soient pas sujets à rapport, cependant quand ils sont fournis par le pere ou autre ascendant, chargé de la tutelle de son enfant, qui a du bien acquis par le décès, par exemple, de sa mere, ou d'une autre maniere, ils entrent dans la dépense de son compte, & s'imputent sur le revenu annuel de l'enfant.

Mais l'excédant n'est pas sujet à rapport, par la raison que le pere ou l'ascendant l'a donné par le devoir d'une affection naturelle; & que quand un pere s'acquitte volontairement d'une obligation si naturelle, les frais ne s'imputent pas sur la part héréditaire du fils; & sur ce fondement, si le pere, lors de son décès, devoit encore des pensions, par exemple, de son fils, des frais d'études ou d'apprentissage, cette dette seroit réputée de la succession, & non pas une dette particuliere du fils. Lebrun, des successions, liv. 3, chap. 6, sect. 3, nombre 49.

6°. Les deniers que le pere a donnés ou prêtés à son fils mineur, & que ce fils a dissipés, sans qu'il soit rien tourné à son profit; ceux qu'il a donnés à un fils majeur pour le jeu, où il a perdu, ne sont pas, dit M. Duplessis, sujets à rapport; la raison est que les loix refusent même l'action pour le jeu, & que les mineurs ne sont pas responsables, dans le for extérieur, de leur dissipation. Duplessis, sur Paris, page 211, édit. 1709; Argout, instit. au droit Français, liv. 2, ch. 28.

7°. Les enfans ne sont pas obligés de rapporter les étrennes & petits présents que leurs peres & meres leur font manuellement, soit en argent ou meubles, parce que ce seroit une chose trop dure à des parens de ne pouvoir pas donner à des enfans ces témoignages de leur amour, qu'à condition de les rapporter dans la masse de la succession: autre chose seroit si ces présents étoient considérables, par rapport à la qualité des personnes, & de leurs biens, auquel cas, les choses données seroient sujettes à rapport. Duplessis, *ibid.*

8°. Les enfans ne sont pas obligés de rapporter ce qu'ils ont reçu pour récompense de services, ce qu'on appelle en droit *donation rémunératoire*; mais il faut pour cela deux conditions; la premiere, que les services soient constans; & la seconde, que la donation soit proportionnée aux services; car si elle excede, cet excédant est une véritable donation, & est sujette à rapport.

9°. Les choses données à des enfans ou autres descendans, en contrat de mariage, & faveur d'icelui, pour leur demeurer en préciput & avantage, sur leurs autres co-héritiers, ne se rapportent point dans cette Coutume, ainsi qu'il est dit dans l'art. 308, *suprà*, & qu'il a été expliqué sur cet article.

10°. Les mâles dans cette Coutume ne rapportent pas non plus le prix de la renonciation ou de l'exclusion de leurs sœurs appanées, dont ils profitent seuls, selon qu'il a été dit sur l'art. 310, *suprà*.

Les choses qui se doivent rapporter sont:

1°. Tous les immeubles donnés, soit en fonds d'héritages, soit en contrats de constitutions de rentes, quoique donnés pour titre clérical; lesquels, en ce cas, s'ils ne doivent pas être rapportés en especes, le doivent être du moins en valeur, & à la charge de moins prendre. Lebrun, des successions, livre 2, chapitre 3, section 9, nombre 16; l'auteur des notes, sur le Concile de Trente, session 21, chapitre 2.

2°. Les charges & offices vénaux, de judicature & autres, donnés ou résignés par le pere à son fils, ou achetés pour lui, ou argent donné pour les acheter, avec les frais de réception, sont sujets à rapport. Quant aux offices de la maison du roi, des maisons royales & des princes du sang, & les gouvernemens, ils ne se rapportent point, dit Lebrun, parce qu'ils sont considérés comme de simples commissions; cependant, ajoute-t-il, si le pere a déboursé ses deniers pour avoir la survivance, ou donné récompense pour le fils, le rapport en est indispensable. Lebrun, des successions, livre 3, chapitre 6, section 3, nombre 41; Duplessis, sur Paris, traité des successions, livre premier, chapitre 3, section 2, page 211, édition de 1709.

3°. Les dépenses qui ont été faites par un pere, pour faire passer maître un enfant dans son métier, sont sujettes à rapport, avec tous les outils & instrumens que le pere a donnés pour l'exercer, parce que c'est un fonds qui servira à le nourrir. C'est la disposition de la Coutume de Reims, article 323; de Vermandois, article 96; de Châlons, 106; & tel est le sentiment de Duplessis, sur la Coutume de Paris, *ibid.* & de Lebrun, traité des successions, *ibid.* nombre 54.

4°. Les frais qu'un pere a faits pour faire recevoir un fils docteur en quelque faculté, sont sujets à rapport, parce que c'est un état qu'il lui acquiert; mais les frais de la licence n'y sont pas compris, ainsi qu'il a été dit ci-dessus. Les Coutumes de Reims, de Vermandois & de Châlons, qui viennent d'être citées, font cette distinction; & tel est le sentiment de M^rs^. Duplessis & Lebrun, aux endroits cités.

5°. Les nourritures & pensions fournies par le pere à son fils, depuis qu'il est pourvu par mariage, métier, office ou emploi, doivent se rapporter, dit M. Duplessis, & même les enfans n'en sont pas dispensés, quoique leurs peres & meres ou aïeuls leur en ayent donné quittances; ces quittances, outre qu'elles sont fausses & condamnables à cause du mensonge qu'elles contiennent, supposé qu'elles renferment une reconnoissance d'un paiement qui n'a pas été fait, ne peuvent pas l'emporter sur la disposition des loix & des Coutumes qui l'ont ainsi réglé, pour établir l'égalité entre les héritiers de la ligne directe descendante, n'étant pas permis aux particuliers de les violer.

6°. Par la même raison, ce que le pere a dépensé pour soutenir un procès de son fils, soit civil ou criminel, depuis qu'il est marié, en charge ou métier, ou qu'il a maison à part, est sujet à rapport; mais si c'est auparavant, & pendant qu'il est sous sa direction, il ne l'est point, dit Duplessis, *ibid.* parce que naturellement le pere doit la défense à son fils.

7°. Ce que le fils ou petit-fils a volé dans la maison de son pere ou aïeul, est sujet à rapport, sur-tout quand c'est un vol considérable; car c'est une dette qu'il doit à leur succession, quoiqu'il l'ait dissipé, parce que cela a diminué d'autant la masse ou la substance des biens de la famille, & il n'en seroit pas dispensé par la qualité de mineur, parce que la minorité n'excuse pas les mineurs qui font tort à un tiers, & que *in delictis non excusantur minores.* Duplessis, *ibid.* de la Thaumassiere, sur la Coutume de Berry, titre 19, art. 42.

8°. Un fils doit rapporter à la succession de ses pere & mere ou aïeuls tout ce qu'il a reçu d'eux en meubles ou sommes de deniers, à quelque titre que ce soit, ou de don ou de dot, de prêt ou de paiement de dettes qu'ils auroient payées pour lui, ou autre cause, pourvu que ce soit un titre qui lui donne un pur avantage, préférablement à ses freres & sœurs.

9°. L'enfant venant à la succession de ses pere & mere ou aïeuls, est tenu de rapporter non-seulement tout ce qu'il en a reçu directement à titre de don, de dot, de prêt, ou de paiement, ainsi qu'il vient d'être dit; mais encore tout ce qu'il a reçu indirectement par des voies feintes & simulées, & qui rend sa condition meilleure que celle de ses freres & sœurs. *Certum est*, dit la regle de droit 88, *in 6, quod is committit in legem, qui legis verba complectens, contrà legis nititur voluntatem.*

Ainsi, si un pere, dit M. Claude Duplessis, avoit vendu une terre à son fils, quoique dans la regle il puisse acheter de lui comme d'un étranger, néanmoins, si elle lui avoit été vendue moins qu'elle ne vaut, & qu'il fit sur cette vente un profit considérable, encore qu'il n'y eût point de lésion d'outre moitié, & qu'entre étrangers le contrat dût être exécuté, il est obligé toutefois, s'il vient à la succession, de rapporter le surplus de la juste estimation, comme un avantage indirect. Duplessis, sur la Coutume de Paris, page 212, édit. 1709; Lebrun, des successions, liv. 3, ch. 6, sect. 3, n. 7 & 8.

Que si le contrat de vente, dit encore M. Duplessis, n'étoit qu'une fiction, & qu'il n'en eût point payé le prix à son pere, il seroit annullé pour le tout par l'adition d'hérédité, & il seroit obligé de rapporter l'héritage, parce que cette vente simulée est faite *in fraudem legis*, contre la disposition de la loi. Duplessis, *ibid.*

Par cette même raison, selon que l'observe encore Duplessis, quoiqu'un pere puisse emprunter de l'argent de son fils comme d'un étranger; néanmoins, s'il lui avoit passé des obligations ou des promesses simulées de dettes pour l'avantager, elles seroient annullées par l'acceptation que le fils feroit de sa succession; & il en seroit de même si le fils ayant emprunté de l'argent de lui, il lui en avoit donné une quittance, sans avoir rien reçu, le fils seroit tenu de rapporter ou de moins prendre dans sa succession. Duplessis, *ibid.*

Les rapports se font, ou en prenant moins, ou en rapportant en essence & espece.

L'argent & les meubles meublans ne se rapportent point en nature; il n'y a point de difficulté pour l'argent, on le précompte sur la part de celui qui l'a eu; mais à l'égard des meubles meublans qui se consument par le temps, on ne reçoit point celui qui les a reçus à les rapporter en especes, on lui en diminue la valeur sur sa part, suivant le prix, pour lequel il les a reçus, & s'il ne s'en est pas chargé pour un prix, suivant l'estimation, eu égard au temps qu'ils lui ont été donnés. Duplessis, sur la Coutume de Paris, traité des Successions, livre 1, ch. 4, page 214, édit. 1709.

Les pierreries & autres choses précieuses

qui ne diminuent pas par l'usage, & qui ont été données, se rapportent en especes, ou suivant l'estimation, eu égard au temps du partage, si le donataire ne les a pas acceptées pour un prix. Tel est le sentiment de Lebrun, des Successions, liv. 3, ch. 6, sect. 3, n. 34.

A l'égard des immeubles, savoir, des terres, maisons & rentes, comme chacun des autres co-héritiers a intérêt d'avoir aussi des immeubles, on n'est pas toujours reçu à en rapporter le prix suivant l'estimation; mais on est contraint quelquefois de rapporter l'immeuble en essence, ou en espece; cela a été ainsi jugé par les arrêts; & si quelques Coutumes, comme celle de Paris, articles 304 & 305, permettent de rapporter ou moins prendre, cela n'a lieu que dans les cas suivans. Lebrun, *ibid.* n. 28; Duplessis, *ibid.* &c.

L'héritier donataire, qui avant le partage a vendu sans fraude l'héritage qui lui avoit été donné, n'est pas obligé de rapporter en espece; car comme il a pu en disposer parce qu'il l'avoit à titre légitime, il n'est pas tenu de le rapporter en essence, quoiqu'il n'y ait point d'autres immeubles dans la succession, cela lui étant impossible; mais seulement l'estimation qui s'en fait par experts, eu égard au temps du partage; autre chose seroit s'il en avoit disposé par dol & fraude, comme disent les Coutumes de Châlons, article 103, & de Melun, article 275.

Quoique l'héritier donataire soit possesseur de l'immeuble à lui donné lors du partage de la succession, il n'est pas toutefois tenu de le rapporter en espece, quand il y a dans la succession des héritages de pareilles valeur & bonté, pour compenser les lots de co-héritiers, & les égaler. C'est la disposition de la Coutume de Paris, art. 305, & de celle d'Orléans, art. 306, dont l'esprit est de rendre les choses égales, sans néanmoins que ces dispositions puissent causer aucun embarras, ni aucun trouble.

Selon la disposition de la Coutume de Paris audit article 305, quand l'héritier donataire a fait des augmentations utiles & nécessaires dans un immeuble, les co-héritiers ne peuvent le contraindre à le rapporter, à moins qu'ils ne lui en tiennent compte; desorte que s'ils ne veulent pas lui en tenir compte, il peut les retenir, & en rapporter seulement l'estimation, eu égard au temps du partage, en y comprenant toutes augmentations, même celle qui provient de la dépense qu'il a faite sur l'héritage, déduction toutefois faite desdites dépenses utiles & nécessaires qui sont estimées par rapport au temps de la mort; mais sans précompter les réparations ordinaires, parce que comme usufruitier il en étoit tenu; quant aux dépenses qu'il auroit faites pour son plaisir, on n'est pas tenu de lui en tenir compte, parce qu'elles ne sont ni utiles ni nécessaires.

Enfin l'héritier donataire n'est pas tenu de rapporter l'immeuble qu'il a en sa possession, en espece, quand l'ascendant donateur l'en a dispensé, & qu'il lui a donné par contrat de mariage le choix de l'alternative, ou de rapporter, ou du moins prendre; car puisqu'il peut dans cette Coutume lui donner l'immeuble par préciput & avantage, il peut à plus forte raison le dispenser de le rapporter en espece.

Si l'enfant donataire & héritier a lui-même dégradé, démoli ou diminué l'héritage qui lui a été donné, ou qu'il y ait de sa faute, il est alors responsable de son fait envers les autres héritiers, & l'on suit en cela la juste disposition des Coutumes d'Anjou, art. 261, & du Maine, art. 279, qui ne veulent pas qu'il puisse rapporter en essence l'héritage déperi par sa faute, & qui l'obligent d'en rapporter l'estimation; la raison est qu'il n'est pas juste que les autres co-héritiers souffrent de sa faute ou de sa mauvaise conduite. Ses co-héritiers sont donc en droit de faire estimer l'héritage sur le pied qu'il vaudroit au temps du partage; & s'ils agréent qu'il rapporte en essence cet héritage ainsi dégradé, ils peuvent faire estimer les dégradations qu'il y a faites, eu égard au temps du partage, & les lui précompter.

Il en seroit autrement, si l'héritage donné étoit dégradé, démoli ou péri pendant la jouissance de l'héritier donataire, par un cas purement fortuit, & sans qu'il y eût de sa faute; par une inondation, par exemple, ou par d'autres événemens que la prévoyance des hommes ne peut parer; il n'est pas tenu en ce cas d'en rapporter l'estimation, & il suffit qu'il le rapporte en essence en l'état qu'il est, quand il n'en rapporteroit que la place; la raison est que c'est une perte qui tombe également sur toute la succession; il est bien vrai que réguliérement ces pertes tombent sur le propriétaire; mais il est considéré comme n'ayant jamais été seul propriétaire, à cause de sa qualité de co-héritier; & cela est fondé sur l'équité, qui ne veut pas qu'un enfant soit, sans sa faute, dépouillé de sa part de la succession de ses pere & mere, où il est admis par la loi, & dont les pere & mere l'ont exclus par aucune disposition. Duplessis, sur la Coutume de Paris, traité des Successions, liv. 1, ch. 4, page 215, édition de 1709.

Il faut suivre ces mêmes principes au sujet des rentes qu'un pere a données à son fils, & qui étoient hypothéquées sur des particuliers; si elles sont entiérement déperies ou diminuées de sûreté, sans qu'il y ait de sa faute, parce que les débiteurs sont devenus insolvables au temps de la succession ouverte, il est recevable à les rapporter en essence, afin que ses co-héritiers en portent la perte conjointement avec lui; mais si cela est arrivé par sa faute, qu'il ait laissé prescrire les hypothéques ou éteindre, en ne s'opposant pas à des décrets, il n'est pas recevable à les rapporter en essence, & il doit tenir compte de leur estimation à ses co-héritiers; c'est la même chose des dettes actives, dont il ne s'est pas fait payer, en cas qu'il y ait

ait eu de sa négligence. Duplessis, *ibid.*

L'office qu'un pere a donné à son fils ne se rapporte pas en espece, & on n'oblige jamais l'enfant qui en a été pourvu de le rapporter en nature; la raison est qu'il seroit trop dur de dépouiller un officier de sa charge, de le réduire à mener une vie privée, & de lui ôter le rang & les prérogatives que sa charge lui donne; on ne peut jamais le contraindre à s'en démettre, qu'en lui faisant son procès pour prévarication, ou pour quelqu'autre crime qui mérite une peine infamante.

Réciproquement il n'est pas en la faculté du fils, dit de Renusson, de rapporter l'office en espece en la masse de la succession, par la raison que l'office lui a été donné pour son établissement particulier, & qu'il n'accommode souvent aucun des co-héritiers. De Renusson, traité des Propres, ch. 5, sect. 4, n. 62, & Lebrun, des Successions, liv. 3, ch. 6, sect. 3, n. 42, à la fin.

Il en rapporte donc seulement l'estimation, & cette estimation, selon la jurisprudence des arrêts, est ou le prix que l'office a couté, si le pere a acheté l'office pour son fils; ou celui que le pere a fixé en le donnant, ou le résignant, si l'office a été acheté à bon marché; ou de sa juste valeur, au cas que le pere l'eût acheté plus qu'il ne vaut; ou si le pere l'a donné sans estimation, le prix courant du temps de la donation. Argout, Instit. au Droit Français, liv. 3, ch. 28.

Le fils est obligé de rapporter, outre le prix de l'office, les frais de provision & de réception, si le pere les a payés pour lui. Argout, *ibid.*

Que si l'office dont le fils a été pourvu par le pere est supprimé pendant la jouissance du fils, il périt pour le fils qui doit rapporter le prix de ce qu'il a couté, si le pere l'a acheté pour lui, parce que dès que l'achat en a été fait pour lui, ce n'est pas tant l'office qui lui a été donné que les deniers, & qu'il doit s'imputer de ce qu'il a voulu être officier.

Mais si c'est un office que le pere possédoit auparavant, & qu'il a résigné à son fils, en avancement d'hoirie, ou si après le décès du pere, le fils s'en fait recevoir pour le conserver à la famille, le fils en l'un & l'autre cas, peut prendre ses précautions, & déclarer qu'il ne l'accepte qu'à la charge de ne courir aucun risque, & la déclaration en ayant été ainsi faite, il ne court point de risque, & n'est point obligé de rapporter la valeur de l'office, mais seulement le titre, qu'il remettra à la masse de la succession lors du partage, pour en disposer conjointement. De Renusson, *ibid.* n. 62.

S'il ne prend pas ses précautions, & qu'il accepte l'office purement & simplement, il demeurera à ses périls, risques & fortune, & il sera tenu d'en rapporter le prix à ses co-héritiers, en cas même de suppression; la raison est que les offices sont attachés à la personne, & que dès que l'officier est pourvu, il est seul propriétaire incommutable de la charge, que l'événement bon ou mauvais le regarde seul; & comme il ne tient pas compte à ses co-héritiers de l'augmentation, s'il y en a, il ne peut pas aussi les faire entrer en participation de la perte de son office; de maniere qu'il est toujours obligé de rapporter le prix, eu égard au temps de la donation, ayant traité d'un événement incertain; & nous en avons, dit Lebrun, un arrêt du 2 décembre 1610. Tel est le sentiment de Lebrun, des Successions, livre 3, chapitre 6, section 3, nombre 44; de Renusson, traité des Propres, chap. 5, sect. 4, n. 62, & autres.

Que si le fils qui ne prend pas ses précautions est obligé de supporter seul la perte de la charge, en cas de suppression, à plus forte raison doit-il payer les taxes qui arrivent, sans que les co-héritiers soient tenus de lui tenir compte de celles qu'il auroit payées avant la mort du pere; & si, faute de payer la paulette, l'office tombe aux parties casuelles, les petits-fils venans à la succession, n'en seront pas moins obligés d'en rapporter le prix, eu égard au temps de la donation, selon Coquille, sur le ch. 27 de la Coutume de Nivernois, articles 10 & 11; après lui, Lebrun, des Successions, livre 3, ch. 6, sect. 3, n. 45.

Ce qui vient d'être dit de l'obligation que le fils a de rapporter le prix de l'office, doit être entendu du fils qui a été pourvu majeur; car s'il étoit mineur, & que l'office ait depuis diminué, ou qu'il ait été supprimé, le partage se faisant dans les dix ans de majorité, il ne rapportera pas la perte de la diminution ni de la suppression; il pourra remettre ses provisions à la masse de la succession, & la perte sera commune à lui & à ses co-héritiers. De Renusson, traité des Propres, chap. 5, sect. 4, n. 62.

A l'égard de la dot d'une fille, soit en argent, soit en héritages, reçue & dissipée par le mari qui se trouve insolvable, la fille qui renonce à la communauté de son mari, n'est pas recevable à en rapporter simplement l'action; elle est tenue de la rapporter dans le partage, ou de moins prendre; car c'étoit à elle à se pourvoir par une séparation de biens, ou de prendre d'autres mesures & précautions pour la sûreté de sa dot. Duplessis sur la Coutume de Paris, traité des Successions, livre 1, chap. 3, sect. 2, page 211, édit. 1709; Domat, Loix civ. tome 3, liv. 2. tit. 4, sect. 3, n. 8.

Le rapport ne se fait qu'à la succession du donateur, & non d'autres, & si le pere & la mere ont donné conjointement, le rapport se fait par moitié aux deux successions; ainsi la fille dotée par ses pere & mere des deniers de la communauté, rapporte la dot par moitié dans leurs successions, si elle les recueille; la raison est que le pere & la mere ayant une obligation égale de doter leur fille, le pere est censé avoir donné la moitié, & la mere l'autre, quand elle a parlé au contrat.

Cette décision a lieu, quoique la mere

renonce à la communauté de son mari ; en ce cas-là la même fille est tenue de rapporter dans la succession de la mere, la moitié de ce qu'elle a reçu en mariage, sans qu'elle puisse dire, pour s'en exempter, qu'elle n'est point donataire de la mere, parce que la dot est tirée du fonds de la communauté, dans laquelle la mere est réputée n'avoir jamais eu de part au moyen de sa renonciation ; car outre que la mere, selon qu'il a été dit sur l'article 234, nombre 8, qui a parlé dans le contrat de mariage de sa fille, doit payer sur ses propres biens, nonobstant sa renonciation, la moitié de ce qui a été promis, sans pouvoir se venger sur les biens du mari, quand il y en auroit ; la dot de sa fille étant un devoir commun du pere & de la mere ; c'est que le pere & la mere ayant donné également, ils ont diminué par cette donation leur communauté, dans laquelle la mere avoit *jus ad rem*, que c'est peut-être cette donation qui l'a rendue infructueuse, & qui a obligé la mere d'y renoncer, de maniere qu'il lui en coute toujours sa moitié. C'est un des points décidés par l'arrêt de 1605, rapporté par M. Louet, lettre R, somm. 54 ; & tel est le sentiment de Lebrun, des Succ. liv. 3, ch. 6, sect. 3, nombre 25.

Que si la mere n'a point parlé dans le contrat de mariage, qu'elle n'ait point doté, & qu'elle renonce à la communauté, alors j'estime que le rapport doit être fait tout entier sur la succession du pere, parce qu'on ne rapporte qu'à la succession du donateur, que c'est le pere qui a tout donné, & que la mere n'a point doté ; car encore que ce soit une obligation naturelle de doter ses enfans, cependant cette obligation, comme il a été dit sur l'article 234, *suprà*, ne produit point parmi nous d'action civile. Personne ne peut être obligé de doter, & le devoir naturel ne devient civil que quand l'ascendant l'exécute. C'est la disposition de la Coutume de Nivernois, ch. 27, article 10, qui porte que les enfans auxquels ont été donnés quelques biens par leur pere & mere, venans à leurs successions, seront tenus de rapporter, au cas que le don soit fait par lesdits pere & mere conjointement, moitié à la succession de l'un, & moitié à la succession de l'autre, & que si la donation est faite par l'un desdits pere & mere, ils rapporteront la chose donnée à la succession du donateur, & tel est le sentiment d'Argout, Instit. au droit Français, livre 2, chap. 28.

Si un pere & une mere ayant marié & doté leur fille conjointement, lui ont néanmoins donné pour dot un héritage propre de l'un d'eux, celui à qui appartient le propre, en doit être récompensé, comme il a été dit sur l'article 234, *suprà*, par moitié par l'autre, & au cas de la récompense, l'héritage propre se rapporte pour le tout dans la succession de celui duquel il vient ; ainsi, dans l'espece proposée, on suppose que l'héritage donné pour dot soit propre à la mere, & que le pere soit décédé le premier ; en ce cas, la mere qui a survêcu, ayant récupéré par son remploi la moitié de son propre, la fille donataire rapportera la moitié de la valeur du propre à la succession échue, qui a payé cette moitié, ou qui la doit acquitter actuellement, en payant le remploi dû à la mere survivante. Lebrun, des Succesf. liv. 3, chap. 6, sect. 2, n. 75.

Mais si c'est la mere qui est décédée, en ce cas, à moins que les enfans n'ayent commencé par un partage de communauté, dans lequel on ait fait remploi à la succession de la mere de la moitié de ce propre, le rapport se fera du total de l'héritage à la succession de la mere, & pour lors les autres enfans, supposé qu'ils soient héritiers du pere, ou le pere même, s'il vit encore, sont tenus d'indemniser la fille de la moitié de la dot, qu'elle est obligée de rapporter toute entiere à la succession de la mere, comme étant un propre maternel ; car comme l'observe Dumoulin sur l'article 10 du chapitre 27 de la Coutume de Nivernois, *potest pater dotare de re aliena, & frater dotatæ, patris hæres, tenetur de evictione.* C'est la disposition de plusieurs de nos Coutumes ; de celle de Sens, article 89 ; de Nivernois, chapitre 27, article 10 ; de Troyes, article 142 ; de Reims, article 318, & de Bar, article 134.

Il faut rapporter à la succession du donateur, non-seulement les choses par lui données, mais encore les fruits, & ces fruits se rapportent non point du jour de la donation, mais de celui de la succession échue, selon la disposition précise de la Coutume de Paris, art. 309 ; la raison est que durant la vie des peres & meres ou aïeuls donateurs, les donataires sont possesseurs de bonne foi, & que ces fruits leur ont servi d'alimens, lesquels ne se rapportent pas.

Mais du moment de la succession ouverte, comme le rapport est dû, ces fruits ne sont plus leurs, & ils les doivent rapporter ; car le partage ayant dû être fait au temps du décès de celui de la succession duquel il s'agit, les fruits sont dus de ce temps, & augmentent le rapport & la succession. C'est aussi la disposition de la Coutume de Paris audit art. 309.

Les fruits des héritages se rapportent, déduction faite des frais de labours & semences.

Si le donataire a disposé de l'héritage, & qu'il en rapporte simplement l'estimation, il rapportera aussi & tiendra compte des intérêts de cette estimation depuis la succession ouverte jusqu'au jour du partage.

Quant aux sommes de deniers baillées & rapportables, la Coutume de Paris, art. 309, dit positivement que les intérêts s'en rapportent aussi depuis la succession ouverte jusqu'au jour du partage ; ce qui doit être entendu, selon M. Denis Lebrun, des intérêts, même du prix des meubles meublans qui ont été donnés en avancement d'hoirie ; lesquels intérêts doivent être pareillement rapportés ; la raison est que l'égalité du rapport le demande ainsi ; car si les héritiers donataires des immeubles sont obligés de rapporter les fruits, leurs co-héritiers donataires des sommes de deniers, & des effets mobiliaires, doivent réciproquement en rapporter les intérêts, afin que le rapport des fruits soit compensé avec celui des intérêts, & que comme les héritiers donataires des sommes de deniers ont part dans les fruits des immeubles, leurs co-héritiers ayent également part dans les intérêts de l'argent qui leur a été donné. Lebrun, des successions, livre 3, chapitre 6, section 3, nombre 54.

Voyez l'article 321, *infrà*.

ARTICLE CCCXIV.

Comme les ascendans & descendans s'entresuccédent.

LES ASCENDANS ne sont héritiers, & ne succédent à leurs descendans en directe ligne, réservé les peres & meres, & ayeuls ou ayeules, paternels ou maternels, respectivement, lesquels, ou l'un d'eux après le décès de l'autre, succédent à leurs enfans ès biens meubles & aux conquêts faits par leursdits enfans décedez, avec leurs autres freres & sœurs germains ou leurs enfans, par égale portion. Et s'il n'y a freres ou sœurs germains, ou enfans descendans d'eux, lesdits pere ou mere, ayeul ou ayeule dessusdits, sont entiérement héritiers desdits meubles & conquêts, & en forcluent les freres & sœurs utérins & paternels & autres parens : & font lesdits pere & mere, ou en défaut d'eux l'ayeul ou l'ayeule, chacun un chef, & lesdits freres & sœurs germains, chacun un autre, & les enfans desdits freres ou sœurs germains un chef seulement, posé qu'ils fussent plusieurs. Et en outre les pere & mere, ayeul ou ayeule, succédent entiérement à leurs enfans ès biens que lesdits pere & mere, ayeul ou ayeule leur auroient donnez, & en sont saisis au cas qu'il n'y aura enfans desdits enfans.

1. LEs ascendans dans cette Coutume succédent à leurs descendans en ligne directe ; savoir, les peres & meres, aïeuls ou aïeules, paternels ou maternels ; telle est la disposition de la Coutume, au présent article. Par l'ancienne Coutume, tit. 12, art. 4, le droit de succéder par les ascendans, à leurs descendans en directe ligne, n'étoit accordé qu'aux peres & meres ; mais dans le temps de la rédaction de la nouvelle Coutume, ce droit fut accordé par nouvelle Coutume, aux aïeuls & aïeules paternels ou maternels, selon qu'il est dit dans le procès-verbal, sur cet article. Sur quoi il me paroît, qu'aux termes de notre article, les ascendans qui ont droit de succéder, sont ceux-là seulement qui sont dénommés dans l'article ; savoir, les peres, meres, aïeuls, ou aïeules, & que ceux d'un degré plus éloigné en sont exclus ; car les ascendans en général sont exclus de la succession des descendans en directe ligne, par ces mots de notre article, *les ascendans ne sont héritiers & ne succédent*, &c. & il n'y a d'admis audit droit de succession, que ceux qui sont compris dans la reserve.

2. Entre les ascendans qui peuvent succéder à leurs descendans, le plus proche degré exclut le plus éloigné : d'où il suit que quand il y a un pere ou une mere, l'aïeul ou l'aïeule ne concourt point avec eux. C'est l'observation de M. le président Duret, sur ce mot de notre article, RESPECTIVEMENT : *Ita ut*, dit-il, *pater maternum, & mater paternum avum excludat* ; & c'est ce qui résulte de ce qui a été dit sur l'article 306, *suprà*, que *repræsentatio nunquam datur descendendo, sed ascendendo*.

3. Les ascendans ne succédent point à leurs descendans, dans toutes sortes de biens indistinctement ; & entre les biens délaissés par un enfant qui meurt sans postérité, on distingue, 1°. leurs meubles & les acquêts qu'ils ont pû faire : 2°. les biens qu'ils ont reçus de leurs peres & meres, ou de leurs aïeuls ou aïeules : 3°. les propres & immeubles qu'ils peuvent avoir reçus d'autres personnes.

4. Le pere & la mere, aïeul, ou aïeule, succédent à leurs enfans, avec leurs autres enfans, freres & sœurs germains, des enfans décédés, dans leurs meubles, acquêts & conquêts immeubles, faits par leursdits enfans décédés, ainsi qu'il est dit dans notre article.

5. Si avec le frere germain, ou la sœur germaine, qui succédent à leur frere ou à leur sœur, avec le pere ou la mere, l'aïeul ou l'aïeule, comme il vient d'être dit, il y avoit des enfans d'un autre frere germain ou sœur germaine, qui fût décédé ; ces enfans de ce frere, ou de cette sœur, succéderoient aussi avec les ascendans, & avec les freres & sœurs germains du défunt ; & il en seroit de même, quand il n'y auroit aucun frere germain, ou sœur germaine du défunt, mais seulement quelqu'ascendant, & des enfans d'un frere germain, ou d'une sœur germaine décédée : ces enfans succéderoient avec

l'ascendant, ainsi que le porte notre article, qui dit que les *ascendans succédent à leurs enfans.... avec leurs autres freres & sœurs germains, ou leurs enfans*; cette disjonctive, *ou*, qui est dans l'article, décidant la question en faveur des neveux. * Desorte que les rédacteurs de notre Coutume ont fait cesser la difficulté qui naît de la novelle 127, qui appelle les enfans des freres avec les ascendans & les freres conjointement, & qui consiste à savoir si les freres étant décédés, & n'y ayant que des enfans des freres avec un ascendant, les neveux pourront succéder à leur oncle, concurremment avec cet ascendant. Cette difficulté, qui partage les sentimens des docteurs, se trouve décidée par le présent art.

6. Mais s'il n'y a freres germains, ou sœurs germaines, dit notre article, ou enfans descendans d'eux, les pere & mere, aïeul ou aïeule, sont entiérement héritiers desdits meubles & conquêts, & en excluent les freres & sœurs utérins & paternels, & autres parens.

7. Les pere & mere succédent tous deux conjointement, sans aucune préférence de sexe, s'ils sont tous deux vivans, ou l'un d'eux après le décès de l'autre; *æqualiter & concurrendo, nec pater matri præfertur*, dit M. Louis Semin, sur ces mots de notre article, *pere & mere*.

8. Au défaut des pere & mere, succédent l'aïeul & l'aïeule, aussi conjointement, s'ils sont tous les deux vivans, où l'un des deux après le décès de l'autre; & s'ils se trouvent plusieurs aïeuls des deux côtés, les uns paternels, les autres maternels, qui concourent en même degré, la succession du descendant se divisera entr'eux, en deux portions égales, dont l'une sera laissée aux ascendans paternels, & l'autre aux maternels, encore que le nombre fût moindre d'un côté que de l'autre, & qu'il ne se trouvât, par exemple, qu'un aïeul paternel, & un aïeul & aïeule maternels; auquel cas le premier aura autant que les deux autres dans la succession. C'est la disposition précise de la novelle 118, ch. 2, & l'observation de M. le président Duret, sur ces mots de notre article, L'AÏEUL OU L'AÏEULE: *Planè*, dit-il, *cùm plures ascendentium venientes eumdem habeant ordinem, ex æquo inter eos successio dividitur, & medietatem accipiunt omnes à patre ascendentes, quanticumque fuerint, mediatam verò aliam à matre ascendentes, quantoscumque eos inveniri contigerit*. M. Duret, *hìc*.

9. De cette maniere les pere & mere, ou au défaut d'eux, l'aïeul ou l'aïeule, font chacun un chef, & les freres & sœurs germains chacun un autre, & les enfans desdits freres ou sœurs germains un chef seulement, encore qu'ils fussent plusieurs; le tout comme il est dit dans notre article: desorte que la succession des meubles & conquêts immeubles de l'enfant décédé, se partage entre les ascendans, & leurs autres enfans, freres germains, ou sœurs germaines du défunt, par portions égales, & par têtes, selon le nombre que composent le pere, la mere, ou à leur défaut, l'aïeul, ou l'aïeule, avec leurs enfans; & que les enfans du frere germain, ou sœur germaine du défunt, succédent par souche, & ont entr'eux la part qu'auroit eue le pere, frere du défunt, s'il avoit vêcu.

C'est l'observation de M. Duret, sur ces mots de notre article, OU LEURS ENFANS PAR ÉGALE PORTION: *Ita ut*, dit-il, *filii fratrum veniant in stirpes, ipsi verò fratres in viriles, Auth. ut fratr. filii suceed. in princip. collat. 9. Nam si concurrunt pater, frater, & filii alterius fratris præmortui, pater unam, frater alteram & filii alterius fratris tertiam consequentur; & eâdem ratione, si cum filiis fratris pater succedat, propius est ut pater unam, & filii fratris alteram tantùm accipiant*. M. Duret, *hìc*.

10. M. Jean Decullant, dans son traité *des successions*, a fait la même remarque. *Apud Borbonios*, dit-il, *§. 314, deficientibus liberis ascendentes succedunt descendentibus, in mobilibus & quæstibus dumtaxat, servatâ gradûs prærogativâ, quibuscum admittuntur fratres & sorores defuncti ex utroque latere conjuncti, & liberi eorum ordine & repræsentatione præscriptis in §. 2 Auth. de hæred. ab intest. & §. 1 Auth. Ut fratrum filii*.

THEMA.

ALPHENUS.

Terentia *prima uxor.* — Paulus.

Titia *secunda uxor.* — Labeo (— Scævola — Stichus), Mævius (— Caïus, Scævola), Julius *de cujus successione agitur*, Marcus.

11. *Successio Julii dividitur in quatuor partes, quarum duæ deferuntur Alpheno & Titiæ, parentibus*,

parentibus, altera Marco, & altera pars Caïo & Scævolæ, repræsentantibus Mævium. Paulus verò non admittitur, quia non est conjunctus ex utroque latere, Julio. Stichus etiam non admittitur, quia repræsentatio introducta d. §. Auth. Ut fratrum filii, non protenditur ultrà filios fratrum: & quia non est in repræsentatione, excluditur à successione Julii. Jean Decullant.

12. La succession des descendans en directe ligne, au profit des ascendans, dans les effets mobiliers, & acquêts, cesse & n'a pas lieu dans deux cas : le premier, dans le cas de continuation de communauté ; & le second, quand les choses mobiliaires sont réalisées par stipulations de propres.

13. Au cas de la communauté continuée, le survivant des pere & mere ne succéde pas à l'enfant décédé, pendant icelle, avec ses freres germains & sœurs germaines, à la portion qu'il avoit dans les meubles & acquêts, à cause du droit d'accroissement entre les enfans, ainsi qu'il a été dit sur l'article 270, *suprà*, n. 38 & suivans, & où il faut avoir recours.

14. Mais si tous les enfans qui étoient en communauté viennent à décéder sans enfans, alors le pere ou la mere survivant, (& il en est de même de l'aïeul, ou aïeule) succéde sans difficulté au dernier mort, en tous les meubles, & pour les acquêts il faut distinguer.

15. A l'égard de ceux du temps du premier mariage, il n'y peut succéder, la continuation de la communauté n'ayant point empêché qu'ils n'ayent été faits propres naissans aux enfans du pere ou de la mere prédécédée, suivant l'article 275, *suprà*.

16. Quant à ceux faits pendant la continuation de la communauté, il est déja certain que le pere ou la mere succéde en la part que le dernier décédé y avoit de son chef; parce que c'est un profit qu'il a fait comme commun avec le survivant de ses pere & mere; quant aux autres parts que ce prédécédé y avoit par le prédécès de ses autres freres ou sœurs, le pere ou la mere survivant les prend encore en vertu de la disposition de notre article, par droit successif de ce dernier des enfans décédé, en la personne duquel elles étoient réunies par droit d'accroissement, ou plutôt de non décroissement: & cela, soit que la communauté n'ait jamais été dissolue & que ce dernier des enfans soit mort durant qu'elle continuoit encore, ou qu'elle eût été dissolue avant le décès de ce dernier mort. La raison est que ce dernier des enfans n'avoit pas constamment les parts des autres par droit de succession; puisque, si cela eût été, le pere ou la mere survivant y eût succédé pour une part & portion, comme héritier des meubles & acquêts de ses enfans, mais uniquement par droit d'accroissement; la moitié entiere du chef de la mere, ou pere décédé, ayant été réunie en une seule personne, par le décès des autres enfans: lequel décès a fait que la moitié de tous les biens de la continuation de la communauté s'est trouvée appartenir à l'enfant survivant les freres & sœurs, par un effet rétroactif, *jure non decrescendi*; & que la moitié des biens de la continuation de la communauté, est censée n'avoir jamais appartenu à d'autres, qu'à l'enfant survivant; les enfans décédés étant considérés comme n'ayant jamais rien eû: de maniere que le pere ou la mere survivant, doit prendre dans la succession de ce dernier enfant mort, la moitié des biens acquis pendant la continuation de la communauté, comme étant de purs acquêts; le droit d'accroissement n'en ayant pas changé la nature & qualité, & la chose accrue étant de même nature que celle à laquelle elle est accrue. Tel est le sentiment de Duplessis, sur la Coutume de Paris, traité *de la Comm.* liv. 3, chap. 4; de Lebrun, traité *de la Comm.* liv. 3, chap. 3, sect. 5; & de de Ferriere, *Inst. Cout.* liv. 3, tit. 3, n. 81.

17. Si un des enfans vient à décéder, dans le temps accordé par la Coutume pour faire inventaire; en ce cas il faut user de distinction. Ou l'inventaire se fait, ou non : s'il se fait dans le temps prescrit par la Coutume, en ce cas le survivant des pere & mere succédera en tous les meubles & acquêts avec les autres enfans, qui ne peuvent pas prétendre qu'ils soient entrés en communauté, comme étant continuée à leur égard jusqu'à l'inventaire & la clôture d'icelui; puisque le décès est arrivé pendant la surséance de la Coutume; durant lequel temps toutes choses demeurent en état & en suspens; & qu'au moyen de l'inventaire fait dans le temps prescrit, il n'y a jamais eu de continuation de communauté: mais si l'inventaire ne se fait pas dans le temps prescrit, en ce cas, comme la communauté est censée continuée depuis le décès, la succession de l'enfant, décédé dans l'intervale du temps accordé pour faire inventaire, doit être regardée comme arrivée durant la communauté continuée, & par conséquent appartient aux autres enfans, *jure non decrescendi*.

18. Le second cas, auquel le pere ou la mere survivant, ne succéde pas à son enfant décédé sans enfans, dans les meubles par lui délaissés; c'est, comme il a été dit, quand ces meubles sont réalisés par une stipulation de propres, & qu'ils sont devenus propres fictifs, ou conventionnels; & à l'égard de ces propres fictifs & conventionnels, la succession s'en régle diversement, selon la diversité des stipulations, qui leur donne la nature & la qualité de propres.

19. Ces stipulations ou conventions sont de droit étroit, parce qu'elles réputent les choses d'une autre qualité qu'elles ne sont: c'est pourquoi on en doit bien considérer les termes, pour savoir ce qu'elles contiennent & ce qu'elles ne contiennent pas, ce qui est exprimé & ce qui n'est pas exprimé; & l'on

ne doit pas faire d'extension d'une personne à une autre, d'une chose à une autre, ni d'un cas à un autre: *Nunquam fiat extensio de personâ ad personam, de re ad rem, de casu ad casum.*

20. Si la stipulation est faite pour la seule personne qui contracte, & qu'il soit dit simplement dans un contrat de mariage, que la somme de..... sortira nature de propre à la future: cette stipulation ne s'étend pas à d'autres personnes; elle ne fait qu'un propre de communauté, & son effet n'est que d'exclure de la communauté la somme stipulée propre, qui y seroit entrée sans cela, suivant le droit commun: ensorte qu'en tout autre cas, que celui de la communauté, la somme est réputée mobiliaire; que cette clause ne change rien dans l'ordre des successions, & que l'héritier des meubles y succéde, soit qu'il s'agisse de la succession de la femme, au profit de qui la stipulation a été faite, soit de celle de ses enfans qui lui ont succédé.

21. Quand la chose a été stipulée propre; non-seulement à la personne qui contracte, mais encore à ses enfans, ou aux siens, ou à ses hoirs; (ces mots, *enfans*, *siens*, *hoirs*, étant synonymes, & s'entendans des enfans & descendans desdits enfans) cette stipulation a pour lors plus d'étendue, & elle exclut non-seulement la chose mobiliaire de la communauté, mais encore le survivant des pere & mere, d'y pouvoir rien prétendre, *jure successionis*, comme héritier mobilier de ses enfans, si ce n'est jusqu'à ce que tous les enfans & descendans des enfans soient décédés.

22. Ce mot d'*enfans* ou *des siens*, fait que tous les enfans & leurs descendans y succédent les uns aux autres, avant que le pere y puisse rien prétendre, comme héritier mobilier: mais il n'empêche pas de succéder au dernier de ses enfans décédé; parce que la stipulation de propre n'ayant été faite que pour les enfans, elle finit avec le dernier des enfans: & pour lors il n'y a plus rien qui empêche le pere d'y succéder, comme son héritier mobilier. La chose étant considérée alors suivant la qualité qui lui convient naturellement, c'est-à-dire, comme une chose purement mobiliaire.

23. Le pere y succéde au dernier mourant de ses enfans, quoique décédé en minorité, à l'exclusion des collatéraux: car la maxime qui dit que les biens des mineurs conservent leur nature & qualité pendant leur minorité & dans leur succession, lorsqu'ils décédent mineurs, n'a lieu que pour les immeubles réels & naturels, comme un fonds d'héritage, ou réputés réels, comme une rente constituée ou office; les deniers procédans de la vente faite pendant la minorité, d'un héritage, d'une rente, d'un office, étant toujours censés de même nature & qualité d'immeubles, que l'héritage vendu, ou rente rachetée: mais cela n'a pas lieu à l'égard des propres conventionnels, & la minorité ne donne pas plus d'étendue à la fiction & à la stipulation de propre, que l'on ne lui en a donné par la convention. Ainsi, dès que la fiction est consommée, elle est éteinte, & n'a plus d'effet en quelque personne que la fiction arrive: ainsi jugé par arrêt du 26 avril 1674, rapporté par Dernusson, traité *des Propres*, ch. 6, sect. 4, n. 8 & 9; & tel est son sentiment, & celui de Lebrun, *des Succ.* liv. 2, ch. 1, sect. 1, n. 58.

24. Cette stipulation de propre faite par une femme, par son second contrat de mariage, sert à ses enfans du second lit, pour y succéder par eux à leur frere issu du second lit, à l'exclusion de leur beau-pere: ainsi jugé par arrêt rapporté par Dernusson, *ibid.* n. 10; & l'arrêt est dans les regles: par la raison que les enfans du premier lit n'étant pas moins les enfans de la mere, que ceux du second, quand la mere dans son second contrat de mariage a stipulé ses biens propres pour elle & ses enfans, elle est présumée avoir considéré tous ses enfans, tant ceux du premier lit, que ceux qui lui pouvoient naître du second; ensorte que ce n'est pas par extension, mais de droit, que la stipulation est censée les comprendre tous. Dernusson, *ibid.* de Ferriere, *Inst. Cout.* liv. 3, tit. 7, article 345.

25. Quand la stipulation est que les deniers, ou autres effets mobiliers demeureront propres, non-seulement à la personne qui contracte, mais encore aux parens de son côté & ligne; si cette stipulation qui peut être faite pour l'un & pour l'autre des époux, est faite pour la future épouse, par exemple, elle imprime le caractere de propre à ces deniers, pour appartenir aux héritiers collatéraux de la stipulante, de son côté & ligne. Ainsi cette stipulation a trois effets.

26. 1°. Contre la communauté, pour faire que la femme ou ses héritiers reprennent les deniers comme propres.

2°. Au profit des enfans & descendans de la femme, pour rendre les deniers propres entr'eux dans la succession de l'un & de l'autre.

27. 3°. Au profit des collatéraux de la femme, pour rendre les deniers propres à leur égard, soit dans la succession de la femme, soit dans celle des enfans qui lui ont succédé, desorte que si la femme a laissé des enfans qui décédent tous sans enfans avant leur pere, ces deniers passeront aux héritiers collatéraux, à l'exclusion du pere.

* Il y a une autre clause assez ordinaire dans les contrats de mariage, qui contient des destinations & stipulations d'emploi en héritages, que l'on stipule propres à la future épouse, & aux siens de son estoc & ligne.

Cette clause, quand elle est conçue dans ces termes; savoir, que les deniers ou autres effets mobiliers, seront employés en héritages, fait bien un propre de communauté, suivant le sentiment de tous les docteurs, conformément à la disposition de la Coutume de Paris, article 93, de celle d'Orléans, article 350, & de celle de Nivernois, chapitre 23, art. 17; & cela, soit que la destination & stipulation d'emploi ayent été faites par les personnes mêmes qui contractent mariage, par pere ou par mere, & qui donnent en faveur de mariage, ou par parens collatéraux ou étrangers : mais cette simple destination & stipulation d'emploi en achat d'héritages, l'emploi n'ayant pas été fait, n'opérent autre chose que d'exclure ces deniers & effets mobiliers de la communauté ; desorte que hors le cas de la communauté les deniers sont considérés suivant leur véritable nature de meubles; tel est le sentiment de Chopin, sur la Coutume de Paris, liv. 1, tit. 1, n. 28, & de Renusson, traité des Propres, chap. 6, sect. 7, n. 16.

Quoiqu'à la stipulation d'emploi en achat d'héritages on ait ajouté les termes de *propres à la future épouse & aux siens*, & que l'on ait stipulé que les deniers seront employés en achat d'héritages, qui seront propres à la future épouse & aux siens; les deniers, si l'emploi n'en a pas été fait, ne sont pas pour celà réguliérement propres de succession, mais seulement propres de communauté, & ne doivent être considérés dans le partage de la succession de la fille mariée, que comme de véritables meubles. La raison est que les fictions ne s'étendent pas hors leurs cas, & qu'elles n'opérent que dans les termes exprimés par la convention.

Si le mari eût fait l'emploi des deniers en héritages, ainsi qu'il y étoit obligé; comme alors ces héritages se seroient trouvés dans la succession de la femme, ensorte que les enfans y auroient succédé, & que même indépendamment de la stipulation, ils seroient devenus propres maternels, naissans en leurs personnes, comme tous autres immeubles échus par succession, auxquels les collatéraux auroient succédé à l'exclusion du pere ; c'est une question si le mari peut en ce cas profiter de sa négligence, & si faute d'avoir fait l'emploi, il a droit de succéder à ces deniers, comme héritier mobilier de ses enfans.

Sur cette question on convient, que si les deniers destinés & promis n'ont pas été fournis, quoique le mari ait fait les poursuites pour en avoir le paiement, ils demeurent pour lors mobiliers, même à son égard, nonobstant la destination d'emploi en héritages, & qu'ainsi il a droit d'y succéder, comme héritier mobilier de ses enfans, parce qu'il n'y a pas de sa faute de ne pas employer des deniers qu'il ne reçoit pas, & qu'il n'y en pourroit avoir qu'en cas qu'il n'eût pas fait les poursuites nécessaires.

Mais s'ils ont été payés au mari, & qu'il ait négligé d'en faire l'emploi, selon leur destination, en ce cas il y a des auteurs qui soutiennent que ces deniers doivent être considérés, par rapport au mari & contre lui, comme propres dans la succession de son enfant, & appartenir aux collatéraux à l'exclusion du pere. Leur fondement est que dans la maxime de droit, la condition doit être réputée accomplie contre celui qui en étoit chargé, quand il n'a tenu qu'à lui qu'elle l'ait été, & qu'il ne seroit pas juste que le mari profitât de sa négligence. Tel est le sentiment de M. Denis Lebrun, des Succ. liv. 2, ch. 1, sect. 1, n. 45 & suiv. Et ainsi a été jugé par arrêt du 14 juillet 1637, rapporté par Brodeau, sur M. Louet, lett. D, somm. 66.

Néanmoins l'opinion contraire de ceux qui veulent que cette considération n'empêche pas que le pere ne puisse succéder à ces deniers, comme l'héritier mobilier de ses enfans, se trouve autorisée d'un arrêt postérieur, qui est du 28 février 1664, rapporté dans le second tome du journal des audiences, liv. 3, ch. 17, page 146, édition 1733, qui a jugé qu'un pere, comme héritier mobilier de sa fille, avoit succédé aux deniers qui lui étoient échus par le décès de sa mere, quoique stipulés propres à sa femme & aux siens, avec clause de stipulation d'emploi en achat d'héritages. La raison est que la simple destination d'emploi en achat d'héritages, n'oblige point le mari d'acheter des héritages, & d'y employer les deniers dotaux de sa femme; les obligations ne se présument point, il faut qu'elles soient expressément contractées; desorte que quand il n'y a qu'une simple destination d'emploi en achat d'héritages, il est vrai de dire que l'intention des parties n'a été que d'exclure de la communauté les effets mobiliers ; tel paroît être le sentiment de Renusson, traité des Propres, chapitre 6, section 7, nombre 16, & de M. Claude Duplessis, traité des Droits incorporels, tit. 2, page 145, édit. 1709.

Autre chose seroit, si le mari s'étoit obligé expressément de faire l'emploi des deniers dotaux en achat d'héritages, parce que en ce cas c'est une obligation que le mari a contractée, & à laquelle il a dû satisfaire; & s'il ne l'a pas fait, c'est le cas auquel il ne peut pas profiter de sa négligence, & que non-seulement il n'en peut pas profiter comme mari à cause de la communauté, mais encore comme héritier mobilier de ses enfans. L'action est pour lors immobiliaire à son égard, quoique mobiliaire à l'égard de tous autres héritiers de la femme & de ses enfans; de Renusson, *ibid.* Et tel est le sentiment des avocats de Paris, dans la consultation cinquieme, rapportée dans le deuxieme tome de Duplessis, édition 1728.

Si la clause stipulée au contrat de mariage porte que les deniers seront employés en achat d'héritages, qui seront propres à la future épouse, & aux siens de son côté & ligne, & que l'emploi n'en ait pas été fait, les deniers seront encore mobiliers dans la succession des enfans, & le pere qui ne s'est pas obligé personnellement à l'emploi y succédera comme leur héritier mobilier; la raison de la différence à cet égard, entre la clause de stipulation d'emploi, & la clause de réalisation au profit de la future épouse, & des siens de son côté & ligne, comme l'a observé M. Denis Lebrun, traité des Successions, livre 2, ch. 1, sect. 1, n. 46, est que dans le premier cas la réalisation ne doit venir que de l'emploi, que cet emploi n'ayant pas été fait, la réalisation n'a pas eu de lieu, desorte que les deniers restent dans leur nature de meuble; au lieu que dans le dernier cas la réalisation est formellement imposée sur la somme, & par conséquent sur l'action, ce qui ne dépend plus d'aucun emploi.

S'il est dit dans le contrat de mariage qu'à défaut d'emploi le mari fait rente dès à présent sur tous ses biens, la rente est pour lors toute faite, & comme c'est un immeuble, le pere, comme héritier mobilier de ses enfans, n'y peut succéder. Cette rente est toujours réputée immeuble jusqu'au rachat, & elle souche comme une maison; ainsi jugé par arrêt du 3 juillet 1602, rapporté par de Renusson, en son traité des Propres, ch. 6, sect. 7, n. 18. C'est la remarque de Dumoulin, sur l'art. 17 du ch. 23 de la Coutume de Nivernois; le sentiment de Renusson en l'endroit cité, & celui de Lebrun en son traité de la Communauté, liv. 3, ch. 2, distinct. 3, n. 11, à la fin.

Les clauses de réalisations & stipulations d'emploi, se font ordinairement dans les contrats de mariage, tant au profit du mari que de la femme; si elles sont faites pour le mari, elles doivent être exécutées à son respect dans tous les degrés, également qu'à l'égard de la femme.

Outre ces réalisations & stipulations d'emploi dont nous venons de parler, il y a encore des clauses de réalisations qui concernent les aliénations faites par le mari des héritages dotaux: car la faveur des contrats de mariage a fait étendre ces sortes de stipulations; non-seulement on a admis que des deniers apportés en dot, une partie demeureroit propre à la future épouse, & aux siens de son côté & ligne, que le mari seroit tenu d'en faire emploi en rachat d'héritages, qui sortiroient pareille nature de propre; mais même qu'au cas d'aliénation par le mari des héritages apportés en dot, & stipulés propres à la future & aux siens de son côté & ligne, il seroit tenu d'en faire le remploi en acquisition d'héritages, qui sortiroient pareillement nature de propre à la future épouse, & aux siens de son côté & ligne; & ce remploi est la récompense due à l'un ou l'autre des conjoints, dont les héritages propres ont été vendus, ou dont les rentes ont été rachetées pendant le mariage, comme il a été dit sur l'art. 238, *suprà*, n. 6 & suiv.

Si on a stipulé simplement que les héritages apportés en dot seroient propres à la future épouse, & aux siens de son côté & ligne, & qu'en cas d'aliénation il en seroit fait remploi, sans dire que ce remploi sortiroit pareille nature de propre, l'action de remploi, au cas qu'il n'ait été fait, est pure mobiliaire, parce qu'elle ne tend qu'à avoir des deniers, & que les fictions ne s'étendent pas hors leurs cas; & si le mari ne s'est point obligé à faire ce remploi en héritages, il peut y succéder en qualité d'héritier mobilier de ses enfans; la raison est que n'ayant contracté aucune obligation personnelle de faire ce remploi, on ne peut lui rien imputer, ni lui objecter aucune négligence, parce que cette simple stipulation ne donne point d'action contre le mari pendant le cours de la communauté, pour l'obliger au remploi, & la femme qui a consenti à l'aliénation de ses propres, est présumée s'être contentée de l'action que la Coutume & son contrat de mariage lui donnent, pour sa récompense du prix de l'aliénation, sur les biens de la communauté; ainsi fut décidé dans la consultation cinquieme des avocats de Paris, rapportée dans le second tome de Duplessis, édition 1728.

Si on a stipulé qu'au cas d'aliénation des héritages propres, le remploi en sera fait en autres héritages de pareille valeur, qui seront propres à la future épouse, & aux siens de son côté & ligne, & que si le remploi n'en a pas été fait, l'action sortira pareille nature de propre, cette stipulation réalise l'action, & lui donne la qualité d'immeuble & de propre, & la fait passer aux collatéraux, c'est un effet de la convention qui doit avoir son entiere exécution.

Mais si on s'est contenté de stipuler qu'en cas qu'il soit aliéné des propres, remploi en sera fait en autres héritages, qui seront propres à la future épouse, & aux siens de son côté & ligne, sans stipuler la même chose à l'égard de l'action, en cas que le remploi n'ait pas été fait, & sans dire que l'action même seroit de pareille nature, immobiliaire & propre; c'est une question si dans ce cas cette stipulation est suffisante pour rendre l'action de remploi immobiliaire, au cas qu'il n'ait pas été fait. De Renusson le tient ainsi dans son traité des Propres, chapitre 4, section 6; mais Lebrun, en son traité de la Communauté, livre 3, chapitre 2, dist. 2, nombre 93, est de sentiment contraire, & soutient que le remploi n'ayant pas été fait, l'action en est pure mobiliaire, parce que le cas arrivé n'a pas été prévu, & que le cas prévu n'est pas arrivé, & que les fictions ne peuvent souffrir aucune extension d'un cas à l'autre; tel est mon sentiment, car, comme l'a observé M. Denis Lebrun, la stipulation de propre pour les héritages auxquels le remploi sera fait, a son application à ces héritages; il n'est pas nécessaire de lui donner une autre application, ni un autre effet, & elle peut & ne doit être étendue à l'action qui appartient à la femme

&

& à ses héritiers, en cas que le remploi n'ait pas été fait; les fictions, comme il vient d'être dit, ne recevant pas d'extension d'un cas à un autre; & il n'en est pas de même de cette espece, que de la réalisation d'une simple somme de deniers, parce que les deniers se confondans naturellement, la réalisation n'y peut conserver que l'action, qui reste pour leur répétition, & cette action reçoit nécessairement l'impression, dont les deniers ne sont pas susceptibles; ainsi le pere comme héritier mobilier y succédera, s'il ne s'est pas obligé d'en faire le remploi, & qu'on ne puisse lui imputer aucune négligence; & avec lui ou à son défaut les héritiers collatéraux, suivant l'ordre des successions, & qu'il est réglé par la Coutume.

28. Et quant à la question, quand & comment les collatéraux viennent à ces propres dans la succession des enfans, & quand & comment ces stipulations de ptopres s'éteignent; c'est ce qui sera expliqué sur l'article suivant.

Suivant notre Coutume, au présent article, vers la fin, les ascendans ne succédent pas seulement à leurs enfans, dans leurs meubles & acquêts, mais ils succédent en outre entiérement aux biens par eux donnés à leurs enfans, au cas que les enfans donataires décédent sans enfans; & ce, à l'exclusion de leurs freres & sœurs, & autres descendans des donateurs. C'est la disposition du présent article; celle de la Coutume de Paris, article 313; d'Orléans, article 315; de Tours, article 311; du duché de Bourgogne, chapitre 7, article 14; de Berry, chapitre 19, article 5, & autres: & cette disposition a lieu dans celles même qui n'en parlent pas, suivant la note de Dumoulin, sur l'article 9 du titre 15 de la Coutume de Montargis, où il dit que ce droit est une pratique universelle; & que s'il y a dans le royaume quelques Coutumes contraires, c'est un abus dont on devroit revenir. Telle est la jurisprudence des arrêts, cités par Lebrun, *des Succ.* liv. 1, ch. 5, sect. 2, n. 5.

29. Ce droit est fondé sur l'équité naturelle, & sur une tacite présomption de la volonté du pere, qui dote son enfant en le mariant; lequel n'est censé se dépouiller qu'en faveur de son enfant & de ses descendans, & non en faveur de ses autres parens collatéraux: parce qu'il n'est obligé par le droit naturel, à donner qu'à son enfant & à ses descendans, & non aux parens collatéraux de son enfant; & qu'en dotant son fils, il est présumé n'avoir voulu pourvoir qu'à son fils & à sa postérité: ensorte que son fils mourant sans enfans, il doit reprendre par droit de succession & de retour, les biens qu'il lui a donnés, n'étant pas juste qu'il souffre la perte de son enfant & de ses biens.

30. Ce droit, parmi nous, est un droit mixte, qui participe du droit de reversion & du droit de succession: ce qui fait que le pere naturel n'a pas la reversion de ce qu'il a donné à son bâtard, décédé sans enfans, nos loix ne reconnoissant point une telle filiation; par la raison que les bâtards *non habent neque gentem, neque familiam.* Ainsi jugé par arrêt prononcé en robes rouges, le 5 septembre 1585, & autres cités par Lebrun, *ibid.* n. 13.

31. Le droit de reversion a été introduit pour les peres & les meres, aïeuls & aïeules, *distributivè*; c'est-à-dire, pour les choses que chacun a données. Ainsi, si le don a été d'un propre paternel, le pere seul succéde; s'il a été don propre maternel, la mere seule le reprend; & s'il a été don acquêt de la communauté, il y retourne indistinctement.

32. Mais si la mere étoit décédée, & que le fils mort depuis, eût renoncé à la communauté, le don (dit Duplessis) retourne tout entier au pere, parce que lui seul est présumé avoir donné: au lieu que, si la communauté avoit été acceptée, le don ne retourneroit que pour la moitié au pere, & pour l'autre moitié aux freres germains ou autres héritiers. Duplessis, sur la Coutume de Paris, *des Succ.* liv. 3, ch. 2.

33. Sur la question, si le pere succéde à son enfant, dans la chose à lui donnée par l'aïeul, à l'exclusion de l'aïeul, comme étant le plus proche, les sentimens sont partagés; & il y a des arrêts rendus de part & d'autre: mais le sentiment de ceux qui disent que le pere ne succéde point au préjudice de l'aïeul qui a donné, me paroît le mieux établi. Il est fondé sur ce que le droit de retour ne regarde que les personnes qui ont donné, par la justice qu'il y a que la libéralité retourne à celui qui l'a faite; & que si les Coutumes se servent du mot de *succéder*, ce n'est qu'en conséquence du droit de reversion; *succédent*, disent les Coutumes, *aux choses par eux données*; autrement la disposition des Coutumes établiroit & détruiroit en même temps la reversion.

34. Ainsi a été jugé par arrêt en cette Coutume; & telle est la jurisprudence qu'on y suit, selon M. Jean Decullant. *Si filius donatarius*, dit Decullant, *aut filia dotata & maritata à parentibus, decesserit relictis liberis, qui posteà obierint sine liberis, sed avo & alterutro patris aut matris superstitibus, hoc casu avus in successione ultimi ex nepotibus tantùm accipiet, quantùm extabit ex immobilibus ab ipso datis; non verò mobilia, in quibus sine distinctione pater aut mater superstes succedet: sic Arresto judicatum an.* 1616 *pro* Dutheil *contrà* Taillon, *Molinenses ambo.* Dutheil *duxerat filiam domini* Taillon, *quæ obierat relictis liberis, quibus deinde mortuis*, Taillon, *integram dotem ab eo constitutam petebat*; & Dutheil *negabat restitutionem dotis mobilis, quòd succederet filiis in mobilibus, & obtinuit d. Arresto, quo fuit revocata Sententia d. Senescalli, & confirmata Sententia à Castellano data; & ita deinceps responderi & judicari vidimus.* Telle est l'observation de M. Jean Decullant, sur notre article; & c'est le sentiment de Lebrun, *des*

Succ. liv. 1, ch. 5, sect. 2, n. 15; de Dernusson, traité *des Propres*, ch. 2, sect. 19, n. 20; d'Henrys, tome 1, liv. 6, ch. 5, qu. 12; de Bretonnier, *ibid.* de Berroyer, dans sa note sur le chapitre dernier du livre 1, tome 1, des arrêts de Bardet; & de Domat, traité *des Loix Civ.* tome 3, liv. 2, titre 2, sect. 3.

35. Le droit de retour n'a lieu, qu'au cas que le fils ou la fille donataire décede sans enfans: c'est la disposition de notre article, & les enfans du premier lit empêchent le retour d'une dot constituée par le pere en faveur d'un second mariage dont il n'y a point d'enfans; les choses données à l'occasion d'un premier ou d'un second lit, appartenant indistinctement aux enfans du fils, ou de la fille donataire, sans que le donateur y puisse rien prétendre pendant leur vie. Lebrun, *des Succ.* liv. 1, ch. 5, sect. 2, n. 27.

36. Mais ce droit de retour a lieu, quoique les choses données ayent fait souche, & qu'elles ayent passé du donataire à ses enfans: ainsi la reversion a lieu, lorsque les enfans de la fille dotée décede sans enfans. C'est ce qui a été jugé par arrêts rapportés par Dernusson, traité *des Propres*, ch. 2, sect. 19, n. 21, & par Lebrun, *ibid.* n. 34.

37. Les peres & meres, aïeuls ou aïeules, succédent à tous les biens immeubles généralement par eux donnés à leurs enfans, & à tous les propres fictifs qu'ils ont aussi donnés, c'est-à-dire, à toutes les sommes de deniers, & à tous les meubles qui ont été réalisés par une clause de stipulation de propres, au profit des futurs & des leurs, & de leur estoc & ligne. Cela est constant, & c'est le sentiment unanime. Duplessis, sur Paris, *des Succ.* liv. 3, chapitre 2, page 229, édit. 1709. Lebrun, *des Successions*, liv. 1, chapitre 5, section 2, nombre 49.

38. Mais il n'en est pas de même des simples meubles, c'est-à-dire, des meubles qui sont effectivement meubles de leur nature, & qui n'ont pas été stipulés propres; & tel est le sentiment de M. Jean Decullant, ci-dessus cité; & ainsi a été jugé par l'arrêt par lui rapporté, rendu entre Dutheil & Taillon, qui a décidé que l'aïeul donateur succéderoit aux biens immeubles de son petit-fils, par lui donnés, & le pere aux meubles.

39. A la vérité, il y a sentiment contraire: mais ce sentiment me paroît le mieux appuyé, soit parce que les simples meubles n'ont point d'affectation, qu'ils n'ont point droit de suite, & qu'ils perdent la qualité de leur origine, & se confondent les uns avec les autres; soit parce que la plupart des Coutumes qui ont parlé de ce droit, ont fait mention d'héritages ou de propres fictifs. La Coutume d'Auxerre, article 241, dit: *soit en héritages, ou deniers à eux donnés, pour sortir nature de propre.* Celle de Melun, article 270, établit la reversion des deniers destinés, pour être employés en héritages: celle de Dourdan, article 111, en dit autant; de même celle de Châlons, article 87; de Tours, article 311; de Laon, article 109, & autres. La Coutume de Sens, article 114, n'établit ce droit de retour, que pour héritages donnés; de même de celle de Vitry-le-Français, article 81; de Noyon, art. 22; de Nivernois, ch. 27, art. 9; de Berry, tit. 19, article 5, & autres. Et tel est le sentiment de Lalande, sur l'article 315 de la Coutume d'Orléans; de Bacquet, en son traité *des Droits de Justice*, ch. 21, n. 309; & de Lebrun, *des Succ.* liv. 1, ch. 5, sect. 2, n. 49.

40. Le droit de reversion légale, en faveur des ascendans, sur les biens par eux donnés à leurs enfans, étant (comme il a été dit ci-dessus) un droit mixte qui participe du droit de succession, il s'ensuit en premier lieu que les ascendans ne succédent aux choses par eux données, qu'à la charge des dettes & hypothéques, comme les autres héritiers. * De maniere que l'ascendant qui profite du droit de retour, est chargé des dettes de la succession, tant à l'égard des créanciers qui ont hypothéque, qu'à l'égard des héritiers qui ont l'action de contribution aux dettes, pour lui en faire payer sa part à proportion, conformément à ce qui sera dit sur l'art. 316, *infrà*, touchant le paiement des dettes du défunt par les héritiers. C'est l'observation de M. Jean Decullant, sur ces mots de notre article, SUCCÉDENT ENTIÉREMENT ÈS BIENS QU'ILS LEUR ONT DONNÉS: *Intellige*, dit-il, *excludendo alios hæredes, non autem creditores, legatarios, quia parentes non repetunt jure reversionis ea quæ liberis dederint, sed jure successionis; ait enim hic paragraphus noster*, SUCCÉDENT. Telle est la remarque de Jean Decullant: ** c'est aussi la remarque de M. Duplessis, sur la Coutume de Paris, traité des Successions, liv. 3, chapitre 2, page 229, édition 1709, & celle de l'auteur des observations sur Henrys, tome 1, livre 6, chapitre 2, question 13. Et ainsi a été jugé par arrêt du 6 mars 1697, rapporté par M. Bretonnier, dans ses observations, *ibid.* livre 6, chapitre 2, question 8. M. Denis Lebrun, dans son traité des Successions, livre 1, chapitre 5, section 2, n. 67, observe que l'ascendant qui ne vient point en vertu d'une clause précise, est tenu en ce cas des dettes du défunt, *ultrà vires*, & au-delà de l'émolument; parce que, quant au paiement des dettes, la reversion est succession; à la vérité il ne donne pas cette décision comme certaine, aussi ne l'est-elle pas, pour les raisons déduites sur l'art. 316, *suprà*, n. 9. Mais pour prévenir toute contestation, comme la reversion emporte avec elle la qualité d'héritiers, il est bon, selon le même Lebrun, *ibid.* que celui qui ne doit pas être héritier que de ce qu'il a donné, se porte héritier bénéficiaire des biens sujets à la reversion. Voyez l'arrêt rendu au rapport de M. le Tonnelier de Breteuil, en la grand'chambre, le 16 mai 1692,

rapporté au cinquieme volume du journal des audiences, liv. 8, ch. 12.

41. Il s'ensuit, en second lieu, que les ascendans ne succédent aux choses par eux données à leurs enfans, que quand elles se trouvent dans leur succession, & que les aliénations à titre onéreux ou gratuit, faites par les enfans donataires, font obstacle à la reversion, sans que les ascendans donateurs en puissent demander la récompense sur les autres biens du donataire. La raison est que l'effet de la donation étant de transférer au donataire la propriété de la chose donnée, les enfans donataires en ont la pleine & entiere propriété; ensorte qu'ils ont droit d'en disposer à leur volonté, les aliéner, les obliger ou hypothéquer.

42. Il en est autrement, quand le retour est expressément stipulé au contrat; auquel cas il se fait sans charge de la contribution des dettes avec les héritiers, & même des hypothéques avec les créanciers, conformément aux articles 215 & 224, *suprà*, qui portent que le cas arrivant, les donations sont résolues, & pour non-avenues, que les donateurs peuvent s'en dire saisis & vêtus, tout ainsi qu'ils étoient au temps de la donation, & qu'enfin le donateur recouvrera les choses données, & en sera saisi : termes qui prouvent que le donataire qui meurt sans enfans, a les mains liées, & qu'il ne peut disposer au préjudice du retour conventionnel. Ainsi il faut bien distinguer le retour légal, qui est écrit dans notre article, & qui se fait par voie de succession, d'avec le retour conventionnel, dont il est parlé dans les articles 215 & 224. C'est la remarque de M. Louis Semin, sur le présent article.

43. *Jus hoc reversionis*, dit-il, en parlant du retour qui est écrit dans notre article, *non impedit quominùs liberi donatarii possint quibuslibet contractibus licitis aut testamento, disponere de bonis donatis; successio enim refertur tantùm ad bona quæ reperiuntur tempore mortis, quorum è numero dici non possunt ea de quibus defunctus disposuit : intellige de reversione legali aut statuaria, non de conventionali; quia in præjudicium reversionis conventæ nihil omninò fieri potest, sine consensu ejus cujus interest; & qui sub hac conditione disposuit, non videtur incommutabiliter dominium abdicasse, L. 1, Cod de donat. quæ sub mod. &c. Sic Aresto judicatum est pro domino* Demauffat, *mense junio 1630, contrà* Maillard. Louis Semin, *hìc*.

44. Conformément à ces principes, on a déclaré nulle la disposition de François Cordier, faite au profit de sa femme, par deux sentences rendues en cette province; l'une, par le châtelain de cette ville de Moulins, le 3 mars 1703; l'autre en cette Sénéchaussée, le 29 février 1704 : laquelle sentence de la Sénéchaussée a été confirmée par arrêt rendu en la cinquieme des enquêtes, au rapport de M. le Rebours, au mois de juillet 1714. Le fait étoit que par contrat de mariage de François Cordier, fils, du 30 janvier 1695, M. Jean Cordier lui donna la terre & seigneurie de Monetay, avec stipulation de retour, en cas que son fils mourût sans enfans. Le cas prévu arriva; le fils décéda avant son pere, & sans enfans, le 13 juillet 1702 : mais par un testament du 25 juin 1700, il donna à demoiselle Marie Blain, sa femme, le quart de tous ses biens meubles & immeubles. L'on a déclaré cette disposition nulle, par rapport au quart de la terre de Monetay; & on a jugé que le fils n'avoit pu en disposer à titre gratuit & par testament, au préjudice de son pere donateur, & du retour conventionnel, stipulé dans son contrat de mariage.

* M. Berroyer, dans sa note manuscrite, sur le présent commentaire, *hìc*, observe qu'il y a arrêt contraire de l'année 1607, cité par Brodeau, sur M. Louet, lettre P, somm. 47, nomb. 12, daté du 12 juin, que feu sieur Coudonnier rechercha par son avis, & trouva d'un autre mois, dont il lui fit voir l'expédition, mais qu'il n'a pu retrouver cette date qu'il avoit marquée; il ajoute que la décision de cet arrêt, rendu dans notre Coutume, doit prévaloir à celle de l'arrêt de 1714, qui résiste, dit-il, aux principes du parlement, en pays coutumier.

Telle est sa remarque, qui est opposée au sentiment de nos meilleurs auteurs, de M. Claude Henrys, Jean-Marie Ricard, Denis Lebrun, Duplessis, & autres, qui distinguant entre le retour légal ou coutumier & le conventionnel, soutiennent que le retour conventionnel emporte l'exemption des charges & hypothéques, lie les mains au donataire, & l'empêche de disposer au préjudice de la convention, pour le retour des choses données; & voici les raisons qu'ils en donnent.

La reversion, dit Ricard, traité des donat. 3 partie, chap. 7, sect. 4, nomb. 798, qui se fait en vertu d'une condition expresse, insérée dans le contrat, étant fondée sur une cause aussi ancienne que la donation, & qui la rend conditionnelle, elle a un effet rétroactif au jour du contrat, ce qui anéantit & rend nul tout ce que le donataire a pu faire au préjudice de la condition, cette convention contenant une espece de fidei-commis, d'autant plus favorable, qu'il est dirigé au profit de la personne même qui a donné; desorte que, comme dans le cas de la substitution les biens doivent passer libres, & sans charges, à celui qui est nommé par le donateur, il est bien juste qu'il jouisse lui-même de ce privilége, dans le cas où il est déclaré pour fidei-commissaire; autrement, & si le donataire avoit la liberté de disposer de la chose donnée, il ne dépendroit que de lui de rendre la condition inutile; c'est le raisonnement de Ricard, en l'endroit cité, & son sentiment; c'est aussi celui d'Henrys, tome 1, livre 6, chapitre 5, question 12, qui a varié sur le retour légal, mais non sur le conventionnel; de Duplessis, traité des successions, livre 3, chapitre 2, page 229, édition 1709; de Lebrun, des successions, livre 1, chapitre 5, section 2; & c'est aussi le mien; par la raison que le donateur a pu reserver telle condition qu'il a voulu en l'aliénation de la chose, & que les biens n'ont passé au donataire qu'avec cette charge.

L'auteur des aditions sur Ricard, estime qu'il faut que le retour soit stipulé sans charges, il paroît que c'est aussi le sentiment de Lebrun, mais ce n'est pas le mien, sur-tout dans notre Coutume, à cause de la disposition de l'article 215, *suprà*, qui, comme il a été dit, décide expressément qu'en ce cas la chose donnée retourne au donateur en l'état qu'elle étoit au jour de la donation.

J'estime pourtant, contre l'avis de Ricard, *ibid.* nomb. 803, que notre décision, touchant le retour conventionnel, ne doit avoir lieu, principalement à l'égard des créanciers, & de ceux qui ont traité à titre onéreux avec le donataire, qu'en cas que la donation & la clause de retour ayent été rendues publiques & notoires, par une publication & un enregistrement, dans un registre public. Sur quoi voyez ce qui a été dit sur l'article 238, *suprà*, en l'adition manuscrite du nombre 3, page 371, & il a été bien jugé, suivant même cette limitation, par l'arrêt de 1714, par deux raisons; la premiere, parce que les conjoints qui avoient connoissance de la clause de retour, n'ont rien pu faire entr'eux au préjudice de cette clause, qui étoit une charge & condition de la donation: la seconde, parce que la disposition du donataire étoit une disposition par testament & gratuite, lesquelles dispositions sont rejettées, même dans le cas du retour purement légal & coutumier, par de très-bons auteurs; par la raison que c'est autoriser l'ingratitude, que de permettre au donataire de disposer à cause de mort de ces mêmes biens, à la vue & au préjudice du donateur; tel est le sentiment de Coquille, dans son commentaire, sur la Coutume de Nivernois, chapitre des donations, article 9, sur le mot *retourner;* celui de Domat, traité des loix civiles, tome 3, pages 256 & suivantes, édition 1697, qui a fait une très-belle dissertation sur cette matiere, dans laquelle il panche à permettre les aliénations, & à défendre les dispositions dans le cas du retour légal; car pour le retour conventionnel, il lui donne tout l'effet que la convention doit lui donner; de maniere que, si la convention n'exprime rien pour la liberté de disposer, il estime que, comme la stipulation expresse semble avoir plus de force que ce qui est simplement donné par la loi, le retour conventionnel empêche toute disposition; c'est encore celui de l'auteur des observations, sur Henrys, tome 1, liv. 6, ch. 5, question 13, & tome 2, liv. 5, question 60.

L'héritage, dans le cas du retour légal ou conventionnel, retourne aux ascendans en la même qualité qu'il étoit possédé avant la donation; acquêt, s'il étoit acquêt, & propre, s'il étoit propre: par la raison déja touchée, qu'il retourne en vertu d'une cause ancienne, & d'une condition que l'on présume avoir été sous-entendue lors de la donation; tel est le sentiment de M. Lebrun, traité des successions, liv. 1, chap. 5, sect. 2, n. 57, & de Renusson, traité des propres, ch. 1, sect. 5, n. 5.

ARTICLE CCCXV.

De l'héritier de celui qui n'a enfans.

QUAND aucun va de vie à trépas sans hoirs descendans de lui, & sans pere & mere, ayeul ou ayeule, les plus prochains du côté & estoc paternel, succédent pour la moitié ès meubles & conquêts, & les plus prochains du côté maternel en l'autre moitié: & aux héritages succédent les plus prochains lignagers des estocs dont ils sont vendus, soit en ligne directe, ou collatérale.

1. LA succession d'une personne qui meurt sans enfans & descendans de lui, & sans pere ou mere, aïeul ou aïeule, passe aux collatéraux; & on appelle collatéraux, tous ceux qui n'étant ni ascendans, ni descendans les uns des autres, descendent ou d'un même pere, ou d'une même mere, ou d'un autre ascendant qui leur est commun. Ainsi les freres & les sœurs sont entr'eux collatéraux: ainsi l'oncle & le neveu sont collatéraux l'un à l'autre, & les cousins de même.

2. Si la personne décédée sans enfans ni ascendans, & de qui la succession doit passer à des parens collatéraux, a des freres germains; en ce cas les freres germains succéderont seuls en vertu du double lien, & excluront les freres d'un autre lit, consanguins, ou utérins, & autres collatéraux: c'est ce qui sera expliqué sur l'article 317, *infrà*.

Mais, s'il n'y a ni freres germains, ni descendans d'eux, & qu'il s'agisse de la succession d'un défunt décédé sans enfans ou petits-enfans, sans ses pere & mere, aïeul ou aïeule; pour lors, pour régler sa succession, il faut commencer par distinguer les différentes sortes de biens de la succession, les meubles & acquêts, & les héritages propres.

3. Cette distinction faite, les plus prochains parens du côté paternel succédent pour la moitié aux meubles & acquêts; & les plus prochains du côté maternel, en l'autre moitié, comme il est dit dans notre article, dans l'art. 6

6 du titre 12 de l'ancienne Coutume, & en l'article 593 de la Coutume de Bretagne.

4. Ainsi dans ce cas-là, pour la succession des meubles & acquêts, il faut faire attention à deux choses.

5. La premiere, à la différence des deux côtés, le paternel, & le maternel : sur quoi il est à observer que le mot d'*estoc paternel*, dont la Coutume se sert en parlant de la succession des meubles & acquêts, est inutile. *Hoc verbum*, dit M. François Menudel, en parlant d'ESTOC, *meo judicio est ineptè hic positum : in conquestibus enim nulla stirps, quare dicere debuerunt simpliciter Statuentes*, les plus prochains du côté paternel. Menudel, *hic*.

6. La seconde chose à laquelle il faut faire attention, est la proximité du degré : sur quoi il est à observer que cette proximité ne doit être considérée que par rapport à chaque côté.

Cela posé, quand le défunt a laissé des freres & des sœurs d'un autre lit, en ce cas ces freres & sœurs, & à leur défaut leurs enfans, qui les représentent comme les plus proches de leur côté, prennent la moitié des meubles & conquêts de la succession; & les plus prochains parens de l'autre côté, oncle ou cousin, l'autre moitié.

EXEMPLE.

JACQUES DE St. YRIER.

Pierre | François de St. Yrier, Anne Dechaslat. | Gilbert Demai, 2 Anne Dechaslat

Marguerite | René de St. Yrier, *de cujus successione.* | Benigne.

7. Dans cette espece, dit M. François Menudel, Marguerite prendra en la succession de René de St. Yrier, la moitié des meubles & acquêts; & Benigne, sa sœur utérine, l'autre moitié, aux termes de notre article, pour n'être Benigne & Marguerite de même ligne, mais héritiers des deux côtés. Menudel, *hic*.

8. Que si le défunt n'a pas laissé de freres, mais un oncle d'un côté, & des cousins germains de l'autre, l'oncle n'exclura pas les cousins germains, à cause de la différence des lignes; de maniere qu'ils partageront entr'eux les meubles & acquêts de la succession : mais il exclura son neveu, cousin germain, & parent du défunt, du même côté que lui.

EXEMPLE.

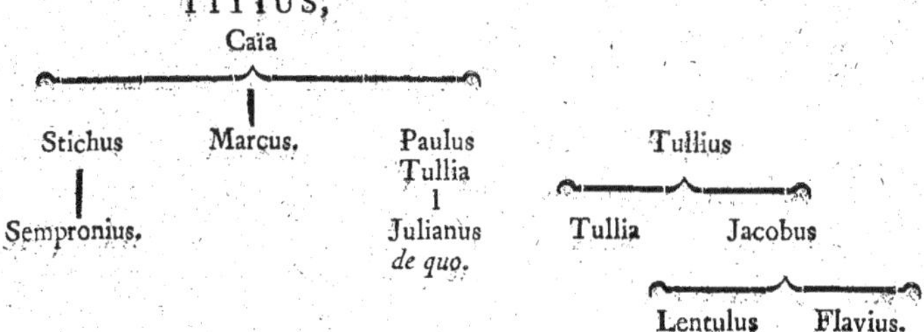

9. *In successione Juliani*, dit M. Jean Decullant, *licèt Marcus sit propinquior gradu liberis Jacobi, tamen eos non excludit, sed simul succedent, & divident æqualiter mobilia sine delectu, id est, undequaque obtigerint, & acquestus factos à Juliano : hœredia autem quæ processerint ex stemmate paterno Marcus capiet, & liberi Jacobi ex stemmate materno; non enim in hoc Statuto observamus Legem, Avunculo priori, Cod. communia de Succ. inter propinquos diversæ lineæ : at eam observamus inter propinquos ejusdem lineæ; undè in successione Juliani, inter Marcum patruum, & Sempronium cognatum defuncti Marcus præfertur Sempronio.* M. Jean Decullant, dans son traité *des Successions*.

10. Voici pour ce qui regarde la succession des meubles & des acquêts en collatérale : il n'en est pas de même de la succession des propres, cette espece de succession ayant des regles particulieres.

11. Pour décider à qui appartient la succession des propres, il faut distinguer entre les différentes sortes de propres; entre les propres réels naturels, & les propres fictifs; & des propres naturels distinguer les propres naissans, d'avec les propres anciens.

12. Si une personne décede sans hoirs descendans de lui, & sans freres germains, ni enfans d'eux, & qu'il y ait dans sa succession des propres naissans, ils appartiendront à ses plus prochains héritiers du côté & ligne

de celui par le trépas duquel ils lui sont avenus : c'est ce qui a été expliqué sur l'article 275, *suprà ;* & il ne s'en agit pas dans notre article : car par ces mots de notre article, *& aux héritages*, la Coutume entend parler des propres anciens.

13. Quant à ces propres anciens, ils appartiennent aux parens qui sont les plus proches du défunt, du côté & ligne dont lui sont venus lesdits héritages, encore qu'ils ne soient pas les parens plus prochains du défunt ; & c'est ainsi qu'il faut entendre ces termes de notre article : *Et aux héritages succédent les plus prochains lignagers des estocs dont ils sont venus :* & de cette maniere cette Coutume doit être regardée comme une Coutume d'estoc & ligne; & pour entendre ce que c'est qu'une Coutume d'estoc & ligne, il faut distinguer trois sortes de Coutumes.

14. La premiere sorte ou espece est des Coutumes soucheres, qui ne déferent les propres qu'à ceux qui sont descendus de celui qui a le premier acquis l'héritage, & qui l'a mis dans la famille. Dans ces Coutumes, si mon aïeul, par exemple, a acquis une terre, qu'il n'ait point eu d'autres enfans que mon pere, & que je sois fils unique, cet héritage n'appartient pas dans ma succession au frere de mon aïeul, à l'exclusion de mes parens maternels, qui sont plus proches.

15. La seconde espece est des Coutumes d'estoc & ligne, dans lesquelles il n'est pas nécessaire d'être descendu de l'acquéreur, pour succéder au propre : mais il faut être parent du côté & ligne de l'acquéreur. Ainsi, dans l'exemple que nous avons proposé, le frere de mon aïeul succédera au propre, dans ces Coutumes.

16. La troisieme espece est des Coutumes où il n'est pas nécessaire de remonter à l'acquéreur, & dans lesquelles il suffit d'être parent du défunt, du côté paternel ou maternel, d'où l'héritage lui est venu. Dans ces Coutumes on donne aux plus proches parens paternels du défunt, tous les héritages qui ont appartenu au pere, sans remonter à la personne du premier acquéreur ; & pareillement on donne tous les propres maternels, sans aucune distinction, aux plus proches parens du côté maternel.

17. On convient que notre Coutume n'est pas souchere, & cela est vrai aussi, puisque notre article, en parlant des propres, ne désire autre chose pour y succéder, sinon que l'on soit *le plus prochain lignager, du côté & estoc :* notre article dit, *le plus prochain des estocs dont ils sont venus, soit en ligne directe, ou collatérale ;* & l'art. 6 du tit. 12 de l'ancienne Coutume dit, *le plus prochain des estocs dont ils sont venus, tant du côté & estoc paternel, que maternel.*

18. Il ne peut donc y avoir de difficulté, que pour savoir sous laquelle des deux autres especes on doit la ranger ; & sur cela il y a deux sentimens parmi nos commentateurs.

19. M. François Menudel prétend que notre Coutume est du nombre de celles de la troisieme espece : il dit qu'elle n'exige pas du parent qu'elle appelle à la succession des propres anciens, qu'il soit parent du côté de l'acquéreur, mais seulement qu'il soit parent du côté de celui à qui le défunt a succédé immédiatement; & il prétend que le mot d'*estoc*, employé dans notre article, ne signifie pas *souche, immision en la ligne*, mais, *côté*; ensorte que, quand notre article dit, *les plus prochains lignagers des estocs*, c'est comme s'il disoit, *des côtes paternels ou maternels, dont ils sont venus*: & ainsi, dit-il, a été jugé au rapport de M. de Legendes, pour Charles Gregny, contre Odoard Garant, en l'année 1658; & par autre sentence de cette cour, du 26 juin 1666, rendue au rapport de M. le lieutenant général, sur l'appel de la sentence du châtelain de Mont-Luçon, interjetté par Marie, Louise & Susanne Perron; par laquelle sentence ledit châtelain avoit adjugé à Mathurin Mataron les héritages des Mataron, trouvés en la succession de Joseph Perron : laquelle sentence du châtelain fut réformée, & lesdits héritages procédans des Mataron, furent adjugés auxdites Perron, appellantes, pour avoir été faits propres au pere dudit Joseph Perron. Menudel, *hic.*

20. Mais ce sentiment de M. Menudel contrarie la Coutume, qui ne veut pas que le plus prochain indifféremment succéde ; puisqu'elle ajoute, *des estocs dont ils sont venus*, & qu'elle différencie la succession des meubles & acquêts, d'avec la succession des propres ; donnant les acquêts, moitié au plus proche du côté du pere, & l'autre moitié au plus proche du côté de la mere : & voulant au contraire qu'aux propres succédent les plus proches, non du pere, ni de la mere, mais des estocs dont ils sont venus.

21. De cette maniere, je regarde cette Coutume comme une Coutume de côté & ligne ; & je suis en cela du sentiment de M. Jean Decullant, de M. Louis Semin, de M. François Decullant, & de celui de M[rs]. Auzannet, Feydeau & Guyonnet, dans une consultation qu'ils donnerent, au sujet d'une succession, en la famille de Lapimpie, citée & rapportée par M. Menudel, sur notre article.

THEMA.

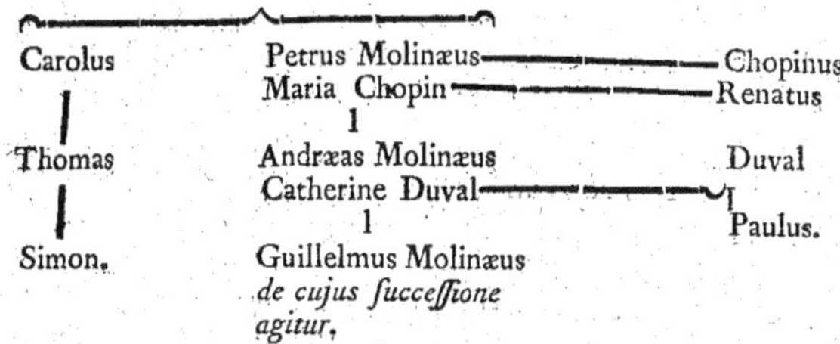

22. *In patria consuetudinaria*, dit M. François Decullant, *ubique locum habet hæc regula: Paterna paternis, materna maternis.... Nostrum Statutum protendit hanc regulam in infinitum, ut semper hæredia redeant ad primævam stirpem, & lineam ex qua processerunt; cùm enim primò diviserit paragraphus noster mobilia & acquestus inter paternos & maternos hæredes, attribuit antiqua hæredia, non proximioribus paternis vel maternis, sed iis ex quorum stemmate processerunt: quod patet ex subjecto themate, in quo de successione Guillelmi Molinæi agitur, qui hæredes ex diversis lineis reliquit, nempè Paulum* Duval *ex linea materna, ex latere paterno Simonem Molinæum, & Renatum* Chopin.

23. *Paulus* Duval, *hæres maternus & hæres avunculus defuncti Guillelmi, dimidiam mobilium & acquestuum sumet, & omnia quæ obvenerunt Guillelmo ex capite matris.*

24. *Renatus* Chopin, *ut gradu propinquior ex latere paterno, feret alteram dimidiam mobilium & acquestuum, & omnes acquestus factos ab Andræa Molinæo, qui facti fuerunt proprii fundi, vulgò* propres naissans, *Guillelmo, idque in necem Simonis Molinæi, qui est remotior gradu; itemque feret dictus Renatus* Chopin, *hæredia omnia quæ ex sua familia processerunt.*

25. *Et, si qui sunt acquestus facti à Catharina* Duval, *putà, pendente viduitate, eos sumet Paulus* Duval, *inter quos annumerabitur dimidia pars acquestuum factorum pendente societate, & conjugio Andrææ & Catharinæ, modò ipsa non renunciaverit societati juxtà paragraphum 275: antiqua verò hæredia ex familia Molinæi competent Simoni, eique obvenient; & ita usus invaluit, sivè in judicando, sivè in consulendo; licèt quidam existimaverint non esse longiùs repetendam hærediorum stirpem, quàm ab hærede proximo; putà, in hoc stemmate Renatus* Chopin *omnia hæredia antiqua obventa Guillelmo ex capite Andrææ Molinæi sumat: sed textus Statuti & usus resistunt; adde paragraphum 326 Statuti Paris.* Telle est l'observation de M. François Decullant sur notre article: qui cite pour son sentiment M. Louis Semin.

26. Pour M. Jean Decullant, voici comme il s'explique à l'occasion du partage des biens de la succession de Jeanne Vernoy, dont il a été parlé sur l'article 275, *suprà*.

THEMA.

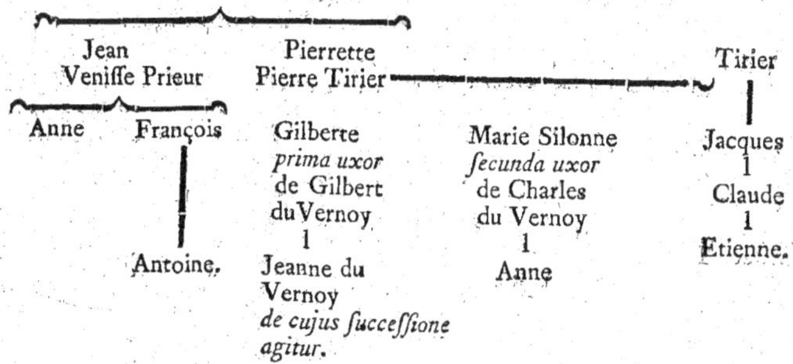

27. *Distinguendi sunt tertiò*, dit Jean Decullant, *acquestus facti à Petro* Tirier *& Perretâ* Baudran, *avo & aviâ defunctæ; qui licèt censeantur bona propria in successione Gilbertæ* Tirier, *& antiqua in successione dominæ Joannæ* du Vernoy: *tamen in dominæ Joannæ successione, ut antiqui conquestus, dividentur æqualiter inter propinquiores hæredes cujusque stemmatis* des Tirier & des Baudran; *sic ut Anna* Baudran *dimidiam horum conquestuum capiat,*

ut propinquior hujus stemmatis ; & Stephanus Tirier, *alteram dimidiam, quatenùs propinquior ex stemmate* des Tirier.

28. *Quartò & ultimò considerantur in successione hæredia antiqua uniuscujusque stemmatis, quæ semper redeunt illi familiæ à qua processerunt, sine recompensatione, aut remuneratione eorum quæ fuerunt alienata, cùm successiones in collaterali capiantur prout sunt, & prout jacent : sic, ut si referantur hæredia ex familia* des du Vernoy, *dictæ Annæ* du Vernoy *deferantur ; si autem ex familia* des Baudran, *ea Anna* Baudran *capiet ; & sic ex familia* des Tirier, *ea Stephanus* Tirier *lucrabitur, nullo habito delectu : ita ut, si nulla reperiantur hæredia unius stemmatis, aut si quæ olim fuerint, sed alienata sint à defuncto, hæres ipsius lineæ non possit conqueri, nec ob æstimationem hærediorum aliquid prætendere....* Jean Decullant, en son traité *des Successions*.

29. Il est à propos d'observer, en ajoutant à ce qui a été dit par nos commentateurs, que s'il se présente dans cette Coutume un héritier de la ligne de l'acquéreur, pour succéder à un propre, situé dans l'étendue de la Coutume; lequel, outre cette qualité requise par la Coutume, a encore la prérogative d'être descendu de l'acquéreur; en ce cas c'est une question s'il doit être préféré à celui qui sera à la vérité du côté & ligne de l'acquéreur, mais qui ne sera pas des descendans dudit acquéreur : il a été jugé pour la préférence, dans cette Coutume, entre Antoine Pelassi & Antoine Piccard, demandeurs, & M. Jean-Marie Preverault, conseiller du roi, lieutenant au siége royal des Basses-Marches, Barthelemy Preverault, demoiselle Claudine & Pierrette Preverault, freres & sœurs, défendeurs, par sentence rendue aux requêtes du palais, au rapport de M. Robert de St. Vincent, en l'an 1716.

30. Il s'agissoit de la succession de Marie-Gilberte Preverault, qui avoit laissé la terre de Putay, celle de Latour, & le domaine d'Houille, situés en cette province, qui étoient d'anciens propres paternels. Toutes les parties étoient parens lignagers de la défunte, du côté de François Preverault, son pere, & tous parens au même degré : mais Pelassi étoit descendu de l'acquéreur, & la sentence lui adjugea la préférence.

Mais il est à observer qu'il y a eu appel de cette sentence, transaction sur l'appel; & que le contraire a été jugé par arrêt rendu en la quatrieme des enquêtes, au rapport de M. Lambelin, le 4 juillet 1724, en la Coutume de Boulenois, qui est une Coutume de côté & ligne, & qui ne renferme de disposition particuliere à ce sujet ; j'ai vu & lu l'arrêt, & j'en ai conféré avec des avocats anciens & célébres de ce parlement, qui conformément à cet arrêt prétendent que dans cette Coutume de Bourbonnois la préférence n'est pas due au descendant de l'acquéreur.

De ce qui vient d'être dit touchant la succession des anciens propres en collatérale, il en résulte plusieurs conséquences.

31. La premiere, que les propres sont affectés à la ligne d'où ils sont venus.

32. La seconde, que pour succéder à un propre il suffit d'avoir deux qualités requises ; c'est-à-dire, d'être parent du côté & ligne de l'acquéreur, & d'être le plus proche du même côté.

33. La troisieme, qu'il suffit d'être le plus proche du côté & ligne de l'acquéreur, sans distinction du côté paternel ou maternel ; la ligne paternelle n'ayant pas d'avantage sur la ligne maternelle, pour la succession des propres ; & les parens de l'acquéreur du côté paternel, n'étant pas préférables à ceux du côté maternel ; mais entre les uns & les autres la prérogative du degré devant l'emporter, par la raison que celui qui est parent du côté de la mere du premier acquéreur, n'est pas moins parent du côté & ligne, que celui qui est parent du côté paternel : d'où il suit que, si c'est un parent du côté maternel de l'acquéreur, qui soit le plus proche, le propre lui appartient pour le tout. Lebrun, *des Succ.* liv. 2, chap. 1, sect. 3, n. 7 ; & Dernusson, traité *des Propres*, chap. 2, sect. 12, n. 3. * Ainsi s'observe aujourd'hui, par une jurisprudence uniforme, fondée sur plusieurs arrêts rapportés par de Renusson, *ibid.* section 16, nombre 2 & suivans : & entr'autres sur un du 8 mars 1678, rendu en l'audience de la grand'chambre, par M. le président de Novion, conformément aux conclusions de M. l'avocat général Talon.

34. Une quatrieme conséquence, c'est que les parens de côté & ligne se prennent dans la ligne collatérale supérieure, comme dans l'inférieure ; de maniere que quiconque est le plus proche parent du défunt du côté & ligne de l'acquéreur, soit qu'il soit dans la ligne collatérale supérieure ou inférieure, doit être préféré dans les propres : qu'ainsi le plus proche parent du côté & ligne de l'acquéreur, est ou un collatéral de l'acheteur, comme un frere, ou quelqu'un de ses descendans ; ou c'est un collatéral du pere de l'acheteur, ou quelqu'un de ses descendans ; ou c'est un collatéral de l'aïeul de l'acheteur, ou quelqu'un de ses descendans ; ou c'est un collatéral du bisaïeul de l'acquéreur, ou quelqu'un de ses descendans. Et quand on dit que propre héritage ne remonte point, cela n'a lieu que dans la directe, les héritages pouvant remonter en collatérale. Lebrun, *des Succ.* liv. 2, chap. 1, sect. 3, n. 8 & 9.

35. Une cinquieme conséquence, c'est que celui qui est descendu de l'acquéreur, exclut le parent qui est simplement de ligne, même plus proche ; par la raison que l'affectation des propres à la ligne, n'est principalement qu'en faveur des descendans de celui qui les a mis le premier dans la famille, suivant ses vœux & sa destination particuliere. Lebrun, *des Succ.* liv. 2, ch. 1, sect. 3, n. 5 ; l'auteur des notes, sur Duplessis, traité *des Succ.* liv. 2,

2, chap. 1, sect. 3, n. 5; l'auteur des notes, sur Duplessis, traité *des Successions*, liv. 2, chap. 3.; * Renusson, traité des Propres, chapitre 2, section 15, où il rapporte un arrêt rendu en la cinquieme des enquêtes, le 27 mars 1696, qui a jugé que le parent descendu de l'acquéreur, devoit exclure celui qui étoit seulement parent du côté de l'acquéreur; cela a été enfin décidé très-expressément par l'article 47 des arrêtés de M. de Lamoignon, titre des successions, rapportés dans Auzanet, sur l'article 319 de la Coutume de Paris, page 290; & par M. le Camus, en ses notes, sur l'article 326 de la même Coutume, nombre 9, page 950. C'est l'observation de M. Espiard, dans sa vingtieme adition, sur le traité des successions de Lebrun, édition quatrieme, où ce savant magistrat se déclare pour ce sentiment.

** Il faut appliquer à cette conséquence l'observation ci-dessus faite, n. 30, laquelle observation rend cette cinquieme conséquence très-douteuse.

36. Une sixieme conséquence, c'est que quand les propres participent des deux lignes, paternelle & maternelle, ils se partagent entre les deux lignes, moitié pour la ligne paternelle & moitié pour la ligne maternelle : qu'ainsi, si deux conjoints ayant fait des conquêts pendant leur mariage, décédent & laissent une fille qui leur succéde, & qui vienne décéder après eux, laissant des parens paternels & maternels; ces conquêts ayant été faits propres paternels & maternels à la défunte, ils appartiendront moitié aux parens paternels, & moitié aux parens maternels. Dernusson, *des Propres*, ch. 2, sect. 12, n. 2.

37. Mais cette distinction des deux lignes, paternelle & maternelle, n'a lieu que par rapport à la ligne collatérale inférieure, & non par rapport à la ligne collatérale supérieure : car on ne distingue point les lignes au-dessus de l'acquéreur, ni les parens paternels ou maternels de l'acquéreur; & les propres n'appartiennent pas plutôt aux uns qu'aux autres; parce qu'on ne peut pas les feindre propres, avant qu'ils soient acquêts, & faire remonter cette qualité de propres au-dessus du temps de l'acquisition; ce qui ne veut pourtant pas dire qu'en ligne collatérale supérieure, l'on soit exclus des propres, & que les parens qui sont au-dessus de l'acquéreur, ou leurs descendans, en soient privés : mais seulement (ce qui a déja été établi dans la troisieme conséquence) que dans cette ligne supérieure, pour succéder à un propre, il suffit d'être parent du côté & ligne de l'acquéreur, soit du côté de son pere ou de sa mere; parce que l'un & l'autre côté ne fait qu'une ligne, qu'on appelle la ligne de l'acquéreur. Lebrun, *des Succ.* liv. 2, ch. 1, sect. 3, n. 8.

38. Une septieme & derniere conséquence, c'est que la regle *paterna paternis*, *materna maternis*, ou la distinction des biens de la ligne paternelle d'avec ceux de la ligne maternelle, a lieu dans les degrés les plus éloignés; de maniere que si une personne de la succession de laquelle il s'agit, avoit seulement du côté maternel un frere utérin, & du côté paternel un parent collatéral dans un degré bien éloigné, le frere utérin sera exclus des propres paternels par le parent paternel, quoiqu'en degré bien éloigné. Dernusson, *des Propres*, ch. 2, sect. 9, n. 9.

39. Ce qui a été dit jusqu'ici, ne regarde que les propres réels & naturels: quant à ce qui concerne la succession des propres fictifs & conventionnels en collatérale, c'est une question comment les collatéraux succédent à ces sortes de propres.

40. Le sentiment le plus commun autrefois étoit que la stipulation de propres produisoit différens effets, tant par rapport au mari, qu'aux parens collatéraux, suivant la maniere dont elle étoit conçue; que quand les deniers avoient été stipulés propres au profit de la future & des siens de son estoc, côté & ligne, ces mots de *côté* & *ligne*, exprimés dans la clause de réalisation, avoient la force non-seulement d'exclure le mari, soit à titre de communauté, soit à titre de succession mobiliaire de ses enfans, de la perception de ces deniers, mais encore d'affecter ces deniers aux collatéraux de la femme & de ses enfans du côté & ligne du donateur & de la future. Tel est le sentiment de Duplessis, traité *des droits incorporels*; de Lebrun, traité *des Successions*, liv. 2, ch. 1, sect. 3; de Dernusson, traité *des Propres*, ch. 6, sect. 5, & de plusieurs autres. Quant à la jurisprudence des arrêts, elle étoit assez incertaine, selon M. Barthelemy Auzannet, dans ses mémoires, titre *des Propres conventionnels*, y ayant des arrêts pour & contre.

41. L'opinion la moins commune, & qui paroissoit particuliere dans ces temps-là, étoit qu'une telle clause n'a d'autre effet, que d'empêcher que le mari ne profite des deniers ainsi réalisés, soit à titre de communauté, soit à titre de succession mobiliaire de ses enfans; mais que le mari étant une fois exclus, ces stipulations ne servent pas à régler la succession de la future épouse entre ses parens, quand elle décede majeure & sans enfans. Il en est de même de la succession de ses enfans, quand ils décedent sans hoirs, & qu'alors la succession se partage comme elle se trouve, & ainsi qu'il est réglé par la Coutume. Dans ce sentiment on estime donc, pour ne point étendre la fiction, & la rendre la plus simple qu'il se peut, que dans le cas d'une telle réalisation on n'a pensé uniquement qu'à l'exclusion du mari, & qu'on a voulu appeller les parens de l'une & l'autre ligne, conformément à la disposition de la Coutume. C'est le raisonnement de M. Denis Lebrun, dans son traité *de la Comm.* liv. 3, ch. 2, dist. 3, n. 16, où il paroît avoir abandonné son premier sentiment, rapporté dans son traité *des Succ.*

42. La derniere jurisprudence s'est déclarée

pour ce dernier sentiment; & ainsi fut jugé, *nemine reclamante*, en confirmant deux sentences du châtelet de Paris, par arrêt du mardi 4 juillet 1713, en la grand'chambre, plaidans M. Aubry & M. Macé, sur les conclusions de M. Joly de Fleury, pour lors avocat général. Les parties au procès étoient Pierre Hannoteau, marchand épicier de la ville de Paris, & Honoré Carpentier, sa femme, appellans de deux sentences du châtelet de Paris, des 16 juillet 1710 & 10 janvier 1711, contre Mathurin Carpentier, intimé.

43. Dans le fait Mathurin Carpentier, après la mort de Catherine Dufus, sa femme, maria Marie-Marguerite Carpentier, sa fille, & lui donna par contrat de mariage du 21 mai 1710 la somme de 6000 livres, tant pour les droits à elle acquis dans la succession de sa mere & d'un frere décédé, qu'en avancement d'hoirie sur sa future succession; & de cette somme de 6000 livres, on en fit entrer 3000 livres en communauté; & les autres 3000 livres furent stipulées propres à la future, & aux siens de son côté & ligne.

44. Marie-Marg. Carpentier, mineure au temps de son contrat de mariage, décéda en majorité, & laissa pour unique héritier Nicolas-Onulphe Puthomme, son fils, qui décéda en bas âge.

45. Nicolas Puthomme, pere de ce mineur, & son héritier mobilier, recueillit dans sa succession les 3000 livres qu'on avoit fait entrer en communauté; & à l'égard des 3000 livres stipulées propres à la future, & aux siens de son côté & ligne, elles furent adjugées par les deux sentences du châtelet susdatées, à Mathurin Carpentier; lesquelles sentences furent confirmées par arrêt.

* La même chose a été jugée par arrêt rendu à l'audience de la grand'chambre, le 16 mars 1733. Par cet arrêt le parlement, suivant les conclusions de M. l'avocat général Chauvelin, confirma la sentence du châtelet, qui avoit adjugé à madame Dumoulin la totalité des deniers mobiliers, stipulés propres dans le contrat de mariage de madame de Freubet, sa fille, à elle & aux siens de son côté & ligne, qui se sont trouvés faire partie de la succession de M. de Freubet, son petit-fils, à l'exclusion des héritiers collatéraux du côté & ligne de feu M. Dumoulin, son mari, & il a ordonné que son arrêt sera lu & publié par-tout où besoin seroit. Cet arrêt est cité par M. Espiard dans sa vingt-troisieme adition, sur le traité des Successions de Lebrun, édition quatrieme. Cela a été jugé conformément à ces deux arrêts en cette Sénéchaussée le 18 juin 1737, au rapport de M. de Salebrune, lieutenant particulier, & ce fut un des chefs décidés dans le procès des sieurs & demoiselles Auberis, défendeurs en opposition, contre dame Marguerite Semin, veuve du sieur Badier de Verseille, opposante. J'étois des Juges.

46. Messieurs les avocats, les plus célébres consultans du parlement de Paris, sont de ce dernier sentiment.

47. Suivant icelui, une somme réalisée au profit de la future épouse, & des siens de son estoc, côté & ligne, se partagera, soit dans la succession de ladite future, soit dans celle d'un de ses enfans, entre les parens paternels & maternels, sans distinction de ligne, de la même maniere que se partagent les meubles & acquêts de ladite succession, suivant notre article. Tel est le sentiment de M. Berroyer, célébre avocat du parlement de Paris, avec lequel j'en ai conferé.

48. Cela se pratique & s'observe ainsi, soit que la future épouse soit mariée par ses pere & mere, soit qu'elle le soit par son tuteur, soit qu'elle se marie elle-même; & pour empêcher un tel partage, & affecter la somme réalisée à la ligne du donateur, il faut mettre dans la stipulation que la somme sera propre à la future épouse & aux siens, du côté & ligne du donateur. * Pour, par les héritiers du côté & ligne du donateur, y succéder, le cas échéant, comme à biens propres de leur ligne, à l'exclusion non-seulement du mari, mais encore de tous autres héritiers de meubles & acquêts.

S'il s'agit de stipulation de remploi des propres aliénés; voici comme la clause doit être conçue: « Si pendant la communauté, il est » vendu & aliéné quelque héritage de la future, ou qu'il soit fait quelque rachat & remboursement de rentes, ledit sieur futur a » promis & sera tenu d'en faire le remploi » en achat & acquisition d'autres héritages, » ou rente de même valeur, au nom & profit de la future épouse, pour lui sortir nature de propre, & aux siens de son estoc, » côté & ligne; & si lors de la dissolution de » la communauté, le remploi n'avoit été » fait, l'action de remploi sortira même » nature de propre à la future, & aux siens » de son estoc, côté & ligne, pour, par les » héritiers collatéraux de la ligne de ladite » future, du côté que viennent lesdits immeubles aliénés, ou rentes rachetées, succéder, le cas échéant, tant auxdits remplois, au cas qu'ils ayent été faits, qu'à l'action de remploi, si le remploi n'a été fait, » comme à biens propres de leur ligne, à l'exclusion non-seulement du mari, mais même de tous autres héritiers de meubles & » acquêts. »

J'ai vu des avocats qui étendent davantage cette clause, & qui à ces mots *de son estoc, côté & ligne*, ajoutent ceux-ci, *lesquels remplois ou actions de remplois, conserveront leur nature de propres, jusqu'à ce qu'ils soient parvenus aux collatéraux, pour, par lesdits héritiers &c.*

49. Ces stipulations de propre s'éteignent réguliérement par quatre moyens.

50. 1°. Par le paiement, parce que l'action, qui seule portoit le caractere de propre, est éteinte & consommée par le paiement. Ainsi, si la femme a une fois exigé la somme réalisée des mains du mari, & s'en est faite payer

à l'occasion, par exemple, d'une séparation de biens, ou que depuis la mort de la femme elle ait été payée à ses enfans, à qui elle appartenoit comme héritiers ; en ce cas cette somme, au moyen du paiement qui en a été fait, perd sa qualité de propre.

51. 2°. Ces stipulations s'éteignent par la confusion, quand les enfans qui ont succédé aux propres fictifs, se trouvent en même temps héritiers de leur pere, qui en étoit débiteur ; parce que la confusion a le même effet, que le paiement.

52. Mais, tant à l'égard du paiement, que de la confusion en la personne des enfans, il faut excepter le cas auquel les enfans sont mineurs, & décédent en minorité ; parce que la minorité est un obstacle à l'aliénation & à l'extinction des biens & droits des mineurs, qui conservent leur nature & qualité pendant la minorité ; ensorte que le paiement qui a été fait de la somme réalisée, non plus que la confusion, n'empêche pas que cette somme n'étant pas parvenue à son terme, ne demeure immobiliaire au profit des collatéraux, en vertu de la clause de côté & ligne : cette exception est comprise dans la consultation du 16 mars 1661, & tel est le sentiment commun.

53. 3°. La stipulation de propre est éteinte, quand la femme, après le décès de son mari, ou après sa séparation, transfére l'action à un autre, & en dispose ; parce que la chose, ou plutôt l'action, ne se trouve point dans ses biens, lors de l'ouverture de sa succession : mais si la femme, après le décès de son mari, ou après sa séparation, meurt sans avoir rien reçu, & sans avoir disposé, la qualité de propre subsiste dans sa succession & passe à ses enfans, ou, à défaut d'enfans, à ses héritiers collatéraux ; par la raison que la réalisation étant attachée à l'action, elle doit durer tant que l'action subsiste, & qu'elle n'est pas éteinte par la restitution, la compensation ou la confusion, & que les degrés ne sont pas remplis & consommés.

54. 4°. La stipulation de propre est enfin éteinte, quand l'action est parvenue aux collatéraux, ou quand la chose mobiliaire, stipulée propre du côté & ligne, a passé jusqu'à eux ; la fiction cesse en ce cas, & le propre s'éteint, comme étant la stipulation consommée & accomplie. Ainsi la stipulation de propre n'a qu'un seul degré au profit des collatéraux : elle s'éteint aussi-tôt qu'elle est parvenue à eux, soit qu'ils y ayent succédé immédiatement après la femme en qualité de ses héritiers, ou médiatement en qualité d'héritiers de ses enfans ; & elle n'est plus considérée en leurs personnes, que suivant la qualité qui lui convient naturellement ; c'est-à-dire, comme une chose mobiliaire ; & cela, encore que le collatéral, en qui s'est consommé le dernier degré de la clause, soit mineur & décédé en minorité ; parce que la fiction cessant au moment qu'il recueille la somme réalisée, & se trouvant consommée en sa personne, il n'y a plus lieu à une seconde fiction. * Car c'est une regle certaine, que la qualité que l'on attribue à une chose par une convention contre sa véritable nature, ne lui fait pas perdre tout-à-fait la qualité qui lui convient naturellement; cette convention n'opére que dans le cas exprimé par la convention ; le cas cessant, la fiction s'évanouit, & la chose est considérée suivant la qualité qui lui convient naturellement. Tel est le sentiment commun, & il y en a un arrêt du 4 juillet 1702, cité par Lebrun, dans son traité *de la Communauté*, liv. 3, ch. 2, dist. 3, n. 22, & rapporté par le même auteur à la fin du traité, page 584, édit. 1709.

ARTICLE CCCXVI.

QUI prend les meubles & conquêts d'aucun, soit par Contrat ou succession, est tenu de payer ses dettes mobiliaires. Qui paye les dettes.

1. C'Est une regle générale, que la qualité d'héritier d'un défunt oblige de payer ses dettes. Dans le droit romain, ces dettes ne font point de difficulté ; car, comme les biens d'un défunt, selon ce droit, ne font qu'un seul & unique patrimoine, les dettes se prennent sur toute la masse d'hérédité ; & on paye les dettes d'une succession, pour telle part & portion que l'on est héritier.

2. Il n'en est pas tout-à-fait de même dans notre droit coutumier, parce qu'il y a des hérédités différentes, & différentes sortes d'héritiers, qui est la raison pour laquelle les Coutumes ont établi un droit différent des loix romaines, au sujet du paiement des dettes entre co-héritiers.

3. La plupart des Coutumes veulent que toutes les dettes soient payées par chacun des co-héritiers, à proportion des émolumens qu'ils tirent de la succession : ce que la Coutume de Paris, article 334, explique en ces termes, *pour telle part & portion qu'ils en amendent*.

4. Dans cette Coutume, quand les héritiers, plusieurs en nombre, succédent également en toutes especes de biens, comme il arrive ordinairement en succession directe, ils sont pour lors tenus chacuns personnellement des dettes passives, pour la part & portion dont ils sont héritiers.

5. Mais, quand ils succédent différemment, comme en succession collatérale, les uns aux meubles & acquêts, les autres aux propres ; l'héritier qui prend les meubles & acquêts, est

tenu de payer les dettes mobiliaires, ainsi qu'il est dit dans notre article, l'art. 248 de la Coutume de Poitou, en l'article 268 de celle de Melun; 95 de celle de Sens; 166 de celle de Mantes; 141 de celle de Senlis, & autres: & tel étoit l'ancien usage de France; savoir, de renvoyer les dettes mobiliaires sur les meubles, & les immobiliaires sur les immeubles.

6. Ainsi quand un pere & un frere d'un défunt succédent également aux meubles & acquêts, ils payent ses dettes mobiliaires par égale portion; quoique le frere, outre les meubles & acquêts, soit encore héritier des propres: *Ita ut*, dit M. le président Duret, *pater & frater defuncti, succedentes æqualiter in mobilibus & quæstibus, æqualiter æs alienum sustineant, etsi frater ultrà hæredia materna capiat.*

7. La disposition toutefois de notre Coutume, dans le présent article, n'a son application qu'à celui qui prend tous les meubles & acquêts, ou une quote-part, par contrat ou succession, & non à celui qui ne prend que quelques meubles à titre de legs ou donation, selon que l'a observé Dumoulin, dans sa note sur notre article: *Et intellige*, dit Dumoulin, *de universitate, vel quotâ, vel ratâ quotæ, & quatenùs sufficiunt..... secùs in legato, vel dono rei, vel summæ particularis.* C. M. *hìc.*

8. Mais cette disposition de la Coutume a lieu, quoique le donataire ou légataire des meubles fût déchargé du paiement des dettes par le défunt: car il ne laisse pas, nonobstant cette décharge, d'être tenu des dettes envers les créanciers, sauf son recours contre les héritiers; parce que la décharge contraire à la Coutume, n'est pas valable. C'est la remarque de Dumoulin & de Potier, sur notre art. *Amplia*, dit Dumoulin dans sa note, *etiamsi donata sint vel legata, omnia mobilia vel dimidia, sine onere solvendi debita; quia nihilominùs tenebitur totum vel dimidiam solvere creditoribus, salvo sibi recursu contrà hæredes....* C. M. *hìc.*

9. L'héritier, ou le donataire des meubles, n'est tenu (selon M. le président Duret) de payer les dettes mobiliaires, que jusqu'à concurrence de la valeur des meubles: ainsi, s'il a pris les meubles par inventaire, & que les meubles & les acquêts ne suffisent pas, les héritiers des fonds sont tenus de payer le restant, *pro rata emolumenti. Qui non succedit universaliter*, dit M. le président Duret, *hìc, vel in quota, sed in certa specie bonorum tantùm, ut mater in mobilibus bonorum, non est propriè hæres, nec tenetur ultrà vires bonorum; undè non immeritò proditum est, si æs alienum quæstus vel mobilia excedat, hæredia in quantum patiuntur respondere debere: de hac re Consuet.* de Troyes, *art. 111;* de Vitry, *art. 81, 109 & 149;* de Châlons, *art. 90;* de Rheims, *art. 284 & 301....* Telle est aussi la remarque de M^rs^. Potier & Brirot; & avant eux, de M. Dumoulin, dans sa notre sur notre article, comme il paroît par ces mots, *& quatenùs sufficiunt.* * Toutefois, comme la disposition de notre article est générale, indéfinie & sans restriction, il est à propos, pour prévenir toute contestation, que celui qui n'est héritier que des meubles & acquêts, se porte héritier bénéficiaire des biens auxquels il succéde.

10. Les dettes mobiliaires sont les sommes de deniers, pour une fois payer, dues par obligation, cédule ou autrement; les legs d'une somme de deniers, ou de chose mobiliaire; somme due pour reliqua de compte de tutelle; amendes & réparations civiles, les arrérages des rentes constituées ou foncieres; de pensions viageres, échues: lesquels arrérages deviennent dettes mobiliaires, à mesure qu'ils échéent.

11. L'héritier mobilier, dit M. Menudel, a été condamné au paiement du legs; ainsi fut jugé contre l'héritier mobilier de Moncoquier, confirmé par arrêt de l'an 1604. Le pere avoit légué 500 livres, & si son fils mouroit, 3000 livres; la mere héritiere mobiliaire a payé les 3000 livres. M. Menudel, *hìc.*

12. La dot de la femme, dit le même Menudel, qui doit être restituée, est dette mobiliaire. Coquille, aux questions 287. Menudel, *hìc.*

13. Il n'en est pas de même du douaire, quoique préfix, & pour une fois payer. *Inter hæc debita mobilia*, dit M. Jean Decullant, *de quibus teneatur successor mobilium vel conquestuum, non numerabis doarium viduæ, quia respicit successorem propriorum: nec refert quòd sit fortè doarium præfixum, sive certis annis luendum, sive pro una vice luendum; quia præfixum est loco consuetudinarii, & in ea qualitate solvitur ab hæredibus prædiorum.... secùs autem, si tantùm sint in successione mobilia & acquestus, quo casu ex iis solvitur doarium, paragrapho 256....* Tel est le sentiment de Jean Decullant, *hìc.* C'est aussi celui de Bacquet, *des Droits de Justice*, ch. 21, n. 140; & ainsi a été jugé par arrêt du 24 mai 1577, rapporté par Chopin, sur la Coutume de Paris, liv. 2, tit. 2, n. 12: mais Lebrun, dans son traité *des Succ.* liv. 4, ch. 2, sect. 3, n. 24, est de sentiment contraire. * Aussi bien que Duplessis, sur la Coutume de Paris, traité du douaire, ch. 2, sect. 2, page 246, édit. 1709.

Lebrun cite pour son sentiment un arrêt du 7 septembre 1587, rapporté par Charondas, sur les articles 334 & 335 de la Coutume de Paris, & un autre plus récent, du 10 juillet 1655, rapporté entre les arrêts de la cinquieme des enquêtes; il auroit pû y joindre l'arrêt du mardi 9 juin 1637, prononcé par M. le premier président le Jay, conformément aux conclusions de M. l'avocat général Bignon, plaidans le juge & Guerin, cité par M^e^. Julien Brodeau, dans sa note, sur l'article 89 de la Coutume de Vitry, où il dit qu'il a été rendu dans cette Coutume, en infirmant la sentence du bailli de Vitry, & rapporté

rapporté par Bardet, tome 2, livre 6, chapitre 16, qui dit qu'il a été rendu dans la Coutume de Troyes, en infirmant la sentence du bailli de Troyes. Les auteurs de ce sentiment prétendent que, dans le cas du douaire préfix, il ne faut non plus considérer la Coutume, que si elle ne faisoit aucune mention du douaire, d'où ils inferent qu'on ne peut pas dire que le douaire préfix soit dû autrement qu'en vertu de la stipulation & de la convention, & que ce ne soit par conséquent une dette purement personnelle, & une charge de la succession universelle, dans les Coutumes, où ces sortes de dettes se divisent entre tous les héritiers, pour les parts dont ils sont héritiers.

Mais comme il est vrai de dire, conformément à l'article 250 de notre Coutume, que le douaire préfix tient lieu du douaire coutumier, & qu'il est subrogé en son lieu & place; j'estime que le douaire coutumier ayant son assiette & sa destination sur les propres du mari, le douaire préfix qui le représente, & qui par conséquent est sujet aux mêmes loix que lui, doit être, également que le douaire coutumier, payé par les héritiers des propres; & il y auroit, selon moi, de l'injustice d'en décharger les héritiers des propres, pour en charger, dans notre Coutume, les héritiers des meubles & des acquêts; & il a été jugé, suivant ce sentiment, par arrêt du 3 octobre 1657, rendu entre Cheron, Fouquet & Mouchon, confirmatif de la sentence arbitrale de M^rs^. Bataille, Auzanet & Deffita, qu'une mere, pour être héritiere mobiliaire de son fils, ne souffroit aucune diminution ni confusion de son douaire préfix, & qu'elle ne laissoit pas de le prendre tout entier sur les propres. Cet arrêt est cité par Duplessis, sur la Coutume de Paris, au lieu ci-dessus coté, & il dit l'avoir vu. Tel est le sentiment de Renusson, traité des Propres, chapitre 3, section 13, nombres 19 & 20; & ainsi fut jugé, par sentence rendue en cette Sénéchaussée, le 6 mai 1737, au rapport de M. Maquin, entre Antoine-Michel Duché & Remy Maugenay, défendeurs, contre Jean & Annet Baudets, demandeurs, & incidemment défendeurs. Ce fut un des points décidés par cette sentence. J'étois des juges.

14. On met encore au rang des dettes immobiliaires les rentes foncieres & constituées, les legs de pensions annuelles.

15. Les héritiers des meubles & acquêts sont tenus de contribuer entr'eux au paiement des dettes mobiliaires, chacun pour telle part & portion qu'ils sont héritiers du défunt; & si les uns succédent par représentation, & les autres de leur chef, ceux qui succédent par représentation ne payent tous ensemble que la portion des dettes, que celui qu'ils représentent auroit payée, s'il avoit vécu.

16. Quant aux dettes immobiliaires passives, elles se payent par tous les héritiers des propres, de chaque estoc indistinctement, à proportion du profit qu'ils tirent de la succession; ce qu'ils font aussi à l'égard des dettes mobiliaires, lorsqu'il n'y a ni meubles ni acquêts; comme font pareillement les héritiers mobiliers, à l'égard des dettes immobiliaires, lorsqu'il n'y a aucun propre dans la succession: car en ce cas, comme seuls & universels héritiers, ils sont tenus de payer les dettes de la succession, mobiliaires & immobiliaires.

* La raison pour laquelle les dettes immobiliaires passives se payent par tous les héritiers des propres indistinctement, c'est, 1°. Que les dettes d'un défunt, même les immobiliaires passives, à l'exception des rentes foncieres & charges réelles, regardent tout le patrimoine du défunt, qu'elles affectent tous ses biens & se répandent sur chaque partie d'iceux. 2°. Que ce qui a été introduit en faveur des familles, pour les propres, ne doit pas être étendu aux dettes; que les dettes par conséquent ne suivent pas de ligne. 3°. Enfin que dans les dettes personnelles & hypothécaires, à la différence des dettes réelles, l'obligation personnelle y prévaut toujours, qu'elles se confondent absolument en la personne de l'héritier, avec les autres dettes, & sont dorénavant ses propres dettes.

Ainsi un héritier des propres contribue pour sa part au paiement d'une dette immobiliaire passive, qui auroit été créée pour faire une acquisition ou réparation en un fonds, où il ne prend rien; & il en faut dire de même des dettes mobiliaires passives, lesquelles, selon qu'il a été dit, doivent être acquittées par les héritiers des meubles & acquêts; un héritier des acquêts contribue pour sa part à la dette qui a été créée pour un héritage où il ne prend rien. C'est ce qui a été jugé par les arrêts rapportés par M. Brodeau, sur M. Louet, lettre P, sommaire 13, l'un desquels a été rendu en cette Coutume; en quoi, dit Brodeau, on n'a pas suivi l'opinion de Coquille, sur la Coutume de Nivernois, chapitre 34, des Successions, article 4; & tel est le sentiment commun; à la vérité, l'auteur du traité des Propres est d'avis contraire; mais son sentiment n'est pas suivi; & on a jugé à mon rapport, suivant le sentiment commun, en cette Sénéchaussée, le 17 octobre 1735. Ce fut un des chefs décidés par la sentence rendue entre les sieurs Berthiers & autres, héritiers paternels du sieur Lelong des Fougis, & le sieur de Châteaugay, héritier maternel.

* * François Lelong, sieur des Fougis, décédé au mois de janvier 1727, eut pour héritiers paternels les sieurs de Berthiers, le sieur Desécures de Pont-Charraux & les demoiselles Lebrun; & pour héritiers maternels le sieur de Laqueville de Châteaugay, & ses deux freres. Les sieurs de Châteaugay, héritiers maternels, prétendoient que les meubles & autres effets de la succession du sieur des Fougis, ayant été vendus, & le prix employé

à payer des dettes, créées pour raison des fonds de l'estoc paternel, dont ils ne profitoient pas, on devoit leur tenir compte de la moitié du prix provenant de la vente desdits meubles & effets. Ces dettes, qui avoient été acquittées du prix provenant de la vente des meubles, étoient des dettes dues aux sieurs & demoiselle de Rochefort. Les sieurs de Châteaugay soutenoient au procès que ces dettes ayant été contractées par ledit défunt, sieur des Fougis, pour l'acquisition des portions que les sieurs & demoiselle de Rochefort avoient dans la terre de Laloë, fonds paternel, & duquel les héritiers paternels profitoient seuls, ces dettes affectoient les seuls héritiers paternels, par la raison que le prix dû pour la vente d'un héritage, en est une charge, qui doit être acquittée par celui qui hérite de ce fonds; ce qu'ils appuyoient de l'autorité de Coquille & de Renusson.

Les héritiers paternels répondoient deux choses; la premiere, que la créance des sieurs de Rochefort n'avoit pas été créée & consentie pour licitation & acquisition de fonds, mais pour une vente & licitation d'effets mobiliers; la seconde, que quand les créances des sieurs de Rochefort auroient été créées & consenties pour acquisition de fonds, c'étoient des dettes personnelles, mobiliaires & hypothécaires, qui devoient être acquittées par les héritiers des meubles & acquêts, conformément à l'article 316 de notre Coutume.

Aux opinions, on n'entra point dans l'examen du fait, pour savoir qu'elle étoit l'origine des créances des sieurs de Rochefort, si elles avoient pour cause & pour origine la vente, ou licitation de fonds, ou bien la vente & licitation d'effets mobiliers; on s'arrêta uniquement à la question de droit, & on décida que, quand même elles auroient été créées & consenties pour vente & acquisition de fonds, elles n'étoient pas moins à la charge de tous les héritiers, tant maternels que paternels.

Mais il faut observer que la disposition de notre Coutume au présent article, favorable aux propres, en ce qu'elle ne les assujettit pas au paiement des dettes mobiliaires, ne doit avoir lieu, que quand tous les biens du défunt sont situés dans l'étendue de son territoire; & qu'il n'en est pas tout-à-fait de même quand ils le sont dans différentes Coutumes qui réglent différemment le paiement des dettes; car pour lors il faut considérer si la succession est ouverte dans une Coutume qui charge l'héritier des meubles & des acquêts du paiement des dettes mobiliaires, comme fait la nôtre, ou si au contraire, le domicile du défunt étoit dans une Coutume qui veut la contribution, comme celle de Paris.

Dans le premier cas, les dettes mobiliaires ne se rapporteront pas sur les biens immeubles du défunt, situés dans une autre Coutume; parce que les droits mobiliers actifs & passifs suivent la personne, & par conséquent doivent être réglés par la loi du domicile; de maniere que la loi du domicile, affectant au paiement des dettes mobiliaires les meubles & les acquêts situés dans l'étendue de son ressort, l'héritier mobilier du défunt doit payer les dettes mobiliaires indistinctement, & cela avec beaucoup de raison, puisqu'il prend tous les meubles qui suivent tous le domicile du défunt.

Dans le second cas; savoir, quand le domicile du défunt est dans une Coutume qui veut la contribution, telle qu'est celle de Paris, pour lors toutes les dettes, même les mobiliaires, se portent dans toutes les autres Coutumes; & quoique dans ces Coutumes l'héritier des meubles y soit chargé de payer les dettes mobiliaires, tous les biens du défunt ne laissent pas, dans ce cas, d'être chargés de ses dettes, & il les faut repartir au marc la livre, eu égard à la valeur des biens; & quand cette répartition est faite, la portion des dettes, dont les biens de chaque Coutume se trouvent chargés, doit être payée entre les héritiers qui prennent dans ces Coutumes, ainsi, & de la maniere que chaque Coutume l'ordonne. Telle est la jurisprudence des arrêts & le sentiment commun des auteurs; c'est celui de Ricard, traité des donations, 3e. partie, chapitre 11, en son adition, au nombre 1510; de Lebrun, traité des Successions, livre 4, chapitre 2, section 3, nombre 13; d'Auzanet, sur l'article 334 de la Coutume de Paris; de l'auteur des observations, sur Ricard, en la Coutume de Senlis, article 149; de M. Froland, dans ses mémoires, sur les statuts, tome 2, chapitre 32, où il cite les différens arrêts qui ont jugé la question, & les décisions de plusieurs célébres avocats du parlement de Paris, en faveur de ce sentiment; de M. Boullenois, dans ses questions, qui naissent de la contrariété des Coutumes, question 22.

17. Quant aux rentes foncieres & charges réelles des héritages, comme droits seigneuriaux, elles suivent les héritages qui en sont chargés, & tombent sur ceux qui les prennent, comme charges attachées aux héritages. Ainsi les arrérages courans des rentes foncieres, les cens & autres dettes de cette nature, qui ne sont dues que par la chose même, doivent être payés par le possesseur de l'héritage qui en est chargé, soit que le possesseur ait succédé seul à l'héritage, comme à un propre de son estoc, soit que par le partage l'héritage soit tombé en son lot. Duplessis, sur Paris, *des Successions*, liv. 4, chap. 1; Argout, *Inst. au Droit Français*, liv. 2, ch. 28.

18. La distinction que nous venons de faire des dettes mobiliaires & immobiliaires, & du paiement qui doit se faire des dettes mobiliaires par les héritiers mobiliers, & des immobiliaires par les héritiers immobiliers, ne regarde que les co-héritiers & leurs intérêts respectifs: car à l'égard des créanciers, il leur

est libre de poursuivre chaque co-héritier personnellement pour sa portion héréditaire, & hypothécairement pour le tout, s'il possède des immeubles de la succession, & que la créance soit hypothécaire; sauf le recours de celui qui a payé plus qu'il ne devoit, selon la Coutume, contre les autres co-héritiers qui doivent l'en acquitter. * C'est ce qui est porté expressément par l'art. 95 de la Coutume de Sens, & l'art. 268 de celle de Melun.

** Un héritier, détenteur des héritages de la succession, peut être poursuivi hypothécairement pour le tout, sans qu'il puisse opposer la division ni la discussion; il ne peut demander la discussion, parce qu'il est tenu personnellement, ni la division, parce qu'il est tenu hypothécairement; & quoiqu'en d'autres matieres il faille discuter l'action personnelle avant que d'exercer l'action hypothécaire, néanmoins l'action personnelle & hypothécaire étant unies & concurrentes, les effets des deux actions sont aussi unis, & à cause de cette union, les héritiers biens-tenans en France sont tenus chacun seul pour le tout, sans division ni discussion, sauf le recours contre ses co-héritiers. Telle est la disposition précise d'un grand nombre de nos Coutumes; de celle de Paris, article 333; d'Orléans, article 358; d'Anjou, article 469; du Maine, article 472; de Senlis, article 163; de Châlons, article 131; de Vermandois, article 118, & de Clermont, article 34. C'est aussi le sentiment commun des docteurs.

Toutefois, comme un héritier qui possède des immeubles de la succession n'est tenu personnellement que pour sa part & portion, & pour le tout qu'hypothécairement, & que l'action hypothécaire n'étend pas son effet au-delà de l'hypothéque, il ne peut être poursuivi pour le tout que sur les immeubles de la succession dont il est détenteur, & non sur ses propres biens, même sur les meubles de la succession qui ne sont pas susceptibles d'hypothéque, & cela suivant la maxime *limitata causa, limitatum producit effectum*. C'est ce qui a été jugé en cette Sénéchaussée, le 2 septembre 1727, au rapport de M. Perrotin, l'aîné, entre Magdelaine de Bannezon, veuve de Gabriel Blanzat, demanderesse, contre Etienne Crouzolle, tuteur de ses enfans, & de défunte Agathe Blanzat, défendeurs. J'étois des juges. Delà les conclusions suivantes:

Premiere conclusion. Si l'héritier pour un quart d'un défunt est condamné personnellement pour sa part & portion, & hypothécairement pour le tout, la condamnation personnelle, qui est pour un quart, s'exécutera sur tous les biens meubles & immeubles appartenans à l'héritier, quoiqu'ils ne soient pas venus de la succession du défunt, & la condamnation hypothécaire pour les autres trois quarts, s'exécutera seulement sur les immeubles de la succession, détenus par l'héritier condamné, lesquels on pourra faire saisir & vendre par décret, sans pouvoir faire saisir & prendre par exécution, pour ces autres trois quarts, les autres biens de l'héritier condamné. Bacquet, des droits de justice, chap. 21, n. 167.

Seconde conclusion. Quand le co-héritier a payé sa part personnelle de la dette, il ne peut plus être poursuivi pour le surplus que sur les immeubles qu'il posséde de la succession; mais il ne peut pas en ce cas opposer la discussion, comme le pourroit faire un tiers détenteur, par la raison, qu'en qualité d'héritier, comme l'observe Lebrun, il représente le défunt, & que cette représentation lui laisse, en sa personne, une impression d'obligation personnelle, que le paiement qu'il a fait de sa part n'efface pas absolument. Lebrun, des Succ. liv. 4, ch. 2, sect. 1, n. 35, édit. 1714.

Troisieme conclusion. L'héritier qui ne posséde plus d'immeubles de la succession, soit qu'il les ait déguerpis, soit qu'il les ait vendus, n'est point tenu de la solidité, & ne peut plus être poursuivi que pour sa part personnelle; car n'y ayant que la seule détention qui donne lieu à la solidité & à l'action hypothécaire, cette action hypothécaire & cette solidité cessent contre l'héritier qui a vendu les immeubles échus à son lot, & ne peuvent plus être intentées que contre le possesseur détenteur, sauf son recours contre son vendeur, & le recours du vendeur contre les co-héritiers; & si le détenteur a prescrit, l'action hypothécaire est éteinte. Lebrun, des Successions, liv. 4, chap. 2, sect. 1, n. 38 & 39.

ARTICLE CCCXVII.

TANT qu'il y a frere germain ou sœur germaine, ou descendans d'eux, ou l'un d'eux, soit ladite sœur mariée, ou appanée ou non, ait renoncé ou non, y ait représentation ou non; le frere ou la sœur, qui ne sont que de l'un des côtez, soit paternel ou maternel, ni les descendans d'eux ne succédent, tant que la ligne de germain dure. Des utérins & consanguins.

1. LE privilege de la germanité ou double lien, établi par cet article, n'avoit point été en usage dans l'ancien droit romain: mais il fut introduit par l'empereur Justinien, dans la novelle 118, *de hæred. ab intest. venient.* C. 2 & 3, d'où sont tirées les

authentiques *Cessante*, & *Post fratres*, C. *de legit. hær.* & Nov. 84, *de consang. fratribus*, d'où est prise l'authentique *Itaque*, C. *Comm. de Succ.* par lesquelles constitutions a été abrogé l'ancien droit, *quo fratres invicem succedebant, etiamsi non essent nati omnes eâdem matre, paragrapho 1, Inst. de legit. agnat. Succ.* L. 2, Cod. *de legit. hæred.* Et il y a apparence que le présent article a été tiré de la novelle 118; suivant laquelle, chap. 3, le frere germain ou sœur germaine, succéde seul à son frere germain ou sœur germaine, & exclut ses freres & sœurs d'un autre lit, consanguins ou utérins, ainsi qu'il est dit dans notre article; dans l'article 155 de la Coutume de Blois; en l'article 12 du chapitre 15 de celle de Montargis; en l'article 90 de celle de Dreux, & autres.

2. Si avec les freres germains il y a des enfans d'un autre germain, décédé avant le frere de la succession duquel il s'agit, ces enfans représenteront leur pere, & concourront avec leurs oncles, freres germains du défunt, à l'exclusion des freres utérins ou consanguins, & auront entr'eux la part qu'auroit leur pere, s'il étoit vivant. Telle est la disposition de la novelle 118, chapitre 3; de l'article 306, *suprà*; & du présent art. 317.

3. Que s'il ne restoit pas de freres germains du défunt, mais seulement des enfans d'un frere germain, décédé avant lui, & qu'il y eût des freres, ou consanguins ou utérins, ou tout ensemble de ces deux sortes; les enfans du frere germain, neveu du défunt, seroient préférés à leurs oncles, freres consanguins dudit défunt, & les excluroient de la succession; de même qu'auroit fait leur pere, s'il étoit vivant, quoiqu'ils soient en un degré plus éloigné; & cela, à cause du privilége du double lien, conformément à la disposition de la novelle 118, ch. 3, & du présent article.

4. Cet avantage du double lien n'est pas borné dans cette Coutume aux freres & aux enfans des freres, comme il l'est dans la novelle 118; mais il s'étend aux successions hors des termes de représentation, & profite aux descendans des freres germains, tant que la ligne des germains dure, comme porte notre article. C'est la remarque de M. Jean Decullant, sur ces mots de notre article, OU DESCENDANS D'EUX. *Quod intellige*, dit-il, *in infinitum; quare miror quòd* Papon *hæsitet in textu clarissimo, qui generaliter descendentes utrimque conjunctos, etiamsi sint remotiores gradu, præfert uterinis vel consanguineis, ex uno latere tantùm conjunctis, licèt propinquioribus: nec hic paragraphus repugnat paragrapho 306, ubi repræsentatio progreditur tantùm ad fratrum filios; quia hic paragraphus 317 non attendit repræsentationem, sed duplicitatem vinculi: discrepat sanè à Jure civili novella 118, cap. 3, ubi duplicitas vinculi tantùm attenditur in fratribus, sororibus, & eorum liberis primi gradûs; ita ut, cessante repræsentatione, cesset favor duplicis vinculi Jure civili; sed Statutum extendit ultrà hoc privilegium.* Jean Decullant, *hic.*

THEMA.

PAPINIANUS,

TERENTIA, *prima uxor*, — Julia, *secunda uxor.*

- Terentia: Trebatianus — Caïus — Mævius.
- Terentia: Scævola *de cujus successione agitur.*
- Julia: Stychus — Aristo.

5. *In successione Scævolæ, Mævius præfertur Aristoni, non per repræsentationem, sed propter duplex vinculum: Trebatianus enim, avus Mævii, & Scævola conjungebantur duplici vinculo.* Tant que la ligne des germains dure, y ait représentation ou non, ceux qui ne sont que d'une ligne, ne succédent, *art. 317 nostri Statuti: sed Jure Romano Aristo præferetur Mævio; quia duplicitas vinculi non attenditur hoc Jure, ultrà fratrum filios.* Jean Decullant, traité *des Successions.*

6. Il y a plus: c'est qu'en fait de successions collatérales des freres germains, l'appanage & la renonciation de la fille appanée ne profitent pas aux freres d'un autre lit; de maniere que la fille appanée, nonobstant son appanage & sa renonciation, succéde à son frere germain, à l'exclusion de ses freres utérins & consanguins. C'est la disposition de la Coutume, au présent article.

7. Mais il en est autrement, quand il s'agit de la succession des ascendans ou des collatéraux, autres que des germains, dans les termes de représentation; auxquels cas l'appanage de la fille, à défaut des germains, profite aux freres d'un autre lit, comme il a été dit sur l'article 307, & qu'il a été observé par M. Jean Decullant, sur le présent article.

8. *Sensus autem hujus paragraphi 317*, dit M. Jean Decullant, *in verbo* SŒUR MARIÉE ET APPANÉE, *talis est: scilicèt quòd filia succedat fratri germano, excludendo uterinos & consanguineos; sed non quòd, deficientibus omnibus germanis, filia dotata & maritata excludat consanguineos*

consanguineos vel uterinos in successione ascendentium aut collateralium, qui non sunt illi germani. Ratio est, quia respectu ascendentium non datur duplicitas vinculi, nec iterùm respectu collateralium, sublatis omnibus germanis, ad cujus rei explicationem :

THEMA.

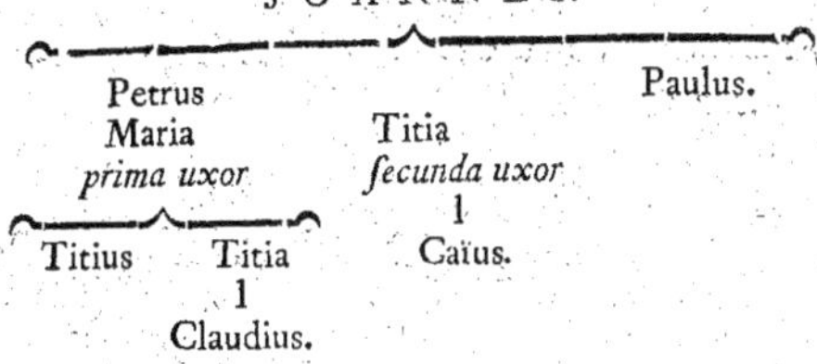

9. *In quo themate videre est Petrum & Paulum fratres esse germanos; Caïum autem fratrem esse consanguineum Titii, & Titiæ nuptæ & dotatæ à Petro patre : quæ, si agatur de successione Titii fratris germani, non obstante renunciatione, succedet excludendo Caïum fratrem consanguineum, eoque favore duplicitatis vinculi, cùm agatur de successione fratris germani.*

10. *Verùm, si, Titio fratre germano mortuo, agatur de successione vel Petri, qui pater communis est, vel Pauli, avunculi, item communis; in his successionibus Titia excludetur à Caïo fratre consanguineo; quia in percipiendis istis successionibus non est quæstio de duplicitate vinculi, siquidem non detur respectu ascendentium; & sublato & præmortuo Titio, non extent ampliùs germani in successione Pauli, cùm Caïus sit æquè germanus Paulo, ut esse posset Titia, nec respectu Pauli detur illa germanitas, proindèque nulla debet admitti prælatio.*

11. Au reste, le double lien, qui dans cette Coutume a lieu, tant qu'il y a des descendans du frere germain, ne s'établit pas en toutes successions collatérales, mais seulement quand il s'agit de la succession d'un frere, qui est à partager entre les descendans d'un frere germain & les descendans d'un frere consanguin ou utérin; car le texte du présent article, qui a introduit la prérogative ou privilége de la germanité, n'applique ce privilége qu'en faveur des freres & sœurs germains de celui de la succession duquel il s'agit, & de leurs descendans; & ce cas exprimé dans notre article, ne peut jamais arriver, que lorsque le défunt a laissé un frere germain ou sœur germaine, ou des descendans d'eux : de maniere que ce privilége étant une dérogation au droit commun, ne peut recevoir aucune extension *ultrà fratres, fratrumque filios in infinitum*, en faveur desquels il est établi & limité, & ne peut être étendu à la succession d'un neveu ou d'une niéce, à laquelle leurs oncles consanguins & utérins viendroient conjointement avec les oncles germains; & à défaut des oncles germains, les oncles consanguins & utérins excluroient de cette même succession les enfans des oncles germains, qui ne seroient que cousins germains, à celui de la succession duquel il s'agiroit; & cela, à cause de la supériorité ou proximité du degré des oncles, soit consanguins, ou utérins, qui est supérieur à celui des cousins germains, dans le cas de la succession d'un neveu ou d'une niéce, où le privilége de la germanité ou double lien doit être compté pour rien. Tel est le raisonnement de M. Jean Fauconnier.

12. C'est aussi le sentiment de M. Herouis: *Hic articulus*, dit M. Herouis, *debet intelligi de successione fratris germani ad quam restringitur, nec potest extendi ad alium casum, veluti ad successionem filii vel filiæ, fratris aut sororis, cui tam patrui consanguinei, quàm germani succederent*; & il ajoute qu'il a été ainsi jugé. M. Herouis, & après lui M. Brirot, *hic*.

13. Et ainsi a été jugé différentes fois par Mrs. Perrotin, Bourdier, Cordier & Amonin des Granges, avocats de ce siége : & la raison fondamentale de cette décision, c'est que dans la succession d'un neveu ou niéce il n'y a plus de germanité ou double lien, & que le double lien n'a lieu qu'entre les freres germains & sœurs germaines, parce qu'ils sont issus d'un même pere & mere; de maniere que le privilége du double lien ne peut regarder que la succession d'un frere germain ou sœur germaine, par rapport aux descendans d'un autre frere germain ou sœur germaine. * Et il ne suffit pas à celui qui veut succéder en vertu du double lien, d'être conjoint par pere & mere avec le pere ou la mere du défunt; il faut être conjoint au défunt du côté de son pere & de sa mere, comme il est dit dans l'authentique, *Cessantes, cod. de legit. hæred. Dico autem*, est-il dit dans cette authentique, *de fratre, ejusque fratris filiis, qui ex utroque parente contingunt eum de cujus hæreditate nunc agitur.*

C'est ce qui se déduit clairement des termes dans lesquels est conçu le présent article; car ces mots, *tant qu'il y a frere germain ou sœur germaine*, sont corrélatifs au défunt, & ceux qui suivent, *ou descendans d'eux*, dénotent les descendans du frere germain ou sœur germaine du défunt, neveux ou arriere-neveux, parce que c'est une regle constante dans l'ordre des successions, que quand la loi dénomme les personnes qu'elle veut appeller à la succession, c'est toujours par rapport au défunt, duquel elle propose la succession.

S'il étoit permis de chercher le double lien dans les ascendans du défunt, & de remonter jusqu'au pere ou autre ascendant, pour dire que celui qui veut succéder, & le pere du défunt, avoient réciproquement le double lien, il n'y auroit point de succession, comme l'a observé M. Berroyer, où l'on ne fit trouver le double lien, & les articles 299 & 315 ci-dessus seroient détruits par le présent article, qui n'est qu'une exception. M. Berroyer, dans ses aditions aux notes qu'il a faites sur les arrêts de M. Bardet, tome 2, liv. 3, ch. 3.

Le même auteur, au même endroit, observe très-bien que c'est l'opinion commune des docteurs, qu'un oncle du défunt ne peut pas exercer le privilége du double lien contre un autre oncle, & que cette opinion a été confirmée par la jurisprudence des arrêts, cités par M. Henrys, tome 1, livre 6, ch. 1, question 1; mais que personne jusqu'ici n'en avoit établi le véritable principe, parce qu'on s'étoit uniquement attaché à montrer que le privilege n'ayant point été étendu à l'oncle par les novelles, on devoit le restreindre au cas & aux personnes exprimées, & cela dans la créance où on étoit que l'oncle pouvoit avoir le double lien; ce qui est faux, puisque l'oncle paternel n'est point parent à la mere du défunt, & que l'oncle maternel ne l'est pas au pere du défunt.

EXEMPLE.

MATHIEU ROTTAT eut

pour premiere femme GILBERTE BONNET, — pour seconde femme SUSANNE PELLETIER

Fiacre Rottat *de cujus.* — Jean Rottat | Pierre Rottat | Mathurin. — Michel Rottat.

14. Dans cette espece, Mathurin Rottat succédera à Fiacre Rottat, à l'exclusion de Michel Rottat, son grand-oncle; parce que Mathurin Rottat est petit-fils de Jean Rottat, frere germain de Fiacre Rottat, de la succession duquel il s'agit.

15. Au lieu que, s'il s'agissoit de la succession de Mathurin ou de Pierre, Fiacre Rottat n'exclura pas Michel; parce que la germanité ne remonte pas, ou plutôt parce qu'en remontant il n'y a plus de germanité ou double lien, & qu'il ne s'agit pas de la succession d'un frere germain, qui doive être recueillie par des descendans d'un autre frere germain : ainsi a été décidé par M^rs^. Fevrier, Lomet, & Amonin des Granges, le 17 janvier 1724.

16. La même espece s'étoit présentée en 1693 à M^rs^. Perrotin, Bourdier & Cordier, & ils la déciderent de même. Voici qu'elle étoit l'espece :

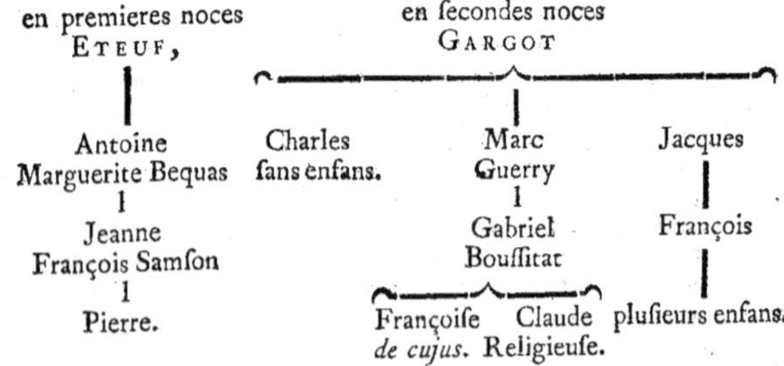

17. Le 14 janvier 1693, dit M. Jean Cordier, nous avons réglé que Pierre Samson succéderoit par tête avec les enfans de François Littaud, à Françoise Littaud, de la succession de laquelle il s'agissoit, & que l'article 317 n'avoit pas lieu en l'espece de cette succession; la germanité dont parle l'article, ne s'entendant que des freres & sœurs du défunt, ou de leurs descendans. M^rs^. Perrotin & Bourdier furent de cet avis avec moi : (c'est Jean Cordier qui parle.) Cordier, en ses manuscrits.

18. Le 5 février 1682, la même question s'étant présentée à M. Jean Cordier, il la décida de même. Voici l'espece :

CLAUDE SALLARD épousa

en premieres noces
JEANNE DORME
|
Blaiſe.

en ſecondes noces
MARIE ROCHES

Claude
Chelieu
|
Claude
de cujus.

Marguerite
Jacques Marion.

19. Aujourd'hui 5 février 1682, réglé que ledit Blaiſe & Marguerite Sallard partageroient par moitié les propres dudit Claude, & que Marguerite n'étoit pas dans le cas de l'article 317, qui n'a lieu qu'à l'égard des freres & ſœurs du défunt, & de leurs deſcendans; & que l'on ne remonte pas, pour chercher & trouver la germanité. Jean Cordier, en ſes manuſcrits.

20. La même choſe a été jugée, dit M. Jean Fauconnier, par un arrêt qu'il ne date pas, en infirmant une ſentence de cette Sénéchauſſée, & confirmant celle de la châtellenie, contre Antoine Prunet, oncle germain de Marguerite Prunet, ſa niéce; par lequel arrêt il fut ordonné que la ſucceſſion immobiliaire de ladite Marguerite Prunet ſeroit partagée entre ledit Antoine Prunet, & Pierre Cottin, frere utérin dudit Antoine. Jean Fauconnier, *hic.*

* Cet arrêt, cité par M. Fauconnier, eſt rapporté par M. Berroyer; il a été rendu en la premiere des enquêtes, au rapport de M. Servin, le 20 juin 1654. Le fait, tel qu'il eſt rapporté par M. Berroyer, n'eſt pas tout-à-fait conforme au récit de M. Fauconnier; mais il l'eſt parfaitement au diſpoſitif de l'arrêt, & à ce qui ſe lit dans le manuſcrit de M. Cordier. Il s'agiſſoit, dit M. Berroyer, de la ſucceſſion de Marguerite Prunet; Antoine Prunet la prétendoit par le double lien, ſous prétexte que Claude Prunet, ſon pere, étoit frere germain de Philippes Prunet, aïeul de la défunte; mais elle fut adjugée à Pierre Cottin, plus proche en degré, qui étoit fils de Marguerite Billaud (aïeule de la défunte) & de Hugues Cottin, ſon ſecond mari. Voici quelle étoit l'eſpece, ſuivant M. Berroyer & M. Cordier.

ESPECE.

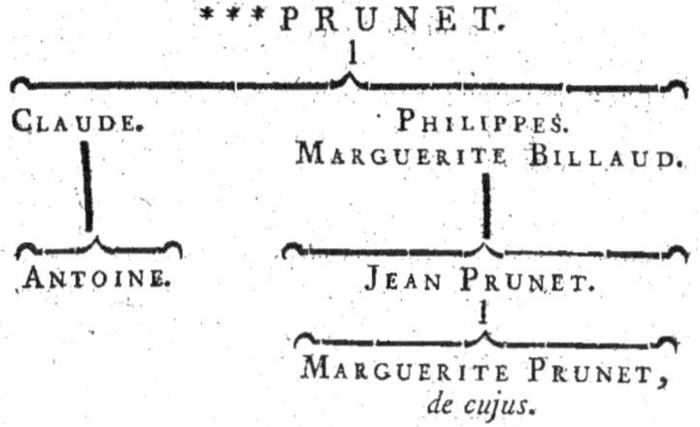

MARGUERITE BILLAUD, mariée en ſecondes noces à Hugues Cottin.
|
PIERRE COTTIN.

DISPOSITIF DE L'ARRÊT.

« Comme de la ſentence donnée par notre » châtelain de Moulins, le 9 mars 1650, entre » Pierre Cottin, demandeur, d'une part, & » Antoine Prunet, défendeur, d'autre part, » par laquelle ledit Cottin auroit été déclaré » plus proche héritier de Marguerite Prunet, » du côté paternel, & à lui adjugée la moitié » des meubles, acquêts & conquêts immeu- » bles délaiſſés par le décès de ladite Margue- » rite Prunet, ledit Antoine Prunet con- » damné aux dépens; eût été par ledit Pru- » net, appellé à notre ſénéchal de Bourbon- » nois ou ſon lieutenant audit Moulins, par- » devant lequel les parties appointées à con- » firmer ou infirmer, par ſentence du 29 octo- » bre audit an, auroit été adjugée audit Pru- » net la moitié de ladite ſucceſſion ſans dé- » pens. A été appellé par ledit Cottin à notre » cour de parlement, en laquelle le procès » par écrit conclu & reçu pour juger entre » les parties.....

» Tout diligemment examiné, notredite » cour, par ſon jugement & arrêt, dit qu'il » a été mal jugé par ledit ſénéchal, bien ap- » pellé par ledit Cottin: émendant, ordonné » que la ſentence de notredit châtelain ſor- » tira effet; condamné ledit Prunet aux dé- » pens, tant de la cauſe principale que d'ap- » pel, la taxe d'iceux à notredite cour ré- » férée. Prononcé le 20 juin 1654. Signé, » DU TILLET. »

La même queſtion, dit encore M. Berroyer,

s'étant présentée pardevant le sénéchal du Bourbonnois, lui plaidant, elle fut appointée, & depuis décidée le 14 septembre 1682, en faveur de ses parties, tous les juges du siége s'y étant trouvés, sans qu'aucun fût d'avis contraire; il s'agissoit de la succession d'une nommée Philippes de la Bruyeres, qui fut adjugée aux enfans de Thomas Faverot, frere consanguin de Jeanne Faverot, mere de la défunte, à l'exclusion des petits-enfans de Pierre Faverot, frere germain de la mere de la défunte. M. Berroyer, en ses aditions aux notes qu'il a faites sur les arrêts de Bardet, tome 2, liv. 3, chap. 3.

21. La faveur & le privilége du double lien s'entend de toutes sortes de biens indistinctement; car anciennement, & avant la rédaction de la nouvelle Coutume, quoique l'ancienne Coutume ne le dise pas, on n'accordoit à la germanité & double lien, que la succession dans les meubles & acquêts, & non dans les propres: mais cela a été corrigé du consentement des trois états dans la rédaction de la nouvelle Coutume; & on accorda, à la faveur du double lien, la succession de tous les biens indistinctement; c'est ce qui paroît par le procès-verbal de la Coutume, sur cet article; & c'est la remarque de M. Jean Decullant, sur notre article.

22. *Statuta Provinciarum hujus Regni variant*, dit Jean Decullant; *quædam attendunt in quæstibus & mobilibus: sed hæredia antiqua deferunt propinquis ex quorum stemmate procedunt, nullâ habitâ ratione duplicitatis vinculi*: Nevers, *paragrapho 16, tit.* DES SUCC. Troyes, *paragrapho 93*; Orléans, *paragraphis 245, 251. Alia Statuta præferunt conjunctos ex utroque latere cœteris, in bonis sine distinctione, Stat. de* Lorris, *paragrapho 12, tit.* DES SUCC. Blois *paragrapho 155; & disertè* Berry, *paragrapho 6, tit.* DES SUCC. *Sunt tamen aliqui interpretes, qui volunt Statuta restringi ad mobilia* & *conquestus dumtaxat in favorem duplicis vinculi, & hæredia deferri iis ex quorum stemmate procedunt, licèt Statuta loquantur sine distinctione in favorem duplicis vinculi*; Bacquet, DES DROITS DE JUSTICE, *cap. 5, n. 8, Molin.* sur la Coutume de Dreux, *art. 90*, & Montargis, *art. 21*, DES SUCC. Brodeau sur Louet, lett. S, ch. 17.

23. *Verùm in hoc nostro Statuto nulla relinquitur difficultas, quia conjuncti ex utroque latere cœteris præferuntur, ex uno tantùm latere, conjunctis in omnibus bonis, sine distinctione qualitatis eorum: quia in paragrapho 315, cùm Statutum fecerit distinctionem mobilium, acquestuum & hæi rediorum, in hoc paragrapho 317 loquitur generaliter sine ulla distinctione bonorum, & ait conjunctos ex uno latere tantùm non succedere, quibus præfert ex utroque latere conjunctos. Item pro ratione decisiva, nota quòd prima & vetus Consuetudo scriptis mandata faciebat hanc distinctionem, scilicèt conjunctis ex utroque latere deferebat dumtaxat mobilia & acquestus; hæredia autem propria, quibuslibet propinquis ex quorum stemmate procedebant: sed hoc fuit correctum ex consensu omnium Provincialium, & hic §. 317 fuit scriptus, ut hic est, sine distinctione qualitatis bonorum, ut patet ex processu verbali super hoc paragrapho 317; & hoc jure utimur.* Jean Decullant, *hìc.*

24. Il est à propos d'observer que l'article du titre 12 de l'ancienne Coutume, qui parle du double lien, ne fait pas la distinction des meubles & acquêts d'avec les propres, comme l'assure M. Jean Decullant: mais c'étoit l'article qui fut proposé aux états, dans le temps de la rédaction de la nouvelle Cout. qui faisoit cette distinction; ce qui fut corrigé par les états, ainsi qu'il est dit dans le procès-verbal.

25. M. le président Duret a fait la même remarque que Jean Decullant, en ce qui concerne la succession dans toutes sortes de biens indistinctement, sur ces mots, NE SUCCÉDENT: *Etiam*, dit-il, *in antiquo defuncti patrimonio, discrimine non interposito, ex utra linea, paterna, an materna, proficiscantur... nec feudalia ab aliis distinguimus.... quo jure utimur.* M. Duret, *hìc*; M. Jacques Potier en dit autant.

ARTICLE CCCXVIII.

Des biens délaissés par celui qui entre en Religion.

LES BIENS de celui qui entre en Religion, ne sont dédiez à l'Eglise, sinon qu'il y eût expresse dédication desdits biens.

1. PAr l'ancien droit, c'est-à-dire, par la constitution des empereurs, & notamment par l'authentique *Ingressi*, Cod. *de Sacro-Sanct. Eccl.* tous les biens de ceux qui entroient dans les monasteres, étoient acquis aux monasteres où ils faisoient profession; de maniere que la profession en religion produisoit la dédication des biens, pour leur faire suivre la personne qui se vouoit & se consacroit à Dieu, & les acquérir à l'eglise & monastere dans lequel entroit le religieux, & faisoit profession: mais, comme ces constitutions étoient très-dommageables à l'état, nous ne les avons pas voulu suivre dans notre droit coutumier; & nos Coutumes ont rejetté cette dédication tacite de biens, qui se fait par l'entrée & profession en religion: c'est la disposition précise de notre Coutume, au présent article; de celle d'Auvergne, titre 12, article 12; de la Marche, article 230; de Sens, article 87, & autres. Et quelques choses que purent dire les gens d'église contre cette disposition de la Coutume, dans le temps de sa rédaction, les nobles & les gens du tiers état ne

ne voulurent point les écouter, soutenant que c'étoit Coutume ancienne en cette province, & que d'icelle ils en avoient joui de temps immémorial; c'est ce qui est porté par le procès-verbal de la Coutume, sur notre article.

2. Mais dans le même temps que nos Coutumes ont rejetté la dédication tacite des biens de celui qui entre en religion, & y fait profession, elles ont permis l'expresse dédication de ces mêmes biens; c'est-à-dire, la disposition expresse que le religieux en feroit au profit du monastere, tant par donation entre-vifs, que par testament : c'est ce qui est porté dans notre article, & dans les autres articles des Coutumes citées; de maniere qu'encore que les biens de celui qui entre en religion, ne soient pas acquis de plein droit au monastere où il fait profession, toutefois, par l'ancien usage de la France, il étoit permis au novice de disposer de ses biens au profit du monastere. C'est ce que disent nos praticiens anciens, Masuer, Benedicti, Rebuffe & autres, que *per ingressum Religionis prohibita tantùm fuit tacita bonorum dedicatio, non etiam expressa.* Et M. Julien Brodeau, sur M. Louet, lett. C, somm. 8; M. Ducange, en son gloss. *in verbo, Oblati Monasteriorum*, rapportent divers exemples de telles donations, ou legs faits aux monasteres par ceux qui étoient prêts d'y faire profession : ce qui étoit autorisé par les ordonnances des rois de la seconde race, *Cap. lib. 1, c. 148, ut liber homo, qui in Monasterio Regulari comam deposuerit, & res suas ibidem delegaverit, promissionem factam secundùm regulam firmiter teneat.*

3. La disposition de notre Coutume & autres semblables, en ce qui concerne la dédication expresse des biens au profit du monastere, par celui qui y fait profession, n'est plus en vigueur; les ordonnances royaux ayant déclaré nulles toutes les dispositions entre-vifs & testamentaires, que font les novices mineurs ou majeurs, au profit des couvens où ils doivent faire profession, & de tout autre couvent du même ordre, soit qu'elles soient faites durant le noviciat, soit qu'elles eussent été faites auparavant, dans le temps qu'ils postuloient. L'ordonnance d'Orléans, article 19, & celle de Blois, article 28, sont expresses pour cela; & telle est la jurisprudence des arrêts. Ricard, *des Donat.* part. 1, ch. 3, sect. 9, n. 486 & suiv.

ARTICLE CCCXIX.

Des Profès qui ne succédent.

LE MONASTERE, ou Religion, auquel quelqu'un a fait profession expresse ou taisible, ne succéde aux pere, mere, n'autres lignagers d'icelui Profès, soient lesdites successions échues ou à écheoir : mais y succédent les autres parens, tout ainsi qu'ils feroient, si ledit Religieux étoit décédé; car il ne fait part & portion, ni nombre pour la computation de légitime, mais est réputé comme personne morte.

1. CEux qui sont morts civilement par la profession religieuse, ne succédent point; & c'est une regle générale dans le droit Français, que les religieux & religieuses profès ne succédent point à leurs parens, ni leur monastere pour eux, contre la disposition du droit écrit; par lequel véritablement le religieux ne succédoit point à cause du vœu de pauvreté, mais le monastere succédoit pour lui. C'est la disposition de cette Coutume, au présent article; de celle de Paris, article 337; d'Auvergne, titre 12, art. 13, de la Marche, article 230; de Berry, tit. 19, art. 36; de Nivernois, ch. 34, art. 18; de Blois, art. 147; d'Orléans, art. 334, & autres : ce qui a été introduit en France pour l'intérêt des familles & de l'état. *Sanè in favorem boni publici admodùm tendit, ut scilicèt opes atque dignitates familiarum conserventur, & non ita contingat ut Laïcorum patrimonia omnia in Monasteria ipsa detrudantur ac consumantur*, dit Pontanus, sur ledit article 247 de la Coutume de Blois.

2. Mais il faut que la profession ait été faite solemnellement, après l'an de probation, & dans l'âge requis par le concile de Trente & les ordonnances : car la profession tacite n'a point de lieu parmi nous. Notre article fait mention de la profession expresse & tacite : l'expresse est celle qui est faite entre les mains du supérieur; & la tacite, quand une personne majeure a pris l'habit de profès, & l'a porté volontairement après son année de noviciat. Nous ne reconnoissons pour profession valable, que la profession expresse & solemnelle, dont il doit être dressé acte, & tenu registre, suivant la déclaration du mois de juillet 1566, rendue en exécution de l'article 55 de l'ordonnance de Moulins, & suivant l'article 15 du titre 20 de l'ordonnance de 1667. C'est ce qui a été observé par Dumoulin, sur l'article 147 de la Coutume de Blois, & par Brodeau, sur M. Louet, lett. C, somm. 8; c'est pourquoi ces mots, *ou tacite*, qui se lisent dans notre article, en devroient être ôtés.

3. Lorsqu'un religieux a fait une fois profession solemnellement dans un ordre, n'étant plus considéré que comme une personne morte au monde, incapable des effets civils, il faut

déduire delà deux conclusions, toutes les deux exprimées dans notre article : la premiere, que les successions qui lui échéent, appartiennent à ses parens, tout de même que s'il étoit décédé, ainsi qu'il est dit dans notre article.

4. La seconde, qu'il ne fait part ni nombre pour la supputation de la légitime, conformément à ce qui est porté dans notre article, & dans l'article 14 du titre 12 de la Coutume d'Auvergne; dans l'article 230 de celle de la Marche, & en l'article 296 de celle de Touraine. La raison est que la légitime étant une certaine portion de ce qu'on auroit eu *ab intestat*, il n'est pas juste que celui qui est exclus de succéder par sa profession religieuse, & qui ne peut pas venir à la succession, fasse nombre dans la supputation de la légitime, pour diminuer la portion des légitimaires.

5. Cette décision doit avoir lieu à l'égard des filles religieuses, auxquelles le pere a constitué une dot; parce qu'elles sont incapables de succéder, & que la constitution de dot qui leur a été faite, est plutôt un contrat onéreux, passé avec le couvent, qu'une donation exercée en leur endroit. Tel est le sentiment de Ricard, *des Donat.* part. 3, ch. 8, sect. 7, n. 1068; de Lebrun, *des Succ.* liv. 2, ch. 3, sect. 6, n. 15; de Dernusson, traité *des Propres*, chap. 2, sect. 6, n. 47; & de M. Jean Decullant, sur notre article.

6. *Mens domini Advocati* Decullant *in tali quæstione ea fuit*, dit M. François Decullant, son fils, *ut sicut Religiosus, vel Religiosa, non facit partem in computatione filiorum, pro distinguenda legitima, ita nec ea quæ à parentibus eis dantur in dotem, ut Monasterium ingrediantur, & vitam Monasticam vivant : idque quia, eò quòd Religiosi professi sunt, pro mortuis habentur. Secùs in uxore maritata & dotata, quæ, licèt excludatur à successione parentum in favorem masculorum, tamen facit partem in dictâ successione, cùm ejus portio accrescat masculis, & sic annumeratur in computatione legitimæ : itemque ea quæ in dotem accepit, quia, eâ mortuâ sine liberis, datur locus reversioni dotis; non verò in dote data religioso, quæ, eo mortuo, accrescit Monasterio.* M. François Decullant, *hîc.*

M. Charles Dumoulin est à la vérité d'un avis contraire, dans sa note, sur l'article 14 du titre 12 de la Coutume d'Auvergne : mais son sentiment n'est pas suivi, ainsi que l'a observé M. Prohet sur cet article.

* Au reste, un religieux, quoique mort civilement, peut, pour raison d'un bénéfice régulier dont il est pourvu, intenter action, & former demande en jugement; il peut aussi se défendre contre ceux qui lui forment demandes, sans qu'il soit tenu d'obtenir permission de son supérieur pour ce sujet. C'est la doctrine de Chopin, & après lui, de M. le président Duret, sur le présent article : *Monachus*, dit-il, *nec convenire, nec conveniri potest sine consensu Abbatis; attamen Monachi, ratione suorum Prioratuum habentes peculium, possunt agere & conveniri in Judicio, veniâ speciali ab Abbate non petitâ, & valet Judicium cum Religioso administrationem habente. Chop. de sacrâ polit. tit. 1, n. 19.* M. Duret, *hîc.*

Mais un religieux ne peut être poursuivi sur les revenus de son bénéfice, pour dettes par lui contractées avant sa profession, ainsi qu'il a été jugé par arrêt du 20 décembre 1678, rapporté dans le quatrieme tome du journal des audiences, qui a déchargé un religieux à qui on vouloit faire payer une obligation de 500 liv. passée avant sa profession; la raison est que l'obligation civile, contractée par un religieux envers un créancier, est éteinte par sa mort civile, & ne subsiste plus. Il n'en est pas de même de l'obligation naturelle & de conscience; car l'obligation de rendre le bien d'autrui étant fondée sur le droit naturel, elle n'est pas éteinte par sa profession religieuse : de maniere que, s'il ne peut être poursuivi en justice pour ces sortes de dettes, il ne laisse pas d'être obligé en conscience de les acquitter des épargnes de son revenu.

ARTICLE CCCXX.

Les héritiers des Gens d'Eglise.

LES PROCHAINS lignagers des Gens d'Eglise séculiers, leur succédent ès biens par eux délaissez.

1. COmme les ecclésiastiques succédent aux laïcs, leurs parens leur succédent aussi, ainsi qu'il est dit dans notre article, dans l'art. 336 de la Coutume de Paris; en l'art. 55 du titre 12 de la Coutume d'Auvergne; 257 de celle de la Marche; en l'art. 21, ch. 34 de celle de Nivernois; en l'art. 40 du tit. 19 de celle de Berry; en l'art. 288 de celle de Poitou; art. 145 de celle de Blois; art. 48 de celle de Meaux, & autres.

2. Les constitutions canoniques distinguent deux sortes de biens dans la succession des ecclésiastiques bénéficiers : les premiers, sont leurs biens propres de patrimoine, & les acquêts qu'ils ont faits d'ailleurs que des revenus de l'église; les seconds, sont leurs meubles & acquêts provenans des fruits de leurs bénéfices : & selon ces constitutions, les parens des ecclésiastiques leur succédent dans les biens de la premiere sorte; & quant aux seconds, c'est l'église qui y doit succéder, afin que ce qui est venu de l'église, n'en sorte pas. C'est ce qui se prouve par le 40e. canon des apôtres; par le concile de Calcédoine, ch. 22; par le

concile d'Antioche, ch. 24; par le concile d'Agde, ch. 48; par le 6e. concile de Paris; par le concile de Valence, ch. 3; par le 9e. concile de Tolede, ch. 7, & par les chapitres *Quorumdam filius*, *Cùm in officiis*, *Quia nos & Relatum*, du titre *de Testamentis*, aux décrétales.

3. Mais la loi générale du royaume est contraire à toutes ces constitutions; & c'est une maxime universellement reçue parmi nous, que les parens des évêques & autres ecclésiastiques séculiers leur succédent en tous leurs biens propres, meubles & acquêts, quoique provenus des fruits de leurs bénéfices, & qu'ils partagent même avec le nouveau titulaire, successeur du défunt, les fruits pendans sur le bénéfice lors de son décès, dont ils prennent une portion à raison du temps que le défunt a vêcu dans l'année; & on excepte seulement les biens qu'un prêtre auroit acquis pour & au nom de son église: car en ce cas ce ne peut être un effet de sa succession, mais bien un fonds consacré à l'église, qui fait partie de son patrimoine, & dont les héritiers ne pourroient pas la dépouiller, sans une espece de sacrilége.

4. On a, pour prouver la maxime avancée, que les parens des ecclésiastiques séculiers leur succédent en tous leurs biens indistinctement, l'ordonnance de Charles VI, de 1386, rapportée par Bened. *in C. Raynutius*, & insérée au style du parlement; la disposition précise des différentes Coutumes du royaume, & entr'autres de celle de Berry, tit. 19, art. 40; le témoignage des commentateurs des Coutumes; & les arrêts enfin des cours souveraines du royaume, qui adjugent aux héritiers des bénéficiers les fruits de l'année de leur décès, *pro modo & rata temporis*, & n'en laissent la jouissance à leurs successeurs, que du jour de la mort.

5. Il y a plus; c'est qu'un religieux ayant été fait évêque, & par ce moyen sécularisé, les parens lui succédent, quoiqu'il ne leur puisse pas succéder dans le même état.

*Il n'en est pas ainsi des autres religieux, leurs parens ne leur succédent pas, & la raison en général est, selon que le dit le concile de Trente, sess. 25, chap. 2, que les religieux, abbés ou autres, n'ont que l'usage de leur pécule, & que la propriété ne leur en appartient pas; car, comme les réguliers se sont principalement proposés d'imiter la vie commune des premiers chrétiens, il n'y a rien qui soit plus opposé à leur profession que de posséder des biens en propre. C'est pour cette raison qu'ils font vœu de pauvreté, c'est-à-dire, une abdication de la propriété de toutes choses, & par-là ils deviennent incapables de posséder aucune chose en propre, & d'en transmettre par conséquent la propriété, après leur mort, à qui bon leur semble; ainsi les réguliers qui ont, pendant leur vie, l'usage & l'administration de quelque chose, n'en ont pas en mourant la disposition.

Mais pour savoir à qui doit appartenir, après la mort d'un religieux, son pécule ou cotte-morte, il faut distinguer entre les abbés réguliers, les religieux curés & les simples religieux.

A l'égard des abbés réguliers, comme les revenus des abbayes réguliéres sont solidaires, indivisibles & administrés sous la même main de l'abbé & des religieux qui ne font qu'un corps, il y a un droit d'accroissement, ou plutôt de non-décroissement, en faveur de la communauté, quand l'abbé meurt. C'est pourquoi le couvent, après la mort de l'abbé régulier, prend son pécule ou cotte-morte, à la charge de payer les dettes du défunt, s'il en a contractées quelques-unes; & de-là suit que la succession ou cotte-morte d'un abbé régulier n'est pas sujette à l'économat. Ainsi fut jugé par arrêt de la grand'chambre du parlement de Paris, du 11 février 1706, en faveur du prieur & religieux de l'abbaye de Saint-Leger, ordre de saint Augustin, congrégation de France, à l'occasion & sujet du pécule ou cotte-morte de frere Claude de Bourlon, religieux de cet ordre, qui en étoit abbé.

Il fut décidé par cet arrêt que les prieur & religieux demeureroient propriétaires du pécule dudit Claude de Bourlon, & défenses furent faites à le Bosseur, économe du diocése de Soissons, & tous autres, de les y troubler; main-levée leur fut faite des saisies faites à la requête dudit le Bosseur, tant du temporel de ladite abbaye de Saint-Leger, que des autres effets dudit Claude de Bourlon, & ledit le Bosseur condamné à rendre & restituer auxdits prieur & religieux, ce qui se trouvera avoir été par lui reçu des effets de la succession dudit Claude de Bourlon, & aux intérêts des sommes auxquelles se trouveront monter lesdits effets, à compter du jour de la demande jusqu'à l'actuel paiement, sauf audit le Bosseur à se pourvoir pour les droits d'économat, & frais par lui faits en ladite qualité d'économe, sur les revenus de ladite abbaye, échus depuis le décès dudit Claude de Bourlon, ainsi qu'il avisera bon être; défenses au contraire. . . . . . . Cet arrêt est rapporté par du Perray, dans son traité sur le partage des fruits des bénéfices.

La même chose a été jugée au profit des religieux de l'abbaye du Breuil, par jugement souverain, rendu au rapport de M. Berault de la Marterie, par M. Pallu, intendant de cette généralité, & autres commissaires nommés par sa majesté, du nombre desquels j'étois; à la vérité, on s'est pourvu contre ce jugement, par requête civile, mais on en a été débouté, ainsi que me l'a assuré le sieur Berault, conseiller en ce siége, le troisieme mai 1740.

Quant aux religieux curés, on régle différemment leur succession au parlement & au grand conseil.

Au parlement, on adjuge le pécule ou la cotte-morte des religieux curés aux pauvres de leurs paroisses, & à la fabrique; & la raison de cette jurisprudence, est que les biens de l'église sont le patrimoine des pauvres & de l'église; de maniere que les curés réguliers ne doivent prendre sur les revenus de leurs bénéfices, que ce qui est nécessaire pour leur honnête entretien, & que le reste appartient aux pauvres, auxquels ils doivent le distribuer; & que si le titulaire n'a pas été assez exact pour faire ces distributions pendant sa vie, il est juste qu'on les fasse pour lui après sa mort. Les arrêts qui l'ont ainsi jugé sont en grand nombre; il y en a un entr'autres du 4 février 1710, rapporté par de Hericourt, dans son traité des loix ecclésiastiques, 3e. partie, ch. 12, art. 1, n. 35, édit. 1719, & par du Perray, dans son traité du partage des fruits des bénéfices.

Le grand conseil adjuge au contraire le pécule ou cotte-morte d'un curé régulier au monastere; le motif de cette jurisprudence est que les bénéfices réguliers ayant été donnés aux monasteres pour les fonder, on en doit conclure que le monastere n'abandonne le revenu de ces cures aux religieux, qu'à condition de conserver à l'abbaye ce qu'elles leur produiront au-delà de ce qui est nécessaire pour leur entretien; & ainsi fut jugé par arrêt du grand conseil, du 6 décembre 1712, rapporté par du Perray, *ibid.* Mais, comme l'observe M. de Hericourt, on répond que les monasteres s'étant réservés la meilleure partie des fruits de ces bénéfices qui leur ont été donnés pour les fonder, la portion qu'ils ont laissée aux curés est destinée pour la subsistance des titulaires, & des pauvres de la paroisse.

Pour ce qui est du pécule des simples religieux, comme ils n'en ont la possession que précairement & par souffrance, ils n'en peuvent pas disposer par testament, & il retourne après leur mort à ceux sous la puissance desquels ils étoient pendant leur vie; mais les religieux & les abbés commendataires ont eu souvent de grands procès, pour savoir qui d'entr'eux doit profiter de ce pécule, & les arrêts sont différens sur cette question; ce qui fait la difficulté, c'est que les abbés commandataires ne laissent point le monastere pour leurs héritiers, mais leurs parens; desorte qu'il n'est pas juste & raisonnable, qu'ils succédent au pécule des religieux, lequel doit plutôt demeurer au monastere, duquel il est procédé. Cependant, comme les commandataires, pour ce qui regarde le revenu temporel, ne différent en rien des vrais titulaires, par les derniers arrêts, la succession du pécule des religieux, a été adjugée aux abbés & prieurs commandataires; & tel est, dit Brodeau, l'usage constant de la France, dont on ne doute plus au palais, & on juge que les abbés commandataires doivent avoir l'administration de tout le temporel de l'abbaye, de même que les abbés réguliers, & que la portion des biens qu'ils abandonnent aux religieux ne doit être regardée que comme un revenu qui leur tient lieu de pension alimentaire. Brodeau, sur Louet, lett. R, somm. 42, & de Hericourt, au lieu cité.

Il est à observer qu'il y a cette différence entre le régulier bénéficier & le régulier simple; que le régulier bénéficier peut disposer des revenus de son bénéfice, de la maniere que le peut un bénéficier séculier, c'est-à-dire, en s'attribuant ce qui lui est nécessaire pour subsister honnêtement, & en employant le surplus en œuvres pieuses, sans qu'il ait besoin pour cela d'aucune permission de son supérieur; au lieu que le régulier simple, qui n'a pas de bénéfice, ne peut disposer d'aucune chose de son autorité privée, & sans le consentement de son supérieur; & tel est le sentiment des canonistes.

ARTICLE CCCXXI.

De l'héritier légataire.

Si à aucun héritier *ab intestat* est aucune chose léguée, il lui est loisible de se tenir à son legs, & répudier sa portion héréditaire.

1. Les héritiers d'un défunt ne peuvent pas en qualité d'héritiers recevoir les legs qui leur seroient faits par son testament; & ils sont tenus de renoncer au legs, ou à leur portion héréditaire; parce que, conformément au présent article, aucun ne peut être héritier & légataire d'un défunt, tout ensemble : ce qui est conforme à l'article 300 de la Coutume de Paris, & à la disposition de la plus grande partie des Coutumes du royaume, mais contraire à la disposition du droit romain; & la raison se tire de la définition du legs, qui est une libéralité qui doit être payée par l'héritier, & que nul ne peut se payer soi-même. C'est l'observation de M. le président Duret, sur ces mots de notre article, RÉPUDIER SA PORTION HÉRÉDITAIRE. *Enim verò*, dit-il, *idem hæres & legatarius esse non potest, adversante qualitate hæredis & legatarii; quia sibi debere quis non potest : & hoc jure utimur, quod hic Molin. ad collaterales transfert, & Galliæ moribus ferè ubique receptum est, ut in eâdem successione idem legatarius & cohæres non admittatur.* M. Duret.

2. La disposition de notre article est générale, & n'est point limitée à la ligne directe : aussi M. Dumoulin, & après lui M. le président Duret, que nous venons de citer, en appliquent-ils la disposition, tant à la ligne collatérale, que directe; & leur sentiment est suivi :

suivi: *Et sic*, dit Dumoulin, sur ces mots, RÉPUDIER SA PORTION, *præsupponit quòd non potest is esse hæres & legatarius*, *etiam in collaterali*..... Et telle est la disposition formelle de la Coutume du Grand-Perche, article 123, & de celle d'Estampes, article 109.

3. Ce qui vient d'être dit de l'héritier pur & simple, doit être appliqué à l'héritier par bénéfice d'inventaire: c'est la remarque de M. Jean Decullant, celle de M. Herouis, & le sentiment de Ricard, traité *des Donat.* part. 1, ch. 3, sect. 15, n. 707.

4. Suivant cet article, dit M. Brirot, après M. Herouis, (c'est de notre article dont il parle) c'est une regle certaine en cette province, que nul ne peut être héritier & légataire, soit en directe, soit en collatérale, pas même héritier bénéficiaire: *ita sentit* M. Herouis. M. Brirot, *hìc*.

5. M. Jean Decullant, sur ces mots, *Si à aucun héritier*, s'explique de la sorte: *Sive purus*, dit-il, *& simplex*, *sive beneficio inventarii*, *d.* Louet, lett. H, *cap. 13;* Bacquet, *des Droits de Justice*, chap. 15, n. 3. Jean Decullant.

La raison de cette application, c'est que l'héritier sous bénéfice d'inventaire ne differe de l'héritier pur & simple, que pour le paiement des dettes; que la qualité d'héritier bénéficiaire n'est qu'une précaution contre les créanciers, mais ne peut servir à lui procurer un avantage indirect & extraordinaire.

6. Il faut encore en dire autant de l'héritier conventionnel ou institué; savoir, qu'il ne peut, non plus que l'héritier *ab intestat*, être héritier & légataire; c'est l'observation de M. Menudel, après Jacques Duret, sur ces mots de notre article, HÉRITIER *ab intestat*. *Quid*, dit Menudel, *in hærede ex conventione*; *d. Jacobus* Duret, répond-il, *tenet idem dicendum*, *quia eadem est ratio.*

7. De ce principe que nous venons d'établir, il se forme une difficulté importante, qui consiste à savoir si celui qui en termes généraux ne peut pas être héritier & légataire, peut avoir les deux qualités sous différens respects; lesquels respects M. Jean-Marie Ricard réduit à quatre especes.

8. La premiere, si celui qui est héritier d'une certaine nature de biens, comme des propres paternels, peut être légataire des biens d'une autre nature, comme des propres maternels, dans lesquels il ne peut rien prendre en qualité d'héritier, & ce quoique les biens soient situés dans une même Coutume.

9. La seconde, si ne pouvant pas avoir les deux qualités lorsque les biens sont situés dans une Coutume, il le peut lorsqu'ils le sont dans différentes Coutumes; ensorte qu'il puisse être héritier des propres paternels situés dans une Coutume, & légataire des maternels propres situés dans une autre.

10. La troisieme, si celui qui est habile à succéder dans une Coutume, & qui est exclus de la succession dans une autre, peut être légataire dans la Coutume où il ne peut être héritier.

11. La quatrieme, si celui qui est habile à succéder en toutes les Coutumes où le défunt avoit ses biens, peut être héritier en l'une, & légataire en l'autre.

12. Il faut d'abord observer que cette matiere est fort incertaine dans notre jurisprudence; les docteurs étant fort partagés, & les arrêts n'étant pas aussi plus d'accord: cependant l'opinion qui me paroît la mieux fondée & la mieux en principes, est celle de M. Ricard, qui consiste à dire que ni la diversité des biens, ni la différence des Coutumes, ne sont pas capables de faire qu'une même personne puisse être ensemble héritier & légataire d'un même défunt; mais qu'il est nécessaire, pour cet effet, que celui qui veut avoir ces deux qualités, ne soit pas habile à succéder dans la Coutume dans laquelle il veut prendre son legs, & qu'il n'y a que ce seul cas, auquel on puisse être héritier & légataire dans les Cout. qui le défendent. Ricard, *des Donat*, part. 1, ch. 3, sect. 15, n. 680 & suiv.

13. Cette doctrine est établie sur deux fondemens: le premier, que la qualité d'héritier est indivisible, & qu'il ne dépend pas de nous de la réduire à une espece de biens, non plus que dans une province particuliere.

Le second, que ce ne sont pas les biens qui nous font héritiers, mais l'habilité qui procede des loix ou des Coutumes, avec la déclaration de notre volonté, par l'adition d'hérédité.

14. De ces deux principes on conclut que la différence des Coutumes & la diversité des biens ne font rien à l'effet qu'une personne puisse avoir ces deux qualités, d'héritier & de légataire ensemble; puisque celle d'héritier n'est pas attachée aux biens de la succession, & qu'elle ne dépend que de l'habilité que la Coutume lui donne, & de l'adition qui procede de sa volonté; si bien que l'un & l'autre ayant une fois concouru ensemble, & ayant prêté son consentement à la capacité que les Coutumes lui donnent, il a cette qualité générale d'héritier, qui le rend inhabile à conserver ensemble celle de légataire: car en ce qui concerne la différence des Coutumes, celui qui est une fois héritier d'un défunt, l'est par-tout, & dans toutes les Coutumes qui lui accordent cette qualité; & il ne suffit pas de ne rien recueillir à titre d'héritier dans une Coutume, où l'on veut être légataire: lorsqu'on est héritier dans cette Coutume, la renonciation expresse qu'on pourroit faire aux biens de cette Coutume, seroit peu considérable; parce qu'ayant une fois accepté la succession, il ne dépend pas de nous de partager la qualité d'héritier, suivant la diversité des Coutumes, si par leurs dispositions elles nous accordent cette qualité: *Qui totam hæreditatem acquirere potest, is pro parte eam scindendo adire non potest*, dit la loi 1, ff. *de*

acquir. vel amitt. hæred. ensorte que la seule adition des biens dans une Coutume, nous rend héritiers dans une autre Coutume qui nous accorde cette qualité, suivant la loi 10, ff. *de acquir. vel amitt. hæred.* qui dit: *Si ex asse hæres, destinaverit partem habere hæreditatis, videtur in assem pro hærede gessisse.*

15. Ce sentiment, qui est aussi celui de M. Denis Lebrun, *des Successions*, liv. 3, ch. 6, sect. 2, n. 34 & suivans, se trouve confirmé par un arrêt rendu en la seconde chambre des enquêtes, le lundi 13 juillet 1705, rapporté par l'auteur des notes, sur Duplessis, sur la Coutume de Paris, traité *des Succ.* liv. 2, ch. 4. On oppose à la vérité d'autres arrêts, auxquels Ricard répond au lieu cité.

16. Il en est de même, selon Mrs. Ricard & Lebrun, de la différence qui se rencontre dans les biens, que de la diversité des Coutumes; la diversité des biens, non plus que la différence des Coutumes, ne sauroit faire qu'une même personne puisse être héritiere & légataire d'un même défunt. La raison, selon Ricard, est que nos Coutumes étant conçues en termes personnels, & interdisant en général à l'héritier de pouvoir être légataire, il suffit qu'il ait ce titre d'héritier, pour tomber dans la prohibition de la loi: car, quoique la Coutume limite sa portion dans une certaine espece de biens, il ne laisse pas, ayant part dans la masse de la succession, d'acquerir cette qualité générale d'héritier, qui est un titre incompatible avec celui de légataire; & si les Coutumes, qui lui communiquent cette qualité, le privent de quelques biens en particulier, c'est un partage qu'elles font, & non pas une multiplication de successions. Ricard, *ibid.* n. 686. Lebrun, *des Succ.* liv. 3, ch. 6, sect. 2, n. 31.

17. M. Dargentré, sur la Coutume de Bretagne, article 18, gl. 9, n. 14, & après lui M. Jean Decullant, sur notre article, sont entrés dans ce sentiment. *Nec refert*, dit Decullant, *quòd quis sit hæres in una specie bonorum tantùm, non enim posset capere legatum in alia specie; putà pater est hæres filii in mobilibus & acquisitis, ex paragrapho 314; non potest capere legatum factum ex fundo materno, in quo non succedit*, Dargentré, *in paragrapho* 218, *Stat. Britann. n.* 14; & ainsi fut jugé en cette Sénéchaussée, le 4 mars 1597, au rapport du sieur conseiller Chenebrard, où assistoient le sieur Laubespin, lieutenant général, Menudel, lieutenant particulier, Feydeau, assesseur, Groitat, Faverot, Mallet, Becquas & Rougnon.

* Anne du Temple avoit épousé Laurent Segaud, dont elle eut un enfant, qui, par son testament, lui légua le quart de seize œuvres de vigne, à lui appartenans, & le pressoir entiérement; & comme ladite du Temple étoit héritiere des meubles délaissés par son fils, elle étoit par ce moyen héritiere & légataire, mais en différentes especes de biens.

Claude Segaud, enfant du premier lit de Laurent Segaud, ayant contesté le legs fait à ladite du Temple, & la contestation portée devant le châtelain de Moulins, il débouta Anne du Temple du quart à elle légué par son fils, fondé sur ce qu'on ne peut être légataire & héritier, quoiqu'il s'agît de diversité de biens; & la sentence fut confirmée. André Dubuisson, avocat, avoit écrit pour l'appellante, & Jacques Bergier pour l'intimé. La sentence est rapportée par M. Jean Cordier, avec les moyens des parties, en ses manuscrits, *verb.* LÉGATAIRES.

18. A l'égard de la troisieme question, qui consiste à savoir si celui qui est héritier dans une Coutume, peut être légataire dans une autre qui l'exclut de la succession; je ne trouve pas de différence de sentimens. Tous les auteurs qui ont traité la question, conviennent que, comme ce sont les Coutumes qui déférent les successions *ab intestat*, celui qui est héritier dans une Coutume, & qui ne l'est pas dans une autre, peut être légataire en celle-ci; parce que ne pouvant jamais être héritier, que par la disposition de la Coutume & dans l'étendue de son ressort, il n'est point du tout considéré pour héritier dans une Coutume qui ne l'admet pas pour tel; & quoiqu'il le soit dans une autre, il est étranger dans celle qui ne l'admet point pour héritier, & y peut être légataire; & par-là les regles sont conservées. Lebrun, *des Succ.* liv. 3, ch. 6, sect. 1, n. 34. Ricard, *des Donat.* part. 1, ch. 3, sect. 15, n. 696 & suiv.

19. Sur ce principe, si un pere a des biens dans différentes Coutumes, qu'il en ait dans notre Coutume où les filles mariées & dotées ne succédent pas, & dans d'autres Coutumes où les filles mariées ne sont pas excluses de la succession; dans cette supposition, la fille mariée & dotée dans notre Coutume, qui l'exclut, y pourra être légataire, suivant l'article 311, *suprà*, & héritiere dans les autres Coutumes qui l'admettent.

20. Au reste, quand nous avons dit que celui qui est habile à succéder dans toutes les Coutumes où le défunt avoit ses biens, ne pouvoit être héritier en l'une & légataire en l'autre, nous n'avons parlé que des Coutumes dans lesquelles l'incompatibilité des deux qualités avoit également lieu; car il faut raisonner autrement dans le concours des Coutumes où l'incompatibilité des qualités a lieu, avec les Coutumes où elle n'a pas lieu, comme celle de Rheims, articles 302, 303. Tellement que, si quelqu'un est héritier & légataire du défunt, à Rheims où les qualités d'héritier & de légataire peuvent compatir, il pourra être héritier de ce même défunt dans notre Coutume, au cas qu'il y eût du bien: mais, si l'immeuble légué est situé en cette province, l'incompatibilité aura lieu, & l'exclura du legs ou de la succession. Lebrun, *des*

Succ. livre 3, chapitre 6, section 2, n. 36.

21. La prohibition d'être héritier & légataire ne regarde que la même personne : car on peut léguer au fils de l'héritier en collatérale; & en ce cas le légataire est considéré comme étranger, & le legs n'est pas sujet à rapport. Autre chose est en succession directe; car le legs fait par l'aïeul à son petit-fils, seroit déduit & précompté sur la portion héréditaire de son pere, selon qu'il a été dit sur l'article 313, *suprà* : c'est l'observation de M. Jean Decullant, de M. Louis Semin, & de M. Jean Fauconnier, sur notre article.

22. *Quid verò, si legetur filio hæredis?* dit M. Jean Decullant, sur notre article : *Valet legatum in lineâ collaterali; putà si legetur filio fratris aut alterius collateralis, secùs in lineâ directâ.*

23. M. Louis Semin dit la même chose sur le même article; & ainsi a été jugé le 24 mai 1614, par Mrs. Ploton, Roussel, & Genin, pere, qui par jugement arbitral confirmerent le legs fait par Jacques Guillouet, à René Guillouet, son neveu, quoique le pere dudit René fût héritier en partie dudit Jacques; ce qui est rapporté par M. Genin, pere, sur le présent article.

24. Il semble que ce soit le sentiment de nos commentateurs Mrs. Decullant & Semin, que la simple adition d'hérédité en directe annulle le legs fait au fils de l'héritier; mais ils ont tort en cela, ou plutôt ils se trompent : car le legs fait au petit-fils n'est pas annullé par l'adition du fils; il doit seulement être rapporté par le fils qui se porte héritier.

25. Et il y a plus; c'est que, selon M. Denis Lebrun, le pere héritier ne peut pas obliger son fils de se dépouiller de son legs; & qu'en quelque Coutume que ce soit, même en celles qui obligent plus particuliérement au rapport en espece, le fils en ce cas ne doit que l'estimation de la chose donnée au petit-fils. Lebrun, *des Successions*, liv. 3, chap. 6, sect. 2, n. 32. Voyez ce qui a été dit sur l'article 313.

26. Ce qui vient d'être dit du legs, ne doit être appliqué à la donation entre-vifs : car on peut être en collatérale héritier & donataire entre-vifs, mais non en ligne directe, si ce n'est dans le cas de l'article 308 de cette Coutume; & c'est la différence que fait l'article 313, *suprà*, quand il dit que collation & rapport se doivent faire en succession directe & non en collatérale. C'est l'observation de M. Dumoulin, dans sa note, sur notre article; & après lui, de M. le président Duret, de M. Jacques Potier, de M. François Decullant & de M. Jean Fauconnier, sur le présent article.

27. *Non idem est*, dit M. François Decullant, *in donatione facta inter vivos, quæ valet in linea collaterali, in qua quis potest esse hæres & donatarius, secùs in directa, in qua perpetua datur collatio donatorum, non verò in linea collaterali, ex paragrapho 313, nisi donata in linea directa fuerint donata in ipso contractu matrimonii, & in præcipuum §. 308. Facit Stat. Parif. §. 301, 303 & 304.* M. François Decullant, *hìc*.

28. Avant que de finir sur l'incompatibilité des deux qualités d'héritier & légataire en une personne, il est à propos d'observer que cette incompatibilité ne peut être objectée que par des co-héritiers; c'est-là le principe de l'arrêt de 1624, pour la succession de M. Roy, rendu en la Coutume de Nivernois, & rapporté par M. Brodeau, sur M. Louet, lett. H, somm. 16; & par Lebrun, *des Succ.* liv. 3, ch. 6, sect. 2, n. 38.

ARTICLE CCCXXII.

BANNIS à perpétuel ne succédent point à leurs lignagers : mais succédent les autres prochains lignagers du défunt. Bannis ne succédent.

1. LA Coutume de Nivernois, chap. 34, art. 25, & celle de Sens, art. 97, contiennent une disposition semblable; & cette disposition est fondée sur ce qu'un bannissement perpétuel emporte une mort civile, & que la mort civile, en matiere de succession, produit le même effet que la mort naturelle; ce qui ne doit être entendu que d'un bannissement perpétuel, hors le royaume, & non hors la province, bailliage ou Sénéchaussée : car un banni à perpétuité de la province seulement est capable de succéder, même dans la province où il est banni, ainsi qu'il a été jugé par arrêt rapporté par M. Julien Brodeau, sur M. Louet, lettre S, sommaire 15. * Et tel est son sentiment, & celui de Ricard, traité des donations, premiere partie, chapitre 3, section 4, nombres 253 & 254; de Lebrun, des Successions, livre 1, chapitre 2, section 3, distinction 2, nombre 16; de Duplessis, sur la Coutume de Paris, traité des fiefs, livre 8, & autres; & la raison qu'en donnent les auteurs, c'est que la condamnation au bannissement perpétuel, hors une province seulement, n'est qu'un éloignement, & non un retranchement perpétuel & absolu du corps de la république, que cette condamnation ne rend pas étranger, & que qui la souffre demeure toujours regnicole & sujet du roi, capable par conséquent de tous les effets civils; ce qui est conforme à l'ordonnance de 1670, titre 17, article 29, dans lequel article l'ordonnance ne met au nombre des morts civilement, que les condamnés à

mort, aux galeres perpétuelles, ou les bannis à perpétuité du royaume. Voyez l'art. 344, *infrà*.

2. Celui qui est seulement prévenu du crime, ou qui étant accusé, n'a pas encore été condamné à une peine qui emporte mort civile, ou même à une peine capitale, n'est point incapable de succéder; parce qu'il n'a pas perdu son état; que l'on ne devient incapable de succéder, qu'en le perdant; & qu'on ne le perd que par la condamnation. Lebrun, *des Succ.* liv. 1, chap. 2, sect. 3, n. 1.

3. Mais le condamné à des peines qui emportent la mort civile, est réputé incapable de succéder du jour de la sentence de condamnation; & l'appel qu'il interjette, n'éteint point la condamnation, sinon en tant qu'il est suivi d'une absolution. Ainsi, si la condamnation est confirmée, le condamné est réputé avoir été privé des effets civils du jour de la premiere sentence; & les créanciers ne peuvent rien prétendre aux successions qui lui sont échues pendant l'appel, comme il a été jugé par arrêt du 10 janvier 1630, cité par Lebrun, *ibid.* ch. 1, sect. 2, n. 5.

4. Celui qui a été condamné par contumace, ou à mort, ou aux galeres perpétuelles, ou qui a été banni à perpétuité du royaume, qui décéde après les cinq ans, sans purger sa contumace, est réputé mort civilement du jour de l'exécution de la sentence par contumace, selon qu'il est porté en l'ordonnance de 1670, tit. 17, art. 29; la raison est que c'est la sentence qui cause la mort civile, & que le temps étant passé pour la justification, on ne peut douter qu'il ne soit décédé coupable du crime, & que la sentence n'ait été rendue justement, à moins que les parens, après sa mort, ne purgent sa mémoire.

5. Mais, s'il est décédé avant les cinq ans, il meurt capable des effets civils & de succéder, parce qu'on présume favorablement pour lui, qu'il se seroit justifié; ensorte que, pendant ce temps, son état est en suspens.

6. Il en est de même lorsque le condamné à mort décede pendant l'appel; l'on juge en faveur de la liberté, les successions intermédiaires lui sont dues, & il est mort *integri statûs*.

7. D'où il résulte qu'il y a quatre cas auxquels le condamné peut succéder: le premier, lorsqu'il meurt pendant les cinq ans; le second, lorsqu'il meurt pendant l'appel; le troisieme, lorsque s'étant présenté il est absous dans la suite, ou que sur l'appel de la condamnation il intervient un arrêt d'absolution, qui casse à pur & à plein la sentence qui l'avoit condamné, ou qui modere sa peine, & lui en ordonne une autre qui n'emporte pas la mort civile; & le quatrieme, lorsque le prince lui accorde des lettres de grace, qui le rétablissent dans tous ses droits.

8. Voyez ce qui sera dit sur l'article 349, *infrà*.

ARTICLE CCCXXIII.

Du droit d'accroissement.

QUAND aucun va de vie à trépas, délaissez plusieurs héritiers habiles à lui succéder, & les aucuns s'abstiennent ou renoncent à ladite succession; le droit qui leur eût appartenu, s'ils n'y eussent renoncé, accroît aux autres qui se voudront porter héritiers, s'ils sont de même estoc & ligne.

1. LEs effets de la renonciation à une succession échue, sont au nombre de deux: le premier, que le renonçant perd le profit qu'il auroit pu espérer de la succession; & le second, qu'en cela il profite aux autres héritiers, comme il est dit dans notre article; en l'article 53 de la Coutume de Saint-Quentin; 113 de celle d'Estampes; 98 de celle de Montfort-Lamaury, & autres.

2. Sur quoi c'est une difficulté, si la portion de celui qui s'abstient, accroît à toute la succession ou hérédité, ou à sa branche & ligne seulement: & pour la décision de cette difficulté, il faut examiner si la succession est en ligne directe ou collatérale; & si celui qui s'abstient & renonce, le fait *aliquo dato*, & en conséquence des avantages qui lui ont été faits: ou s'il le fait, *nullo dato & accepto*.

3. Si la succession est en ligne directe, & qu'il s'agisse, par exemple, de la succession d'un aïeul, à partager entre des petits-fils de plusieurs souches ou branches; en ce cas la portion de celui qui renonce, *nullo dato & accepto*, accroît à ceux de la souche & branche seulement; & la raison, c'est que la succession de l'aïeul se partageant par souches, & non par têtes, la portion de chaque souche appartient solidairement & pour le tout à chacun des co-héritiers de la souche, par le bénéfice de la représentation, ensorte que *concursu tantùm partem faciunt*: de maniere que la portion de celui qui s'abstient, doit appartenir aux autres co-héritiers de la même souche, non point proprement *jure accrescendi*, *sed jure non decrescendi*.

4. Si celui qui renonce en succession directe, le fait *aliquo dato*, & en conséquence des avantages qui lui ont été faits; en ce cas, comme la donation porte également préjudice à toutes les branches & à toute la succession,

la jurisprudence ancienne étoit de faire partager la portion du renonçant entre toutes les branches; ensorte que cette portion accroissoit à toute la succession : ainsi a été jugé par un arrêt du 20 décembre 1601, rapporté par M. Louet, lett. D, somm. 56; & ainsi le pratiquoient nos anciens, comme il est expliqué par M. Jean Decullant, dans l'exemple qui suit.

TITIUS.

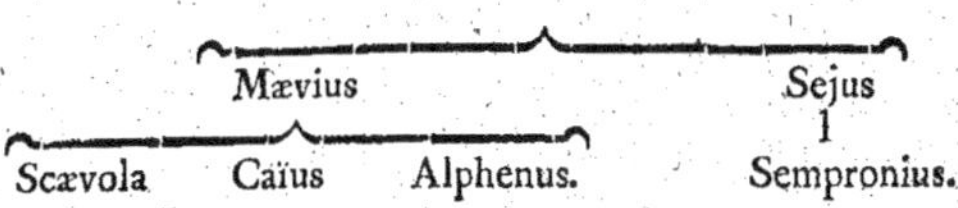

5. *Titius*, dit M. Jean Decullant, *supervixit Mævio & Sejo, liberis, & legavit quartam bonorum Scævolæ uni ex nepotibus, qui abstinet ab hæreditate avi, cùm hæc quarta legata sit amplior portione hæreditariâ quæ illi obtigebat; illi enim nepotes succedebant in stirpes avo, & sic tres liberi Mævii capiebant tantùm dimidiam partem, & filius Seji alteram. Detractâ igitur hac quartâ legatâ Scævolæ, Caïus & Alphenus volunt habere dimidiam eorum quæ supersunt in hæreditate, quia Scævola per repudiationem censetur extraneus, & non facit partem, neque admittitur ad partem : contrà verò Sempronius ait testamento non posse cujuspiam ex hæredibus adeuntibus hæreditatem, meliorem fieri conditionem, quia non potest hæredi prælegari, quod in hac thesi eveniret; quia cessante legato tres liberi accepissent sex uncias ex asse, quarum Caïus & alphenus habuissent quatuor; sed detractâ quartâ legatâ, si dodrans qui superest, id est, novem unciæ dividerentur æquis partibus, Caïus & Alphenus haberent quatuor uncias & dimidiam; & ita plus caperent, quàm si nihil legatum fuisset Scævolæ : quare tale legatum & repudiatio facta à Scævola foret in fraudem Legis, scilicèt promovendo indirectè filios Mævii, quorum portio duplici modo augeretur; 1°. per legatum, quod legatario tenet portionis hæreditariæ legem; 2°. quòd, qui ex eadem linea restant, nempè Caïus & Alphenus, ferant majorem partem quam laturi essent, si Scævolæ hæredi legatum non esset.*

6. *D.* Louet *hanc quæstionem agitat, litt. D. somm. 56, & refert Arrestum datum 20 decembris an. 1601, consultis Classibus, quo fuit judicatum portionem quam in successione Titii Scævola accepturus esset ab intestato, & non factâ repudiatione, toti hæreditati, seu omnibus aliis hæredibus accrescere; adeò ut detractâ à Scævola quartâ legatâ, residuum successionis in duas partes æquales sit dividendum, quarum Sempronius unam feret, & ex altera Caïus & Alphenus duas accipient partes : altera verò pars dictæ dimidiæ, quæ Scævolæ competeret, si hæreditatem adivisset, subdividetur pro rata portione inter Caïum & Alphenum pro media, & Sempronium pro altera media; quia causa abstensionis est legatum, quod diminuit partes utriusque stirpis; ideòque portio non petentis non debet accrescere suæ stirpi soli, sed utrique : ita judicatum in familia* des Tallets de Beçai, *anno 1625, à DD.* Genin, Beraud & Decullant, *Arbitris.* Jean Decullant, sur l'article 321 précédent.

7. Telle étoit la jurisprudence ancienne : mais comme nos anciens, dans la supposition que la donation faisoit tort également à toutes les branches, faisoient partager la portion du renonçant entre toutes les branches, uniquement dans la vue de conserver l'égalité entr'elles; cette égalité est également conservée par une autre voie : savoir, en obligeant les freres, ainsi qu'il a été dit sur l'article 313, *suprà*, qui sont héritiers, de rapporter pour leurs freres qui sont donataires; & telle est la derniere jurisprudence, qui est préférable à l'autre, en ce qu'elle ne blesse point les regles de l'accroissement, & qu'elle conserve l'égalité entre les branches. M. Denis Lebrun, dans son traité *des Succ.* liv. 3, ch. 6, sect. 2, n. 55 & 56, cite les arrêts qui l'ont ainsi jugé.

8. Pour ce qui concerne les successions en collatérale, nulle difficulté que l'accroissement de la portion de celui qui renonce, soit que la renonciation se fasse en conséquence des avantages qu'il a reçus, ou non, doit toujours se faire à la branche, & non à la succession; par la raison que les branches sont distinctes & séparées, réputées étrangeres les unes à l'égard des autres, & qu'en collatérale il n'y a point de rapport : ce qui se fait ainsi, *non jure accrescendi, sed jure non decrescendi*, au profit des co-héritiers du donataire ou légataire. *Hæredes diversarum linearum*, dit M. le président Duret, *sibi invicem sunt exteri, nec familiæ Erciscundæ judicium inter se, nec quidquam commune habent de patrimonialibus quidem; nec sibi per concursum, nec uno repudiante quicquam alteri accrescit, ne deficientis portio alteri accedit, sed fit caduca, & ad dominium feudi defertur.* Tel est le sentiment de M. Duret : c'est aussi celui de M. François Menudel; d'autant, ajoute-t-il, qu'en collatérale il n'y a point de rapport. M. Duret & M. Menudel, *hìc.*

9. La disposition de la Coutume, en notre article, y est précise; puisqu'il porte que la portion du renonçant accroît aux autres qui se voudront porter héritiers, s'ils sont de même estoc & ligne : d'où il résulte sans contredit que la portion du renonçant profite & accroît aux héritiers de la ligne, par préférence & à l'exclusion des héritiers d'une autre ligne; & la seule difficulté qu'il peut y avoir,

c'est, si au défaut des héritiers de la ligne du renonçant, les héritiers de l'autre ligne en doivent profiter au préjudice du fisc, ou si c'est le fisc qui en doit profiter à leur préjudice. M. Dumoulin, dans sa note sur notre article, tient pour le premier sentiment; & M. le président Duret, dans ses observations sur le même article, pour le second.

10. *Adverte hæc duo verba*, ESTOC ET LIGNE, dit M. Duret, *pondus suum habere, nec esse inutilia; nempè hoc vocabulo*, ESTOC, *excluduntur hæredes ex stemmate materno à successione fundi paterni, hærede paterno repudiante, vel non adeunte hæreditatem; quo casu fundus paternus non accrescit hæredi materno, tanquam extraneo & ex alio stemmate, sed magis fisco cedit: & per vocabulum*, LIGNE, *intellige nullum dari jus accrescendi, etiam in mobilibus, hæredibus unius lineæ, putà, maternæ, per repudiationem hæreditatis hæredum lineæ paternæ, sed dimidiam mobilium & acquestuum, quæ obveniret hæredibus paternis, iis repudiantibus fisco tribui, non verò hæredibus maternis, qui non solùm privantur à fundis alterius stemmatis, sed etiam à mobilibus & acquestibus, quæ obvenirent alteri lineæ; adeò ut hæredes unius lineæ nihil lucrentur, per repudiationem factam ab hæredibus alterius lineæ.* C'est ainsi que M. François Decullant fait parler M. le président Duret sur notre article.

11. Les enfans du renonçant ne peuvent pas profiter de la renonciation de leur pere; soit parce qu'ils ne peuvent pas représenter leur pere vivant, & qu'ils en sont exclus par le degré qui est rempli; soit parce que par la renonciation de leur pere, sa part est accrue de plein droit à ses co-héritiers, & que chacun d'eux ayant été saisi, du moment du décès, de sa part afférante, le retranchement du renonçant a un effet rétroactif au jour du décès: c'est ce qui a été expliqué sur l'article 306, *suprà*.

Quand dans le partage de la succession qui se fait en directe, il n'y a simplement que diversité de lits; en ce cas la portion de l'un des enfans d'un lit qui renonce, n'accroît pas à ses freres germains, au préjudice de ses freres d'un autre lit, mais bien à la masse de la succession; & la raison, c'est que tous les enfans sont tous d'une même souche, & que la succession ne se partage pas par souches, mais par têtes. C'est la remarque de M. Menudel, sur notre article.

12. *Pater*, dit Menudel, *ex primo matrimonio habet quatuor liberos, ex secundo habet quinque: tres filii ex primo matrimonio abstinent à successione patris communis; quartus autem germanus dictis fratribus, & quinque consanguinei fratres adeunt successionem paternam; dabiturne quarto fratri germano portio integra trium fratrum germanorum repudiantium, ex §. 317? an verò massæ successionis accrescet tota illa repudiatio; & sic dividenda sit paterna successio in sex portiones, de quibus unica tantùm dabitur fratri germano trium repudiantium; quinque verò residuæ portiones, fratribus consanguineis..... Castellanus in causa Basinorum, civium hujusce urbis, successionem paternam in sex portiones dividendam judicavit, me scribente; & benè, quia hoc casu omnes sunt ejusdem caudicis, & agitur de successione paterna, quæ in capita dividenda est, ex paragrapho 300: paragraphus verò 317 loquitur de successione fratrum germanorum & descendentium ab eis; sed hoc exemplum nihil commune habet cum successione collaterali, de qua §. 317.* Menudel, *hìc*.

ARTICLE CCCXXIV.

De substitution d'héritier.

SUBSTITUTION d'héritier faite en testament ou autre disposition de derniere volonté, n'a lieu & ne vaut aucunement audit Pays par légat, n'autrement en quelque maniere que ce soit, & n'a aucun effet de légat.

1. IL y a deux sortes de substitutions, comme il a été dit sur l'article 224, *suprà*, où il faut avoir recours; la directe, & l'indirecte ou fidei-commissaire.

2. La substitution directe, qui n'est proprement qu'une institution subsidiaire, au défaut de la premiere, se peut faire par un contrat de mariage; & tel est le sentiment de M. Jean Cordier, & de M. Jean Decullant; de M. Brodeau, sur Louet, lett. S, somm. 9; de M. Lebrun, *des Succ.* liv. 3, ch. 2, n. 46; de M. de Lauriere, *des Inst. & Subst. contr.* ch. 7, n. 131; & tel est l'usage dans cette province. La raison de cet usage, dit M. Jean Cordier dans ses manuscrits, sur le mot *Substitution*, après Brodeau, c'est que cette Coutume n'ayant expressément prohibé que les substitutions testamentaires, faites par testament, ou autres dispositions de derniere volonté, elle a tacitement approuvé les contractuelles, qui se font par contrat de mariage; lesquelles sont reçues en France, & confirmées par l'ordonnance: *Quod enim Lex quibusdam prohibet, aliis concessisse videtur*, L. *Cùm Prætor 12 in princip. de Judiciis.*

3. M. Jean Decullant avoit fait la même observation avant M. Cordier: *Nobis non licet*, dit-il, *testamento substituere etiam per modum legati*, §. 324 *nostri Statuti; substitutio tamen sicut institutio hæredis permittitur in contractu matrimonii, favore contrahentium & descendentium ex hoc matrimonio.* Jean Decullant, traité *des Successions.*

4. Mais il faut que ces substitutions directes

soient faites au profit des descendans de l'institué, & ne peuvent être faites valablement au profit d'autres personnes, que des enfans des mariés. Tel est le sentiment de Lebrun, *des Succ.* liv. 3, ch. 2, n. 45; de de Lauriere, *des Instit. & Subst. contr.* ch. 7, *n.* 132; & de M. François Decullant, sur notre article.

5. *Non hìc sequitur*, dit M. François Decullant, sur ces mots, DE DERNIERE VOLONTÉ, *quòd liberè in quovis contractu possit fieri substitutio hæredis, sicut hìc censet* Papon; *sed in his tantùm valet contractibus apud nos substitutio inter vivos, in quibus nobis licet donare vel hæredem scribere; & quia Jure civili in contractu inter vivos, seu pacto non defertur hæreditas, L. fin. Cod. de pactis, sed tantùm testamento, ideò tantùm testamento licet Patriâ Juris scripti substituere, non autem contractu inter vivos, sed in nostro Statuto, cùm liceat hæredem instituere, & liberè de omnibus bonis disponere in contractu matrimonii, & in favorem contrahentium, & ex eo matrimonio descendentium, §. 219: sic licebit pariter substituere in favorem liberorum qui sunt futuri descendentes ex eo matrimonio.* M. François Decullant, *hìc.*

6. La raison est que les substitutions directes n'étant en effet que des secondes institutions, elles n'ont rien qui ne soit commun avec les véritables institutions; & que cette Coutume n'autorisant les institutions d'héritiers, comme il a été dit sur l'article 219, & les convenances de succéder par contrat de mariage, qu'en faveur des mariés & de leurs descendans, & défendant expressément les substitutions, il n'est pas possible de donner plus d'étendue aux substitutions, qui ne sont que de secondes institutions, qu'aux institutions que la Coutume ne tolére point, quand elles sont faites au profit des étrangers. L'arrêt de Chabanes, de l'an 1637, rapporté par Henrys, tome 1, liv. 6, chap. 5, quest. 25, n'est point contraire à cette décision: car dans l'espece de cet arrêt, il ne s'agissoit pas de substitution directe, mais d'une substitution fidei-commissaire, selon que l'a observé M. de Lauriere, *des Instit. & Subst. contr.* ch. 7, n. 44 & suiv.

7. Or nul doute qu'on ne puisse faire des substitutions obliques, précaires, ou fidei-commissaires par contrat de mariage au profit des étrangers, comme il a été dit sur l'article 224, où il faut recourir.

8. Il n'en est pas de même par testament; les substitutions testamentaires, tant directes, qu'indirectes & fidei-commissaires, sont absolument rejettées par cette Coutume dans le présent article; par celle d'Auvergne, tit. 12, art. 53; par celle de la Marche, art. 255, & par celle de Nivernois, ch. 33, art. 10. Et il faut faire à ce sujet différence entre les institutions & substitutions d'héritiers.

9. L'institution d'héritier à la vérité n'a point de lieu dans cette Coutume par testament; mais elle y vaut comme legs, ainsi qu'il résulte de l'article 291, *suprà*: & telle est la disposition précise de la Coutume d'Auvergne, tit. 12, art. 40; de celle de la Marche, art. 250. Tel est aussi le sentiment de nos commentateurs, de Papon, du président Duret, de M. Jean Decullant, & après lui de M. Decullant, son fils, & de M. Jacques Potier. *Statutum*, dit Jean Decullant, sur notre article, *rejicit paragrapho 291, suprà, omnem hæredis institutionem factam in testamento ex asse, & reducit eam ad legatum quartæ; ita ut hæres institutus in testamento sit tantùm legatarius; & hoc clariùs explicatur in paragrapho 40, Consf. Arvern. tit. 12, & paraphrasi* Basmaison. Jean Decullant, & après lui François Decullant, son fils, sur notre article.

10. Ainsi, si Pierre a pour héritier *ab intestat* un cousin germain, que ce cousin ait un neveu, & que Pierre ordonne par son testament que ce neveu partagera sa succession par moitié avec son oncle, ce neveu, en vertu de cette institution testamentaire, aura le quart des biens du défunt. C'est l'observation de M. le président Duret, sur l'article 291, *suprà*: *Quid ergò*, dit-il, *si Titius habeat consobrinum hæredem universalem ab intestato, & ex altero præmortuo filium, & testamento jusserit ut filius defuncti consobrini, vice patris, si extaret, cum superstite hæreditatis suæ partem æqualem ferat; an ejusmodi filius supremo Testatoris judicio, si non mediam, saltem quartam, de qua Testator disponere potuit, Lege statuariâ recipiet, quod negat Valla, art. 17, pag. 302 de reb. dub. sed ejus argumenta tanta non sunt, ut à sententia contraria nos dimovere possint..... cùm in hoc Statuto institutio hæredis extrà contractum matrimonii facta vim habeat legati.....* M. Duret sur l'article 291, *suprà*; & il y en a arrêt du 30 juillet 1657, cité par M. J. Ricard, dans sa note sur le présent article, insérée dans le nouveau coutumier général.

11. Quant à la substitution testamentaire, soit directe ou fidei-commissaire, elle ne vaut pas même comme legs; parce qu'on a bien voulu tolérer que les testateurs pussent disposer d'une partie de leurs biens au préjudice des héritiers du sang, par une premiere institution; & qu'on n'y a pas voulu permettre qu'ils fissent ce préjudice à leurs héritiers du sang, par une substitution ou seconde institution: ce qui se prouve par ces termes de notre article, *& ne vaut aucunement audit pays par légat, ni autrement, en quelque maniere que ce soit, & n'a aucun effet de légat.*

12. Le consentement même de l'héritier ne valide point la substitution, s'il est donné du vivant du testateur, selon la note de Dumoulin, sur la Coutume d'Auvergne, tit. 12, art. 53, & après lui du président Duret, sur notre article. *Etsi consensus*, dit M. Duret, *legitimi hæredis ab intestato successuri interveniat, Molin. ad §. 53, tit. 12, Consf. Arvern. quia teste eodem præstitus consensus, vivo Testatore, videtur extortus, & non valet, Arresto probat: nec propter hunc articulum recipimus distinctio-*

nem fideicommissariæ, & vulgaris substitutionis, quam idem Molinæus eodem loco refert. M. Duret, sur notre article.

13. Mais, si c'est après la mort du testateur que l'héritier approuve la substitution; en ce cas, dit Prohet sur la Coutume d'Auvergne, la substitution est confirmée par l'approbation de l'héritier, comme il a été jugé par l'arrêt des Hureaux, rendu dans cette Coutume. Prohet, sur la Coutume d'Auvergne, titre 12, articles 50 & 53. Brodeau sur Louet, lett. L, sommaire 6.

14. La prohibition de la Coutume, touchant les substitutions testamentaires, n'a été faite qu'en faveur des héritiers; de maniere qu'une substitution testamentaire est valable, dans le cas où il n'y auroit que le fisc d'intéressé. C'est la remarque de M. Jean Decullant, sur le mot, *ne vaut*, de notre article; *Hæc prohibitio*, dit-il, *mihi tantùm videtur facta respectu & favore hæredis familiaris seu sanguinis, vel instituti in favorem matrimonii, quia veri sunt hæredes; sed non respectu fisci, qui deficientibus veris hæredibus, bona successionis lucratur, nec dicitur verè hæres, aut successor. Undè cùm in necem & præjudicium illius quis possit testamento hæredem universalem bonorum instituere, vel legatis totam exhaurire hæreditatem, ut suprà diximus articulo 291; sic pariter quis poterit substituere, cùm substitutio sit altera hæredis institutio: nec primus institutus, aut ejus hæredes, poterunt conqueri, siquidem institutus non erat successurus Testatori.* Jean Decullant, *hìc.*

15. Quoique notre Coutume, non plus que celles d'Auvergne & de la Marche, ne parlent que de substitution d'héritier faite en testament, & non point de la substitution de légataire, on n'en doit pas conclure qu'elles ont seulement prohibé la substitution à l'égard de l'héritier institué, & non les substitutions de légataires à légataires: car, comme elles rejettent toute institution d'héritier testamentaire, qu'elles tiennent & réputent l'héritier institué simple légataire; quand elles disent que la substitution d'héritier n'a point de lieu, c'est autant que si elles disoient que la substitution en legs testamentaire n'a pas de lieu: c'est le raisonnement de Basmaison sur l'article 53 du titre 12 de la Coutume d'Auvergne, & après lui, de M. Jean Decullant sur notre article.

16. *Hic articulus*, dit M. Jean Decullant, *non restringitur ad substitutionem in persona hæredis; sed etiam prohibet substitutionem in persona legatarii: quia suprà, Statutum paragrapho 291 rejicit omnem hæredis institutionem factam in testamento ex asse, & reducit eam ad legatum quartæ; ita ut hæres institutus in testamento sit tantùm legatarius, & hoc clariùs explicatur in paragrapho 53, Cons. Arvern. tit. 12, in paraphrasi* de Basmaison. Jean Decullant, *hìc.*

17. Toutes sortes de substitutions d'héritiers & de légataires, soit directes, ou obliques & fidei-commissaires, sont donc rejettées par ces Coutumes, faites en testament ou autre disposition de derniere volonté; & tel y est l'usage, suivant nos commentateurs & ceux de la Coutume d'Auvergne. De quelque maniere que la substitution apposée au legs soit conçue, dit Basmaison, soit qu'elle soit conçue de cette façon: je légue à Titius, & s'il ne veut accepter, je légue à Sempronius; ou bien de celle-ci: je prie & charge Titius de restituer la chose à Sempronius dans certain temps, ou sous certaine condition; elle est nulle absolument: desorte que si Titius accepte le legs, il est déchargé de toute restitution; & qu'au cas qu'il décede avant le testateur, qu'il ne puisse ou ne veuille pas le recueillir, le legs demeure & appartient aux héritiers *ab intestat*, & non au légataire substitué. Basmaison, sur l'article 53 du titre 12 de la Coutume d'Auvergne.

18. Il faut bien toutefois prendre garde de confondre le legs sous condition & à terme incertain, avec la substitution testamentaire, directe, ou fidei-commissaire; la substitution testamentaire, tant directe que fidei-commissaire, est rejettée, comme il vient d'être dit; mais non pas le legs sous condition, qui ne renferme point de substitution: c'est ce qui va s'expliquer dans l'exemple qui suit, rapporté par M. Menudel sur notre article.

19. Magdelaine Bidou, dit Menudel, légua à Jean Bechonnet, son mari, le quart, aux termes de la Coutume, au cas que leurs enfans vinssent à mourir, & non autrement; sur lequel testament procès ayant été mû à Montaigu, contre Bechonnet, après le décès de ses enfans, qui avoient survêcu leur mere, les avocats d'Auvergne disoient que le testament ne pouvoit être pris pour substitution vulgaire, puisqu'il n'y avoit point de premiere institution; ni pour oblique ou fidei-commissaire, puisque Bechonnet n'étoit point chargé de restitution à aucune personne, & qu'il ne prenoit point d'ailleurs le legs par restitution ou fidei-commis des enfans, auxquels la testatrice n'avoit pas légué le quart; desorte que ce n'étoit, à le bien prendre, qu'une condition, laquelle cessoit le cas étant arrivé; & laquelle condition ne changeoit pas la nature du legs en celle de fidei-commis ou substitution, vulgaire ou autre; parce que les enfans de ladite Bidou se trouvoient seulement *in conditione*, & non *in dispositione*.

20. Les avocats de Paris, M^rs. le Feron, Brodeau, Hilaire & la Faulte, ayant été consultés, ils répondirent que ce legs n'étoit pas substitution. La consultation est rapportée à la fin de l'ouvrage, sur cet article: & M. Brodeau, dans sa note sur le présent article, insérée dans le coutumier général, rappelle les raisons rapportées dans la consultation. M. Menudel, *hìc.*

21. A la vérité, cette question s'étant présentée en cette Sénéchaussée plusieurs fois, elle y a été jugée différemment: mais la derniere

derniere jurisprudence a été pour la validité du testament & du legs conditionnel.

* Mrs. le Feron, Brodeau & Hilaire, ayant été consultés sur le procès de Jean Bechonnet, ils répondirent que le legs en question n'étoit pas substitution, parce que *substitutio est secunda institutio*, & que les enfans n'étoient pas institués; ce qu'ils confirmoient par la loi *Si quis eum 16, §. 1, ff. de vulg. & pupill. substit.* où il est dit que cette clause, mise par un pere dans un testament, *si vivo se filius decedat*, ne vaut institution à l'égard du fils, lequel est censé prétérit: d'où ils inféroient que telle forme du legs n'étoit pas une institution, mais un legs sous condition, ayant ladite Bidon considéré ses enfans, & voulu qu'eux venant à mourir, son bien appartînt à son mari. Ils disoient de plus, que cette condition étoit permise aux donations & testamens, suivant la remarque de Dumoulin, sur l'article 221 de l'ancienne Coutume d'Orléans, où il dit que le mari & la femme n'ayant qu'un enfant moribond, peuvent faire donation mutuelle, *in casum quo ille præmoriatur sine liberis*, & qu'elle vaut, *quia concurrunt jus commune & Consuetudinis mens.*

M. la Faulte, autre avocat de même avis, disoit que la Bidon n'avoit fait mention de ses enfans, que pour désigner le temps auquel le legs seroit dû.... & que le mari a été seulement obligé par cette clause, d'attendre *extrinsecùs positæ conditionis eventum*..... Laquelle clause n'étoit qu'une condition, *quæ rem futuram ostendebat.* M. Menudel, sur l'article 324 de la Coutume.

Cette question s'étant présentée en cette Sénéchaussée plusieurs fois, elle y a été jugée différemment. *Hæc quæstio*, dit M. Jean Decullant, *fuit agitata Molinis in successione Mariæ* Lhuillier, *uxoris Francisci* Heuillard, *cujus mater, vocata* Duteil, *legaverat testamento Patribus Carmelitis quinquaginta libras, & totidem Patribus Dominicanis, & trecentas libras cuidam sorori suæ uterinæ, nuptæ Joanni* Guyonnet, *in casum quo dicta Maria, filia sua, obiret sine liberis; accidit ut testatrice mortuâ moreretur etiam filia sine liberis, & ideò legatarii petebant legata, quasi conditione substitutionis obventâ, quæ illis fuerant adjudicata per Sententiam Domini Castellani, quæ tamen fuit revocata per Sententiam Domini Senescalli, Relatore Domino* Roy, *omnibus Senatoribus convocatis : scripserat rationes appellationis Joannes* Decullant, *pro hæredibus dictæ Mariæ* Lhuillier, *ann. 1622, & hæc erat communis opinio Advocatorum, huicque Sententiæ legatarii acquieverunt.* M. Jean Decullant, sur l'article 324.

Depuis, la jurisprudence a changé dans ce siége; & la même question s'étant présentée de nouveau, selon que le rapporte M. François Menudel, on a jugé autrement. Antoinette Poivret, dit M. Menudel, femme à Jacques Hermant, duquel elle avoit une fille, délaissa par testament quelque chose à son mari pour avoir lieu après le décès de la disposante & de ladite fille. *Talem dispositionem* ajoute Menudel, *non valere putabant DD. Præsides* Duret & Merlet, *quòd talis dispositio esset testamentaria substitutio: ego autem tenui valere tanquam simplex legatum in diem, quæ dies adjecta videtur conformiter Juri civili, quo mulier magis filiam quàm maritum diligere videtur, & ita secundùm me judicatum*, sur un appel du châtelain de Mont-Luçon. Depuis encore, dit toujours le même Menudel, le testament de Gervaise Martin a été confirmé en cette Sénéchaussée, par lequel elle donnoit le quart à son mari, après le décès de Gilbert Jarnat, leur fils. M. Menudel, sur l'article 324.

ARTICLE CCCXXV.

QUAND aucun habile à succéder *ab intestat* paye créanciers, légats, ou fait autre acte d'héritier, il est tenu & réputé héritier, & ne peut après répudier ladite succession, quelque protestation qu'il puisse faire au contraire.

Quand aucun est tenu pour héritier.

1. C'Est une regle de notre droit Français, que les héritiers présomptifs peuvent renoncer aux successions qui leur sont échues, ou les appréhender; que n'est héritier qui ne veut, & qu'il n'y a point d'héritiers nécessaires: c'est ce qui est précisément déclaré par quelques-unes de nos Coutumes, comme celles de Paris, article 316; de la Marche, art. 258; de Melun, art. 266; de Montfort, art. 102; d'Estampes, art. 117; d'Orléans, art. 335, & autres.

2. Mais une condition nécessaire pour la validité d'une renonciation à une succession échue, est que les choses soient en leur entier, & que celui qui renonce n'ait fait aucun acte d'héritier, & à plus forte raison qu'il ne se soit pas déclaré précisément héritier, comme il sera dit sur l'article suivant.

3. La déclaration & l'acceptation précise qui se fait en justice, ou pardevant notaires en quelqu'acte, ne laisse pas de doute: mais la difficulté consiste à bien discerner, quand il n'y a point de déclaration, ce qui peut & doit passer pour acte d'héritier.

4. Disposer des biens de la succession, comme maître & propriétaire d'iceux, par baux à ferme ou à loyer, vente ou autrement, les prendre & appliquer à son profit, c'est d'héritier présomptif devenir héritier pur & simple, ainsi qu'il est porté dans la Coutume de

Melun, article 272 ; dans celle de Paris, article 317 ; d'Orléans, art. 336, & autres.

5. Quand même l'héritier présomptif seroit créancier du défunt, il ne peut point prendre de ses biens en paiement, de son autorité privée : mais il en doit faire la demande & poursuite en justice ; autrement il fait acte d'héritier : c'est ce qui se trouve décidé par led. article 317 de la Coutume de Paris ; 336 de celle d'Orléans, & autres, & par le droit civil, §. 7, *Instit. de hæred. qual. & diff.* C'est la remarque du président Duret ; *hic.*

6. Payer les dettes de la succession, c'est encore faire acte d'héritier ; par la raison que l'on reconnoît devoir ce que l'on paye, & qu'on ne le doit que comme héritier ; c'est la décision de la loi 2, cod. *de jure delib.* la disposition de la Coutume au présent article, & de celle de Niv. ch. 34, art. 26.

7. On fait aussi acte d'héritier, quand on céde ses droits successifs à quelqu'un, soit que la cession soit faite pour une somme d'argent, ou pour rien, à un des co-héritiers ou à un étranger. La raison est qu'on ne peut pas céder un droit qu'il ne soit acquis, & qu'on l'acquiert par la qualité d'héritier.

8. Il y a plus de difficulté, quand on reçoit une somme pour renoncer à l'hérédité, & la faire passer aux autres héritiers. Les sentimens sont là-dessus partagés : mais l'affirmative est celle que je crois véritable ; car, encore qu'il semble qu'on ne soit pas héritier, puisqu'on renonce à l'hérédité, c'est pourtant en effet une vente que l'on fait de son droit : ce qu'on ne peut faire que comme héritier. Ainsi l'héritier qui pour un prix renonce ou s'abstient de l'hérédité, quoique sans cession & transport, demeure héritier à l'égard des créanciers & légataires, quoiqu'il perde les droits de cette qualité à l'égard de celui à qui il les remet. C'est la décision du droit civil, L. 2, ff. *Si quis om. caus. test.* & L. 1, C. *Si omissa sit caus. test.* & le sentiment de Domat, dans *les Loix civ.* dans leur ordre nat. tome 3, liv. 1, tit. 1, sect. 1, art. 18, & tit 3, sect. 1, art. 9. Lebrun, dans son traité *des Succ.* liv. 3, ch. 8, sect. 2, est d'un avis contraire : mais le sentiment de Domat me paroît le véritable ; parce que, quoiqu'on puisse dire, celui qui reçoit une somme pour renoncer ou s'abstenir d'une succession, en recevant un prix de l'hérédité, en fait dans le fond une véritable vente.

9. Autre chose est d'une renonciation à une succession future ; parce qu'on ne peut pas faire d'acte d'héritier pour une succession future, & que pour faire acte d'héritier, deux choses sont requises, l'échéance de la succession, & une disposition de la part de l'héritier de sa portion héréditaire, qui est une véritable donation, laquelle suppose nécessairement une acceptation de la succession.

10. Celui qui n'est point héritier présomptif & habile à se porter héritier, ne peut point faire acte d'héritier : car il faut que la succession soit déférée par la nature ou par la loi, à celui qui veut l'être ; ensorte que, si un parent éloigné s'immisce dans les biens de la succession, il ne peut être poursuivi en cette qualité, si un plus proche, par lequel il est exclus, a pris la qualité d'héritier : aussi cette Coutume, au présent article, & celle de Nivernois, ch. 34, art. 26, ne parlent-elles que d'un héritier habile à succéder. C'est la remarque de Coquille, sur la Coutume de Nivernois, en l'endroit cité.

11. Les actes que peut faire un héritier, pendant qu'il ignore la mort de celui à qui il succede, & qui agit par d'autres vues, ne l'engagent pas : car, pour faire un acte d'héritier, il faut savoir qu'on l'est, & que la succession est ouverte, c'est-à-dire, que celui à qui on doit succéder, est décédé. Ainsi, si celui qui étant héritier présomptif d'une personne absente, & qui prenant soin de ses affaires pendant son absence, continue de prendre ce soin après la mort de cette personne ; avant que cette mort soit venue à sa connoissance, il ne s'engage pas pour cela à l'hérédité ; & il s'y engageroit aussi peu, quand il sauroit la mort, s'il ignoroit qu'il fût héritier. *Qui hæreditatem adire, vel bonorum possessionem petere volet, certus esse debet defunctum esse Testatorem*, dit la loi 19, ff. *de acquir. vel omitt. hæred.*

12. Les actes qu'un héritier présomptif fait sans dessein d'accepter l'hérédité, mais par de bonnes & justes causes, ne l'engagent pas non plus à l'hérédité, pourvu que les circonstances fassent connoître son intention & bonne foi : car l'adition d'hérédité étant *plùs animi, quàm facti*, suivant la loi *Pro hærede*, ff. *de acquir. vel omitt. hæred.* cette adition présuppose deux choses que l'on ne doit pas séparer, & qui doivent être unies, qui sont le fait & la volonté, l'intention & l'exécution ; & il faut avoir plus d'égard à l'intention, qu'à l'exécution. De-là se suit :

13. 1°. Qu'un fils qui prend soin de la sépulture de son pere, & qui paye les frais funéraires, ne fait point acte d'héritier ; parce que c'est un devoir de piété naturelle, & que ce seroit contrister les manes du défunt, que de se rapporter de cet office à des mains étrangeres : c'est la remarque de Dumoulin, dans sa note, sur notre article.

14. 2°. Que l'héritier présomptif, qui pour ne pas laisser perdre ou périr une chose de l'hérédité, en prend quelque soin ; qui ramasse, par exemple, les effets de la succession épars & dispersés, & les remet dans la maison du défunt, ne fait pas encore acte d'héritier, selon le même Dumoulin, dans sa note, sur notre article. Et c'est sur ce fondement qu'il a été jugé par arrêt de la troisieme des enquêtes, du 26 mai 1674, qu'un héritier présomptif n'avoit pas fait acte d'héritier, pour avoir pris les clefs du défunt, & demeuré en possession de ses biens avant la confection d'inventaire : cet arrêt est rapporté dans la

troisieme partie du journal du palais, journal du 7 juin 1674, & cité par Lebrun, *des Succ.* liv. 3, ch. 8, sect. 9.

15. Regle générale; toutes fois & quantes que l'acte se peut soutenir sans le droit, nom & qualité d'héritier, on n'est point présumé avoir fait acte d'héritier, selon qu'il résulte de ces mots de l'article 317 de la Coutume de Paris, *sans avoir autre qualité, ou droit de prendre lesdits biens ou partie*; & qu'il a été décidé par sentence de cette Sénéchaussée, confirmée par arrêt, en faveur de Joly, huissier.

* Joly, huissier, avoit été déclaré héritier de son pere, par une sentence de la châtellenie de cette ville de Moulins de 1690, & en cette qualité condamné envers Marie Bertillot, veuve de N. Lavallée, à lui payer une somme considérable, pour des gens de cette condition; mais il en fut déchargé par sentence de cette Sénéchaussée, laquelle fut ensuite confirmée au parlement; & cette décharge de la qualité d'héritier fut fondée sur ce que les différens actes par lesquels on prétendoit qu'il avoit disposé des effets de l'hérédité de son pere, pouvoient se soutenir sans la qualité de son héritier, en ce qu'il justifioit par écrit qu'il y avoit eû une société entre le pere & le fils, pour raison des fruits & revenus de la terre & seigneurie des Bordes, qu'ils avoient pris conjointement à titre de ferme, & que la plus grande partie des biens dont on blâmoit ledit Joly, huissier, d'avoir disposé, étoit des effets de ladite ferme qu'il disoit avoir été obligé de vendre & de convertir en deniers, afin de les employer suivant la destination en l'acquittement du prix de la ferme. M. Jean Fauconnier, sur l'article 325. Cet arrêt est tiré du manuscrit de M. Jean Fauconnier, *hìc.*

16. Quand l'héritier présomptif a une fois renoncé expressément, il ne fait plus régulièrement acte d'héritier, en prenant des biens de la succession; mais il peut être poursuivi, même par action de vol, pour en faire la restitution: & c'est une maxime générale, tant pour les successions que les communautés, que ce qui seroit acte d'héritier, ou de commune avant la renonciation, est réputé un véritable larcin, après avoir renoncé. C'est la disposition de la loi 71, §. *ult.* ff. *de acquir. vel omitt. hæred.* & les arrêts y sont conformes: ils sont rapportés par M. Louet, lett. R, somm. 1; & par Chopin, sur la Coutume de Paris, liv. 2, tit. 5, n. 18. * Si ce n'est que l'on eût affecté de renoncer publiquement, pour prendre ensuite impunément les effets & biens de la succession, sans compte ni mesure. *Nisi quidem*, dit M. Dargentré, *facta in fraudem renunciatio probaretur, ut res hæreditariæ interverterentur;* auquel cas, selon que l'a observé M. Denis Lebrun, le renonçant doit être tenu des dettes de la succession envers les créanciers, sa renonciation au surplus subsistant à l'égard des autres co-héritiers; sauf toutefois son recours contr'eux pour ce qu'il payera aux créanciers, parce que personne ne doit s'enrichir aux dépens d'autrui, L. 74, ff. *de Reg. Jur.* Mais s'il n'y a point de créanciers, & que dans ce cas la fraude ne concerne que d'autres héritiers, ils pourront le poursuivre pour le larcin qu'il aura commis. Dargentré, sur l'article 415 de la Cout. de Bretagne, gl. 3, & Lebrun, traité des Successions, livre 3, chapitre 8, sect. 2, nombre 63.

ARTICLE CCCXXVI.

QUAND aucun a déclaré en Jugement être héritier d'un défunt, ladite déclaration profite à celui à la requête duquel elle a été faite, & à tous autres. Et aussi quand aucun a déclaré judiciellement qu'il n'est héritier dudit défunt, ladite déclaration vaut renonciation à ladite succession, & profite à tous. Autre chose est, s'il est réputé héritier par contumace; car en ce cas il n'est réputé héritier, qu'au profit de ceux contre lesquels il est déclaré héritier.

1. C'Est une maxime, comme il a été dit sur l'article précédent, que nul n'est héritier qui ne veut; & de cette maxime il s'ensuit qu'un héritier présomptif, en quelque ligne que ce soit, n'est point déclaré héritier pour n'avoir pas renoncé dans le temps porté dans l'ordonnance de 1667, titre *des délais pour délibérer*; & qu'il est toujours reçu à le faire dans quelque temps que ce soit, quand il est poursuivi par les créanciers, pourvu qu'il ne se soit pas immiscé. *Cæterùm meminisse oportet*, dit M. le président Duret, sur l'article 299, *suprà, quod hìc traditur, ita capiendum esse, ut rebus integris superstite invito non obtineat: quia hodie quis hæres necessarius non est, ut nec emere, nec donatum assequi; ita nec hæreditatem adire quis compellitur...... proindè non sufficit creditoribus hæreditariis probare eum quem conveniunt esse defuncti filium, nisi & probent hunc se hæreditati immiscuisse, propter jus abstinendi.* Telle est la remarque de M. Duret sur ledit article 299, *suprà*; & c'est aussi le sentiment de Lebrun, *des Succ.* liv. 3, ch. 1, n. 37.

2. Mais, quand un héritier présomptif est ajourné pour déclarer s'il se veut porter héritier, ou non, en ce cas il est tenu d'accepter ou de répudier l'hérédité: toutefois, avant que de passer par la déclaration, il peut requérir que le créancier déclarera sa dette, & en

justifiera; même qu'il déclarera toutes ses créances contre le défunt, ainsi qu'il a été jugé en ce présidial, dit M. Potier sur notre article; & si l'héritier présomptif refuse de faire sa déclaration, il sera déclaré héritier par défaut, qui est ce qu'on appelle héritier par contumace, dont il est parlé dans notre article & dans l'art. 27 du ch. 34 de la Coutume de Nivernois. Et il y a cette différence entre l'héritier en ligne directe, & les autres sortes d'héritiers; qu'à l'égard de l'héritier en ligne directe, il faut une répudiation en justice pour n'être pas réputé héritier; qu'il ne lui suffit pas de dire qu'il ne s'est pas immiscé; qu'il est nécessaire qu'il répudie, & qu'il justifie d'une renonciation. Telle est la derniere jurisprudence des arrêts: je l'ai vu ainsi juger plusieurs fois en ce siége; tellement qu'on se conforme, pour ce qui concerne la ligne directe, à la disposition de la Coutume d'Auvergne, tit. 12, art. 54, & de celle de la Marche, art. 256.

3. Par l'ordonnance de 1667, au tit. *des délais pour délibérer*, art. 1, l'héritier a trois mois pour faire inventaire, & ensuite quarante jours pour délibérer; avant lequel temps on ne peut pas l'obliger de faire sa déclaration; & même, s'il justifie que l'inventaire n'a pu être fait dans les trois mois, l'ordonnance veut qu'il lui soit accordé un délai convenable pour faire inventaire, & quarante jours pour délibérer, lequel délai sera réglé à l'audience.

4. La déclaration que l'on fait en jugement d'être héritier, profite au poursuivant & à tous autres; & il en est de même de la répudiation: mais, quand on est réputé héritier par contumace, c'est-à-dire, faute d'avoir fait sa déclaration, ayant été ajourné pour cela, on n'est réputé héritier, qu'au profit de ceux au profit desquels est rendu le jugement. Telle est la disposition formelle de notre Coutume, au présent article, & de celle de Nivernois, article 27, chap. 34.

5. L'héritier mineur ne peut pas faire d'acceptation ou de renonciation d'hérédité, qui l'engage irrévocablement. Les actes continués par le mineur après sa majorité, n'empêchent pas même la restitution, si ce sont des suites nécessaires de ce qui s'est fait en minorité; & ils ne forment d'obstacle à cette restitution, que quand ils se continuent en majorité avec liberté & une parfaite connoissance. C'est la disposition du §. *Scio*, de la loi 3, ff. *de min. 25 ann.* & des arrêts rendus en conformité, cités par M. Denis Lebrun, *des Succ.* liv. 4, chap. 2, sect. 2, n. 57.

6. Il n'en est pas de même du majeur; car qui a accepté une succession, ou qui y a renoncé en majorité, n'en peut être relevé, s'il ne l'a fait par dol & fraude, de celui qui y avoit intérêt. Ainsi jugé par arrêt du 29 juillet 1701, sur les conclusions de M. Portail, avocat général; l'arrêt est cité par Lebrun, adition dix-septieme, édit. 1714.

7. Ainsi, quoique la renonciation à l'hérédité semble n'avoir d'autre effet que de dégager de la qualité d'héritier, celui qui pouvoit l'être, sans l'obliger à rien; elle a pourtant cet effet, que celui qui a une fois renoncé à une succession, ne peut plus la reprendre, si celui qui devoit succéder à son défaut, s'est mis en sa place: car cet héritier qui a renoncé, s'est obligé envers l'autre à le laisser jouir paisiblement de l'hérédité, dont il lui a laissé les biens & les charges.

8. Cela est sans difficulté dans les successions collatérales: mais en succession directe, si, après une renonciation, le fils qui l'auroit faite, venoit à s'en repentir, les choses étant encore au même état, sans qu'aucun héritier se fût présenté, rien n'empêcheroit qu'il ne reprît son droit.

9. La difficulté est, quand il y a des héritiers qui occupent la succession, s'il peut revenir à la succession dans les trois ans après sa répudiation. La loi 3 & la loi derniere, Cod. *de repud. & abstin. hæred.* lui donnent ce droit: & tel est le sentiment de Coquille sur la Coutume de Nivernois, chap. 34, article 26; d'Henrys, tome 2, liv. 6, qu. 24; de Bardet, liv. 3, ch. 15; de Tronçon, d'Auzanet, de de Ferriere sur la Coutume de Paris, art. 316, n. 30; de Bretonnier sur Henrys, au lieu cité. Et telle étoit l'ancienne jurisprudence du palais, selon que l'assure le même Bretonnier.

10. Mais d'autres, comme Lebrun, soutiennent fortement qu'on ne doit pas admettre en pays coutumier cette disposition du droit écrit; parce que les héritiers nécessaires n'étant pas de notre usage, & l'adition d'hérédité étant toujours volontaire, il n'y a aucun prétexte de recevoir un majeur à réclamer contre sa renonciation, ni de suivre cette loi derniere, Cod. *de repud.* n'y ayant pas d'actes faits avec plus de connoissance de cause, que les renonciations à des successions échues. Tel est le raisonnement de Lebrun, *des Succ.* liv. 3, ch. 8, sect. 2, n. 46 & suiv. Et telle est, de l'aveu de Bretonnier, la nouvelle jurisprudence du palais; & ainsi fut jugé, suivant ce dernier sentiment, dans le procès qu'avoit défunt M. Alamargot, lieutenant criminel en ce siége, avec ses freres, au rapport de M. Farionel, le jeune, le 10 juillet 1722: J'étois des juges. A la vérité il y avoit du particulier, & les circonstances de l'affaire contribuerent beaucoup au jugement.

11. La renonciation à la succession échue doit être expresse & formelle; car la conséquence est si grande de priver les légitimes héritiers d'une succession qui leur est due, que sans une déclaration précise ils ne sont jamais présumés avoir abandonné de si justes droits, si ce n'est qu'ils ayent laissé écouler trente années, sans demander leurs portions héréditaires; ou plutôt, si ce n'est qu'ils ayent laissé prescrire l'action de pétition d'hérédité, par le temps requis par la Coutume pour cette prescription: *Est enim*, dit M. Dargentré, sur la

la Coutume de Bretagne, article 275, n. 4, *majoris momenti, quàm ut actibus tacitis colligi renunciatio possit.* Lebrun, *des Succ.* liv. 3, chap. 8, sect. 2, n. 36 & suiv.

ARTICLE CCCXXVII.

LE SEIGNEUR Justicier ne peut faire mettre sa main, sans réquisition de Partie, sur les biens & successions des décédans en sa Justice, quand il y a héritiers apparens, qui tels se déclarent, comme pere, mere, enfans, freres, sœurs, oncles, cousins & cousines, tant germains que remuez de germains, tantes, neveux, nieces demeurans au lieu & Justice où le défunt est trépassé; mais, si lesdits héritiers apparens ne se déclarent, le Seigneur Justicier pourra faire ladite main-mise pour la conservation du droit des Parties, ensemble inventaire des biens à moindres frais que faire se pourra; laquelle main-mise sera levée à l'héritier apparent, en vérifiant sommairement & de plein, qu'il est prochain lignager du trépassé.

Comment le Seigneur peut mettre la main sur les biens du défunt.

1. LEs biens d'une personne décédée sans héritiers, dans la justice d'un seigneur haut justicier, lui appartiennent par droit de déshérence, suivant l'article suivant : c'est pourquoi le seigneur, après son décès, a droit de les saisir & mettre en sa main; mais ce droit est restreint & limité par notre article, au cas qu'il n'y ait pas d'héritiers apparens, & qui se déclarent tels.

2. Encore le seigneur est-il tenu, dans le cas où il n'y a pas d'héritiers apparens, de faire saisir ces biens, les faire inventorier, régir & gouverner par gens solvables : c'est ce qui résulte de la disposition de notre article; & c'est la disposition de la Coutume de Mantes, art. 190; de Laon, art. 84; de Châlons, art. 93; de Reims, art. 344; de Chaulny, art. 44, & autres. Et après les publications ordinaires, s'il ne se présente aucun héritier, il peut se les faire adjuger : la raison est qu'il ne peut pas se faire justice à lui-même; & qu'étant tenu de restituer les biens vacans, en cas qu'il se présente quelque héritier du défunt, il est obligé, & de faire faire inventaire des biens de la succession, & de se les faire adjuger par justice.

3. Le seigneur haut justicier, qui prend les biens du défunt par droit de déshérence, peut être évincé pour raison desdits biens dans les trente ans, à la charge de rembourser les frais raisonnables. C'est la disposition de la Coutume de Lodunois, ch. 1, articles 20 & 21; & la raison c'est que l'action en pétition d'hérédité, aux termes de notre Coutume, art. 23, comme toutes les autres, ne se prescrit que par 30 ans : *Deducto tamen tempore minoritatis hæredum, vel captivitatis*, dit Dumoulin, dans sa note sur ledit article 20 de la Coutume de Lodunois.

4. Le seigneur n'est tenu, en cas d'éviction, de rendre les fruits par lui perçus; c'est la disposition de la Coutume de Lodunois, article 21, ch. 1; & la raison est que le seigneur est possesseur de bonne foi, & qu'il posséde les biens comme lui appartenans par droit de déshérence ou de biens vacans, à la charge néanmoins de les restituer à l'héritier qui se présentera dans les 30 ans; & s'il étoit tenu de rendre les fruits perçus, cela lui causeroit un très-grand préjudice.

5. Tout parent d'un défunt, quoique précédé par d'autres plus proches, a droit d'évincer le seigneur, si les plus proches ne lui demandent pas l'hérédité : la raison est que le seigneur en ce cas ne peut pas exciper du droit d'un tiers; & que les plus proches qui ne demandent point la succession, sont censés y avoir renoncé.

Voyez l'article suivant & le 332, *infrà*.

ARTICLE CCCXXVIII.

LE SEIGNEUR haut Justicier succéde aux décédans sans parens & lignagers habiles à lui succéder; & ne le forclôt le mari en succession de la femme, ne la femme en celle du mari, ne aussi le lignager ès biens, esquels il n'est habile à lui succéder.

Le Seigneur est héritier des décédans sans parens.

1. NOtre Coutume, dans le présent article, & celle d'Orléans, dans l'article 344, établissent le droit de déshérence en faveur du seigneur haut justicier; lequel droit consiste à lui attribuer les successions auxquelles il n'y a point d'héritiers. *Jus desherentiæ*, dit

M. Louis Semin, *locum habet in defectu hæredis, & idem sonat quod defectus hæredis; bona vacantia latiùs patent.*

2. Si dans la succession vacante il y a des biens dans l'étendue de plusieurs justices, chaque seigneur prend par droit de déshérence ce qui se trouve dans sa haute justice, soit meubles, ou immeubles; & en ce cas les meubles ne sont point censés, dit M. Menudel, du lieu où étoit le domicile de la personne, mais appartiennent au seigneur haut justicier, en la justice duquel ils se trouvent lors du décès. C'est aussi l'observation de M. le président Duret & de M. Jean Decullant, sur le mot de notre article, SUCCÉDE. *In bonis*, dit M. Duret, *quæ in suo territorio existunt, non in aliis; nam Statuta & jura municipum realia sunt, & indistinctè sua territoria non egrediuntur. Fiscus*, dit M. Decullant, *non in universum jus defuncti, sed dumtaxat in ea quæ reperiuntur in suo territorio, sive sint mobilia, sive immobilia; ita ut mobilia defuncti eo casu non sequuntur legem domicilii*; & telle est la disposition formelle de la Coutume de Laon, article 86.

3. Quant à ce qui concerne les obligations & dettes actives, elles appartiennent au seigneur haut justicier, en la justice duquel demeure le créancier, ainsi que nous le dirons sur l'article 349, *infrà*.

4. Dans le cas de déshérence, le seigneur haut justicier ne prend pas les biens du défunt, en qualité d'héritier, & ne succéde pas proprement à la personne, mais aux biens: ainsi c'est improprement qu'il est dit dans notre article, que LE SEIGNEUR HAUT JUSTICIER SUCCÉDE AUX DÉCÉDANS SANS PARENS. *Hæc forma loquendi*, dit M. François Menudel, *est impropria; succedit enim tantùm bonis, non verò personæ*; & de-là il s'ensuit deux choses.

5. La premiere, que le seigneur haut justicier n'est tenu de payer les dettes du défunt, dont il prend les biens par droit de déshérence, que jusqu'à concurrence de la valeur d'iceux, ainsi qu'il est dit dans l'article 350, *infrà*, au cas toutefois qu'il en ait fait faire inventaire: Et la seconde, qu'il n'est pas saisi de ces biens, comme le seroit un héritier, mais qu'il doit se les faire adjuger en justice, comme il a été dit sur l'article précédent. C'est l'observation de M. François Decullant, sur notre article: *Successio vacans*, dit-il, *in qua non reperitur hæres, non vocatur hæreditas; quapropter Altus Juridicus, deshærentiæ jure succedens, non est defuncti hæres, sed bonorum successor, cujus rei duo sunt effectus notabiles. Primus, talis successor non tenetur æs alienum facere, nisi usque ad bonorum concurrentiam, quæ ad eum pervenit: Alius, succedens bonis vacantibus, Consuetudine saisitus non est.....* M. Decullant, *hìc.*

6. Notre jurisprudence coutumiere ne donnant jamais au fisc que le dernier lieu dans les successions, elle reçoit les parens les plus éloignés à son exclusion; & suivant cette jurisprudence, l'on peut succéder dans tous les degrés de la ligne collatérale, à l'exclusion du fisc. *Planè habilis*, dit M. le président Duret, *licèt ultrà decimum gradum, excludit fiscum, quo jure utimur; & hoc in Gallia passim obtinet ut fiscus à Gentilibus ultrà decimum gradum excludatur, Chop. de Doman. Franciæ, lib. 1.* M. Duret, *hìc.*

Mais quand le défunt n'a laissé que des parens d'un côté habiles à lui succéder, & qu'il ne se présente point de parens de l'autre côté; en ce cas il faut distinguer entre les différentes sortes de biens, & distinguer les meubles, acquêts & propres naissans, d'avec les anciens propres.

7. Quand la succession du défunt n'est composée que de meubles & acquêts, ou de propres naissans, qu'il ne se présente que des héritiers d'un côté, du côté paternel, par exemple, & qu'il n'y en a aucun du côté maternel; pour lors la portion des biens du côté maternel n'accroît pas aux héritiers paternels, mais c'est le seigneur haut justicier qui y succéde. C'est la disposition de notre Coutume, au présent article; celle de la Coutume d'Anjou, art. 268; du Maine, art. 286; de Bretagne, art. 595: & ainsi se juge en ce siége, & s'observe dans cette province; & je l'ai vu ainsi juger différentes fois en cette Sénéchaussée; & tel est le sentiment de nos commentateurs, dans leurs manuscrits.

8. *Quæritur*, dit M. François Decullant, *an deficientibus ex una linea hæredibus succedant alii ex altera linea, excludendo fiscum. Hæc quæstio non recipit Jure Romano causam dubitandi: fiscus enim postponitur omnibus.... sed major est dubitatio in Patria consuetudinaria, quòd fiscus postponatur, facit Consuet. Parisf. §. 330*; d'Orléans, 326; de Berry, *tit. des Succ.* art. 1; de Reims, §. 316; de Laon, art. 82. *C. Molinæus ubique secutus est hanc regulam, & in d. §. 316 Consf.* de Reims *ait hanc esse legem generalem in Regno; pariter etiam in §. 30 veter. Consf. Parisf. tit. de feud. n. 134, & in §. 315, 322; & hoc nostro §. 328 nostræ Consuetudinis nititur nobis introducere hanc sententiam.*

9. *Pro sententia contraria, quòd fiscus anteponatur consanguineis alterius lineæ, cùm hæredes deficiunt, doctè disputat Argentr. in §. 436 veteris Consuet. Britann. in verbo*, SELON LE RAMAGE; *& ita fuit decisum §. 595 ejusdem Consuet. idem §. 268 Consuet.* d'Anjou, *& 286* du Maine.

10. *Quicquid aliter velit Molin. in paragraphis 315, 323 & 328 nostræ Consuetudinis, videtur aliter dicendum pro fisco: nam paragraphus 187 in successione filiorum Spurii procreatorum ex legitimo matrimonio, decedentium sine liberis, fratribus, & sine patre & matre, admittit consanguineos maternos ad bona materna, & dimidiam mobilium & acquestuum, & fiscum ad cætera, deficientibus paternis hæredibus; & paragraphus 323 clarè loquitur his verbis*, ACCROÎT AUX AUTRES, S'ILS SONT DE

MÊME ESTOC ET LIGNE ; *ergò secùs, si non sunt ex eadem linea ; & hic paragraphus 328 clarissimus est, qui etiam derogat Juri Romano, undè vir & uxor ; adde hic* Papon. *Et ita à veteranis Jurisconsf. Molin. d. Joann.* Decullant *accepisse & vidisse passim observari, & ita fuisse observatum testatur.....* M. François Decullant, *hic.*

11. Si dans la succession du défunt il y a un propre ancien, & qu'il n'y ait aucun héritier du côté & ligne d'où est venu ledit héritage ; je dis qu'en ce cas, le propre n'ayant plus d'affectation à la ligne, il faut suivre dans cette Coutume l'opinion de M. François Menudel, qui le donne au plus prochain parent du défunt, du côté du pere ou de la mere, par où lui est avenu l'héritage, suivant la regle *Paterna paternis, materna maternis.*

EXEMPLE.

JACQUES LESCALOPIER.

Gervais Lescalopier — Pierre Lescalopier — Robert, Gabriel.

Jean Lescalopier marié à Renée de Montmiral — Jean Lescalopier — Catherine Lescalopier mariée à Jean de Nevers — Jeanne de Nevers, *de cujus.*

Marie de Nevers, Jacques Champin — Nicolas Champin.

12. En cette espece, Renée de Montmiral avoit apporté en mariage à Jean Lescalopier une maison, laquelle elle laissa à Jean Lescalopier, son fils ; & ledit Lescalopier, fils, à Catherine Lescalopier, sa fille ; laquelle Catherine la délaissa par sa succession à Jeanne de Nevers : après le décès de laquelle, Robert & Gabriel Lescalopier, cousins, issus de germains de Jeanne de Nevers, soutenoient que ladite maison avoit fait souche en la famille des Lescalopier, de laquelle ils étoient & portoient le nom ; & qu'ainsi, suivant la regle *Paterna paternis, materna maternis*, ils y devoient succéder à l'exclusion de Nicolas Champin, quoique plus proche en degré de ladite Jeanne de Nevers, parce qu'il n'étoit pas de la famille de Lescalopier. Nicolas Champin disoit, au contraire, que les Lescalopier n'avoient pas mis la maison dans la famille, mais Renée de Montmiral, de laquelle lesdits Lescalopier ni lui Champin n'étant pas parens, il falloit revenir *ad jus commune*, & la lui adjuger comme étant le plus proche, & cousin germain de la défunte, du côté paternel : ce qui fut ainsi jugé par arrêt du 22 juin 1601, conformément à l'article 330 de la Coutume de Paris, qui porte que, *s'il n'y a aucuns héritiers du côté & ligne d'où sont venus les héritages, ils appartiennent au plus prochain habile à succéder de l'autre ligne, en quelque degré qu'il soit.*

13. Mais, comme l'a observé M. Menudel, en parlant de cette espece & de cet arrêt, nous n'observons point l'article 330 de la Coutume de Paris, en notre Coutume ; ce qui fait que l'arrêt y seroit injuste, en ce que nous arracherions à l'estoc maternel un héritage qui a été transmis trois fois dans une famille par succession directe, pour le transférer à des parens paternels du défunt. Tel est le raisonnement de M. Menudel, sur l'article 315, *suprà* ; & tel est mon sentiment : de maniere que je donnerois la maison aux Lescalopier, dans notre Coutume, comme les plus proches parens de Jeanne de Nevers, du côté de Catherine Lescalopier, sa mere, par le décès de laquelle elle lui est échue.

14. Et je persiste d'autant plus volontiers dans ce sentiment, que la raison pour laquelle on donne cette maison à Nicolas Champin, dans la Coutume de Paris, ne peut se soutenir dans notre Coutume. Cette raison est que n'y ayant point de parens du côté & ligne de Renée de Montmiral, & la cause de la reserve & de l'affectation aux parens de la ligne cessant, elle doit alors être considérée comme acquêt, & par conséquent doit appartenir au plus proche héritier ; raison qui ne vaut & ne peut être alléguée dans notre Coutume ; puisque par cette raison cette maison, comme acquêt, devroit (aux termes de l'article 315) appartenir moitié aux Lescalopier, & moitié à Nicolas Champin : mais, comme on ne peut pas considérer comme acquêt, un héritage qui a fait deux ou trois fois souche dans la famille de la défunte, mais plutôt comme un propre maternel, comme tel il appartient aux plus proches parens de la défunte du côté maternel ; ensorte que la succession en devant être réglée *ad instar* des propres naissans, il appartient, selon l'article 275, *suprà*, au plus prochain héritier du défunt, du côté & ligne de celui par le trépas duquel il lui est avenu.

15. Que si dans l'espece présente il ne s'étoit pas trouvé d'héritiers maternels de ladite Jeanne de Nevers, pour lors c'est le cas auquel,

suivant notre article, la maison comme propre maternel eût appartenu, au défaut des héritiers maternels, au seigneur haut justicier, dans l'étendue de la justice duquel elle est située.

ARTICLE CCCXXIX.

L'héritier simple est préféré.

LE LIGNAGER qui se veut porter héritier simple, est à préférer à ceux qui se veulent porter héritiers par bénéfice d'inventaire, combien qu'il ne soit si prochain du défunt, comme celui qui requiert être admis par ledit bénéfice d'inventaire.

1. L'Héritier, qui, ignorant les charges de l'hérédité, craint de s'y engager, peut faire deux choses. La premiere est de prendre le temps réglé par l'ordonnance de 1667, pour délibérer, avant que de faire sa déclaration, s'il veut être héritier, ou non; & la seconde, se porter héritier sous bénéfice d'inventaire.

2. Ce bénéfice d'inventaire a été introduit pour éviter que l'héritier ne soit engagé envers les créanciers de la succession, au-delà des biens qui la composent, & afin qu'en cas de discussion générale des biens de la même succession, l'héritier bénéficiaire puisse exercer ses droits comme les autres créanciers de la succession; & les effets de ce bénéfice se réduisent à trois : le premier, que l'héritier bénéficiaire n'est pas tenu des dettes du défunt au-delà des forces de la succession; le second, qu'il ne fait aucune confusion des actions qu'il avoit contre le défunt, & de ses biens particuliers; & le troisieme, qu'il a un privilége pour retenir tous les frais & les deniers qu'il a déboursés pour liquider la succession. Hors ces trois cas, il n'y a aucune différence entre l'héritier par bénéfice d'inventaire, & l'héritier pur & simple : la loi n'a introduit ce privilége, que pour ces trois effets; elle le borne là, & les priviléges ne s'étendent jamais hors leurs cas; c'est pourquoi, hors ces cas, les héritiers bénéficiaires n'ont aucune exception ni dispense de regles. * Il y a plus, c'est que ces trois effets ne regardent proprement que les créanciers; car l'héritier par bénéfice d'inventaire n'est tel qu'à l'égard des créanciers de la succession, n'y ayant, à l'égard des co-héritiers & de toutes autres personnes, aucune différence entre l'héritier bénéficiaire & l'héritier pur & simple.

L'héritier bénéficiaire peut bien, pour ne souffrir aucune perte en ses biens, quitter & abandonner les biens du défunt aux créanciers, parce qu'au moyen du bénéfice d'inventaire, il n'est pas tenu personnellement, & en son nom, des dettes du défunt; que les créanciers ne peuvent se pourvoir sur ses propres biens; qu'ils le peuvent seulement sur ceux de l'hérédité; mais cet abandon n'est pas proprement une renonciation & une répudiation d'hérédité, qui fasse cesser & qui abolisse en lui la qualité d'héritier, par le moyen de laquelle cette qualité soit éteinte & anéantie; il reste toujours héritier par bénéfice d'inventaire; car comme l'héritier pur & simple ne peut cesser d'être héritier pur & simple, de même l'héritier par bénéfice d'inventaire ne peut cesser d'être héritier par bénéfice d'inventaire; & parce que ce bénéfice d'inventaire ne regarde que les créanciers, l'héritier par bénéfice d'inventaire est véritable héritier, & aussi véritablement héritier, par rapport à ses co-héritiers, que l'héritier pur & simple. Delà les conclusions suivantes :

Premiere conclusion. Un enfant donataire qui pouvoit se tenir à son don en renonçant à la succession, ne le peut plus, dès qu'il accepte en majorité l'hérédité, quoique sous bénéfice d'inventaire; & comme par l'acceptation d'hérédité le rapport est irrévocablement acquis aux co-héritiers, selon l'article 313, *suprà*, il est tenu, également que l'héritier pur & simple, de rapporter à ses co-héritiers les avantages qui lui ont été faits; car les co-héritiers ne peuvent plus perdre ce droit qui leur est acquis par son acceptation, sans leur fait, & les avantages de leur co-héritier ont été éteints & amortis dès le moment de son acceptation, & on ne peut plus les faire revivre, selon qu'il a été jugé par arrêt du 20 avril 1682, rapporté dans le journal des audiences, tome 3, livre 8, chap. 15, édit 1733, & dans celui du palais, tome 2, édit. 1713, & par autre arrêt du 23 février 1702, cité par l'auteur des observations sur Henrys, tom. 2, liv. 3, qu. 14.

Seconde conclusion. L'héritier bénéficiaire, créancier du défunt, confond en sa personne une portion de sa créance, par rapport à son co-héritier; & si le bénéfice d'inventaire empêche la confusion, ce n'est qu'à l'égard des créanciers, & à l'effet que l'héritier bénéficiaire se fasse payer sur les biens de la succession, comme un autre créancier, en son rang & ordre d'hypothéque; mais à l'égard du co-héritier, les choses sont aux termes du droit commun, & la qualité d'héritier bénéficiaire opére la confusion en ce qui regarde l'obligation personnelle; ainsi, si supposé qu'il n'y ait que deux enfans, dont l'un soit héritier bénéficiaire, l'autre héritier pur & simple, & que l'héritier bénéficiaire soit créancier du défunt de 2000 liv. il ne peut pas renoncer à la qualité d'héritier, & par le moyen de la renonciation, rendre son frere seul héritier, & seul

seul tenu personnellement de la dette.

Troisieme conclusion. L'héritier bénéficiaire, selon que l'a observé M. Bretonnier, & qu'il a été jugé par les arrêts qu'il cite, peut, par son fait, confisquer & faire tomber le fait en commise, comme l'héritier pur & simple; il ne peut pas, non plus qu'un héritier pur & simple, exercer le retrait lignager d'un immeuble propre au défunt, vendu par décret sur lui, en qualité d'héritier bénéficiaire; & enfin, l'immeuble, acquêt en la personne du défunt, devient propre naissant en la personne de l'héritier bénéficiaire comme en celle de l'héritier pur & simple. Bretonnier, sur Henrys, tome 2, liv. 3, quest. 14.

De tout ceci il résulte qu'il y a une différence essentielle entre le créancier & le co-héritier, par rapport à l'héritier par bénéfice d'inventaire. L'héritier sous bénéfice d'inventaire ne peut, comme il a été dit, se dispenser de rapporter à ses co-héritiers ce qui lui a été donné en avancement d'hoirie, quoiqu'à l'égard des créanciers il puisse toujours se tenir à son don, & cette différence est fondée sur la diversité des droits du créancier & du co-héritier.

Le créancier n'ayant naturellement que le droit d'être payé de sa créance sur les biens du défunt, & n'y ayant que la mauvaise foi dans laquelle on vit, qui a fait que pour éviter la fraude qui se pourroit commettre, on oblige un héritier à payer toutes les dettes indistinctement; le bénéfice d'inventaire a été introduit pour remettre les choses en l'état naturel auquel elles doivent être considérées entre les héritiers d'un défunt & ses créanciers.

Mais le co-héritier a droit de partager avec son co-héritier, tous les biens du défunt, même ceux sujets à rapport; c'est un droit qui lui est acquis par l'acceptation que l'héritier fait de la succession, quoiqu'il ne l'accepte que par bénéfice d'inventaire. Par l'adition d'hérédité, il se fait une espece de société entre les co-héritiers, qui les rend propriétaires par indivis des choses sujettes à rapport, & des autres biens de la succession, & les engage réciproquement à partager le profit & la perte, comme associés.

Le bénéfice d'inventaire, qui n'a été introduit que pour se précautionner contre les dettes & les obligations du défunt, ne peut pas s'appliquer aux obligations auxquelles l'héritier s'engage de son chef, & non du chef du défunt, & pour d'autres causes, & entr'autres personnes que celles auxquelles le défunt étoit obligé; il peut bien empêcher que l'héritier sous bénéfice d'inventaire ne paye les dettes du défunt au-delà de ce qu'il profite de la succession; mais il ne peut pas le dégager des obligations auxquelles il s'est engagé envers ses co-héritiers.

Le créancier qui n'a pas droit de participer au profit que l'héritier peut faire, mais seulement d'être payé de sa dette sur les biens du défunt, ne peut pas se plaindre de ce qu'on se sert contre lui du bénéfice d'inventaire; mais le co-héritier peut & est en droit de dire à l'héritier bénéficiaire, que puisqu'il s'est mis en état de profiter, il doit aussi partager la perte; qu'il y auroit de l'injustice de sa part, de vouloir prendre sa part du profit, & de ne vouloir pas supporter sa part de la perte: *Amice, ad quid venisti?* Tels sont en partie les motifs de l'arrêt du 20 avril 1682, rapportés par l'auteur du journal du palais, ainsi qu'ils ont été rédigés par M. Merault de Poinville, rapporteur, & M. Bigot de Monville, l'un des juges. Et tel est le sentiment de Bacquet, des droits de justice, chapitre 15, nombre 32; de de Lhommeau, en ses maximes du droit Français, livre 3, article 20; aux notes de Brodeau, sur Louet, lettre H, sommaire 13; de Duplessis, sur la Coutume de Paris, en ses consultations, pages 728 & 729, édition de 1709; de l'auteur des observations, sur Henrys, tome 2, livre 3, question 14; de l'auteur des notes, sur Duplessis, traité du douaire, chapitre 4, section 1, qui cite l'arrêt d'audience de la grand'chambre du 23 février 1702, dont la cour ordonna la lecture & la publication au châtelet.

3. Au-reste ce bénéfice est de droit commun, & est fondé sur une espece d'équité & de justice, qui demande qu'un héritier puisse prendre cette précaution, afin qu'en acceptant une succession où il y auroit plus de dettes que de biens, il ne soit pas dépouillé du sien.

4. Tous les héritiers ne jouissent pourtant pas de ce bénéfice, & l'on en peut être exclus par la concurrence d'un héritier pur & simple, comme il est dit dans le présent article, dans l'art. 28 du ch. 34 de la Coutume de Nivernois, dans l'art. 16 du titre 19 de celle de Berry, dans l'art. 38 du titre 12 de celle d'Auvergne, dans l'art 248 de celle de la Marche, dans l'art. 72 de celle de Laon, dans l'art. 79 de celle de Châlons, & autres. L'exclusion du bénéfice d'inventaire, qui se fait par la concurrence d'un héritier pur & simple, est purement du droit Français, & n'a aucun vestige dans le droit Romain; la faveur des créanciers l'a introduite, & elle a été suivie & embrassée par les Coutumes.

5. La Coutume de Paris borne cette exclusion à la ligne collatérale, ensorte que, selon la disposition de l'article 342 de cette Coutume, l'héritier en ligne directe, qui se porte héritier par bénéfice d'inventaire, n'est exclus par autre parent qui se porte héritier simple. Notre Coutume à la vérité ne s'explique pas si clairement que celle de Paris, audit article 342, & que celle d'Orléans, art. 338; mais elle donne suffisamment à entendre que sa disposition ne regarde que la ligne collatérale, & non la directe: le mot *lignager*, dont elle se sert, le dénote bien clairement; car ce mot se rapporte aux héritiers collatéraux, & non aux enfans: ensorte que, quand notre article dit que le lignager, qui se veut porter héritier simple, est à préférer à ceux qui se portent

héritiers par bénéfice d'inventaire, il parle seulement des collatéraux, & ne dit autre chose, sinon que le parent collatéral qui se porte héritier simple, est préféré à un autre parent collatéral, héritier sous bénéfice d'inventaire. C'est ce qui a été observé par M. Brodeau, dans sa note sur notre article, insérée dans le nouveau coutumier général; & par M. Louis Vincent, dans ses remarques manuscrites sur notre article. Et ainsi s'observe dans cette Coutume, de l'aveu de M. le président Duret, de M. Jean Decullant, de M. Decullant, fils, & de M. Jean Cordier; & je l'ai vu ainsi juger en cette Sénéchaussée.

6. *Si quis consanguineus*, dit M. Jean Cordier, *collateralis sub beneficio inventarii adeat hæreditatem, poterit submoveri à majore annis remotiori, consanguineo collaterali, adeunte purè & simpliciter hæreditatem, ex paragrapho 329; idque, quia creditoribus hæreditatis securiùs providetur, cùm hæres purè & simpliciter teneatur omnibus hæreditatis creditoribus, etiam ultrà vires hæreditatis: fallit tamen hæc regula & creditorum securitas in filio aut quolibet hærede directo beneficium inventarii impetrante, qui à quolibet collaterali consanguineo, purè se hæredem dicente, non excludetur.... & sic semper Molinis practicatum fuisse juxtà paragraphum 342 Stat. Paris. à patre Joanne* Decullant, *audivisse testatur Franciscus* Decullant. Jean Cordier, sur l'article 223.

* M. Berroyer, dans sa note manuscrite sur le présent commentaire, *hic*, observe qu'il faut joindre à toutes ces autorités l'acte de notoriété de M^rs^. les avocats de Moulins, dont la teneur s'ensuit:

« Nous soussignés, avocats en la Sénéchaussée de Bourbonnois & au présidial de Moulins, certifions à tous qu'il appartiendra, » que l'article 329 de notre Coutume a toujours été restreint & limité parmi nous à la » ligne collatérale seulement, suivant le droit » commun de la plupart des autres Coutumes » du royaume, & n'a jamais été appliqué dans » la directe; que tel est notre usage, en consultant ou jugeant, conforme à celui d'Auvergne, dont la Coutume notre voisine contient une disposition semblable en l'article » 38 du titre 12, où cette distinction n'est point » écrite, ce qui avoit donné lieu à Basmaison, » en son commentaire sur cet article, de » l'étendre à la directe. Mais défunt M. Guillaume Consul, avocat au présidial de Riom, » a depuis remarqué en son apostille imprimée, que cette opinion n'est pas suivie, & » qu'il a été jugé par sentence rendue en la » Sénéchaussée d'Auvergne, le 21 juin 1653, » entre le sieur Chabannes & dame Magdelaine de Rochemonteix, confirmée par arrêt » contradictoire du 14 août 1659, qu'en ligne » directe le lignager qui se veut porter héritier pur & simple, n'exclut pas celui qui » s'est déclaré héritier par bénéfice d'inventaire. Cet arrêt suffiroit pour autoriser notre usage, fondé sur les mêmes » principes qui y ont donné lieu. En foi de » quoi nous avons signé le présent certificat & » acte de notoriété, pour servir & valoir ce » que de raison; ce jourd'hui 5 septembre » 1685. *Signé* Bardet, R. Janet, J. Cordier, » Blein, de la Vauvre, Bezas, Prevost, » Baugy, Blein. »

7. M. Jacques Potier, sur notre article, est de sentiment contraire: mais on ne le suit pas, & avec justice; car il ne seroit pas juste de priver un enfant de l'hérédité de son pere, pour s'être servi, afin d'empêcher que l'adition d'hérédité lui soit préjudiciable, d'un bénéfice que le droit & la Coutume lui accordent, & d'y admettre à son préjudice un autre, que son peu de biens rend peut-être plus hardi pour prendre la qualité d'héritier pur & simple, n'ayant aucuns biens à exposer au hasard. Ainsi entre freres & sœurs, l'un se portant héritier simple n'exclut pas les autres, qui ne se veulent porter héritiers que sous bénéfice d'inventaire; c'est ce que j'ai vu juger dans la famille de M^rs^. Auberis du Goutet, au rapport de M. Michel de Royer.

8. Le mineur, se portant héritier simple, n'exclut point le bénéficiaire, sinon en donnant bonne & suffisante caution de payer toutes les dettes: c'est la disposition de la Coutume de Paris, article 343, & de celle d'Orléans, article 339. La raison c'est que les mineurs pouvant toujours être relevés, leur acceptation pure & simple n'est *in effectu*, qu'une adition bénéficiaire; & qu'il n'est pas juste qu'étant sans risque, ils puissent exclure un autre héritier, ou l'obliger de se porter héritier pur & simple. C'est la remarque de M. le président Duret, & après lui de M. Louis Semin.

9. *Intellige*, dit M. Louis Semin, *hunc paragraphum de majoribus, non de minoribus, qui, licèt purè & simpliciter se pro hærede velint gerere, tamen non excludunt gentilem proximiorem beneficio inventarii adeuntem hæreditatem; id sanè, quia securiùs non providetur creditoribus, cùm minor adeundo purè hæreditatem restituatur, si læsus fuerit: undè gentilis proximior gradu, licèt beneficiarius, à minore remotiore, licèt purè velit adire, non submovetur.* M. Semin, *hic.*

10. On ne permet pas non plus à un majeur, qui s'est porté héritier bénéficiaire en majorité avec ses co-héritiers, de changer & de se dire héritier simple, pour exclure ceux qui ont pris de bonne foi le parti de se dire conjointement avec lui héritiers bénéficiaires; c'est une variation & un dol blâmable. Brodeau, sur M. Louet, lettr. H, somm. 1. Lebrun, *des Succ.* liv. 3, ch. 4, n. 45.

11. Celui qui s'est porté héritier bénéficiaire, peut renoncer au bénéfice d'inventaire, & se porter héritier pur & simple, pour n'être pas exclus par un héritier pur & simple. La raison est qu'il est permis de renoncer au bénéfice dont on peut se servir, & se réduire au droit commun, suivant la maxime que, *Quoties duplici jure defertur hæreditas,*

repudiato novo jure, superest vetus. Tel est le sentiment commun des docteurs.

12. L'héritier simple, qui veut exclure le bénéficiaire, doit se présenter dans l'année; ce temps commence à courir depuis que l'héritier s'est déclaré héritier bénéficiaire, & qu'il a fait entériner ses lettres : c'est ce qui est décidé par plusieurs Coutumes; par celle de Reims, article 308; de Vermandois, art. 72; de Châlons, art. 79; de Perronne, art. 208; d'Orléans, art. 340. Et telle est la jurisprudence des arrêts rapportés par Brodeau, sur M. Louet, lett. H, somm. 1. Lebrun, *des Succ.* liv. 3, chap. 4, n. 53.

13. Quant aux autres conditions requises pour jouir du bénéfice d'inventaire, voyez Lebrun, *des Succ.* audit endroit, liv. 3, ch. 4. Voyez l'article suivant.

ARTICLE CCCXXX.

L'ÉTRANGER ne peut être reçu à soi porter héritier simple, ne par bénéfice d'inventaire, & pour ce le déboute le lignager, requérant être reçu par bénéfice d'inventaire. Toutefois l'héritier conventionnel par mariage ou autrement, posé qu'il soit étranger, pourra, s'il ne veut accepter simplement ladite succession, se porter héritier par bénéfice d'inventaire, si aucun des lignagers du défunt ne le veut être par ledit bénéfice d'inventaire.

Qui peut être reçu héritier par bénéfice d'inventaire.

1. LA Coutume d'Auvergne, titre 12, article 39, & celle de la Marche, art. 249, contiennent une disposition semblable.

2. Suivant ces Coutumes & la nôtre, l'étranger qui n'est point parent du défunt, ne se peut point porter héritier pur & simple; & la raison, c'est qu'au défaut de parens héritiers du défunt, le seigneur haut justicier succéde seul aux biens vacans du défunt, par droit de déshérence, selon l'art. 328, *suprà*.

3. Si l'étranger ne se peut pas dire héritier pur & simple, il peut encore moins se porter héritier par bénéfice d'inventaire : car ce bénéfice n'est accordé par la loi qu'à l'héritier du sang, qui est appellé à la succession; à moins toutefois que cet étranger ne soit institué héritier par contrat de mariage, comme il sera dit ci-après.

4. De-là il se suit qu'un étranger non parent du défunt, n'est pas reçu à venir inquiéter, par des déclarations d'héritier pur & simple, un parent du défunt qui se porte héritier par bénéfice d'inventaire; & comme le lignager qui se porte héritier par bénéfice d'inventaire, exclut le seigneur, à plus forte raison exclut-il l'étranger que le seigneur excluroit : aussi est-il dit dans notre article, que *le lignager le déboute, requérant être reçu par bénéfice d'inventaire.*

5. Mais il y a plus; c'est qu'un parent qui ne peut pas succéder à la place de l'héritier bénéficiaire, n'est pas reçu à l'inquiéter par une déclaration d'héritier pur & simple. Ainsi un oncle maternel, en se portant héritier pur & simple, ne peut pas inquiéter & exclure dans les propres paternels un oncle paternel qui se porte héritier bénéficiaire : c'est pourquoi la Coutume, dans l'article précédent, en parlant de l'héritier pur & simple qui peut exclure le bénéficiaire, se sert du mot de LIGNAGER. *Jure Francisco*, dit M. le président Duret, *excluditur hæres cum inventario ab hærede simplici..... nisi diversa sit hæredum qualitas : undè mater hæres cum inventario in mobilibus & quæstibus, fratri hæredi in patrimonialibus non postponitur....* M. Duret, sur l'art. précédent.

6. Que si un étranger est héritier institué par contrat de mariage; en ce cas, quoiqu'étranger, il pourra se porter héritier par bénéfice d'inventaire : mais ce ne peut être que dans le cas où aucun lignager du défunt ne voulût se porter héritier, même par bénéfice d'inventaire, ainsi qu'il est dit dans notre article, dans les articles ci-dessus cités de la Coutume de la Marche & de celle d'Auvergne, & encore dans l'article 35 du titre 14 de ladite Coutume d'Auvergne, & dans l'article 29 du titre 34 de celle de Nivernois : de maniere qu'un lignager héritier *ab intestat*, qui se déclare héritier purement & simplement, ou par bénéfice d'inventaire, exclura l'étranger héritier conventionnel du bénéfice d'inventaire, & le contraindra à répudier ou à se porter héritier pur & simple; en quoi nos Coutumes ont extrêmement favorisé les lignagers héritiers *ab intestat*, & restreint les institutions contractuelles, puisqu'elles préférent les lignagers & héritiers *ab intestat* aux héritiers conventionnels, quand ils ne se déclarent héritiers que par bénéfice d'inventaire.

7. Nous ne suivons pas dans cette Coutume ce qui est avancé par les commentateurs de la Coutume d'Auvergne, Basmaison & Prohet; savoir, que si l'héritier contractuel étoit aussi lignager & héritier *ab intestat*, il ne seroit pas exclus du bénéfice d'inventaire par les autres lignagers, qui se déclareroient héritiers purs & simples; parce que la rencontre des deux qualités de lignager & d'héritier contractuel fait cesser la disposition des Coutumes, qui n'a lieu qu'à l'égard de l'étranger, héritier contractuel. L'article 223 de notre Coutume résiste à telles propositions : car nos commentateurs appliquent la disposition de cet article, qui est générale, à toutes sortes d'héritiers contractuels, quoique lignagers & héritiers *ab*

inteſtat; juſques-là, que M. Charles Dumoulin, dans ſa note ſur ledit article, a prétendu que le fils héritier conventionnel de ſes pere & mere, ſe portant héritier ſous bénéfice d'inventaire, pouvoit être exclus par un collatéral qui ſe porte héritier pur & ſimple : en quoi à la vérité il n'a pas été ſuivi, comme il a été dit ſur ledit article. Mais quant aux parens collatéraux, quoique héritiers inſtitués, ils peuvent, ſelon nos commentateurs, s'ils ſe portent héritiers ſous bénéfice d'inventaire, être exclus par d'autres parens qui ſe déclarent héritiers purs & ſimples ; à moins que, pour éviter l'excluſion & préférence, ils ne renoncent au bénéfice, & n'acceptent la ſucceſſion purement & ſimplement.

8. Il y a plus ; c'eſt que, ſelon qu'il a été dit ſur ledit article 223, après M^rs. Jean Decullant & Jean Fauconnier, un fils héritier, inſtitué ſous un appanage fait à ſon frere qui ſe porte héritier ſous bénéfice d'inventaire, ne ſera pas à la vérité exclus par ſon frere qui ſe déclare héritier pur & ſimple : mais, ſans s'arrêter à l'appanage ni à l'inſtitution, ils partageront tous les deux, comme héritiers, la ſucceſſion de leur pere.

9. Le droit d'excluſion, en ſe déclarant héritier pur & ſimple, eſt un droit perſonnel de l'héritier ; & le créancier de l'un des héritiers ne peut exclure en ſa place, & comme exerçant ſes droits, l'héritier bénéficiaire qui eſt en plus proche ou égal degré : ainſi jugé par arrêt rendu au rapport de M. le Nain, cité par Brodeau, ſur M. Louet, lett. H, ſomm. 1 ; & tel eſt ſon ſentiment, & celui de Lebrun, *des Succ.* liv. 3, ch. 4, n. 50.

TITRE VINGT-SIXIEME.

Des Droits Seigneuriaux.

1. LEs droits ſeigneuriaux ſont de deux ſortes : les uns qui appartiennent aux ſeigneurs juſticiers, & les autres aux ſeigneurs de fiefs.

2. Les droits des ſeigneurs hauts juſticiers ſont, ou honorifiques, ou utiles & profitables.

3. Les droits honorifiques conſiſtent aux préſéances en l'égliſe, aux proceſſions & offrandes ; à avoir banc, ſéance & ſépulture dans le chœur de l'égliſe ; & à avoir litre ou ceinture funebre & de deuil autour de l'égliſe.

4. Les principaux droits utiles & purement lucratifs, ſont les droits d'épaves, de déshérence, de taille, de bâtardiſe, de confiſcation, de péage, de moulins, colombiers, corvées, droit de chaſſe, & autres.

5. Les droits qui appartiennent aux ſeigneurs de fiefs, ſont les cens, rentes foncieres, champart, parciere & carpot, & autres droits & redevances, emportant directe ſeigneurie, lods & vente, & amende.

6. Les droits ſeigneuriaux, dont il eſt parlé dans le préſent titre, concernent preſque tous les ſeigneurs hauts juſticiers, à l'exception de quelques-uns qui appartiennent aux ſeigneurs des fiefs.

7. Les droits qui appartiennent aux ſeigneurs hauts juſticiers, dont il eſt parlé dans le préſent titre, ſont les droits d'épaves, de biens vacans, de corvées, de taille, de confiſcation, de bannées & de péage.

8. Ceux qui appartiennent aux ſeigneurs de fiefs, dont il y eſt auſſi traité, ſont les droits de champart, terrage, parciere & carpot.

9. Ce titre contient trente-quatre articles, depuis le 331 incluſivement juſqu'au 364 auſſi incluſivement.

10. Il eſt parlé des droits ſeigneuriaux & de juſtice dans l'ancienne Coutume ; c'eſt au titre 8, qui contient 7 articles.

ARTICLE CCCXXXI.

Des choſes appartenantes au Seigneur.

TERRES hermes & vacans ſont au Seigneur Juſticier.

1. IL y a deux ſortes de biens vacans : l'une qui comprend les biens qui n'ont jamais eu de maîtres, *& in nullius bonis ſunt*, comme les terres hermes & vacantes, dont il eſt parlé dans notre article, qui ſont terres incultes, ſituées dans des lieux déſerts. *Hæc prædia erema*, dit Papon, *deſerta ſunt & à nullo culta, aut alio modo occupata : ἔρημος enim locus inhabitatus dicitur : indè eremitæ, qui ſe in locos deſertos & ſolitudinem contulerunt.* L'autre ſorte de biens vacans s'entend des biens qui ont eu autrefois des maîtres, qui les ont quittés & abandonnés, *& pro derelictis habentur*, qui ſont ceux dont il eſt parlé dans l'article ſuivant.

2. Les terres hermes & vacantes appartiennent au ſeigneur haut juſticier, ſuivant notre article : mais il ne faut pas confondre, ſous le nom de terres hermes & vacantes, les communes, autrement appellées *Communaux*, qui appartiennent aux habitans d'un village ou d'une paroiſſe, comme il eſt dit dans l'ancienne Coutume, titre 8, article 1. « Et ne ſont » pas réputées (dit cet article,) terres hermes & vacans, les terres ou pâturaux, dont » aucunes villes, villages ou communautés » jouiſſent

» jouissent & ont joui pour leur aisance, ou » de leur bétail, & de tel & si long-temps » qu'il n'est mémoire du contraire, & sans pré- » judice des droits seigneuriaux, blairies ou » autres, tels que les seigneurs justiciers au- » ront accoutumé prendre. »

3. C'est ce qui a été observé par Papon, & après lui par M. le président Duret. *Dictio* VACANS *subjicitur*, dit M. Duret, *dictioni* HERMES, *interpretativè; adeò ut non solùm inculta intelligi debeat, sed etiam pro derelicta penitùs habitâ per 30 annos..... terrarum vacantium proprietas, certis Gallorum moribus, Dominis juridicis addicta est.... aliter, quando habitantes communiter utuntur..... nihil enim impedit quominùs municipes fundum communem possideant.* M. Duret, *hic.*

4. Ces communaux ou pâturages communs, sont pâturages ou terres non cultivées, comme chaumes, bruyeres, appartenans en commun aux habitans d'un bourg ou d'un village, dans lesquels les habitans des lieux peuvent indifféremment en tout temps mener paître leurs bestiaux, comme il est porté en l'article 15 du titre 10 de la Coutume de Berry, & en l'article 3 du titre 28 de celle d'Auvergne. Le seigneur haut justicier peut bien disposer des terres hermes & vacantes, & les bailler à nouveau cens ou autrement : mais il ne peut pas ôter les communes ou communaux aux habitans, ainsi que l'ont observé M. Jacques Duret, dans son *Alliance des Coutumes*, sur notre article, & après lui M. Louis Semin & M. Jean Fauconnier.

5. Il y a plus, c'est que ces communaux ne peuvent être vendus ni partagés, comme il a été jugé par les arrêts cités par M. Lebret, *en ses Décisions*, ch. 6, liv. 2; par M. Bouguier, en son recueil, lett. P, ch. 2, & par la Thaumassiere sur la Coutume de Berry, titre 10, article 15 : ils ne peuvent non plus recevoir de changement, & on ne peut point les rompre & y faire du bled, quand la plus grande partie de ceux qui y ont intérêt, y consentiroient; car il suffit qu'un seul s'y oppose, & ce particulier prévaudra aux autres. La raison est qu'en choses communes, *pluribus ut universis, non pluribus ut singulis, jus universitatis residet in illo qui contradicit*, L. 7, ff. *Quod cujuscumque univ.* Henrys, tome 1, liv. 4, chap. 6, qu. 81.

6. Outre les communaux, il y a encore le droit de vaine pâture, qui est en usage dans plusieurs Coutumes, lequel consiste au droit de mener paître les bestiaux aux lieux de vaine pâture, appartenans à autrui. Et vaines pâtures sont les grands chemins, les prés après la dépouille, les guerets & terres en friche, & généralement les héritages où il n'y a ni fruits ni semences, & qui par l'usage du pays ne sont en défense, ainsi qu'il est dit en l'article 149 de la Coutume de Sens; 263 de celle d'Auxerre; 170 de celle de Troyes; article 5 du chap. 3 de celle de Nivernois, & en l'article 11 du titre 10 de celle de Berry.

7. La Coutume de Nivernois permet aux gens d'une justice de mener leurs bestiaux de toutes especes paître en vaine pâture, en quelque saison de l'année que ce soit, sans danger d'amende, sinon qu'en ladite justice il y ait droit de blairie. C'est ce qui est porté aux articles 1, 2 & 3 du chapitre 3.

8. Mais, quand le seigneur de la justice a droit de blairie, qu'il a pour cela titre particulier ou prescription suffisante, le droit de blairie est dû, ainsi qu'il est dit audit chap. 3 de la Coutume de Nivernois, art. 3, 4 & 6; & ce droit de blairie est une redevance que le seigneur haut justicier prend sur tous les habitans d'une paroisse, pour raison de la vaine pâture des héritages.

9. Ce droit a lieu dans cette Province, comme dans celle de Nivernois, quand il y a titre pour cela : ainsi jugé par arrêt du 7 septembre 1645, par lequel les religieux celestins de Vichy, seigneurs blayers de la paroisse de Censat, furent maintenus & gardés en la possession de droit de blairie, & de la redevance due pour raison. Henrys, tome 2, liv. 3, qu. 21.

ARTICLE CCCXXXII.

Biens vacans & épaves appartiennent au Seigneur haut Justicier.

1. Les biens vacans, dont il est parlé dans le présent article, sont ceux qui sont tels, ou faute d'héritiers, comme il est dit dans l'article 343 de la Coutume de Reims, ou à défaut de propriétaires & de possesseurs, comme il est porté dans l'article 103 de la Coutume de Senlis.

2. Mais notre article ne doit pas être entendu des héritages que les propriétaires déguerpissent & abandonnent, pour se libérer des cens ou autres charges foncieres dont ils se trouvent chargés : auquel cas celui auquel le déguerpissement est fait, est en droit de prendre l'héritage déguerpi, & s'en mettre en possession; parce que ce n'est autre chose qu'une restitution, qui lui est faite, comme il sera dit sur l'article 399, *infrà.*

3. Il ne peut non plus être entendu des biens tenus en censive, délaissés de façons & cultures, & demeurés en friche, dont les seigneurs censiers peuvent se mettre en possession par sentence de Juge, les cultiver & faire valoir, pour se payer de leurs cens, comme il sera encore dit sur ledit article 399.

4. Il y a encore cette différence entre les biens vacans & les épaves, dont il est parlé

dans notre article, que les biens vacans consistent en héritages & immeubles, ou bien en université de meubles; & que les épaves sont bêtes égarées, ou simples meubles, qui ne sont avoués de personne, *quœ nullum dominum, nec ullum assertorem habent.*

5. Les *épaves* sont proprement des bêtes épouvantées & égarées, qui ne sont reconnues & avouées de personne: *Aberrantia animalia*, dit Ragueau en son indice, *quorum dominus ignoratur, quœ aut longè fugerunt expavefacta, aut vagantur & dispolantur sine certo custode, vel domino.* Et c'est ainsi que le mot d'*épave* s'entend dans nos Coutumes: *Epaves*, disent la Coutume de Vermandois, §. 3, & celle de Reims, §. 343, *s'entendent bêtes égarées, qui ne sont avouées par aucun seigneur.*

6. Mais on appelle aussi par métaphore, épaves, les choses qui sont censées n'avoir point de maîtres, quand elles ne sont pas réclamées dans le temps prescrit par les Coutumes.

7. Les biens vacans, comme il a été dit sur l'art. 328, *suprà*, appartiennent au seigneur dans la justice duquel ils se trouvent, tant meubles qu'immeubles; & les épaves appartiennent de même au seigneur haut justicier du lieu où elles sont trouvées, ainsi qu'il est porté en l'article 93 de la Coutume de Chaumont en Bassigny, en l'art. 118 de celle de Troyes, 204 de celle de Meaux, & autres: de maniere que si elles sont trouvées dans une justice, & après poursuivies & prises dans une autre, elles sont à celui dans la justice duquel elles ont été trouvées.

8. Voyez, quant à ce qui concerne les biens vacans, ce qui a été dit sur les articles 327 & 328, *suprà*; & quant à ce qui regarde les épaves, ce qui est dit sur l'article 336, *infrà.*

ARTICLE CCCXXXIII.

De ne vendre rente sans le Seigneur.

SUR la censive & sur le chef-Fief d'aucun Seigneur l'on ne peut vendre rentes, ne icelle surcharger sans la volonté du Seigneur du cens, ou du Seigneur du chef-Fief: & qui le fait de fait, la rente & surcharge sera ôtée, & l'héritage déchargé. Et à ce faire, peut le Seigneur censivier ou féodal contraindre les Parties. Autre chose est des membres du Fief; car on les peut surcharger, vendre & transporter.

1. LA rente, dont il est parlé dans le présent article, est une seconde prestation annuelle ou un surcens, que le censitaire met sur l'héritage qu'il tient à cens; ce qui ne lui est pas permis: car le censitaire ne peut imposer sur son héritage une nouvelle charge, au préjudice du seigneur direct & censier, qui y est intéressé; en ce qu'il n'est pas raisonnable que le seigneur censier, usant de retenue sur son héritage, le reprenne chargé de nouvelle rente: joint d'ailleurs que les profits d'un héritage chargé d'un surcens diminuent à proportion de la nouvelle charge. Car les lods & ventes d'un héritage, qui doit diverses rentes, sont moindres; ledit héritage étant moins vendu, à cause de la multiplicité des charges. C'est pourquoi la Coutume porte que l'héritage ne peut être chargé d'une nouvelle charge au préjudice du seigneur direct, lequel peut en faire décharger l'héritage: c'est la disposition de la Coutume, en notre article; celle de l'ancienne Coutume, titre 1, article 1; de la Coutume de Nivernois, ch. 5, art. 12; de Berry, titre 6, article 31; d'Auvergne, titre 21, article 4; d'Orléans, article 122; de Blois, article 127; de Troyes, article 56, & autres.

2. Le vassal ne peut de même charger le chef-fief, ou le principal lieu du fief servant, d'aucuns cens ou prestation annuelle, ni autre servitude ni charge, sans le consentement du seigneur dudit fief, selon qu'il est dit dans notre article; dans l'article 14 du titre 22 de la Coutume d'Auvergne, & dans l'article 28 du ch. 4 de la Coutume de Nivernois: mais il peut donner à titre de cens les héritages particuliers dépendans de son fief: ce que peut aussi le propriétaire d'un héritage allodial. C'est la disposition de la Coutume en notre article, comme il paroît par ces termes: *Autre chose est des membres du fief, car on les peut surcharger;* & celle de la Coutume de Berry, titre 5, article 52.

3. Cette prohibition que font les Coutumes au censitaire & vassal de surcharger l'héritage censif & le chef-fief d'aucune rente, ou autre surcharge, n'est qu'en faveur du seigneur; de maniere qu'aucun autre que lui ne peut s'en plaindre, & elle ne peut pas être entendue d'une simple hypothéque.

ARTICLE CCCXXXIV.

SUPPOSÉ que l'on ne puiſſe ſurcharger le chef-Fief de la choſe féodale de rente ou de redevance, ne mettre aucunes charges deſſus, ne auſſi ſur les choſes mouvans de la Cenſive & directe Seigneurie d'autrui, ſans le vouloir & conſentement dudit Seigneur: toutefois, ſi les Seigneurs féodaux, deſquels les choſes ſont tenues en Fief, ou les Seigneurs cenſiviers & directs ſouffrent ladite rente & ſurcharges être levées continuellement ſur leſdites choſes, après la notification à eux faite de ladite ſurcharge par l'eſpace de trente ans, ſans faire diligence d'icelles faire décharger, après ledit tems continué, & la poſſeſſion deſdites rentes & charges; leſdits Seigneurs féodaux ou cenſiviers viendront à tard requérir que leſdites ſurcharges ſoient ôtées de deſſus leſdites choſes féodales & cenſivieres. Ains tiendront leſdites ſurcharges & demeureront, ſauf les Droits de directe Seigneurie, eſdits Seigneurs féodaux & cenſiviers.

1. TRois choſes, ſelon M. Jean Papon, mettent le ſeigneur dans la néceſſité de ſouffrir la ſurcharge impoſée ſur l'héritage cenſif ou ſur le chef-fief. La premiere eſt le conſentement du ſeigneur, s'il a conſenti qu'elle y fût impoſée; la ſeconde, la preſcription, s'il a ſouffert ladite rente & ſurcharge être perçue pendant trente ans, après la notification à lui faite de cette ſurcharge; & la troiſieme, ſi la ſurcharge a été impoſée pour cauſe d'amélioration & augmentation du fonds. *Tenetur Dominus*, dit Papon, *penſionem admittere & continuare, ſi illius impoſitioni conſenſerit; nam quæ ejus bona gratiâ facta ſunt, ipſe in controverſiam revocare non poteſt..... Tenetur etiam qui non conſentiit, ſi diù paſſus eſt penſionem ſolvi, & creditorem eâ uti; & circà id Statutum noſtrum triginta annos legitimè præſtituit.... Dominus denique impedire non poteſt quominùs penſio levetur, ſi ad rei augmentum ſit impoſita, & ex ejus ſorte res eſt multò facta melior....* Papon, *hìc*.

2. Dans ces trois cas, la ſurcharge demeure ſur le fonds, ſi c'eſt un héritage cenſif, comme une ſimple rente fonciere, ſéche, ſtérile, qui ne produira aucuns lods & ventes, ni droit de retenue, & ſauf les droits de ſeigneurie au ſeigneur direct, comme il eſt dit dans notre article: ſur quoi il eſt à obſerver que telles rentes & ſurcharges peuvent être ôtées, & purgées par les adjudications par décret; enſorte que ſi celui, en faveur duquel le ſurcens eſt établi, ne s'oppoſe pas à la ſaiſie, & ne faſſe pas ordonner que l'héritage ſera vendu à la charge de ſurcens ou rente fonciere, il en eſt déchu par l'adjudication par décret: ainſi jugé par arrêt cité par Prohet, ſur la Coutume d'Auvergne, titre 21, article 5. Voyez ce qui a été dit ſur l'article 150, *ſuprà*.

* Cela ne ſouffre pas de difficulté, mais c'en eſt une ſi la ſurcharge impoſée ſur un héritage cenſif, eſt inamortiſſable & perpétuelle de ſa nature, le ſeigneur direct ne ſe plaignant point; pour la réſolution de laquelle difficulté, il faut faire diſtinction d'une charge ou rente conſtituée ou impoſée ſur un héritage par forme de ſimple aſſignat, d'avec une rente créée & conſtituée par l'aliénation & tradition du fonds.

Les rentes conſtituées pour argent, quoiqu'aſſignées ſur un certain héritage, ſont rachetables à perpétuité; car quoique, par un abus qui a duré long-temps, & qui s'eſt même gliſſé dans les anciennes rédactions de nos Coutumes, les rentes ſpécialement aſſignées ſur certains héritages, quoique conſtituées à prix d'argent, fuſſent regardées comme rentes foncieres, & non rachetables, pour leſquelles on faiſoit hommage, ou l'on prenoit inveſtiture; cet abus ne ſubſiſte plus, & préſentement on ne fait plus de difficulté qu'une rente conſtituée à prix d'argent n'eſt point une rente fonciere; que l'aſſignat ſpécial & particulier ſur un certain fonds, ne change point la nature de la rente, qu'il ne lui donne pas même plus de prérogative qu'une ſimple hypothéque ſpéciale ou générale, & qu'enfin toutes rentes conſtituées pour argent, quoique payables en grains ou autre eſpece, ſont reductibles en deniers, & rachetables à perpétuité, comme il eſt dit dans l'art. 418 ci-après, qu'il eſt expliqué ſur cet article, & qu'il a été remarqué par Loyſeau, traité du Déguerpiſſement, liv. 1, chapitre 9, & qu'il a été jugé par arrêt du 14 juillet 1688, rapporté dans le journal du palais.

Mais il n'en eſt pas de même des rentes créées par l'aliénation & conceſſion du fonds; ces rentes ſont inamortiſſables & perpétuelles de leur nature, le ſeigneur direct ne ſe plaignant point, *Domino directo non refragante*. La raiſon eſt qu'une telle rente eſt véritablement fonciere; que c'eſt une condition de la poſſeſſion du fonds, qui doit par conſéquent durer autant qu'elle; & qu'enfin, il eſt libre au vendeur d'impoſer telle condition qu'il lui plaît dans l'aliénation de son fonds; qu'il la faut exécuter telle qu'elle a été stipulée, parce qu'elle fait partie du prix.

Il y a plus, c'est que si on a stipulé dans le contrat que la rente fonciere, à la charge de laquelle on a donné son héritage, sera rachetable moyennant une certaine somme, la rente fonciere sera à la vérité pour lors rachetable, conformément à la convention; mais la faculté de rachat, qui est accordée par le contrat, se prescrit par trente ans, après lesquels le preneur de l'héritage ne peut plus racheter la rente; la raison est que la rente de bail d'héritage, étant non-rachetable de sa nature, la faculté de rachat, stipulée dans le contrat, ne produit qu'une action personnelle, laquelle s'éteint par cet espace de temps; ensorte que, l'action étant éteinte, il n'y a plus lieu de se servir de la convention insérée dans le contrat, laquelle devient inutile, pour n'en pouvoir demander l'exécution. C'est ce qui a été déja observé sur l'article 20, *suprà*, & qui est conforme à la disposition de cet article; & telle est la disposition précise de la Coutume de Paris, article 120, qui a lieu dans les Coutumes qui ne contiennent pas une disposition contraire, parce que cet article est fondé sur les arrêts qui l'ont ainsi jugé, & sur une jurisprudence générale, en conséquence de laquelle il a été ajouté lors de la réformation de la Coutume. L'auteur des notes sur Duplessis, titre des rentes, livre 1, chapitre 1, cite les arrêts qui l'ont ainsi jugé, & M. Jean Decullant, sur ledit article 20, *suprà*, en cite deux autres rendus dans notre Coutume. *Hic paragraphus*, dit-il, en parlant de l'article 20, *obtinet in reditibus constitutis per concessionem fundi, vel in illius traditione stipulatis, sive fiat per venditionem, donationem, aut aliter, licèt in eodem contractu facultas perpetua redimendi concessa sit, quæ elapsis 30 annis inter majores præscribitur, & manet iste reditus non redimibilis, juxtà paragraph. 120 statuti Paris. qui paragraphus non erat in veteri consuetudine; ideò illius dispositio est generalior, quia quæ de novo addita fuerunt huic statuto in reformatione illius, censentur addita ex Curiæ Arrestis. Molin. idem censet, ad paragraph. 38 Statuti Trescens.* de Troyes; *Chop. de Morib. Paris. lib. 1, tit. 3, n. 14. . . . . . Et hanc sententiam sequimur & praticamus Molinis; itaque si reditus factus non redimibilis sit primus, nullo alio antiquiore, importabit directum Dominium, juxtà paragraph. 392, & sic judicatum duobus Arrestis; unum pro Domino Deschamps Monluciensi, contrà Joannem Kusonnet; alterum pro Domino Claud. Heuillard.* Jean Decullant, sur l'art. 20, *suprà*, où il faut avoir recours.

Ainsi fut jugé au rapport de M. Trocheraut, en cette Sénéchaussée, le 9 juin 1727, dans le procès dont il est parlé sur l'article 18, *suprà*, nombre 15, d'entre Gilbert de Combes, sieur des Morelles, demandeur & défendeur, contre Jean Belavoire, défendeur & demandeur incidemment. Ce fut un des chefs décidés par cette sentence; Belavoire, débiteur de deux rentes foncieres envers le sieur des Morelles, dont l'une étoit stipulée rachetable, avoit formé la demande incidente en rachat & remboursement de la rente stipulée rachetable, & il en fut débouté, par la raison qu'il y avoit plus de trente ans de la création de ladite rente. J'étois des juges.

Avant de finir sur cet article, il faut observer que, pour bien connoître la rente véritablement fonciere, & ne s'y pas tromper, il faut, dit Loyseau, bien prendre garde à la forme du contrat, parce que c'est, dit-il, la forme des contrats, qui leur donne la nature & la loi. L'héritage est délaissé ou aliéné pour 100 liv. de rente; c'est, dit Loyseau, une rente fonciere, comme étant retenue & réservée sur le fonds dans le temps de son aliénation. Si l'héritage, au contraire, est vendu pour la somme de 2000 liv. pour laquelle l'acquéreur constitue par le même contrat 100 livres de rente au vendeur, c'est une rente constituée comme étant faite pour demeurer quitte de 2000 liv. qui est le prix de ladite vente. Tellement que la vraie marque, selon Loyseau, de la rente fonciere, c'est le délaissement de l'héritage moyennant un revenu; c'est ce qui la distingue & la différencie de la rente constituée, qui est appellée constituée, ou parce que, lorsqu'elle est créée, il n'y a aucune tradition de fonds, ou bien parce qu'elle est constituée pour demeurer quitte du prix de la vente du fonds. Loyseau, traité du Déguerpissement, liv. 1, chap. 5, n. 17; liv. 4, chap. 5, n. 11, & ch. 11, n. 14.

Ce fut ainsi jugé, conformément au sentiment de Loyseau, au procès d'entre Marie Convenant, veuve de Louis Duchet, appellante de sentence rendue au bailliage de Saint-Amand, contre Jean & Marie Lombard, intimés, par sentence de cette Sénéchaussée, rendue à mon rapport, le 3 mai 1735. Jean Lombard, pere de l'intimé, avoit vendu & arrenté à perpétuité la moitié d'un pré & terre à Louis Duchet, pour la somme de huit livres chacun an, payable à chacun lundi après la saint Luc, en la ville de Saint-Amand, & à continuer perpétuellement jusqu'à l'amortissement de ladite rente, qui se pourroit faire à la volonté dudit Duchet, pour la somme de 160 livres. Il fut décidé que cette rente de huit livres étoit une rente fonciere, stipulée rachetable, à la différence de celle constituée par Augonnet, au profit du même Lombard, dont il est parlé sur l'article 18, *suprà*, adition manuscrite, qui fut déclarée rente constituée pour vente de fonds, parce que le même Jean Lombard avoit vendu le fonds en question audit Augonnet, pour une somme de cent livres, pour le paiement de laquelle ledit Augonnet lui avoit constitué par le même contrat une rente de cinq livres chacun an; les deux contrats étoient produits par les intimés, & ils furent lus & examinés à la chambre.

ARLICLE CCCXXXV.

ARTICLE CCCXXXV.

Trésors mussez d'ancienneté appartiennent, le tiers au Seigneur haut Justicier, le tiers au Seigneur de l'héritage où ils seront trouvez, & le tiers à celui qui les a trouvez. Des trésors trouvés.

1. Les trésors sont réputés biens vacans; lesquels, comme un bénéfice de la fortune du hasard, se partagent entre le seigneur haut justicier, celui qui l'a trouvé, & le propriétaire du lieu où il a été trouvé : de maniere que le tiers en appartient au seigneur haut justicier, le tiers au seigneur de l'héritage, & le tiers à celui qui les a trouvés, ainsi qu'il est dit dans notre article, dans l'article 8 du titre premier de la Coutume de Sens, & dans l'article 61 de celle d'Anjou.

2. Si c'est le propriétaire qui ait trouvé le trésor dans son fonds, en ce cas il doit en avoir la moitié, & l'autre moitié appartient au seigneur haut justicier. C'est ainsi que le décide la Coutume de Sens, audit article 8, & celle d'Auxerre, titre 1, article 11; c'est l'observation de M. Menudel, & le sentiment commun; & c'est aussi le mien, quoiqu'il y ait des auteurs qui, en ce cas, donnent les deux tiers au propriétaire du fonds, & l'autre tiers au seigneur haut justicier; & ce, conformément à la disposition de la Coutume de Bar, titre 2, article 44 : de maniere que, dans ce sentiment, le propriétaire du fonds a un tiers comme propriétaire, & un autre tiers comme inventeur du trésor.

3. Que si le trésor est trouvé en lieu public, comme en grand chemin, Bacquet (*des Droits de Justice*, chap. 32, n. 29,) décide qu'en ce cas, si le haut justicier a droit de voirie, la moitié lui appartiendra, & l'autre moitié à celui qui a trouvé le trésor; & que si le haut justicier n'a pas droit de voirie, cette moitié appartiendra au roi, comme ayant les grands chemins.

4. Mais, si le trésor est trouvé dans une église ou autre lieu sacré, c'est une question comment il doit être partagé; quelques-uns estiment que le seigneur n'y prend rien, parce que l'église n'est point sujette à sa jurisdiction; de maniere qu'en ce cas la moitié en appartient à celui qui l'a trouvé, & l'autre moitié à l'église. Tel est le sentiment de Delhommeau, *en ses Maxim.* liv. 1, art. 18 : mais Dumoulin & autres sont d'avis contraire; parce que, quoique les seigneurs hauts justiciers n'exercent pas leurs justices dans les lieux saints, néanmoins il est toujours vrai de dire que l'église ou le lieu sacré est sis & situé dans l'étendue de la justice, & qu'il est seigneur haut justicier du territoire où il est situé. C'est la note de M. Dumoulin, sur notre article: *Etiam*, dit-il, *in loco sacro, quia nihilominùs est de Jurisdictione & territorio Domini loci.* M. le président Duret, dans ses observations sur cet article, souscrit au sentiment de Dumoulin, & moi aussi; de façon qu'en ce cas j'estime que l'inventeur, l'église & le seigneur haut justicier doivent partager le trésor.

5. Les trésors trouvés, appartenans en partie, comme il vient d'être dit, au seigneur haut justicier & au propriétaire du fonds, il s'ensuit de-là que celui qui a trouvé un trésor, est tenu de le manifester incontinent au seigneur & au propriétaire : c'est la disposition de la Coutume de Bar, en l'article 44, qui porte que, s'il ne le fait, il est amendable; de maniere qu'il ne peut sans injustice le retenir tout entier pour lui, puisque la Coutume ne lui en donne qu'une partie : cela ne fait pas de difficulté.

6. Mais c'en est une de savoir si, pour ne l'avoir pas manifesté, il perd sa portion dans le trésor. Cette question fut le sujet d'une contestation, qui fut décidée en ce présidial le 13 décembre 1636, en faveur de celui qui a trouvé le trésor, ainsi que le rapportent M[rs]. Louis Semin & François Menudel. *Qui thesaurum in fundo alieno fortuitò invenit*, dit M. Louis Semin, *licèt proprietario fundi, & Fisco non denunciaverit se invenisse, non ideò tertiâ parte ejusdem thesauri, quam ei Statutum tribuit, privatur; sic judicatum in præsidiali Curia Molin. domino* Roy *Præside, & orantibus DD.* Menudel, Pailloux & Dubuisson, *die decimâ tertiâ decembris 1636.* C'est la remarque de M. Louis Semin. M. Menudel en dit autant; mais il ajoute, *inventorem mendacio convictum perdere debere thesauri portionem.*

7. Le trésor trouvé dans un fonds n'appartient pas à celui qui n'en a que l'usufruit, mais au propriétaire, comme disent nos Coutumes; c'est l'observation de Dumoulin, & après lui du président Duret. *Thesaurus*, dit M. le président Duret, *ad fructuarium non pertinet; & licèt in fundo dotali repertus mariti sit, non tamen ad eum pertinet tanquam fructuarium, sed tanquam ad dominum dotis, & tanquam quid mobile, Molin. in Paris. gl. 1, qu. 5, n. 60.* M. le président Duret, *hic.*

8. Le trésor dont il est parlé dans notre art. & dans les Coutumes, qui doit être partagé, comme il vient d'être dit, est un ancien dépôt d'argent ou d'autres choses précieuses, mises en quelque lieu caché depuis un si long temps qu'il n'y en a point de mémoire, que quelqu'événement fait découvrir, & dont on ne peut savoir qui en est le maître. *Thesaurus*, dit la loi 31, §. 1, ff. *de acquir. rer. domin. est vetus quædam depositio pecuniæ, cujus non*

extat memoria, ut jam dominum non habeat. Ainsi l'argent caché que l'on trouve, dont on connoît le maître, ne peut pas être regardé comme un trésor, & doit être rendu à celui qui l'a caché, ou à ses héritiers. *Si memoria extet depositionis pecuniæ*, dit M. Louis Semin, *non est thesaurus, & deponenti debet reddi pecunia.* Louis Semin, *hic.*

ARTICLE CCCXXXVI.

De la garde des épaves.

BÊTES prises pour épaves, avant que pouvoir être vendues par Justice, doivent être gardées; c'est à sçavoir, Chevres, Brebis, & autre menu bestail, l'espace de trois jours & trois nuits; & les grosses bêtes, comme Bœufs, Vaches, Jumens, Pourceaux, & leurs semblables, l'espace de huit jours & huit nuits: pendant lequel tems sera faite notification au lieu accoutumé à faire proclamations, du lieu auquel elles auront été prises, afin que les maîtres & Seigneurs desdites bêtes les puissent recouvrer. Et si dedans ledit tems il n'appert qu'aucun fasse poursuite desdites bêtes, elles peuvent être vendues audit lieu public, après ledit tems de trois ou huit jours passez respectivement, au plus offrant & dernier enchérisseur. Et si dedans quarante jours après ladite vente, le Seigneur desdites bêtes revient, & les veut recouvrer, faire le pourra, en payant les pâtures & frais de ladite vente; autrement lesdits deniers appartiennent ausdits Seigneurs.

1. LEs bêtes prises pour épaves, avant que de pouvoir être vendues par justice, doivent être gardées; savoir, les chevres, brebis & autre menu bétail, trois jours & trois nuits, selon qu'il est porté en notre article, en l'article 1 du titre 26 de la Coutume d'Auvergne, & en l'article 321 de celle de la Marche.

2. Quant aux grosses bêtes, comme bœufs, vaches, jumens, pourceaux & leurs semblables, elles doivent être gardées huit jours & huit nuits, avant que d'être vendues, ainsi qu'il est porté en notre article: à quoi sont conformes la Coutume d'Auvergne, audit titre 26, article 2, & celle de la Marche, audit article 321; à la reserve que notre Coutume met les porcs avec le gros bétail: ce que ne font pas celles d'Auvergne & de la Marche, qui les mettent au contraire avec le menu bétail.

3. La garde des épaves doit se faire par autorité de justice. C'est l'observation de M. Dargentré, & après lui de M. le président Duret, sur ces mots de notre article, ÊTRE GARDÉES: *Auctoritate*, dit-il, *judicantis, nec privatorum est talis custodia. Argent. in Cons. Britann. art. 58, gl. 1, n. 2....* M. Duret, *hic.*

4. Pendant la garde, notification ou proclamation doit être faite desdites bêtes en l'endroit accoutumé de faire proclamation, du lieu auquel elles auront été prises, afin que les maîtres & seigneurs desdites bêtes les puissent recouvrer. C'est la disposition de cette Coutume, au présent article, & de la plus grande partie des Coutumes: & cette disposition est raisonnable; parce que ces sortes de bestiaux étant du nombre de ceux qui ont un maître, qui ne les a pas abandonnés & perdus par délaissement, mais faute de garde & contre son gré, il est juste non seulement de donner un temps au maître pour les chercher, mais encore de lui faire savoir par des proclamations l'endroit où elles sont. *Etenim non vocati*, dit M. le président Duret, *rebus suis privandi non sunt, planè hoc in genere fit summaria cognitio....* M. Duret, *hic.*

5. Notre Coutume ne marque pas le nombre des proclamations qu'il est nécessaire de faire: mais les Coutumes du duché de Bourgogne, ch. 1, §. 2; de Melun, ch. 1, §. 7, de Chaumont en Bassigny, §. 93; de Troyes, art. 118, en demandent trois. La Coutume de Nivernois, ch. 1, §. 3, n'en demande que deux pour les petites bêtes, & trois pour les grosses.

6. Si, après les proclamations faites, il n'appert qu'aucun fasse poursuite desdites bêtes, elles pourront être vendues au lieu public, après ledit temps de trois ou huit jours passés respectivement, au plus offrant & dernier enchérisseur, selon qu'il est dit en notre article, & en l'article 3 du titre 26 de la Coutume d'Auvergne. Et comme cette vente n'est faite que pour décharger le gardien, & afin que la bête ne se consomme pas en garde & pâture, pendant les quarante jours qu'elle peut être réclamée; elle n'est pas absolument nécessaire, dit M. Dargentré, & après lui M. le président Duret: aussi notre Coutume, comme celle d'Auvergne se servent de ces termes, *peuvent être vendues*, qui ne dénotent pas une nécessité de vendre.

7. Les deniers provenans de la vente, s'il y en a une de faite, doivent être consignés en main tierce, autre que du seigneur & des officiers; parce que le seigneur n'a rien aux

deniers pendant les quarante jours : c'est la disposition de la Coutume d'Auvergne, tit. 26, art. 4, & de la Marche, art. 323.

8. Si dedans les quarante jours après la vente, le seigneur des bêtes revient, & les veut recouvrer, il le peut en payant les pâtures & frais de ladite vente, ainsi qu'il est dit dans notre article; mais bien entendu que ce n'est qu'après qu'il aura fait apparoir qu'elles lui appartiennent, comme il est dit dans l'article 2 du chapitre 8 de notre ancienne Coutume; dans l'article 4 du chapitre 1 de celle de Nivernois, & dans les articles 8 & 10 du titre 2 de celle de Berry : & cela, au cas qu'elles soient encore extantes, & qu'elles ne soient perdues par cas fortuit ou autrement, comme le dit la Coutume de Bourdeaux, article 105 : car, si elles sont encore extantes, quoique vendues, elles doivent être rendues au maître qui les réclame; de maniere que la vente qui s'en fait, n'est que conditionnelle, au cas qu'elles ne soient pas réclamées dans les quarante jours, comme il est dit dans l'ancienne Coutume, titre 8, article 2, & qu'il résulte de la disposition de notre article; en quoi cette Coutume est différente de celle de Nivernois, chap. 1, art. 4, qui porte que, si les bêtes sont vendues, le maître recouvrera seulement le prix & l'argent issu d'icelles.

9. Au reste, si les épaves sont des bestiaux, qui produisent d'eux-mêmes quelque profit & revenu, la déduction en doit être faite sur les frais de pâture, que le maître ou propriétaire qui réclame lesdits bestiaux, est tenu de rembourser. C'est la juste observation de M. Dargentré, sur l'article 58 de la Coutume de Bretagne, & après lui de M. le président Duret, sur notre article, sur ces mots, EN PAYANT LES PASTURES. *Attamen*, dit M. Duret, *hœc pabula cum fructibus compensari usque ad æquilibrium, usu receptius esse ait Argentr. in Conf. Britann. art. 58, in simili expensæ justè factæ restituendæ sunt.....* M. Duret, *hîc*.

10. Si après les proclamations, & dedans les quarante jours de la vente, celui à qui appartient l'épave ne paroît, il ne sera plus recevable après ledit temps; & les deniers de la vente appartiennent au seigneur justicier, comme il est dit dans notre article : *Quia post hoc tempus aberrans pecus prò derelicto habetur, nisi justa causa aliquid contrà singulariter moveat*, comme l'observe M. le président Duret, sur le mot, *autrement*, de notre article.

ARTICLE CCCXXXVII.

SI aucun trouve un abeillon à miel épave en son héritage, qui ne soit poursuivi par celui à qui il appartient, il est tenu de le reveler au Seigneur Justicier ou à un de ses Officiers, en la Justice duquel il est trouvé, dedans vingt-quatre heures, après qu'il aura sçu ledit abeillon être en son héritage. Et si led. abeillon n'est poursuivi de celui à qui il appartient dedans huit jours, ledit revelant en aura la moitié, & l'autre moitié sera au Seigneur haut Justicier; & s'il ne le revele, & il en soit convaincu, il rétablira ledit abeillon & épave, & sera condamné en l'amende : Et s'il le prend en autrui fonds, il sera condamné en amende arbitraire, & à ladite restitution. De l'abeillon de mouches.

1. QUand un essain d'abeilles ou mouches à miel s'envolent hors leurs vaisseaux, celui à qui elles appartiennent, est en droit de les poursuivre, selon qu'il est dit en la Coutume d'Amiens, art. 191; en celle du Maine, art. 13, & en celle d'Anjou, aussi art. 13; il n'en perd point la propriété, mais il a droit de les lever, s'il les réclame dedans la huitaine qu'elles sont assises & logées dans l'héritage d'autrui, ainsi qu'il résulte de la disposition de notre Coutume, au présent article.

2. Mais, si l'essain d'abeilles n'est poursuivi ni réclamé par celui à qui il appartient dans les huit jours, en ce cas ledit essain appartiendra par moitié à celui qui l'aura trouvé dans son fonds, & l'autre moitié au seigneur haut justicier, selon qu'il est dit dans notre article, & que le disent la Coutume d'Auvergne, titre 26, article 7; celle de la Marche, article 325, & de Touraine, article 54.

3. Et parce que la moitié de l'essain d'abeilles, qui n'est poursuivi ni réclamé, appartient au seigneur justicier, celui qui l'a trouvé épave en son héritage, ne peut le retenir en entier sans injustice; mais est tenu au contraire d'en donner avis audit seigneur justicier ou à un de ses officiers, dans les vingt-quatre heures qu'il a su ledit essain d'abeilles être en son héritage : c'est la disposition de notre Coutume en notre article; celle de la Coutume d'Auvergne, tit. 26, article 7, & de la Marche, article 325; lesquelles donnent huit jours pour faire la dénonciation au seigneur; lequel temps de vingt-quatre heures ou huit jours, s'entend du cas auquel il n'y a aucun empêchement ou excusation légitime, comme il est dit en l'article 94 de la Coutume de Chaumont en Bassigny, & qu'il a été observé par M. le présisident Duret, sur notre article; & si le seigneur justicier ou ses officiers, à qui la révélation est faite, n'en tiennent compte, le tout appartiendra à celui qui l'aura trouvé dans son

fonds, ainsi que le dit la Coutume de Lodunois, ch. 3, article 3.

4. Si celui qui a trouvé ledit essain d'abeilles dans son héritage, le recele & ne révéle point, & qu'il en soit convaincu, il restituera ledit essain au seigneur, & sera en outre condamné à l'amende, ainsi qu'il est porté en notre article, & que le disent les Coutumes d'Auvergne, titre 26, article 8; de la Marche, article 326; de Touraine, article 54, & de Lodunois, chap. 3, article 3: lesquelles Coutumes fixent l'amende à soixante sous.

5. Que si aucun prend essain d'abeilles, non dans son fonds & héritage, mais dans le fonds d'autrui, & qu'il les emporte, il sera, dit notre article, condamné en l'amende arbitraire, & à rendre ledit essain. C'est aussi la disposition de la Coutume d'Auvergne, tit. 26, art. 8; de la Marche, art. 326; de Touraine, article 54, & de Lodunois, chap. 3, art. 3: laquelle disposition est contraire à celle du droit romain, en la loi 26, ff. *de furtis*; en la loi 5, §. *Apium*, ff. *de acquir. rer. domin.* & au §. *Apium*, *inst. de rer. divis.* où il est dit que l'essain d'abeilles qui s'est mis sur votre arbre, n'est pas plus vôtre que les oiseaux qui nichent dessus; & que celui qui les enfermera, en devient le maître: ce qui contrarie la disposition desdites Coutumes, qui ne veulent point qu'on les aille prendre dans le fonds d'autrui, & qui regardent comme larrons ceux qui le font.

ARTICLE CCCXXXVIII.

Du récéleur dudit épave.

AUSSI qui trouve épave & le retient, sans le reveler dedans vingt-quatre heures à la Justice ou aux Officiers dudit Seigneur Justicier, au territoire duquel ladite épave est trouvée, il est amendable envers ledit Seigneur Justicier, avec restitution de ladite épave.

1. LA Coutume de Nivernois, ch. 1, art. 6, contient une disposition semblable; & la raison de cette disposition est que celui qui retient ce qui ne lui appartient pas, commet une espece de larcin, L. *Falsus*, §. *Qui alienum*, ff. *de furtis*: & c'est pour cette raison qu'il est amendable.

2. Cette Coutume ne régle pas l'amende, non plus que celle de Nivernois, qui déclare qu'elle est arbitraire, & à la discrétion du juge.

3. Pendant les vingt-quatre heures que la Coutume donne pour déclarer, si le maître de l'épave se présente, on peut la lui rendre de bonne foi, en justifiant par lui qu'elle lui appartient.

ARTICLE CCCXXXIX.

Des charrois dûs par homme sujet.

HOMME sujet en Justice, faisant feu, doit pour raison de la haute Justice trois charrois l'an, s'il a bœufs & charrette; & s'il n'a bœuf ou bétail tirant à charrette, il lui doit trois corvées là où il plaît au Seigneur l'employer en sa Justice, ou hors; & doit iceux charrois ou corvées faire de soleil levant à soleil couchant, & tellement que du levant il puisse être en sa maison au couchant: Et est tenu ledit Seigneur, qui prendra ledit charroi ou corvée, nourrir ceux qui feront lesdits charrois ou corvées, ou payer pour le charroi à deux bœufs six deniers tournois, à quatre bœufs douze deniers tournois, à six bœufs dix-huit deniers tournois, & pour corvées six deniers tournois, au choix du Seigneur. Et ne peuvent lesdits Seigneurs contraindre les Sujets faire charrois pour autres que pour eux & leurs affaires, ne aussi les prendre une année sur l'autre; car ils ne s'arréragent point, & ne sont compris en cette Taille les Villes & autres lieux dudit Païs qui ont franchise & privilége de ne faire aucun charroi ou corvée: Aussi ne sont compris ceux qui par sentence, Contrat ou composition en doivent plus ou moins; auquel cas ils sont tenus faire le charroi, selon lesdits Traitez, compositions, ou sentences.

1. LES corvées sont servitudes personnelles, consistant en journées d'hommes, chevaux & autres animaux, que les seigneurs ont droit d'exiger en certains temps de leurs justiciables, censitaires ou sujets, selon les Coutumes, ou leurs titres.

2. Dans cette Coutume, contraire en cela à celle de Paris, il y a deux sortes de corvées: les

les unes établies sur la simple disposition de la Coutume, & les autres par des titres particuliers.

3. Les corvées sont acquises au seigneur haut justicier dans cette Coutume, sans titre, par la disposition du présent article ; & au seigneur taillablier, par la disposition des articles 191 & 495 ; de maniere que par la simple disposition de la Coutume il y a deux sortes de corvées, corvées dues pour raison de la justice, & corvées dues à cause de la taille personnelle, réelle, & bordelage : & outre ces deux sortes de corvées, marquées & prononcées par la Coutume, il peut y en avoir d'autres établies par des titres particuliers, tels que sont les baux à cens, anciens terriers, &c.

4. Les corvées dont il est parlé dans le présent article, & dans l'article 3 du titre 8 de l'ancienne Coutume, sont les corvées de justice; & suivant lesdits articles, homme sujet à justice, faisant feu, doit, pour raison de la haute justice, trois charrois l'an, s'il a bœufs & charretes; & s'il n'a bœufs ou bestiaux tirans à charretes, il doit trois corvées.

5. Sous le nom d'homme faisant feu, toute la famille est comprise; ainsi il n'est dû que trois corvées pour toute la famille, quoique composée de plusieurs personnes. C'est la remarque de M. Jean Decullant, sur le mot, HOMME, de notre article: *Hoc nomen*, dit-il, *sumitur pro tota familia, quœ tantùm debet tres operas, licèt plures sint personœ.* Jean Decullant, *hìc.*

6. Il y a plus; c'est que, quoiqu'un pere de famille ait plusieurs feux à lui appartenans, il ne payera que pour un, & ne devra que trois corvées: mais aussi, si d'un feu il s'en fait plusieurs, comme si un pere de famille meurt; que par son décès il laisse plusieurs enfans qui se séparent, & fassent plusieurs feux, un chacun devra. *Quid si*, dit M. le président Duret, en parlant du pere de famille, *plures focos acquirat, nonnisi pro uno tenetur; & vice versâ, si unius foci divisio fiat in plures focum tenentes, quilibet foragium prœstare tenetur...... Et sanè ex eo quòd pro focis imponitur, magis est ut uno in plures diviso morte patrisfamilias, pluribus hœredibus relictis, ut ab omnibus debeatur, & pluribus ad unum reductis à detentore tantùm, & si plures detentores sunt, ab omnibus tantùm unum.....* M. Duret, *hìc.*

7. Les corvées se doivent faire entre deux soleils; & ne sont tenus les corvéables faire corvées plus loin, qu'aux lieux d'où ils puissent venir le même jour au soleil couchant, comme il est porté en notre article; ou bien on peut, au lieu d'une corvée, en compter deux au seigneur. Cette contestation, dit M. Etienne Baugy, s'est présentée entre le sieur Feydeau, sieur de Chapeau, & M. Jacques Fevrier, greffier en cette cour, qui soutenoit qu'au lieu qui étoit désigné par led. sieur de Chapeau, on n'y pouvoit pas aller & revenir d'un soleil à l'autre, mais qu'il falloit partir de chez lui depuis la veille; en conséquence de quoi cela lui devoit tenir lieu de deux corvées, au lieu d'une : sur quoi jugement intervint en cette Sénéchaussée, le 4 mai 1678; par lequel, avant que de faire droit sur le fait posé par M. Jacques Fevrier, qu'au lieu désigné par le sieur de Chapeau, la corvée ne pouvoit commodément se faire d'un soleil à l'autre, les parties furent réglées, & expérience ordonnée, plaidans M. Jugnet, procureur dudit sieur Feydeau, & M. Fevrier pour lui. M. Baugy, *hìc.*

8. Les corvéables doivent faire les corvées selon la nécessité & volonté du seigneur, & où il plaît au seigneur les employer dans l'étendue ou hors de sa justice, comme dit notre article, & dans le temps par lui indiqué: mais le seigneur ne doit les exiger dans des temps trop incommodes. C'est l'observation de M. le président Duret, sur le mot, L'AN. *Cùm poposcerit*, dit-il, *Dominus; cùm enim operarum editio nihil aliud sit, quàm officii prœstatio, absurdum est credere alio die officium deberi, quàm quo is velit, cui prœstandum est..... & in eo servari debet, quod bonœ fidei judicio congruit, ita ut tempestivè peti debeant.....* M. Duret.

9. C'est le sentiment commun des auteurs, qui ont écrit sur ces matieres, que le seigneur ne peut contraindre ses corvéables à faire les corvées dans le temps des semences & de la récolte: tel est celui de nos anciens qui ont commenté notre Coutume. *Tempestivè peti debent*, dit M. Duret, qu'on vient de citer; *ita ut*, ajoute-t-il, *sationis & collectionis fructuum tempus liberum sit. Dominus*, dit M. Jean Decullant, *non potest exigere omnes operas eodem tempore..... ne à cultura agraria revocetur agricola, nec etiam tempore, quo sationibus, vel colligendis fructibus insistit, cùm prudentiœ sit opportuno tempore his necessitatibus satisfacere.* M. Jacques Potier a fait la même remarque, sur notre article; & il a été ainsi jugé par l'arrêt de Chamatel, rendu au parlement de Paris, l'an 1543, rapporté par Papon & par Henrys, tome 1, liv. 3, chap. 3, qu. 32: lesquelles corvées, est-il dit dans la disposition de l'arrêt, seront tenus les appellans faire audit anticipant à sa nécessité & volonté; pourvu toutefois que ce soit en temps dû, & hors du temps de semence. Cependant, selon Bacquet, les corvées sont des journées que les sujets sont tenus employer au service de leur seigneur sans aucun salaire, ou pendant qu'il recueille ses grains, ou pendant qu'il fauche ses prés, ou durant qu'il fait ses vendanges, ou pendant qu'il bâtit. Bacquet, *des Droits de Justice*, chap. 29, n. 39.

10. Le seigneur est obligé d'avertir ses corvéables quelques jours auparavant, ainsi qu'il a été jugé par les arrêts cités par M. Bretonnier sur Henrys, tome 1, liv. 3, chap. 3, qu. 3: & ne peut un seigneur contraindre son corvéable de partager sa journée, & à ne travailler qu'une partie d'icelle, quand il est résolu d'employer toute sa journée, pour ne pas revenir. *Cœterùm*, dit M. le président Duret,

pro parte quælibet opera exigi non potest ab invito debitore, qui non tenetur seorsim & pro parte operari, si offerat simul unum & officium diurnum. M. Duret, *hìc.*

11. Le corvéable est tenu de travailler selon ses forces, & de faire sa corvée avec le même nombre de bestiaux, qu'il a coutume de travailler pour lui. *Debet*, dit M. Jean Decullant, *agricola præstare operas cum tota sua potentia, id est, cum tot jugis boum quibus solitus est uti..... Itaque, si tantùm utatur duobus bobus, non tenebitur pluribus præstare operas; quod annuit hìc Statutum, loquens de duobus bobus.* Jean Decullant, *hìc.*

12. S'il tombe malade dans l'exercice de la corvée, elle est perdue pour le seigneur; & il n'est pas tenu de la recommencer, parce qu'il n'a pas tenu à lui qu'il ne fit sa corvée. C'est la raison qu'en donne Jean Decullant: *Si adversâ valetudine impediatur*, dit-il, *non tenetur præstare, quia per eum non stat. Quid igitur*, dit M. le président Duret, *si post petitas operas subditus æger esse cœperit, magis est ut Domino pereant.... nam & servire nobis intelliguntur ii quos curamus ægros, qui cupientes nobis servire propter adversam valetudinem impediuntur, L. cum hæres, §. 5, verb. sed si*, ff. *de statu liber.* Jean Decullant & M. Duret, *hìc.*

13. Les seigneurs sont tenus de nourrir ceux qui font les corvées, ou de leur payer leur nourriture; & ce, au choix du seigneur, ainsi qu'il est porté dans notre article.

14. Si le corvéable, dans l'exercice du charroi & de la corvée, rompt quelqu'instrument, comme le char, le seigneur n'est pas tenu de le faire accommoder, ainsi qu'il a été décidé, dit M. Prohet dans ses observations, sur l'article 19 du titre 25 de la Coutume d'Auvergne.

15. Ne peuvent les seigneurs employer les corvées qui leur sont dues pour d'autres, que pour eux, ainsi qu'il est dit dans notre article.

16. Mais peuvent les fermiers obliger les corvéables à faire les corvées nécessaires pour exploitation de la ferme, ainsi qu'il a été jugé par arrêts. Le domaine du Bourbonnois, dit Bacquet, *des Droits de Justice*, chap. 29, n. 39, étant baillé à ferme, par arrêt de la cour, les sujets furent condamnés à faire les trois journées de corvées, portées par la Coutume, au profit du fermier: affirmation faite par le fermier, que c'est pour faire collecte des fruits des terres dépendantes du domaine, ou bien pour réparer le château du seigneur.

17. Par autre arrêt du 4 septembre 1677, rendu contre les habitans de Mont-Luçon & d'Heriçon; ils ont été condamnés à faire trois corvées, dues pour raison de la haute justice, pour leur seigneur, leurs officiers & exploitation de leurs terres seulement, sans néanmoins que lesdites corvées puissent être appréciées ni converties en argent, ni qu'il en puisse être demandé deux années sur l'autre; le tout aux clauses, conditions, & comme il est porté par notre article. Ceci est rapporté par M. Etienne Baugy, qui dit avoir vu l'arrêt.

18. Les seigneurs justiciers ne peuvent recevoir les corvées en argent, ainsi qu'il a été jugé par l'arrêt qu'on vient de citer, du 4 septembre 1677, & par d'autres, cités par M. Prohet, sur la Coutume d'Auvergne, titre 25, article 18. La raison est que les corvées ne sont dues au seigneur que pour son service, & en tant qu'elles lui sont nécessaires; de maniere que n'en ayant pas de besoin, il n'est pas raisonnable qu'il en puisse tirer de l'argent: outre qu'il seroit à craindre que, par l'autorité des seigneurs, les corvéables ne fussent contraints de faire des compositions désavantageuses. C'est le raisonnement de M. Claude Henrys, tome 1, liv. 3, chap. 3, quest. 32; & tel est le sentiment de Papon & de Jean Decullant, sur le présent article. *Imò*, dit Decullant, *nec æstimatio earum debetur in pecuniâ; & sic usus invaluit, ut notat hìc* Papon.

19. Ne peuvent encore les seigneurs demander les années qu'ils ont laissé passer sans user de ce droit, suivant qu'il est porté dans notre article; parce que, dit la Coutume, les corvées ne s'arréragent point. La raison qu'en donne M. Jean Decullant, c'est qu'en remettant les charrois d'une année à l'autre, les corvéables en seroient accablés, & distraits de leur labourage.

20. La Coutume de la Marche, article 146, & celle d'Auvergne, titre 25, article 18, contiennent une exception; savoir, si elles ne sont requises & demandées de la part du seigneur ou de son fermier, qui constitue en demeure: & tel est le sentiment de nos commentateurs, de Papon, Jean Decullant & de Potier, sur le présent article. *Hoc jure utimur*, dit M. Jean Decullant, *quòd Dominus Justitiarius non possit cedere alteri istas operas, neque impendere nisi in usus proprios, nec peti possunt arreragia harum operarum; quia sufficere non possunt subditi in uno eodemque anno præstare operas annorum elapsorum, ne in totum à culturâ agregariâ revocentur: imò nec æstimatio earum debetur in pecuniâ; & sic invaluit usus, ut notat hìc* Papon: *excipe tamen si à Domino petitæ & indictæ fuerint tales operæ, quas subditus neglexerit præstare; nam arreragia operarum indictarum quæ non fuerunt præstitæ, peti possunt, & harum fit æstimatio in pecuniâ Domino exsolvendâ, qui tunc eas specie exigere non potest.* Decullant, *hìc.*

21. Notre article n'exempte des corvées, que les villes & autres lieux qui ont franchise & privilége de ne faire aucun charroi ou corvée: mais c'est une question à l'égard même des lieux qui n'ont ni franchise ni privilége, si tous les sujets de la haute justice, sans distinction d'âge ni de dignité, sont tenus des corvées personnelles de la justice. M. Jean

Decullant soutient que la Coutume lie indistinctement tous ceux qui sont soumis à la justice; mais que ceux qui ne les peuvent, ou ne les veulent pas faire par eux-mêmes, les peuvent faire faire par un tiers: *Verùm Statutum*, dit-il, *generaliter comprehendit omnes subditos Jurisdictioni sine discrimine ætatis, sexûs & dignitatis, qui per se non possint & nolint, possunt aut alium præponere præstationi operarum, aut solvere æstimationem; quid si rusticus, qui ipsemet operas præstat, impediretur infirmitate corporis, nec alium ex familiâ posset præbere, foret excusandus.* Tel est le sentiment de M. Jean Decullant, sur notre article; c'est aussi celui de M. Guy Coquille, sur la Coutume de Nivernois, Tit. *des servit. personn.* article 17, où il est dit que le clerc n'est tenu de les faire en personne, mais qu'il les peut faire par substitut.

22. M. le président Duret, d'un sentiment contraire, dit qu'en fait de corvées on doit avoir égard à l'âge, à la dignité & à la maladie: *Habitâ ratione ætatis*, dit-il, *dignitatis, valetudinis & necessitatis..... nec audiendus est Dominus, si poscat operas, quas vel ætas recusat, vel infirmitas corporis non patitur, vel quibus institutum vitæ minuitur.* L'auteur des observations, sur Henrys, tome 1, liv. 3, chap. 3, quest. 33, tient, après M. Lemaistre, dans son vingtieme plaidoyer, & après Loysel, dans ses *Inst. Cout.* liv. 6, tit. 6, nombre 8, que les gentilshommes & les ecclésiastiques sont exempts de corvées. C'est aussi le sentiment de M. Jacques Potier, sur notre article, & de M. Louis de Hericourt, dans ses *Loix Eccl.* 4e. partie, chap. 8, art. 17, & la disposition de la Coutume d'Anjou, art. 31; de celle du Maine, art. 36, & de celle de Bretagne, art. 91. Et tel est mon sentiment.

23. Il n'en est pas de même des corvées réelles, parce que ce sont les héritages qui les doivent, ainsi qu'il est dit dans les articles des Coutumes que nous venons de citer; tellement que quand les héritages sujets à corvées tombent entre les mains des personnes nobles ou des ecclésiastiques, les uns & les autres sont sujets aux corvées: mais ils peuvent les faire faire par un tiers, comme il a été jugé par un arrêt du parlement de Grenoble, du 6 août 1663, cité par Chorier, sur Guy-Pape, page 144. L'auteur des observations, sur Henrys, *ibid.*

24. Quant aux métayers des gentilshommes, ils ne sont pas exempts des charrois & corvées de justice, dit M. Genin, pere, quoique demeurans en métairies féodales, ainsi qu'il a été jugé par arrêt de la cour, pour le seigneur Deblet, contre le sieur Dissertieux: *Quia ea præstatio*, ajoute M. Genin, *personalis est, non realis*, de laquelle il n'y a que le seul gentilhomme, tenant bœufs en sa maison, & le prêtre vivant cléricalement, qui en soient exempts. M. Genin, *hic*.

* Tel est le sentiment de M. Genin, mais il y a sentiment contraire; & voici quelles sont les raisons sur lesquelles il est appuyé: les fiefs en France, comme le remarque Bacquet, des francs-fiefs, chapitre 3, sont nobles, dit-on, & tenus noblement, par conséquent exempts de toutes charges & servitudes imposées aux roturiers; & quoique le fief par lui-même ne doive être possédé que par le noble, toutefois, dès que par la permission du roi le roturier devient capable de le posséder, la possession du fief doit l'affranchir de toutes charges roturieres, & sur-tout des corvées; car le fief, quoiqu'il passe en main roturiere, ne perd rien de sa qualité noble & franche, puisque le roi, qui seul fait les nobles, peut aussi donner dispense au roturier de tenir fief, & par cette dispense faire jouir le roturier de tous les privilèges de son fief; d'où il suit que l'état & condition du possesseur du fief & de celui qui y réside, ne changeant & n'altérant point sa qualité, il communique aux possesseurs, & à ceux qui y résident, les droits de sa franchise.

Ce sentiment a pour lui, à ce qu'on prétend, la disposition du présent article, & ce sont, ajoute-t-on, les fiefs & leur franchise, que les rédacteurs de notre Coutume ont eu en vue, & dont ils ont entendu parler, quand après avoir assujetti aux corvées de justice généralement tous les justiciables d'icelle, ils en exceptent à la fin dudit article les lieux qui ont franchise & privilége de ne faire aucun charroi ni corvée; & c'est en conséquence de cette exception, qu'on a déclaré par différentes sentences, rendues en la chambre du domaine, les métayers des métairies féodales exempts des corvées de justice, & notamment par une sentence rendue au profit du sieur Desbouis de Salebrune, contre le sieur Girouard, fermier de la châtellenie de Murat; ladite sentence rendue à la fin du mois d'août de l'année 1739.

On cite encore pour ce sentiment une sentence de cette Sénéchaussée, confirmée par arrêt rendu contre le seigneur de Montgeorge, au profit du propriétaire du fief des Tanieres.

Ceux qui assujettissent les métairies féodales aux corvées de justice, répondent & disent qu'il faut distinguer deux sortes de corvées; des corvées personnelles, imposées sur les habitans d'un lieu, à cause de leur résidence, & des corvées réelles, imposées sur les fonds; que les corvées de justice sont personnelles, puisqu'elles sont dues par les habitans, à cause de leurs résidences, dans l'étendue de la justice; & les corvées taillablieres réelles, parce qu'elles sont dues par les fonds, & à cause des fonds.

Cette distinction ainsi faite, tous les justiciables, reprennent-ils, de condition roturiere, levans & couchans dans l'étendue de la haute justice, sont personnellement asservis aux corvées de la justice, car la disposition du présent article est générale ; or, comme les métayers des métairies féodales sont justiciables de la haute justice, & de condition roturiere, ils sont par une conséquence nécessaire asservis aux corvées de justice.

Inutilement prétend-t-on qu'ils en sont affranchis, parce que la noblesse du fief, dont ils sont métayers, les en exempte, la noblesse du fief étant incompatible avec ces sortes de servitudes. A cela plusieurs réponses.

1°. C'est-là une pure pétition de principe, c'est décider la question par ce qui est en question, puisque la question est de savoir si les métayers des métairies féodales doivent, à cause de la noblesse du fief, être exempts de corvées personnelles de justice.

2°. Il ne s'agit pas en ce cas de corvées réelles qui affectent le fief; mais de corvées personnelles, qui concernent la personne du métayer comme justiciable, & à cause de sa résidence dans l'étendue de la haute justice; & c'est une maxime communément reçue, autorisée par la disposition expresse du premier article de notre Coutume, que entre fief & justice il n'y a rien de commun, & que les droits du seigneur haut justicier sont distincts & indépendans de ceux du seigneur du fief.

3°. Il n'est pas étonnant qu'un seigneur haut justicier ait droit de corvées & servitudes personnelles sur les métayers d'une métairie féodale, puisque nos Coutumes en contiennent des dispositions expresses, parce que, disent-elles, l'affranchissement de ces servitudes descend des personnes & non des lieux. « Gens d'église, ni nobles (dit la Coutume d'Anjou, article 31) ne doivent moûtes, ni fournages, pressoirages, ni corvées, s'ils n'acquierent choses qui les doivent..... Et y iront leurs métayers & gens roturiers, demeurans ès lieux & féages nobles, audit moulin & four; car le privilége de non y aller descend des personnes & non des lieux. » L'article 30 précédent contient même disposition, & la Coutume du Maine, articles 35 & 36, en dit autant, & en donne la même raison.

Il faudroit donc un affranchissement ou privilége formel, en faveur des fiefs, de ne faire aucun charroi, ni corvée, pour qu'on pût les regarder comme lieux de franchise, dont parle la Coutume; on ne voit toutefois aucun indice de cet affranchissement, ni dans le présent article, ni dans toute la Coutume.

Sur la fin de l'onzieme siécle, & dans le douzieme, les seigneurs qui se trouvoient les plus foibles, ainsi qu'il a été dit sur l'article neuvieme ci-dessus, & qui virent leurs terres abandonnées, furent obligés, pour conserver leurs sujets, de rendre leur domination plus douce & plus tollérable, & pour cet effet de leur accorder des franchises & priviléges; ils les appelloient leurs bourgeois, pour les distinguer des bourgeois du roi; & c'est sur ce fondement, & en conséquence de ces franchises, que, dans le temps de la rédaction de l'ancienne Coutume, les habitans des terres d'Orval & de Charenton prétendoient ne devoir aucuns charrois, selon qu'il est dit dans le procès-verbal qui fut fait en la châtellenie d'Ainay, le 11 juin 1493. C'est de ces sortes d'affranchissemens & priviléges accordés par les seigneurs justiciers à leurs sujets, dont les rédacteurs de la Coutume ont entendu parler dans le présent article, & pour démontrer qu'ils n'ont pas regardé les fiefs comme lieux affranchis & exempts des corvées de justice, on fait le raisonnement qui suit :

Si les lieux tenus & possédés en fiefs avoient été originairement affranchis des corvées de justice, & qu'on les eût réputés tels dans le présent article, ils auroient conservé cet affranchissement après leur division; & la partie désunie seroit restée affranchie des corvées de justice, comme elle l'étoit avant sa désunion, par la raison que la partie est de même qualité, & participe aux mêmes priviléges que le tout dont elle fait partie; de maniere que la partie désunie ne devroit être assujettie qu'aux charges sur elle imposées dans le temps de la désunion; cela étant, quand un seigneur de fief se joue de son fief par la vente qu'il fait d'une partie du fief à la charge d'un cens, cette partie vendue ayant été affranchie des corvées de justice, dans le temps de l'affranchissement de tout le corps du fief, elle ne devroit être asservie qu'à la charge qui lui a été imposée dans le temps de la vente qu'en a faite le seigneur du fief, & par une conséquence nécessaire elle devroit, en conservant son ancien affranchissement, demeurer exempte des corvées de justice, sur ce fondement les métairies roturieres, tenues à cens d'un seigneur de fief, dont elles ont été désunies, devroient être regardées comme des lieux affranchis des corvées de justice; mais comme cette conséquence, quoique juste & bien déduite, est fausse, sa fausseté fait connoître celle du principe dont elle est tirée.

Pourquoi, dit-on, en dernier lieu, les métayers des métairies féodales seroient-ils plutôt exempts des corvées de justice, qu'ils le sont des tailles, subsides & autres charges, auxquelles les roturiers non nobles sont sujets, contribuables & cottisables?

A l'égard des sentences de la chambre du domaine, qui ont déclaré les métayers des métairies féodales exempts des corvées de justice, on convient que telle est la jurisprudence de la chambre du domaine; mais on prétend que cette jurisprudence est nouvelle, qu'anciennement on jugeoit autrement, ainsi qu'il y a lieu de le présumer des observations de M[rs]. Genin, & de Jean Decullant.

Quant à la sentence de cette Sénéchaussée, rendue au profit du sieur des Tannieres, contre le seigneur de Montgeorge, elle n'a pas décidé la question, puisqu'il y avoit preuve au procès que

que le fief des Tannieres n'étoit pas de la justice du Theil, appartenante au seigneur de Montgeorge; & cela, parce que dans la concession faite à ses auteurs de cette justice, on en avoit excepté les fiefs, situés dans l'enclave d'icelle; c'est ce qui a été attesté par le sieur Regnier, procureur en ce siége, beau-pere du sieur des Tannieres, qui étoit procureur dans le procès; & l'arrêt qui intervint, fut rendu du consentement des parties.

Pour dire ce que je pense de cette question, qui fait du bruit dans cette province, je conviens qu'en France tous les fiefs sont nobles, & qu'ils étoient autrefois appellés francs à cause de la franchise, ou des prérogatives qui y étoient unies, & dont jouissoient ceux qui les possédoient; car quoique, selon que Bacquet l'observe, les fiefs n'ayent jamais annobli les roturiers qui les possédoient, il est vrai de dire néanmoins qu'ils les affranchissoient, ou leur communiquoient leur franchise, tant qu'ils y étoient levans & couchans, de maniere qu'un roturier qui possédoit un fief, étoit réputé franc-homme tant qu'il y demeuroit; mais comme cette attribution, ou participation de franchise & prérogatives du fief, selon les auteurs qui ont traité ces matieres, & la disposition des Coutumes d'Anjou & du Maine, ne regarde que les propriétaires, possesseurs des fiefs, la difficulté reste toujours dans cette Coutume, si les métayers des métairies féodales, en conséquence de la noblesse du fief, doivent être réputés exempts des corvées de justice.

Et sur cette question, je dis que le sentiment qui les assujettit aux corvées de justice, est celui de nos anciens, de Mrs. Genin, pere, & Decullant, & qu'il se peut bien que ce fût l'ancienne jurisprudence de ce siége; mais qu'à présent le sentiment opposé qui les en exempte, est le plus commun, que telle est aujourd'hui la jurisprudence de la chambre du domaine, à laquelle on se conforme le plus communément dans la province; mais comme cette question a donné lieu à différentes contestations, actuellement pendantes & indécises en cette Sénéchaussée, & au parlement, il y a lieu d'espérer que les décisions qui interviendront, feront disparoître cette variété de sentimens; & en attendant ces décisions, je croirois que l'on doit se conformer au sentiment commun, & à ce qui s'observe aujourd'hui dans cette province; car si d'un côté la disposition de la Coutume au présent article, qui assujettit les justiciables de la haute justice aux corvées, est générale & indéfinie; d'un autre côté, l'exception en faveur des lieux de franchise & privilégiés, est précise; les Coutumes du Maine & d'Anjou, qui, par rapport aux prérogatives du fief, font une différence du propriétaire & possesseur du fief, d'avec les métayers demeurans audit fief, n'assujettissent les métayers qu'aux bannalités de moulins & de fours, & ne comprennent pas dans cet assujettissement les corvées; or, comme le droit de corvée est un droit de servitude, droit exorbitant, droit d'imposition, & droit odieux, dans le doute on doit juger en faveur de la liberté, avec d'autant plus de raison, que la noblesse du fief est incompatible avec les servitudes; que si les métairies roturieres, qui originairement faisoient parties du fief, sont asservies aux corvées de justice; c'est parce que dans leur désunion elles ont perdu leur féodalité, & sont devenues roturieres; & qu'enfin, si les métayers des métairies féodales étoient asservis aux charrois de justice, les propriétaires & possesseurs des fiefs s'y trouveroient eux-mêmes asservis dans les personnes de leurs métayers, puisque les bœufs des métairies leur appartiennent, & que ne pouvant cultiver eux-mêmes leurs métairies, leurs métayers sont leurs hommes, chargés de l'exploitation de ces métairies.

Ce qui fortifie ce sentiment, & qui constate l'usage de la province, c'est l'acte de notoriété qui fut donné en *1656*, par les avocats & procureurs de ce siége, dont voici la teneur:

« Nous soussignés, avocats en la Sénéchaussée & siége présidial de Bourbonnois à Moulins, certifions à tous juges qu'il appartiendra, que l'usage est en la province de Bourbonnois, que lorsqu'il s'agit de la connoissance de fiefs, de leurs dépendances ou circonstances, soit en actions personnelles, réelles, hypothécaires ou dépendantes de réalité, que la connoissance en appartient au sénéchal de Bourbonnois, privativement aux juges inférieurs des justices vassalles & subalternes, & que les propriétaires & métayers résidans dans lesdits fiefs & terres nobles, n'ont point accoutumé de payer aucuns droits, soit de corvées, ou autres choses quelconques aux seigneurs justiciers, quoique lesdits fiefs ayent leur assiette & situation en leursdites justices, les fiefs n'étant susceptibles d'aucune servitude, & notamment des droits de corvées, qui sont servitudes réelles par la loi locale du pays, en l'article *339*, qui en dispense les villes & autres lieux qui ont franchise, la franchise étant écrite audit art. en faveur des fiefs, qui sont nommés pour ce sujet francs-fiefs, c'est-à-dire, exempts de toutes charges. Ce qui est même établi par la même loi locale, ès articles précédens *328*, *333* & *334*, qui portent, en termes exprès & formels, que l'on ne peut surcharger le fief d'aucune rente, redevances, ou autres choses quelconques; ce qui est exprimé esdits articles, pour montrer que les fiefs & terres nobles ne sont pas susceptibles d'aucunes servitudes; & que les propriétaires d'iceux ne doivent que la bouche & les mains seulement, & rien autre chose, & notamment en Bourbonnois, où les propriétaires & possesseurs de fiefs, ne doivent même les droits de francs-fiefs & nouveaux acquêts, par titres & priviléges concédés par les ducs de Bourbonnois,

» & depuis confirmés par les rois de France: » en foi de quoi avons signé ce deux novembre 1656. Ainsi signé, Chenebrard, l'ancien des avocats, Vincent, ancien, Tridon, ancien, Foucher, ancien, Janet, ancien, Collier, ancien, Doujan, Riviere, Vernin, Cordier, Lomet, Steuf, Bulin des Hommes. »

« Nous soussignés, procureurs curiaux en la » Sénéchaussée & siége présidial de Bourbonnois à Moulins, certifions à tous juges qu'il » appartiendra, que le style & l'usage sont en » cette province de Bourbonnois, que lorsqu'il s'agit d'actions qui concernent directement ou autrement la connoissance des » fiefs, terres nobles, & seigneuries, soit en » actions personnelles, réelles, hypothécaires, ou autres dépendantes de la réalité, » que le sénéchal de Bourbonnois est seul juge » compétent, & non point les juges vassaux » & subalternes, suivant l'édit de Crémieu, » article 4, voire même quand lesdits fiefs » seroient situés dans le détroit des justices » desdits seigneurs vassaux & subalternes, » même que pour raison desd. fiefs les propriétaires & métayers y résidans, & tenans feu » & lieu, n'ont coutume de payer auxdits » seigneurs hauts justiciers aucuns droits de » corvées ni blairie, s'il n'y a titre exprès; » mais jouissent lesdits propriétaires & leurs » métayers de la franchise qui est attachée aux » fiefs, pour raison desquels ils ne doivent » que la bouche & les mains, lors de l'ouverture desdits fiefs: en foi de quoi nous avons » signé le trois novembre 1656. Signé, Boulade, syndic des procureurs, Foucher, le Maire, » Phelipon, Perrotin, Michelet, Beaulaton, » Cailliet, Baugy, Caillot, Bridier, Petillon, » Dugourd, Vernin, Duret, le Bel Tridou. »

25. Au mois de décembre 1605, au rapport de M. Foucher, conseiller, il fut jugé, dit M. Louis Vincent, entre André de Gouzolles, écuyer, seigneur haut justicier dudit lieu, & Gilbert Bidon, son fermier, demandeurs, contre Laurent Peret, Antoine Perchonnet, Jean Remoret & autres, défendeurs, que le seigneur haut justicier peut demander les trois corvées, à cause de sa justice, encore qu'il n'ait aucun titre, & que les sujets ne peuvent opposer la prescriptipn, parce que *Statutum semper loquitur*: c'est la remarque dudit M. Vincent, sur le présent article. Il y a toutefois un cas où ce droit peut être prescrit par les sujets; savoir, quand il y a eu contradiction de leur part, & que depuis trente années (temps de la contradiction) ils n'ont fait de corvées, comme il a été dit sur l'article 29, *suprà*.

26. Quand le seigneur haut justicier a un titre, & que le nombre des charrois ou corvées est réglé par le titre, pour lors on se conforme au titre, selon qu'il est dit dans notre article; & ce fut un des points décidés par la sentence rendue en cette Sénéchaussée, au rapport de M. Perrotin, l'aîné, le 19 janvier 1725, confirmée par arrêt rendu en la quatrieme des enquêtes, au rapport de M. Dupré, le 30 juillet 1726, & dont il a été parlé sur l'article 29, *suprà*: par laquelle sentence le nommé Mercier fut condamné à faire faire par son métayer des corvées à bœufs chacun an, quand il en seroit requis par le seigneur haut justicier de la Palisse, & ce conformément à une transaction de l'année 1418.

27. Pour ce qui regarde les corvées dues pour raison de la taille, voyez l'art. 495, *infrà*.

ARTICLE CCCXL.

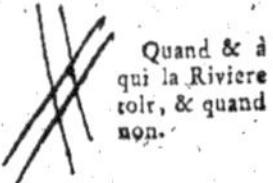

Quand & à qui la Riviere tolt, & quand non.

LA RIVIERE tolt & donne au Seigneur haut Justicier, & ne donne aucunement au Seigneur tréfoncier & propriétaire, qui n'a point ladite Justice; & sera la croissance que la Riviere donne, vrai domaine au Seigneur haut Justicier, qui s'appelle communement Laiz.

Le commentaire de cet article est sous l'article 342.

ARTICLE CCCXLI.

ET si la Riviere laisse isle, elle est au Seigneur haut Justicier en la Justice duquel ladite isle sera la plus près, eu égard au fil de l'eau de ladite Riviere; & s'entend des Rivieres d'Allier, Loire, Cyole, Cher & Besbre: autre chose est des petites rivieres & ruisseaux.

Le commentaire de cet article est sous l'article suivant.

ARTICLE CCCXLII.

MOTTE ferme est conservative au Seigneur propriétaire & tréfoncier; en telle maniere, que si la Riviere noye ou inonde une partie de l'héritage d'aucun Seigneur, la partie qui demeure en terre ferme & non inondée conserve droit au propriétaire en la partie inondée : tellement que, si la Riviere par trait de tems laisse ladite partie inondée, le Seigneur propriétaire la reprendra, & ne sera en ce cas au Seigneur haut Justicier.

1. IL faut mettre au nombre des biens vacans les îles, & les alluvions ou accroissemens de terre, que forment les rivieres, & qui, aux termes des ordonnances & de notre Coutume, appartiennent au roi & aux seigneurs hauts justiciers.

2. La propriété des fleuves & des rivieres portant bataux de leur fond, sans artifice & ouvrage de main, appartiennent au roi, & fait partie du domaine de sa couronne, nonobstant titres & possessions contraires, sauf les droits de pêche, moulins, bacs, & les autres usages que les particuliers peuvent y avoir par titres & possessions valables, auxquels ils sont maintenus. C'est l'article 41 du titre de la police & conservation des forêts, eaux & rivieres, de l'ordonnance de 1669.

3. De cette propriété des fleuves & des rivieres, qui appartiennent au roi, il s'ensuit que les îles qui s'y forment entrent aussi dans le domaine de sa Majesté : c'est ce que porte la déclaration de Louis XIV, du mois d'avril 1682, qui veut que les îles qui se trouvent dans les grands fleuves & rivieres navigables, appartiennent au roi, & soient déclarées unies à son domaine, non obstant toutes loix, ordonnances & Coutumes à ce contraires. Cette déclaration excepte seulement les détenteurs d'îles & îlots, qui auroient des titres précédans l'année 1567, & ceux qui auroient une possession suivie, non interrompue, & bien justifiée depuis ce même temps, quoique sans titre, en payant une certaine redevance & taxe spécifiée dans la déclaration. C. B. de Richebourg, sur l'article 13 du titre premier de la Coutume de Sens.

4. De-là se suit que l'article 341 de notre Coutume, & l'article 4 du titre 8 de l'ancienne, qui donnent au seigneur haut justicier l'île que forme la riviere, ne doivent pas être entendus des rivieres navigables, comme la Loire & l'Allier ; les ordonnances & déclarations ayant, quant à ce, dérogé à la disposition desd. articles.

5. Mais, quant aux rivieres de Cyole, Cher & Besbre, qui ne portent pas bateaux de leur fond, les îles qui se forment dans ces rivieres, appartiennent au seigneur haut justicier en la justice duquel l'île sera la plus près, eu égard, comme dit ledit article 241, au fil de l'eau de la riviere. La raison c'est que l'île qui naît dans une riviere, étant une chose séparée des héritages qui bordent la riviere, elle ne doit pas être regardée comme faisant partie de ces fonds ; de maniere que les particuliers, propriétaires desdits fonds, ne pouvant se l'approprier, elle appartient au seigneur haut justicier, de la justice duquel l'île est la plus près, eu égard au fil de l'eau : *Quia*, dit M. le président Duret, *Jurisdictionem habens in ripâ, usque ad medium fluminis habere intelligitur.* M. Duret, sur l'article 341.

* L'île qui appartient au seigneur haut justicier, est celle qui se forme dans la riviere, & de son lit ; ainsi, si la riviere, en prenant un autre cours, environne une terre qui ne soit pas de son lit, mais qui soit l'héritage d'un particulier comme auparavant. Pour cet effet il faut observer avec M. Jacques Duret, dans son *Alliance des Coutumes*, sur l'art. 341 de cette Coutume de Bourbonnois, qu'une île se peut former de trois manieres. *Tribus modis*, dit-il, *insula fit in flumine ; uno, cùm agrum qui alvei non fuit, amnis circumfluit ; altero, cùm locum qui alvei esset, siccum relinquit ; tertio, cùm paulatim comminuendo locum eminentem suprà alveum facit.* Cette observation faite, il n'y a que l'île qui se forme des deux dernieres manieres, qui appartienne au seigneur haut justicier.

6. Il en est, dans cette Coutume, de l'accroissement de terre, par lequel une riviere en se retirant, ou en changeant son cours, ajoute quelque chose à son bord, comme de l'île. Notre Coutume, tant ancienne que nouvelle, le donne au seigneur haut justicier ; elle ne le donne pas, comme fait la Coutume de Normandie, art. 195, au propriétaire de l'héritage contigu à l'accroissement, ni à celui qui a souffert la perte ou diminution du sien, comme fait la Coutume de Bar, titre 15, article 212, & la Coutume de Vic, locale d'Auvergne, mais bien au seigneur haut justicier. C'est la disposition de l'article 340 de cette nouvelle Coutume, & celle de l'article 4 du titre 8 de l'ancienne.

* Par le droit romain, une riviere quittant son lit ancien pour en occuper un autre, celui qu'elle laisse devoit appartenir, comme il est dit dans la Coutume de Normandie, article 195, aux propriétaires des fonds contigus, & la place occupée, & qui sert de nouveau lit,

devenoit publique ; c'est ainsi qu'il est décidé en la loi 7, *adeò*, §. 5, *ff. de acquirendo rerum dominio*, & au §. 23, *Inst. de rerum divisione* ; mais il a été jugé conformément à la disposition de notre Coutume, & contre celle du droit civil, par sentence du bailli de Forest, du 17 octobre 1600, confirmée par arrêt rendu le 30 mars 1601, du consentement des parties. Henrys, tom. 2, liv. 3, quest. 30.

7. Ainsi dans cette Coutume un propriétaire n'est pas plus en droit de s'approprier l'accroissement que forme la riviere, par la seule considération qu'il est contigu à son héritage, qu'un habitant est en droit de s'approprier l'endroit de la rue ou de la place qui touche immédiatement à sa maison : & quant à celui qui perd son héritage ou partie d'icelui, par le changement du cours de la riviere, il doit s'imputer cette perte ; parce que les alluvions n'arrivent le plus souvent que par la négligence des propriétaires, qui n'ont pas assez de soin d'entretenir les bords de la riviere voisine de leurs héritages. * La raison de la disposition de la Coutume, est que les héritages des particuliers étant à présent bornés & limités, l'accroissement de terre qui se fait lorsque la riviere, en changeant son cours, ou en le retirant, ajoute quelque chose à son bord, ne peut pas être regardé comme une partie de l'héritage contigu, qui a toujours conservé son ancienne étendue ; d'où il suit qu'il doit appartenir au seigneur haut justicier, *cum in nullius bonis sit*.

8. Mais, si la riviere qui en changeant son cours avoit inondé un héritage, vient à reprendre son ancien lit, ou qu'elle se retire, & que par trait de temps elle laisse la partie de l'héritage inondée, en ce cas la terre qui avoit été inondée, retourne à son ancien maître ; & la partie de terre, qui demeure ferme, conserve le propriétaire en ses droits : le tout, ainsi qu'il est porté en l'article 342, *hic*, & en l'article 6 du titre 8 de l'ancienne Coutume.

9. Au-reste, quand un héritage est inondé, il doit être déchargé du devoir dont il est chargé, par la raison que l'inondation fait cesser la possession : & de cette décision, dit M. François Menudel, qui est fondée sur la dépossession & non-jouissance, je conclus que si un héritage est entiérement inondé par une riviere ou ruisseau, lequel après se retire, le propriétaire qui rentrera dedans, n'en payera pas la rente pour l'année qu'il n'en aura pas joui. Tel est le sentiment de Loyseau, *du Déguerpiss.* liv. 5, chap. 12, nomb. 17. M. Menudel, sur l'article 342, *hic*.

ARTICLE CCCXLIII.

De la Taille de queste, & quand elle a lieu.

MONSEIGNEUR LE DUC a droit & faculté de tailler les hommes résidans & sujets en sa haute Justice, en quatre cas, ès lieux esquels il a accoutumé de prendre ladite Taille esdits quatre cas, qu'on appelle queste.

1. LES mots de *Taille aux quatre cas*, & de *queste*, sont synonymes ; cette Coutume, aux articles 343, 344 & 347, les confond, & dit que c'est la même chose : or cette taille aux quatre cas ou queste, se peut définir une aide, & un secours donné au seigneur en certains cas, & levé sur ses justiciables & redevables.

2. Ce droit de taille aux quatre cas n'est acquis dans cette province par la disposition de la Coutume, qu'à monseigneur le duc, encore n'est ce que pour les lieux où il a coutume d'être levé. Quant aux autres seigneurs justiciers ou non, ils en useront, dit l'article 348, *infrà*, selon leurs droits qu'ils avoient avant la publication des présentes : (mais ils ne peuvent le prétendre sans titre.)

3. Le roi étant aux droits de monseigneur le duc, depuis près de deux siécles que le duché de Bourbonnois a été uni à la couronne, ces droits ne se levent plus ; & on leur en a subrogé d'autres.

ARTICLE CCCXLIV.

CELUI qui a Taille ou queste ès quatre cas, peut tailler ses Sujets, quand il va en voyage d'outre-mer, visiter la Terre Sainte, quand il est prisonnier des ennemis, quand il marie sa fille en premieres noces, & quand il est fait Chevalier ; & est ledit cas de prison réitérable, & ne sont les autres cas réitérables.

1. LA Coutume, dans le présent article, ne parle que des seigneurs qui ont droit de lever la taille aux quatre cas, & qui par conséquent sont fondés en titres pour cela ; & à l'égard de ces seigneurs, si toutefois il s'en trouve quelques-uns dans cette province, les quatre cas où cette taille, aide, ou subvention est due, sont marqués dans notre article ; & ils le sont aussi dans l'article 2 du titre 25 de la Coutume d'Auvergne, dans l'art. 130 de

de celle de la Marche; 188 de celle de Poitou; dans l'art. 54 de la Coutume du comté de Bourgogne; dans l'art. 4, chap. 1 de celle du duché de Bourgogne: ce qui est fondé sur les dépenses extraordinaires, auxquelles ces quatre choses obligent les seigneurs.

2. Le premier cas, concernant le voyage d'outre-mer, a été introduit depuis les croisades publiées en France, pour engager les Français à passer la mer, pour chasser les infideles de la terre sainte. Ce cas n'est plus en usage.

3. Le second cas, qui regarde la rançon, quand le seigneur est fait prisonnier de guerre, n'est plus aussi en usage, parce que l'on ne paye plus de rançon pour les prisonniers de guerre; on les échange.

4. Le troisieme cas, qui est le mariage de la fille, fait naître plusieurs questions : la premiere, si le seigneur a droit de lever la taille pour le mariage de sa fille aînée seulement, ou pour le mariage de toutes ses filles. Cette contestation fut mue dans le temps de la rédaction de la Coutume : & sur ce que les praticiens soutinrent que, quant à la premiere fille, le seigneur qui avoit droit de taille, les pouvoit contraindre à payer ladite taille; mais que, quant aux mariages des autres filles, ils n'avoient jamais vu les seigneurs ayant taille, en faire aucunes poursuites ou demandes; le présent article fut rédigé de la maniere que l'on voit; & au lieu que dans l'article qui avoit été présenté aux états il y avoit au pluriel : *Quand il marie ses filles en premieres noces*, on a mis simplement dans le présent article, au singulier, *quand il marie sa fille en premieres noces*; & on se contenta de réserver aux seigneurs leurs droits pour le mariage des autres filles, tels qu'ils leur compétent & appartiennent, & aux sujets leurs défenses au contraire : c'est ce qui paroît par le procès-verbal de cette Coutume. La plus grande partie des Coutumes ne parlent que du mariage de la fille aînée, comme celle de Normandie, article 169; de Beauquesne, article 7; d'Artois, titre 1, art. 38; d'Anjou, art. 128; du Maine, art. 138. La Coutume de Bretagne, art. 82, dit, *l'une de ses filles*; celle de Bourgogne, art. 4, dit, *une fille tant seulement*; celle de la Marche, article 130, dit, comme la nôtre, *sa fille en premieres noces* : mais celle d'Auvergne, tit. 25, art. 2, dit, *ses filles en premieres noces*.

5. Ce qu'il faut observer, c'est qu'il faut que le mariage soit accompli du vivant du pere; de maniere que si la mere tutrice ou le frere avoit constitué à la fille sa dot, on ne pourroit pas demander la taille, le mariage n'ayant pas été célébré du vivant du pere. C'est l'observation de Prohet, sur la Coutume d'Auvergne, tit. 25, art. 2, qui est juste; parce que la Coutume dit, *quand il marie sa fille*, & que les Coutumes étant de droit étroit, ne souffrent point d'extension.

6. La seconde question regarde le mariage spirituel, & consiste à savoir si ce droit a lieu, quand la fille se fait religieuse : sur quoi M. Dargentré, sur l'article 87 de la Coutume de Bretagne, note 3, n. 6, se mocque de l'opinion de ceux qui tiennent l'affirmative, laquelle il traite de scholastique. Chassanée, sur la Coutume de Bourgogne, est aussi de même sentiment; & enfin Salvain, *de l'usage des fiefs*, ch. 49, sur le mot *cas de mariage*, réfute fort doctement & solidement la même opinion. L'auteur des observations sur Henrys, tome 2, liv. 3, quest. 24.

7. Quant à ce qui touche le mariage des filles bâtardes, M. Dargentré, sur ledit article 87 de la Coutume de Bretagne, note 3, n. 4, & Salvain aussi en l'endroit cité, soutiennent que le droit de taille n'est pas dû. Observations sur Henrys, *ibid.*

8. Reste le quatrieme cas, qui est celui de chevalerie, pour lequel nos Coutumes ont accordé au seigneur un droit de taille, parce qu'en ce temps-là l'ordre de chevalerie ne se donnoit qu'avec de grandes cérémonies, qui engageoient le seigneur en beaucoup de frais.

9. La question aujourd'hui est de savoir quel ordre de chevalerie est requis pour donner lieu à la levée de la taille; selon l'auteur des observations sur Henrys, tome 2, liv. 3, quest. 24, l'ordre de S. Michel ne donne pas lieu à la levée de la taille, non plus que celui de S. Lazare, l'ordre de Malte, & tous les ordres des princes étrangers : ce qu'il appuye de l'autorité de Salvain, *de l'usage des fiefs*, chap. 49, sur le mot, *cas de chevalerie*. Quant à l'ordre de S. Louis, il y a (ajoute-t-il) un si grand nombre de chevaliers de cet ordre, qu'il seroit dangereux d'établir cette jurisprudence qui donne ouverture au droit de taille; d'où il conclut qu'il n'y a que l'ordre du S. Esprit, qui puisse donner droit à ceux qui en sont honorés, de lever la taille sur leurs justiciables ou redevables. Bretonnier, sur Henrys, *ibid.*

ARTICLE CCCXLV.

Et est ladite quête abonnée en plusieurs desdites Villes & Villages de Bourbonnois ; & quant aux autres lieux ladite Taille se prend & leve selon les Tailles personnelles & réelles, lesquelles esdits quatre cas, & chacun d'iceux advenant, doublent l'année que lesdits cas où l'un d'eux adviennent : c'est à sçavoir, que si l'année de l'un desdits cas advenant est due pour ladite Taille personnelle & réelle, le simple, & ledit simple montoit dix sols tournois, sont dus pour ledit cas autres dix sols tournois, & du plus plus, & du moins moins, sinon qu'il y eût ès cas dessusdits convention, constitution, composition, privilége, ou Sentence au contraire.

ARTICLE CCCXLVI.

Et si l'année de l'un de cesdits cas advenant ladite Taille étoit double, & que pour ledit double, le simple compris, fût due la somme de vingt sols tournois, lesdits vingt sols ne doublent à cause de ladite Taille, mais seulement doublera le simple de ladite Taille, qui étoit dix sols ; & audit cas, ne se payera que la somme de trente sols tournois.

La taille aux quatre cas ou quêtes, aux endroits où elle n'est pas abonnée, est le double dans cette province, de ce que le redevable paye annuellement au seigneur ; si ce n'est toutefois qu'il y eût convention, composition, privilége, ou sentence contraire, mais le double du devoir n'augmente pas ; c'est ce qui est très-clairement expliqué dans les deux articles ci-dessus, qui n'ont pas besoin de commentaire.

ARTICLE CCCXLVII.

Quand plusieurs desdits quatre cas adviennent en une même année, mondit Seigneur ne leve ladite quête ladite année, que pour l'un desdits quatre cas ; & l'émolument des autres se passe ès années prochaines subséquentes, année par année.

Lés Coutumes d'Auvergne, chap. 25, article 12 ; de Touraine, article 92 ; de Poitou, art. 189, & de Lodunois, ch. 8, art. 3, contiennent une disposition semblable ; & la disposition de ces Coutumes est très-judicieuse, puisqu'elle pourvoit au soulagement des redevables, sans blesser le seigneur.

ARTICLE CCCXLVIII.

Et les autres Seigneurs, soit Justiciers ou non, qui ont droit de lever & percevoir ladite Taille esdits quatre cas sur leurs hommes & Sujets, ils en useront selon leurs Droits qu'ils avoient auparavant la publication de ces Présentes.

1. Nous avons dit sur l'article 343, *suprà*, que les seigneurs particuliers dans cette province ne sont point en droit de lever la taille aux quatre cas, s'ils ne sont fondés en titres ; lesquels titres, selon Salvain, doivent spécifier les cas, ou du moins doivent porter que les hommes du seigneur sont taillables ès volontés ou aux cas accoutumés : ce qui suffit, selon l'auteur des observations sur Henrys, tome 2, liv. 3, quest. 24.

2. Quand dans le terrier on a mis simplement, *usage de chevalier*, c'est une question si ces mots, sans une plus grande expression, emportent la taille aux quatre cas ; sur quoi il a été jugé, dit M. Prohet, que par ces mots on entend la taille aux quatre cas, parce qu'on ne leur peut donner aucune autre interprétation. Prohet, sur la Coutume d'Auvergne, titre 25, article 2.

ARTICLE CCCXLIX.

Les biens de celui qui est banni à perpétuel, ou est condamné à mort, sont confisquez sans autre déclaration aux Seigneurs hauts Justiciers, en la Justice desquels lesdits biens sont situez ou assis, soit meubles ou immeubles, en payant les frais de Justice. Et si aucuns desdits immeubles étoient héritages taillables, les héritages taillables appartiennent au Seigneur dudit Taillable; & si ledit condamné à mort, ou banni à perpétuel, étoit mortaillable, ses biens meubles & immeubles sont & appartiennent au Seigneur duquel il est mortaillable, & non au Seigneur haut Justicier.

De la confiscation des biens des bannis.

1. Suivant la disposition de plusieurs Coutumes, *Qui confisque le corps, il confisque les biens.* C'est la disposition de la Coutume de Paris, article 183; de celle de Meaux, article 207; de Sens, article 24; de Troyes, art. 132; de Mantes, article 193, & autres.

2. La confiscation de corps s'entend quand il y a condamnation à mort naturelle ou civile; par la raison que la condamnation à mort civile, qui rend le condamné incapable de tous effets civils, est censée confisquer la personne même; puisque, quant aux effets, c'est la même chose. Ainsi le bannissement à perpétuité hors le royaume, qui emporte mort civile, emporte aussi la confiscation de biens, comme il est dit dans le présent article; dans l'article 27 de la Coutume d'Auxerre; dans l'article 10 de la Coutume de Melun; dans l'article 1 du chap. 2 de celle de Nivernois, & autres. Et il en est de même, & pour la même raison, de la condamnation aux galeres perpétuelles ou à une prison perpétuelle, selon Coquille, sur ledit article 1 du chap. 2 de la Coutume de Nivernois; parce qu'elle rend incapable & inhabile à tous les effets civils: mais, si la condamnation aux galeres, ou au bannissement hors du royaume, n'est que pour un temps, ou que la condamnation ne soit qu'un bannissement perpétuel hors une province seulement, ou hors le ressort du parlement; comme il n'y a pas de mort civile, il n'y a pas de confiscation.

* Ainsi ces mots de notre article, *banni à perpétuel*, s'entendent du royaume, & non de la province, même pour les biens situés en icelle; cet article est conforme aux loix & maximes générales de la France; & il est à observer que les Coutumes qui adjugent la confiscation, en cas de bannissement à perpétuité d'une province, usent de ces mots, *du royaume* ou *de la province*, *terre & seigneurie*, ou *du pays*, comme fait celle d'Auvergne, titre 29, article 2; d'où il faut conclure que celles qui usent simplement du mot, *à toujours* ou *à perpétuité*, ne doivent s'entendre que du royaume; c'est le raisonnement de M. Julien Brodeau, sur M. Louet, lettre S, sommaire 15, en parlant de la Coutume de Sens, laquelle, article 25, contient une même disposition que celle-ci, au présent article, & se contente de dire que l'homme qui est banni à toujours confisque ses biens.

Le même M. Brodeau a fait la même observation dans ses nôtes sur la Coutume de Sens, article 25, rapportées dans le nouveau coutumier général, aussi-bien que M. Chauvelin, dans sa note sur ledit article 25 de la Coutume de Sens, & qui est rapportée dans le même coutumier général; & ainsi a été jugé en ladite Coutume de Sens, par arrêt du 20 avril 1622, confirmatif de la sentence de M^rs^. des requêtes du palais, conformément aux conclusions de M. l'avocat général Talon; ledit arrêt rapporté par M. Brodeau, sur M. Louet, lettre S, sommaire 15, & encore cité par lui & par M. Toussain Chauvelin, dans leurs notes sur ledit article 25 de la Coutume de Sens.

3. En condamnation pour crime de lése-majesté, de fausse monnoie & de duel, la confiscation appartient au roi: en condamnation pour crime de félonie, le fief confisqué appartient au seigneur du fief dominant qui a été offensé, quoiqu'il n'ait pas la justice; & en condamnation pour fausseté commise au sceau & lettres de chancellerie, la confiscation appartient à M. le chancelier: mais, quand un homme est condamné pour d'autres crimes à mort civile ou naturelle, la confiscation appartient aux seigneurs hauts justiciers, comme il est dit en notre article, en l'article 331 de la Cout. d'Orléans, 19 de celle du Grand-Perche, 189 de celle de Mantes, 97 de celle de Senlis, & autres.

4. Quand il y a plusieurs seigneurs, & que les biens du condamné sont en différens endroits, chaque seigneur prend les meubles qui se trouvent dans l'étendue de sa justice, aussi-bien que les immeubles; nonobstant la regle générale, portant que les meubles suivent le domicile. Ainsi ce n'est pas le seigneur du lieu où le criminel avoit fait son domicile, qui confisque tous les meubles; mais chaque seigneur en particulier, selon qu'il vient d'être dit, prend ceux qu'il trouve dans son territoire, comme il est dit dans notre article, dans l'article 2 du titre 29 de la Coutume d'Auvergne, en l'article 16 de celle de Dunois, 24 de celle de Sens, & autres. *Modò tamen*,

comme l'obſerve M. le préſident Duret, ſur le préſent article, *mobilia ibi perpetuò haberet, aliter ſi caſualiter ibi exiſtant; tunc enim non debet augere, quò tranſtulit, nec minuere undè tranſtulit.* La raiſon de notre déciſion eſt que les ſeigneurs prennent les meubles & autres biens, non pas comme ayant droit du défunt, mais comme biens vacans, que la Coutume leur adjuge. Le criminel confiſqué, dit M. Julien Brodeau, n'ayant point de domicile de corps ni de perſonne, à quoi ſes meubles puiſſent être attachés, la ſucceſſion d'iceux, réglée entre les ſeigneurs, ne procéde pas du confiſqué, mais de la Coutume. Brodeau, ſur M. Louet, lett. R, ſomm. 31, n. 10.

5. Il faut excepter toutefois les cas de léſe-majeſté, & autres; dans leſquels, comme il a été dit ci-deſſus, tous les biens du condamné, en quelque lieu qu'ils ſoient ſitués, ſont acquis & confiſqués au roi; & le crime de duel, auquel cas la confiſcation a ſes regles particulieres, marquées dans l'article 13 de l'édit de 1679.

6. Ce qui forme une queſtion qui partage les ſentimens, eſt de ſavoir à quel ſeigneur appartiennent les obligations & dettes actives du condamné; ſi c'eſt au ſeigneur du lieu où eſt le domicile du créancier, ou au ſeigneur du lieu où eſt le domicile du débiteur. Coquille, ſur la Coutume de Nivernois, chap. 2, art. 2, s'étant propoſé cette queſtion, & ayant rapporté les différens ſentimens avec leurs raiſons, ſe détermine en faveur du ſeigneur juſticier du lieu où eſt le débiteur; & tel eſt après lui le ſentiment de M. Louis Semin, ſur notre article.

7. Mais M. Charles Loyſeau, au traité *des Seigneuries*, ch. 12, n. 88 & ſuivans, ſoutient que les dettes actives, qui ſont droits incorporels, qui n'occupent point de lieu, & n'ont point de ſituation, doivent ſuivre dans le cas de la confiſcation & déshérence, le domicile du créancier; d'autant que ces dettes conſiſtent en action perſonnelle, qui eſt inhérente au créancier; ce qui doit pareillement, dit-il, être appliqué aux rentes volantes ou conſtituées, dont la ſituation doit être attribuée, non au lieu des hypothéques ſpéciales, ou aſſignats d'icelles, ni au lieu deſtiné pour le paiement de la rente, mais au domicile du créancier & ſeigneur d'icelle, comme il fut jugé en la cinquieme des enquêtes, après avoir demandé l'avis aux chambres en l'année 1597; & tel eſt mon ſentiment. M. Jean Decullant rapporte les deux ſentimens, & ne ſe détermine pas.

8. La confiſcation comprend généralement tous les biens du condamné; mais elle ne s'étend pas ſur les biens ſubſtitués, ſujets à reſtitution ou réverſion, ſi ce n'eſt pour crime de léſe-majeſté: la raiſon eſt que celui qui eſt chargé de reſtituer certains biens, n'eſt pas propriétaire incommutable, & qu'il ne peut par ſon fait préjudicier aux droits de celui à qui il les doit reſtituer, le cas échéant.

9. Elle ne comprend pas non plus les héritages taillables, ni les biens meubles & immeubles des mortaillables, ſelon qu'il eſt porté dans notre article, au préjudice du ſeigneur taillablier, par la raiſon que le fiſc ne prend que ce qui appartient à l'héritier; enſorte qu'il faut diſtinguer avec Coquille, & après lui avec M. Louis Semin, ſi le condamné a des proches habiles à lui ſuccéder dans les héritages taillables & autres ſes biens, auquel cas le fiſc prend le droit de l'héritier; ou s'il n'a aucun proche capable de lui ſuccéder dans ces biens, auquel cas l'héritage taillable & autres biens du mortaillable ſont acquis au ſeigneur taillablier; par la regle que, ce qui ne va à l'héritier, ne va au fiſc. *Confiſcatis bonis*, dit M. Louis Semin, *taillabilia non comprehenduntur in præjudicium Domini taillabilis; ſic etiam bordelagia conſervantur, in præjudicium fiſci, Dominis taillabilibus: quia fiſcus hoc caſu capit tantùm bona, quæ aliàs pleno jure pertinerent ad hæredem, Coq. in Niv. cap. 2, art. 6.* M. Semin, ſur l'article 492, *infrà.*

10. La confiſcation dans cette Coutume a lieu ſans être ordonnée, & ſans qu'il ſoit néceſſaire que la confiſcation des biens du condamné à mort naturelle ou civile ſoit prononcée: c'eſt ce qui réſulte de ces termes de notre article, *ſans autre déclaration*; & le juge ne peut ordonner le contraire, au préjudice des ſeigneurs, parce que *tacitè & ipſo jure ineſt;* & que quand la Coutume veut que la confiſcation des biens ſoit l'effet de la confiſcation du corps, le juge ne peut pas juger le contraire; & que s'il n'en eſt pas fait mention dans ſon jugement, elle en eſt une ſuite néceſſaire par l'autorité de la Coutume.

11. La condamnation n'emporte confiſcation, que quand elle eſt rendue dans les formes: mais la condamnation rendue en une juſtice ſubalterne ou royale, produit ſon effet par-tout.

12. Les jugemens toutefois rendus dans les pays où la confiſcation eſt reçue, ne s'étendent pas aux lieux où elle n'eſt pas admiſe; ainſi a été jugé par pluſieurs arrêts. Tel eſt le ſentiment des auteurs, cités par M. Bretonnier, ſur Henrys, tome 2, qu. poſth. conſult. 7, page 904, édit. 1708; & tel eſt ſon ſentiment.

13. De cette maniere, ſi le condamné, dans cette Coutume qui donne la confiſcation, a des meubles, & des immeubles dans une autre Coutume qui ne la donne pas, les immeubles ſitués dans cette derniere Coutume appartiendront à ſes héritiers; mais pour les meubles, ils appartiendront au ſeigneur haut juſticier du lieu où ils ſont trouvés, par droit de déshérence & comme biens vacans: la raiſon eſt qu'en fait de ſucceſſion, les meubles ſuivent le domicile du mort, & réſident en ſa perſonne, en quelque lieu qu'ils ſe trouvent, & que pour connoître ſi un condamné eſt capable, ou non, de tranſmettre ſes biens meubles par droit de ſucceſſion, en la perſonne de ſes héritiers

héritiers légitimes, il faut suivre la Coutume du domicile du condamné; desorte que, quand la Coutume du domicile du condamné prononce une incapacité dans sa personne de transmettre ses biens à ses héritiers, cela comprend tous les meubles en quelque lieu qu'ils soient: ce qui fait que ces meubles étant vacans, & n'appartenans à personne, ils doivent être adjugés aux seigneurs hauts justiciers des lieux où ils sont trouvés, comme biens vacans, & par droit de déshérence, quoique par la Coutume de ces lieux il n'y ait pas de confiscation.

14. Que si la condamnation a été rendue dans une Coutume qui ne donne pas la confiscation, cette condamnation n'emportera pas la confiscation des biens du condamné, situés dans une Coutume où elle est reçue; la raison est que la sentence ne prononçant pas de confiscation, elle ne peut pas opérer au-delà de ses termes, ni par-dessus l'intention & le pouvoir des juges qui l'ont rendue. Henrys & Bretonnier, tome 2, qu. posth. consultation septieme.

15. En condamnation par contumace à mort naturelle ou civile, la confiscation est en suspens pendant cinq ans; & la comparution ou représentation du condamné dans ce temps de cinq ans, la rend inutile & sans effet. C'est la disposition de l'ordonnance de Moulins, article 28, & de l'ordonnance criminelle de 1670, titre 17, articles 18 & 28. Cependant les receveurs du domaine, & les seigneurs hauts justiciers, jouissent pendant les cinq années des biens confisqués par les mains des fermiers, redevables, & commissaires, & non autrement, à la charge de la restitution, au cas que le condamné purge sa contumace; c'est l'article 30 de l'ordonnance criminelle de 1670, titre 17.

16. Mais, quand les cinq ans accordés par les ordonnances aux condamnés par contumace, pour purger leurs défauts & contumaces, sont passés, la condamnation, après ces cinq ans expirés, produit son effet, & est réputée contradictoire, à moins que le condamné ne soit reçu par lettres du prince à ester en droit; c'est l'article 28 du titre 17 de l'ordonnance criminelle de 1670.

17. Que si le condamné à mort par défaut & contumace, & qui n'a pas purgé sa contumace dans les cinq ans, fait des acquisitions après sa condamnation, la question est de savoir si elles doivent être comprises dans la confiscation; & au cas qu'elles n'y soient pas comprises, qui sont ceux qui y peuvent succéder: à quoi l'on répond que les biens acquis depuis la mort civile, ou condamnation, ne sont pas compris dans la confiscation, par la raison que la confiscation n'étant pas favorable, elle doit être restreinte aux biens du condamné, au temps de la condamnation.

18. Quant à ceux qui succédent à ces sortes de biens, ce ne sont pas les parens du condamné; mais ils appartiennent aux seigneurs hauts justiciers des lieux où ils sont trouvés, comme biens vacans & par droit de déshérence. C'est le sentiment de M. Charles Dumoulin, dans sa note, sur l'article 322, *suprà*, sur ces mots, BANNIS A PERPÉTUITÉ NE SUCCÉDENT PAS A LEURS LIGNAGERS. *Ergò videtur*, dit Dumoulin, *quòd nec hoc illis in posteà quæsitis succedant.* M. le président Duret, sur ledit article 322, est du sentiment de Dumoulin; mais Lebrun, dans son traité *des Succ.* liv. 1, ch. 2, sect. 3, dist. 2, n. 26, édition de 1714, est de sentiment contraire.

ARTICLE CCCL.

QUAND le Seigneur haut Justicier prend biens confisquez ou biens vacans, les créanciers sont payez tant que les biens se peuvent étendre, & non autrement; & se commence le payement sur les meubles, noms, dettes & actions; & en défaut d'iceux, sur les immeubles.

Des créanciers des bannis, & biens vacans.

1. LE seigneur haut justicier qui prend les biens confisqués, ou biens vacans, paye les dettes, ainsi qu'il est dit dans notre article, dans l'article 331 de la Coutume d'Orléans, en l'article 348 de celle de Reims, 87 de celle de Laon, 202 de celle de Poitou, & autres; & la raison est que *bona non intelliguntur, nisi deducto ære alieno*, & que les scélérats en commettant des crimes ne peuvent pas blesser l'intérêt d'un tiers, & faire préjudice à leurs créanciers; & on met au nombre des dettes les frais de justice, comme il est dit dans l'article précédent; & ce, avec d'autant plus de raison, que de tels frais résulte le profit que les seigneurs justiciers prennent en vertu de la confiscation.

2. Le seigneur justicier, qui a pris les biens confisqués ou vacans, après avoir fait inventaire d'iceux, selon qu'il est porté en l'article 202 de la Coutume de Poitou, ne paye les dettes que jusqu'à la concurrence de la valeur des biens, & tant que lesdits biens se peuvent étendre, comme il est dit dans notre article; par la raison qu'il ne prend pas ces biens à titre de succession & comme héritier, mais par l'abolition du droit de l'ancien propriétaire,

& réunion de la seigneurie privée vacante à la publique; c'est ce qui a été déja observé sur l'article 328, *suprà*.

3. S'ils sont plusieurs seigneurs qui prennent les biens confisqués ou vacans, ils payent chacun les dettes *pro modo emolumenti*, ainsi qu'il est porté en l'article 87 de la Coutume de Laon: mais le paiement, comme le dit notre article, se commence sur les meubles, noms, dettes & actions, & à défaut d'iceux sur les immeubles; ensorte que les dettes passives suivent les meubles, & sont payables entiérement par les seigneurs qui prennent l'université des meubles, chacuns à proportion du profit qu'ils en tirent. *Quid ergò*, dit M. le président Duret, *si bona damnati in diversis territoriis existant, magis est ut universa æstimentur; & ita pro qua portione quilibet capiet hæreditarium, æs alienum faciet: sic tamen ut in mobilibus succedens priùs excutiatur.* C'est l'observation de M. Duret, sur ces mots de notre article, *se commence le paiement;* ce qui est conforme à l'article 301 de la Coutume de Poitou.

ARTICLE CCCLI.

Du temps de grapper aux vignes.

On ne doit aller aux vignes, pour icelles grappeter, que trois jours après que lesdites vignes seront vendangées, sur peine d'amende. Et n'est partant entendu, que les Seigneurs desdites vignes ne les puissent garder plus longuement que du jour assigné de la bandée pour en faire leur profit, si bon leur semble.

1. Il n'est pas permis à un propriétaire de vendanger ses vignes avant le jour indiqué par la bandée, à peine d'amende & de la confiscation de la vendange coupée, s'il n'a privilége au contraire. C'est la disposition de la Coutume de Nivernois, chap. 13, art. 1, & de celle de Berry, tit. 15, art. 4; & la disposition de ces Coutumes est suivie dans cette province, ainsi que l'a remarqué M. le président Duret, sur notre article, mot BANDÉE; *Cujus infractiones*, dit-il, *confiscatione vindemiæ, nec non mulctæ gravioris indictione terrentur annuatim speciali Edicto Castellani Molinensis*. M. Duret, *hìc*.

2. Les bandées doivent être déclarées par le juge ordinaire ou le seigneur du lieu, sur l'avis & du consentement de la plus grande & saine partie des habitans dudit lieu, pour ce appellés à cri public, comme le disent les Coutumes de Nivernois, chap. 13, art. 4, & de Berry, tit. 15, articles 5 & 6; afin, dit la Coutume de Berry, que l'ouverture des vendanges soit faite & permise en chaque contrée, pour le bien & utilité commune: & le seigneur, ni le juge du lieu, ne peuvent faire l'ouverture des vendanges de leur propre mouvement, sans l'avis de l'assemblée ou de la plus grande partie. *Quod facit solus Castellanus*, dit M. François Menudel, *absque informatione & consensu civium convocatorum, nullum est: hàc enim in parte non agit Judicis partes, sed Magistratûs, qui nihil potest ex se solo, sed sequi debet civium vota*: ainsi je l'ai fait juger, dit-il, le dernier février 1640, pour Jacques-Auguste Perret, prieur de Notre-Dame de Mont-Luçon, appellant de l'ordonnance rendue par le châtelain du lieu, lequel, au préjudice des bandées, par lui auparavant solemnellement données, avoit permis de vendanger avant le temps, sans que les habitans eussent été convoqués, pour donner leur consentement à ladite anticipation des bandées. M. Menudel, *hìc*.

3. Quoique l'ouverture des vendanges soit faite & permise dans une certaine contrée, à un tel jour indiqué par la bandée, dont la proclamation a été faite à cri public au lieu accoutumé, cela n'empêche pas, dit le présent article, que le seigneur & propriétaire d'une vigne dans cette contrée ne puisse, s'il le juge à propos, pour son utilité & profit, garder les vignes plus longuement que du jour assigné de la bandée; & même, quand les vignes ont été vendangées, il n'est pas permis d'y entrer pour grappeter que trois jours après, sur peine d'amende, ainsi que le porte notre article: bien plus, si dans ces trois jours le clos d'icelles n'étoit pas tout vendangé, il faudroit attendre qu'il le fût, pour y aller grappeter, conformément à ce qui est porté en l'article 7 du titre 15 de la Coutume de Berry.

4. Par l'ordonnance d'Henri II, du mois de novembre 1554, il n'est pas pareillement permis de glaner, avant que le laboureur ait recueilli & enlevé les bleds; & encore n'est-il permis de glaner qu'aux enfans & vieillards, qui ne peuvent pas moissonner.

5. Au-reste les épis qui restent après la moisson, & les raisins après la vendange, sont la part des pauvres; & il n'est pas permis de les en frustrer, ainsi qu'il est dit dans le Lévitique, chap. 19, ℣. 9 & 10. *Cùm messueris* (*inquit Lex Levitici*) *segetes terræ, non tondebis usque ad solum & superficiem terræ, nec remanentes spicas colliges, neque in vinea tua racemos & grana decidentia congregabis, sed pauperibus & peregrinis carpenda dimittes.*

ARTICLE CCCLII.

Du Droit de terrage, champart, parciere & carpot.

QUAND aucun possede terres ou héritages à titre de terrage, parciere ou champart, ou vignes à carpot qui se vendangent hors bandée, il est tenu vingt-quatre heures avant qu'il puisse rien transporter hors le champ ou vigne, appeller celui à qui est dû Droit, ou ses Commis, pour prendre sondit Droit de terrage, parciere, champart ou carpot; & s'il ne le fait, il est tenu au double du terrage, parciere ou champart; pourvu que ledit Seigneur, son Fermier, Receveur ou Commis, fasse résidence en la Paroisse où est ledit héritage; & s'il n'y étoit, les détenteurs de l'héritage ou vignes, sujets audit carpot, & autres droits dessusdits, sont tenus faire sçavoir audit Seigneur le Dimanche précédent, au Prône de la Messe Parochiale dudit lieu, le jour qu'ils entendent vendanger: autrement peuvent les Laboureurs, après les tines & gerbes comptées en présence de deux témoins, emmener leur part franchement. Aussi sont tenus de mener incontinent ledit Droit de carpot ou champart au lieu accoutumé, s'ils sont sujets de ce faire; & s'ils ne sont sujets, ils les peuvent laisser sur le lieu après la dénonciation faite.

1. LE terrage, champart, parciere & carpot sont des redevances qui se levent sur les fruits, tant en bled, orge, avoine, que vin, & autres fruits; & elles sont plus ou moins fortes, selon l'usage des lieux, la bonté & la fertilité des terres, l'abondance ou le défaut des laboureurs & vignerons. Elles sont de trois gerbes l'une, ou de cinq, de six, & de sept, communément du quart; & elles ont leur origine & leur fondement dans la liberté des conventions, & dans la concession des héritages.

2. Il y a deux sortes de terres ou héritages à parciere ou champart; il y en a dont les possesseurs jouissent en conséquence d'un bail, qui leur a été fait par le seigneur à titre de parciere ou champart, & d'autres que l'on cultive de l'aveu du seigneur, sans bail de concession, en payant les droits de champart ou parciere, selon la Coutume & usage du lieu où l'héritage est situé; & cette sorte de parciere ou champart se nomme *de simple faculté*. Notre Coutume, dans le présent article, parle du champart établi sur un bail de concession d'héritage; cela paroît par ces termes: *Quand aucun possède terres ou héritages à titre de terrage, parciere ou champart, ou vignes à carpot.* C'est la remarque de M. François Menudel, sur notre article: *Aut campi-partus*, dit-il, *fundatur in titulo, ut hic ex istis verbis*, QUAND AUCUN POSSÈDE TERRES OU HÉRITAGES, A TITRE DE TERRAGE, &c. *aut fundatur in simplici facultate, & in jure quod receptum est apud nos, ex consuetudine vicina Niv. quæ illud introducit favore collectionis, & ad sublevandam negligentiam, aut inopiam Dominorum.* M. Menudel, *hic*.

3. Le champart de la premiere espece, c'est-à-dire, celui qui a fondement dans le bail & concession de l'héritage, est encore de deux sortes; car, ou ce droit est nud, ou il se trouve uni au cens.

4. Quand le droit de champart, qui a son fondement dans le bail & concession de l'héritage, est nud, & que l'héritage n'est sujet à aucune redevance plus ancienne, pour lors il est seigneurial, & emporte droit de directe seigneurie, & lods & ventes; cela ne souffre point de difficulté dans cette Coutume, pour deux raisons: La premiere est tirée de l'article 392, *infrà*, qui porte que la premiere rente constituée sur aucun héritage allodial, s'appelle rente fonciere, & emporte droit de directe seigneurie, & de lods & ventes. La seconde, de ce que le droit de terrage, champart, parciere & carpot, est placé dans cette Coutume sous le titre *des Droits seigneuriaux*. Tel est le sentiment de M. Jean Decullant, & de M. François Menudel.

5. *Quæritur*, dit Decullant, *an hoc jus campi-partûs, sive carpotii, sit dominicale, Molinæus, ad tit.* 2, DES DROITS SEIGNEURIAUX, *veter. Stat. Paris. num.* 1 & 2, *tantùm constituit duo Jura dominicalia, sive duo genera dominii directi, nempe feudum & census, & computat campi-partum seu carpotium, inter jura privata & servitutes quibus denegat laudimia: Verùm pace tanti viri dixerim, hæc sententia temperanda est, scilicèt si alius Dominus solo desit; quo casu cùm hic campi-partus sit primus census per fundi concessionem, est dominicalis, & attribuit jus laudimiorum & prælationis, sicut censet Chopinus, lib.* 1, *cap.* 10, *art.* 7, *de Leg. Andeg. ubi refert Arrestum* 22 *Febr.* 1577, en la Coutume de Chartres; *Idem Chop. lib.* 1, *tit.* 3, *n.* 20, *de morib. Paris. idem* Loyseau, liv. 1, chapitres 2, 9 & 10, DU DÉGUERP. *Hæc quæstio non recipit difficultatem in hoc nostro Statuto, cùm campi-partus & carpotium collocentur sub rubrica Jurium*

dominicalium, & ex art. 392, infrà: LA PREMIERE RENTE S'APPELLE FONCIERE, ET EMPORTE DROIT DE DIRECTE. *Hinc sequitur campi-partum esse jus dominicale, si sit primus fundi allodialis reditus; & item pluries respondi, & vidi à nostris responderi & judicari in Sententiis.* M. Jean Decullant, *hic.*

6. M. Menudel dit la même chose: *Hic paragraphus*, dit-il, *insertus sub rubrica Jurium dominicalium, & paragraphus 392, infrà, ostendunt hoc Jus*, LE CHAMPART, *in hac Consuetudine esse Jus dominicale.* Et ainsi a été jugé en cette Sénéchaussée, au mois de février 1606, 22 décembre 1724, & en la chambre du domaine le 21 mars 1620.... Quand la terre chargée de champart l'est encore du cens, de maniere pourtant que le champart se trouve constitué après le cens, nul doute en ce cas que le champart n'est pas un droit seigneurial, qui emporte directe.

* La question, si le droit de carpot assis sur un héritage allodial, est seigneurial, & emporte droit de directe seigneurie & lods & ventes, s'est présentée en cette Sénéchaussée au mois de février 1606, plaidans M. Jacques Bergier & M. Jean Roussel; & la cause ayant été appointée au conseil, fut donné jugement au profit du seigneur du carpot, & lui furent adjugés les lods & ventes. Cette sentence est rapportée dans les manuscrits de M. Rougnon, conseiller.

Le même M. Rougnon rapporte une sentence rendue par les officiers de cette Sénéchaussée, assistans aux jugemens des procès de la chambre du domaine du Bourbonnois, au rapport de M. Bechonnet, lieutenant général du domaine de Bourbonnois, le 21 mars 1620; par lequel il a été jugé que le roi étoit seigneur direct au préjudice de la dame de Chandieu, dame du Reaux, sur l'héritage de Marc Bouillet, parce que le terrier du roi, qui établissoit un droit de carpot sur ledit héritage au profit du roi, étoit plus ancien que le terrier du Reaux, qui établissoit un cens au profit de la terre du Reaux, sur le même héritage; & ledit Marc Bouillet fut déchargé de la directe seigneurie prétendue par la dame de Chandieu, dame du Reaux.

La même question s'est présentée à juger en cette Sénéchaussée au rapport de M. Vernoy de Montjournal, le 22 décembre 1724, entre Antoine-François de Bourbon, chevalier, seigneur, comte de Chalus, demandeur, contre Christophe Bidon, marchand de la ville de Cusset, défendeur.

Le fait étoit tel; le 23 décembre 1706, le seigneur de Chalus avoit baillé à un nommé Lanaux 24 ou 25 œuvres de vignes, à la charge du droit de carpot; après le décès de Lanaux, ledit seigneur s'étant trouvé son créancier, se fit adjuger ces vignes pour sa créance, par sentence du juge de Cusset, & en jouit plusieurs années jusqu'à ce qu'il fut évincé par Bidon, qui, comme créancier de Lanaux, poursuivit le seigneur de Chalus par action hypothécaire, & le força de lui délaisser, par droit d'hypothéque, les vignes en question; ce que fit ledit seigneur par un traité passé avec Bidon le 8 août 1715, contenant ledit délaissement. Les choses en cet état, le seigneur de Chalus en 1722 forma une demande à Christophe Bidon, propriétaire & possesseur desdites vignes, & conclut contre lui à ce qu'il seroit condamné à lui payer le droit de carpot, à reconnoître & exhiber son titre d'acquisition, pour lui payer les lods, & même doubles lods & ventes, s'il y échéoit.

Christophe Bidon défendit, & soutint deux choses: la premiere, que ces vignes étoient allodiales, franches & exemptes de droit de carpot, au moyen de ce que, par le traité du 8 août 1715, contenant le délaissement qui en avoit été fait par le seigneur de Chalus, il n'étoit pas fait mention du droit de carpot, qu'il n'y avoit aucune énonciation ni reserve d'icelui: la seconde, que quand même il seroit dû un droit de carpot, ce droit n'étoit pas seigneurial, & n'emportoit pas droit de lods & ventes.

Le seigneur de Chalus, répondant à ces défenses, disoit 1°. Que le droit de carpot ayant été imposé sur ces vignes par la premiere concession qui en fut faite en 1706, par le seigneur de Chalus à un nommé Lanaux, on devoit le regarder comme la premiere rente fonciere, constituée sur une héritage allodial, & par conséquent comme une rente seigneuriale, aux termes de l'art. 392 de cette Cout. 2°. Qu'il n'avoit pas été dérogé à ce droit de carpot par le traité du 8 août 1715; qu'on ne pouvoit pas dire que le seigneur de Chalus s'étant fait adjuger les vignes, & en étant devenu propriétaire, le droit de carpot s'étoit anéanti en sa personne, par la regle, *nemini res sua servit*; & que depuis les ayant remises à Bidon sans reserve de ce droit, par le traité de 1715, il les avoit remises libres: par la raison que la remise qu'en avoit fait le seigneur de Chalus, n'étoit pas une vente, cession ou transport, mais un délaissement par hypothéque, & délaissement forcé, fait en conséquence de l'action hypothécaire, qui avoit produit son effet, & révoqué l'adjudication qui en avoit été faite au seigneur de Chalus, par la sentence de Cusset; ensorte que Bidon est venu immédiatement au lieu de Lanaux, qu'il n'a rien acquis audit héritage du chef du seigneur de Chalus, l'action hypothécaire ayant effacé tout le droit que la sentence de Cusset lui avoit attribué: d'où il suit que Bidon étant devenu successeur singulier de Lanaux, & non du seigneur de Chalus, cette succession fait que Bidon ne peut tenir l'héritage que comme Lanaux le tenoit, c'est-à-dire, à la charge du carpot, & de la directe seigneurie; & non comme le tenoit le seigneur de Chalus, tandis qu'il en a été possesseur; puisque ce seigneur n'a rien transmis de son chef, n'ayant fait de sa part qu'une abdication forcée d'un héritage tel qu'il l'avoit pris

pris de Lanaux, le traité de 1715 n'étant pas proprement un transport de droit, & celui qui délaisse ne transportant rien de lui : & ainsi fut jugé. Christophe Bidon fut condamné à payer le droit de carpot, que l'on déclara seigneurial, emportant droit de lods & ventes, à reconnoître & exhiber le titre, & aux dépens, par sentence du 22 décembre 1724. J'étois des juges.

7. Ce qui peut souffrir difficulté, c'est quand le droit de champart, parciere ou carpot, se trouve constitué en même temps que le cens, par la premiere concession de l'héritage ; dans lequel cas j'estime que le champart n'emporte point la directe, par la raison qu'il ne peut y avoir sur un même héritage deux droits emportant directe, à moins toutefois que le titre ne le porte expressément, & que le droit de champart ne soit uni & consolidé avec la directe, dont il fasse partie.

8. Celui qui possède des terres à titre de champart, parciere, ou vignes à carpot, qui se vendangent par bandées, n'est pas tenu d'avertir le seigneur de venir prendre son droit ; parce que la proclamation des bandées ayant été faite, il est suffisamment averti.

9. Mais, quand lesdites vignes se vendangent hors bandées, & qu'il peut les vendanger quand il lui plaît, il est en ce cas (selon qu'il est dit dans notre article) tenu, 24 heures avant que de rien transporter, d'avertir le seigneur ou ses commis de venir prendre son droit, pourvu que lui, ses fermiers ou receveurs fassent résidence en la paroisse des héritages : car s'ils font leur résidence ailleurs, il suffit de le faire à savoir le dimanche précédent, au prône de la messe paroissiale du lieu ; & cela fait, les laboureurs & vignerons peuvent, après les gerbes & tinées comptées en présence de deux temoins, emmener leur part franchement. C'est la disposition de notre article, qui porte la peine du double du terrage, parciere, champart, ou carpot, contre ceux qui manqueront à cette dénonciation.

10. Que si les laboureurs & vignerons sont obligés par le titre du seigneur de conduire le droit de champart & carpot au lieu accoutumé, ils doivent remplir leur obligation : mais, si le titre ne les y assujettit pas, ils peuvent (comme il a été dit) le laisser sur le lieu, après la dénonciation faite. C'est la disposition précise de notre Coutume au présent article, contraire en cela à la Coutume de Blois, articles 132 & 133, à celle de Menestou-sur-Cher, art. 4, & à quelques autres qui chargent le laboureur de la conduite du terrage.

Voyez l'article suivant.

ARTICLE CCCLIII.

L'ON ne peut appliquer terres baillées à parciere, & vignes à carpot, à autres usages qu'elles ont été baillées, ni en icelles construire & bâtir aucun édifice, sans le vouloir & congé du Seigneur à qui la parciere ou carpot appartient, sur peine d'amende & des intérêts envers le Seigneur dudit héritage. Des terres baillées à parciere & vignes à carpot.

1. LA Coutume de Blois, article 131 ; celle de Menestou-sur-Cher, article 5, & d'Artois, article 62, contiennent une disposition semblable ; & la raison est qu'un tel changement seroit préjudiciable au seigneur, puisqu'il le frustreroit de son droit : aussi le seigneur peut-il, selon la Coutume d'Amiens, article 197, remettre la terre en usage de labour.

2. Bien plus, selon la même Coutume, article 195, si le détenteur de l'héritage chargé de terrage ou champart, est négligent de labourer ou faire labourer sa terre par trois ans consécutifs, le seigneur à qui est dû ledit droit, peut faire mettre le fer dans ladite terre, & la labourer à son profit, jusqu'à ce que le propriétaire s'offre à la labourer. Cette disposition est pleine d'équité ; c'est-pourquoi, dit Loyseau, liv. 6, *du Déguerp.* chap. 11, n. 8, dès que le seigneur voit que le propriétaire ne la laboure point, il peut la faire labourer & ensemencer ; & si le propriétaire ne le rembourse, avant les moissons, de ses labours & semences, les fruits lui appartiennent entiérement : ce qui doit, dit-il, être observé dans toutes les Coutumes. Mais, quoique quelques Coutumes portent que cela se peut faire sans congé du juge, le plus sûr (ajoute M. Charles Loyseau) est d'en obtenir permission, avant que de commencer à faire labourer.

3. Il y a plusieurs Coutumes qui passent plus outre, & qui portent que, si le propriétaire a demeuré trois ans consécutifs sans labourer, le seigneur peut reprendre absolument l'héritage, & le réunir à son domaine ; comme celle de la Marche, article 331, & de Berry, titre 10, article 23 : D'autres veulent une cessation de neufs ans, comme la Coutume de Romorantin, chapitre 4, article 5, & celle de Blois, article 134 : mais ces dispositions ne doivent être suivies dans les Coutumes qui n'en parlent pas, comme celle-ci ; le seigneur ne peut s'approprier la terre, & n'a qu'une simple action pour contraindre le propriétaire à la cultiver & maintenir en bon état, comme il est dit en la Coutume de Poitou, article 104. C'est le sentiment de Loyseau, *ibid.* n. 11.

4. La dime, tant inféodée, qu'ecclésiastique, se prend préférablement au champart, quoique seigneurial ; & la dîme levée, le champart se prend sur les gerbes qui restent : la Coutume de Berry, titre 10, article 25, en

contient une disposition précise; & ainsi jugé par arrêts cités par l'auteur des observations sur Henrys, tome 1, liv. 1, chap. 3, qu. 34, & par M. de la Thaumassiere sur la Coutume de Berry, titre 10, article 25; & tel est le sentiment commun. La raison est que les biens & revenus des seigneurs sont sujets à la dîme, aussi-bien que ceux de leurs vassaux, qu'ils la payoient avant qu'ils eussent donné leurs terres en censive, champart, parciere ou carpot; desorte qu'ils ne peuvent pas empêcher qu'elle ne soit toujours payée par préférence aux droits qu'ils se sont reservés sur leurs terres dans les concessions ou accensemens, ne les ayant pu transporter qu'avec cette charge. * C'est ce qui a été jugé sur les conclusions de M. l'avocat général Talon, par arrêt du 13 mars 1625, en confirmant la sentence du juge de Melun; savoir, que la dîme inféodée se léveroit avant le champart, & que le champart ne se payeroit qu'à raison des gerbes restantes sur le champ, non compris celles levées pour le droit de dîme; encore que l'on eût soutenu au procès, que de tout temps & ancienneté, le champart se levoit avant la dîme; cet arrêt est rapporté dans le journal des audiences, tome premier, livre premier, chapitre 43, page 27, édition 1733. Voyez ce qui a été dit sur l'art. 21, *suprà*, nomb. 99.

5. Le laboureur qui paye le champart sans titre, ne prescrit point: il ne peut acquérir possession, ni droit de propriété par quelque laps de temps que ce soit, ainsi qu'il est dit dans l'article 3 de la Coutume de Nivernois, titre *des Champarts*; parce qu'il jouit précairement, qu'il ne laboure point comme propriétaire, & *pro suo*, mais précairement pour autrui, & que l'on considere la premiere cause. C'est le raisonnement de Coquille sur la Coutume de Nivernois, article 3, *des Champarts*; & après lui, de M. François Menudel, sur notre article.

6. Il y a plus; c'est que, selon l'observation de M. François Menudel, quand le champart ou parciere est de pure faculté, & que le laboureur qui cultive la terre, n'est point propriétaire, qu'il ne la cultive que précairement à la charge de la parciere ou champart, il ne peut en ce cas rien prendre dans les fruits naturels, qui ne demandent aucune culture: *Et tunc*, dit Menudel, *non competit portio in fructibus naturalibus, cùm hi per simplicem terræ functionem producuntur, & in eis producendis nihil expendat, nec industriam conferat cultor.* Menudel, *hic*.

7. Quant au droit de champart, terrage ou parciere, qui a son fondement dans la concession de l'héritage, quoique seigneurial, il se perd par la prescription dans cette Coutume, également que le cens; & l'action pour le terrage, champart & parciere, est annale, suivant l'article 1 du chap. 9 de la Coutume de Hayhaut; parce que le terrage, non plus que la dîme, ne tombe point en arrérages. Tel est le sentiment de M. de la Thaumassiere, sur la Coutume de Berry, titre 10, article 25, & de M. Bretonnier, sur Henrys, tome 1, liv. 1, chap. 3, qu. 34. * Et ainsi a été jugé en cette Sénéchaussée, par sentence rendue au rapport de M. Imbert, le 4 juillet 1735, au profit des héritiers de Joseph Ternier, contre M[re]. Claude Boucher, poursuite & diligence de Bernard Voisin, son fermier. Il s'agissoit d'un droit de parciere, qui avoit son fondement dans la concession de l'héritage; Bernard Voisin, qui avoit quitté la ferme, en demandoit les arrérages pendant le temps de sa ferme; il fut débouté de sa demande, par la raison que la parciere ne tombe point en arrérages, & que l'action pour la parciere est annale. J'étois des juges.

8. Mais comme il n'est point nécessaire, pour la conservation du droit de cens, de s'opposer aux criées de l'héritage par lequel il est dû, il n'est pas non plus nécessaire de s'opposer pour la conservation du droit de champart, quand il est seigneurial. Autre chose est, si c'est un simple droit foncier de bail d'héritage; il faut en ce cas s'opposer comme pour rente fonciere.

9. Ainsi jugé par arrêts; & tel est le sentiment de M. Lemaître, en son traité *des Criées*, chap. 42, sur la fin; de M. Brodeau, sur M. Louet, lett. C, somm. 19; de M. Jean Decullant, sur l'article précédent, & de plusieurs autres. Toutefois, comme le champart, quoique seigneurial, n'est point du droit commun & ordinaire, que c'est une charge extraordinaire, & qu'un adjudicataire peut prétendre juste & légitime cause d'ignorance d'une rente de cette qualité; le mieux, selon moi, est de s'opposer.

ARTICLE CCCLIV.

De l'amende contre ceux qui n'acquittent le péage.

MARCHANDS forains & autres, conduisans marchandises & denrées par le chef du péage, auquel doit être mise enseigne, s'ils trépassent icelui sans l'acquitter, payent soixante sols tournois d'amende, à appliquer au Seigneur du péage, & le Droit dudit péage, ensemble les frais de la poursuite, sans autre confiscation : mais, si ledit Forain trépasse par l'un des branchages dudit péage, ignorant icelui péage, en jurant l'ignorance & payant ledit péage, il est quitte de ladite amende pour la premiere fois; & s'il ne veut jurer, il est tenu de payer ladite amende, avec le Droit d'icelui péage & frais de lad. poursuite.

1. PÉage est une prestation que les passans par un territoire payent pour le bétail & les marchandises qu'ils conduisent & voiturent. La justice de cette prestation se tire des dépenses qu'il convient de faire, pour entretenir les ponts, ports, passages & chemins, & les tenir en sûreté pour les voyageurs.

2. Le péage est aussi appellé *barrage*, à cause de la barre assise sur le chemin, pour le marquer ; il est aussi nommé *pontenage*, quand on paye ce droit de péage au passage d'un pont; il est appellé *billette*, à cause du petit billot de bois qu'on pend à un arbre en signe de ce droit ; il est enfin appellé *branchivre*, à cause de la branche d'arbre où le billot est pendu.

3. L'ordonnance des eaux & forêts de 1669, au titre *des droits de péage*, a supprimé tous les droits de péage qui ont été établis depuis cent ans sans titre; & à l'égard de ceux qui sont établis avant les cent années par titres légitimes, & dont la possession n'aura pas été interrompue, elle a ordonné que les seigneurs propriétaires justifieroient de leur droit & possession. C'est là disposition des articles 1 & 2 dudit titre.

4. L'article 5 du même titre de la même ordonnance rejette les droits de péage, même avec titre & possession, si les seigneurs qui les levent, ne sont obligés à aucune dépense, pour l'entretien des chemins, bacs, ponts & chaussées.

5. Les seigneurs, dont les droits de péage sont légitimement établis par titre & possession de cent années, sont tenus de faire une pancarte contenant les droits qu'ils prétendent, qui sera attachée sur un poteau, afin qu'aucun fermier de péage n'en puisse exiger davantage, & que les marchands ayent connoissance du droit de péage. C'est la disposition de l'article 7 du titre *des Péages*, de l'ordonnance de 1669, à quoi sont conformes les Coutumes; savoir, celle-ci, au présent article; celle de Touraine, titre 8, article 81 ; d'Anjou, article 58 ; du Maine, article 67, & autres.

6. Notre Coutume distingue le chef du péage, d'avec les branchages. Le chef du péage est la principale ville, ou le principal bourg; & les branchages ou brancheres sont les autres lieux où l'on a accoutumé d'ancienneté de mettre & asseoir la billete hors la principale ville ou bourg : c'est ce qui se trouve expliqué dans les articles 52 de la Coutume d'Anjou, & 60 de celle du Maine.

7. Les marchands forains & autres, conduisans marchandises & denrées par le chef du péage, ou (ce qui est le même) par la principale ville ou bourg où le péage est dû, & qui outrepassent sans acquitter, sont tenus de payer l'amende de soixante sols, applicable au seigneur péagier, les frais de poursuite, & droit de péage, sans autre confiscation. C'est la disposition de notre Coutume, au présent article; celle de la Coutume de Touraine, titre 8, article 81 ; du Maine, article 59, & d'Anjou, article 51 ; & cela, sans qu'ils soient reçus à affirmer, disent lesdites Coutumes du Maine & d'Anjou auxdits articles, qu'ils ignoroient le péage ; attendu qu'en passant par ladite ville ou bourg, ils ont pu avoir connoissance du droit de péage.

8. Autre chose est, si les marchands forains passent par l'un des branchages, & qu'ils l'outrepassent sans acquitter, ignorans le péage, & qu'ils affirment par serment leur ignorance; en ce cas ils en seront quittes pour la premiere fois en payant le péage, comme il est porté dans notre article; en l'article 81 de la Coutume de Touraine, & en l'article 1 du chap. 7 de celle de Lodunois : ce qui ne peut, & ne doit être entendu que dans le cas où il n'y auroit ni pancarte ni poteau ; car, quand il y a pancarte & poteau, ou (comme parle la Coutume de la Marche, *Enseigne notoire de péage*) l'ignorance ne peut être alléguée, le poteau & la pancarte instruisant suffisamment : c'est ce qui est porté dans l'article 343 de la Coutume de la Marche.

9. Dans le cas où le marchand forain refuse de jurer qu'il ignoroit le péage, il est tenu de payer l'amende, le péage & les frais de la poursuite, comme il est dit dans notre article 1 du chap. 7 de la Coutume de Lodunois, dans l'article 81 de celle d'Anjou, & autres.

ARTICLE CCCLV.

Qui ne doivent péage.

CEUX qui achetent vins & autres choſes pour leur proviſion ou autrement, qui paſſent par les péages, doivent le droit de péage, s'ils ne ſont privilégiez ; & s'ils le ſont, doivent certifier & faire apparoir de leur privilége, autrement doivent payer ; & s'ils ne payent, ils ſont tenus audit Seigneur du péage & en amende de ſoixante ſols.

Le commentaire eſt ſous l'article 357.

ARTICLE CCCLVI.

De celui qui conſigne ledit péage.

ET ſi dudit privilége y a débat pour cauſe apparente entre le Seigneur dudit péage ou ſon Fermier, icelui qui allégue ledit privilége, eſt tenu de conſigner, ou bailler répondant pour ce que ſeroit dû dudit péage, en la Juſtice en laquelle ledit péage eſt aſſis.

Le commentaire eſt ſous l'article ſuivant.

ARTICLE CCCLVII.

De celui qui ſuccombe en péage.

MAIS, ſi le Seigneur dudit péage, ou Fermier, ſuccombe au Procès, il eſt tenu envers ledit privilégié de tous dépens, dommages & intérêts.

1. LES hommes ne doivent pas de péage pour leurs perſonnes ; & le péage n'eſt pas non plus dû pour les chapons & autres volailles que l'on y paſſeroit, non-ſeulement parce que l'on ne mene pas, ni on ne conduit pas tels petits animaux que l'on porte, mais parce qu'ils font une eſpece diſtincte & ſéparée des autres animaux, qui n'eſt pas dans les cas odieux ſujette aux droits auxquels les autres ſont tenus. C'eſt l'obſervation de M. Jabely, ſur l'article 341 de la Coutume de la Marche, dans ſon commentaire, qui eſt le 343 dans le nouveau coutumier général.

2. Mais le péage eſt dû pour vins, & denrées achetées pour la proviſion de la maiſon de celui qui les fait conduire, s'il n'a privilége. C'eſt la diſpoſition de notre Coutume, en l'article 355 ; de celle de Touraine, en l'article 83, & de celle de Lodunois, au chapitre 7, article 3.

3. Le privilégié, dit Bacquet, traité *des Droits de Juſtice*, chap. 30, n. 32, n'eſt exempt du paiement des droits de péage, que de ce qui eſt de ſon crû, & de ce qu'il achete pour la proviſion de ſa maiſon, & non de ce qu'il a acheté pour revendre : & quiconque allégue privilége, eſt tenu d'en juſtifier ; & s'il eſt conteſté, de conſigner ou donner caution, & d'aſſurer le ſeigneur pendant le débat ; lequel ſeigneur, au cas qu'il ſuccombe, eſt tenu envers le privilégié de tous dépens, dommages-intérêts : le tout, ainſi qu'il eſt porté dans les articles ci-deſſus 355, 356 & 357 de cette Coutume.

ARTICLE CCCLVIII.

De n'exiger plus grande ſomme pour péage.

SI le Seigneur du péage ou ſon Fermier exigent plus grande ſomme que due n'eſt pour raiſon dudit péage, il eſt tenu en l'amende, & de rendre le double de la ſomme exigée, & ès dépens, dommages & intérêts.

1. L'Ordonnance de 1669, titre *des Droits de péage*, article 7, défend d'exiger de plus grands droits, que ceux qui ſont légitimement établis, à peine de punition exemplaire, même de reſtitution du quadruple envers les marchands, outre l'amende arbitraire envers ſa Majeſté. L'ordonnance d'Orléans, article 138, & celle de Blois, article 282, contiennent une diſpoſition à-peu-près ſemblable.

2. Les propriétaires, fermiers, & receveurs des péages, ne peuvent ſaiſir & arrêter les chevaux & voitures pour le paiement de leurs droits,

droits, mais seulement saisir les meubles, marchandises & denrées, jusqu'à la concurrence de ce qui est dû par estimation raisonnable, & y établir commissaire pour être procédé à la vente, s'il y échet : c'est l'article 3 de l'ordonnance de 1669, titre *des Droits de Péage*.

ARTICLE CCCLIX.

QUAND un Marchand ou autre, partant de sa maison pour aller en Foire, Marché ou ailleurs, a payé le péage ou passage par lequel il passe, il ne doit rien de retour, s'il retourne ledit jour, ait vendu sa marchandise ou non.

Quand on ne doit péage pour retour.

1. LA Coutume de Touraine, article 86, & celle de Lodunois, chapitre 7, article 6, contiennent une disposition à-peu-près semblable ; & selon ces Coutumes il n'est rien dû pour le retour.

2. Il y a plus ; c'est que le péage n'est pas dû pour les marchandises que l'on décharge dans le territoire où il est levé, & qui y demeurent, mais seulement pour celles qui passent outre, & qui sont conduites ailleurs : c'est ce qui résulte de la disposition de nos Coutumes, qui ne prononcent des peines contre les marchands, que quand ils outrepassent le péage sans payer. C'est l'observation de Jabely, sur l'article marqué 341, dans son commentaire sur la Coutume de la Marche, où il cite un arrêt qui l'a ainsi jugé.

ARTICLE CCCLX.

SI le Marchand ou autre, passant par un péage, en défaut d'entretenir les ponts, ports, passages & chemins, où sont pris lesdits péages, en bonne & suffisante réparation, souffre ou soutient aucun dommage ou intérêt, le Seigneur ayant ledit Droit, ou son Fermier, en est tenu ; & peut le Seigneur suzerain, à la requête de la Partie intéressée, saisir les fruits de la Seigneurie dont dépend ledit péage, jusques à pleine satisfaction desdits intérêts & dommages, lesdits Seigneurs ou Fermiers dudit péage appellez.

Des passages non entretenus par le péageur.

Le commentaire est sous l'article suivant.

ARTICLE CCCLXI.

LES SEIGNEURS ayant lesdits péages, doivent entretenir les chemins & voyes publiques, pour raison desquels ils tirent lesdits péages, & les tenir en sûreté pour les passans & repassans. Et quant ès autres chemins, ponts & voyes publiques, pour raison desquels n'est dû péage, ni autre Droit, les Habitans des Paroisses où sont lesdits chemins, ponts & passages, sont tenus les réparer & entretenir ; & seront contraints par le Juge ordinaire de contribuer pour la quantité des sommes nécessaires pour réparer lesdits chemins & passages : Et doivent faire les impôts nécessaires les Procureurs desdites Paroisses, trois ou quatre d'eux appellez. Et est ledit impôt fait sans aucuns frais ; & vaut ledit impôt, combien que tous les imposez ne soient de la Jurisdiction dudit Juge, mais que la plus grande partie en soit ; doivent lesdits imposez payer leur impôt & quotitez, nonobstant opposition ou appellation quelconques, selon l'Ordonnance, & sans préjudice d'icelle.

1. LEs seigneurs qui ont droit de péage, doivent entretenir les chemins & voies publiques, pour raison desquels ils exigent lesdits péages, & les tenir en sûreté pour les passans & repassans, ainsi qu'il est dit dans le présent article 361, dans l'article 16 du titre 25 de la Coutume d'Auvergne, dans l'article 12 de celle de Poitou, & autres : ce qui est confirmé par l'ordonnance d'Orléans, article 107, & par celle de Blois, article 282 ; & la raison, c'est que le droit de péage n'a été établi à autre effet, qu'à celui d'entretenir les chemins &

passages en bon & suffisant état, les réparer & les rendre assurés aux passans. Mais ces loix & dispositions de Coutumes, quoique très-justes, sont fort négligées.

2. Si les seigneurs péagers, qui sont obligés d'entretenir, comme il vient d'être dit, les chemins, ponts & chaussées, les négligent, & les laissent sans les réparer & relever, au préjudice des passans, ils sont tenus des dommages-intérêts que ces passans en souffrent, comme il est dit dans le présent article 360, & dans l'article 85 de la Coutume de Tours; c'est une suite nécessaire de leur obligation.

3. Quant aux chemins, ponts & voies publiques, pour raison desquels n'est dû péage ni autre droit, les habitans des paroisses où sont lesdits chemins, ponts & passages, sont tenus de les réparer & entretenir, selon qu'il est porté au présent article 361; sur quoi il est à observer que, quand il ne s'agit que d'un simple chemin, le propriétaire du fonds qui est auprès, est tenu de le réparer, ou de donner passage par sa terre: *In refectione viæ publicæ, Domini vicinorum prædiorum viam reficere debent, aut viam præstare*, suivant la loi 2, *Ne quid in loco publico*; la loi *Honor. §. Viarum, de muneribus & honoribus*; Louet, lettre C, somm. 2; & Delhommeau, *Max. du Droit Franç.* article 438.

* Mais par rapport aux réparations ou réfections des chemins, il ne faut pas confondre les chemins particuliers avec les chemins publics, & il faut, avec Domat, dans son traité du droit public, distinguer trois sortes de chemins; la premiere, des chemins qui sont à l'usage du public, pour aller de tout lieu à tout autre, qui aboutissent ou à d'autres chemins, ou aux portes des villes, ou des autres lieux, ou à la mer, ou à des rivieres; la seconde, des chemins particuliers, propres à quelques personnes pour l'usage de leurs héritages; qui aboutissent d'une part à de grands chemins, & de l'autre finissent aux derniers des héritages, où ils conduisent; la troisieme, est des chemins qui servent pour des servitudes entre voisins, dont l'un a droit de passage dans le fonds d'un autre. A l'égard des chemins particuliers, établis pour faire valoir les terres, le propriétaire du fonds voisin n'est pas obligé de les entretenir comme les chemins publics; il suffit qu'il laisse passer les particuliers par cette voie privée, en quelque état qu'elle soit, c'est à ceux qui s'en servent à la réparer; il en est de même des chemins de servitude, *fundi Dominus debet tantùm præstare patientiam*, suivant la disposition du droit, en la loi 3, *in princip. ff. de usufructu*; ainsi jugé par arrêt du mois de janvier 1531, rapporté par M. Louet, *ibid.* & telle est l'observation de l'auteur des notes sur les Max. de Delhommeau, *ibid.*

4. Ce qui est dit dans le présent article 361, de la maniere d'imposer les sommes nécessaires pour les réparations des chemins, ponts & passages, ne s'observe point aujourd'hui; sur quoi voyez ce qui a été dit sur l'article 10 de cette Coutume.

ARTICLE CCCLXII.

De punition de Voiturier parjure.

SI aucun affirme frauduleusement, qu'il mene aucune chose par païs pour gens privilégiez, & il est convaincu du contraire, il est puni comme parjure, à l'arbitrage du Juge; & outre est tenu audit péage.

Le Commentaire est sous l'article suivant.

ARTICLE CCCLXIII.

COMBIEN que les choses appartenans à gens privilégiez, soient voiturées par gens mercenaires & qui gagnent argent, toutefois n'en est dû aucun péage.

1. LE présent art. 363 sert d'explication à l'art. 355, *suprà*, qui parle de l'exemption du péage par rapport aux privilégiés; & dans le cas où les voituriers n'ont pas de certificat du privilégié pour qui ils voiturent, ils doivent en être crus à leur serment, que les choses appartiennent à un tel privilégié: c'est ce qui résulte du présent article 362; & c'est la disposition précise de la Coutume d'Anjou, article 55, & de celle du Maine, article 64.

2. Mais ils sont tenus par après, dit la Coutume d'Anjou audit article 55, de rapporter ou renvoyer certification dudit privilégié. Et, s'il se trouve qu'ils ayent affirmé frauduleusement, ils doivent être punis comme parjures, à l'arbitrage du juge, & payer en outre le péage. C'est la disposition de ladite Coutume d'Anjou, article 56; de celle du Maine, article 65; & de la nôtre, au présent article 362.

3. Et, pour éviter tous ces incidens, le voiturier doit avoir la précaution avant son départ de retirer un certificat du privilégié dont il conduit les balots, & bien attesté, pour le présenter au seigneur de péage, ou à son fermier ou préposé, & en retirer acte de lui, ou de le lui présenter en présence de témoins; afin que, s'il est arrêté, les dommages-intérêts tombent sur celui qui l'arrêtera mal-à-propos.

ARTICLE CCCLXIV.

QUAND aucun Voiturier ne trouve le Seigneur du péage, ou ſon Fermier audit lieu de péage, & il baille ce qu'il eſt tenu bailler & payer à aucun qu'il trouve en la maiſon du Seigneur ou Fermier, ou au prochain voiſin, il eſt quitte dudit péage, & n'eſt amendable. Quand on eſt quitte du péage.

1. LE ſeigneur du péage, ou ſon fermier, eſt tenu, ainſi qu'il eſt dit dans l'article 58 de la Coutume d'Anjou, de faire & tenir ſa recette ſur le grand chemin, & non en autre lieu, enſorte que ceux qui doivent acquit, ne ſoient pas contraints de ſe détourner, pour aller payer ledit acquit : car, comme l'intérêt public doit toujours prévaloir ſur l'intérêt particulier, il ſeroit injuſte que des voituriers, qui ſont des perſonnes publiques, & qui doivent faire le plus de diligence qu'ils peuvent pour s'acquitter de leurs commiſſions, & pour rendre leurs voitures, fuſſent néceſſités d'interrompre leur voyage pour attendre ou chercher un fermier, ou commis du péage.

2. Que ſi le voiturier ne trouve le ſeigneur, ſon fermier ou ſes domeſtiques, il peut payer au voiſin, ſans péril d'amende, ſuivant notre Coutume au préſent article, à quoi eſt conforme ledit article 58 de celle d'Anjou, qui ajoute que le voiturier en ſera cru à ſon ſerment.

TITRE VINGT-SEPTIEME.

Des Fiefs.

1. L'Origine des fiefs eſt comme inconnue; ce qui eſt ſûr, c'eſt que de tout temps ceux qui ſe ſont trouvés les plus puiſſans entre les hommes, ont cherché à ſe faire des créatures, pour ſe maintenir dans leur grandeur & puiſſance; que, ſuivant cette maxime, il eſt arrivé en France que les grands ſeigneurs qui s'étoient érigés en ſouverains, diſtribuoient, pour ſe ſoutenir, des terres, & donnoient des rentes à prendre ſur les revenus de leurs biens aux officiers qui s'obligeoient à les ſervir en toutes occaſions contre leurs ennemis; que ces officiers rangeoient ſous leurs bannieres autant d'hommes qu'ils pouvoient, pour fortifier le parti, en leur faiſant part des bienfaits qu'ils avoient reçus; & que ceux qui tenoient directement le fief du ſouverain, étoient appellés *Vaſſaux*; & les autres qui ne le tenoient que des vaſſaux, arriere-vaſſaux.

2. *Vaſſal*, dans les premiers temps, étoit un homme de guerre, tellement dévoué à ſon ſeigneur, qu'il lui promettoit de le ſecourir envers & contre tous. Dans le commencement de la troiſieme race de nos rois, quand les ſeigneurs ſe faiſoient la guerre les uns aux autres, leurs vaſſaux étoient obligés de les ſuivre, & d'emmener avec eux leurs arriere-vaſſaux: mais depuis que nos rois ont été aſſez puiſſans pour empêcher leurs ſujets de ſe faire la guerre, le ſervice militaire à l'égard des ſujets n'a plus été en uſage; & à l'égard de nos rois, ce ſervice n'a été ordinaire que juſqu'à ce qu'ils ont mis ſur pied des troupes réglées. Ainſi, comme il n'y a aujourd'hui en France que le roi qui ait droit de faire la guerre, tous les ſermens & promeſſes de ſecours des vaſſaux aux ſeigneurs n'ont plus lieu, & la foi & hommage eſt aujourd'hui bien différente de celle qui ſe rendoit autrefois.

3. Le fief, tel que nous le poſſédons aujourd'hui, n'eſt autre choſe qu'un héritage ou droit immobilier, tenu & poſſédé à la charge de la foi & hommage, & de certains droits, différens ſuivant les diſpoſitions différentes des Coutumes. C'eſt-là ce qu'on appelle *Fief ſervant*; car il eſt à obſerver que le fief ſervant eſt celui qui doit la foi & hommage, & le fief dominant, celui à qui elle eſt due; enſorte qu'il ſe peut faire qu'un même fief ſoit ſervant à l'égard de celui dont il releve, & dominant à l'égard de celui qui en dépend; & les fiefs relevent les uns des autres, excepté les fiefs de dignité, qui ont des duchés, des marquiſats, des comtés & des baronnies annexées, leſquels relevent immédiatement du roi.

4. L'arriere-fief ſe nomme de la ſorte, par rapport au ſeigneur ſuzerain, ou ſupérieur, duquel il ne releve point immédiatement: ainſi je tiens mon fief, en plein fief du ſeigneur duquel je releve immédiatement, & auquel je ſuis obligé de faire la foi & hommage; mais je le tiens en arriere-fief du ſeigneur de mon ſeigneur: & d'autant que je ne ſuis pas obligé de lui faire la foi & hommage, quand mon ſeigneur eſt en foi, je ne ſuis pas ſon vaſſal, mais ſon arriere-vaſſal.

5. Tous les fiefs qui ſont en France relevent du roi immédiatement comme les fiefs de dignité, ou médiatement relevant d'autres fiefs, leſquels relevent du roi: *Omnia feuda à Rege procedunt, & ad eum redeunt.*

6. Ce titre composé de vingt-ſept articles, explique la nature des fiefs d'aujourd'hui, ce que le vaſſal eſt obligé de faire par rapport à la

foi & hommage, aveu & dénombrement, les droits du seigneur féodal pour la saisie féodale, la commise, le retour & la réunion des fiefs.

7. Il y a dans l'ancienne Coutume un titre des fiefs, composé de douze articles, qui est intitulé : *Des Fiefs & Censives.*

ARTICLE CCCLXV.

Le Fief se vend sans le Seigneur.

LES CHOSES féodales, en tout ou partie, peuvent être vendues, aliénées, & en peut être prise possession sans licence & congé du Seigneur.

1. LEs fiefs, dans leur origine, n'étoient que viagers, concédés à temps ou à vie par les seigneurs, & ne consistoient qu'en usufruit, appellés pour cet effet bénéfices. Après la mort du vassal, soit qu'il eût des enfans ou non, ils retournoient aux seigneurs, qui pouvoient en gratifier telles personnes que bon leur sembloit.

2. Dans la suite ils ont été rendus héréditaires & patrimoniaux; & il a été permis aux vassaux de les vendre & aliéner, & d'en disposer comme de leurs autres biens, sans la permission & consentement du seigneur. Ils passerent d'abord aux enfans mâles, ensuite aux collatéraux, puis aux filles, & ensuite les seigneurs permirent de les vendre. Ces permissions furent si ordinaires, qu'elles passerent en droit commun; & dans la plupart des Coutumes les vassaux vendirent leurs fiefs, sans la permission du seigneur.

3. Dans notre Coutume les fiefs se peuvent vendre, engager & aliéner par les vassaux, en tout ou en partie, sans le consentement du seigneur. C'est la disposition de la Coutume, au présent article; c'est aussi celle de la Coutume d'Auvergne, titre 22, article 32; de celle de la Marche, articles 181 & 201; de Berry, titre 5, articles 1 & 2; de Nivernois, chap. 4, art. 17; de Blois, art. 60; de Montargis, chap. 1, art. 1; d'Orléans, chap. 1, art. 1, & autres: La raison de la disposition de ces Coutumes, c'est que les fiefs sont patrimoniaux, & que chacun peut disposer de ses biens à sa volonté.

4. Le vassal peut vendre & aliéner son fief, même pendant la saisie féodale : car, quoique la saisie féodale soit sur le fonds, & non-seulement sur les fruits; néanmoins, quant à l'effet, elle ne consiste que dans les fruits, & le vassal n'en est pas moins propriétaire ; mais la vente qu'il en auroit faite, n'empêcheroit pas le cours & l'effet de la saisie.

5. Quoique la Coutume dise dans le présent article, que l'acquéreur des choses féodales en tout ou partie, en peut prendre possession sans licence & congé du seigneur, cela n'exclut pas le seigneur de retenir par puissance de fief les choses vendues, selon qu'il lui est permis par l'article 424, *infrà*, & que nous le dirons sur ledit article.

ARTICLE CCCLXVI.

Choses féodales se divisent sans le Seigneur.

CHOSES féodales se peuvent partir & diviser sans le consentement dudit Seigneur féodal; & demeure chacun, Vassal & homme dudit Seigneur, pour la part & portion qui lui advient: Et est tenu chacun de faire son devoir de Fief, selon la nature d'icelui.

1. LA Coutume de Bourdeaux, article 82; celle de Vermandois, art. 161; de Châlons, art. 171; de Meaux, art. 166, & autres, contiennent une disposition semblable: la raison est que le partage est une division forcée & nécessaire, autorisée par la loi, L. 10, *Fam. Ercisc.*

2. M. le président Duret, dans ses observations sur le présent article, estime que, quoique le fief soit divisé & partagé entre co-héritiers, il demeure toujours entier & indivisible par rapport au seigneur féodal; & qu'il en est de même quand partie du fief est aliénée par quelque contrat que ce soit : & cela, conformément à l'article 35 du titre 22 de la Coutume d'Auvergne. *Clientes*, dit-il, *inter se Feudum dividere possunt in singulas partes assignandas, non tanquam Feuda separata, sed tanquam partes Feudi, sub denominatione, formâ, & titulo ejusdem, sicut ab initio constitutum, quæ non est propriè divisio & multiplicatio Feudi in plura, sed distributio partium Feudi, pro portione & jure cujuslibet ex clientibus.* La raison sur laquelle on appuye ce sentiment, est que l'aliénation que fait le vassal d'une partie du fief servant, (il en est de même de la division que les co-partageans font entr'eux du fief) ne peut pas préjudicier aux droits du seigneur du fief, qui lui sont acquis solidairement sur tout le fief servant; & que, comme la division des censitaires ne fait pas d'obstacle à l'action du seigneur direct, pour la solidité & l'uniformité du cens, il en est de même à l'égard du seigneur du fief, lequel n'est pas tenu de diviser son

son fief, faire plusieurs saisies, & recevoir plusieurs dénombremens; ensorte que la foi & hommage faite par l'un des acquéreurs, ne fait pas cesser la saisie féodale du seigneur, faute par les détenteurs des autres parties du fief servant de l'avoir faite; sauf en ce cas le recours de celui qui a satisfait, contre ceux qui n'ont pas fait leur devoir: car, dit-on, les convenances faites entre les débiteurs ne changent point l'action & les droits du créancier.

3. Quelques spécieuses que soient ces raisons, ce n'est pas mon sentiment; la disposition de la Coutume y résiste, & elle me paroît précise & formelle pour le sentiment contraire. Les choses féodales, dit notre article, se peuvent diviser sans le consentement du seigneur; & demeure chacun des co-propriétaires vassal & homme dudit seigneur, pour la part & portion qui lui advient; & est tenu chacun de faire le devoir du fief, selon la nature du fief. Ainsi, aux termes de cet article, le fief dans ce cas demeure divisé, même par rapport au seigneur; & comme dit la Coutume de Vermandois, article 161, d'un seul fief il s'en fait plusieurs; de maniere que chacun, pour la portion qui lui advient, est réputé un vassal particulier, comme dit notre article, qu'il peut & est en droit de faire la foi & hommage en son particulier pour sa portion, & donner dénombrement aussi en son particulier de ce qu'il posséde séparément; & que le seigneur est tenu de recevoir la foi & hommage, & le dénombrement d'un chacun des co-partageans: & si le seigneur du fief se voit obligé en ce cas de diviser le fief, de faire plusieurs saisies, & recevoir plusieurs dénombremens, c'est parce que la Coutume l'a ainsi voulu, & que telle est sa disposition; & en cela il ne souffre rien, puisqu'au lieu d'un vassal, il en a plusieurs, & que ses droits sont les mêmes, par rapport à chaque vassal.

ARTICLE CCCLXVII.

ÈS CHOSES féodales les héritiers peuvent succéder comme en autres choses, soit mâles ou femelles, & en prendre possession sans le consentement du Seigneur du Fief, & sans danger de commise.

1. LEs fiefs entrent dans l'ordre des successions, ainsi que les autres biens, comme faisant partie du patrimoine; & le partage s'en fait dans cette Coutume par égale portion, sans aucune prérogative pour les mâles sur les filles, ni pour l'aîné sur ses freres, à l'exception de son droit d'aînesse.

2. M. Jacques Potier s'est trompé, lorsqu'il a dit que la disposition de notre Coutume en cet article lui étoit commune avec toutes celles du royaume, sous prétexte que les fiefs y ont été faits patrimoniaux ou héréditaires; car il n'y a rien qui soit réglé plus diversement dans les Coutumes du royaume, que la succession des fiefs.

ARTICLE CCCLXVIII.

QUAND un Fief est ouvert par aliénation ou autre mutation de Vassal, le Seigneur féodal peut par sa puissance de Fief entrer en sondit Fief, & le mettre en sa main, soit qu'il ait Justice sur icelui, ou non; & fera les fruits siens quarante jours après ledit assignement, tant que le Vassal sera en demeure de lui faire ladite foi & hommage; & est ce que l'on dit audit Païs: Tant que le Vassal dort, le Seigneur veille. Toutefois si ledit Fief est ouvert par le trépas du Vassal, ledit Seigneur féodal ne peut saisir avant quarante jours après le décès dudit Vassal. Et, si le Seigneur du Fief est négligent à saisir & contraindre le Vassal, ledit Vassal fait les fruits siens; & est ce que l'on dit aussi audit Païs: Tant que le Seigneur dort, le Vassal veille.

Quand le Seigneur fait les fruits siens.

1. LEs fiefs sont présumés francs & libres de toute autre charge, que de la foi & hommage; & c'est dans cette Coutume tout ce que le vassal doit au seigneur du fief, avec le dénombrement. Il se peut rencontrer d'autres devoirs dans les tenures féodales, suivant les différentes charges imposées dans l'inféodation, mais ceux-là sont extraordinaires & exorbitans de la Coutume; c'est-pourquoi ils ne sont pas reçus sans titre. Mais aussi dès qu'ils sont portés par le titre, ils sont dus, & on ne peut point s'en dispenser: par la raison qu'il est permis, *in traditione rei suæ*, d'y mettre telle condition qu'on veut; & c'est au preneur, si la condition ne lui convient pas, de ne pas accepter la chose. Que s'il n'y a pas de convention particuliere, & qui puisse établir une loi spéciale, il s'en faut tenir à la Coutume.

2. Le vassal dans cette Coutume ne doit à son seigneur, ainsi qu'il vient d'être dit, que la bouche & les mains, c'est-à-dire, que la seule foi & hommage avec le dénombrement, sans aucuns droits féodaux ou profits pécuniaires. *Non aliud ratione Feudorum debetur, nisi homagium in quibuslibet mutationibus, osculando januam Manuarii dominantis, cum descriptione Feudi servientis*, dit M. Louis Semin.

3. Le vassal doit la foi & hommage à son seigneur, à toutes mutations, soit du vassal, soit du seigneur; avec cette différence néanmoins, qu'en celle du seigneur on n'est point obligé de la faire, si elle n'est requise; mais qu'en celle du vassal il ne faut point attendre qu'elle soit demandée. C'est la disposition de cette Coutume dans le présent article, & dans l'article suivant.

4. Les mutations, de la part du vassal, arrivent toutes les fois qu'un homme acquiert un fief servant, soit à titre de succession, donation, vente ou autrement: c'est la disposition de cette Coutume, ainsi qu'il paroît par ces mots de notre article, *par aliénation, ou autre mutation de Vassal;* c'est aussi celle de la Coutume de Melun, article 22, & de plusieurs autres; & quand quelqu'un acquiert le fief dominant à quelque titre que ce soit, c'est mutation de la part du seigneur.

5. Dans les mutations de vassal par mort, notre Coutume dans le présent article donne quarante jours de délai au nouveau vassal, pour aller à la foi: mais dans les autres mutations de vassal, qui arrivent par contrats, elle ne donne aucun délai au nouveau vassal, successeur à titre particulier, pour faire la foi & hommage; tellement qu'elle distingue, quant à ce, la mutation par mort, d'avec celle qui se fait par aliénation; & la différence que notre Coutume met entre ces deux mutations, quant au délai de 40 jours, se trouve marquée par ce mot de notre article, *toutefois*: car, après avoir dit en général, & sans marquer aucun délai, que quand un fief est ouvert par aliénation ou autre mutation, le seigneur peut saisir le fief à défaut de foi & hommage; elle ajoute: « Toutefois, » si le fief est ouvert par le trépas du vassal, le » seigneur féodal ne peut saisir avant quarante » jours après ledit décès. »

6. Les quarante jours doivent être francs, sans que le jour de la mutation ni celui de la saisie y soient compris; & durant cette tréve légale, le seigneur ne peut saisir féodalement: autrement sa main-mise seroit déclarée injurieuse & sujette à dépens, dommages & intérêts, sans pouvoir être convertie en action; quand même il se trouveroit, par l'événement, que le vassal n'auroit pas satisfait dans les quarante jours, ainsi qu'il a été jugé par arrêts des années 1542 & 1576, rapportés par Tournet, sur l'article 7 de la Coutume de Paris: mais aussi-tôt qu'ils sont passés, il peut user de main-mise.

7. Cette saisie duement faite doit être signifiée au vassal, suivant l'article 371, *infrà*; & son effet, c'est-à-dire, la perte des fruits au profit du seigneur, n'a lieu qu'autres quarante jours après, ainsi qu'il est dit dans notre article, & qu'il sera expliqué plus au long sur les articles 371 & 372, *infrà*.

8. Lorsque le nouveau vassal, non encore reçu en foi, décede dans les quarante jours que la Coutume lui accorde pour faire la foi & hommage, c'est une question si son héritier doit avoir autres quarante jours, & si le délai doit être renouvellé en ce cas, sur laquelle les sentimens sont partagés: mais le plus grand nombre est pour l'affirmative. *Si hoc accidit*, dit Balde, *de Feud. Quo tempore, c. 1, §. Nisi, num. 1, ex integro tempus incipit, nec continuantur tempora; nam ex persona successoris incipit dies, non ex persona prædecessoris, quod est notandum.* C'est aussi le sentiment de Cujas, sur *les Fiefs*, liv. 1, titre 21, où il dit: *Æquum est reintegrari tempora ex sua persona; secùs si is, cui successit, post investituram decessisset.* Tel est encore le sentiment de M. Claude Duplessis, sur la Coutume de Paris, traité *des Fiefs*, liv. 1, chapitre 1; de M. Jabely, sur l'article 181 de la Coutume de la Marche, dans l'ordre de son commentaire, & de plusieurs autres.

ARTICLE CCCLXIX.

De la mutation du côté du Seigneur, & des proclamations.

QUAND il y a mutation du côté du Seigneur de Fief, son successeur & héritier ne peut saisir les Fiefs dépendans de lui, par faute d'hommage à lui fait, pour par ladite saisie faire les fruits siens, mais peut proclamer ses Fiefs; & en ce faisant, faire commandement à tous ses Vassaux, que dedans quarante jours ils ayent à lui faire la foi & hommage pour raison d'iceux, ou, si bon lui semble, peut faire saisir verbalement les Fiefs particuliérement tenus de lui, par faute d'hommage non-fait; & icelle saisie faire signifier au Vassal en sa personne, ou à son domicile: Et si dedans quarante jours après lad. signification le Vassal ne fait la foi & hommage, en ce cas le Seigneur du Fief peut commettre Commissaires au régime & gouvernement du Fief, & faire les fruits siens.

Le commentaire est sous l'article suivant.

HÔTEL
DE LOUVOIS,
A VENDRE,

En totalité ou en plusieurs parties.

Ce vaste & superbe Hôtel situé à Paris, rue de Richelieu, vis-à-vis de la Bibliothéque du Roi, contient dix-sept cens cinquante-six toises de terrein : il est borné d'un côté par la rue de Richelieu, & de l'autre par la rue Sainte Anne. Les Bâtimens qui le composent ont la plus grande solidité ; ils sont distribués de maniere que l'on peut les diviser en plusieurs corps d'Hôtel & en conserver la majeure partie, même en y perçant une rue qui aboutiroit de la rue de Richelieu à la rue Sainte-Anne. C'est ce qui a donné l'idée de faire un plan de division que l'on pourra examiner chez les différentes persones dont les demeures sont indiquées ci-après. Dans le cas où les acquéreurs qui se présenteront pour acheter la totalité de l'Hôtel, ne le porteroient point à sa valeur, il sera vendu par portions séparées, conformément au plan dressé.

Nota. Les offres pour la totalité indivise ne seront reçues que jusqu'au 1er Mars 1784.

S'adresser

- à Me REGNAULT, *Notaire, rue des Fossés Montmartre.*
- à Me JACQUINOT, *Procureur au Châtelet, rue des Noyers.*
- à M. DULONG, *Intendant de M. le Marquis de Louvois, à l'Hôtel de Louvois.*
- à M. GABRIEL, *Architecte Expert, rue de la Croix.*
- à M. ARCHANGÉ, *aussi Architecte, rue de Seves.*

Permis d'imprimer & afficher ce 17 Janvier 1784. LENOIR. J. Ch. Desaint, Imprimeur du Châtelet, rue S. Jacques.

ARTICLE CCCLXX.

ET au regard des Fiefs étans hors desdites Seigneuries, la proclamation ou signification se fait au Vassal en sa personne, ou au lieu du Fief, s'il y a manoir, ou au Procureur dudit Vassal, si aucun en y a, sinon par attache à la place publique du lieu où le Fief est assis.

1. QUand il y a mutation du côté du seigneur du fief, le vassal n'est pas obligé de lui faire la foi & hommage, qu'au préalable le seigneur n'ait notifié & fait savoir que ses vassaux ayent à lui venir faire la foi & hommage. C'est la disposition de notre Coutume, dans le présent article 369; de celle de Paris, article 65; de celle de Melun, article 44; de Sens, article 195; de Tours, article 114; d'Auxerre, article 65; de la Marche, article 184, d'Orléans, articles 60, 61 & 62, & autres.

2. Les notifications que doit faire faire le seigneur, sont de trois sortes: La premiere, par affiches ou cri public, qui appartient aux seigneurs de haute justice; la seconde, par ajournement à personne ou à domicile, afin que le vassal se dispose de faire son hommage; & la troisieme & derniere, par empêchement & saisie, qui est pris pour sommation, & doit être notifié au vassal: ces trois sortes de notifications sont marquées dans nos deux articles.

3. Si les fiefs servans, c'est-à-dire, les fiefs des vassaux, sont situés dans l'étendue des seigneurs dont ils sont mouvans, il suffit de faire les proclamations ou significations par affiches ou cri public au principal lieu de la seigneurie; & cette signification genérale suffit pour tous: c'est ce qui résulte de la disposition de notre Coutume, au présent article 370; & c'est la disposition de la Coutume de Paris, audit article 65, & des autres Coutumes.

4. Mais, si les fiefs servans sont situés hors des seigneuries dont ils sont mouvans, il faut une signification particuliere faite au vassal, de la maniere qui est expliquée dans notre article 370.

5. Après ces significations ou proclamations, le vassal est obligé d'aller à la foi dans les quarante jours, à compter du jour de la proclamation ou assignation, sans que le jour de la signification ou proclamation, ni celui de la saisie, y soient compris; faute de quoi le seigneur pourra saisir; & cette main-mise emporte la perte des fruits, de même que celle qui est faite dans la mutation de vassal, ainsi qu'il est dit dans le présent article 36, dans l'article 65 de la Coutume de Paris, & que le disent les autres Coutumes.

6. Ce qui vient d'être dit, conformément à la disposition de notre Coutume, ne concerne proprement que les seigneurs particuliers qui possédent des fiefs dominans dans l'étendue de cette province: car, pour la foi due au roi, à son joyeux avénement à la couronne, pour les fiefs mouvans de lui, elle se régle de la maniere prescrite dans la déclaration qu'il rend ordinairement à ce sujet.

ARTICLE CCCLXXI.

De la signification de la saisie féodale.

LA SAISIE & empêchement se doivent faire & signifier au Vassal en sa personne ou à son domicile, s'il est demeurant en la Justice ou Paroisse du Seigneur féodal; ou sinon, au lieu de la chose féodale, en parlant aux personnes de ses Accenseurs, Fermiers, Entremetteurs, Procureurs, Receveurs ou Négociateurs, ou au domicile d'aucun d'eux: & à faute des dessusdits, à la place publique du lieu où la chose féodale est assise, par attache qui sera signifiée en présence de deux témoins au prochain voisin.

Le commentaire est sous l'article suivant.

ARTICLE CCCLXXII.

Du Vassal qui a pris les fruits après quarante jours depuis la saisie.

Si le détenteur du Fief, depuis les quarante jours après l'empêchement & saisie faits, & duement à lui signifiez par le Seigneur féodal, a pris les fruits de la chose féodale, le Seigneur féodal n'est tenu le recevoir à foi & hommage, qu'il n'ait préalablement rendu lesdits fruits: Et si ledit Seigneur féodal & son Vassal ne s'accordent de la valeur desdits fruits, ledit Vassal est tenu consigner ès mains de Justice ce qu'ils peuvent annuellement monter & valoir par commune estimation, sans préjudice du plus ou du moins, quand lesdits fruits seront duement connus & vérifiez; & en ce faisant, ledit Seigneur féodal est tenu recevoir ledit Vassal en foi & hommage, & ne fera après les fruits siens.

1. Le seigneur dominant, par le défaut de foi & hommage, due aux mutations de vassal & de seigneur, peut saisir féodalement le fief mouvant de lui; & dans cette main-mise il fait les fruits siens tandis qu'elle dure, par la raison que le fief étant ouvert, faute de vassal possesseur, le seigneur par la saisie féodale entre au lieu & place, & droits de son vassal. C'est ce qui est porté dans les articles 368 & 369, *suprà*, & qui a été dit dans notre commentaire sur lesdits articles.

2. Quoique l'effet de la saisie féodale soit d'acquérir seulement les fruits au seigneur; doit néanmoins le seigneur saisir le fief, & non les fruits seulement; à cause que, selon la disposition des Coutumes, le seigneur le met en sa main, tant que la saisie dure, comme étant une réunion qu'il fait du fief à son domaine, faute de vassal possesseur.

3. Et ne peut le seigneur saisir les fruits cueillis, quoique non-engrangés, & trouvés dans l'héritage tenu en fief de lui; car il ne gagne & il ne lui appartient, comme il sera dit sur l'article 374, *infrà*, que les fruits qui se cueillent après la saisie: C'est l'observation de Pontanus, sur la Coutume de Blois, & de M. le président Duret sur l'article 369, *suprà*, sur ces mots, SAISIR VERBALEMENT LES FIEFS. *Non etiam*, dit M. Duret, *mobilia in prædio clientelario, etsi à Feudo provenerint, modò sint separata, Pontan. ad Consf. Blesf. de obvent. Feud. art. 76, in verbo Fructus.* M. Duret.

4. La saisie féodale duement faite doit être signifiée au vassal, selon qu'il est dit dans le présent article 371; dans l'article 125 du titre 5 de la Coutume de Berry; dans l'article 3 du titre 22 de celle d'Auvergne; dans l'article 83 de celle de la Marche; dans l'article 20 de celle de Tours, en l'article 32 de celle du Grand-Perche; en l'article 30 de celle de Paris, & autres. Et cette signification ou notification est nécessaire, afin que le vassal, en ayant connoissance, puisse empêcher l'effet rigoureux de la saisie; cette signification doit être faite de la maniere expliquée en notre article 371.

5. Pendant quarante jours, iceux à compter du jour de la signification de la saisie, le seigneur féodal ne fait les fruits siens; de maniere que, si le vassal satisfait aux causes de la saisie féodale dans les quarante jours, à compter de la signification de la saisie, les fruits lui appartiennent, & il a main-levée de la saisie, sans perte de fruits.

6. Mais, s'il laisse passer les quarante jours sans y satisfaire, les fruits appartiennent au seigneur, non point à compter du jour de la saisie duement signifiée, mais seulement quarante jours après: ensorte que tous les fruits qui échéent pendant les quarante jours, à compter de la saisie duement notifiée, appartiennent au vassal, sur lesquels le seigneur féodal n'a aucun droit; & que le vassal détenteur du fief n'est tenu de restituer au seigneur féodal, que les fruits qu'il a perçus depuis les quarante jours après l'empêchement & saisie faits, & duement à lui signifiés, comme il est dit dans le présent article 372, dans les articles 4 & 5 du titre 22 de la Coutume d'Auvergne, & qu'il est expliqué par Basmaison dans son commentaire sur ledit article 5 du titre 22 de la Coutume d'Auvergne. Ainsi, quand notre Coutume dans l'article 368, *suprà*, dit que le seigneur féodal fera les fruit siens quarante jours après ledit assignement, elle doit être entendue de l'assignement signifié & notifié; sur quoi il est à observer que ce mot d'*assignement*, dont se sert la Coutume dans ledit article, signifie saisie, ou main-mise: la Coutume de Berry, titre 6, article 12, se sert de ce terme, pour signifier la main-mise; & Masuer aussi, titre 25, *des Louages*, n. 37, & 38.

7. La perte des fruits pour le vassal ne commence donc au profit du seigneur, que quarante jours après la saisie faite & duement notifiée, quelque temps qu'il y ait que la mutation soit arrivée; parce que le vassal non-investi, & qui n'a pas fait la foi & hommage, ne laisse pas d'acquérir pleinement les fruits de son fief; ce qui fait que notre Coutume, en l'article 368, *suprà*, dit que, tant que le seigneur dort, le vassal veille; & c'est ce qui est aussi porté dans l'article 61 de la Coutume de Paris; en l'article 57 de celle de Reims; 94 de celle de Chaulny; 41 de celle de Vitry-le-Français; 188 de celle de Sens, & autres.

8. Mais au-contraire, depuis que la saisie est faite

faite & duement signifiée, la perte des fruits pour le vassal dure toujours, & le seigneur continue de faire les fruits siens, tant que le vassal est en demeure de lui faire la foi & hommage, pourvu que la saisie soit renouvellée, comme il sera dit ci-après; pourquoi notre Coutume, audit article 368, *suprà*, dit que, tant que le vassal dort, le seigneur veille; & c'est aussi ce que dit la Coutume de Paris, en l'article 61; celle de Meaux, article 124; de Nivernois, chapitre 4, article 11; de Melun, article 83, & autres.

9. Tous ceux qui sont aux droits des propriétaires des fiefs dominans, & à qui appartiennent les fruits, peuvent saisir féodalement pour la foi & hommage, non faite au propriétaire; mais non pour dénombrement non donné. La raison est que la saisie féodale, faute de foi & hommage emporte la perte des fruits pour le vassal, comme il vient d'être dit; & que c'est un droit qui regarde l'usufruitier, lequel prend tous les profits casuels qui peuvent écheoir à l'occasion du fief dont il a l'usufruit; & que la saisie féodale, par défaut de dénombrement, ne donnant point gain de fruits, suivant l'article 381, *infrà*, l'usufruitier n'y a point d'intérêt.

10. Mais ne peut l'usufruitier saisir qu'après sommation faite au propriétaire de saisir, parce que la saisie de droit appartient au propriétaire; la cause de la saisie, qui est la foi & hommage, le regardant seul; & il doit dans la saisie faire mention du nom du propriétaire, afin qu'il ne paroisse pas que l'usufruitier est propriétaire. C'est la disposition de la Coutume de Paris, article 2, & de celle d'Orléans, art. 63.

11. Quant à ceux qui tiennent du roi par engagement, ils ne peuvent, dit Duplessis, saisir féodalement sans la jonction du procureur du roi, ou sommation suivie de refus.

12. Le propriétaire peut donner main-levée de la saisie faite par l'usufruitier, en payant ce qui peut être dû & acquis audit usufruitier du fief dominant, encore que la foi ne soit pas faite. Bien plus, il peut en accorder souffrance volontaire malgré l'usufruitier, quoique par-là il lui fasse perdre les fruits d'une continuation de saisie féodale: la raison est qu'il est le maître, & que la foi n'est due qu'à lui. Duplessis, sur la Coutume de Paris, traité *des Fiefs*, liv. 5, chapitre 7, section premiere.

13. La saisie se fait par l'usufruitier à ses risques, périls & fortunes, selon qu'il est dit dans l'article 2 de la Coutume de Paris, & 63 de celle d'Orléans; & le saisi ne peut s'adresser au propriétaire pour ses dommages & intérêts, au cas qu'elle soit injurieuse & tortionaire, parce que le fait de l'un ne doit pas préjudicier à un autre: *Factum cuique suum non alteri nocere debet.* L. *Factum*, *de Reg. Jur.*

14. La saisie féodale, selon ce qui se pratique aujourd'hui, ne se fait qu'en vertu d'une commission particuliere du juge; la raison est que c'est un acte de rigueur qui tend à déposséder le vassal, & à lui faire perdre les fruits de son fief; & qu'en France les voies de fait ne sont jamais permises; & que tous seigneurs sont obligés, pour tous leurs différends, d'emprunter le secours de la justice: *Non est singulis concedendum quod per Magistratum fieri potest, ne occasio fiat majoris tumultûs faciendi*, L. *Non est*, *de Reg. Jur.* Et cette Coutume témoigne que c'est son intention, lorsque dans l'article 369, *suprà*, elle fait mention de commissaires dans cette saisie; ce qui ne convient qu'à celles faites par forme de justice.

15. S'il est question de saisir un fief en l'air, qui est sans terre & sans domaine, il faut saisir & arrêter entre les mains des sujets les cens, rentes, devoirs & profits dus à cause dudit fief en l'air, & faire notifier ladite saisie au vassal saisi.

16. L'ordonnance du juge, pour saisir, doit être particuliere pour tel fief dénommé, ainsi qu'il a été jugé par arrêt rapporté par M. Lemaître, au traité *des Fiefs*, chapitres 5 & 6, & par Tournet, sur l'article 65 de la Coutume de Paris.

17. La saisie féodale périt par l'expiration de trois années, à compter du jour qu'elle a été notifiée, si elle n'est renouvellée; & cela, à cause de l'ordonnance de péremption; & telle est la disposition de la Coutume de Paris, article 31, & de celle d'Orléans, article 51: mais en cas de contestation entre le seigneur & le vassal, touchant la saisie, elle dure autant que la contestation; l'usage pourtant est, dans le cours même d'une instance, de ne pas laisser passer les trois ans sans renouveller la saisie.

18. Une saisie féodale étant nulle, soit pour être faite d'autorité privée du seigneur, soit pour quelqu'autre défaut, l'expédient le plus prompt est d'en interjetter appel, afin de ne pas plaider devant le juge du seigneur; sur quoi il est à observer que le vassal saisi féodalement avant la prestation de la foi & hommage, ne peut point former complainte contre son seigneur pour raison de ladite saisie, parce qu'il ne se peut dire saisi de son fief à l'égard de son seigneur, avant l'investiture: *Vassallus non debet intrare, nec consequi possessionem Feudi; nisi de manu Domini & de ejus voluntate.*

19. Le vassal qui enfreint la main-mise du seigneur, autrement la saisie féodale duement notifiée, est tenu de rendre les fruits; & jusqu'à la restitution ou à la consignation de la valeur d'iceux, il n'est point recevable à la foi & hommage, & n'obtient la main-levée de la saisie. C'est la disposition de notre Coutume, dans le présent article 372; celle de la Coutume de Paris, article 29; de celle d'Orléans, article 77; d'Auxerre, article 47; de Sens, article 184; de Melun, article 43; de Nantes, article 37, & autres. La raison est que le bris de la saisie est une espece de spoliation; & que c'est une regle de droit, confirmée par l'usage & la pratique, que *Spoliatus ante omnia est restituendus.* Le vassal est

même tenu de rendre ceux qu'il n'a pas perçus, s'il a empêché le seigneur de les percevoir, soit par violence, frauduleusement, ou autrement, à l'exemple du possesseur de mauvaise foi.

20. Voyez ce qui sera dit sur l'article 374, *infrà*.

ARTICLE CCCLXXIII.

Des arriere-Fiefs, quand le Fief est saisi.

SI par faute d'homme, droits & devoirs non-faits & non-payez, aucun Fief est saisi & mis en la main du Seigneur féodal, il ne peut partant saisir les arriere-Fiefs, ne choses tenues de son Vassal, mais peut bien prendre les profits qui en adviendront durant la saisie dudit Fief. Et si pendant ladite saisie ledit arriere-Fief est ouvert, & que le Seigneur d'icelui fût en demeure de faire les devoirs, le Seigneur supérieur médiat le peut exploiter durant sadite saisie, comme son plein Fief: mais il ne peut exploiter son arriere-Fief, combien qu'il soit ouvert, sans premiérement avoir saisi son plein Fief.

1. LEs arriere-fiefs ne peuvent être saisis par le seigneur suzerain pendant la saisie féodale du plein fief, quand ils sont couverts, c'est-à-dire, quand le vassal a reçu en foi ses vassaux; parce que le seigneur entrant à la place du vassal, n'a pas plus de droit que lui; & que, *Ita discreti sunt Vassallus & Subvassallus, ut confundi eorum causa non debeat; nec si Vassallus*, comme dit Papon, *majorem Dominum aut morâ suâ neglexerit, aut dolo offenderit, æquum est ut propterea subvassallus aliquid patiatur, cùm culpa tantùm suos sequatur auctores*. Papon, sur le présent article.

2. Notre Coutume dans le présent article dit simplement que quand quelque fief est saisi, faute de foi-hommage, le seigneur ne peut saisir les arriere-fiefs: mais cela s'entend, supposé que les arriere-fiefs soient couverts; car le seigneur pendant la saisie féodale a droit de faire saisir tous les fiefs qui sont mouvans du fief saisi, & qu'on appelle *arriere-Fiefs*, si pendant la saisie lesdits arriere-fiefs sont ouverts. C'est la disposition de notre Coutume, dans le présent article; celle de la Coutume de Paris, article 54; celle de Nivernois, chap. 4, article 59; de Melun, article 82; d'Auxerre, article 67; d'Orléans, 76; de Blois, 77, & autres.

Et quand même l'ouverture des arriere-fiefs seroit arrivée avant la saisie du plein fief, le seigneur suzerain ne laisse pas de faire les fruits siens, & de recevoir les hommages dus à son vassal, comme auroit pu faire le vassal; par la raison que le seigneur pendant la saisie exerce les droits du vassal.

3. La saisie de l'arriere-fief se fait en la même forme, & avec les mêmes circonstances, que celle du plein fief: il faut commission & notification particuliere; le seigneur y doit expliquer son droit & son titre, & que c'est en vertu de la premiere saisie féodale; & quoique l'ouverture de ces arriere-fiefs soit arrivée avant la saisie féodale du fief, il faut toujours commencer par la saisie du fief, autrement il y auroit nullité.

4. Si l'arriere-fief se trouvoit déja saisi féodalement, lorsque la saisie féodale du fief est faite, le seigneur entre bien dans le droit de cette saisie faite par son vassal, & en acquiert la jouissance & les fruits au lieu de lui, parce qu'il le dépossede de tout. C'est la disposition de la Coutume de Nivernois, chap. 4, article 60: mais le plus sûr, dit Duplessis, est qu'il la fasse renouveller en son nom, ainsi qu'il lui est loisible, suivant ledit art. 60 du chap. 4 de la Coutume de Nivernois. Duplessis, sur la Coutume de Paris, traité *des Fiefs*, liv. 5, chap. 4, sect. 2.

5. Quoique le fief du vassal soit saisi féodalement, peuvent toujours néanmoins les arriere-vassaux, s'il n'y a point de saisie féodale sur eux de la part du seigneur suzerain, faire la foi au vassal saisi, comme n'ayant pas connoissance de la saisie féodale: mais dès que le seigneur suzerain les a prévenus par la saisie des arriere-fiefs ouverts, c'est au seigneur suzerain, & non point au seigneur immédiat, que les arriere-vassaux doivent faire la foi: & cette foi ne doit pas se faire ailleurs, qu'au manoir seigneurial du fief dont ils relevent nuement; car cette saisie qui n'est pas une commise, mais une simple dépossession temporelle, ne change point l'ordre de la subinféodation, ni les termes de la tenure, & n'augmente point les obligations des arriere-vassaux, en les contraignant d'aller chercher un autre seigneur; joint que le manoir seigneurial du fief dont ils relevent, peut être regardé comme celui du suzerain en ce temps-là, par la même raison qu'ils sont considérés comme ses véritables vassaux.

6. Les arriere-vassaux peuvent avoir main-levée des saisies féodales, faites sur eux, sans attendre celle du fief dont ils relevent, en allant faire la foi au suzerain; lequel doit la recevoir, & leur donner main-levée, soit que la saisie ait été faite sur eux par leur seigneur avant la saisie féodale de son fief, soit qu'elle ait été faite par le suzerain sur lesdits arriere-fiefs, après celle du fief, suivant qu'il est porté dans l'article 55 de la Coutume de Paris; 82 de celle de Melun, & autres. Et quand l'arriere-vassal a ainsi

fait la foi au suzerain, & qu'il a eu main-levée, il n'est plus tenu de la faire au seigneur immédiat, parce qu'elle ne se fait qu'une fois à chaque mutation.

ARTICLE CCCLXXIV.

S'IL y a étang à pêcher en tems & saison raisonnable, & le Vassal a fait lever la bonde pour le pêcher, avant le saisissement fait par le Seigneur féodal, le Vassal peut faire sienne ladite pêche, & l'appliquer à son profit. Car la bonde levée, le Poisson est réputé meuble: Et *è contra*, si après le saisissement fait par le Seigneur féodal & lesdits quarante jours passez, la bonde étoit levée avant la foi & hommage à lui faits par le Vassal, le Seigneur fait les fruits siens, pourvu que ladite bonde fût levée en tems de pêche convenable, & non autrement.

Quand Poisson est réputé meuble.

1. DAns la saisie féodale, le seigneur gagne tous les fruits & revenus du fief de toutes les especes, qui échéent tandis qu'elle dure, comme auroit fait le propriétaire; c'est-pourquoi il est nécessaire, qu'outre la notification de la saisie faite au vassal, le seigneur la fasse encore signifier aux débiteurs des cens, rentes & loyers des maisons; parce que s'ils payoient au vassal, le seigneur ne leur pourroit plus rien demander, puisqu'ils n'auroient pas eu connoissance de la saisie, mais seulement répéter contre le vassal.

2. Il jouit, comme le vassal auroit fait sans la saisie; il entre en son lieu & place, & prend tout ce qu'il trouve à recueillir & qui est à prendre, comme fruits en maturité, bois taillis, & saussaies étant en coupe, poisson en étang en saison de pêche, arrérages de cens, rentes fonciéres, & loyers de maison, quand le terme du paiement échet durant la saisie. C'est l'esprit & l'intention de notre Coutume, au présent article.

3. Des fruits des terres, naturels & industriaux, il n'en gagne que ce qu'il en perçoit actuellement; & ils ne sont faits siens, que par la récolte, ou la séparation *à solo*; & des fruits civils, que ceux dont le paiement échet durant la saisie: desorte que, si avant la récolte la main-levée échet, il n'aura rien du tout, quand même leur maturité arriveroit dans le temps de la saisie; & qu'au contraire, quand bien la saisie, ou plutôt les quarante jours qui doivent suivre, expireroient la veille de la récolte, il l'aura toute; & quant aux arrérages de cens, rentes, loyers, si le terme du paiement en échet durant la saisie, il aura tout le terme, quoiqu'il y en ait une partie qui soit antérieure à la saisie; & n'échéant point, il n'aura rien du tout. Et il y a cette différence entre les fruits naturels & industriaux, & les fruits civils; qu'à l'égard des premiers, il faut qu'il les touche pour les gagner, & que pour ce qui est des derniers, il n'est point nécessaire que le seigneur les touche pour les gagner; parce que les dettes sont acquises *ipso jure*, par l'échéance du jour, Duplessis, sur la Coutume de Paris, traité *des Fiefs*, liv. 5, chap. 4, sect. 1.

4. A l'égard du poisson qui est en étang, notre Coutume le donne à celui qui a fait lever la bonde en temps de pêche convenable; ensorte que, si la bonde est levée avant la saisie du seigneur & les quarante jours expirés, il appartient au vassal; & qu'au contraire il appartient au seigneur, s'il a fait lever la bonde après les quarante jours expirés, qui ont suivi la saisie.

5. Le seigneur prenant les fruits du fief que le vassal faisoit valoir par ses mains, il est tenu de lui rembourser les frais des labours & semences; par la raison que, *Fructus non intelliguntur, nisi deductis impensis*. C'est la disposition de la Coutume de Paris, article 56; de celle de Berry, titre 5, article 44, & autres: & par cette même raison le seigneur doit être remboursé des frais des labours & semences qu'il a faits, si le vassal obtient main-levée de la saisie féodale, avant la récolte des fruits.

6. Si le fief a été donné à ferme par le vassal, sans fraude, le seigneur est obligé de se contenter de la redevance due par le fermier, ainsi qu'il est porté dans ledit article 56 de la Coutume de Paris; 72 de celle d'Orléans, & autres. La raison est que le seigneur est sans intérêt en recevant le prix de la ferme, & n'alléguant point que le bail soit frauduleux: & qu'au contraire ce seroit exposer un vassal à de grands dommages-intérêts envers le fermier, s'il étoit au pouvoir du seigneur de le déposséder. L'opinion contraire (fondée sur la maxime, *Resoluto jure dantis, resolvitur jus accipientis*) est fausse; parce que la saisie féodale n'a pas d'effet résolutif, mais seulement suspensif. Tournet, sur l'article 56 de la Coutume de Paris.

7. Le fermier ne peut abandonner au seigneur l'exploitation du fief, pour n'être tenu envers lui de lui payer la redevance portée par son bail; parce que le seigneur est aux droits du vassal, envers lequel le fermier ne pourroit pas exercer ce choix.

8. Dès que les fruits sont perçus par le fermier pendant la saisie, le prix de la ferme appartient au seigneur, quoique le terme du paiement n'échée qu'après la main-levée: comme au contraire il n'est dû au seigneur, si la

saisie est faite après la récolte des fruits, quoiqu'avant l'échéance du paiement ; parce que la redevance, ou la ferme, n'est due qu'à raison de la perception des fruits, & que le droit du seigneur consiste dans la perception : ainsi la ferme lui est due dès la perception ; mais elle n'est pas exigible avant l'échéance du temps du paiement ; de maniere qu'il faut regarder le droit du seigneur comme s'il n'y avoit point eû de bail fait, & que les récoltes lui fussent échues à lui-même. Duplessis, sur la Coutume de Paris, traité *des Fiefs*, livre 5, chapitre 4, section premiere.

9. Le seigneur pendant la saisie en doit user comme un bon pere de famille, comme il est dit dans l'article 1 de la Coutume de Paris ; c'est-pourquoi il ne peut rien changer dans la face du fonds, détériorer les édifices, abbattre les bois de haute futaye, arbres fruitiers ou de décoration ; ne peut pêcher les étangs, si ce n'est en saison & temps convenable, ni prendre les fruits avant leur maturité. C'est la disposition de la Coutume de Vermandois, article 211 ; de Châlons, article 210 ; de Blois, article 78, & autres.

10. Il doit entretenir les bâtimens de menues réparations, façonner les vignes, cultiver les terres dans la saison, les jardins & plans des arbres, empoissonner les étangs, sur peine de dommages-intérêts envers son vassal, comme il est dit dans l'art. 80 de la Cout. de Melun.

11. Il n'est point tenu des rentes, douaires, usufruits, & hypothéques de quelque dette que ce soit, jouit au préjudice de tous créanciers généralement quelconques ; & leurs saisies même n'empêchent point l'effet de la sienne, soit qu'elles soient faites devant ou durant icelle ; par la raison que le droit du seigneur est antérieur aux droits des créanciers du vassal, sur quelque cause qu'ils soient établis ; la saisie féodale étant fondée sur la premiere concession du fief, qui est plus ancienne que l'hypothéque des créanciers.

12. Il faut toutefois excepter les charges & rentes inféodées, que le seigneur est obligé d'acquitter pendant la saisie féodale sur les fruits, & jusqu'à concurrence d'iceux, ainsi qu'il est dit dans l'article 28 de la Coutume de Paris ; 70 de celle du Grand-Perche ; 11 de celle de Mantes ; 19 de celle de Montfort ; 6 de celle d'Orléans ; & autres. La raison est que ces charges & rentes sont imposées sur le fief, du consentement exprès du propriétaire du fief dominant ; car l'inféodation d'une charge ou rente ne se fait, que quand le seigneur du fief dominant reçoit par aveu la rente ou autre charge, qu'il souffre qu'elle soit couchée dans le dénombrement, qu'il en reçoit la foi, qu'il prend deniers pour la constitution, ou qu'il en fait autres actes approbatifs & d'investiture.

ARTICLE CCCLXXV.

De respi & de souffrance.

RESPY ou souffrance de faire la foi & hommage, octroyé par le Seigneur féodal au Vassal, vaut foi & empêche que le Seigneur ne fasse les fruits siens, tant que ladite souffrance ou respy dure ; néanmoins ledit respy passé, n'empêche le droit de retenue dedans le tems que le Seigneur féodal le peut avoir.

1. LA souffrance est un délai que le seigneur accorde au vassal de faire la foi & hommage, & une permission qu'il lui donne de jouir pendant ce délai du revenu de son fief.

2. La souffrance se doit demander dans le temps que la foi & hommage doit être faite, sinon le seigneur peut saisir féodalement : & sur la question, si cette saisie emporte la perte des fruits contre les mineurs jusqu'au jour que la souffrance est demandée, il y a diversité d'opinions & d'arrêts. Les uns tiennent la négative, quoique le tuteur des mineurs fût solvable, ne leur étant pas expédient d'avoir un procès contre lui ; & ils rendent seulement le tuteur responsable des dépens envers le seigneur : d'autres au contraire tiennent que le mineur n'est restituable, que quand le tuteur est insolvable, ou qu'il n'en a point, & non quand il a un tuteur solvable ; auquel cas il perd selon eux les fruits, sauf son recours contre lui ; par la raison que, quoique la cause des mineurs soit très-favorable, néanmoins celle des seigneurs est plus forte, étant fondée sur la disposition de nos Coutumes qui n'exceptent les mineurs, & sur les concessions que les seigneurs en ont faites ; les mineurs en ce cas n'ayant pas plus de droit que ceux auxquels ils ont succédé dans les fiefs qu'ils possedent, pour lesquels *Jure communi utuntur.* Tel est mon sentiment.

3. Souffrance vaut foi tant qu'elle dure, à l'effet que le vassal n'est tenu durant icelle faire la foi & hommage, & que le seigneur ne fait les fruits siens : c'est la disposition de notre Coutume, au présent article ; celle de l'ancienne Coutume, titre 1, article 6 ; de Nivernois, chap. 4, article 64 ; de Berry, titre 5, article 39 ; de Paris, article 42 ; de Melun, article 35 ; de Perche, article 41, & autres.

4. L'effet de la souffrance est borné dans cette Coutume :

5. 1°. A ce que le vassal n'est tenu pendant icelle à faire la foi & hommage par lui due.

6. 2°. A ce qu'elle empêche la saisie & perte des fruits pendant le délai accordé par le seigneur ; & s'il avoit fait saisir sur les mineurs, avant qu'elle eût été demandée, la concession de la souffrance feroit cesser l'effet de la saisie.

7. Mais la souffrance dans cette Coutume n'empêche pas le retrait féodal, conformément à ce qui est porté dans notre article, & dans

dans l'article 486, *infrà*; & elle n'a pas non plus le même effet que la foi & hommage, pour faire courir le temps du retrait, comme il sera expliqué sur ledit article 486.

Quand la souffrance est finie, le seigneur peut aussi-tôt saisir féodalement avec perte de fruits pour le vassal, sans attendre les quarante jours; parce que, *cessante causâ, cessat effectus*.

9. Mais, pour gagner les fruits, il doit faire une nouvelle saisie; ensorte que, si le seigneur ayant fait saisir le fief, donne souffrance à son vassal, le temps de la souffrance expiré, sans que le vassal se soit mis à son devoir, il doit saisir de nouveau; parce que par le moyen de la souffrance il a levé sa main-mise, & remis le fief en la main du vassal, qui en conséquence a eu droit de faire les fruits siens, jusqu'à ce que le seigneur ait de nouveau saisi. Telle est l'opinion la plus commune des docteurs.

ARTICLE CCCLXXVI.

De l'aveu du Vassal, quand le Fief est saisi.

Si le Vassal est nouveau tenancier, il peut faire la foi & hommage à celui qui le somme, pour sauver les fruits, & protester ne faire faux aveu si le Fief se trouvoit tenu d'ailleurs; pourvu que de la part dudit Vassal n'y ait, en ce faisant, fraude: lesquelles protestation, foi & hommage lui servent pour éviter à la commise dudit Fief, s'il étoit trouvé mouvoir d'autre Seigneur.

Le commentaire est sous l'article suivant.

ARTICLE CCCLXXVII.

Et est ladite foi & hommage faite sous la protestation dessusdite, tenue pour pure & simple, quant au Seigneur auquel elle aura été faite, s'il n'appert d'autre Seigneur féodal: mais, si le Vassal désavoue expressément le Seigneur féodal, il ne peut sauver la commise de la chose féodale, sous ombre de ladite protestation; car elle ne vaut, sinon pour ceux qui confessent & font l'hommage.

1. Deux causes font tomber en commise le fief du vassal, sans espérance de restitution, le désaveu & la félonie, selon qu'il est porté en l'article 386, *infrà*. Nous traiterons de la félonie sur ledit article 386: il faut maintenant parler du désaveu.

2. Le désaveu, c'est quand le vassal dénie la mouvance & la supériorité, soit en s'avouant d'un autre fief & seigneur, soit en soutenant qu'il tient en franc-aleu, & qu'il dénie que tel soit son seigneur.

3. Le vassal est tenu avouer ou désavouer son seigneur *in limine judicii*. Ainsi lorsque le seigneur a fait saisir le fief servant, le vassal qui veut avoir main-levée de la saisie, est obligé d'avouer ou désavouer son seigneur, avant que le saisissant l'ait instruit par la communication de ses titres. C'est la disposition de la Coutume d'Auvergne, titre 22, art. 9; & cela se déduit du présent art. 376 de notre Cout. La raison est que le vassal, qui ne veut avouer son seigneur, est indigne que le seigneur lui fasse aucune gratification, & lui communique ses titres; puisque son vassal le méprise, & contrevient à la condition sous laquelle le fief lui a été concédé, qui est de reconnoître & avouer son seigneur.

4. Ceci n'a lieu que lorsqu'il ne paroît qu'un seul seigneur: car, s'il en paroît plusieurs, le vassal ne sera obligé n'en reconnoître aucun, suivant qu'il est porté en l'art. 127 de la Coutume de Reims; & il peut cependant se faire recevoir par main souveraine, selon qu'il est dit dans l'art. 385, *infrà*, & que nous l'expliquerons sur cet article.

5. Quoiqu'il ne paroisse qu'un seul seigneur; si toutefois le vassal est nouveau tenancier, il peut faire la foi & hommage à celui qui le somme, pour sauver les fruits, & protester de ne faire faux aveu, si le fief se trouvoit tenu d'ailleurs, pourvu que de la part du vassal il n'y ait aucune fraude; auquel cas sa protestation & foi-hommage lui servent pour éviter la commise du fief, s'il étoit trouvé mouvant d'autre seigneur, ainsi qu'il est dit dans le présent art. 376; dans les articles 10 & 11 du titre 22 de la Coutume d'Auvergne, & dans l'article 196 de celle de la Marche: la raison est que, pour faire tomber le fief en commise, il faut que le vassal sciemment & avec connoissance de cause s'avoue d'un autre seigneur, & lui fasse foi & hommage: or la protestation du vassal, jointe à la qualité de nouveau tenancier, justifie (comme l'a observé M. Prohet) suffisamment son ignorance & sa bonne foi, suivant la regle de droit 42, *de Reg. Jur. Qui in locum alterius succedunt, justam ignorantiæ causam censentur habere*.

6. Dans ce cas la foi & hommage, faite sous la protestation susdite, est tenue pour pure & simple, par rapport au seigneur auquel elle a été faite, s'il n'appert d'autre seigneur féodal, ainsi qu'il est dit dans le présent art. 377, dans l'art. 22 du titre 12 de la Coutume d'Auv.

& dans l'art. 196 de celle de la Marche : & la raison est que cette protestation n'est faite que pour l'intérêt du vassal, & pour empêcher la confiscation & la commise du fief, s'il se trouvoit autre seigneur; ce qui n'arrivant pas, la foi & hommage se trouvent rendus purement & simplement.

7. Autre chose seroit à l'égard d'un ancien vassal, qui auroit autrefois fait l'hommage; car la protestation qu'il feroit contre sa propre connoissance, qu'il n'entend pas faire faux aveu, ne l'excuseroit pas de sa perfidie envers son nouveau seigneur, & ne le garantiroit pas de la commise de son fief, puisqu'il fait tout le contraire de ce qu'il proteste : ce qu'un nouveau vassal peut ne pas savoir.

8. Il y a plus, c'est qu'à l'égard même du vassal nouveau tenancier, s'il désavoue expressément le seigneur féodal, il ne peut sauver la commise de la chose féodale sous ombre de ladite protestation, qui n'a lieu que pour ceux qui confessent & font hommage. C'est la disposition de notre Coutume au présent article 377, & de celle d'Auvergne, titre 22, article 13 : en quoi je trouve la condition du vassal très-facheuse; puisque s'il avoue, quand même il y auroit protestation, la foi-hommage est tenue pour pure & simple à l'égard du seigneur, & ainsi il assujettit son héritage sans cause & sans nécessité : & s'il désavoue, il se met en danger de perdre son fief, s'il se trouve que celui qui est désavoué, soit seigneur féodal.

9. Que si le vassal ne désavoue pas son seigneur, mais l'avoue, & en même temps en avoue un autre pour seigneur qui ne l'est pas, il est en ce cas, dit M. Jabely après Balde, plus coupable que s'il n'avoit que simplement désavoué, à cause de sa tergiversation pour & contre. C'est-pourquoi, ajoute Jabely, le seigneur qu'il a trahi, peut le dévêtir de la possession de son fief, dont il l'avoit investi. Jabely, sur l'article 185 de la Coutume de la Marche, dans l'ordre de son commentaire.

10. Quand le vassal prétend que sa terre est en franc-aleu, il faut de nécessité qu'il avoue ou qu'il désavoue; il n'a point de tempérament à prendre entre ces deux extrêmités: mais s'il prétend que sa terre est mouvante d'un autre seigneur que celui qui a fait saisir, il peut engager ce seigneur à faire saisir de son côté, ou à intervenir & former un procès entre les deux seigneurs, qu'on appelle *combat de Fiefs*; & dès le moment qu'il paroît deux seigneurs qui prétendent la mouvance du fief servant, le vassal doit, comme il a été dit ci-dessus, se faire recevoir en main souveraine.

11. Si le vassal désavoue le seigneur, qu'il dénie être son vassal & relever de lui, c'est au seigneur à prouver sa mouvance; & durant le procès, le vassal doit avoir main-levée par provision de la saisie féodale faite sur lui, même avec restitution de fruits, si le seigneur en avoit déja perçus aucuns, ainsi qu'il est porté en l'art. 45 de la Coutume de Paris; en l'art. 101 de celle de Blois; 34 de celle d'Estampes; 29 de celle de Montfort; 37 de celle de Valois; 199 de celle de Vermandois, & autres. Mais aussi il perd son fief, qui demeure confisqué au profit du seigneur, si par l'événement le désaveu se trouve mal fondé, ainsi qu'il résulte du présent article 377; qu'il est porté dans l'article 386, *infrà*, & que plusieurs Coutumes le disent.

Voyez ce qui est dit sur l'article 386, *infrà*.

ARTICLE CCCLXVIII.

Comment le Vassal est requis, & de qui.

LE SEIGNEUR féodal n'est tenu recevoir son Vassal en foi & hommage, s'il n'est au lieu dont dépend le Fief, s'il ne veut; n'aussi le recevoir par Procureur, combien qu'il fût suffisamment fondé, sinon que ledit Vassal fût légitimement & nécessairement empêché, auquel cas il peut par Procureur spécialement fondé présenter les foi & hommage; & est tenu ledit Seigneur féodal le recevoir, ou lui bailler tems de souffrance compétent de lui faire en personne lesdits foi & hommage, pendant lequel tems de souffrance ledit Seigneur féodal ne fait les fruits siens: Et peut mondit Seigneur le Duc commettre, pour recevoir les foi & hommage à lui dus, si bon lui semble; & non autre, *invitis Vassallis*.

1. LA foi-hommage ne se fait qu'au principal manoir du fief dominant, s'il y en a; sinon au lieu seigneurial destiné d'ancienneté pour la faire & la recevoir, si ce n'est que du consentement du seigneur & des vassaux elle se fasse ailleurs. Notre Coutume, au présent article, & celle de Paris, en l'article 64, ne parlent que du consentement du seigneur, & disent simplement que le seigneur n'est tenu, s'il ne le veut, recevoir la foi de son vassal en autre lieu, que celui du fief: mais le consentement du vassal est aussi requis. Et réciproquement, le vassal n'est obligé, s'il ne veut, de faire la foi-hommage en autre lieu, ainsi qu'il est dit dans l'article 187 de la Coutume de Meaux : la raison est que la foi-hommage se rend à la personne, *ratione rei*; ensorte que le seigneur ayant aliéné le fief dominant, l'obligation du vassal est éteinte entiérement à son égard.

2. La foi-hommage est un devoir tout personnel, de la part du vassal, & ne se peut faire

que par lui & en personne, si ce n'est du consentement du seigneur, ou que le vassal fût légitimement & nécessairement empêché. C'est la disposition de notre Coutume, au présent article, & toutes les Coutumes y sont conformes; Paris, article 67; la Marche, article 194; Auvergne, titre 22, article 25; Nivernois, chapitre 4, article 44; Auxerre, article 43; Troyes, article 40, & autres. La raison est que le vassal est obligé de jurer & affirmer qu'il reconnoît le seigneur du fief, & qu'il est bien plus à propos que la même personne qui doit le serment, le prête; joint que le vassal doit l'honneur à son seigneur, & que l'honneur est plus grand quand c'est la personne qui le rend.

3. Autre chose est, quand il échet quelque fief au roi, qui releve de quelqu'un de ses sujets, comme il sera expliqué sur l'article 390, *infrà*.

* Il y a encore une autre exception à faire en faveur des vassaux du roi, possesseurs de simples fiefs non titrés, quand ils sont domiciliés au-delà de cinq lieues des chambres des comptes & bureaux des finances, où les hommages doivent être portés. Car sur les mémoires présentés au conseil d'état du roi par plusieurs vassaux de sa majesté, contenant qu'ils possédent de simples fiefs non titrés, la plupart d'un revenu médiocre, & éloignés des villes, où les chambres des comptes & les bureaux des finances tiennent leurs séances; qu'ils sont poursuivis par des saisies féodales, des condamnations d'amendes, & des courses d'huissiers, pour rendre les hommages dont ils sont tenus; & que les voyages qu'ils sont obligés de faire pour remplir ce devoir en personne, leur sont plus onéreux que ne le sont les frais mêmes des hommages..... « Sa majesté étant en son » conseil d'état, par son arrêt du 15 décembre » 1733, a permis & permet à ses vassaux pos- » sesseurs de simples fiefs, & non titrés, lors- » qu'ils seront domiciliés au-delà de cinq » lieues, des chambres des comptes & des » bureaux des finances, dans le ressort desquels » leurs fiefs sont situés, d'y rendre par pro- » cureurs fondés de procurations spéciales, » passées pardevant notaires, & dont il sera » resté minute, les hommages dont ils sont » tenus, sans qu'il puisse être, à cause des- » dites procurations, reçu desdits vassaux plus » grands droits, que s'ils rendoient leurs hom- » mages en personne: veut en conséquence sa » majesté, qu'il soit procédé contre ceux de » ses vassaux qui ne satisfont pas, par des sai- » sies féodales de leurs fiefs, à la requête de » ses procureurs généraux auxdites chambres » des comptes, ou de ses procureurs auxdits » bureaux des finances. Défend très-expres- » sément d'user d'aucunes autres voies, soit » de condamnation d'amendes, courses d'huis- » siers chez les vassaux, ou autrement; & aux- » dits huissiers de recevoir d'eux aucunes som- » mes pour frais de saisies féodales & autres » frais, qu'en vertu des taxes qui leur seront » faites, dont ils laisseront copie, & donne- » ront quittance auxdits vassaux, à peine de » punition exemplaire. Fait, &c. »

M[rs]. les officiers du domaine de ce duché de Bourbonnois, ont ordonné l'exécution de cet arrêt, par leur ordonnance du 12 février 1734, pour ce qui concerne les fiefs relevans de sa majesté, à cause dudit duché, dont la foi & hommage doit être faite au domaine.

4. Comme le seigneur n'est pas obligé, si bon ne lui semble, de recevoir le vassal à foi & hommage par procureur, *vice versâ*, le vassal n'est pas non plus tenu, s'il ne veut, faire la foi & hommage à autre qu'à son seigneur. C'est la disposition de notre Coutume, au présent article, ainsi qu'il résulte de ces mots, ET NON AUTRE, *invitis Vassallis*: c'est aussi celle de la Coutume de la Marche, article 194; de celle de Châlons, article 217 & 220; de Vermandois, art. 220, & de Reims, art. 111.

5. Notre article excepte monseigneur le duc, lequel (dit notre article) peut commettre pour recevoir les foi & hommage à lui dus; apparemment, parce qu'étant occupé à des affaires de l'état plus importantes, il ne pouvoit pas être en personne sur les lieux, pourquoi il pouvoit recevoir la foi-hommage par ses gens; & à présent le roi, qui lui a succédé, la reçoit de ses vassaux par le moyen de ses officiers en la chambre des comptes à Paris, quant aux fiefs de dignité; & par le moyen des trésoriers généraux & des officiers du domaine en cette ville de Moulins, pour ce qui est des simples fiefs.

6. Voyez pour ce qui concerne la souffrance dont il est parlé dans notre article, ce qui a été dit sur l'article 375, *suprà*.

ARTICLE CCCLXXIX.

LE SEIGNEUR féodal est tenu recevoir les Tuteurs & Curateurs des mineurs ou d'autres personnes étans en tutelle ou curatelle, en foi & hommage, ou bailler souffrance aux mineurs jusqu'à ce qu'ils seront majeurs, en faisant diligence suffisante par les Tuteurs & Administrateurs d'avoir ladite souffrance.

De recevoir les Tuteurs, ou bailler souffrance.

1. LA minorité est un empêchement personnel, pour lequel le seigneur est tenu de recevoir la foi des tuteurs & curateurs des mineurs, ou donner souffrance aux mineurs jusqu'à ce qu'ils soient majeurs, ainsi qu'il est dit dans notre article; dans l'article 41 de la

Coutume de Paris; dans l'article 28 du titre 22 de la Coutume d'Auvergne; en l'art. 200 de celle de la Marche, & autres.

2. La majorité féodale, tant pour faire la foi-hommage, que pour la recevoir, est dans cette Cout. aux mâles l'âge de 20 ans accomplis, & aux filles celui de seize, qui est la majorité de Coutume, réglée par les articles 33, 173 & 180, *suprà*. C'est l'observation de M. le président Duret, sur ces mots de notre article, SERONT MAJEURS : *In nostrâ Consuetudine*, dit-il, *puto standum esse articulis 33, 173 & 180*. M. Duret, *hic*.

3. Il faut pour la majorité féodale suivre la Coutume du fief servant, & non celle du domicile du vassal; par la raison que les devoirs de fief sont plus réels que personnels, étant dus *ratione rei*.

4. Le seigneur doit recevoir le syndic d'une communauté à la foi & hommage, de même que le tuteur & curateur des mineurs, avec cette différence néanmoins que le tuteur & curateur n'ont pas besoin de procuration; au-lieu que le syndic en doit avoir une expresse & spéciale des habitans, selon que l'a observé M. Jabely, sur la Coutume de la Marche, article 198, dans l'ordre de son commentaire.

5. Au-reste la foi-hommage ne se fait que par le propriétaire du fief servant ou par le possesseur & détenteur du fief, comme le mari & le bénéficier, ou par celui qui le représente, comme homme vivant & mourant, baillé par les gens de main-morte. La douairiere, ou autre usufruitier d'un fief, n'en peut faire la foi, que quand le propriétaire est négligent de la faire, afin de le garantir de la perte, ainsi qu'il est porté en l'article 126 de la Coutume d'Anjou; & encore le plus sûr est-il qu'il y ait une sommation précédente au propriétaire : & si durant l'usufruit il arrive plusieurs mutations à la propriété, le même usufruitier pourra être obligé de renouveller la foi plusieurs fois; parce que ce n'est point pour lui qu'il l'a faite. Delhommeau, en ses *Max. du Droit Franç.* livre 2, article 12.

6. Quand le fief est saisi à la requête des créanciers, le commissaire aux saisies réelles fait la foi & hommage par procureur; & les seigneurs sont obligés de le recevoir, ou de donner souffrance.

ARTICLE CCCLXXX.

Du Vassal qui veut entrer en foi.

LE VASSAL qui veut faire foi & hommage après requisition ou main-mise, se doit transporter au lieu dont dépend le Fief, & illec se mettre en devoir de faire ledit hommage, selon la nature & qualité d'icelui Fief : Et s'il ne trouve le Seigneur dudit Fief, ou le Seigneur le refuse sans cause raisonnable, ledit Vassal se peut présenter devant la porte ou lieu principal d'icelui lieu ou place, dont dépend ledit Fief; & illec en la présence de Notaire & témoins, & les Officiers dudit lieu appellez, si aucuns en y a, faire ses foi & hommage, comme il feroit en la présence dudit Seigneur, ou qu'il l'eût voulu recevoir: Et est ledit Vassal tenu attendre ledit Seigneur audit lieu & place dont dépend ledit Fief, l'espace de vingt-quatre heures, s'il est requis de ce faire par lesdits gens & Officiers dudit Seigneur féodal. Toutefois ledit Vassal faisant led. hommage à la porte ou lieu principal, & place dont il dépend, en l'absence dudit Seigneur féodal ou des gens par lui commis, est tenu notifier son devoir & diligence à sondit Seigneur féodal dedans quarante jours, s'il est au Païs; & s'il n'y est, dedans quarante jours après son retour, & doit lui en bailler instrument de fidélité requis & accoutumé, afin que ledit Seigneur féodal soit assuré de son Fief; & en ce faisant, ne fait ledit Seigneur féodal les fruits siens : Mais si ledit Vassal veut faire lesdits foi & hommage de son gré & volonté, sans y être contraint par main-mise ou empêchement, il est tenu chercher sondit Seigneur en personne, où qu'il soit, dedans le Païs où le Fief est assis & situé; & en défaut de le trouver, ledit Vassal peut faire lesdits foi & hommage en la maniere devant dite.

1. LA forme & la maniere de faire la foi & hommage se prend de la Coutume du lieu où le fief dominant est situé, & de la nature & qualité du fief dominant : *Quoique, pour les droits & profits du fief le retrait féodal, la saisie féodale, la commise, &c. on suive celle du fief servant, selon que l'a observé M. Claude de Ferriere, *Inst. Cout.* tome 1, liv. 2, tit. 3, art. 65. La raison de la différence, c'est que la foi se fait au lieu du fief dominant, & que les actes se réglent par la Coutume du lieu où ils se passent, pour ce qui regarde la forme & les solemnités

folemnités requises; au-lieu que les droits étant dus par le fief servant, le seigneur peut les exercer sur icelui, & que quand il est question des droits dus par quelques héritages, l'on se régle suivant la Coutume des lieux où ces héritages sont assis, les Coutumes soumettant les héritages qui y sont situés. Et le vassal qui veut faire foi & hommage à son seigneur, après réquisition ou main-mise, se doit transporter au lieu d'où dépend le fief; & si le seigneur est absent, il est obligé de l'attendre audit lieu & place l'espace de vingt-quatre heures, s'il en est requis par les gens & officiers dudit seigneur, ainsi qu'il est dit dans notre article, dans l'article 48 du titre 22 de la Coutume d'Auvergne, & dans l'article 208 de celle de la Marche. La raison est que cet espace de temps étant modique, le vassal ne peut le refuser aux officiers du seigneur, s'ils le requierent; puisqu'entre le vassal & le seigneur les choses doivent être traitées avec honneur & civilité, le vassal devant le serment & la fidélité, & le seigneur la protection & l'assistance.

2. Que si le vassal veut faire la foi & hommage de son gré & volonté, & sans y être contraint par main-mise ou empêchement, il est tenu chercher le seigneur féodal en personne, comme il est dit dans le présent article; dans l'article 50 du titre 22 de la Coutume d'Auvergne, & dans l'article 209 de celle de la Marche. La raison est, selon que l'a observé M. Prohet, que quand le seigneur a saisi, cette saisie & sommation oblige le seigneur à se trouver au lieu du fief, pour recevoir la foi & hommage: ce qui ne peut être dit dans le cas que le vassal procede volontairement; de maniere que dans ce dernier cas il doit chercher le seigneur dans le pays. Et si le seigneur ne veut le recevoir, ou s'il ne le trouve point, il peut faire (dit notre Coutume & les Coutumes d'Auvergne & de la Marche, dans lesdits articles) la foi & hommage à la porte du château: mais si le seigneur étoit malade, légitimement empêché, ou nécessairement absent, & que le vassal en fût averti, il seroit tenu d'attendre le retour, ou que la maladie ou l'empêchement eussent cessé, par l'argument tiré des articles 378 & 379, *suprà*.

3. Quant à la maniere dont se doit faire la foi & hommage en l'absence du seigneur, & la notification qui doit lui en être faite, cela est suffisamment expliqué dans notre article: il suffit d'y ajouter, conformément à l'article 63 de la Coutume de Paris, que soit que la foi & hommage se fasse en l'absence ou présence du seigneur, elle doit être faite par le vassal l'un genouil en terre, tête nue, sans épée ni éperons; & que le vassal doit dire à son seigneur, qu'il lui porte & fait la foi & hommage qu'il est tenu de lui faire à cause d'un tel fief mouvant de lui, & déclarer à quel titre le fief lui est avenu, le requérant qu'il lui plaise le recevoir.

4. La forme de faire la foi & hommage par les gens d'église n'est point différente, nonobstant la dignité de leur caractere, qui sembleroit les exempter de cet abaissement envers un laïc; parce qu'en ce qui concerne les choses temporelles, ils sont sujets au droit commun.

5. Le vassal d'un seigneur pour raison de quelque fief, en quittant & déguerpissant ledit fief, est exempt de toute sujettion envers le seigneur du fief; parce que cette sujettion est réelle, laquelle s'éteint comme une servitude, lorsque le fief retourne au seigneur direct par le moyen du déguerpissement.

ARTICLE CCCLXXXI.

LA FOI & hommage faits, le Vassal est tenu de bailler au Seigneur féodal à ses dépens Lettres, appellées *Nommées* & *dénombrement*, dedans quarante jours ensuivans: Et à faute de ce faire dedans lesdits quarante jours, ledit Seigneur féodal peut empêcher ledit Fief & le mettre en sa main, & y commettre Commissaire pour lever les fruits, mais il ne fera pas les fruits siens. Toutefois sur lesdits fruits sont pris & perçus les impenses & frais dudit empêchement de main-mise, justes & raisonnables; & se peut bien ledit tems de quarante jours prolonger par ledit Seigneur, & non pas amoindrir. Et si ladite saisie faite, à faute desdites Lettres & dénombremens non-baillez dedans le tems dû, le Vassal enleve aucune chose, & enfreint ladite main-mise, il est amendable, & doit rétablir ce qu'il en a pris s'il est en nature, ou s'il n'y est, la juste valeur, avant qu'il soit reçu à dire aucune chose contre ladite main-mise.

Des dénombremens.

1. DÉnombrement, déclaration de fief, aveu, & nommées, signifient même chose; savoir, une description & déclaration que le vassal donne par écrit en bonne forme & authentique à son seigneur, de ce en quoi s'étend & consiste son fief, tant en héritages, qu'en cens, rentes, devoirs, charges & servitudes.

2. Le vassal qui a fait la foi & hommage, est tenu de donner à ses frais & dépens à son seigneur, dans 40 jours après, son dénombrement ou description de toutes les parties de son fief.

L'article 8 de la Coutume de Paris; le 188 de celle de la Marche; le 6 du tit. 22 de celle d'Auvergne; le 6 du chapitre 4 de celle de Nivernois; le 135 de la Coutume de Poitou; le 50 de celle d'Auxerre; le 187 de celle de Sens, & plusieurs autres accordent ce délai de 40 jours au vassal pour donner ce dénombrement, & sont en cela conformes à notre Coutume, au présent article; c'est un ancien usage introduit au temps que les fiefs n'étoient que des bénéfices, & sujets à reversion, qui s'est conservé, & qui est nécessaire pour empêcher que les seigneurs ne souffrent la perte ou diminution de leur mouvance féodale.

3. Le vassal peut donner son dénombrement dans le temps de sa réception en foi, sans attendre les 40 jours, par la raison que ce temps est accordé en faveur du vassal, & qu'ainsi il le peut dévancer; & peut de même le seigneur prolonger le temps du dénombrement, ainsi qu'il est dit dans notre article.

4. Le dénombrement est dû à toutes les mutations du vassal généralement quelconques, aussi-bien que la foi, & non en celles du seigneur: car, dès que le vassal a donné une fois son dénombrement, il n'est pas tenu d'en donner un autre, & il suffit que le vassal l'ait donné une fois en sa vie, comme il est dit dans l'article 56 du titre 5 de la Coutume de Berry. Si toutefois le nouveau seigneur avoit quelque cause nécessaire de le demander, il y pourroit contraindre le vassal, *viâ actionis, non prehensionis;* car le vassal est tenu de communiquer au seigneur son dénombrement quand il en a besoin, comme le seigneur est tenu de communiquer au vassal les aveux & titres anciens de la tenure du fief, par la raison que l'aveu est un titre commun entre le seigneur & le vassal, & qu'il sert autant à l'un qu'à l'autre.

5. Si le vassal ne donne son dénombrement dans les 40 jours après la prestation de foi & hommage, le seigneur peut saisir le fief, & y mettre commissaire pour régir les fruits jusqu'à ce que le dénombrement lui ait été baillé: mais cette saisie n'emporte pas la perte des fruits, & le commissaire en doit compter au vassal après qu'il aura obéi, sur iceux déduits les frais de la saisie & empêchement de main-mise, justes & raisonnables, ainsi qu'il est porté en notre article; & c'est la disposition de toutes les Coutumes, que le seigneur féodal ne fait pas en ce cas les fruits siens, comme il fait dans le cas de la saisie par le défaut de foi: c'est celle de la Coutume de Paris, article 9; d'Auvergne, titre 22, art. 8; de la Marche, art. 188; de Nivernois, chap. 4, art. 8; de Berry, titre 5, article 24, & autres: de maniere que cette saisie n'est faite que pour ennuyer le vassal, & afin qu'il se mette à raison; & que le seigneur ne doit jamais la faire sans ordonnance de justice & établissement de commissaire, de la solvabilité duquel il est garand; parce qu'autrement le seigneur pourroit prendre pour commissaire quelque homme insolvable: c'est ce qui a été observé par Coquille, sur ledit article 8 du chapitre 4 de la Coutume de Nivernois; & a été jugé par arrêt rapporté par Tournet, sur ledit article 9 de la Coutume de Paris.

6. Le dénombrement est un acte individu, qui est dû solidairement par chacun des propriétaires d'un même fief, possédé par indivis, & qui se doit donner en entier au seigneur, & non par parties; parce qu'autrement ce ne seroit pas un dénombrement, mais une partie de dénombrement: c'est-pourquoi, quand l'un le présente sans les autres, il le doit donner pour tous, tant pour les autres que pour lui, autrement il n'auroit point main-levée; & respectivement, quand il y a plusieurs seigneurs propriétaires du fief dominant par indivis, il n'est dû qu'un dénombrement pour tous. Duplessis, sur la Coutume de Paris, traité *des Fiefs*, livre 2, chapitre 1.

7. Autre chose est, quand le fief est possédé par parties, & séparément; en ce cas, *Unusquisque pro se respondet.* Le dénombrement ne se donne que par le propriétaire du fief servant au propriétaire du fief dominant, & non par l'usufruitier à l'usufruitier; parce que c'est un acte qui concerne la propriété, & non la jouissance.

8. La souffrance accordée par le seigneur au vassal pour la foi & hommage, sert également pour le dénombrement, puisqu'il ne se donne qu'après la foi. C'est le sentiment le plus commun, & c'est celui de M. Duplessis, sur la Coutume de Paris, traité *des Fiefs*, livre 1, chapitre 3.

ARTICLE CCCLXXXII.

En nommée & dénombrement baillez, les héritages & domaines tenus & portez par le Vassal doivent être pour le moins déclarez par deux confins les plus apparens, aussi les tailles, cens, dîmes inféodées, & autres devoirs & redevances, avec les arriere-Fiefs qui en sont tenus mouvans, & par qui ils sont tenus; doivent aussi déclarer les Justices, droits & prérogatives dudit Fief: Et s'il est aucune chose recelée par fraude, ce qui est recelé est acquis au Seigneur féodal.

1. La Coutume de Nivernois, chap. 4, article 68, contient une disposition semblable.

2. Tout ce qui est prescrit par ces deux Coutumes, doit être observé, d'autant mieux que le dénombrement est le titre de la possession

du vassal. On étoit cependant peu soigneux anciennement de désigner & confiner les héritages tenus en fiefs ; les vassaux ne bailloient point, ou peu de dénombremens ; ils avouoient seulement en gros ce qu'ils tenoient, mais ils ne spécifioient rien en détail ; & les seigneurs ne laissoient pas de recevoir ces aveux, quoique défectueux. Mais aujourd'hui on donne les dénombremens avec une ample & spécifique déclaration de tout ce que contient le fief, ainsi qu'il est marqué dans le présent article. Il y a plus ; c'est qu'il est nécessaire de faire publier son dénombrement à la paroisse où le fief est situé, & au bureau des finances, ou au domaine, par trois différentes fois, ce qui ne s'observoit pas autrefois : & cette publication est nécessaire ; afin que, si le dénombrement préjudicioit à des tierces personnes, ils puissent y former opposition.

ARTICLE CCCLXXXIII.

QUAND le dénombrement est baillé au Seigneur féodal, il a quarante jours pour impugner & débattre lesdites Lettres ou dénombrement ; & s'il est trouvé défectueux, ou les choses par ledit Vassal baillées ne lui appartenir, ledit Seigneur féodal le peut refuser, & le faire corriger : mais si ledit dénombrement est reçu par ledit Seigneur, & qu'il en appert par l'instrument de récepissé, (qui doit être inséré au dos dudit dénombrement) il fait foi contre ledit Seigneur féodal au profit dudit Vassal. Autre chose est, si le dénombrement est seulement pris pour le voir, & sans l'approuver ; car en ce cas il ne préjudicie au Seigneur féodal.

Du temps d'impugner dénombrement.

1. C'Est au vassal à porter son dénombrement, sans être requis : mais il le peut envoyer par procureur ; car il suffit qu'il ait rendu son devoir personnel dans la prestation de l'hommage ; & il n'est point obligé de le porter ou envoyer ailleurs, qu'au principal manoir du fief dominant.

2. Le vassal met cet acte entre les mains du seigneur, ou de ses officiers s'il en a ; & de cette présentation doit être rapporté acte par écrit : pourquoi il doit en tirer un récépissé, ou doit avoir un notaire qui en donne acte.

3. Le dénombrement ayant été ainsi présenté, le seigneur le peut blâmer en cas qu'il soit défectueux, pour le faire réformer par le vassal, soit volontairement, soit par condamnation en justice : mais il doit donner le blâme dans les 40 jours après que le dénombrement lui aura été donné, ainsi que le dit notre Coutume, dans le présent article ; celle de Paris, dans l'article 10 ; de la Marche, dans l'article 188 ; de Perche, article 44 ; d'Orléans, article 82, & autres.

4. Le blâme consiste à déclarer par écrit, que le dénombrement n'est pas conforme aux anciens qui ont été fournis par les précédens vassaux propriétaires du fief, pour y avoir omis telles choses, ou bien y avoir augmenté certaines choses qui ne se trouvent pas dans les anciens dénombremens.

5. Le vassal est recevable à réformer le défaut de son dénombrement, suivant la clause ordinaire des aveux & dénombremens ; sauf à icelui augmenter ou diminuer, si le cas y échet.

6. Le dénombrement donné & reçu sans blâme par le seigneur, selon son récépissé, qui doit être inséré au dos dudit dénombrement, fait foi, & vaut titre entre le seigneur & le vassal, ou les héritiers ayant cause l'un de l'autre ; par la raison que c'est un acte qui contient une reconnoissance mutuelle & réciproque entre le seigneur & le vassal, concernant la mouvance & la tenure féodale. C'est la disposition de notre Coutume, au présent article.

7. Mais il ne préjudicie pas à des tierces personnes, suivant la clause ordinaire, *sauf le droit d'autrui & le nôtre* : d'où vient que l'on dit ordinairement, que dénombrement ne vaut titre ; par la raison que c'est, *res inter alios acta.*

8. Toutefois, quand les dénombremens sont anciens, ils peuvent obliger un tiers aux devoirs contenus par iceux, pourvu qu'ils soient soutenus & suivis d'une possession & jouissance bien vérifiées.

ARTICLE CCCLXXXIV.

QUAND entre aucuns y a controverse d'une Seigneurie tenue en Fief d'autrui, & lesd. contendans en ladite Seigneurie, ou l'un d'eux offre de faire la foi & hommage, le Seigneur féodal les y peut recevoir ou l'un d'eux, sauf son droit & l'autrui.

Des deux contendans droit en une Seigneurie.

LA Coutume de Nivernois, chap. 4, article 47, contient une disposition semblable. La raison de cette disposition, c'est que le seigneur du fief dominant n'est pas le juge des parties qui contestent touchant le fief servant, qu'il ne peut pas décider leurs contestations ;

ce qui fait qu'il peut recevoir celui qui se présente, pourvu qu'il y ait quelqu'apparence en sa prétention; & qu'ayant reçu l'un, il ne doit pas refuser l'autre; sur-tout eu égard à la clause ordinaire, *sans préjudice du droit du Seigneur & de celui d'autrui.* C'est l'observation de Coquille, sur la Coutume de Nivernois, audit article dudit chapitre.

ARTICLE CCCLXXXV.

Du Vassal quand il est reçu par main suzeraine.

SI entre plusieurs Seigneurs féodaux est question d'aucun Fief que chacun desdits Seigneurs maintient lui appartenir, le Vassal peut être reçu par main suzeraine, & en jouir pendant le Procès, consignant en main de Justice les droits & devoirs, si aucuns en sont dus.

1. LA Coutume de Paris, article 60; celle d'Orléans, art. 87; de Reims, art. 214; de Châlons, art. 202; de Vermandois, aussi art. 202, & plusieurs autres, contiennent une disposition semblable; & cette disposition a lieu, lorsqu'il y a plusieurs seigneurs de différens fiefs dominans, qui prétendent que le fief servant releve d'eux, mais non lorsque ce sont des seigneurs d'un même fief; car pour lors le vassal est quitte, & se met & constitue hors de demeure, en prêtant la foi & hommage au principal seigneur, c'est-à-dire, à celui qui possede la plus considérable partie du fief dominant, comme il est dit dans l'article 391, *infrà*, & qu'il sera expliqué sur cet article.

2. Dans le cas du présent article, & qu'il y a combat de fiefs entre deux ou plusieurs seigneurs, qui prétendent respectivement la mouvance, le vassal peut se faire recevoir en main souveraine jusqu'à ce que le procès soit vuidé, pour se mettre à couvert, tant de la saisie féodale, que du désaveu: quoi faisant, il n'est pas tenu de faire la foi & hommage ni à l'un ni à l'autre, que la contestation ne soit vuidée: mais aussi après le procès terminé, le vassal est tenu rendre la foi à celui qui aura obtenu, 40 jours après la signification de la sentence, dont il n'y a pas d'appel, ou de l'arrêt, ainsi qu'il est porté audit art. 60 de la Cout. de Paris.

3. Cette main souveraine est celle du roi; c'est-pourquoi cette réception se doit faire par ses juges, c'est-à-dire, pour les fiefs situés dans cette province, en la chambre du domaine, selon l'arrêt de nosseigneurs du conseil, rendu en forme de réglement en 1688, entre les officiers du bureau des finances & ceux du domaine.

4. Il faut à cette fin obtenir des lettres de main souveraine en chancellerie, qui leur seront adressées; & si lors & au temps qu'elles sont obtenues, il n'y a point encore de saisie féodale, l'effet qu'elles produisent, est de lier les mains au seigneur, ensorte qu'il ne peut rien demander au vassal, ni saisir sur lui durant le procès; & par-là aussi il est mis hors de cause.

4. S'il y avoit déjà une saisie féodale de la part du seigneur & de tous les deux, lorsque la main souveraine est obtenue, son effet est d'en obtenir la main-levée sur le champ, mais pour l'avenir seulement; les fruits du passé demeurans perdus jusqu'à ce jour, quand celui à qui on adjuge à la fin de la contestation le fief dominant, est celui qui avoit fait la saisie.

6. Ce qu'il faut observer, c'est que pour donner lieu à la réception par main souveraine, il n'est pas nécessaire qu'il y ait concurrence de deux saisies; mais il faut qu'il y ait concurrence d'actions de deux seigneurs: arrêt du 4 janvier 1534, rapporté par M. Lemaître, traité *des Fiefs*, chap. 53.

7. Quand la contestation sur la mouvance est entre le roi & un seigneur particulier, l'hommage est dû au roi par provision.

ARTICLE CCCLXXXVI.

Quand le Fief est commis.

CHOSE féodale ne se commet, ni confisque au Seigneur féodal, sinon en cas de félonie ou de faux aveu: mais, si par autre crime le Vassal confisque ses biens la chose tenue en Fief est confisquée au Seigneur haut Justicier, en la Justice duquel elle est située & assise.

1. LA commise qui est la confiscation du fief du vassal au profit de son seigneur, tire son origine du temps que les fiefs n'étoient que bénéfice, & donnés à vie; auquel temps la félonie & le désaveu donnoient lieu à la révocation de la donation & bénéfice, & produisoient reversion ou réunion du fief servant au fief dominant; ce qui est depuis demeuré dans l'usage, & a été mis dans nos Coutumes, comme droit commun. Telle est, comme l'on voit, la disposition de notre Coutume, au présent article; c'est aussi celle de la Coutume d'Auvergne, titre 22, art. 18; de celle de la Marche, article 198; de Nivernois, chapitre 4, article 66, & autres.

2. Il a été parlé du désaveu sur l'article 377, *suprà*.

suprà. Quant à la félonie, c'est une injure atroce ou une ingratitude envers son seigneur, qui se commet par paroles ou par fait, comme quand on leve la main contre son seigneur avec armes ou autrement, ou quand on entreprend contre sa vie & son honneur.

3. La félonie & le désaveu ne se commettent que par le propriétaire du fief servant, contre le propriétaire du fief dominant; par la raison que le vassal ne tient son droit que du propriétaire du fief dominant, contre lequel seul il peut commettre désaveu ou félonie. Ainsi la confiscation tourne au profit du propriétaire du fief dominant, & non de l'usufruitier, sinon sa vie durant : car il jouit pendant sa vie du fief réuni par la commise.

4. Celui qui ne peut aliéner, ne peut pas faire tomber son fief en commise par désaveu; parce que la commise est une véritable aliénation. Ainsi le mineur, quoique majeur de la majorité féodale, ne peut faire désaveu valable, quoiqu'avec l'autorité de son tuteur ou curateur ; tel est le sentiment de Brodeau, Duplessis, & de Ferriere. Mais il peut commettre par félonie, parce que *in delictis non restituitur minor. L. uniq. C. Si adv. delict.*

5. Le mari ne peut aussi faire tomber en commise l'héritage propre de sa femme, en offensant ou désavouant le seigneur; il ne commet que son usufruit, & la commise cesse après sa mort ou après sa séparation. Tel est le sentiment commun.

6. Si le vassal ne désavoue que pour partie du fief, il ne peut y avoir en ce cas de confiscation, que de la partie désavouée.

7. La commise ne s'encourt point, *ipso Jure*, il faut un jugement contradictoire qui l'adjuge, & que le seigneur y ait conclu : la raison qu'en donne Pontanus, c'est que *ante privationem ob culpam aliquam, primùm debet de culpa constare, ac Vassallum causâ demùm cognitâ punire.*

8. Le seigneur qui ne s'est point plaint de son vivant, le pouvant, du désaveu ou de la félonie de son vassal, ne transmet point le droit de commise en la personne de ses héritiers; parce que c'est une action qui a dû être préparée, pour pouvoir être transmise, & que le seigneur qui a gardé le silence jusqu'à sa mort, est réputé avoir remis l'injure.

9. Si le vassal prédécéde au-contraire le seigneur, M. Jabely estime avec les docteurs qu'il cite, que le seigneur qui ne s'est point plaint avant le décès de son vassal, ne seroit pas recevable à se plaindre après sa mort, pour priver le fils & héritier du vassal de son fief; par la raison que c'est une action pénale qui vient du délit, qui se ressent de la vengeance, & qui ne se donnant pas à l'héritier, ne se donne pas non plus contre l'héritier; sur-tout si le seigneur a eu le temps de se plaindre du vivant de son vassal : tellement que l'ingratitude & la perfidie n'ayant pas été poursuivie contre l'auteur de l'injure, elle ne le doit non plus être contre le fils héritier, qui en est innocent. M. Jabely, sur l'art. 196 de la Cout. de la Marche, dans l'ordre de son commentaire.

10. Sur la question si dans le cas de la commise le fief servant retourne au seigneur du fief dominant, sans charges, servitudes ni hypothéques, il y a sentimens & arrêts pour & contre. M. Louet, lett. C, somm. 53, soutient que la chose passe avec sa charge; & que le fait & quasi-délit du vassal ne peut point préjudicier à ses légitimes créanciers. Il distingue entre la reversion qui vient *sine facto hominis, ex causa antiqua*, inhérente au contrat, & celle qui vient, *ex Lege & Statuto*, par le fait du vassal, comme par félonie, désaveu & autres cas semblables. Au premier cas, il convient que les hypothéques s'évanouissent, & dit que c'est la faute du créancier de n'avoir pas prévu cette reversion, qui se fait *ex lege contractûs, absque facto hominis.* Au second cas, il soutient que le fief retourne avec les charges & hypothéques créées par le vassal; parce que c'est plutôt par son fait & par sa volonté que par la foi du contrat; & que ce n'est qu'une reversion accidentelle, & non naturelle, qui ne peut priver de légitimes créanciers de leurs dettes & de leurs hypothéques.

11. Ce sentiment est fondé dans une grande raison d'équité : car, comme il y a plusieurs siecles que les fiefs sont réduits *ad instar* des autres biens, quant au pouvoir de les aliéner, & d'en disposer à volonté par ceux qui en sont propriétaires, & de les hypothéquer ; il y auroit, ce semble, de l'injustice de priver des créanciers qui ont contracté de bonne foi avec le débiteur de leurs créances, sous prétexte d'un droit qu'ils n'ont pu ni dû prévoir; d'autant plus que le seigneur dans le cas de la commise *certat de lucro captando*, & les créanciers *de damno vitando.*

12. La chose féodale ne se confisque au profit du seigneur féodal que dans les deux cas dont nous venons de parler, de félonie ou désaveu: tellement que, si par autre crime le vassal confisque ses biens, la chose tenue en fief est confisquée au seigneur haut justicier, en la justice duquel elle est située, comme il est dit dans notre art. & dans l'art. 66 du chap. 4 de la Cout. de Nivernois; ou au roi, ès cas auxquels la confiscation lui appartient, comme il est porté dans l'art. 19 du tit. 22 de la Cout. d'Auvergne : & la raison est, comme l'a remarqué Prohet, que le seigneur du fief n'a droit que dans les choses qui concernent la concession du fief, dans lesquelles seules il est intéressé, comme le cas de félonie & de désaveu; que les autres délits ne l'intéressent point, & sont de la connoissance seule de la justice, à laquelle il appartient de maintenir l'ordre & la police des loix, & de faire punir ceux qui y contreviennent par leurs délits; dans lesquels cas la confiscation appartient au seigneur justicier, selon qu'il est porté dans l'article 249, *suprà*.

ARTICLE CCCLXXXVII.

Le seigneur & vassal ne prescrivent.

LE SEIGNEUR féodal ne peut acquérir par prescription droit pétitoire ou possessoire contre son Vassal, de la chose mouvant de son Fief & mise en sa main par faute de foi & hommage non-faits, & dénombrement non-baillé. Et aussi le Vassal ne peut acquérir par prescription droit pétitoire ne possessoire contre son Seigneur, de la chose féodale dont il auroit été en demeure de faire la foi & hommage à son Seigneur féodal, sinon qu'en aucuns desdits cas il y eût contradiction, &, après icelle jouissance & paisible possession de trente ans, & quant à l'Eglise, de quarante ans.

1. LE seigneur féodal, aux termes du présent art. ne peut acquérir par droit de prescription le fief de son vassal, quelque temps qu'il en ait joui, faute de foi & hommage non-faits, & de dénombrement non donné : c'est aussi la disposition de la Coutume de Paris, art. 12 ; de celle d'Auvergne, titre 17, art. 12 ; de la Marche, art. 95 ; de Berry, titre 12, art. 3 ; de Nivernois, titre 4, art. 12 ; de Blois, art. 37, & autres. L'exclusion de la prescription en cette matiere vient non-seulement de la fidélité réciproque que le seigneur & le vassal se doivent, comme parle la Coutume de Berry, mais aussi de ce que la possession du seigneur a commencé par une saisie, qu'il ne sauroit jamais prescrire contre son titre ; & qu'il n'est dans cette jouissance qu'un simple dépositaire, qui ne peut violer la foi du dépôt.

2. Mais l'acquereur du seigneur, dit M. Claude Duplessis, qui a acquis & joui de bonne foi, quoique le seigneur fût en dol, ne laisse pas de prescrire comme tout autre ; sauf toutefois au vassal son recours contre son seigneur pour le prix de la chose, & les dommages-intérêts, dont l'action est imprescriptible à l'égard du seigneur, quoiqu'elle soit d'ailleurs prescrite pour un autre. C'est le raisonnement de M. Duplessis, sur la Coutume de Paris, traité *des héritages tenus en franc-aleu*, livre 2, chapitre premier.

3. Que si le seigneur ne posséde point *jure Feudi, sed jure Dominii*, qu'il jouisse du fief du vassal à titre particulier, comme lui appartenant, & en autre qualité que de seigneur féodal ; en ce cas il jouit du droit commun, & peut prescrire : car la maxime, que le seigneur féodal ne préscrit point contre son vassal, n'est vraie qu'au cas du présent article, dont la disposition est restreinte à la saisie féodale du fief, comme il paroît par ces mots dudit article, *mise en la main par faute de foi & hommage*, &c. & n'exclut pas la prescription introduite par l'article 23, *suprà*. Ainsi le seigneur, qui peut acquerir par vente le fief de son vassal, le peut également acquerir par prescription, s'il le posséde à titre particulier : *Quia non præscribit tanquam Dominus contrà Vassallum, sed tanquam extraneus contrà extraneum*. Telle est la disposition de la Coutume de Montargis, chapitre 1, article, 9 ; & l'observation de Dumoulin, dans sa note sur l'article 37 de la Coutume de Blois.

4. Comme le seigneur féodal ne peut, suivant notre article, acquerir le fief par prescription contre son vassal ; de même le vassal, ainsi qu'il est encore porté audit article, ne peut prescrire la foi & hommage contre son seigneur, quelque temps qu'il soit en demeure de la faire, si ce n'est dans le cas de l'exception y énoncée ; & c'est ce qui a été expliqué sur l'article 31, *suprà*, où il faut avoir recours.

ARTICLE CCCLXXXVIII.

Quand l'arriere-Fief est fait plein Fief.

QUAND aucun achete un Fief mouvant de lui, à cause d'un autre Fief qu'il tient & porte d'un autre Seigneur, ou achete & décharge aucun héritage tenu à cens ou rente fonciere mouvant de son Fief, il est tenu en faire la foi & hommage au Seigneur duquel meut son premier & principal Fief : Et ne sont plus tels Fiefs, cens ou rente fonciere, achetez, tenus en arriere-Fief, mais sont tenus en plein Fief du Seigneur, de qui le premier Fief est mouvant.

1. LA réunion, dont il est parlé dans notre article, se fait de plusieurs manieres.

2. La premiere, quand le propriétaire du fief acquiert le fief servant qui releve de lui, qui est un des cas exprimés dans notre article.

3. La seconde, quand le propriétaire d'un fief acquiert le fief dominant, dont il releve.

4. La troisieme, quand un seigneur de fief acquiert quelque héritage en sa censive, porté

de lui à cens ou rente fonciere, qui est un autre cas énoncé au présent article.

5. Et la quatrieme, quand le propriétaire de l'héritage censif acquiert le fief dont ledit héritage est mouvant.

6. Dans tous ces cas l'héritage servant se réunit, *ipso Jure*, à l'héritage dominant, & devient de même nature, selon qu'il résulte de notre article, de l'article 53 de la Coutume de Paris, de l'article 20 de celle d'Orléans, & 205 de celle de Sens. La raison est tirée de la maxime que, *Nemo sibi ipsi servire potest*; que les deux qualités de seigneur, & de sujet ou vassal, de créancier & débiteur, sont incompatibles en une même personne : joint d'ailleurs que *Res facilè redeunt ad primævam naturam;* que ces deux héritages étant originairement partis l'un de l'autre, ils se reprennent & se rejoignent, lorsqu'ils se retrouvent en une main ; & n'importe de quelle maniere soit l'acquisition qui fait la réunion, soit par contrat, soit par succession.

7. La réunion qui se fait dans ces cas, cause ouverture de fief, & est tenu l'acquéreur, à cause de sa nouvelle acquisition, en faire foi & hommage au seigneur dominant, comme il est dit dans notre article, & en l'article 50 de la Coutume de Melun.

8. La censive, ou l'arriere-fief reuni au fief, sont désormais du corps & du domaine du fief, & de même tenure envers le seigneur supérieur. Les rotures sont déchargées du cens ou de la rente, comme dit notre article, par l'acquisition qu'en a fait le seigneur du fief, dont elles étoient portées à cens ou à rente, & ne sont plus tenues en rotures, mais en fiiefs : les arriere-fiefs acquis ne sont plus de même tenus en arriere-fiefs, mais en plein-fiefs, du seigneur de qui le fief, auquel s'est faite la réunion, est mouvant, selon qu'il est encore dit dans notre article.

9. Il n'en est pas de même, quand le propriétaire de l'héritage censif acquiert le cens, ou la rente qu'il doit ; en ce cas il se fait à la vérité une extinction du cens ou de la rente, au moyen du rachat ou de l'acquisition qu'en fait le débiteur ; de maniere que le cens ne subsiste plus : mais tout ce qu'opere l'acquisition que le propriétaire de la terre censive fait du cens qu'elle doit, c'est qu'il libére sa terre qui par ce moyen devient un héritage allodial.

* Cette décision na souffre aucune difficulté dans le cas d'un cens, dont un héritage allodial a été chargé par l'aliénation ou concession qui en a été faite ; & nul doute qu'en ce cas le propriétaire de l'héritage, en rachetant le cens du seigneur direct, ne libere son héritage, qui au moyen de ce rachat recouvre sa premiere franchise & liberté, & redevient allodial comme auparavant.

M^e^. Guyot, qui dans son traité des fiefs, premiere partie, chapitre 5, distinction 17, nombre 2, édition 1738, rejette cette décision absolument, & sans aucune restriction ni reserve, n'a pas fait attention que dans notre Coutume un héritage allodial peut être chargé d'un cens dans l'aliénation qui en est faite par le propriétaire ; il tient pour maxime, que toutes les rotures sont des émanations de fief, ce qui est vrai dans la Coutume de Paris pour laquelle il écrit, où nulle terre sans seigneur ; mais qui ne l'est pas dans notre Coutume, qui est une Coutume allodiale, où nul seigneur sans titre ; la disposition de l'article 392 de cette Coutume, où il est dit, que la premiere rente constituée sur un héritage allodial, emporte droit de directe seigneurie & de lods & vente, est une preuve convaincante & démonstrative de ce que j'avance.

M^e^. Guyot, pour prouver que mon sentiment ne peut se soutenir, & qu'il a raison de n'y pas adhérer, dit qu'il contrarie formellement la disposition du présent article, qui porte : *Que quand un seigneur achete ou décharge un héritage à cens ou à rente fonciere, il est tenu à en faire la foi-hommage ;* d'où il conclut que cet héritage ne devient pas allodial, mais fief, partie du fief plein. Il me permettra de lui remontrer, que son raisonnement porte à faux, & que l'exposition qu'il fait de la disposition de la Coutume en cet article, n'est pas juste ; il ne s'agit point dans le présent article d'une acquisition ou rachat fait par le propriétaire d'un héritage censif du cens dû sur son héritage, & il n'y est point question du propriétaire de l'héritage tenu à cens ; mais bien d'un seigneur de fief, qui acquiert un sous-fief ou une roture qui releve de lui ; dans ce cas, qui est le seul dont parle l'article, il se fait une réunion de l'héritage acquis au fief du seigneur qui acquiert ; & comme l'effet de la réunion est de rendre la partie réunie au tout, de même nature & qualité que le tout, il s'ensuit que la roture acquise n'est plus tenue en roture, mais en fief ; que l'arriere-fief acquis n'est plus tenu en arriere-fief, mais en plein fief du seigneur dominant ; ce qui met le seigneur acquéreur dans la nécessité d'en faire la foi-hommage à son seigneur dominant, comme il est dit dans le présent article ; toutes choses que j'avoue, & dont je suis convenu ci-dessus au nombre huit ; ainsi c'est inutilement que M^e^. Guyot conclut contre ma décision, que l'héritage ne devient donc point allodial, mais fief, partie du fief plein, puisque je ne le dénie pas, & qu'au contraire tel est mon sentiment contenu & exposé dans ce nombre.

Si M^e^. Guyot eût voulu faire attention à ce que j'ai dit dans cet endroit, il eût connu, que selon moi, l'acquisition que le seigneur de fief fait de quelque héritage en sa censive, produit deux effets ; le premier, une extinction & décharge du cens ; le second, la réunion de la roture au fief, laquelle n'est plus tenue au moyen de cette réunion en roture, mais en fief.

Ce qui a pu l'induire en erreur, ce sont ces mots, *quand un seigneur achete ou décharge un héritage à cens*, qui se lisent dans son ouvrage, en l'endroit ci-dessus cité ; mais il a dû remarquer qu'il n'est pas dit dans le présent article, *achete ou décharge*, par une disjonctive, ainsi qu'il l'a écrit, mais *achete & décharge* par une conjonctive, ce qui fait connoître que la décharge de l'héritage tenu à cens, n'est que l'effet & l'accessoire de l'acquisition que le seigneur en a faite.

Il faut donc distinguer l'acquisition que le seigneur de fief fait d'un héritage en sa censive, de celle que le propriétaire d'un héritage censif, fait du cens dû par cet héritage; dans le premier cas, qui est le seul dont parle notre article, il y a extinction de cens & réunion; dans le second, sur lequel notre article ne s'explique pas, il n'y a qu'une simple extinction de cens, sans réunion, & l'héritage en ce cas devient allodial; c'est ainsi que je me suis expliqué ci-dessus aux nombres 8 & 9; & comme ma décision, en ce qui concerne le second cas, est générale, elle comprend le cens constitué sur un héritage allodial, ce qui est très-fréquent dans notre Coutume, qui est une Coutume allodiale, & le cens constitué sur un héritage émané d'un fief; ma décision, par rapport au rachat du cens constitué sur un héritage allodial, ne souffre point de difficulté, je l'ai démontré ci-dessus; il s'agit de prouver qu'elle n'en doit pas non plus souffrir au respect du cens constitué sur un héritage qui est une émanation du fief, & pour cela, il est à propos de se mettre en principes, & de remonter à l'origine des fiefs. Ce que je vais faire de la maniere qui suit.

Toutes choses ont été produites dans une véritable & parfaite liberté, tous les héritages sont originairement francs, libres, exempts de tous droits seigneuriaux, services & servitudes; les droits féodaux & seigneuriaux étoient inconnus dans les premiers temps, & doivent leur origine à la convention ou usurpation.

Mais comme il y a peu de Coutumes où les héritages soient demeurés en leur premiere & ancienne liberté, que les princes & les grands seigneurs se sont assujettis presque toutes les terres, & qu'ils les ont chargées de plusieurs droits, charges & redevances; cela est cause qu'on a distingué deux sortes de Coutumes, des Coutumes allodiales, & des Coutumes non allodiales.

En Coutumes allodiales la présomption est pour la liberté & franchise naturelle de tous les héritages, & tout héritage est présumé allodial, s'il n'est justifié du contraire. C'est au seigneur à prouver qu'il est tenu de lui en fief, censive ou autre devoir; & c'est une maxime reçue dans ces Coutumes, que *nul Seigneur sans titre*.

En Coutumes non allodiales, toutes les terres sont présumées sujettes à quelque devoir, & on y tient pour maxime que *nulle terre sans Seigneur*, ce qui fait que personne ne peut avoir franc-aleu s'il ne le justifie par titres.

La Coutume de Bourbonnois est une Coutume allodiale, comme il a été dit & prouvé en la préface du titre 28, & aux aditions à cette préface; chacun y est présumé posséder son héritage, selon le droit de nature, librement, franchement & allodialement, exempt de servitudes; les héritages y sont réputés allodiaux, s'il n'est prouvé du contraire, & en cela, ils different des fiefs & des rotures.

Les fiefs sont des héritages tenus & possédés à la charge de la foi-hommage, & de certains droits différens, suivant les dispositions différentes des Coutumes; ces droits & devoirs auxquels les fiefs sont sujets envers les seigneurs, sont des charges réelles & foncieres, & selon de savans commentateurs, des véritables servitudes, au respect de ceux qui les doivent, & ne sont des marques de seigneurie, que par rapport à ceux à qui ils sont dus, qui, pour ce sujet sont appellés seigneurs dominans, noms de supériorité, qui marquent la servitude de leurs vassaux; & un même fief, comme il a été dit ailleurs, est servant à l'égard de celui dont il releve, & dominant par rapport à celui qui en dépend, & tous les fiefs en France relevent du roi médiatement ou immédiatement.

Quant au cens dû par l'héritage roturier, c'est une prestation plus servile & plus dure que celle à laquelle le fief est assujetti, puisque celle-ci n'est due qu'aux mutations, & que la premiere est due chacun an.

Les fiefs sont composés de deux sortes de domaines; savoir, du domaine corporel, qui sont les maisons, héritages; & du domaine incorporel, qui sont tous les droits de seigneurie qui y sont annexés, tels que sont les droits de supériorité sur les vassaux qui relevent du fief, les droits de cens, banalités, &c. Ces droits de seigneurie ne sont pas attachés à la personne; mais ils le sont au fonds, c'est-à-dire au fief; ils en font partie, & ils le composent.

Les fiefs étant patrimoniaux & héréditaires, peuvent être vendus & aliénés par les vassaux, sans le consentement des seigneurs; mais comme nos Coutumes ont des dispositions particulieres touchant l'aliénation des fiefs, il les faut suivre. La disposition de notre Coutume, à cet égard, est générale & simple; elle porte en l'article 365: « Que les choses féodales, en » tout ou partie, peuvent être vendues, alié- » nées, & qu'on en peut prendre possession sans » licence & congé du seigueur. »

Cet article de Coutume ayant été rédigé sous l'autorité du roi, du consentement des trois états qui représentoient la province, sans aucune opposition, réserve ni restriction de la part des seigneurs, ni des commissaires, c'est une loi pour tous les seigneurs de la province indistinctement, par rapport aux héritages qui y sont situés, non-seulement pour ceux qui vivoient dans le temps de la rédaction ou réformation de la Coutume, mais encore pour tous leurs successeurs, représentans ou ayans droit; car il est constant que les Coutumes rédigées & réformées sous l'autorité du roi, suivant ses lettres patentes, par les commissaires

commissaires à ce par lui députés, lues & publiées en ses parlemens, & homologuées par les cours souveraines, sont des loix semblables aux autres loix du royaume, comme émanées de la même puissance & autorité souveraine, suivant lesquelles les rois veulent bien faire régler leurs intérêts.

Quand un seigneur de fief vend, selon qu'il lui est permis par la Coutume, un héritage faisant partie de son fief, en le donnant à cens; en ce cas, cet héritage désuni & détaché du fief, perd sa qualité féodale, & devient censuel & roturier. Le vassal, vendeur de cet héritage, qui en abdique la propriété utile par la vente qu'il en a faite, ne peut plus en faire la foi-hommage au seigneur dominant, parce qu'on ne porte pas la foi de ce qu'on ne posséde plus; de maniere qu'il ne peut & n'est tenu de faire la foi-hommage que de la seigneurie directe qu'il a retenue; car n'ayant aliéné cet héritage qu'à la charge d'un cens, qui est la marque de la seigneurie directe, il n'a abdiqué que la propriété utile, & a retenu la directe, qui représente la chose aliénée, qui en tient lieu, qui fait partie du fief, & qui est un droit réel, qui y est inhérent & attaché.

L'héritage féodal qui, par cette aliénation & désunion, a changé de nature, & a perdu sa qualité féodale, reprend cette qualité, & redevient féodal par sa réunion au fief dont il avoit été désuni, parce que redevenant, par sa réunion, partie du même fief & du même tout, il redevient de même nature & qualité que le tout, dont il fait partie.

Cette réunion se fait par l'acquisition que le seigneur de fief fait d'un héritage en sa censive, porté de lui à cens. Cette acquisition produit deux effets; le premier est une extinction de la mouvance censuelle, par la contradiction qu'il y a qu'une même personne soit créanciere & débitrice de soi-même; qu'un même fonds ait le droit d'exiger, & soit tenu & chargé de payer une même redevance. Le second effet est la réunion de l'héritage acquis au fief du seigneur qui acquiert, par la raison, comme il a été dit ci-dessus, que ces deux héritages ayant été désunis l'un de l'autre, ils se rejoignent & se réincorporent, pour faire comme auparavant un seul & même corps, lorsqu'ils se retrouvent en une même main; de maniere que l'héritage acquis est désormais regardé comme une partie du corps & du domaine du fief, & de même tenure envers le seigneur supérieur.

Cette réunion ne se trouve reconnue & décidée par notre Coutume, & par celle de Paris, que dans ce cas, savoir, dans l'espece d'un héritage roturier acquis par un seigneur de fief en sa censive; néanmoins on tient que la même réunion a lieu, par identité de raison, quand le propriétaire d'héritages roturiers acquiert le fief, en la censive duquel ils sont. C'est l'observation de Brodeau, en son commentaire sur l'article 53 de la Coutume de Paris, n. 10; & je l'ai ainsi décidé ci-dessus, nombres 5 & suiv. Ce qui n'a pas lieu en la Coutume de Bretagne, qui porte en l'article 356, que *quand le seigneur des terres roturieres acquiert le fief dont elles sont tenues, il ne se fait point de réunion au fief, & qu'elles demeurent roturieres comme auparavant;* mais cette distinction entre le seigneur de fief, acquereur d'héritages roturiers, & le propriétaire des terres en roture, acquereur du fief, pour le fait de la réunion, n'a point de lieu aux autres Coutumes, y ayant parité & identité de raison, suivant la disposition de droit, & des arrêts. Chopin, livre 1, *de Mor. Paris.* titre 2, nombre 25. C'est encore la remarque de Brodeau dans sa note sur ledit article 356 de la Coutume de Bretagne, rapportée dans le nouveau coutumier général.

Mais il n'en est pas de même de l'acquisition du cens ou de la seigneurie directe sans le fief, par le propriétaire des héritages dépendans de cette directe, & c'est ce que je me suis proposé de démontrer.

Dans le cas de cette acquisition, ce qui me paroît certain, & qui ne peut, selon moi, être contesté, c'est qu'il se fait une extinction de la directe & du cens sans réunion, & que l'héritage roturier est déchargé & libéré du cens, sans être réuni au fief.

1°. Il se fait une extinction du cens, deux raisons le démontrent. La premiere, c'est que le rachat que le propriétaire fait du cens dû par son héritage, n'est pas proprement une acquisition, mais une pure libération; que le propriétaire de l'héritage est présumé plutôt se libérer & se décharger, qu'acheter; & qu'enfin, prétendre qu'il ne se fait pas d'extinction, c'est détruire la nature & l'essence du rachat & amortissement, dont l'effet est d'éteindre quelque chose. La seconde raison, c'est que dès le moment du contrat, de quelque maniere qu'on le qualifie, de libération, ou d'acquisition, le propriétaire de l'héritage devenant créancier & débiteur de soi-même, cette confusion & le concours de deux qualités incompatibles en une même personne, produit nécessairement l'extinction du cens; car dans la confusion, comme le droit & l'obligation se réunissent & se confondent en une même personne, qui est seule obligée & créanciere, ils s'évanouissent par ce moyen, par la raison qu'une même personne ne peut se dévouer à elle-même.

2°. Il ne se fait pas de réunion, cela est clair; car quelle seroit cette réunion? elle ne peut pas être de l'héritage censif au fief, puisque le propriétaire de l'héritage censif n'acquiert pas le fief, & que ne l'acquérant pas, il ne peut pas y avoir de réunion, laquelle ne se fait que quand les deux héritages, le fief & la roture, se trouvent en une même main, & se rejoignent, & non quand ils restent désunis & séparés en deux mains différentes; elle ne peut pas non plus être de l'héritage censif à la seigneurie directe, puisque la directe & le cens sont éteints, comme il vient d'être prouvé, par l'acquisition qu'en fait le propriétaire de l'héritage censuel, & qu'une chose éteinte ne peut pas se réunir, que la réunion ne se fait pas d'une chose qui n'est plus, puisque le néant n'a aucune propriété & qualité, & que *non entis nullæ sunt qualitates*, comme le dit Delhommeau en ses maximes.

Me. Julien Brodeau, qui traite cette question dans son commentaire sur l'article 53 de la Coutume de Paris, nombre 10, & plus au long sur M. Louet, lettre F, sommaire 5, nombre 9, convient bien que par l'acquisition de la censive, dont l'héritage & l'acquereur sont chargés, cette censive demeure éteinte & amortie de plein droit, & que par conséquent il se fait extinction de la censive sans réunion; mais il tire de cette extinction & amortissement de la censive un argument, que par cet amortissement du cens l'héritage est devenu féodal; & voici quel est son raisonnement: « Par l'acquisition de la censive, dont l'héritage & l'acquereur étoient chargés, cette censive (dit-il) demeurant éteinte & amortie de plein droit, l'héritage est réputé de pareille nature & qualité qu'il étoit avant que d'être donné à cens, ou tel qu'il seroit s'il étoit sorti des mains du seigneur de fief sans la charge de ladite censive; car l'héritage, continue-t-il, ne peut être que censuel & roturier, allodial ou féodal. La premiere qualité, reprend-t-il, ne peut lui convenir, d'autant que l'acquereur ne peut pas devoir la censive à soi-même; il ne peut pas être de la seconde & être allodial, sans titre particulier, au préjudice du seigneur; il faut donc nécessairement, conclut-il, dire qu'il est féodal. » Tel est le raisonnement de Brodeau sur M. Louet, en l'endroit cité, édit. 1718, où il dit que cela a été ainsi jugé en termes précis & formels, par l'arrêt de Bragelonne, confirmatif d'une sentence des requêtes du palais, du 15 septembre 1599.

Mais ce raisonnement de Brodeau n'a de force & de vérité que dans une Coutume non allodiale; car voici tout le fort de ce raisonnement: l'héritage ne peut être regardé comme roturier, au moyen du rachat & de l'amortissement du cens, & il faut le regarder comme s'il n'avoit jamais été censuel. Dans ce cas, & cela supposé, il ne peut, dit Brodeau, être qu'allodial ou féodal, c'est la premiere proposition. Il ne peut être allodial sans titre, au préjudice du seigneur, c'est la seconde proposition. Il faut donc le regarder comme féodal, c'est la conclusion. Or, cette conclusion n'est & ne peut être véritable, qu'autant, & dans le cas où les deux propositions précédentes le sont & le peuvent être. La premiere proposition ne souffre pas de difficulté; mais comme la seconde n'est vraie que dans une Coutume non-allodiale, où le franc-aleu n'est pas admis sans titre, & où l'on tient pour maxime, que *nulle Terre sans Seigneur*; qu'elle ne l'est pas dans une Coutume allodiale qui admet les allodiaux sans titre, où l'on rejette la maxime *nulle Terre sans Seigneur*, & l'on tient la maxime opposée, *nul Seigneur sans titre*; j'ai eu raison de soutenir que le raisonnement de M. Julien Brodeau n'avoit pas lieu, ni de force dans une Coutume allodiale, telle que la nôtre.

Il faut donc raisonner dans notre Coutume, qui est une Coutume allodiale, autrement que Brodeau, & sur d'autres principes; & voici comment je le fais, en reprenant les principes ci-dessus établis:

L'héritage en question étoit originairement franc & libre de toute charge de féodalité & censive; dans la suite il est devenu féodal; il a perdu cette féodalité & est devenu une roture; il perd en dernier lieu sa qualité de roture. Affranchi de ces deux charges & servitudes qui lui avoient été imposées l'une après l'autre, il reprend sa premiere liberté & franchise, par la raison que *res facilè redeunt ad pristinam naturam*, que la féodalité & les cens sont des charges contraires à la nature & liberté primitive des héritages, & que le retour à la liberté est favorable.

Donnons plus de force & d'étendue à ce raisonnement, & disons: l'héritage qui étoit originairement franc & libre de toutes charges, est devenu, dans la suite, féodal; il a plu au seigneur de fief de le vendre & de le désunir du corps du fief, à la charge d'un cens. De cette façon, il a perdu sa qualité féodale, ne fait plus partie du fief, & est devenu une roture. Or, comme il ne peut reprendre sa qualité féodale qu'il a perdue, que par sa réunion au corps du fief dont il a été désuni, selon les principes ci-dessus établis, & qu'il ne se fait pas de réunion dans l'espece présente, ainsi qu'il a été prouvé; il reste à conclure qu'il n'est pas redevenu féodal, & par une conclusion subséquente, qu'ayant été affranchi en dernier lieu de sa roture par le rachat de la directe, il recouvre sa premiere franchise & liberté, & redevient allodial; & ce, avec d'autant plus de raison, que les charges de la féodalité & de la roture, qui lui avoient été successivement imposées, étant une fois éteintes, elles ne doivent plus revivre, conformément à la maxime, que *servitus semel extincta non reviviscit*.

Allons plus loin, & disons: le seigneur du fief qui a désuni cet héritage du corps du fief, & qu'il a vendu à la charge d'un cens, en a abdiqué la propriété utile, & n'a conservé que la directe au moyen du cens; mais cette directe seigneurie se peut perdre de deux manieres dans cette Coutume; savoir, par la prescription, puisque le cens y est prescriptible, & par la vente qu'il en peut faire au propriétaire de l'héritage censif. Dans le premier cas, le sentiment commun est que l'héritage devient allodial; car on admet dans cette Coutume, des allodiaux par prescription, comme on le fait dans la Coutume de Berry, selon Me. de la Thaumassiere, dans son traité du franc-aleu, chapitre 5. Cela étant, pourquoi ne le deviendroit-il pas dans le second cas, puisqu'il est indifférent pour l'affranchissement de l'héritage & le recouvrement de sa premiere liberté, de quelle maniere se perdent ladite directe & le cens dont il est chargé, par la voie de la prescription ou par celle du rachat, d'autant que la prescription est une maniere d'acquérir, & qu'elle fait présumer la vente?

Mais ce qui ne souffre pas de replique, c'est que toutes les Coutumes admettent le franc-aleu par titre, c'est-à-dire, par concession & affranchissement du seigneur, & que c'est le sentiment commun que l'héritage tenu en censive peut devenir franc-aleu, si le seigneur dont il releve, le décharge de tous devoirs & droits emportans directe seigneurie; d'où il résulte que, pour convaincre que l'héritage en question est un franc-aleu par titre, il suffit de prouver deux choses; la premiere, que le seigneur de fief l'a véritablement affranchi de tous devoirs seigneuriaux; & la seconde, qu'en cela il n'a fait que ce qu'il a pu, & n'a pas excédé son pouvoir.

Pour preuve de ma premiere proposition, il n'y a qu'à se rappeller ce qui vient d'être dit, & l'on verra que par l'aliénation que le seigneur de fief a faite de cet héritage à la charge du cens, il l'a désuni du fief, l'a par conséquent affranchi de la prestation de foi-hommage & mouvance féodale; mais qu'il l'a en même-temps assujetti à la mouvance censuelle & prestation d'un cens, assujettissement beaucoup plus servile que le premier; & que par la seconde, l'héritage a été déchargé du cens & mouvance censuelle, sans rétention de foi; de maniere que, par ces deux ventes, le seigneur de fief a abdiqué toute mouvance féodale & censuelle, s'est dépouillé de toute seigneurie utile & directe sur cet héritage, lequel, à ce moyen, est devenu allodial par titre.

Il reste à prouver qu'en cela le seigneur de fief n'a pas excédé son pouvoir, & j'ai pour cela le sentiment commun des auteurs, & la disposition de notre Coutume. « Le seigneur » du territoire, dit Duplessis, est capable de » concéder en franc-aleu, sans réserve de droit » quelconque féodal & censuel. L'avis opposé » de Bacquet, ajoute-t-il, se trouve combattu » par tant d'avis contraires, que cette vérité » doit passer pour constante. » Duplessis, sur la Coutume de Paris, traité des héritages tenus en franc-aleu, liv. 2, chap. 1, à la fin. Brodeau en dit autant sur M. Louet, lett. C, somm. 21, nomb. 23, à la fin. M^e^. de la Thaumassiere, en son traité du franc-aleu, chap. 4, dit que pour le franc-aleu par titre, il suffit de rapporter l'affranchissement du seigneur en la censive duquel l'héritage est situé.

Quant à la Coutume, sa disposition est précise & formelle, comme il a été dit en l'article 365. Suivant la disposition de cet article, le seigneur de fief peut vendre & amortir les cens & rentes dépendans de son fief, & affranchir par conséquent les héritages relevans de sa mouvance censuelle, tenus & chargés de ces redevances annuelles & seigneuriales; & comme en cela il ne fait qu'user du pouvoir que lui donne la Coutume, il est réputé le faire du consentement du seigneur dominant, qui a consenti à la disposition contenue en cet art. de la Coutume, puisque, comme il a été dit, cette disposition a été rédigée du consentement des trois états, sans opposition ni réserve; car dès que le seigneur dominant a consenti à la disposition de cet article de Cout. il est censé approuver toutes les aliénations & dispositions que le seigneur du fief servant fait en conséquence & conformité du pouvoir qui lui est accordé par la Coutume; d'où il suit que le vassal, en vendant le cens à lui dû sur l'héritage censif, n'ayant fait qu'user de son droit, il n'a pas fait tort au seigneur dominant; car qui use de son droit ne fait tort à personne, dit la loi, 5. ff. *de Reg. Jurif.* joint à cela que l'intérêt du seigneur dominant est très-éloigné & très-médiocre dans cette Coutume, dans laquelle le vassal ne doit simplement que la foi-hommage.

ARTICLE CCCLXXXIX.

TOUTEFOIS ledit Fief ou rente ainsi acquis, peut être de rechef aliéné par ledit acquéreur, ou les siens, retenu à lui le Fief en la qualité qu'il étoit auparavant.

L'arriere-Fief uni au Fief se peut démembrer.

LA raison de la disposition de la Coutume, au présent article, se tire de ce que *Unusquisque est rei suæ moderator & arbiter*; que les fiefs étant entrés dans le commerce, ainsi que les autres biens, les propriétaires peuvent en disposer comme bon leur semble; & que s'ils peuvent vendre tout le fief, à plus forte raison peuvent-ils aliéner la partie qu'ils ont acquise.

ARTICLE CCCXC.

Si autre que Monseigneur le Duc acquiert chose au Fief de son Vassal, tenu en arriere-Fief de lui, il est tenu en faire la foi & hommage au Seigneur féodal : Et au regard de mondit Seigneur le Duc, il pourra, pour ce faire, bailler homme vivant, mourant & confisquant.

1. Quand un seigneur de fief acquiert quelque chose au fief de son vassal, qui relève dudit vassal, sa qualité de seigneur & suzerain ne le dispense pas, selon qu'il est rapporté au présent article, d'en faire la foi & hommage au seigneur féodal.

2. Avant la nouvelle Coutume, personne dans cette province n'étoit dispensé de cette obligation, pas même monseigneur le Duc du Bourbonnois ; c'est ce qui paroît par le procès verbal de la Coutume, sur notre article : mais dans le temps de la rédaction de la nouvelle Coutume il fut accordé, du consentement des trois états, qu'au regard de mondit seigneur le Duc il pourroit pour cela bailler homme vivant, mourant & confiscant, ainsi qu'il est porté en notre article. Aujourd'hui que le roi a succédé à monseigneur le Duc, cela ne s'observe pas.

3. A la vérité c'étoit l'usage autrefois, que quand il échéoit des fiefs au roi, qui relevoient de quelques-uns de ses sujets, il en faisoit faire la foi par un gentilhomme qu'il commettoit : mais, comme on a jugé cet établissement indigne de la majesté royale, les ordonnances ont établi qu'en ce cas le roi mettroit les fiefs à lui échus hors de ses mains dans l'an ; ou que, s'il vouloit le retenir, il éteindroit la mouvance par une récompense convenable au seigneur.

4. Il n'y a donc aujourd'hui que les gens d'église, & autres gens de main-morte, qui, pour les acquisitions par eux faites, donnent l'homme vivant & mourant, ou payent le droit d'indemnité ; & pour en savoir la raison, il faut prendre la chose dans son origine.

5. Par les anciennes loix du royaume, l'église & les gens de main-morte ne pouvoient acquérir ni posséder aucuns héritages, & s'ils en acquéroient, on pouvoit les obliger d'en vuider leurs mains dans l'an & jour, ainsi qu'il est porté par les ordonnances & par nos Coutumes. C'est la disposition expresse de plusieurs Cout. de celle de Berry, tit. 5, art. 53 & 54 ; de Valois, art. 24 ; de Châlons, art. 208 & 209 ; de Sens, art 5 ; de Tours, art. 103 ; d'Orléans, art. 40 & 41, & autres. Tel étoit l'usage, & ainsi se pratiquoit anciennement dans cette province, comme il paroît par les cinq articles couchés au titre *des Droits seigneuriaux*, & rapportés dans le procès-verbal de la nouvelle Coutume, après l'art. 344, dans les termes qui suivent.

6. *Article premier.* « Si gens d'église, con- » frairies, communautés, abbés, prieurs, » couvents, colleges & autres main-mortes » acquierent & leur adviennent aucuns héri- » tages ou chevances, à quelque titre que ce » soit, en la terre du haut-justicier, ledit haut- » justicier les peut contraindre de vuider leurs » mains dedans l'an & jour, à compter du » jour du commandement ; & à défaut de ce » faire, iceux appellés & ouis, les peut faire » appliquer à son domaine. »

7. *Article second.* « Et si dedans ladite haute » justice y a aucun héritage tenu en fief, ou » direct d'autrui, par lesdits gens d'église, » communauté ou main-morte ; ledit seigneur » haut-justicier, à la requête du seigneur féo- » dal ou direct, doit contraindre lesdits gens » d'église ou main-morte d'en vuider leurs » mains au profit dudit seigneur censier. »

8. *Article troisieme.* « Gens d'église, com- » munautés, colleges, luminaires, confrairies, » & autres semblables, si au profit de leurs » églises, communautés & colleges, acquie- » rent ou à eux adviennent par confiscation, » mortaille, dédication, ou autrement, héri- » tages tenus en fief, peuvent être contraints » par les seigneurs féodaux à vuider leurs mains » de la chose ainsi acquise ou à iceux advenue, » dans l'an, à compter du jour du comman- » dement de ce faire ; & à faute d'y obéir, » pourront lesdits seigneurs féodaux, ledit an » passé, jouir desdits héritages & faire les » fruits leurs, jusqu'à ce que les héritages » soient aliénés à personnes capables. »

9. *Article quatrieme.* « Si chose féodale ou re- » devable de cens, ou autres devoirs annuels, » avoit été possédée par gens d'église, con- » frairies, communautés, ou autres main- » mortes, par quarante ans, sans ce que les » seigneurs justiciers, féodaux, ou directs, » les eussent saisis ou interpellés d'en vuider » leurs mains, lesdits seigneurs ne sont plus » reçus à ce faire ; mais sont lesd. mains-mortes » tenues à payer indemnité, qui est la sixieme » partie des deniers de l'acquêt, ou la sixie- » me partie de la valeur des choses acquises, » ou il n'y aura eu deniers baillés, ou prendre » le revenu dudit héritage durant six années » pour l'indemnité, au choix du seigneur féo- » dal ou direct : mais, si le seigneur du fief » ou censivier ayant pouvoir de lui, avoit reçu » desdits gens d'église ou main-morte lods & » ventes de telles choses féodales ou redeva- » bles de cens, ou autres devoirs par eux pos- » sédés ; le seigneur ne sera après recevable » d'en faire vuider les mains auxdits gens » d'église ou main-morte, & pourra seulement » demander

» demander son indemnité. Mais, si ledit seigneur, ou son receveur, recevoit les droits & devoirs ordinaires, telle réception de devoir ou rente de tels acquêts n'empêche ladite saisie & l'indemnité, ni l'effet d'icelle, pour quelque temps que la chose sujette à icelle soit détenue ; & ne se prescrit point, sinon qu'il y ait temps immémorial. »

10. *Article cinquieme.* « Les seigneurs suzerains & supérieurs peuvent user desdits droits sur les choses tenues en fief, ou cens de leurs vassaux, dedans le temps dessus dit respectivement, quand les vassaux sont négligens de ce faire, pour interrompre la prescription desdits gens d'église. »

11. Les raisons pour lesquelles il n'étoit pas permis par les ordonnances & les Coutumes aux ecclésiastiques & gens de main-morte d'acquérir des immeubles, & qu'on pouvoit, quand ils en avoient acquis, les contraindre de les mettre hors leurs mains, sont rapportées par Bacquet, dans son traité *du droit d'amortissement*, chapitre 25 ; & la principale, selon lui, est que les gens d'église, communautés, & autres gens de main-morte, ne peuvent posséder héritages, soit féodaux ou roturiers, sans l'évidente perte, préjudice & dommage, tant du roi, que des seigneurs hauts-justiciers féodaux & censiers ; parce que n'étant pas permis aux gens de main-morte de vendre, échanger, donner, ni autrement aliéner les héritages à eux appartenans & ne mourans point, le roi & les seigneurs hauts-justiciers, féodaux & censiers, sont entiérement privés de leurs droits seigneuriaux & féodaux, & ne peuvent à l'avenir prendre ni percevoir aucun droit de déshérence, confiscation.... lods & ventes, saisines & amendes, ni autrement réunir les fiefs mouvans d'eux, par retrait féodal ou autrement, comme ils feroient si les héritages étoient ès mains des particuliers, francs & libres, qui peuvent chacun jour vendre, échanger, donner, ou autrement aliéner leurs héritages, & décéder sans héritiers ; & quant aux héritages allodiaux appartenans à gens de main-morte, les seigneurs hauts-justiciers sont privés des droits & profits de confiscation & déshérence, qui leur pourroient avenir en iceux héritages, s'ils étoient ès mains des laïcs & particuliers.

12. Cette incapacité en la personne des gens de main-morte, de posséder des immeubles, cesse & est levée dès qu'ils ont obtenu du roi des lettres d'amortissement, l'effet de ces lettres étant de rendre les gens de main-morte capables de posséder des immeubles ; tellement que l'amortissement n'est autre chose que la permission ou dispense que le roi accorde aux gens de main-morte de posséder héritages en France, en toute propriété, & sans qu'ils puissent être contraints d'en vuider leurs mains, nonobstant les ordonnances & les Coutumes : & la finance que l'on paye au roi pour telle concession, se nomme aussi *amortissement*.

13. Quand le droit d'amortissement est une fois payé, les gens de main-morte ne peuvent donc plus être contraints à vuider leurs mains, soit par le roi, soit par les seigneurs ; tel est le sentiment commun. A la vérité M. Dumoulin est de sentiment contraire, & soutient que l'amortissement accordé par le roi n'empêche pas que le seigneur ne puisse obliger les gens de main-morte à vuider leurs mains : mais son sentiment n'est pas suivi. La raison est que, si cette grace de sa majesté intéresse les seigneurs justiciers, féodaux & censiers, en ce qu'ils se voyent privés des droits qu'ils pouvoient espérer si les héritages eussent restés entre d'autres mains, on leur en accorde aussi d'autres pour les récompenser, & que cette récompense les met entiérement hors d'intérêt ; de maniere qu'ils n'ont point de cause légitime, pour empêcher l'effet de la grace du prince : & c'est la raison dont se servirent M^rs. les commissaires, dans le temps de la rédaction de notre Coutume, pour différer de faire la publication desdits cinq articles, ainsi qu'il paroît par le procès verbal de la Coutume. *Nous avons*, disent M^rs. les commissaires, *différé de faire la publication desdits articles, parce qu'ils faisoient mention des francs & nouveaux acquêts, esquels par ordonnance du roi il étoit suffisamment pourvu ; & que ne sont choses esquelles Coutume se puisse introduire au préjudice du roi, ni contre ses droits.*

14. Les Coutumes ne s'accordent pas sur la récompense qui est due aux seigneurs par les gens de main-morte, pour acquisitions par eux faites, & amorties par le roi. Dans les Coutumes, comme celle-ci, & dans le pays de droit écrit, où les fiefs sont simplement d'honneur & ne doivent que la bouche & les mains, il n'est pour iceux dû au seigneur ni homme vivant & mourant, ni indemnité, selon Henrys, tom. 1, liv. 3, chap. 1, qu. 3 : il n'est pas dû d'indemnité, puisque, pour ces sortes d'héritages il n'est dû en toutes mutations aucun profit au seigneur ; il n'est pas dû non plus d'homme vivant & mourant, puisqu'il n'y a aucun inconvénient ni obstacle que les gens de main-morte rendent l'hommage, qui ne consiste qu'en une simple déférence & protestation d'honneur. Toutefois M. Bretonnier, dans ses observations, *ibid.* remarque que, quoique dans les provinces de droit écrit, ressortissans au parlement de Paris, les fiefs ne produisent aucun profit, néanmoins le seigneur peut contraindre les ecclésiastiques de lui donner homme vivant & mourant.

15. Si l'héritage est allodial, il n'est dû aucune indemnité ; puisque le franc-aleu est un héritage libre, qui ne dépend d'aucun seigneur, ni en fief, ni en censive. La Cout. d'Auxerre, art. 9, en contient une disposition précise.

16. Mais pour les choses tenues en censive, & acquises par les gens de main-morte, il est dû le droit d'indemnité, & non l'homme vivant & mourant ; tel est le sentiment commun, & les auteurs paroissent assez d'accord sur cela. La raison qu'ils en donnent, c'est que pour les

rotures il n'est dû, par nos Coutumes, que le droit de lods & ventes, en cas de vente seulement, & non dans les mutations par mort. Il ne seroit pas raisonnable, dit Bacquet, que par le décès de chacun homme, qui auroit été baillé par les gens de main-morte pour homme vivant & mourant, il fût dû profit consistant au revenu d'une année de l'héritage roturier, ou paiement de lods & ventes, comme s'il étoit vendu; & ce seroit chose bien dure, ajoute-t-il, que de payer lods & ventes par le décès de l'homme vivant & mourant, baillé au seigneur censier, vu que les seigneurs censiviers ne peuvent avoir lods & ventes qu'en un seul cas, qui est celui de la vente....... Pourquoi il conclut que les seigneurs censiers doivent seulement demander l'indemnité.

17. Mais, s'il y a eu convention contraire entre le seigneur censivier & les gens de main-morte, lors de l'acquisition, par laquelle les seigneurs & les acquéreurs de main-morte ayent changé ce droit d'indemnité en la soumission de donner homme vivant & mourant, à chacun décès duquel il fût dû des profits: en ce cas, dit Bacquet, il faut tenir la convention; ainsi fut jugé par le prévôt de Paris, le 19 août 1581; & la sentence fut confirmée par arrêt d'acquiescement, du 28 novembre 1583: l'arrêt est rapporté par Bacquet, en son traité *du Droit d'amortissement*, chap. 54. La même chose a été jugée en cette Sénéchaussée, à mon rapport, le 4 juin 1727, entre les dames religieuses Bernardines de cette ville de Moulins, & Chrétien, seigneur de Secanges, Brialles, & autres terres.

* Les dames religieuses Bernardines de cette ville de Moulins, en 1661 reconnurent tenir du sieur Chrétien, seigneur de Secanges, deux pieces de terres sous un certain cens & une certaine rente; & il étoit dit dans l'acte à la fin d'icelui, que parce que lesdites terres sont tombées en main-morte, & qu'il n'y a plus d'espérance d'aucuns lods & ventes, lesdites dames ont nommé pour homme vivant & mourant la personne de Jacques Bergier, à la mort duquel elles promettent, tant pour elles que pour leurs successeurs, de payer audit seigneur les simples lods & ventes, suivant l'évaluation qui en seroit faite par arbitres ou amis communs lors du décès, après lequel décès elles seront tenues d'en nommer un autre, & ainsi consécutivement à perpétuité; ce qui fut accepté par ledit seigneur, pour lui & les siens.

Jacques Bergier étant décédé en 1718, les dames paierent 92 livres de lods, nommerent pour homme vivant & mourant Jacques Barbe, reconnurent de nouveau le cens, & non la rente, qui étoit apparemment rachetée; & à la fin de l'acte s'obligerent de payer au décès dudit Barbe simples lods, & ainsi à continuer à perpétuité: Barbe étant décédé en 1721, elles refuserent de payer les lods, & de nommer un autre homme vivant & mourant, mais elles y furent condamnées par sentence de cette Sénéchaussée, du 30 juin 1722, & par une autre sentence du 18 avril 1723 elles furent condamnées à payer pour lesdits lods la somme de 100 livres. Sentences qui furent exécutées; & en conséquence elles nommerent par acte du 13 mai 1723, pour homme vivant & mourant, Claude Tridon, âgé de dix ans, qui mourut le 6 octobre 1724.

Après son décès, les dames religieuses refuserent de payer les lods, & de nommer un autre homme vivant & mourant; elles firent offres du droit d'indemnité, & pour icelui le sixieme denier de la valeur des héritages; soutinrent que les actes ci-dessus devoient être restreints aux cas pour lesquels ils avoient été consentis, & aux affaires terminées; qu'ils ne produisoient pas d'obligation pour l'avenir; que l'obligation tirée desdits actes pour l'avenir ne pouvoit subsister, étant consentie pour chose non due; que c'étoit une charge qui n'avoit point de fondement, ni dans le titre de concession des héritages, ni dans la Coutume, & qui ne pouvoit être regardée que comme une exaction; que telle convention ne produisoit pas d'obligation, & qu'il n'étoit pas nécessaire de prendre des lettres contre tels actes, nuls d'eux-mêmes: toutefois elles prirent des lettres le mois d'avril 1727, après l'appointement, & dans le temps que j'étois prêt de rapporter.

Par sentence qui intervint à mon rapport le 4 juin 1727, sans avoir égard à leur demande en entérinement de lettres, dont elles furent déboutées, on les condamna conformément auxdits actes, & à leur convention de donner homme vivant & mourant, au lieu & place de Claude Tridon, & de payer les simples lods à dire d'experts, & aux dépens.

Il passa aux opinions que la convention avoit été faite pour chose due, savoir, pour la récompense due au seigneur; & on dit qu'à la vérité on avoit porté trop haut cette récompense, en quoi les dames Bernardines étoient lésées: mais on ne crut pas qu'elles fussent dans le temps des lettres après un espace de plus de 60 ans, contre des actes réitérés, exécutés & autorisés par sentences pareillement exécutées.

18. Le droit d'indemnité se trouve fixé dans le quatrieme article ci-dessus rapporté, à la sixieme partie des deniers de l'acquisition: ou s'il n'y a point eu de deniers baillés, à la sixieme portion de la valeur des choses acquises, ou enfin au revenu de l'héritage pendant six années: & cette fixation doit être suivie; d'autant que si la publication des cinq articles ci-dessus n'a pas été faite, ce n'est que par rapport aux droits du roi, ainsi qu'il est dit dans le procès-verbal: de maniere qu'en tout ce qu'ils contiennent, qui n'intéresse point le roi, ils doivent être suivis, & on doit s'y conformer.

19. Le seigneur qui a reçu les droits ordinaires sans protestation, peut encore demander

le droit d'indemnité, s'il n'est pas prescrit. C'est la disposition de l'article quatrieme des cinq ci-dessus rapportés; & la raison est que ce sont deux droits différens, dont l'un ne fait pas préjudice à l'autre, dit M. Dumoulin, sur l'article 51 de la Coutume de Paris, glose 2, nombre 70.

20. Le seigneur haut-justicier, dans la justice duquel les fonds sont situés, doit aussi être indemnisé; parce que si le seigneur censier est privé des profits qui peuvent écheoir, le seigneur haut-justicier l'est aussi des profits de sa justice qu'il pourroit avoir; savoir, de confiscation, de bâtardise & de déshérence. Le parlement de Paris, par son arrêt de réglement du 8 mai 1692, a fixé ce droit d'indemnité à la dixieme partie dans la somme à payer pour le droit d'indemnité au seigneur censier, quand la censive & la justice n'appartiennent pas à la même personne; laquelle portion pourra encore être diminuée, en cas que les dispositions des Coutumes & des circonstances particulieres rendissent cette diminution nécessaire.

ARTICLE CCCXCI.

De plusieurs Seigneurs d'un même Fief.

SI plusieurs sont Seigneurs communs & par indivis d'un Fief, & que les portions soient entr'eux inégales, le Vassal peut faire hommage à celui qui a la plus grande portion, tant pour lui que pour les autres Seigneurs dudit Fief: mais si lesdites portions sont égales entre freres & enfans, ledit Vassal est quitte, en faisant la foi-hommage à l'aîné; & s'ils sont autres que freres, enfans ou cohéritiers par commun, il suffit le Vassal soi transporter au lieu ou place dont dépend ledit Fief, & illec faire les foi & hommage à celui des Co-Seigneurs féodaux qui se trouvera sur le lieu; & en leur absence, à la porte du Château, maison, place ou lieu dont meut ledit Fief; & à faute de ce, à la personne de l'un de leurs Officiers, Procureurs ou Négociateurs, comme dessus est dit.

1. LA Coutume d'Auvergne, titre 22, articles 42, 43 & 44; celle de la Marche, articles 203, 204 & 205; de Nivernois, chapitre 4, articles 45 & 46, & de Berry, titre 5, articles 20 & 21, contiennent une disposition semblable.

2. Suivant ces Coutumes, & la nôtre au présent article, quand le fief dominant appartient à plusieurs seigneurs, le vassal n'est point tenu de faire la foi & hommage à tous; & il suffit de la faire à l'un d'eux: & cette décision est très-juridique, n'étant pas juste que par la division du fief dominant, la condition du vassal soit empirée par l'augmentation de nouvelles charges; ce qui arriveroit, s'il étoit contraint de faire autant d'actes de foi & hommage, qu'il y a de seigneurs du fief dominant, par indivis.

3. Pour savoir auquel de ces seigneurs on doit faire la foi & hommage, il faut suivre les distinctions que fait notre Coutume. Elle décide que l'on doit considérer plutôt les portions du fief dominant, que la qualité de l'aîné; & que la foi-hommage doit être faite à celui qui aura la plus grande portion du fief dominant: ce qui doit être entendu, dit Basmaison, eu égard, non pas à la valeur, estimation ou étendue, mais à la noblesse du lieu; de maniere que, si le château, maison forte, place ou manoir vient à l'un des co-héritiers du seigneur féodal, & à l'autre les terres, champarts, fonds & chevances, le vassal fera la foi & hommage à celui auquel sera échu le manoir, qui donne le nom au fief dominant où elle doit être faite. Car il y auroit trop d'inconvénient, ajoute Basmaison, d'engager le vassal de s'enquérir de la plus value des lods, ou d'arpenter l'étendue des portions des co-héritiers.

4. Que si les portions sont égales, & que les co-seigneurs soient freres, la foi-hommage est valable, étant faite à l'aîné; & s'ils ne sont freres, il suffit qu'elle soit faite à l'un d'eux, au nom de tous, au principal manoir ou lieu seigneurial du fief; le tout, comme il est dit dans le présent article.

TITRE VINGT-HUITIEME.

Des Censives & Droits de directe Seigneurie.

1. TOut héritage est de sa nature franc & libre de toutes charges & servitudes; ce qui s'appelle *allodial*, ou *héritage en franc-aleu*.

2. Le franc-aleu est un héritage qui ne dépend d'aucun seigneur, ni en fief, ni en censive; qui ne doit ni foi, ni devoirs seigneuriaux.

3. Nous avons en France trois especes de franc-aleu. La premiere espece est un franc-aleu de nature, *Sunt bona quæ nunquam servitutem servierunt*; la seconde espece est un franc-aleu par concession & par privilége spécial, quand le seigneur affranchit & décharge une terre de toutes servitudes & redevances; & la troisieme espece est un franc-aleu par prescription de cens, & autres devoirs annuels dus par l'héritage.

4. Cette Coutume est une Coutume allodiale; les héritages y sont présumés francs & tenus pour tels, s'il n'appert du contraire. C'est au seigneur féodal qui prétend que tel héritage est dans sa mouvance féodale, de le justifier par aveu, dénombrement, & autres titres de la tenure du fief; & au seigneur censier, de prouver sa censive par le titre primitif & originaire de la constitution du cens, qui est la concession de l'héritage, à la charge de telle redevance, ou par autres titres équipollens: car, dès que sa qualité de seigneur lui est contestée, c'est à lui à l'établir, dit M. le président Duret: *Si negetur, se dominum præstare debet*, dit-il, *& pro regulâ est, ut allegans qualitatem super quam jus suum fundat, si pro eo non est præsumptio, qualitatem probare teneatur, sive sit actor, sive sit reus.* M. François Menudel en dit autant; & il a été ainsi jugé, ajoute-t-il, en cette Sénéchaussée, le 29 avril 1643, pour Auzay, contre le sieur de Villebouche.

5. C'est par cette raison que le seigneur censier est obligé d'instruire le censitaire, en lui donnant copie des reconnoissances de ses auteurs, & en désignant les héritages par vieux & nouveaux confins; & à défaut par le seigneur qui prétend qu'un tel héritage est sujet à sa censive, de l'établir, l'héritage est présumé libre & allodial.

6. Les propriétaires des terres allodiales peuvent les aliéner, à la charge de quelque redevance annuelle, perpétuelle & non-rachetable, & d'autres droits & servitudes; par la raison que le propriétaire d'un héritage franc est le maître de l'aliéner, & d'en disposer à telles charges & conditions qu'il lui plaît.

7. Les Romains & autres conquérans, ne pouvant conserver toutes les terres conquises, les laissoient aux vaincus, à la charge d'un tribut annuel. A leur exemple, les seigneurs particuliers, qui avoient une trop grande étendue de domaines, donnoient une partie de leurs terres à différens particuliers, pour les cultiver & en jouir à perpétuité, en payant par chacun an le cens qui étoit marqué dans le titre de concession. Dans la suite, les particuliers ont fait entr'eux les mêmes conventions; & on a introduit les baux à cens & rentes, qui sont si fréquens aujourd'hui.

* D'autres expliquent autrement l'origine des cens. Mais de quelque maniere que les cens & droits seigneuriaux ayent été établis; ce qui est sûr, c'est que dans cette province il y a beaucoup d'héritages qui ont conservé leur premiere & ancienne franchise & liberté, ainsi que l'ont reconnu les rédacteurs de la Coutume; desorte que, comme il a été dit, notre Coutume est une Coutume allodiale, & cette allodialité est marquée & reconnue en termes exprès, en quatre articles de la Coutume, & par induction dans une autre.

Elle est marquée dans l'article suivant 392, où il est parlé de la premiere rente fonciere, constituée sur un héritage allodial; elle l'est aussi dans les articles 209, des donations, & 422, des retraits, où dans l'un & dans l'autre les formalités prescrites pour la prise de possession des terres allodiales, sont distinguées de celles qui sont requises pour les héritages en fief & en censive; elle l'est encore au titre 36, de le maniere de faire assiette, où il est dit qu'il y a des héritages qui ne dépendent d'aucuns seigneurs, & sont francs & quittes de cens & rentes; & il est à observer que dans ces quatre articles de la Coutume, il y est parlé de l'allodialité des héritages, comme d'une liberté & franchise, de tout temps reconnue dans la province, & par conséquent avant la rédaction de la Coutume. C'est l'observation qui a été faite dans un mémoire qui m'a été communiqué par M. Charbon, doyen des avocats de cette ville de Moulins, d'un mérite universellement reconnu.

L'allodialité des héritages se tire encore par induction de l'article 22 de la Coutume, par lequel la prescription des cens & autres devoirs annuels est établie par l'espace de trente ou quarante ans; au moyen de laquelle, dit le mémoire, l'héritage ci-devant censuel devient allodial, acquiert & recouvre son ancienne & premiere liberté & franchise.

Il y a de cette maniere trois natures ou sortes d'héritages dans notre Coutume; les fiefs, les terres en censive & en roture, & les allodiaux. Il n'y a pas de titre pour les allodiaux, & le présent titre ne regarde que les censives.

8. Les droits des seigneurs censiers & directs, pour le paiement des cens & exhibition de titres, paiement de lods & ventes, ensemble les obligations des censitaires, sont expliqués en ce titre; & il y est aussi parlé du déguerpissement, par lequel le censitaire est reçu à quitter l'héritage, pour se libérer de la prestation du cens.

9. Ce titre est composé de trente articles, depuis & y compris l'article 392, jusques & y compris l'article 421.

10. Il y a dans l'ancienne Coutume un titre *des Fiefs & Censives*, composé d'onze articles. C'est le titre premier.

ARTICLE CCCXCII.

ARTICLE CCCXCII.

LA premiere rente, constituée sur aucun héritage allodial, s'appelle rente fonciere, & emporte Droit de directe Seigneurie, & de lods & ventes. De rente fonciere & propriété d'icelle.

1. LA rente constituée sur un héritage allodial, qui est qualifiée par notre article cens & rente seigneuriale, est une rente constituée par l'aliénation ou concession de l'héritage allodial, & non une simple rente constituée à prix d'argent sur l'héritage allodial : c'est l'observation de M. Dumoulin sur le présent article, & après lui de M. le président Duret, sur le mot CONSTITUÉE. *In concessione fundi*, dit M. Duret, *non item si emptitia sit & pretio nummario, vel alio pecuniæ vicem gerente constituta; hæc enim dominium directum non habet..... Ergò consequens est ut, quod hìc traditur, in eâ constitutione tantùm obtineat quæ verè fundaria est, videlicèt conventa in traditione fundi, vel donatione, legato, permutatione, & cæteris hujusmodi titulis concepta.... non etiam in aliâ quæ pecunia recepta.... à recipiente super suis prædiis quasi hypothecæ subjectis assignatur: nimirùm hujusmodi pecuniaria constitutio vulgaris personam magis quàm prædia respicit, & multùm odiosa est.... Porrò satis palam est in hac specie, non in recognitione superioritatis & directi dominii, sed pro modo & intuitu pecuniæ receptæ annuum reditum præstari.* M. Duret, *hìc.*

2. M. Louis Semin a fait la même remarque: *Directum dominium*, dit-il, *nummo comparari non potest, etsi id conventum fuerit, nihilominùs reditus erit redimibilis..... licèt articulo 418 videatur induci contrarium.* M. Louis Semin, *hìc.*

3. Quoique la rente soit constituée sur l'héritage allodial par l'aliénation du fonds ou bail d'héritage, si toutefois elle est rachetable à prix d'argent, & qu'elle égale presque la valeur des fruits; elle n'est regardée dans cette province, que comme une simple rente, & non comme une rente seigneuriale, qui emporte droit de lods & ventes. *Planè si in concessione fundi*, dit M. le président Duret, *ab accipiente super eo datori constituatur reditus grandis, ferè prædium æquans, isque redimibilis pretio.... talis reditus usu in Boïâ recepto, ut simplex observatur, & Jura dominicalia, ut sunt laudimia, non habet.* M. Duret, *hìc.* M. Genin, pere, a fait la même remarque.

4. De cette maniere le cens est la premiere rente ou redevance fonciere & perpétuelle par chacun an, dont l'héritage allodial a été chargé par l'aliénation, ou concession qui en a été faite; d'où se suit que le cens, que l'on paye au seigneur censier, est une marque que lui ou ses auteurs ont été propriétaires de l'héritage censif; lesquels, en l'aliénant, se sont reservés sur icelui le droit du cens, en reconnoissance de ce qu'ils sont les premiers & primitifs seigneurs : ce qui fait qu'on distingue deux sortes de seigneuries sur un héritage; la seigneurie directe que s'est reservée le seigneur, & la seigneurie utile, qui appartient au propriétaire qui tient l'héritage à cens.

5. Lorsqu'un héritage franc & quitte d'autre charge, est chargé d'une rente; dans le doute si cette rente a été créée & établie par la concession du fonds ou à prix d'argent, si elle doit passer par conséquent pour un cens emportant droits de lods & ventes & de directe seigneurie, ou pour une simple redevance, ou rente constituée, la Coutume au présent article établit la présomption de la seigneurie directe en faveur de celui à qui la rente est due, & cette présomption charge le débiteur de faire preuve du contraire : & s'il prouve que ce n'est point par bail d'héritage que la rente a été créée, elle n'emporte point de directe. C'est la disposition de la Coutume d'Auvergne, titre 31, articles 1 & 2, & de celle de la Marche, art. 409, que nous suivons en cette province, dit M. le président Duret: *Apud nos*, dit-il, *vicit opinio Masueri, in princip. de loc. & jure Emphit. cui & acquiererunt Consuet. Arvern. art. 1 & seq. cap. 31, & Marchiæ, art. 409, ut jus directi dominii habere censeatur, si quis super aliquo fundo annuam præstationem docuerit, nisi contrà ostendatur.* M. Duret, *hìc.*

6. En concurrence de deux seigneurs prétendans respectivement la directe, & qui ont été servis de leur rente, on a recours à l'antiquité du titre pour connoître la rente qui emporte droit de directe seigneurie, & de lods & de ventes : & celui qui est fondé en titre plus ancien non prescrit, doit être préféré; arrêt du 23 juin 1584, qui l'a ainsi jugé : c'est aussi la décision de l'ordonnance du roi Charles VII, de l'an 1441, article 33, qui porte que celui des seigneurs rentiers, qui justifiera sa rente fonciere être constituée la premiere, aura la propriété & la préférence; & l'observation de Papon sur notre article; de Prohet sur la Coutume d'Auvergne, titre 17, article 17; de la Thaumassiere sur celle de Berry, titre 6, article 31; de Loyseau, livre 1, *du Déguerpiss.* chapitre 5, nombre 4. La raison se tire de ce qui a été dit ci-dessus, car la directe ne pouvant être constituée que par bail d'héritage, ainsi qu'il a été dit, celui-là peut & doit être considéré comme seul seigneur direct, qui a donné l'héritage : ce qui se prouve par l'ancienneté du terrier; parce que celui, en faveur duquel le cens est premier reconnu & constitué, est présumé avoir donné l'héritage; ce qu'on ne peut pas dire de celui dont les titres & terriers sont subséquens, puisque le censitaire étoit

tenancier de l'héritage qu'il avoit reconnu au profit du premier seigneur censier.

* S'il ne paroît pas quel est le premier & le plus ancien seigneur ; dans le doute, les lods & ventes se partagent entre les deux. Tel est le sentiment de M. de la Thaumassiere sur la Coutume de Berry, titre 6, article 31, où il cite pour ce sentiment Faber, sur la Loi, *cùm dubitabatur*, *C. de Ju. Emphit.* & Boërius, sur l'article 22 de l'ancienne Coutume de Berry ; & ainsi fut jugé en cette Sénéchaussée, au rapport de M. Berger, lieutenant général, le 21 août 1739, dans le procès des chanoines du chapitre de Verneuil, & les sieurs de Rollat, le Noir & Alasimone, tous seigneurs directs du max de la Villette, paroisse de Vernusse, sans qu'il parût quel étoit le plus ancien des quatre.

7. Une seule reconnoissance, suivie de prestations, suffit pour établir le droit de cens. Bien plus, une simple prestation sans reconnoissance suffit pour cela, pourvu qu'elle ait été continuée uniformément pendant trente ans, avec expression de cause ; car le cens se peut bien acquérir par prescription, ainsi qu'il a été dit & prouvé sur l'article 22, *suprà*.

8. Les nouvelles reconnoissances, en fait de cens, qui rappellent les anciennes, ne donnent aucun droit aux seigneurs, quand elles ne sont pas conformes aux anciennes. La raison est que l'obligation nouvelle se refere à l'ancienne, & qu'elle ne peut valoir qu'autant qu'elle s'y trouve conforme ; qu'il faut qu'il y ait du rapport, & que le nouveau terrier tire sa force des premiers : car tout ce qui se refere à quelqu'acte, n'est valable, s'il n'y est conforme ; de maniere que, si quelqu'un confesse & reconnoît devoir un tel droit, comme il est contenu en tel contrat, & que cela ne s'y trouve pas, la confession ne peut être obligatoire ; parce qu'elle est erronée, ou du-moins conditionnelle, & que la condition manque ; & il y a lieu de croire que ce qui a été ajouté de plus, a été ajouté par erreur, par surprise, ou du-moins par une espece de contrainte. * Et parce qu'on présume qu'il y en a eu aussi dans l'exécution & la jouissance, le temps ni la longue possession ne peut autoriser la nouvelle reconnoissance, en ce qu'elle contient de plus que les anciennes, & qui a été ajouté ; de maniere qu'on peut toujours réclamer. C'est ce qui a été jugé par arrêt, cité par Henrys, tome 1, liv. 3, chap. 3, qu. 42 ; & tel est son sentiment, & celui de M. Bretonnier, *ibid.* dans la question 19, & encore en la question 6, aux observations.

9. Cela a encore été jugé en cette Sénéchaussée, le 16 janvier 1616, pour les nommés Gruet & Ramier, en entérinant les lettres par eux obtenues contre la nouvelle reconnoissance qu'ils avoient consentie en l'année 1595, contraire à ce qui étoit porté en l'ancien terrier de l'année 1517 : par cette sentence du 16 janvier 1616, il fut jugé qu'ils ne payeroient que ce qui étoit porté par ledit terrier, & non ce qui étoit contenu en ladite reconnoissance : le sieur Demoutor & le nommé Lasalle, son fermier, condamnés aux dépens ; & cela, dit M. Rougnon, selon le sentiment de Dumoulin, & autres docteurs, fondés sur ce qu'une nouvelle reconnoissance *non est propriè titulus, sed tantùm primi juris declaratorius.*

10. La même chose a été encore jugée par arrêt rendu en faveur de Bourgognon, sieur du Verger, contre Bernard Baccarere, sieur du Fresne, le 6 février 1725, en la seconde des enquêtes, au rapport de M. Leprêtre de Lezonnet : c'est M. du Verger, conseiller, qui a fait rendre l'arrêt, qui me l'a certifié.

11. Il faut pourtant observer que, quoique les nouvelles reconnoissances ne puissent pas augmenter les droits, elles peuvent les expliquer. Ainsi, quand dans les anciens terriers les censitaires sont obligés à payer la taille, sans dire en quel cas, les nouvelles reconnoissances peuvent expliquer ces cas. Il en est de même à l'égard des corvées, charrois & manœuvres ; quand le nombre n'est pas déclaré par les anciens terriers, il peut être fixé par les nouveaux. Bretonnier sur Henrys, tom. 1, liv. 3, ch. 2, quest. 6.

12. La maniere de payer le cens n'est pas uniforme ; parce qu'en quelques endroits le seigneur est obligé de le requérir & de le demander, & même de l'envoyer querir chez le censitaire ; & qu'ailleurs le tenancier est tenu de le payer & porter au seigneur censier, sans être demandé, en son château ou manoir seigneurial : ce qui fait qu'on distingue trois sortes de cens ; le requérable, le quérable, & le portable.

13. Le premier est celui dont le seigneur est obligé de requérir le paiement par une sommation au censitaire, avant que de le pouvoir faire condamner à l'amende, dans les Coutumes où l'amende est due faute de paiement de cens.

14. Le second est celui que le seigneur est obligé d'aller ou d'envoyer querir chez son censitaire.

15. Et le troisieme est celui que le censitaire est tenu de porter à son seigneur ; & la redevance de ce cens portable est la plus rigoureuse & fâcheuse, puisque le seul terme expiré constitue le débiteur en demeure.

16. Quand le seigneur direct, ou le maître du cens, est seigneur du fief ou de la justice, & qu'il demeure sur le lieu, pour lors le cens n'est point quérable ; mais le tenancier est tenu le payer & porter au seigneur censier, sans être demandé, à la seigneurie ou château où il est dû, si le titre n'est contraire. La raison est que, quand le cens est dû au seigneur à cause d'un tel fief & seigneurie, c'est une espece de servitude dépendante de ladite seigneurie & du château d'icelle, auquel par conséquent elle doit être rendue : arrêt du 7 août 1682, rendu en la 3e. chambre des enquêtes, au rapport de M. Amelot, entre feue Mlle. de

Montpensier, & les habitans de Solignac en Auvergne, par lequel il a été jugé que le cens étoit portable, quoique la Coutume n'en parle point. Cet arrêt est rapporté dans le journal du palais, tome 9, page 462.

17. Mais quand le maître du cens n'est pas le seigneur ni du fief, ni de la justice, ou quand le seigneur ne demeure pas sur le lieu, pour lors il est obligé de venir chercher le cens, qui est en ce cas quérable. Henrys & Bretonnier, tome 1, livre 3, chapitre 3, question 9.

18. Cette même distinction a été faite par M. Louis Semin, sur le présent article: *Si census*, dit-il, *debeatur ratione alicujus Feudi dominantis, aut alicui Castello nobili, solvendus est à Censuario in domum Feudi seu Castelli, licèt in concessione prædii censualis nihil de asportatione fuerit conventum; secùs, si census non debeatur ratione alicujus dominii, quo casu quæri debet à Domino, qui reditum quotannis à Censuario in solo prædii censualis debet repetere. Sic judicatum Arresto Paris. ann. 1635, pro Domino* Dechampfeu du Riage, *contrà Dominum* Dubuisson de Lacave. Telle est l'observation de M. Semin. M. Menudel a fait la même remarque sur l'article 410, *infrà*, & cite le même arrêt.

19. Par l'arrêt de réglement des grands jours tenus à Clermont, du 9 janvier 1666, il a été ordonné que les seigneurs ayans droit de censives, qui ne voudroient les lever en personne, seroient tenus de prépofer un fermier ou autre personne pour la levée de leurs cens, qui les recevra où ils doivent être payés; auquel lieu il sera pareillement tenu d'élire domicile, pour recevoir toutes offres, significations & sommations; fera publier au prône de la messe paroissiale du lieu sadite élection de domicile, au temps & terme de paiement, & résidera sur les lieux pendant un mois après ledit terme; & que faute par les seigneurs, fermiers, ou personnes par eux préposées, d'y satisfaire, les offres réelles qui seront faites à l'un des officiers de la justice du lieu, dont l'acte sera rapporté, & signé dudit officier ou d'un notaire, vaudront comme si elles avoient été faites auxdits seigneurs, ou leurs fermiers.

20. Au-reste le cens en bled, ou autres grains, n'est dû que du bled & grains tels que portent les terres; pourvu qu'ils soient bien vannés & nétoyés, & qu'ils ne soient ni viciés, ni gâtés. C'est la disposition dudit arrêt de réglement des grands jours, du 9 janvier 1666: lesdites especes, dit l'arrêt, ne seront dues qu'en la qualité de celles qui se recueillent communément dans les héritages sujets au cens. La raison c'est que le cens est la charge des fruits; & qu'à parler proprement, ce sont les fruits qui doivent les cens: *Onus enim fructuum hæc stipendia sunt*, L. *Neque*, ff. *de impensis in res dotales factis*. Et il a été ainsi jugé au profit de M. Charles Buteur, élu d'Amiens, contre les religieux de Launoy, quoique le titre parlât du bled froment, par arrêt du 25 mai 1699, cité par Ricard, dans son commentaire sur la Coutume d'Amiens, article 199; & tel est le sentiment de M. Jean Decullant: *Detentor fundi censualis*, dit-il, *non tenetur præstare alios fructus Domino, quàm quos percepit ex dicto fundo, modò in collectione & conservatione talem operam præstiterit, quam pater familias adhibuisset. Domini prædiorum id, quod terra præstat, accipiant*, L. 5, *Cod. de agric. & Censitis*. Jean Decullant, sur l'article 410, *infrà*.

21. Si le cens est dû d'une certaine mesure de grains, l'augmentation ou la diminution de la mesure par le fait du prince, ne nuit, ni ne sert aux seigneurs censiers; par la raison qu'il faut avoir égard à la condition, & à la charge à laquelle l'héritage a été baillé.

ARTICLE CCCXCIII.

UN SEIGNEUR de rente fonciere ou censive peut poursuivre l'acquereur & nouvel détenteur d'aucun héritage étant de sa censive & rente fonciere, pour lui exhiber & faire ostension des Lettres d'acquisition par lui faite dudit héritage, pour avoir les Droits seigneuriaux & reconnoissance dudit cens ou rente fonciere.

1. QUoique ce soit une regle reçue, qu'un défendeur ne doit pas exhiber ses titres au demandeur, pour faire & dresser sa demande, L. 4, Cod. *de edendo*; néanmoins tout seigneur censier peut contraindre l'acquéreur & nouveau détenteur de l'héritage étant en sa censive, de lui apporter & exhiber son contrat d'acquisition, pour être payé des droits seigneuriaux. C'est la disposition de notre Coutume, au présent article; de celle de Paris, article 73; de Berry, titre 6, article 20; de Melun, article 110; de Sens, article 235; d'Auxerre, article 91, & autres.

2. Cette exhibition est tellement requise, que, quand même le contrat ne seroit pas sujet aux lods & ventes, l'acquéreur ne s'en peut dispenser, à cause de la reconnoissance du cens, & le seigneur, en qualité de seigneur direct, est bien fondé à demander cette exhibition: laquelle ne se fait pas seulement au seigneur, pour le paiement des lods & ventes, mais encore par devoir d'honneur; afin qu'il agrée & investise le nouveau tenancier, qu'il connoisse s'il y a lieu au retrait, & si au contrat de vente on n'a pas mis de surcharge au préjudice de son cens; & l'acquéreur ne peut se décharger de

cette exhibition, qu'en déniant le cens. Menudel, *hic*, & M. de la Thaumassiere, sur la Coutume de Berry, titre 6, article 20.

3. A défaut par le tenancier de faire l'exhibition requise, le seigneur peut, avec la permission du juge, procéder par voie de saisie : c'est la remarque de M. François Menudel sur notre article, après M. Guy Coquille sur la Coutume de Nivernois, titre *des Cens*, article 17.

4. L'exhibition se fait aux dépens de l'acquereur ; & le droit du seigneur de poursuivre l'acquereur, pour l'exhibition de son contrat d'acquisition, ne se prescrit que par 30 ans : mais aussi, après les 30 ans, l'acquereur ne peut plus être poursuivi pour cette exhibition. C'est l'observation de M. le président Duret, sur le mot *poursuivre*, du présent article. *Viâ actionis*, dit-il, *& infrà 30 annos ab acquisitione, quibus elapsis Censuarius cogendus non est, ut se juramento purget.* M. Duret, *hic.*

5. L'exhibition s'entend de la notification & actuelle communication du contrat ; ensorte que le seigneur puisse l'avoir, & le retenir pardevers lui pendant quelques jours, afin de s'instruire du contenu en icelui : mais il ne peut pas user de rétention des titres exhibés pour le paiement de ses droits ; *Quia novus emptor tenetur exhibere, sed non tradere suas litteras.*

6. L'article 426, *infrà*, porte que le seigneur peut garder l'original du contrat 4 jours ; mais que l'acquereur, en donnant à ses dépens copie collationnée, n'est tenu de laisser ledit original.

7. Le censitaire & nouvel acquereur est tenu non-seulement d'exhiber son contrat d'acquisition, mais il doit en outre reconnoître le cens. Car, comme ès fiefs le dénombrement est dû pour conserver la consistance de la tenure ; de même est due la déclaration ou reconnoissance pour les censives ; & tout seigneur censier peut poursuivre les tenanciers pour lui donner déclaration, & passer titre nouvel par tenans & aboutissans, des héritages qu'ils tiennent en sa censive, de la qualité du cens dont ils sont chargés, & du jour auquel il est dû : c'est ce qui résulte de ces termes de notre article, *& reconnoissance dudit cens & rente fonciere* ; & c'est la disposition de la Coutume de Nivernois, titre 7, article 8.

8. Cette reconnoissance se fait aux dépens du tenancier, une fois en sa vie seulement, mais non davantage, quand même il y auroit changement de seigneur : la raison est qu'une seule reconnoissance du détenteur ou créancier, pendant sa vie, suffit pour interrompre le cours de la prescription ; d'autant que celui qui a reconnu un devoir, ne le peut jamais prescrire pendant sa vie. Ainsi, si le seigneur désire faire renouveller son terrier, la reconnoissance s'en fait à ses dépens. Coquille sur la Coutume de Nivernois ; *ibid.* Potier, sur notre article ; de la Thaumassiere, sur la Coutume de Berry, titre 6, article 29.

9. Cette reconnoissance n'est due que par le détenteur & propriétaire ; car le fermier, ou colon, *qui alineo nomine possidet*, ne peut faire la reconnoissance. Chenu, Cent. 1, question 88.

* La reconnoissance consentie par le mineur de droit, mais majeur de Coutume, sous l'autorité de son curateur, ou par le tuteur du mineur, conforme à celle de ses auteurs, est valable, n'y ayant point de lésion à cause de sa conformité avec les précédentes, & elle vaut pour interrompre une prescription ; mais non pour la relever, à cause de la lésion. Cela me paroît constant.

Mais la difficulté touchant la reconnoissance faite par le tuteur, consiste à savoir si elle empêche que le mineur, devenu majeur, & après l'administration du tuteur, ne puisse prescrire de son chef & de son temps, & ce, à cause de la disposition de l'article 22, *suprà*, qui porte que celui qui a reconnu ou a été condamné à payer le cens, ne peut prescrire de son temps. J'ai proposé la question à M[rs]. les officiers & avocats de ce siége, & le plus grand nombre tient pour l'affirmative. La raison est que le fait du tuteur est celui du mineur ; que soit que le tuteur s'oblige pour le mineur, ou que d'autres s'obligent envers lui, en cette qualité, qu'il obtienne des condamnations en justice, ou qu'il soit condamné, c'est le mineur qui devient le créancier & le débiteur, & que les obligations & les condamnations ont leur effet contre lui. *L. 2, ff. de adm. & per tut. L. 7, ff. quandò ex fac. tut.*

De maniere que lorsque le mineur, devenu majeur, ne reclame pas contre la reconnoissance de son tuteur, il est censé avoir reconnu le devoir, & l'engagement de son tuteur est devenu son engagement propre. La chose n'est pourtant pas sans difficulté, & elle a paru telle à M. Gillet, avocat de Paris, par la raison que l'article 22 parle, à ce qu'il paroît, d'une reconnoissance personnelle. Voyez la sentence rendue au rapport de M. Maquin, le 3 août 1734, rapportée à la fin du nombre 13 de l'article 22, pages 55 & suiv.

10. Voyez l'article 420, *infrà*.

ARTICLE CCCXCIV.

ARTICLE CCCXCIV.

EN ventes d'héritages tenus à cens ou rentes foncieres d'aucun Seigneur, l'acquereur est tenu de payer au Seigneur droits de lods & ventes dedans quarante jours, à compter du jour de la vente; & s'il laisse passer lesdits quarante jours qu'il ne paye lesdits lods & ventes, payera le double d'iceux: Mais, si le Seigneur direct n'a domicile en la Justice où est située la chose pour laquelle sont dus lesdits lods, le débiteur d'iceux, pour éviter lesdits doubles lods, peut dedans quarante jours judiciairement consigner & déposer les deniers desdits lods & ventes.

De montrer Lettres au Seigneur foncier.

1. IL est libre aux censitaires d'aliéner leurs héritages censifs; mais dans les aliénations par vente sont dus les droits de lods & ventes aux seigneurs censiers; & ces droits, aussi-bien que les cens, sont des charges & des conditions des concessions des héritages censifs, faites par les seigneurs censiers aux censitaires. Ils sont dus par la seule disposition de notre Coutume, au présent article, s'il n'y a convention contraire; c'est aussi la disposition de l'ancienne Coutume, titre 1, article 2; de celle d'Auvergne, titre 16, article 1, & autres.

2. Les lods & ventes sont ainsi appellés, parce que c'est un lods ou une portion que le seigneur prend sur le prix de la vente, pour l'agréer. * Dans quelques Coutumes on distingue le droit de lods de celui de ventes; c'est ce qui paroît par l'article 21, titre 1 de la Coutume d'Auxerre; suivant lequel article, le droit de lods est de deux sols tournois pour tout le contrat, & celui de ventes de vingt deniers tournois pour chacune livre du prix contenu audit contrat, à quoi se rapporte ce qui est dit dans l'article 2 du titre 1 de l'ancienne Coutume, touchant la Coutume particuliere & locale de la châtellenie de Gannat, & qui est contenu dans le procès-verbal, fait en cette châtellenie, le 29 juillet 1493, au titre des censives & fiefs; mais, suivant la Coutume générale de cette province, les lods & ventes ne sont qu'un seul & même droit.

3. Ils ne sont dus que pour la vente, ou pour ce qui équipolle à la vente; parce qu'il seroit trop rude que, pour les autres causes de mutation, où il n'y a point d'argent déboursé, le seigneur en voulût exiger: mais toutes les fois qu'il y a un contrat d'aliénation d'héritage, ou il y a prix, ou chose équipollente à prix, il est dû le droit de lods & ventes. C'est la remarque de M. le président Duret, sur ces mots de notre article, EN VENTES D'HÉRITAGES: *Propriè*, dit-il, *vel per æquipollens*, *Conf. Trecens. art.* 54. M. Duret, *hic*.

4. Par le mot d'*héritages*, dont la vente, selon notre article, donne ouverture aux lods & ventes, on entend non-seulement le fonds tenu à cens, mais encore l'immeuble qui tient lieu de l'héritage, & qui le représente. Ainsi lods & ventes sont dus pour rente fonciere, quand elle change de main par vente ou transport, ou qu'elle est rachetée & amortie par le preneur: c'est la disposition de la Coutume de Paris, article 87; la raison est que la rente fonciere tient lieu de l'héritage, & que, quand le bail en a été fait, il n'a pas été payé de lods & ventes, n'en étant pas dus dans ce cas, comme il sera dit sur l'article 442, *infrà*.

5. Mais droits de lods & ventes ne sont dus pour rentes constituées, ni dans leur constitution, ni dans leur transport, ni dans leur rachat: la raison est que telle rente ne représente pas le fonds, comme la rente fonciere; que la constitution de telle rente n'emporte point l'aliénation & la vente de l'héritage; & qu'elle ne fait point de mutation, n'étant qu'un simple droit d'hypothéque & d'engagement qui change de jour à autre, sans que les droits seigneuriaux en soient aucunement diminués. Potier, sur l'article 423, *infrà*.

6. Les lods & ventes sont dus par l'acquereur, & non par le vendeur. C'est la disposition de notre Coutume, au présent article, & de celle de Paris, article 78, & autres. Le vendeur peut toutefois se charger de les payer à la décharge de l'acquereur: mais en ce cas il est libre au seigneur, qui n'a point accepté la promesse, de faire payer l'acquereur, sauf son recours contre le vendeur.

7. L'acquereur est tenu de payer au seigneur le droit de lods & ventes dans quarante jours, à compter de la vente; & s'il laisse passer les quarante jours, il les payera doubles, comme il est porté dans notre art. & dans l'art. 2 du tit. 1 de l'ancienne Coutume.

8. Dans ces quarante jours celui de la vente n'est pas compris, non plus que celui du terme: *Hoc jure utimur*, dit M. Duret, *& ita à nostris receptum est, ut venditionis dies non veniat in rationem, & præscriptis* 40 *non computetur.* M. Duret, *hic*.

9. Si l'acquereur avoit payé dans les quarante jours le droit de lods à un autre que le seigneur censier, & que les quarante jours

écoulés, le seigneur censier se présentât pour lui demander les doubles lods, M. le président Duret, après Dumoulin & Dargentré, estime que cet acquereur ne seroit pas bien fondé en son recours contre celui qui auroit reçu les simples lods, pour le garantir de la demande que le véritable seigneur lui fait des doubles, à moins qu'il ne se fût expressément obligé à cette garantie. *Quid verò*, dit M. Duret, *si intrà quadraginta dies laudimia simplicia Sempronio tanquam Domino persolverit, deindè iis elapsis duplicia à vero Domino exiguntur, an idem emptor evictionis nomine Sempronium justè appellet? Quod non probat Molin. ad Consf. Parif. de mat. feod.* §. 44, *gl.* 1, *nisi Sempronius in id expresfè se obligaverit; & Molin. assentit Argent. in Conf. Britan. articulo* 85, *notâ* 2: *& ideò cautiùs est ea obsignare publicè; attamen semper quatenùs recepit, in Judicio consignare tenetur.* M. Duret, *hìc.*

10. Quand l'héritage acquis dépend de plusieurs seigneurs, l'acquereur doit offrir à chaque seigneur, sur le prix total de l'acquisition, une certaine somme, pour ce qui lui appartient pour son droit de lods; & si après l'offre faite & non acceptée on procéde à une ventilation, & que l'offre soit insuffisante, l'acquereur doit être condamné aux dépens; que si au contraire l'offre est déclarée suffisante, l'acquereur recouvre les dépens de la ventilation & de l'instance: cela est conforme à la disposition de la Coutume de Bretagne, article 80, *des Droits du Prince*; de celle d'Orléans, article 9, titre *des Fiefs*, & à celle de notre Coutume, en l'article 396, *infrà.*

11. Que si le seigneur direct n'a domicile en la justice où est située la chose pour laquelle sont dus les lods, l'acquereur, pour éviter de payer les doubles lods, peut consigner & déposer les deniers des lods & ventes judiciairement dans 40 jours, comme il est porté dans le présent art. « Et pour la pratique de cet art. » dit M. Menudel, nous consignons entre les » mains des greffiers, & mettons de plus une » copie du contrat au greffe, sous protestation » de retirer, si dans les quarante jours il ne se » présente un seigneur direct: ce que le juge » permet par l'acte judiciel de la consignation.» M. Menudel, *hìc.*

12. Outre le cas exprimé dans la Coutume, cette consignation peut encore être faite dans le cas où l'acquereur ne connoîtroit pas le seigneur à qui les lods sont dus; sans quoi il est tenu de s'adresser au seigneur, & de lui faire offre des lods & ventes, avant que de pouvoir consigner. C'est le sentiment de M. le président Duret, sur ces mots de notre art. N'A DOMICILE: *Idem*, dit-il, *si domicilium justè ignoretur, aliàs priùs adire debet, nec sufficeret à limine facta obsignatio....* M. Duret, *hìc.*

13. Le 5 février 1607, il fut jugé en la chambre du domaine de cette province, au rapport du sieur Dubuisson, lieutenant particulier, qu'une consignation faite au greffe n'empêchoit pas le paiement des doubles lods & ventes, bien qu'elle fût faite dans le temps porté par la Coutume, si le seigneur censier s'est présenté lors de ladite consignation, pour avoir délivrance des deniers consignés, & qu'on lui ait contesté sa qualité de seigneur.

* M. Nicolas Cantat, habitant de cette ville de Moulins, avoit acheté une maison située au fauxbourg d'Allier, rue Topet, & dans le doute qui étoit le seigneur censier de ladite maison, il consigna les deniers à quoi revenoient les simples lods & ventes, pour éviter les doubles, au greffe de la châtellenie de Moulins, & ce dans le temps porté par la Coutume de cette province. Le jour de la consignation, M. Franç. Taillon, fermier du roi en la châtellenie de Moulins, se présenta au greffe, & demanda que les deniers consignés par ledit Cantat lui fussent délivrés, soutenant que la maison acquise par ledit Cantat étoit de la censive du roi.

Cantat l'ayant empêché, & soutenant que le roi n'étoit pas seigneur censier, le lieutenant du domaine ordonna que descente seroit faite sur la maison; & par la descente & terrier du seigneur, ayant été vérifié que la maison étoit de la censive du roi, les doubles lods furent adjugés à Taillon, en sa qualité de fermier du roi, & Cantat condamné au paiement d'iceux, nonobstant sa consignation, ensemble à reconnoître au profit du roi le devoir dû sur sa maison, & aux dépens du procès. Au jugement du procès, outre le sieur Dubuisson, rapporteur, assisterent les sieurs Ploton, de Fougerolles, & Rougnon. M. Cordier, en ses manuscrits.

14. Les doubles lods dus au seigneur, faute de payer ou consigner dans le temps marqué par la Coutume, lui sont acquis *ipso jure*, dès que le temps est passé; & l'acquereur ne peut, ledit temps passé, purger sa demeure en payant: *Quia dies & pœna affixa est, eique dies apposita in Statuto interpellat pro homine.*

15. Le temps fatal des quarante jours court contre toutes sortes de personnes indistinctement, même contre les mineurs, sauf leur recours contre leur tuteur ou curateur: *Quia hoc Statutum*, dit M. le président Duret, *omnes indifferenter ligat, salvo recursu minoris contrà Tutorem, nisi se se offerat legitimum impedimentum...* M. Duret, *hìc.*

16. Il ne suffit pas à l'acquereur, pour éviter les doubles lods, de faire offre des lods simples dans les quarante jours prescrits par la Coutume; il faut consigner. *Nec solà oblatio*, dit M. Duret, *sufficit, nisi consignatio sequatur; generale enim est ut debitor non obsignans non excusetur, in casibus in quibus requiritur consignatio, etiamsi creditor non reperiatur.* C'est la remarque de M. Duret, *hìc*, sur le mot, *le double*: & telle est aujourd'hui la jurisprudence observée en cette Sénéchaussée, nonobstant qu'anciennement on ait jugé le contraire, ainsi que le rapporte M. Berger, & après lui M. Menudel, sur le présent article.

17. La peine du double, selon M. Menudel, n'est pas tant pénale que domaniale:

toutefois le seigneur censier est tenu de requerir & demander le double droit : l'acquereur n'est tenu de le payer double, qu'après qu'il a été exigé tel ; & selon le même Menudel, il n'est pas dû double, quand le seigneur l'a reçu simple après les quarante jours, sans protestation : la raison est que le seigneur est censé l'avoir remis, & que l'accessoire ne subsiste plus après l'extinction du principal.

18. Il n'en est pas de même des simples lods. Quoique le seigneur ait reçu les arrérages du cens sans protestation pour les lods & ventes, il n'en est pas exclus ; parce que ce sont des droits différens qui ne dépendent pas les uns des autres. Néanmoins la Coutume de Melun, en l'article 118, décide le contraire ; mais elle doit être renfermée dans son territoire. De Ferriere, *Inst. Cout.* tome 1, livre 2, titre 4, article 55.

19. Il en est de même de la reconnoissance du censitaire ; elle n'empêche pas la poursuite des lods & ventes : ainsi jugé entre frere Gabriel de la Souche, contre M. Robert Alamargot, le 19 décembre 1628, plaidant Menudel ; & ledit Alamargot fut condamné aux doubles lods. M. Menudel, sur l'article 480 de cette Coutume.

Voyez l'article 413, *infrà*.

ARTICLE CCCXCV.

Des lods & ventes, & du temps de payer icelles.

LODS & ventes se payent audit Païs & Duché en plusieurs manieres ; les uns au sixieme denier, qui est de trois sols quatre deniers pour livre ; les autres au tiers en montant ; autres au quart ; autres au douzieme, selon les anciennes usances, droit constitué, reconnoissance, composition, ou condition, faites & intervenues : mais, s'il n'y a titre particulier, commune usance ou prescription au contraire, lods & ventes s'entendent audit Païs & Duché audit sixieme denier, qui est de trois sols quatre deniers tournois pour livre, pour le simple du prix que la chose sujette ausdits lods & ventes aura été vendue.

1. LEs lods & ventes se payent au seigneur, à proportion du prix du contrat ; & ils sont réglés, ou par le bail à cens & titre primordial, ou par commune usance & prescription, ou par la Coutume de cette province. C'est la disposition de cette Coutume, au présent article, & de l'ancienne Coutume, titre 1, article 2.

2. Quand le droit de lods & ventes est réglé par le bail à cens & titre primordial, il doit être suivi, quoiqu'il déroge à la Coutume, étant permis à ceux qui donnent leurs héritages à cens de stipuler plus grands droits, que ceux que donne la Coutume. *Potestas enim à Jure concessa, per pactum modificari potest.... & hoc servatur quod initio convenit ; legem enim dat contractus*, dit M. Duret, sur ces mots, DROIT CONSTITUÉ, de notre article. C'est par cette raison que, par la transaction de l'année 1411, passée entre les seigneurs de Châtel-de-Montagne, & leurs vassaux ou leurs censitaires, les simples lods & ventes des héritages portés de la censive de cette seigneurie, sont du tiers denier du prix de la vente, & des deux tiers pour les doubles. M. Jean Cordier, en ses manuscrits.

3. Au défaut du titre particulier, en suit la commune usance & prescription du territoire ; car, comme dit M. Duret, *Ut laudimiorum jus à Consuetudine, usu & moribus originem & fundamentum habet, sic taxatio quoque & modus à Consuetudine, moribus & usu sumitur ; & suus cuique mos servandus est, ei Provinciæ, ei Tribunali, ei territorio.* M. Duret, *hìc*.

4. S'il n'y a titre particulier, commune usance, ou prescription contraire, les lods & ventes sont fixés par notre article dans notre Coutume, au sixieme denier, qui est trois sols quatre deniers tournois pour livre, pour les simples lods.

5. L'usage toutefois, selon M. Jean Cordier, dans cette province, est que le roi le prend à un moindre denier : il y avoit, dit-il, en la voute du domaine de Bourbonnois, une déclaration de François II, qui se trouve perdue & adhirée, par laquelle les lods & ventes sont réglés au huitieme denier pour les héritages de censive, & pour les taillables au sixieme. Tel a été toujours, dit M. Cordier, l'ancien usage de ladite jurisdiction ; & M. l'assesseur Bergier, ajoute-t-il, m'a assuré, le 21 janvier 1664, l'avoir toujours ainsi jugé, tenant les audiences en ladite jurisdiction. M. Jean Cordier, en ses manuscrits.

6. M. Herouis a fait la même remarque sur notre article, savoir, qu'au domaine les lods sont seulement de deux sols six deniers pour livre ; il cite là-dessus l'ordonnance de 1552 à Villers-Cotterets, & des registres qui sont en la voute : mais cela ne s'observe plus, à ce qu'il me paroit.

7. A quel denier que le droit de lods soit fixé par le titre, commune usance ou par la Coutume, l'usage est qu'on en compose avant le contrat d'acquisition, à la moitié ou un tiers de remise : & la composition qui s'en fait avec le seigneur ou son fermier, même avant l'achat, est valable, comme l'observe M. Duplessis sur la Coutume de Paris, traité *des Censives*, livre 2, chapitre premier.

8. Au-reste, pour le paiement & fixation du droit de lods & ventes, il faut suivre la Coutume ou l'usage du lieu où l'héritage censif est situé, & non de celui où est située la seigneurie à laquelle est dû le cens. *In taxatione laudimiorum*, dit M. Jean Decullant, *non attenditur mos regionis in quâ Fundus dominans, cui debetur census, situs est; sed mos regionis in quâ Fundus censualis, seu servilis, situs est, ut notat Molin. in §. 23, Consf. Parif, numeris 36 & 37.* Telle est l'observation de M. Decullant, sur notre article; c'est aussi celle de M. Louis Vincent, sur le même article.

9. Pour régler les lods, on ne considére que le prix du contrat, soit en deniers, soit en charges réductibles en deniers faisant fonction de prix; & les lods & ventes ne sont point dus des frais, vin, salaires des Notaires, & des deniers donnés à la femme pour consentir à l'aliénation. *In judicandis laudimiis*, dit M. Duret, *non attenditur justum pretium, sed id tantùm quod venditum est; nec refert quo pretio res æstimanda sit, sed quod venditor acceperit, vel vendiderit: quod ita intelligendum, si dolus vel fraus absit; ad cujus probationem Dominus admittitur.... Non attenduntur etiam Notariorum salaria, obsonia, & reliqui sumptus occasione Contractûs ab emptore facti.... nec monilia uxori, vel filiæ venditoris donata.... nisi impensè & præter modum exhibita proponantur.* Telle est la remarque de M. Duret, *hìc*: c'est aussi le sentiment de M. Jacques Potier, sur l'article 401, *infrà*; de M. Claude Duplessis, sur la Coutume de Paris, traité *des Censives*, livre 2, chapitre 1; de M. Gaspard de la Thaumassiere, sur Berry, titre 6, article 6, & autres.

10. Dans les adjudications par décret, les lods & ventes ne se payent pas non plus des frais ordinaires des criées, quoique ce soit partie du prix, comme il a été dit sur l'article 150, *suprà*. Ainsi le sentiment de Coquille, sur la Coutume de Nivernois, *des Exécut.* article 44, & de Menudel sur notre article, & sur l'article 401, *infrà*, (qui veulent que les droits de lods & ventes se proportionnent sur le prix & sur les frais des criées, qui sont partie du prix) n'est pas suivi.

11. Les charges faisant fonction du prix, desquelles le droit de lods & ventes est dû, sont (par exemple) quand, outre le prix, le vendeur charge l'acquereur de l'acquitter d'une dette non-réelle & perpétuelle sur l'héritage, soit à une fois payer, soit de rente constituée, soit de pension viagere, ou autre chose qu'il doit à un autre; auquel cas les lods & ventes sont dus dès le moment du contrat de la somme à laquelle la charge est estimée par experts, quoiqu'elle ne soit pas encore acquittée. Il y a un arrêt cité par M. Duplessis, du mois de juin 1587, qui a jugé que dans la vente d'une terre, à la charge de continuer une pension viagere de libéralité, laquelle y étoit assignée, les lods & ventes étoient dus pour cette charge, aussi-bien que du reste du prix; & cela, à raison du tiers du principal de la rente. Duplessis, *ibid.*

12. Autre chose est, dit M. Duplessis, d'une prétention ou d'un droit de servitude, que l'acheteur a sur un héritage appartenant au vendeur, & qu'il lui remet; parce que c'est, dit-il, une prétention incertaine ou un droit non estimé, ni réductible en deniers. Duplessis, *ibid.*

ARTICLE CCCXCVI.

Quand lods & ventes sont dus.

EN Contrat de permutation, où il y a deniers ou meubles de retour, en quelque nombre ou valeur que ce soit, lods & ventes sont dus pour lesdits meubles ou deniers tant seulement; & sont lesdits meubles estimez selon ce qu'ils valent au tems dudit Contrat: Aussi sont dus lods & ventes en vente de succession & généralité de tous biens, en rabatant *pro rata* au sol la livre la valeur des meubles & dettes actifs qui sont en ladite succession. Et audit cas se fait l'estimation aux dépens de l'acquereur, sinon qu'il eût fait offre raisonnable; auquel cas, si le Seigneur ne l'accepte, elle se fait aux dépens dudit Seigneur. Mais, si ledit Contrat de permutation est frauduleux, lesdits lods & ventes en sont entierement dus.

1. CEs échanges d'héritages contre héritages, ou des rentes foncieres ou constituées contre héritages, produisent des lods & ventes au roi, même pour les héritages qui sont dans la censive des seigneurs particuliers, si ces seigneurs n'en ont acquis les droits par une finance: c'est ce qui a été ordonné par les édits & déclarations de mai 1645, 20 mars 1673, février 1674, 1 mai & 4 septembre 1696.

2. Ci-devant pour échange on ne payoit pas de lods & ventes, suivant le présent article, & l'art. 407, *infrà*; l'art. 2 du titre 16 de la Coutume d'Auvergne; l'article 38 de celle de Dunois; l'article 57 de celle d'Estampes, & autres; si ce n'est que l'échange fût mêlé de vente par le moyen d'un retour baillé en deniers, ou autre chose mobiliaire faisant fonction de prix, auxquels cas les lods & ventes étoient dus jusqu'à la concurrence du retour, & non au-delà: mais, comme il arrivoit très-souvent que le roi & les autres seigneurs censiers

censiers étoient trompés par des déguisemens d'échange, le roi, pour obvier aux fraudes, a réduit pour ce qui est du paiement des lods & ventes, les contrats d'échange à la condition des contrats de vente; & cela, nonobstant toutes Cout. ou usages contraires, auxquels le roi a dérogé: c'est ce qui a été réglé par les édits qu'on vient de citer; & par arrêt du conseil de 1683, il a été dit que les échanges se feront par contrats passés pardevant notaires, dont il restera des minutes.

3. Lods & ventes sont dus, suivant notre article, de la vente d'une succession où il y a héritages, déduction faite de la valeur des meubles & dettes actives; c'est aussi la disposition de la Coutume d'Auvergne, titre 16, article 7. La raison est que la vente du droit universel d'une succession comprend la vente de chaque héritage en particulier; ainsi les droits en sont dus, eu égard à la valeur & estimation d'iceux: ce qui se doit toutefois entendre d'une vente faite à un étranger, ou bien de celle qui est faite après le partage, par la raison portée en l'article 405, comme nous le dirons sur ledit article.

4. La disposition de notre Coutume, au présent article, en ce qui concerne l'estimation des meubles qui doivent être rabattus au sol la livre, & les cas où elle doit être faite aux dépens de l'acquereur ou du seigneur, est si juste & raisonnable, dit M. Julien Brodeau, après Dumoulin, qu'elle doit être étendue aux autres Coutumes. Brodeau, dans sa note sur le présent article, rapportée dans le nouveau coutumier général.

ARTICLE CCCXCVII.

SI l'acheteur, auparavant la possession prise de la chose achetée, se départ de son Contrat de vendition pour cause raisonnable, comme pour éviction apparente de la chose par lui achetée, ou autre cause semblable; en ce cas de ladite vendition, qui n'a sorti son effet pour cause raisonnable, ne sont dus aucuns lods & ventes. Mais, si ledit vendeur & l'acheteur, après la vendition parfaite, sans cause raisonnable, mais de leur simple volonté, se départent dudit Contrat de vendition, en ce cas en sont dus lods & ventes. De vendition qui n'a sorti effet.

1. IL n'y a point d'ouverture aux droits de lods & ventes pour une simple promesse de vendre, écrite & signée; l'ouverture ne s'en fait que par la vente parfaite & consommée; & les lods & ventes sont dus seulement du jour du contrat parfait. C'est l'observation de M. Potier sur notre article, & de M. Duplessis sur Paris, traité *des Censives*, livre 2, chapitre 2, section premiere.

2. Pour vente parfaite, écrite & signée pardevant notaire, résolue volontairement du consentement mutuel des parties contractantes, incontinent, *vel ex brevi intervallo*, avant la prise de possession, pour cause raisonnable, ne sont dus aucuns lods & ventes; cette décision ne souffre point de difficulté. C'est la disposition de notre Coutume, au présent article.

3. Ce qui forme la difficulté, c'est si les lods & ventes sont dus, lorsque les parties contractantes se départent du contrat de vente, parfait & signé sur le champ, ou peu de temps après, de leur pure & simple volonté, sans sujet ni cause raisonnable. M. Dumoulin, dans sa note sur notre article, tient qu'ils ne sont pas dus. Brodeau sur M. Louet, lettre R, somm. 2, n. 20, en fait une regle certaine; & c'est en un mot le sentiment commun des auteurs, dit M. Bretonnier, qu'il n'est dû aucun droit, quand la résolution se fait dans un bref intervalle: mais la difficulté consiste à définir cet intervalle.

4. Ceux qui raisonnent, selon moi, le plus solidement, sont ceux qui soutiennent que ce n'est pas tant l'intervalle qui s'est écoulé depuis le contrat, plus ou moins long, qui donne ouverture aux droits de lods & ventes, que quand les choses ne sont plus entieres, desorte que, si les choses sont encore entieres, c'est-à-dire, si le contrat n'a eu aucune exécution, les parties en peuvent consentir la résolution sans devoir aucun droit de lods & ventes, ni du contrat, ni de la résolution, parce que cette résolution étant naturelle, le contrat ne peut produire aucun effet au profit de qui que ce soit.

5. Mais pour cela il faut que trois choses concourent ensemble; que l'acheteur ne soit pas entré en possession de l'héritage; que le vendeur n'ait pas reçu le prix, & que le seigneur n'ait formé aucune demande de ses droits. Voyez les observations sur Henrys, tome 2, livre 3, question 29.

6. Autre chose est quand les contractans se départent du contrat, *non instanti, sed ex intervallo*, les choses n'étant plus entieres, sans aucun sujet ni cause raisonnable, mais de leur simple volonté: dans ce cas il est dû double droit; savoir, tant pour le contrat, que pour la résolution qui est un autre contrat; & c'est ainsi que l'on doit entendre notre article. La raison est que la résolution étant purement volontaire, & procédant de l'une & de l'autre des parties, la vente n'est pas proprement résolue, mais c'est une véritable revente faite au vendeur; desorte qu'il y a double mutation, pourquoi il est dû double droit. Tel est le

sentiment commun des auteurs, de Dumoulin, Dargentré, Pontanus, Brodeau, Duplessis, Ferriere, Argout, Bretonnier sur Henrys, en l'endroit cité, & autres. Voilà pour ce qui regarde la résolution volontaire du contrat de vente.

7. La résolution forcée reçoit deux distinctions: la premiere, quand la résolution provient d'une cause ancienne, résolutive du contrat, qui procéde du contrat même; la seconde, quand le contrat est résolu par une cause qui survient dans la suite.

8. Quand le contrat est résolu pour une cause ancienne, qui procéde du contrat même, en ce cas le seigneur ne peut demander aucuns droits; & il est même obligé de rendre ceux qu'il a reçus. La raison est qu'il ne peut pas y avoir une plus grande obligation pour l'acquereur de payer les lods & ventes au seigneur, que de payer le prix au vendeur, puisque l'une & l'autre obligation n'ont que le même fondement, qui est le contrat de vente; c'est le raisonnement de M. le président Duret: *Neque enim*, dit-il, en parlant de l'acquereur, *in plus neque efficaciùs ad laudimia, quàm venditori ad pretium potest adstringi; & manifesta est regula Juris, quoties ex Contractu inter aliquos gesto jus tertio acquiritur, id acquiri non posse, nisi eâdem lege, formâ & conditione quâ celebratus est Contractus... Cùm enim hoc casu acquisitio juris Domini capiat originem & fundamentum ex Contractu censuarii, meritò recipit omnes conditiones & qualitates Contractûs.* M. Duret, *hìc.*

9. Dans le cas de la résolution du contrat pour cause ancienne, qui procede du contrat même, il est indifférent que la résolution se fasse devant ou après la prise de possession, *rebus non integris, necne;* dans l'un & dans l'autre cas le seigneur ne peut demander aucun droit; & s'il a reçu les lods, il est tenu de les rendre.

10. Ainsi, si la vente est faite sous condition, & que la condition manque, le contrat demeurant résolu *ab initio*, les lods ne sont point dus; c'est la doctrine de Dumoulin, sur le §. 55 de la Coutume de Paris, gl. 1, nomb. 40, & celle de M. Dargentré, *de Laud.* §. 3.

11. Il faut dire la même chose des conditions tacites, que des expresses; & il en est de même des charges qui regardent la substance du contrat: comme si le vendeur ou l'acheteur ont promis de faire obliger leurs femmes ou leurs enfans, ou de donner caution; ne satisfaisant pas à cette promesse, le contrat demeure résolu de plein droit.

12. Sur la question, si les lods sont dus d'une vente où il y a un pacte de la loi commissoire, c'est-à-dire, que si l'acquereur ne paye le prix dans un certain temps, la vente demeurera nulle, & qui est résolue en vertu de la clause commissoire; il y a diversité de sentimens. Dumoulin, sur la Coutume de Paris, §. 23, nombres 9 & 15; Dargentré, *de Laud.* §. 4; Pontanus, sur la Coutume de Blois, *de obvent. Feud.* §. 6, qu. 11, pages 305 & 306, & le président Duret, dans son commentaire, sur l'article 394, *suprà*, soutiennent que les lods ne sont point dus. *Non procedit hic paragraphus*, dit M. Duret, en parlant de l'article 394, *in venditione in diem, & in ea quæ fit sub lege commissoria, in qua venditio ita concipitur, si ad diem pecunia soluta non fuerit, fundus est inemptus; & generaliter in omnibus pactis habentibus clausulas resolutorias principio ipsius Contractûs.* M. Duret, sur l'article 394, *suprà*. Voyez M. Bretonnier, sur Henrys, tome 2, livre 3, quest. 29; Bardet, tome 1, livre 2, chap. 96, où M. Berroyer traite la question amplement.

13. Quand le contrat est résolu pour une cause qui survient dans la suite; par exemple, lorsque le contrat de vente est résolu, que le vendeur rentre dans son héritage, faute de paiement à lui fait par l'acheteur, & que cette clause n'est point stipulée dans le contrat: sur cela il y a trois opinions différentes, dit M. Bretonnier, dans ses observations sur Henrys.

14. Mais l'opinion qui veut, sans aucune distinction & en quelque temps que la résolution se fasse, & qu'il est dû un droit pour la vente, me paroît la mieux fondée; la Coutume d'Orléans, article 112, y est expresse; la jurisprudence des arrêts y est conforme; ils sont cités par Bretonnier, sur Henrys, en l'endroit coté: & la raison est que dans ce cas le défaut de paiement qui cause la résolution du contrat, est une nouvelle cause qui n'est point dans le contrat même, mais qui vient du fait & faute de l'acquereur; qui n'ayant pas moyen de payer, consent la résolution du contrat; ce qui fait qu'en ce cas les droits du premier contrat sont dus au seigneur.

15. Pour ce qui est de la résolution, les lods & ventes n'en sont pas dus; parce que ce n'est pas une nouvelle vente, mais une résolution de la premiere faite sans fraude, pour cause nécessaire, & sans qu'il y ait de la faute du vendeur: ainsi jugé par arrêt du 8 janvier 1627, rapporté par M. Brodeau, sur M. Louet, lett. R, somm. 2, n. 3, & par Bardet, tome 1, livre 2, chap. 96; & ainsi fut décidé contre M. de Lapierre, par M. Louis Semin, Yves Beraud & François Menudel. *Quid si emptor*, dit Menudel, *pretium non solverit, creditor autem ipsius prædium venditum subhastet; venditor autem intercedat, & consentiente emptore, & omnibus interesse præsentibus, res pro pretio ad primum Dominum redeat, an ex hoc regressu debeantur laudimia Domino directo? Judicavimus Ludovicus* Semin, *Yvo* Beraud, *& ego, contrà Dominum* de Lapierre, *non deberi.* M. Menudel, sur l'article 394, *suprà*. Voyez M. Bretonnier, sur Henrys, tome 2, livre 3, qu. 29, où il répond à un arrêt du 26 avril 1672, rapporté contre ce sentiment. * Voyez aussi

chez M. Pierre Bardet, en l'endroit cité, la dissertation de M. Berroyer, sur l'arrêt de 1672, où il traite la question à fond.

Dans l'espece de l'arrêt du 26 avril 1672, rapporté dans le journal du palais, le vendeur s'étoit rendu adjudicataire de son héritage, pour une somme différente du prix de la vente; il prit pour 11000 liv. ce qu'il avoit vendu 20000 liv. il ne rentra pas dans son héritage, *per viam distractûs*, en déchargeant l'acquereur du prix, & se contentant de reprendre la chose en l'état qu'elle étoit; mais il se présenta comme un étranger, se rendit adjudicataire pour une somme beaucoup moindre que celle du contrat, & prit pour le restant de ce qui lui étoit dû d'autres immeubles, de maniere que c'étoit une véritable vente qui se fit à son profit; que le contrat par lequel il reprit étoit un autre que celui par lequel il avoit aliéné, l'un & l'autre ayant deux prix différens, d'où M. Berroyer tire deux conclusions.

La premiere, que l'arrêt a parfaitement bien jugé dans ces circonstances.

La seconde, qu'on n'a pas raison d'établir sur cet arrêt une jurisprudence pour le paiement de deux lods, & que d'en vouloir faire une décision générale, pour dire qu'un vendeur qui a donné terme pour le prix, rentrant dans son héritage à défaut de paiement, devra de seconds droits seigneuriaux, c'est ce qui résiste à tous les principes & à l'équité naturelle.

De ces principes M. Berroyer en tire une derniere conséquence; savoir, que quoique l'acquereur ait constitué rente pour le prix de l'héritage, le vendeur qui rentre à défaut de paiement de la rente, n'est pas moins exempt de doubles lods que s'il avoit seulement donné termes.

16. Que si le contrat étant résolu, faute de paiement, & la résolution ordonnée du consentement de l'acquereur, la chose étoit vendue à un autre, il seroit dû double droit au seigneur, parce que ce sont deux contrats de vente séparés; jusques-là, que si un adjudicataire, faute de consigner le prix de l'adjudication, consent qu'il soit procédé à une nouvelle adjudication, ou que cela soit ordonné forcément, il est dû double droit au seigneur par la même raison, parce qu'il y a double mutation & translation de propriété: les arrêts l'ont ainsi jugé. Brodeau, sur Louet, lett. R, somm. 2, nombre 4.

17. Quand un acquereur, après avoir pris possession & avoir été ensaisiné, est contraint, lui ou ses héritiers, de déguerpir pour les hypothéques du vendeur, en ce cas les lods & ventes sont dus de l'acquisition : de maniere que, si l'acquereur les a payés, il ne peut pas les répéter du seigneur; 1°. parce que les lods ayant été acquis au seigneur dès l'instant que le contrat a eu son effet, que l'acquereur a été fait maître & propriétaire de l'héritage, & qu'il en a pris possession, le seigneur ne les a pu perdre ensuite sans son fait, par le fait & faute du vendeur, & même par celle de l'acquereur qui doit imputer à sa trop grande facilité d'avoir acquis d'une personne obérée & insolvable, contre laquelle il a son recours pour le prix principal & ses dommages-intérêts; 2°. parce que le délaissement par hypothéque ne produit pas une résolution *ex tunc*, mais seulement *ex nunc*. Loyseau, *du Déguerpissement*, liv. 6, ch. 5, nomb. 8.

18. Que si sur ce déguerpissement l'héritage est décreté, en ce cas il n'est dû qu'un seul droit de lods & ventes au seigneur, tant du contrat de vente, que du décret fait sur ce déguerpissement; parce qu'il n'y a que le dernier qui subsiste; que le décret est subrogé au lieu de la premiere acquisition, par une subrogation d'un contrat à l'autre; de maniere que les deux contrats ne sont comptés que pour un à l'égard du seigneur direct; de même que le retrayant lignager est subrogé au lieu de l'acheteur: c'est-pourquoi le premier acquereur, pour se rembourser & dédommager de celles qu'il a payées au seigneur de son contrat, a droit de prendre celles du décret, le choix néanmoins réservé au seigneur de les prendre si elles excedent, en rendant au premier acquereur celles qu'il lui avoit payées. C'est la disposition de l'article 79 de la Coutume de Paris: sur quoi voyez les commentateurs de cette Coutume, M. Duplessis & les autres; Loyseau, *du Déguerpiss.* liv. 6, chap. 5 & 7; Bretonnier, sur Henrys, tome 2, livre 3, question 29.

19. Lods & ventes ne sont dus pour contrat de vente nul *ipso jure*, soit à cause de l'incapacité des contractans ou de l'un d'eux, ou à cause des choses qui ne peuvent pas être aliénées, ou autres semblables causes; & s'ils ont été payés, ils peuvent être répétés: *Quod enim nullum est, nullum producit effectum*; & les droits payés par l'acquereur qui ignoroit la nullité ou le vice du contrat, doivent être rendus *conditione indebiti. Si Contractus declaretur invalidus vel retrò nullus, Patronus tenetur restituere, quia apparet ex eventu non debitum recepisse*, dit Dumoulin, sur la Coutume de Paris, §. 22, n. 33; §. 23, n. 9. C'est la commune opinion des auteurs, & celle de M. le président Duret, sur l'article 394 de cette Coutume, *suprà*.

20. *Hic paragraphus*, dit-il, en parlant des lods & ventes, *obtinet tantùm in veris venditionibus, non in nudis & imaginariis quæ pro non factis sunt, nec in his quæ ex præterita materia Contractui innatâ resolvuntur; undè laudimia non debentur in venditione à non Domino factâ, quam proprietarius evincit à minore secutâ restitutione in integrum, de re inalienabili, quæ fit contrà Leges... Secùs in iis venditionibus quæ non ex præteritis causis, & inexistentibus Contractui, sed extraneis accidentibus & supervenientibus casibus, ut ex nunc rescindunt; quia ejusmodi rescisiones ad præterita rem non extendunt, sed futura considerant*,

& anteactis manentibus in præsentia tantùm agunt, velutì quæ revocantur ex delicto..... in talibus enim laudimia debentur, non in retroactivis, quibus in speciebus laudimia petens Dominus exceptione repellitur, & si fuerint soluta conducuntur. Le président Duret, sur l'article 394, *suprà.*

21. Quand le contrat n'est pas nul de plein droit, mais qu'il peut être annullé par le bénéfice de la restitution, les auteurs, comme l'a observé M. Bretonnier, conviennent aussi que les droits ne sont pas dus; & c'est, comme l'on voit, le sentiment de M. Duret. Mais plusieurs soutiennent que, si le seigneur les a reçus, il n'est pas obligé de les rendre; parce que l'acquereur ne peut plus répéter une chose qu'il a payée volontairement: d'autres usent de quelque distinction. Mais M. Dargentré, dans son traité *des Lods*, §. 17, & sur la Coutume de Bretagne, article 59, note 4, réfute solidement toutes ces opinions, & établit que les droits payés doivent être rendus par le seigneur: & Brodeau sur M. Louet, lett. R, somm. 2, rapporte des arrêts qui l'ont ainsi jugé. M. Salvain, *des Fiefs*, chapitre 89, excepte un cas; savoir, lorsque la rescision du contrat est fondée sur le dol de l'une des parties, auquel cas cette partie n'a pas droit de répéter les droits qu'elle a payés: *Probrum suum allegat, & sic non est audiendus.* Bretonnier, dans ses observations, sur Henrys, tome 2, liv. 3, quest. 29.

ARTICLE CCCXCVIII.

Du créancier qui peut améliorer l'héritage, & non l'empirer.

LE TENANCIER qui tient un héritage en Fief, cens, rente, ou Taille d'aucun Seigneur, il le peut méliorer, & non pas empirer: Et s'il a bâti ou fait de nouveau mélioration ou augmentation audit héritage, il ne peut démolir, vendre, ou exploiter ladite mélioration sans congé dudit Seigneur.

1. LA disposition trop dure de notre Coutume, au présent article, conforme à celle de l'ancienne Coutume, titre 1, article 9, ne s'observe pas à la rigueur, par rapport au censitaire, si ce n'est qu'on en fût ainsi convenu. *Cæterùm*, dit M. Louis Semin, *durissima Lex, quâ Censuarius ameliorato ædificio de ameliorationibus non possit disponere, siquidem nudo solo concesso sufficeret conditionem Domini non fieri deteriorem*; *quod* Coquille sur Nivernois, chapitre 6, article 15, *macerandum ità putat, si concessio eâ lege ut reædificetur ædificium, facta fuerit, aut facto Censuarii corruerit, secùs si sponte construxerit, & non coactus, quo casu de meliorationibus citrà fraudem liberè posset disponere.....* M. Semin, *hìc.*

3. Ainsi a été jugé en l'audience de M. le sénéchal, en l'année 1689; savoir, qu'un seigneur direct ne peut obliger son censitaire de rétablir les bâtimens compris en son terrier, pourvu que lesdits bâtimens n'ayent pas été démolis par son fait, ni de son temps. C'est la remarque de M. Jean Cordier; & il dit qu'il a été ainsi décidé pour le sieur Bourachot de Senas, contre le sieur Delatour de Gallois, par M. Fauconnier & lui, au mois d'août 1692. M. Jean Cordier, sur le présent article.

3. Le censitaire est le vrai maître & propriétaire de l'héritage qu'il tient en censive; il en est le seigneur utile, & il ne peut l'être qu'avec l'utilité & disposition de l'héritage; au lieu que pour le seigneur direct, il suffit qu'il ait dépendance, & reconnoissance qu'on lui paye annuellement son cens, & que le fonds soit suffisant pour cela: c'est donc au censitaire, comme maître de son héritage, d'en disposer à sa fantaisie, de lui donner la face qu'il veut, de changer la face des héritages selon son plaisir & volonté, soit en édifiant ou démolissant les bâtimens, sans que le seigneur puisse l'empêcher; parce que ces changemens ne font aucun tort au cens, qui ne peut jamais souffrir ni diminution, ni altération; & ainsi s'observe dans cette Province. Il est vrai que ces changemens peuvent faire préjudice aux lods; mais, suivant le sentiment de Dumoulin, cela ne peut entrer en considération.

4. *Regulariter Censuarius*, dit M. Dumoulin, *potest ad libitum probè vel perperam de re censuariâ disponere, Domino invito, sive ædificando, sive demoliendo, sive implantando, sive in stagnum aut contrà convertendo, sive ad vineam, vel nudam aream aut deambulationem, utilitatis vel voluptatis gratiâ convertendo, nec prohiberi potest à Domino censuali, eâ solâ ratione quòd res ab eo movetur in censum, quia census nunquam perit; non enim pensationem fructuum, sed honorem Domini respicit: ideò semper salvum remanet, nec est in consideratione quòd laudimia erunt minora, quia de ejusmodi casibus adventitiis aut fortuitis non curatur; secùs si perceptio ipsius censûs læderetur, modifico ut non procedat, quando domùs bene constructa data est in censum, & de hoc constat.... originali concessione, non autem recognitionibus etiam antiquis posteà factis.* Dumoulin sur Paris, §. 74, glose 2. Tel est aussi le sentiment de Loyseau, *du Déguerpiss.* livre 5, chapitre 5, nombre 15; d'Henrys, tome 1, livre 3, chapitre 3, question 20, & de Bretonnier, *ibid.* Et tel est mon sentiment; car enfin, comme dit Loyseau, il est toujours vrai de dire que l'on ne fait point de préjudice au seigneur, quand l'héritage demeure en tel état qu'il est suffisant pour lui payer annuellement son cens: ce qui est conforme à la disposition de la Cout. de

de Berry, titre 6, article 32; de celle de Troyes, article 78; de Sens, article 242, & autres.

5. Sur la question, si le censitaire peut couper les bois de haute futaye, M. le président Duret, après Dumoulin & Dargentré, répond qu'il le peut : *Quid igitur*, dit-il, *si grandes arbores secandas & auferendas alienare velit? Molin. ad Consf. Parif. de mat. feud. §. 20, gl. 1, qu. 20, num. 86; & Argent. in Consf. Britann. art. 60, ad verbum*, IL DOIT PAYER, *respondent posse, nisi Dominus alia specialia jura habeat, quâ ratione, sua intersit specialiter silvam non dejici, veluti jus pascendi, vel ligna accipiendi in nemore....* Duret, sur notre article; & arrêt du parlement de Toulouse, du 9 décembre 1613, rapporté par Brodeau sur M. Louet, lett. E, somm. 10, qui l'a ainsi jugé.

6. M. Fauconnier, sur notre article, décide aussi pour l'affirmative : la disposition de cet article, dit-il, n'empêche pas qu'un propriétaire, ou seigneur utile, ne puisse vendre des bois de haute futaye, ou en faire lui-même l'exploitation, sans l'agrément du seigneur direct, en obtenant du roi la permission de les vendre ou de les exploiter, particuliérement s'ils sont sur leur retour, & qu'ils ne fassent que diminuer; parce qu'en ce cas on ne peut tomber dans aucun reproche de mésus ou de spoliation, & que c'est au-contraire un acte d'un parfait œconome.

7. Il y a encore moins de difficulté, ajoute M. Fauconnier, quand le terrier ni ses reconnoissances ne font point de mention que les bois ayent été concédés, comme la principale assiette de la redevance.

8. Que si les seigneurs, conclut-il, ne sont pas fondés à empêcher l'exploitation, ils ne le sont pas mieux à prétendre des lods & ventes, ni un droit d'indemnité : ainsi jugé par arrêts rapportés par Tronçon, sur la Coutume de Paris, article 22; par M. Pierre Bardet, tome 2, livre 7, chapitre 7; Brodeau sur Paris, article 73, nombres 23 & 24; & tel est le sentiment de Dumoulin, sur l'article 25 de la Coutume de Paris, question 22, nombre 90.

9. Ce qui vient d'être dit ne regarde que le censitaire, qui tient un héritage à cens, & ne doit pas être appliqué au tenancier qui tient un héritage à rente fonciere; lequel n'a pas, selon moi, la même liberté de disposer de son héritage, que le censitaire : la raison se tire de la différence qu'il y a entre le cens & la rente fonciere, en ce qu'en matiere de cens la redevance est ordinairement très-modique, & n'est proprement qu'une marque de reconnoissance & de seigneurie; au lieu que la rente fonciere emporte presque toujours la plus grande partie des revenus de l'héritage. C'est-pourquoi le seigneur rentier peut contraindre, aux termes du présent article, le détenteur de l'héritage de l'entretenir, non-seulement en tel état que le seigneur puisse être payé annuellement de sa rente, mais encore en l'état que l'héritage lui a été baillé, & qu'il a été convenu; car le seigneur rentier y a intérêt à cause du paiement de sa rente, qui est (comme il vient d'être dit) ordinairement forte & considérable.

ARTICLE CCCXCIX.

Quand on peut guerpir l'héritage.

QUI tient & porte héritage à cens & rente duement constituée ou prescrite, (ès cas où rente se peut constituer) taille ou autre devoir, il le peut, si bon lui semble, quitter & guerpir au Seigneur en payant les arrérages dus, & délivrant à ses dépens l'acte ou instrument de la guerpine, & laissant ledit héritage en bon & suffisant état. Et quant ès vignes, on les peut aussi guerpir, après y avoir fait les labeurs & façons qui se doivent faire auparavant ladite guerpine, sinon que ledit devoir fût constitué sur certaine chose, & généralement sur tous ses biens : car en ce cas ledit Seigneur de la chose particuliere ne recevra ladite guerpine, si bon ne lui semble.

1. LE déguerpissement dont il est parlé dans le présent article, & le délaissement par hypothéque, se prennent souvent dans une même signification, quoiqu'il y ait entr'eux des différences essentielles.

2. Ils conviennent en ce que celui qui deguerpit, ou qui délaisse par hypothéque, demeure également déchargé de la rente fonciere ou d'autre charge réelle & annuelle, & de l'hypothéque, pour raison de laquelle il est poursuivi.

3. Ils different, 1°. en ce que le déguerpissement n'a lieu qu'aux rentes foncieres, & charges réelles; & le délaissement par hypothéque, aux simples hypothéques & aux rentes constituées.

4. 2°. En ce que le déguerpissement peut être exercé par le preneur ou son héritier, qui en déguerpissant éteint l'obligation réelle, & fait cesser la personnelle qui n'en étoit qu'accessoire; au lieu que le délaissement ne peut être fait valablement par celui qui a constitué l'hypothéque, & contracté la dette; lequel en faisant le délaissement, ne se libere pas de son obligation qu'il ne peut éteindre, que par le paiement ou la prescription; de maniere que

le délaissement par hypothéque ne regarde que le tiers acquereur & détenteur, contre lequel le créancier n'a qu'une action purement hypothécaire, & point de personnelle.

5. Ils different, 3°. en ce que le déguerpissement se fait à celui qui a été le seigneur propriétaire, & bailleur de l'héritage à la charge de la rente fonciere, ou d'autre charge réelle; & que le délaissement se fait au créancier hypothécaire, pour éviter la condamnation de l'action hypothécaire, & de payer la dette pour laquelle cette action est intentée.

6. 4°. En ce que celui, auquel le déguerpissement est fait, peut prendre la chose déguerpie, s'en mettre en possession; & ce faisant, en faire l'acquisition: au lieu que celui à qui on délaisse l'héritage par hypothéque, ne peut le prendre pour sa dette; qu'il faut qu'il le saisisse réellement, & le mette en criées, & qu'il se le fasse adjuger par décret. Et pour cela il faut faire créer un curateur à la chose abandonnée, & la faire vendre sur lui.

7. Dans notre article il n'est parlé que du déguerpissement, & non du simple délaissement par hypothéque; & suivant ce qu'il y est dit, le détenteur & tenancier de l'héritage chargé de cens, rente ou autre devoir, peut se libérer du cens ou de la rente, en déguerpissant ou abandonnant l'héritage: c'est aussi la disposition de l'ancienne Coutume, titre 1, article 11; celle de la Coutume de Paris, art. 109; de celle d'Auvergne, titre 21, article 16; de Niv. tit. 5, art. 20; de Berry, tit. 9, article 33; d'Orléans, art. 412, & autres.

8. La rente constituée, dont il est parlé dans notre article, n'est pas une rente constituée personnelle & simplement hypothécaire, comme celles d'aujourd'hui; on ne les connoissoit pas dans le temps de la rédaction de la Coutume: mais une rente nommément assignée sur un certain héritage, exprimé & spécifié au contrat, attachée à cet héritage, sur lequel seul elle étoit perceptible; de maniere qu'elle étoit limitée à la valeur de cet héritage, & qu'elle périssoit & diminuoit par conséquent par la perte ou diminution de l'assignat: cela paroît par ce qui est dit dans notre article; savoir, que si la rente ou le devoir étoit constitué sur certaine chose, & généralement sur tous les biens du constituant, il n'y avoit pas lieu au déguerpissement. Or, quand en la constitution d'une rente à prix d'argent on est convenu expressément qu'elle seroit seulement perçue sur l'héritage spécifié, & non sur les autres biens du constituant, alors l'obligation du constituant étant limitée à l'assignat, il est en sa puissance de le déguerpir, pour demeurer quitte de la rente, suivant notre Coutume au présent article; & c'est le sentiment de Loyseau, livre 4, *du Déguerpiss.* chap. 4, n. 6.

9. Plusieurs conditions sont requises pour la validité du déguerpissement.

10. La premiere, que le déguerpissement soit fait en entier, & non par partie; de maniere que celui qui déguerpit, ne retienne aucune partie de l'héritage chargé de la rente; jusques-là que l'on a douté si le créancier de la rente fonciere étoit tenu d'accepter le déguerpissement d'une partie de l'héritage chargé de la rente, fait par celui qui n'est détenteur que de cette partie: mais il a été jugé par arrêt du 28 août 1601, rapporté par M. Bouguier, lett. D, nombre 2, que le détenteur délaissant ce qu'il posséde de l'héritage sujet à la rente, s'exempte du paiement des arrérages à l'avenir, suivant le sentiment de Loyseau, l. 5, ch 2.

11. Ainsi celui qui posséde une partie de l'héritage, qui a été reconnu en entier avec d'autres, peut déguerpir ce qu'il posséde: la raison est qu'on ne peut rien imputer au détenteur, quand il délaisse tout ce qu'il détient de l'héritage sujet à la rente; & que ce seroit le réduire à l'impossible, si on l'obligeoit à en délaisser davantage; & qu'en cela il ne fait aucun tort au seigneur de la rente, lequel n'est pas tenu de reprendre & accepter la portion déguerpie; & en ce faisant, diviser sa rente, & la rendre confuse en sa personne à proportion; mais peut, en la délaissant vacante, intenter son action solidaire, & pour toute sa rente, contre les co-détenteurs qui tiennent le surplus de l'héritage, & ainsi les contraindre de déguerpir, ou de payer sans division de sa rente: & les détenteurs des autres portions sont sans intérêt, parce qu'ils peuvent reprendre la portion déguerpie, soit en se la faisant adjuger, soit en prenant cession du seigneur de la rente, soit en se mettant eux-mêmes en possession. C'est la disposition de la Coutume de Tours, article 201; le sentiment de Loyseau, *ibid.* nombre 7, & celui de M. le président Duret.

12. Que si le seigneur accepte la portion déguerpie, il doit confondre en sa personne la portion de la rente, à proportion de la valeur de l'héritage déguerpi: car il ne seroit pas juste que, jouissant d'une partie de l'héritage, il demandât toute la rente. *Tunc Dominus*, dit M. Duret, *cui pars cedentis tribuitur, pro modo partis cessæ, Dominus esse desinit, & census pro rata extinguitur..... Hic tamen integrum censum ab aliis possessoribus potest exigere, si quæ sibi cessa sunt, iis derelinquere malit, nisi iidem ea quæ possident, ut licet, Domino guerpiant.... quia Dominus partem recipere non tenetur....* M. Duret, sur le mot de notre article, IL LE PEUT.

* Dans le cas où le seigneur n'accepte pas la portion déguerpie, & qu'il oblige les co-détenteurs, par la force de la solidité, de lui payer le cens dû sur la terre déguerpie, c'est pour lors une surcharge pour les co-détenteurs, & c'est une question comment elle doit être payée; si elle doit l'être également, & par portion égale par chaque co-détenteur, ou bien proportionnellement à leur détention, & à l'étendue des héritages que chacun posséde dans le max ou tenement; de maniere que celui qui posséde une plus grande étendue paye plus de la surcharge à proportion, &

que celui qui en posséde une moindre, paye moins; sur quoi Mrs. les conseillers & avocats de ce siége sont partagés en des sentimens opposés.

Ceux qui soutiennent que la surcharge provenant du déguerpissement de l'un des co-détenteurs, doit se payer par les détenteurs proportionnellement à l'étendue des héritages qu'ils posséent dans le max, se fondent sur la nature du cens, qui est une charge réelle, qui se paye *ratione rei*, à cause & pour raison de la détention; d'où ils inférent que celui qui posséde la plus grande partie du max par proportion à ses co-détenteurs, doit supporter la plus grande partie de la surcharge, n'étant pas juste que celui qui n'en posséde qu'une petite partie, en paye autant que lui; & on ne fait point en cela, dit-on, d'injustice à celui qui paye plus de la surcharge, parce qu'outre que cette surcharge ne lui est imposée que proportionnellement à sa détention dans le max, c'est qu'il peut & qu'il est en droit de s'approprier une plus grande portion de la terre déguerpie, & ce, par proportion à la partie qu'il paye de la surcharge. Tel est, ajoute-t-on, le sentiment de Loyseau dans son traité du déguerpissement, livre 5, chapitre 2, nombre 18, à la fin, où il dit que les terres délaissées doivent, selon la novelle 116, être départies entre les possesseurs des terres de la même tenure, & baillées & chargées du même cens, à fur & à proportion des terres qu'ils posséent du même cens, & sujettes à la surcharge.

Ceux qui se déclarent pour le sentiment contraire, & qui prétendent que la partie du cens due par la terre déguerpie, doit être payée également par les autres co-détenteurs, disent que ces co-détenteurs ne possédant rien dans la terre déguerpie, ils ne sont obligés de payer cette surcharge au seigneur, que par la force de la solidité; & parce que la solidité, ajoutent-ils, est la même dans celui qui en posséde la plus petite partie du max, que dans celui qui posséde une plus grande, & qu'elle n'admet point de proportion; il en faut conclure que celui qui posséde la plus petite partie du max est également tenu de payer cette surcharge, que celui qui posséde la plus grande partie, & qu'elle doit être également portée par l'un & l'autre.

La maxime qui veut que le cense paye *ratione rei*, & à raison de la détention, bien loin d'être opposée à ce sentiment, ne sert, dit-on, qu'à le confirmer; car, que doit-on inférer de cette maxime? sinon, 1°. Que celui qui posséde une plus grande partie du max, doit, pour raison de cette partie, payer une plus grande quantité de cens au seigneur. 2°. Qu'aucun des co-détenteurs ne possédant rien dans la portion déguerpie, ils ne sont pas tenus les uns plus que les autres, de payer le devoir dû sur cette partie du max. 3°. Que payant également cette surcharge, ils doivent partager entr'eux également la portion déguerpie; toutes choses qui sont avouées par les défenseurs de ce second sentiment; lequel paroît être autorisé par l'usage; car quand le seigneur s'addresse à l'un des détenteurs pour la totalité du devoir, ce détenteur, qui est pris pour la totalité, poursuit les autres pour le paiement de leur férue, & si quelqu'un se trouve insolvable, la perte est également portée par les autres. C'est l'observation de Potier sur l'article 410 de notre Coutume; & ainsi se pratique dans cette province, à ce qu'il me paroît.

13. La seconde condition requise pour rendre le déguerpissement valable, est que le preneur paye les arrérages dus; parce que le seigneur doit être indemnisé: c'est la disposition de notre Coutume, au présent article; celle de l'ancienne, titre 1, article 11; de Paris, article 109; d'Auvergne, titre 21, article 16; d'Orléans, article 412; de Sens, article 238; d'Anjou, article 465, & autres.

14. La troisieme condition requise pour la validité du déguerpissement, est qu'avant de déguerpir on remette les héritages en bon & suffisant état. C'est encore la disposition de notre Coutume, au présent article; celle des Coutumes qu'on vient de citer; de Nivernois, chapitre 7, article 6; du Maine, 469, & autres. Ainsi le seigneur de la rente n'est tenu d'accepter le déguerpissement, que les réparations n'ayent été faites, afin que sa condition ne soit pas rendue pire; car c'est, dit Loyseau, une maxime certaine, que le bailleur ou créancier de la rente ne doit souffrir aucune perte ou dommage par le déguerpissement. Loyseau, *du Déguerpiss.* livre 5, chapitre 2, nombre 4.

15. Ce n'est pas assez de consigner l'argent pour les réparations, il faut précisément réparer, & remettre l'héritage en bon & suffisant état. Loyseau, *du Déguerpiss.* livre 5, chapitre 4, nombre 6.

16. Notre Coutume, selon que l'a observé M. François Menudel, n'oblige pas le preneur qui déguerpit à laisser l'héritage en l'état qu'il l'a pris; & si cela étoit, & qu'il fallût que l'héritage fût restitué en pareille bonté, il s'ensuivroit, dit Loyseau, que jamais les maisons ne pourroient être déguerpies; parce qu'elles diminuent de bonté intérieure par le temps, qu'elles deviennent caduques & ruineuses d'antiquité; & néanmoins on ne laisse pas de les déguerpir, pourvu qu'elles soient en bon entretien. Loyseau, *du Déguerpiss.* livre 5, chapitre 5, nombres 2 & suiv.

17. Il y a plus; c'est que celui qui déguerpit, n'est pas tenu de remettre l'héritage en bon & suffisant état, dans le cas des démolitions fortuites: car en ce cas, celui qui déguerpit, n'est pas tenu de rebâtir; & quand nos Coutumes ont parlé de laisser en bon état, elles n'ont point entendu parler de rétablissemens entiers & réédifications, mais des réparations & entreténemens. C'est le sentiment de Loyseau, *du Déguerp.* livre 5, chapitre 6, nombres 13 & suiv. & après lui, de M. François Menudel, sur notre article. Il en est autrement des démolitions volontaires, qui arrivent par le fait ou la faute du preneur ou de

celles dont il auroit profité par le moyen des matériaux.

18. Que si le preneur ne veut point déguerpir la maison abattue, il doit (dit Loyseau) la remettre en tel état, que la rente puisse être commodément perçue. La raison est, ajoute Loyseau, que l'entretien de l'héritage est une espece de charge fonciere, casuelle & extraordinaire : de maniere qu'il faut, ou quitter la détention, ou subir cette charge; d'autant que le seigneur rentier a intérêt de savoir s'il a une rente ou une place. Loyseau, *du Déguerpiss. ibid.* nombre 25, & chapitre 7, nombres 11 & 12.

19. Le preneur à cens ou rente ne peut point en déguerpissant retirer les améliorations qu'il a faites dans l'héritage, ni en demander l'estimation, ou la compensation avec les dégradations qu'il y auroit faites: la raison est qu'il faut qu'il déguerpisse toute la superficie, aussi-bien que le sol, & qu'il n'a aucun lieu de se plaindre; parce que c'est à son choix de garder les améliorations, en gardant l'héritage aux mêmes conditions auxquelles il l'a pris, & qu'il n'est pas en la puissance du seigneur de l'expulser de l'héritage, quand il voudra. Loyseau, *du Déguerpiss.* livre 6, chapitre 6, nombre 22.

20. Une quatrieme condition, pour la validité du déguerpissement, est que le preneur ait exécuté toutes les clauses du contrat de bail, auxquelles il étoit obligé. Ainsi, si le preneur avoit promis de faire quelqu'amandement, augmentation ou amélioration, à l'héritage chargé de la rente, il ne pourra déguerpir, qu'il n'ait satisfait à ses promesses. C'est la disposition de la Coutume de Paris, article 109.

21. Une 5e. condition pour pouvoir valablement déguerpir l'héritage, est qu'il faut en être propriétaire, & avoir pouvoir d'aliéner. Ainsi le mineur ne peut déguerpir sans avis de parens, homologué en justice & permission de juge; le bénéficier, sans les solemnités requises, & spécialement sans enquête, *de commodo & incommodo*, sans permission du supérieur & du juge; le mari l'héritage de sa femme, sans son consentement, & si elle n'est en cause; l'héritier bénéficiaire, sans le consentement des créanciers de la succession : & s'il fait le contraire, il est comptable aux créanciers de la légitime valeur de l'héritage, si elle excéde la valeur de la charge, pour laquelle il déguerpit. Loyseau, *du Déguerpiss.* livre 4, chapitre 6. La Thaumassiere, sur la Coutume de Berry, titre 9, article 23.

22. Trois choses empêchent le déguerpissement.

23. La premiere, si le preneur a renoncé expressément par le contrat au déguerpissement, un chacun pouvant rénoncer à ce qui est introduit pour son utilité particuliere.

24. La seconde, s'il a promis de fournir & faire valoir la rente à laquelle il a pris l'héritage; en ce cas ni lui, ni ses héritiers ne peuvent jamais se libérer par le déguerpissement; c'est la disposition de la Coutume de Paris, article 109. La raison est que cette clause renferme l'obligation personnelle de faire ensorte que la rente soit toujours payée, indépendamment de la possession de l'héritage qui en est chargé. Cette seconde clause, non plus que la premiere, ne contient rien d'injuste; car, puisque par le bail à rente le preneur acquiert la propriété de l'héritage, & que tous les profits lui en appartiennent, il n'y a point d'injustice à ce qu'il se soumette par quelque clause particuliere à supporter toutes les pertes & dommages qui pourroient lui arriver, & à payer la rente sur ses autres biens, au cas que l'héritage vienne à périr. Loyseau, *du Déguerpissement*, chap. 13, nomb. 1 & 2.

25. Si celui qui a pris l'héritage a promis seulement de payer la rente, & que pour cet effet il ait obligé, affecté & hypothéqué tous ses biens; une telle clause n'empêcheroit pas le déguerpissement, suivant l'article 109 de la Coutume de Paris; parce que l'obligation personnelle n'est qu'accessoire à l'hypothécaire; que la promesse de payer la rente s'entend seulement, tant qu'il sera propriétaire & possesseur de l'héritage obligé à la rente, & qui n'est censée constituée sur les biens du preneur, que pour sûreté du paiement des arrérages de la rente. Ainsi cette clause n'empêche pas le déguerpissement dans les Coutumes qui ne contiennent pas de disposition contraire, & encore moins dans celles qui disposent indéfiniment que les détenteurs peuvent déguerpir. Tel est le sentiment de Loyseau, *du Déguerpissement*, liv. 4, ch. 10, nombre 8, où il remarque trois arrêts des années 1601, 1608 & 1609, qui l'ont ainsi jugé.

26. Il y a plus: c'est que, quoique le preneur eût promis de payer le cens ou la rente à toujours & perpétuellement, ces termes (*à toujours & perpétuellement*) n'excluroient pas encore le déguerpissement; parce que la rente étant de sa nature perpétuelle, & non rachetable, cette clause n'est censée & présumée regarder que le temps de la propriété & possession; & s'entend que le preneur a promis de payer à toujours & perpétuellement, s'il posséde toujours : mais ne s'entend pas qu'il payera, s'il cesse de posséder.

27. Le troisieme empêchement, marqué par notre Coutume dans le présent article, est quand la vente est assignée sur certaines choses, & généralement sur tous les biens du preneur : la raison est qu'en ce cas ce n'est point proprement l'héritage baillé qui doit précisément la rente, mais tous les autres biens du preneur; desorte que ce contrat excede les bornes du vrai bail à rente, & passe en nature de rente constituée par forme d'assignat général. C'est l'observation de M. Menudel, sur notre article, lequel fait deux autres remarques très-nécessaires.

28. La premiere, que cette exception de notre article ne doit être entendue que du preneur, & non du détenteur qui auroit passé titre

titre nouvel, & obligé à la continuation de la rente tous ses biens; car son obligation s'entend seulement, tant qu'il sera détenteur. Cette promesse de payer produit une exécution parée sur tous les biens du détenteur, pour le paiement des arrérages; & si cette clause n'y étoit pas, le contrat ne seroit pas exécutoire : parce qu'un contrat n'est ni exécutoire, ni sujet à provision, s'il ne contient promesse expresse de payer somme liquide.

29. La seconde remarque est qu'il faut faire une grande différence entre l'assignat de la rente sur certaines choses, & tous les biens du preneur; auquel cas il n'est pas permis de déguerpir, ainsi qu'il vient d'être dit, & pour les raisons qu'on a touchées; & l'obligation des biens apposée immédiatement après la promesse de payer, ou ajoutée à la fin du contrat, selon le style ordinaire des notaires; auquel cas il est loisible au preneur de déguerpir, comme il a été encore dit; parce que, quand l'obligation des biens est exprimée immédiatement après la promesse de payer, elle est restreinte & limitée à cette promesse, dont elle est accessoire seulement: laquelle promesse ne s'entend que tant qu'on sera possesseur de l'héritage, comme pareillement quand elle est ajoutée à la fin du contrat, selon le style des notaires; car alors elle est aussi limitée & modifiée, selon la nature ordinaire des contrats. Menudel, *hic.*

30. Par la même raison, que le preneur & ses héritiers peuvent s'exempter de payer la rente par le déguerpissement de l'héritage qui en est chargé, ils le peuvent également par la vente de l'héritage; & cette raison est prise de la nature de la rente fonciere, qui est un droit réel & foncier, qui suit toujours le fonds en quelques mains qu'il passe, & laisse & quitte la personne, dès que le fonds est hors de sa détention; desorte que pour les arrérages échus depuis la vente le seigneur rentier ne peut s'en prendre au vendeur, mais à l'acquereur qui est propriétaire du fonds, lors des échéances. Loyseau, *du Déguerpissement*, liv. 4, chap. 8, nomb. 1 & 8.

31. N'importe, dit Coquille, sur la Coutume de Nivernois, chap. 7, art. 4, que la vente ait été faite à un pauvre non-solvable, vu qu'on peut quitter & déguerpir simplement ès mains du seigneur; & ainsi a été jugé en cette Sénéchaussée, le 27 août 1723, au rapport de M. Vernin, assesseur, en la cause des abbés & religieux de Belaigne, demandeurs en paiemens d'arrérages de devoir, & André Menaud, défendeur; j'étois des juges.

32. Ce qu'il faut observer, c'est que ce dont le preneur peut être tenu par obligation personnelle, en conséquence du contrat fait avec lui, comme de la réfection de l'héritage, du paiement des arrérages de son temps, il ne peut s'en exempter par la vente de l'héritage, non plus que par le déguerpissement. C'est l'observation de Loyseau, *du Déguerpissement*, liv. 4, chap. 8, nomb. 11; & la raison, c'est que l'action réelle s'éteint par le déguerpissement & l'abandonnement, mais que l'action personnelle ne s'éteint que par le paiement: autrement il seroit aisé à celui qui auroit abbatu l'édifice, de revendre ensuite la place à quelque pauvre homme, avec lequel il colluderoit.

33. L'acquereur du preneur, qui a acquis l'héritage à la charge de la rente, a la même obligation réelle & personnelle, que le preneur, de payer la rente au bailleur : mais il peut déguerpir & se libérer de la rente, quoique son auteur soit personnellement tenu de la continuer, & ne fût pas reçu au déguerpissement. La raison est qu'il a acheté simplement à la charge de la rente, & non point aux mêmes charges & clauses de son vendeur : mais s'il s'y étoit aussi soumis, ou qu'il eût expressément promis de garantir & acquitter son vendeur, en ce cas il n'y seroit plus recevable non plus que lui.

34. L'acquereur qui a acquis à la charge de la rente, ou qui ayant acquis sans la charge d'icelle, en a passé reconnoissance, ou qui a été condamné à reconnoître & continuer la rente, est tenu des réparations, même des démolitions (autres que des fortuites) survenues avant sa reconnoissance ou condamnation; & il ne peut déguerpir, qu'il n'ait auparavant rétabli l'héritage: la raison est que les Coutumes, & notamment celle-ci en notre article, portent indéfiniment que la chose déguerpie doit être rendue en bon état; ce qui est juste, afin que la condition du bailleur ne soit pas rendue pire. Loyseau, *du Déguerpissement*, chap. 4, nomb. 9.

35. Il en est de même quant aux arrérages échus avant sa détention; il les doit tous acquitter, sauf son recours contre son auteur ou vendeur: la raison est que la Coutume ordonne au détenteur qui veut déguerpir, de payer indéfiniment & généralement les arrérages dus, & qu'on ne peut pas dire qu'on fasse en cela aucun tort au tiers détenteur; puisqu'on ne le contraint pas de payer sur ses autres biens les arrérages échus du temps de son auteur, & qu'on exige simplement de lui, qu'au cas qu'il veuille user du privilége du déguerpissement, il en use sous les conditions qui sont requises par la Coutume: c'est le raisonnement de Loyseau, *du Déguerpissement*, livre 5, chapitre 9, nombre 6. Papon, sur notre article, allégue une autre raison: *Si reliqua*, dit-il, *non solvantur, his tanquam reali oneri prædium subjicitur, & deterius est; igitur*, conclut-il, *eo onere evacuandum & liberandum est.*

36. Voilà pour l'acquereur qui a acquis à la charge de la rente, ou qui en a passé reconnoissance.

37. Quant au détenteur qui a acquis un héritage chargé d'une rente fonciere, sans la charge d'icelle & sans en avoir connoissance, & dont le déguerpissement est forcé :

38. 1°. Il n'est point tenu des démolitions,

même volontaires, par son fait & par sa faute, mais sans fraude. La raison est qu'étant véritablement propriétaire, il a pu user de la chose comme bon lui a semblé; que personne ne peut & n'a droit de se plaindre, s'il a négligé son héritage & l'a laissé périr dans un temps où il ignoroit qu'aucun autre y prétendît droit: *Qui enim rem suam neglexit, nulli querelæ subjectus est*, dit en semblable cas la loi *Si quid possessor*, §. *Sicut*, ff. *de pet. hæred.* Tel est le sentiment de M. Duplessis, sur la Coutume de Paris, traité *des Actions*, liv. 2, chap. 5; où il dit qu'en ce cas cet acquereur n'est tenu de rendre que ce qui est provenu des démolitions; mais qu'à l'égard de la vente d'un bois de haute futaye, il n'y a nulle difficulté qu'il en doit rapporter le prix, *quia ditior factus est*.

39. 2°. Quant aux arrérages de la rente échus de son temps, il faut distinguer: si ce sont des arrérages de cens, comme c'est une charge ordinaire assez connue, & qu'on présume toujours que l'acquisition est faite à cette charge, quand elle ne seroit pas exprimée, il doit ces arrérages personnellement: mais, si ce sont des arrérages d'une simple rente fonciere, il est quitte de tous les arrérages, & gagne les fruits s'il déguerpit avant la contestation; & s'il ne le fait qu'après la contestation, il doit restituer les arrérages, à compter du jour de la contestation, jusqu'à la concurrence des fruits par lui perçus; desorte qu'il est quitte en rendant les fruits, sur lesquels les frais de labour & semence de chaque année doivent être déduits: mais c'est ce qui sera plus amplement expliqué sur l'article 414, *infrà*.

40. De cette maniere il en est du déguerpissement de l'acquereur de bonne foi, qui a acquis l'héritage chargé d'une rente fonciere sans la charge d'icelle, & sans le savoir, comme d'un simple délaissement par hypothéque; étant contraint de déguerpir pour éviter la continuation de la rente; il peut même demander le remboursement des méliorations & augmentations qu'il a faites, lesquelles il n'eût pas faites s'il eût su la charge de l'héritage. C'est le sentiment de Loyseau, *du Déguerpiss.* livre 6, chap. 6, nombres 20 & suivans: sentiment qui est plein de justice & d'équité; car c'est bien assez que celui qui déguerpit pour le fait d'autrui, perde l'héritage qu'il avoit acquis de bonne foi & sans charge, sans perdre encore les méliorations, & sans que celui qui reprend l'héritage, s'enrichisse à ses dépens, par le profit qu'il feroit de ces méliorations.

41. Le déguerpissement doit être fait en jugement, partie présente, ou duement appellée, à moins qu'il ne soit fait du consentement des parties. C'est la disposition de la Coutume de Paris, article 109: la raison est que le déguerpissement est sujet à contestation; c'est-pourquoi le détenteur qui veut déguerpir, doit faire assigner le bailleur, pour voir déclarer le déguerpissement bon & valable; & peut le bailleur, & même doit déduire ses raisons pardevant le juge, pour s'y opposer, ou pour ne l'accepter que sous certaines conditions, selon le droit qu'il peut avoir.

42. L'effet du déguerpissement accepté par le bailleur à rente fonciere, ou ordonné par justice, est qu'il ne peut plus être révoqué: la raison est que par ce moyen le bail à rente est résolu, & le bailleur remis dans son ancien droit, dont il ne peut être privé sans son consentement.

43. Que si le tenancier, au-lieu de déguerpir avec les formalités requises, laisse simplement la terre vacante & inculte, pour lors le seigneur censier, ou rentier, peut par sentence du juge les cultiver & faire valoir; & pendant la jouissance il ne lui sera dû aucun cens, rente, ni autres droits. C'est la disposition de la Coutume de Berry, titre 6, article 26, qui est juste, & doit être suivie dans cette Coutume. Ainsi le seigneur censier ou rentier, qui jouit de l'héritage censif, vacant & inculte, par autorité de justice, après s'être payé de son cens ou rente, gagne le surplus des fruits & revenus à pur gain: mais, si le seigneur prend possession de l'héritage de son autorité privée, il est comptable des fruits, ainsi qu'il a été jugé en ladite Coutume de Berry, par sentences rapportées par M. de la Thaumassiere, sur ledit article, titre 6; & si le seigneur utile revient, & veut reprendre son héritage, il lui sera rendu: ledit article de la Coutume de Berry dit: *si le Seigneur utile revient dans dix ans*; mais la Thaumassiere étend ce temps-là jusqu'à trente ans, & avec raison.

ARTICLE CCCC.

Si aucun Seigneur direct achete aucune chose en sa directe, & ladite chose se retrait par aucun lignager, lods & ventes sont dus audit Seigneur direct par le retrayant.

La raison de ladite disposition contenue au présent article, est que le retrait tient au retrayant lieu du contrat de vente: car le seigneur qui avoit par son acquisition réuni la seigneurie utile à la directe, en étant évincé par le retrait qui est ouvert au lignager, suivant l'article 438, *infrà*, & le contrat de vente consenti à son profit, demeurant par cette éviction sans effet, & comme s'il n'avoit jamais été passé; les choses sont réduites au même état, que si le retrayant avoit acquis de celui qui a vendu au seigneur ; & le seigneur doit rentrer dans ses droits seigneuriaux, & avoir les lods & ventes qui lui sont attribués par l'article 394, *suprà*, *En ventes d'héritages*.

ARTICLE CCCCI.

EN SUPPLÉMENT de juste prix ou acquisition de plus-value, soit par transaction ou autrement, lods & ventes en sont dus, tout ainsi que du prix & sort principal. Mais en donation de plus-value, qui se fait en Contrat de vendition, lods & ventes n'ont point de lieu, quant à la plus-value.

1. LA Coutume d'Auvergne contient une même disposition, aux articles 4 & 5 du titre 16 ; & cette disposition a un fondement très-légitime, qui est que le supplément du prix fait partie du prix de la vente. Ainsi pour supplément de juste prix, donné depuis le contrat de vente, soit par contre-lettres, transaction ou condamnation par l'acquereur poursuivi pour la rescision du contrat, pour lésion & plus-value, lods & ventes sont dus, quoique ceux du contrat eussent déja été reçus, & qu'il y ait quittance donnée sans reserve.

2. La difficulté en ce cas est de savoir à qui le droit de lods & ventes est dû, si c'est au fermier du temps de la vente, ou à celui qui jouit du temps du supplément. Henrys traite la question, & il décide qu'il est dû au fermier qui jouit du temps du supplément ; il cite plusieurs auteurs qui sont de ce sentiment, & un arrêt du parlement de Toulouse qui l'a jugé de la sorte. Pour moi, il me paroît, avec Bretonnier, que le droit de lods doit appartenir au fermier du temps du contrat ; parce que le supplément qu'on paye, n'est que pour faire le juste prix, & que c'est la même chose que si l'acquereur l'avoit d'abord payé ; que le second acte a une dépendance nécessaire du premier ; que l'acquereur n'a fait que ce qu'il devoit faire au commencement, & qu'enfin le supplément de juste prix, que l'acquereur aime mieux fournir que quitter l'héritage, doit être censé compris au contrat ; attendu que ce n'est pas volontairement qu'il le donne, mais par la force de la loi, qui ajoute elle-même au prix du contrat ce qui manque en icelui. Henrys, tome 1, livre 3, question 29 ; & Bretonnier, en ses observations, *ibid.*

3. Quant à la donation de plus-value, qui se fait en contrat de vente, les lods & ventes n'ont point de lieu, quant à ladite plus-value ; c'est la disposition de notre Coutume, au présent article, & de celle d'Auvergne, titre 16, article 5. Cette donation est pour l'ordinaire du style du notaire ; ensorte qu'elle n'est pas présumée ni considérée véritable, & qu'elle n'empêche point la rescision de la vente, du chef de la lésion d'outre moitié de juste prix, comme il a été observé par Mornac, sur la Loi 2, Cod. *de rescind. vendit.* par Papon, sur notre article, & par Prohet, sur l'article cité de la Coutume d'Auvergne. Mais, quand la plus-value seroit réelle & considérable, les lods & ventes n'en seroient pas dus au moyen de ladite donation, pourvu toutefois que la donation fût sérieuse, & non feinte & simulée : c'est la remarque de Papon, & de M. le président Duret. *Intellige*, dit Duret, *de donatione verâ, non fictâ, id est, si fraus absit, quæ quomodò agnoscatur habes ex Molinæo ..... qui notat cùm emptor in Contractu, aut incontinenti post ultrà pretium donat certam summam venditori ob merita, hâc de summâ laudare debere Dominum, non tamen simpliciter, sed habitâ ratione valoris rei venditæ, ut fraus vitetur, non verò si sufficiat pretium constitutum, sine additamento pecuniæ donatæ.* M. Duret, *hìc.*

ARTICLE CCCCII.

EN VENTE faite par criées de biens-immeubles, lods & ventes sont dus.

1. LOds & ventes sont dus pour vente par décret, comme pour vente volontaire, ainsi qu'il est porté en notre art. en l'art. 8 du titre 16 de la Coutume d'Auvergne ; aux articles 22 & 35 du chapitre 4 de celle de Nivernois ; en l'article 54 de celle de Troyes ; en l'article 59 de celle de Chaumont en Bassigny ; en l'article 147 de celle de Touraine, & autres. La raison est que la vente par décret est comme si le débiteur avoit lui-même vendu pour payer ses dettes ; car la justice, qui doit à un chacun le sien, fait par son office ce que le débiteur devroit faire.

2. Quand sur le contrat de vente on fait interposer un décret pour purger les hypothéques, soit qu'il y en ait eu stipulation au contrat, ou non, ne sont dus que les simples droits, tant pour l'adjudication, que pour le contrat (si l'adjudication est faite au même acquereur,) le choix reservé au seigneur de prendre les lods, selon le prix du contrat ou du décret : c'est la disposition de la Coutume

de Paris, article 84, & de celle d'Orléans, article 116. La raiſon eſt qu'il n'y a qu'un titre d'acquiſition, qui eſt le contrat; l'adjudication n'étant pas une nouvelle vente, mais une aſſurance de la premiere.

3. Mais, ſi l'adjudication eſt faite à un autre, lods & ventes ſont dus doubles; par la raiſon que l'acquereur a volontairement renoncé à ſon acquiſition, puiſqu'il avoit la liberté d'enchérir, & qu'il doit s'imputer s'il ne l'a pas fait: ainſi il doit les droits de ſon chef pour ſon contrat d'acquiſition, & l'adjudicataire du ſien pour l'adjudication. Tel eſt le ſentiment de Brodeau & Tournet, ſur la Coutume de Paris, article 84; de Dupleſſis, ſur Paris, traité *des Cenſives*, liv. 2, chap. 2, ſect. 1; de de Ferriere, *Inſt. Cout.* tome 1, livre 2, titre 3, article 87.

4. Dumoulin fait une exception, qui eſt ſi l'acquereur n'eſt point entré en poſſeſſion de l'héritage, & que le vendeur l'ait toujours conſervé juſqu'au décret; auquel cas il eſtime que l'adjudication faite à un autre, produit une réſolution du contrat, & que les droits ne ſont dus que de l'adjudication. Tel eſt le ſentiment de M. Berroyer, dans ſes obſervations, ſur le commentaire de Tournet, ſur ledit article 84 de la Coutume de Paris; & M. Dupleſſis ne s'en écarte pas. On peut même ſtipuler que le contrat demeurera nul & réſolu, en cas que l'adjudication ſoit faite à un autre à un plus haut prix; & en ce cas les lods & ventes ne ſont dus que de l'adjudication, ſelon M. Dupleſſis & M. Berroyer.

5. Les lods & ventes ſont dus du temps du contrat, & non de celui du décret; ainſi ils appartiennent au ſeigneur, ou fermier qui étoit alors, & le ſeigneur n'eſt tenu pour ſon paiement d'attendre que le décret ſoit fait: la raiſon eſt que le titre d'acquiſition eſt le contrat, & non l'adjudication par le décret.

ARTICLE CCCCIII.

LODS & ventes ſont dus pour l'héritage ou rentes baillées en payement de deniers, ſoient dotaux ou autres. Toutefois ſi au Contrat de mariage un pere conſtitue une ſomme de deniers en dot, dont la moitié ou autre partie doive être convertie en héritage propre, & le pere ou autre conſtituant en enſuivant ladite conſtitution baille héritage, en ce cas ne ſont dus lods & ventes.

1. LE droit de lods n'eſt point dû en donation, quoique la choſe donnée ſoit eſtimée; parce que la déclaration de la valeur ne fait vente, *etiam factâ æſtimatione*, diſent M. Duret & M. Menudel; *ſummâ enim declaratur, non venditio contrahitur.*

2. Mais pour héritage donné en paiement de dette, ce qui eſt appellé, *datio in ſolutum*, lods & ventes ſont dus, même pour héritage donné par un pere à ſes enfans, en paiement de ce qu'il leur doit, pour prêt (par exemple) qu'ils lui ont fait, ou pour réliquat de leur compte de tutelle, ou pour convention matrimoniale de leur mere défunte. C'eſt ce qui réſulte de la diſpoſition de notre Coutume, au préſent article, & de celle d'Auvergne, titre 16, article 16. La raiſon eſt que la choſe ſe paſſe comme entre étrangers, & que c'eſt une véritable vente; car la dette qui eſt acquittée par le contrat, fait fonction de prix, & tient lieu de deniers: & c'eſt une maxime fondée ſur l'opinion des docteurs, que *datio in ſolutum, vicem venditionis obtinet.*

3. Quand un pere conſtitue une dot en deniers, & que dans la ſuite il paye en fonds, c'eſt, dit M. Prohet, ſur l'article 16 du titre 16 de la Coutume d'Auvergne, une véritable vente, de laquelle le droit de lods eſt dû. M. Louis Semin eſt d'un ſentiment contraire. Ce qui eſt ſûr, c'eſt que notre Coutume, après avoir, dans le préſent article, décidé que les lods & ventes ſont dus pour héritages donnés en paiement de deniers dotaux, met une exception à ſa déciſion; ſavoir, quand au contrat de mariage le pere qui conſtitue en deniers, ſtipule que tous les deniers, ou partie d'iceux ſera employée en fonds; auquel cas, dit la Coutume, il n'eſt point dû de lods & ventes. Et comme c'eſt une maxime, que l'exception confirme la loi dans tous les autres cas non exceptés; il s'enſuit de-là que le droit de lods eſt dû dans tous les cas où l'héritage eſt donné en paiement de dot; à moins que le pere qui a ſtipulé dot, n'ait ſtipulé que les deniers, ou partie d'iceux, ſeroit employée en fonds.

4. Dans le cas où, ſuivant la ſtipulation portée au contrat de mariage, il n'y a qu'une partie de la dot qui doive être employée en fonds, le droit de lods ne ſera pas dû pour l'héritage donné juſqu'à concurrence de la dot immobiliaire, mais il ſera dû pour l'héritage baillé en paiement de la partie de dot mobiliaire. C'eſt la remarque de M. Menudel, ſur ces mots de notre article, EN SUIVANT LADITE CONSTITUTION: *Undè infero*, dit Menudel, *hæc verba non referri ad totam dotem, & ſic ad mobilem, ſed tantùm ad immobilem; quia per Contractum id conventum eſt, ut ait Papo, hic ager ipſe in dotem videtur datus, ex verbis* (CONVERTIE EN PROPRE HÉRITAGE,) *quia promiſſus eſt nominatim*... M. Menudel, *hic.*

5. Pour donation d'héritage pour récompenſe de ſervices, ne ſont dus lods & ventes; parce que c'eſt une véritable donation, l'intention

l'intention des parties n'ayant pas été de vendre, & que pour donation, comme il a été dit ci-dessus, il n'est point dû droit de lods.

6. Mais si, pour raison des services, il étoit dû certaine somme exigible par le donataire, par convention précédente, & que l'héritage fût donné en paiement, les lods seroient dus; car il y a bien de la différence, quand un homme donne une terre en paiement de ce qu'il doit pour services, ou quand il fait une donation pour récompense de services. Dans le premier cas, il n'y a que paiement, & point de libéralité; & dans le second, il y a l'un & l'autre: & dans cette concurrence des deux causes, l'ordonnance a rangé ces donations pour récompense de services, dans la cathégorie des donations.

7. Quant à la donation d'héritage faite à la charge de nourrir le donateur sa vie durant, elle n'est point réputée acte équipollent à la vente, pour produire lods & ventes; parce qu'il est difficile d'estimer ces nourritures, le donateur pouvant vivre peu ou beaucoup: ainsi, s'il n'y a autre chose, c'est une donation, & non une vente, & il n'est point dû de lods. C'est le sentiment de M. le président Duret, sur l'art. 469, *infrà*, sur ces mots, N'EST RETRAYABLE: *Imò*, dit-il, *nec eo nomine laudimia fieri debent.* M. Duret, sur l'art. 469.

8. Donation à la charge de payer les dettes, n'est point non plus considérée comme vente ou acte équipollent à vente, jusqu'à la concurrence des dettes, pour produire lods & ventes; parce que c'est une véritable donation, l'intention du donateur n'ayant pas été de vendre, & la donation de soi emportant la nécessité de payer les dettes. Autre chose est dans la Coutume d'Auvergne, à cause de la disposition contraire de cette Coutume, tit. 16, art. 3. * Ainsi a été jugé, selon M. Catelan, tom. 1, liv. 3, chap. 22, au parlement de Toulouse, par arrêt de 1698; savoir, qu'il n'est point dû de lods & ventes, de donations universelles, à la charge de payer les dettes du donateur; par la raison que cette charge est une charge superflue, *bona enim non dicuntur, nisi deducto ære alieno;* mais il en est dû pour donations particulieres, à la charge de payer certaines dettes. Observations sur Henrys, tom. 1, liv. 3, chap. 3, quest. 28.

ARTICLE CCCCIV.

SI le Seigneur haut Justicier vend héritage vacant assis en sa haute Justice, & il est de la Censive & directe Seigneurie d'autrui Seigneur, le Seigneur direct duquel est ledit héritage porté, aura les lods & ventes de ladite vente.

1. LA Coutume d'Auxerre, article 96; celle de Sens, article 243, & celle de Troyes, article 79, contiennent une disposition semblable.

2. La raison de cette disposition se tire de ce que la justice & le fief n'ayant rien de commun, comme il est décidé par le premier article de cette Coutume, & qu'il a été dit sur cet article, la qualité de seigneur haut-justicier ne change pas la nature des héritages mouvans de la censive du seigneur direct, auquel par conséquent il est dû un droit de lods & ventes, dans le cas de la vente du fonds situé dans l'étendue du territoire de sa censive, aux termes de l'article 394, *suprà*.

ARTICLE CCCCV.

QUAND le frere, sœur, ou autres héritiers en tout ou en partie, moyennant la constitution de dot ou réception de deniers, en faveur de mariage ou en partage, quittent ou transportent leurs biens ou portions à autres freres & héritiers, n'en sont dus aucuns lods & ventes. Quand n'y a lods ni ventes.

1. LA Coutume d'Auvergne, titre 16, article 6; celle de Berry, titre 6, article 30, & de Nivernois, chapitre 4, article 69, contiennent une disposition semblable. La raison est que cela tient lieu de partage entre co-héritiers: *Hoc enim habet vicem divisionis, cùm fiat inter fratres, secùs si cederent extraneis*, dit Dumoulin, sur ledit article 6 du titre 16 de la Coutume d'Auvergne.

2. La Coutume de Nivernois & celle de Berry, aux articles cités, ajoutent une condition; savoir, pourvu qu'il n'y ait eu aucun partage précédent entre les freres & sœurs; ce que nous observons aussi: car, si le frere ou la sœur, en se mariant, cédoient leur portion des immeubles qui leur seroient venus en partage, moyennant une somme de deniers, ce seroit une véritable vente, de laquelle il seroit dû droit de lods, selon la remarque de M. Prohet, sur la Coutume d'Auvergne, titre 16, article 6, & de M. le président Duret, sur notre article. *Verùm si re jam divisâ*, dit Duret, *& portione certâ cuilibet assignatâ, alter portionem suam quam pro diviso possidet, alteri ex*

sociis quondam, licèt fratribus & cohæredibus vendiderit, receptius est ut laudimia hoc nomine fieri debeant. Telle est l'observation de M. Duret; M. Genin, pere, en dit autant sur ces mots de notre art. OU EN PARTAGE : *Si in ipso divisionis actu idfiat*, dit-il; *divisione enim factâ, & unoquoque partem suam sortito, si posteà alter alteri portionem suam vendiderit, laudimia debentur. Argent. Tractatu de Laudimiis, tit. de Divisionibus hæred. pag. 66;* Dumoulin, sur Paris, article 55, glose 1, nombre 154. M. Genin.

3. Il y a pourtant eu, dit M. Jean Cordier, sentence contraire en la châtellenie de Moulins, le 24 décembre 1655, confirmée en cette Sénéchaussée le 27 mai 1656. *Domino Nicolao* Bergier, *Relatore, aliquibus cum domino Francisco* Decullant *contrà pugnantibus, & usu quotidiano auctoritateque Majorum contradicente; & quod mirari* (dit-il) *satis non potest, hæ duæ sententiæ, per Arrestum Curiæ mense Augusto anni 1658, fuerunt comprobatæ in tantum, ut nova illa Jurisprudentia videatur usum antiquum intervertisse : verùm dominus* Decullant *à priore opinione vix potuit recedere; & in Arrestis, quorum scientia semper incerta, quibus litigantibus, quibus patrocinantibus, quibus judicantibus, primò est inspiciendum.* C'est la remarque de M. Cordier sur notre art. mais, comme il ne rapporte pas le fait sur lequel ont été rendues ces deux sentences & l'arrêt, je ne saurois me persuader qu'il n'y eût du particulier, qui ait donné lieu à ces sentences & à cet arrêt.

Car, si (par exemple) après un partage fait entre freres, l'un d'eux évincé d'un domaine échu en son lot par les créanciers de celui de qui son pere l'avoit acquis, ses freres pour l'indemniser lui délaissent partie des héritages compris dans leur lot; en ce cas, comme l'a très-bien observé M. de la Thaumassiere, le seigneur censier ne peut pas prétendre droit de lods, sous prétexte que ce délaissement est une vente, ou *datio in solutum* : la raison est que cet acte est un rétablissement de partage, causé par une éviction imprévue, ou un accommodement de famille entre freres, pour faire la portion de leur frere commun. La Thaumassiere, sur la Coutume de Berry, titre 6, article 30.

5. Le droit de lods n'est aussi dû pour partages, & licitations, & autres actes équipollens, faits par accommodement entre tous autres co-propriétaires ou associés, par la même raison tirée du partage de la chose commune & indivise entr'eux, & de la nécessité qu'il y a de dissoudre une communauté qu'on ne veut plus entretenir, & qui est à charge; & bien que notre Coutume ne parle que du partage & licitation qui se fait entre co-héritiers, la même chose se doit pratiquer entre toutes sortes d'associés & co-propriétaires, non par vertu de sa disposition expresse, mais de la raison, de l'esprit & de l'intention de la Coutume & du droit commun. C'est la remarque juste & judicieuse de ceux qui ont écrit sur notre Coutume; de M. le président Duret, de M. Jean Decullant, de M. Louis Semin, de M. Jacques Potier & de M. Genin, fils : & ainsi a été jugé par arrêts, & un entr'autres du 5 août 1619, rendu en cette Coutume sur un appel de cette Sénéchaussée, qui a jugé que de sept associés en tous biens, tant meubles, qu'immeubles, l'un ayant quitté sa part & portion aux six autres, moyennant une somme de deniers, il n'étoit rien dû au seigneur. L'arrêt est rapporté par M. Brodeau sur M. Louet, lett. L, somm. 9, nombre 7.

6. *Idem Juris est in aliis*, dit M. Duret, sur notre article, *vel unicam rem indivisam, ex qualibet causâ possidentibus, & si neque sociis, neque cohæredibus, quamvis etiam alter alterum ad divisionem non provocet, & coacti non procedant : sufficit enim quòd alter ab altero cogi possit; nec refert an per se dividatur, an tota alteri, pecuniâ vel aliâ re, eâque non communi, invicem præstitâ assignetur; quia principalis intentio consideratur, nec error in nomine vitiat Contractum.* M. Duret, *hìc.*

7. M. Jean Decullant dit la même chose : *Quamvis*, dit-il, *hic paragraphus tantùm loquatur inter cohæredes, sicut etiam paragraphus 80 Stat. Paris. tamen ejus dispositio extenditur ad socios, & alios quoslibet possidentes fundum indivisum, Molin. in §. veter. Conf. Paris. paragrapho 22, n. 59.... Nec refert an res individua commodè dividi possit, necne, quod paragraphus Stat. Paris. requirit; & ita observatur, licèt Molin. contrà in d. paragrapho 22, numero 75. Nihil etiam interest, an extraneus admittatur in licitatione, modò ei non adjudicetur; si enim ei adjudicaretur, deberentur laudimia.* Jean Decullant, *hìc. Idem sentit D. Ludovicus* Semin, *& Dominus* Genin, *filius; Quod dicitur*, dit M. Genin, *de hæredibus, idem intellige de consortibus & de sociis.*

8. Il n'importe pas de quels termes se soient servis les co-héritiers, co-propriétaires & communs; & quand même ils auroient passé par le mot de *vente* & *cession*, le droit de lods ne seroit pas dû; par la raison que le premier acte entre co-héritiers est réputé partage, & qu'en ce cas la vente est une vente nécessaire, & qu'il suffit que l'héritage soit commun, pourvu toutefois qu'elle soit faite à l'un des co-héritiers ou co-propriétaires. Tel est le sentiment de M. Jean Decullant : *Molinæus*, dit-il, *in d. paragrapho 22, numeris 71 & 72, censet contrahentes debere incipere à divisione, & remanere in terminis & contextu divisionis; ita ut, si incipiant à divisione, ad venditionem transierint, debeantur laudimia, quia tunc non intendunt dividere.... & reprehendit Chassanæum in Consuetudine Burgundiæ, titulo* des Censives, *paragrapho primo, glossâ 1, numero 6, qui scribit quòd si frater vendat fratri partem suam indivisam, non deberi laudimium. Quicquid dicat Molinæus, sequimur* (dit Decullant) *sententiam Chassanæi, ita ut nihil intersit quibus verbis socii utantur, sive divisionis, sive venditionis, sive cessionis; quia primus actus inter socios super re indivisâ censetur factus animo dividendi per licitationem, cui sententiæ favent verba hujus paragraphi*, EN FAVEUR DE

MARIAGE OU PARTAGE, QUITTENT OU TRANSPORTENT; *& ita semper vidi practicari, sive consulendo, sive judicando.* Jean Decullant, sur ces mots de notre article, *quittent ou transportent.*

9. Quand l'héritier est créancier du défunt d'une somme de deniers, à quelque titre que ce soit, & que les autres co-héritiers lui donnent & délaissent avant tout partage, ou par le partage, une terre de la succession, hors part, en paiement de son dû, il n'est point dû de lods pour ce délaissement, non plus que quand ils laissent à un seul une terre héréditaire, à la charge d'acquitter toute la succession d'une somme qu'elle doit à un étranger: la raison est que, dans ce cas, l'héritier avoit déja sa part indivise à la propriété de la chose; desorte que *non accedit ad rem alienam*, & que s'il acquiert la part des autres, c'est par un accommodement de famille, & une espece de licitation & de partage; cet acte faisant partie du partage, puisque ces dettes sont héréditaires, aussi-bien que le corps baillé. Tel est le sentiment de Duplessis, sur la Coutume de Paris, traité *des Censives*, liv. 2, ch. 2, sect. 1, page 88.

10. Il en est de même des héritages-acquêts de la communauté, donnés à la veuve par les héritiers de son mari en paiement de sa dot, de ses reprises & conventions matrimoniales; il n'en est point dû de lods, parce que cela se fait par une espece de partage entre les héritiers de son mari & elle, & ne souffre point de difficulté, lorsque la veuve est commune: il y en a plus, lorsqu'elle a renoncé; parce qu'il semble, en ce cas, qu'elle soit comme étrangere à l'égard des acquêts de la communauté; néanmoins on peut dire que, comme par l'article 248, la veuve doit reprendre ses biens sur les meubles & conquêts, il semble qu'elle peut prendre des acquêts en paiement, sans être tenue des lods, d'autant que cette acquisition des acquêts procede d'une cause nécessaire, qui est la disposition de la Coutume. C'étoit l'avis, dit M. Brirot, des sieurs Tridou, Riviere, Dosche & Blein, anciens avocats de ce siége: & M^rs. Berroyer & de Lauriere, dans leur note, sur Duplessis, *ibid.* page 92, disent qu'on n'en doute plus au palais. Brirot, *hic.*

11. Mais à l'égard des propres du mari, comme cette raison n'a point de lieu à leur égard, il y a beaucoup de variation dans la jurisprudence des arrêts; quoique, dit l'auteur des notes, sur Duplessis, *ibid.* il paroisse qu'on incline toujours à en décharger la veuve.

12. Mais, quand l'un des co-héritiers ou co-propriétaires a vendu sa part indivise de l'héritage à un étranger, qui provoque ensuite la licitation, & que l'adjudication de l'héritage lui est faite, les droits sont dus, tant de l'adjudication, que du prix de la portion acquise; quoique l'acquisition l'ait rendu co-propriétaire par indivis avec les autres. C'est le sentiment de M. Jean Decullant, sur notre article, dans l'endroit que nous avons cité: *Nihil interest*, dit-il, *an extraneus admittatur in licitatione, modò ei non adjudicetur; si enim ei adjudicaretur, deberetur laudimium.* La raison est qu'autrement la licitation deviendroit une fraude évidente pour tromper le seigneur; & on ne manqueroit jamais de prendre cette voie, quand tous les co-héritiers ou co-propriétaires auroient concerté de vendre ensemble, en faisant une licitation, sans dessein de se rendre adjudicataires, & avec intention de faire tomber la licitation sur cet étranger, qui en seroit quitte pour les droits de son acquisition d'une portion indivise.

13. Que si c'est l'un des anciens co-propriétaires qui soit adjudicataire par la licitation qui a été faite avec l'étranger acquereur d'une portion indivise, lods & ventes ne sont dus, selon M. Jean Decullant, dans l'endroit que nous venons de citer, & selon M^rs. Berroyer & de Lauriere, dans leur note, sur Duplessis, pag. 93 & 94, édition 1709. La raison est que la vente que l'un des co-propriétaires a fait de sa part, ne doit pas préjudicier à ce co-propriétaire adjudicataire; lequel ne doit pas être de pire condition, quoiqu'on ait admis des étrangers à enchérir.

ARTICLE CCCCVI.

SI l'héritage est racheté dedans le tems de la faculté accordée en faisant le Contrat de vendition, ou depuis prorogé pendant ledit tems, ne sont dus aucuns lods & ventes pour le rachat, mais seulement pour la premiere vendition. Mais, où ladite faculté seroit donnée par intervale de tems après ladite vendition, & non en faisant ladite vente, ou après que ledit tems de rachat seroit passé, lods & ventes sont dus, comme de la premiere acquisition.

1. POur la vente faite sous faculté de rachat, lods & ventes sont dus, quoique la faculté soit exécutée dans le temps accordé, & qu'elle ne soit que pour neuf ans & au-dessous. C'est la disposition de notre Coutume, au présent article, ainsi qu'il paroît par ces mots, *mais seulement en la premiere vendition*; c'est aussi celle de la Coutume d'Auvergne, titre 16, article 11; de Troyes, article 75; d'Estampes, article 52, & de Reims, article 155. La raison est que telle vente avec faculté de rachat est une vente parfaite, qui rend

l'acquereur maître de l'héritage, qui fait qu'il jouit, & fait les fruits siens; l'effet de la condition qui doit la résoudre, étant en suspens jusqu'à ce que cette condition arrive, & que le vendeur rachete: ainsi lods & ventes en sont dus du jour du contrat de vente, & non de la faculté du rachat expirée.

2. Mais ne sont dus aucuns lods & ventes par le rachat fait & exécuté dans le temps de grace, quand la faculté de racheter a été accordée en faisant le contrat, ou prorogée avant qu'elle fût expirée, ainsi qu'il est dit dans notre article, dans l'article 11 du titre 16 de la Coutume d'Auvergne, & dans l'article 114 de celle de la Marche. La raison est, 1°. que la vente n'est pas volontaire; puisque c'est l'exécution d'une convenance que le vendeur a stipulée, & en vertu de laquelle il est en droit de contraindre l'acquereur de lui rendre l'héritage; 2°. que c'est plutôt la résolution d'un contrat qu'un contrat; que *censetur magis redditum, quàm translatum dominium*; la clause résolutoire du premier contrat, par laquelle le rachat est stipulé, remetant les choses, comme s'il n'y avoit jamais eu de vente.

3. Il faut pourtant excepter le cas où la faculté seroit donnée quelque temps après le contrat de vente, ou qu'il seroit accordé une nouvelle faculté de rachat, après que le temps de la premiere seroit expiré; auxquels cas les lods & ventes du rachat sont dus, suivant qu'il est dit dans notre article, dans l'article 11 du titre 16 de celle d'Auvergne, & dans l'article 114 de celle de la Marche. La raison est que cette faculté de rachat ayant été accordée après le contrat, volontairement & sans aucune nécessité de la part de l'acquereur, elle est regardée comme une revente de laquelle les lods & ventes sont dus, lorsqu'en vertu d'icelle la chose vendue est effectivement rachetée: il en faut dire autant du renouvellement de la faculté de rachat, après la faculté de rachat expirée, comme il est porté dans le présent article.

4. Mais, quoique la faculté de rachat ne soit pas insérée dans le contrat de vente, mais dans un acte séparé, pourvu qu'elle ait été accordée dans le temps du contrat, cela suffit. C'est la remarque de M. le président Duret, sur ces mots de notre article, EN FAISANT LE CONTRAT; *Vel ante*, dit-il, *vel in incontinenti post venditionem, & non ex intervallo... etiamsi facultas scripta non sit in instrumento venditionis, sed in separato eâdem die; Contractus enim eâdem die facti, circà eamdem rem, licèt in diversis instrumentis, censentur correspectivi, mutuâ contemplatione fuisse facti, & unus Contractus....* M. Duret, *hìc.*

5. Que si le vendeur vend & cede, moyennant deniers, le droit & faculté de retraire au même acquereur, il sera dû lods & ventes de ce droit; parce que c'est comme une vente de partie du fonds, qui a été moins vendu à cause de la reserve de la faculté de rachat. C'est le sentiment de Basmaison, sur la Coutume d'Auvergne, titre 16, article 11.

6. Quand la faculté de rachat est cédée & vendue à un tiers, & que ce tiers expliquant cette faculté, rachete l'héritage, il doit les lods, tant sur le pied du rachat, que sur le pied de l'acquisition de la faculté de rachat, laquelle (comme il vient d'être dit) fait partie de la valeur de la chose. La raison est que ce tiers, *cùm non sit Dominus, non potest dici redimere, sed de novo acquirere, & sic de novâ acquisitione debet laudimia:* c'est le raisonnement de M. le président Duret & de M. Jean Decullant, sur notre article.

7. M. Jean Decullant, sur ces mots de notre article, *si l'héritage est racheté*, s'explique de la sorte: *Scilicèt*, dit-il, *ab ipso venditore aut ejus hærede, quia redit ad primævum Dominum utilem; & quia non est verè nova emptio, sed prioris venditionis resolutio: secùs si tertius, cui hæc facultas redimendi cessa foret, redimeret, quo casu laudimia deberentur, sive de pretio refuso pro hac redemptione, sive de pretio cessionis ei factæ, quia res non redit ad primævum Dominum, sed ad novum tertium acquisitorem, qui tenetur agnoscere Dominum solutione laudimiorum... Ita pariter, si venditor stipulatus sit hanc facultatem redimendi, pro altero cuipiam tertio, qui redimendo tenebitur de laudimiis ratione supradictâ, Molin. in §. 55 veter. Consf. Paris.* qui est le 78 *novæ, gl. 1, num. 58, 59 & 60.* Decullant, *hìc.*

8. M. le président Duret, sur le mot, *accordée*, de notre art. parle ainsi: *Venditori*, dit-il, *aut ejus hæredi, non etiam Mævio extraneo; quâ in specie tam de venditione, quàm de revenditione, laudimia debentur.* M. Duret, *hìc.* Tel est mon sentiment.

9. Toutefois on a jugé le contraire en cette Sénéchaussée, au mois de mai 1602: mais les avis furent partagés, & la décision passa contre le sentiment de M. Feydeau, l'assesseur, rapporteur du procès. M[rs]. André Dubuisson & Guillaume Duret furent d'avis qu'il avoit été mal jugé. M. Jean Cordier, en ses manuscrits.

ARTICLE CCCCVII.

ARTICLE CCCCVII.

SI en faisant Contrat par forme de permutation, l'on baille réellement & de fait par échange fonds ou rente certaine, sous faculté de pouvoir racheter les choses échangées dedans aucun tems & pour un prix, aucuns lods & ventes n'en sont dus, sinon que la chose échangée fût rachetée dans un an : car en ce cas sont dus lods & ventes pour raison de la chose échangée, dont n'est donné aucun rachat; pour ce que ledit Contrat par ladite Coutume est présumé Contrat de vente, & non de permutation. Mais, si la chose ainsi baillée par échange à ladite faculté de rachat, étoit rachetée après ledit an par vertu de ladite faculté, sont dus lods & ventes pour raison dudit rachat seulement. Autre chose est, si lesdits héritages ou rente baillée en contr'échange sont incertains, & ne sont réellement baillez & délivrez; car lods & ventes sont dus dès le jour dudit Contrat, sans attendre ledit rachat.

1. LA Coutume d'Auvergne, titre 16, articles 12, 13 & 14, & celle de la Marche, article 115, contiennent une disposition semblable, à quelque différence près.

2. Cet article se rapporte à l'article 396, *suprà*, où les échanges sont déclarés exempts de lods : mais, comme il a été dit sur ledit article, il a été dérogé quant à ce à la disposition de ces deux articles, par les édits & déclarations du roi concernans les échanges.

3. Notre Coutume, dans le présent article, s'attache à distinguer les véritables échanges, d'avec ceux qui sont feints & simulés, & qui sous couleur d'échanges sont de véritables ventes. Elle déclare que, pour un échange du fonds ou rente, il n'est point dû de lods, quand l'échange est sérieux, réel & effectif; & assujettit aux lods les échanges qui sortent nature de ventes.

4. Elle dit en premier lieu qu'un échange est frauduleux, quand il y a faculté de pouvoir racheter les choses échangées dans un certain temps, & que le rachat s'en fait dans un an : la raison est que l'on présume la fraude, lorsque dans peu de temps la chose échangée revient à celui qui l'a donnée. Il en est de même, quand il y a promesse ou convention de racheter dans un temps. *Idem*, dit M. le président Duret, *si convenerit ut alter ex permutantibus à se datum, pretio aliquo redhibere teneatur, etiam post annum; Cons.* du Maine, *art.* 364 *& seq.* M. Louis Semin a fait la même remarque : *Si conventio*, dit-il, *esset præcisa, & obligatoria de redimendo, tunc pro venditione reputaretur Contractus.*

5. Dans ces cas les lods & ventes sont dus pour raison de la chose échangée, qui n'a pas été rachetée, ou, comme dit notre article, *dont il n'est donné aucun rachat*; & pour les régler, on considére le prix qui est donné pour la chose rachetée. *Debebuntur laudimia*, dit M. Duret, *valoris prædii non redempti, quod remanet in manu acquirentis.... & considerantur laudimia, pro modo, & ratione habitâ pretii quod pro redemptione datur.* M. Duret, *hic.*

6. Le contrat d'échange est encore considéré comme frauduleux par notre Coutume, dans le présent article, quand les choses données en contr'échange ne sont pas certaines; c'est-à-dire, si c'est un fonds, s'il n'est pas désigné par le nom, ou par le lieu & les confins; & si c'est une rente, si elle n'est pas certaine par l'assiette sur un fonds, & qu'il ne soit pas dit par qui & sur quoi elle est due : en ce cas, dit notre article, les lods & ventes sont dus du jour du contrat, sans attendre le rachat.

7. Quand la rente donnée en échange est rachetable, & que l'échange s'en fait avec le débiteur d'icelle; en ce cas l'échange sort nature de vente, & les lods & ventes sont dus. C'est la remarque de M. Jean Decullant, sur le mot, OU VENTE : *Etiam reditus*, dit-il, *pecuniâ constitutus, & redimibilis, quia censetur immobilis, & hoc procedit, quandò reditus non permutatur cum debitore, sed cum tertio, ita ut hic subsistat & permaneat, secùs si cum ipso debitore, quia eodem instanti extinguitur, & censetur facta venditio. Molin. in §. 45 Cons. veter. Paris. gl. 1, num. 6, & §. 58, qu. 8.* Jean Decullant, *hic.*

8. Il en est de même de celui qui constitue une rente sur lui pour le paiement d'un fonds, & d'un héritage donné à la charge de rente rachetable, lods & ventes en sont dus; par la raison qu'alors la rente succéde au prix de l'héritage : autrement il feroit au pouvoir de l'acquereur de frustrer le seigneur censier, en constituant une rente qu'il rachéteroit incontinent, étant très-difficile, & même impossible au seigneur de découvrir quand se fait le rachat d'une rente, lequel se peut faire par une quittance sous seing privé, sans décharger la minute. C'est la disposition de la Coutume de Paris, article 78, qui a été étendue aux autres Coutumes qui ne renferment pas une disposition contraire, selon Brodeau, sur M. Louet, lett. L, somm. 15, nomb. 2, & somm. 18.

9. Quoique par les édits & déclarations qui

ont été cités sur l'article 396, *suprà*, le roi Louis XIV ait assujetti au droit de lods non-seulement les échanges faits contre rentes rachetables, & qui sortent nature de vente, mais encore toutes sortes d'échanges indistinctement, d'héritages contre héritages, ou d'héritages contre des droits, rentes & redevances, le présent commentaire n'est pas pour cela inutile; il sert pour l'intelligence de notre article, & à faire la différence de ce qui est réglé par la Coutume, d'avec ce qui a été établi par des édits.

ARTICLE CCCCVIII.

Le Seigneur censier ne fait les fruits siens.

LE SEIGNEUR censier ou direct, qui a fait saisir l'héritage à lui redevable de Censive ou rente pour le devoir de ses Droits seigneuriaux, ne fait les fruits siens, mais seulement prend sur iceux ses droits & frais de Justice, avec le défaut ou l'amende de Cens non-payez, si aucune en est due; & le surplus desdits fruits doit être restitué à celui ou à ceux à qui lesdits héritages appartiennent.

1. EN cette Coutume, la saisie censuelle n'emporte pas la perte des fruits, comme il paroît par le présent article : c'est aussi la disposition de la Coutume du Grand-Perche, article 82. Ainsi le seigneur censier ne peut, faute de paiement de cens, user de main-mise, par laquelle il fasse les fruits siens, comme en matieres féodales : mais il a une autre voie toute privilégiée & d'exécution parée, sans qu'il soit besoin d'action ni de condamnation, comme nous le dirons sur l'article 413, *infrà*.

2. Il n'est point non plus dû d'amende dans cette Coutume, faute de paiement de cens, si le terrier ne le porte, si ce n'est dans la châtellenie de Verneuil, suivant l'article 2 du titre *des Coutumes locales* : aussi la Coutume, dans le présent art. se sert-elle de ces mots, *si aucune en est due*. Mais, si le terrier porte une amende à faute de payer le devoir le jour cotté par icelui, quoiqu'il soit dû plusieurs années d'arrérages, il n'est dû néanmoins qu'une seule amende. *Quæritur*, dit M. Jean Decullant, *an hæc pœna multiplicetur, id est, an tot mulctæ debeantur, quot arreragia Censûs. Molin. in Cons. Paris. §. 62, numeris 14, 15 & 16, censet unicam mulctam deberi pro omnibus cessationibus, seu arreragiis; & ita notoriè & inconcussè ait practicari in toto regno, nisi Dominus utilis, singulis annis, vel ab initio in Jus vocatus, semper contumax & reliquator manserit. D. Louet, litt. A, cap. 8, idem censet, & ait judicatum Arresto in quinta classe Curiæ Paris. & ita practicatur Molinis....* Jean Decullant, *hic*.

3. Ainsi a été jugé en l'audience de cette Sénéchaussée au mois de mai 1692, pour M. Claude Beraut Grenetier, contre François Chassin, fermier de la dame abbesse de Charenton; ladite sentence citée par M. Jean Cordier, sur l'article 410, *infrà*. Il faut, comme le dit M. Dumoulin, cité par M. Jean Decullant, excepter le cas où le seigneur auroit fait saisir, ou auroit intenté son action chaque année.

ARTICLE CCCCIX.

Cens & rente fonciere sont indivisibles.

CENS ou rente fonciere, & autre rente ès cas esquels elle se peut constituer, n'est divisible sinon par le vouloir & consentement du Seigneur censivier, ou rentier, lequel a son droit d'hipoteque sur chacune des choses hipotequées, & peut contraindre tous les détenteurs, & chacun d'eux seul & pour le tout, à lui payer par assenement lesdits Cens & rente, sans qu'il y ait bénéfice de division.

1. LE cens, ou la rente fonciere, est solidaire & indivisible; & l'effet de cette solidité ou indivisibilité est que le seigneur ou propriétaire d'un cens, ou rente fonciere, créé sur un héritage ou tenement de terre, possédé par différens détenteurs ou tenanciers, peut contraindre tous les détenteurs, ou l'un d'eux seul, de payer entiérement les arrérages du cens ou de la rente, sauf son recours sur les autres. C'est la disposition de notre Coutume, au présent article; de celle de Nivernois, chapitre 7, article 10, & de Poitou, articles 102 & 103 : la raison de cette disposition, comme l'insinue notre article, est fondée sur une maxime très-constante, qui est que l'hypothéque ne se divise point; de maniere que la rente ayant été imposée sur tout un tenement, l'hypothéque est *tota in toto, & tota in qualibet parte fundi*; qu'elle suit toujours la chose en quelque main qu'elle passe, si elle ne se trouve éteinte & anéantie par la prescription. C'estp-ourquoi le partage qui se fait

entre des co-héritiers, des héritages sujets à l'hypothéque de ladite rente, ne blesse point le droit du seigneur direct; lequel est fondé, comme il vient d'être dit, à exercer la solidité contre chacun des co-détenteurs des hypothéques; parce qu'à son respect le partage est *res inter alios acta, quæ tertio non nocet.*

2. Il y a plus; c'est que, quand même l'héritage auroit été donné à plusieurs à la charge de la rente, & que par le contrat la solidité n'eût pas été stipulée, si toutefois il a été donné à plusieurs par indivis, & par un même bail, & non par parcelles, la rente ne laisse pas d'être indivisible. C'est la disposition de la Coutume de Poitou, article 102; & tel est le sentiment de Coquille, sur la Coutume de Nivernois, chapitre 7, article 10; & il paroît que c'est celui de M. le président Duret, sur ces mots de notre article, N'EST DIVISIBLE: *Ex natura*, dit-il, *& si in personas debitum scindatur, nihilominùs in solidum hypothecata manet.* La raison est, dit M. de Ferriere, que, quoique la solidité n'ait pas lieu entre plusieurs débiteurs, quand elle n'a pas été stipulée; néanmoins, parce que la rente est due plutôt par la chose que par les personnes, & que l'héritage a été donné à plusieurs par indivis, elle est due par l'héritage entier, & par chaque partie d'icelui, de même que l'hypothéque, *tota est in toto fundo, & tota in qualibet parte fundi;* desorte que chacun des preneurs peut être poursuivi pour toute la dette, sauf son recours contre ses co-détenteurs. Bacquet, au traité *des Droits de Justice*, chapitre 21, n. 219, est d'avis contraire; mais son sentiment ne doit pas prévaloir au sentiment opposé, qui a son fondement dans la disposition précise de notre article. M. Claude de Ferriere, tome 3 de ses *Instit. Cout.* livre 4, titre 1, article 268.

3. Cens, ou rente fonciere indivisible, ne devient point dans notre Coutume, non plus que dans celle d'Auvergne, divisible par des prestations reçues divisément, sans protestations; & il faut pour cette division un consentement exprès de la part du seigneur direct, selon qu'il est porté par notre article, & par l'article 19 du titre 21 de la Coutume d'Auvergne. La raison est que la solidité étant une faculté acquise au seigneur, dont il peut user ou ne pas user, on ne prescrit point contre, & qu'il faut qu'il y ait expressément dérogé: or les paiemens particuliers que le seigneur a reçus de chaque censitaire, ne font point présumer (sur-tout dans cette Coutume) cette dérogation, de la part du seigneur, & que son intention ait été de diviser son cens; d'autant que, quand il y a partage & peréquation du cens entre les censitaires, le seigneur, suivant qu'il est dit dans l'article suivant, est tenu de prendre ce qui lui est offert par l'un des peréquans, quand même ce ne seroit pas le total. C'est la remarque de M. le président Duret, sur ces mots de notre article, PAR LE VOULOIR ET CONSENTEMENT DU SEIGNEUR: *Qui licèt*, dit-il, *divisim continuò recipiat, dividere non intelligitur; animus enim dividendi non præsumitur in debitis annuis & perpetuis, ob majus præjudicium; Molin. in Cons. Cœnom. art. 476, ad verbum*, SEMBLE, *Cons. Arv. cap. 21, art. 19.* M. Duret.

4. Ce qui rend le cens divisible, c'est la détention ou possession d'une partie du max ou tenement, par le seigneur censier ou direct; par la raison que, comme détenteur, il peut être pris en recours par ses co-détenteurs pour la solidité, & que selon la maxime, *Quem de evictione tenet actio, eumdem petentem repellit exceptio.* Ainsi fut jugé le 12 août 1726, au rapport de M. Berger, lieutenant général, au procès de Jean Varin, seigneur direct du max de Cornatat, paroisse de Louroux-de-Beaulne, contre Jacques Varin, co-détenteur dudit max: j'étois des juges.

* M. Berroyer, dans ses remarques manuscrites, sur le présent commentaire, observe, sur ce nombre, qu'il est d'un sentiment contraire au mien, & qu'il estime que la part du seigneur confuse, le surplus est solidaire, comme il a été jugé par arrêt du 9 février 1556, rapporté au commentaire de Charondas, sur l'article 85 de la Coutume de Paris: (& tel est le sentiment de Charondas.) Il ajoute qu'en interprétation du présent article, & de l'article suivant, il a été jugé par arrêt de 1592, le parlement séant à Tours, que le seigneur n'est pas tenu des frais du péréguement.

Mais cette observation de M. Berroyer, ne me fait point changer de sentiment; & ma raison est que le seigneur, en acquérant une partie de l'hypothéque du devoir, ne peut pas, par son propre fait, & sans celui des co-détenteurs, rendre leur condition plus dure & plus onéreuse; d'où il suit qu'en devenant détenteur, il entre dans toutes les obligations du détenteur, dont il occupe la place, qu'il participe à toutes les obligations des co-détenteurs, & qu'il doit souffrir toutes les actions qui leur sont réciproques; d'où il reste à conclure qu'y ayant une réflexion d'actions entre co-détenteurs, du moment que le seigneur devenu co-détenteur en poursuivroit un solidairement, celui-là pourroit rétorquer contre lui l'action en vertu de laquelle il seroit poursuivi, & le sommer de la faire cesser; & quand même on conviendroit que le seigneur qui formeroit à un co-détenteur la demande de la totalité du devoir, ne pourroit pas être pris en recours pour cette même totalité, parce que n'ayant pas formé cette demande comme détenteur, mais comme seigneur, il n'y auroit pas lieu à la réciprocité d'actions, il seroit cependant toujours vrai de dire que, suivant l'usage qui s'observe dans cette province, le codétenteur qui seroit poursuivi pour la solidité, pourroit l'obliger, comme détenteur, de se joindre à lui pour poursuivre les autres co-détenteurs, & les contraindre à payer leurs portions, & en cas d'insolvabilité d'aucun, lui faire payer sa part de l'insolvabilité; de maniere que le seigneur co-détenteur qui voudroit exercer l'action de solidité, deviendroit lui-même contraignable, pour faire payer à celui auquel il se seroit adressé, les serues des autres co-détenteurs qu'il voudroit exiger de lui; & c'est pour éviter ces inconvéniens, ce circuit d'actions, & à cause de la maxime *que celui qui peut être pris en recours, ne peut pas former & poursuivre la demande principale*, que l'on juge en cette Sénéchaussée que le seigneur qui est co-détenteur, ne peut pas exercer la solidité; ce qui est conforme à la nouvelle jurisprudence des arrêts; & ainsi fut jugé à mon rapport, le 29 janvier 1734, au procès d'entre M. le comte de Montgeorges, & la dame de Biotiere. Ce fut un des chefs décidés par la sentence. Et en conséquence de la déclaration du sieur comte de Montgeorges, d'être détenteur en partie des héritages compris aux reconnoissances, pour lesquelles il avoit formé demande à la dame de Biotiere, & la poursuivoit, sa part confuse pour la solidité du surplus, il fut dit que ladite dame de Biotiere lui payeroit sa serue seulement du devoir demandé, relativement & proportionnément à sa détention. L'observation de M. Berroyer fut citée & rapportée, & on ne laissa pas de juger contre, pour les raisons ci-dessus alléguées.

5. Dans le cas où le cens n'est pas divisible, notre article porte que le seigneur direct peut contraindre un des détenteurs à lui payer par assenement tout le cens, c'est-à-dire, qu'il peut contraindre par voie de saisie & empêchement; car cet assenement est une véritable saisie, ainsi qu'il a été dit, *suprà*.

Ce que Dumoulin a observé en son apostille, sur l'article 6 du titre 21 de la Coutume d'Auvergne, sur les mots *faire assener*.

ARTICLE CCCCX.

Des détenteurs d'un max.

LES DÉTENTEURS d'aucun max peuvent pour le payement dû au Seigneur pour raison dudit max, faire entr'eux une peréquation dudit devoir, & au jour assigné de payer ledit devoir, icelui porter au Seigneur auquel est dû: Et s'ils ne portent le total, mais partie d'icelui, le Seigneur est tenu prendre ce qui lui est porté par un desdits peréquans; & du résidu se peut prendre contre tous les co-détenteurs & peréquans, & chacun d'eux seul & pour le tout, supposé qu'icelui sur lequel il se prend, eût ja payé sa part. Car par telle peréquation faite entre les détenteurs, l'hipoteque ne se divise; & néanmoins, si celui ou ceux contre lesquels le Seigneur s'est adressé, a payé ledit Seigneur, il se peut adresser contre ses coéquez, & les contraindre personnellement & hipotequairement à payer un seul & pour le tout, ce qu'il a payé outre sa part & portion, par prise de meubles, prise & saisie de leurs parts & autres héritages à eux appartenans.

1. LEs détenteurs d'un même max, ou tenement, peuvent, pour le paiement du cens dû au seigneur pour raison dudit max, faire entr'eux un partage du cens à proportion de ce que chacun y posséde, & le seigneur est tenu de recevoir de l'un des co-détenteurs sa part & portion du cens, sauf à se faire payer du restant, contre tel détenteur qu'il lui plaît, quoique celui contre lequel il se prend, & qu'il poursuit, ait payé sa portion; car l'hypothéque ne se divise point par le partage que font entr'eux les co-détenteurs: c'est, comme l'on voit, la disposition de notre Coutume au présent article.

2. Notre Coutume dit bien encore, dans le présent article, que le co-détenteur qui a payé au seigneur tout le devoir, peut exercer la solidité contre ses co-détenteurs, & les contraindre personnellement & hypothécairement à payer, un seul pour le tout, ce qu'il a payé outre sa part & portion: mais la disposition de la Coutume, quant à ce, ne s'observe pas, & n'est pas en vigueur; ensorte que celui qui a payé tout le devoir, ne peut demander à chacun des co-détenteurs que sa part, sauf, en cas d'insolvabilité d'aucun, de demander aux autres leur part de l'insolvabilité. Ce fut ainsi jugé par sentence du 29 novembre 1690, en cette Sénéchaussée, en la cause d'un devoir dû au chapitre de Verneuil: l'un des débiteurs du devoir avoit entiérement rempli, & agissoit pour son remboursement contre les autres co-détenteurs; & il fut jugé que celui qui avoit payé la totalité du devoir, ne pouvoit agir pour la totalité du remboursement contre ceux qui étoient en demeure, mais seulement pour leur serue. C'est ce qui est rapporté par M. Jean Cordier, sur le présent article.

3. La même chose avoit été jugée, ainsi que le rapporte M. François Menudel, en décembre 1575, pour M. Pierre Heuillard, appellant du châtelain de Murat: & je l'ai vu ainsi juger plusieurs fois.

4. La raison de cette jurisprudence est que le

le co-détenteur, contre lequel celui qui a payé tout le devoir, intenteroit un recours solidaire, seroit en droit, après avoir payé la somme demandée, de revenir solidairement contre celui qui l'auroit poursuivi; & c'est afin d'éviter ce circuit d'actions, qu'on a changé la jurisprudence ancienne, & qu'on s'est écarté de la disposition de la Coutume. * De maniere que, suivant ce qui s'observe dans cette province, entre co-détenteurs d'héritages sujets à un devoir solidaire, celui des co-détenteurs qui est poursuivi par le seigneur, pour la totalité du devoir, peut seulement, après avoir payé sa ferue, s'adresser à l'un de ses co-détenteurs, & l'obliger, nonobstant qu'il eût payé sa portion, de se joindre à lui pour faire payer les autres co-détenteurs, & en cas d'insolvabilité d'aucuns, le contraindre de lui payer sa part de l'insolvabilité.

5. Mais celui qui a payé pour les autres la totalité du devoir, a son recours contre chacun d'eux pour leur part & portion, sans subrogation ou cession d'action de la part du seigneur à qui il a payé, de même qu'un débiteur qui a payé une dette solidaire a son recours contre ses co-obligés, pour être par chacun d'eux remboursé de leur part. La raison est que celui qui paye pour un autre ce que cet autre doit, *negotium ipsius gerit*, & contracte à son profit une obligation pour la somme qu'il a payée pour lui.

6. Que si le co-détenteur, qui est poursuivi pour sa ferue par celui qui a payé la totalité du devoir, oppose la prescription, & soutient qu'il a prescrit à son égard; pour savoir dans ce cas ce que doit faire celui qui a payé tout le devoir, & s'il est en droit de tourner tête contre le seigneur & de le mettre en cause, voyez ce qui a été dit sur l'art. 32, *suprà*.

ARTICLE CCCCXI.

LODS & ventes sont dus au Seigneur dudit max pour la vente faite de portion d'icelui.

IL est certain, selon les regles de droit, que le plus ou le moins ne change jamais l'espece: *Quæ de totâ re vindicandâ dicta sunt, eadem & de parte intelligenda sunt*, dit la loi 76, ff. *de rei vindic.* Cela étant supposé, il n'est pas moins certain que le propriétaire du fonds venant à le vendre pour le total, il en doit les lods; & que par identité de raison, ne vendant qu'une partie, comme la moitié, le tiers ou le quart, il en doit (selon qu'il est porté en notre article) lods & ventes à proportion, qui se mesurent ou se réglent sur le prix du contrat.

ARTICLE CCCCXII.

SI le Seigneur censier, rentier, ou leurs Receveurs, nient avoir reçu ce qu'ils ont reçu des coéquez ou peréquez, & il se trouve après le contraire, ils sont tenus en tous les intérêts, pertes & dommages de celui, contre lequel ils auront fait ladite négation de réception de ladite coéquation, & en amende envers Justice. De celui qui nie avoir reçu.

1. LEs seigneurs censiers & rentiers, ou leurs receveurs, sont tenus d'avoir des livres en bonne & due forme, dans lesquels ils enrégistrent les paiemens qui leur sont faits par les censitaires, pour y avoir recours en cas de besoin. C'est la remarque de Papon, sur notre article: *Tenentur*, dit-il, *Domini directi, aut eorum Quæstores, libros habere tributorum exigendorum, & quæ ex iis soluta sunt dispunctione certâ notare; item nomen solventis, diem, consulem, mensem, causam & summam comprehendere....* Papon, *hic.*

2. Les seigneurs censiers, ou leurs receveurs, sont aussi tenus de donner quittance libellée de la quantité & qualité des grains, ou de l'argent qu'ils auront reçu par évaluation, même des portions de cens par eux reçues: c'est ce qui est ordonné par l'arrêt de réglement des grands jours, du 9 janvier 1666.

3. De ces deux obligations des seigneurs censiers & rentiers, ou de leurs fermiers ou receveurs, il s'ensuit deux choses:

4. La premiere, qu'ils sont tenus de déclarer ce qu'ils ont reçu de chacun des co-détenteurs ou coéqués; & que, quand ils font une fausse déclaration, ils doivent être condamnés aux dépens & dommages-intérêts, auxquels leur fausse déclaration a donné lieu, ainsi qu'il est dit dans le présent article.

5. La seconde chose qui suit, c'est, comme l'a observé M. François Menudel, que la précaution des seigneurs, de leurs receveurs ou fermiers, à demander dix années d'arrérages, sauf à déduire, est vicieuse; *quia*, dit très-bien M. Menudel, *videtur negare, qui jam debitum receptum dissimulat*: & cette précaution

est d'autant plus blâmable, que ces sortes de demandes ne tendent qu'à faire payer deux fois un censitaire qui auroit perdu ou adhiré ses quittances; c'est-pourquoi M. Menudel conclut, *condemnandos esse in expensis reliquorum solutorum.*

6. A la vérité, dans les actions personnelles, ou mobiliaires, la plus-pétition n'a pas de lieu; c'est-pourquoi, quand un créancier à qui il ne resteroit dû qu'une partie de sa créance, en demande le total, & que le débiteur se constitue hors de demeure par des offres réelles & actuelles de ce qu'il doit; si le créancier, sans former de mauvaise contestation, se restreint à la somme qui a été reconnue par le débiteur, le débiteur sera condamné aux dépens de l'instance. Mais, comme l'a remarqué M. Jean Fauconnier, il faut raisonner autrement en action réelle, & en fait de devoirs; parce que la plus-pétition a lieu, & un seigneur direct, ou son fermier, qui forme une demande pour des arrérages de devoirs, doit demander au juste ce qui lui est dû, & rien au-delà: & pour se conformer à cet usage, ajoute M. Fauconnier, il doit tenir un registre, ou un livre exact & fidel de tout ce qu'il reçoit de chacun des co-détenteurs du max, & en faire les déductions dans sa demande; à défaut de quoi, s'il forme une demande, par exemple, de quatre années d'arrérages de son devoir, & que par le rapport des quittances il se justifie qu'il ne lui est dû que deux années, les dépens seront compensés: s'il en est dû trois, on lui adjuge les trois quarts des dépens pour ces trois années; & l'autre quart des dépens demeurant compensé jusqu'à concurrence sur les trois autres quarts adjugés au demandeur, il lui en reste dû la moitié. Il faut raisonner de même, continue M. Fauconnier, si au lieu des trois années, il ne lui en étoit dû qu'une, & que cependant il en eût demandé quatre; dans ce cas il devroit la moitié des dépens, & l'autre moitié seroit compensée. Enfin, dans cette matiere, conclut M. Fauconnier, il faut tenir pour maxime constante, qu'autant d'années forment autant de chefs de demande. Telle est la remarque de M. Fauconnier, sur notre article; & sa remarque est juste, & sa maxime véritable: je m'en suis expliqué avec M[rs]. les conseillers de ce siége; ils en sont convenus: mais je ne puis m'empêcher de dire, nonobstant cela, que cette maxime est mal observée.

ARTICLE CCCCXIII.

Des droits du Seigneur taillablier, censier, rentier ou foncier.

LE SEIGNEUR taillablier, censier, ou rentier foncier, pour sa Taille, Censive ou rente, lods, ventes, amendes & défauts provenans de ladite Censive, peut faire empêcher l'héritage chargé desdites Censive ou rente, ensemble les fruits, pour la déclaration de ladite hipoteque & payement des arrérages; & peut faire vendre ledit héritage pour les choses dessusdites, sans qu'il soit tenu les demander par action personnelle ne autrement, si bon ne lui semble.

1. LA Coutume de Mantes, articles 47 & 48; celle de Reims, article 144; d'Orléans, article 103; de Sens, article 225; d'Auxerre, article 22; de Montfort, article 49; d'Estampes, article 53; de Paris, articles 74 & 86; d'Auvergne, titre 21, article 6; de Nivernois, chapitre 5, article 6; de Berry, titre 6, article 12; de Perche, article 82, & plusieurs autres, contiennent des dispositions qui répondent à celle de notre Coutume, au présent article.

2. Suivant ces Coutumes & la nôtre, le seigneur censier peut procéder ou faire procéder par empêchement & saisie (car c'est la même chose) de l'héritage chargé de sa censive, ensemble des fruits pour le paiement des arrérages qui lui sont dus, sans qu'il soit tenu de venir par action personnelle, & sans qu'il soit nécessaire que cette saisie soit précédée d'un commandement de payer comme les autres; parce qu'en cette matiere *dies interpellat pro homine;* si ce n'est pourtant que le cens fût requérable; auquel cas la saisie ne pourroit être faite qu'après qu'il auroit été demandé, & que le tenancier eût été constitué en demeure, ainsi qu'il est dit en l'article 83 de la Coutume du Grand-Perche.

3. L'effet de cet empêchement est d'interdire au tenancier la jouissance de l'héritage, de le rendre dépositaire des fruits, & au cas qu'il ne soit pas solvable & capable de répondre des fruits, de faire régir les fruits par un commissaire; & le tenancier ne peut avoir main-levée de l'empêchement ou saisie, qu'en consignant les arrérages de trois années, comme il sera dit sur l'article 415, *infrà.*

4. Ce qui fait de la difficulté, c'est si le seigneur peut, aux termes de nos Coutumes, faire cet empêchement ou saisie, de sa propre autorité, sans le ministere de la justice, ou s'il doit saisir *viâ Juris*, c'est-à-dire, par un sergent, avec ordonnance de justice. La Coutume de Mantes, en l'article 48, dit que le seigneur censuel peut saisir & mettre en sa main, sans ministere de justice, les héritages tenus de lui en censive: celle de Nivernois, chapitre 5, article 16, dit au-contraire que le seigneur censier peut par justice faire saisir & empêcher la

chose censuelle pour son cens. La plus grande partie des autres Coutumes ne s'expliquent pas là-dessus, & disent simplement que le seigneur censier peut empêcher ou faire empêcher, saisir ou faire saisir, à défaut de paiement de cens, l'héritage tenu de lui en censive. Et la saisie, dont notre Cout. parle dans l'art. 10, *suprà*, pour laquelle elle veut que le seigneur censier ait pouvoir & commission suffisante, n'est pas une saisie faite sur l'héritage censif, mais une exécution des meubles du tenancier.

5. Sur cette difficulté, ce qui me paroît sûr, c'est que nos Coutumes reconnoissent dans le seigneur censier une espece de justice domaniale, qu'elles qualifient de *Justice fonciere*, comme la Coutume de Mantes, article 48; ou de *Justice censuelle*, comme celle d'Orléans, article 103; ou de *Justice domaniale & fonciere*, comme celle de Reims, article 144. Et le sentiment de nos anciens, qui ont commenté notre Coutume, étoit que le seigneur censier pouvoit faire cet empêchement, ou saisie domaniale, de sa propre autorité; mais qu'il étoit plus à propos de la faire par ordonnance de justice. C'est le sentiment de M. le président Duret, sur ces mots de notre article, PEUT EMPÊCHER : *Ergò*, dit-il, *propriâ auctoritate; Dominus enim censuarius Jurisdictionem fundariam habere reputatur, in tantum, ut ob censum non solutum prehendere possit, & manum suam injicere absque ministerio Judicis in prædia censuaria à se moventia.... Sed consultiùs Judicis suffragio manûs injectio fiet.... Verùm aliâ interpellatione opus non est; itaque veritas causæ sufficit....* Telle est la remarque de M. Duret, sur notre article. M. François Menudel dit pareillement que le seigneur peut faire de son autorité cette saisie domaniale, *per manûs injectionem*; & il ajoute, après Coquille, que ce droit du seigneur procède de la présomption de droit, que la concession de l'héritage a été faite *eâ lege* : c'est sa remarque sur notre article.

6. L'usage aujourd'hui est que le seigneur censier obtient une ordonnance de justice, pour saisir & empêcher l'héritage de son censitaire qui n'est ni obligé, ni condamné; & cette saisie se fait avec établissement de commissaire, dont le seigneur saisissant est responsable, & notification d'icelle; parce que le seigneur censier n'applique pas à son profit les fruits saisis, ainsi qu'il est dit dans l'article 408, *suprà*.

* On a jugé la même chose en cette Sénéchaussée, par rapport à la dime d'une paroisse, affectée au paiement de la portion congrue du curé, ou vicaire perpétuel de la paroisse, & ce au profit du sieur Préchonnet, curé de Château-Vieux, contre le sieur Dupuis, prieur de l'église & paroisse de Notre-Dame de la ville de Montluçon, seigneur décimateur de la paroisse de Château-Vieux, plaidans Duris, avocat, pour le sieur Préchonnet, & Perrotin de la Vaux, pour le sieur Dupuis.

Dans le fait, le sieur curé avoit saisi les dîmes de vin de sa paroisse, pour le paiement de sa portion congrue. Ces mêmes dîmes avoient été affermées en 1739, le 25 juillet, au nommé Berthon, marchand de Montluçon, qui avoit formé opposition à la saisie, & demandoit que la saisie des fruits fût convertie en saisie-arrêt sur le prix de sa ferme, qui étoit de cinq cents livres, payable, moitié à Noël, & l'autre moitié à la saint Jean de l'année 1740, & il étoit dû au sieur curé deux quartiers de sa portion congrue. Par sentence d'audience de relevée de cette Sénéchaussée, du 26 août 1739, le sieur Berthon fut débouté de son opposition, & la saisie confirmée. J'étois des juges.

7. Ne peut le seigneur censier user de cette saisie, que sur l'héritage chargé du cens, & non sur les biens meubles & immeubles du tenancier, si le seigneur n'a obtenu jugement contre lui, ou si le détenteur n'a passé reconnoissance. C'est l'observation de Tournet, Tronçon, Riçard & Brodeau, sur la Coutume de Paris, article 74; de Duplessis, sur la même Coutume, traité *des Censives*, livre 1, chapitre 2; de la Thaumassiere, sur Berry, titre 6, article 12. Et ainsi a été réglé par l'arrêt de reglément général de la cour, des grands jours, séant à Clermont, du 9 janvier 1666. « Pour le paiement desquels cens ne pourront » (dit l'arrêt) les seigneurs, leurs fermiers » ou autres, faire procéder par exécution sur » les meubles des redevables, sans condamnation précédente ou obligation personnelle, mais se pourvoiront par saisie des héritages sujets audit cens, & des fruits d'iceux. »

8. Bien plus, il faut que la saisie soit sur les fruits pendans par les racines en l'héritage, parce que les fruits séparés du fonds sont réputés meubles, & ne font partie de l'héritage; desorte que, s'ils sont cueillis, ils ne peuvent plus être saisis, si le seigneur n'a (comme il vient d'être dit) obtenu jugement, ou que le détenteur n'ait reconnu : si ce n'est toutefois, dit M. Dumoulin, & après lui M. le président Duret, que les fruits coupés se soient trouvés dans le champ, ou engrangés dans une grange de la même tenure : mais cette saisie peut se faire du fonds nud & dépouillé, non pas à l'effet d'empêcher les labours & semences, mais la récolte, quand ils seront faits. *Igitur etiam vacuum fructibus prædium*, dit M. Duret, *nedum solos fructus pendentes, etiam civiles, cujusmodi sunt pisces in stagno feudali, vel censuali, prehendere licet; idem juris est in fructibus sectis, quamvis realiter & Judice auctore prehensis ab extraneo, non tamen translatis, sed adhuc in prædio feudali vel censuali jacentibus, imò & repositis in horreo, in prædio censuali vel feudali ædificato, aliter si extrà positum esset horreum, ita tamen ut per omnia solemnitas observetur; Molin. in Cons. Paris. §. 52, gl. 1, n. 45 & seq. 47, 50, & seq. 51, 55*, M. Duret, sur ces mots de notre article, *ensemble les fruits*.

9. Cette saisie, suivant notre article, peut être faite pour taille, censive ou rente

fonciere, lods & ventes, amendes & défauts provenans de ladite censive; & elle peut être faite non-seulement pour les arrérages échus du temps de l'acquereur, mais aussi pour ceux du temps de son vendeur, ou autres prédécesseurs; parce que les fruits sont tacitement hypothéqués au paiement desdits arrérages, sans qu'il soit besoin de déclaration hypothécaire, sauf toutefois le recours du saisi contre les précédens détenteurs: ce qui sera plus amplement expliqué sur l'article suivant.

10. Le seigneur censier peut s'adresser par action hypothécaire au détenteur de bonne foi, pour droits de lods & ventes dus par ses prédécesseurs, à moins qu'ils ne soient prescrits par prescription de trente ans; car le seigneur censier a une hypothéque tacite & légale sur l'héritage censif pour les lods & ventes, en vertu de laquelle il le suit par-tout: c'est ce qui résulte de la disposition de la Coutume en notre article, & de celle de Paris, article 358.

11. Cette hypothéque est la même, suivant notre article, que celle que le seigneur a pour les arrérages du cens, & par conséquent elle a le même privilége & la même préférence: la raison est qu'elle procéde du même principe, & qu'elle vient de la même source, savoir, du bail d'héritage; car le seigneur n'ayant donné l'héritage qu'à condition que les lods & ventes lui en seroient payés, quand le cas écherroit, c'est une hypothéque privilégiée & une charge inhérente au fonds, & qui en est inséparable, puisque c'est la condition sous laquelle le seigneur a donné l'héritage: & comme le seigneur peut suivre son fonds pour le paiement des arrérages de cens, sans être obligé de discuter celui qui en est personnellement tenu; il peut de même suivre son fonds pour le paiement de son droit de lods, sans être tenu de discuter celui qui doit personnellement les lods. C'est ce qui suit de la disposition de notre article, & le sentiment d'Henrys, tome 2, livre 3, question 18, & question 28.

12 Le seigneur censier, pour le paiement de ses devoirs, a droit de saisir les fruits de l'héritage censif, quand même l'héritage seroit affermé, & que les fruits appartiendroient au fermier, sans qu'on puisse l'obliger à aucune discussion: la raison est que le cens pour lequel la saisie est faite, est dû par l'héritage qui en est chargé & redevable. *Onera enim censualia*, dit M. Duret, *rem & possessorem sequuntur; ita consequens est ut Dominus vel alium persequi, vel ad alium accedere, quàm ad rem ipsam, vel ad præpositum possessorem cogi non possit, quamvis possessor cautionem sufficientem offerat, & de oneribus præteritis agatur; Molin. in Consf. Parif. §. 52, gl. 1, num. 123 & seq.* M. Duret, sur ces mots de notre article, *par action personnelle.*

ARTICLE CCCCXIV.

Des charges des détenteurs d'héritages.

LE DÉTENTEUR d'aucun héritage est tenu & peut être convenu par action personnelle payer les arrérages des cens, rentes & autres devoirs dus à cause dudit héritage, pour les années qu'il en a été détenteur, non excédans dix ans, quant aux Cens & autres devoirs portans directe, & cinq ans quant aux rentes roturieres, ès cas esquels elles se peuvent constituer.

1. C'Est une maxime constante, qu'il y a une action personnelle, outre l'hypothécaire, contre le détenteur, possesseur & propriétaire d'un héritage chargé de cens ou rente fonciere, pour les arrérages des années qu'il en a été détenteur & possesseur, non excédans dix ans dans cette Coutume; parce que le seigneur direct, ou rentier, ou bailleur de fonds, n'ayant mis l'héritage hors ses mains, qu'à la condition du cens ou de la rente, c'est une charge qu'il lui a imposée, qui suit la possession par-tout où elle passe, & qui produit une action personnelle *in factum*, contre le tiers acquereur, à raison de sa détention, la perception des fruits produisant l'action personnelle. C'est la disposition de cette Coutume, dans le présent article; celle de Paris, en l'article 99; d'Auvergne, titre 21, article 7; de Mantes, article 60; de Meaux, article 68, & autres.

2. Ainsi il y a cette différence entre les arrérages échus du temps du détenteur, & les arrérages précédens, que le seigneur direct ou rentier peut poursuivre le détenteur de l'héritage chargé du cens ou rente fonciere, par action personnelle, pour les arrérages de son temps, non excédans dix ans; & qu'il ne le peut poursuivre pour les précédens, qu'hypothécairement, & encore sauf son recours contre ceux qui ont possédé auparavant, & qui en sont personnellement tenus. Et c'est pour cela que, dans l'article précédent, il est dit que le seigneur censier peut faire empêcher l'héritage pour paiement des arrérages, sans expression de temps, & sans faire différence du temps qui a précédé l'acquisition, d'avec celui que le détenteur l'a possédé: au lieu que, dans le présent article, qui permet de poursuivre le détenteur par action personnelle, il est dit que ce n'est que pour les années qu'il a été détenteur, *tam personaliter*, dit M. Menudel, sur le présent article, *quàm hypothecariè pro accessionibus elapsis quo tempore detinuit, pro aliis tantùm hypothecariè, & non personaliter.* Et telle est la disposition précise de la Coutume d'Estampes, article 66.

3. Et

3. Et ainsi a été jugé, dit M. Genin, pere, le 20 mai 1615, pour Gilbert du Rarton, *pro quo orabam*, en confirmant le châtelain de Beauvoir, contre Gilbert Daphis, *pro quo Dominus* Herouis; savoir, que, pour les années précédentes la détention, il n'y a point d'action personnelle contre le nouveau détenteur, mais hypothécaire seulement. M. Genin, pere, chez M. Etienne Baugy, *hic*.

* De ce qui vient d'être dit, il faut conclure, avec M. Charles Loyseau, que nous avons trois sortes d'actions pour un même cens, ou une même rente fonciere; savoir, l'action réelle ou hypothécaire pour les arrérages précédans la détention; l'action pure personnelle contre celui qui n'est plus détenteur, pour les arrérages échus pendant sa détention; & l'action mixte, réelle & personnelle contre le détenteur, pour les arrérages du temps de sa détention, & la continuation de la rente. Loyseau, traité du déguerpissement, liv. 2, ch. 2, & ch. 10.

L'action personnelle, comme l'a observé le même auteur, contre celui qui a perçu les fruits de l'héritage, qu'il savoit être redevable de la rente fonciere, s'exerce contre l'héritier, encore qu'il ne succéde pas à l'héritage, & suit toujours la personne, quoique l'héritage soit transporté à un autre, & elle ne peut être évitée par le déguerpissement; elle est divisible, soit entre plusieurs héritiers, soit entre plusieurs qui ont joui de l'héritage. La raison de la différence qu'il y a en cela entre l'action pure personnelle, & la réelle ou la mixte, c'est que les actions personnelles sont réguliérement divisibles de leur nature, pourvu que ce qui est dans l'obligation puisse souffrir division, & cela à cause de la maxime de droit, que, *iniquum est alterum alterius causâ prægravari*; au lieu que les actions réelles, qui poursuivent une certaine chose, un certain corps indivisé, sont de leur nature individues, à cause de l'indivisibilité de l'hypothéque, qui est, *tota in toto, & tota in qualibet parte fundi*. Loyseau, du déguerpissement, liv. 2, ch. 10 & 11.

4. Ceci ne regarde que les détenteurs propriétaires des héritages; car le fermier & le locataire n'en sont pas tenus, & ne sont obligés que de déclarer le seigneur jouissant, ou propriétaire qui leur a loué ou affermé, ainsi qu'il a été jugé par les arrêts cités par Joly, sur l'article 99 de la Coutume de Paris. Et tel est le sentiment de Loyseau, *du Déguerpissement*, livre 2, chapitre 2, nombre 14, & de M. le président Duret, sur notre article, sur le mot DÉTENTEUR: *Hoc verbum*, dit-il, *de Colono simplici vel inquilino non intelligitur, sed de eo qui auctoritate Domini est, ut tutor, maritus, fructuarius*..... La raison est que le locataire & fermier ne jouissent pas, puisqu'ils n'appliquent pas les fruits à leur profit, & qu'ils en payent le loyer ou la ferme au propriétaire.

5. Au-reste, l'action personnelle que notre Coutume donne, dans le présent article, contre le tiers détenteur, pour le paiement des arrérages de rentes, échus de son temps, & dont elle le déclare tenu personnellement, ne regarde point les arrérages des rentes constituées d'aujourd'hui, qui n'ont point d'autre affectation sur l'héritage que la simple hypothéque, qui n'est pas une charge ni une condition de la possession; mais elle ne concerne uniquement que les arrérages de cens, rentes foncieres, & rentes constituées, telles qu'elles étoient anciennement: lesquelles rentes constituées anciennes, comme il a été dit sur les articles 136 & 399, *suprà*, étoient assignées sur certains fonds nommément, sur lesquels seuls elles étoient perceptibles; de maniere qu'elles étoient comme des servitudes imposées sur les fonds, & ne différoient presque que de nom des rentes foncieres. C'est ce qui paroît par la maniere dont s'explique notre Coutume dans le présent article; elle y parle des rentes foncieres & constituées, comme il se déduit de la derniere partie de l'article, qui borne la prescription des arrérages des rentes constituées à cinq ans, conformément à l'article 18, *suprà*; & elle dit des unes & des autres en général, que ce sont des rentes & devoirs dus à cause de l'héritage: car elle ne donne l'action personnelle contre le tiers détenteur d'un héritage, que *pour les arrérages de rentes dues à cause dudit héritage*; termes qui font connoître qu'elle regarde les rentes constituées de ce temps-là, comme des charges des héritages, sur lesquels elles se trouvent imposées: ce qui fait qu'elle déclare les acquereurs de ces fonds, tenus personnellement des arrérages échus de leur temps; ce qui n'a point d'application aux rentes constituées d'aujourd'hui. Voyez ce qu'on a remarqué, au sujet de ces rentes constituées anciennes, sur les articles 136, 399, 418, 423, 466 & 478.

6. Mais il y a plus; c'est qu'à l'égard même des rentes véritablement foncieres, mais simples & non seigneuriales, le détenteur de bonne foi, qui n'a connoissance de la rente & qui a acquis sans la charge d'icelle, est quitte de tous les arrérages échus, même de son temps, & gagne les fruits, s'il déguerpit avant la contestation en cause, ainsi qu'il est dit dans l'article 102 de la Coutume de Paris, 409 de celle d'Orléans, 176 de celle de Melun, 199 de la Coutume de Tourraine, & autres. Tellement que le présent article de notre Coutume ne s'entend que du détenteur, qui a connoissance de la rente, qui en a passé titre nouvel ou reconnoissance; parce que la simple détention ou perception des fruits, selon que l'observe Loyseau, ne produit pas l'action personnelle, mais la détention & perception des fruits, jointe à la reconnoissance de la rente; car sans cette reconnoissance le détenteur est non-seulement possesseur, mais propriétaire de bonne foi, & fait siens les fruits perçus & consommés durant sa bonne foi: *Bonæ fidei emptor*, dit la loi, *non dubiè percipiendo fructus*

etiam ex aliena re, suos interim facit, non tantùm eos qui diligentiâ & operâ ejus provenerunt, sed omnes; quia quod ad fructus attinet, loco Domini est; L. 48, ff. *de acquir. rer. dom.* Or, si celui qui est le véritable seigneur d'un héritage, conclut Loyseau, perd irrévocablement, selon le droit, les fruits de tout le temps qu'il en a laissé jouir paisiblement le possesseur de bonne foi; à plus forte raison celui qui n'a qu'un simple droit foncier sur l'héritage, en doit perdre les arrérages pour le temps qu'il en a laissé jouir tranquillement, & sans l'inquiéter, le propriétaire qui n'avoit pas connoissance de ce droit: autrement, dit Loyseau, le détenteur (s'il falloit qu'il payât les arrérages de son temps) seroit privé du fruit de sa bonne foi, qui est le gain des fruits. Autre chose seroit, s'il avoit passé titre nouvel; pour lors il ne pourroit plus déguerpir, sans payer tous les arrérages qui sont dus, tant de son temps que de celui de ses auteurs. Loyseau, *du Déguerpiss.* liv. 5, ch. 10. Voyez ce qui a été dit sur l'art. 399, *suprà*.

* Notre article porte, conformément à l'article 18, *suprà*, qu'on ne peut demander que dix ans d'arrérages, quant aux cens, & cinq ans, quant aux rentes roturieres, ès cas exquels elles se peuvent constituer; ces rentes roturieres, dont parle l'article, sont des rentes constituées par l'assignat, ainsi qu'on le pratiquoit du temps de la rédaction de la Coutume; ces mots, *ès cas exquels elles se peuvent constituer*, le montrent suffisamment; mais comme l'article leur attribue l'action personnelle pour le paiement des arrérages, de même qu'aux cens & rentes véritablement foncieres, cela forme une difficulté, pour la résolution de laquelle:

Il est à propos d'observer, avec Loyseau, traité du déguerpissement, livre 1, chapitre 9, nombres 24 & suivans, que les rentes par assignat, selon qu'on le pratiquoit anciennement, quoique rentes constituées, tenoient toutefois le milieu, entre les rentes foncieres & les rentes volantes, courantes, & purement hypothécaires; qu'elles participoient en quelque façon de la nature des rentes foncieres; en ce cas l'assignat induisoit une obligation principale & directe sur la chose assignée, pourquoi on feignoit, & estimoit que c'étoit l'héritage assigné qui devoit la rente, aussi-bien que la personne du constituant.

De-là vient, 1°. que quelques Coutumes, comme la nôtre, au présent article, attribuent aux rentes constituées par assignat, l'action personnelle, contre le tiers détenteur, de même qu'aux rentes foncieres. 2°. Qu'elles ne requiérent point de discussion au profit du tiers détenteur, pour le paiement des arrérages de ces rentes, non plus que pour raison des arrérages des rentes foncieres, ainsi qu'il est dit en l'article 136, *suprà*. 3°. Qu'on obligeoit l'acquereur de ces rentes à prendre saisine du seigneur, de la même maniere que s'il avoit acquis la propriété de l'héritage, comme il paroît par le dispositif de l'article 423, *infrà*.

Quoiqu'on attribuât dans ces temps-là aux rentes constituées par assignat, les priviléges & prérogatives des rentes foncieres, toutefois, comme elles n'étoient pas véritablement foncieres, mais constituées à prix d'argent, on ne régla pas la prescription des arrérages de ces rentes à dix ans, comme ceux des cens, mais à cinq ans, & ce à cause de l'ordonnance de 1510, qui déclare les arrérages des rentes constituées à prix d'argent, sujets à la prescription de cinq ans; c'est ce qui est expliqué dans l'art. 18, *suprà*.

Dans la suite, quand on a eu bien éclairci la matiere des rentes constituées, on les a, dit Loyseau, toutes réglées sur le pied des rentes courantes, volantes, & purement hypothécaires; on a retranché les privilèges & prérogatives qu'on leur avoit attribués, & qu'elles avoient empruntés des rentes foncieres; & aujourd'hui les rentes constituées, même par forme d'assignat, n'ont pas plus de prérogative & avantage qu'une simple rente d'hypothéque spéciale ou générale; c'est ce qui a été observé dans les aditions manuscrites sur l'article 334, *suprà*, & 423, *infrà*, après Loyseau, dans son traité du déguerpissement, livre 1, chapitre 9; ainsi on ne leur attribue plus l'action personnelle contre le tiers détenteur.

Il n'en est pas de même des rentes véritablement foncieres; comme elles sont créées par l'aliénation & concession du fonds qui en est chargé, & qu'elles sont de leur nature inamortissables, comme les cens, elles ont conservé l'action personnelle contre le tiers détenteur, & les arrérages de ces rentes ne se prescrivent que par dix ans, comme ceux du cens, ainsi qu'il a été dit & prouvé sur l'article 18, *suprà*, où il faut avoir recours. Ce fut ainsi jugé, tant par rapport à l'action personnelle, qu'à la prescription de dix ans, par la sentence rendue à mon rapport, entre les Lombards & Marie Convenant, le 3 mai 1735, dont il est parlé sur l'article 334, *suprà*, adition manuscrite, où il faut avoir recours; Marie Convenant fut condamnée personnellement, comme jouissante des héritages sujets à la rente, à payer aux Lombards dix années d'arrérages précédans la demande.

ARTICLE CCCCXV.

QUAND aucun héritage est empêché à la requête du Seigneur rentier, taillablier, censier ou autre, pour droits directs & arrérages, & le détenteur de l'héritage s'oppose audit empêchement, ledit opposant est tenu avant qu'être oui, garnir la main de Justice jusqu'à dix années d'arrérages du devoir de cens, rente fonciere, ou autre devoir portant directe prétendu, si tant en sont dus & au-dessous; & pour cinq ans quant aux rentes roturieres ès cas permis, par celui à la requête duquel ledit Exploit est fait, en montrant de reconnoissance terrier, obligation ou condamnation dudit devoir à lui fait par le détenteur opposant, ou autre: Et à faute de ce faire par ledit opposant à ladite Assignation ou autre ensuivant, il est débouté de sadite opposition, & l'Exploit confirmé.

1. LA saisie, ou empêchement, dont il est parlé dans le présent article, peut être fait à la requête du seigneur censier, ou rentier, pour dix années: mais le tenancier opposant peut en obtenir main-levée provisoire, en consignant les trois dernieres années. C'est la disposition de l'ordonnance de Charles IX, du mois de février 1563, laquelle est générale, & doit être suivie dans cette Coutume, nonobstant la disposition de notre article, attendu la clause de dérogation générale à toutes Coutumes, qui est expresse; & ainsi jugé par arrêt rendu en cette Coutume, au rapport de M. Dupuis, l'an 1576, cité par Tournet, sur la Coutume de Paris, article 75.

2. Quoique cette main-levée ne soit que provisoire, néanmoins le censitaire saisi n'est pas tenu de donner caution. Bien plus; s'il justifie de quittances des trois dernieres années consécutives, il doit avoir main-levée définitive, comme nous le dirons sur l'article 419, *infrà*.

ARTICLE CCCCXVI.

LA PERCEPTION des Cens, Tailles, & autres devoirs portans directe, ne préjudicie au Seigneur direct, en maniere que par vertu de ladite perception le Censivier & Taillablier se puisse dire revêtu, ni ensaisiné de l'héritage à lui advenu par acquisition & autrement, sinon qu'icelle perception eût été faite après l'ostension des Lettres de ladite acquisition faite au Seigneur direct ou taillablier.

De la perception des Cens & Tailles.

1. LE mot d'*ensaisinement*, dont il est parlé dans le présent article, signifie la même chose qu'investiture, qui vient du mot latin *investire*, qui veut dire, vêtir; & l'un & l'autre signifient, mettre en possession, ou revêtir.

2. A l'exemple de la réception en foi dans les fiefs, il y a l'ensaisinement ou l'investiture, que l'acquereur prend du seigneur dans les censives. Cet ensaisinement étoit autrefois de nécessité en toutes mutations de censives: mais à présent c'est une regle, que ne prend saisine qui ne veut; de maniere que l'acquisition ne laisse pas d'être bonne quant à la propriété & possession, quoique l'acquereur ne soit ensaisiné du seigneur direct: & on ne prend aujourd'hui la précaution de se faire ensaisiner, que pour faire courir le temps du retrait lignager, conformément à l'article 422, *infrà*; ou pour faire valider les donations universelles, suivant l'article 219, *suprà*.

3. Pour l'ensaisinement, le nouvel acquereur porte son contrat au seigneur, le requérant de vouloir l'investir; & le seigneur qui veut bien l'investir, met au bas du contrat, au dos ou à la marge, l'acte d'ensaisinement; ce faisant, reçoit le nouvel acquereur pour son censitaire, & décharge tacitement le vendeur pour l'avenir: & s'il refuse l'ensaisinement sans cause raisonnable, il peut être poursuivi pardevant juge supérieur.

4. Sur quoi il est à observer que le seigneur peut & est en droit de refuser d'investir le nouvel acquereur, à défaut de lui payer les arrérages, & les lods & ventes qui lui sont dus. C'est la disposition de la Coutume de Nivernois, titre *des Cens*, article 21, où M. Guy Coquille observe que, quant aux lods & ventes dus par l'acquereur, & arrérages échus de son temps, cela ne souffre point de difficulté, parce qu'il en est tenu personnellement.

5. Ce qui fait la difficulté, ce sont les lods & ventes, ou arrérages de cens dus par son

vendeur, ou autres prédécesseurs : sur quoi M. Dupleſſis, ſur Paris, traité *des Cenſives*, livre 6, & M. Potier, ſur l'article 422, *infrà*, tiennent que le ſeigneur peut juſtement refuſer d'inveſtir, par le défaut de paiement des lods dus, tant par l'acquereur, que ſon vendeur, & autres prédéceſſeurs. Mais Coquille, d'un avis contraire, dit que le ſeigneur ne peut différer d'inveſtir l'acquereur, pour droits non payés d'une précédente acquiſition ; parce qu'ils ne ſe peuvent demander perſonnellement à l'acquereur, mais hypothécairement ſeulement, & ſur la choſe : de maniere, ajoute Coquille, que le ſeigneur peut ſeulement proteſter que par l'inveſtiture il n'entend déroger aux arrérages & droits précédens, qu'il proteſte recouvrer, ſe reſervant à cet effet le droit qu'il a ſur l'héritage pour s'en faire payer ; laquelle hypothéque audit cas il pourra exercer, nonobſtant l'inveſtiture, & par le moyen d'icelle contraindre l'acquereur à déguerpir, ou à payer. Tel eſt le ſentiment de Coquille ſur la Coutume de Nivernois, titre *des Cens*, article 21 ; celui de M. Menudel, ſur l'article 394, *ſuprà* ; & c'eſt auſſi le mien.

6. L'enſaiſinement doit être fait par le ſeigneur, ſon receveur, ou autre officier, ayant pouvoir ſpécial d'inveſtir un chacun ; & ſans ce pouvoir, ne le peuvent valablement le fermier, l'uſufruitier, ou celui qui poſſéde à titre de douaire ; mais bien le peut le tuteur pour ſon pupille. C'eſt la remarque de M. Louis Semin, après M. le préſident Duret : *Tutor*, dit M. Semin, *pro pupillo poteſt in fidem recipere, inveſtire, & laudimia accipere, ſed non de novo in cenſum, vel feudum concedere.... Uſufructuarius, conductor, vel doarii nomine poſſidens, non poteſt inveſtire ſine mandato Domini & in ejus præjudicium.* Telle eſt la remarque de M. Louis Semin, après M. le préſident Duret, ſur l'article 424, *infrà* : c'eſt auſſi le ſentiment de Potier, ſur l'article 422 ; & ainſi a été jugé en cette Sénéchauſſée, au rapport de M. Farjonel d'Aubigny, le 26 juin 1726, en la cauſe d'entre François Aurouer, appellant de ſentence du juge de Vichy, & Claude Coſte, laboureur, tuteur de François Coſte, ſon fils, intimé : il fut jugé que l'inveſtiture ne pouvoit être faite valablement par le fermier, ſans pouvoir ſpécial pour cela.

* La même choſe a été jugée par ſentence rendue au rapport de M. Beraut de la Materée, en cette Sénéchauſſée, le 22 mars 1734, entre Annet Colin, bourgeois, appellant, Gilbert & Jean Roches, intimés ; par cette ſentence il fut jugé deux choſes : la premiere, qu'un fermier ne peut valablement inveſtir ſans pouvoir ſpécial ; & la ſeconde, qu'un ſimple paiement de lods & ventes, qui vaut comme inveſtiture préſumée, & par équipollence, ne ſuffit pas, par rapport au retrait lignager, qu'il faut une inveſtiture, ou enſaiſinement effectif ; & cette ſentence a été confirmée par arrêt rendu en la deuxieme des enquêtes, le cinquieme août 1735, au rapport de M. Blondeau.

** François Aurouer, défendeur en retrait, avoit acquis des héritages dans la cenſive de la dame prieure de Marſiny, & avoit fait inveſtir ſon contrat d'acquiſition en 1721, par le nommé Brivet, fermier de lad. dame ; la demande en retrait ne fut formée qu'en 1724 par Coſte, & Aurouer le ſoutenoit non-recevable en ſa demande, prétendant qu'il n'étoit pas dans le temps pour la former, attendu que ſon contrat avoit été inveſti en 1721. Mais le premier juge, ſans avoir égard à la fin de non-recevoir, adjugea le retrait au demandeur ; ſa ſentence fut confirmée en cette Sénéchauſſée, & il paſſa tout d'une voix, que le fermier n'avoit pu valablement inveſtir ; parce qu'il ne paroiſſoit pas par la lecture que l'on fit de ſon bail, que la dame prieure de Marſigny lui eût donné pouvoir d'inveſtir. J'étois des juges.

7. L'enſaiſinement ne ſe peut prouver par témoins ; c'eſt-pourquoi il doit être écrit pardevant notaires, ou ſous ſignature privée : ainſi jugé par arrêt du 23 décembre 1568, la raiſon eſt que c'eſt un acte de juſtice domaniale. Dupleſſis ſur Paris, traité *du Retrait lignager*, chapitre 1. M. Jean Decullant, ſur l'article 422, *infrà*, où il faut avoir recours.

8. L'inveſtiture ſous ſeing privé eſt bonne & valable, ſelon tous nos commentateurs. *Uſus invaluit in hac Provincia*, dit M. Jean Decullant, ſur l'article 422, *infrà*, *ut inveſtitura facta ſub privato Domini directi ſigillo valeat.* M. François Decullant a fait la même remarque, ſur le même article, & il atteſte que tel eſt le ſentiment de M. Louis Semin : *Uſus contrarius*, dit-il, *opinioni Caroli Molinæi apud nos invaluit ; adeò ut non requiratur inveſtitura coram Notario apud acta publica fieri, ſed facta ſub privato Domini directi ſigillo valet, cui aſſentitur hìc D. Ludovicus* Semin, *his verbis : Contrà Molinæi opinionem, inveſtituram ſcripturâ privatâ factam validam cenſeo, niſi arguatur dolus aut dies repetita, cujus probatio incumbit alleganti ; tum quia dolus non præſumitur, tum quia Statutum non diſtinguit ; & ita ſolent fieri inveſtituræ apud nos.* M. François Decullant, ſur l'article 422, *infrà*, ſur les mots, *aura été inveſti.*

9. Mais l'inveſtiture ſous ſeing privé doit être miſe au dos du contrat ou en marge, & non en feuille volante : ainſi jugé par arrêt du 17 février 1605, cité par M. Claude de Ferriere, *Inſt. Cout.* tome 3, livre 4, titre 2, article 115 ; & tel eſt ſon ſentiment ; celui de M. Dupleſſis, ſur la Coutume de Paris, traité *du Retrait lignager*, chapitre 1, page 278, & de M. Jacques Potier, ſur l'article 422, *infrà*.

10. Tout ce qui a été dit juſqu'ici, ne concerne que l'inveſtiture expreſſe, formelle & effective, dont il y a acte par écrit : mais, outre cet enſaiſinement, il y en a un autre tacite, préſumé & par équipollence, qui eſt, quand l'acquereur paye le cens, taille ou autre devoir au ſeigneur direct, après lui avoir fait l'exhibition de ſon contrat d'acquiſition : c'eſt

ce

ce qui se déduit de la disposition de la Coutume, au présent article; car, si (suivant notre article) le paiement du devoir ne vaut ensaisinement, de maniere que, par ce paiement, le censitaire se puisse dire revêtu & ensaisiné de l'héritage, sinon qu'il soit fait après l'ostension de son contrat d'acquisition faite au seigneur, il s'ensuit évidemment & par un argument à sens contraire, qu'il vaut ensaisinement; de façon que l'acquereur est présumé investi & ensaisiné, quand il est fait après l'exhibition du contrat faite au seigneur.

11. La réception des droits, après l'exhibition du titre d'acquisition, vaut donc (suivant notre article) ensaisinement, par rapport au seigneur; à l'effet, par exemple, d'empêcher le retrait seigneurial, comme il sera expliqué sur l'article 480, *infrà*. Mais en est-il de même pour le retrait lignager? C'est ce qui sera décidé sur l'article 422, ci-après.

12. Au reste, la reconnoissance que le seigneur peut avoir du titre d'acquisition, par d'autres que par le censitaire, & indépendamment de l'exhibition requise par la Coutume, ne peut lui préjudicier; parce que l'exhibition du titre par le censitaire est un devoir, auquel par la nature & la qualité de son héritage il est obligé envers le seigneur censier. C'est l'observation de M. le président Duret, sur ces mots de notre article, FAITE AU SEIGNEUR: *Per Censuarium*, dit-il, *vel Taillabilem idem si Domino præsente acquisitio facta proponitur... at scientia Domini, non procedens ex facto acquirentis, Domino non officit. Editio enim facta ab acquirente, aliquam recognitionem, & cujusdam honoris & reverentiæ exhibitionem ergà Dominum redolet, quæ in fortuitâ ostensione & notitiâ acquisitionis undecumque aliàs processerit, minimè obtinet.* M. Duret, *hìc*.

ARTICLE CCCCXVII.

RECONNOISSANCE faite d'aucun devoir de Taille par un tenancier, pour lui & ses autres parsonniers, sans nommer sesdits parsonniers, ne préjudicie au Seigneur taillablier, & ne profite ausdits parsonniers non nommez, sinon qu'ils eussent, ou leurs prédécesseurs, été entiérement revêtus dudit Taillablier, & fussent résidens avec celui ou ceux qui ont fait ladite reconnoissance au tems d'icelle.

1. LE mot de *parsonnier*, employé dans le présent article, signifie la même chose que celui de *commun*, & s'entend de celui qui a part à la communauté.

2. Quand l'un des parsonniers ou communs acquiert quelque héritage, les autres parsonniers y ont leur part en qualité de communs, suivant l'article 269, *suprà*; & ils en peuvent prétendre leur portion dans le partage de la communauté: mais, si c'est un héritage taillable qui ait été acquis, il faut, pour que les autres communs ou parsonniers y ayent part, qu'ils en ayent été investis par le seigneur taillablier, ou que le seigneur y consente. *In societate conjugatorum*, dit M. Louis Semin, *vel aliorum sociorum taillabilia non venire, nisi omnes socii à Domino investiti sint, tenent Nostri.* C'est son observation sur l'article 490, *infrà*. Et quand même l'un des tenanciers de l'héritage taillable en auroit passé reconnoissance au profit du seigneur, pour lui & ses parsonniers sans les nommer, telle reconnoissance (suivant notre article,) ne nuiroit pas au seigneur, & ne profiteroit pas aux parsonniers non nommés, si ce n'est qu'eux ou leurs prédécesseurs en eussent été investis, & qu'ils fussent demeurans avec le reconnoissant, lors de la reconnoissance: tellement que si l'acquereur dudit héritage taillable décédoit sans hoir commun, le seigneur taillablier y succéderoit, suivant l'article 492, *infrà*; & si le partage de la communauté se faisoit entre ledit acquereur & les autres communs, ces communs n'y auroient pas de part, si le seigneur taillablier ne le vouloit: mais le preneur dudit héritage seroit tenu de récompenser ses autres communs & parsonniers, ainsi qu'il est dit en l'article 26, du titre *des Bordelages*, de la Coutume de Nivernois, qui contient une disposition approchante de celle du présent article.

ARTICLE CCCCXVIII.

RENTE constituée à prix d'argent non portant directe, pour quelque prix ou somme que ce soit, est rachetable pour ledit prix, quelque Contrat ou rénonciation qu'on puisse faire au-contraire. De rente constituée à prix d'argent.

1. LA rente constituée, dont il est parlé dans le présent article, est un revenu annuel qu'on achete à prix d'argent, d'une personne qui s'engage de le payer.

2. Vers l'an 1300, sous le regne de Philippe-le-Bel, roi de France, les rentes constituées

commencerent à avoir lieu en Allemagne & en France : mais, pour lever les scrupules que quelques canonistes faisoient naître dans l'esprit de ceux qui étoient créanciers de ces rentes, les qualifiant d'usuriers, les Papes Martin V, & Calixte III, firent examiner cette fameuse question dans le quinzieme siecle, par les plus habiles théologiens & canonistes, & sur leurs avis ils déclarerent qu'il n'y avoit point d'usure dans les constitutions de rentes. Ainsi les constitutions de rentes se trouverent autorisées par une décrétale de Martin V, en 1435 ; & quelques années après, dans le même siecle, par une autre décrétale de Calixte III; ces papes déclarerent qu'il étoit permis en conscience de constituer sur les héritages un revenu pour une certaine somme de deniers baillés à perpétuité.

3. En France on a reçu ces décrétales avec trois limitations, ou conditions.

4. La premiere, que le créancier, c'est-à-dire, l'acquereur qui donne son argent à rente, ne pourra jamais contraindre le débiteur ou le vendeur qui s'engage à payer la rente, d'en faire le rachat; ensorte que le sort principal, qui est le prix de la rente, demeure perpétuellement aliéné.

5. La seconde, que le débiteur, ou le vendeur qui vend ou constitue une rente annuelle, ait la liberté de se libérer, en rachetant ou remboursant le principal quand il lui plaira, sans que cette faculté lui puisse être ôtée par quelque voie que ce soit.

6. La troisieme, que la rente soit constituée au denier de l'ordonnance; & qu'ainsi elle soit fixée à un denier certain, établi par autorité publique.

7. Et comme tout cela ne parut pas aux théologiens & canonistes suffisant pour purger le vice de l'usure, ils ajouterent une quatrieme condition, qui fut que ces rentes seroient constituées par assignat sur des héritages particuliers, pour les faire ressembler aux rentes créées par bail d'héritages; & par ce moyen, ils faisoient que ces rentes étoient comme des ventes que le débiteur faisoit des fruits & revenus annuels de son héritage à perpétuité, & qu'ainsi elles tomboient dans la nature licite & non sujette au vice de l'usure: ils faisoient aussi par-là que ces rentes n'étoient pas constituées sur la personne du débiteur, ni sur ses biens en général; & par la même raison ils vouloient que, si l'héritage venoit à périr ou diminuer de revenu, cette perte tombât sur le créancier, & non sur le débiteur : c'est-pourquoi ceux qui n'avoient point d'héritages, ne pouvoient pas constituer rente sur eux.

8. Tout cela se voit par les décrétales des papes Martin V & Calixte III, qui ne parlent que des rentes établies sur des fonds fertiles, & particuliérement par la bulle de Pie V, qui requiert précisément un assignat pour la validité des rentes constituées, & que la perte ou diminution de cet assignat tombe sur le créancier; & telle étoit la doctrine des docteurs distingués dans l'église, comme de St. Antonin, Innocent IV, le Cardinal d'Ostie, Navarre, & plusieurs autres canonistes : & ce fut ainsi décidé dans un concile de Bordeaux, du seizieme siecle.

9. Nos Coutumes ont reconnu ces sortes de rentes constituées par assignat sur des héritages particuliers, qui en demeuroient chargés, & sur les fruits desquels lesdites rentes se prenoient annuellement; lesquelles rentes imitoient les foncieres, quoiqu'elles fussent constituées, & desquelles on faisoit la foi & hommage, & on en prenoit saisine, comme il paroît par l'article 423 de cette Coutume : car c'est d'elles dont il est parlé dans ledit article, & dans l'article 399, & autres.

10. Mais par la suite des temps on a admis les rentes volantes sans assignat, où la personne & tous les biens du débiteur fussent obligés ; & on a reconnu que ceux qui n'avoient point d'héritages, pouvoient constituer rente sur eux, aussi-bien que ceux qui en avoient : & aujourd'hui l'usage des rentes constituées, personnelles & volantes, est généralement reçu dans tout le royaume comme légitime. L'utilité publique du commerce & les besoins des particuliers ont mis ces rentes en usage, mais avec les trois conditions ci-dessus, & les clauses qui donnent atteinte à l'une de ces trois conditions, rendent le contrat nul & usuraire.

11. Suivant ces principes, le débiteur d'une rente constituée ne peut pas être contraint à la racheter dans un certain temps; & si dans la constitution d'une rente à prix d'argent l'acquereur stipule que le débiteur rachétera dans un tel temps, le contrat est usuraire; parce que, comme il n'aliéne pas son sort principal, ce n'est qu'une rente simulée, ou plutôt un prêt usuraire: & telle est la jurisprudence des arrêts.

12. Il y a toutefois des cas où le créancier peut exiger & demander son remboursement; mais c'est quand le débiteur est en faute & coupable de fraude, & qu'il n'exécute pas les clauses du contrat de constitution, comme dans les cas suivans:

13. Le premier, quand le débiteur, empruntant en constitution, affecte & hypothéque pour la sûreté de la rente une chose dont il n'est pas propriétaire; ou bien, quand il déclare & affirme que le bien dont il est propriétaire, & qu'il affecte & hypothéque pour la sûreté de la rente, n'est chargé d'aucune autre hypothéque, & que dans la suite on reconnoît le contraire; en ce cas le créancier peut poursuivre son remboursement à cause du stellionat du débiteur.

14. Le second, quand le débiteur a promis un emploi, qu'il ne le fournit pas, & qu'il ne donne pas les assurances dont on est convenu.

15. Le troisieme, c'est quand l'héritage hypothéqué au paiement de la rente constituée, est saisi réellement & vendu forcément

par décret : autre chose est, quand c'est le débiteur de la rente qui le vend volontairement, à la charge du décret, & qu'il charge l'acquereur par le contrat de continuer la rente; parce qu'en ce cas le décret qui est volontaire, est accessoire du contrat, & qu'il n'intervient que pour la sûreté du contrat, & en assurer les clauses; du nombre desquelles est l'obligation imposée à l'acquereur de continuer la rente.

16. Un quatrieme cas, c'est quand le débiteur de la rente a promis à la caution d'en faire le rachat.

17. Il y en a qui ajoutent un cinquieme cas pour les deniers pupillaires, qui peuvent, disent-ils, être donnés à rente par le tuteur jusqu'à la majorité des mineurs, ou jusqu'à un certain temps, conformément à quelques anciens arrêts. Mais, quoiqu'il en soit de ces anciens arrêts, la nouvelle jurisprudence est contraire; & on n'approuve pas présentement au parlement de Paris les tuteurs, qui voudroient prêter à intérêt pour un temps les deniers de leurs pupilles.

18. La faculté perpétuelle de la part du débiteur de racheter la rente, étant de l'essence du contrat de constitution de rente, si l'acquereur stipuloit que le preneur à rente ne pourroit s'en libérer, cette stipulation seroit nulle, suivant toutes les ordonnances. La disposition de notre Coutume, au présent article, y est précise; & parce que cette disposition est générale, elle s'entend de toutes sortes de rentes, tant de bled, vin & autre chose, que d'argent, constituées à prix d'argent, ainsi qu'il est porté dans l'article 67 de la Coutume de Troyes; tellement que toutes sortes de rentes indistinctement, constituées à prix d'argent, sont rachetables à toujours, quelque contrat ou rénonciation qu'on puisse faire au contraire, comme il est dit dans notre article, & dans ledit article 67 de la Coutume de Troyes.

19. Sur quoi il est à observer qu'on ne peut réguliérement créer une rente en grains pour un fort principal payé en argent; parce que les fruits n'ayant pas d'estimation fixe & permanente, leur valeur peut augmenter, & non celle de l'argent, qui est toujours une; & même celle des grains d'une année à l'autre peut doubler & tripler par la stérilité, & autres accidens & cas fortuits : ce qui fait qu'il n'y a aucune proportion entre l'intérêt légitime de l'argent en deniers, & celui qui se paye en une quantité certaine & limitée de grains; ce qui est contraire à la troisieme condition des rentes constituées, dont il sera parlé ci-après. Et c'est pour empêcher cette espece d'usure, que Charles IX, par son édit de 1565, a ordonné que les anciennes rentes, payables en bled, constituées à prix d'argent, seroient converties en rentes au denier de l'ordonnance : & ainsi jugé par les arrêts; & tel est le sentiment de Bacquet, traité *des francs Fiefs*, chapitre 7, nombre 6; de Chopin, *lib.* 3, *de mor. Parif. tit* 2, *num.* 12; de Lhoste, sur la Coutume de Lorris, chapitre 2, *des Cens*, article 33; & de Brodeau sur M. Louet, lett. R, somm. 12.

20. Mais, quand le titre de la création de la rente due en grains sur des héritages qui en produisent, n'est point rapporté, la rente est réputée fonciere, & non rente constituée à prix d'argent, & par conséquent demeure toujours payable en grains, comme rente fonciere non-rachetable, sur-tout si elle a été payée pendant trente ans & plus : ainsi jugé par arrêt du 20 juin 1573, rapporté par Chopin, sur Paris, livre 3, titre 2, nombre 12; autre du 7 septembre 1588, rapporté par M. Louet, lett. R, somm. 10; autre du 1 août 1601, rapporté par M. Bouguier, lett. R, somm. 7; & autre du 29 décembre 1657, rapporté dans le journal des audiences, tome 2, livre 2, chapitre dernier. Et tel est le sentiment de M. Bouguier & de Chopin, aux lieux cités, & de l'auteur des notes sur Duplessis, titre 3, livre 2, page 169, édition de 1709; & c'est le mien aussi.

21. Il y a toutefois arrêt contraire, & un entr'autres du 1 août 1705, intervenu en la grand'chambre, confirmatif d'une sentence rendue en la chambre du domaine de Bourbonnois, le 30 mai 1703, par lequel on a déclaré une charge de huit poinsons de vin, due aux enfans mineurs de feu le sieur Quumin, trésorier de France, sur les dîmes de la paroisse de Bransat, être une rente constituée à prix d'argent en 1506, & par conséquent rachetable par le sieur Lemin des Fontaines, propriétaire & possesseur de la dîme chargée de cette redevance. Cette redevance avoit été payée depuis deux siécles entiers, savoir, depuis 1506 : mais on ne rapportoit point le titre primitif; &, selon les titres produits par lesdits mineurs, cette rente n'avoit coûté à leurs auteurs que deux cents livres : c'est ce qui est rapporté par M. Jean Fauconnier sur l'article 333 de notre Coutume. Nonobstant cet arrêt, j'adhère au premier sentiment : voyez ce qui a été dit à ce sujet sur l'article 392, *suprà*, nombre 5.

22. Les rentes de bled, grains ou vin créées & constituées à prix d'argent, dont le titre constitutif est rapporté, sont rachetables pour le sol principal pour lequel elles ont été créées, en monnoie courante lors du rachat : ainsi jugé par arrêt rapporté par M. Louet, lett. R, somm. 12.

23. La faculté de les racheter est imprescriptible; parce qu'étant de la nature ou essence du contrat de constitution de rente, elle doit durer tant & si longuement que dure le contrat. C'est la disposition de la Coutume de Paris, article 119, & autres.

24. Mais il n'en est pas de même de la faculté de racheter en plusieurs paiemens; cette faculté se prescrit par 30 ans, conformément à l'article 23, *suprà*. La raison est que cette faculté n'est pas de l'essence du contrat; que ce n'est qu'une convention, qui n'auroit pas de lieu, si elle n'eût été stipulée; puisqu'il est juste que l'on paye par un seul paiement ce

que l'on a reçu à une seule fois, & que toute convention est prescriptible par trente ans.

C'est le sentiment du judicieux Coquille sur la Coutume de Nivernois, titre *des Rentes*, article 9, & de M. Brodeau sur M. Louet, lett. R, somm. 10.

25. La troisieme condition, sous laquelle les rentes constituées ont été reçues en France, étant (comme on l'a dit) qu'elles seroient constituées au denier de l'ordonnance, elles ne peuvent valablement être constituées à un denier plus haut: car en permettant ces rentes, on a borné les intérêts qu'on en pourroit tirer, pour arrêter l'avarice des hommes, qui ne pensent & ne s'étudient qu'à s'enrichir par la perte & la ruine des autres; autrement la nécessité des uns, & l'envie déréglée des autres de faire profiter leur argent, auroient fait monter ces intérêts si haut, que ces constitutions, qui n'auroient été introduites que pour les intérêts des débiteurs, en auroient infailliblement causé la ruine.

26. La rente constituée à un plus haut prix qu'il n'est permis par l'ordonnance, n'est pourtant pas pour cela nulle, mais elle est réductible au taux de l'ordonnance, & le débiteur ne peut être contraint au rachat pour cette cause; parce qu'il n'y a nullité que pour la clause des intérêts plus forts que ceux de l'ordonnance, laquelle clause comme vicieuse est nulle, *& vitiatur, sed non vitiat*: ainsi les intérêts reçus, en ce qui excède les intérêts légitimes, sont imputés sur le principal.

27. Mais, quand la rente a été créée avant la derniere réduction, elle demeure toujours fixe sur le pied de sa constitution, quelque changement qui arrive à l'ordonnance; à moins que, du consentement des parties, elle ne soit réduite au taux de la derniere ordonnance. * Les rentes constituées sont des biens incorporels, qui n'ont point de situation & d'assiette; & quoique réputées immeubles, elles se réglent, en fait de partage de succession, comme les meubles, elles suivent le domicile & se partagent suivant la coutume du lieu où celui, *de cujus successione agitur*, est décédé, & étoit domicilié. Telle est la jurisprudence des arrêts, cités & rapportés par M^rs^. Louet & Brodeau, lett. R, somm. 31. ** La raison est que ces rentes n'ont d'autre assiette que la personne du créancier actuel; de maniere qu'elles doivent suivre le sort de la personne, & recevoir toutes les impressions de son domicile; ce qui toutefois ne doit s'entendre que des rentes constituées sur des particuliers; car, pour ce qui est des rentes dues par le roi, & constituées sur l'hôtel-de-ville de Paris, sur les recettes du roi, sur les gabelles, sur les tailles, sur le domaine & sur les aides, elles sont sujettes au lieu de leur assignat, parce qu'elles ont une assiette fixe & certaine, y ayant des bureaux & des maisons de ville destinés pour la réception de la finance, & le paiement des arrérages; ensorte qu'on peut dire que c'est un revenu local, & un fonds qui réalise ces rentes, & les incorpore au bureau où s'en fait le paiement.

La même regle s'observe par rapport aux rentes dues sur le clergé, le partage s'en fait par la Coutume des lieux où sont les bureaux destinés pour en payer les arrérages; c'est l'observation de M. Froland, dans ses mémoires concernans les qualités des statuts, tom. 2, ch. 28, & ch. 29.

Et à l'égard des actions, elles se partagent communément par la Coutume des lieux, où ceux qui en sont les propriétaires ont leur domicile, sans qu'il faille consulter les Coutumes des lieux où sont les biens, sur lesquels les actions doivent se diriger, c'est encore l'observation de M. Froland, *ibid.* chapitre 27. Voyez ce qui a été dit sur l'article 349, *suprà*, n. 6 & 7.

Avant que de finir le commentaire du présent article, concernant les rentes constituées, il est à propos d'observer que les rentes en différens temps ont souffert différentes réductions. Charles IX, en 1567 & 1574, mit les rentes au denier douze; Henry IV, par son édit du mois de juillet 1601, les mit au denier seize; Louis XIII au denier dix-huit, par un édit du mois de mars 1634, vérifié en parlement, le 16 juin; Louis XIV, par un autre édit du mois de décembre 1665, les mit au denier vingt; après sa mort, elles furent mises au denier cinquante, au denier trente, au denier vingt-cinq; & enfin, par un édit du roi, du mois de juin 1725, elles ont été remises au denier vingt.

ARTICLE CCCCXIX.

De la quittance de trois années consécutives.

EN faisant apparoir par aucun redevable de Taille, Cens, rente ou autre devoir annuel, par quittance de payemens faits de trois années consécutives, il est quitte de tous les arrérages précédans ladite quittance, en affirmant par serment avoir payé les arrérages précédens.

1. LA disposition de cet article paroît tirée de la loi pénultieme, C. *de apoch. publ. Quicumque*, (*inquit Imperator*,) *de Provincialibus & Collatoribus, decurso posthac quantolibet annorum numero, cùm probatio aliqua ab eo tributariæ solutionis exposcitur, si trium sibi cohærentium annorum apochas securitatesque protulerit: superiorum temporum apochas non*

non cogatur ostendere : neque de præterito ad illationem functionis tributariæ coerceatur.

2. Mais il y a cette différence entre cette loi & notre article, que la loi semble requérir trois quittances distinctes & séparées des trois années consécutives ; c'est ce qui se déduit de ces mots, *apochas securitatesque*, au pluriel : au-lieu que notre article ne demande qu'une seule & simple quittance des 3 années, comme il paroît par ce mot, *par quittance*, au singulier, & encore plus clairement par ceux-ci, *précédans ladite quittance* ; ce qui se trouve soutenu & appuyé de la disposition de la Coutume d'Auvergne notre voisine, qui, en l'article 8 du titre 17, a prévenu cette difficulté, par ces mots dudit article, *posé que lesdits trois ans fussent payés à une fois.*

3. A la vérité, M. le président Duret & M. Jacques Potier, dans leurs observations sur le présent article, sont de sentiment contraire ; car voici ce que dit M. Duret, sur ces mots, DE TROIS ANNÉES CONSÉCUTIVES : *Ita quidem*, dit-il, *si ejusmodi solutiones distinctæ sint, & quælibet singulariter quolibet anno, non etiam simul & eâdem vice.... ad rem conferunt hæc verba*, DES PAIEMENS FAITS, *pluraliter concepta, ex quibus præfata*, PAR QUITTANCE ET LADITE QUITTANCE, *interpretationem recipiunt.*

4. Mais, comme l'a observé M. Genin, pere, les termes dans lesquels notre article est conçu, résistent à ce sentiment. *Sunt qui dicunt*, dit M. Genin, *necessarias esse tres separatas trium annorum apochas, & hi nituntur auctoritate Legis, Quicumque, penul. Cod. de apochis publicis.... Verùm meliùs opinantur*, ajoute-t-il, *ut videtur, qui unicam trium annorum apocham desiderant, si quidem loquitur Consuetudo numero singulari*, PAR QUITTANCE DE PAIEMENS FAITS DE TROIS ANNÉES; *quod magis explicat Arvernensis Consuetudo, cap. 17, §. 8, quæ idem annuit, & adjicit*, POSÉ QUE LES TROIS ANS FUSSENT PAYÉS A UNE FOIS..... M. Genin, pere, *hìc.*

5. Il suffit que la quittance des 3 dernieres années consécutives, soit du seigneur, ou de son receveur, ou commis, conformément à l'article suivant; mais il est nécessaire qu'elle soit pure & simple, sans aucune protestation ni reserve. C'est la remarque de M. le président Duret, sur ce mot de notre article, PAR QUITTANCE; *Domini*, dit-il, *vel ejus Receptoris, quam ipse Dominus vel ejus Receptor dare tenetur articulo proximo, infrà... atque apud nos in confesso est protestationem quæ instrumento continetur liberatorio*, NE PRECEDENTIBUS PRÆSTATIONIBUS FIAT PRÆJUDICIUM, *recipientis jura conservare....* M. Duret, *hìc.*

6. Comme la libération prononcée par la Coutume, en faveur du tenancier qui justifie de quittance des trois dernieres années consécutives, n'est fondée que sur une présomption de paiement, & que toute présomption doit céder à la vérité; cette libération ne subsiste qu'à défaut de la preuve du contraire : & non-seulement le tenancier est tenu, comme il est dit dans ce présent article, d'affirmer par serment avoir payé les arrérages précédens; mais son héritier, ou le tuteur, sont aussi obligés d'affirmer qu'ils n'ont aucune connoissance que les arrérages soient dus. C'est encore la remarque de M. Duret, sur ces mots de notre article, IL EST QUITTE : *Juris*, dit-il, *præsumptione, nisi contrarium probetur ;* & sur ceux-ci, EN AFFIRMANT : *Etiam hæres*, ajoute M. Duret, *vel tutor ex animi sui scientiâ.* M. Duret, *hìc.*

7. Cette libération du tenancier n'est que par rapport au seigneur, dont on rapporte les quittances, & ne fait point de préjudice au précédent fermier. C'est la disposition de la Coutume de Poitou, article 63 ; & ainsi s'observe dans notre Coutume, dit M. le président Duret, sur notre article : *Et quod hìc traditur*, dit-il, *in præjudicium Domini, vel ejus Receptoris, non etiam alterius præcedentis conductoris, nec ejusmodi præsumpta liberatio ad extraneum absentem iniquè prorogatur. P.* Rat, *ad Consf. Pict. art. 63 ; quo jure utimur.* M. Duret, *hìc.*

ARTICLE CCCCXX.

LE DÉBITEUR de ce qu'il a payé, est tenu en passer lettre aux dépens du Seigneur auquel il a payé, s'il le veut, par Notaires. Mais, quand lesdites quittances ou lettres sont requises des mains des Parties, Receveurs ou Commis respectivement, il n'en est rien dû. *Comme quittances se doivent passer.*

1. LEs seigneurs censiers & rentiers sont tenus, comme il a été dit sur l'article 412, *suprà*, de donner des quittances aux débiteurs des paiemens qu'ils leur font; & pour ces quittances qui se donnent ordinairement par les seigneurs, leurs receveurs ou commis, sous signature privée, il n'en est rien dû par les débiteurs, suivant la disposition de notre Coutume au présent article, & de celle de Tours, article 36.

2. Mais si le débiteur, non content de la quittance sous signature privée, la veut avoir pardevant notaire, il sera tenu de la payer, dit la Coutume de Touraine audit article ; & réciproquement, si le seigneur désire que son redevable & débiteur reconnoisse pardevant

notaire le paiement qu'il lui a fait, le débiteur le doit, mais aux dépens du seigneur, comme il est porté dans notre article : & la raison est que le débiteur ne doit au seigneur, comme il a été dit sur l'article 393, *suprà*, qu'une seule reconnoissance en sa vie ; de maniere que, si le seigneur en veut une nouvelle, elle se fait à ses dépens : *Regulare enim est*, comme l'observe M. Duret, *ut impendiis ejus fiat, cujus gratiâ celebratur actus*. M. Duret, *hic*.

ARTICLE CCCCXXI.

Des Contrats prohibés.

CONTRATS par lesquels on prête argent ou autre chose jusqu'à certain jour, & pendant ledit jour celui qui prête, en prend profit : Et néanmoins on y met clause, que dès-à-présent, comme pour lors, on vend pour ledit prix chevance mouvant de Fief ou de Censive d'autrui, tels Contrats sont prohibez comme illicites & déceptifs ; & sont les Parties amendables, ensemble les Notaires qui les reçoivent, & les doivent les Juges punir ; & néanmoins où par vertu desdits Contrats, le cas avenant, l'acheteur entrera en possession de la chose ainsi vendue, en ce cas sont dus lods & ventes au Seigneur.

1. IL y a deux sortes de prêt, l'un qui s'appelle prêt à usage, en latin *commodatum* ; & l'autre, simple prêt, *mutuum* : c'est de ce dernier dont il est parlé dans le présent article.

2. Le simple prêt, appellé *mutuum*, est une convention par laquelle on prête à quelqu'un une chose qui se consume par l'usage ; mais qui est susceptible de remplacement, à la charge par celui qui emprunte de rendre dans un certain temps une chose de même espece, qualité & valeur.

3. Cette convention doit être gratuite, & n'est permise qu'à cette condition ; tellement que la volonté de celui qui ne veut prêter son argent ou ses denrées, qu'à la charge d'en tirer un profit, est injuste ; & le profit, tel qu'il soit, qu'on prétend tirer principalement & précisément à cause du prêt que l'on fait d'une chose qui se consume par l'usage, s'appelle usure, & est condamné par l'écriture, les canons des conciles, les décrétales des papes, les ordonnances du royaume, & les arrêts des cours souveraines. L'injustice de cette convention vient de ce que l'égalité, qui doit se trouver dans tous les contrats entre les deux contractans, est blessée par celui qui prête à intérêt ou de l'argent, ou des denrées ; en ce que tout le risque & la perte est à la charge de celui qui emprunte, & que celui qui prête s'assure un profit certain, sans se charger d'aucun risque : car il ne répond d'aucun profit à celui qui emprunte, & ne laisse pas de s'assurer un profit certain ; il ne répond pas même de la perte de la chose qu'il prête, en cas qu'elle vienne à périr, celui qui emprunte étant tenu de lui en rendre autant, & encore l'intérêt ; de maniere qu'il prend un profit sûr, où celui qui emprunte peut n'avoir que de la perte.

4. Notre Coutume, dans le présent article, qui a été accordé pour Coutume nouvelle dans le temps de la rédaction de la Coutume, comme il paroît par le procès-verbal d'icelle, condamne non-seulement le profit qui se tire du prêt, mais encore les contrats qui ressentent en quelque sorte l'usure, tels que sont les contrats pignoratifs & d'antichrese.

5. On distingue dans le droit deux sortes d'engagemens, l'un que l'on nomme *Antichrese*, & l'autre *Contrat pignoratif* ; & il y a peu de différence entre ces deux contrats.

6. L'antichrese, dit Loyseau, c'est quand l'héritage est donné au créancier, non-seulement par engagement, pour la sûreté de sa créance, mais encore pour jouir des fruits au lieu de l'intérêt de son denier.

7. Le contrat pignoratif ou gracieux, qu'on appelle aussi engagement (dit le même auteur) est presque comme l'antichrese, sinon qu'il est conçu en termes de vente sous faculté de rachat, & qu'ordinairement il y a réconduction. Loyseau, *du Déguerpissement*, liv. 1, chap. 7.

8. L'antichrese différe donc du contrat pignoratif, en ce que dans l'antichrese il n'y a aucune vente de fonds, ni vraie ni simulée, & que ce sont seulement les fruits du fonds dont on donne la jouissance, sans en abandonner la propriété : au lieu que le contrat pignoratif est conçu en termes de vente, sous faculté de rachat : desorte que le contrat pignoratif contient une espece de vente simulée du fonds, quoique véritablement & effectivement on ne fasse que l'engager, à la charge, 1°. que l'acquereur en laissera l'usufruit & la jouissance au vendeur (qui dans le fond en est toujours le véritable propriétaire) comme à son fermier, qui est tenu de lui donner une certaine somme sur les revenus ; 2°. que l'acquereur sera obligé d'en faire la revente, lorsque le remboursement lui sera offert par le vendeur.

9. Les marques du contrat pignoratif sont la faculté de rachat, la vilité du prix, la réconduction, & la coutume d'usurer.

10. Par ces marques on découvre que l'intention des parties n'a pas été de vendre & d'acheter, mais uniquement de couvrir l'usure par une vente feinte & simulée, ou plutôt par un contrat d'engagement, qui n'a que la figure ou l'apparence de vente, tandis que dans la vérité le vendeur emprunte seulement de l'argent, & l'acquereur assure ses deniers par l'engagement ou la vente simulée du fonds, dont il tire profit & intérêt.

11. Ce qui rend plus injuste & plus usuraire le contrat pignoratif, c'est quand la vente simulée est accompagnée de deux injustices: la premiere, quand il est évident, par les termes du contrat, que ce fonds est vendu à vil prix, & la seconde, quand il est dit que si dans l'intervalle du temps qui est donné pour le rachat, le remboursement ne se fait pas, ce fonds (quoiqu'acheté à vil prix) ne se pourra plus retirer, mais demeurera à l'acquereur, cette usure est excessive.

12. Le contrat qui est condamné comme usuraire dans le présent article, est un contrat pignoratif de cette derniere espece; car c'est un contrat, comme il paroît par les termes de notre article, par lequel on prête de l'argent ou autre chose jusqu'à un certain temps; à la charge que celui qui prête, en prendra profit, lequel (ce qui n'est pas expliqué par l'art. mais sous-entendu) consiste ou dans les fruits ou revenus d'un fonds appartenant à celui qui emprunte, ou dans une somme d'argent chacun an, sous convention (comme il est dit dans l'article) que si celui qui emprunte ne rend pas la somme prêtée dans le temps marqué, il vend dès-à-présent, comme dès-lors, ledit héritage à celui qui a prêté, pour la somme prêtée: & au cas que l'héritage soit & demeure vendu, les lods & ventes en sont dus, dit la Coutume; lesquels lods sont dus, dit M. Jean Duret, dans son *Alliance des Coutumes*, non pas du jour seulement de la purification du contrat, mais du jour du contrat : M. Jean Duret, sur notre article.

13. Quant à ce qui regarde l'antichrese, & sur la question si elle est permise ou non, il ne s'agit que de savoir si les intérêts qui sont compensés avec les jouissances, sont dus ou non: car cette convention ne contient rien d'illicite de sa nature ; & payer les légitimes intérêts qu'on doit, ou en argent, ou en fruirs équivalens, cela est permis, & on peut acquitter ses dettes par ces deux moyens, quand ils sont agréés par les parties.

14. Mais, si les intérêts ne sont pas dus, en ce cas l'antichrese est usuraire; comme quand, au-lieu d'exiger d'un prêt des intérêts en argent on se les fait donner par la jouissance d'une terre qui appartient à celui qui emprunte.

15. Au-reste, il faut observer que les canons, les ordonnances & les arrêts des cours souveraines, & notre Coutume, dans le présent article, ont seulement réprouvé les stipulations d'intérêts apposées dans les contrats de prêt, ou équipollens à prêt, pour deniers & autres choses mobiliaires; & ont laissé à la liberté des contractans, de pouvoir stipuler des intérêts dans les contrats de transactions, permutations, ventes & autres semblables. Cette jurisprudence est si certaine, qu'elle a été donnée pour instruction au barreau, de la part de la cour, par M. l'avocat général Servin, dans un plaidoyer qu'il fit sur la matiere des stipulations d'intérêts, rapporté en forme par Peleus, au livre de ses *Questions illustres*, ch. 12; & c'est le sentiment de Domat, *Loix Civ.* tome 2, livre 3, titre 5, section 1, article 6. La raison c'est que l'égalité qui est blessée par la perception d'intérêt pour raison de prêt, ou autres contrats qui dégénerent en purs prêts, est conservée dans les transactions, contrats de ventes & autres; en ce que le principal & les intérêts ne composent qu'un même prix; que l'un & l'autre qui font partie du contrat, sont la condition expresse du contrat, & qu'enfin les intérêts en ce cas sont une condition de la vente ou de la transaction, soit pour compenser ce que celui qui les stipule peut remettre d'ailleurs, ou pour d'autres causes.

* On ne commet donc l'usure que quand on prétend tirer un profit précisément en vertu du prêt; il y a plus, c'est qu'il n'y a pas d'injustice, de prendre, recevoir & exiger quelque chose au-delà du capital qu'on prête, quand on a outre le prêt quelqu'autre titre & raison juste & légitime pour cela ; tels que sont, par exemple, le dommage naissant, le lucre cessant, la demeure & contumace du débiteur qui refuse de payer, & la sentence du juge, qui du jour de la demande du créancier, condamne le débiteur à lui payer des intérêts, jusqu'à ce qu'il soit entiérement remboursé.

Selon l'usage qui s'observe dans le parlement de Paris, quoique le débiteur soit en demeure de payer, & quelque dommage que souffre le créancier par ce délai de paiement, les intérêts ne sont toutefois dus, & ne peuvent être exigés sans demande judiciaire, & sentence adjudicative desdits intérêts. L'usage en France, dit M. Brodeau sur M. Louet, lettre I, sommaire 8, est que les intérêts des sommes des deniers prêtés par cédules & obligations, ne sont point dus *ex mora, neque ex conventione, sed solo Judicis officio veniunt.*

Pour percevoir des intérêts des sommes de deniers dus par cédules & obligations, trois conditions sont donc requises & nécessaires:

La premiere, que le débiteur soit en demeure de payer.

La seconde, qu'il y ait eu une demande précise & formelle faite en jugement. Une simple protestation de faire poursuite & demande des intérêts n'opéreroit rien, dit M. Brodeau, parce que celui qui proteste simplement, *non petit, sed petere vult.* Il faut donc précisément une demande en justice, & cette demande judiciaire est le germe des intérêts, sans laquelle ils ne peuvent être produits, suivant l'art. 60 de l'ordonnance d'Orléans, & l'article 11 de l'édit de 1563, concernant la création des juges & consuls des marchands. Ainsi jugé par les arrêts rapportés par M. Brodeau, selon lesquels la condamnation volontaire des intérêts, rendue du consentement du débiteur, sans demande judiciaire, n'empêche pas l'imputation sur le principal des intérêts payés ensuite de telles condamnations. Brodeau sur Louet, lettre I, somm. 8; telle est aussi la jurisprudence des nouveaux arrêts.

La demande qui donne ouverture aux intérêts, selon qu'il est d'usage, & qu'il se pratique, contre le sentiment de Ricard, traité des donations, partie 2, chapitre 3, n'est pas la simple demande du principal, mais celle des intérêts; la raison est que le créancier n'est présumé souffrir quelque dommage par la rétention de ses deniers, que du jour qu'il a demandé un dédommagement, & de-là il résulte que la demande du principal & celle des intérêts, sont deux demandes distinctes.

La troisieme condition requise pour la perception légitime des intérêts, est un jugement de condamnation, obtenu sur une demande judiciaire, qui adjuge les intérêts du jour de la demande; une simple demande en justice, dans le ressort du parlement de Paris, ne donne aucun titre légitime, par lequel on puisse exiger ou percevoir les intérêts d'un argent prêté; il n'y a que le juge seul, qui, par une sentence juridique, puisse autoriser le créancier à les recevoir, soit parce que les particuliers ne peuvent se faire justice de leur autorité privée, soit parce que les intérêts sont une espece d'amende & de peine pécuniaire de la contumace, qu'on ne peut exiger qu'après une condamnation; telle est la jurisprudence des arrêts anciens & nouveaux. Brodeau sur Louet, lett. I, somm. 8.

Quoiqu'il n'y ait que le juge seul, qui, par une sentence juridique, puisse autoriser les créanciers à recevoir les intérêts, ils ne laissent pas de courir & d'être dus du jour de la demande; mais ils ne courent & ne sont dus que sous la condition si la condamnation s'ensuit; desorte que la condamnation arrivant ensuite, en quelque temps que ce soit, elle purifie la condition, & a un effet rétroactif au jour de la demande, pour rendre la dette des intérêts pure & simple de ce jour. C'est-pourquoi, quand un créancier a formé la demande des intérêts d'une somme due par obligation, le débiteur n'éteint pas l'action en payant le principal avant la sentence obtenue, & le créancier, en recevant le principal, peut se réserver son action pour les intérêts, pour lesquels il peut obtenir sentence; ainsi fut jugé, à mon rapport, en cette Sénéchaussée, dans le procès de M. Vernoi de Montjournal, conseiller, avec Carpentier, curateur à la succession vacante de François Raynaud, le..... mars 1722. La raison est que la demande des intérêts dépend bien du créancier, mais que le jugement n'en dépend pas toujours, la contumace du débiteur, ses suites, ses chicannes, & divers obstacles reculent souvent la condamnation.

Par la disposition du droit romain, les intérêts ne peuvent excéder le principal, desorte qu'ils n'ont plus de cours, quand ils l'égalent ou le surpassent, & le surplus se répete, *condictione indebiti*, ou s'impute & se précompte sur le principal; & cela s'observe dans les parlemens du droit écrit, où l'on distingue les intérêts qui sont dus *ex natura rei, & beneficio legis*; d'avec les intérêts adjugés par sentence; mais aujourd'hui, dans tout le ressort du parlement de Paris, dit l'auteur des observations sur Henrys, il n'y a pas de distinction à faire entre la qualité de la dette; & tous les intérêts sans distinction, pourvu qu'ils soient légitimes, peuvent excéder le principal, & sont dus jusqu'au parfait paiement. Bretonnier, sur Henrys, tome 1, livre 4, chapitre 6, question 48.

TITRE VINGT-NEUVIEME.

Des Retraits, Retenues, & Rachats.

1. Quelques précautions que l'on ait apportées dans un contrat de vente pour la forme, clauses & autres pactes ordinaires, l'acquereur (si la chose vendue est un fonds) n'est pas encore propriétaire incommutable de la chose achetée, puisqu'elle peut lui être ôtée, & qu'elle est sujette à trois sortes de retraits; savoir, au retrait féodal, censuel, & lignager, qui sont des préférences que les loix accordent aux seigneurs pour les fiefs mouvans d'eux, aux propriétaires directs pour les fonds qu'ils ont donnés à cens, & aux parens pour les biens du lignage & parenté.

2. De cette maniere le retrait se divise en retrait seigneurial & retrait lignager; & le retrait seigneurial, en retrait féodal & censuel.

3. Le retrait seigneurial n'est autre chose, que le droit ou la faculté que le seigneur a de retenir l'héritage mouvant de lui, *jure reversionis utilis dominii ad directum, vel ad suam primævam naturam*; & de l'ôter à l'acquereur en le remboursant du prix de la vente, loyaux coûts & frais: & ce droit, qui a son fondement dans la nature des héritages, & dans la concession primordiale qui en a été faite par le seigneur, a été autorisé par la disposition de nos Coutumes.

4. Le retrait lignager est un droit que la Cout.

Cout. donne aux parens de retirer dans un certain temps les héritages propres, vendus par leurs parens à des personnes étrangeres de la ligne, en les remboursant du prix de la vente, loyaux coûts & frais.

5. Le retrait lignager est de l'ancien usage de la France, & même de Coutume générale; & nous le regardons comme de droit français, & pur coutumier : car, quoiqu'il n'ait pas été inconnu dans l'ancien droit, la loi *Dudùm*, qui est la quatorzieme au code *de contrah. empt. & vend.* établit qu'il fut abrogé par les empereurs Valentinien, Théodose, & Arcade. Nos Coutumes l'ont admis pour la conservation & le maintien des familles; & il est fondé, ce semble, sur une espece d'équité qui veut que, quand un propriétaire vend sa terre ou sa maison à un étranger, son parent soit préféré pour le même prix.

6. Le retrait, soit seigneurial, ou lignager, peut être considéré par rapport aux choses qui sont sujettes au retrait, aux mutations dans lesquelles le retrait a lieu, aux personnes sur lesquelles on peut retraire, à celles qui sont admises au retrait, à la préférence qu'il y a entre les différentes sortes de retraits, & entre les parens, par rapport au retrait lignager, au temps que l'action en retrait doit être intentée, aux solemnités qui y doivent être observées, & aux effets du retrait : toutes choses qui font la matiere des différens articles, au nombre de soixante-six, depuis l'article 422 inclusivement, jusqu'à l'article 488 exclusivement, qui composent ce titre.

Il y a dans l'ancienne Coutume un titre des retenues & retraits, qui est le titre second, composé de six articles.

ARTICLE CCCCXXII.

QUAND aucun a vendu & transporté son propre héritage à personne étrange de son lignage du côté & ligne dont lui est venu & échu par succession ledit propre héritage, il est loisible au parent & lignager dudit vendeur, du côté & ligne dont est venu & échu ledit héritage, de demander & avoir par Retrait lignager icelui héritage dedans trois mois après que l'acheteur aura été investi, s'il est tenu en censive, ou qu'il ait été reçu en foi & hommage s'il est tenu en Fief, & s'il est allodial corporel dedans lesdits trois mois, ou incorporel dedans six mois du jour de la possession réelle prise par l'acquereur en la présence d'un Notaire & deux Témoins, & en remboursant l'acheteur de son droit principal & loyaux coûtemens. Quand Retrait n'a lieu.

1. LE retrait dont il est parlé dans le présent article, est le retrait lignager.

2. Toutes sortes de biens indistinctement ne tombent pas en retrait; & la premiere qualité requise en une chose, pour être sujette au retrait, est qu'elle soit un immeuble réel & effectif : ainsi il n'y a proprement que les vrais héritages, tels que sont les terres & maisons, les cens & rentes foncieres, qui soient sujets à retrait. Notre Coutume, dans le présent art. & dans les articles 423, 466 & 478, ne parle que des héritages & rentes : la Coutume de Paris, article 129, ne parle aussi que d'héritages & rentes foncieres : la Coutume d'Anjou, article 366, & celle du Maine, article 376, disent pareillement héritage, ou chose immeuble.

3. De-là il se suit, 1°. que les choses mobiliaires, telles qu'elles soient, ne tombent pas en retrait, suivant qu'il est dit dans les articles 443 & 472, *infrà*, & qu'il sera expliqué sur ces articles.

4. 2°. Que les rentes constituées rachetables à perpétuité ne sont point aussi sujettes au retrait, comme il sera dit sur l'article suivant; parce que ce ne sont que des immeubles par fiction.

5. 3°. Que le offices ne tombent pas non plus en retrait, non pas même les domaniaux : ainsi jugé par arrêt du 31 août 1585, en la premiere des enquêtes, cité par l'auteur des notes sur Duplessis, traité *du Retrait lignager*, ch. 5 : & tel est le sentiment de Chopin, sur la Coutume d'Anjou, liv. 2, chap. 2, tit. 3; de Ricard, sur la Coutume de Senlis, titre 11, art. 122; & de Brodeau, sur Paris, art. 148, nombre 3. La raison est que le retrait étant de droit étroit, & n'y ayant d'ailleurs, lors & au temps de son introduction, que deux especes de biens qui passent pour immeubles, le fonds de terre & la rente fonciere, il ne doit pas être étendu aux autres qui sont depuis survenus. C'est le raisonnement de Ricard, au lieu cité.

6. Afin qu'un immeuble soit sujet au retrait lignager, il faut, qu'outre la qualité d'immeuble, il ait la qualité de propre au vendeur; ainsi la seconde qualité requise en la chose, pour qu'elle soit sujette au retrait lignager, c'est que ce soit un immeuble propre au vendeur. C'est la disposition de notre Coutume au présent article, comme il paroît par ces termes, *quand aucun a vendu son propre héritage* : c'est aussi la disposition de la Coutume de Paris,

art. 129; de celle de Montargis, chap. 16, art. 1; de celle de Berry, tit. 14, art. 1, & autres: tellement que les acquêts & conquêts ne sont point sujets au retrait lignager, selon qu'il est porté en l'article 434, *infrà*, & qu'il sera expliqué sur cet article.

7. Le retrait lignager n'a lieu que dans les contrats de vente, ou autres actes équipollens à vente. Telle est la disposition des Coutumes; de celle-ci, au présent article; de l'ancienne Coutume, tit. 2, art. 1; de celle de Paris, art. 129; d'Auvergne, chap. 23, art. 1 & 2; de la Marche, art. 260; de Nivern. chap. 31, art. 1; de Berry, tit. 14, art. 1, & autres.

8. La vente doit être effective, réelle & exécutée; c'est ce qui a été établi par ces mots de notre article, *quand aucun a vendu & transporté son propre héritage*; le terme *transporté* marque une délivrance actuelle, & elle ne doit pas être ni feinte, ni simulée, *ex animo*, dit M. le président Duret, sur le mot VENDU, *& non simulatè; nam simulata venditio non est venditio*. M. Duret, *hic*.

9. Il n'importe pas que la vente soit passée pardevant notaires ou sous seing privé; & le retrait a lieu constamment en contrat de vente sous signature privée; parce que pour la perfection de la vente il n'est pas nécessaire qu'elle soit passée pardevant notaires, & qu'il suffit qu'elle soit constante, & qu'il paroisse qu'elle a été faite. Brodeau sur la Coutume de Paris, art. 129, nombre 2; de la Thaumassiere sur celle de Berry, tit. 14, art. 1; Duplessis sur Paris, traité *du Retrait lignager*, chapitre 7, section 2, page 328.

10. Sous le mot de vente sont comprises toutes aliénations équipollentes à vente, où il y a bourse déliée, ou autre chose faisant fonction de prix: *Nedùm in rectâ & propriâ venditione strictè sumpta, sed etiam in omni Contractu æquipollente venditioni, quantùm ad effectum*, dit M. le président Duret, sur le mot, *a vendu*, de notre article. Et c'est la disposition de la Coutume de Rue-d'Yndre, ch. 1, art. 2, & celle de Senlis, art. 222.

11. Il ne suffit pas, pour donner lieu au retrait lignager, que le propre soit vendu ou aliéné par vente, ou acte équipollent à vente; il faut de plus que la vente soit faite à un étranger du lignage, du côté & ligne dont est venu par succession ledit propre héritage. C'est la disposition de notre Coutume, au présent art. c'est aussi celle de la Coutume de Paris, art. 129, & autres: tellement que c'est une maxime que lignager sur lignager n'a point de retenue, ainsi qu'il est dit dans l'article 439, *infrà*, & qu'il sera expliqué plus au long sur cet article.

12. Les personnes à qui l'action du retrait lignager est donnée, sont les parens lignagers du vendeur, du côté & ligne dont lui est venu & échu par succession l'héritage propre, comme il est dit au présent article, dans l'article 129 de celle de Paris, 260 de celle de la Marche, dans le chapitre 6 de celle de Romorantin, en l'article 177 de celle du Grand-Perche, en l'article 1 du chapitre 15 de celle de Lodunois, en l'article 126 de celle de Vitry-le-Français, & autres.

13. Ainsi il n'est pas nécessaire dans cette Coutume, pour être capable de retirer par retrait lignager, d'être de la souche, ni descendu de celui qui originairement a acquis & mis l'héritage dans la famille; il suffit seulement d'être parent du vendeur, du côté dont lui est venu & échu l'héritage; c'est-à-dire, qu'il suffit que l'héritage ait estoqué, & que le retrayant soit parent de celui qui a vendu du côté dont est venu l'héritage, *infrà*, articles 434, 435, 439, 447, 448, 449, 467 & 468. Et tel est le sentiment de tous nos commentateurs.

14. *Itaque*, dit M. le président Duret, sur le mot (*dudit vendeur*) du présent article, *habenda est ratio venditoris, & satis est si volens retrahere, ei sit necessarius in gradu sexto ex latere; undè hæredio vendito successit*. Il a fait la même remarque sur l'article 435, sur le mot COLLATÉRALE: *Non exigitur*, dit-il, *descensus à stipite, sed sufficit retrahentem esse necessarium venditori, cui per successionem ex antecessoribus prædium obvenit, & ab eodem latere; quo jure utimur*. Telle est l'observation de M. le président Duret; M. Louis Semin, sur le même article 435, en dit autant, aussi-bien que M. François Menudel.

15. M. Jean Decullant a fait aussi la même remarque sur l'article 434, *infrà: Quæritur*, dit-il, *an retrahens debeat descendere ex eodem stipite, à quo fundus venditus procedit, quod ita hìc videtur Paponi, & infrà ad paragraphum 468. Verùm noster usus invaluit, ut non requiratur descensus à communi stipite, putà si conquestus factus à patre alienetur à filio, non solùm fratres & sorores alienantis, sed & alii propinqui intrà septimum gradum exclusivè, scilicèt à paterno latere admittentur ad Retractum, sicut statuit Cons. Paris. art.* 141. M. Jean Decullant, sur l'article 435, *infrà*.

16. Il y eut à ce sujet contestation vers l'an 1620, entre demoiselle Noë de Pierre-Pont, demanderesse en retrait lignager de la terre & seigneurie de Torcy, d'une part, & Jean Desboyaux, écuyer, sieur de Franchesses & du Martray, d'autre. Les anciens avocats de cette ville de Moulins; savoir, les sieurs Roussel, de Lingendes, l'aîné, André Dubuisson, Giraud & Goin furent consultés, qui répondirent qu'on avoit toujours décidé, *tam in judicando, quàm in consulendo*, qu'il suffisoit au retrayant d'être lignager du vendeur. M. Guillaume Duret, président au présidial de cette ville, & le sieur Plotton, conseiller audit présidial, furent aussi consultés, qui répondirent qu'on n'avoit jamais fait aucune difficulté de cette décision. M. Jean Cordier, en ses manuscrits, sur le mot, *Retrait lignager*.

17. Mais aussi il est nécessaire que le retrayant soit parent du vendeur, du côté & ligne d'où lui est venu & échu l'héritage,

comme le portent notre article & l'article 6 du titre 2 de l'ancienne Coutume. Ainsi, si l'héritage vendu est un propre paternel au vendeur, son parent, du côté maternel, ne pourra pas le retraire; *nec vice versâ*, si l'héritage vendu est un propre maternel. Il en est de même, si le fils vend l'héritage qui lui est venu de son pere, & que cet héritage fût échu au pere par la succession de l'aïeul qui en étoit acquereur: en ce cas il ne suffit pas d'être parent du vendeur du côté du pere, il faut l'être du côté de l'aïeul paternel; desorte que celui qui le seroit du côté de l'aïeule paternelle, n'y seroit pas reçu: c'est ce que veut dire notre Coutume en notre article, par ces mots, *parent & lignager dudit vendeur, du côté & ligne dont est venu & échu ledit héritage*, & qui est expliqué par Dumoulin, dans sa note, sur l'article 126 de la Coutume de Vitry, où il dit: *Et sic actor debet esse de lineâ undè hæredium descendit, quod etiam sufficit.*

18. Que si l'héritage vendu par le fils, héritier de ses pere & mere, est un acquêt de la communauté de sesdits pere & mere, & propre naissant par conséquent en sa personne, il sera retrayable par les héritiers paternels & maternels du fils vendeur. *Planè*, dit M. Franç. Decullant, *si filius à patre emptum prædium vendiderit extraneo, Retractui locus est, tanquam proprio nascente vendito; & si pendente matrimonio, & societate patris & matris, sit emptus fundus, in venditione à filio hærede factâ, Retractui locus est, & gentilis ex stirpe aut paternâ aut maternâ admittitur; imò & prior horum qui litem movet, præfertur posteriori.* François Decullant, *hîc.*

19. Il n'est pas nécessaire que le retrayant soit parent du double lien, du vendeur, pourvu qu'il soit son parent du côté & ligne que lui est venu l'héritage vendu: *Duplicitas vinculi*, dit encore M. François Decullant, *non attenditur in Retractu.... Etenim illud jus non certæ personæ, sed toti familiæ & cognationi datur.* M. Decullant, *hîc.*

20. M. le président Duret a fait la même observation, sur le mot de notre article, ET LIGNAGER: *Sive paterna*, dit-il, *sive materna filia, æquè consideratur à matre sicut à patre; nec curatur duplicitas vinculi, & sic utroque conjunctus, proximior non est.....* M. Duret, *hîc.* Telle est aussi la remarque de M. Potier, sur le présent article. Voyez encore, pour ce qui regarde la parenté entre le vendeur & le retrayant, ce qui a été dit sur l'article 434, *infrà.*

21. Quand celui qui veut retraire est parent du vendeur, du côté & ligne dont est venu la chose qu'il veut retraire, pour savoir dans quel temps il doit intenter l'action du retrait lignager, il doit faire attention à la nature & qualité de la chose retrayable, si c'est un bien corporel ou incorporel; & au cas que ce soit ou bien corporel ou héritage, s'il est tenu en fief, ou en censive, ou en franc-aleu.

22. Si le bien que le retrayant veut retraire est un bien corporel, & que ce soit un héritage tenu en fief, l'action du retrait doit être intentée dans les trois mois, après que l'acquereur a été reçu en foi & hommage; & si c'est un héritage tenu en censive, dans les trois mois qu'il a été investi, ainsi qu'il est porté dans notre article. L'ancienne Coutume, titre 2, article 1, ne donnoit que quarante jours pour former l'action du retrait; mais ce temps ayant paru trop court à M^rs. les commissaires dans le temps de la rédaction de la nouvelle Coutume, il fut étendu du consentement des états à celui de trois mois, tant pour les choses féodales & censivieres, que pour les allodiales corporelles: c'est ce qui paroît par le procès-verbal de la Coutume, sur cet article.

23. Si le seigneur ou ses officiers refusent d'ensaisiner, le réquisitoire qu'en fera l'acquereur par un bon acte notarié, avec l'exhibition du contrat, & offres des droits au seigneur, sera suffisant pour faire courir le temps du retrait lignager; & il en est de même de l'inféodation, si l'acquereur n'a pas été reçu en foi; parce que le seigneur ne s'est pas trouvé au fief, ou l'a refusé: la foi qu'il aura faite à la porte, suivant l'article 380, *suprà*, suffira pour faire courir le temps du retrait lignager. Duplessis, sur la Coutume de Paris, traité *du Retrait lignager*, ch. 1, page 278.

24. Mais il n'en est pas de même du simple paiement des lods & ventes, & de la reconnoissance du censitaire après l'exhibition du titre d'acquisition: à la vérité la perception des droits, après l'exhibition du titre d'acquisition, vaut ensaisinement par rapport au seigneur, & est une investiture présumée, & par équipollence, comme il a été dit sur l'article 416, *suprà*; mais il en est autrement par rapport au retrait lignager. Que si l'acquereur, dit M. François Menudel, n'avoit été investi, mais auroit passé reconnoissance, & payé & continué le paiement au seigneur censuel, *quid juris? Non sufficeret*, répond-il, *ad excludendum proximum; quia conditio illa investituræ est essentialis, & debet impleri in forma specifica, & non per æquivalens.* M. Menudel, *hîc.* * C'est ce qui a été jugé par sentence de cette Sénéchaussée, du 22 mars 1734, & par arrêt confirmatif d'icelle, ainsi qu'il a été observé sur l'article 416, *suprà*, n. 6, en l'adition soixante-quatrieme, où il faut avoir recours.

25. Par la même raison la simple quittance, portant promesse d'ensaisiner, ne suffit pas; & il faut une investiture, ou ensaisinement affectif. Telle est la jurisprudence des arrêts cités chez Duplessis, aux notes, traité *du Retrait lignager*, chap. 1, pag. 277 & 278.

26. La différence qu'il y a entre la présente décision & la précédente, est que, dans le cas de la présente décision, l'acquereur qui a exhibé son contrat d'acquisition, payé les lods, & même reconnu, & qui a omis de se faire investir, doit s'imputer de n'avoir pas requis

l'investiture du seigneur; au-lieu que, dans le cas de la décision précédente, on suppose que l'acquereur a requis l'investiture du seigneur, qu'il a fait tout ce qui a dépendu de lui pour l'obtenir; & que c'est par le refus injuste du seigneur, qu'il n'a pas été ensaisiné: & cela étant, il ne doit pas souffrir de ce refus du seigneur; parce que, suivant la regle de droit 74, *de reg. Jur. alteri per alterum non debet iniqua conditio fieri;* & que par cette autre regle du droit canon, *cùm non stat per eum ad quem pertinet, quominùs conditio impleatur, haberi debet perindè ac si impleta fuisset.* Mais l'acquereur le doit faire dire en justice, & doit à cet effet poursuivre le seigneur sur le refus qu'il a fait de l'ensaisiner.

27. Au-reste, pour savoir ce que c'est qu'investiture, & dans quelle forme elle doit être faite pour être valable, voyez ce qui a été dit sur l'article 416, *suprà.* Voyez aussi sur l'article 476 ce qui sera dit du seigneur qui vend ou achete l'héritage tenu de lui en fief, ou censive.

28. Quand l'héritage sujet au retrait lignager est allodial, notre Coutume au présent article fixe le temps du retrait à trois mois, à compter de la prise de possession; & cette prise de possession est une possession réelle, qui doit être prise (suivant que le dit notre article) en présence d'un notaire & de deux témoins: & cela, afin qu'elle soit publique & notoire; car la prise de possession doit être telle, selon la remarque de Dumoulin, sur l'article 159 de la Coutume de Touraine, *quæ transeat in notitiam viciniæ & gentilium.* Et c'est pour cela que la Coutume d'Auvergne, tit. 23, art. 2, veut que la possession soit prise en présence de deux témoins du lieu & justice où la chose est située; & celle de la Marche, art. 263, en présence de deux témoins de la paroisse, & d'un notaire. Aussi M. Jacques Potier, sur notre article, a-t-il observé que deux notaires ne seroient pas suffisans: & ainsi a été jugé en cette Sénéchaussée, le 20 avril 1723, en la cause du nommé Dugonin, vigneron, contre un nommé Basset, à l'occasion du retrait formé par ledit Basset, de deux œuvres de vigne sur ledit Dugonin, au rapport de M. Vernin, assesseur; l'on déclara la prise de possession, passée pardevant deux notaires, insuffisante pour faire courir le temps du retrait. Les juges, outre le rapporteur, étoient M[rs]. Revanger, Farjonel, l'aîné, Devilaine, Perrotin, l'aîné, Cantat, Perret, Perrotin de la Serré, Imbert, & moi.

29. Quant à ce qui concerne les biens incorporels, notre Coutume dans le présent article a réglé le temps du retrait à six mois, lesquels six mois doivent se compter du temps du contrat d'acquisition; puisque la possession de ces sortes de biens ne consiste que dans leur acquisition, l'usage & l'exercice qu'on en fait dans les occasions, comme il a été dit sur l'article 92, *suprà. Quòd si quis,* dit M. le président Duret, *emat censum, quem debet super prædio suo, magis est ut à die acquisitionis tempus currere incipiat, quia in hac specie emptor adire possessionem non potest, nisi non solvendo censum: ergò sufficit Contractus coram Tabellione factus, quò res in notorium transit.*

30. Ainsi ces mots, *de possession réelle, prise par l'acquereur, en la présence d'un notaire & de deux témoins,* qui sont dans notre article, se rapportent aux biens corporels allodiaux, & non aux biens incorporels, à moins qu'à leur égard le mot de *possession* ne se confondît avec celui d'*acquisition*; autrement, comme l'a observé M. Jacques Potier, notre article contrarieroit les articles 92 & 94, *suprà,* selon lesquels les acquisitions de ces sortes de biens & droits incorporels, & le paiement qui s'en fait, suffisent pour en continuer la possession, présupposant que la possession de ces droits ne consiste que dans leur acquisition, l'usage & l'exercice qu'on en fait, & qu'ils ne sont pas susceptibles d'autre possession.

31. Que si l'acquereur n'a pas observé les formalités prescrites par notre article, pour faire courir le temps du retrait, s'il a acquis (par exemple) un héritage en roture, & qu'il ne se soit pas fait investir, ensorte que les trois mois de retrait n'ayent pas couru; c'est une question, si l'action ne laisse pas de se prescrire par trente ans. La raison de douter se tire de ce que le délai d'intenter l'action en retrait, donné par la Coutume, n'ayant jamais couru, il semble que la prescription de l'action n'a pu courir: il faut pourtant tenir pour l'affirmative, par la raison tirée de l'article 23, *suprà,* que toutes les actions se prescrivent par trente ans.

32. *Quæritur,* dit M. le président Duret, *an post 30 annos à die venditionis, emptor Legis municipalis solemnia non implens à consanguineo rectè conveniatur. Dubium movet quòd Consuetudo certum terminum à quo præfigat præscriptioni hujus juris, vìdelicèt receptionem in fidem, vel investituram, vel realis possessionis apprehensionem... At magis est, ut deficientibus etiam ejusmodi solemniis, obstet agenti 30 annorum præscriptio, & ita à provocatione à Senescallo hujus Provinciæ Senatus decrevit... Et respondetur quòd hæc receptio in fidem, vel investitura, vel apprehensio possessionis, pro termino à quo non præfigatur cuivis præscriptioni, sed solùm præscriptioni trium aut sex mensium, de quâ loquitur hic paragraphus, & sic nullomodò refertur ad præscriptionem longissimi temporis.... Cæterùm licèt diù inter nos certamen fuerit, tandem hæc pars obtinuit....* M. Duret.

Quand même le contrat ne seroit investi qu'après les trente ans, il n'y auroit pas pour cela lieu au retrait lignager dans le temps marqué par la Coutume, à compter du jour de l'investiture. La raison est que ce n'est pas l'ensaisinement qui donne l'ouverture au retrait, mais l'aliénation faite par le contrat de vente, & que, puisque l'action du retrait se prescrit par trente ans, l'investiture faite après ce temps-

là

là ne peut pas la faire revivre : car le droit étant acquis à l'acquereur par une prescription de trente ans, il n'est pas juste qu'il détruise ce droit, en prenant la saisine du seigneur: *Hoc est enim absurdum & contrà Leges Juris, quòd quis suam conditionem faciat deteriorem ad Judicem recurrendo*, L. *Non solet*, ff. *de reg. Juris.* Brodeau, sur l'article 130 de la Coutume de Paris, n. 7; l'auteur des notes sur Duplessis, traité *du Retrait lignager*, ch. 1, page 283.

33. Quand un acquereur, ne s'étant pas fait investir, a vendu à un autre qui s'est fait ensaisiner, c'est encore une question si l'investiture du second acquereur a purgé le défaut du premier acquereur, ou non; ensorte qu'en conséquence du défaut d'investiture par le premier acquereur l'action de retrait puisse être exercée dans les 30 ans de la premiere acquisition : & c'est ce qui sera décidé sur l'art. 460, *infrà*, *n.* 8.

34. L'article 26 de l'édit de 1703, touchant les insinuations laïques, enrégistré au parlement le 7 février 1704, porte que le temps fixé par les Coutumes, pour le retrait féodal ou lignager, ne pourra courir, même après l'exhibition des contrats & autres titres de propriété, à l'égard du retrait féodal, ou après l'ensaisinement, à l'égard du retrait lignager, que du jour de l'insinuation ou enregistrement des contrats d'acquisition, ou autres titres translatifs de propriété, ainsi qu'il est dit dans l'article 24 du même édit.

35. Au-reste le retrayant qui est dans le temps d'exercer le retrait, ne peut avoir l'héritage par retrait, qu'en remboursant l'acquereur de son droit principal & loyaux coûtemens, comme dit notre article : ce qui sera expliqué sur l'article 428, *infrà*.

ARTICLE CCCCXXIII.

QUAND aucun a vendu rente, ès cas esquels rente peut être constituée sur ses propres héritages à personne étrange, non étant de la ligne dont procédent les héritages propres, il est loisible au parent & lignager du côté d'où procédent lesdits héritages, de demander & requérir en Jugement avoir ladite rente par Retrait lignager, dedans trois mois de l'inféodation ou investison d'icelle; & quand il y a réméré à certain tems, lesdits Lignagers peuvent avoir ladite rente par Retrait dedans le tems dessusdit, à compter comme dessus, & encore trois mois après le réméré fini.

1. LE mot *vendu*, employé dans le présent article, signifie la même chose que constitué : car dans un contrat de rente constituée, celui qui constitue la rente sur lui & sur ses héritages, s'appelle le vendeur; & celui qui donne l'argent, l'acquereur : ainsi, quand il est dit dans notre article. *Quand aucun a vendu rente.... sur ses propres héritages*, c'est comme s'il disoit, quand aucun a constitué rente sur ses propres héritages.

2. Cela demeurant pour constant, notre article, (comme l'a très-bien observé M. François Menudel) doit être entendu & expliqué des rentes par forme d'assignat sur quelque héritage nommément, qui en demeuroit chargé, & sur les fruits duquel la rente se percevoit annuellement. Ces sortes de rentes, comme il a été dit ailleurs, imitoient les fonciéres, & suivoient l'héritage; elles étoient comme des ventes que le vendeur faisoit des fruits & revenus annuels de son héritage, & en quelque façon des ventes de l'héritage, jusqu'à concurrence de la rente : ce qui faisoit que l'acquereur de la rente en faisoit la foi & hommage au seigneur féodal de l'héritage, s'il étoit tenu en fief, ou qu'il en prenoit investiture du seigneur direct, si c'étoit une roture. C'est ce qui paroît par ces mots de notre article, *dedans trois mois de l'inféodation ou investison d'icelle* : & par cette même raison, quand une personne vendoit, c'est-à-dire, se rendoit débiteur d'une rente qu'elle assignoit sur son héritage propre, le parent lignager du vendeur, du côté de l'héritage sur lequel la rente étoit assignée, pouvoit retraire la rente ainsi réalisée sur ledit héritage, comme il auroit fait l'héritage s'il avoit été vendu.

3. Mais notre article ne peut être entendu des rentes constituées sans assignat, ou autrement des rentes constituées personnelles & volantes, purement hypothécaires, & affectées & hypothéquées généralement sur tous les biens du constituant, telles que sont les rentes constituées d'aujourd'hui. Car comment & par qui ces rentes seroient-elles retrayables dans le temps de leur création ? Il faudroit donc, contre l'esprit de notre Coutume, admettre au retrait de ces rentes indistinctement tous les parens lignagers du vendeur qui a constitué la rente, du côté d'où procédent les différens héritages sur lesquels la rente est hypothéquée; ce qui répugne à la Coutume, comme il vient d'être dit. Aussi cela ne s'observe-t-il pas, & ces sortes de rentes ne sont pas sujettes au retrait dans le temps de leur constitution, ainsi que l'attestent M. François Menudel, M. le président Duret & M. Jean Decullant.

* Il y a plus, c'est qu'aujourd'hui l'usage des rentes par assignat est devenu très-rare, &

on peut dire même qu'il est aboli ; tellement qu'à présent, en matiere de rentes constituées à prix d'argent, quoique le contrat soit dressé par forme d'assignat, on ne lui donne pourtant pas plus de prérogative & d'avantage, que s'il n'y avoit qu'une simple hypothéque spéciale ou générale ; c'est l'observation de Loyseau, dans son traité du déguerpissement, liv. 1, som. 9, n. 31.

4. Ce que notre Coutume dit dans le présent article, à l'occasion du réméré à certain temps, sera expliqué sur l'article 484, *infrà*.

ARTICLE CCCCXXIV.

Du Retrait du Seigneur féodal & censivier.

LE SEIGNEUR féodal & censivier peuvent avoir les héritages vendus en leur Fief & Censive, dedans trois mois après l'ostension & l'exhibition à eux faite des Lettres d'acquisition, si ce n'étoit qu'auparavant ledit Seigneur féodal eût reçu l'hommage, & le Seigneur censivier les lods & ventes : car après lesdites réceptions ne peut user ledit Seigneur féodal ou censivier de Retenue.

1. LE droit de retrait, dont il est parlé dans le présent article, est le droit de retrait seigneurial, que le seigneur féodal & le seigneur direct peuvent exercer. Ce droit ne se régle pas par les regles du droit romain ; & pour connoître la maniere dont il s'exerce, il faut plutôt recourir aux Coutumes, qu'aux loix romaines. Le droit que le seigneur a d'être préféré en l'achat, établi par la disposition de la loi derniere, cod. *de Jure Emphiteut.* étoit exercé parmi les Romains d'une maniere bien différente de celle que l'on observe à présent pour la retenue féodale ou censuelle. Suivant la disposition du droit romain, l'emphytéote avertissoit le seigneur qu'il a la volonté de vendre, & qu'il trouve un tel prix ; & le seigneur avoit la faculté de retenir l'héritage pour la même somme, qui est ce qu'on appelle le droit d'être le premier refusant : mais, selon que nous le pratiquons, le vassal peut vendre sans le faire savoir au seigneur ; & après la vente faite, le seigneur a le droit de retenue : au-lieu que, parmi les Romains, le contrat de vente étant une fois passé, il n'y avoit plus de retour.

2. Le retrait seigneurial a été autorisé par nos Coutumes, comme l'a observé M. de la Thaumassiere ; premiérement, pour donner lieu au seigneur de réunir les arriere-fiefs aux fiefs, & la propriété utile, à la seigneurie directe ; 2°. pour empêcher qu'il n'ait un vassal ou tenancier désagréable ; 3°. pour éviter les fraudes, & empêcher qu'un héritage ne soit vendu à vil prix, pour diminuer les droits du seigneur ; 4°. pour profiter du droit de retenue en le cédant à un tiers.

3. Notre Coutume, dans le présent article, reconnoît deux retraits seigneuriaux ; le retrait féodal, & le retrait censuel. L'ancienne Coutume, titre 2, article 1, parle aussi du droit de retenue, qui appartient aux seigneurs féodaux & censiviers, comme fait celle d'Auvergne, titre 21, articles 1 & 2 ; de la Marche, articles 275 & 277 ; de Berry, titre 13, article 1 ; & de Nivernois, chapitre 4, article 35, & chapitre 5, article 4.

4. Mais il n'est parlé en aucun endroit de la Coutume de la retenue taillabliere ; & la Coutume ne dit en aucun article, que le seigneur taillablier ait droit de retenue ; & la raison en est évidente : car, comme la retenue seigneuriale n'a lieu, ainsi que nous le dirons ci-après, qu'en vente ou contrat équipollent à vente, & que l'héritage taillable (suivant l'article 490, *infrà*) ne peut être vendu sans le congé & licence du seigneur taillablier, autrement il est acquis & commis au seigneur ; il arrive nécessairement de deux choses l'une dans la vente d'un héritage taillable, ou qu'il est vendu sans congé & permission du seigneur, auquel cas il tombe en commise, au profit du seigneur taillablier, & lui est acquis ; ou qu'il est vendu avec la permission du seigneur & de son consentement, auquel cas l'héritage ne peut pas être sujet au retrait de la part du seigneur taillablier, qui en a permis la vente ; puisque l'acquereur est présumé tenir l'héritage du seigneur taillablier, plutôt que du vendeur. C'est l'observation de M. Genin, pere, après M. le président Duret : l'héritage taillablier, dit M. Genin, acquis du consentement du seigneur, n'est pas sujet au retrait ; parce que l'acquereur *non tam à venditore habere videtur, quàm à Domino directo ; ita opinabatur Guillelmus Duretus, Præses.* M. Genin, sur l'article 222, *suprà*, sur le mot *héritage*.

5. Mais cela ne regarde que la vente volontaire de l'héritage taillable, qui ne peut être faite sans la permission du seigneur : & j'estime qu'il en est autrement dans les ventes forcées & par décret, qui, selon l'usage qui s'observe aujourd'hui contre la disposition de la Coutume, article 494 (ainsi que nous le dirons sur cet article) se poursuivent sans le consentement des seigneurs taillabliers, qui ne peuvent avoir distraction ou la main-levée de leurs héritages taillables, quelque réquisition qu'ils en fassent. Car, si dans les ventes forcées le seigneur taillablier ne peut avoir la commise, comme dans les ventes volontaires, ou plutôt la distraction sans bourse déliée, il est juste qu'il ait au moins, comme seigneur

direct, le droit de retenue, en remboursant; puisque le seigneur taillablier a droit de directe seigneurie, suivant l'article 489, *infrà*; & que, suivant notre Coutume, le droit de retenue est attaché à la directe seigneurie, comme l'est le droit de préférence, suivant la loi derniere, Cod. *de Jure Emphiteut*. Et ainsi fut jugé en cette Sénéchaussée, par sentence rendue au rapport de M. Maquin, le 19 juillet 1729, au profit de M. Gilbert Gaulmin, chevalier, comte de Mongeorge, seigneur haut-justicier du Man & Pommai, demandeur en retenue de certains héritages portés en taille de lui, & vendus par décret en la châtellenie de cette ville de Moulins, contre Jacques Durand, marchand, adjudicataire desdits héritages, défendeur: j'étois des juges. Voyez ce qui sera dit sur l'article 494, *infrà*.

6. Le retrait seigneurial ne peut pas avoir lieu en vente de choses tenues en franc-aleu; parce que c'est un droit de seigneurie, laquelle marque la dépendance des héritages mouvans en fief ou censive de quelque seigneur: ce qui ne peut avoir lieu à l'égard du franc-aleu, qui ne releve d'aucun seigneur: mais il a lieu tant en propres, qu'en acquêts, à la différence du retrait lignager, qui n'a lieu que dans les propres.

7. Il n'a lieu qu'en vente ou contrat équipollent à vente; car notre article ne parle que de la vente: mais aussi il a lieu dans les ventes forcées & par décret, comme dans les ventes volontaires, ainsi qu'il est dit dans l'article 286 de la Coutume de la Marche, dans l'article 5 du titre 5 de celle de Nivernois, & qu'il sera dit sur l'article 450 de notre Coutume.

8. Il doit être exercé dans les trois mois, non pas à compter du jour de la vente, mais du jour que l'exhibition aura été faite au seigneur du contrat d'acquisition, comme il est dit dans notre article. Et pour savoir comment se doit faire cette exhibition, voyez ce qui sera dit sur l'article 426, *infrà*.

9. Le seigneur féodal qui a reçu la foi & hommage, n'est plus recevable à exercer le retrait, non plus que le seigneur censier quand il a reçu les lods & ventes, ainsi que le porte notre article, & qu'il sera expliqué sur l'art. 480, *infrà*.

10. Quant à la question, si le retrait seigneurial est sujet aux mêmes formalités énoncées en l'article 428, *infrà*, que le retrait lignager, c'est ce qui sera décidé sur cet article.

11. Le seigneur qui exerce le retrait féodal ou censuel, est tenu de reconnoître toutes les charges & servitudes imposées par le vendeur sur l'héritage retiré; par la raison que le seigneur usant du retrait, doit suivre les loix de la vente, & qu'entrant à la place de l'acquereur, par rapport au vendeur, il est sujet aux mêmes charges & hypothéques que seroit l'acquereur du chef du vendeur. C'est le sentiment de Chopin, sur la Coutume de Paris, liv. 1, tit. 2, nomb. 21, & après lui, de M. François Menudel, sur notre article, & de la Thaumassiere, en sa préface sur le titre 13 de la Cout. de Berry: *Retrahens autem jure feudi*, dit Menudel, *tenetur hypothecariè venditoris creditoribus satisfacere; Chop. ad Paris.* liv. 1, titre 1, nombre 21.

12. Mais il est déchargé de celles imposées par l'acquereur, parce que son acquisition est rendue nulle par le retrait.

13. Bien plus, si par l'acquisition qu'auroit faite l'acquereur, une servitude à lui due sur l'héritage, auroit été éteinte par le moyen de la confusion, elle est rétablie de plein droit par le retrait seigneurial; parce que ce retrait rend nulle l'acquisition faite par l'acquereur, desorte qu'elle est sans effet en tous cas.

14. Quant aux vices & nullités qui pourroient se trouver dans le contrat d'acquisition, le seigneur retrayant y est sujet, comme auroit été l'acquereur, sur lequel il retient. Ainsi, si la vente est faite par un mineur, sans les formalités de justice, s'il y a lésion d'outre moitié de juste prix, le seigneur qui a retiré, est tenu de souffrir la rescision, comme eût fait l'acquereur; parce qu'il prend son marché, & se subroge en son lieu. Tel est le sentiment de Coquille, sur la Coutume de Nivernois, chapitre 4, article 41, & chapitre 5, article 5; de M[rs]. Menudel & Semin, sur notre article: *Retrahens rem venditam*, dit. M. Louis Semin, *subintrat in locum emptoris, & omnia Contractûs vitia sustinet, solo emptoris dolo excepto*. M. Menudel en dit autant.

15. Au-reste, les choses retirées par retrait féodal ou censier, sont réputées acquêt, premiérement, à l'égard du retrait lignager; desorte que la chose retenue par retrait seigneurial étant revendue par le retrayant, elle n'est pas sujette au retrait lignager, à moins que le seigneur retrayant ne fût de l'estoc & ligne du vendeur; auquel cas, comme le retrait lignager est préférable au seigneurial, le seigneur seroit présumé l'avoir conservé à cause de son lignage, & non pas à cause de son droit de retrait seigneurial: secondement, par rapport à la succession, en laquelle les choses retirées par retrait seigneurial sont acquêt; parce qu'elles ne procédent pas de la ligne, & qu'elles n'ont pas encore fait souche en la directe: ainsi jugé par les arrêts cités dans le traité *des Propres*, chap. 1, sect. 11, nombres 20 & 21. Tel est le sentiment commun des docteurs; & c'est la remarque de M. François Decullant, sur notre article: *Si Dominus*, dit-il, *vendit extraneo fundum, quem anteà retinuerat jure dominii directi, non potest ipsius propinquus d. fundum retrahere jure propinquitatis; quia hæc consolidatio fundi servientis dominio directo est acquestus*. M. Decullant, *hìc*.

ARTICLE CCCCXXV.

Et ne sont pourtant les Retrayans empêchez de faire la Retenue incontinent après le Contrat de vente, & auparavant le jour desdites prises de possession, inféodation & investison, si faire le veulent : Et court ledit tems de trois mois contre toutes personnes, mineurs, femmes mariées, & autres quelconques.

1. Dès le moment que le contrat de vente est revêtu de toutes les formalités qui peuvent le rendre parfait, il transfere à l'acquereur la propriété qui en appartenoit au vendeur ; & la faculté du retrait, soit lignager ou seigneurial, est ouverte & peut être exercée, quoiqu'avant la prise de possession, inféodation, investison & exhibition du contrat d'acquisition, & avant que le délai accordé par la Coutume au retrayant, pour exercer le retrait, ait commencé à courir ; parce que ce délai est en la faveur du retrayant : de maniere qu'il peut s'en servir, ou ne pas s'en servir. C'est, comme l'on voit, la disposition de la Coutume, au présent article.

2. Mais aussi le retrayant n'est plus recevable à exercer le retrait, après que le délai, qui lui est accordé par la Coutume, est expiré ; & ce délai court contre toutes sortes de personnes indistinctement, mineurs, femmes mariées, & autres généralement quelconques, comme il est dit dans notre art. dans l'art. 2 du tit. 21, & dans l'art. 3 du tit. 23 de la Cout. d'Auvergne, dans l'art. 285 de celle de la Marche, dans l'art. 1 du tit. 14 de celle de Berry, dans l'art. 10, chap. 31 de celle de Nivernois, dans l'art. 229 de celle de Vermandois, 197 de celle de Touraine, 457 de celle d'Anjou, 465 de celle du Maine, & autres. La raison est que c'est un bénéfice de Coutume, contraire au droit commun, qui est donné sous la condition de venir dans le temps marqué & limité, qui ne se peut proroger pour quelque cause & privilége que ce soit. *Regulariter enim*, dit M. le président Duret, *Statuta ligant minores & infantes .... Statuta enim ligant quascumque alias personas, & tempus Retractûs currit adversùs privilegiatos, & non privilegiatos, absentes, præsentes, scientes, ignorantes ....* M. Duret, *hìc*.

3. La Coutume de Paris, article 131, dit que le temps du retrait court, tant contre le mineur que le majeur, sans espérance de restitution : ce qui a lieu dans les Coutumes qui n'en parlent pas ; parce que la restitution n'est introduite que pour ceux qui reçoivent de la perte ou du dommage, & non pour ceux qui veulent profiter : *Et restitutio non datur*, dit M. Louis Semin, *ut quis cum damno alterius lucretur, L. Sciendum, ff. ex quib. Caus. major.* M. Louis Semin, *hìc*.

ARTICLE CCCCXXVI.

Par quel temps le Seigneur retient l'original du Contrat.

Le Seigneur féodal ou direct, ou en leur absence leurs Officiers, peuvent garder l'original du Contrat, qui leur sera présenté par les acquereurs des choses mouvantes de leurs Fiefs ou Censives, l'espace de quatre jours : Mais en baillant & laissant par lesdits acquereurs à leurs dépens copie collationnée à l'original, ils ne sont tenus de laisser ledit original.

1. L'Exhibition dont il est parlé dans le présent article, doit être faite au propriétaire, en sa personne, ou à son domicile, & en son absence à ses officiers, comme le dit notre article : & si le seigneur étoit mineur, elle doit être faite au tuteur ; mais, s'il étoit majeur de la majorité coutumiere, elle lui seroit valablement faite. *Si Dominus*, dit M. Jean Decullant, *sit minor viginti annis, vel Domina minor sexdecim, hæc exhibitio non potest ei legitimè fieri, sed Tutori ; alioquin non valeret..... Si autem Dominus sit major viginti annis, vel Domina sexdecim annis, licèt minor viginti quinque, poterit ei soli fieri exhibitio ; quia eâ ætate habet bonorum suorum administrationem, nec istud concernit alienationem feudi vel censûs.....* C'est l'observation de M. Decullant, sur l'article 424, *suprà*, sur le mot *exhibition*.

2. La simple notification du contrat sans exhibition ne suffiroit pas, parce que le seigneur n'est pas obligé de croire au simple dire & récit de l'acquereur ; & l'exhibition doit être faite en présence d'un notaire, ou autres personnes publiques, qui puissent en donner acte par écrit pour faire foi en justice.

3. Notre article porte que les seigneurs, ou en leur absence leurs officiers, peuvent garder quelques jours l'original du contrat qui leur est présenté ; & que ce n'est qu'en leur laissant

laissant une copie collationnée de ce contrat, que les acquereurs peuvent se dispenser de laisser l'original. Le temps que les seigneurs peuvent garder cet original, est marqué dans quelques exemplaires à quarante jours : mais dans le nouveau coutumier général, vérifié sur l'original conservé au greffe du parlement de Paris, dans l'exemplaire de Papon & dans plusieurs manuscrits, il n'est fixé qu'à quatre jours ; & ainsi se lit dans l'original qui est dans les archives de la chambre du domaine du Bourbonnois, comme je l'ai vérifié.

4. La Coutume du Maine, article 429, & celle de Lodunois, chapitre 17, article 1, permettent aux seigneurs de garder le contrat pendant huit jours ; celle de Touraine, article 34, pendant quinze jours, & d'autres leur donnent un temps plus long.

5. Cessant cette exhibition du titre, le seigneur peut user de son droit de retenue toutes fois & quantes, dans les trente ans de l'acquisition, si ce n'est dans les cas exceptés par l'article 424, *suprà* : mais cette faculté d'exercer le retrait seigneurial ne va que jusques à trente ans, & non au-delà ; de maniere que si, après les trente ans, l'acquereur notifie & exhibe son contrat, le seigneur ne pourra pas user du droit de retenue, & que la faculté en est prescrite pour cette fois, ainsi qu'il a été dit sur l'article 422, *suprà*, & pour les raisons qui y ont été déduites.

ARTICLE CCCCXXVII.

IL est loisible au Retrayant de faire ajourner l'acquereur pardevant le Juge en la Jurisdiction duquel les choses sont : Et si les choses aliénées sont assises en diverses Jurisdictions, il est loisible au Retrayant de faire ajourner l'acquereur pardevant le suzerain, ou pardevant le Juge du domicile dudit acquereur. D'ajournement en Retrait.

1. L'Action du retrait lignager est mixte, c'est-à-dire, personnelle & réelle : & comme telle, elle peut s'intenter contre le premier acquereur qui a revendu dans le temps du retrait, ou contre tout autre possesseur, au choix du retrayant. Telle est la disposition de plusieurs Coutumes; de Berry, titre 14, article 17; de Troyes, article 163; de Reims, article 205; de Châlons, article 243; de Laon, article 248, & autres; & c'est l'observation de M. Louis Semin, sur notre article : *Potest*, dit-il, *actio Retractûs intentari, non solùm adversùs emptorem, & ejus hæredem, sed etiam adversùs tertium detentorem ; & si plures sint emptores, omnes conveniendi sunt, nisi unus ex eis solus pro se rem possideat.....* M. Semin, *hìc*. Voyez ce qui sera dit sur l'art. 460, *infrà*.

2. Comme l'action du retrait se peut intenter contre le premier acquereur, ou contre le second qui a acheté durant le temps du retrait, elle peut pareillement être intentée pardevant le juge du domicile de l'acquereur, ou du lieu où l'héritage est situé, au choix du retrayant; & si les choses aliénées sont assises en diverses jurisdictions, il est loisible au retrayant de faire ajourner l'acquereur pardevant le suzerain : telle est la disposition de notre Coutume, au présent article; celle de la Coutume du Grand-Perche, article 193; de Vermandois, art. 233; de Reims, art. 198; de Châlons, 231, & autres. La raison est que, quand l'action est mixte, elle donne le choix au demandeur d'intenter son action pardevant le juge du lieu où la chose est située, & que dans le cas du retrait il y a plus de réalité que de personnalité, sur-tout quand elle est intentée contre un second, ou autre acquereur.

3. Les présidiaux ne peuvent connoître de cette action, quoique le prix de la vente n'excéde pas le premier & le second chef de l'édit des présidiaux ; parce que le retrait ne se considére pas selon le prix de la vente, mais par l'affection de retirer un héritage propre de la famille, qui est inestimable : ainsi jugé par arrêts rapportés par M. Louet, & M. Julien Brodeau, lettre R, somm. 37.

4. L'assignation donnée pardevant un juge incompétent ne produit pas la déchéance du retrait, si le temps pour former une nouvelle action n'est pas passé : ainsi jugé par arrêt de l'an 1627, remarqué par Ricard, sur l'article 129 de la Coutume de Paris.

5. Mais l'ajournement en retrait doit être revêtu de toutes les formalités requises par l'ordonnance & la Coutume, sur peine de déchéance du retrait, par la raison que le retrait est de droit rigoureux.

6. La nullité dans l'exploit, fondée sur l'ordonnance, ne se couvre pas par une nouvelle assignation, & emporte la déchéance du retrait, quoique le retrayant soit encore dans le temps pour donner une nouvelle assignation. La raison est que, dès que la contravention est commise & la faute faite, la peine est encourue & la déchéance du retrait contre le contrevenant est acquise de plein droit à l'acquereur, quoiqu'il ne l'ait point encore proposée ni demandée, & que le juge ne l'ait point déclarée : joint que, si la nullité de l'exploit se pouvoit réparer avant la sentence qui déclare la déchéance du retrait, on pourroit aussi avancer que la nullité commise dans les offres & la consignation se pourroit aussi réparer, quand le retrayant seroit encore dans le temps

de faire un acte valable ; ce qu'on ne peut dire, sans blesser nos principes. Ainsi toute nullité, en matiere de retrait, exclut le retrayant du retrait : ainsi jugé par deux arrêts cités par Brodeau, sur l'article 130 de la Coutume de Paris, le premier du 5 mai 1639, & le 2 du 20 mars 1653. * La même chose a été jugée par arrêt du 11 août 1633, M. le président le Jay prononçant, rapporté par Bardet, tome 2, liv. 2, ch. 56. Par cet arrêt un demandeur en retrait lignager fut condamné de rapporter son premier exploit, nul par défaut de signature des témoins en la copie ; & il fut jugé qu'il n'avoit pu réitérer sa demande par un second exploit.

7. Il n'en est pas de même d'une simple erreur, comme d'une nullité ; une simple erreur se peut corriger devant ou après la contestation en cause, pourvu que ce soit dans les trois mois du retrait ; parce qu'une erreur n'étant pas une nullité, elle n'emporte pas la déchéance du retrait. Une nullité est une omission d'une formalité requise par l'ordonnance ou la Coutume ; & une erreur, une simple méprise dans des choses dont la déclaration n'est pas requise par la Coutume ; comme si un parent maternel se dit dans l'exploit parent paternel, par erreur & méprise, l'héritage étant de la ligne maternelle. Il y a pourtant arrêt contraire ; mais notre Coutume ne requérant point de déclarer dans l'exploit duquel côté est l'héritage qu'on demande en retrait, il semble que cette erreur se peut corriger. C'est le raisonnement de M. Claude de Ferriere ; & tel est le sentiment de Lange, *Prat. Franç.* livre 3, chapitre 18, en parlant du retrait lignager.

8. Quant aux offres de bourse-deniers, loyaux coûtemens & à parfaire, elles ne sont pas nécessaires dans cette Coutume dans l'exploit d'ajournement, comme nous le dirons sur l'article suivant.

ARTICLE CCCCXXVIII.

Que doit faire le Retrayant.

QUAND aucun lignager du vendeur d'aucun héritage a fait ajourner l'acheteur d'icelui héritage, pour l'avoir par Retrait, il convient que tel qui veut avoir ledit héritage par Retrait, offre bourse & deniers, loyaux coûtemens, & à parfaire à chacune journée de la Cause, excepté à la journée d'absence, si aucune en est prise ; & s'il ne le fait, il doit être débouté dudit Retrait. Et aussi en ce faisant, les fruits échus depuis la premiere offre lui appartiennent ; & si en aucune desdites journées le Défendeur en matiere de Retrait accepte l'offre du Demandeur, en ce cas ledit Demandeur est tenu de fournir son offre dedans vingt-quatre heures, à compter du tems de l'acceptation ; *aliàs* par faute de ce faire, est débouté du Retrait.

1. LEs offres de bourse-deniers, loyaux coûtemens & à parfaire, ne sont pas nécessaires dans cette Coutume, dans l'exploit d'ajournement ; puisque la Coutume ne le requiert pas, & qu'au-contraire elle ne requiert ces offres qu'après l'ajournement, dans chaque journée de la cause. C'est l'observation de nos commentateurs, & ainsi a été jugé en cette Sénéchaussée.

2. Notre article porte, dit M. Jean Decullant, QUAND AUCUN A FAIT AJOURNER L'ACHETEUR, IL CONVIENT, &c. *Hinc sequitur*, ajoute-t-il, *quòd oblatio desideratur dumtaxat post libellum citatorium, id est*, ajournement... *Stat. Parif. paragrapho 240, desiderat oblationem*, tant par l'ajournement, qu'en chaque journée de la cause ; *ex his verbis infertur*, que l'ajournement n'est pas journée de la cause. *Hæc quæstio agitata Molinis in Curia Senescalli, Dominis* Semin & Menudel *patrocinantibus, in concilium missa fuit, & tandem judicata 19 Febr. 1636*, sur l'appel du juge d'Orval ; *& judicatum fuit quòd oblatio non sit necessaria*, en l'exploit d'ajournement. M. Decullant, *hic.*

3. M. François Menudel a fait la même remarque. « La question (dit-il) si les offres » sont nécessaires en l'ajournement, s'est présentée entre Michel Herault, appellant du » baillif d'Orval, & Marie Perade, intimée, » pour laquelle j'avois écrit ; & nonobstant » qu'on m'apporta des sentences rendues en » pareils cas, j'ai fait corriger cette vieille » erreur, & fait dire par jugement du 19 février 1636, au rapport de M. Bardon, que » les offres n'étoient pas nécessaires en l'ajournement.... M. Potier rapporte ce jugement ; & j'avois auparavant plaidé la cause » contre M. Louis Semin. » M. Menudel, *hic.*

4. M. Menudel, comme l'on voit, dit qu'avant la sentence rendue en 1636, on pratiquoit & on jugeoit autrement en ce siége ; c'est ce qui paroît par les remarques de M. le président Duret, & après lui, de M. Semin, sur notre article. *Quæritur*, dit M. Duret, *an etiam in libello contineri debeat oblatio, hanc requirunt Consuet. Parif. articulo 140, Rem. 196..... Sed Molin. in Conf. Carnut. art. 69, non esse necessariam ait, cui favent hæc verba quæ præcedunt*, A FAIT AJOURNER ; *attamen cautiùs fiet, si in libello contineatur*. M. Duret, sur le mot, *il convient.*

5. *Libellus citatorius*, dit M. Semin, *hoc articulo non videtur comprehendi in necessitate oblationis faciendæ, & hoc innuunt verba*, A FAIT AJOURNER; *nihilominùs aliter apud nos observatur*; *Præses, hìc, ad verbum* IL CONVIENT. M. Semin, *hìc.*

6. La jurisprudence d'aujourd'hui en ce siége est que les offres ne sont pas nécessaires en l'exploit de demande. Au mois de mai de l'année 1692, dit M. Jean Cordier, il a été jugé en cette Sénéchaussée, au rapport de M. Vernin, l'assesseur, pour Petronille de Lachaufée, retrayante, contre François Mignot, que les offres n'étoient pas nécessaires en l'exploit de demande: c'est la remarque de M. Jean Cordier, sur le présent article; & je l'ai vu ainsi juger différentes fois en ce siége.

7. Mais, après que le lignager retrayant a fait ajourner l'acquereur, il faut qu'il offre à chaque journée de la cause bourse & deniers, loyaux coûtemens & à parfaire, comme il est dit dans notre article.

8. Quant à la décision de la question, si ces offres sont nécessaires à chaque journée de la cause, dans le retrait seigneurial, comme dans le retrait lignager, elle dépend de la maniere dont on doit lire dans notre article; s'il faut lire comme il y a dans le nouveau coutumier général, dans le commentaire de Papon, & dans plusieurs anciens manuscrits, *Quand aucun lignager du vendeur d'aucun héritage, seigneur féodal ou censivier;* ou s'il faut lire sans ces mots, *seigneur féodal ou censivier*, comme dans les nouveaux manuscrits: car nulle difficulté que, s'il faut lire de la premiere maniere, le retrait seigneurial ne soit assujetti aux mêmes formalités que le lignager, puisque la Coutume l'y assujettit. M. Jean Decullant, qui s'est proposé cette difficulté, dit qu'il faut avoir recours à l'original de la Coutume, qui est à la voûte du domaine; qu'il l'a lu, & que ces mots (*seigneur féodal ou censivier*) n'y sont pas; de maniere que, notre article ne parlant en aucune maniere *du seigneur féodal ou censivier*, le retrait seigneurial n'est pas assujetti aux formalités prescrites pour le retrait lignager, & qu'il l'a vu ainsi juger.

9. *Hæc verba*, dit M. Jean Decullant, SEIGNEUR FÉODAL OU CENSIVIER, *leguntur in plerisque antiquis exemplaribus, & secundùm illa formalitas & rigor hujus paragraphi comprehenderet non solùm proximum Retrahentem, sed & Dominum feudalem & censuarium; tamen in novis exemplaribus hæc verba non leguntur, & paragraphus dumtaxat loquitur de proximo Retrahente, & non comprehendit Dominum feudalem & censuarium, secundùm quam lectionem vidi observari Dominum feudalem & censuarium non astringi formalitate & rigore hujus paragraphi, scilicèt*, de faire offre de bourse & deniers, &c. & payer dans les 24 heures: *Sed oportet videre originale, quod est in Archivis hujus urbis*, chambre du domaine; *vidi originale in quo non leguntur hæc verba*, SEIGNEUR FÉODAL OU CENSIVIER, *quæ per errorem irrepserunt.* Telle est l'observation de M. Jean Decullant, sur notre article, qui est juste, ainsi que je l'ai vérifié moi-même sur ledit original, le 20 septembre 1729.

10. Il n'est pas nécessaire, dans le cas du retrait lignager, que le retrayant offre réellement tout le prix de l'héritage; mais il suffit, suivant l'usage, que le procureur ait une bourse à la main, où il y ait quelque piece d'argent. Je l'ai toujours vu ainsi pratiquer; & c'est l'observation de M. le président Duret, sur notre article, sur le mot, ET A PARFAIRE: *Etenim*, dit-il, *ubi pretium ignoratur, aliquas pecunias offerre sufficit.... nec improbus videri potest, qui ignorat quantùm solvere debeat....* M. Duret, *hìc.* Mais le demandeur en retrait est obligé de tenir toujours ses deniers prêts depuis ses offres, pour en faire le remboursement, au cas que l'acquereur tende le giron; & c'est pour cela qu'il gagne les fruits depuis sa premiere offre, comme il est dit dans notre article, & qu'il sera expliqué sur l'article 483, *infrà.*

11. Les offres doivent être faites dans les mêmes termes portés par la Coutume, sans en changer aucun, car ils sont très-essentiels; & tel a été déchu du retrait, pour en avoir omis un seul. *Iisdem verbis*, dit M. Louis Semin, *utendum est, quibus Statutum concipitur, non aliis; aliàs contrà Retrahentem judicatur....* M. Semin, *hìc.*

Il y a en effet un arrêt de l'année 1604, rendu en la Coutume de Paris, qui a débouté le retrayant de sa demande en retrait, pour avoir omis en ses offres le mot *à parfaire*. Brodeau sur Louet, lett. R, somm. 52.

12. On peut toutefois, selon le même M. Julien Brodeau, au même endroit, se servir d'un autre mot & terme que de celui de la Coutume, pourvu qu'il soit synonyme ou homonyme, qu'il ait pareille & semblable énergie & signification, comme il a été jugé en la quatrieme chambre des enquêtes, au rapport de M. le Nain, par arrêt rendu au mois de janvier 1620, en confirmant les sentences du prévôt de Laon, & du baillif de Vermandois: par lequel arrêt le retrait fut adjugé, nonobstant que, dans tous les actes de la cause, on se fût servi du mot *présenter*, au lieu de celui d'*offrir*, & de ces mots, *une piece d'argent*, au lieu de deniers; la cour jugeant que le mot *présenter* équipolle à celui d'*offrir*, & ces mots *piece d'argent*, à celui de *deniers*. Brodeau sur Louet, lett. R, somm. 52.

13. Les journées de la cause, dont parle notre article, & à chacune desquelles elle exige qu'un retrayant fasse & réitere ses offres, sont les journées d'audience, le mot de *journée* signifiant l'audience, & *les journées de la Cause* signifiant les journées où la cause est portée à l'audience, ensemble tout ce qui se fait en jugement devant le juge tenant l'audience, *coram Judice pro Tribunali sedente.*

14. J'ai dit, ce qui se fait par le juge tenant l'audience, (ce qui s'entend, les deux parties présentes;) parce que notre article excepte des journées de la cause, auxquelles les offres sont requises, les journées d'absence, si aucunes en sont prises, c'est-à-dire, celles où le défendeur ne comparoît pas, & auxquelles on prend défaut contre lui: & la raison est qu'inutilement le demandeur en retrait feroit-il des offres, puisqu'il n'y a personne pour les accepter; & il a été jugé à mon rapport, par sentence rendue le 22 août 1727, entre le sieur Vernin d'Aigrepont & le nommé Laurent, que les offres n'étoient pas nécessaires le jour de l'affirmation prêtée par le demandeur en retrait en l'hôtel du juge, soit parce que ce n'est pas une journée d'audience, soit parce que le défendeur n'est pas présent à l'affirmation, & qu'inutilement feroit-on des offres. Ce fut un des points décidés par ladite sentence.

15. Il n'est pas nécessaire que les offres soient faites dans les actes extrajudiciaires, qui ne sont que de simples procédures. Car notre article dit simplement, que les offres seront faites à chacune journée de la cause, & ne dit pas, à chacun acte & procédure de la cause: & comme, en matiere de retrait, qui est d'une étroite rigueur, & dont toutes les loix sont pénales, on ne doit pas faire d'extension d'un cas à l'autre; on ne doit pas étendre les offres requises par la Coutume, plus loin qu'elle ne le fait, & à des actes dont elle ne parle pas; savoir, à des actes extrajudiciaires, qui ne sont pas des expéditions & journées de la cause.

16. Quant à la question, s'il est nécessaire dans cette Coutume de faire des offres en cause d'appel, M. Charles Dumoulin, en son apostille, sur notre article, tient pour la négative; c'est aussi le sentiment de M. le président Duret sur notre article, sur le mot DE LA CAUSE, *Principalis*, dit-il, *non etiam appellationis*; de M. Potier, & de M. François Menudel.

17. Mais il a été jugé contre ce sentiment en cette Sénéchaussée, par sentence du 22 septembre 1623. *Non servamus*, dit M. Menudel, *ad notationem Molinæi, necessariaque est oblatio in causâ appellationis*; jugé le mercredi 22 septembre 1623, contre le sieur d'Orgerolles, au profit de Duranton, appellant, plaidans M. François Tridon & M. Jean Depineul, *servamusque Cons. Paris. §. 140. At* Brodeau, lett. R, somm. 52, *dispositionem Cons. Paris. ad alias extendi non debere asserit, cui adhæreo, & malè judicatum puto.* M. Menudel, *hic.*

18. M. Jean Decullant fait mention de cette sentence, dans ses remarques sur notre article; & M. Jean Cordier, dans ses manuscrits, dit qu'elle ne passa pas tout d'une voix, & qu'il y eut des opinions contraires. Les conseillers du siége, qui étoient d'avis que les offres en cause d'appel n'étoient pas nécessaires, disoient que, *Ante primum Judicem lis, super quam sententia lata est, fuerat completa, & quidquid dicebatur in causâ appellationis, dicebatur extrà litem*; de maniere que le juge d'appel n'avoit qu'à voir si les formalités avoient été bien observées pardevant le premier juge, pour confirmer ou infirmer la sentence: mais ils ajoutoient que, si en cause d'appel il y a production nouvelle, il faut renouveller les offres & les continuer; parce qu'il semble que ce soit une nouvelle contestation. Les autres, qui étoient d'un sentiment contraire, se fondoient sur ce qu'en cause d'appel les actes judiciels sont aussi-bien journées de la cause, qu'en instance principale; & que la Coutume ayant parlé généralement, les offres devoient être faites aussi-bien en l'une qu'en l'autre: *Quæ opinio prævaluit*, & tel est mon sentiment. Ainsi j'estime que les offres en cause d'appel doivent être faites jusqu'à l'appointement de conclusion inclusivement, suivant la disposition de la Coutume de Paris, article 140.

19. Les arrêts ont jugé que les offres n'étoient pas nécessaires dans l'instance de reglément de juge, parce qu'elle ne concerne point l'instruction de la cause principale, & que ce n'est pas une journée de la cause du retrait, mais de la jurisdiction. Brodeau sur M. Louet, lett. R, somm. 52; Duplessis sur Paris, traité *du Retrait lignager*, chapitre 2, section 1, p. 293 & 294.

20. M. Charles Dumoulin, sur l'article 177 de l'ancienne Coutume de Paris (qui contient même disposition que la nôtre, quant aux offres) dit que le retrayant n'est point aussi astreint à ces offres, quand il a consigné & notifié sa consignation, sans avoir retiré ses deniers; parce que *consignatum semper loquitur*, & que de cette maniere la consignation vaut une offre continuelle & permanente. Mais Duplessis est d'un avis contraire, & j'adhére à son sentiment; parce que la Coutume veut qu'on offre aussi les loyaux coûts, & que les offres soient faites & réitérées à toutes les journées de la cause.

21. Quand le retrayant fait des offres défectueuses en une signification & acte extrajudiciaire où elles ne sont pas nécessaires, cela n'emporte pas (dit Brodeau) nullité ni déchéance; quoiqu'il semble qu'ayant cru être obligé de faire des offres, il les ait dû faire aux termes de la Coutume: & la raison c'est que la Coutume n'établit la peine & la déchéance, que contre ceux qui omettent les offres, ou les font défectueuses, aux journées de la cause; desorte que les offres imparfaites, faites en un acte où elles sont inutiles & non nécessaires, sont rejettées comme superflues, sans qu'elles puissent nuire ni préjudicier à celui qui les a faites. Brodeau sur Louet, lett. R, sommaire 52.

22. Il n'en est pas de même des offres défectueuses, faites dans les journées de la cause. La défectuosité des offres dans ces cas-là, ou l'omission d'offres, cause la déchéance du retrait. C'est la disposition de la Coutume, au présent article, comme il paroît par ces termes: *Et s'il ne le fait, il doit être débouté du dit Retrait.* Il y a plus, c'est que l'omission d'une

d'une seule formalité, en fait de retrait, cause la déchéance d'icelui; d'où vient cette maxime, *Qui cadit à sillaba, cadit à toto.* Ainsi il faut observer toutes les formalités prescrites par la Coutume; *etenim formalitas Statuti ad unguem observanda est,* dit M. le président Duret, sur notre article: la raison est que, quoique le motif de l'établissement du retrait lignager paroisse favorable, en ce qu'il tend à perpétuer & à continuer dans une famille les héritages qui procédent des ancêtres; néanmoins, parce qu'il est contraire à la liberté du commerce, qui doit toujours prévaloir sur celui des particuliers, il est tellement de droit étroit & de rigueur, que le moindre défaut des formalités prescrites est suffisant pour en faire débouter.

23. Le défaut d'offres, ou la défectuosité en icelles, ne se peut réparer; & en quelqu'état que soit la cause, cette défectuosité se peut proposer, & ne se couvre pas par les procédures. Tel est le sentiment de tous nos commentateurs; & ainsi jugé par sentences de cette Sénéchaussée, & arrêt de la cour.

24. *Quid igitur*, dit M. le président Duret, *si in oblatione aliquandò actor defecerit, attamen ulteriùs processum est, an reus nòn objectum oblationis defectum à limine posteà objicere poterit? Et hoc magis est secundùm quod ex appellatione à Senescallo hujus Provinciæ Senatus decrevit; quippè hujusmodi exceptio peremptoria est.... & obtinet in reprehensione qualitatis neglectæ; ergò consequens est ut semper reperiatur.... Nec tacendum quòd judex tenetur supplere Statutum, sicut Jus commune; quamquam Consf. Clarom. art. 22, defectûs objectionem desideret....* M. Duret, *hìc.*

25. *Hic defectus oblationis*, dit M. Jean Decullant, *non potest reparari, neque cooperiri per oblationes & actus sequentes, etiamsi reus non opponeret & procederet ad aliam contestationem; posset enim sub finem instantiæ, imò & in causa appellationis reassumere hanc exceptionem, & opponere hunc defectum, quia Statuti jus sibi quæsitum est; sic judicatum Aresto pro* Billard de Souvigny, contre Auclert, apothicaire de Moulins, qui avoit obtenu le retrait à Souvigny, confirmé à Moulins, & succomba par arrêt; parce qu'il se trouva un acte de l'instance premiere sans offre, dont il n'avoit été parlé au procès. *Sic aliàs vidi judicari Molinis, & consuli.* Jean Decullant, sur ces mots de notre article, *débouté du Retrait.*

26. M. François Decullant a fait la même observation: *Nec obstat*, dit-il, *quòd reus comparaverit, & litem contestaverit, non opposito oblationis defectu; quia hæc exceptio peremptoria potest à reo emptore ubique opponi, & multò magis à secundo Retrahente consanguineo.... Et sic judicatum in Curia Molinensi d. Senescalli, orante Domino* Semin, *pro Domino* de Bressolles, *& Domino* Chembrard, *pro Parte adversa, sexto Julii anni 1639; idque denuò mense Novembri anni 1641, iisdem patro inantibus....* M. François Decullant. Tel est le sentiment commun des commentateurs des autres Coutumes.

27. Celui qui est une fois débouté du retrait, faute de formalité observée, ne peut plus y revenir, *etiam* par nouvelle instance, bien qu'il fût dans le temps du retrait. C'est l'observation de M. le président Duret, sur ces mots de notre article, EST DÉBOUTÉ DU RETRAIT: *In perpetuum*, dit-il, *Retrahens à Retractu excluditur, nec ei licet novam actionem movere, quamvis intrà tempus à Statuto præfixum veniat; hoc tamen in favorem emptoris introductum est, adeò ut si Retrahentem admittere velit, etiam post Sententiam exclusivam, audiri debeat.* M. Louis Semin en dit autant.

28. Le défaut de formalité dans les offres ne regardant, selon M. Duret, que l'acquereur; il s'ensuit de-là (comme l'a observé M. François Menudel) que dans le temps du concours du retrait seigneurial, avec le retrait lignager, l'acquereur peut renoncer au droit à lui acquis par la défectuosité des offres du lignager, & lui consentir le retrait au préjudice du seigneur: *Dubitatum fuit*, dit-il, *an proximus Retrahens defectu oblationis ita excludatur Retractu, ut etiam in concursu Domini directi ab eo excludatur. Respondimus*, ajoute-t-il, *Dominus Jacobus* Duret *& ego, oblationem introductam fuisse in favorem emptoris, huicque favori emptorem posse renunciare, & proximum Retrahentem admittere in præjudicium Domini directi; dummodò non in fraudem fiat, & non sit inter emptorem & proximum collusio ad excludendum Dominum directum.* Menudel, *hìc.*

29. C'est à la Coutume où les héritages sont situés, qu'il faut se conformer pour les solemnités en fait de retrait, quoiqu'on plaide ailleurs; parce que ces solemnités requises par la Coutume *rem afficiunt, & rem ipsam sequuntur;* la Coutume n'accordant le retrait de l'héritage situé dans son ressort, que *certis regulis & conditionibus:* ainsi jugé par les arrêts rapportés par M. Louet & M. Brodeau, lett. R, somm. 51.

30. L'acceptation dont parle la Coutume, au présent article, doit être faite en la journée de la cause, avec la partie ou son procureur, sans surprise, & non par un simple acte, par lequel l'acquereur feroit signifier au retrayant qu'il tend le giron: ce qui a été jugé par arrêt rendu en cette Coutume, ainsi qu'il se lit dans les manuscrits de M. Jean Cordier, sur le mot *Retrait lignager*, & qu'il est rapporté par M. François Decullant, sur notre article.

* M. Jean Butin, dit M. Jean Cordier, conseiller en la châtellenie de Moulins, avoit fait action en retrait contre le nommé Frison, qui avoit acquis un clos de vigne, situé au terroir de Chambounet, appellé *le clos de Champaigne.* Après les demandes & défenses fournies, Frison, en temps de vacation, fait signifier à Butin qu'il accepte les offres, & qu'il tend le giron. A la premiere audience,

les vacations finies, Butin voulant poursuivre son instance, on lui oppose fin de non-recevoir, pour n'avoir rempli ses offres dans les 24 heures : mais sans avoir égard à cette nullité, le retrait est adjugé à Butin, dont est appel en cette Sénéchaussée, où la sentence du châtelain de Moulins fut réformée. Appel au parlement; & par arrêt, en réformant la sentence de la Sénéchaussée, celle du châtelain fut confirmée; & il fut jugé que les offres ne pouvoient être acceptées qu'en une journée de cause, en laquelle il est de nécessité *ut intercedat Judicis officium*, cessant quoi, ce ne peut être une journée & un acte de la cause : car, si une signification (dit M. Cordier) comme celle de Frison, passoit pour une journée de la cause, il n'y auroit rien de si facile que de surprendre un retrayant, & le faire décheoir de son retrait. M. Cordier, en ses manuscrits.

31. Notre Coutume ne parle, en notre article, que de l'acceptation faite par le défendeur en retrait, & non de la sentence qui adjuge le retrait: mais il faut raisonner de la sentence adjudicative du retrait, comme de l'acceptation. C'est l'observation de M. le président Duret, sur notre article, sur ces mots, EN CE CAS: *Idem*, dit-il, *si per Sententiam, appellatione non suspensam, ei adjudicetur, Consf. Parif. art. 136, & Rem. art. 202; nam si reus appellaverit, tempus tantùm currit à die confirmationis.* M. Duret, *hìc.*

32. Quand l'acquereur interjette appel de la sentence qui adjuge le retrait dans les 24 heures, en ce cas le temps auquel le demandeur en retrait est tenu de fournir ses offres, selon la Coutume, ne court que du jour de la sentence ou arrêt confirmatif: c'est, comme l'on voit, le sentiment de M. le président Duret, dans son observation que l'on vient de rapporter; & c'est aussi celui de M. Duplessis, sur la Coutume de Paris, traité *du Retrait lignager*, chap. 2, sect. 2, pag. 300, édition de 1709.

33. Si la sentence adjudicative du retrait est rendue par défaut ou sur production des parties, les 24 heures pour fournir les offres ne courent que du moment de la signification d'icelle; parce que le retrayant ne peut avoir connoissance du jugement rendu par défaut ou sur production des parties, que par la signification qui lui est faite: & quand il le sauroit, les 24 heures ne courent que du temps de la signification. C'est le sentiment de M. Jean Decullant, sur le présent article, & celui de M. Duplessis, en l'endroit qu'on vient de citer, pag. 294 & 295.

34. Il y a plus; c'est que, quand même la sentence adjudicative du retrait seroit rendue à l'audience, ou forcément, ou en conséquence de l'acquiescement au retrait, fait par l'acquereur, les 24 heures dans cette Coutume ne courent que du moment de la signification d'icelle, dont l'heure à cette fin doit être cotée dans l'exploit. C'est le sentiment de M^rs. les conseillers & avocats de ce siége, avec qui j'en ai conféré; & leur raison, c'est qu'une sentence qui n'est ni levée, ni signifiée, ne peut rien opérer, devant être regardée comme non-avenue, tant qu'elle n'est ni levée ni signifiée : de maniere que, selon eux, l'acquereur qui veut faire courir le temps des 24 heures contre le retrayant, doit lever la sentence, la faire signifier, & par le même exploit déclarer qu'il va mettre présentement son contrat au greffe, ou bien qu'il l'y a mis, si cela a été fait à l'audience; parce que nous suivons la disposition de la Coutume de Paris, article 136, en ce qu'elle requiert que l'acquereur mette son contrat au greffe, & qu'il en affirme le prix, s'il en est requis.

35. Et les 24 heures ne courent qu'après que l'acquereur a affirmé le prix de son contrat, s'il en est requis: & il y a cette différence (dit Duplessis) dans ce dernier point, que cela n'a lieu que quand l'affirmation est requise; de sorte que, si elle n'est pas requise, les 24 heures courent incessamment; d'où l'on voit aussi que l'affirmation en doit être faite dans les 24 heures.

36. Quand l'instance du retrait est jugée hors de la jurisdiction du lieu du domicile du retrayant, le temps du remboursement doit être prorogé suivant la distance des lieux, afin que le retrayant puisse être averti, s'il est absent; ou s'il est présent, qu'il puisse faire les offres ou sa consignation. Si le retrait, dit M. Jean Decullant, étoit adjugé par arrêt ou sentence du juge supérieur, où le retrayant n'a son domicile, le juge pourra proroger le temps. *Chop. lib. 2, tit. 6, num. 4, de morib. Parif.* arrêt des grands Jours de Tours, du 9 septembre 1547. *Molin. ad paragraphum 290 Stat. Aurel. Et ita judicatum Sententiâ Domini Senescalli; quâ reformante Sententiam Castellani Hericonii, fundus fuit adjudicatus Retrahenti, qui appellaverat, & triduum concessum, quo possit Hericonium adire, & satisfacere Retractui, Domino* Beraut, *Relatore.* Jean Decullant, *hìc.*

37. Le retrayant qui veut se mettre en devoir de faire le remboursement prescrit par la Coutume, doit faire des offres réelles, actuelles, intégrales, de tout le prix, à découvert, en bonne monnoie ayant cours; & l'acte des offres doit contenir une numération & désignation précise de la quantité de toutes les especes offertes, tant en or qu'en argent. Et ces offres, dit M. Duplessis, doivent être faites au domicile actuel de l'acquereur, où le retrayant est obligé de faire porter les deniers; & les offres faites à procureur en cause, ou au domicile élu par les parties, pour les poursuites & procédures de l'instance, seroient nulles, parce qu'il n'a pas pouvoir de recevoir, s'il n'avoit été autrement ordonné par le juge en connoissance de cause, au cas (par exemple) qu'il y eût péril dans le transport des deniers. Duplessis, sur Paris, traité *du Retrait lignager*, ch. 2, sect. 2, pag. 296.

38. Si l'acquereur refuse de recevoir l'argent qui lui est offert, ou qu'il ne se trouve personne à son domicile pour recevoir, le retrayant doit (aux termes de la Coutume de Paris, article 136) consigner dans les 24 heures. * Notre Coutume, dans le présent article, ne parle pas du cas auquel l'acquereur refuse de recevoir: mais il a été jugé dans la Coutume de Montargis, qui n'en parle pas non plus, & qui contient même disposition que la nôtre, que la consignation se devoit faire dans les vingt-quatre heures du retrait accordé; ce fut ainsi jugé par un arrêt rendu en cette Coutume, prononcé en robes rouges, remarqué par M^{e}. Jacques Montholon, en ses arrêts, arrêt 10, *verbo* accordées. Il a pourtant été jugé le contraire en cette Sénéchaussée, au profit d'Annet Colin, contre Gilbert & Jean Roches, par sentence rendue au rapport de M. Beraut de la Materée, le deuxieme mars 1736. Il fut jugé que la consignation n'étoit pas nécessaire; mais ce fut contre l'avis de plusieurs opinans. Et pour rendre cette consignation valable, trois choses sont nécessaires, suivant la disposition dudit article 136 de la Coutume de Paris.

39. La premiere, qu'elle soit précédée des offres, telles que dessus; puisque ledit article dit, *au refus*.

40. La seconde, qu'il y ait assignation donnée en tel lieu & à telle heure, pour pouvoir consigner ès mains d'un tel, qui doit être le receveur des consignations; car ledit article porte, *l'acquereur duement appellé à voir faire ladite consignation*. Ainsi une simple déclaration, que l'on va consigner, ne suffit pas, il faut une assignation.

41. La troisieme, que tout cela soit exécuté dans les 24 heures: *Et ce*, dit encore ledit article 136, *dedans les 24 heures, après ledit retrait adjugé, & que l'acheteur aura mis ses lettres au greffe*.

42. M. Julien Brodeau, sur ledit article 136, nombre 25, en ajoute une quatrieme, quand la consignation est faite en l'absence de l'acquereur; savoir, que la quittance de consignation lui soit signifiée à personne ou domicile, dans les 24 heures; par la raison que c'est un paiement judiciaire qui doit être notifié à l'acquereur, afin qu'il puisse, quand il voudra, retirer ses deniers consignés: desorte que, sans cette signification, le paiement seroit imparfait; puisque l'acquereur n'en auroit pas de connoissance. L'auteur des notes, sur Duplessis; & Duplessis, page 297 & 298, édition de 1709.

43. Le temps pour les offres & consignation, est fatal; il court contre toutes sortes de personnes sans distinction, sans espérance de restitution, & même les jours de fêtes & de dimanches: ainsi jugé par arrêts rapportés chez Duplessis, sur la Coutume de Paris, traité *du Retrait lignager*, chap. 2, sect. 2, pag. 298; & tel est le sentiment de Duplessis & de l'auteur des notes.

44. Ce qui doit être remboursé ou consigné dans les 24 heures, c'est le prix entier porté par le contrat, & tout ce qui y est exprimé, comme les épingles & le vin du marché, s'il y est liquidé & mentionné. Quant aux loyaux coûts, c'est une question si on doit les consigner, ou du moins une somme pour iceux; & c'est ce qui sera décidé sur l'article 431, *infra*.

ARTICLE CCCCXXIX.

De l'acquereur qui s'absente craignant le Retrait.

SI l'acquereur après l'acquisition par lui faite, pour doute du Retrait ou autrement, s'est absenté, ou ne se trouve pas en la Châtellenie où l'héritage est assis, & n'y ait domicile, on le doit faire ajourner en la personne de son Procureur ou Entremetteur de ses besognes, si aucun en y a, sinon à cri public au lieu accoutumé à faire cris en la Jurisdiction en laquelle l'héritage est assis, & offrir en toutes les Assignations judiciairement les deniers & loyaux coûtemens; & en ce faisant par trois défauts est adjugé au lignager l'héritage par Retrait, après avoir fait apparoir de sa demande & lignage, en consignant en main de Justice le principal & loyaux coûtemens.

1. CE qui est marqué dans le présent article, ne s'observe pas; il faut se conformer à l'ordonnance de 1667, au titre *des Ajournemens*, qui veut que tout ajournement soit fait à personne ou domicile, & qui marque les cas auxquels on doit assigner à cri public, & comme se doit donner cette assignation. L'on doit s'attacher à l'ordonnance, par la raison qu'elle renferme une dérogation à toutes Coutumes contraires: ainsi jugé en cette Sénéchaussée, moi présent & étant du nombre des juges.

2. Ce qui est dit dans notre art. des trois défauts, est de l'ancien style de cette Sénéchaussée, qui n'est plus aussi en usage; voyez ce qui a été dit à ce sujet sur l'article 109 de cette Coutume.

3. Si l'acquereur est décédé avant l'assignation, elle doit être donnée à ses héritiers, & s'il n'y en a point, il faut faire créer un

curateur à la succession vacante; & si le temps presse, à cause de l'échéance du temps, & que le présomptif héritier soit dans le temps de délibérer, il peut être assigné (comme l'observe M. Claude de Ferriere) avec protestation de faire valoir l'assignation, au cas qu'il soit créé un curateur à la succession vaçante.

4. Cette action doit se poursuivre contre personne capable, & si c'est un mineur, il faut lui faire créer un tuteur, s'il n'en a point; parce que le mineur *non habet legitimam personam standi in Judicio*, & que le jugement rendu contre lui, seroit nul: que s'il a un tuteur, il faut lui faire donner assignation, &, en cette qualité, lui faire les offres & les remboursemens.

ARTICLE CCCCXXX.

Des loyaux coûts & mises.

LOYAUX-COUTS & mises sont entendus, les Lettres & Contrats, les labourages ou semences, & les réparations nécessaires & utiles faites par autorité de Justice, lods, ventes, quints & requints, s'ils ont été payés.

1. LES loyaux-coûts, que le retrayant est obligé de rembourser à l'acquereur, sont, aux termes du présent article:

2. 1°. Les lettres & contrats, ainsi qu'il est dit en l'article 11 du chap. 31 de la Coutume de Nivernois: ce qui comprend tous les frais du contrôle & de l'expédition, le vin du marché, & les épingles de la femme, quand cela n'est pas liquidé avec le prix, les frais du voyage que l'acquereur a fait, pour se conseiller sur les sûretés de la vente, pour passer le contrat, ou pour l'exécution des clauses d'icelui; en un mot, tous les frais raisonnables, comme il est dit dans l'article 3 du titre 2 de l'ancienne Coutume, (par exemple) l'argent donné aux proxenetes ou entremetteurs; car il faut que l'acquereur soit entiérement indemnisé. C'est l'observation de M. le président Duret, sur notre article, sur ces mots, LETTRES ET CONTRATS: *Id est* (dit-il) *ea quæ Contractûs sumptionem respiciunt, putà sumptus chartarum, & Notariorum salaria .... imò & cœtera quæ necessariò vel ex Consuetudine emptor exposuit, putà ut ad venditionem perveniret, quod aliàs consequi non poterat, & ita quæ sponte & liberaliter proxenetæ, uxori, vel filiæ venditoris erogavit; idem de expensis, quas eundo & redeundo in hanc causam rationabiliter fecit: etenim oportet eum indemnem recedere .....* M. Duret, *hìc*.

3. 2°. Les labours & semences, suivant notre article, & l'article 11 du chapitre 31 de la Coutume de Nivernois, font partie des loyaux coûts que le retrayant doit rembourser: ce qui doit être entendu, quand les fruits doivent lui appartenir, comme il sera dit sur l'article 483, *infrà*.

4. 3°. La Coutume, dans le présent article, & celle de Nivernois audit article 11 du chapitre 31, mettent au rang des loyaux coûts les réparations nécessaires que l'acquereur a faites en l'héritage, ainsi qu'il sera expliqué sur l'article 481, *infrà*.

5. 4°. Elle y met les droits seigneuriaux, ou lods ou ventes; ce qui s'entend, au cas qu'ils ayent été payés par l'acquereur, comme le porte notre article, & l'article 12 du titre 14 de la Coutume de Berry: car, s'ils n'ont pas été payés, ce n'est pas à l'acquereur que le retrayant doit les payer, mais au seigneur; si ce n'est que le seigneur en eût fait don & remise à l'acquereur, lequel en ce cas ne laisse pas d'avoir droit de les demander au retrayant, qui ne doit pas profiter de la gratification que le seigneur a faite à l'acquereur, ainsi que nous le dirons sur l'article 445, *infrà*.

6. Autre chose est, si l'acquereur n'en avoit pas payé, pour être privilégié & de qualité à n'en pas payer, comme si c'étoit un sécrétaire du roi; car en ce cas il ne peut pas exiger du retrayant les droits qu'il n'a pas payés: ils doivent être payés au fermier du domaine, l'acquisition ayant été faite dans la censive du roi. C'est l'observation de M. François Decullant, sur notre article, après M. Ch. Dumoulin, sur l'art. 15 de la Coutume de Paris, nombre 5. *Igitur*, dit M. Decullant, *si laudimia soluta non fuerint Domino ab emptore, hoc nomine gentilis præstare nihil debet emptori, sed Domino directo præstanda erunt à redhibente; nec deinceps emptor re ipsâ exclusus, quidquam laudimiorum causâ solvere, aut reale onus subire debet. Quòd si soluta quidem non sunt, sed à Domino directo emptori donata, proclivius est ut à redhibente restituantur, ita tamen si contemplatione singulari ejusdem emptoris donatio facta proponatur .... Quòd si emptor eò quòd sit immunis ex privilegio laudimia non fecerit, quæ ab alio erant præstanda, magis est ut non soluta Dominus assequatur: quippè primus emptor non est ampliùs in consideratione, sed perindè habetur ac si non emerit, ideòque emptori privilegiato solvi non debent, qui non debet indè negotiari extrà fines privilegii, sed Domino directo à Retrahente præstanda erunt. Molin. ad §. 15, num. 5 & seq. & §. 24, gl. 1, num. 4, Conf. Parif.... Nec sine ratione, quòd debitorem indemnem abire sufficiat ....* Telle est la remarque de M. François Decullant, *hìc*; & ainsi a été jugé par les derniers arrêts, cités dans les notes sur Duplessis, page 300, édition de 1709.

7. Que si l'acquereur a payé les lods & ventes, & que le seigneur lui ait fait la remise qu'on a coutume de faire, en ce cas le retrayant n'est obligé de rembourser que ce qui a

a été payé ; c'est le sentiment de M. Dargentré, & après lui de M. le président Duret : *Id enim*, dit M. Duret, *quod omnibus æquè emptoribus generali Jure tribueretur, videtur potiùs Jus commune, quàm partis remissio quæ repetenda non est, cùm id omnibus æquè competeret.....* M. Dargentré, sur l'article 71 de la Coutume de Bretagne, nombres 7 & 8 ; & M. Duret, sur notre article : voyez l'article 445, *infrà*.

ARTICLE CCCCXXXI.

SUPPLÉMENT de juste prix, achat de droit réméré, & frais qui en dépendent faits sans fraude par l'acquereur avant l'ajournement baillé en demande de Retrait, se mettent & comptent avec le sort principal : Mais, si tel supplément ou achat, ou autre convention est faite au préjudice du voulant retraire après l'ajournement, le Retrayant n'est tenu le rembourser.

Quelles choses se comptent avec le sort principal.

1. LA Coutume de Nivernois, chapitre 31, article 12 ; celle du Maine, articles 374 & 375, & celle d'Anjou, articles 364 & 365, contiennent une disposition semblable. La raison de cette disposition est que le supplément de juste prix & l'achat du droit de réméré, font portion du prix ; car celui qui supplée, ne fait que payer ce qui manque au juste prix : & quant à l'achat du droit de réméré, c'est en effet un supplément ; puisque la chose a été moins vendue à cause de cette faculté, laquelle par conséquent fait portion du prix. *Quæ pretio accedunt*, dit Papon, *de pretio sunt, & supplementum pretii unum pretium est.... Et ideò sive emptor supplendo pretio venditori, quod numeravit, sive alii ad rem perfectiùs consequendam, idque aut necessitate, aut voluntate venditoris, debet restitui... Item & si quod uxori ambitiosè renuenti approbare, quod ultrà pretium datum est, ut venditionem ratam habeat, de pretio est...* Papon, *hìc*.

2. Ce supplément, achat de réméré, & autres frais, ne se remboursent par le retrayant que quand ils sont faits avant l'ajournement & sans fraude, & non quand ils sont faits après l'ajournement, au préjudice du retrayant, ainsi qu'il est dit dans notre article, dans l'article 458, *infrà* ; & ce, pour les raisons déduites sur ledit article 458.

3. C'est une question, si les frais dans le cas où ils doivent être remboursés, ensemble les loyaux coûts marqués dans l'article précédent, doivent être consignés dans les vingt-quatre heures marquées dans l'article 428, *suprà* ; savoir, à compter de l'acceptation du retrait, ou du moins une somme pour iceux. M. le président Duret dit que les 24 heures, pour faire le remboursement ou la consignation, ne courent que du temps que la liquidation en est faite : *Tempus 24 horarum*, dit-il, *Statuto præfinitum ut oblationi satisfiat, quod attinet ad legales sumptus, currere tantùm incipit ab eorum liquidatione*. M. Duret, sur l'art. 428.

4. Toutefois, comme la Coutume audit article 428 requiert offres de loyaux coûtemens & à parfaire, à chaque journée de la cause, qu'elle veut qu'en cas d'acceptation le retrayant fournisse ses offres dans les 24 heures, & que le remboursement ou consignation doit se faire conformément aux offres ; il s'ensuit que le remboursement ou consignation doit comprendre quelque somme pour les loyaux coûts, avec offres de parfaire ; & c'est le plus sûr, pour éviter tout procès.

5. Après la liquidation des loyaux coûts, c'est encore une question, s'il y a un temps fatal pour en faire le remboursement. M. le président Duret, dans sa remarque ci-dessus, & M. Jacques Potier, sur l'article 428, *suprà*, disent que le remboursement s'en doit faire dans les 24 heures de la liquidation ; & c'est le sentiment de Tournet, sur l'article 136 de la Coutume de Paris : mais Duplessis est d'avis contraire, aussi-bien que M. Claude de Ferriere ; & ils estiment tous les deux, qu'après la liquidation des loyaux coûts, il n'y a pas nécessité de les rembourser dans les 24 heures ; & c'est mon avis, suffisant (selon moi) pour satisfaire à la Coutume, article 428, que le retrayant ait dans les 24 heures consigné le prix du contrat & une somme pour les loyaux coûts, sauf à parfaire conformément à ses offres.

ARTICLE CCCCXXXII.

EN matiere de Retrait, on n'est tenu de payer le prix en semblables Especes, esquelles l'acquisition aura été faite ; mais suffit de rendre le prix en or, ou en monnoye.

De rendre le prix, ainsi qu'on peut.

1. LA Coutume de Nivernois contient une disposition semblable, chapitre 21, art. 14, & ajoute seulement de plus, *si l'acquereur n'a intérêt à ce* ; à quoi se rapporte la note de M. Charles Dumoulin sur notre article, où il dit que, *cùm notabile damnum patitur venditor*,

& constat nihil in fraudem Retractûs factum; il faut rendre en or, & non en monnoie: *potuit enim emptor*, ajoute Dumoulin, *aliam domum pro simili auro emere, & non pro moneta.*

2. Mais on ne s'arrête pas aujourd'hui à la note de Dumoulin; & l'on suit à la lettre la disposition de notre Coutume en notre article: tellement que le retrayant, selon ce qui se pratique, n'est point tenu de rembourser & consigner les mêmes especes, que celles que l'acquereur a payées, ni sur le pied qu'elles valoient lors du paiement; mais il suffit de rendre le prix en or ou en monnoie, comme porte notre article, suivant la valeur des especes au temps du remboursement. C'est l'observation de M. Jean Decullant, sur ce mot de notre article, ESPECES: *Hoc*, dit-il, *ita debet observari, etsi Statutum nihil de hoc præciperet; quia ut emptor indemnis abeat, sufficit ei refundere monetam approbatam usque ad eumdem valorem ejus quam solvit....* M. Jean Decullant, *hic*.

3. Quand le retrait est poursuivi & adjugé contre un adjudicataire par décret forcé, que l'adjudicataire a consigné le prix de l'adjudication, & que depuis la consignation par lui faite les especes sont augmentées, il y en a qui veulent que le remboursement soit fait par le retrayant, à raison de cette augmentation, ensorte que l'adjudicataire profite de l'augmentation: mais cette opinion est contraire au texte de notre article, qui dit, qu'il suffit de rendre aux acquereurs le prix de leur acquisition, sans faire distinction des acquisitions forcées ou volontaires. Et au fond l'acquereur ne doit être remboursé que de ce qu'il a payé, ou consigné précisément; ce qui arrive en le remboursant indifféremment, suivant le prix courant des monnoies, en quoi on ne lui fait pas de tort: car en cas de diminution, il sera également remboursé de ce qu'il aura payé; & s'il ne profite pas de l'augmentation, il n'auroit pas aussi souffert de la diminution, s'il y en eût eu.

4. Cette décision ne souffre point de difficulté: mais il n'en est pas de même de la question qui consiste à savoir si le remboursement doit être réel, & ne peut être fait par compensation, quand l'acquereur en doit autant & plus au retrayant. M. Tiraqueau, *de Retract. gentili*, *§. 3*, *gl. 3*, & M. Ch. Dumoulin sur Paris, *§. 13*, *gl. 7*, *n. 10*, tiennent pour l'affirmative: mais leur avis n'a pas été suivi dans l'usage, dit l'auteur des notes sur Duplessis; & Duplessis, *Traité du retrait lignager*, chapitre 2, section *, page 301, est d'un avis contraire, aussi-bien que M. Jean Decullant, sur le présent article. *Quæritur*, dit M. Jean Decullant, *utrùm possit compensare Retrahens, si fortè emptor tantumdem ei debeat ex alia causa: Videtur quòd non, quia Statutum maximè in Retractu est stricti Juris, ideòque debet impleri in forma specifica, & non pro æquipollens, & refusio pretii, de qua §. 422 in fine, debet esse realis, & vera, & non ficta....* Telle est l'observation de M. Jean Decullant, *hic*; & c'est mon sentiment.

5. Dans le cas auquel, en conséquence du refus des offres fait par l'acquereur, le retrayant est obligé de consigner, la consignation doit être conforme aux offres, & dans les mêmes especes; parce que l'acte des offres, & la consignation qui se fait ensuite, n'est considérée que comme un seul & même acte: &, si celles qui sont offertes, ne suffisent pas, ou qu'il y en ait quelques-unes de fausses ou légeres, & que la somme ne s'y trouvât pas, il y a déchéance du retrait; & quand dans la consignation on suppléroit, ce seroit inutilement, parce que les offres étoient nulles. C'est l'espece précise de l'arrêt du 28 juin 1584, rapporté par Marion, plaidoyer 10. Duplessis sur Paris, traité *du Retrait lignager*, chapitre 2, section 2, page 297, au texte & aux notes.

ARTICLE CCCCXXXIII.

Quand les Notaires & Tabellions sont tenus exhiber leurs notes.

LES Notaires & Tabellions sont tenus, & peuvent être contraints par Compulsoire ou autrement, d'exhiber aux lignagers, Seigneurs féodaux & directs, la note & Contrat de l'aliénation par eux reçue, & leur en bailler copie à leurs dépens, si requis en sont. Aussi sont tenus les Greffiers des Seigneurs féodaux & directs, ayant Justice, exhiber aux lignagers, si requis en sont, les investisons & inféodations qu'ils auront faites des choses sujettes à Retrait. Et les Seigneurs censiviers non-ayans Justice, seront tenus montrer leurs Papiers, lesquels dorénavant seront tenus faire, & en iceux écrire les lods & ventes qu'ils auront reçus de tel acheteur pour raison de telle acquisition, & sans rien prendre pour raison d'exhibition.

1. LA Coutume de Nivernois, chapitre 31, article 15, contient une même disposition, en ce qui concerne les notaires; & quant aux greffiers des seigneurs féodaux & directs, ayant justice, & les seigneurs censiviers non ayant justice, la disposition de notre Coutume (quant à ce) a été donnée par M[rs]. les commissaires, du consentement des états, pour nouvelle Coutume, ainsi qu'il est dit dans le procès verbal d'icelle; & la Coutume de Nivernois n'en dit rien.

2. Cette disposition de notre Coutume est

fondée sur l'intérêt qu'ont les parens lignagers, seigneurs féodaux & directs, de voir le contrat d'acquisition, pour pouvoir exercer le retrait lignager ou seigneurial avec connoissance de cause: ce qui est conforme à l'ordonnance de François I, au mois d'août 1539, article 177; laquelle, en défendant aux notaires de communiquer les contrats qu'ils reçoivent, en excepte les contractans, héritiers, successeurs & autres ayans droit & intérêt au contrat; d'où il s'ensuit que les notaires peuvent, sans attendre un compulsoire, en conséquence de la présente disposition de la Coutume, exhiber les contrats d'acquisition aux lignagers, seigneurs féodaux & directs, & leur en délivrer copie, s'ils en sont requis. C'est l'observation de Dumoulin, dans sa note sur notre article, sur le mot, SONT TENUS: *Undè etiam*, dit-il, *hodiè non sunt reprehensibiles, sine cunctatione dando, quamvis post constitutionem anni 1539, §. 177, cunctari possint, donec à Judice decernatur.* Mais le judicieux Coquille, dans ses remarques sur ledit art. 15 du chapitre 31 de la Coutume de Nivernois, estime qu'il est plus à propos que les notaires, dans le cas du présent art. attendent un compulsoire.

3. Ce compulsoire, dont il est parlé dans notre article, selon qu'il se pratique, est un pouvoir donné par le juge à un huissier ou sergent de contraindre les notaires, greffiers, ou autres personnes publiques, à représenter leurs registres ou minutes: car le juge peut contraindre les notaires qui sont dans sa jurisdiction, de communiquer leurs registres à ceux qui peuvent y avoir intérêt; & en vertu de son ordonnance, on fait commandement au notaire qui a les actes dont on veut avoir communication, ou dont on veut tirer copie, d'en représenter la minute, & d'en dresser une copie, offrant de lui payer ses frais & salaires raisonnables; & en cas de refus, on lui fait donner assignation pardevant le juge du lieu, pour s'y voir contraindre, dire ses causes & moyens de refus.

4. Les compulsoires ne s'accordent que contre les personnes publiques; & quant aux personnes privées, la regle est que nul n'est tenu d'exhiber à autrui ses titres & enseignemens, si ce n'est que celui qui désire l'exhibition, ne soit seigneur direct, conformément à ce qui est porté en l'article 393, *suprà*, ou que les titres ne fussent communs au requérant & à celui qui les a en sa puissance. Ainsi ce qui est dit dans le présent article, des seigneurs censiviers non ayans justice, qu'ils sont tenus de montrer leurs papiers, n'est pas en vigueur.

ARTICLE CCCCXXXIV.

RETRAIT lignager a lieu jusqu'au septieme degré exclusivement; & n'a lieu en conquêts, sinon qu'ils fussent faits par un lignager de l'estoc & ligne dont ils meuvent, & après vendus. Retrait a lieu au septieme degré.

1. LE pouvoir de retraire est un droit du sang & de la parenté, & non proprement de l'hérédité; & les parens ne viennent pas au retrait comme héritiers, mais de leur chef, par le droit du sang & de la famille, & par le bénéfice que la Coutume accorde à ceux qui en sont. Ainsi une fille mariée & dotée, qui, par la disposition de la Coutume, ou par une renonciation expresse, est excluse de la succession, ne laisse pas d'être capable du retrait, comme nous le dirons sur l'article 436, *infrà*.

2. Mais il est nécessaire que le retrayant soit parent lignager du vendeur dans le sixieme degré de consanguinité, ou au dessous; & celui qui n'est que parent du vendeur au-delà du sixieme degré de consanguinité, ne peut retraire, le retrait lignager n'ayant lieu que jusqu'au septieme degré exclusivement; de maniere que le septieme degré est exclus, & qu'il faut être dans le sixieme inclusivement. C'est la disposition, comme l'on voit, de cette Coutume, au présent article; de celle de Nivernois, chap. 31, art. 1: celle de Sens, art. 46, veut qu'on soit parent dedans le septieme degré; & celle de Bretagne, art. 298, dans le neuvieme.

3. Les degrés se comptent selon la supputation du droit civil, suivant laquelle chaque personne du nombre de ceux qui servent au compte, fait un degré, à l'exception de la souche commune qui n'est pas comptée; tellement que par cette supputation les freres se trouvent au second degré, les cousins germains au quatrieme, & les cousins issus de germains au sixieme degré, hors lequel on ne peut plus retraire en cette Coutume. C'est l'observation de tous nos commentateurs; & cela a été ainsi jugé différentes fois en cette Sénéchaussée.

4. *Hìc*, dit M. Jean Decullant, sur notre article, *gradus non computantur secundùm Jus Canonicum, in quo duæ personæ faciunt gradum; putà fratres sunt in primo gradu, filii fratrum in secundo: hæc enim computatio observatur in matrimoniis, quorum solemnitatem & formam desumimus ab hoc Jure, sed non in iis quæ non dependent à Canonibus..... Sic fuit judicatum Molinis anno 1612, pro Domino* du Lyon, *contrà Dominum* Gaudon, *Relatore Domino* Rougnon, *& hoc observatur; ideòque Retractus non extenditur ultrà fratrum nepotes*: tellement que le retrait n'a pas lieu en collatérale, après les cousins remués de germains, autrement les cousins seconds. *Et ità judicatum anno 1641, pro Domino Generali*

de la Croix; *& ita denuò judicatum Molinis pro Domino* Lucrone, *Regio Quæstore, contrà filios defuncti Baronis* du Rhyau. M. Jean Decullant, *hìc*.

5. M. le président Duret a fait aussi la même remarque, sur ces mots de notre article, AU SEPTIEME DEGRÉ: *Computatione*, dit-il, *Juris civilis, quæ recta est, aliud ex Jure Canonico.* M. Louis Semin & M. Louis Vincent en disent autant: tellement, dit Vincent, qu'après les cousins seconds le retrait n'a plus de lieu en collatérale.

6. Outre les sentences citées par M. Jean Decullant, la chose fut encore jugée, dit M. Jean Cordier, en ses manuscrits, au procès d'entre dame Charlotte de Mallevaud, demanderesse en retrait, d'une part, & M. Claude Dbris, l'aîné, procureur au siége présidial de cette ville de Moulins, défendeur audit retrait, & acquereur des héritages, dont on demandoit le retrait, au rapport du sieur conseiller du Rousseau, en l'année 1619. M. Cordier, en ses manuscrits.

7. Ainsi, quand il n'y a point de parens du vendeur, du côté & ligne d'où lui vient l'héritage, dans le sixieme degré, l'héritage demeure à l'acquereur, & les autres parens n'y peuvent rien prétendre par la voie du retrait: car il est plus juste que l'acquereur, quoiqu'étranger, retienne l'héritage qu'il a acquis, que de l'obliger de le laisser à un parent qui n'a pas les qualités requises par la Coutume.

8. L'héritage demeure encore à l'acquereur qui l'a acquis, quand ce n'est pas un propre, mais un acquêt du vendeur; car les acquêts & conquêts ne sont pas sujets au retrait, selon qu'il est porté au présent article, en l'article 5 du titre 2 de l'ancienne Coutume, en l'article 82 de la Coutume de Mantes, 105 de celle de Meaux, 283 de celle du Grand-Perche, 190 de celle de Reims, 27 de celle de Clermont en Beauvoisis, & autres.

9. Il y a une seule exception à cette décision, c'est quand l'héritage est acquis par un parent lignager, de l'estoc & ligne dont il meut; en ce cas, comme il n'y a pas lieu au retrait, parce que la qualité de l'acquereur repousse le retrait, si l'acquereur vient à le vendre, il sera sujet au retrait par les lignagers du premier vendeur, qui le sont aussi du second, encore qu'il ne soit qu'acquêt au second vendeur: ainsi le décide notre Coutume, au présent article; celle de Paris, article 133; celles que nous venons de citer, & autres.

10. Mais le retrait n'est point donné dans ce cas aux lignagers du second vendeur, qui ne le sont pas du premier; parce que l'héritage n'est encore qu'acquêt à leur respect, *secùs*, quand il est devenu propre par succession.

11. Quand même il y auroit eu plusieurs ventes consécutives de l'héritage à des lignagers de l'un à l'autre, le retrait ne laisseroit pas d'avoir lieu dans la derniere, s'il est vendu à un étranger; parce qu'en ce qui concerne le retrait, l'héritage n'ayant point cessé d'être propre, tandis qu'il a été dans la ligne, il faut qu'il en sorte une fois, pour perdre sa qualité. Duplessis, sur Paris, traité *du Retrait lignager*, chap. 7, sect. 3, page 333.

ARTICLE CCCCXXXV.

HÉRITAGES & autres choses sont censées & réputées être de l'estoc de celui qui veut retraire, quand ils viennent par succession en ligne directe ou collatérale.

1. LE véritable propre, en matiere de retrait lignager, est l'immeuble, *quod à parentibus procedit*, & qui est échu au vendeur par succession; & il n'importe pas dans cette Coutume, 1°. que ce soit par succession directe ou collatérale, suivant qu'il est dit dans notre article; 2°. qu'il ait passé par les descendans, & ait fait souche en la directe, comme le tient Dumoulin, sur l'article 263 de l'ancienne Coutume d'Orléans, & sur l'article 4 du titre 14 de celle de Berry; tellement que, quand un acquêt a été fait par un particulier, & qu'un parent collatéral y succéde de plein vol, & l'aliéne, tel héritage tombe en retrait dans cette Coutume, quoique ce ne soit qu'un simple propre naissant en collatérale. C'est l'observation de M. le président Duret; & ainsi a été jugé, par arrêt du 7 juillet 1633, rapporté par M. Brodeau, sur M. Louet, lettre P, sommaire 28, nombre 21, qui a adjugé le retrait lignager d'un héritage acquis pour un collatéral, échu par sa succession au vendeur.

2. Ainsi, quand l'héritage vendu est un héritage qui étoit échu au vendeur par succession, quoique ce ne soit que par succession collatérale, & que tel héritage fût acquêt en la personne du prédécesseur du vendeur, tel héritage toutefois étant un propre naissant au vendeur en collatérale, est réputé (selon qu'il est porté en notre article) être de l'estoc de celui qui veut retraire, au cas néanmoins qu'il soit parent du vendeur, du côté que lui est venu l'héritage, & par conséquent sujet au retrait: & ainsi s'observe dans cette Coutume, dit M. le président Duret. *Itaque*, dit-il, *sorori ob venditionem quam fecit frater, de prædio quod ei obvenerat, ex alterius fratris successione, per quem ejusmodi prædium emptum erat ab extraneo, jure gentilitatis, Retractûs potestas datur; & hoc Jure utimur, quidquid velit Molin. ad Consf. Bitur. cap. 14, art. 4...*

M.

M. Duret, sur l'article 422, *suprà*, sur les mots, *côté & ligne* : voyez ce qui a été dit sur l'article 275, *suprà*.

3. Quant à la question, si une donation d'un immeuble à un héritier présomptif, comme succession anticipée, fait un propre sujet à retrait lignager, elle sera décidée sur l'article 468, *infrà*, où il faut avoir recours.

ARTICLE CCCCXXXVI.

Qui n'est habile à succéder, comme un bâtard, ne peut venir à Retrait lignager.

1. LA Coutume de Paris, art. 158, contient une disposition semblable, & celles d'Orléans, article 404; de Sens, article 46; de Troyes, article 155; de Reims, article 227; de Nivernois, chapitre 31, article 25, & autres.

2. La disposition de ces Coutumes & de la nôtre, doit être entendue d'une inhabilité naturelle, ou civile, pour la succession, comme celle d'un bâtard, d'un religieux profès, d'une personne morte civilement, d'un aubain ou étranger non-naturalisé; car l'exhérédé, ou la fille mariée & dotée, qui, par la Coutume, est excluse de la succession, peut venir au retrait, comme il a été dit sur l'article 434, *suprà*. *Intellige*, dit M. Jean Decullant, *de inhabilitate absolutâ, putà, ut hìc dicit paragraphus, spurius, vel hic*, Papon, *Monachus qui votum emisit, vel deportatus in perpetuum*, condamné aux galeres, ou banni à perpétuité. . . . .

3. *Non tamen omnes qui rejiciuntur à jure successorio, rejiciuntur à Retractu; filius enim exhæredatus à patre posset retrahere ab eodem alienata: sic pariter filia exclusa à successione per rationem paragraphi 305 posset retrahere, quia Retractus est jus sanguinis & familiæ*. M. Jean Decullant, *hic*.

4. M. le président Duret a fait la même remarque, sur ces mots de notre article, QUI N'EST HABILE : *Idem*, dit-il, *in omni Religioso . . . non idem in filia quæ matrimonio conjuncta, appanagio constituto expressè vel tacitè in gratiam fratris renunciavit . . . . quo jure utimur . . . .* M. Duret, *hic*.

5. Ainsi, quand notre Coutume dit, dans notre article, que *qui n'est habile à succéder, n'est habile à retraire*, cela ne s'entend pas de maniere qu'il n'y ait que l'héritier présomptif du vendeur, qui puisse retraire; mais seulement, de façon que celui qui veut retraire, doit être capable de succéder à un propre : ce qu'on ne peut pas dire d'un bâtard, qui n'est réputé d'aucune famille, *qui nec gentem, nec genus habet*, ni d'une personne morte civilement, suivant l'article 322, *suprà*.

6. Et il suffit (ce qu'il faut observer) qu'on ait la capacité de succéder dans le temps que l'action du retrait doit être intentée; ainsi un parent du vendeur peut exercer le retrait, quoiqu'il ne soit né, ni conçu au temps de la vente, pourvu qu'il soit né ou conçu au temps que l'action du retrait doit être intentée. C'est la disposition de la Coutume de Vermandois, article 254, & de celle de Reims, article 194. Ainsi jugé par les arrêts cités par Delhommeau en ses manuscrits, livre 3, article 179, & par Brodeau, lett. R, somm. 38; & tel est le sentiment de Dumoulin, dans sa note sur ledit article 254 de la Coutume de Vermandois, & de Coquille sur la Coutume de Nivernois, chapitre 31, article 1 : & c'est l'observation de Jean Decullant, sur l'article 422, *suprà*. *Qui tempore venditionis*, dit-il, *non erat conceptus, potest retrahere ; quia Retractus propinquitatis non datur certæ personæ, sed toti familiæ, & cognationi in genere, ita ut sufficiat esse de familiâ tempore actionis, quo fit locus Retractui*

ARTICLE CCCCXXXVII.

Si le bâtard légitimé vend son héritage à lui avenu du côté de celui qui l'aura fait légitimer, il est sujet à Retrait.

1. IL y a deux sortes de légitimations, l'une qui se fait par lettres du prince, & l'autre par le mariage subséquent. Notre article ne parle point des enfans légitimés par le mariage, mais seulement de ceux qui le sont par lettres du prince; c'est ce qui se déduit, comme l'a remarqué M. Menudel, de ces mots de notre article, *qui l'aura fait légitimer*.

2. Il y a une grande différence entre un bâtard légitimé par le mariage, qui a suivi la débauche de ses pere & mere, & qui a purgé le vice de sa naissance, & un bâtard légitimé par lettres du prince. Le premier, dit Papon, doit être plutôt compté pour légitime que pour légitimé; parce que sa condition ou son état n'est pas différent de celui des autres enfans, nés depuis la célébration du mariage, en ce que le mariage a un effet rétroactif, qui remonte jusqu'au jour de la conception du bâtard : ce qui fait qu'entre lui & ses parens on

peut exercer le droit de retrait lignager. Mais à l'égard de celui qui est légitimé par l'autorité du prince, sa condition, (dit toujours Papon) est bien différente ; en ce que, n'étant reçu dans la famille que par ceux qui ont sollicité ou approuvé sa légitimation, il ne peut succéder à aucun autre, & qu'il faut raisonner de même du droit de retraire un héritage de la famille; parce que la faculté d'exercer le retrait, suppose celle de succéder.

3. *Multùm referre visum est*, ce sont les paroles de Papon, *an naturalis fuerit legitimatus per matrimonium sequens, an verò per Principem : Primo enim casu cùm magis legitimus, quàm legitimatus dici debeat... & quia matrimonium retrahitur ad conceptionis tempus, fingitur legitimè natus ; absolutè inter eum & consanguineos exercetur jus Retractûs sine differentiâ..... Secundo verò casu per Principem legitimatus, quia tantùm patri, aut alii qui legitimationem sollicitavit, aut approbavit, agnascitur & succedit... ita & retrahere non potest res ab aliis consanguineis venditas... ii enim inviti eum hæredem habere non debent: & ideò legitimationi adesse non coguntur....* Papon, *hic*.

4. Suivant notre article, si le bâtard légitimé vend son héritage à lui avenu du côté de celui qui l'aura fait légitimer, il est sujet à retrait. La Coutume de Sens contient une disposition semblable, article 48; celle d'Auxerre, article 170, & celle de Troyes, article 156: ce qui doit être entendu au profit seulement de ceux qui ont consenti à la légitimation, & auxquels il peut succéder. *Et idem*, continue Papon, ci-dessus cité, *hoc textu à contrario sensu statutum est: ab iisdem enim vendita potest ille retrahere, qui ab eo vendita possunt; quemadmodùm succedere potestiis, quos ex Lege successores habiturus est.* Papon, *hic*.

5. Au-reste, ce qui vient d'être dit de la capacité des bâtards légitimés par lettres du prince ; n'a été avancé qu'en conformité de la disposition de notre Coutume, & suivant le sentiment des auteurs d'un grand poids: & il est à observer que ce sentiment n'est pas le plus suivi au palais, comme il a été dit sur l'article 185, *suprà* ; & que, suivant le sentiment le plus suivi, un bâtard (quoique légitimé par le roi, avec clause de succéder) n'est pas capable de succéder *ab intestat*, soit en directe, ou collatérale : d'où il suit qu'il ne peut pas avoir de propre, & par conséquent d'héritage sujet à retrait; & que ce qui lui est donné par ses pere & mere, soit par contrat de mariage, ou autrement, lui tient lieu d'acquêt. C'est l'observation de M. Julien Brodeau, sur ledit article 48 de la Coutume de Sens.

ARTICLE CCCCXXXVIII.

Le lignager est préféré au Seigneur.

LE LIGNAGER est préféré quant à ladite Retenue, aux Seigneurs féodaux, censiviers & directs, soit que lesdits Seigneurs ayent acquis la chose sujette, ou que l'acquereur la leur eût délaissée par droit de prélation.

1. LA disposition du présent article est contraire au droit civil, qui donne la préférence pour la retenue au seigneur, sur le lignager; parce que, comme dit M. Ch. Dumoulin, sur l'article 282 de la Coutume de la Marche, & sur l'article 20 du titre 15 de celle de Lodunois, *Retractus proximitatis est quædam gratia contrà Jus commune ; secùs de Retractu feudali, qui est de rigore, & competit jure conventionis & investituræ feudalis.*

2. Mais elle est conforme à la disposition générale des Coutumes, qui donnent presque toutes la préférence au retrait lignager sur le seigneurial. C'est la disposition de la Coutume de Berry, titre 14, article 13; de celle de Nivernois, chapitre 4, article 36, & chapitre 31, article 22 ; de la Marche, article 281 ; de Paris, article 22 & 159; d'Orléans, article 365; de Blois, article 208 ; d'Auxerre, article 163; de Sens, article 42; de Melun, article 163 ; de Perche, article 186 ; de Poitou, article 346; de Maine, article 360 ; d'Anjou, article 348, & autres : & cette disposition générale des Coutumes a été introduite pour conserver les biens dans les familles.

3. Suivant notre article, le lignager peut retirer sur le seigneur, soit que le seigneur ait acquis *rectà* du premier vendeur, ou retiré sur l'acquereur ; ce qui est contraire à la disposition de la Coutume d'Auvergne, tit 21, art. 15, qui refuse la préférence au lignager, dans le cas que le seigneur a acquis du premier vendeur : disposition qui, selon l'observation de M. Prohet sur cet article, est singuliere dans cette Coutume.

4. Si toutefois le seigneur, en baillant sa terre, s'est réservé spécialement le droit de reversion, à l'exclusion des lignagers de celui qui auroit vendu, en ce cas il seroit préféré par la loi de la premiere concession ; car il est loisible à un chacun, en donnant son héritage, d'y apposer telle loi & condition qu'il veut. C'est le sentiment de Dumoulin, dans sa note sur l'article 71 de la Coutume du comté de Bourgogne ; de Coquille, sur la Coutume de Nivernois, chapitre 4, articles 36 & 37; de Tournet, sur l'article 22 de celle de Paris; de Brodeau, & d'autres.

5. Cette raison, que chacun peut apposer dans l'aliénation de son bien telle clause qu'il juge à propos, fait que le retrait conventionnel est préféré à tous autres, tant lignager, que seigneurial : car la faculté de rachat, insérée dans un contrat de vente, fait rentrer le

vendeur en la propriété de la chose par lui vendue; & le lignager, non plus que le seigneur retrayant, n'ayant aucun droit que celui de l'acquereur, lequel est obligé de suivre la convention portée par le contrat de vente, il s'ensuit que le retrayant, qui est subrogé au lieu de l'acquereur, est tenu d'exécuter comme lui toutes les clauses & conditions du contrat. D'ailleurs ce qui fait contre le retrait lignager, c'est que le retrait lignager conventionnel étant exécuté, l'héritage vendu demeure dans la famille, comme il étoit avant l'aliénation.

6. Ce qu'il y a contre le retrait conventionnel, c'est que la faculté de retirer ne peut être cédée à un tiers, au préjudice des parens & du seigneur : mais c'est ce qui sera expliqué sur l'article 484, *infrà*.

ARTICLE CCCCXXXIX.

LIGNAGER sur lignager n'a point de Retenue; tellement que si un vendeur a vendu un héritage à un homme de son lignage & de l'estoc dont meut l'héritage, un autre lignager ne peut user de Retenue, combien qu'il soit prochain lignager du vendeur; ou si aucun du lignage vient premierement à la Retenue de la chose vendue à personne étrange, il aura la Retenue contre un plus prochain dudit estoc qui viendroit après. De lignager sur lignager.

1. IL ne suffit pas, pour donner lieu au retrait lignager, que le propre soit vendu ou aliéné par vente, ou acte équipollent à vente; il faut que la vente soit faite à un étranger de la ligne. Cette Coutume, en l'article 422, *suprà*, & toutes les autres qui donnent le retrait lignager, mettent cette condition, que le vendeur ait vendu son propre héritage à personne étrange de son lignage, du côté & ligne dont lui est venu par succession ledit propre héritage.

2. C'est-pourquoi c'est une maxime, que lignager sur lignager n'a point de retenue; tellement que, si un vendeur a vendu un héritage à un homme de son lignage, & de l'estoc dont meut l'héritage, un autre lignager ne peut user de retrait. C'est là disposition de notre Coutume, au présent article; de l'ancienne, titre 2, article 2; de celle de la Marche, article 271; d'Auvergne, titre 23, article 21; de Berry, titre 14, article 18; de Nivernois, chapitre 31, article 16; de Meaux, article 91; de Troyes, article 146, & autres. La raison est que le retrait n'étant introduit que pour conserver les héritages aux parens, il doit cesser dans les aliénations faites à ces parens.

2. Mais dans ce cas c'est une question qui partage les sentimens, s'il est nécessaire, pour que l'héritage vendu ne soit pas sujet à retrait, que la vente en soit faite à un lignager dans le degré requis par la Coutume pour retraire, qui est (comme nous avons dit sur l'article 434, *suprà*) le sixieme degré & au dessous; & si le septieme degré de parenté doit dans cette Coutume être regardé comme hors du lignage, par rapport au retrait.

4. Coquille, sur la Coutume de Nivernois, chapitre 31, article 16, tient qu'afin que la maxime, *Lignager sur lignager n'a point de retenue*, ait lieu, il faut que l'acheteur soit parent lignager dans le sixieme degré, qui est le degré requis par la Coutume, pour pouvoir exercer le retrait; parce que, dit-il, il doit avoir la qualité requise à un retrayant, puisqu'il veut jouir de la faveur du retrait lignager. Tel est aussi le sentiment de M. le président Duret, de M. Louis Semin, de M. Jean Decullant, & de M. François Menudel, dans leurs observations manuscrites sur notre Coutume, & de M. Julien Brodeau, dans sa note sur l'article 434 de notre Coutume.

5. M. le président Duret, sur l'article 422, *suprà*, sur ces mots, *à personne étrange*, fait cette observation : *Aliter atque*, dit-il, *si venditio fieret conjunctæ personæ, ex latere undè hæredium processit, propius enim est ut exceptione juvetur, articulo 439. Ita quidem si intrà sextum gradum sit, articulo 434, & certè Moribus nostris*, le septieme degré de parenté est du tout hors du lignage. M. Duret, sur l'article 422, *suprà*.

6. M. Louis Semin, sur ces mots de notre article, *un autre lignager*, fait la même remarque : *Verùm*, dit-il, *si emptor sit in sexto gradu, aliàs non. Coq. in Niv. cap. 51, art. 16.*

7. M. Jean Decullant, sur ces mots du présent article, *lignager sur lignager*, traite la question, & se détermine pour le degré de parenté au sixieme degré, & cite la sentence de ce siége qui l'a ainsi jugé : *Quæritur*, dit-il, *an emptor debeat esse intrà septimum gradum exclusivè, ut se tueatur à Retractu, sicut requiritur in Retrahente, §. 434. Quidam censent sufficere proximitatem sanguinis etiam in gradu remotiori, quia Retractus est stricti Juris, & introducti contrà L. Dudùm, C. de contrah. èmpt. Exceptio autem favorabilis est. Contrà*, ajoute-t-il, Coquille, *in §. 16, titulo* DU RETRAIT LIGNAGER, *Conf. Niv. censet eumdem gradum & qualitatem requiri in emptore, sicutì in Retrahente, cùm velit uti beneficio hujus Retractûs; & ita judicatum Molinis in Curia Senescalli, Relatore Domino* Harel, contre

Philibert Potrou, *mense Maio 1636: scripseram*, dit-il, *pro propinquo Retrahente*. Jean Decullant, *hìc*.

8. M. François Menudel, sur notre article, fait la même remarque que Jean Decullant, de la chose jugée, & dit que c'est son sentiment, qu'il appuye de quelques réflexions. Suivant l'opinion, dit-il, de M. Duret & mes remarques, il a été jugé contre Philibert Potrou, au rapport de M. le conseiller Harel, en l'année 1636, au mois de mai, que la Coutume en cet article ne parle pas indistinctement de tout lignager. *Pro hac opinione*, ajoute-t-il, *faciunt meo judicio verba textûs, quæ verba indistinctè non sunt accipienda de quovis parente, sed de eo tantùm de quo tota rubrica de Retractu; nam, si Consuetudo voluisset admittere quemvis parentem ultrà sextum gradum ad retentionem, dixisset tantùm generaliter*, LIGNAGER SUR LIGNAGER N'A POINT DE RETENUE, *nec aliud dixisset; sed subdit explicationem istius theseos, procedendo ad ulteriora, & dicendo*, TELLEMENT, &c. *quod verbum*, TELLEMENT, *vetus Consuetudo explicat per verbum*, C'EST-A-DIRE; *& sic subditæ sunt explicationes generali locutioni, de quibus ultima facit primam explicandam esse ex mente*, §. 434.... M. Menudel, *hìc*.

9. Suivant ces commentateurs de notre Coutume, le parent qui n'est pas dans le degré de parenté requis pour retraire, doit être regardé comme un étranger; & n'ayant non plus qu'un étranger la qualité requise pour exercer le retrait, il ne peut pas retenir & jouir de la faveur du retrait, pour se conserver dans la possession d'un héritage qu'il n'auroit pas pu retraire: le degré de parenté, dans lequel il se trouve, doit être considéré dans cette Coutume comme hors du lignage, par rapport au retrait, & ne doit rien opérer pour le retrait, soit pour acquérir, soit pour se conserver dans la possession de quelque héritage. Tel est le sentiment de nos anciens que nous venons de citer, & celui de M. Brodeau.

10. Mais d'autres, d'un sentiment opposé, prétendent qu'on ne doit pas regarder, dans cette Coutume, le degré de parenté dans le lignager qui acquiert l'héritage de son estoc; que le retrait lignager n'a point du tout de lieu sur lui, quand il seroit très-éloigné, & même au degré dixieme, & que ceux qui voudroient retirer seroient enfans du vendeur: de maniere que cette disposition de la Coutume (*lignager sur lignager n'a point de retenue*) est indéfinie, le retrait lignager étant seulement établi pour conserver les héritages dans leurs anciennes familles: ce qui fait que, demeurans en la main d'un parent lignager, en quelque degré qu'il soit, & ne sortant pas par conséquent de l'estoc & famille, il n'y a pas d'ouverture au retrait. Tel est le sentiment de Papon & de Potier, dans leur commentaire sur notre article; & c'est aussi celui de M. Genin, fils, & de M. Jean Fauconnier.

11. M. Potier dit que cette question s'étant présentée dans cette Coutume, au sujet de la baronie d'Huriel, l'affaire fut terminée par transaction.

12. M. Genin, fils, dit plus; car il assure qu'en la cause de M. de Marteliere, & M. de Bord, il fut jugé en cette Sénéchaussée, au rapport de M. le conseiller Meaulme, par sentence qui fut confirmée par arrêt rendu au rapport de M. de Stiot, en la premiere des enquêtes, le 18 février 1646, que l'acquereur étant parent dans le septieme degré ou au dessus, la chose ne peut être retraite; parce que, pour empêcher le retrait, il suffit que la chose ne soit point sortie de la famille; & bien que par un droit actif l'on ne puisse avoir par retrait la chose vendue, qu'étant dans le sixieme degré, cependant, pour se la conserver, l'on n'a pas jugé que la même proximité fût nécessaire; parce que les exceptions sont plus favorables, que les actions. M. Genin, fils, sur l'article 434, *suprà*, sur le mot *septieme degré*.

13. Ce dernier sentiment est celui qui est le plus communément suivi aujourd'hui, par M[rs]. les officiers & avocats de ce siége; aussi est-ce celui qui paroît le plus conforme au texte de la Coutume, qui dans l'article 422 demande, pour condition du retrait, que le vendeur ait vendu son héritage à personne étrange de son lignage: d'où il s'ensuit que l'héritage propre n'est sujet à retrait, que quand il est vendu à une personne absolument étrange du lignage.

14. Dans ce dernier sentiment, si aucun du lignage (en quelque degré qu'il soit) retrait le premier la chose vendue, & qu'il obtienne la retenue; un lignager plus prochain, & dans le sixieme degré ou au dessous, venant après, n'y sera pas reçu, à cause de la disposition, *lignager sur lignager n'a point de retenue*, & qu'entre lignagers il n'y a pas de préférence: j'ai dit (ce qu'il faut bien remarquer) s'il vient le premier, & qu'il obtienne la retenue, & M. Potier le dit aussi ainsi: car, comme l'acquereur peut le faire débouter, pour n'être dans le degré de la Coutume, en cas de contestation, & que l'acquereur le fasse décheoir du retrait, l'action du second retrayant, qui est dans le degré requis par la Coutume, & dont la demande est postérieure, lui servira: & il en est de ce cas, comme de celui où il y a quelque nullité dans la demande d'un premier retrayant; auquel cas le retrait est adjugé au second retrayant, comme nous le dirons sur l'article 441, *infrà*.

Voyez ce qui est dit sur l'article suivant.

ARTICLE CCCCXL.

ARTICLE CCCCXL.

SI plusieurs lignages concurrent, en telle maniere qu'on ne puisse dire l'un d'iceux avoir prévenu, le plus prochain aura la chose vendue ; & s'ils sont en pareil degré, ils l'auront par moitié.

De plusieurs lignagers en concurrence.

1. ENtre les lignagers du vendeur, le plus proche n'est point préféré au plus éloigné; & il n'y a point d'autre regle, sinon que le plus diligent l'emporte. C'est la disposition de notre Coutume, dans l'article précédent; celle de l'ancienne, article 2, titre 2; de celle de Paris, article 141; de Nivernois, chapitre 31, article 17; de la Marche, article 274; de Berry, titre 14, article 5; d'Orléans, article 378; de Montargis, chapitre 16, article 3, & autres.

2. Le retrayant le plus diligent est celui qui le premier, dans le temps porté par la Coutume, a fait adjourner l'acquereur de la chose qu'il veut retraire, comme il sera expliqué sur l'article suivant.

3. Que si deux lignagers ont fait assigner le même jour, on considére l'heure, c'est-à-dire le temps d'avant ou après midi; & s'il y a diversité d'heures, celui-là sera préféré qui sera précédent en l'heure, comme il a été jugé par arrêt, en l'audience, le 13 mars 1582, cité par Labbé, sur la Coutume de Paris, article 141; par la raison, *Qui prior tempore, potior Jure.* Car, comme, selon l'esprit & le texte de notre Coutume, & de celles qu'on a citées, on doit adjuger le retrait au plus diligent, il suffit qu'il paroisse de la prévention de l'un des contendans, pour lui donner la préférence sur l'autre.

4. Si l'un des deux a marqué l'heure, & que l'autre ne l'ait pas marquée, celui-là sera réputé le premier qui l'aura marquée, *per ea quæ notat, glos. ad L. Ex pluribus, §. Fin. verbo die, & verbo ex usu, de solut.* Laquelle glose, comme singuliere, est remarquée & approuvée par les docteurs. Brodeau sur M. Louet, lettre M, sommaire 10, nombre 4.

5. Si plusieurs lignagers concourent en telle maniere, qu'on ne puisse dire l'un des deux avoir prévenu; le plus prochain en ce cas aura la chose vendue, suivant la disposition de notre Coutume, au présent article; de celle de Nivernois, chapitre 31, article 17; d'Estampes, article 177, & autres.

6. Et pour connoître le plus proche, on doit avoir égard au double lien & à la représentation, comme le disent les Coutumes d'Anjou, article 369; du Maine, article 406; de Lodunois, chapitre 15, articles 2 & 5, & de Poitou, article 332, contraires en cela à celle d'Auvergne, titre 23, article 19. C'est l'observation de M. le président Duret, sur ces mots de notre article, LE PLUS PROCHAIN: *Etiam*, dit-il, *jure repræsentationis, vel ratione duplicis vinculi, quippè ejusmodi prælatio, necessitudinis suffragio competens, instar successionis ab intestato apud nos obtinet. Cons. Andeg. art. 369, Cenom. 406, Lodun. cap. 15, art. 2 & 5, Pict. art. 332. Molin. in Cons. Turon. art. 161, ad verb.* SUCCESSIONS, *quidquid velit Cons. Arvern. cap. 23, art. 19*... M. Duret, *hìc*.

7. Le frere en ce cas est préféré à la sœur appanée, selon M. Louis Semin, après M. le président Duret, & Dumoulin, sur l'article 5 du chapitre 15 de la Coutume de Lodunois. *In casu hujus articuli*, dit M. Louis Semin, *ut judicetur proximior, duplicitas vinculi attenditur; imò & masculus sorore dotatâ proximior æstimabitur, & ei præferetur. Præses, hic, ad verb.* LE PLUS PROCHAIN; *Mol. in Cons. Lod. cap. 15, art. 5, in verbo* SEMBLE. *Ratio tamen habebitur repræsentationis, quemadmodùm in successione*.... M. Louis Semin, *hìc*.

8. Que si les lignagers sont concurrens en degré & en diligence, chacun d'eux, par égale portion, aura la chose vendue, ainsi qu'il est dit dans notre article; dans l'article 17 du titre 23 de la Coutume d'Auvergne; en l'article 274 de celle de la Marche; en l'article 17 du chapitre 31 de celle de Nivernois; 201 de celle de Blois, & autres. Et si la chose ne se peut partager, elle sera licitée, comme l'a observé M. Jacques Potier, sur notre article; M. Prohet, sur l'article 17 du titre 23 de celle d'Auvergne, & Labbé, sur l'article 141 de celle de Paris.

9. Dans le cas où plusieurs lignages concourent, & que le retrait est adjugé aux uns & autres par égales portions, l'acquereur, défendeur en retrait, n'est pas tenu de laisser l'héritage aux uns plus qu'aux autres, ni se désister en partie au profit des uns, comme il sera dit sur l'article 449. Ainsi, si tous ne se présentent ensemble, pour retraire le tout, celui des lignagers qui voudra être diligent, doit faire le remboursement du tout dans le temps fatal, & l'acquereur lui délaissera le tout; autrement il y auroit déchéance de tout le retrait, quoique l'on eût consigné sa part, & offert de consigner l'autre, en cas que l'autre retrayant ne le fît pas: ainsi fut jugé par arrêt prononcé en robes rouges, le 14 août 1568, cité par Coquille, qui étoit présent, & chez Duplessis, aux notes. Coquille, sur la Coutume de Nivernois, chapitre 31, article 17; Duplessis, sur la Coutume de Paris, traité *du Retrait lignager*, chapitre 6, section 2, page 321, au texte & aux notes.

ARTICLE CCCCXLI.

Quand le Retrayant est réputé diligent.

UN RETRAYANT est réputé diligent & être venu dans le tems de la Coutume, si dedans ledit tems il fait ajourner par ajournement libellé l'acheteur de la chose qu'il entend retirer, pourvu que l'Assignation soit baillée dedans dix jours après pour le plus; & sert tel ajournement audit Retrayant, en maniere que s'il fait donner jour à l'acquereur par ajournement libellé, comme dit est, & après un autre fait poser semblable ajournement à plus brief jour; néanmoins le premier sera préféré, quelqu'offre, consignation, ou déposition qu'aye fait celui qui a fait faire le second ajournement à plus brief jour.

1. POur la validité de la demande en fait de retrait, il suffit, par rapport à l'acquereur, défendeur à ladite demande, que l'exploit d'assignation soit posé dans les trois mois, ou autre temps marqué par la Coutume, article 422, *suprà*; quoique l'assignation n'échée qu'après les trois mois, mais dans le délai réglé par l'ordonnance de 1667, au titre 3 *des délais sur les Assignations & les Ajournemens*; & ainsi s'observe dans cette Coutume, conformément audit article 422, & au sentiment de M. le président Duret, ci-après cité.

2. Mais dans le cas du concours de deux demandeurs en retrait, qui est proprement le cas dont parle notre article, lequel doit être accolé avec les deux précédens, 439 & 440; le retrayant, réputé le plus diligent, est celui qui le premier, dans le temps fixé par la Coutume, a fait ajourner par ajournement libellé l'acquereur de la chose quil veut retraire, pourvu que l'assignation ne soit donnée à plus de dix jours; de maniere qu'il sera préféré à celui qui postérieurement aura fait ajourner l'acquereur à plus brief jour, nonobstant ses offres, consignation, ou dépôt. C'est la disposition de notre Coutume, au présent article.

3. Les dix jours de l'ajournement, dont parle notre article, s'entendent après le temps réglé par la Coutume, pour former la demande en retrait; desorte que, quand l'assignation seroit à plus de dix jours, si toutefois le tout se trouve dans les trois mois de la Coutume, il ne laissera pas d'y avoir lieu à la préférence. C'est la remarque de M. Louis Semin, & après lui de M. François Decullant, sur notre article. *In Summâ*, dit M. François Decullant, *qui prior citavit, posteriori præfertur, dummodò citatio intrà trimestre tempus facta sit, & ultrà decimum diem non proferatur: quæ prolatio citanti priori non nocet, si trimestre non excedat, quia semper reperitur in terminis Statuti; & ita hìc sentit D. Ludovicus* Semin, *ex* Coquille, *ad §. 2, cap. 31, Stat. Niv.* François Decullant, sur l'article 441 de la Coutume.

4. Mais si l'ajournement (quoique donné dans les trois mois de la Coutume) étoit à plus de dix jours après ces trois mois, & qu'avant le jour échu survînt un autre lignager qui formât sa demande dans le temps de la Coutume, & abrégeât l'assignation, il seroit préféré. *Equidem parùm refert*, dit M. le président Duret, *verbum*, DANS DIX JOURS, *si longior assignetur dies, modò dies citationis intrà præfinita à Statuto tempora, putà, intrà trimestre tempus incidat, vel etiam citatio facta fuerit, & hoc respectu emptoris, secùs verò respectu concurrentis; quia, si longiori die assignato, eo nondùm elapso, actionem Retractûs moveret, potior haberetur; non autem si citatio ad decem tantùm dies facta proponeretur, quippè hæ decem dierum induciæ in favorem primi Retrahentis à Statuto datæ sunt.* M. Duret, *hìc*.

5. L'action du second retrayant, qui est réputé le moins diligent, ne sert qu'en cas qu'il se trouve quelque nullité en celle du premier, qui l'en fasse décheoir; auquel cas le retrait pourra être adjugé au dernier. Duplessis, sur la Coutume de Paris, traité *du Retrait lignager*, chap. 6, sect. 2.

ARTICLE CCCCXLII.

De l'héritage baillé à accense perpétuelle.

EN accense perpétuelle d'aucun héritage, baillé à perpétuel tenement pour aucun Cens ou rente, supposé qu'il y ait entrages d'argent, il n'y a point de Retenue au Seigneur direct ou lignager, sinon que lesdits entrages en argent excedassent la charge ou devoirs perpétuels, auquel cas il y aura Retenue.

1. C'Est la disposition de la plus grande partie de nos Coutumes, que l'héritage donné à cens ou rente perpétuelle, n'est pas sujet au retrait. Telle est la disposition de notre Coutume, au présent article; de l'ancienne, titre 2, article 4; de celle de Mantes, article

80; de Montargis, chapitre 16, articles 10 & 13; d'Orléans, article 388; de Melun, article 143; du Grand-Perche, article 187; de Blois, article 204, & autres. La raison de cette disposition est que la rente à bail d'héritage représente le fonds, & que le bailleur retient toujours son fonds par le moyen de la rente fonciere; de maniere que, n'étant défaisi de la chose, il n'y a pas lieu au retrait.

2. Une partie de nos Coutumes mettent pour condition au bail d'héritage à rente, afin qu'il n'y ait pas lieu au retrait, qu'il n'y ait point d'argent baillé. C'est la disposition de la Coutume de Blois, audit article 204; de Montargis, audit chapitre 16, articles 10 & 13; d'Anjou, article 127, & autres: mais notre Coutume, au présent article, & l'ancienne, titre 2, article 4, déclarent l'héritage donné en accense perpétuelle pour aucun cens ou rente, non sujet à retrait, quoiqu'il y ait entrages d'argent, pourvu toutefois que ledit argent donné pour entrages n'excédât la charge ou devoir perpétuel: & la raison, c'est que nonobstant lesdits entrages qui se donnent communément dans ces sortes de contrats, le contrat ne laisse pas d'être un véritable arrentement. *Si majus sit pretium, quàm pensionis æstimatio, venditio & non emphyteosis dici debet; sed si pensionem competentem retineat tradens, pretium verò minus accipiat, tunc emphyteosis, non venditio censendus est actus*, dit Papon, après Jean Fab. sur notre article.

3. Mais aussi la rente fonciere est sujette à retrait, quand elle est vendue par le bailleur, comme tenant lieu de l'héritage. C'est la disposition de la Coutume de Montargis, chapitre 16, article 10; de celle d'Orléans, article 388, & l'observation de M. le président Duret: *Hic tamen Census*, dit-il, *hæredii instar obtinet, & venditus etiam debitori Retractui subjicitur, Molin. paragrapho* 13, *Conf. Parif. gl.* 5, *n.* 58. Papon en dit autant.

4. Il y a plus; c'est que, si l'héritage donné à rente perpétuelle est depuis vendu par les enfans ou héritiers du preneur, à la charge de la rente, il sera retrayable par les parens & lignagers de l'estoc dont ledit héritage leur sera échu & avenu, comme il est dit dans l'article 64 de la Coutume de Sens.

5. Notre Coutume, au présent article, ne doit être entendue que de l'héritage donné à cens, ou rente non-rachetable; car il n'en est pas de même du bail à rente rachetable: comme c'est une véritable vente, parce que la rente rachetable est réduite en deniers, & ne fait plus que fonction de prix, le retrait y a lieu aussi-tôt après le contrat. C'est la disposition de la Coutume de Paris, article 137; d'Orléans, article 390; de Sens, article 43; d'Auxerre 164, & autres; & la remarque de M. le président Duret, sur notre article: *Et hoc*, dit-il, *de redditibus solariis, & iisdem non redimibilibus interpretamur; etenim si pretio convento redimibiles sint, ejusmodi concessio instar venditionis passim obtinet; quo jure utimur....* M. Duret, *hic*. Papon a fait la même observation sur notre article.

* Ce qui vient d'être dit du bail d'héritage à rente fonciere, par rapport au retrait seigneurial & lignager, a son application en partie au droit de lods & ventes, & les raisons sont à-peu-près les mêmes.

Ainsi pour bail d'héritage à rente fonciere non rachetable, lods & ventes ne sont dus, s'il n'y a deniers déboursés dans le contrat, auquel cas lods & ventes seroient dus, jusqu'à concurrence des deniers seulement; c'est la disposition de la Coutume de Nivernois, au titre des cens, article 23, & l'observation de M. Claude Duplessis, sur la Coutume de Paris, traité des censives, livre 2, chapitre 2, section 1, page 91, édition 1709; & la raison pour laquelle lods & ventes ne sont dus pour bail d'héritage à rente fonciere non rachetable, c'est que la rente à bail d'héritage représente le fonds, & que par ce moyen le bailleur est censé retenir toujours son fonds, par le moyen de sa rente fonciere non rachetable, dans le cas où il n'y a point d'argent déboursé, & que la rente est correspondante à l'accense qu'on en pourroit faire; auquel cas, c'est, comme dit Coquille, au lieu cité, ménagement & non aliénation; pourquoi, conclut Coquille, n'est dû profit.

Mais pour héritages vendus ou donnés à la charge de la rente fonciere rachetable, lods & ventes sont dus, tant à raison du sol principal de ladite rente, qu'à raison du surplus du prix contenu au contrat, encore que ladite rente ne soit rachetée; par la raison, qu'en ce cas, la rente succéde au prix de l'héritage, autrement il seroit au pouvoir de l'acquereur de frustrer le seigneur censier, en constituant une rente qu'il rachéteroit incontinent, étant très-difficile, & même impossible, au seigneur de découvrir quand se feroit le rachat de la rente, lequel se peut faire par une quittance sous seing privé, sans décharger la minute; c'est la disposition de la Coutume de Paris, article 78; ce qui a été étendu aux Coutumes, qui ne renferment pas une disposition contraire, par les arrêts cités par M. Louet, lett. L, somm. 18; & ainsi fut jugé en la chambre du conseil de cette Sénéchaussée de Bourbonnois, le 31 mars 1610, au rapport de M. Faverot; savoir, qu'en bail de fonds, à la charge de rente rachetable, lods & ventes étoient dus, le demandeur se nommoit Ferand, sieur de Chatelus. M. Cordier, en ses manuscrits.

Ne sont dus droits de lods & ventes pour un simple usufruit, ou simple contrat d'engagement, sans aliénation; la raison est qu'il n'y a que la translation du droit de propriété, qui donne ouverture aux droits de lods & ventes; ainsi a été jugé par arrêt du 28 février 1688, rapporté dans le journal du palais, tome 1, édition 1713. Et tel est le sentiment de M. Claude Henrys, qui a traité cette question à fonds, tome 1, liv. 3, ch. 3, quest. 21. Cette question est aussi très-bien traitée dans le journal du palais, en l'endroit cité, pag. 714 & suiv. de ladite édition 1713.

Voyez ce qui est dit sur les articles 466, 473 & 478.

ARTICLE CCCCXLIII.

EN toutes donations rémuneratoires, & autres, faites sans fraude, Retenue n'a lieu, ni ès choses mobiliaires, noms, dettes, & fruits pendans.

1. LE retrait n'a lieu dans les donations faites sans fraude, quoique rémunératoires, & pour récompense de service, suivant le présent article, & l'article 210 de la Coutume de Reims; celle de Nivernois, chapitre 4, §. 43, dit, *en donation, quelle qu'elle soit, n'y a Retenue*; & c'est la jurisprudence des arrêts. La raison est que ce n'est pas une vente, qu'il n'y a pas de prix & de bourse déliée.

2. Il n'importe pas que la chose donnée soit estimée, parce que la déclaration de la valeur ne fait vente: *Etiam factâ æstimatione*, dit M. le président Duret, *Summa enim declaratur, non venditio contrahitur*..... M. François Menudel en dit autant. M. Duret, & Menudel, *hìc*.

3. Autre chose seroit, si les services étoient estimés à certaine somme, & que pour icelle la donation fût faite; parce qu'alors ce seroit *donatio in solutum*.

4. Le retrait n'a pas aussi de lieu en vente de choses mobiliaires, suivant notre article, l'art. 144 de la Coutume de Paris, l'art. 23 du tit. 23 de celle d'Auvergne, l'art. 266 de celle de la Marche, 350 de celle de Poitou, & autres. La raison est que les meubles n'estoquent point, qu'ils ne sont affectés à aucune famille, & que n'étant point des biens de famille ni de suite, ils ne doivent pas être sujets à retrait.

Ainsi les meubles précieux ne tombent point en retrait. Tel est le sentiment de Tiraqueau, en son traité *du Retrait lignager*, §. 1, gl. 7, n. 100 & 101; de Delhommeau, en ses *Max. du Droit Franç.* livre 3, article 166; de Brodeau, sur la Coutume de Paris, art. 144; de l'auteur des notes sur Duplessis, traité *du Retrait lignager*, chapitre 5, page 311, édition de 1709.

5. En vente d'universalité de meubles, comme d'une succession qui ne consiste qu'en meubles, le retrait n'a point encore de lieu, selon la disposition de la Coutume d'Auvergne, titre 23, article 23.

6. Quant aux noms, dettes, actions pour choses purement mobiliaires, elles ne sont point non plus sujettes à retrait; par la raison qu'elles sont réputées meubles par notre Coutume, article 281, *suprà*; par celle de Paris, article 89; de Berry, titre 4, article 1, & celle de la Marche, article 113; & telle est la disposition précise de notre Coutume, au présent article.

7. A l'égard des droits & des actions qui tendent à recouvrer un héritage propre, ou à se maintenir dans la propriété d'un héritage, c'est une difficulté s'ils sont sujets à retrait. Cependant, comme ces droits & ces actions sont considérés comme immeubles, suivant la maxime, que les droits & les actions qui tendent à avoir des immeubles, sont immobiliaires & la même chose que lesdits immeubles, il s'ensuit qu'ils sont sujets à retrait, ainsi que les héritages & les rentes foncieres: & cette décision n'est pas nouvelle; elle est conforme aux sentimens des docteurs qui ont traité cette question, comme l'on peut voir dans le commentaire de Basmaison, sur l'article 23 du titre 23 de la Coutume d'Auvergne, & dans les notes sur Duplessis, traité *du Retrait lignager*, chap. 5, page 311.

8. La question, si le retrait a lieu dans la vente des fruits pendans, est décidée par notre article, qui déclare que le retrait n'y a point de lieu: mais nos commentateurs, Papon & Jean Decullant, ont eu soin de distinguer les deux cas dans leurs observations sur cet article: savoir, quand les fruits pendans ont été vendus séparément, & quand ils ont été vendus avec le fonds; & ils ont observé que, dans le premier cas, ils n'étoient pas sujets à retrait, mais qu'ils l'étoient dans le second. *Quod hìc paragraphus*, dit Jean Decullant, *dicit de fructibus pendentibus, intellige* (*ut hic* Papon) *si principaliter vendantur tanquam separati à fundo; secùs si fundus vendatur cum fructibus pendentibus; quo casu faciunt partem fundi, L. Fructus pendentes, ff. de rei vendicatione, & simul cum fundo retrahuntur, modò tempore Retractûs non fuerint à solo separati.* Jean Decullant, *hìc*.

9. Il en est de même de la vente d'un bois de haute futaye; les arrêts ont fait la même distinction. Si le fonds est vendu conjointement avec le bois, ils ont jugé que le retrait avoit lieu; & pareillement quand il y a présomption de fraude; savoir, quand la coupe sans le fonds, & le fonds, sont vendus par deux contrats séparés, & en divers temps non éloignés, comme dans l'espace d'un an, à la même personne: auquel cas le tout est sujet au retrait.

10. Mais, quand il n'y a que la coupe du bois de haute futaye vendue, & non le fonds, en ce cas les arrêts ont jugé que le retrait lignager, ni le seigneurial, n'avoient point de lieu, & même qu'il n'étoit point dû de droits seigneuriaux; la raison est que le bois étant vendu pour être coupé, la vente n'est considérée que

que comme une chose mobiliaire : les arrêts sont cités par Tournet & de Ferriere, sur l'article 144 de la Coutume de Paris ; par l'auteur des notes sur Duplessis, traité *du Retrait lignager*, chapitre 5, page 316 ; par Delhommeau, *Max. du Droit Franç.* livre 3, article 166, aux notes ; & tel est le sentiment de ces auteurs, de Duplessis, de Chopin sur Paris, livre 2, titre 2, nombre 18.

11. Si toutefois un des cohéritiers ayant vendu la coupe des bois de sa portion indivise, l'autre héritier veut la retirer, déclarant que son intention n'est point de faire abattre le bois vendu, mais de le conserver avec le sien, il le peut ; & dans ce cas il n'est pas même dû de droits seigneuriaux. Brodeau sur Paris, article 144. Duplessis, *ibid.*

ARTICLE CCCCXLIV.

LES JUGES, Greffiers, Avocats, & Procureurs des Parties, parens, enfans ou freres, ne peuvent recevoir consignation de deniers ; & sont telles consignations réputées nulles, & ont les Consignans leur recours contre le Juge qui les prendra, ou fera consigner, de tous leurs intérêts & dommages. *Des consignations de deniers.*

1. LA disposition du présent article a son fondement dans la crainte de la collusion, *& hoc propter suspicionem collusionis*, *L. Data*, *C. de coll.* dit M. Ch. Dumoulin, dans sa note sur cet article.

2. Et à présent que nos rois ont établis des receveurs des consignations en titre dans toutes les provinces du royaume, dont les offices sont patrimoniaux, cette disposition se trouve soutenue & autorisée par les ordonnances, & c'est à quoi Louis XIV a pourvu par son édit du 28 février 1689, dont l'art. 22 porte que toutes consignations ordonnées en justice ne pourront être faites qu'entre les mains du receveur des consignations, avec défenses à toutes personnes de les recevoir.

ARTICLE CCCCXLV.

POUR Retenue par proximité de lignage ne sont dus aucuns lods & ventes : mais si l'acquereur de chose aliénée a payé aucuns lods & ventes au Seigneur direct, le Retrayant est tenu les rembourser ; & s'ils n'ont été payez, il est tenu de les bailler audit Seigneur direct en acquit de l'acquereur.

1. UNe partie des Coutumes du royaume contient une disposition semblable : c'est la disposition de la Coutume d'Auvergne, titre 23, article 20 ; de celle de Berry, titre 14, article 11 ; de Nivernois, chapitre 31, article 26 ; d'Orléans, article 405 ; d'Auxerre, article 182 ; de Melun, article 157, & autres. Et la raison de cette disposition, c'est que le délaissement par droit de retrait lignager est un délaissement forcé, que la loi ou la Coutume opere par son seul ministere ; que le droit de lods & ventes n'est dû, & ne peut être acquis au seigneur direct, que dans chaques mutations de propriétaires des fonds & héritages mouvans de sa directe ; & que, lorsqu'un acquereur est évincé de son acquisition par un parent de son vendeur, auquel on adjuge l'héritage qu'il a acquis, par la loi du retrait, qui lui impose la nécessité de lui en faire une revente, on ne doit pas compter ces deux actes pour deux mutations de propriétaires de ce même héritage, mais pour une seule ; parce que l'acquereur qui est évincé, n'a jamais été propriétaire incommutable, & qu'il ne pouvoit l'être qu'après que les trois mois, que la Coutume accorde au lignager pour le retirer & le réintégrer dans la famille, seront expirés ; & que l'adjudication, ou la revente qui est faite au propriétaire, emporte la résolution de la premiere vente, qui doit être considérée comme chose non-avenue, & comme si le contrat n'en avoit jamais été passé : de maniere qu'au moyen du retrait que la Coutume accorde, l'affaire est réduite au même point, que si le propriétaire de l'héritage l'avoit dès le commencement vendu au retrayant : ce qui fait que ne sont dus aucuns lods & ventes pour retrait lignager, mais seulement de simples droits pour la vente ; que si l'acquereur a payé au seigneur les lods, le retrayant est tenu le rembourser ; & que s'ils n'ont été payés, il est tenu de les payer au seigneur en l'acquit de l'acquereur, comme il est dit dans notre article.

2. Et ne peut le seigneur s'adresser à l'acquereur, mais au retrayant pour le paiement des lods. *Et quo casu linearis*, dit M. Louis Semin, *retrahit ab emptore, non possunt laudimia peti ab eodem emptore, imò debent peti à Retrahente ; Retrahens enim eo ipso subrogatur in emptione in locum Domini, & perindè est ac si à vendente primo loco emisset.*

3. Quoique l'acquereur n'ait pas payé au seigneur les lods & ventes, pour en avoir eu don & remise du seigneur, le retrayant n'est

pas moins tenu de les lui payer, selon qu'ils sont dus par la Coutume, ainsi que nous l'avons dit sur l'article 430, *suprà*, & qu'il a été jugé en la chambre du domaine de cette province, par sentence du 6 octobre 1616, rapportée par M. Rougnon, en ses manuscrits, *in verb.* LODS ET VENTES. Et la même chose a encore été jugée, dit M. François Decullant, pour Jean Jordannet, contre Gilbert Petit, dans ce présidial, le 6 avril de l'an 1658, en infirmant la sentence du châtelain de Moulins; & *hoc jure utimur*, ajoute-t-il. M. François Decullant, sur l'article 400, *suprà*.

ARTICLE CCCCXLVI.

Des doubles lods & ventes.

SI par faute de payer par l'acheteur les lods & ventes au Seigneur censivier dedans le tems de la Coutume, en sont dus au Seigneur censivier doubles lods & ventes, le lignager retrayant n'en doit que les lods & ventes simples; & s'il paye au Seigneur censivier les doubles lods & ventes, il défalquera sur son prix la moitié desdits lods & ventes.

1. LA disposition de la Coutume, en cet article, est fondée sur l'équité naturelle; car l'acquereur doit s'imputer de n'avoir pas payé les lods & ventes au seigneur dans le temps marqué par la Coutume, & il doit seul porter la peine de sa négligence & de sa demeure: *Mora enim sua cuilibet est nociva, & pœna suos sequi debet auctores; nec culpam unius, alius suo sumptu reficere tenetur, etiamsi rei in qua peccatum est, sibi derelicta sit.* C'est la disposition des loix, & l'observation de Papon, sur le présent article.

2. M. le président Duret a fait la même remarque sur l'article 430, *suprà*, sur le mot, LODS ET VENTES: *Simplicia*, dit M. Duret, *non autem duplicia, si quæ emptor morosus solvit, in pœnam contumaciæ; nam pro suo maleficio, vel pro sua culpa solvens, non repetit ab alio....* M. Duret.

ARTICLE CCCCXLVII.

Qu'il faut retirer le tout.

QUAND il y a plusieurs héritages vendus par même vendition & d'un même estoc, le lignager n'est reçu à demander la Retenue de l'un, ou de partie desdites choses vendues; mais il faut qu'il retire le tout.

1. LA Coutume d'Auvergne, titre 23, article 26; celle de la Marche, article 282; de Nivernois, chapitre 31, article 27; de Reims, art. 208; de Châlons, art. 237, & plusieurs autres, contiennent une disposition semblable: & ce qui est dit dans notre article du retrait lignager, a son application au retrait seigneurial, comme l'a remarqué M. François Menudel, sur le présent article, & qu'il est dit en l'article 8 du titre 4 de la Coutume d'Auvergne, auxdits articles 282 de celle de la Marche & 27 du chapitre 31 de celle de Nivernois, & autres. Ainsi, quand tous les héritages vendus sont mouvans de la directe d'un même seigneur, il n'est pas reçu, non plus que le lignager, à demander la retenue de l'un sans l'autre, sinon du consentement de l'acheteur: la raison c'est qu'il n'est pas juste que le parent lignager & le seigneur direct, qui agissent pour la résolution du contrat, qui est un acte individu, puissent gréver l'acheteur & diviser le contrat contre son consentement & à son préjudice; puisqu'un fonds & un héritage séparé n'est pas si précieux que le tout, & qu'il se peut faire que l'acheteur n'eût pas acheté, s'il avoit su n'en avoir qu'une partie.

2. Il faut, pour donner lieu à la disposition de notre article, que les différens héritages ayent été acquis par une même vente, comme le porte notre article, & pour un même prix: car, si on a acheté diverses choses de mêmes personnes à différens prix, ce sont autant (dit M. Menudel sur l'article suivant) de ventes différentes & séparées, quoique faites par un même contrat; c'est aussi le sentiment de M. le président Duret, sur notre article, sur ces mots, PAR MÊME VENDITION: *Id est*, dit-il, *pariter, confusè, & eodem pretio, secùs si distinctis pretiis*; celui de Delhommeau, en ses *Maximes du Droit Franç.* livre 3, article 228, & de la Thaumassiere, dans ses préfaces, sur les titres 13 & 14 de la Coutume de Berry.

3. Quand plusieurs héritages ont été acquis par un même contrat à prix séparé, il faut (selon Papon sur notre article, & Coquille sur l'article 27 du chapitre 31 de la Coutume de Nivernois) user de distinction, & considérer si ces différens héritages sont dépendans les uns des autres, ou non: que s'ils sont tellement dépendans les uns des autres, que l'un sans l'autre seroit inutile, pour lors le retrayant est tenu de prendre le tout (dit Coquille) à cause de son individuité qui est considérée en droit, non-seulement en ce qui est individu

de nature, mais aussi en ce qui ne se peut diviser sans une grande incommodité, ou sans rendre inutiles quelques-unes des portions. Que si au-contraire ils sont indépendans les uns des autres, & peuvent se diviser facilement & sans un grand inconvénient, en ce cas le retrayant peut exercer le retrait par rapport aux différens héritages vendus à différens prix, & il en peut retraire l'un sans l'autre. Papon, sur notre art. & Coquille sur la Cout. de Niv. ch. 31, art. 27.

4. Il en est de même, quand un domaine ou un héritage a été vendu par parcelles, à différentes fois, & par différentes ventes; on peut en ce cas réguliérement exercer le retrait lignager, par rapport à chaque contrat. C'est l'observation de M. Louis Semin, après M. le président Duret, sur l'article suivant. *Rectè*, dit M. Semin, *hic articulus habet* PAR UN SEUL CONTRAT; *si plures enim sint Contractus, quibus eadem res per partes distracta sit, ex unoquoque Contractu Retractus peti potest; Præses, hic, ad verbum*, SI L'ACHETEUR. M. Semin, sur l'article suivant.

5. Notre article veut que non-seulement les différens héritages ayent été vendus par une même vente, mais qu'ils soient encore de même estoc, pour que l'acquereur puisse contraindre le parent lignager de tout prendre: mais cette seconde condition, *qu'ils soient de même estoc*, n'a pas lieu au moyen de l'article 449, *infrà. Hæc adjectio*, D'UN MÊME ESTOC, dit Papon, *superflua fuit, cùm id totum voluntati & arbitrio emptoris concessum sit*, §. 449. M. Jean Decullant & M. le président Duret ont fait la même observation: *Hæc verba*, dit M. Decullant, D'UN MÊME ESTOC, *sunt superflua; idem enim est etiam si res forent diversorum stemmatum, ex parographo* 449. M. Duret s'explique à-peu-près dans les mêmes termes. Papon, M. Decullant, & M. Duret, *hic*.

ARTICLE CCCCXLVIII.

De l'option de celui qui est poursuivi par plusieurs lignagers divers.

SI l'acheteur par un seul Contrat acquiert héritages divers, procédans de divers estocs, & il est poursuivi par lignagers de chacun estoc dont procédent lesdits héritages, il est en l'opinion dudit acheteur de laisser à un chacun desdits poursuivans l'héritage de son estoc, en le remboursant par eux *pro rata* de son prix & loyaux coûtemens, ou de laisser à l'un desdits poursuivans, tel qu'il lui plaira, tous lesdits héritages, à la charge du Procès contre les autres lignagers: Et en ce cas, celui auquel sera fait ledit délaissement, est tenu de rembourser ledit acheteur délaissant, de son prix principal & loyaux-coûtemens.

1. LA Coutume, dans le présent article, est encore plus favorable à l'acquereur, que dans le précédent. Dans le précédent, quand l'acquereur a acquis plusieurs héritages d'un même estoc par une même vente, elle oblige le retrayant lignager de tout prendre pour ne pas faire préjudice à l'acquereur, qui seroit blessé, s'il étoit libre au lignager de retirer une partie, & de laisser l'autre: mais dans celui-ci, quand l'acquereur a acquis différens héritages de différens estocs, quoiqu'il soit poursuivi pour le tout par les lignagers de chacun estoc, la Coutume lui laisse encore le choix de consentir la revente à chacun des lignagers de l'héritage de leur estoc, ou de laisser le tout à l'un d'eux, tel qu'il lui plaira, à la charge du procès contre les autres. Mais pour cela il faut, comme il a été dit sur l'article précédent, qu'il ait acquis ces héritages différens par une même vente, & pour un même prix; c'est ce qui résulte de ces mots de notre article, *par un même contrat;* & c'est la remarque de M. Louis Semin, & de M. François Menudel, sur le présent article.

2. Dans le cas auquel l'acquereur fait le délaissement du tout à l'un des lignagers, ce lignager (suivant notre article) est tenu de rembourser l'acquereur de son prix principal & loyaux coûtemens; & dans ces loyaux coûtemens sont compris les frais faits par l'acheteur à l'occasion des poursuites des autres lignagers. C'est l'observation de M. le président Duret, sur ces mots, ET LOYAUX COUTEMENS: *Quibus*, dit-il, *in hac specie continentur expensæ quas emptor fecit in lite ab aliis persequentibus contrà se institutâ....* M. Duret, *hic*.

ARTICLE CCCCXLIX.

Et n'est tenu l'acheteur de délaisser au lignager une partie des choses à lui vendues par un même contrat, sinon que ledit Demandeur en matiere de Retrait rembourse ledit acheteur, de tout son sort principal & loyaux-coûts: Et en ce faisant est l'acheteur tenu délaisser audit Demandeur en matiere de Retrait, tout ce qui lui auroit été vendu, soit qu'il soit de l'estoc dudit Demandeur, ou non.

1. Quand l'héritage vendu est en partie propre & en partie acquêt, ou quand les propres sont vendus conjointement avec les acquêts par un même contrat, & par un seul & même prix; il est au choix de l'acquereur de laisser le tout au parent, demandeur en retrait, quoique le tout ne soit pas de l'estoc dudit retrayant, ou de lui laisser seulement ce qui est par lui retrayable. C'est, comme l'on voit, la disposition de notre Coutume au présent article; c'est aussi celle de la Coutume d'Auvergne, titre 23, article 29, & l'observation de M. le président Duret, sur ces mots de notre article, L'ACHETEUR EST TENU: *Sic tamen*, dit-il, *ut ejus sit optio, Molin. ad Consf. Parif. de mat. feud. paragrapho 13, gl. 1. Emptor enim ferendus est, si à toto Contractu discedere velit, quòd partem empturus non esset.* Tel est aussi le sentiment commun des docteurs, de Loisel, en ses *Instit. Cout.* L 3, titre 5, regles 35 & 36; de Coquille, question 89; de M. Loüet & son commentateur, lett. R, somm. 25; de Delhommeau, en ses *Max.* livre 3, article 228: Et la raison, c'est que *emptor debet reddi indemnis*; & que si le retrayant étoit recevable à ne retirer qu'une partie des héritages acquis, ce seroit faire préjudice à l'acquereur, qui n'eût pas voulu acheter une partie, sans acheter le tout, comme l'a observé M. Duret, que nous venons de citer.

2. Il en est autrement, dans cette Coutume, du retrait seigneurial; car, quoique l'acquereur ait acquis ces différens héritages par un même contrat, & pour un même prix, le seigneur féodal ou direct est seulement tenu de retirer les héritages qui sont de sa mouvance ou censive; l'acquereur ne le peut contraindre de retirer ce qui ne dépend pas de lui, & il n'a pas l'option de lui abandonner le tout, *ut abeat indemnis.* Tel est le sentiment commun des docteurs, qui distinguent en cela le retrait seigneurial & censuel, du retrait lignager; & c'est aussi l'observation des commentateurs de notre Coutume, sur le présent article.

3. *Notanter*, dit Papon, *hìc dictum est*, LIGNAGER, *quia in Domino feudi contrà est, qui rerum venditarum illam tantùm partem potest sibi retinere, quæ in feudo ipsius est, non autem cæteras quæ ab alio moventur.*

4. M. le président Duret fait la même remarque: *Quæ circà necessarios hìc traduntur*, dit-il, *ad feudales & censuarios Dominos justè non transferimus, ex quo palàm est non solo Consuetudinis suffragio eos juvari, sed magis generali ratione clientelaris vel censualis Legis admitti: undè meritò eorum conditio deterior fieri non debet, eo tantùm colore, quòd clientelaria vel censualia à principio distincta, simul eodemque pretio, & ab eodem vendita proponantur; quoniam rectiùs imputandum emptori, cur sic contraxerit....* M. Duret, *hìc.*

5. La raison de la différence qu'il y a en cela entre le retrait seigneurial, & le lignager, qui a été touchée par M. Duret, c'est que le retrait seigneurial est un droit qui prend son origine dans la premiere concession de l'héritage, lequel n'a été donné par le seigneur qu'à cette condition, droit par conséquent légitime & favorable, comme sont toutes les conditions apposées *in rerum traditione*, & qui suit l'héritage par-tout: d'où il s'ensuit d'un côté, que l'acquereur n'a pas droit de se plaindre, puisqu'en acquérant un héritage de cette nature, *se subjecit conditioni Retractûs;* & d'un autre côté, qu'on ne peut pas frustrer le seigneur de son droit, en l'obligeant de retirer les héritages qui ne seroient pas de sa mouvance ou censive. C'est le raisonnement de Dumoulin, dans sa note, sur l'article 282 de la Coutume de la Marche: *Frequentiùs*, dit-il, *Consuetudines dicunt quòd Retrahens in re proximitatis tenetur etiam retrahere quæ eodem pretio vendita sunt, volente reo, quamvis non sint de lineâ actoris; quod est justum, quia Retractus proximitatis est quædam gratia contrà Jus commune, & emptor reddi debet indemnis: secùs de Retrahente feudali, quia est de rigore, & competit jure conventionis & investituræ feudalis. Amplio, etiamsi emptor per decretum subhastationum emerit, quia ex quo partem emit ut feudalem, ad onera feudalia se se subjecit, ut eo invito Dominus directus partem ad se contingentem retrahere possit.* Dumoulin, sur l'article 282 de la Coutume de la Marche.

6. Quoique les héritages acquis relevent d'un même seigneur, toutefois si c'est à cause de deux fiefs ou seigneuries différentes, le seigneur en ce cas peut retirer ce qui est mouvant de l'un de ses fiefs, & ne pas retirer ce qui releve de l'autre; parce qu'il a deux qualités différentes; que ce qui releve d'un des fiefs l'accommode, & non ce qui releve de l'autre,

l'autre, & qu'il n'est pas moins favorable que s'il y avoit deux seigneurs. C'est le sentiment de M. Charles Dumoulin, & après lui de M. le président Duret & de M. Louis Semin, sur ces mots de notre article, N'EST TENU L'ACHETEUR. *Aliter*, dit M. Duret, *ubi Dominus feudalis vel censuarius prælationis jure experitur.... si vendita pendent à diversis Dominis feudalibus vel censuariis, imò etiamsi ab eodem, quoties feuda & census distincta reperiuntur.... ergò consequens est, ut ubi ejusmodi feudalia vel censualia sunt empta, ut Patronus vel censuarius Dominus respectu alicujus investiat, & ratione alterius Retractûs potestate utatur, quamvis universa ab eodem moventia, & pretio non distributo, sed collectim & simul vendita arguantur, etiam quoad Decretum.... Molin. in Paris. paragrapho 20 nov. Consf. qui in vet. fuit 13, gl. 1, numeris 52, 53 & 54.* Telle est l'observation du président Duret, sur notre article. M. Louis Semin a fait à-peu-près la même remarque; & tel est le sentiment de M. de la Thaumassiere, dans sa préface, sur le titre 13 de la Coutume de Berry; & ces commentateurs mettent, comme l'on voit, une grande différence entre le retrait seigneurial, & le lignager, le seigneur féodal ou censivier n'étant tenu que de retirer ce qui est de sa mouvance ou directe, & encore ce qui est d'une telle mouvance ou censive, s'il ne veut; au-lieu que l'acquereur peut contraindre le lignager de retirer tous les héritages acquis par une même vente, quoiqu'ils soient de différens estocs, comme il est dit dans le présent art. à la fin.

7. Mais aussi dans le cas où l'acquereur oblige le parent lignager de retirer tous les héritages vendus par une même vente, même ceux qui ne sont pas de son estoc, il n'est pas dû de lods & ventes pour ce retrait, à raison des héritages qui ne sont pas de l'estoc. C'est la remarque de M. le président Duret, sur ce mot, TOUT CE: *Ergò*, dit-il, *quando Retrahens aliquas res obtinet, non jure & potestate sanguinis, eas scilicèt quæ non sunt de suâ familiâ, sed voluntate emptoris, & sic in eis tanquam privatus & extraneus emptor censetur, duplex laudimium debetur? Minimè verò, quia hæc venditio non est absolutè voluntaria, sed partim coacta & necessaria, videlicèt causativè; & hæc demissio verè non est contractus novus, sed totius venditionis translatio & subrogatio, quæ non fit animo contrahendi, sed distrahendi. Molin. ad Paris. de mater. feod. paragrapho 13, gl. 1, num. 53.* M. Duret, *hic.*

8. Quand l'acquereur ne délaisse au lignager retrayant, que les héritages qui sont de son estoc, & qu'il est en droit de retraire; en ce cas le temps pour en faire le remboursement du prix principal & loyaux coûtemens, par rapport auxdits héritages délaissés & *pro rata*, ne court que du jour de la ventilation, le retrayant ne sachant pas auparavant ce qu'il doit rembourser; ainsi jugé par arrêt cité chez Duplessis, aux notes: mais aussi il court du temps de la ventilation. Duplessis, sur Paris, traité *du Retrait lignager*, ch. 2, sect. 2, pag. 300 & 301.

ARTICLE CCCCL.

PROPRE HERITAGE vendu & adjugé par Décret, en Jugement par criées & subhastasions, chet en Retrait.

1. EN vente forcée pour la nécessité publique le retrait n'a pas de lieu, par la raison que l'intérêt public est préférable à celui des particuliers: ainsi jugé par les arrêts remarqués par M. Claude de Ferriere, sur l'article 129 de la Coutume de Paris; & tel est le sentiment des auteurs, de Chopin, sur Paris, livre 2, titre 6, nombre 14; de Delhommeau, *en ses Max.* article 169, & autres.

2. Mais il en est autrement du décret: car, quoique le décret soit une vente forcée & publique, & que les lignagers ayent la liberté d'enchérir; néanmoins le retrait lignager y a lieu, selon la disposition de notre Coutume, au présent article; de celle de Paris, article 150; d'Auvergne, titre 23, article 37; de la Marche, article 286; de Nivernois, chapitre 31, article 28; de Berry, titre 14, article 25; de Sens, article 45; de Melun, article 138; de Troyes, article 147, & autres. La raison est qu'on répute l'héritage vendu par autorité de justice, vendu par le saisi, la présence du juge suppléant le défaut du consentement du saisi: ainsi, comme par le décret l'héritage propre sort de la famille, il est permis aux parens du saisi (du côté d'où vient l'héritage) d'intenter l'action en retrait lignager, pour remettre l'héritage dans sa ligne.

3. Il en est (quant à ce) du retrait seigneurial, comme du lignager: l'héritage vendu & adjugé par décret est également sujet au retrait seigneurial, qu'au lignager. La raison se tire de la disposition de l'article 424, *suprà*; car, comme cet article admet le retrait seigneurial en cas de vente généralement & sans distinction, & que l'adjudication par décret est une véritable vente, il s'ensuit que le retrait seigneurial y a lieu, suivant la disposition de la Coutume, & ainsi s'observe.

4. Dans les ventes faites par contrat volontaire à la charge du décret, nulle difficulté que le retrait lignager & le seigneurial y ayent lieu; vu qu'en vente à la charge du décret le titre d'acquisition est le contrat, & non l'adjudication, le décret n'étant fait que pour purger les hypothéques.

5. L'héritage propre adjugé par décret, quoique vendu sur un curateur aux biens vacans, est sujet à retrait, suivant la disposition de la Coutume de Paris, article 151, & la jurisprudence des arrêts cités chez Duplessis, aux notes, traité *du Retrait lignager*, chapitre 7, section 3, page 332. La raison est que le curateur représente la personne à laquelle les biens appartiennent; de maniere que les lignagers peuvent les retirer, comme étant demeurés pardevers leur parent. Ainsi les biens d'une succession abandonnée, ceux d'un absent, d'un banqueroutier, ou d'une personne qui a fait cession, sont sujets à retrait par les lignagers du défunt absent, ou banqueroutier : car ces biens n'étant jamais sortis de la ligne avant l'adjudication, non pas même quand un homme a fait cession publique de ses biens, puisqu'il n'en perd pas la propriété dès l'instant; & le curateur créé représentant la personne du banqueroutier, ainsi qu'il vient d'être dit, il y a lieu au retrait. *In bonis vacantibus*, dit M. Jean Decullant, *per repudiationem propinquorum uterque Retractus admittitur; quia Curator repræsentat defunctum, qui illorum proprietarius erat tempore obitûs, & hæreditas personæ vice fungitur, ita ut censeatur adjudicatio facta super eo, Stat. Parif. paragrapho 151; tamen, si fundus foret acquisitus factus à defuncto, ab extraneo, Retractus gentilitius non obtineret*, parce qu'il n'auroit pas estoqué, *paragrapho 152 Statuti Parisiensis*.

6. Il ne faut pas appliquer la présente décision à l'héritage propre confisqué, & décreté sur un curateur aux biens vacans; car un tel héritage n'est pas sujet à retrait par les lignagers du confiscant: ainsi jugé par arrêt; & tel est le sentiment des auteurs cités chez Duplessis, au texte & aux notes, *ibid.* page 332. La raison c'est 1°. que la condamnation à mort, qui emporte confiscation, éteint tout droit de parenté dans les Coutumes de confiscation, comme celle-ci, dans lesquelles le condamné à mort n'a point d'héritier, & est incapable de succéder; 2°. que la confiscation ôte au condamné la propriété des biens & les transmet au seigneur; desorte que, s'il les fait vendre par un décret sur un curateur, pour purger les hypothéques, ce curateur ne représente pas le défunt, mais il est semblable au curateur à la chose déguerpie, comme il va être dit.

7. L'héritage déguerpi, ou abandonné par un acquereur à cause des hypothéques, & décreté sur un curateur que l'on y a fait créer, n'est point non plus sujet à retrait, suivant la Coutume de Paris, art. 153, il ne peut l'être de la part du lignager de l'acquereur, puisqu'il ne lui étoit qu'acquêt; ni de la part de ceux du vendeur, puisque la propriété ne lui en retourne point.

8. Quand même l'héritage auroit fait souche dans la famille de l'acquereur avant le déguerpissement, il n'y auroit pas lieu au retrait, ainsi qu'il a été jugé par arrêt rapporté chez Duplessis, aux notes, *ibid.* page 332. La raison est que, par le déguerpissement, l'héritage n'est plus de la famille, & qu'il est présumé n'en avoir jamais été; car le déguerpissement réduit les choses *ad non causam*, par un effet rétroactif, comme s'il n'avoit jamais été acquis: de maniere que l'héritage est pour lors vendu sur un curateur particulier, qui ne représente personne.

9. Ainsi l'on voit la différence qu'il y a entre le curateur aux biens vacans, & le curateur à la chose déguerpie ou abandonnée, & par conséquent entre les articles 151 & 153 de la Coutume de Paris. Dans une cession de biens, ou secrette, ou publique, le débiteur ne perd pas la propriété de la chose à l'instant, & le curateur créé en ce cas représente la personne de celui qui a fait cession: il en est de même d'une succession abandonnée, le curateur créé à cette succession représente la personne du défunt : desorte que ce qui est vendu sur ces curateurs pour la dette du défunt, ou de celui qui a fait cession à la requête des créanciers, doit être réputé vendu sur eux-mêmes; tellement que, si c'est un héritage propre, il sera sujet à retrait : au-lieu que dans le cas d'un héritage déguerpi ou abandonné par un acquereur de bonne foi, pour les dettes & hypothéques du vendeur, celui qui a fait ce délaissement en justice, n'y a plus rien; l'héritage *habetur pro derelicto*, la justice en est saisie; de façon que le curateur créé à ce bien ainsi abandonné ne représente personne, & que ce bien n'appartenant plus à personne, il n'est pas retrayable, & qu'il ne pourroit l'être que par les lignagers du vendeur, non pas sur l'adjudication faite sur le curateur, mais sur la premiere vente faite à l'acquereur qui a abandonné, si le temps du retrait n'étoit pas expiré : mais qui le voudroit faire, comme le remarque Duplessis, puisque l'héritage est infecté d'hypothéques? Bouguier, lett. R, somm. 17; & telle est l'observation de M. Jean Decullant, sur l'article 422, *suprà*.

10. *In bonis*, dit M. Jean Decullant, *ab emptore cessis in Judicio propter æs alienum, non datur Retractus gentilitius, quia egressa sunt à familia venditoris, nec ad eam redeunt, neque super eo tanquam Domino vœneunt, cùm ipse priùs alienaverit, & emptor eorum Dominus habeat ea pro derelicto, paragrapho 153, Stat. Parif. Tamen, si hic emptor non fuisset nactus rei possessionem, per actus requisitos per paragraphum 422, propinquus posset retrahere ante Decretum.*

11. *Sed in bonis ab ipso Domino cessis creditoribus, admittuntur propinqui ad Retractum, quia hâc cessione illicò rei dominium non amittitur, nec in aliam transit; & qui bonis cessit ante eorum venditionem, bonis non caret.... Ideòque, si quid supersit de bonis distractis, creditoribus solutis, pertinet ad proprietarium, qui pariter si bona non sufficiat, & veniat ad meliorem fortunam, tenebitur satisfacere, quantùm facere potest....* Jean Decullant, sur l'art. 422, *suprà*.

12. Dans les cas où le retrait a lieu dans l'adjudication par décret, le juge pardevant lequel l'héritage est vendu, est recevable à le retraire; le créancier opposant aux criées, & même le poursuivant criées, qui a touché des deniers du prix, l'est aussi, parce qu'il n'est pas vendeur. Tel est le sentiment de Dumoulin, sur Paris, §. 13, glose 1, n. 10; de Delhommeau, en ses *Max.* article 192; de Duplessis sur Paris, traité *du Retrait lignager*, chapitre 7, section 2, au texte & aux notes, & de M. Claude de Ferriere. *Etiamsi patronus vel consanguineus ratione debiti fecerit fundum subhastari*, dit Dumoulin, & *prosecutus fuerit venditionem & adjudicationem per Decretum ultimo plus offerenti, quod factum fuit, hoc eis non præjudicatur; tunc enim potest patronus ab emptore revocare & retrahere, jure & potestate feudali, etiamsi patronus (& idem de consanguineo) præsens fuerit omnibus evictionibus & adjudicationi, & expeditioni Decreti, etiamsi unus ex licitatoribus fuerit, fortè penultimus, & victus ab illo extraneo emptore, etiamsi aliàs tanquam Judex Decretum illud adjudicaverit, vel tanquam actuarius in scriptis, activisve publicis redegerit, vel extrà Judicium tanquam Notarius, aut testis intervenerit.* Dumoulin, au lieu cité.

ARTICLE CCCCLI.

QUAND en contrat de vendition d'héritages ou choses immeubles y a donation de plus-value, telle donation n'empêche le droit de Retenue, en payant par le Retrayant le prix de la vente & loyaux-coûts seulement.

1. LE droit de retenue n'a lieu dans les donations faites sans fraude, suivant l'article 443, *suprà*: c'est-pourquoi, si les rédacteurs de notre Coutume ont décidé dans le présent article, que la donation de plus-value en contrat de vente d'héritages ou choses immeubles, n'empêchoit pas le retrait, c'est parce qu'ils ont jugé que telle donation n'altéroit, ni ne changeoit la nature du contrat de vente, comme étant pour l'ordinaire du style du notaire, la plus-value n'étant pas réelle & effective; qui est la raison pour laquelle ils n'ont obligé le retrayant, qu'à rembourser le prix de la vente & loyaux coûts seulement. C'est la remarque de M. le président Duret sur notre article, sur le mot SEULEMENT: *Ex præsumptâ*, dit-il, *simulatione....*

2. Mais, si la donation étoit sérieuse, & que la plus-value fût réelle, j'estime qu'en ce cas le retrayant seroit tenu de payer avec le sort principal & loyaux coûtemens l'estimation de ladite plus-value, ainsi qu'il est dit en l'article 35 du titre 23 de la Coutume d'Auvergne.

3. Voyez sur l'article 401, *suprà*, où il est parlé de la donation de la plus-value, & où il est dit qu'il n'en est point dû de lods.

ARTICLE CCCCLII.

DROIT de retenue a lieu en Contrat de permutation d'héritages à biens & choses mobiliaires, en payant par le lignager, ou Seigneur féodal censivier ou direct, dedans le tems dessusdit, la valeur & estimation desdites choses mobiliaires; car tel Contrat est réputé Contrat de vendition. Quand droit de retenue a lieu.

1. LA Coutume d'Auvergne, titre 23, article 30; celle de Melun, article 136; de Sens, article 49; de Troyes, article 157; d'Auxerre, article 171; de Lodunois, chapitre 15, article 1, & de Clermont en Beauvoisis, article 21, contiennent une disposition semblable. La raison de la disposition de ces Coutumes, c'est parce que, suivant le texte de notre article, tel contrat est réputé vente, les meubles tenant lieu de prix, & se réduisant à estimation.

2. Cette décision est certaine; & l'unique difficulté qui se présente sur cette matiere, c'est à l'égard de l'échange d'un immeuble contre un meuble précieux. Coquille, sur la Coutume de Nivernois, chapitre 31, article 19, tient qu'il n'y a pas lieu au retrait, en échange contre un meuble précieux: mais Brodeau, sur l'article 145 de la Coutume de Paris, rejette cette opinion, qui n'est pas non plus du goût de M. le président Duret. *Molinæus*, dit M. Duret, *in Cons. Paris. de mat. feod. §. 13, gl. 5, num. 49, si mobilia sint pretiosa, Retractum excludit; sed moribus nostris vix est ut hoc obtineat.* Ce sentiment de M. Duret me paroît le plus conforme au texte de notre Coutume, qui parle généralement & sans distinction; & la disposition de la Coutume de Clermont en Beauvoisis me paroît bien précise sur ce sujet, audit article 21, où elle dit qu'afin que l'échange empêche le retrait, il est requis que les choses échangées soient de même qualité, & que l'une des choses échangées soit aussi-bien immeuble que l'autre.

ARTICLE CCCCLIII.

EN CONTRAT de permutation faite de chose immeuble à immeuble, droit de Retenue n'a lieu, sinon qu'il y eût soulte & retour d'argent ou meubles, excédant la valeur de l'héritage baillé par celui qui feroit ledit retour.

1. EN échange d'héritage contre héritage fait but à but, le retrait n'a point de lieu, suivant notre Coutume, au présent article; & telle est la disposition générale des Coutumes. La raison est que dans l'échange la famille est désintéressée; car, si elle perd un héritage, elle en acquiert en même temps un autre, qui par une subrogation légale tient lieu de l'héritage qui est sorti de la famille.

2. Et il n'importe pas que les héritages échangés ayent été de part & d'autre estimés: *Et licèt hæredia permutata in Contractu æstimata sint, non ideò tamen magis Retractui locus est*, dit M. le président Duret, sur le mot *n'a lieu*, de notre article.

3. Cette décision souffre deux exceptions; la premiere dans le cas de l'échange frauduleux, comme nous le dirons sur l'article 459, *infrà*; la seconde, quand il y a soulte & retour d'argent, excédant la valeur de l'héritage donné par celui qui fait le retour, comme il est dit dans notre article, dans l'article 272 de la Coutume de la Marche, en l'article 15 du titre 14 de celle de Berry, 145 de celle de Paris, 75 de celle de Mantes, 177 de celle de Touraine, 355 de celle de Poitou, & en l'article 19 du titre 15 de celle de Lodunois, & autres. La raison est que l'on juge du contrat par ce qui domine & prévaut en icelui; de maniere que, si l'argent que l'on donne pour supplément excéde la valeur de l'héritage que l'on délaisse en contr'échange, le contrat doit être considéré comme une vente sujette à la loi du retrait; & que dans le cas contraire, si l'héritage prédomine, c'est un échange. *Dispositio*, dit M. Duret, *participans de duobus, capit nomen à digniori & potentiori; & quod potentius est, prævalet... Enim verò licèt pretium non excedat pro rata pecuniæ, laudimiis datur locus*....... M. Duret, *hic*, sur le mot, EXCÉDANT.

4. M. Charles Dumoulin a fait la même remarque pour ce qui concerne le paiement des lods & ventes, dans sa note, sur le même mot, EXCÉDANT: *Sed benè*, dit-il, *laudimia pro rata, suprà paragraphum 396, & facit paragraphus 472*. C. M.

5. Dans le cas auquel l'argent excéde la valeur de l'héritage donné par celui qui fait le retour, il y a lieu au retrait pour le tout, tout & ainsi que s'il y avoit contrat de vente pure & simple de l'héritage propre; & le retrait n'a lieu que pour l'héritage excédant en valeur, pour lequel il y a soulte, en, par le retrayant, remboursant les deniers de la soulte, & payant la valeur & estimation de la chose baillée avec l'argent, en contr'échange & loyaux coûts; car tel échange est réputé vente, & l'autre héritage demeure à celui à qui il a été donné en échange; le tout, comme il est dit dans l'article 16 du titre 14 de la Coutume de Berry, en l'article 272 de celle de la Marche, 56 de celle de Xaintonge, 355 de celle de Poitou, 32 de celle de Bordeaux, & autres. C'est l'observation de M. le président Duret, de M. François Menudel, & de M. Jacques Potier, sur notre article. *Tunc Redhibens*, dit M. Duret, *præstare tenetur pecuniam datam, vel æstimationem mobilium, unà cum pretio immobilis pariter dati, ut communiter fungitur, Consf. Bitur. cap. 14, art. 16; March. art. 272*. M. Menudel dit de même: en ce cas, dit-il, le retrait se fait pour le tout, en remboursant l'estimation de l'héritage donné en contr'échange; & c'est aussi la remarque de M. Semin, *hic*.

6. Quant à l'échange d'un héritage propre contre une rente constituée, due par un tiers, c'est une question si le retrait y a lieu; mais le sentiment qui veut qu'il n'ait pas lieu, est le plus commun, & celui qui me paroît le mieux établi: il est fondé sur la disposition de la Coutume en notre article; puisque les rentes constituées à prix d'argent sont réputées immeubles dans cette Coutume, & que c'est immeuble contre immeuble, comme le porte notre article. Joint à cela que, si le retrait avoit lieu, il faudroit que le retrayant remboursât à celui qui auroit reçu l'héritage, & qui auroit donné une rente en échange, le sort principal de la rente qu'il auroit donné, & que cependant il demeurât garant pour icelle envers le bailleur de l'héritage; en quoi celui qui recevroit le remboursement de la rente, souffriroit un dommage considérable, en ce qu'il auroit donné une rente bien assurée sur de bonnes hypothéques, & qu'on ne lui rendroit que de l'argent qu'il auroit de la peine à placer; de maniere qu'il faudroit donc, pour l'indemniser, lui rendre sa rente en espece, & que le retrayant fût tenu de payer au vendeur le sort principal: ce que le vendeur pourroit refuser, vu que le retrayant ne peut pas l'obliger de changer les conditions & conventions du contrat de vente: c'est-pourquoi il paroît plus raisonnable d'ôter le retrait en cette espece d'échange; & tel est le sentiment de M. le président Duret & de M. Louis Semin, dans leurs remarques sur l'article précédent.

ARTICLE CCCCLIV.

ARTICLE CCCCLIV.

Quand le lignager a élection.

SI l'un des permutans acquiert à deniers ou meubles la chose par lui baillée & contr'échangée, en ce cas le lignager de celui qui vend, aura son choix & son élection de retraire la chose vendue ou la chose dudit échange.

1. LA disposition de la Coutume, au présent article, est obscure, en ce qu'elle ne limite pas le temps que doit durer la liberté qu'elle donne au lignager du vendeur de retraire à son choix l'une ou l'autre des choses échangées, quand l'un des permutans acquiert la chose par lui donnée en contr'échange, & qu'elle ne détermine pas le temps auquel doit se faire cette acquisition par l'un des permutans, pour donner lieu à ce choix.

2. Mais, comme l'a observé Papon, cet article doit s'interpréter par l'article 459, *infrà*, & doit être entendu de l'échange présumé frauduleux; savoir, lorsque dans l'an & jour de l'échange l'un des permutans se trouve saisi, possesseur & détenteur de la chose donnée en contr'échange; auquel cas le lignager de celui qui a vendu à l'autre des permutans la chose qu'il a reçue en contr'échange, a le choix de retraire la chose vendue ou la chose dudit échange, comme il est dit positivement dans l'article 176 de la Coutume de Tours, & 412 de celle du Maine. « Si dedans l'an & jour de » l'échange, disent ces Coutumes, l'un des » copermutans acquiert de l'autre à deniers la » chose baillée en contr'échange, le lignager » du vendeur aura à son choix, ou la chose » vendue, ou la chose échangée, qui sera censée de même nature que ladite chose vendue. »

3. De cette maniere, pour donner lieu à la disposition du présent article, il faut que l'un des permutans ait acquis dans l'an de l'échange la chose qu'il a donnée en échange. Ainsi, si Pierre (par exemple) avoit un domaine qui lui fût propre, qu'il ait échangé ce domaine avec Paul pour un vignoble, & que dans l'année de l'échange Pierre vende à Paul le vignoble qu'il a reçu de lui en échange de son domaine; dans ce cas le lignager de Pierre, du côté que lui est venu le domaine, pourra, dans le temps marqué par la Coutume, article 422, *suprà*, à compter de la vente du vignoble, retraire le vignoble vendu, qui tenoit à Pierre lieu de son domaine, & qui étoit subrogé au lieu & place dudit domaine, aux termes de l'article 462, *infrà*: car, quoique l'échange soit réputé frauduleux, toutefois, par rapport aux permutans qui ont usé de fraude, il produit le même effet qu'un véritable échange, c'est-à-dire la subrogation, & le lignager a encore le choix de retraire le domaine au lieu du vignoble; parce qu'ayant été empêché de le retraire dans ce temps que Pierre l'a vendu à Paul, à cause de l'échange simulé, & qu'il ne paroissoit pas vendu, mais échangé avec le vignoble, dès que l'échange est réputé simulé par la vente du vignoble dans l'année de l'échange, il rentre dans le droit qu'il avoit de retraire ledit domaine; & ce droit ou cette option dure tout le temps marqué par la Coutume, article 459, pour juger si l'échange est frauduleux, qui est celui d'un an, & pas davantage: & la raison de cette option se tire de ce que, *Nemo ex suo delicto conditionem suam meliorem facere potest.*

4. Voyez l'article 459, *infrà*, & 407, *suprà*.

ARTICLE CCCCLV.

De l'affirmation dont est tenu l'acquereur.

L'ACQUEREUR, à la requête du lignager, Seigneur direct, ou féodal, est tenu de déclarer par serment la vérité du prix, pour lequel la chose aura été réellement vendue; & aussi le lignager tenu d'affirmer par serment, si requis en est, s'il veut la chose pour lui & pour demeurer en sa famille, & que la poursuite qu'il en a faite est pour lui, en son nom, à son profit, sans fraude & de ses deniers; & n'a fait convenance, promesse, & n'a intelligence avec autre de lui délaisser, bailler, ou mettre en ses mains la chose qu'il veut retirer.

1. QUand le retrayant soupçonne qu'il y a de la fraude dans l'énonciation du prix, & que le contrat porte plus haut prix, que celui qui auroit été convenu, il peut obliger l'acquereur de déclarer par serment la vérité du prix, pour lequel la chose aura été réellement vendue. C'est la disposition de la Coutume, au présent article; de celle d'Auvergne, titre 23, article 9; de Berry, chapitre 14, article 9; de Laon, article 238; de Reims, article 204; de Châlons, article 233, & autres.

2. Après l'affirmation prêtée sur le prix, le retrayant peut être reçu, disent les commentateurs de la Coutume de Paris, article 136, & Brodeau sur M. Louet, lett. R, somm. 53, à prouver la fraude par témoins : c'est aussi le sentiment de M. Tiraqueau, en son traité *du Retrait lignager*, §. 4, glose 1 ; de Papon, sur notre article ; la disposition de la Coutume de Châlons, audit article 233 ; de Poitou, article 326, & de la nôtre, comme il se déduit de l'article 459, *infrà*. Et cela n'est pas contraire à l'édit de Moulins, & à l'ordonn. de 1667, qui n'empêchent pas la preuve par témoins des faits, & principalement des faits de fraude : *Facta, non pacta probantur ;* autrement les fraudes ne se pourroient découvrir.

3. L'acquereur peut aussi réciproquement, suivant notre article, faire affirmer par serment le retrayant, que le retrait est sincere, & qu'il le poursuit pour lui, & non pour un autre. Telle est la disposition de la Coutume de Berry, titre 14, article 10 ; d'Auvergne, titre 23, article 33 ; de Troyes, article 162, & autres : & la disposition de ces Coutumes est très-juste, car le privilége que les Coutumes accordent aux lignagers, leur est personnel, c'est pour conserver les biens dans les familles ; & ils n'en peuvent pas abuser, pour favoriser des étrangers au préjudice de l'acquereur.

4. Notre Coutume au présent article, aussi-bien que celle de Berry, titre 14, article 10 ; de Clermont en Beauvoisis, article 6, & de Reims, article 203, obligent le retrayant d'affirmer que le retrait qu'il fait, est de ses deniers. Ce n'est pas à dire pour cela qu'il soit défendu d'emprunter de l'argent, pour exercer le retrait, puisque dès le moment que nous avons reçu les deniers qui nous ont été prêtés, ils nous deviennent propres, suivant la différence qu'il y a entre *mutuum & commodatum* ; mais seulement de prêter son nom à un autre, des deniers duquel & au profit duquel le retrait soit exécuté, au préjudice des parens lignagers : c'est ce que dit Dumoulin en sa note, sur l'article 10 du titre 14 de la Coutume de Berry ; & après lui M. le président Duret, sur notre article, sur ces mots, DE SES DENIERS. *Nec interest*, dit M. Duret, *etiamsi mutuo cœperit; mutuatitii enim nummi proprii sunt : ergò sufficit quòd non debeatur extraneo prædium reddi, sed pretium tantùm.* M. Duret, *hic*

5. Le lignager n'est tenu de prêter le serment, que lorsque l'acquereur le requiert : ce qu'il doit faire, dit M. de la Thaumassiere, avant que de reconnoître le retrayant, & d'accepter ses offres; car après les offres acceptées, l'acquereur n'est plus recevable à demander le serment du retrayant, & encore moins après le jugement, les choses étant consommées. La Thaumassiere, sur la Coutume de Berry, titre 14, article 10.

6. Après le serment prêté par le lignager, qu'il ne fait point le retrait en fraude, l'acquereur ne laisse pas d'être reçu à faire la preuve du contraire, comme nous avons dit ci-dessus, que le retrayant le pouvoit après l'affirmation prêtée par l'acquereur, que le prix du contrat est véritable : mais cette preuve par témoins de la fraude & collusion en fait de retrait, n'est pas recevable qu'après la sentence adjudicative du retrait, lorsque la fraude est actuellement consommée ; parce qu'avant ce temps-là le retrayant peut changer de volonté, retenir pour lui les choses retirées, & les conserver dans sa famille ; & par conséquent il faut attendre l'événement, ne pouvant juger de la fraude que par l'événement : jusques-là même qu'un lignager qui auroit donné sa promesse par écrit à un étranger de lui revendre l'héritage, quand le retrait lui aura été adjugé, ne seroit pas pour cela privé du retrait, s'il ne revendoit pas en effet, & qu'il continuât la procédure à son profit ; parce qu'il peut changer de sentiment & garder l'héritage, nonobstant la promesse. Telle est la jurisprudence des arrêts rapportés par M. Louet & son commentateur, lett. R, somm. 53 ; & tel est le sentiment commun des auteurs, & l'observation de M. Louis Semin & de M. François Menudel, sur notre article. *Fraus*, dit M. Semin, *quâ Retractus excluditur, consummata esse debet, nec solùm fraudis consilium, sed & eventus fraudis perfectus ad hoc requiritur....* M. Semin, *hic* ; M. Menudel en dit autant.

7. Quand la fraude est consommée, & que le lignager a revendu l'héritage, on peut alors demander à faire preuve par témoins du retrait frauduleux, & que le lignager n'a fait que prêter son nom ; & en ce cas le premier acquereur, ou le second lignager, peuvent intenter leur action en répétition de retrait, c'est-à-dire, que le premier acquereur fera casser le retrait qui a été exercé contre lui, & qu'il rentrera en possession de l'héritage en rendant ce qu'il a reçu, si la fraude est bien prouvée. Telle est la jurisprudence des arrêts rapportés par Brodeau, sur M. Louet, lett. R, somm. 53, & chez Duplessis, aux notes, traité *du Retrait lignager*, chapitre 1, page 284.

8. Cette action en répétition de retrait lignager n'est pas de plus longue durée que l'action de retrait, qui est de trois mois, suivant cette Coutume : mais la difficulté est de savoir d'où l'on doit compter les trois mois ; pour cela il faut user de distinction. Quand la vente est faite en fraude par le lignager & que le nouvel acquereur est entré en jouissance, les trois mois se comptent de l'ensaisinement du second contrat si c'est une roture, ou de la prise-possession, si c'est un héritage allodial, conformément à la disposition de l'article 422, *suprà* ; mais quand la fraude continue, le lignager jouissant toujours de l'héritage, nonobstant la vente qu'il en a faite, les trois mois se comptent seulement *à die detectæ fraudis* : ainsi jugé en cette Sénéchaussée. *Ad Retractum repetendum*, dit M. Louis Semin, *tempus currit à die detectæ fraudis.... & sic judicatum in Senescalliâ, Molinis, die 13 Aprilis, anni 1639,*

orantibus Domino Genin & Domino Semin. C'est la jurisprudence des arrêts rapportés par M. Brodeau sur M. Louet, lett. R, somm. 53.

9. La fraude ne se couvre que par trente ans, à compter du jour du contrat.

ARTICLE CCCCLVI.

L'ACQUEREUR ajourné en cas de Retrait, qui par serment nie judiciellement avoir aucune chose acquise, & il succombe, l'amendera, & sera condamné ès dépens, dommages & intérêts : Et pareillement, si par serment nie avoir baillé deniers ou chose équipollent, & il succombe, il amendera comme dessus, & payera les dépens, dommages & intérêts.

De l'acquereur parjure.

1. LA Coutume de Touraine, articles 173 & 174, & celle de Lodunois, chapitre 15, art. 16, portent la peine de l'acquereur parjure bien plus loin que notre Coutume, au présent article, puisqu'elles le condamnent, outre l'amende, à perdre la chose & les deniers au profit du lignager; au-lieu que, suivant notre Coutume, il ne doit être condamné qu'à l'amende, aux dépens, & dommages & intérêts du retrayant.

2. La disposition de la Coutume, en notre article, n'a lieu que lorsque le parjure est prouvé, & la fraude justifiée; ce qui suppose nécessairement qu'on est recevable à prouver le contraire de ce qui a été affirmé par serment; c'est ce qui résulte de ces termes de notre article, *& il succombe*. Il suffit pour cela que la vente soit prouvée, quoique le prix ne le soit pas; c'est la remarque de M. le président Duret, sur ces mots, ET IL SUCCOMBE, *Ut debet*, dit-il, *si testes adversarii deponant de venditione, quamvis pretium certum non designent*.... M. Duret, *hic*.

3. Il en est de même, quand l'acquereur fait une fausse affirmation touchant le prix de l'acquisition, suivant M. Charles Dumoulin, dans sa note sur le présent article, & M. le président Duret, sur le mot PAREILLEMENT. *Idem*, dit M. le président Duret, *si majus pretium finxerit, & ex appellatione à Præside hujus Provinciæ Senatus decrevit*.... M. Duret, *hic*.

4. Dans le cas où l'acquereur dénie avoir acquis aucune chose, le temps du retrait lignager ou seigneurial ne court que du jour que la fraude a été découverte. *Et in priori casu hujus articuli*, dit M. Louis Semin, après M. le président Duret, *tempus à Statuto præfixum Retractui lineari, aut dominico, non currit in præjudicium consanguinei, aut Domini, nisi à die detectæ fraudis, imò*.... M. Semin, *hic*.

5. Il y a plus; c'est que, dans le cas où l'acquereur a fait une fausse affirmation touchant le prix de son acquisition, le seigneur instruit de la vérité du prix, est reçu à la retenue (selon M. le président Duret) quoiqu'il ait reçu les lods.... *Quin etiam*, dit M. Duret, *etiamsi actor hoc colore forsan pretii iniquitate deterritus hâc vice noluerit retrahere, licèt Dominus laudimia exegerit, tandem verò pretium sciens ad Retractum, laudimiis restitutis, non minùs redire potest*.... M. Duret, *hic*, sur le mot *pareillement*.

ARTICLE CCCCLVII.

LE DROIT de Retenue, ou prélation de chose féodale, ou censive, est cessible par le Seigneur féodal ou direct, & non par le lignager, sinon à autre lignager de même estoc.

De la cession de Retenue & Retrait.

1. LA Coutume d'Auvergne, titre 21, article 20, & celle de la Marche, article 280, contiennent une disposition semblable; & cette disposition a paru injuste à M. Charles Dumoulin, ainsi qu'il s'en explique dans ses notes, sur notre article, & sur lesd. art. desd. Coutumes d'Auvergne & de la Marche : il a même observé sur l'article 280 de la Coutume de la Marche, que cet article a été introduit dans ces provinces par l'autorité de la très-noble Anne de Bourbon, dite la sage duchesse du Bourbonnois, & que ses officiers firent aisément apposer cet article qui leur étoit favorable.

2. Cette observation de M. Dumoulin ne s'accorde pas avec la remarque de M. Julien Brodeau, sur notre article, où il dit qu'il a vu un titre de l'an 1491, (avant la rédaction de la Coutume par conséquent) faisant mention du retrait féodal, cédé par le duc de Bourbonnois à Geofroy, maréchal : ce qui fait connoître qu'au temps de la rédaction de la Coutume, cette disposition étoit Coutume ancienne, & non droit nouveau. Mais (quoiqu'il en soit de cette observation de Dumoulin) ce qui est sûr, c'est que, selon que l'a observé M. Jabely sur ledit article 280 de la Coutume de la Marche, qui est le 278 dans son commentaire, les derniers arrêts ont confirmé cette disposition, qui est aussi celle de la Cout. de Melun, art.

164, & de celle de Mantes, article 78, & qu'ils l'ont étendue aux autres Coutumes qui n'en disposent pas; ensorte qu'à présent c'est le droit commun du royaume, que le seigneur puisse céder le droit de retenue & de prélation à qui bon lui semble : la raison qu'on en donne, c'est que ce droit est un droit domanial, procédant de la premiere concession faite par le seigneur, & qui est *in bonis* du seigneur; ce qui fait qu'il se peut céder.

3. Il n'en est pas de même du retrait lignager, lequel ne se peut céder à un étranger, mais bien à un parent du même estoc, ainsi qu'il est dit dans notre article, dans l'article 23 du chapitre 31 de la Coutume de Nivernois, en l'article 351 de celle de Poitou, & 55 de celle de Xaintonge. La raison est que la cession faite à un étranger, résiste à la nature du retrait, qui est à l'effet de conserver l'héritage dans la ligne.

4. Mais cette décision ne regarde que l'action du retrait lignager, laquelle (comme il vient d'être dit) n'est pas cessible à un étranger de la famille, au préjudice de l'acquereur, quoiqu'il n'y ait point de parens qui réclament; car le retrait étant une fois exécuté, le retrayant dispose de la chose retirée comme de ses autres biens, ainsi que l'observe Papon, sur notre art.

5. Quant au parent lignager, à qui le retrait peut être cédé, suivant notre article, c'est une question s'il doit avoir les qualités de retrayant, & être par conséquent dans le degré auquel il est permis de retirer, qui est le sixieme degré & au-dessous, suivant l'article 434, *suprà*. L'affirmative est fondée sur la disposition de la Coutume de Nivernois, en l'article 23 du chapitre 31, qui porte que, par telle cession, le lignager cessionnaire n'a pas plus grand avantage que si lui-même l'eût retiré; & c'est le sentiment de Coquille, qui observe que la disposition dudit article 23 s'entend du retrait, après l'action intentée, parce qu'auparavant le cessionnaire y pouvoit venir de son chef; que cette cession n'ajoute aucun droit nouveau au cessionnaire, le cédant quittant seulement sa place, afin que le cessionnaire la trouvant vuide, y entre sans obstacle : c'est aussi le sentiment de M. François Menudel, & son observation, sur ces mots de notre article, *à autre lignager du même estoc*, qui soit (dit-il) dans le degré permis de retirer; & partant, cette cession n'ajoute droit nouveau au cessionnaire. Menudel, *hic*.

6. La négative a pour fondement la disposition de notre Coutume, au présent article, qui, n'ayant en vue que de conserver l'héritage dans la ligne, ne demande autre chose pour la validité de la cession du retrait lignager, sinon qu'elle soit faite à un parent du même estoc, sans exiger qu'il soit dans le sixieme degré : ce qui est conforme aux articles précédens 422 & 439, suivant lesquels il n'y a ouverture au retrait lignager que quand l'héritage propre a été vendu à une personne étrange du lignage, & non quand il est vendu à un homme du lignage & de l'estoc dont meut l'héritage. Et tel est le sentiment de plusieurs M[rs]. conseillers & avocats de ce siége, à qui j'ai proposé la question, & qui se sont déterminés pour la négative; & c'est mon sentiment.

7. Mais j'estime qu'il est nécessaire que la cession soit faite après l'action du retrait lignager intentée; parce qu'avant ce temps-là le cédant n'a aucun droit acquis, un autre lignager pouvant le prévenir.

8. En cas de cession, le retrayant est déchu de son action & de son droit; ainsi, quoique la cession soit nulle & sans effet, pour avoir été faite (par exemple) à un étranger de la ligne, il ne peut plus reprendre son action. *Consanguineus*, dit M. Jean Decullant, *licèt inutiliter cesserit, non poterit ipse redire ad Retractum, quia hæc cessio facta contrà prohibitionem Legis præjudicat cedenti....* C'est l'observation de M. Decullant, sur notre article; & tel est le sentiment de M. Tiraqueau, *§. 16, gl. 2, n. 5 & seq.* de Mornac, sur la loi 61, *de servit. rustic. prædior.* & de Grimaudet, *des Retraits*, chapitre 7.

9. Quand celui qui a intenté une action de retrait lignager, décéde sans l'avoir cédée, & avant qu'elle soit jugée, les héritiers seulement qui sont de la ligne y succédent, par argument tiré du présent article; & s'ils sont plusieurs, l'action leur est acquise, par la raison que l'action contestée est un droit héréditaire, & par conséquent commun à tous les héritiers, auxquels, selon sa nature & sa qualité, elle peut être communiquée : mais ce droit n'est acquis à un chacun que pour sa portion; & un seul ne le sauroit poursuivre, ni l'obtenir que pour sa part, si l'acquereur ne veut, à moins qu'il n'ait le transport ou la procuration des autres. Duplessis, sur la Coutume de Paris, traité *du Retrait lignager*, chapitre 6, section 3, page 323.

ARTICLE CCCCLVIII.

Du Contrat d'échange frauduleux.

QUAND aucun lignager, Seigneur féodal ou direct, a fait ajourner, ou commencé Procès contre l'acquereur, pour avoir par droit de Retenue la chose vendue, le vendeur & l'acheteur ne peuvent après faire convention ensemble à son préjudice.

1. LA Coutume de Nivernois, ch. 31, art. 21; celle de Chaumont en Bassigny, article 118, & du duché de Bourgogne, chapitre 10, article 11, contiennent une disposition semblable; & cette disposition est très-juste : car il est certain qu'au moment que le retrayant

retrayant a formé sa demande en retrait, & qu'il a fait assigner l'acquereur pour être condamné à lui passer revente de l'héritage, aux offres prescrites par la Coutume, le vendeur & l'acquereur ont les mains liées à son respect, qu'ils ne peuvent plus faire aucun traité ni convention qui puisse blesser son droit, ou lui faire aucun préjudice; & sa demande, qui a prévenu les actes qui peuvent avoir suivi le contrat de vente, rend suspect tout ce qu'ils peuvent avoir fait ou concerté entr'eux depuis l'assignation.

2. Il n'en est pas tout-à-fait de même de ce qui est fait avant l'ajournement & demande en retrait. *Rectè*, dit M. Louis Semin, après M. le président Duret, *hic art. disponit post citationem emptori factam à Retrahente, quia ante citationem, & citrà fraudem quævis conventio potest fieri inter venditorem & emptorem; Præses, hîc.* M. Louis Semin, *hîc.*

3. Ainsi, si avant la demande en retrait le vendeur (de convention avec l'acheteur) reprend son héritage, le retrayant n'est pas en droit de s'en plaindre, & n'est plus reçu à former sa demande en retrait. C'est l'observation de M. Charles Dumoulin, sur l'article 158 de la Coutume de Touraine; & après lui de M. le président Duret, sur le présent article. *Si ante venditor*, dit M. Duret, *hæredium recuperaverit, magis est ut gentilis contrà non feratur, quoquo modo facta sit recuperatio, sive redemptione voluntariâ, sive permutatione, sive ex donato: Ita quidem si recuperator declaret se velle redemptum tenere, ut in suâ antiquâ lineâ, non ut quæstum novum; Molin. in Cons. Tur. ad verbum* RÉELLE, *art. 158.* M. Duret, *hîc.*

Voyez l'article 482, au sujet des démolitions faites par l'acquereur dans le temps du retrait.

ARTICLE CCCCLIX.

CONTRAT de permutation est présumé simulé & frauduleux, si l'un des permutans est trouvé saisi, possesseur & détenteur de la chose qu'il auroit baillée par permutation dedans l'an après ledit Contrat.

Présomption de Contrat simulé.

1. LE dol & la fraude étant difficiles à prouver, on reçoit pour le vérifier les présomptions & les conjectures, suivant la décision de la loi 6, *Dolum*, Cod. *de dolo malo.* Et c'est une grande & violente présomption de fraude, en fait d'échange, quand la vente & la remise se fait de la chose échangée au copermutant peu de temps après l'échange.

2. Suivant notre article, la possession dans l'an de la chose donnée en contr'échange fait présumer le contrat frauduleux: ce qui doit être entendu non de la possession à titre de succession, mais de la possession par la revente & remise du copermutant; & pour lors il y a lieu au retrait. *Si in permutando*, dit M. le président Duret, *vel intrà annum à permutatione convenit inter permutantes, ut alter ab altero redimat, aut redimi faciat, à se datum; adeò ut conventionis viribus ità datum penès eum cui datum fuit, non remaneat, gentilitiæ redhibitioni locus est. Emptori enim non licet uti dolo, aut aliâ cautelâ, ut consanguineo viam Retractûs percludat, & faciens in fraudem Consuetudinis peccat; Leges enim & Statuta ligant in conscientiâ: In fraudem autem Legis & Consuetudinis fieri dicitur, cùm quid fit ex animo ut evitetur Lex & Consuetudo....* M. Duret, sur l'article 454, & sur le présent article 459.

3. Dans ce cas le lignager de celui qui a vendu à l'autre des permutans la chose qu'il a reçue en contr'échange, a le choix de retraire la chose vendue ou la chose dudit échange, suivant qu'il est dit dans l'article 454, *suprà*, & qu'il a été observé sur ledit article.

ARTICLE CCCCLX.

LES DILIGENCES faites par les lignagers, Seigneurs féodaux ou directs, alencontre de l'acquereur dedans le tems de la Coutume, leur servent & profitent en telle maniere, qu'en quelques mains que ledit héritage soit ou puisse être transporté, le détenteur d'icelui est tenu le laisser au Retrayant, s'il est capable de le faire, en payant par le Retrayant seulement les deniers, frais & loyaux-coûtemens de la premiere vente; sauf le recours audit second acheteur contre son vendeur, & recouvrer alencontre de lui, si plus payé en a que de la premiere vente.

Des diligences faites dans le temps.

1. QUand l'acquereur d'un héritage sujet à retrait a revendu dans le temps du retrait, le lignager peut bien (comme il a été dit sur l'article 427) former sa demande en retrait contre ce premier acquereur, ou contre le second: mais, si le premier acquereur a

revendu avant l'ajournement & sans fraude, il est reçu à déclarer qu'il n'a plus rien à la chose, & nommer celui auquel il a transporté, afin que le demandeur le puisse poursuivre. C'est la disposition de la Coutume d'Anjou, article 408; de celle du Maine, article 419; de Poitou, articles 334 & 352, & autres; & l'observation de M. Charles Dumoulin, dans sa note, sur l'article 210 de la Coutume de Blois. *Certum est*, dit Dumoulin, *quòd citatio facta primo emptori interrumpit: sed, si non sit suspicio fraudis vel collusionis, sufficit nominare novum proprietarium & possessorem, si non est difficilioris vel longioris conventionis, per no. in. L. 2, C. Ubi in rem actio.* C. M.

2. Autre chose est, si le premier acquereur n'a revendu qu'après la demande en retrait contre lui formée dans le temps de la Coutume, & ce par l'argument tiré de l'article 458, *suprà. Enim verò*, dit M. Duret, *si interpellatus emptor non habitâ ratione interpellationis, posteà alteri prædium vendiderit, etsi possessorem nominet, adhuc magis est ut hâc gratiâ benè conveniatur: at si antequam interpelletur, venditio sine fraude contracta sit, declarans Instantiâ liberandus est.* M. Duret, *hìc.*

3. Mais, quoique le transport de l'héritage sujet à retrait ait précédé l'ajournement & demande en retrait, si toutefois ladite demande a été faite au premier acquereur, dans le temps de la Coutume, pour exercer le retrait, elle sert au retrayant à lui assurer l'héritage, au cas que le retrait lui soit adjugé; de maniere qu'en quelques mains que ledit héritage soit ou puisse être transporté, le détenteur d'icelui est tenu le laisser au retrayant, ainsi qu'il est dit dans notre article.

4. Le retrayant en ce cas n'est tenu que de payer le prix & loyaux coûts de la premiere vente, quoique la chose ait été plusieurs fois vendue, & que le prix de la revente soit plus fort que celui de la premiere vente. C'est la disposition de notre Coutume, au présent article; de celle de Nivernois, chapitre 31, article 13; de Berry, titre 14, article 17; de Melun, article 148; d'Auxerre, article 178, & autres. La raison est que c'est par la premiere vente que l'héritage est sorti de la ligne, & que c'est elle qui a donné ouverture au retrait; autrement il seroit au pouvoir du premier acquereur de frauder le retrait, & d'empirer la condition du retrayant, ce qui ne doit pas être toléré: mais en ce cas le second acquereur, dont l'acquisition a été portée à un plus haut prix que celui de la premiere vente, a son recours, comme il est dit dans notre article, contre son vendeur; par la raison que la vente étant résolue par le fait du premier vendeur, le second acquereur doit être indemnisé par le premier acquereur, son vendeur, qui n'en doit pas profiter, & qui doit rendre le prix qu'il a reçu, sans dommages-intérêts, parce que l'éviction vient de la puissance de la loi. *Quòd si emptor*, dit M. Louis Semin, *rem à se emptam vendiderit majori pretio quàm emit, & Retrahens Retractum petat, ex primâ venditione, tenebitur primus emptor restituere secundo emptori pretium, quatenùs hæc secunda venditio primam excedit, & hoc sine damnis & interesse, quia evictio procedit à Statuto.* M. Louis Semin, sur l'article 422, *suprà.*

5. Que si le second acquereur, sur lequel le retrait est exercé, a acheté l'héritage moins que son vendeur ne l'avoit acheté; en ce cas, c'est une question difficile à résoudre, & qui partage les sentimens des docteurs, si le retrayant en est quitte en payant le prix & loyaux coûts de cette seconde vente. La raison de douter se tire de ce que le second acquereur ne peut exiger du retrayant plus grand prix que celui qu'il a donné, lui suffisant qu'il soit indemnisé; & à l'égard du premier acquereur, qu'il ne peut rien demander au retrayant, contre lequel il ne peut avoir aucune action. Mais nonobstant cela, j'estime, 1°. que le retrayant doit le prix & loyaux coûts de la premiere vente; & ma raison est, qu'au moyen du retrait, les ventes qui ont été faites ne subsistant plus, ce n'est que la premiere vente, celle qui a donné ouverture au retrait, qui doit être considérée; que c'est elle dont le retrayant est tenu accomplir toutes les conditions, & celle par conséquent dont il doit rendre le prix. Je dis, en second lieu, que ce qui excéde le prix de la revente doit tourner au profit du premier acquereur, & non du second, afin que le premier soit entiérement indemnisé; qu'il n'importe pas que le premier acquereur ait revendu l'héritage à sa perte; que le prix qu'il en a donné, ne lui doit pas moins être rendu; & ce, avec d'autant plus de raison, que le second acquereur ne devant pas supporter la perte, au cas que le prix de la seconde vente excédât celui de la premiere, il n'est pas juste qu'il profite de l'excédent du prix de la premiere vente, par rapport à la revente: ce qui doit être entendu dans le cas seulement que la revente ait été pure & simple, & sans cession de droits; car autre chose seroit, si le premier acquereur avoit subrogé le second en tous ses droits, noms, raisons & actions.

6. Ce qui vient d'être dit du retrait, en cas de plusieurs ventes faites dans le temps du retrait, ne doit avoir son application qu'au retrait lignager, & ne doit point être tiré à conséquence pour le retrait seigneurial; parce que, chaque vente donnant lieu au retrait seigneurial, le seigneur peut retirer sur celle des ventes que bon lui semble, & ne doit rembourser que le prix de la vente sur laquelle il retire.

7. C'est l'observation de M. le président Duret, & celle de M. de la Thaumassiere, sur la Coutume de Berry, titre 14, article 17. *Etsi aliæ reperiantur*, dit M. Duret, sur ces mots de notre article, ET PLUS PAYÉ EN A, *viliori pretio contractæ, in optione Domini censuarii erit ex qualibet prædium distractione avocare; enim verò si ex priore retineat, laudimia ex sequentibus non assequetur; si ex novissima, ex*

præcedentibus obtinebit, si ex iisdem traditio facta proponatur.... Cœterùm ex novissima jure prælationis utens, ei à quo avocat, integrum pretium & legales impensas sarcire tenetur; nec ob jura antiqua non præstita, ex iis aliquid retinere poterit. M. Duret, *hic.*

8. Une autre difficulté, par rapport à la revente de l'héritage, faite par le premier acquereur dans le temps du retrait, & qui n'est pas moins difficile à résoudre que celle dont nous venons de parler, c'est quand le premier acquereur ne s'étant pas fait investir, a vendu à un autre qui s'est fait ensaisiner. Car c'est pour lors une question, si l'investiture du second acquereur purge le défaut du premier acquereur, ou non; s'il y a lieu au retrait après les trois mois de cet ensaisinement; tant sur le second acheteur qui aura été investi, que sur le premier acheteur qui ne l'aura pas été, & si en conséquence du défaut d'investiture par le premier acquereur, le retrait a lieu perpétuellement.

9. M. le président Duret tient que l'investiture du second acquereur ne purge point le défaut d'investiture par le premier acquereur, & que le retrait a lieu, même après les trois mois de cet ensaisinement, & que cela a été ainsi jugé par arrêt sur un appel de cette Sénéchaussée. *Quòd si Mævius emptor*, dit-il, *Titio vendiderit, & Titius secundus emptor, non etiam Mævius, solemnitates municipales impleverit; Molin. ad Paris. Cons. de mater. feod. §. 13, gl. 5, num. 44, probare videtur ex Mæviana emptione Retractui non minùs locum tribui; & hoc jure utimur: quod & Senatus ex appellatione ex Senescallo hujus Provinciæ Placito firmavit....* M. Duret, sur l'article 422 de cette Coutume, sur le mot, *que l'acheteur.*

10. Cette question s'étant présentée en cette Sénéchaussée en l'année 1611, elle fut fortement discutée, & enfin décidée conformément à ce sentiment, le 17 mars de cette année, au rapport de M. de Chenebrad, tous M[rs]. les conseillers consultés: la même chose a été jugée sur un appel du châtelain de Montluçon, en 1613, au rapport de M. le conseiller Faverot, pour le retrayant, contre le second acquereur qui avoit été investi. Le tout, ainsi qu'il est rapporté dans les manuscrits de M. Vincent & de M. Jean Cordier, sur le mot, *Retrait lignager*, & a été tiré des manuscrits de M. Rougnon. Le fait qui a donné lieu à la contestation, sur laquelle est intervenue la sentence du 17 mars 1611, est rapporté avec les moyens des parties dans lesd. manuscrits.

11. D'autres, d'un sentiment contraire, tiennent que quand le premier acquereur ne se fait point ensaisiner, mais qu'il vend à un autre qui se fait ensaisiner, il n'y a pas lieu au retrait après les trois mois de cet ensaisinement, par la raison que l'héritage est rempli d'un propriétaire ensaisiné ou investi. Tel est le sentiment de M. Julien Brodeau, sur l'article 129 de la Coutume de Paris; de M. Claude de Lafond, sur la Coutume de Vermandois, article 226; de l'auteur des notes sur Duplessis, traité *du Retrait lignager*, chapitre 1, page 278: & ainsi jugé par sentence du châtelet, du 17 août 1612, citée dans lesdites notes, *ibid.*

12. Et tel est mon sentiment; ma raison est que la vente est un titre qui transporte le droit de l'un à l'autre, qui fait passer tout le droit du vendeur en la personne de l'acquereur: de maniere que, comme il étoit au pouvoir du premier acquereur de se faire investir, & de prendre possession pour faire courir le temps du retrait, qu'il avoit ce droit, & que s'il fût décédé sans vendre, ce droit auroit passé à son héritier; il est vrai de dire qu'il a fait passer & transmis ce même droit au second acquereur par la vente qu'il lui a faite; tellement que le second acquereur a droit, également que le premier acquereur, de prendre possession & de se faire investir, pour faire courir le temps du retrait. A la vérité, les lignagers du premier vendeur, tant que la chose vendue a été en la possession du premier acquereur, ont eu droit de retraire par le défaut des solemnités; ils l'ont pu également sur le second acquereur, pendant tout le temps qu'il n'a pas été investi, & dans les trois mois de son investison. Ainsi la chose vendue, qui étoit retrayable sur le premier acquereur, a bien passé avec sa qualité de retrayable entre les mains du second: mais elle a cessé d'être retrayable trois mois après l'investiture du second acquereur, comme elle auroit cessé de l'être trois mois après l'investiture du premier acquereur, s'il se fût fait investir; & de cette façon, le second acquereur, représentant le premier, & ayant tous ses droits, & par conséquent ayant droit de se faire investir également que le premier, il a, par son investiture, purgé la demeure du premier.

13. Autre chose seroit, si le premier acquereur avoit fait la revente, après que le lignager de son vendeur lui auroit formé la demande en retrait; parce qu'il n'a pu la faire au préjudice du retrait & du procès, & que (comme il est dit dans notre article) les diligences du retrayant lui conservent son droit, en quelque main que passe l'héritage. Mais, comme avant l'action du retrait intentée il peut vendre, il n'importe en ce cas, lequel des acquereurs, premier, second, ou troisieme, fasse investir le contrat: le temps du retrait court du jour qu'il a été investi, mais pas plutôt.

ARTICLE CCCCLXI.

Le franc ne retire la chose du serf, & le serf retire la chose du franc.

LA PERSONNE franche ne peut retirer par Retrait lignager la chose mouvant de son estoc, vendue par son lignager serf & de serve condition : Mais la personne serve peut retraire la chose mouvant de son estoc, vendue par son lignager de franche condition.

1. LA disposition de la Coutume, au présent article, a été ainsi rédigée en conformité des articles 201 & 204, *suprà*, qui permettent au serf d'acquérir du franc, & qui ne veulent pas que le franc puisse acquérir du serf. *Ratio hujus paragraphi*, dit M. Jean Decullant, *petitur ex paragraphis 201 & 204, quibus non licet servo vendere fundum nisi ei qui sit ejusdem conditionis, nempè servilis & subditæ eidem Domino; potest tamen acquirere ab homine libero. Incapax enim*, ajoute M. Louis Semin, après M. Duret, *in acquirendo & succedendo, incapax est in retrahendo.*

2. Non-seulement la personne serve peut, suivant le présent article, retirer la chose mouvante de son estoc, vendue par son lignager de franche condition; mais elle peut aussi retraire celle vendue par son lignager de même condition, & appartenant au même seigneur; & ce, par la raison tirée de l'article 204, qui permet tous contrats de vente entre gens serfs, qui sont hommes du même seigneur. C'est encore l'observation de M. Jean Decullant, sur notre article, sur ces mots, VENDUE PAR SON LIGNAGER DE MÊME CONDITION : *Vel etiam*, dit-il, *per propinquum suum ejusdem conditionis servilis & subditæ eidem Domino, ut colligitur ex his quæ dicuntur in paragrapho 204.*

3. Quant à la question, si le parent lignager peut retraire l'héritage taillable vendu du consentement du seigneur taillablier, le même Jean Decullant se propose cette question, & il y répond de la maniere qui suit. *Quæritur*, dit-il, *an fundus taillabilis, consensu Domini venditus extraneo, possit retrahi à propinquo: Facie primâ dixeris non posse, quia non potest emi citrà Domini consensum, ergò nec retrahi, & non posset Dominus consentire Retrahenti, in præjudicium emptoris cui jam consensit; sed distinguendum, scilicèt, si Retrahens commoratur cum venditore, & fundus sit illis communis & indivisus, tunc posset retrahere etiam citrà consensum Domini, quia posset rectà emere hanc portionem indivisam à socio cum quo commoratur, spreto Domino.... secùs autem si Retrahens non haberet jus indivisum, aut non cohabitaret cum venditore.* Jean Decullant, *hic.*

ARTICLE CCCCLXII.

Chose reçue par échange.

QUAND aucun a échangé sa propre chose alencontre d'une autre, la chose échangée est le propre héritage de celui qui l'a échangée, & est subrogée au lieu de celle de celui qui l'a échangée; en maniere que, s'il la vend, elle chet en Retrait.

1. L'Échange, qui est le contrat le plus disposé à produire la subrogation, ne la produit que quand il y a quelque justice à la subrogation, & que d'ailleurs la chose reçue en échange est susceptible des mêmes qualités que la chose donnée ; c'est-pourquoi, si on échange un propre contre un meuble, le meuble ne sera pas propre par subrogation, parce que les meubles ne sont pas susceptibles de cette qualité : ainsi ces mots de notre article, *alencontre d'une autre*, doivent s'entendre d'un autre immeuble.

2. Mais, quand on échange une maison propre contre un autre héritage, l'équité persuadant la subrogation au profit de la famille, & l'héritage étant d'ailleurs susceptible de la qualité de propre, la subrogation se fait de plein droit, conformément à la disposition de cette Coutume, au présent article; de celle de Paris, article 143 ; de Berry, titre 14, article 14; de la Marche, article 273 ; de Perche, article 189; de Melun, article 141 ; de Montfort, article 166, & autres. Par ce moyen un héritage acquêt, donné en échange d'un propre, devient propre; tellement que si celui qui le reçoit en échange de son héritage propre, le vend, il chet en retrait, comme le dit notre article.

3. Cette subrogation légale au cas d'échange se fait pour le tout, à l'effet de donner lieu au retrait de tout l'héritage, quoiqu'il y ait soulte, si cette soulte ou retour d'argent est moindre que la valeur de l'héritage donné par celui qui fait ledit retour, conformément à ce qui est dit en l'article 453, *suprà*. Tellement que, si l'héritage propre est moindre que celui qui a été échangé, & qu'il ait été fait un supplément en deniers, l'héritage reçu en échange du propre ne laissera pas d'être propre pour le tout à l'effet du retrait; par la raison que ce qui

a été payé en deniers, doit être considéré, par rapport au retrait, comme un accessoire qui suit la nature du principal, qui est un échange. Voyez ce qui a été dit sur l'article 239, *suprà*, & Dernusson, traité *des Propres*, ch. 1, sect. 10, nomb. 9 & 10.

4. L'héritage pris en contr'échange est réputé de la même qualité de propre, & de la même ligne, que celui qui a été baillé : ainsi le retrait a lieu, en cas de vente, en la même maniere qu'il eût eu lieu, si l'héritage propre, au lieu duquel celui qui a été échangé est subrogé, eût été vendu. *Et hâc ratione*, dit M. Louis Semin, après M. le président Duret, *stipites attenduntur, ut res eadem permutationis titulo accepta, ejusdem stipitis esse censeatur, cujus erat res concessa.* M. Louis Semin, *hìc.*

5. Que si après l'échange fait, on achete l'héritage propre qui avoit été échangé, il ne sera plus regardé que comme acquêt, & comme tel non-retrayable. C'est la remarque de M. le président Duret, sur notre article, sur ces mots, QUI L'A ÉCHANGÉE : *Etsi*, dit-il, *postea emat hæredium quod titulo permutationis extraneo dedit, quæstus reputabitur, in tantum ut si hoc vendat, jure gentilitio redhiberi non possit*..... M. Duret, *hìc.*

6. Le partage qui se fait entre co-héritiers, tient lieu d'échange; & si un des héritiers du côté paternel dans le partage d'une succession a pris des acquêts ou propres du côté maternel, pour des héritages du côté paternel, il est censé avoir fait échange, & tels héritages sont censés de même ligne, qu'eussent été les autres, s'il les eût pris. Ainsi, si je partage la succession d'un cousin, à qui j'étois tel du côté paternel, avec d'autres cousins qui lui étoient tels du côté de sa mere, & qu'au lieu des propres paternels on me donne des maternels, ils seront subrogés de plein droit aux héritages qui venoient du pere du défunt, & deviendront paternels; & si je les vend, le lignager du côté paternel viendra au retrait, quoique l'héritage ne vienne pas de son côté. C'est la disposition précise de la Coutume de Troyes, art. 154; de celle de Sens, art. 44, & autres; le sentiment des docteurs, & l'observation de M. le président Duret, sur le présent article : *Et notandum*, dit-il, *quòd si plures ex diversis lineis succedant consanguineo suo, & ita dividant immobilia, ut in partem unius quædam veniant quæ non sint suæ lineæ, ea tanquam de suâ lineâ reputabuntur; adeò ut si post illa vendat, gentiles sui tanquam hæredia, ut in locum illorum existentia jure gentilitio redhibere possunt*.... M. le président Duret, *hìc.*

7. Le partage n'opere la subrogation des propres d'une ligne, à la place de ceux de l'autre ligne, que quand il se fait entre les héritiers de différentes lignes; c'est-à-dire, quand l'un des copartageans est seulement de la ligne paternelle, & l'autre de la ligne maternelle : mais, quand le partage se fait entre des enfans, freres ou sœurs germains, habiles par conséquent dans les deux lignes; pour lors il ne se fait pas de subrogation, à cause que les propres d'une ligne y peuvent conserver leur véritable qualité, & que l'on n'a jamais recours à la voie fictive & extraordinaire, telle qu'est la subrogation, quand la vérité peut opérer. Sur ce principe un arrêt rendu en la troisieme, au rapport de M. Boulet, le 6 septembre 1710, dans la Coutume d'Amiens, qui n'a rien de particulier, a décidé que les propres d'une ligne, assignés pour portions héréditaires dans les deux lignes, restoient propres pour le tout dans leur ancienne ligne. Cet arrêt est rapporté dans le traité *des Propres*, édition de 1714, pages 649 & suivantes; & tel est le sentiment de M. Tiraqueau, de M. Dargentré, de Chopin, de Dernusson & autres, contre M. Louet & Brodeau, lett. P, somm. 35, M. le Prêtre, Tronçon, Lebrun & autres.

8. Quant à ce qui concerne l'héritage acquis des deniers d'un propre vendu, il est certain que l'héritage acheté pour le remploi d'un propre aliéné, est subrogé au lieu du propre aliéné, comme il a été dit sur l'article 239, *suprà*, si on a observé les formalités requises par la Coutume, audit article, & qu'il est par conséquent sujet à retrait, comme l'auroit été le propre vendu : mais, si on n'a pas observé les formalités, le propre étant entiérement éteint, l'acquisition faite après du prix ne peut être qu'acquêt; car la qualité du propre vendu ne se conservant pas dans les deniers qui en proviennent, ils ne peuvent la donner à l'héritage, à l'acquisition duquel ils sont employés.

ARTICLE CCCCLXIII.

SI aucun vend l'usufruit de son propre héritage à personne étrange, telle vendition d'usufruit ne chet point en Retrait, sinon qu'après il fit vente à l'acheteur de la propriété; car en ce cas il y a Retrait de la propriété & usufruit: Et s'il vend à l'un l'usufruit, & à l'autre la propriété, ladite propriété gît en Retrait, & sera consolidé ledit usufruit avec ladite propriété icelui fini.

De propriété & usufruit diversement vendus.

1. LE pur usufruit transporté & vendu, soit pour un temps limité, soit pour la vie de l'acquereur, n'est point sujet à retrait; parce que l'usufruit ne consiste que dans la perception des fruits, le fonds demeurant en son entier, & que cette perception n'est que

viagere, à la vie de l'usufruitier. C'est la disposition de notre Coutume, au présent article; de celle de Paris, article 147; de Montfort, article 168; d'Estampes, 179; d'Anjou, article 402; de Touraine, article 187; de Maine, article 413, & autres. Autre chose seroit, si on avoit vendu le fonds sous la reserve de l'usufruit pendant la vie du vendeur; car en ce cas un parent lignager seroit bien fondé à exercer le retrait, sous la même charge.

2. Que si après la vente de l'usufruit on vend la propriété au même acquereur, en ce cas il y a retrait du tout, de la propriété & de l'usufruit, ainsi qu'il est dit dans notre article, & dans l'article 133 de la Coutume de Melun; & la raison que M. Jean Decullant donne de la disposition de ces articles, c'est parce que, par l'acquisition de la propriété faite par l'usufruitier, l'usufruit est réuni & consolidé à la propriété, & par conséquent est éteint & fini; de maniere que cette réunion, qui est naturelle, & se fait de plein droit à la propriété, fait que le tout tombe en retrait. C'est son observation sur ces mots, CAR EN CE CAS: *Quia, dit-il, rei acquisitæ per usufructuarium proprietati, usufructus consolidatur & extinguitur... Quapropter nostri Majores fortè rectiùs hic dumtaxat scripsissent, plenam proprietatem retrahi, & non proprietatem & usumfructum.* C'est le sentiment de M. Decullant.

3. Mais d'autres estiment que la vraie raison de la disposition de notre Coutume, au présent article, & de celle de Melun, article 133, c'est *ad vitandam fraudem*; c'est-pourquoi ils disent que, dans le cas de l'acquisition de la propriété faite par l'usufruitier, il faut distinguer s'il possédoit l'usufruit à titre de donation, de legs, de douaire, ou autre titre qui ne donne point ouverture au retrait; ou si à titre de vente. Au premier cas, ils veulent que son usufruit ne se confond point avec la propriété, pour lui faire ce préjudice d'être évincé de l'un & de l'autre, n'y ayant aucune suspicion de fraude, mais un accommodement dans l'acquisition d'une chose nécessaire: ce qui fait qu'il n'y a que la propriété qui tombe en retrait; & c'est, disent-ils, l'espece de la loi *A liberto 35, de bonis libert.* qui parle d'un usufruit légué, & résout, *usumfructum in causam pristinam restituendum.* Dans le second cas, ils disent que la vente de l'usufruit & de la propriété étant faite par un même vendeur à un même acquereur, par deux contrats séparés, faits en divers temps, vraisemblablement à dessein de frauder le retrait, les choses sont réduites aux mêmes termes, que s'il n'y avoit qu'une vente: ce qui fait que le tout est sujet à retrait. Tel est le raisonnement de M. Julien Brodeau, sur M. Louet, lett. D, somm. 23, nombre 3; & c'est mon sentiment, qui se trouve autorisé par ce qui est dit dans l'article 477, *infrà.*

4. En ce cas, dit M. le président Duret, les lods & ventes sont dus, tant de la vente de la propriété, que de celle de l'usufruit. C'est son observation sur ces mots de notre article, DE LA PROPRIÉTÉ ET USUFRUIT: *Et laudimia*, dit-il, *de utroque facienda sunt, quamvis proprietas & mox usufructus separatim vendantur.... Et certè totus hic paragraphus*, ajoute M. Duret, *scriptus est, ut occurrat fraudibus contrahentium, qui ut gentilitiam redhibitionem, & laudimia in totum, vel in partem excludant.... in partes secant, & particulatim distrahunt: ergò solus finis cogitatæ fraudis observatur & inspiciendus est, rei & actus qui geritur, substantia & natura.... & aliter ratiocinandum, si bonâ fide & eventu res emantur.... item si quis ab alio usumfructum emerit.... Proclivius est enim eo casu, ut de pretio usufructûs laudimia non præstentur, quamvis utriusque emptio concurrat, & fortè eodem tempore fiat, modò fraus absit....* M. Duret, *hic.*

5. Ce qui vient d'être dit ne regarde que le cas auquel la propriété & l'usufruit sont vendus au même acquereur, comme il est dit dans notre article; car, si la propriété est vendue à l'un (comme il est aussi dit dans le présent article) & l'usufruit à l'autre, nulle difficulté qu'il n'y a que la propriété qui tombe en retrait, mais que l'usufruit sera consolidé & réuni à la propriété, quand il sera fini; le tout, suivant notre article, & l'article 133 de la Coutume de Melun.

ARTICLE CCCCLXIV.

Quand Retrait dort.

QUAND aucun héritage eſt acquis, conſtant & durant le mariage de deux conjoints mariez, ou de communs perſonniers, par l'un deſdits communs ou conjoints, dont l'un des deux eſt parent lignager du vendeur du côté & ligne dont l'héritage meut, l'héritage ainſi vendu ne gît en Retenue durant & conſtant ledit mariage ou communauté ; mais après le trépas de l'un deſdits conjoints ou communs, ſi ledit lignager commun ou ſes héritiers n'ont remboursé les autres communs non-lignagers ou leurs héritiers dedans trois mois, à compter du tems de la ſociété diſſolue, la portion échéant auſdits communs non-lignagers ou leurs héritiers, gît en Retrait trois mois après leſdits trois mois paſſez : Mais, ſi lad. ſociété eſt diſſolue par le contrat & convenance faite entre leſdits communs, leſdits trois mois ne courent contre ledit lignager, ſinon après que déclaration aura été faite pardevant le Juge ordinaire deſdits communs, de ladite diſſolution de communauté.

1. QUand un héritage propre a été acquis pendant la communauté d'entre conjoints ou communs, & que l'un des conjoints ou communs eſt parent lignager du vendeur, du côté & ligne dont l'héritage meut, il n'y a pas de retrait ſur eux, tandis que la communauté dure : la raiſon eſt que, pendant le mariage ou la communauté, l'héritage n'eſt pas ſorti hors de la ligne ; qu'il conſerve toujours, tant que la communauté dure, ſa qualité de propre pour le tout, puiſqu'il peut tomber après la diſſolution de la communauté à ceux qui ſont en ligne. Mais il y a plus ; c'eſt qu'après la diſſolution du mariage ou de la communauté, l'héritage ne ſe partage pas comme commun, & qu'il demeure à celui ou ceux qui ſont de l'eſtoc & branche dont ſe meut ledit héritage, qui ont droit de le retenir (ſi bon leur ſemble) en rembourſant les autres communs & perſonniers du prix de l'acquiſition dudit héritage pour leur portion. C'eſt la diſpoſition de notre Coutume, au préſent article, & en l'article 273 ; de celle de Sens, article 60 ; de Troyes, article 150 ; d'Auxerre, article 181 ; de Montargis, chapitre 16, article 5, & autres ; & nous avons expliqué, ſur ledit article 273, ce que c'eſt que ce droit de retenue entre communs, & quelles en ſont les charges & conditions.

2. Mais, ſi le commun qui a droit de retenir ledit héritage n'uſe pas de ſon droit, & que la moitié de l'héritage, par le partage de la communauté, ſorte hors de la ligne, en ce cas cette moitié qui arrive au commun non-lignager, ou à ſes héritiers, gît en retrait, & eſt retrayable par les parens lignagers du vendeur, ſuivant qu'il eſt porté en notre article.

3. La Coutume, en l'article 273, donne au commun lignager, qui veut retenir l'héritage mouvant de ſon eſtoc, un an pour faire le rembourſement à ſes autres communs non-lignagers de leur portion du prix de l'acquiſition dudit héritage : mais au préſent article elle veut que, ſi le lignager commun ou ſes héritiers n'ont rembourſé les autres communs non-lignagers, ou leurs héritiers, dans trois mois, à compter du temps de la ſociété diſſolue, la portion échéant auxdits communs non-lignagers, ou à leurs héritiers auſſi non-lignagers, ſoit retrayable trois mois après leſdits trois mois paſſés. Ainſi le temps marqué en l'article 273, ne regarde que les communs ; & le temps d'un an eſt le temps que le rembourſement leur doit être fait, après quoi on n'y eſt plus recevable : au-lieu que le temps fixé par le préſent article concerne les lignagers qui ne ſont pas communs ; & la Coutume y marque le temps que l'héritage eſt retrayable, ou non, par les lignagers du vendeur qui ne ſont pas communs. C'eſt ainſi que nos commentateurs, Papon, le préſident Duret & Louis Semin, concilient ces deux articles.

4. *Articulo 273, ſuprà*, dit M. Duret, ſur le préſent art. *annus conceditur ad retrahendum, computandus à die diſſolutæ ſocietatis, & in hoc articulo tres menſes ; quomodò tam variè ? Hâc diſtinctione conciliandos putamus, ut prior inter ſocios locum habeat, iſte verò reſpectu gentilium ſocii & venditoris, quorum ſi quis prævenerit exhauſtis tribus menſibus qui pertinent ad gentilem ex ſociis, præferetur ex mente Papon. hic.* M. Duret, ſur ces mots de notre article, APRÈS LES TROIS MOIS.

5. M. Louis Semin a fait la même obſervation : *Hunc articulum*, dit-il, *cum articulo 273 junge ; & ut concilientur, nota articulum 273 locum habere inter conſanguineum venditoris & ejus conſocios, ut reſpectu conſociorum annum habeat ad retrahendum, à die diſſolutæ ſocietatis computandum ; reſpectu autem alterius conſanguinei venditoris non ſocii, præferatur Retrahens intrà trimeſtre computandum, ut ſuprà : poſt trimeſtre autem ſi conſanguineus non ſocius præveniat, vel occupet, eidem conſanguineo*

socio præferri debeat, & hic est casus hujus articuli. M. Louis Semin, *hìc.*

6. Les lignagers du vendeur, qui ne sont pas communs, ne sont point reçus (comme l'on voit) à retraire, & n'ont point par conséquent de prévention sur le lignager commun dans les trois mois, à compter de la dissolution de la communauté, mais bien dans les trois mois d'après : *Non datur enim*, dit M. Menudel, *lineari non socio, præventio contrà linearem socium, pendente primo trimestri à societate solutâ....* Menudel, *hìc.*

7. Il y a plus, c'est que le retrait n'a lieu quand le conjoint ou commun survivant qui n'est pas en ligne, a des enfans qui sont en ligne, c'est-à-dire, parens du côté & ligne du vendeur ; par la raison que les enfans qui sont en ligne, étant présomptifs héritiers du survivant qui n'est en ligne, ils conservent, par l'espérance qu'ils ont de lui succéder, l'héritage dans la famille, & empêchent que les lignagers n'exercent le retrait contre lui à leur préjudice. C'est la disposition de la Coutume de Montfort, article 172 ; de Mantes, article 83 ; de Vermandois, article 249 ; de Reims, article 217, & de Paris, article 156 ; & la disposition de ces Coutumes s'observe dans celle-ci, selon que l'a remarqué M. le président Duret, sur ces mots de notre article, GIT EN RETRAIT. *Nisi talis extraneus*, dit il, *sit conjugum alter, & ex altero gentili præmortuo existentes liberos sustulerit, Cons. Paris. art. 156 ; quoniam votum est parentum ad liberos res suas transferre, Cons. Montfort. art. 172, ubi tamen non ineptè restringit, si ejusmodi portio, ejusmodi liberis, non aliis fortè extraneis ex alio matrimonio cedat.* Telle est la remarque de M. Duret, & c'est aussi celle de M. Potier, *hìc.*

8. Mais, si les enfans qui sont en ligne viennent à décéder, pour lors le retrait a lieu contre le survivant qui n'est en ligne, dans les trois mois du décès du dernier décédé des enfans ; parce que de ce jour seulement l'héritage est demeuré en des mains étrangeres, sans espérance de rentrer dans la famille par la succession du possesseur.

9. Sur quoi il faut observer que, quand la Coutume donne dans le présent article trois mois aux lignagers non-communs, pour retraire la portion échéant aux communs non-lignagers, à compter de l'expiration des trois mois qu'elle accorde au lignager commun pour retenir, par préférence à tous lignagers, elle suppose qu'on a observé, durant le mariage ou la communauté, les formalités prescrites par l'article 422, pour faire courir le temps du retrait, & que l'héritage, si c'est une roture, a été ensaisiné : car, si cela n'est pas, & que l'héritage ne soit pas ensaisiné, les trois mois du retrait ne courent contre les lignagers non-communs que du jour de l'ensaisinement ; tellement qu'à défaut de cet ensaisinement ils sont recevables à exercer le retrait dans les trente ans, à compter de l'expiration des trois mois accordés au lignager commun.

10. Il n'en est pas de même du lignager commun ; parce que la Coutume, en l'article 263, prononce une déchéance contre lui, faute par lui de faire le remboursement dans l'année, à compter de la communauté dissoute ; c'est ce qui a été observé sur ledit article. Il y a même quelque chose de plus à son égard, selon M. Menudel, c'est que la disposition de la Coutume en l'article 273, & au présent article, devant être entendue, par rapport à lui, plutôt d'un remboursement que d'un retrait, il s'ensuit que le fils du lignager commun ne peut être reçu à ce remboursement, si son pere s'en est départi au profit de ses communs, *aliud verò* au retrait. C'est la remarque de M. Menudel, sur notre article.

ARTICLE CCCCLXV.

Quand le mari retire au nom de sa femme.

LE MARI à cause de sa femme peut faire offre de Retrait, & requerir en Jugement pour sa femme le Retrait, sans le consentement ou procuration de sa femme.

1. EN retrait censuel, le mari a le choix du retrait, ou de prendre les droits des lods & ventes, sans que sa femme puisse l'obliger d'exercer le retrait ; parce que c'est le profit de la communauté, de laquelle le mari est le maître.

2. Dans le cas du retrait féodal, ou lignager, le mari peut l'exercer sans le consentement de la femme : il peut, quand sa femme est lignagere du vendeur, faire offres de retrait, & requérir en jugement seul, sans le consentement ou procuration de sa femme ; 1°. parce qu'il ne s'agit pas d'aliéner le bien de sa femme, ce que le mari ne peut faire ; mais d'acquérir ou de ne pas acquérir, ce qui ne lui est pas défendu ; 2°. à cause de son intérêt, & pour les fruits qui entrent en communauté : ainsi le dispose notre Coutume, au présent article ; celle de Poitou, en l'article 331 ; celle de Reims, en l'art. 223, & autres.

3. Mais il faut que la femme soit non-séparée, & que l'assignation soit donnée, & les offres faites sous le nom de la femme, à peine de nullité. C'est ce qui résulte des termes de notre article, *requérir en Jugement pour sadite femme* ; & il a été ainsi jugé par arrêt du mardi matin, 11 mars 1614, M. le premier président de Verdun séant, plaidans Chaussepied, Gautier, & M. l'avocat général Servin ; ledit arrêt cité par Lelet, Theveneau & Brodeau, sur l'article

331

331 de la Coutume de Poitou; & le même Brodeau, sur l'article 129 de la Coutume de Paris; Delhommeau, en ses *Max.* liv. 3, art. 190, aux notes.

4. Il y a plus; c'est que, dans le cas du retrait seigneurial, si le droit de retenue est contesté, la femme, à qui appartient ce droit, doit être partie dans l'instance. C'est l'observation de M. Louis Semin, sur le présent article: *Si tamen*, dit-il, *de Retractu feudali vel dominico agatur, & jus illud dominicum revocetur in dubium, tunc debet uxor agere; quia agitur de proprietate, cui maritus agendo, vel alio quovis modo præjudicare non potest.* M. Semin, *hìc.*

5. Au-reste, le mari peut intenter l'action en retrait, même malgré sa femme, si ce n'est qu'ils fussent séparés de biens: c'est le sentiment de M. Dumoulin, & après lui de M. le président Duret, & de M. Jean Decullant. Voici comment s'expliquent ces deux derniers, sur ces mots de notre article, SANS LE CONSENTEMENT: *Imò & eâ reclamante*, dit M. Duret, *si sint communes in bonis, ut crebriùs est; secùs si non esset communio, & sic uxor ejus administraret, ut potest, factâ bonorum separatione, Molin. ad Consf. Parisf. de mat. feod. §. 13, gl. 1.* M. Duret.

6. M. Jean Decullant en dit autant: *Imò*, dit-il, *& invitâ uxore posset agere; non enim ipsa autorisaretur à Judice, nec audiretur ad contradicendum, cùm justam ad hoc causam non haberet, quia conditio propriorum uxoris per hoc non sit deterior; secùs si ipsum jus retrahendi in dubium revocaretur, quo casu deberet Judicio adesse, Molin. §. 13 vet. Consf. Parisf. gl. 1, n. 47, & ad §. 223 Rhem. Consf.....* M. Decullant, *hìc.*

7. Il n'en est pas de même de la femme; elle ne peut pas intenter l'action en retrait, sans l'autorité de son mari, ainsi qu'il résulte de l'article 169, *suprà*, & qu'il a été jugé (dit M. Potier) en ce présidial, contre la femme d'un nommé Delarbre, du village de Beaumont, en l'année 1638. Mais elle le peut, dit M. de la Thaumassiere, en se faisant autoriser en justice, au refus par son mari de l'autoriser. Potier, *hìc*, & la Thaumassiere, sur la Coutume de Berry, tit. 14, art. 24.

8. Le tuteur peut retraire au nom de ses pupilles ou mineurs: il est même recevable de retraire au nom de ses mineurs l'héritage qu'il a vendu, ou retirer en son nom l'héritage vendu par justice sur ses mineurs; parce que l'aliénation faite par le vendeur en nom qualifié, ne l'oblige pas en son nom privé, & ne lui ôte pas le droit qu'il a de son chef: autre chose seroit, s'il avoit vendu en son nom, ou conjointement ou solidairement avec ses mineurs. Dumoulin, sur l'article 20 de l'ancienne Coutume de Paris, gl. 1, n. 13; Delhommeau, en ses *Max.* article 193; Chopin, *de Mor. Parisf. lib. 13, tit. 4, n. 10.*

9. Sur la question, si un mineur peut intenter l'action en retrait, sans être autorisé par son curateur, le sentiment commun est qu'il le peut. La raison est que tout ce que le mineur fait sans l'autorité de son curateur, est valable, quand il fait sa condition meilleure & avantageuse; par la raison que ce qui est introduit en faveur d'une personne, ne doit pas être retorqué contre lui: d'où l'on conclut que les procédures faites par un mineur, sans l'autorité du curateur, sont bonnes & valables, *quandò constat de acquirendo*; arrêt du 3 juin 1585, qui l'a ainsi jugé. Ce qu'il y avoit de particulier, c'est que le curateur approuvoit en la cour ce qui avoit été fait par son mineur. Tel est le sentiment de Delhommeau, en ses *Max. du Droit Franç.* livre 3, article 194; de Jovet, *Bibliothéque des Arrêts*, sur le mot *Retrait*; de M^rs. Louet & Brodeau, lettre M, somm. 21; de l'auteur des notes, sur Duplessis, traité *du Retrait lignager*, chapitre 2, section 1, pages 289 & 290; de Potier, sur notre article: & il a été ainsi jugé en cette Sénéchaussée plusieurs fois, nommément à mon rapport, le 23 avril 1722, dans le procès de la dame Cousin, femme de M. Cantat, conseiller, contre le sieur Ducreuset.

10. A la vérité il y a sentiment & arrêt contraires. La question n'est pas sans difficulté, à cause de la disposition de la Coutume, article 169; & le jugement du 23 avril 1722 ne passa pas sans contradicteurs: j'adhere pourtant au premier sentiment; par la raison que ce qui est introduit en faveur du mineur, ne doit pas lui préjudicier; qu'il se peut faire que le temps du retrait expire, & que le mineur n'ait pas le temps de se faire créer un curateur.

ARTICLE CCCCLXVI.

Du Retrayant de rente vendue par deux conjoints.

SI le mari & la femme, & chacun d'eux pour le tout, vendent aucune rente, ès cas où il est permis, tout & ainsi que le créditeur la peut demander pour le tout à celui que bon lui semble, pareillement le lignager de l'un d'eux ou de l'autre peut *in solidum* venir au Retrait de ladite rente: Et si lesdits deux lignagers concurrent ensemble, le plus prochain lignager du vendeur sera préféré; & s'ils sont en pareil degré, ils seront reçus chacun par moitié.

1. LA rente dont il est parlé dans le présent article, n'est pas une rente ancienne, comme le prétend M. Ch. Dumoulin, qui appartienne aux conjoints & qu'ils vendent à un tiers, mais une rente qu'ils constituent sur leurs biens, au profit d'un tiers, & dont ils se

reconnoiſſent débiteurs; de maniere toutefois que le créancier d'icelle puiſſe s'adreſſer pour le paiement de la rente entiere au mari ou à la femme, c'eſt-à-dire, aux biens de l'un ou de l'autre: c'eſt ce qui paroît par les termes de notre article, dont la lecture ſeule fait connoître que la note de Dumoulin ſur icelui ne lui convient pas.

2. Il eſt néceſſaire, pour l'intelligence de cet article, comme l'a remarqué M. Menudel, de le joindre avec l'article 423, *ſuprà*, avec lequel il a du rapport: car dans l'un & dans l'autre de ces deux articles il y eſt queſtion d'une rente que le débiteur d'icelle aſſigne & conſtitue ſur certains héritages, comme il eſt dit dans l'article 423; & ce qui fait connoître que, dans le préſent article, il s'y agit, comme dans le 423, d'une rente aſſignée ou conſtituée ſur certains héritages, ce ſont ces termes, *vendent aucune rente ès cas où il eſt permis*: car ces mots, *ès cas où il eſt permis*, ont viſiblement du rapport au ſentiment des théologiens & canoniſtes de ces temps-là, qui vouloient que les rentes conſtituées, pour ne pas reſſentir l'uſure, & afin de les faire reſſembler aux rentes créées par bail d'héritages, fuſſent conſtituées par aſſignat ſur des héritages particuliers; tellement que ceux qui n'avoient pas d'héritages, ne pouvoient pas conſtituer rentes ſur eux, ainſi qu'il a été dit ſur l'article 418, *ſuprà*, où il faut avoir recours.

3. Suivant l'article 423, quand quelqu'un vend ou conſtitue ſur ſes biens une rente au profit d'un tiers, telle rente peut être retrayée par les parens lignagers, du côté d'où procédent les héritages, ſur leſquels ladite rente eſt aſſignée, & ce pour les raiſons alléguées ſur ledit article.

4. Et, par le préſent article, quand le mari & la femme vendent ou conſtituent une rente au profit d'un tiers, ſur leurs héritages, de maniere que le mari & la femme la conſtituent & l'aſſignent conjointement chacun ſur leurs héritages propres, enſorte que le créancier d'icelle puiſſe s'adreſſer pour le paiement de la rente entiere au mari ou à la femme, & la percevoir ſur les héritages de l'un ou de l'autre; en ce cas le parent lignager de l'un ou de l'autre des conjoints, du côté d'où procédent leſdits héritages, ſur leſquels ladite rente eſt aſſignée & conſtituée, peuvent la retraire entiérement; & s'ils ſe trouvent en concurrence, le plus prochain du mari ou de la femme ſera préféré; & s'ils ſont en pareil degré, ils la retireront par moitié. C'eſt ainſi qu'il faut entendre le préſent article, qui eſt conforme à l'article 357 de la Coutume de Poitou, & qui n'a ſon application qu'aux rentes conſtituées par aſſignat, ainſi qu'il ſe pratiquoit dans le temps de la rédaction de notre Coutume, & non aux rentes conſtituées d'aujourd'hui, perſonnelles & volantes, purement hypothécaires, affectées & hypothéquées généralement ſur tous les biens du conſtituant; & ce par les raiſons déduites ſur l'article 423, *ſuprà*.

ARTICLE CCCCLXVII.

Du Retrait de l'aſſignal de la femme.

LES LIGNAGERS du mari peuvent avoir par droit de Retenue la choſe mouvant de leur eſtoc & ligne baillée par aſſignal à ſa femme, quand elle le vend & met en autre main: Mais ſi ledit aſſignal après le trépas de la femme vient par ſucceſſion à ſon frere ou couſin, & ledit frere ou couſin le vend, en ce cas le lignager dudit vendeur & de l'eſtoc de la mere ſera reçu à le demander par Retrait.

1. LA premiere partie du préſent article eſt Coutume ancienne; & la ſeconde partie, depuis ces mots, *Mais ſi ledit aſſignat*, fut ajoutée pour Coutume nouvelle, du conſentement des trois états, dans le temps de la réformation de la Coutume, comme il eſt dit dans ſon procès-verbal, ſur notre article.

2. L'aſſignat, dont il eſt parlé dans le préſent article, c'eſt l'héritage qui eſt aſſigné par le mari, pour la ſûreté des deniers dotaux, & dont la femme eſt comme propriétaire juſqu'au rembourſement de ſa dot, ainſi qu'il a été dit ſur l'article 254, *ſuprà*, où il faut avoir recours, & qu'il ſe déduit du préſent article; car, ſuivant notre article, l'aſſignat, dans cette province, eſt tranſlatif de propriété, comme il l'eſt dans la Coutume de Nivernois, mais non irrévocablement: c'eſt ce qui ſe prouve par ce qui y eſt dit, que la femme peut vendre l'aſſignat & le mettre en autre main; & que ſi elle ne le vend pas, il paſſe après ſon décès à ſes héritiers, par droit de ſucceſſion. C'eſt l'obſervation de M. Jean Decullant, ſur le préſent article.

3. *Hic paragraphus*, dit Decullant, *attribuit uxori dominium fundi ſuper quem dos eſt aſſignata, ita ut transferat dominium; quod colligitur ex ſuis verbis*, QUAND ELLE LE VEND ET MET EN AUTRE MAIN. 2°. *Retractus conceſſus propinquis præſupponit veram dominii alienationem, quæ fieri non poteſt niſi à Domino.* 3°. *In ſecundâ parte hujus paragraphi fundus aſſignatus dotis obvenit jure ſucceſſionis propinquis uxoris, qui poſſunt eum diſtrahere, cujus Retractus non ampliùs competit propinquis mariti, ſed propinquis venditoris ex familiâ uxoris, cui familiæ* il eſt fait propre naiſſant & retrayable, pour être échu par

succession, §. 435, *suprà. Si uxor non fuisset domina, non transtulisset hæredi, neque fundus factus fuisset proprius suæ familiæ. Nota primum membrum hujus paragraphi esse veteris Consuetudinis, secundum autem fuisse adjectum tempore reformationis: hoc demonstrat dispositionem hujus paragraphi fuisse examinatam, & novos Statuentes non solùm veteribus assensisse, sed procedentes ultrà statuisse fundum doti assignatum obvenire hæredibus uxoris, & eorum familiæ agnatis. Paragraphus 254, suprà, confirmat hanc sententiam, quam illic* Papon *rationibus confirmat: hinc colligitur Majores nostros voluisse assignatione dominium uxori transferri; tamen, ut dixit* Papon *in d. §. 254, revocabiliter. Nivern. idem statuerunt, paragr. 12, 13, 17 & 18, tit.* DES DROITS DES GENS MARIÉS. J. Decullant, *hìc.*

4. L'assignat, suivant la remarque de Coquille sur l'article 13 du titre 23 de la Coutume de Nivernois, n'a aucun effet durant le mariage; parce que le mari peut le rendre sans effet, en faisant l'emploi des deniers dotaux; mais, après le décès du mari, la femme, selon qu'il est porté audit article 13 du titre 23 de ladite Coutume de Nivernois, en est saisie, & elle en demeure (comme il a été dit ci-dessus) propriétaire, à défaut par les héritiers de son mari de lui faire le remboursement de sa dot; & si elle le vend, & qu'elle le fasse passer en d'autres mains, les lignagers du mari, non héritiers, du côté & ligne d'où est venu l'héritage, peuvent le retraire, ainsi qu'il est dit dans notre article.

5. Mais, si la femme vient à décéder sans en avoir disposé, & sans enfans, & que ledit assignat passe à titre successif à son héritier collatéral; en ce cas, comme il devient propre naissant en la personne de ce collatéral, & retrayable, suivant l'article 435, *suprà*, pour être échu par succession, les parens lignagers du vendeur, du côté de la femme, par qui lui est venu l'héritage & qui l'a mis la premiere dans leur famille, peuvent le demander par retrait, suivant qu'il est porté en notre article, & qu'il a été remarqué par M. Jean Decullant, que nous venons de citer.

ARTICLE CCCCLXVIII.

De Retraitō des choses données aux enfans en mariage.

Si pere ou mere, en Contrat de mariage, donnent aucune chose immeuble à leurs enfans, de quelque côté qu'elle soit venue, icelle chose est réputée pour héritage ausdits enfans; & si elle est vendue, elle sera sujette à Retrait de l'estoc & côté de celui qui l'aura donnée.

1. IL en est de la donation en ligne directe descendante, comme de la succession, elle fait également des propres; & c'est un droit commun de toutes nos Coutumes, & un usage universel dans toute la France coutumiere, que les immeubles donnés par les ascendans aux descendans, leur sont propres, de même que s'ils leur étoient échus par succession. La raison est que tout ce qui est donné par les ascendans à leurs enfans, est censé donné en avancement d'hoirie, suivant la disposition précise de cette Coutume, article 274; de celle de Paris, article 278; d'Orléans, article 210; d'Estampes, article 144; de Mantes, article 149, & de Montfort, article 151; & que les donations faites par les peres & meres à leurs enfans, *non tam meritis, quàm ex jure naturæ factæ videntur*; que ces donations ne sont regardées que comme des délivrances de choses, sur lesquelles les enfans donataires avoient un droit anticipé.

2. Ainsi, la donation d'immeuble faite par un pere ou mere à l'un de leurs enfans en contrat de mariage, si elle est faite d'un propre, elle conserve dans la personne du donataire cette qualité de propre; & si elle est faite d'un acquêt, elle en fait en la personne du donataire un propre naissant; & si l'acquêt donné par le pere à son fils, est vendu par le fils, il est sujet à retrait. C'est la disposition précise de la Coutume de Troyes, article 153; de celle de Melun, article 131; de Sens, article 41; d'Auxerre, article 162; & c'est aussi celle de cette Coutume, au présent article.

3. Car la disposition de notre Coutume doit être entendue d'un acquêt immeuble, donné par les pere & mere à leurs enfans, selon le sentiment de nos anciens, dans leurs remarques manuscrites sur notre article. *Hic articulus*, dit M. le président Duret, *obtinet, etiamsi res donata quæstus donantium sit*: mais il y a plus; c'est que, selon M. François Menudel, elle n'a d'application qu'aux acquêts donnés par les ascendans à leurs descendans: *Hic paragraphus*, dit-il, *de acquestibus tantùm parentum datis gnatis intelligitur; ad quid enim*, ajoute-t-il, *hic paragraphus, nisi dictis quæstibus, cùm paragraphus 422 statuat de patrimonialibus, & totus hic titulus.* M. Duret, & M. Menudel, *hìc.*

4. M. Jacq. Potier, sur cet art. prétend qu'il ne doit être entendu que de l'immeuble propre, donné par les pere & mere à leurs enfans, à cause de ces termes qui y sont insérés, *de quel côté qu'elle soit venue*, qui démontrent (dit-il) suffisamment que, pour donner lieu au retrait, il faut que l'héritage ait estoqué: mais ce sont précisément ces termes qui prouvent qu'il n'y est parlé que de l'acquêt immeuble; parce qu'autrement il y auroit une contrariété

évidente entre le présent article & l'art. 422, *suprà*; puisque l'article 422, *suprà*, n'accorde le retrait, à l'égard du propre ancien, qu'au lignager du vendeur, du côté & ligne d'où est venu l'héritage; & que notre article veut que la chose donnée soit retrayable par le parent du vendeur, pourvu qu'il le soit simplement du côté de celui qui l'aura donnée, de quelque côté que la chose vienne.

5. Mais il est visible que la disposition de notre article n'est telle, que parce qu'il n'y est question que d'un acquêt des pere ou mere par eux donné à leurs enfans, & devenu propre naissant en leurs personnes par le moyen de cette donation : car, lorsqu'il s'agit de l'aliénation d'un propre naissant, il suffit, pour le retrait d'icelui, d'être parent du vendeur, du côté de celui dont il tient l'héritage; & l'on ne remonte pas plus haut, puisqu'il est le premier qui a mis l'héritage dans la ligne, ledit héritage étant acquêt en sa personne.

6. Le sentiment de Potier ne me paroît pas soutenable; car ou la donation en ligne directe descendante est considérée comme une succession anticipée, ou non; & ou elle fait des propres, ou elle fait des acquêts. Si elle fait des propres, & que d'un acquêt elle fasse un propre, l'acquêt donné par un pere à son fils est donc un propre naissant en la personne du fils, & par conséquent sujet à retrait, au cas qu'il le vende : si au-contraire d'un propre elle en fait un acquêt, l'immeuble donné par le pere à son fils, quoique propre en la personne du pere, est donc acquêt en celle du fils : ce qui est contraire à la disposition du présent article.

7. M. Jean Decullant convient bien que la disposition du présent article a son application à l'acquêt immeuble donné par les pere & mere à l'un de leurs enfans : mais il distingue & dit, que si l'acquêt donné par le pere au fils n'a été vendu qu'après le décès du pere, il sera sujet à retrait; parce qu'ayant été donné par le pere, de son vivant, en avancement de sa succession, il est réputé en faire partie après sa mort, & avoir estoqué; mais que si l'acquêt a été vendu avant le décès du pere donateur, en ce cas il n'étoit pas sujet à retrait, puisqu'il avoit été vendu avant que d'avoir estoqué, & être devenu propre de la famille, qui est le cas de l'arrêt dont parle Potier, de l'année 1644. Potier dit que la chose fut jugée en cette Sénéchaussée en 1641, & que la sentence fut confirmée par arrêt : mais il a été mal informé, puisque (selon M. Jean Decullant qui avoit écrit au procès) l'affaire ne fut point jugée en ce siége, & qu'elle fut évoquée au parlement; & il ne dit pas s'il y eut arrêt, & ce qui fut décidé.

8. *Quæritur*, dit Jean Decullant, *an hic paragraphus intelligatur de immobili proprio & patrimoniali dumtaxat, an etiam de conquestu facto à parentibus : Hæc quæstio mota fuit in Curia Senescalli, anno 1641.* Fradet, *Dominus* de Bord, *& uxor, favore matrimonii, instituerunt filium hæredem, cui de præsenti donaverunt fundum, quem paulò ante acquisiverant ab extraneo; filius paulò post eumdem vendiderat, quem parentes, soror & filii donatarii, volebant retrahere : Emptor contradicebat locum non esse Retractui; quia fundus, antequam factus fuerit proprius & patrimonialis in familiâ, quod fit dum per successionem obvenit, §. 435, fuerat alienatus extrà familiam. Huic sententiæ favet extrema pars hujus paragraphi*, ELLE SERA SUJETTE A RETRAIT DE L'ESTOC ET LIGNE DE CELUI QUI L'AURA DONNÉE : *Ergò loquitur de re immobili, quæ anteà facta fuerat propria & familiaris*, QUI AVOIT ESTOQUÉ. *Ratio dubitandi circà speciem hujus paragraphi fuit, quia donatio est titulus acquisitionis; sed ratio decidendi est, quia donatio à parente facta censetur in anticipationem successionis ex paragrapho 274, cùm donatarius sit successurus donatori. Hinc sequitur quòd si filius post obitum parentis donatoris fundum supradictum vendidisset, putarem subjectum fore Retractui; quia cùm vivo parente censeatur datus in anticipationem successionis, eo mortuo censebitur inter res hæreditarias*, & avoir estoqué : *Idem de quolibet alio donatore, cui donatarius sit successurus per d. paragraphum 274.*

9. *Qui contrariam sententiam sequebantur*, continue Decullant, *pro Retractu, dicebant intentionem parentum in hac donatione esse, ut fundus remaneret in familiâ, quandoquidem fuerit datus in anticipationem successionis, alioqui nihil novi hic paragraphus diceret & foret inutilis, cùm sit certum fundum datum, vel aliàs quæsitum à propinquo cui fuisset patrimonialis, retinere suam qualitatem, ex paragrapho 434.*

10. *Hæc quæstio non fuit decisa; quia per appellationem de Sententiâ super causis recusationis, contrà Judices, lis fuit devoluta ad Parlamentum : ego tuebar*, dit toujours Decullant, *partes emptoris contrà Retrahentem.* M. Decullant, *hic.*

11. Cette distinction de M. Decullant me paroît contraire à l'esprit de notre Coutume : car, dès que la Coutume, art. 274, regarde le don fait à l'héritier comme une succession anticipée, cette succession anticipée produit le même effet qu'une succession effective, le don tenant lieu de portion héréditaire. Ainsi l'immeuble donné est censé avoir estoqué en la personne du donataire, & doit être regardé comme un propre naissant, comme il est dit en l'article 116 de la Coutume de Vitry, & 25 de celle de Reims, & par conséquent sujet à retrait. C'est la remarque de M. le président Duret, sur l'article 274, sur les mots, ET NON ACQUÊTS : *Adeò ut*, dit-il, *si donatarius id vendiderit, gentilitiæ redhibitioni locus sit, articulo 422, & ut loquuntur Cons. Vitr. articulo 116, & Rem. art. 25*, il sortit nature de naissant; *proindè enim est, ac si donator vitâ excessisset.* Tel est le sentiment de Dernusson, traité *des Propres*, chapitre 1, sect. 6, & de Lebrun, *des Succ.* livre 2, chapitre 1, section 1, nomb. 26 & suiv. Les immeubles donnés par les ascendans aux descendans, leur sont propres

propres (dit Dernusson) de même que s'ils leur étoient échus par succession, encore que le donataire renonce ou accepte la succession du donateur ; & cette proposition, dit-il, n'a pas besoin de preuve ; car c'est un usage universel dans toute la France coutumiere.

12. La disposition de notre article a lieu, encore que la donation ait été faite par un aïeul, en faveur de son petit-fils, au préjudice même de son fils qu'il frustre d'une bonne partie de ses biens ; parce que l'on ne peut trouver que des héritiers dans les descendans, & qu'il y a une telle liaison entre ceux qui composent la ligne des descendans, que ce qui est donné au fils, est réputé donné au pere & en sa considération ; ensorte que le pere n'est pas moins obligé de faire le rapport, que s'il étoit donné à lui-même. C'est l'observation de M. Jean Decullant : *Quid si in linea directa*, dit-il, *facta esset donatio nepoti, ab avo, vivente adhuc donatarii patre, qui immediatè foret hæres donatoris, censerem in anticipationem successionis futuræ id collatum ; quia veniente filio ad successionem patris cum aliis nepotibus, donata nepoti ab avo subdita sunt collationi, ex §. 306 Stat. Paris.* Telle est la remarque de M. Jean Decullant, sur l'article 274 de cette Coutume ; & c'est le sentiment de M. Denis Lebrun, *des Succ.* liv. 2, chap. 1, sect. 1, nombre 28.

13. Quant à l'immeuble donné en collatérale à l'héritier présomptif, j'estime (suivant qu'il a été dit sur l'article 274, qu'étant réputé donné en avancement de succession, c'est un propre naissant en la personne du donataire, & que par une conséquence nécessaire il est sujet à retrait, au cas que le donataire le vende. Ce n'est pourtant pas le sentiment de nos anciens, de M. Louis Semin & de M. François Decullant, dont le sentiment a été rapporté sur ledit article 274, ni celui de M. François Menudel, dans ses observations, sur l'article 435, *suprà. Dubitatum est*, dit Menudel, *an si avunculus fundum acquisierit, eumque nepoti donaverit donatione inter vivos, & is nepos post mortem avunculi eumdem fundum vendiderit, an sit locus Retractui ; qui dicunt locum esse Retractui, aiunt donata à parentibus, aut his quibus aliàs successuri essemus, patrimonialia & hæreditaria nobis esse .... qui verò contrariam sententiam tenent, verba Statuti strictè accipienda esse volunt, ut id tantùm subjectum Retractui dicatur, quod ex successione nobis advenit ; nec obstat, quod donatum ei qui aliàs successurus esset, quia hoc intelligitur in materiâ societatis, & ne in communionem confundatur, qui casus est §. 274, differtque ab isto §. 435. Secunda opinio verior est.* Tel est le raisonnement de M. Menudel, qui se trompe, selon moi, quand il dit que l'immeuble donné à un héritier présomptif est seulement un propre de communauté, & non de succession ; puisque l'article 274 dit qu'une telle donation doit être regardée comme une succession anticipée, & que la succession anticipée doit produire le même effet, que la succession effective.

ARTICLE CCCCLXIX.

Si aucun baille pour sa nourriture & vie aucune chose, ladite chose ainsi baillée n'est retrayable.

Chose donnée pour nourriture, non retrayable.

La Coutume de Vitry contient une disposition semblable aux articles 39 & 125, & rend en même temps raison de sa disposition, qui est que le donateur a choisi la personne qui lui étoit agréable, en laquelle il a confiance, & qu'il n'est pas juste de le mettre entre les mains d'un autre à qui il ne s'est pas voulu fier. C'est la remarque de M. Duret : *Quia fides*, dit-il, *& industria recipientis electa est, nec vellet ab alio nutriri, Conf. Vitr. art. 39 ; imò nec eo nomine laudimia fieri debent.* M. Duret, *hic.*

ARTICLE CCCCLXX.

En chose achetée pour certain prix payable à certains termes, le Retrayant a lesdits termes, en donnant bonne sûreté au vendeur de payer esdits termes : Et si ledit Retrayant ne le fait, il n'est reçu, s'il ne baille argent ou gage à l'acheteur ou au vendeur.

Du terme du Retrayant.

1. Le retrayant a les mêmes termes, conditions & facilités, que l'acquereur ; de maniere que le vendeur ayant par le contrat donné terme à l'acquereur d'une partie du prix, le retrayant doit avoir le même terme, & n'est tenu de rembourser à l'acquereur, que ce qu'il a payé au vendeur du prix de son acquisition. C'est la disposition de la Coutume, au présent article ; de celle de Berry, titre 14, article 19, & titre 13, article 8 ; d'Auxerre, article 175, & autres. La raison est que le retrayant, au moyen du retrait, est subrogé au lieu

& place de l'acquereur, & profite par conséquent des clauses apposées au contrat, en faveur de l'acquereur. C'est le raisonnement de M. Tiraqueau, *de Retract. lin. §. 1, gl. 18, n. 34. Ego tamen*, dit-il, *censeo consanguineum non teneri solvere pretium non solutum, & cujus solvendi dies nondùm cessit, non magis quàm ipsum emptorem, in cujus locum ille ex Consuetudine substituitur atque subrogatur; ideòque non deterioris esse debet conditionis, quàm ipse emptor.*

2. Il faut que le terme pour le paiement soit inséré dans le contrat; que ce soit une des clauses & conventions du contrat, pour que le retrayant en puisse profiter, & que ce délai n'ait pas été accordé à l'acquereur par le vendeur après la vente, par pure considération, & de grace spéciale. *Dilationes emptori concessæ in vendendo, Retrahenti competunt*, dit M. le président Duret, & après lui M. Louis Semin; *secùs si extrà Contractum, in gratiam emptoris, ex liberalitate venditoris & amicitiâ concessæ proponantur.* M. Duret, & M. Semin, *hic.*

3. M. Jean Decullant a fait la même remarque, sur ces mots de notre article, LE RETRAYANT A LESDITS TERMES: *Hoc verum*, dit-il, *quandò dilatio data est in Contractu, vel seorsim per modum reformationis Contractûs: secùs autem si sit data seorsim à venditione, & ex liberalitate venditoris, vel aliâ diversâ causâ, à venditione; tunc enim non prodest Retrahenti, qui tenetur statim solvere, non quidem ipsi emptori qui nondum solvit, (per hoc enim non liberaretur à venditore agente hypothecariè) sed ipsi venditori, nisi ipse consentiat solvi. Molin. in veter. Consf. Parisf. §. 13, gl. 8, n. 5 & 6. Tamen solvendo emptori, etiam citrà consensum venditoris, evitatur periculum amissionis Retractûs....* M. Jean Decullant, *hìc.*

4. Le retrayant ne profite des termes accordés par le vendeur à l'acquereur en son contrat d'acquisition, pour le paiement du prix, qu'en donnant bonne sûreté au vendeur de payer auxdits termes, comme il est porté en notre article. Ainsi notre Coutume décharge l'acquereur, & subroge en sa place le retrayant; & afin d'ôter tout sujet de plainte au vendeur qui auroit pû dire qu'il avoit choisi la personne de l'acquereur, suivi sa foi & sa solvabilité, & n'auroit pas voulu traiter avec le retrayant, elle oblige le retrayant de lui donner bonne sûreté de payer le prix aux termes convenus. C'est la remarque de M. de la Thaumassiere, sur la Coutume de Berry, titre 14, article 19.

5. La sûreté de payer le prix aux termes convenus, que le retrayant doit donner, se donne donc (comme il vient d'être dit) au vendeur, & non à l'acquereur, qui est entiérement déchargé au moyen de l'éviction légale, n'étant pas juste qu'il demeure engagé au paiement du prix de l'héritage que le lignager lui ôte; & à l'égard du vendeur, il est suffisamment indemnisé par l'obligation en laquelle entre le retrayant, & par la sûreté qu'il est obligé de lui donner. C'est la remarque de M. le président Duret, sur le mot de notre article, AU VENDEUR: *Ut ei solvatur præscriptis temporibus elapsis*, dit-il, *non etiam emptori... quem non puto posse cogi pignus recipere; etenim oportet exire indemnem, cùm necessitate Statuti, non ejus voluntate, res ab eo avocetur. Ad eum invitum pignoris periculum vel custodiam spectare iniquum esset, cujus facto nihil redhibetur.... Et hoc magis est, ut secutâ redhibitione jure gentilitio, à venditore conveniri non possit ut pretium solvat, nec à Domino laudimiorum nomine.* C'est l'observation de M. Duret, & c'est aussi celle de M. de la Thaumassiere, sur ledit article 19 du titre 14 de la Coutume de Berry, où il cite une sentence du bailliage de Bourges, du 20 février 1688, qui l'a ainsi jugé.

6. Ainsi la disposition de notre Coutume, au présent article, qui porte que le retrayant ne peut pas profiter des termes contenus au contrat pour le paiement, s'il ne donne gage à l'acheteur ou au vendeur, n'engage l'acheteur à recevoir des gages, & à demeurer obligé au paiement du prix de la vente, qu'autant qu'il le veut bien.

7. Sur ces principes, & en conséquence de la disposition de la Coutume en notre article, quand un héritage a été vendu à rente rachetable, il est vrai de dire que le retrayant peut le retirer à la charge de la rente; & que, comme d'un côté l'acquereur n'en a rien déboursé, il n'est pas tenu de lui rien rendre; & que de l'autre l'acquereur s'est contenté d'une rente, il est seulement tenu de reconnoître la rente, & de s'obliger à l'accomplissement des charges contenues au bail. C'est ce qui se suit évidemment, ce me semble, de la disposition du présent article; car dès qu'il porte en termes précis & formels, que le retrayant est reçu à donner bonne sûreté au vendeur, je ne crois pas qu'il soit contraint à racheter entre les mains du vendeur le sort principal de la rente pour laquelle l'héritage a été donné, comme il est dit dans l'art. 137 de la Cout. de Paris.

8. Il en est de même, selon moi & par les mêmes raisons, quand l'acquereur s'est chargé d'acquitter les rentes & dettes du vendeur; le retrayant n'est pas tenu d'en consigner le prix, sur peine de déchéance du retrait.

9. M. Jean Decullant & M. François Menudel sont toutefois d'un sentiment contraire, & veulent que la disposition de la Coutume de Paris doive être suivie dans cette province. *Nota*, dit Jean Decullant, *quòd dispositio hujus paragraphi non potest obtinere cum lege, seu onere reditûs annui redimibilis, id est*, quand l'héritage a été acheté à rente rachetable toutes fois & quantes à la volonté de l'acquereur: *Quo casu non sufficit consanguineo Retrahenti satisdare, eum reditum liberatum iri, aut offerre creditori novam ejus recognitionem solutionemque annuam; quia emptor manebit*

venditori perpetuò obligatus, & in perpetuum satis bona cautio dari non potest, art. 137 Stat. Paris. Chop. lib. 2, Morib. Paris. tit. 6, n. 5. C'est la remarque de M. Jean Decullant, sur le présent article ; M. François Menudel en dit autant.

10. Les deux raisons sur lesquelles ces deux commentateurs de notre Coutume appuyent leur sentiment, sont : la premiere, que l'acquereur demeureroit perpétuellement obligé ; & la seconde, que le vendeur n'auroit pas ses suretés. Mais la premiere de ces raisons tombe, au moyen de ce qui a été dit ci-dessus, que l'acquereur étoit entiérement déchargé en conséquence de l'éviction légale ; & la seconde, en ce que l'héritage donné en rente demeure toujours affecté & hypothéqué au paiement de la rente, & qu'outre cela la Coutume oblige le retrayant de donner bonne sureté ; ce qui est conforme à la disposition de la Coutume de Touraine, article 166, & de celle de Chartres, article 74, & de plusieurs autres.

11. Que si l'acquereur, dans le temps du retrait, rachete & amortit la rente de bail d'héritage, à la charge de laquelle il a pris l'héritage, le retrayant (suivant les commentateurs de la Coutume de Paris) doit la lui rembourser, & n'est pas recevable à la lui continuer : c'est aussi le sentiment de M. François Menudel, sur le présent article. Toutefois la chose n'est pas sans difficulté, & il semble que l'on devroit dire le contraire dans cette Coutume ; d'autant que c'est une maxime certaine, que le retrayant est entiérement subrogé à la place de l'acquereur ; qu'il a tout le profit & l'avantage du contrat qui a été fait ; que l'acquereur, pendant le temps du retrait, ne peut rien faire au préjudice du retrayant, & ne peut pas empirer sa condition. Cependant, dans le cas où la rente est rachetable à volonté, comme l'acquereur dans l'incertitude du retrait a intérêt de se libérer, pour ne pas payer d'arrérages, je me rends au sentiment des commentateurs de la Coutume de Paris ; par la raison que l'acquereur doit être entiérement indemnisé par le retrayant, & par conséquent remboursé de l'argent qu'il a donné pour le rachat du sort principal de la rente.

ARTICLE CCCCLXXI.

En héritage propre vendu par l'Exécuteur du testament, y a Retrait.

La Coutume de Troyes, article 160, celle de Sens, article 55, & celle d'Auxerre, article 176, contiennent une disposition semblable ; & la raison de cette disposition, selon que l'a observé Potier, sur notre article, c'est que l'exécuteur testamentaire représente l'héritier, & que ce qu'il fait, est réputé être fait par l'héritier.

ARTICLE CCCCLXXII.

Combien que contrat de vendition ou autre aliénation de meubles ou choses mobiliaires ne soient de soi sujettes à Retrait, toutefois si par Contrat de vendition ou autre aliénation de chose immeuble sujette à Retrait, y a par même moyen aliénation & transport de meuble, il est au choix de celui qui est ajourné en matiere de Retrait de délaisser seulement l'immeuble, & retenir les meubles, ou de délaisser meuble & immeuble, & prendre son prix principal, ensemble les loyaux-coûts. Quand meuble est retrayable.

1. La disposition de la Coutume, au présent article, est entiérement à l'avantage de l'acquereur ; puisqu'elle lui permet, lorsqu'il y a des meubles vendus avec des immeubles, de tout remettre, ou de retenir seulement les meubles, & de délaisser les immeubles ; de maniere qu'il n'est pas au pouvoir du retrayant de retirer l'un sans l'autre, si l'acquereur ne le veut, à cause du préjudice qu'il en pourroit recevoir.

2. Dans le cas de la vente d'une succession composée de meubles & d'immeubles, à la charge de payer les dettes d'icelle, l'acquereur qui délaisse les immeubles au retrayant, & retient les meubles, n'est tenu de payer que sa part des dettes, suivant la valeur des meubles qu'il retient, par rapport au prix total de la vente ; & ce sans s'arrêter à la disposition de l'article 316, *suprà*, qui porte que, qui prend les meubles d'une succession, en paye les dettes, lequel n'a point d'application dans le cas présent. C'est la remarque de M. François Menudel, sur ces mots de notre article, RETENIR LES MEUBLES : *Et eo casu*, dit-il ; *quandò emptor mobilia retinet, qui aliàs erat emptor universæ hæreditatis cum onere solvendi debita, tenetur tantùm ad debita pro rata, collatione & relatione factâ ad universam hæreditatem, ut si mobilia quartam partem universæ hæreditatis constituant, pro quartâ debitorum teneatur, & sic pro rata, & hoc justum est ; nam onus debitorum facit partem pretii, & quemadmodum à Retrahente persolvi debet emptori pretium, ita & contribuere debet pro rata in*

exsolvendis debitis hæreditariis, nec obstat paragraphus 316, QUI PREND LES MEUBLES, &c. car il s'entend, *si titulo universali acquirat; secùs verò si titulo particulari, ut titulo emptionis; ita D. Præses.* M. François Menudel, *hic.*

ARTICLE CCCCLXXIII.

QUAND le propriétaire ou Seigneur utile d'aucun héritage assis en Ville close & franchise, acquiert une rente autre que fonciere sur sondit héritage, ès cas ausquels ladite rente peut être constituée, en ce cas il n'y a pas de Retrait de ladite rente.

1. LA Coutume, dans le présent article, parle des rentes constituées, assises & assignées sur certains héritages, desquelles rentes il est parlé dans les articles 423 & 466, *suprà*. Ces rentes, suivant ces articles, étoient sujettes à retrait, quand elles étoient créées & constituées par le débiteur sur ses héritages propres, & quand elles étoient vendues & cédées à un tiers par le créancier, & qu'il ne s'en faisoit pas d'amortissement; & dans le présent article on y parle du cas de l'amortissement, qui arrive quand le propriétaire de l'héritage acquiert la rente due sur son héritage; & on y distingue les rentes assignées sur les héritages des villes & franchises, d'avec celles qui sont assignées sur d'autres héritages: & cette distinction faite, on déclare que le retrait n'a pas lieu dans le cas du rachat & amortissement des premieres: ce qui a été ainsi réglé à cause de la faveur des héritages des villes & franchises: d'où il s'ensuit, par la regle des contraires, que quand ces rentes étoient assignées & constituées sur d'autres héritages, le retrait avoit lieu dans le cas même du rachat & amortissement.

2. Mais ce qui se pratiquoit à l'occasion de ces rentes constituées, dans le temps de la réformation de la Coutume, ne s'observe pas par rapport aux rentes constituées d'aujourd'hui: car c'est une maxime généralement reçue, que le retrait n'a pas lieu dans le rachat d'une rente constituée à prix d'argent. *Generale est*, dit M. le président Duret, *ut nunquam habeat locum Retractus, in luitione reditûs pretio nummario constituti....* M. Duret, *hìc.*

3. Quant à la rente fonciere non-rachetable, c'est une question si le retrait doit avoir lieu dans le cas de l'amortissement d'icelle. Il y a des auteurs qui prétendent qu'il n'y a pas lieu au retrait; & leur raison, c'est que quand la rente est amortie, elle ne subsiste plus au moyen du rachat; qu'elle est éteinte, & qu'il n'y a rien par conséquent sujet au retrait; qu'il seroit fâcheux pour l'acquereur de l'héritage de faire revivre une rente & une servitude qu'il a éteinte, lorsque le bail à rente & l'amortissement ont été faits sans fraude: car ils conviennent bien, qu'en cas de fraude, il n'y auroit pas de difficulté pour le retrait; & ils observent qu'il y auroit présomption de fraude, si peu de temps après le bail à rente fonciere non-rachetable la rente étoit rachetée & amortie, que même dans ce cas il y auroit lieu au retrait de l'héritage; & ainsi jugé par arrêts.

4. D'autres, d'un sentiment opposé, disent qu'il y a lieu au retrait; & leur raison est que le rachat & amortissement de la rente non-rachetable équipolle à vente, & qu'il est volontaire, le seigneur de la rente ne pouvant être contraint de le recevoir; qu'autrement il seroit facile de frauder le lignager de son droit de retrait, en aliénant son héritage propre à la charge d'une rente fonciere non-rachetable, pour laquelle aliénation il n'y a lieu au retrait, & quelque temps après en recevant le rachat de la rente.

5. Je suis de ce dernier sentiment, d'autant qu'il est conforme à la disposition de notre Coutume, au présent article. Car si, suivant notre article, quand le propriétaire d'un héritage assis en ville close acquiert une rente autre que fonciere sur sondit héritage, il n'y a pas de retrait de ladite rente; il faut conclure delà que, quand il acquiert, ou (ce qui est le même) qu'il amortit une rente qui est fonciere, il y a lieu au retrait. C'est la remarque de M. le président Duret, sur ces mots, AUTRE FONCIERE: *Nam ex solaris venditione*, dit-il, *magis est ut Retractus locum habeat.*

6. Mais, si le propriétaire d'un héritage, au lieu de racheter & amortir la rente fonciere due sur son héritage, ne fait que la dimnuer & la réduire, du consentement du seigneur, il n'y a pas lieu en ce cas au retrait. C'est la disposition de la Coutume d'Anjou, article 418; de celle du Maine, article 432, & la remarque de M. le président Duret, *hìc. Quid si*, dit-il, *feudalis vel censuarius reditus, non integer, sed in parte vendatur, aut pretio recepto temperetur, & ad minorem rationem reducatur, magis est ut hoc nomine cesset redhibitio, quod apertè cavetur, Cons. Andeg. art. 418, & Cœnom. art. 432.,..* M. Duret, *hìc.*

ARTICLE CCCCLXXIV.

ARTICLE CCCCLXXIV.

Du Retrait du Fermier & du temps d'exhiber les Contrats.

SI aucun baille sa Terre, Fief & Seigneurie à ferme, ou la vend à titre de Réméré à certain tems, tel Fermier ou acquereur peut avoir par droit de prélation les choses acquises mouvantes & tenues dudit Fief ou Censive, par Contrat sujet à Retrait, durant le tems de sadite ferme ou vente; & en peut jouir, & prendre les fruits comme des autres choses de ladite Ferme ou Seigneurie acquise: Et ladite ferme finie, ou en rachetant par ledit vendeur la chose par lui vendue audit titre, les acheteurs ou Fermiers sont tenus exhiber ausdits Seigneurs vendeurs, ou qui ont baillé à ferme, les Contrats desdites acquisitions par eux faites, après laquelle exhibition ils peuvent recouvrer dedans le tems de trois mois introduits par la Coutume, sur ledit Fermier ou acheteur lesdites choses prises par puissance de Fief ou droit de prélation, en lui rendant le principal & loyaux-coûts, & en payant les ventes qui en eussent été dues, si ledit Retrait de rachat n'eût été fait; & si led. Seigneur ne le fait dedans ledit tems, lesdites choses demeureront à perpétuel audit Fermier ou acheteur, en payant audit Seigneur les charges anciennes & accoutumées des choses ainsi acquises, sinon que ledit Seigneur eût réservé les droits de Retenue en faisant ladite ferme.

1. UN fermier qui a pris à ferme un fief & seigneurie, & qui a compris dans son bail le droit de retenue, peut user de ce droit comme auroit pu faire le seigneur, par la raison que le seigneur lui a cédé son droit, & que ce droit est cessible.

2. Il y a plus; c'est que, quoique le fermier n'ait pas compris ce droit dans son bail, si toutefois le seigneur ne se l'est reservé en faisant sa ferme, il peut avoir par droit de retenue les choses vendues, mouvantes, & tenues dudit fief ou censive, pour en jouir durant sa ferme, à la charge, ladite ferme finie, d'exhiber au seigneur qui lui a donné sa ferme, son titre d'acquisition, pour le seigneur (s'il le juge à propos) retirer dans trois mois les choses acquises, en payant le prix, loyaux coûts, & les lods & ventes qui en eussent été dus, si ledit retrait n'eût été fait; lesquels trois mois passés, le seigneur n'y est plus reçu, & demeurent les choses acquises au fermier, incommutablement, en payant les charges anciennes. Telle est, comme l'on voit, la disposition de notre Coutume, au présent article, & celle de la Coutume du Maine, article 410; avec cette différence, que la Coutume du Maine donne un an au seigneur pour retirer de son fermier les choses acquises.

3. Ce que notre article dit du fermier, par rapport au seigneur, que sa ferme finie il est tenu de lui exhiber son titre d'acquisition, pour par le seigneur retirer les choses acquises dans trois mois s'il le veut, il le dit de celui qui achete sous faculté de rachat la terre, fief & seigneurie de quelque seigneur, comme il paroît par la lecture de cet article.

4. Il en est de même, selon M. Jean Decullant, de la commise taillabliere; le fermier jouit seulement pendant sa ferme de l'héritage taillablier commis pendant icelle : mais la ferme finie, le seigneur taillablier est en droit de recouvrer sur ledit fermier ledit héritage. C'est l'observation de M. Decullant, sur notre article: *Hic paragraphus*, dit-il, *nihil loquitur de re taillabili, per commissum acquisitâ, nullo pretio dato, an Dominus possit conductione finitâ hanc à conductore avellere : videtur quòd sic, quia est par ratio sicuti in feudali & censuali.* M. Decullant, *hic*.

5. Il a fait la même observation sur l'article 490, *infrà*, sur les mots, ACQUIS ET COMMIS AU SEIGNEUR : *Hæc obventio*, dit-il, *cùm fit in fructu, cedit conductori fundi dominantis; ita tamen ut finitâ conductione teneatur dimittere Domino, quia per commissum fundus taillabilis rediit ad Dominum directum, cui unitur & consolidatur, nec ampliùs attenduntur dominium directum & utile, sed unicum, & finitâ conductione non revivifcant, cùm à privatione ad habitum non detur regressus : itaque si Dominus directus hunc fundum venderet, nulloCensu imposito, emptor possideret allaudialem.* Jean Decullant, sur l'article 490, *infrà*.

6. La difficulté en ce cas, c'est de décider si le seigneur taillablier ne doit pas payer les lods & ventes au fermier. M. François Menudel, qui se propose cette question sur le présent article, soutient la négative, & dit qu'il l'a fait ainsi juger en cette Sénéchaussée, pour le sieur du Coudreau, seigneur taillablier, contre Thomas, par sentence qui fut confirmée par arrêt, en l'année 1662. Les raisons sont que notre article ne parle pas du seigneur taillablier, & qu'il n'y a pas de lods & ventes dans la

Cout. générale, en matiere de taillable : mais je ne saurois me rendre à ces raisons ; parce que l'usage dans cette province est que les lods & ventes se payent au seigneur taillablier, pour raison de l'héritage taillable, quand il consent à la vente (comme nous le dirons sur l'article 500, *infrà*) & que le fermier du seigneur taillablier ne doit pas moins être indemnisé, que celui du seigneur censier.

ARTICLE CCCCLXXV.

Et est observé le semblable quant ès douairieres & usufruitieres, & se comptent lesdits trois mois après l'usufruit & douaire fini, si n'est que les Lettres d'acquisition eussent été exhibées par lesdites douairieres & usufruitieres aud. Seigneur propriétaire, auquel cas le tems de trois mois court du jour de ladite exhibition.

1. L'Usufruitier peut exercer le droit de retenue seigneuriale, parce que ce droit est *in fructu* : mais le propriétaire, l'usufruit fini, pourra dans les trois mois le retirer de l'usufruitier, si bon lui semble, en le remboursant & payant les lods & ventes qui en eussent été dues, si l'usufruitier n'eût exercé le retrait. C'est la disposition de notre Coutume, au présent article ; & c'est aussi celle de la Coutume du Maine, article 410.

2. L'usufruitier peut, aux termes du présent article, exhiber son titre d'acquisition avant l'usufruit fini ; auquel cas le temps des trois mois court du jour de ladite exhibition : & si le seigneur propriétaire rembourse, comme il le peut, l'usufruitier dans le temps des trois mois de cette exhibition, & avant la fin de l'usufruit, ce ne sera plus l'usufruitier qui jouira des choses acquises, mais le seigneur propriétaire qui en a remboursé le prix, à la charge par lui de payer à l'usufruitier le cens dû pour raison desdites choses acquises, comme feroit un autre propriétaire qui jouiroit de ladite acquisition. C'est l'observation de M. Jean Decullant, sur ces mots de notre article, SI CE N'EST QUE LES LETTRES D'ACQUISITION : *Liberum est enim*, dit-il, *fructuario statim post acquisitionem factam, necdum usufructu finito, exhibere Litteras acquisitionis proprietario, qui si retineat, cogi potest pretium restituere & laudimia solvere, ut dicitur in paragrapho praecedenti ; sed ab eâ die retentionis nullum commodum, nec usumfructum percipit in eâ re usufructuarius, sed proprietarius propter pretium quod numeravit, salvo tamen annuo censu debito, qui solvetur fructuario, sicuti fundus possideretur ab alio, Molin. in §. 13 veter. Consf. Parif. gl. 1, in verb.* le seigneur féodal, *numeris 36, 44 & 45.* Jean Decullant, *hîc.*

3. Que si l'usufruitier ne retrait pas, le propriétaire à son refus peut exercer le retrait, en le sommant de retraire ; sinon lui dclarant qu'il l'exercera en lui payant ses droits, parce que l'usufruitier ne peut pas empêcher le droit du propriétaire.

ARTICLE CCCCLXXVI.

Et si durant ladite ferme le Fermier achete aucune chose sujette à Retrait à cause de ladite Seigneurie, le Seigneur bailleur peut trois mois après l'exhibition du Contrat à lui faite, recouvrer lesdites choses ainsi vendues, en payant les lods, ventes, sort principal & loyaux-coûts ausdits Fermiers ; & si lesdits Seigneurs bailleurs acquiérent pendant ladite ferme aucune chose mouvant du Censif compris en ladite Ferme, ils en doivent lods & ventes : mais ne peut le Fermier la prendre par droit de prélation, s'il n'y a convenance au contraire.

1. Le présent article est une suite des deux précédens ; & la disposition de la Coutume dans ces trois articles est fondée sur l'intérêt & le droit que le seigneur a d'unir & de consolider la seigneurie utile à la seigneurie directe : c'est pour cela que le seigneur bailleur peut, suivant le présent article, retirer l'acquêt fait par le fermier dans sa censive, & que le fermier ne peut pas retirer l'acquêt du seigneur. Mais comme tous les profits de la seigneurie appartiennent au fermier pendant le temps de sa ferme, le seigneur doit les lods & ventes de son acquisition à son fermier. Si toutefois il y avoit dans le bail quelque convention contraire, elle devroit être exécutée, ainsi qu'il est dit dans notre article.

2. Le temps de trois mois que la Coutume donne dans ces trois articles au seigneur, pour

retirer les acquisitions faites par le fermier ou l'usufruitier, a été inséré dans ces articles pour Coutume nouvelle, dans le temps de la réformation de la Coutume.

ARTICLE CCCCLXXVII.

Si aucun prend à ferme & accense aucune chose, & tôt après, durant le tems de ladite ferme il achete, le lignager, Seigneur féodal, & Censivier, qui prendra & aura ladite chose achetée par Retrait, n'est tenu de garder & entretenir le marché de ladite ferme audit acquereur; mais est éteinte telle ferme par la présomption de fraude, qui est contre le Fermier. Autre chose seroit, si après la moitié du tems de ladite ferme expirée, ledit Fermier achetoit la Terre à lui accensée, tellement qu'il n'y a présomption de fraude; car en ce cas le lignager seroit tenu entretenir ledit Fermier en sa ferme ou accense.

1. LA seule présomption du dol & de la fraude a été le motif & la fin de la disposition de notre article, car après que la Coutume a dit dans le présent article, que la ferme est éteinte par la présomption de fraude; elle ajoute en même temps qu'autre chose seroit, si, après la moitié du temps de ladite ferme expirée, ledit fermier achetoit la terre à lui accensée, tellement qu'il n'y eût présomption de fraude, auquel cas le lignager seroit tenu d'entretenir la ferme.

2. Dans le cas de la présomption de fraude, il est indifférent que l'acquereur ait pris lui-même à ferme la chose qui lui a été vendue, ou qu'il l'ait fait prendre à ferme par un autre; en l'un & l'autre cas le retrayant n'est pas obligé d'entretenir la ferme. C'est la remarque de M. le président Duret, sur ces mots, AUDIT ACQUEREUR : *Ut nec alteri*, dit-il, *cui emptor locari fecit, in fraudem Retractûs*.... M. Duret, *hic*.

3. Dans le cas du retrait, si les avances que le fermier acquereur avoit fait de sa ferme, ont fait partie du prix de la vente, & l'ont diminué d'autant, elles lui doivent être remboursées par le retrayant, & les lods & ventes en sont dus, dit M. le président Duret : *Sed & si quis*, dit-il, *ad tempus locaverit, receptisque pensionibus futuri temporis, mox fundum conductori vendiderit, imputato pretio annorum adhuc restantium laudimia debentur, tam de pretio locationis annorum adhuc restantium, quàm venditionis, cùm totum unum pretium fiat*.... M. Duret, *hic*.

ARTICLE CCCCLXXVIII.

Qui veut avoir Retrait d'aucune rente où elle se peut constituer, n'est contraint à prendre par sondit Retrait les arrérages échus, ni les payer, s'il ne lui plaît. Des arrérages des rentes roturieres.

1. LA Coutume du Maine, article 367, & celle d'Anjou, article 357, contiennent une disposition semblable. Ces Coutumes & la nôtre distinguent le principal d'une rente, qui est un immeuble, d'avec les arrérages qui en sont échus, qui sont des choses purement mobiliaires; & suivant cette distinction, elles décident que le retrayant d'une rente n'est pas tenu de prendre les arrérages échus, ni de les payer, s'il ne lui plaît.

2. Ce qui doit s'entendre, selon nos commentateurs, des arrérages échus, qui n'ont pas été compris dans la vente ou cession qui a été faite de la rente, tels que sont ceux qui sont échus depuis la vente de la rente avant la demande en retrait; car à l'égard de ceux qui ont été cédés & vendus avec la rente, il est au choix de l'acheteur qui est ajourné en retrait, de les retenir, ou de les laisser au retrayant, conformément à l'article 472.

3. C'est l'observation de M. le président Duret, sur ces mots de notre article, LES ARRÉRAGES ÉCHUS : *Nisi*, dit-il, *ejusmodi accessiones tempore venditionis contractæ, in venditione essent comprehensæ; quippè in hac specie loco rei fungerentur, & ejus pars haberentur, articulo 472*.... M. Duret, *hic*.

4. M. Jean Decullant, sur les mêmes mots, a fait la même remarque : *Hoc videtur*, dit-il, *esse contrarium paragrapho 472, quo statuitur consanguineum teneri retrahere mobilia vendita cum immobilibus, si velit emptor ea dimittere; arreragia autem quorum dies cessit sunt mobilia : Ut autem solvatur antinomia, censeo hunc paragraphum 478 intelligi de arreragiis quorum dies cessit post venditionem, & antè Retractum petitum; secus de arreragiis præcedentibus, quæ fortè fuerunt conjunctim vendita cum immobili, eodem scilicet Contractu, ea enim Retrahens tenetur accipere ut mobilia vendita*

cum immobili, per paragraphum 472. Jean Decullant, *hic*.

5. *Si arreragia*, dit M. François Menudel, *comprehensa sint in venditione, emptoris electio est ea retinere, aut Retrahenti cedere, ex dispositione expressâ articuli* 472, *cujus* §. 472 *dispositio differt ab isto: quia in isto textus loquitur simpliciter de venditione reditûs qui est ex naturâ suâ immobilis, nec comprehendit secum arreragia; in paragrapho autem* 472 *textus loquitur de Contractu venditionis, qui complectitur immobile simul & mobile, quod facit partem venditionis*. M. Menudel, *hic*.

6. Telle est l'observation de nos commentateurs, laquelle n'a (comme l'on voit) son application qu'au cas de la rente vendue & cédée par le créancier à une tierce personne: mais j'estime que ce n'est point le cas dont parle notre article, lequel (selon moi) se doit expliquer par l'article 423, *suprà*, qui veut que la rente constituée par un propriétaire sur son propre héritage, soit retrayable dans les trois mois de l'investison ou inféodation d'icelle par le parent lignager du vendeur, du côté d'où vient l'héritage sur lequel la rente est assignée ou constituée; ensorte que le présent article doit être entendu du cas où un propriétaire ayant constitué une rente sur son héritage propre, cette rente est retrayée par un parent lignager du constituant: auquel cas notre Coutume distinguant (comme il a été dit) l'immeuble d'avec le meuble, laisse au choix du retrayant de retraire la rente seule sans les arrérages, par la raison que l'acquereur doit s'imputer de ne s'être pas fait payer.

* Ce qui suppose qu'il y a eu un temps considérable entre la constitution de la rente & le retrait, pendant lequel il y a eu des arrérages échus & non payés: ce qui a pu arriver, à défaut par l'acquereur de la rente d'en avoir fait la foi-hommage, ou s'en être fait investir, pour faire courir le temps du retrait, ou parce que le contrat de constitution de la rente contenoit une faculté de réméré, & que le retrait ne s'en est fait qu'après le réméré fini, le tout conformément à ce qui est porté en l'article 423, *suprà*.

ARTICLE CCCCLXXIX.

L'Eglise n'a Retenue, & a lods & ventes.

L'ÉGLISE n'a point de Retenue, mais a droit de lods & ventes pour raison de ses Censives ès lieux où elle a accoutumé les avoir d'ancienneté.

1. L'Église n'use pas du droit de retenue en héritages tenus d'elle en fief ou censive, vendus ou aliénés par le vassal ou censitaire. C'est la disposition de notre Coutume, au présent article; de celle de Berry, titre 13, article 4, & de la Ruë-d'Yndre, article 11: disposition que nous observons en cette Povince, nonobstant la disposition contraire du chapitre premier *de immunitate Ecclesiæ, in sexto*, qui improuve les Coutumes qui ôtent le droit de retenue à l'église, & l'opposition que les gens d'église formerent au présent article, selon qu'il est rapporté dans le procès verbal de la Coutume. * Et cette disposition est fondée sur ce que l'église, par les anciennes Loix & Coutumes du royaume, ne peut pas faire de nouveaux acquêts, & que si elle en fait, on peut l'obliger d'en vuider ses mains dans l'an & jour, ainsi qu'il a été dit sur l'article 390, *suprà*.

2. Mais quoique la Coutume refuse le droit de retenue aux ecclésiastiques, néanmoins la retenue a lieu, s'ils l'ont reservée expressément en mettant l'héritage hors de leurs mains; car ils peuvent se reserver tels droits que bon leur semble par le bail à fief ou à cens, sans lesquels ils n'auroient mis l'héritage hors leurs mains. Tel est le sentiment de M. le président Duret, de M. Louis Semin sur le présent article, de Labbé & de M. de la Thaumassiere, sur la Coutume de Berry, titre 13, article 4: *Nisi pactum speciale moveat*, dit M. Duret, sur ces mots de notre article, N'A POINT DE RETENUE. *Nota*, dit M. Semin, *quòd Lex municipalis beneficium suum Ecclesiæ subtrahit; sed si concessio facta sit sub expressâ Retractûs lege, idem Ecclesiæ competit*.

3. Notre Coutume, en refusant à l'église le droit de retenue, lui accorde celui de lods & ventes, non pas à la vérité purement & simplement, & sans restriction, mais seulement ès lieux où elle a coutume de les avoir d'ancienneté; ensorte qu'il faut constater deux choses, pour que l'église puisse exiger le droit de lods & ventes: la premiere, que l'héritage vendu est dans sa censive, la seconde, qu'elle est en possession de prendre le droit de lods & ventes. *Et sic non sufficit*, dit Dumoulin, dans sa note sur notre article, *constare fundum esse de censu Ecclesiæ, sed etiam probandum est quòd ab antiquo exegit laudimia; & ita anno* 1559 *judicatum*, contre les abbés & religieux du Montet. M. le président Duret & M. Louis Vincent souscrivent au sentiment de Dumoulin; & la chose ne souffre point de difficulté, depuis l'arrêt de 1559, cité par Dumoulin. Il y en a eu un autre, dit M. Jean Fauconnier, du 19 février 1661, rendu au profit de M. Gabriël Fallier, notaire royal & procureur à Bourbon, qui a confirmé cette jurisprudence.

4. Ce qui fait de la difficulté, c'est comment doivent s'entendre ces mots de notre article, *ès lieux*; s'ils doivent s'entendre d'une contrée ou territoire, ou bien des héritages particuliers. Selon M. François Menudel, ils doivent s'entendre des héritages particuliers; ensorte que, selon lui, l'église n'a droit de prendre

prendre les lods & ventes que pour les héritages pour lesquels elle a accoutumé de les avoir d'ancienneté; & l'article pénultieme du titre *des Marciages*, favorise ce sentiment. *Hæc verba* ÈS LIEUX, dit Menudel, *non intelliguntur* d'une contrée ou territoire, mais des héritages particuliers. .... *Facit paragraphus penultimus, tit.* DES MARCIAGES, *infrà.* Toutefois mon sentiment est qu'ils doivent s'entendre d'une contrée ou territoire; de maniere qu'il suffit que l'église soit en possession de prendre le droit de lods dans quelques endroits d'une directe, pour que tout ce qui releve de la même directe y soit sujet. Cela a été ainsi jugé en cette Sénéchaussée pour le fait de la commise, ainsi qu'il sera dit sur l'article 490, *infrà*; & il y a parité de raisons.

5. Dans les endroits où l'église n'a pas droit de lods & ventes, l'acquereur n'est pas moins tenu d'exhiber son contrat, à cause de la reconnoissance du cens, & pour les autres raisons déduites sur l'article 393, *suprà. Licèt Ecclesia*, dit M. Jean Decullant, *non percipiat laudimia, ei tamen debetur exhibitio ab emptore, & debet emptor accipere investituram, quia interest Domini directi possessionem censualem novi possessoris recipere, Molin. in §. 51, gl. in verb.* EXHIBER, *numeris 6 & 7 Stat. Paris.* .... M. Jean Decullant, *hìc.*

6. A l'égard du roi, l'usage n'est point qu'il use du droit de retenue.

ARTICLE CCCCLXXX.

PAR RÉCEPTION de foi & hommage par le Seigneur féodal, & aussi par réception de lods & ventes, ou reconnoissance nouvelle faite au Seigneur censivier par l'acquereur, sont forclos lesdits Seigneurs féodaux, censiviers ou directs, du droit de Retenue. Quand le Seigneur perd son droit de Retenue.

1. LA Coutume de Berry, titre 13, article 1; celle de la Marche, article 276; de Sens, article 186; du Maine, articles 359 & 399, & autres, contiennent une disposition semblable; & la raison de cette disposition, c'est que le seigneur ayant le choix de l'un ou de l'autre; savoir, le seigneur féodal de retenir ou de recevoir la foi & hommage, & le seigneur direct pareillement de retenir ou recevoir les droits & la reconnoissance de l'acquereur. Dès qu'ils ont consommé leur choix, ou en recevant la foi & hommage, ou en se faisant payer des lods & ventes, ils ne peuvent plus varier, & sont censés avoir renoncé au retrait.

2. Le seigneur qui n'a reçu qu'une partie de ses droits, pour raison des lods qui lui sont dus, ou qui sans en rien recevoir a composé d'iceux avec l'acquereur, est non-recevable à exercer le retrait. *Si minimam partem laudimiorum Dominus acceperit*, dit M. le président Duret, *vel de iis fidem habuerit, vel transegerit, vel aliter convenerit, quamvis nihil receperit, excluditur à Retractu.* ... M. Duret, *hìc.*

3. Le mari, par la réception qu'il fait des lods & ventes, préjudicie au droit de retrait qu'a sa femme; & pareillement le tuteur à son mineur, lequel ne peut être restitué de l'option faite par son tuteur des droits de lods & ventes, plutôt que du retrait. Dumoulin, sur l'ancienne Coutume de Paris, §. 1, gl. 1, n. 73; §. 13, gl. 1, n. 1 & 2; §. 14, n. 7, 8 & 24. Duplessis, sur Paris, traité *des Fiefs*, liv. 7, chap. 5.

4. A l'égard de la réception des lods & ventes faite par le fermier ou l'usufruitier, elle n'exclut point, dit Duplessis, au même endroit, le propriétaire d'exercer le retrait en remboursant lui-même *de suo* ces mêmes droits à l'acquereur : mais M. Dumoulin, sur les articles 42 & 359 de la Coutume du Maine, & après lui M. le président Duret, sur notre article, & Delhommeau, en ses *Max. du Droit Français*, livre 3, article 230, aux notes, distinguent avec raison le cas où le fermier a le pouvoir non-seulement de recevoir les profits, mais encore de recevoir la foi & hommage, & d'investir, d'avec celui où il a seulement le droit de recevoir les profits seigneuriaux; & cette distinction faite, ils disent que dans le premier cas le retrait seigneurial ne peut avoir lieu, quand le fermier a reçu les lods & ventes, & qu'il a investi, ou qu'il a reçu la foi & hommage; & dans le second cas ils soutiennent que la réception que fait le fermier des droits seigneuriaux, en l'absence & l'insu du seigneur, ne préjudicie pas au droit du retrait seigneurial, appartenant au seigneur, lequel en ce cas ne renonce à son droit ni tacitement, ni expressément. *Sufficit*, dit Dumoulin (*conductorem*) *habere mandatum expressum vel tacitum, putà*, pour recevoir les droits seigneuriaux, saisir, & donner la saisine; *quia talis, sicut investiendo præjudicat, ita recipiendo : secùs si esset deputatus ad recipiendam solutionem dumtaxat, quia intelligitur de debito certo & incommutabili, non autem de eo in quo requiritur liquidatio, declaratio, vel electio Domini; quia illa non est mandata, ideò debet Dominus consuli, ut scripsi in Conf. Paris. §. 14.* Dumoulin, sur l'article 359 de la Coutume du Maine.

5. Le seigneur qui reçoit les arrérages de cens, tailles, & autres devoirs portans directe, dus sur l'héritage, n'est pas exclus du retrait, sinon que cette perception eût été faite après l'ostension & l'exhibition du titre d'acquisition

faite au seigneur direct. C'est ce qui résulte de la disposition de la Coutume, en l'article 416, *suprà*; & c'est la remarque de M. le président Duret, sur l'article 424: *Planè*, dit-il, *si annuas pensiones, quæ à quocumque possessore fieri debent, receperit Dominus, nihil ei talis perceptio officit.* La Coutume du Maine, article 399, en contient une disposition précise: le seigneur, dit cette Coutume en cet article, n'est forclos du retrait pour avoir reçu les devoirs ordinaires; sur quoi M. Ch. Dumoulin, dans sa note, observe que les devoirs ordinaires sont ceux, *quæ debentur annuatim à quocumque justè vel injustè possidente.*

6. Il y a plus; c'est que, quoique le seigneur ait signé au contrat de vente, comme témoin ou caution du vendeur, il n'est pas pour cela exclus du retrait, sinon quand il est obligé solidairement à la garantie, comme vendeur principal. *Etiamsi Dominus*, dit M. le président Duret, *venditioni præsens fuerit, & fidejussor in illâ, non ideò à Retractu excluditur, dummodò principalis venditor non sit; & qui consentit venditioni, à laudimiis & cœteris juribus utilibus non excluditur.* M. Duret, sur l'article 424, *suprà*.

7. Autre chose est, quand le seigneur est le vendeur: il n'y a plus en ce cas, dit M. Duplessis, de difficulté, qu'il ne peut exercer le retrait contre son propre fait. Duplessis, sur la Coutume de Paris, traité *des Fiefs*, liv. 7, chap. 5.

ARTICLE CCCCLXXXI.

Des réparations de l'héritage retiré.

L'ACHETEUR d'aucun héritage convenu en Retrait lignager, ne peut répéter les réparations par lui faites en la chose achetée, & d'icelles n'en est tenu le Demandeur en matiere de Retrait, sinon que lesdites réparations fussent nécessaires & faites par autorité de Justice.

1. ON met au rang de loyaux coûts que le retrayant doit rembourser à l'acquereur, les réparations nécessaires qu'il a faites en l'héritage. C'est la disposition de cette Coutume en l'article 430, *suprà*, & au présent article; de celle de Mantes, art. 85; de Troyes, article 166; de Blois, article 202; de Lodunois, chapitre 15, article 13; de Poitou, article 371; d'Angoumois, article 79; d'Anjou, article 378, & autres.

2. On appelle réparations nécessaires, celles qui garantissent la chose de ruine; & par réparations utiles on entend les améliorations. *Impensæ necessariæ sunt*, dit M. le président Duret, *quæ si factæ non sint, res aut peritura, aut deterior factura sit; utiles, quæ meliorem rem faciunt, deteriorem non sinunt; voluptuariæ, quæ speciem dumtaxat ornant, non etiam fructum augent.*

3. Il n'y a que les réparations nécessaires qui doivent être remboursées; car quant aux réparations utiles, elles ne sont sujettes à être remboursées, dit M. Jacques Potier, sur le présent article, que quand elles sont nécessaires, qui est le cas de l'article 430, *suprà*, qui ordonne le remboursement des nécessaires & utiles *conjunctivè*: *In conjunctivis enim utrumque adimpleri necesse est*, dit M. Louis Semin, sur notre article. C'est aussi le sentiment de Papon: *Et ideò*, dit-il, *etiam utiles non repetuntur, ne harum onere consanguineus prægravetur, & cogatur rem relinquere, & ita rebus avitis carere.* Enfin c'est la disposition précise de la Coutume de Nivernois, chapitre 31, article 11; de celle de Poitou, article 371; de Châteauneuf en Thimerais, article 89; de Vermandois, article 243; de Paris, article 146, & autres. Et la disposition de ces Coutumes est fondée sur la raison alléguée par Papon; savoir, pour empêcher que l'acquereur ne détourne le lignager du retrait, par le moyen des grandes réparations qui seroient utiles, mais non nécessaires: mais l'acquereur peut, comme il est dit dans l'article 143 de la Coutume de Vermandois, les ôter, sans détérioration néanmoins de l'héritage, au cas qu'il puisse en tirer quelque profit, & que le retrayant refuse d'en payer l'estimation.

4. Notre Coutume, en l'article 430, veut que les réparations nécessaires soient faites par autorité de justice; & au présent article elle dit que l'acquereur ne peut les répéter, si elles sont faites autrement que par autorité de justice; c'est-à-dire, dit M. François Menudel, par la permission du juge, après la visite des lieux & le rapport fait de l'état d'iceux par experts nommés d'office, & marché ensuite fait pardevant notaire, & quittance retirée des ouvriers.

5. Mais cela ne s'observe pas à la rigueur, selon M. le président Duret; *Planè hoc jure utimur*, dit-il, *etsi Judicis Decretum de iis faciendis non sit interpositum, ut necessariò & utiliter factæ debeantur sarciri, nimirùm quod ex justis causis bonâ fide erogatur, potiùs Justitiâ, quàm alienâ auctoritate firmatur, L. Sumptus, Cod. de administ. Tutor.* C'est l'observation de M. Duret, sur l'article 430.

6. Pour moi j'estime que, pour concilier la disposition de notre Coutume avec ce qui s'observe, il faut distinguer (comme font les Coutumes de Châlons & de Reims) les réparations nécessaires faites avant l'ajournement en retrait, & celles faites après; qu'à l'égard des premieres, elles doivent être remboursées, quoique non faites par autorité de justice, ainsi

qu'il a été jugé par sentence rendue à mon rapport, entre M. Vernin, seigneur d'Aigrepon, & le nommé Gilbert Laurens, le 22 août 1727; ce fut un des points décidés par cette sentence: mais que pour celles qui ont été faites après l'ajournement, elles ne doivent être remboursées, si elles n'ont été faites par autorité de justice, partie appellée, selon qu'il est dit dans l'article 147 de la Coutume de Châlons, & 212 de celle de Reims.

* Le 22 août 1727 il s'est présenté à mon rapport une demande en retrait lignager, dont voici le fait.

Le 8 octobre 1726, M. Vernin d'Aigrepon, trésorier de France, forma demande en retrait lignager à un nommé Laurens, cabaretier, d'une maison vendue par M. François Vernin, son oncle, élu en l'élection de cette ville de Moulins, ladite maison située en la rue des Bouchers, proche la rue Topet.

La maison avoit été vendue en très-mauvais état pour le prix & somme de 100 l. dont il avoit été payé 92 l. Le mauvais état de la maison étoit constaté par un procès verbal fait à la requête du sieur Vernin, vendeur, le jour même de la vente, qui étoit le 9 juillet 1726; & l'acquereur ne croyant pas que la maison dût être retirée par retrait, avoit fait faire des réparations, qu'il faisoit monter à 180 livres, suivant les quittances des ouvriers.

Sur la demande en retrait, Laurens tendit le giron, & demanda le remboursement de ce qu'il avoit payé du prix, les frais & loyaux coûts, & les réparations. On accepta ses offres sous les conditions proposées, à la reserve des réparations que le sieur Vernin contesta, sur le fondement qu'elles n'avoient pas été faites par autorité de justice, conformément aux articles 430 & 480 de cette Coutume, & soutenoit qu'elles n'étoient pas nécessaires. Laurens les prétendoit urgentes & nécessaires, & disoit qu'il ne falloit pas prendre la Coutume si fort à la lettre, qu'il suffisoit qu'elles fussent faites en conséquence d'un procès verbal, dans un temps où il ne pensoit pas qu'on dût retrayer la maison, & que la Coutume n'entendoit parler que des réparations faites en fraude du retrait, pour détourner un retrayant de former sa demande en retrait.

Laurens voyant qu'on refusoit de payer ses réparations, révoqua ses offres, comme n'ayant été faites que conditionnellement, & demanda que le sieur Vernin affirmât, suivant l'article 455 de cette Coutume, que la demande en retrait étoit pour lui; ce qui fut ordonné par jugement du 18 décembre 1726, & l'affirmation prêtée en l'hôtel de M. le lieutenant général le 8 mars 1727: on n'y fit pas d'offres de bourse, deniers, loyaux coûtemens, & à parfaire: ce qui donna lieu d'attaquer cette affirmation par le défaut d'offres, prétendant que le jour de l'affirmation étoit une journée de cause; par la raison que, par journée de la cause, on devoit entendre tout ce qui suit pour l'instruction de la cause, *coram Judice*, & où le ministere du greffier est nécessaire.

A quoi on répondoit que, par la journée de la cause, la Coutume n'a entendu parler que de la journée d'audience, & que ce qui le faisoit connoître, c'est qu'elle exceptoit la journée d'absence ou défaut, qui ne se prend qu'à l'audience, auquel jour d'absence les offres n'étoient pas nécessaires, & que le jour de l'affirmation faite à l'hôtel n'étoit pas une journée d'audience, joint que le défendeur n'y ayant point comparu, les offres n'étoient pas nécessaires, n'y ayant personne pour les accepter.

Par sentence rendue à mon rapport le 22 août 1727, le retrait fut adjugé, l'acquereur condamné à passer contrat de revente, & à compter des loyers du jour de la demande, en par le retrayant remboursant ce qui avoit été payé du prix de l'acquisition, frais & loyaux coûts, & notamment les réparations, suivant l'estimation qui en feroit faite par les experts.

ARTICLE CCCCLXXXII.

Des rétablissemens du Retrayant.

SI l'acquereur dedans le tems de Retrait fait aucune démolition en diminution de l'héritage, cueille les fruits, ou pêche les étangs ou viviers avant le tems accoutumé, il est tenu rétablir au Retrayant lesdites démolitions, fruits & estimation d'iceux, avec dommages & intérêts: mais, si tels fruits ou poissons sont prêts à cueillir ou pêcher, & n'est ledit acquereur ajourné avant les cueillir ou pêcher, ils demeurent audit acquereur; mais s'il étoit ajourné duement auparavant, il est tenu de les rendre.

1. LE temps du retrait dont il est parlé dans le présent article, est le temps que l'on peut exercer le retrait contre l'acquereur; & ce temps peut être de plusieurs années, au cas que l'acquereur ait laissé passer tout ce temps-là sans inféoder ou ensaisiner son héritage, ou en prendre possession réelle pardevant notaire & témoins.

2. Pendant ce temps-là l'acquereur ne peut faire aucune détérioration, soit aux bâtimens, soit aux terres, suivant qu'il est porté en notre article, en l'article 146 de la Coutume de

Paris, 161 de celle de Melun, 160 de celle d'Auxerre, 152 de celle de Troyes, 39 de celle de Sens, 202 de celle de Blois, & autres; & la raison est que l'acquereur n'est point propriétaire incommutable pendant le temps marqué par la Coutume pour exercer le retrait, son contrat pouvant être résolu par la loi: ainsi il doit laisser l'héritage en l'état qu'il le trouve, jusqu'à ce que le temps pour le retrait soit passé; autrement il est tenu envers le retrayant de rétablir ou de lui payer les dommages-intérêts de ce qui ne se peut rétablir.

3. L'acquereur ne peut, pendant le temps du retrait, abattre les bois de haute futaye, sur peine de dommages-intérêts, outre l'estimation, comme il a été jugé par arrêts, & qu'il est dit en l'article 39 de la Coutume de Sens, 85 de celle de Mantes, & autres.

4. Il ne peut aussi cueillir les fruits, ou faire la pêche des étangs, avant le temps de la maturité & de la pêche, suivant la disposition de notre Coutume au présent article, de celles de Melun, Sens, Auxerre & Troyes, aux articles ci-dessus cités: & s'il le fait, il est tenu à la restitution & aux dommages-intérêts envers le retrayant; au cas toutefois que l'action en retrait soit intentée, avant que lesdits fruits soient en état d'être perçus, & les étangs d'être pêchés.

5. Il y a plus; c'est qu'il ne peut pas faire bail d'héritage; & s'il le fait, le retrayant ne seroit pas tenu de l'entretenir: desorte qu'il seroit, dit Duplessis, sujet aux dommages-intérêts du fermier. Duplessis, sur Paris, traité *du Retrait lignager*, chapitre 3.

6. Quant à ce qui concerne les fruits qui sont en maturité & les étangs en état de pêcher, dont il est parlé dans le présent article, voyez ce qui est dit à ce sujet sur l'article suivant.

ARTICLE CCCCLXXXIII.

Des fruits de la Terre retraite.

Qui a labouré & semé terre retraite avant le tems de recueillir les fruits, ou l'ajournement posé, le Retrayant aura lesdits fruits, en payant les labeurs & semences seulement; & ne faut provision de Justice pour faire lesdits labeurs & semences, pource qu'ils sont des loyaux-coûts & mises.

1. DAns cette Coutume, le retrayant à qui le retrait est adjugé, gagne les fruits du jour de ses premieres offres, suivant ce qui est porté en l'article 428, *suprà*; & la raison qu'en donnent nos commentateurs, après Dumoulin, dans sa note sur l'article 87 de l'ancienne Coutume d'Artois, c'est parce que le demandeur en retrait étant obligé de tenir toujours ses deniers prêts depuis les offres, pour en faire le remboursement, au cas que l'acquereur tende le giron, il est juste qu'il gagne les fruits, puisque ses deniers ne lui profitent pas, & que l'acquereur les perde pour contester mal-à-propos. C'est l'observation de M. le président Duret, sur ledit article 428, sur ces mots, LUI APPARTIENNENT: *Et meritò*, dit-il, *siquidem oportet offerentem semper pecuniam tenere paratam & otiosam, quod speciale est in Retractu, Molin. in Cons. Artes. primæ public. art. 87.* M. Duret.

2. M. Jean Decullant, sur le même article, a fait la même remarque, avec exception toutefois: *Secùs*, dit-il, *si appareat hunc nihilominùs fœnerasse eamdem pecuniam; nam hoc casu tenebitur indictos fructus imputare, nec debet ex morâ alterius lucrum facere; sed satis est, si indemnis servetur.* Jean Decullant, sur l'article 428, *suprà*.

3. Ainsi les fruits de l'héritage tombé en retrait sont dus au retrayant du jour de l'ajournement en retrait, si par l'exploit d'ajournement il a fait des offres de bourse & deniers, loyaux coûtemens, & à parfaire; de maniere que, quoique la récolte soit imminente dans le temps des premieres offres, & que les fruits ayent été ensemencés & cultivés par l'acquereur, depuis son acquisition, le retrayant les emportera tous, sans être obligé d'en faire part à l'acquereur, à proportion du temps qu'il a joui avant la demande en retrait, à la charge seulement de lui rembourser les frais des labours & semences.

4. Il y a plus; c'est qu'encore que l'exploit d'ajournement en retrait ne contienne aucunes offres, le retrayant ne laissera pas d'avoir les fruits des terres labourées & semées avant l'ajournement, en payant les labours & semences, ainsi qu'il est dit dans le présent article, & dans l'article précédent, à la fin, comme il paroît par ces mots: *Mais s'il étoit ajourné duement auparavant, il est tenu de les rendre.* C'est la disposition précise de la Coutume de Blois, article 198, & Dumoulin, dans sa note sur cet article, dit que cela s'observe ainsi dans toute la France: *Et ità regulariter servatur in Galliâ.* C'est aussi le sentiment de M. Jean Decullant, sur l'article 428, *suprà*: *Licèt*, dit-il, *hæc actio moveatur, maturis jam fructibus, tamen omnes qui percipiuntur, cedent Retrahenti in præjudicium emptoris, qui fortè emit initio anni.... salvis tamen impensis, de quibus §. 430*: & telle est la jurisprudence des arrêts cités dans les notes sur Duplessis, traité *du Retrait lignager*, chapitre 4.

5. Mais aussi les fruits perçus par l'acquereur, *medio tempore*, c'est-à-dire, depuis son acquisition jusqu'à l'ajournement en retrait, lui appartiennent, pourvu qu'il les perçoive sans

sans fraude & en pleine maturité. C'est la disposition de cette Coutume, dans l'article précédent ; de celle de Chaulny, article 113, & de celle de Châlons, article 249, qui ajoute : *Encore que l'acquereur n'ait fait les labours & méliorations, dont sont procédés lesdits fruits* ; & la raison qu'en donne la Coutume de Chaulny en l'article cité, c'est qu'avant l'ajournement en retrait l'héritage appartient à l'acquereur, & qu'il a été sien jusqu'au temps dudit ajournement sur retrait.

6. Une difficulté à ce sujet, qui partage les sentimens des docteurs, c'est pour les fruits pendans par les racines au temps de la vente, lesquels constamment suivant leur valeur augmentent le prix de la vente ; & la difficulté consiste à savoir si l'acquereur en doit faire raison au retrayant, au cas qu'ils fussent dépouillés avant la demande en retrait : Dumoulin & Chopin tiennent qu'ils appartiennent à l'acquereur, sans aucune déduction du prix de la vente. Brodeau & Ricard sont d'avis contraire, fondés sur un arrêt du 21 août 1649, par lequel, pour raison des fruits pendans par les racines au temps de l'adjudication par décret, déduction fut faite de la somme de deux mille livres ; parce qu'au temps de la vente ils faisoient partie du fonds, & avoient augmenté le prix de la vente.

7. Pour dire mon avis sur cette difficulté, la disposition de notre Coutume, dans l'article précédent, autorise le premier sentiment ; puisqu'elle donne à l'acquereur, sans distinction & sans reserve, les fruits par lui perçus avant l'ajournement en retrait ; & comme tout est de rigueur en matiere de retrait, principalement contre le retrayant qui vient troubler & inquiéter un acquereur, pour profiter à son préjudice, il semble qu'on devroit par ces considérations préférer dans cette Coutume le premier sentiment au second. Toutefois la justice & l'équité veulent qu'on s'attache au second ; parce qu'autrement l'acquereur retireroit du retrayant beaucoup plus qu'il n'a payé du prix de la vente, puisque le retrayant lui rembourseroit le prix entier porté par le contrat, sans aucune déduction pour raison des fruits que l'acquereur a perçus ; lesquels fruits faisoient partie du fonds, & avoient augmenté le prix de la vente.

8. Ce qui vient d'être dit ne concerne que les fruits naturels & industriaux des terres : car pour les fruits civils, comme les loyers des maisons, ils se divisent toujours *pro rata temporis*, leur échéance se faisant *de die in diem*, comme il a été dit sur l'article 281, *suprà* ; c'est-pourquoi le retrayant ne peut les avoir que du jour de l'ajournement & des offres, ceux du temps précédent appartenant à l'acquereur.

9. Pour les arrérages des rentes foncieres & seigneuriales, ils se prennent par l'acquereur, ou le retrayant, selon le temps auquel le paiement en échet ; car ils ne se partagent pas *pro rata temporis*, comme il a été dit sur ledit article 281 ; & on ne considére que le jour que le paiement en doit être fait : ensorte que, s'il échet avant l'ajournement en retrait, ils sont dus à l'acquereur, quoiqu'ils ne soient payés qu'après.

10. Quant à l'héritage affermé, la redevance en est due à l'acquereur, ou au retrayant, eu égard au temps de la perception des fruits, quoique par le bail elle ne se dût payer qu'après. Ainsi, si les fruits sont perçus au mois d'août, que la ferme ne soit payable qu'à la St. Martin, & que l'ajournement soit fait dans le mois d'octobre, la redevance est due à l'acquereur.

ARTICLE CCCCLXXXIV.

Si chose vendue à titre & faculté de réméré est retraite par le lignager, Seigneur féodal ou direct, avant ladite faculté expirée, & après ledit vendeur vend ladite faculté de réméré, elle est retrayable dedans trois mois après ladite faculté de réméré expirée.

1. En vente, sous faculté de rachat ou de réméré, le retrait a lieu à la charge du réméré, comme en toute autre vente ; & le lignager peut en intenter l'action aussi-tôt après le contrat : c'est ce qui résulte de la disposition de notre Coutume au présent article, & en l'article 423, *suprà* ; c'est aussi la disposition de la Coutume de Berry, titre 14, article 3 ; de celle d'Auvergne, chapitre 23, article 13 ; de Troyes, article 149 ; de Lodunois, chap. 17, article 5 ; du Maine, article 308 ; de Touraine, article 189 ; d'Auxerre, article 185, & autres. Tel est le sentiment de nos commentateurs, l'observation de Dumoulin dans sa note sur l'article 9 du titre 31 de la Coutume de Nivernois ; & ainsi a été jugé en ce siége : & la raison c'est que la vente sous faculté de rachat est parfaite dès le commencement ; mais qu'elle se résout, la condition arrivant, & que par conséquent l'acquereur sous cette faculté est rendu propriétaire de la chose.

2. *Die 25 Martii anno 1583*, dit M. Menudel, plaidans de Champfeu & de Lingendes pour Antoine Victour, contre Gilbert Turrier, a été jugé que le temps du retrait pour le fonds avoit son cours avant la faculté de réméré expirée, par la raison que la vente sous faculté est véritable vente, & qu'il ne faut plus rien pour la parfaire.... *Ideòque*, ajoute Menudel, *si fundus sub facultate intrà biennium redimendi*

alienatus sit, & jure prælationis retineatur, non adversùs emptorem, sed eum qui retinuit; facultas redimendi explicabitur; licèt enim retrovendere promiserit emptor, semper tamen ab eâ promissione excipitur Lex, & Superioris auctoritas, quæ licèt prævisa sit, tamen impediri non potest. M. Menudel, sur l'article 423, *suprà.*

3. M. le président Duret a fait la même remarque, sur ces mots de notre article, AVANT LADITE FACULTÉ : *Ex hoc*, dit-il, *satis patet, constante redemptionis potestate factâ, gentiles posse redhibere, quod rationi Juris consentiens esse docet* Tiraqueau.... M. Duret, *hìc.*

4. Il n'en est pourtant pas tout-à-fait de même quant au retrait de la vente sous faculté de rachat, comme de toute autre vente : en vente sous faculté de réméré, le temps du retrait court seulement du jour du réméré fini, & non de l'ensaisinement où investiture faite sur le contrat avant le temps du réméré expiré. C'est ce qui résulte de la disposition de cette Coutume, au présent article, & en l'article 423, à la fin ; & telle est la disposition de la Coutume de Nivernois, chapitre 31, article 9 ; de celle d'Orléans, article 393 ; de Blois, article 206, & de Touraine, article 157 : & ainsi a été jugé, & en cette Sénéchaussée, & par arrêt ; & tel est le sentiment de nos commentateurs.

5. Le 11 avril 1611, en la chambre du conseil de cette Sénéchaussée, il fut jugé, au rapport du sieur conseiller Groïtat, qu'aux rentes où il y a faculté de rachat, le temps du retrait ne couroit qu'après le temps dudit rachat passé. Les parties étoient Anne Aubert, demanderesse en retrait lignager, contre Mathieu Champagnot & Leonard Meiller, défendeurs. C'est la remarque de M. Jean Cordier, en ses manuscrits.

6. La même chose a été jugée, selon M. Menudel, lui plaidant ; c'est sa remarque sur le présent article, sur le mot EXPIRÉE : *Et sic non currit*, dit-il, *tempus nisi à die facultatis redimendi elapsæ, & facit textus suprà 423, in fine ; & ita judicatum, me orante.* M. Menudel, *hìc.*

7. Coquille, sur la Coutume de Nivernois, chapitre 31, art. 9, dit qu'il a été ainsi jugé par arrêt du 7 septembre 1532, & que c'est sur cet arrêt que ledit article a été dressé.

8. Tel est le sentiment de M. Jean Decullant, de M. Genin, fils, sur notre article, & de M. François Decullant, sur l'article 423, où il assure que tel étoit le sentiment de M. Louis Semin : *Dominus Ludovicus* Semin, dit-il, *Retractum à die elapsæ facultatis redimendi tantùm incipere putat, quòd jus redimendi sit pars rei venditæ, & eo pendente res interim non sit alienata* : la raison sur laquelle nos anciens appuyoient leur sentiment, c'est que quand la vente est faite sous faculté de réméré, l'héritage n'est pas absolument hors de la famille ; puisque jusqu'à l'expiration de la faculté, le vendeur a le pouvoir d'y rentrer dans le temps convenu ; que l'action qu'il s'est reservée, représente la chose, suivant la maxime : *Qui actionem habet ad rem recuperandam, ipsam rem habere videtur* ; que cette action est propre du côté & ligne d'où étoit l'héritage ; & qu'ainsi l'héritage n'est véritablement aliéné, qu'au moment de l'expiration de la faculté & de la sentence obtenue par l'acquereur. C'est la raison, comme l'on voit, que donne M. Louis Semin ; M. Jean Decullant en dit de même : *Quia fundus*, dit-il, *pendente facultate redemptivâ, non est verè extrà familiam, cùm venditor retinuerit potestatem redimendi.* Jean Decullant, *hìc.*

9. Ainsi dans cette Coutume, dans le cas d'une vente sous faculté de réméré, le lignager a la faculté de retraire aussi-tôt après la vente, pendant tout le temps que dure la faculté de rachat, & encore pendant trois mois après la faculté de réméré expirée : ce qui doit s'entendre d'une faculté de rachat, contenue dans le contrat de vente, & qui en fasse partie, & non d'une faculté de rachat accordée après coup. *Ea autem verba*, dit Papon, sur l'article 423, *suprà*, ET ENCORE TROIS MOIS APRÈS LE RÉMÉRÉ FINI, *intellige vera esse, cùm pactum de retrovendendo venditioni inest, non autem cùm ex intervallo exiit : Quia primo casu resolutio quæ futura est, executio tantùm ipsius Contractûs est.... Secundo verò casu novus videbitur Contractus ; & cùm statim, venditione peractâ, ex Statuto jus consanguineis sit quæsitum redhibendi, ex postfacto id controverti non debet.* Papon, sur l'art. 423 de notre Cout. Coquille, sur la Coutume de Nivernois, chap. 3, art. 9, est de même sentiment.

10. Dans le cas où la chose vendue sous faculté de réméré a été retrayée avant la faculté expirée, par le lignager où par le seigneur, si cette faculté est ensuite vendue, & que l'acquereur d'icelle, usant de son droit, retire la chose vendue & retrayée, qui est le cas dont parle notre article ; cette chose sera de rechef retrayable sur cet acquereur, qui l'a eue par la force du réméré, trois mois après ladite faculté de réméré expirée, comme le dit notre article. *Et licèt emptor hujus facultatis redemptivæ*, dit M. Jean Decullant, *redemerit antequàm ipsa elabatur, poterit propinquus vel Dominus directus retrahere, intrà trimestre post facultatem elapsam.* Jean Decullant, *hìc.*

11. Il y a plus ; c'est que la faculté de rachat ne peut, selon M. le président Duret, être cédée à un tiers au préjudice des parens & du seigneur, lesquels peuvent en exercer le retrait sur le cessionnaire dans le temps prescrit par la Coutume. *Cæterùm*, dit M. le président Duret, *hoc in expedito est, ex conventione Retrahentes Dominis & consanguineis esse superiores, sic tamen ut ejusmodi conventio non recipiat cessionem in gratiam extranei, ad excludendum proximum, qui poterit etiam ab illo cessionario retrahere proximitatis suffragio, intrà tempus à Statuto præscriptum, nisi res esset de acquestu primi venditoris, & sic non*

obnoxia Retractui proximitatis.... M. Duret, sur l'article 438, *suprà*.

12. Ce qu'il y a à observer, c'est que quand l'héritage est vendu sous faculté de rachat, que la faculté a été ensuite vendue, & que par vertu d'icelle la chose sujette à retrait a été retirée, le lignager ne peut avoir l'un sans l'autre; de maniere qu'il est tenu de payer, tant le prix de la grace, que celui de la chose retenue, avec les loyaux coûtemens, ainsi qu'il est dit dans l'article 42 du chapitre 15 de la Coutume de Lodunois.

ARTICLE CCCCLXXXV.

LE LIGNAGER n'est empêché d'avoir & poursuivre dedans le tems de la Coutume la chose vendue par son parent, combien que depuis ladite vente il ait été héritier du vendeur en tout & partie. De l'héritier qui retire.

1. LE vendeur ne peut retirer l'héritage par lui vendu, parce qu'il ne peut venir contre son fait: ce qui a lieu, soit en vente volontaire, ou forcée & par décret; jusques-là même que, quand un héritage a été décrété sur deux co-héritiers à qui il appartient par indivis, ou que deux co-héritiers l'ont vendu par un même contrat, & se sont obligés solidairement à la garantie, l'un d'eux ne pouvant par retirer sa part, ne peut pas aussi retirer celle de l'autre, ainsi qu'il a été jugé par arrêts rapportés par M. Brodeau, sur M. Louet, lett. H, somm. 13, & lett. R, somm. 25. Tel est le sentiment de Dumoulin, sur l'article 13 de l'ancienne Coutume de Paris, glose 1, nombres 13 & 14; & de Duplessis, sur Paris, traité *du Retrait lignager*, chapitre 6, sect. 3, n. 322.

2. Mais, si le mineur ayant vendu conjointement avec ses co-héritiers majeurs, se fait restituer contre la vente de sa portion indivise, & contre l'obligation solidaire de sa garantie, l'effet de la restitution étant qu'il n'a jamais été co-vendeur ni obligé à la garantie, il peut, venant dans le temps porté par la Coutume, retraire les portions de ses co-héritiers.

3. Il y a plus; c'est qu'il y a un cas où le vendeur, quoique majeur de toute majorité, peut retirer lui-même par retrait lignager; savoir, quand il a vendu à son parent qui a revendu à un étranger. C'est la disposition de la Coutume de Paris, article 133; & la raison est que le premier vendeur n'ayant pas mis l'héritage hors de la ligne, il est présumé ne l'avoir aliéné qu'à condition qu'il demeureroit dans la ligne, & n'avoir renoncé à son droit de lignager. *Quid si emptor*, dit Papon, sur l'article 439, *suprà*, *consanguineus extraneo vendat rem quæsitam, licet consanguineis redhibere ex Statuto, imò etiam primo venditori ipsi id licet; nec ex eo venditionem priorem revocat, sed tantùm posteriorem, quæ in tantum diversa est, quantùm differt qualitas emptoris, scilicèt consanguinei, & extranei.* Tel est aussi le sentiment de M. Jacques Potier & de M. François Menudel, sur l'article 434, *suprà*.

4. A l'égard de l'héritier du vendeur, sa qualité d'héritier de celui qui a vendu ne préjudicie pas au retrait; & les lignagers du vendeur, qui sont ses héritiers, quoique tenus de ses faits & promesses, ne laissent pas de pouvoir retraire, suivant qu'il est porté dans notre article, dans l'article 142 de la Coutume de Paris, 144 de celle de Melun, 96 de celle de Meaux, 402 de celle d'Orléans, & autres. La raison est qu'ils ne viennent point au retrait en qualité d'héritiers, mais de lignagers; que cette action ne se confond pas; & que quand un acquereur est évincé par retrait, il n'y a pas d'action en garantie ouverte contre lui: *Quia non ut hæres*, dit M. le président Duret, *sed ut gentilis retrahit, & Retractu à gentili petito, emptor hoc nomine nullam cum venditore habet actionem.... Nec interest quòd filius non possit evincere rem quam pater vendidit, cujus ipse est hæres.... quia hæres retrahendo tanquam proximior, alienationem non impugnat, nec retractat factum defuncti, sed potiùs approbat....* M. Duret, *hic*.

5. Il n'importe pas que le demandeur en retrait soit héritier en tout ou partie du vendeur, ni qu'il ait la qualité d'héritier devant ou après l'ajournement en retrait; sur quoi il est à remarquer que la particule (&) employée à la fin de notre article, y tient lieu d'une disjonctive. C'est l'observation de Dumoulin, dans sa note, sur le présent article: *Novissima copula*, dit-il, *stat pro alternativâ; & amplia, sive actor sit hæres ante citationem libellatam, sive post, quicquid aliqui distinguant.* M. Charles Dumoulin.

6. Ce qui forme une difficulté à ce sujet, c'est quand le pere a promis de ne point intenter l'action de retrait au nom de ses enfans, mais de garantir l'acquereur contre ses lignagers; en ce cas c'est une question, si le fils héritier du vendeur peut être admis au retrait: M. le président Duret, & après lui M. Louis Semin trouvent que non. *Et quod de filio hærede dicitur*, dit M. Semin, *intellige nisi venditor evictionem adversùs gentiles specialiter promiserit, Præses, hic...* Louis Semin, *hic*.

7. Mais d'autres, d'un sentiment contraire, estiment, & avec raison, que le fils héritier du vendeur ne laisseroit pas dans ce cas d'être admis au retrait; parce que le retrait ayant été introduit en faveur des lignagers du vendeur, il ne peut mettre dans le contrat de vente aucune clause à leur préjudice; ensorte que,

quand même cette clause seroit valable, elle serviroit seulement à faire condamner l'héritier du vendeur aux dommages-intérêts.

8. Le fide-jusseur ou caution de la vente d'un héritage, faite par son parent, peut, également que l'héritier, retirer l'héritage par retrait lignager, pourvu que par le contrat il n'ait pas expressément renoncé au droit de retrait. La raison est que la caution de la vente n'est pas plus tenue de l'éviction, que l'héritier pur & simple, l'action étant égale contre l'un & contre l'autre; & que si l'héritier est recevable au retrait, la caution y doit être admise; puisqu'il ne vend pas, & qu'il intervient seulement dans le contrat pour la sûreté de l'acquereur touchant la propriété & les hypothéques, ne s'étant obligé envers l'acquereur à le garantir & indemniser, qu'en cas que quelqu'un prétendît ou un droit de propriété ou d'hypothéque sur l'héritage, & non en cas de retrait, qui ne regarde pas le vendeur, & dont il n'est pas tenu lui-même: joint que quand l'acquereur est évincé par le retrait, il est entiérement indemnisé, qui est tout ce qu'il peut espérer: ainsi jugé par arrêt de 1543, au rapport de M. Allegrain; & tel est le sentiment commun.

ARTICLE CCCCLXXXVI.

Souffrance n'empêche Retenue.

SOUFFRANCE & répit baillé de faire foi & hommage n'empêche droit de Retenue.

1. L'Article 375, *suprà*, sur la fin, contient une disposition semblable; il faut y avoir recours.

2. La seule difficulté que nous avons à traiter sur le présent article, est de savoir, dans le cas de la souffrance, de quel jour l'on doit compter le temps que la Coutume prescrit, pour user du droit de retenue, si c'est du jour de la souffrance accordée; ensorte que la souffrance ait le même effet pour faire courir le temps du retrait, que la foi & hommage. De Ferriere, dans son commentaire, sur la Coutume de Paris, article 130, estime que la souffrance a le même effet pour faire courir le temps du retrait, que la foi & hommage faite en l'absence du seigneur du fief, ou la réception en main souveraine; & il cite là-dessus la Coutume d'Orléans, article 364, qui en contient une disposition précise, ajoutant que la disposition de la Coutume d'Orléans doit avoir lieu dans les Coutumes qui ne contiennent pas une disposition contraire. Tel est aussi le sentiment de M. le président Duret, sur l'article 375, *suprà*, sur ces mots, DEDANS LE TEMPS: *Quod est*, dit-il, *trium mensium*, *art.* 422, *in fine*, *à die induciarum concessarum*, *vel injustè negatarum*, *cùm hæ fidei æquipolleant.* La raison de ce sentiment est que dans les cas, où l'on ne peut faire la foi & hommage, comme dans les cas de la minorité, de l'absence du seigneur, ou quand il y a contestation entre deux seigneurs, il est juste qu'on y puisse suppléer par quelques autres actes qui tiennent lieu d'inféodation, tels que sont la souffrance, la réception en main souveraine; autrement on ne pourroit, lorsqu'on se trouve dans ces cas, se mettre à couvert du retrait.

3. Mais, nonobstant toutes ces raisons, on a jugé le contraire à mon rapport & suivant mon avis, par sentence du 23 avril 1722, rendue entre la dame Cousin, femme de M. Cantat, conseiller en ce siége, & le sieur Ducreuset. Il fut décidé que dans cette Coutume la souffrance ne suffisoit pas pour faire courir le temps du retrait; & cela, à cause de la disposition de la Coutume, article 375, *suprà*, qui porte que *répit ou souffrance de faire la foi & hommage.... n'empêche pas, ledit répit passé, le droit de Retenue, dedans le temps que le Seigneur féodal le peut avoir.* Or si le temps du répit, ou de la souffrance, passé, le seigneur peut encore user de son droit de retenue dedans le temps prescrit par la Coutume pour en user; le temps du retrait ne court donc pas pendant la souffrance. C'est la conclusion que tire Dumoulin dans sa note sur ledit article: ce qu'il étend non-seulement aux souffrances nécessaires & légales, mais encore à celles que les seigneurs accordent volontairement, dans le cas toutefois d'une souffrance accordée *rebus integris*, & non d'une souffrance accordée après l'exhibition du contrat d'acquisition; par la raison que le temps du retrait féodal, aux termes de l'article 424, *suprà*, court du jour de l'exhibition des lettres d'acquisition. *Ergò interim*, dit Dumoulin, *tempus non currit; amplia, non solùm in induciis necessariis quæ debentur pupillo, sed etiam in voluntariis; limita, ut procedat, si dentur ab initio, antequam quid actum sit: secùs si dentur posteaquam emptor jam exhibuit, & tempus currere cœpit.*

ARTICLE CCCCLXXXVII.

ARTICLE CCCCLXXXVII.

EN HÉRITAGE vendu & adjugé par criées & interposition de Décret solemnel, le remede de rescision d'outre moitié de juste prix n'a lieu. Quand déception d'outre moitié n'a lieu.

1. LA Coutume d'Auvergne, titre 16, article 22 ; celle de la Marche, article 122, & celle de Cambray, titre 21, article 4, contiennent une disposition semblable ; & Dumoulin, dans sa note sur le présent article, dit que cela est généralement observé, & qu'il l'a vu ainsi juger plusieurs fois par arrêts. * Il y en a un notable rendu le 5 mai 1640, & rapporté dans le journal des audiences, tome 1, liv. 3, chap. 63, édit. 1733, au sujet du décret du comté de Sancerre, adjugé à monsieur le prince de Condé pour 322000 livres ; un procureur de la cour, en vertu d'une procuration passée en bonne forme, augmenta le prix jusqu'à 800000 livres ; de maniere que l'enchere étoit de 478000 livres ; toutefois par arrêt, sans avoir égard aux offres, monsieur le prince fut maintenu. La raison est que celui qui achete par décret, contracte avec la justice, que chacun est reçu à enchérir, que cela se fait publiquement au vu & au su des intéressés ; desorte qu'après tant de solemnités & précautions, on présume que le dernier enchérisseur a acheté la chose ce qu'elle valoit, & que le prix du décret, au-dessus duquel personne n'a voulu enchérir, est le juste prix de la chose.

2. Les mineurs étoient autrefois reçus à proposer la lésion, suivant les arrêts rapportés par M. Louet, lett. D, somm. 32, & par M. Lemaistre, dans son traité *des Criées*, chapitre 19, sur la fin : mais depuis la jurisprudence a changé, suivant les arrêts postérieurs, rapportés par M. Brodeau sur M. Louet, *ibid.* Si pourtant la lésion étoit énorme, comme du quadruple, il pourroit y avoir lieu à la restitution : & à ce sujet M. Jean Fauconnier remarque sur le présent article, qu'il y eut de son temps un appel porté au parlement, du décret de la terre de la Barre, vendue par M. le Sénéchal, sur le sieur Doiron, seigneur de Gouzou, à la poursuite du sieur de Mauvissiniere, qui en fut adjudicataire à dix mille livres ; que la partie saisie soutenoit qu'elle en valoit cinquante, & produisoit pour le justifier des baux de huit cents écus par an ; que sur cet appel le parlement rendit un arrêt qui portoit que dans un mois, à compter du jour de la signification, ledit sieur de la Barre-Doiron rembourseroit audit sieur de Mauvissiniere ladite somme de dix mille livres, prix de l'adjudication ; le temps passé, faute d'y satisfaire, & sans qu'il fût besoin d'un autre arrêt, le décret confirmé : mais que le crédit dudit sieur de la Barre n'ayant pu s'étendre jusqu'à trouver cette somme, l'arrêt lui demeura inutile, & le décret fut exécuté.

3. Autre chose est des décrets volontaires, qui se font du consentement des parties, pour valider le contrat de vente, à l'effet seulement de purger les hypothéques ; lesquels peuvent être cassés pour lésion d'outre moitié de juste prix, notamment quand le prix du décret n'excéde pas le prix porté par le contrat. La raison est que le droit de l'acquereur, en vente faite à la charge du décret, n'est pas fondé sur l'adjudication, qui ne se fait que pour purger les hypothéques, & qui ne change & n'altere point la nature du contrat, mais sur le contrat de vente dans lequel, s'il y a lésion d'outre moitié de juste prix, il y a lieu à la rescision du contrat. Tel est le sentiment de M. Brodeau sur M. Louet, lett. D, somm. 32, de M. Jean Decullant & de M. François Menudel, sur notre article, & de Bretonnier sur Henrys, tome 2, plaidoyer 7. *Si quis fundum*, dit Decullant, *certo pretio vendat, eâ lege ut pro securitate emptoris, si ipsi lubeat, fundus publico programmate distrahatur, & ipsi adjudicetur pro pretio convento ; poterit hoc casu venditor uti beneficio restitutionis propter deceptionem ultrà dimidium justi pretii ; quia ista distractio facta fuit non ad transferendum & acquirendum emptori rerum venditarum dominium ; quod factum fuerat anteà per Contractum, sed ut tollantur creditorum hypothecæ.* Ainsi, si par un contrat un héritage avoit été vendu moins que la moitié de sa juste valeur, avec la faculté au vendeur de le faire décreter pour purger les hypothéques, le vendeur se faisant restituer contre le contrat, feroit en conséquence casser le décret volontaire, dont l'acheteur ne se pourroit prévaloir contre lui.

TITRE TRENTIEME.

Des Tailles réelles.

1. IL y a dans cette Coutume des tailles personnelles, & des tailles réelles. Les premieres sont celles qui sont dues sur le chef & sur la personne : & les secondes, celles qui sont dues pour & à raison des héritages qui sont appellés pour ce sujet *héritages taillables.* Il est traité des premieres dans le titre 18, *suprà*, & des dernieres dans le présent titre.

2. La taille réelle est une redevance sujette à plusieurs rigueurs, qui participent de la main-

morte servile : mais les possesseurs des héritages chargés de ces redevances, sont libres, quant à leurs personnes, & ne sont assujettis à ces servitudes, que parce qu'ils tiennent ces héritages sous ces conditions, les choses ayant été ainsi convenues lors de la concession originelle; *talis lex fuit data Contractui.* Tellement qu'en déguerpissant ces héritages, ils ne sont plus liés ni assujettis à aucune servitude envers le seigneur taillablier.

3. L'on explique en ce titre quels sont les héritages taillables, & les conditions ou servitudes auxquelles sont assujettis ceux qui les possédent; & il y est aussi parlé du bourdelage.

4. Ce titre est composé de 15 articles, depuis l'article 488 inclusivement, jusqu'à l'article 503 exclusivement; lesquels 15 articles sont précisément les mêmes que les 15 articles du titre 17 de l'ancienne Coutume.

ARTICLE CCCCLXXXVIII.

Il y a audit Païs & Duché un devoir annuel que l'on appelle Taille, & sont les Tailles audit Païs en double différence : Car les unes sont réelles, & les autres sont les Tailles personnelles. Les Tailles réelles sont dues sur, pour raison, & à cause des Terres & héritages, comme Prez, Terres, maisons, tenemens & autres héritages, & ensuivent la Terre & héritage. Les autres Tailles personnelles sont dues sur le chef & sur les personnes : desquelles Tailles sera dit ci-après ce que la Coutume du Païs de Bourbonnois en veut & ordonne.

1. Nous avons expliqué sur l'article 189, *suprà*, quelles sont les tailles personnelles, & quelles sont les tailles réelles; & nous avons fait sentir la différence qu'il y a entre les unes & les autres. Il faut y avoir recours.

2. La Coutume parle des tailles personnelles, dans le titre dix-huitieme, depuis ledit article 189 jusqu'à l'article 208; & dans le présent titre il n'est parlé que des tailles réelles : c'est-pourquoi ces mots de notre article, *desquelles Tailles sera dit ci-après*, doivent être entendus des tailles réelles, & non des personnelles.

ARTICLE CCCCLXXXIX.

Taille réelle est droit de directe Seigneurie.

Quiconque doit au mois d'Août pour raison d'aucun héritage, argent, bled, & geline, ou de trois les deux, dont l'argent soit l'un, ladite dette est devoir de Taille réelle; & est ledit héritage taillable, pour raison duquel ledit devoir est dû, & est droit de directe Seigneurie.

1. Il y a des tailles réelles de deux façons, & les héritages chargés de ces redevances sont par conséquent présumés & réputés taillables de deux manieres; l'une, par rapport à la disposition de la Coutume, en notre article; & l'autre, par titre & reconnoissance.

2. Quand la redevance, dont un héritage est chargé, est payable en août, & que cette redevance est due en argent, bled, & geline, ou de trois les deux, telle redevance est taille réelle, suivant notre article. Ainsi, pour qu'un héritage soit taillable, il faut (suivant notre Coutume) que deux choses concourent; l'une, que la redevance soit due en argent, & qu'avec l'argent il soit dû ou du bled, ou geline; & l'autre, que cette redevance soit payable en août : & c'est ce qu'on appelle *Taillable Coutumier.*

3. Mais, quoique la redevance ne soit pas payable au mois d'août, ou que des trois, de l'argent, bled & geline, il ne soit dû que l'un des trois; si toutefois le titre ou terrier porte expressément droit de taille, le devoir doit être réputé taille réelle, & l'héritage taillable. La raison est que le titre doit être suivi par préférence à la Coutume; car la disposition de l'homme fait cesser celle de la loi; & c'est la convention qui fait la loi, étant permis à un seigneur de donner son héritage à telle charge qu'il lui plaît, & de déroger à la Coutume. C'est l'observation de M. le président Duret & de M. Louis Semin, sur le présent article, sur ces mots, AU MOIS D'AOUST : *Si alio mense*, dit M. Duret, *vel ex tribus unum tantùm debeatur, & apertè recognitio facta sit in taillabile, verius est ut ex conventione, non ex Statuto taillabile habeatur; nam & conventio valet, & dat legem Contractui....* M. Duret, *hic.* M. Semin, *idem sentit.* * Ce fut ainsi jugé par la sentence rendue en cette Sénéchaussée le 7 septembre 1734, au rapport de M. Berger, lieutenant général, en faveur de Gilbert de Chambon, seigneur de Marcillac, contre Antoine Jaladon,

lieutenant civil & criminel en la châtellenie de Mont-Luçon, & dame Anne Jaladon, épouse de Jean Graillot, élu en l'élection de Mont-Luçon; ce fut un des points décidés par cette sentence. J'étois des juges. Et cette sentence a été confirmée par arrêt rendu en la seconde chambre des enquêtes, le 21 février 1737, au rapport de M. de Latteignant.

4. Si le terrier porte taille & cens *conjunctivè*, le devoir doit être regardé comme taillable; *secùs*, s'il porte cens ou taille *disjunctivè*. *Quid si conjunctim*, dit M. Duret, *putà in hæc verba*, TAILLE ET CENS, *professio concepta sit, an censualis, an potiùs taillabilis judicabitur? Et magis est ut in duriorem conditionem gratiâ Domini interpretemur; attenditur enim causa quæ nocet, & ita apud nos usu receptum est.... Sed si disjunctim*, TAILLE OU CENS, *inita professio ostendatur.... Contrario jure utimur, & tunc debitoris partes defendimus, licèt Molin. contrà sentiat ad Consf. Paris.* des cens, *§. 1, gl. 1, n. 17.* M. Duret, *hic.*

5. M. Louis Semin a fait la même remarque: *Hic Articulus*, dit-il, *de taillabili statuario loquitur, nec præjudicat conventionali; & nota si in hæc verba conventio concepta sit*, TAILLE ET CENS, *taillabile deberi, secùs si in hæc verba*, TAILLE OU CENS.... M. Semin, *hic.*

6. C'est aussi le sentiment de M. Jean Decullant: *Si eodem titulo*, dit-il, *Dominus stipuletur, præstationem sub nomine censûs & Talliæ, putà sicut in pluribus legi*, dix sous ou autre somme de taille, & telle quantité de grains ou autre chose de cens, ou bien telle autre redevance de cens & taille portant directe, lods & ventes; *talis præstatio sortietur naturam taillabilem, quia in hoc Statuto, art. 199, deterior conditio attrahit ad se meliorem, & ita observatur.* M. Jean Decullant, sur l'article précédent. * Ainsi fut jugé par la sentence du 7 septembre 1734, rendue au rapport de M. Berger, lieutenant général, au profit du sieur de Chambon, & citée au nombre 3 ci-dessus; ce fut un des points décidés par cette sentence, je peux l'attester, parce que j'étois des juges; & la sentence a été, comme il a été observé, confirmée par arrêt.

7. Une simple reconnoissance suivie de prestations suffit pour établir le devoir de taille dans cette Coutume, selon M. Louis Semin, qui se recrie contre cette jurisprudence: *Nota*, dit-il, *quòd regulariter cognitio non est titulus ad fundandam præstationem exorbitantem, putà Talliæ, aut Bordelagii, Coq. in Niv. cap. 7, art. 8; quo tamen jure non utimur, & malè.* M. Semin, sur l'article 22, *suprà.*

8. Mais, quelque chose que dise M. Louis Semin, je tiens, & c'est mon sentiment, que dans cette Coutume on peut asservir un héritage à une prestation taillabliere, non-seulement par la reconnoissance suivie de prestations, mais par la simple possession de trente ans, fondée & établie sur des prestations continuées pendant ce temps-là, avec expression de cause: c'est ce qui résulte de l'article 23, *suprà*; & c'est la disposition précise de la Coutume de la Marche, article 127.

9. La taille réelle est rente seigneuriale, & emporte droit de directe seigneurie, selon qu'il est dit dans notre article: mais il faut pour cela que ce soit une convention qui procède du bail d'héritage.

10. Toutefois, comme la taille réelle est une charge extraordinaire, & une servitude très-rude & très-fâcheuse pour le propriétaire de l'héritage taillable, le seigneur taillablier, au cas que l'héritage taillable se vende par décret, doit s'opposer pour la conservation d'icelle; sans quoi on prétend, du-moins tel étoit le sentiment de nos anciens, que le droit de taille est éteint, & qu'il est converti en franc cens, sans autre charge: ainsi se pratique en ce siége, & a été jugé par les arrêts de la cour.

11. *Durissima conditio*, dit M. Jean Decullant, *fundi taillabilis, qui nec alienari, nec pignorari irrequisito & invito Domino directo non potest, nec propinquis hæredibus obvenire, nisi sint socii & simul commorantes; idcircò in generali dispositione non venit, cùm non sit in commercio. Hinc fit quòd in licitatione publicâ per Decretum Judicis, licèt fiat* à la charge des droits seigneuriaux, féodaux, *quibus non fit præjudicium, nisi pro arreragiis præcedentibus Decretum, Dominus taillabilis debet intervenire, antequam Judex confirmet prehensionem & saisinam, & statuat fundum venditum iri, quod vocamus* ordonnance de vente, ou congé d'adjuger; *& poterit impedire venditionem, cùm non possit fieri sine illius consensu; nisi consentierit hypothecis creditorum super hoc fundo: & si consentiat venditioni, requiret hanc expressè fieri cum conditione taillabili: alioquin si taceat, fundus distrahetur cum onere simplicis censûs directi, id est, præstatio & pensio annua conservabitur cum juribus directis, de quibus dicitur suprà, tit.* des Censives; *ita practicatur, & pluribus Arrestis confirmatum. Ad hoc adverte quòd Statutum suprà habet rubricam* des droits seigneuriaux, *alteram*, des fiefs, *alteram* des censives & directes seigneuries; *deindè subjungit rubricam* des tailles réelles. M. Jean Decullant, sur l'art. précédent.

12. M. Ignace Prohet, le dernier commentateur de la Coutume d'Auvergne, parfaitement instruit de l'usage de cette province, dit que cela est tenu comme une chose notoire au présidial de Moulins, & assure avoir vu les arrêts de la cour qui l'ont ainsi jugé. Prohet, sur la Coutume d'Auvergne, titre 24, article 41.

13. Ainsi fut jugé en cette Sénéchaussée, entre la dame de Charry des Goutes, & les Bourguignons. A la vérité on m'a assuré que la sentence fut infirmée par arrêt rendu en la troisieme des enquêtes, au rapport de M. Pallu: mais M. Février de Messalier, célèbre & ancien avocat de ce siége, qui avoit écrit au procès, m'a dit qu'il ne s'agissoit que d'un taillable coutumier; de maniere que, comme s'en

expliqua M. le rapporteur du procès, quand on supposeroit que le devoir de taille eût été éteint par le décret, dès que la redevance est payable en août, cette redevance, par la force de la disposition de la Coutume, reprend son ancienne qualité, & est réputée devoir de taille réelle. Autre chose est d'un devoir de taille établi tel par le titre & la seule stipulation des parties.

* De-là suit que, par rapport au décret, il faut faire attention à la maniere dont la taille est constituée; si la taille constituée a toutes les conditions requises par le présent article 489, qu'elle soit payable en août, & en grains, argent & gelines, ou des trois les deux, dont l'argent soit l'un, en ce cas elle ne se purge point par le décret, & n'est pas convertie en simple cens, faute par le seigneur de s'être opposé avant le congé d'adjuger, comme il a été jugé par l'arrêt que l'on vient de citer, rendu en la troisieme des enquêtes, au rapport de M. Pallu, le 19 août 1704, pour la dame Desgoutes, à cause de sa seigneurie de Châtel-Peron, en infirmant la sentence de cette Sénéchaussée du 18 août 1699; ce qui avoit été jugé auparavant par arrêt du 10 décembre 1676, rapporté au troisieme volume du journal des audiences; mais si la taille constituée étoit seulement en argent, sans qu'il y eût grains, & gelines, ou sans qu'il y eût deux des trois dont l'argent fût l'un, la taille seroit convertie en simple cens, faute d'opposition de la part du seigneur, pour la conservation de son taillable, comme il a été jugé contre la veuve du sieur de Pravier, par sentence de cette Sénéchaussée, confirmée par arrêt de la troisieme des enquêtes, au rapport de M. Paris, le 12 mai 1643, qui est rapporté dans un recueil d'arrêts manuscrits de M. Grangier de Liverdys, président en la même chambre; tel est le sentiment & l'observation de Mrs. Berroyer & de Lauriere, dans une consultation du 14 mai 1709, que j'ai eue & lue.

ARTICLE CCCCXC.

De Commise d'héritage taillable, aliéné sans le congé du Seigneur.

QUICONQUE porte aucun héritage taillable & à Taille, il ne le peut ou partie d'icelui vendre, changer, transporter, y associer autrui, ni autrement l'aliéner sans le congé & licence du Seigneur de qui il est tenu à Taille: Et s'il le fait, ledit héritage, ou la partie aliénée, changée ou transportée, est acquis & commis audit Seigneur, & s'en peut dire le Seigneur être saisi & vêtu par ladite Coutume dedans l'an, que celui qui vend, change ou transporte, s'en sera departi & désaisi, & que l'acquereur en prendra possession réelle. Et pour ce qu'aucuns retiennent le bon vouloir & plaisir du Seigneur direct, & avant qu'avoir le gré & consentement du Seigneur, celui qui vend, change ou transporte, s'en désaisit, & l'acquereur en prend possession réelle; ladite réservation n'empêche point que l'héritage vendu, échangé ou transporté, ne soit acquis au Seigneur, tout & ainsi que s'il n'y avoit point eu de réservation du bon plaisir & vouloir du Seigneur.

1. LA Coutume de la Marche, article 148, contient une disposition à-peu-près semblable. Suivant cette Coutume & la nôtre, le tenancier d'un héritage de qualité servile, tel qu'est l'héritage taillable, ne le peut ou partie d'icelui vendre, transporter, ou autrement aliéner sans le congé du seigneur taillablier, même pour sa propre subsistance & pour alimens: la raison est qu'il n'en a pas la pleine & entiere propriété, & qu'on ne peut préjudicier au droit du seigneur sans son consentement. C'est la remarque de M. le président Duret, sur ces mots, AUTREMENT ALIÉNER: *Etiam*, dit-il, *alimentorum causâ, quia possessor fundi taillabilis non habet jus plenum, & non debet superioritas Domini ullo modo alterius facto attenuari.*

2. Le mot *aliéner*, employé dans notre article, est général, & comprend non-seulement la vente, mais aussi la donation; c'est la conséquence que tire le même M. Duret: *Ergò*, dit-il, *nec donare, siquidem hoc loco utriusque eadem est ratio; itaque venditione non receptâ, magis est ut donatio prohibita intelligatur.* M. Genin, pere, a fait la même remarque. La Coutume de la Marche, audit article 148, en contient une disposition précise; & ainsi fut jugé, dit M. Jean Cordier, en cette Sénéchaussée, pour les religieux du prieuré de S. Leopardin, dépendans de l'Abbaye de S. Sulpice de Bourges, contre le sieur Cagoins, lieutenant général à S. Pierre; savoir, que la commise étoit ouverte pour les héritages taillables, à lui donnés par la demoiselle Fontenel. M. Etienne Baugy a fait la même observation de la même sentence, sur le présent article.

3. Toutefois, si la donation en étoit faite à l'un des enfans demeurant avec lui, ayant la capacité requise pour lui succéder en l'héritage taillable,

taillable, sur-tout en faveur de mariage & en avancement d'hoirie, une telle donation subsisteroit; par la raison qu'une telle donation n'est réputée autre chose qu'une succession anticipée. *Tamen si donaverit*, dit M. le président Duret, *uni ex liberis secum commoranti, & successionis taillabilium capaci, præsertim favore matrimonii, in anticipationem futuræ successionis... puto hanc donationem valere.*

4. C'est ce qui a été jugé en ce siége, le 17 juillet 1696, par sentence rendue au rapport de M. Farjonel, par laquelle il fut jugé que le sieur de Dreuille n'étoit pas fondé en la commise par lui prétendue de l'héritage porté de taille, à cause de la donation qu'Etienne Durand avoit faite à ses enfans desdits héritages, pour supplément de dot & en avancement de sa future succession; de laquelle demande en commise ledit sieur de Dreuille fut débouté. C'est la remarque de M. Jean Cordier, sur notre article; il avoit écrit au procès.

5. Comme le tenancier de l'héritage taillable ne le peut vendre, ni donner; il ne peut aussi, dit notre article, le changer, ni y associer autrui.

6. Et la prohibition de notre Coutume ne doit pas être restreinte aux seuls contrats & aux dispositions entre-vifs, elle doit être aussi étendue aux testamens & dispositions pour cause de mort. La Coutume de la Marche, audit article 148, y est expresse; & cela se déduit de ces termes de notre article, *ni autrement aliéner*, qui renferment toutes les différentes especes d'aliénations qui peuvent être faites, par lesquelles on transmet à quelqu'un le domaine & la propriété d'une chose.

7. Ce qui vient d'être dit ne regarde que la propriété de l'héritage taillable, dont le tenancier ne peut pas disposer sans le consentement du seigneur; car autre chose est des jouissances & des fruits dudit héritage, dont il peut disposer, & sur lesquels ses créanciers peuvent se venger, pour tout le temps qu'il en est possesseur. *Fructus tamen & commoditates in solutum creditoribus dantur, & obventiones prædii inalienabilis à creditoribus possunt percipi, pro tempore quo debitor prædium habet in bonis*, dit M. Duret, *hic*.

8. Il y a plus; c'est que quant à ce qui touche la propriété de l'héritage taillable, d'une maison (par exemple) portée en taille, il y en a qui exceptent le cas où elle menaceroit ruine, le tenancier n'étant pas en état d'y faire les réparations nécessaires; & ils prétendent que le tenancier peut l'offrir en vente au seigneur, & que s'il refuse de l'acheter, il peut la vendre, plutôt que de la laisser tomber en ruine; que cela a été ainsi jugé par arrêt. C'est la remarque de M. Menudel, *hic*: *Quidam dicunt*, dit-il, *sufficere venditori, si Domino offerat rem emendam; quod si nollit emere, æquius esse ut vendere possit, quàm si non interveniente venditione propter Dominum non consentientem pereat, & in eam rem ita fuisse Arresto pronunciatum asserunt.*

9. Quand le tenancier de l'héritage taillable en a disposé en tout ou partie, sans le consentement du seigneur, l'héritage ou la partie aliénée est acquise & commise au seigneur, suivant notre article: sur quoi il est à observer qu'il n'y a d'acquis au seigneur, que ce qui est aliéné; n'étant pas juste que le propriétaire soit privé de tout l'héritage, mais seulement de la portion dont il a disposé, au mépris de la Coutume & du seigneur.

10. C'est-là un obstacle qui engage le vendeur, ou l'acquereur, à composer avec le seigneur avant l'aliénation: mais il est à remarquer qu'il ne suffiroit pas d'avoir retenu dans la vente le bon plaisir & consentement du seigneur taillablier; & que si le vendeur s'en dessaisit, & que l'acquereur en prenne possession réelle, avant que d'avoir eû l'agrément du seigneur, telle reserve n'empêche pas que l'héritage ne soit acquis au seigneur, ainsi que le porte notre article; & la raison, c'est que la tradition & la prise-possession de l'héritage aliéné sont contraires à la protestation.

11. L'héritage taillable, vendu sans le consentement du seigneur, ne tombe en commise que par la possession réelle & actuelle de l'acquereur; & la possession feinte de ce même acquereur, par rétention d'usufruit, ou par constitut & précaire, ne suffit pas pour opérer la commise. C'est l'observation de Dumoulin, & après lui de M. Jean Decullant, & de M. le président Duret, sur ces mots de notre article, POSSESSION RÉELLE: *Ante hanc*, dit Decullant, *possessionem captam, res non cadit in Commissum, Molin. in Paris. §. 15, gl. 1, n. 17; gl. 5, n. 5, & §. 56, gl. 1, n. 1, 2, 8, &c. Nec enim ficta possessio per retentionem ususfructûs, vel constitutionem precarii operatur Commissum: Adde not. Molin. ad hunc paragraphum, & hoc innuit hic noster paragraphus; cui junge paragraphum 397, qui permittit emptori impunè resilire & recedere à Contractu, ante prehensionem possessionis, propter causam legitimam, putà evictionem rei emptæ. Atqui in emptione fundi taillabilis est justa causa resiliendi; quia fundus omninò evinceretur, & per Commissum acquireretur Domino taillabili.* Telle est la remarque de M. Decullant.

12. M. le président Duret est de même sentiment, sur les mêmes mots, POSSESSION RÉELLE: *Non utique*, dit-il, *nudo constituto precario, nec aliis modis, per quos sine apprehensione, quâ naturaliter tenentur res, acquiritur Commissum, sed tantùm traditione reali secutâ, & interim locus est pœnitentiæ.* M. Barthelemy Jabely en dit autant, sur l'article 148 de la Coutume de la Marche, qui est le 146 dans son commentaire.

13. Ainsi, jusqu'à ce que l'acquereur ait pris réelle & actuelle possession de l'héritage vendu, les parties peuvent se rétracter, & par ce moyen se mettre à couvert de la commise: c'est la conclusion que tirent M. Duret, M. Decullant & M. Jabely.

14. M. Duret va plus loin; car il soutient, & avec raison, que le vendeur qui a vendu l'héritage taillable, sans le consentement du seigneur, n'est pas tenu, si le seigneur n'y consent, d'exécuter le contrat & d'abandonner la possession de l'héritage, pour en revêtir l'acquereur; puisque le dépouillement du vendeur & la tradition de la chose vendue ne serviroient qu'à faire tomber l'héritage en commise; ensorte que ni l'un ni l'autre des contractans n'en profiteroient, & que même cela lui est en quelque façon défendu par la Coutume: mais il est tenu des dommages-intérêts de l'acquereur, au cas néanmoins que l'acquereur ait été dans la bonne foi, & qu'il n'ait pas eu de connoissance de la qualité de l'héritage; car s'il n'ignoroit pas que l'héritage étoit un héritage taillable, qui ne pouvoit par conséquent être vendu sans le congé du seigneur, il n'est dû aucuns dommages-intérêts. C'est le raisonnement de M. Duret: *At cùm alienatione ejusmodi*, dit-il, *& traditione secutâ, non consentiente Domino, res taillabilis mero jure committatur... venditor, nisi consentiat Dominus, emptori possessionem præcisè tradere non tenetur; cùm aliquo modo id facere non possit; sed tamen id quod interest emptoris, rem traditam non esse, obligatur, siquidem id ob culpam suam obtigerit, Pontanus ad Bles. de obv. feud. tit. 99, gl. 1. Planè si accipientes bonâ fide contraxerint, benignius est ut alienantium periculo Commissum cedat; etenim verò si distractorum qualitatem non ignoraverint, hoc nomine, & periculo & evictione carent, Molin. ad Paris. de mat. feod. §. 30, gl. 1, quæst. 6, & Valla de rebus dubiis, tract. 9, pag.* 133. Telle est l'observation de M. Duret; & c'est aussi celle de M. Jabely, sur la Coutume de la Marche, article 146, dans l'ordre de son commentaire.

15. Dès que l'acquereur a pris possession réelle & actuelle, la commise, aux termes de notre article, a son effet de plein droit, un an après ladite possession; ensorte que le seigneur peut, suivant icelui, se mettre en possession, de son autorité privée, de la chose à lui acquise, & expulser le détempteur sans permission ni ordonnance de juge, & sans qu'il soit besoin de faire déclarer la commise encourue: c'est ce qui résulte de la disposition de notre article, & tel est le sentiment de quelques docteurs. Toutefois l'usage universel de la France, dit M. Jabely, veut au-contraire que ce soit de l'autorité du juge; & ainsi s'observe dans cette Coutume, selon M. Jean Decullant: ce qui est conforme à la Coutume de la Marche, article 148, & à celle d'Auvergne, titre 21, article 4. *Videtur*, dit M. Decullant, *hic textus permittere Domino, ut jure suo colonum expellat; tamen observamus opinionem Accursii hìc à Papone allegatam, qui consulit ut libellus edatur, petaturque rem commissam pronunciari*; desorte que, suivant qu'il se pratique dans cette province, il faut un jugement qui autorise le seigneur à rentrer dans son taillable: ce qui est juste, car il n'est permis à personne de se faire droit à soi-même.

16. Il faut donc que le seigneur demande la commise, & la fasse prononcer: c'est-pourquoi, s'il demeure dans le silence après qu'il a su que l'acquereur a été mis en possession, & qu'il n'agisse pas, son silence & son inaction est un consentement tacite & une approbation présumée de la vente; tellement que s'il laisse écouler quelques années sans demander la commise, l'acquereur ne sera pas tenu de rendre les fruits depuis la commise ouverte, mais seulement du jour que le seigneur a déclaré vouloir jouir de la commise.

17. Si le seigneur a donné son consentement à la vente; s'il a investi l'acquereur, & qu'il ait reçu les droits qui lui sont dus pour raison de la vente dudit héritage, son consentement l'exclut de la demande en commise; celui même du mari, pour raison de la vente des héritages taillables de la censive de sa femme, suffit; le plus sûr pourtant est d'obtenir le consentement de la femme, autorisée de son mari. C'est la remarque de M. Duret, sur ce mot de notre article, DU SEIGNEUR: *Ita quidem*, dit-il, *ut in taillabilibus uxoris, licentia viri instar dominicæ obtineat.... quo jure utimur; consultè tamen fiet, si viro auctoritatem præstante, uxoris licentia impetretur, idem in conductore, cui lege conductionis investituræ taillabilis facta potestas ostenditur*. M. Duret, *hic*.

18. Le droit de commise étant un droit de pure faculté, l'usage en est libre & indéfini; il ne se prescrit point pour n'en pas user dans de certains cas, tant qu'il n'est rien fait au contraire; & il n'est sujet à prescription, qu'après la contradiction: *Etenim non usu jura non tolluntur, Molin. ad Cons. Paris. §. 30, n.* 26; & tel est le sentiment de M. le président Duret.

19. Il n'en est pas de même de l'action en demande de commise, qui se prescrit par trente ans, suivant & conformément à l'article 23, *suprà*; desorte que, si le seigneur taillablier laisse écouler trente ans depuis l'ouverture de la commise, sans en former la demande, il n'y est plus recevable, *nisi annos triginta impleret, quibus elapsis Commissi persecutio non competit*, dit M. Duret, *hic*.

20. Le roi n'use pas du droit de commise; ainsi les héritages portés en taille de sa majesté, peuvent être aliénés & vendus, & on leur succéde indifféremment, comme à d'autres biens. Tel est l'usage de la province; mais le droit de lods & ventes est plus fort, comme nous le dirons sur l'article 508, ci-après, pour les héritages tenus à taille, qu'à simple cens. C'est la remarque de M. Jean Decullant: *Rex*, dit-il, *non utitur Commisso in suis taillabilibus quæ sunt in commercio, sicut cætera bona, & possunt alienari & transmitti ad quosvis hæredes, & ita observatur in hâc Provinciâ sine difficultate... Tamen in alienatione taillabilium*

Rex majora laudimia capit, quàm in censibus : quia in censibus capit octavam partem pretii rei venditæ ; sed in taillabili, in quâlibet alienatione loco Commissi, debentur jura, scilicèt quarta pars pretii. M. Decullant, *hic.*

21. Comme le roi n'use pas du droit de commise, ceux qui sont en son lieu, & qui le représentent, n'en usent pas non plus ; &, selon M. François Menudel, il a été jugé contre les religieux de Souvigny, qui sont au lieu de M[r]. le duc, qu'ils ne peuvent commettre, mais se contenter de la même composition. M. Menudel, sur l'article 479, *suprà.*

22. Quant à l'église, elle n'a droit d'user de droit de commise, sur les héritages qui sont portés de son taillable, que dans les endroits où elle est en possession d'exercer la commise, & cela par un argument tiré de l'article 479, *suprà ;* & ainsi s'observe dans cette Coutume, comme l'ont observé M. Jean Decullant & M. Louis Semin, & qu'il a été jugé en cette Sénéchaussée.

23. *Ecclesia non utitur Commisso*, dit M. Jean Decullant, *nisi in locis ubi consueverit uti, argumento §. 479, & ita practicatur.* Jean Decullant, *hic.*

24. M. Louis Semin a fait la même remarque sur l'article 479, *suprà : Sic & Commisso utitur*, dit-il, en parlant de l'église, *ubi consueverit, quod durum est, maximè ubi Ecclesia in locum Domini laïci, eo jure utentis, ingreditur, si eâ ratione Litteras amortisationis obtinuerit ; verùm multi eas ut inutiles eo casu non admittunt, cùm non sit novum jus Commissi, sed magis executio conventionis initæ, in titulo concessionis fundi.* M. Semin, sur l'article 479, *suprà.*

25. Ainsi a été jugé, conformément à cette doctrine, le 5 mai 1653, par sentence rendue au profit des abbé & religieux de Septfons, contre Adrienne Perreau & Michel Barbier ; par laquelle il fut ordonné qu'avant de juger définitivement sur le fait de la commise, requise par les demandeurs, ils feront preuve qu'ils sont en possession paisible de commettre les héritages portés de leur taillable, le cas échéant & requis par la Coutume, dans le territoire & voisinage de la situation des héritages dont étoit question.

26. Ainsi l'église n'a droit de commettre, que sur le fondement de sa possession, & dans les endroits où elle est en possession de commettre : sur quoi c'est une question, si l'église doit être restreinte aux seuls héritages, dans & sur lesquels elle prouve avoir déja commis ; ou s'il lui suffit qu'elle ait cette possession dans quelques endroits d'une directe, pour que tout ce qui releve de la même directe, y soit sujet. Ce fut un des chefs décidés par la sentence, rendue en cette Sénéchaussée, le 30 juin 1721, au rapport de M. Cantat, entre les abbé & religieux de Septfons, demandeurs en adjudication de commise, & M. Gaspard Fongean, Gilbert Jacob & autres, défendeurs & intervenans. Il y avoit preuves suffisantes au procès, pour montrer que l'église a droit de commettre sur les héritages portés de son taillable, quand elle est en possession d'exercer la commise ; & qu'il suffit qu'elle prouve cette possession dans quelques endroits de sa directe : les demandeurs rapportoient plusieurs sentences de cette Sénéchaussée, & des arrêts de la cour qui l'avoient ainsi jugé ; aussi ces deux chefs furent-ils jugés en faveur des demandeurs.

* Remy Turraud étant décédé sans enfans & sans héritiers, demeurans en communauté avec lui, les religieux de Septfons demanderent que la commise fût déclarée ouverte en leur faveur, sur les héritages appartenans audit défunt, portés en taille de l'abbaye de Septfons, & qu'il leur fût permis de s'en mettre en possession, avec restitution de fruits & dépens.

Les héritages dont les religieux demanderent la commise avoient été acquis par François Turraud, aïeul de Remy, par contrat de 1640, & par Nicolas Turraud, pere de Remy, par contrat de 1691, & ils étoient tous situés dans l'étendue de la directe du Petit-Moutet-Riondois.

On réduisit la question à quatre chefs.

Le premier, si l'église a droit de commettre sur les héritages qui sont portés de son taillable, quand elle est en possession d'exercer la commise.

Le second, s'il suffit qu'elle ait cette possession dans quelques endroits d'une directe, pour que tout ce qui releve de la même directe y soit sujet.

Le troisieme, si les sieurs abbé & religieux de Septfons sont en possession de commettre dans l'étendue du Petit-Moutet-Riondois.

Le quatrieme, supposé qu'ils soient en possession de commettre dans l'étendue de la directe du Petit-Moutet-Riondois, s'ils sont recevables à l'exercice de la commise, sur les héritages en question.

Il y avoit preuves suffisantes au procès pour montrer que l'église a droit de commettre sur les héritages portés de son taillable, quand elle est en possession d'exercer la commise ; & qu'il suffit qu'elle prouve cette possession dans quelques endroits de sa directe. Les demandeurs rapportoient plusieurs sentences de cette Sénéchaussée, & des arrêts de la cour qui l'avoient ainsi jugé, & ces deux chefs furent décidés en faveur des demandeurs : mais ce qui est remarquable, c'est qu'on convint que l'église n'a droit de commettre que sur le fondement de sa possession, & dans les endroits où elle est en possession de commettre.

Quant au troisieme chef, comme il étoit suffisamment prouvé, il fut aussi décidé en faveur des demandeurs.

A l'égard du quatrieme, les défendeurs soutenoient les demandeurs non-recevables en l'exercice de la commise sur les héritages en question, pour deux raisons.

La premiere, à cause de la qualité des possesseurs des biens taillables, qui étoient des avocats, procureurs & bourgeois de cette ville.

La seconde, parce que les demandeurs avoient investi les contrats des années 1640 & 1691, sans réserve; que le contrat d'acquisition de Nicolas Turraud, portoit qu'il avoit acquis pour lui & les siens & ayans cause; que ce contrat avoit été investi, avec toutes ses clauses & sans reserve.

Les demandeurs, en réponse à la premiere fin de non-recevoir, rapportoient plusieurs sentences & arrêts, qui avoient adjugé des commises à l'église contre des personnes qualifiées.

Et pour réponse à la seconde, ils disoient que, quand on avoit investi le contrat de 1691, pour Nicolas Turraud, les siens & ayans cause, cela se devoit entendre pour les siens, ayant droit de lui succéder; qui, pour cet effet, auroient les qualités requises par la Coutume, & par conséquent seroient communs & demeurant avec le défunt au temps de son décès.

Qu'au surplus, s'ils n'avoient pas usé de leur droit de commise dans le temps des acquisitions de François & Nicolas Turraud, on n'en pouvoit rien conclure contr'eux; parce que le droit de commise étant un droit de pure faculté, l'usage en étoit libre & indéfini; que le seigneur pouvoit en user, ou s'en relâcher dans de certains cas, lui suffisant qu'il ait commis dans d'autres pour prouver sa possession.

Le quatrieme chef ayant été décidé en faveur des demandeurs, également que les trois autres, la sentence qui intervint fut conçue en ces termes:

« Nous avons adjugé aux demandeurs, par » droit de commise, la reversion taillabliere » des héritages, ou partie d'iceux, portés en » taille de ladite abbaye, dépendans de la » succession de Remy Turraud, décédé sans » héritiers habiles à lui succéder en héritages » taillables..... lesdits Fongean & consorts » condamnés à leur en laisser la libre posses- » sion & jouissance, avec restitution de fruits, » si aucuns ils ont perçus...... »

J'étois des juges.

27. La commise de l'héritage taillable tourne au profit du seigneur taillablier, en ce que la propriété utile est réunie à la seigneurie directe; mais l'usufruitier & le fermier jouissent pendant le temps de la ferme, ou usufruit, de l'héritage tombé en commise, à cause que la commise est au rang des fruits. C'est ce qui a été déja remarqué sur l'article 474, *suprà*, où l'on a cité à ce sujet M. Jean Decullant.

L'héritage tombant en commise, le détempteur perd les réparations, à cause que la commise ne peut arriver que par sa faute.

ARTICLE CCCCXCI.

D'héritage taillable tenu en commun.

S'ils sont plusieurs personniers qui tiennent communément & par indivis aucun héritage taillable d'aucun Seigneur, il ne peut être departi ne divisé sans licence & congé dudit Seigneur, duquel il est tenu à Taille; & s'ils font le contraire, il est acquis au Seigneur, comme en l'article précédent.

1. La disposition de la Coutume, dans le présent article, ne doit être entendue que du démembrement en portions distinctes & séparées; ainsi l'héritage taillable peut être délaissé en entier à l'un des communs, sans qu'il y ait lieu à la commise. C'est le sentiment de M. Jean Billonat, l'un des avocats qui a assisté au procès verbal de la Coutume, dans une consultation sur le présent article, dont l'original étoit entre les mains de M. Jean Cordier; c'est aussi celui de M. Jean Decullant & de M. Louis Semin, & ainsi a été jugé par sentence de 1613, au rapport de M. Roy. *Hic paragraphus*, dit M. Decullant, *intelligitur in diversas portiones & regiones, ita ut res taillabilis sit divisa in partes: alioquin si tota uni sociorum dimittatur, non est locus Commisso; hic enim paragraphus utitur verbis*, DÉPARTI ET DIVISÉ; *idem in paragrapho undecimo Stat. Niv. tit.* des Bordelages; *& ita vidi pluries judicari Molinis, & semel contrà Dominum* de la Forest d'Ygrande, *pro quodam agricolâ, dicto* Bergier, *qui meo patrocinio fuit absolutus à petitione Commissi, Relatore domino* Roy, *1613, & ita consulitur.* M. Jean Decullant, *hic.*

Potest tamen, dit M. Louis Semin, *integrum relinqui prædium taillabile uni sociorum, sine pænâ Commissi, Coq. ad Niv. cap. 6, art. 11.* Ainsi, pour éviter la commise, en cas de partage, il n'y a qu'à laisser tout le taillable à l'un des communs, parce qu'en ce cas le taillable n'est divisé, ni parti. C'est la remarque de M. Semin; M. le président Duret a fait la même observation.

2. Bien plus; l'un des communs peut vendre à l'autre commun sa portion indivise de l'héritage taillable, comme une moitié, un tiers, une quatrieme portion, sans crainte de la commise, comme il a été jugé par sentences des années 1630 & 1633. *Pariter si unus sociorum*, dit M. Jean Decullant, *vendat alteri portionem indivisam, non est locus Commisso: quia iste actus censetur & reputatur divisio per licitationem, ut vidi judicari contrà dominum* de Dorne, *1630: sic nec laudimia in fundo censuali in hoc casu deberentur, ut dixi ad paragraphum 405; ita judicatum die 16 martii 1633, in*

in Curia domini Senescalli, me patrocinante pro Gilberto Petit *&* *Petro* Jolivet, *qui emerant partem indivisam ab hærede sui socii defuncti, & fuerunt absoluti tam à petitione laudimiorum fundi censualis, quàm à Commissi pœnâ circà fundum taillabilem. Dominus Yvo* Beraud *orabat pro Domino* Thevenard, *Domino censuali & taillabili.*

3. Ce qui vient d'être dit, ne doit s'entendre que d'un partage ou démembrement fait à perpétuité & pour toujours; car la Coutume ne défend pas les partages d'aisance & de commodité des héritages taillables qui se font pour un temps, & pour jouir plus commodément. *Cæterùm*, dit Jean Decullant, *permittitur divisio provisoria de re taillabili, quod communiter appellamus* partage d'aisance & de commodité, sous simples projets pour quelques années, *& non per definitum, idque gratiâ commodioris usûs.* C'est la remarque de M. Jean Decullant; M. le président Duret est du même sentiment, aussi-bien que M. Guy Coquille, sur la Coutume de Nivernois, titre *des Bordelages*, article 13.

4. Quand les détempteurs des héritages se sont ainsi accommodés entr'eux par forme de partage, sans préfixion de temps, dans le doute une telle division ne doit pas être regardée comme perpétuelle & précise, comme une division précaire & révocable à volonté, pour valoir autant valablement & bonnement qu'elle peut valoir; de façon que le premier d'entr'eux qui voudra résilier, le puisse faire, pourvu que cela se fasse en temps & saison convenable, & qu'il rapporte son héritage en aussi bon état qu'il l'a pris. C'est le sentiment de Coquille, sur la Coutume de Nivernois, titre 6, article 13, en traitant *du Bordelage.*

5. Les propriétaires communs & par indivis des héritages taillables peuvent toutefois faire entr'eux un partage définitif & perpétuel de ces mêmes héritages; mais il faut pour cela que deux choses concourent, l'agrément du seigneur taillablier, & le consentement de tous les co-détempteurs; car, si un seul s'y oppose, son opposition est suffisante & prévaut au consentement de tous les autres, pour empêcher le partage, par la raison que l'héritage taillable n'est point, de sa nature, susceptible de partage. *Si, consentiente Domino, aliquis ex possessoribus divisionem recuset, magis est ut impediatur divisio: quod secùs est in aliis bonis, idque quia regulariter taillabilia divisionem non recipiunt.* C'est la remarque de M. Duret, sur ces mots de notre article, *Congé du seigneur.*

ARTICLE CCCCXCII.

NUL ne succéde en héritage taillable ou tenancier d'icelui, soient ses propres enfans ou autres, s'ils sont divisez & séparez d'ensemble, & s'ils n'étoient communs & demeurans ensemble avec le trépassé à l'heure de son trépas, & ses prochains habiles à lui succéder, ou ses enfans, ou non séparez de lui, posé qu'ils ne soient communs avec les pere & mere, car eux vivans ils n'ont point de bien; toutefois, s'ils sont toujours avec eux, ou par leur vouloir en service ou ailleurs, sans être séparez d'eux, ils leur succédent en héritages taillables. Mais, s'ils sont séparez volontairement & sans impression, ils ne leur succédent point; mais, si par impression du pere ou de la mere, ou marâtre ou autre, ou par aucun débat & noise, ils demeurent hors d'avec leur pere, & il se prouve notoirement qu'il leur ait convenu eux séparer, ils ne laisseront point à leur succéder. Qui succéde en héritage taillable.

1. NUl ne peut, aux termes de notre article, succéder à l'héritage taillable, s'il n'est commun avec le défunt, demeurant avec lui lors de son décès, & son prochain habile à lui succéder: de maniere que trois choses sont requises pour succéder à l'héritage taillable; la communauté avec le défunt, la demeure commune au temps de son décès, & la parenté; & l'une des trois manquant, c'est le seigneur qui succéde.

2. Quant à la communauté, il faut distinguer les enfans d'avec les autres parens.

3. A l'égard des enfans, la communauté de biens n'est pas requise; il suffit, comme nous le dirons ci-après, qu'ils demeurent avec leurs peres & meres; par la raison que, tant que les peres & meres vivent, les enfans ne possédent rien en propre. C'est ainsi que s'en explique notre article.

4. Pour ce qui est des autres parens, c'est une question qu'elle est la communauté requise, si c'est une communauté coutumiere de meubles & conquêts, ou une communauté dans l'héritage taillable: sur quoi je trouve les sentimens de nos commentateurs partagés.

5. M. Jean Decullant & M. Genin, pere, estiment qu'il suffit que l'on posséde en commun & par indivis l'héritage taillable avec le défunt, au temps de son décès: l'un & l'autre disent que c'est la jurisprudence de ce siége; & M. Decullant allégue à ce sujet la disposition

de la Coutume de la Marche, article 154, à la fin. *Sufficit*, dit Decullant, *ut sint communes in re seu in fundo taillabili, id est, ut fundus taillabilis fuerit indivisus inter defunctum & hæredem; nec requiritur communio mobilium & aliorum bonorum, quia tantùm agitur de successione in fundo taillabili, ut patet ex primis verbis hujus paragraphi, ad quem fundum debent referri verba sequentia*, S'ILS N'ÉTOIENT COMMUNS, *facit paragraphus 154* de la Marche; *& ita vidi responderi & judicari.* Telle est la remarque de M. Decullant.

6. M. Genin, pere, après avoir rapporté le sentiment de ceux qui demandent une communauté convenue & coutumiere, dit que l'on juge autrement dans cette province: *Tamen audivi*, dit-il, *contrà judicatum in Boia*, & qu'il suffit que *sint communes jure.*

7. M. François Menudel va plus loin; car il soutient qu'il est nécessaire d'être commun avec le défunt, dans l'héritage taillable. C'est son observation sur ces mots de notre article, S'ILS N'ÉTOIENT COMMUNS: *Hoc est*, dit-il, communs en héritages taillables; & il ne suffiroit pas, ajoute-t-il, que l'on fût commun en autres biens: car, si l'héritage taillable appartenoit particuliérement à l'un, lui mourant sans hoirs, le seigneur succéde. M. Menudel, *hìc.*

8. M. Louis Semin soutient au-contraire que la communauté coutumiere de meubles & conquêts suffit; & il dit qu'il a été ainsi jugé en cette Sénéchaussée, lui président, au rapport de M. Dubuisson de Lacave, le 22 septembre 1642. *In hac specie*, dit-il, *societatem quæ sit mobilium & quæstuum, aut saltem prædii taillabilis sufficere, plures ex nobis putant; & ita judicatum fuit, me Præside, in Curia Senescalli, statuariam sufficere, relatore domino* Dubuisson de Lacave, *22 septembris anni 1642.* M. Semin, *hìc.*

9. Pour moi, mon sentiment est que la disposition de la Coutume, au présent article, a son application naturelle à la communauté de biens coutumiere expresse, ou tacite; mais qu'elle peut être entendue d'une indivision & communauté de l'héritage taillable, sur-tout si cette indivision procede d'une succession commune: c'est ce qui se trouve expliqué dans l'article 154 de la Coutume de la Marche, qui porte, *Qui soient communs avec lui en meubles & immeubles;* & qu'au cas que la communauté de meubles ne subsistât plus, *que le parent qui étoit commun avec le trépassé, succédera aux immeubles qui n'étoient partis ne devis au temps du décès*; de maniere que l'une ou l'autre communauté suffit, la communauté coutumiere de meubles & acquêts, ou celle de l'héritage taillable.

10. Venant à la seconde chose requise pour succéder à l'héritage taillable, savoir, la demeure commune, les sentimens de nos anciens sont encore partagés sur ce sujet. Il y en a qui estiment qu'il suffit que le parent soit demeurant avec le défunt quelques jours avant son décès, quand bien même il n'y seroit venu que pour le voir dans sa maladie, & non dans l'intention de demeurer avec lui. C'est le sentiment de M. Jean Decullant, qui dit qu'il a été ainsi jugé par sentence de cette Sénéchaussée, confirmée par arrêt, & que cela se pratique de la sorte. *Si propinquus*, dit-il, *accedat etiam tempore morbi, aliquot diebus ante obitum, ad domum sui propinqui, in quâ reperiatur habitare tempore obitûs; licèt accesserit non animo statuendi hìc domicilium, sed fortiter invisendi & juvandi ægrotum, hoc tamen sufficit, per hæc verba*, DEMEURANS ENSEMBLE AVEC LE TRÉPASSÉ A L'HEURE DE SON TRÉPAS: *Ita fuit judicatum Sententiâ domini Senescalli, confirmatâ Arresto, pro* de Latran, proche du Doujon, *qui aliquot diebus ante obitum patris ad illius domum accesserat, invisendi & succurrendi gratiâ; habebat enim filius familiam separatam; & ità practicatur.* M. Jean Decullant, *hìc*, sur les mots *à l'heure de son trépas.*

11. D'autres disent que la demeure commune, dont parle la Coutume, doit s'entendre d'un véritable domicile, & qu'il faut, pour succéder à l'héritage taillable, que l'on soit véritablement demeurant avec le défunt, vivant avec lui au temps de son trépas. C'est le sentiment de M. le président Duret: *Et hæc habitatio*, dit-il, *talis esse debet, ut simul vivant & sint commensales, aliàs cohabitare non intelliguntur.* M. Duret, sur ces mots de notre article, *demeurans ensemble.*

12. D'autres enfin, distinguant entre la succession directe & la collatérale, suivent le sentiment de M. Jean Decullant, en succession directe, à cause de la faveur des enfans, & celui de M. Duret, en collatérale; & telle est la jurisprudence d'aujourd'hui: & ainsi fut jugé pour la succession directe par sentence arbitrale, par M. François Menudel, M. René Merlin & M. Jean Cordier, le 25 mars 1664; & en succession collatérale, le 18 juin 1723, en cette Sénéchaussé, au rapport de M. Perrotin, l'aîné, en la cause du sieur Gaumin de Beauvoir, avec le sieur d'Antigny, héritier de demoiselle Antoinette Chevalier, sa tante.

* Leonard & Gaspard Durand, freres communs, demeurans en la communauté des Nerondats, en la paroisse de Frezy, eurent chacun des enfans. Gaspard eut un fils nommé Gaspard, & Leonard eut Nicolas & Mathée, laquelle fut mariée dans une autre communauté, & moyennant l'appanage qui lui fut constitué, elle renonça au profit de son frere germain. Ledit Nicolas mourut, & son pere Leonard lui survêcut, lequel décéda quelque temps après. Gaspard le jeune prétendit que les héritages taillables, délaissés par Leonard, lui appartenoient au préjudice de ladite Mathée, sa fille, suivant la disposition de l'article 492 de cette Coutume. A cela Mathée repliquoit que, pour que les héritages taillables lui appartinssent, c'étoit assez qu'elle eût rendu visite à son pere pendant sa maladie, & qu'elle se fût trouvée chez lui dans le temps de sa mort; étant une jurisprudence certaine, qu'il suffit à un

enfant qu'il soit en la maison de son pere, *tempore obitûs*, pour qu'il soit habile à lui succéder : ce qui a été admis en faveur des enfans, & non des collatéraux. Et ainsi nous le jugeâmes (dit M. Jean Cordier) par sentence arbitrale, M. François Menudel, René Merlin & moi, le 25 mars 1664, & adjugeâmes la succession dudit Leonard à ladite Mathée, sa fille, pour les héritages taillables. M. Jean Cordier, en ses manuscrits, sur le mot *taillable*.

Le contraire a été jugé en succession collatérale, au rapport de M. Perrotin, l'aîné, le 18 juin 1723, dans la cause du sieur Gaumin de Beauvoir, avec le sieur d'Antigny, héritier de demoiselle Antoinette Chevalier, sa tante, au sujet d'un domaine appellé *des Bernards*, porté en taille du sieur de Beauvoir, par son terrier de Beauvoir. Ladite Antoinette Chevalier étant décédée sans enfans, le sieur d'Antigny, comme son héritier, prétendoit lui succéder dans les héritages taillables. Il avoit une résidence séparée de celle de sa tante ; mais l'étant venu voir dans sa maladie, il s'étoit trouvé chez elle au temps de son décès, & il y avoit quinze jours qu'il y étoit, quand elle mourut. Nonobstant cela, les héritages taillables furent adjugés au seigneur de Beauvoir, par droit de commise : j'étois des juges.

13. La même chose avoit été jugée le 30 avril 1682, au rapport de M. Revangier, pour madame de Châteaumorand & le sieur Poncet, son fermier, pour la succession de Benoîte Roy, fille de feu François Roy, pour quelques héritages taillables dépendans du domaine Thevenet, contre Angelique Monceau, tutrice des enfans de Claude Roy, frere dudit François, quoiqu'elle alléguât être commune *in re* avec ledit François, & par indivis dans le lieu Thevenet, & avoit assisté au décès de ladite Benoîte Roy, & à sa maladie ; la succession taillabliere de ladite Roy fut adjugée à la dame Châteaumorand. C'est la remarque de M. Etienne Baugy, *hìc*, qui dit avoir écrit au procès pour la dame de Châteaumorand, & M. Merlin pour la Monceau ; qui observe qu'il en eût été autrement, si celui qui demandoit la succession eût été un des enfans.

14. Il y a plus ; c'est que les enfans ne laissent pas de succéder à leurs pere & mere dans les héritages taillables, quoiqu'ils ne soient pas demeurans avec eux au temps de leur décès, pourvu qu'ils ayent des causes légitimes pour n'y pas demeurer ; comme s'ils sont (dit la Coutume) aux études, ou pour le vouloir de leur pere, en service ou ailleurs, sans être séparés d'eux, ou enfin s'ils sont sortis pour quelque rixe ou mauvais traitement, & qu'il y ait preuve notoire qu'il leur ait convenu séparer. C'est, comme l'on voit, la disposition de cette Coutume, au présent article, & en l'article 207, *suprà* ; laquelle disposition M. le président Duret & M. Louis Semin étendent à toutes sortes d'empêchemens justes & légitimes. *Ita quidem*, dit M. Semin, *ut quodlibet justum impedimentum absentiæ sufficiat* ; c'est son observation, sur ces mots, *ils ne laisseront pas de leur succéder*. M. le président Duret dit la même chose, sur l'article 501, sur les mêmes mots, ILS NE LAISSERONT PAS DE LEUR SUCCÉDER : *Necessitas enim*, dit-il, *à formali verborum significatione relevat ; itaque quodlibet impedimentum sufficit, etenim necessitatis verbo quodlibet impedimentum justum comprehenditur.*

15. Suivant ces principes, Coquille, sur la Coutume de Nivernois, & après lui M. François Menudel, sur notre article, disent qu'un ecclésiastique, comme un vicaire, qui est absent pour déservir un bénéfice, quoiqu'il soit demeurant à part plus d'un an & jour, ne doit point pour cela être regardé comme séparé, & inhabile à succéder ou à être succédé. C'est la remarque de M. Menudel, sur ces mots de notre article, S'ILS SE SONT SÉPARÉS VOLONTAIREMENT : *Non autem necessariò*, dit-il ; *talis est Presbyter quem de necessitate Officii seorsim oportet habitare separatim, quippè illius habitatio à successionibus aliorum, nec alios ab illius hæreditate excludit.* M. Menudel, *hic*, & Coquille sur Nivernois, chapitre 8, article 14.

16. Mais, si un vicaire avoit ainsi demeuré hors part dix ans & plus, il semble, dit Coquille, qu'il ait abandonné son domicile originaire, & établi son domicile ailleurs ; à moins que, par des actes extérieurs très-apparens il n'eût fait connoître que sa volonté n'étoit pas de se séparer. Coquille, *ibid.*

17. Pour ce qui est d'un prêtre titulaire d'un bénéfice qui demande résidence, on estime (dit le même Coquille) qu'il a constitué & établi son domicile au lieu de son bénéfice, & qu'ainsi tel bénéficier ne succéderoit à ceux de sa maison, ni eux à lui. Coquille, *ibid.*

18. Quant aux laboureurs & paysans, ils sont réputés demeurer séparément, à l'effet d'encourir la peine portée par notre article, quand ils tiennent par an & jour, feu & lieu à part, séparément & divisément les uns des autres, quoique même ils demeurent sous un même toit ou maison : c'est la disposition de la Coutume de Nivernois, chapitre 8, article 13. Mais si une famille de paysans avoit deux domaines, ou bien un domaine avec un moulin, & que tous les profits se rapportent en un même lieu ; en ce cas, pour tenir ménage & feu à part, il n'y a point de séparation ; parce que ce n'est que la commodité de la jouissance de leurs héritages, qui les oblige d'habiter séparément. C'est l'observation de Coquille, sur l'article 14 de la Coutume de Nivernois, chapitre. 8.

19. Au-reste, quoique le texte de notre Coutume ne s'explique des successions actives de celui qui est séparé par impression, néanmoins il est étendu à la succession passive ; & ce qui est dit de la nécessité de la demeure commune avec le défunt, au temps de son décès, pour pouvoir lui succéder dans les héritages

taillables, n'est pas restreint aux seuls paysans & laboureurs de la campagne, il regarde toutes sortes de personnes indistinctement : la raison est que la loi étant générale, son application doit être générale.

20. Ainsi a été jugé par sentence rendue en cette Sénéchaussée, au mois de juin 1687, au rapport de M. le conseiller Roucher, au profit du sieur de Vialet, seigneur de Liernole, contre un marchand tanneur du Doujon; & par autre sentence du 4 avril 1702, au rapport de M. Bolacre, lieutenant général, pour le sieur Coifier, seigneur de Breville ; contre le sieur Loget, héritier *ab intestat* du sieur Loget de Champrou, en confirmant la sentence du châtelain de Breulhe; & enfin ç'a été un des points décidés par la sentence rendue au rapport de M. Cantat, le 30 juin 1721, au profit de l'abbé & religieux de Septfons, contre Gaspard Fonjean, Gilbert Jacob, & autres. La même chose avoit été jugée par sentence de cette Sénéchaussée & arrêt de la cour, au profit des abbé & religieux de S. Sulpice de Bourges, contre le sieur Mizier, marchand, bourgeois de cette ville, & le sieur Cagoin, lieutenant géneral au bailliage de S. Pierre-le-Moutier.

21. Quant à la troisieme chose requise pour succéder à l'héritage taillable, qui est la parenté, elle doit être telle avec le défunt, qu'on soit habile à lui succéder *ab intestat*, sans quoi le seigneur taillablier succéde ; ainsi ces mots de notre article, *& ses prochains habiles à lui succéder*, doivent être entendus d'une habileté d'estoc, jusques-là que le seigneur taillablier exclut le parent lignager de la succession des héritages taillables, appartenans au défunt, esquels il n'est habile à lui succéder ; de maniere qu'au défaut des parens paternels, le seigneur taillablier succéde aux héritages paternels, à l'exclusion des parens maternels, ainsi qu'il a été jugé par sentence rendue en cette Sénéchaussée, le 27 juin 1608, au rapport de M. le conseiller Groizat, au profit de Marc de Grivel, écuyer, seigneur de Grossouvre & de Saint-Aubin, & de M^e. Charles Verpillon, son fermier, contre Antoine de Gourgelles, Paquet, Amouret, & Noël Loron : la sentence est rapportée par M. Jean Cordier, en ses manuscrits.

22. De ceci il résulte que l'institution d'héritier pour héritages taillables, ne vaut qu'au profit de ceux qui sont capables de succéder à ces sortes d'héritages. C'est la remarque de M. François Menudel, sur notre article : *Nec valet*, dit-il, *institutio, nisi instituti sint taillabilium capaces*.

23. Mais aussi, dès que le parent du défunt, habile à lui succéder, a les qualités requises, qu'il est commun & demeurant avec le défunt au temps de son décès, il succéde aux héritages taillables, à l'exclusion du seigneur, sans qu'il soit néceſsaire qu'il soit le plus proche, ou qu'il soit aussi proche que ceux qui sont hors de la communauté; car notre article ne dit pas simplement *le prochain*, mais *le prochain habile*. Ainsi, quand les plus proches ne sont pas en communauté, & qu'ils n'ont pas les qualités requises, ceux qui suivent immédiatement, & qui se trouvent en communauté avec le défunt, lui succédent dans l'héritage taillable, à l'exclusion du seigneur. Tel est le sentiment de nos commentateurs, M. Duret & M. Menudel, & celui de Coquille, sur la Coutume de Nivernois, titre *des Bordelages*, art. 8.

24. La seule difficulté en ce cas est de savoir si ce parent plus éloigné, qui est héritier de l'héritage taillable, ne devra pas en faire part au parent plus prochain, ou aussi prochain, qui n'est pas commun. La raison de douter se tire de la disposition de la Coutume du duché de Bourgogne, notre voisine, qui, en l'article 17 du titre 9, veut que les parens en communauté avec le défunt main-mortable, rappellent les autres parens à la succession, & de ce que l'exclusion du non-commun en l'héritage taillable n'est qu'en faveur du seigneur; & tel est le sentiment de M. Semin : *Quid si*, dit-il, *plures sint liberi, quorum alii taillabilibus possunt succedere, alii non possunt, capaces taillabilium in illis non excludent incapaces; quia prohibitio succedendi in taillabilibus introducta est à Statuto, in favorem solius Domini*. C'est la remarque de M. Louis Semin, sur notre article; M. Jean Decullant en dit autant, sur l'article 501, *infrà*, en parlant de l'héritage tenu en bordelage ; & tel est son sentiment.

25. Mais on pratique le contraire, dit M. le président Duret, dans cette Coutume : on y suit la disposition de notre article à la lettre, & le seul parent qui a les qualités requises succéde à l'héritage taillable. C'est la remarque de M. Duret, sur ces mots de notre article, ET LES PROCHAINS HABILES A SUCCÉDER : *Id est, gentiles*, dit M. Duret, *& necessitudine conjuncti; adeò ut ab intestato possint succedere, etsi non desint agentes separatim & non socii, iis proximiores, à quibus in aliis bonis à successione excludantur. Finge consobrinos simul morantes & socios; equidem superstes præmorientis hæreditate in taillabilibus fratres decedentis, & non socios & separatim agentes tempore mortis, & Dominos taillabiles excludet, & ita hactenùs obtinuit... Idem si extent proximiores capaces taillabilium, qui tamen abstinere malunt, quia tunc perindè est ac si non essent in rerum naturâ*. M. Duret, *hìc*.

26. M. François Menudel & M. Brirot ont fait la même remarque; savoir, que le plus éloigné, qui est commun & taillable, exclut le plus prochain qui n'est pas commun, quoiqu'en autres choses & especes de biens le plus prochain soit héritier, & que le commun qui succéde n'est pas tenu de faire part de la succession aux autres qui sont hors la communauté; c'est leur remarque sur notre art. & le sentiment de Coquille sur Nivernois, *des Bordelages*, art. 18.

27. Ce dernier sentiment est le plus conforme à

à la Coutume, dont la disposition dans notre article est générale & sans restriction ; mais le premier est le plus équitable, & doit être suivi par rapport aux enfans.

28. Bien plus ; j'estime que, dans les cas auxquels le seigneur taillablier n'est pas en droit & en possession d'exercer la commise, & de succéder aux héritages taillables, tels que sont ceux dont il a été parlé sur l'article 490, *suprà*, les héritages, quoique taillables, se partagent entre les héritiers du défunt, comme ses autres biens ; & tel est l'usage, à ce qu'il me paroît. La raison est que la disposition de la Coutume, en notre article, qui exclut les parens qui n'ont pas les qualités requises de la succession du défunt dans les héritages taillables, n'est principalement établie qu'en faveur du seigneur taillablier, & pour la conservation de son droit ; de maniere que, dans le cas où le seigneur n'est pas intéressé, la Coutume n'empêche pas que les successions aux héritages taillables ne suivent l'ordre accoutumé, & qu'elles ne soient réduites aux termes du droit commun.

29. Au surplus, comme les héritages taillables sont des biens héréditaires, ils servent à composer la légitime, & tiennent lieu de légitime. *Cœterùm quia ejusmodi taillabilia sunt hæreditaria*, dit M. Duret, *consequens est ut in legitimam veniant, & computentur, aliter atque in aliis quæ non sunt hæreditaria, sed alio jure, putà ex investiturâ deferuntur.* M. le président Duret, *hìc*.

30. Dans la vente toutefois ou disposition générale qu'un particulier fait de ses biens, les héritages taillables n'y sont pas, selon nos anciens, censés compris sans une déclaration expresse ; parce qu'ils ne sont pas dans le commerce, & qu'ils ne peuvent être aliénés sans l'exprès consentement du seigneur taillablier. Ainsi s'observe, dit M. Jean Decullant, dans cette province : *In generali alienatione seu dispositione*, dit-il, *non veniunt taillabilia, quia non sunt in commercio, & requirunt expressam declarationem ; & hoc jure utimur.* M. Jean Decullant, sur l'art. 490, *suprà*.

31. Tel est aussi le sentiment de M. le président Duret, tant pour ce qui concerne la vente que l'association, & autre disposition générale des biens ; la raison qu'il en donne, c'est qu'un particulier, sans une déclaration expresse, n'est pas censé avoir fait une association ou aliénation de biens, qui ne peut être d'aucune utilité à ceux avec qui il traite, mais seulement profitable au seigneur, par l'ouverture qu'elle donne à la commise. *Quod fecisse non censetur*, dit M. Duret, *universorum bonorum societate initâ, ne Domino commisisse, & nihil sociis contulisse perperàm intelligatur, & idem juris est in hypothecis, confiscationibus, & cœteris alienationibus generaliter conceptis, quæ alienari prohibita jura, & restitutioni subjecta minimè comprehendunt.* M. Duret, sur l'art. 490, *suprà*.

32. Il y a plus ; c'est que, comme il a été observé ailleurs, les héritages taillables (suivant le sentiment de nos anciens) ne sont pas compris dans la communauté entre conjoints par mariage, ou autres associés, si tous les associés ne sont investis par le seigneur taillablier. *In societate conjugatorum*, dit M. Louis Semin, *vel aliorum sociorum taillabilia non venire, nisi omnes socii à Domino investiti sint, tenent Nostri.* M. Semin, *hìc*.

33. Tel est le sentiment de nos anciens. Et suivant ce sentiment, si un testateur légue en général le quart de ses biens, le taillable n'y est pas censé compris ; tellement que le consentement du seigneur, qui pourroit intervenir après le décès du testateur, ne pouvant pas faire naître une disposition qui n'existe pas, ne peut pas valider le legs à l'égard du taillable.

Mais il me paroît que ce sentiment de nos anciens n'est pas suivi aujourd'hui ; & suivant ce qui se pratique, on distingue les choses dont l'aliénation est absolument prohibée, d'avec celles dont l'aliénation n'est défendue que par rapport à un tiers, & dépendamment de sa volonté, comme sont les taillables.

34. Dans le premier cas, on convient que le legs seroit nul : mais à l'égard du second, on veut que le legs ne soit pas nul en lui-même & dans son origine, non plus que le seroit la vente du taillable ; que sa validité est seulement en suspens, & dépend de la volonté du seigneur : de façon que, si le seigneur consent au legs, ou même garde le silence, le legs subsistera. Cela supposé, rien n'empêche, dit-on, qu'un testateur ne puisse léguer ses héritages taillables, & que l'héritage taillable ne soit censé compris dans le legs du quart ; & c'est en ce cas à l'acquereur à s'assurer de la volonté du seigneur, avant que de prendre possession du taillable ; d'autant que le seigneur n'est pas saisi, tant que le légataire ne prendra pas possession : & le seigneur ayant approuvé la disposition du défunt, les héritiers ne peuvent pas exciper de la prohibition de disposer des héritages taillables, qui n'a été introduite qu'en faveur du seigneur ; & la disposition doit avoir le même effet, que si le défunt avoit obtenu la permission du seigneur.

35. Ainsi a été jugé par sentence de cette Sénéchaussée, rendue au rapport de M. Perret, le   août 1729, qui confirma, quant à ce chef, celle du juge du Doujon, au profit d'Augustin Terrier, légataire du quart des biens de sa femme, contre Jean-Marie Bottin, son beau-frere, héritier de sa sœur. Les juges étoient Mrs. Vernoy, Perrotin, l'aîné, Perret, rapporteur, Farjonel & Bourgognon.

ARTICLE CCCCXCIII.

L'héritage ne peut être chargé de rente.

LE TENANCIER de l'héritage taillable ne peut surcharger de rente ou autre surcharge quelconque ledit héritage, sans le consentement du Seigneur; & s'il le fait, ledit Seigneur peut faire empêcher ladite charge, & la faire déclarer par Justice être acquise à lui.

1. LA prohibition contenue au présent article, n'est qu'en faveur du seigneur taillablier, lequel est en droit non-seulement de faire décharger l'héritage tenu de lui en taille, de la surcharge imposée sur icelui par le tenancier, selon qu'il est dit en l'art. 333, *suprà*; mais encore, aux termes du présent article, de s'approprier ladite surcharge, & s'en rendre le maître: ce qu'il ne peut pas toutefois faire de son autorité privée, mais par celle de la justice; & pour cela il doit faire deux choses.

2. La premiere, de déclarer au tenancier de l'héritage taillable, & lui faire signifier qu'il ne veut point souffrir ladite surcharge; parce qu'autrement, & s'il gardoit le silence, il seroit censé consentir à la surcharge, son silence étant regardé comme un consentement tacite.

3. La seconde chose qu'il doit faire, c'est d'obtenir une sentence, qui déclare la surcharge à lui acquise, comme il est dit dans notre article.

4. Et peut le tenancier, selon M. le président Duret, sur la déclaration du seigneur qu'il ne veut point souffrir la surcharge, & avant la sentence & la commise adjugée, se repentir & pourvoir à l'indemnité du seigneur, en rachetant la rente & surcharge, & affranchissant l'héritage. C'est l'observation de M. Duret, sur notre article, sur le mot DÉCLARER: *Hoc temperamento*, dit-il, *ut ante sententiam & commissum judicatum pœnitere, & Dominum indemnem reddere liceat.... præsertim si dolus abest, & lata culpa.* M. Duret, *hìc*.

Voyez ce qui a été dit sur les articles 333 & 334, *suprà*.

ARTICLE CCCCXCIV.

LE TENANCIER de l'héritage taillable ne peut hipotequer à personne quelconque son Taillable ou partie d'icelui, sans le congé du Seigneur.

1. QUelque claire & précise que soit la disposition de la Coutume, au présent article, les sentimens de nos commentateurs ne laissent pas d'être partagés sur la question, si le tenancier de l'héritage taillable peut l'hypothéquer, ou non.

2. Il y en a qui soutiennent que, comme le tenancier de l'héritage taillable ne peut pas l'aliéner sans le consentement du seigneur, il ne peut pas non plus l'hypothéquer sans ce même consentement; ils disent que non-seulement l'aliénation est prohibée par l'article 490, *suprà*, mais encore l'hypothéque par celui-ci; par la raison que l'hypothéque donne lieu à la vente nécessaire, qui se fait en justice à la poursuite des créanciers. Tel est le sentiment de M. Jean Roussel, de M. le président Duret, & de M. Jean Decullant. *Sanè hic articulus*, dit M. Duret, *profluere videtur quòd alienationis prohibitio hypothecas contineat.... quippè hypotheca est principium alienationis, & eam rem quis jure pignoris accipere non potest, quam non potest emere.....* M. Duret, *hìc*.

3. De-là on tire deux conclusions. La premiere, que l'héritage taillable ne pouvant être hypothéqué au préjudice du seigneur taillablier, les créanciers ne peuvent le faire vendre, & empêcher la distraction qui en seroit requise par le seigneur. C'est la conclusion que tiroit M. Jean Roussel en 1602, dans le procès de Hugues Aubery sieur d'Ardoine, contre demoiselle de Voulzy.

4. La seconde conclusion que l'on tire, c'est que quand l'héritage taillable est vendu volontairement, du consentement du seigneur, il passe à l'acquereur libre & affranchi des dettes & hypothéques du vendeur, contractées sans le consentement du seigneur. *Hinc fit*, dit M. Jean Decullant, *ut si quis emat ejusmodi prædium, cum consensu & investitura Domini taillabilis, non teneatur de hypothecis, & ære alieno contracto à venditore sine consensu Domini, quia non potuit illud hypothecis subjici inconsulto Domino.* M. Jean Decullant, *hìc*.

5. D'autres, d'un sentiment contraire, prétendent que la disposition de la Coutume en notre article ne doit pas être entendue d'une simple hypothéque, mais d'un engagement & antichrese. *Hi paragraphi*, dit M. Menudel, *493 & 494 videntur distinguere* la surcharge de l'hypothéque: *Primus de fundario, secundus de pignoratitio reditu loquitur.* M. Menudel, *hìc*.

6. M. Louis Semin, dans son observation sur l'article 490, *suprà*, assure que de son temps les avocats de Paris tenoient que le tenancier d'un héritage taillable pouvoit l'hypothéquer; ensorte que l'acquereur de cet héritage, après en avoir pris possession, & en avoir été investi par le seigneur, pouvoit être poursuivi hypothécairement pour les dettes de son vendeur. *Jurisconsulti Parisienses*, dit M. Semin, *tenent taillabile hypothecari posse; adeò ut, si Dominus taillabilis investituram dederit emptori prædii taillabilis, creditores venditoris possunt agere hypothecariò adversùs emptorem, quia Statutum de hypothecâ præcisè non loquitur, nec contrà Jus commune extendendum est.... Et hoc*, dit-il, *ratione non caret; per hypothecam enim debitor non desinit esse proprietarius, & frui.* M. Semin, sur l'article 490, *suprà*.

7. Ce dernier sentiment est celui que l'on suit, & auquel on se conforme dans la pratique, dans cette province; de maniere, dit M. Fauconnier, que le présent article n'est pas en vigueur, & il y a été dérogé par un usage qui est évidemment contraire, en ce qu'il arrive souvent que les héritages taillables sont discutés en cette Sénéchaussée pour des dettes, auxquelles ils ont été affectés & hypothéqués; & autant de fois que les seigneurs taillabliers y sont intervenus, & qu'ils ont requis la distraction ou la main-levée de leurs taillables, elle a toujours été empêchée, tant par le poursuivant criées, que par les créanciers opposans à hypothéques, lesquels ont soutenu qu'ils en devoient être déboutés, aux offres & accordances qu'ils ont faites, que lesdits héritages fussent vendus à la charge de leur taillable: ce qui a été ainsi ordonné & confirmé par plusieurs arrêts du parlement, rendus contre les sieurs de Bressoles, de Parai le Frescy, de la Brosse, & plusieurs autres: tellement que cette jurisprudence n'est plus révoquée en doute. Telle est la remarque de M. Fauconnier, sur notre article.

8. Cette question s'étant présentée en cette Sénéchaussée en l'année 1602, elle fut fortement débattue pour & contre, par M. Jean Roussel & M. Henry Durousseau, avocats. Le fait étoit que Hugues Aubery sieur d'Ardoine avoit fait saisir plusieurs héritages sur demoiselle de Voulzy, veuve de Blaise de Dreuille sieur de Boucherolles, laquelle s'opposa à la vente & saisie, à fin de distraire, desdits héritages, pour être portés en taille de la seigneurie des Noix; Jean Maréchal, seigneur de ladite terre, lui ayant fait cession de ses droits: & par sentence du 4 décembre 1602, au rapport de M. le conseiller Mallet, ladite opposante fut déboutée de son opposition à fin de distraire: ce faisant, jugé que les héritages taillables, dont elle avoit demandé distraction, seroient vendus, & sans dépens, attendu que la question n'étoit pas sans difficulté. On soutenoit au procès qu'il avoit été ainsi jugé par deux arrêts rendus en cette Coutume; l'un au profit de Barpanter, le tailleur, contre M. Jean Delaunay; & l'autre au profit de Jean d'Aubay contre le sieur de Lorgne, pour certains héritages portés en taille de la seigneurie de la Brosse, en la paroisse de S. Ennemond, que la cour ordonna être vendus, nonobstant l'empêchement du seigneur taillablier, à la charge de ses droits: sur ce fondement qu'il seroit rude qu'un légitime créancier perdît sa créance, le débiteur ayant des héritages sur lesquels il s'étoit assuré. M. J. Cordier, en ses manuscrits, sur le mot, *Taillable*.

ARTICLE CCCCXCV.

QUICONQUE doit Taille réelle à aucun Seigneur, il lui doit trois charrois l'an, s'il a bœufs ou autre bête trayant à charrette; & s'il n'a bœufs & charrette, il lui doit trois corvées de sa personne, pourvu que le Tenancier soit bâti, & ait & tienne feu & lieu au Taillable; sinon aussi qu'en baillant ledit héritage, lesdits charrois & corvées ayent été abonnées à deux ou à trois, plus ou moins, ou autres charges, ainsi que plusieurs fois entre le Seigneur & le Tenancier est accordé, & le tout selon les modifications & qualifications contenues au trois cens trente-neuvieme article de ce présent Coutumier.

1. LA corvée, dont il est parlé dans le présent article, est une redevance corporelle que l'on doit au seigneur taillablier pour quelque héritage que l'on tient de lui, & cette corvée s'appelle *corvée taillabliere*.

2. Le tenancier de l'héritage taillable doit à son seigneur, suivant notre article, trois charrois l'an, s'il a bœufs ou bêtes tirant charrette, & s'il n'a bœufs & charrette, il lui doit trois corvées de sa personne; pourvu qu'il soit bâti & tienne feu au taillable, ou qu'il n'y ait autre diverse composition.

3. Sur la question, si y ayant une reconnoissance du taillable, qui comprenne des bâtimens & héritages, & qu'ensuite de ladite reconnoissance les héritages se trouvant appartenir à l'un des héritiers des reconnoissans, & les bâtimens à l'autre, le seigneur peut demander les charrois & corvées à proportion à celui qui n'a que des héritages: M. François Menudel répond que non; parce que, dit-il,

la séparation présuppose le consentement du seigneur; & *idem*, ajoute-t-il, *dicendum*, au cas du péréguement entre les co-détempteurs. C'est la remarque de Menudel, sur notre article; & c'est mon sentiment, parce que, suivant notre article, la corvée taillabliere n'est due que par celui qui a bâtiment & qui tient feu au taillable.

4. Les corvées taillablieres ne s'arréragent point, non plus que celles de la haute justice. La raison s'en tire de la disposition de notre article, qui porte qu'elles ne sont dues que selon les modifications & qualifications contenues en l'article 339, *suprà*. Ainsi fut jugé, dit M. Louis Semin, contre le sieur des Fougis en l'ordinaire, le 19 août 1626. C'est l'observation de M. Semin, sur notre article.

5. Tel est aussi le sentiment de M. Jean Decullant: *Quæritur*, dit-il, *an hæ operæ etiam præteritæ, & non indictæ intrà annum, possint repeti, sive in specie, sive in pretio, intrà decennium; quidam putant posse repeti, quia faciunt partem census annui, cujus arreragia petuntur usque ad decennium; alii negant, quia hic paragraphus noster eas præcipit, & subjicit modificationibus §. 339, qui loquitur de operis debitis Domino justiciario, quæ post annum non repetuntur, & in dubio respondendum pro liberatione; alii distinguunt: Aut operæ debentur vi Statuti dumtaxat, nempè ex qualitate & naturâ census taillabilis, qui etiam sine ullâ stipulatione has inducit, & obligat detentorem & incolam ædificii taillabilis eas præstare, & hoc casu præteritæ & non indictæ non possunt post annum repeti: Sed si deductæ sunt nominatim in stipulationem, & promissæ in titulo censuali, censent posse repeti intrà decennium; & si repetantur, fiet illarum æstimatio in pretio, per paragraphum 128, suprà. Verùm hæc distinctio non videtur admittenda; quia stipulatio expressa nihil plus operatur quàm Statutum, & sive veniant à Statuto simpliciter, sive à stipulatione, non antè dies illarum cedit, quàm priùs indictæ fuerint; & cùm sit in potestate Domini eas postulare, quo tempore & die velit, excepto tempore messis & sartionis, ut dixi suprà paragraphum 339, confestim non cedunt, nisi indicantur. Itaque non petitæ suo tempore, id est intrà annum currentem, non cesserunt, & sic non possunt exigi ultrà annum, cùm debitor non potuerit non indictas præstare, & ideò non fuerit in morâ.* Jean Decullant, *hic*.

6. Il en est autrement, si les corvées ont été indiquées, requises & demandées; ou même s'il est porté par la reconnoissance, qu'elles seront faites certains jours marqués, & qu'il y ait des jours indiqués pour les faire; comme il y en a pour le paiement du cens. *Secùs autem*, dit M. Jean Decullant, dans l'endroit que nous venons de citer, *si Dominus stipulatus sit operas certis diebus anni præstitas iri, sicuti censum annuum; quo casu operæ censerentur indictæ, & cessisse diebus dictis, & debitor diebus elapsis fuisse in morâ, si non præstiterit: Idcircò deberet etiam post annum solvere, sicut alia census arreragia, cùm hoc casu operæ facerent verè & actu partem census annui, promissi certâ die.* Jean Decullant, *hic*.

7. Il a été jugé par sentence contradictoire en cette Sénéchaussée, le 13 juillet 1658, au rapport de M. le conseiller Faverot, pour François Pereau, contre le seigneur le Tailleur du Toüin, que ces corvées dues pour raison du taillable ne pouvoient, non plus que celles dues pour raison de la haute justice, être exigées par le seigneur taillablier dans les temps de moisson & des semences; qu'il étoit obligé d'avertir les corvéables deux jours auparavant, de les nourrir, & qu'il devoit y avoir un intervalle, du moins de quinze jours, entre chaque corvée. C'est la remarque de M. Louis Semin, sur notre article.

8. M. Jean Decullant estime que ces corvées, à la différence de celles dues pour raison de la haute justice, sont cessibles, & que le seigneur peut obliger les taillables de faire pour d'autres les corvées qui lui sont dues. *Dominus taillabilis*, dit-il, *potest has operas cedere extraneo, & alii cuipiam, quia sunt domaniales, debitæ ratione fundi, & ita reales; illæ autem quæ debentur Domino justiciario, videntur personales, quia debitæ sunt ratione obsequii per Vassalum Domino, & cùm obsequium non teneatur Vassallus alii præstare, nec operas.* Tel est le raisonnement de Jean Decullant: mais ce n'est pas là mon sentiment; & ma raison, c'est que notre article porte que les corvées dues pour raison du taillable, ne sont dues que selon les modifications & qualifications contenues en l'article 339, qui porte en termes exprès que les seigneurs ne peuvent contraindre les sujets faire charrois pour d'autres, que pour eux & leurs affaires.

9. Ce que nous avons dit du nombre des corvées dues pour raison du taillable, ne regarde pas ceux qui par le titre ou composition en doivent plus ou moins, auquel cas ils sont tenus faire les corvées, selon qu'il est porté au terrier ou traité; comme il est dit dans notre article.

10. Quand il est porté par les titres d'un seigneur, que les tenanciers des héritages taillables sont corvéables à volonté, c'est-à-dire, qu'ils sont obligés de faire autant de corvées, qu'il plaira au seigneur, le seigneur en ce cas est tenu d'en fixer le nombre *ad arbitrium viri prudentis*; parce qu'autrement ce seroit un moyen au seigneur de vexer les corvéables: & cela est fondé sur ce que toutes les concessions générales, & non limitées, doivent être réduites à un droit juste & équitable, suivant la décision de la loi 30, ff. *de operis libertorum*, qui porte: *Si libertus ita juraverit, dare se quot operas Patronus arbitratus sit; non aliter ratum fore arbitrium Patroni, quàm si æquum arbitratus sit: & ferè ea mens est personam arbitrio substituentium, ut, quia sperent eum rectè arbitraturum, id faciant, non quia vel immodicè obligari velint.*

11. Dans

11. Dans les anciens terriers, c'est-à-dire, depuis le dixieme siécle jusqu'au quinxieme, (car il n'y en a guere qui remontent plus haut,) les emphytéotes s'obligeoient de faire les charrois à la volonté du seigneur. Les seigneurs, en ces temps-là, avoient un pouvoir absolu, & ils contraignoient leurs emphytéotes à travailler pour eux toutes les fois que bon leur sembloit. Dans la suite, quand on a rédigé les Coutumes, on a limité ces corvées qui étoient à merci & volonté. La Coutume d'Auvergne, rédigée en 1510, les a restreintes & limitées, titre 25, article 18, à douze par an (lesquelles, dit cette Coutume, pour la nécessité du seigneur, se peuvent accumuler) & à en prendre trois par mois & non plus, & à diverses semaines.

12. Cette limitation de cette Coutume, dit M. Prohet, sur cet article, est raisonnable & suivie dans les lieux où il n'y a pas d'usage contraire; c'est le sentiment de M. Bretonnier: & ainsi a été jugé, dit-il, par les arrêts qu'il cite. Bretonnier, sur Henrys, tom. 1, liv. 3, quest. 32.

13. Lorsque le titre porte que les corvéables feront les corvées en personne, ou payeront une somme, l'option est référée aux corvéables, si le titre n'est contraire. La raison est que l'obligation alternative est au choix de celui qui est obligé. *Cùm illa, aut illa res promittitur, rei electio est utrùm præstet*, dit la loi 10, *in fine*, ff. *de jure dot.* Et Bacquet dit que cela a été ainsi jugé en faveur des habitans de Châteauvilain, conformément à une Charte de 1286. Bacquet, *des Droits de Justice*, chap. 29, n. 43.

14. Tant que le droit de taille subsiste, la corvée est due; parce que *Statutum semper loquitur*, & que ce droit est un droit de pure faculté, non sujet à prescription, suivant l'article 29 *suprà*, & qu'il a été dit & prouvé sur cet article: mais la prescription du droit de taille emporte avec elle celle de la corvée, qui n'en est qu'une dépendance & accessoire.

15. Voyez ce qui a été dit sur les articles 29 & 339.

ARTICLE CCCCXCVI.

Quand Tailles sont doublans & tierçans.

TOUTES Tailles dues en Août sont doublans & tierçans au regard de l'argent; c'est à sçavoir, quiconque doit Taille, il doit une année le simple, & l'autre année après ledit simple & la moitié plus: comme si un homme doit cinq sols tournois, il devra l'autre année sept sols six deniers tournois, & l'autre année dix sols tournois, qui est communément une année le simple, & l'autre année le double: Mais le bled & autres dettes & devoirs ne doublent ni tiercent.

LA disposition du présent article est rédigée d'une maniere obscure, & qui paroît se contrarier; car d'un côté il y est dit que toute taille due en août double & tierce, au regard de l'argent, c'est-à-dire (dit l'article) que s'il est dû une année le simple, l'année suivante il sera dû le simple & la moitié plus; & d'un autre côté, à la fin du même article, on y dit que l'on doit communément une année le simple, & l'autre année le double. Toutefois, comme nos rédacteurs se sont expliqués par un exemple, par lequel ils ont manifesté plus clairement leur intention; savoir, que quand un homme doit cinq sous tournois de taille en août, il devra l'autre année sept sous six deniers tournois, & l'autre année dix sous tournois; il est vrai de dire que, suivant notre article, toute taille due en août se paye simple la premiere année, la seconde la moitié en sus, & la troisieme le double de la premiere année: ce qui ne doit être entendu que par rapport à l'argent; car pour le bled & autre redevance, ils ne doublent ni ne tiercent.

* Et il est à observer que, soit qu'on paye une année le simple, l'autre année le tiers en sus, & la troisieme le double du simple; ou qu'on paye une année le simple, l'autre année le double, cela revient au même, comme il est dit dans le présent article; c'est ce qui paroît par le paiement de six années, qui est le même, de quelque maniere que l'on paye. *Nam si coacervaveris*, dit le président Duret, *quinque septem cum dimidio, & decem, ex iis coactis summam 22 cum dimidio conficies; & super addita pari summâ 45, reperies, quibus in sex partes distinctis, tres ad decem, & tres alias ad quinque reduces, quod excutere non pudeat, cum aliquibus ex nostris quandoque negotium fecit.* M. Duret, *hìc.*

ARTICLE CCCCXCVII.

Des Tailles simples.

COMBIEN que de leur nature toutes Tailles dues en Août doublent & tiercent en la maniere que dit est, toutefois il y a plusieurs Tailles simples qui ne tiercent ni doublent; pour ce qu'ainsi a été accordé, ordonné & convenu entre les Seigneurs & Tenanciers, que l'on ne payeroit que le simple, sans doubler ou sans tiercer, ou qu'ainsi l'on a accoutumé que l'on ne paye que le simple par longue Coutume légitimement prescrite; & aussi, si par convention ou Coutume légitimement prescrite y a Tailles doublans & tierçans en autre tems qu'en Août, elles se payent selon lesdits accords, convenances & longue Coutume.

LE présent article est une limitation de l'article précédent; & selon qu'il est porté en notre article, la disposition du précédent n'a lieu, que quand le titre n'est pas contraire, quand on n'est pas convenu autrement, ou que l'on n'a pas prescrit: par la raison que la disposition de l'homme marquée dans le titre, ou dans une convention, ou dans un usage de plusieurs années, fait cesser celle de la loi.

ARTICLE CCCCXCVIII.

Du droit de bourdelage, & des bourdelages de la Châtellenie de Germigny.

ET est à sçavoir qu'audit Païs de Bourbonnois y a plusieurs héritages baillez à bourdelage, lequel droit de bourdelage est de pareille condition & qualité que Taille; & si gouverne-t-on par ladite Coutume, tout ainsi & en la forme & maniere qu'en héritage taillable: Et y a du bourdelage qui double & tierce, aussi y en a de simple, comme Taille simple; excepté en la Châtellenie de Germigny, en laquelle les bourdelages sont par la Coutume particuliere & locale de ladite Châtellenie & ressort d'icelle, de la nature qui s'ensuit.

1. BOrde, en ancien langage, signifie un domaine des champs; & la redevance appellée *bordelage*, dans sa propre signification, est le revenu de la borde, ou plutôt un droit que le seigneur perçoit sur le revenu de la borde, ferme, ou métairie.

2. Mais comme, suivant ce qui s'observe dans cette Coutume & dans celle de Nivernois, toutes sortes d'héritages se peuvent donner à bordelage, soit maisons, granges, jardins, vignes, terres, prés, eaux, étangs, bois, buissons, & autres de quelque nature qu'ils soient, comme il est dit dans l'article 1 du titre *des Bordelages* de la Coutume de Nivernois; le bordelage dont il est parlé dans notre article, & dans les articles suivans, est une redevance due pour raison de quelque héritage, qui est de même nature & qualité que la taille: ce qui est très-bien expliqué dans le présent article, qui n'a pas besoin de commentaire.

ARTICLE CCCCXCIX.

PREMIEREMENT par la Coutume de ladite Châtellenie de Germigny, quiconque porte héritage ou tenement à bourdelage d'aucun Seigneur, il le peut vendre, échanger, transporter & autrement aliéner tout entier, sans le vouloir & consentement du Seigneur: mais il ne peut icelui tenement surcharger, partir ni diviser, ni partie d'icelui aliéner sans le congé dudit Seigneur; & s'il le fait, la portion ainsi aliénée est commise audit Seigneur.

1. LA Coutume de Nivernois, chapitre 6, articles 11, 12, 13 & 23, contient une disposition à-peu-près conforme. Et la raison, c'est que la châtellenie de Germigny faisoit autrefois partie de la province de Nivernois, dont elle a été démembrée par la vente qu'en fit un comte de Nevers à un duc de Bourbonnois, & qu'elle a continué, nonobstant le

changement de seigneur, de se régir suivant la Coutume de Nivernois.

2. De la disposition du présent article, portant que dans la Coutume locale de Germigny on peut vendre & aliéner en entier les héritages tenus en bordelage, il s'ensuit que dans cette Coutume les héritages taillables, ou tenus en bordelage, sont censés compris dans une donation de tous biens, ou institution d'héritier, faites sans reserve, & qu'une veuve peut prendre son douaire coutumier sur ces sortes d'héritages. C'est la remarque de M. François Menudel, sur ces mots de notre article, *il peut vendre*; & par ainsi, dit-il, tant en la Coutume locale de Germigny, qu'en celle de Nivernois, en la donation de tous biens ou institution d'héritiers, sans expression de bordelage ou taillable, *omnia bona comprehensa sunt; quia taillabilia vel bordelagia non sunt in specie alienationi prohibita, & ex hâc ratione vidua apud nos hâc in locali Consuetudine potest capere doarium consuetudinarium in prœdio taillabili in necem Domini; quod etsi de hoc nihil dictum sit per Contractum matrimonii: & corrigo quod dixi superiùs, quia Consuetudo Nivernensis prohibet nominatim in doariâ; nostra verò silet hoc casu, & generaliter permittit alienationem, & sic permittit usumfructum doariœ, sive vir decesserit, sive non, cum liberis.* Menudel, *hìc.*

ARTICLE D.

PAR ladite Coutume de ladite Châtellenie, toutes & quantes fois qu'aucun héritage tenu à bourdelage est entierement vendu, échangé, aliéné, ou autrement transporté, le Seigneur prend pour son droit de lods le tiers denier en montant, qui est la moitié de la chose totale de l'achat ou estimation de la chose échangée, ou dudit héritage s'il est donné.

1. LA Coutume, dans le présent article, ne parle que des lods dus pour raison des héritages tenus à bordelage: mais, comme les héritages taillables sont de même nature & qualité, & qu'on se gouverne de la même maniere pour les uns & les autres, ainsi qu'il est dit en l'article 498, *suprà*, l'usage dans cette Coutume est de fixer le droit de lods & ventes pour l'héritage taillable, au tiers denier en montant, qui est la moitié du prix total de la vente, selon qu'il est réglé dans notre article, pour les héritages tenus à bordelage. *Si Dominus*, dit M. Jean Decullant, *consentiat venditioni fundi taillabilis, salvo suo jure principali, capiet pro laudimiis tertiam partem pretii ascendendo, id est, dimidiam, ut dicitur in bordelagiis*, §. 500. C'est la remarque de M. Decullant, sur l'article 488, *suprà*.

2. Le droit de lods & ventes ainsi réglé au tiers en sus du prix, pour l'héritage taillable, ou tenu à bordelage, ne double ni augmente point par le délai du paiement, ainsi que fait le droit de lods à l'égard des héritages tenus à simple cens. La raison est que la peine des doubles lods n'a été introduite que dans le cas de simple cens, & que les dispositions pénales ne souffrent point d'extension du cas exprimé à celui qui ne l'est pas, ou de la chose à une autre; & ainsi a été jugé en cette Sénéchaussée. C'est la remarque de M. Jean Decullant & de M. François Menudel, sur notre article.

3. *Hoc genus laudimiorum*, dit M. Decullant, *non duplicatur, nec augetur, licèt emptor diù cessaverit solutionem; quia pœna duplicationis introducta in paragrapho 394 est peculiaris in simplici censu, de quo tractatur in rubricâ* des Censives, *sub qua est scriptus dictus paragraphus, ubi laudimia statuuntur ad sextam partem pretii; & non sunt pœnæ extendendæ ultrà casum suum, cùm sint odiosæ: sic judicatum, me patrocinante, in Curiâ Domini Senescalli, contrà Rectorem Parochiæ* de Toulon. Jean Decullant, *hìc.*

M. François Menudel s'explique à-peu-près de même.

ARTICLE DI.

Et par ladite Coutume de ladite Châtellenie nul ne succéde en héritage de bourdelage ou Tenancier d'icelui, soient ses propres enfans ou autres, s'ils sont divis & séparez d'ensemble, & s'ils n'étoient communs & demeurans ensemble avec le trépassé à l'heure de son trépas, & ses prochains habiles à lui succéder, ou ses enfans non-séparez de lui, posé qu'ils ne soient communs avec les pere & mere ; car eux vivans, ils n'ont point de biens : Toutefois s'ils sont toujours avec eux, ou par leur vouloir en service ou ailleurs, sans être séparez d'eux, ils leur succéderont en héritages de bourdelage : mais s'ils sont séparez d'eux volontairement & sans impression, ils ne leur succédent point : mais si par impression du pere ou de la mere, ou marâtre, ou autres, ou par aucun débat & noise, ils demeurent hors d'avec leur pere, & il se prouve notoirement qu'il leur est convenu eux séparer, ils ne laisseront point à leur succéder.

L'Article 492, *suprà*, contient une disposition semblable; il faut y avoir recours, & voir ce qui a été dit. Je me contenterai de faire une observation, par rapport aux enfans du tenancier de l'héritage à bordelage, savoir, que c'est l'usage en cette Coutume d'appliquer aux petits-enfans ce qui est dit, dans notre article, des enfans. C'est la remarque de M. le président Duret, sur ces mots, NE SONT COMMUNS AVEC LE PERE ET MERE : *Etidem*, dit-il, *de aliis liberis in secundo vel ulteriore gradu, cujusmodi sunt nepotes & pronepotes, & alii descendentes; quo jure utimur, etsi Cons. Niv. cap. 6, art. 19, liberorum primi gradûs in successione bordelagiorum rationem tantùm habeat, ubi communio cessat; nec movent hæc verba*, le pere & mere.... M. Duret, *hic.*

ARTICLE DII.

Par ladite Coutume l'on tient en ladite Châtellenie, que si le Tenancier de bourdelage cesse par trois ans continuels de payer au Seigneur le devoir qu'il lui doit chacun an à cause dudit bourdelage, & que du payement ledit Tenancier ait été duement interpellé, ledit bourdelage est acquis par droit de Commise au Seigneur de qui il est tenu.

1. Le bordelage, dont il est parlé dans notre article, est de la nature de ceux de Nivernois : mais, comme l'a remarqué M. Menudel, il est plus mitigé en cette châtellenie, par l'obligation qu'a le seigneur de sommer ou interpeller avant que de commettre; & cette sommation est nécessaire pour mettre le tenancier débiteur en demeure, car la commise est la peine de sa coutumace.

2. De ce que la commise est la peine de la coutumace, il s'ensuit que, si deux particuliers possédent un héritage en bordelage, il ne doit y avoir dans l'équité que la portion de celui qui demeure de payer, qui tombe en commise : *Non debet enim aliquis alterius odio prægravari, & sine culpâ non est aliquis puniendus.* Cependant, dans la rigueur du droit, tout l'héritage tombe en commise, à moins qu'il n'ait été divisé du consentement du seigneur bordelier. C'est la remarque de M. le président Duret, sur notre article : *Quid ergo*, dit-il, *si duo detineant, quorum alter tantùm in solutione cessaverit, alter verò partem solverit, an Commisso locus erit pro toto, vel pro parte ejus qui cessaverit tantùm ; & benignius est ut pro eâ parte tantùm Commisso sit locus. Attamen stricta juris ratio suadet ut totum committatur, nisi bordelagium Domino consentiente divisum fuerit....* M. Duret, *hic.*

3. Le seigneur ne peut rentrer dans l'héritage tenu en bordelage, par le droit de commise, faute de paiement pendant trois ans, qu'en le faisant ordonner par justice, & le tenancier demeure en possession jusqu'à fin de jugement. C'est la remarque de M. Duret & de M. Menudel : *Planè Dominus*, dit M. Duret après Dumoulin, *possessorem propriâ auctoritate expellere non potest; & regulare est in Jure, ut à prehensione non incipiamus: & ubi Lex, vel Plebiscitum municipale, ab initio manûs injectionem singulariter non concedit, satius est ut obtineamus.... in quam rem Cons. Niv. cap. 6, art. 6 & seq.* M. Duret, sur les mots de notre art. *est acquis par droit de Commise.* M. Menudel a fait la même remarque:

remarque : savoir, qu'il faut que le seigneur se pourvoie par action, pendant laquelle (dit-il) & jusqu'à ce que l'instance ait pris fin, le tenancier demeurera en possession.

4. La commise devant être demandée par le seigneur, & ordonnée en justice, si le seigneur ne se plaint pas, ou qu'il remette la commise, ce ne sera pas un nouveau bail de bordelage, mais toujours le même qui continue. *Ubi*, dit M. Duret, *non conqueritur Dominus, & caducitatis gratiam facit, novum bordelagium non est, sed antiqui continuatio intelligitur; quamvis in concessione nominatim convenerit, ut ipso facto cadat in Commissum: quin etiam si exposuerit se Commisso frui velle, quod postea remiserit placatus, antequam institutum suum ad finem perduxerit, vel post Sententiam Commissi, non tamen in totum executam, non minùs antiquum censetur, nisi denuò ut novum concesserit. Enim verò si verbis mixtis ejusmodi concessio facta proponatur, finge in hæc verba, Remitto & de novo concedo, ante realem executionem Commissi, secundùm simplicem remissionem magis respondemus; sic ut hæc figuratio verborum, De novo concedo, interpretationem recipiat, quatenùs opus est; & quoniam concessio nova minimè necessaria est, secundùm nudam prioris statûs conservationem in dubio judicatur, quod inter hærediorum & quæstuum hæredes plerùmque observamus.* M. Duret, *hìc*.

5. Peut le tenancier purger sa demeure, en offrant de payer les arrérages au seigneur, avant l'ajournement posé à la requête du seigneur, aux fins de la commise. C'est la disposition de l'article 8 de la Coutume de Nivernois, du titre *des Bordelages*, & la remarque de M. Menudel, sur notre article.

6. Mais il faut payer tout le devoir en entier pour les années arréragées, & le paiement d'une partie ne suffit pas pour purger la demeure, & empêcher la commise. C'est la remarque de M. Duret, sur ces mots de notre arcle, LE DEVOIR : *Solidum*, dit-il, *nihil enim partis solutio relevat.... quamvis in denario tantùm deficiat, præsertim ubi obligatio est individua; ita quidem si prudens & ex industria, non etiam ex errore calculi, vel aliâ imprudentiâ, denarium facere omiserit.* M. Duret, *hìc*.

7. Si le tenancier de l'héritage tenu en bordelage est créancier du seigneur bordelier, il doit (pour éviter la commise) opposer la compensation en paiement des arrérages; car dans ce cas ici la compensation ne se fait pas de plein droit, à cause de la nature de la dette, & de la reconnoissance qui est due au seigneur bordelier. *Quid igitur*, dit M. le président Duret, *si Dominus cessantis debitor erat, ita ut aliàs debitum cum accessionibus bordelariis compensationem reciperet: planè etsi generaliter ad evitandam pœnam mero jure compensatio fiat, singulariter tamen non obtinet in Commisso, quod sustinetur ob Domini contemptum, propter inæqualitatem: Enim verò si prædii bordelarii possessor, & idem creditor compensationem objecerit, magis est ut pro satisfactione habeatur hujusmodi objectio, cùm implicitam solutionem, perfectam recognitionem, & sufficientis reverentiæ exhibitionem contineat....* M. Duret, *hìc*.

8. Si le seigneur refuse le paiement, quand les trois années approchent, afin de faire tomber l'héritage en commise par de mauvaises voies, le tenancier doit faire offres du paiement; sur le refus de le recevoir, donner assignation pour voir ordonner la consignation; la consignation ordonnée, signifier la sentence, donner assignation pour assister à la consignation; consigner, & faire signifier la consignation; après quoi il n'y a plus rien à craindre pour la commise.

9. Le détempteur de l'héritage tenu en bordelage doit l'entretenir en bon & suffisant état; il ne peut abattre les édifices, couper ou abattre les arbres fruitiers, ni convertir l'héritage en autre nature de pire & moindre valeur; & s'il le fait, le seigneur a action contre lui pour ses dommages-intérêts. C'est la disposition de l'article 15 du titre 6 de la Coutume de Nivernois.

10. Si le tenancier de l'héritage tenu en bordelage l'avoit amélioré & augmenté, & que ledit héritage tombe en commise, les améliorations suivent le fonds, & tombent en commise comme lui. *Committitur bordelagium cum ameliorationibus*, dit M. Louis Semin, après M. le président Duret, *hìc*.

TITRE TRENTE-UNIEME.

Des Servitudes réelles, & Rapports des Jurés.

1. LA servitude réelle est un droit qui assujettit un fonds à quelque service, pour l'usage de quelqu'autre fonds qui appartient à un autre maître. Ainsi toute servitude diminue la liberté de l'usage du fonds asservi.

2. Quoique les servitudes réelles, comme toutes autres choses, soient établies en faveur & pour l'utilité des hommes, elles sont néanmoins appellées réelles, parce qu'elles sont inséparables des fonds; car c'est un fonds qui sert pour un autre fonds. Et la différence essentielle entre les servitudes réelles, & les rentes fonciéres, est que les servitudes se prennent directement sur la chose; que celui qui a un droit de servitude, en jouit lui-même sans le ministere d'autrui, & que les rentes fonciéres se prennent par les mains du détempteur de la chose; que le droit enfin de servitude est un droit sur l'héritage d'autrui, à ce qu'il souffre ou ne fasse pas quelque chose, & que la rente fonciére est une redevance en grains, deniers ou autres choses.

3. La servitude réelle se divise en naturelle & civile. La servitude naturelle est celle que la nature rend nécessaire, & qui vient de la nature de la chose; la servitude civile, celle qui vient de la disposition de la Coutume, ou de celle de l'homme; tellement que la servitude civile se divise en légale, ou conventionnelle : la légale vient de la loi ou de la Coutume, & la conventionnelle est fondée sur la convention des parties.

4. Les servitudes réelles se divisent encore en servitudes des villes, qui s'appellent *Urbanæ*; & servitudes des champs, qui s'appellent *Rusticæ*. Ces servitudes des villes sont celles qui sont dues à quelqu'édifice, pour l'usage & commodité des personnes qui l'occupent, & les autres sont celles qui sont dues aux héritages des champs.

5. La Coutume ne traite pas dans le présent titre, des servitudes conventionnelles; parce qu'elles dépendent du titre, & qu'elles se réglent par le titre.

6. Quant à ces sortes de servitudes, (je parle des conventionnelles) le propriétaire qui a la faculté d'aliéner ses biens, peut seul charger ses héritages de servitudes & d'autres charges réelles; parce que la constitution de la servitude est une espece d'aliénation, laquelle par conséquent est interdite à ceux qui n'ont pas la faculté d'aliéner leurs biens.

7. Ne peut l'un des propriétaires charger de servitude le fonds commun, possédé par indivis, sans le consentement de ses associés ou co-propriétaires; par la raison que l'on ne peut préjudicier aux droits de ses co-propriétaires.

8. Le droit & l'usage des servitudes conventionnelles se réglent par les titres qui les établissent. La servitude a ses bornes & son étendue, selon qu'il est réglé par le titre; & comme les servitudes dérogent à la liberté naturelle qu'un chacun a d'user de son bien, elles sont restreintes à ce qui se trouve porté par le titre, & qui est précisément nécessaire pour l'usage de ceux à qui elles sont dues, & on en diminue autant qu'il se peut l'incommodité. De-là se suit :

9. 1°. Que, lorsque les propriétaires constituent des servitudes sur des fonds, ils les doivent nommément spécifier, tant par l'endroit, grandeur, hauteur, mesure, qu'especes de servitudes. C'est la disposition de la Coutume de Paris, article 215, qui veut que la constitution indéfinie de toutes servitudes, sans ces déclarations, soit inutile & ne donne aucun droit.

10. 2°. Que le droit de servitude ne s'étend pas hors de son usage, & ne se communique pas à d'autres; que par ainsi celui qui a une prise d'eau pour un héritage, ne peut en user pour ses autres héritages.

11. Mais le droit de servitude comprend les accessoires, sans lesquels on ne pourroit en user : ainsi la servitude de prendre de l'eau d'un puits, ou d'une source, emporte la servitude du passage, & la servitude du passage emporte la liberté de faire ou réparer l'ouvrage nécessaire pour s'en servir; & si le travail ne peut se faire dans l'endroit où la servitude est fixée, on pourra travailler dans les environs, selon que la nécessité peut y obliger.

12. Le propriétaire du fonds asservi est obligé de souffrir l'usage de la servitude; & de-là suit l'obligation de ne rien faire qui puisse ou ôter cet usage, ou le diminuer, ou le rendre incommode; de ne rien changer de l'ancien état des lieux, & de tout ce qui est nécessaire à la servitude : de souffrir les ouvrages nécessaires pour l'entretien des lieux asservis, mais non d'en faire les frais à ses dépens. Car *in omnibus Servitutibus*, dit la Loi 6, §. 1, ff. *Si serv. vind. refectio ad eum pertinet, qui sibi Servitutem asserit, non ad eum cujus res servit.*

13. La servitude cesse & périt, lorsque le fonds qui la doit, ou celui à qui elle est due, viennent à périr; ou bien, quand l'un & l'autre tombent dans le domaine d'un même propriétaire.

14. Elle périt dans le premier cas, parce que la servitude est inséparable du fonds; & dans le second, par la regle que *Nulli res sua servit*; L. 26, ff. *de Servit. præd. urb.* d'où il suit que, si le propriétaire du fonds pour lequel la servitude étoit établie, acquiert le fonds asservi, & puis le revend sans la reserve de la servitude, il est vendu libre; car la servitude étoit anéantie, & elle ne se rétablit pas au préjudice du nouvel acquereur, à qui cette charge n'est pas imposée, L. 30, *de Servit. præd. urb.*

15. La servitude s'éteint encore par la prescription : mais ceci ne regarde que la servitude conventionnelle; & ce n'est pas proprement de ces sortes de servitudes dont la Coutume traite dans le présent titre, comme il a été dit ci-dessus; parce que les servitudes conventionnelles sont sans nombre. Car, comme il est permis aux particuliers de faire telles conventions qu'il leur plaît, pourvu que le public n'en reçoive aucune incommodité, & que la servitude ne soit qu'à la charge de celui qui veut bien la souffrir, les servitudes contractuelles ne peuvent se nombrer; & il y en peut avoir autant de différentes façons, qu'il se peut rencontrer de différentes conventions. Elles ont leur fondement dans la liberté naturelle & indéfinie des conventions, & dans les besoins qui rendent nécessaires les assujettissemens d'une chose à une autre.

16. Les servitudes dont il est parlé dans ce titre, sont les servitudes légales, urbaines & rustiques, lesquelles sont réglées par la Coutume, sans qu'il soit besoin de titre; & elles concernent principalement les vues, le mur commun & mitoyen, les clôtures, les obligations réciproques des propriétaires qui ont des bâtimens, ou héritages communs ou voisins.

Ce titre est composé de dix-neuf articles, depuis l'article 503 inclusivement, jusqu'à l'article 522 exclusivement.

17. Il n'y a point de titre sur cette matiere, dans l'ancienne Coutume.

ARTICLE DIII.

En mur commun on ne peut sans le consentement de son commun faire vues. Du mur commun.

1. LA Coutume de Berry, titre 11, article 4; celle de Nivernois, chapitre 10, article 8; d'Orléans, article 231; de Montargis, chapitre 10, article 2; de Blois, article 231; de Paris, article 199, & autres, contiennent une disposition semblable; & cette disposition est tirée de la loi *Eos qui*, 40, ff. *de Servit. præd. urban.* La raison générale est que l'un des communs ou co-propriétaires ne peut rien faire de nouveau en la chose commune, sans le consentement de celui qui y a part, L. *Sabinus*, ff. *Comm. divid.* & qu'il ne peut se servir de la chose commune pour un autre usage, que celui qui est commun entre lui & son co-propriétaire.

2. On distingue dans le droit les jours & les vues. Les jours sont les ouvertures, pour recevoir la lumiere dans une chambre ou autre lieu; & les vues ont de plus un aspect libre sur les environs. Cette distinction est marquée dans les loix 15 & 16, ff. *de Servit. præd. urban.* Et, suivant cette distinction, il y a le droit de lumiere & de clarté, appellé *Jus luminis*, & le droit de vue, appellé *Jus prospectûs.* Celui qui a le droit de vue, a droit de regarder dans l'héritage d'autrui, & celui qui a droit de lumiere seulement, n'a droit que de recevoir le jour & la lumiere. Cette distinction ainsi établie, quoique la Coutume, dans notre article, ne parle que des vues qu'il n'est pas permis de faire dans un mur commun, sans le consentement du commun; toutefois sa disposition doit être étendue aux jours & ouvertures, par la raison susdite; savoir, qu'on ne peut rien faire de nouveau en chose commune, sans le consentement de celui qui y a part.

3. Il n'en est pas de même du mur qui n'est pas commun, & qui appartient en entier au propriétaire d'icelui: car dans les cas où il n'est pas permis d'y faire des vues, on peut au-moins y faire des jours & des ouvertures pour recevoir la lumiere; & cela avec d'autant plus de fondement, que les jours ne sont que pour avoir communication de la lumiere & de l'air, qui sont communs à tous les hommes.

4. Quoiqu'il semble que chacun puisse faire ce qui lui plaît, *jure dominii*, dans les choses qui lui appartiennent, & que par cette raison un propriétaire puisse faire des vues, & des fenêtres dans un mur qui est tout à lui, joignant la maison ou héritage d'autrui; cependant, comme il seroit fâcheux & incommode qu'il pût voir & épier toutes les actions de son voisin, & ce qui se passeroit dans sa maison, attendu qu'avoir les yeux dans la maison d'autrui, c'est autant que d'y avoir les pieds, les Coutumes, pour accorder les droits des deux propriétaires, ont reglé:

5. 1°. Qu'aucun ne peut en mur propre, joignant sans moyen ou milieu l'héritage d'autrui, faire des vues droites; c'est-à-dire, des fenêtres pleines comme l'on veut, sur la cour, jardin, ou maison de son voisin, s'il n'y a six pieds de distance entre la vue & l'héritage. C'est la disposition de la Coutume de Paris, article 202.

6. 2°. Que, quand il y a moins de distance de six pieds, on peut avoir des bées ou fenêtres de côté, pourvu qu'il y ait deux pieds de distance pour le moins. Paris, *ibid.*

7. 3°. Que, quand il y a moins de distance de deux pieds, ou qu'il n'y en a point du tout, on peut seulement avoir des vues à fermaillé & verre dormant, pourvu qu'elles soient de neufs pieds de haut au-dessus du rès de chaussée pour le premier étage, & de sept pieds au-dessus du rès de chaussée pour les autres étages: ainsi le régle la Coutume de Paris, article 200; & cela afin qu'on puisse simplement avoir la clarté, sans pouvoir regarder en l'héritage de son voisin, comme s'explique la Coutume d'Auxerre, article 105.

8. Coquille, sur la Coutume de Nivernois, chapitre 10, article 2, distinguant le droit de vue d'avec le droit de jour ou clarté, dit que l'ouverture qui donne droit de vue, commence à la hauteur de l'accoudoir; & que celle qui n'est faite que pour recevoir la lumiere sans regarder, doit commencer à six pieds par-dessus le solier où l'on marche, & doit être close avec barreau & verre dormant: ce que j'estime devoir être suivi dans les chambres basses, & qui ne sont pas assez élevées pour qu'on y puisse observer ce qui est prescrit par la Coutume de Paris.

9. Fermaillé, dit la Coutume de Paris, article 201, est un treillis dont les trous ne peuvent être que de quatre pouces en tout sens; & verre dormant est un verre attaché & scellé en plâtre, qu'on ne peut ouvrir.

* Ce qui vient d'être dit des vues ou fenêtres en mur propre; savoir, qu'on n'y peut faire des vues sur la cour, jardin, ou maison du voisin, que dans les cas énoncés, & de la maniere expliquée, n'a été avancé que dans la supposition qu'il n'y a pas titre au contraire qui donne droit de vue & qui établisse cette servitude sur le fonds du voisin, sur quoi il y a deux observations à faire:

La premiere, que les servitudes pour les vues, qui donnent droit de vue, ou simplement de jour, renferment le pouvoir d'empêcher que le voisin ne construise ou éleve un bâtiment qui ôte ce jour, ou empêche cette vue. Telle est la disposition du droit, L. 3, & L. 15, ff. *de servit. præd. urban.*

La seconde observation qu'il convient de faire, c'est que qui n'a pas ce droit de vue ou de jour, ne peut empêcher son voisin de bâtir dessus son sol, quoique ce nouveau bâtiment obscurcisse sa maison, qu'il lui ôte le jour ou en incommode la vue; parce que, selon la disposition du droit, & celle de la Coutume de Paris, article 187, celui qui a le sol a le dessus & le dessous, & qu'il peut édifier par-dessus & par-dessous, s'il n'y a titre au contraire.

S'il le faisoit toutefois, *malo animo*, & dans l'intention de chagriner son voisin, & de l'incommoder, il pourroit en être empêché, *quia malitiis hominum non est indulgendum*; & même, comme le remarque le judicieux Coquille, sur la Coutume de Nivernois, titre 20, article 9, on doit, autant qu'on le peut, garder la forme & état ancien des bâtimens, quand par le nouvel édifice, la lumiere, clarté, ou autre commodité du voisin en peut être intéressée. C'est ce qui est porté en la loi 10, *qui luminibus, ff. de servit. præd. urban.*

ARTICLE DIV.

De n'édifier en terre commune.

Si en terres communes l'un des communs édifie mur, & l'autre commun s'en veuille aider pour édifier, ou autre chose faire, il le pourra faire en payant la moitié *pro rata* de ce qui joint son héritage: Et le pourra empêcher celui qui aura édifié, jusqu'à ce qu'il soit payé de ladite moitié.

1. On ne peut pas bâtir en terre commune contre le consentement de son commun: *Invito socio, in re communi jus non habes ædificandi*, dit la loi 27, *Sed si inter me*, §. *Si in areâ*, ff. *de Servit. præd. urban.* C'est aussi la disposition de la loi *In Provinciali*, ff. *de oper. nov. nuntiat.* Ainsi les défenses de bâtir en place commune, empêchent que celui qui bâtit ne passe outre.

2. Mais quand le mur est bâti, sans que le commun en ait fait plainte, il ne peut plus conclure à la démolition, & à ce que le fonds soit remis en son ancien état. C'est la disposition de la loi *Sabinus* 28, ff. *de communi dividendo*: *Sed etsi in communi*, dit cette loi, *prohiberi socius à socio, ne quid faciat, potest; ut tamen factum opus tollat, cogi non potest, si cùm prohibere poterat; hoc prætermisit.*

3. Il reste à savoir si le mur appartient tellement à celui qui l'a fait bâtir, que l'autre commun ne puisse s'en aider: c'est ce qui est réglé par notre Coutume, au présent article, & par celle d'Orléans, article 237, qui toutes deux décident qu'il est loisible à un commun de s'aider du mur bâti par l'autre dans le fonds commun, en payant sa moitié, *pro rata* de ce qui joint son héritage, comme porte notre article, ou bien la moitié, à raison de ce dont il voudra s'aider, comme il est dit dans l'article 237 de la Coutume d'Orléans.

4. Il y a cette différence entre le présent article & les articles 513 & 514, *infrà*, que le présent article parle seulement de celui qui édifie en terre commune, & les 513 & 514 de celui qui répare la chose commune.

ARTICLE DV.

En mur commun chacune des Parties peut percer outre le mur, pour y mettre & asseoir leurs poutres & solives & autres bois, en refermant les pertuis, sauf à l'endroit des cheminées où l'on ne peut mettre aucun bois.

1. Le mur commun, par la disposition de cette Coutume est différent du mitoyen, en ce que le mur commun appartient à plusieurs par indivis, chacun d'eux ayant part en tout le mur & en chacune partie d'icelui, & que le mur mitoyen est divisé; de maniere que chacun des propriétaires en jouit jusqu'au milieu, sans outre-passer. Notre Coutume parle du mur commun par indivis, dans le présent article, & du mur mitoyen dans l'article 508: c'est la remarque de nos commentateurs, de Dumoulin, de Papon, Potier, & de M. Louis Semin. *Paries sive murus*, dit M. Louis Semin, *in tria genera deducitur; alter est proprius, alter communis pro indiviso, & alter communis pro diviso. Paragraphus hic noster loquitur de communi pro indiviso, secùs est in muro medio, ut patet ex paragrapho* 508. M. Semin, *hìc.*

2. En mur commun il est permis à un voisin de percer le mur commun d'entre lui & son voisin, pour se loger & édifier, & y mettre & asseoir poutres, solives & autres bois, s'il n'y a titre au contraire. C'est la disposition de notre article, au présent article; de celle de Paris, article 204; de Nivernois, chapitre 10, article 10; de Blois, article 233; d'Orléans, article 232; d'Estampes, article 77; de Montfort, article 78; de Melun, article 195, & autres.

3. Notre Coutume & celles de Nivernois, d'Orléans & de Blois, disent que le voisin peut percer outre le mur, pour y mettre & asseoir ses poutres, parce qu'elles parlent du mur

mur commun par indivis; & qu'à l'égard d'un tel mur, chacun a droit de se servir de tout le mur en l'endroit où il en a besoin. C'est la remarque de M. le président Duret, & avant lui de Dumoulin, dans sa note, sur notre article, sur ces mots, EN MUR COMMUN: *Scilicèt*, dit Dumoulin, *pro indiviso qui propriè communis est; secùs de muro medio tantùm, id est, communi pro diviso, ut infrà*, §. 508..... M. Ch. Dumoulin, *hic*. M. le président Duret dit de même.

4. Notre article, l'article 10 du chapitre 10 de la Coutume de Nivernois, & l'article 232 de celle d'Orléans, font cette exception, sauf à l'endroit des cheminées & fours, où l'on ne peut mettre aucun bois; & ce à cause du danger du feu, dit la Coutume de Nivernois.

5. Signification doit être faite au voisin, avant que de percer le mur commun, selon l'article 204 de la Coutume de Paris; par la raison que la démolition imprevue pourroit lui causer quelque préjudice, soit pour raison des choses qu'il auroit de son côté proche du mur, ou autrement.

6. De ce qui vient d'être dit, il résulte que, quoique de droit commun on ne puisse rien faire *in re communi*, sans le consentement de ses communs, les Coutumes cependant dans le cas présent se contentent d'une signification, & ne requièrent pas de consentement. La raison est que cette maxime, qui défend de rien faire de nouveau en la chose commune, sans le consentement de celui qui y a part, souffre l'exception du cas où l'on ne fait le changement, que pour s'en servir à l'usage auquel elle est destinée.

ARTICLE DVI.

Il n'est loisible à un voisin de mettre ou faire mettre & loger les poutres & solives de sa maison dedans le mur d'entre lui & son voisin, si ledit mur n'est mitoyen.

1. LA Coutume de Paris, article 206; celle de Melun, article 199; de Mantes, article 102; de Montfort, article 80; d'Estampes, article 81, & autres, contiennent une disposition semblable: & la raison de cette disposition est bien sensible, c'est qu'on ne peut point se servir de ce qui est à autrui, ni le charger d'aucun droit réel, servitude ou autre, si ce n'est de son consentement.

2. Notre Coutume & celles que nous venons de citer (à l'exception de celle de Melun) ne parlent que du mur mitoyen; mais leur disposition a son application au mur commun par indivis, comme au mitoyen; tellement qu'il est vrai de dire qu'il n'est loisible à un voisin de mettre ou faire mettre les poutres de sa maison dans le mur d'entre lui & son voisin, si led. mur n'est commun ou mitoyen. C'est la remarque de M. le président Duret, sur ces mots de notre article, N'EST MITOYEN: *Vel communis*, ajoute-t-il, *pro indiviso*; *non enim licet alicui jure servitutis quidquam immittere in ædes vicini*. M. Duret, *hic*.

ARTICLE DVII.

Il n'est loisible mettre ou faire mettre, & asseoir les poutres de sa maison dedans le mur commun, sans y faire ou faire faire, ou mettre jambes, peignes ou perpeignes, dousseresses, chaînes ou corbeaux suffisans, ou fil de pierre de taille, pour porter lesdites poutres; & néanmoins celui qui le fait est tenu rétablir le mur.

1. IL y a semblable disposition en l'art. 207 de la Cout. de Paris, 200 de celle de Melun, 365 de celle de Reims, & autres: & la raison de cette disposition est légitime & de droit; car qui place ses poutres dans un mur commun ou mitoyen, & le surcharge, doit le rendre suffisant, à ses frais & dépens, pour les porter; par la raison qu'un voisin ne peut préjudicier à l'autre *in re communi*: autrement l'autre a droit de l'empêcher; parce qu'un mur peut être bon & de durée, pour porter les charges des deux maisons, qui sera non-suffisant & s'écroulera dans peu, si on lui donne de nouvelles charges.

2. Quant aux mots de *jambes*, *peignes ou perpeignes*, & autres employés dans le présent article, ce sont mots d'architecture, & usités en fait de maçonnerie.

ARTICLE DVIII.

AUCUN ne peut percer un mur mitoyen d'entre lui & son voisin, pour y mettre & loger les poutres de sa maison, que jusqu'à l'épaisseur de la moitié dudit mur, & au point du milieu, en rétablissant ledit mur, & en y mettant ou faisant mettre jambes, chaînes & corbeaux comme dessus.

1. LA Coutume de Paris, article 208, contient une disposition semblable; & cette disposition est tirée de la loi 52, *Cum duobus*, §. *Item mela*, ff. *pro socio.*

2. Notre article ne parle que du mur purement mitoyen; & il y a cette différence entre le mur commun par indivis, & le mur commun par divis, ou mitoyen, que le voisin peut placer ses poutres sur le mur commun par indivis dans toute la largeur d'icelui; & que, quand le mur est mitoyen, il ne les peut placer que jusqu'à l'épaisseur de la moitié, comme parle notre article; de maniere que, si les deux voisins veulent placer dans le même endroit, quoique l'un d'eux ait prévenu & ait placé ses poutres dans toute la largeur du mur, l'autre peut l'obliger de les couper, & les réduire au point du milieu: car le mur étant commun par divis, il doit servir également à l'un & à l'autre; & la prévention en choses communes ne préjudicie point aux droits des communs ou co-propriétaires.

ARTICLE DIX.

Des égouts & fosses à eaux.

ON ne peut avoir égouts & ozines, au moyen desquels les eaux & immondicitez puissent cheoir, ou prendre conduit au puits ou cave de son voisin auparavant édifiez, sinon qu'il y ait titre exprès au contraire.

1. LA Coutume d'Orléans, article 248, contient une disposition semblable.

2. Le droit de la décharge des eaux d'un toit est une servitude, suivant la loi 1, ff. *de Servit. præd. urb.* La décharge d'un égout dans le fonds voisin est une autre servitude, suivant la loi 7, ff. *de Servit.* De-là se suit que le droit d'égout & de goutieres sont de véritables servitudes, qui ne peuvent subsister sans titre; & que, quoique la disposition de notre Cout. au présent art. soit particuliere pour les caves & puits, il est toutefois vrai de dire en général qu'un voisin ne peut pas faire couler les eaux & immondices de sa maison dans le fonds de son voisin, s'il n'a un titre qui lui donne ce droit, & qu'il ne peut sans titre obliger son voisin à souffrir cette servitude.

3. Il n'en est pas de même à l'égard des héritages de la campagne, comme l'a observé Papon, sur notre article: *In prædiis rusticis*, dit-il, *diverso jure utimur, & incommoda aquarum nocentium cum alio commodo compensamus. Sicut enim pinguedo terræ ad inferiorem agrum decurrit, ita etiam aquæ jus etiam noxia defluit*, *L. 1*, §. *Fin. ff. de aquâ plu. arc.*

4. Ainsi, quand l'eau du ciel tombe à plomb dans un héritage, & qu'après s'être amassée elle se dérive par son égout naturel dans l'héritage voisin, (comme en ce cas il n'y a rien du fait de l'homme) le voisin doit prendre en patience l'incommodité naturelle. Il y a plus; c'est qu'il est permis dans les champs & terres labourables de tirer de petites fosses, conduits & rigoles, pour faire écouler l'eau qui nuit au labourage, quoique cette eau nuise au voisin; pourvu que ce ne soit point en intention de nuire, & qu'on ne puisse autrement faire écouler l'eau de sa terre. C'est la remarque de M. Guy Coquille, sur l'article 1 du chapitre 10 de la Coutume de Nivernois.

5. Il est encore permis de faire dans son héritage une réparation, pour le défendre contre les débordemens d'un torrent ou d'une riviere, quoiqu'au moyen de cette réparation l'héritage voisin y soit plus exposé, ou en reçoive quelqu'incommodité. C'est la décision de la loi 2, §. 9, ff. *de aqua, & aqua plu. arc.* Et la raison c'est que dans ces cas & autres semblables les événemens qui nuisent aux héritages voisins, sont des effets naturels de l'état où celui qui fait les changemens a eu droit de mettre les choses; que ce sont des servitudes naturelles, procédans de la nature & situation des lieux, que les voisins sont obligés de souffrir par humanité, & même par le droit naturel.

* Mais ne peut un particulier détourner l'eau d'un ruisseau, qui passe sur ses héritages, pour empêcher qu'elle ne coule dans les héritages de ses voisins: ainsi jugé par arrêt du 16 juillet 1605, cité par Mornac sur le §. *Si initium* de la loi 6, ff. *de edendo*; & cela, soit parce qu'il ne peut rien faire qui nuise aux commodités que la nature a données aux héritages voisins, soit aussi par la raison qu'un ruisseau est une eau publique & commune, qu'un particulier ne peut s'approprier au préjudice de ses voisins, mais de laquelle il peut seulement en avoir le premier l'usage.

Il n'en eſt pas de même de l'eau qui a ſa naiſſance & ſa ſource dans l'héritage d'un particulier, & qui en eſt (pour ainſi dire) une partie & dépendance. Le maître de l'héritage où l'eau prend ſa ſource, en peut uſer comme il lui plaît pour ſon utilité, à l'excluſion de ſon voiſin; mais non point par émulation, & *animo nocendi.* C'eſt l'eſpece de l'arrêt du 13 août 1644, rapporté par Henrys & Bretonnier, tome 2, livre 4, queſtion 75.

Sur la queſtion, ſi le propriétaire d'un pré a droit de conduire l'eau néceſſaire pour l'arroſer, & de la faire paſſer ſur les héritages de ſes voiſins, ſans avoir beſoin de titre, *voyez* M. Bretonnier ſur Henrys, tome 2, liv. 4, qu. 35, où il cite un arrêt du 7 ſeptembre 1696, qui a jugé qu'il le pouvoit.

ARTICLE DX.

QUAND aucun fait édifice, ou répare ſon héritage, ſon voiſin lui eſt tenu de donner & prêter patience à ce faire, en réparant & amendant diligemment par celui qui édifie ce qu'il aura rompu, démoli, & gâté à ſondit voiſin; & ne peut pour ce le réédifieur acquérir droit de poſſeſſion contre, ni au préjudice de celui qui a ſouffert ladite réparation ou édifice. Quand le voiſin eſt tenu prêter patience.

1. LA Coutume de Nivernois, chapitre 10, article 20, & celle d'Orléans, article 240, contiennent une diſpoſition ſemblable; & cette diſpoſition eſt fondée ſur l'équité & le droit naturel, qui veut que le propriétaire ſouffre pour ſon voiſin ce qu'il voudroit en pareil beſoin qu'on ſouffrît pour lui.

2. Mais, comme il n'eſt pas juſte que le voiſin ſouffre aucun préjudice, pour avoir prêté patience à ſon voiſin, il s'enſuit de-là deux choſes, qui ſont marquées dans notre article.

3. La premiere, que celui qui a fait l'édifice, ou réparation, eſt tenu de rétablir tout ce qu'il aura gâté, rompu ou démoli à ſon voiſin; enſorte que le voiſin qui a prêté patience, ſoit entiérement indemniſé & hors d'intérêt.

4. La ſeconde, que la permiſſion & patience du voiſin ne doit pas être regardée comme une ſervitude, de façon que celui qui a édifié ou reparé puiſſe, pour raiſon de ce, s'attribuer aucun droit contre, ni au préjudice de celui qui a ſouffert ledit édifice ou réparation; mais comme une ſimple patience d'humanité & de bienſéance. *Hoc æquitas ſuggerit, etſi jure deficiamur.*

* Celui qui a quelque réparation à faire à ſon mur ou à ſon bâtiment, ne peut pas demander à ſon voiſin le tour d'échelle, s'il n'a titre pour cela, quelque dédommagement qu'il lui offre; parce que le voiſin eſt maître de ſon fonds, que le tour d'échelle eſt une ſervitude, & que nulle ſervitude ſans titre; car le tour d'échelle eſt une véritable ſervitude, en vertu de laquelle celui à qui elle eſt due, lorſqu'il fait refaire ſon mur, ou qu'il fait conſtruire quelque bâtiment, peut poſer une échelle ſur l'héritage d'autrui, & occuper l'eſpace de terre qui eſt néceſſaire pour le tour de l'échelle. C'eſt pourquoi, quand on n'a pas de droit pour le tour de l'échelle, & qu'il convient faire quelque rétabliſſement d'un mur non mitoyen, & bâti entiérement ſur l'héritage de celui qui le veut faire rebâtir, il faut qu'il faſſe le ſervice & les ouvrages de ſon côté par des échafaudages, ou autrement; c'eſt ce qui eſt porté dans un acte de notoriété de M. le lieutenant civil, du 23 août 1701, rapporté par M. de Ferriere, dans ſon introduction à la pratique, ſur les mots, *tour de l'échelle*; & tel eſt le ſentiment commun de ceux qui ont traité de cette matiere.

Autre choſe eſt quand on a droit de tour d'échelle; quand, par exemple, une perſonne, en bâtiſſant un mur, s'eſt retiré de ſoi de trois pieds ou plus; comme il eſt propriétaire de ces trois pieds, en ce cas il a droit du tour de l'échelle, ce qui n'eſt pas une ſervitude, mais une jouiſſance du droit que chaque propriétaire a de jouir de ſon héritage; mais pour cela, il faut dans le temps qu'on bâtit un pignon ou mur proche l'héritage d'un voiſin, planter des bornes au-delà, dont ſera dreſſé procès verbal double avec le voiſin, ou laiſſer au haut du pignon ou du mur, un bout de mur ou de pignon du côté du voiſin, pour marquer que le terrein eſt encore à ſoi, ſans quoi on préſume le contraire, & delà vient la maxime qu'un pignon ou mur à pied droit n'a point d'égout, ni de tour d'échelle.

ARTICLE DXI.

ENTRE un four & mur commun, doit avoir demi-pied d'eſpace vuide, pour éviter le danger de la chaleur & inconvénient du feu. D'eſpace d'entre four & mur commun.

1. LA Coutume de Nivernois, chapitre 10, article 11, contient une diſpoſition ſemblable; & celle de Paris, article 190; de Montargis, chapitre 10, article 7; d'Orléans, article 247, & de Blois, article 236. Celle de Berry, chapitre 11, article 12, veut

qu'il y ait un pied franc. Il y en a d'autres qui parlent de contremur ; mais, comme l'a obfervé M. Guy Coquille, la précaution de l'efpace vuide eft meilleure que celle du contremur ; parce que l'efpace vuide fait évaporer la chaleur, & que le contremur, par le moyen de la contiguité, communique & tranfmet la chaleur.

2. Ce que notre article dit du four, doit être appliqué & étendu aux forges & fourneaux, ainfi qu'il eft porté en l'article 190 de la Coutume de Paris ; parce qu'il y a même danger, & même raifon de craindre.

ARTICLE DXII.

De faire le mur commun.

Il eft loifible à un voifin contraindre ou faire contraindre par Juftice, à faire ou faire refaire le mur & édifice commun pendant & corrompu d'entre lui & fon voifin, & d'en payer fa part chacun felon fon heberge, & pour telles parts & portions que lefdites Parties ont & peuvent avoir audit mur & édifice mitoyen.

1. La Coutume de Paris, article 205, & celle de Niv. ch. 10, article 4, contiennent une difpofition femblable ; & cette difpofition eft tirée des loix *Si cùm meus*, 14, §. 1, ff. *fi Servit. vindic. Si ædibus*, 32, & *ex damni*, 40, §. 3, ff. *de damno inf.*

2. La réfection du mur, ou de l'édifice commun, eft rendue, par la difpofition de notre article, néceffaire & forcée ; enforte que l'un des communs ou co-propriétaires peut contraindre les autres à contribuer pour leur part & portion au rétabliffement.

3. La contribution fe fait à proportion de la part que chacun a au mur ou édifice, ce que notre article appelle, *felon fon heberge* ; & il n'y a pas moyen de s'en défendre : ce qui s'entend après les fommations duement faites, & vifitation auffi préalablement faite par gens à ce experts & connoiffans, par autorité de juftice, ainfi qu'il eft accoutumé ; fi ce n'eft toutefois que la ruine du mur ou édifice commun n'eût été caufée par la faute de l'un des communs ; auquel cas, celui qui a commis la faute, eft tenu de faire le rétabliffement à fes dépens. C'eft ce qui eft marqué par ledit article 4 du chapitre 10 de la Coutume de Nivernois.

4. Comme notre Coutume ne parle que de la réfection du mur commun, il s'enfuit delà (felon que l'a obfervé M. Jacques Potier) que l'on ne peut contraindre le voifin à rebâtir le mur non-commun ni mitoyen : *Nam quod de uno cafu conceditur, de altero negatur, & rei quifque fuæ eft moderator & arbiter.*

5. Mais ce qu'il faut obferver, c'eft que tout mur féparant cour & jardin eft réputé commun & mitoyen, s'il n'eft juftifié du contraire par écrit ou par conftruction. C'eft la difpofition de la Coutume de Paris, art. 211 ; de Melun, art. 193 ; d'Eftampes, art. 76 ; de Châlons art. 135 ; de Reims, art. 355, & autres : & cette difpofition de ces Cout. eft tenue pour générale, comme l'a remarqué M. Jacques Potier, quand la Coutume n'en difpofe pas autrement. Or les marques qui donnent à connoître que le mur n'eft pas commun, mais propre à l'un des voifins, c'eft (comme il eft dit dans ledit article 135 de la Coutume de Châlons) quand il y a corbeaux, attentes, chaperons étant d'un côté feulement, & autres apparences de cette nature.

6. Pour les gros murs entre maifons, ils font réputés communs, quand les maifons font appuyées deffus de part & d'autre. La raifon s'en tire de l'article 506, *fuprà*, qui porte qu'on ne peut placer les poutres & folives dans un mur, s'il n'eft mitoyen ; d'où il faut conclure que, quand deux maifons font appuyées de part & d'autre fur un mur, ce mur eft préfumé commun ou mitoyen, s'il n'y a titre au contraire.

7. Mais, quand le mur porte entiérement l'édifice du voifin, pour lors il eft propre à celui duquel il porte l'édifice, ainfi qu'il eft dit dans l'art. 271 de la Coutume de Vermandois, en l'article 135 de celle de Châlons, en l'article 355 de celle de Reims.

8. Il en eft de même, dit M. Claude Dupleffis, du gros mur d'une maifon, joignant fans diftance le jardin ou cour du voifin : il eft non-mitoyen, s'il n'y a titre au contraire ; parce que ce n'eft pas un fimple mur, qu'il fait partie du corps du bâtiment, & appartient par conféquent à celui à qui eft le bâtiment, ne fervant pas à d'autre maifon.

Voyez ce qui eft dit fur l'article 514, *infrà*.

ARTICLE DXIII.

QUAND moulin, étang, maison & autres choses sont communes à plusieurs personnes, & il y faut réparations, appoissonnemens ou réfections nécessaires, à faute desquelles ledit héritage puisse cheoir en ruine & décadence, l'un des parsonniers peut sommer judiciairement l'autre de contribuer ausdites réparations nécessaires, afin de les entretenir & remettre en leur nature & usage: Et s'il ne le veut & dilaye de le faire, l'autre parsonnier peut dedans deux mois après ladite sommation & notification de l'ouvrage, accomplir & faire les frais qu'il conviendra; & après sommation de payer ladite réparation, prendre tous les profits desdites choses communes, jusqu'à ce que par les autres communs il ait été remboursé de leur part & portion de ladite réparation, lesdits fruits pour rien comptez audit remboursement. Mais s'il faisoit réparer sans faire ladite sommation, les autres parsonniers ou communs, en payant lesdites réparations pour leur portion, auront leur portion des fruits sans diminution.

Des réparations en choses communes.

1. C'Est une maxime généralement reçue, que toutes choses communes doivent être entretenues par ceux à qui elles appartiennent, & qu'ils doivent contribuer aux réparations, pour telle part & portion qu'ils ont auxdites choses communes. C'est la disposition de la Coutume de Berry, titre 2, article 7; & cette disposition, comme l'a observé M. de la Thaumassiere, est tirée des loix romaines, *L. Ædibus, ff. de damn. infect. L. Loci corpus, ff. si Servit. vend.* L. 9, 35 & 36, *ff. de damno inf.* L. 4, *C. de ædif. priv.*

2. Suivant notre article, en réparations de choses communes où il y a des fruits, si l'un des communs refuse d'y contribuer, celui qui aura fait les réparations, fera tous les fruits siens jusqu'au remboursement, sans être obligé d'en compter: telle est aussi la disposition de la Coutume de Berry, titre 11, article 8; de celle de Nivernois, chapitre 10, article 6; de Bretagne, article 374, & autres.

3. Mais cinq choses sont requises pour gagner les fruits. La premiere, que la réparation soit considérable & tellement nécessaire, que sans icelle la chose commune périroit, comme il est dit dans notre article; ou bien que ce soit une réfection; c'est-à-dire, un rétablissement de la chose ruinée, le mot *reficere* voulant dire *corruptum aut consumptum denuò restaurare. Notandum hìc*, dit M. Dargentré, *hanc fructuum amissionem non ex quâvis indigentiâ reparationum imponi, sed cùm ex toto reficitur....* M. Dargentré, sur l'article 349, dans l'ordre de son commentaire de l'ancienne Coutume de Bretagne, qui est le 374 de la nouvelle Coutume.

4. La seconde chose requise est que le co-propriétaire & commun ait été mis en demeure par une sommation judiciaire de contribuer aux réparations, suivant qu'il est porté au présent article.

5. La troisieme, que cette sommation faite, on ait laissé couler deux mois, avant que faire les réparations: c'est ce qui est encore porté par notre article.

6. La quatrieme chose requise, est la visite des réparations par experts, partie appellée, & la permission du juge pour faire les réparations. La Coutume ne le dit pas, mais cela est nécessaire pour constater les réparations & la nécessité d'icelles, & obvier à toutes contestations.

7. La cinquieme & derniere chose requise est que, les réparations faites, on ait de rechef sommé le co-propriétaire de payer, ainsi qu'il est dit dans notre article.

8. Que si les réparations ont été faites sans sommation, les co-propriétaires, (dit notre article) en payant leur part desdites réparations, auront leur portion des fruits sans diminution: mais aussi, quand la sommation a été faite, & ce qui vient d'être marqué exécuté, le co-propriétaire ou commun prend tous les profits de la chose commune, s'entend ceux qui échéent après les réparations, à pure perte pour les co-propriétaires, & sans aucune imputation sur lesdites réparations; & cela, suivant notre article, jusqu'à ce qu'il ait été remboursé par les autres communs de leur part & portion desdites réparations; lequel remboursement se fera, dit la Coutume de Bretagne audit article 374, selon que les réparations vaudront lors du remboursement: ce qui paroît juste; parce que, comme dit M. Dargentré, *si nunc minores sint, ut utendo necesse est accidere, id compensari oportet cum fructibus*: mais que je n'estime pas devoir être observé dans cette Coutume; parce que, comme il a été dit, notre article porte que les communs payeront leur part de la réparation, sans que les fruits puissent être comptés pour rien audit remboursement.

9. Si le commun offre le remboursement la veille de la récolte des fruits, il doit être reçu, mais à la charge de l'intérêt des deniers fournis, ou bien les fruits se doivent partager *pro rata temporis*. C'est le sentiment de Coquille, sur la Coutume de Nivernois, chapitre 10, article *6*. *Quod ultimum*, dit M. François Menudel, *congruentius est Consuetudini, quæ dat fructus contrà morosum*. M. Menudel, *hìc*.

10. Ne pourra toutefois celui qui jouira desdites choses communes, à défaut par ses communs de lui avoir remboursé ses réparations, prescrire contr'eux la propriété desdites choses communes, quelque jouissance qu'il fasse. C'est la disposition de la Coutume de Berry, titre 11, article *9*, & l'observation de M. Menudel, sur notre article.

ARTICLE DXIV.

Et si lesdites réparations communes sont faites en choses où il n'y a aucuns fruits, comme gros murs & autres semblables, & il y ait eu sommation judiciaire de contribuer, après laquelle l'un desdits parsonniers, en refus ou demeure des autres, ait fait faire ladite réparation nécessaire; si un an après ladite réparation faite & notification avec sommation de payer, & certification des frais de l'ouvrage, lesdits communs n'ont remboursé leursdits parsonniers de leur part & portion desdites choses réparées, icelle part & portion est & appartient en propriété à celui qui aura fait ladite réparation, & s'en peut dire saisi & vêtu.

1. LA Coutume de Nivernois, chapitre 10, article 5, contient une disposition semblable: celles de Mantes, article 101; de Montfort, article 79; & de Melun, article 198, ne donnent que six mois: & le droit civil, encore moins favorable, n'accorde que quatre mois; après lequel temps le commun, qui a différé de payer sa part des frais de la construction du mur mitoyen, perdoit *jus dominii* qu'il avoit en la terre & mur, *& alter qui ædificaverat pro solido jus vendicabat*. L. *Si ut proponis*, 4, Cod. *de ædif. priv.*

2. Il s'agit de concilier le présent article, avec l'article 512, *suprà*. Par notre article, la chose commune demeure pour le tout en propre à celui qui a fait la réparation, à défaut par l'autre commun de payer & rembourser sa part de la réparation; & selon l'article 512, *suprà*, celui qui refait, peut user de contrainte contre le commun pour le faire contribuer. Pour les concilier, il y en a qui croient que, selon la disposition de la Coutume esdits articles, il est au choix de celui qui a fait la réparation, ou de se faire rembourser par le commun de sa portion, ou d'user du bénéfice de la Coutume, en lui faisant perdre son droit & part de propriété. Pour moi, mon sentiment est que, quand le mur est nécessaire au commun, qu'il en tire quelque commodité, la contrainte peut être exercée: mais que hors ce cas, si au temps de la sommation *re integrâ*, le commun dit qu'il aime mieux abandonner la chose que réparer, il ne peut être contraint à contribuer; par la raison que les choses inanimées qui nous appartiennent, ne nous peuvent obliger plus avant, que de les quitter & d'en abandonner la propriété. C'est le sentiment de M. Guy Coquille, sur la Coutume de Nivernois, chapitre 10, article. 4.

3. Si toutefois il y avoit obligation ou convention précédente, ou bien que la ruine fût arrivée par la faute du commun, pour lors le commun ne seroit pas déchargé de la réparation du mur commun, en abandonnant; ce seroit à lui au-contraire, si la ruine procède de son fait, de faire la réparation, comme il a été dit sur l'article 512, & il peut y être contraint.

4. L'on ne peut, comme il a encore été dit sur ledit article 512, contraindre le voisin à bâtir le mur non-commun ni mitoyen; parce que *Quilibet est rei suæ moderator & arbiter*, *L. in re mandatâ*, Cod. *Mand.* Si cependant un bâtiment est en péril de ruine, le propriétaire du bâtiment, ou autre héritage voisin, qui voit le sien en danger d'être endommagé par la chûte de l'autre, peut sommer celui qui en est le propriétaire de le démolir ou le réparer, desorte qu'il fasse cesser le péril; & au refus par le propriétaire d'y pourvoir, il peut demander par provision qu'il lui soit permis de faire lui-même ce que les experts jugeront nécessaire pour prévenir la chûte de ce bâtiment, & il recouvrera contre le propriétaire la dépense qu'il aura faite. Telle est la disposition des loix citées par Domat, *Loix Civ.* tome 2, livre 2, titre 8, section *3*, articles 1 & 2, édition de *1697*.

5. Que si pendant le retardement du propriétaire condamné, ou sommé de démolir ou d'appuyer son bâtiment, la chûte en arrive, il sera tenu des dommages-intérêts, selon les circonstances. C'est encore la disposition des loix citées, *ibid.* article 3.

6. Mais, si le bâtiment tombe avant qu'il y ait eu une dénonciation au propriétaire, il y en a qui pensent qu'en ce cas il ne sera pas tenu du dommage; que celui qui a souffert le

dommage, doit s'imputer de n'avoir pas assez tôt pourvu au danger qu'il pouvoit connoître ; & ainsi a été jugé en ce présidial, selon la remarque de M. Jacques Bergier, & après lui de M. Menudel, sur l'article 513, *suprà*.

* En la maison qui fut de Lidelle, & qui pour lors appartenoit à M. Louis Barbier, il y eut une cheminée, dit M. Jacques Bergier, qui tomba sur la maison des mineurs Guillaumet. Millemont, leur tuteur, fit action à Barbier, & il y eut réglement sur la contrariété des faits : car Millemont disoit que c'étoit *vitio rei*, & Barbier *vi ventorum*. Appel au présidial par Barbier, qui disoit pour griefs, qu'*omissâ judiciali denuntiatione*, Millemont n'étoit récevable.... Bergier, qui plaidoit pour Millemont, intimé, se fondoit sur la loi *Hoc amplius & ibi glos.* ff. *de damn. infect.* & de l'équité contre cette forme de dénonciation, *per Canonistas, cap. fin. de injur.* Par jugement la matiere appointée au conseil, Millemont déclaré non-recevable. Bergier, & après lui Menudel sur l'article 513 de cette Coutume.

ARTICLE DXV.

Tous Manans & Habitans, ou ayans maisons en Villes closes, sont tenus d'y faire construire & entretenir latrines & chambres aisées, & à ce sont contraints par prise & exploitation de leurs biens meubles & immeubles, arrêts de louages desdites maisons, & autres manieres dues & raisonnables : Et si aucun est trouvé portant, jettant ou ayant porté immondicitez ou ordures devant la maison d'autrui, places ou rues vuides, il est pour la premiere fois condamné à l'amende de sept sols tournois, pour la deuxieme fois en l'amende de quatorze sols tournois, & pour la troisieme fois en l'amende de vingt-un sols tournois. Et le semblable est observé contre ceux qui jettent immondicitez contre les portes desdites Villes.

Contrainte d'édifier latrines.

1. LA Coutume de Paris, art. 193, en ce qui concerne les latrines, contient une disposition semblable ; elle enjoint, également que notre Coutume, aux propriétaires des maisons de ville d'avoir latrines & privés en leurs maisons : c'est aussi la disposition de la Coutume de Mantes, article 107 ; de celle d'Orléans, article 244 ; celle de Dunois, article 63, veut qu'elles ayent quatre toises de profond ; celle de Melun, article 210, y oblige comme la nôtre les propriétaires des maisons, par prise & exploitation de leurs meubles & arrêts des loyers desdites maisons ; de même celle de Nivernois, chapitre 10, article 15 ; d'Estampes, 87, & autres. Et cette disposition de ces Coutumes a pour motif la santé & honnêteté publique des habitans.

2. C'est aussi en vue de l'intérêt public, & afin que les habitans des villes ne soient incommodés, que les loix civiles & nos Coutumes ont établi que les rues publiques seroient tenues nettes, & qu'elles ont défendu de jetter immondices devant la maison d'autrui, en places ou rues vuides. C'est la disposition de la loi 2, ff. *Ne quid in loc. publ.* & de la loi *Ædiles*, ff. *de viâ publ. Et si quid.* C'est celle de notre Coutume, au présent article ; de celle de Nivern. ch. 10, art. 16 ; de Berry, tit. 11, art. 19 ; d'Estampes, art. 87, & autres. La Coutume de Nivernois, audit chapitre, article 19, ne permet pas de tenir fumier en rues publiques plus d'un jour ; & en l'article 21, aux petites rues étroites, plus de huit jours : mais il est permis de mettre audevant de sa maison & en rue publique les matériaux, pour bâtir durant le temps requis pour la construction : la Coutume de Berry, titre 11, article 21, en contient une disposition précise.

3. Notre Coutume, au présent article, condamne à l'amende ceux qui sont trouvés portans, ou jettans, ou ayant porté immondices & ordures devant la maison d'autrui, en place ou rue vuide ; & cette amende, selon l'observation de M. le président Duret, est payable par toutes sortes de personnes, même privilégiées, non-obstant l'appel : *Quæ executoria est*, dit-il, *in tantum ut appellationibus non deferatur, & hac etiam privilegiatos coercere oportet.* Telle est la remarque de M. Duret, sur ces mots de notre article, *condamnés en l'amende.*

Voyez ce qui a été dit sur l'article 161, *suprà*.

ARTICLE DXVI.

Comment latrines se bâtissent.

ON ne peut faire retrait & aisance contre un mur commun d'autrui, sans faire contremur de pierre, de chaux & sable d'un pied d'épais, pour éviter que la fiante ne pourrisse ledit mur, s'il n'y a titre au contraire.

1. LA Coutume de Nivernois, chap. 10, art. 13, contient une disposition semblable; de même celle de Paris, art. 191; de Perche, art. 220; d'Estampes, art. 88, & autres. Celle de Melun, article 208, dit un pied & demi; de même celle de Sens, art. 107; de Troyes, art. 64, & autres. D'autres enfin demandent un mur de deux pieds d'épaisseur, & d'autres de deux pieds & demi : la raison, comme l'a observé Coquille, c'est parce que l'humidité des excrémens, à cause de l'acrimonie & salure de l'urine, mange & corrompt la muraille.

2. La Coutume d'Orléans, article 246, parle de la distance qu'il doit y avoir entre les latrines & le puits du voisin, & la fixe à neuf pieds; celle de Melun à dix pieds; ce qui doit s'entendre, quand le puits est fait le premier. Car, s'il n'est fait qu'après les latrines, celui qui a bâti le puits doit s'imputer de l'avoir bâti près des latrines.

ARTICLE DXVII.

De la maison, dont l'un a le haut, & l'autre le bas.

SI une maison est divisée entre plusieurs y ayant droit, en telle maniere que l'un ait le bas, & l'autre le dessus, celui qui a le bas, est tenu d'entretenir & soutenir les édifices étant au-dessous du premier plancher, ensemble icelui premier plancher.

ARTICLE DXVIII.

ET celui qui a le dessus, est tenu de soutenir & entretenir la couverture & autres édifices, ensemble le pavé & quarelis dudit plancher, s'il n'y a convention au contraire.

1. CElui qui a la partie inférieure d'une maison, ne peut rien faire qui puisse préjudicier à la partie supérieure appartenante à un autre, ni réciproquement celui qui a la partie supérieure. La raison est que ce sont des servitudes réciproques & mutuelles, que la nature & disposition des choses nous imposent, fondées sur cette regle de droit naturel : *Alteri ne feceris, quod tibi fieri nolueris*; & que, qui en use autrement, *dolo facere videtur*. Et ce seroit donner occasion à l'un & à l'autre de se causer des dommages considérables.

2. Notre Coutume, dans ces deux articles, régle les obligations réciproques de deux propriétaires d'une maison, dont l'un a le bas, & l'autre le dessus, par rapport à l'entretien d'icelle. La Coutume de Nivernois, chapitre 10, article 3; celle de Berry, titre 11, articles 15 & 16; d'Orléans, article 257, & d'Auxerre, article 116, les réglent à-peu-près de même.

3. Notre Coutume ne parle pas des vis, degrés & montées; celle de Berry, audit article 16 du titre 11, y a pourvu, en ordonnant que chacun sera tenu de les entretenir jusqu'à la concurrence du haut de son étage & portion de maison.

4. Si la muraille principale vient à faillir dès le fondement, ou par vétusté ou autrement, sans la faute de celui à qui est le bas, Coquille, sur ledit article 3 du titre 10 de la Coutume de Nivernois, estime que tant le propriétaire du haut que celui du bas doivent contribuer à sa réfection par moitié. M. de la Thaumassiere, sur ledit article 16 du titre 11 de la Coutume de Berry, estime au-contraire que, comme l'un est propriétaire du bas, & l'autre du haut, chacun est tenu de la perte de ce qui est sien, & obligé de la rétablir à proportion de ce qui leur appartient.

5. Pour moi, j'adhére au sentiment de Coquille, d'autant que la Coutume ne se sert que du mot *entretenir*, & qu'en ce cas il ne s'agit pas d'un simple entretien, mais d'une construction nouvelle, qui doit être faite *ad instar* de la premiere; que toute la maison, tant le haut que le bas, est une seule & même chose, & que cette muraille est le soutien nécessaire tant du haut que du bas. M. Jacques Potier, sur notre article, est de cet avis.

6. S'il est nécessaire d'étayer le haut pendant qu'on répare le bas, M. de la Thaumassiere, *ibid.* après Labbé, veut que ce soit au propriétaire du haut à le faire.

ARTICLE DXIX.

ARTICLE DXIX.

AUCUNS en place vuide, ſoit *in urbano fundo, vel ruſtico*, par quelque laps de tems que ce ſoit, n'acquierent droit de Servitude, poſſeſſion & ſaiſine: Et jaçoit ce que l'égoût & évier d'une maiſon deſcende en ladite place, ou que l'on ait vue ſur icelle, ou que l'on ait paſſé & repaſſé, venu, allé par aucun tems, pourtant n'eſt acquis en ladite place ou champ vuide aucun droit de Servitude par quelque laps de tems que ce ſoit, ſinon qu'il y eût titre au contraire, ou qu'ès choſes deſſuſdites y eût eu contradiction; &, après icelle, jouiſſance de trente ans.

1. TOutes choſes ſont naturellement libres, & exemptes des ſervitudes & autres charges; & on les préſume telles, ſi on ne juſtifie du contraire. Cette liberté naturelle des héritages, qui eſt impreſcriptible, fait qu'on n'acquiert point un droit de ſervitude ſur un héritage, ſans titre, par quelque temps que ce ſoit; & c'eſt une maxime dans la plus grande partie de nos Coutumes, qu'il n'y a pas de ſervitude ſans titre, & que la ſervitude ne s'acquiert point par ſimple jouiſſance, quoiqu'immémoriale: cette diſpoſition, contraire à celle du droit romain, eſt preſque générale dans nos Coutumes: c'eſt la diſpoſition de la Coutume de Paris, article 186; d'Orléans, article 225; de Melun, article 188; de Reims, article 350, & autres: & dans les Coutumes qui n'en parlent pas, on ſuit la diſpoſition de celle de Paris, comme étant fondée ſur une grande raiſon. Cette raiſon eſt, comme il a été dit, que tous les héritages ſont naturellement libres, & qu'on préſume facilement que la poſſeſſion de la ſervitude n'a commencé que par précaire, amitié ou tolérance, laquelle n'eſt pas ſuffiſante pour donner un commencement au droit de ſervitude, & qu'il ne ſeroit pas juſte d'établir une ſervitude ſur ce fondement, *nec alicui officium ſit damnoſum.*

2. Notre Coutume, dans le préſent article, ne parle que des ſervitudes ſur place vuide; & en l'article 509, *ſuprà*, des ſervitudes d'égout dans le puits ou cave du voiſin. Mais l'uſage a étendu ces diſpoſitions de la Coutume, par rapport à de certaines ſervitudes, à toutes ſortes de ſervitudes en général; & on ſuit dans cette province la diſpoſition de la Coutume de Paris, article 186, qui eſt générale. C'eſt l'obſervation de M. Jacques Potier & de M. Louis Semin, ſur le préſent article, & celle de M. François Decullant, ſur l'article 23, *ſuprà. Nota quòd hoc jure utimur*, dit M. François Decullant, *ut Servitutes per ſe nunquam longo tempore uſucapi poſſint, adeò ut requiratur titulus.* M. Semin en dit autant ſur le préſent article, auſſi-bien que Potier, & je l'ai vu ainſi juger pluſieurs fois en cette Sénéchauſſée.

3. Mais ce qu'il faut remarquer, c'eſt que notre Cuutume, dans le préſent article, ſe contente pour l'établiſſement d'une ſervitude, au défaut du titre, d'une poſſeſſion trentenaire après la contradiction; en quoi elle eſt conforme à la Coutume de Nivernois, chapitre 10, article 2, & à celle de Berry, titre 11, article 2. Et la raiſon de cette diſpoſition, c'eſt qu'après la contradiction la jouiſſance de la ſervitude ne peut pas être préſumée clandeſtine ni précaire, *ſed jure Servitutis*: ce qui doit s'entendre, ſelon la Thaumaſſiere, dans ſon commentaire ſur cet article de la Coutume de Berry, d'une contradiction judicielle.

4. Si la poſſeſſion & jouiſſance de la ſervitude, quoique trentenaire, ou même immémoriale, n'a été précédée de contradiction, elle eſt inſuffiſante, comme il a été dit ci-deſſus, pour établir une ſervitude: ainſi fut jugé par ſentence arbitrale du mois de juillet 1627, par M[rs]. Bergier, conſeiller, Semin & Jean Decullant, avocats, ſelon qu'il eſt rapporté par ledit J. Decullant ſur ces mots de notre article, ÉGOUT OU ÉVIER D'UNE MAISON. *Hinc ſequitur*, dit Decullant, *quòd licèt per tringinta annos, vel aliud tempus longius & immemoriale, ſtillicidium ſive aqua pluvia ex tecto domûs vicinæ in aream meam ceciderit, non tamen acquiritur Servitus, & poſſum cogere vicinum ut aquam pluviam divertat, & recipiat in ſuum fundum. Ita fuit deciſum arbitrio Dominorum* Bergier, *Conſiliarii*, Semin, *Advocati, & meo, inter* Oyſeau & Fauvre, *incolas urbis Borbonii, menſe Julio 1637.* M. Jean Decullant, *hìc.*

* L'égout dont parle M. Jean Decullant, eſt un ſimple égout qui ne repoſe pas ſur le fonds du voiſin, mais qui dégoute ſeulement ſur icelui, que nous appellons *ſtillicidium*, & qui ne ſe peut acquérir ſans titre, ou choſe équipollente à titre; autre choſe eſt d'un égout viſiblement édifié, ou qui repoſe ſur le fonds d'autrui, qui n'a pu être fait à ſon inſu & ſans ſon conſentement, & qui n'eſt pas proprement une ſervitude, mais un droit de propriété, faiſant partie du fonds. Tel droit ſe peut preſcrire & acquérir ſans titre. C'eſt ce qui eſt préciſément décidé par M. Charles Dumoulin, ſur l'article 230 de la Coutume de Blois. *Intellige*, dit-il, *de ſimplici ſtillicidio, in area, id eſt, non quieſcente in fundo vicini,*

five pendeat suprà fundum vicini, sive non, sed in illud stillat; secùs de corporato, & inædificato visibiliter, vel quiescente super fundo vicini, argum. L. in vendendo, 61, ff. de contrà empt. & vend. Et tel est le sentiment de Chopin, sur la Coutume de Paris, livre 1, titre 4, nombre 2; de Coquille, sur la Coutume de Nivernois, chapitre 10, article 2, *in verbo* égout; de Brodeau sur M. Louet, lettre S, somm. 1, où il cite pour cela deux arrêts, l'un du 20 novembre 1574, & l'autre du 19 avril 1608.

Il en est de même d'une cave sous la maison d'autrui; ce n'est pas une servitude, mais un fonds, un héritage, un droit de propriété, pour la conservation duquel il n'est pas nécessaire de s'opposer au décret de la maison, auquel la cave n'est pas comprise, ainsi qu'il a été jugé pararrêts cités par M. Brodeau, *ibid.* & par M. Bouguier, lettre S, n. 3.

5. Il n'en est pas de la prescription passive de la servitude, comme de la prescription active; car, quoiqu'on ne puisse pas acquérir une servitude par prescription, sans titre, on peut bien acquérir la liberté contre le titre de servitude par la prescription. C'est la disposition de la Coutume de Paris, article 186, & celle du droit civil, L. 4, *§. ult. ff. de usurp. & usuc.* Et la faveur de la liberté fait qu'on étend cette disposition à toutes les Coutumes qui n'en parlent pas.

6. Ainsi les servitudes qui consistent dans un usage actuel, & en quelqu'action de la part de ceux à qui elles sont dues, se prescrivent en tout ou partie par la cessation de l'usage de la servitude, comme un passage qui se prescrit par la cessation de passer: mais celles qui ne gissent pas dans un exercice ordinaire, & qui consistent à ne pas faire, comme à ne pouvoir pas hausser un bâtiment à cause d'une vue, ne se prescrivent jamais que par un fait contraire, & qui dure un temps suffisant pour prescrire; comme si le propriétaire de la maison l'ayant élevée, il demeure en possession de ce changement pendant trente ans. Car, comme à l'égard des servitudes qui ne gissent pas dans un exercice ordinaire, il ne se peut rencontrer de possession formée de liberté, que par un fait contraire, la prescription ne court que de ce temps-là; *cùm enim nullus sit verus earum usus, non utendo non amittuntur, nisi qui eas debent aliquid contrà moliantur & faciant*: même, touchant les premieres, il y a des auteurs (comme Duplessis) qui disent que la preuve de liberté ne s'en peut faire par une simple négative, & qu'il faut quelque fait positif, qu'un chemin (par exemple) soit bouché il y a trente ans, pour montrer que la servitude est prescrite.

7. Le même Duplessis tient qu'une servitude prescrite pour la libération contre le titre, peut se racquérir par prescription de trente ans, à cause de l'ancien titre; parce que, dit-il, cette derniere possession n'est pas tant une prescription, qu'une présomption qu'on n'a pas voulu tirer avantage de la premiere, mais exécuter de bonne foi le titre; & c'est mon sentiment.

ARTICLE DXX.

QUAND aucun mur est commun entre deux voisins, & l'un desdits voisins a terre de son côté plus haut que sondit voisin, celui qui a ladite terre haute, est tenu de faire contremur contre ledit mur commun de son côté de la hauteur desdites terres, pour éviter qu'elles ne pourrissent ledit mur commun.

LA Coutume de Nivernois, chapitre 10, article 12, contient une disposition semblable; & Coquille remarque qu'elle ne doit s'entendre que des terres jectisses & rapportées, conformément à ce qui est porté en l'article 192 de la Coutume de Paris: car, quand la terre est plus élevée d'un côté que d'un autre par son assiette naturelle, le voisin n'est pas pour cela tenu de faire contremur; parce que nul n'est tenu, dit Coquille, de l'incommodité qu'un autre peut souffrir par la constitution naturelle du lieu, L. *Fluminum*, §. *Vitium*, ff. *de damno inf.* L. 1, §. *ult.* ff. *de aquâ pluv. arc.*

ARTICLE DXXI.

Quand foi est ajoutée au rapport des Jurés.

A RAPPORT de Jurez duement fait & par autorité de Justice, Parties présentes ou appellées, de ce qui gît en leur art & industrie, foi doit être ajoutée, s'il n'en est demandé l'amendement.

1. LA Coutume de Nivernois, chapitre 10, article 17, contient une disposition semblable, comme aussi celle d'Estampes, article 71. De ce rapport des jurés & experts, il en est parlé dans les articles 184 & 185 de la Coutume de Paris, en l'article 73 de celle

de Montfort, 187 de celle de Melun, & autres. L'ordonnance de 1667, titre 21, le style civil sur la même ordonnance, & les nouveaux édits, s'étendent beaucoup sur les rapports des experts.

2. Suivant nos Coutumes & les ordonnances, quand il s'agit de connoître l'état des lieux, la qualité des ouvrages, d'en savoir la valeur, & autres choses de cette nature, qui consistent en des faits, dont les juges ne peuvent pas être instruits par eux-mêmes, on ordonne que les lieux ou les ouvrages seront vus, visités & estimés par experts, & gens à ce connoissans. Et voici ce qui s'observe :

3. 1°. La visite & expérience doit être ordonnée par le juge.

4. 2°. Le jugement doit faire mention des faits sur lesquels le rapport doit être fait.

5. 3°. Les experts doivent être nommés & choisis par les parties; & à défaut des deux parties ou d'une partie seule d'en nommer, c'est au juge à en nommer d'office.

6. 4°. Les parties doivent nommer pour experts des gens à ce connoissans; & au cas qu'un artisan soit intéressé en son nom contre un bourgeois, ne peut être pris pour tiers-expert, qu'un bourgeois.

7. 5°. Il est permis aux parties de récuser ceux des experts qui sont suspects; & si les causes de récusation sont justes, la partie en doit nommer un autre, sinon le juge en nomme un autre d'office.

8. 6°. Les experts doivent prêter serment devant le juge ou commissaire, avant toutes choses; à ce voir faire les parties appellées.

9. 7°. Si les deux experts conviennent, ils donnent un seul avis, & par un même rapport; sinon ils donnent chacun leur avis, & en ce cas, étans contraires en leur rapport, le juge nomme d'office un tiers qui est assisté des autres en sa visite. C'est-pourquoi, pour accélérer, il est très-à-propos de convenir d'abord de trois experts.

10. Le rapport fait doit être rapporté en justice, pour, en jugeant, y avoir tel égard que de raison. La Coutume de Paris, article 184, porte qu'on ne peut demander amendement, c'est-à-dire que la partie qui se plaint du rapport, ne peut point en demander un autre: mais, comme notre Coutume, au présent article, contient une disposition contraire, l'usage est dans cette province d'ordonner un autre rapport, quand l'une des parties le requiert: je l'ai vu ordonner plusieurs fois. Cet amendement, comme l'a observé M. Jacques Potier, doit être demandé avant la sentence, & doit être fait aux dépens du requérant, sauf à recouvrer en fin de cause, s'il obtient à ses fins. * C'est aussi l'observation de Coquille, sur la Coutume de Nivernois, titre 10, art. 17, & celle de Dargentré, sur la Coutume de Bretagne, article 260, dans l'ordre de son commentaire, glose 2. *Cùm semel facta sit divisio*, dit Dargentré, *& reformatio petitur, expensis petentis facienda est, in fine litis recuperaturi, si vincat.* A quoi toutefois il ajoute que si celui qui souffre l'amendement n'a point fait de contestation, il ne doit pas être condamné aux dépens, parce que, si l'expérience a été mal faite, ce n'est pas sa faute, mais celle des experts. *Sed tamen*, continue Dargentré, *ubi partitio facta est portionum ab Æstimatoribus, ut vulgò fiunt apud nos, non puto in expensis damnandum, qui petenti revisionem non negaverit, & obtulerit sine contestatione, cùm nulla ejus culpa, aut dolus sit, qui alieno judicio paruit, & cujus nullum factum culpari potest.* Et cela me paroît juste.

Que si l'amendement est contraire à la premiere expérience, c'est une question si celui qui souffre de cette seconde expérience, peut, pour soutenir la premiere, demander un second amendement. Cette question s'est présentée à juger à l'audience de cette Sénéchaussée, le 3 mars 1734, entre Magdelaine Fortin & Barthelemy Bardet, plaidans M^rs. Amonin des Granges & Duris, avocats; il s'agissoit d'un billet de 1500 livres, que la Fortin soutenoit avoir été consenti, écrit & signé par Bardet, & que Bardet dénioit avoir écrit ni signé. Il fut procédé à la vérification du billet, par comparaison d'écritures, par trois experts de cette ville de Moulins, qui tous trois déclarerent unanimement le billet écrit & signé de la main de Bardet. Bardet ayant demandé l'amendement d'expérience, il lui fut accordé, & il fut ordonné qu'il seroit fait par experts de la ville de Paris, lesquels, au nombre de deux, déclarerent que le billet n'étoit ni écrit ni signé de la main de Bardet; & sur ce que Magdelaine demandoit un second amendement, la cause portée à l'audience de la Sénéchaussée, on prononça un délibéré; & la question ayant été examinée par tous les conseillers de la chambre, pour ce assemblés, Magdelaine Fortin fut déboutée de sa demande en nouveau amendement, & ayant égard à l'amendement & rapport des experts jurés de la ville de Paris, le billet fut déclaré faux, non écrit & signé dudit Bardet. La raison de décider fut, 1°. Que notre Coutume & les autres n'accordent & ne parlent que d'un amendement; que s'il étoit permis d'en demander un second, on pourroit, dans le cas de contrariété, en demander un troisieme, & ainsi de suite à l'infini. 2°. Que l'amendement n'étant accordé que pour corriger l'erreur de la premiere expérience, si aucune il y a, la partie qui souffre de cet amendement est tenue néanmoins de s'y conformer, avec d'autant plus de raison, qu'il a été fait avec elle, par un expert nommé par elle, & que si faute par elle d'en nommer, le juge en a nommé un d'office pour elle, elle doit se l'imputer, puisqu'il lui étoit libre d'en nommer un de sa part, également que sa partie. J'étois des juges.

TITRE TRENTE-DEUXIEME.

Des Prises de Bêtes.

1. L'Humanité, la charité & l'équité naturelle, par laquelle on est tenu d'accommoder son voisin, & de ne point l'incommoder, forment plusieurs obligations entre voisins. C'est une obligation, par exemple, à celui qui a sa terre sur un chemin public, de prêter passage aux passans, quand le chemin est rompu, jusqu'à ce qu'il soit rétabli. C'en est une autre à un propriétaire d'un héritage d'accorder passage sur son héritage à son voisin, qui n'a point d'autre chemin pour aller au sien, sous un dédommagement raisonnable, au dire de prud'hommes & gens à ce connoissans : c'est encore une autre obligation à un chacun de tenir tout ce qu'il posséde en tel état, que personne n'en reçoive ni mal ni dommage; ce qui renferme le devoir de contenir les animaux qu'on a en sa possession, de maniere qu'ils ne puissent ni nuire aux personnes, ni causer dans leurs biens quelque perte ou quelque dommage.

2. Le dommage le plus fréquent que causent les animaux, est celui que fait le bétail de la campagne, en pâcageant dans des lieux, ou dans des temps, où l'on n'a pas ce droit. C'est de ces sortes de dommages dont il est parlé dans le présent titre, qui traite de la prise des bêtes, dans les héritages d'autrui, de la défense desdits héritages, des amendes pour les prises des bêtes en dommage, & de la clôture des héritages.

3. Ce titre est composé de treize articles, depuis & y compris l'article 522, jusques & compris l'article 534.

Il y a un titre sur cette matiere, qui est le titre onzieme, composé de quatre articles, dans l'ancienne Coutume.

ARTICLE DXXII.

Des Bêtes prises en dommage.

EN Prise de Bêtes, celui qui les prend en faisant dommage en ses prez ou autres héritages, ou les suit promptement & incontinent après ledit dommage, il sera cru de sa prise & suite, en montrant la diligence qu'il a faite d'avoir pris les Bêtes, comme de les avoir menées & rendues à la Justice ou à son hôtel, ou avoir pris gage ou pleige; & le maître de la Bête sera cru du dommage que sa Bête aura fait. Toutefois, si le Demandeur veut prouver de plus grand dommage que le Défendeur ne dira, il sera reçu avant le serment, si le Demandeur offre faire ladite preuve, & il affirme le dommage excéder la somme de cinq sols tournois.

1. UN chacun peut & est en droit, aux termes de la Coutume en notre article, & de l'ancienne Coutume, titre 11, article 1, de prendre les bêtes faisant dommage en ses prés & autres héritages; & ce droit de prendre le bétail est autorisé par beaucoup de Coutumes. C'est la disposition de la Coutume de la Marche, article 349; de celle d'Auvergne, titre 28, articles 12 & 13; de Berry, titre 10, article 1; de Nivernois, chapitre 15, article 4; de Bretagne, article 417; d'Orléans, article 158; de Poitou, article 81, & autres. Nos Coutumes donnent cette faculté pour l'utilité publique, & par une espece de nécessité rendant un chacun sergent en sa propre cause; parce que, s'il falloit aller chercher un officier & des témoins, les bêtes échapperoient.

2. Mais il y a plus; c'est que nos Coutumes donnent le pouvoir au maître de l'héritage, contre la disposition du droit civil, L. 39, §. 2, ff. *ad legem Aquil.* de mener les bêtes prises en dommages en sa maison. Notre Coutume nouvelle, non plus que l'ancienne, ne fixe point le temps qu'il peut les y garder : mais les Coutumes que nous venons de citer, le fixent à vingt-quatre heures; pendant lequel temps, dit la Coutume d'Auvergne, il peut composer avec partie de son intérêt; celle de la Marche donne six heures au-delà des vingt-quatre heures : & toutes disent que, ledit temps passé, il ne peut garder ledit bétail. Celles de Berry & de Nivernois ordonnent l'amende de dix sous, s'il le garde plus long-temps : mais celle d'Auvergne n'ordonne point d'amende, & défend simplement de le garder plus long-temps; & ainsi s'observe dans notre Coutume, & je l'ai vu ainsi juger.

3. Ainsi, si celui à qui sont les bêtes prises en dommage, les vient demander & réclamer dans les vingt-quatre heures, celui qui les a prises est tenu de les rendre, en lui baillant (dit la Coutume de la Marche, article 350) gage ou caution de payer le dommage, à

à quoi se rapporte la Coutume d'Orléans, articles 158, 159 & 160; celle du Maine, article 12; de Poitou, article 75. Tel paroît être aussi l'esprit de notre Coutume, comme il résulte de ces mots de notre article, *ou avoir pris gage ou pleige*; & ainsi s'observe, dit M. le président Duret, dans cette province, contre la disposition de la Coutume de Reims, article 405, qui veut que les bêtes soient rendues au maître qui les réclame, sans gage ni caution, au cas qu'il soit habitant du lieu, y ayant & possédant biens pour en répondre: c'est sa remarque sur ces mots de notre article, GAGE OU PLEIGE. *Itaque*, dit-il, *pecoris Dominus pendente quæstione si petierit, hoc consequetur, cautione indemnitatis præstitâ.... quo jure utimur: sed & Conf. Rem. art. 405, sine pignore, vel cautione, restitutionem indicit, si animalium Dominus in loco moratur, & bona possideat, quæ sufficere possint....* M. Duret, *hìc*.

4. Que si celui à qui sont les bêtes prises en dommage, ne les réclame pas dans ledit temps de vingt-quatre heures, celui qui les a prises les doit mettre entre les mains de la justice. C'est la disposition de la Coutume de la Marche, audit article 350; de celle d'Auvergne, titre 28, article 13; de celle de Poitou, article 81; de Blois, article 218, & autres.

5. Le maître de l'héritage, qui a pris des bêtes en son héritage, faisant dommage, est cru de sa prise à son serment, sans qu'il soit besoin d'en informer. C'est la disposition de notre Cout. au présent article, & de l'ancienne, tit. 11, art. 1; de celle d'Auvergne, tit. 28, art. 14; de Berry, tit. 10, art. 1; de Nivernois, chap. 15, article 2; d'Orléans, article 158; de Poitou, article 81, & autres.

6. Toutefois, si le maître des bêtes, avant ledit serment, demande à prouver le contraire, il doit y être reçu, comme il est dit dans l'article 16 du titre 28 de la Coutume d'Auvergne: & ainsi s'observe; car c'est la regle & la maxime ordinaire, de recevoir la preuve pour empêcher le serment de la partie adverse. *Quoties Statutis cavetur*, dit M. Dargentré, *stari cujusquam juramento, toties subintelligitur, nisi adversarius velit probare contrarium.* M. Dargentré, sur l'article 479 de l'ancienne Coutume de Bretagne.

7. Le maître de l'héritage n'est cru à son serment, que de la prise des bêtes seulement; & il faut qu'il ait les bêtes en son pouvoir, ou qu'il les ait délivrées à justice: quant au dommage, si le maître des bêtes le dénie, ou le soutient moindre qu'il n'est demandé, il est tenu de le vérifier & de le faire estimer par gens à ce connoissans. C'est la disposition de la Coutume, en notre article, & celle de la Coutume de Poitou, article 81.

8. Il y a plus; c'est que dans cette Coutume, contre la disposition de la Coutume de la Marche, article 351, le maître de l'héritage ne seroit pas cru à son serment de s'être mis en devoir de prendre les bêtes, & de ne les avoir pas pu prendre; & il seroit tenu en ce cas non-seulement de vérifier le dommage, mais encore de prouver qu'il a été causé par telles bêtes, d'une telle qualité & quantité, appartenant à un tel. Et ainsi se pratique non-seulement dans notre Coutume, mais encore dans celle d'Auvergne, selon M. Prohet, titre 28, article 15, qui dit que cela a été ainsi jugé, lui plaidant, le 27 janvier 1657. A la vérité, il pourroit y avoir lieu de douter si c'est-là le véritable esprit de notre Coutume, à cause de ces mots de notre article, *ou les suit promptement*; & de ceux-ci, *sera cru de sa prise & suite*: mais la raison de décider se tire de ceux qui suivent, *en montrant la diligence qu'il a faite d'avoir pris les bêtes*.

* La Coutume de Lorraine, titre 15, article 14, dit que le maître des bêtes qui ont fait le dommage, doit payer tout le dommage qui se trouvera lors de la prise, sans pouvoir exciper qu'il n'a pas tout été fait par son bétail, mais par d'autres, à l'insu du propriétaire; sauf au maître du bétail à en faire séparément la poursuite & la preuve. Telle est aussi la disposition de la Cout. d'Hesdin, art. 34, & de la Coutume locale de Saint-Sever, tit. 2, art 2, & c'est le sentiment de Me. Gaspard de la Thaumassiere, sur la Coutume de Berry, titre 10, article 1, qui cite pour son opinion Philippes de Beaumanoir, chap. 30.

Je n'estime pas que la décision de ces Coutumes puisse être suivie dans celle-ci, attendu la disposition précise du présent article, qui porte, *que le maître de la bête sera cru du dommage que sa bête aura fait, à moins que le demandeur ne se soumette de prouver plus grand dommage*. Mais aussi quand la bête a été prise en dommage, & que le dommage est constaté, le maître de la bête, qui prétend qu'elle n'a pas fait tout le dommage, est tenu de la preuve, & s'il indique d'autres bêtes qui ayent causé partie du dommage, il demeure garant de son indication.

9. La Coutume de la Marche, article 352, & celle d'Auvergne, titre 28, article 13, veulent que le maître de l'héritage fasse voir & estimer le dommage dans quatre jours après la prise, après lequel temps il n'y est plus reçu; celle d'Estampes, article 189, porte que l'action de dommage se doit intenter dans huitaine, après laquelle huitaine elle ne peut plus être intentée; celle d'Autroche, art. 3, dit de même; celle de Dunois, article 52, donne quinze jours; celle de Blois, article 217, trente jours. Ces Coutumes n'ont pas jugé raisonnable, que pour chose de si peu d'importance on pût plaider après un long intervalle de temps; d'autant que l'on présume qu'après un long temps la face de l'héritage est changée. Notre Coutume ne décide rien là-dessus; mais nos commentateurs estiment que l'action est annale. Actions en dommage de bêtail, dit M. François Menudel, sur l'article 527, *infrà*, sont annales: c'est aussi le sentiment de Potier, sur le présent article, & c'est le mien; & ce

en conformité de ce qui est porté en l'article 292 de la Coutume de Bretagne, & de ce qui est réglé par notre Coutume, article 15, pour les injures verbales.

10. Quant à la question qui consiste à savoir qui est tenu, & doit répondre du dommage, si c'est uniquement la bête qui a fait le dommage, ou le maître de la bête qui doit la garder; voyez l'article 529, *infrà*, où elle est traitée.

ARTICLE DXXIII.

PRISE de Bêtes en garenne est, pour l'intérêt du Seigneur de ladite garenne, pour la premiere Bête sept sols tournois, & pour chacune des autres douze deniers tournois, en montrant duement de la Prise faite en ladite garenne, quand il y en a plusieurs ensemble à une Prise; & s'il ne se veut charger de la preuve, il aura son intérêt selon l'article précédent, en ce non compris l'amende du Seigneur, laquelle est de sept sols tournois; & quand il y en a une seule, il y a toujours sept sols tournois.

1. LE mot de *garenne*, pris dans sa signification propre, signifie un bois taillis ou une bruyere, où l'on a mis des lapins qui s'y multiplient, & peuplent dans les terriers ou trous qu'ils font en terre.

2. Il est parlé des garennes dans nos Coutumes; les unes, comme celle de Bretagne, article 391, en donnent le droit à tout homme noble qui en veut faire. Les Coutumes d'Anjou, articles 32 & 33, & du Maine, articles 37 & 38, le donnent aussi à tout homme noble, mais avec quelque restriction. D'autres ne le souffrent que quand les propriétaires en ont le droit par un titre particulier, comme celle de Blois, article 239 : d'autres enfin, comme celle de Meaux, articles 211 & 217, veulent qu'il n'y ait garenne sans permission du roi.

3. Cette disposition de la Coutume de Meaux a son fondement, dit Chopin, livre 2, du *Domaine*, titre 22, nombre 4, dans un arrêt de la cour, du 14 avril 1339, suivant lequel il n'étoit permis à personne d'avoir garenne sans permission du roi, enrégistrée en la chambre des comptes, & sur l'ordonnance du roi Jean, de 1355, qui défendit de faire de nouvelles garennes, & d'accroître les anciennes : défense qui fut renouvellée par Henry II, mais en permettant à ceux qui en jouissoient, de conserver celles qui avoient été établies avant 40 ans.

4. Suivant l'ordonnance des eaux & forêts, titre *des Chasses*, article 19, de 1669, nul ne peut établir garenne à l'avenir, s'il n'en a le droit par ses aveux & dénombremens, possession ou autres titres suffisans, à peine de 500 livres d'amende, & en outre d'être la garenne détruite & ruinée à ses dépens. La raison de l'ordonnance est que les lapins des garennes se répandant dans les campagnes voisines, font des dégats dans les bleds & les vignes.

5. Le terme de *garenne*, employé dans le présent article, est pris dans une signification plus étendue que celui de garenne à lapins & clapiers, & signifie tout héritage qui de soi est de garde & en défense en tout temps, soit bois de haute futaye, ou broussailles, suivant qu'il paroît par l'article 1 du titre 17 de la Coutume de Nivernois. Bois, dit cet article, sont réputés garennes, quand ils ont clapiers, fossés d'ancienneté, ou ancienne dénomination de garenne.

6. Les garennes sont défensables en tout temps, dit la Coutume de Poitou, article 198, tant pour la chasse, que pour le pâcage. Notre Coutume, au présent article, & l'ancienne en l'article 2 du titre 11, ne veulent pas qu'on y puisse mener paître les bêtes, sous les peines exprimées en notre article, à quoi les autres Coutumes sont conformes : mais la disposition de notre Coutume, quant aux peines & amendes qu'elles prononcent, n'est pas suivie & observée; on se conforme, pour ce qui concerne les peines, amendes, dommages-intérêts & confiscation, à l'ordonnance de 1669, pour les eaux & forêts, par la raison tirée de cette ordonnance, article 5 du titre *des Bois appartenans aux Particuliers*; lequel article porte qu'il sera libre aux sujets de faire punir les délinquans en leurs bois & garennes, des mêmes peines & réparations ordonnées par ces présentes, pour les eaux & forêts de sa majesté.

ARTICLE DXXIV.

TAILLIS & bois revenans sont après la coupe de garde trois ans & un mois, en telle maniere que la Prise des Bêtes faite en iceux durant ledit tems, est de telle valeur & estimation que celle de garenne. Toutefois si en garennes ou taillis, ou joignant iceux, y a chemin Royal passant, lesdites Bêtes n'y pourront être prises en passant seulement, pourvu qu'elles n'y arrêtent aucunement : Et ne sera le Seigneur tenu faire telles preuves qu'en garenne; mais sera cru le Preneur de la Prise par son serment, en montrant de la diligence selon le premier article. Aussi, si à l'issue des Villes & Villages, à trajet d'arc, aucuns, soient Nobles ou autres, ont bois taillis & revenans jusqu'à deux septerées, ils seront tenus les tenir clos & bouchez; autrement ils ne peuvent user de Prise de Bêtes, comme en bois taillis, mais en pourront user comme en simple gât d'autres héritages.

1. ON appelle *bois taillifs & revenans*, le bois qu'on met en coupes ordinaires: c'est la coutume de diviser un bois en certaines portions, afin d'en pouvoir couper chaque année une certaine quantité, sans dégrader le bois, & sans en diminuer le revenu. L'ordonnance des eaux & forêts de 1669, au titre *des Bois appartenans aux Particuliers*, article premier, enjoint à tous sujets, sans exception ni différence, de régler la coupe de leurs bois taillis au moins à dix années, avec réserve de seize balliveaux en chacun arpent. Or ces bois que l'on coupe de temps en temps, tous les dix ans par exemple, s'appellent bois taillis, bois revenans, ou bois de coupe.

2. Les bois taillis ou revenans, après leur coupe, sont de garde, comme dit notre article, ou en défense, comme parle l'ordonnance; c'est-à-dire, doivent être gardés pendant quelques années; parce que pendant ce temps-là ils ne peuvent se défendre de la morsure des bêtes, comme vaches, moutons, chevres: les porcs même y sont compris; parce qu'encore qu'ils ne fouissent la terre qu'avec le groin, néanmoins, comme ils peuvent déraciner les jeunes arbres & rejettons, il n'est pas permis de les mener au bois, tandis qu'il est en défense.

3. Le temps de la défense est différent, selon la diversité des Coutumes. Notre Cout. au présent article, & l'ancienne au titre 11, article 3, font la défense de trois ans & un mois; la Coutume de la Marche, article 356, & celle de Berry, titre 10, articles 12 & 13, disent trois ans & le mois de mai suivant; celle d'Auvergne, titre 28, article 23, dit simplement trois ans : mais celle de Nivernois, chapitre 17, article 7, & celle du duché de Bourgogne, titre 13, article 3, font la défense de quatre ans; celles de Troyes, article 178; de Vitry, article 118, de cinq ans; celles de Sens, art. 148, & d'Auxerre, art. 262, jusqu'à ce que le bois ait été déclaré défensable par jugement.

4. L'ordonnance de 1669, sur le fait des eaux & forêts, titre *des Droits de pâturage & panage*, article 1, dit que les usagers pourront exercer leurs droits de panage & pâturage dans toutes les forêts, bois & buissons, aux lieux qui auront été déclarés défensables par les grands maîtres faisans leurs visites, ou sur les avis des officiers des maîtres: ce qui ne regarde que les forêts du roi.

5. Mais la même ordonnance, titre *des Bois & autres biens appartenans aux Communautés & Habitans des Paroisses*, article 13, porte la défense jusqu'à ce que le rejet soit au moins de six ans, sur les peines réglées à cet égard pour les forêts du roi: & parce que cette ordonnance déroge à tous réglemens & autres choses à ce contraires, elle doit être observée préférablement à la Coutume.

6. Par cette ordonnance, au titre *des Peines & Amendes*, articles 10 & 28, outre l'amende, la confiscation est ordonnée des bêtes qui sont prises en délit; & comme, selon qu'il a été dit sur l'article précédent, il est permis par la même ordonnance, titre *des Bois appartenans aux Particuliers*, article 5, & au titre *des Peines & Amendes*, article 28, aux sujets de faire punir les délits commis en leurs bois des peines portées en icelle, on suit (quant à ce) l'ordonnance par préférence à la Coutume.

7. Au-reste, la confiscation portée par l'ordonnance ne regarde que les bestiaux trouvés en délit, & hors des lieux, routes & chemins désignés: c'est la disposition dudit article 10 du titre *des Peines & Amendes*; ce qui est conforme à la Coutume en notre article, qui porte que quand en garenne ou taillis, ou joignant iceux, il y a chemin royal, les bêtes ne peuvent être prises en passant seulement.

ARTICLE DXXV.

Les prez étant en prairie non-bouchez sont défensables depuis la Notre-Dame de Mars, jusques après la faux : Et les prez portans revivres sont défensables depuis ladite Notre-Dame, jusques à la S. Martin d'hyver. Et y peut l'on user de Prise de Bêtes, & de ladite Saint Martin d'hyver en outre, non: & au regard des Pourceaux, ils sont de Prise toute l'année; & quant aux prez & prairies bouchées, & qui ont accoutumé de l'être, on y peut user de Prise toute l'année.

1. Toutes prairies sont communes, ou particulieres. Les communes sont celles qui appartiennent aux habitans d'une paroisse ou d'un village, pour en jouir en commun & par indivis, dont il a été parlé sur l'art. 331, *suprà*, sous le nom de *communaux*, ou pâturages communs.

2. Les prairies particulieres sont celles qui appartiennent aux particuliers, & sont de plusieurs sortes : car il y en a qui appartiennent aux particuliers, pour la premiere herbe seulement, d'autres qui appartiennent aux particuliers; pour la premiere & seconde herbe, qui est appellée revivre, *quasi reviviscens herba*, & en français, regain; & d'autres enfin qui appartiennent aux particuliers pour le tout, pour la premiere & seconde herbe, & pour tout le pâcage, pendant toute l'année. C'est de ces prairies appartenantes aux particuliers, dont notre Coutume parle dans le présent article.

3. Les prés qui sont en prairie, non bouchés & non portant revivre, sont en défense, selon notre article, & l'article 4 du titre 11 de l'ancienne Coutume, depuis la Notre-Dame de mars jusqu'à la faux, c'est-à-dire, jusqu'à ce que la premiere herbe ou le foin soit fauché & enlevé. C'est aussi la disposition de la Coutume de Troyes, article 170; de Chaumont en Bassigny, article 104; de Nivern. chap. 14, art. 1; de Poitou; article 196; de Blois, article 224, & autres. Tels prés sont prés d'une seule herbe; le maître, selon que l'a observé Coquille, sur ledit article 1 du chapitre 14 de la Coutume de Nivernois, n'en a pas la pleine propriété, mais seulement pour s'en servir, selon que la Coutume lui en donne pouvoir & permission.

4. Les prés de regain, que notre Coutume appelle *prés portant revivre*, & M. Dumoulin, dans sa note, sur le présent article, *restibilia prata*, non bouchés, sont en défense depuis la Notre-Dame de mars, jusqu'à la S. Martin d'hyver, ainsi qu'il est porté au présent article, en l'article 4 du titre 11 de l'ancienne Coutume, & en l'article 1 du chapitre 14 de la Coutume de Nivernois. La Coutume de Berry, titre 10, article 6, dit, depuis le premier jour de mars jusqu'au quinzieme jour d'octobre; celle d'Orléans, article 147, depuis la Notre-Dame de mars jusqu'au jour de S. Remy; celle de Blois, article 224, jusqu'à la Fête de Toussaint; celle de Poitou, depuis la Fête de la Purification jusqu'à celle de la S. Michel, & ainsi des autres, qui réglent ce temps différemment.

5. Ces prés non bouchés, dont nous venons de parler, tant ceux qui portent regain, que ceux qui n'en portent pas, hors le temps de défense réglé par la Coutume, sont abandonnés, & considérés comme vaine pâture publique, ainsi qu'il a été dit sur l'article 331, *suprà*. Il n'est pas permis, dit notre article, d'y user de prise de bêtes; tellement qu'il est permis à un chacun d'y mener son bétail, à la reserve toutefois des porcs qui, suivant notre article, sont de prise toute l'année; parce que *rostro prata suffodiunt, & cespites excitant.* Columell. L. 2, *de re rust.*

6. Il n'en est pas de même des prés & prairies bouchées, & qui ont accoutumé de l'être; elles sont en défenses, & on peut user de prise toute l'année. C'est la disposition de notre Coutume, en notre article; celle de l'ancienne, en l'article 4 du titre 11; celle de la Coutume de Berry, titre 10, article 7; de Touraine, article 202; de Melun, article 302; de Sens, article 149; d'Orléans, article 147; de la Marche, article 354, & autres.

7. Ces mots de notre article, *qui ont accoutumé de l'être*, sont remarquables; car delà il suit qu'il n'est pas permis de clorre & boucher les prés qui n'ont pas accoutumé de l'être, au préjudice de ceux qui y ont droit de vaine pâture, & d'y mener leurs bestiaux après la premiere ou seconde herbe levée, soit par droit de concession, servitude, ou autre titre. C'est la disposition précise de la Coutume de Montargis, chapitre 4, article 3.

8. Mais hors ce cas, & quand un pré n'est pas assujetti au droit de vaine pâture après la premiere ou seconde herbe, il est libre au propriétaire d'icelui de le faire clorre, & de le tenir clos & bouché pendant toute l'année, afin de le garantir des bestiaux, suivant la maxime que, *Qui bouche, garde.* C'est l'observation de M. le président Duret, sur ces mots de notre article, ET QUI ONT ACCOUTUMÉ DE L'ÊTRE : *Non ex eo*, dit-il, *sequitur quin de novo claudi possint, non tamen in præjudicium viciniæ, pro tempore quo pecudes suas immittere jus fuit.... Denique hoc jure utimur, ut*

ut cuilibet passim liceat suum claudere, etiam de novo, & non aliàs clausum, & ita accessum vicinis interdicere, in quo servitudine cessante, ipsi intendere non possunt. M. Duret, *hìc.*

ARTICLE DXXVI.

FRUITIERS, jardins, & vergers clos, & vignes soient closes ou non, sont défensables en toutes saisons de l'an & de toutes Bêtes, sur peine de l'amende au Seigneur Justicier, & intérêts des Parties: Et si plusieurs Particuliers avoient vignes, jardins, vergers & fruitiers sous une même clôture, il n'est loisible à aucun y mettre pâturer son Bétail, quand ores il le voudroit faire riere lui & en son propre héritage.

1. LA clôture des vergers, fruitiers & jardins, porte de soi la défense d'y entrer contre la volonté du maître: mais, s'ils ne sont clos & bouchés, on ne peut recouvrer aucun dommage, quand même les bêtes y seroient prises. Cela résulte de la disposition de notre Coutume, au présent article, qui déclare les fruits, jardins & vergers défensables, quand ils sont clos, à la différence des vignes qu'elle déclare pareillement défensables en toutes saisons, soit qu'elles soient closes, ou non.

2. Cette disposition de notre Coutume, qui déclare les vignes défensables en toutes saisons, est conforme à celle de la Coutume de Poitou, article 194; de Berry, titre 10, article 9; d'Auvergne, titre 28, article 7; de Melun, article 306; de Montargis, chapitre 4, article 5; de Nivernois, chapitre 15, articles 10, 11 & 12, & autres: & cette disposition est fondée sur ce que les bêtes peuvent faire dommage en tout temps aux vignes, soit en rompant les ceps de vigne ou les paisseaux, ou en broutant le plant de la vigne.

ARTICLE DXXVII.

SI depuis le premier jour d'Août jusques après vendanges faites, sont trouvez aucuns Pourceaux & Chevres esdites vignes, lesdits Pourceaux & Chevres sont confisquez, moitié au Seigneur Justicier, & moitié au possesseur & jouissant desdites vignes, & si lesdits Pourceaux & Chevres ne peuvent être prises, il est loisible de les tuer: & en ce cas se partiront comme dessus.

1. LA disposition de la Coutume, au présent article, est fondée sur ce que le dommage que les porcs & les chevres font aux vignes, depuis qu'elles commencent d'entrer en maturité, est très-considérable: ce qui fait que nos rédacteurs ont cru qu'il falloit en ordonner la confiscation, quand la prise en est faite dans les vignes, dans ce temps-là, & permettre de les tuer, quand on ne peut pas les prendre: & M. Menudel observe que la disposition de cet article a été étendue aux jardins, sur un appel du juge du Veurdre, lui plaidant, le 11 décembre 1631. Menudel, *hìc.*

2. Mais ce qui est à observer, c'est qu'il n'est permis de tuer ou blesser les bêtes prises en mesus ou dommage, que dans les cas marqués par la Coutume; parce qu'autrement le maître de ces bêtes pourroit intenter action de dommages-intérêts contre celui qui les auroit tuées, ou blessées. Car, suivant la disposition du droit civil, celui qui a surpris dans son héritage le bétail d'un autre y pâcageant, ou faisant quelqu'autre dommage, ne peut user de voie de fait qui nuise au bétail, ni le détourner autrement qu'il feroit le sien propre; & s'il cause quelque dommage à ce bétail, il en est tenu. C'est la disposition de la loi *Quintus Mutius*, 39, ff. *Ad Legem Aquiliam. Quamvis alienum pecus in agro suo quis deprehendisset*, dit cette loi, *sic illud expellere debet, quo modo si suum deprehendisset; quoniam si quid ex eâ re damnum capit, habet proprias actiones.* Ce qui est confirmé par la loi *Unicuique*, au Code *Ne quis in suâ Causâ jus sibi dicat.*

3. Il y a à la vérité quelques Coutumes, comme celles de Tours, article 207; de Blois, article 222; de Montargis, chapitre 4, article 18; de Lodunois, chapitre 19, article 5; d'Auvergne, titre 28, article 24, qui permettent de tuer une ou deux oies d'une troupe qui cause du dommage dans les prés & dans les bleds; parce que les oies rongent & mangent l'herbe jusqu'à la racine, & que leur fiente brûle l'herbe; mais c'est parce que leur poursuite, ou plutôt celle du dommage qu'elles ont causé, coûteroit plus qu'elles ne valent. C'est l'observation de M. Ch. Dumoulin, sur l'article 5 du chapitre 19 de la Coutume

de Lodunois, ſur ces mots, L'ON LES PEUT TUER SANS OFFENSE: *Quia*, dit-il, *parva iſta animalia plus damni faciunt, quàm valeant, & quàm ſint ſumptus perſecutionis: ideò brevius & utilius eſt ea occidi & cedere lucro damnum paſſi, L. Mediterraneæ, C. de anno. & tribut. lib* 10, *id eſt, non recurrendum ad auxilium Juſtitiæ Quæſtuariæ, ubi conſignationes, ſportulæ, ſumptûs pluris ſunt, quàm quanti res eſt: ſed practicanda ſententia innocentiæ quam omnes ubique ſequuntur in C. olim, ext. de reſt. ſpolia. Hìc fallit Lex unic. C. Ne quis in ſuâ Cauſâ; & reditur ad Jus naturale & gentium, & meritò per not. in L. Ut vim, ff. de Juſt. & Jur. & in C. Si quando, ext. de off. delegat.* Telle eſt la remarque de Dumoulin: mais ce qui eſt à obſerver, c'eſt qu'il faut laiſſer ſur la place les oies qu'on a tuées; car on ne doit pas les emporter. C'eſt ce qui eſt marqué par la Coutume d'Auvergne, celles de Montargis & de Blois.

ARTICLE DXXVIII.

PLANÇONS ſont défenſables & de garde juſques à quatre ans incluſivement, de Chevres, Moutons, Brebis, Anes & autres bêtes, ſur peine de l'amende envers le Seigneur Juſticier, & dommages & intérêts des Parties.

1. CEt article eſt une exception de l'article 524, *ſuprà*, qui a réglé le temps que les bois revenans ſont en défenſe & de garde, à trois ans & un mois; au-lieu que celui-ci déclare les plançons défenſables juſqu'à quatre ans incluſivement.

2. Les plançons, dont il eſt parlé dans le préſent article, ſont de jeunes ſaules, que l'on cultive avec grand ſoin dans les pays de vignobles, où il y a communément de belles ſauſſaies, & en grand nombre; parce qu'on ſe ſert de ces ſaules, pour ſoutenir les vignes: & on s'attache d'autant plus volontiers à planter des ſaules, que c'eſt une ſorte d'arbre qui croît très-vite. *Quùm hæc planta*, dit M. Jean Papon, ſur notre article, *brevi tempore naturaliter propagetur, curat hodie quilibet frequenti ſalicto vicinium opplere: maxima autem cura eſſe debet ne à brutis egerminans depaſcatur.* Papon, *hic.*

ARTICLE DXXIX.

QUAND le Bétail eſt pris de jour en garde faite, il y a amende de ſoixante ſols tournois, de laquelle le Seigneur Juſticier a la moitié; & la Partie intéreſſée, outre ſon intérêt, l'autre moitié.

Voyez ce qui eſt dit ſur l'art. 531, *infrà*, où vous trouverez le Commentaire du préſent art.

ARTICLE DXXX.

LE BÉTAIL pris en garde faite de nuit eſt confiſqué, moitié au Seigneur Juſticier, & moitié à celui qui le prend, outre les intérêts & dommages de la Partie intéreſſée.

Le Commentaire de cet article eſt ſous l'article ſuivant.

ARTICLE DXXXI.

ET eſt dite garde faite, quand celui qui eſt commis à la garde du bétail, eſt trouvé gardant le bétail en l'héritage auquel le dommage eſt fait, ou que ledit Gardien eſt près dudit Bétail, en maniere qu'il le puiſſe voir, & ne fait diligence de le mettre dehors, ou qu'il mene & conduit ledit bétail audit héritage, ou qu'il l'a déclos & débouché, en maniere que ſondit bétail y puiſſe entrer, & après au moyen de ladite ouverture ledit bétail y entre. Et au-contraire ſi aucun avoit déclos & débouché ſon héritage pour donner occaſion que le bétail d'autrui y entre, il eſt tenu en l'amende de ſoixante ſols tournois envers le Seigneur Juſticier, & ne peut prétendre intérêt au bétail qui eſt entré en ſon héritage.

1. SElon le droit romain, le maître d'une bête qui a cauſé quelque dommage, a le choix, ou d'abandonner l'animal, ou de réparer le dommage; tellement qu'en abandonnant la bête qui a fait le dommage, il en eſt quitte. C'eſt la diſpoſition de la loi 1, ff. *de noxal. action.*

2. Mais, ſuivant notre droit coutumier, on diſtingue ſi le dommage a été fait par ordre, & le fait du maître de la bête, & de garde faite, ou s'il a été fait à l'inſu du maître & ſans garde faite.

3. Quand la bête a été priſe en dommage de garde faite, ce qui eſt très-nettement expliqué par le préſent article 531, en ce cas le maître de la bête n'en eſt pas quitte par l'abandon: il faut qu'il paye entiérement le dommage en quoi qu'il conſiſte; & outre le dommage, la bête eſt confiſquée, ſi elle a été priſe de nuit, ſuivant l'article 530. Mais ſi elle a été priſe de jour, le maître de la bête eſt tenu ſeulement de payer le dommage & l'amende, ſuivant l'article 529 de cette Coutume: la raiſon, c'eſt que quand le dommage eſt fait de garde faite, il participe pour lors du larcin qui ſe commet lorſqu'on uſe du bien d'autrui contre ſon gré. *Nec auditur dominus animalis*, dit M. le préſident Duret, *pro noxâ hoc dare volens, ſi ipſemet pecus ſuum in aliena prædia quæ depaſceretur induxit, vel inducere mandaverit, ſed tunc in ſolidum tenetur...* M. Duret, ſur l'article 529.

4. Il n'en eſt pas de même, quand le dommage a été fait ſans le conſentement du maître & ſans garde faite: à la vérité, en ce cas il eſt tenu du dommage, parce qu'il y a de ſa faute de n'avoir pas eu ſoin de garder ou faire garder ſon animal, en telle ſorte qu'il ne fît dommage à perſonne; mais auſſi il en eſt quitte en payant le dommage, ou en abandonnant l'animal, quand même l'eſtimation du dommage ſeroit de plus grande valeur que la bête qui l'a cauſé. C'eſt la diſpoſition de la Coutume de Melun, article 309, & l'obſervation de M. le préſident Duret, ſur l'article 522, *ſuprà*, ſur les mots de cet article, LE DOMMAGE EXCÉDER: *A quo tamen*, dit-il, *reus liberatur, dando animal pro noxâ...*: *Conſ. Melod. art.* 308, *L. Prætor ait*, §. *Hoc edictum*, *V. Cùm enim*, *ff. de damn. infect....* *Quùm & pœna certa in Statuto propoſita reſtringitur ad noxæ deditionem, ad quam aliæ reſtringuntur de Jure communi, & Statutum diſponens ſuper eo, ſuper quo diſponit Jus commune, interpretatur ſecundùm Jus commune...* M. Duret, ſur l'article 522, *ſuprà*.

5. Ce qu'il faut obſerver, c'eſt que nous ne recevons point l'action en priſe de bête, contre le maître de la bête, toutes fois & quantes qu'il y a un cheptelier, parce qu'il eſt tenu de la garde. C'eſt la remarque de M. François Menudel, ſur le même article 522, *ſuprà*.

6. Mais la bête demeure garante du dommage: car c'eſt une maxime certaine, que *caput noxa ſequitur;* & ainſi a été jugé en ce préſidial, ſur un appointement à mettre au rapport de M. Pierre de S. Cy, le 11 mars 1722, entre un nommé Lochet, contre Laurent, métayer, & Louis Digounat, ſon maître, d'autre part. Il fut dit que le bétail dudit Digounat, au nombre de dix-ſept bêtes, qui avoit fait le dommage eſtimé trente-ſix boiſſeaux de bled, demeureroit garant & reſponſable dudit dommage: j'étois des juges.

7. Une ſeconde obſervation à faire, c'eſt que, quand l'héritage n'eſt pas fermé, ſoit parce que le maître de l'héritage l'a déclos & débouché, comme il eſt dit dans l'article préſent 531, ſoit parce qu'il a été négligent de le boucher; en ce cas ſi le bétail, quoique bien gardé, y entre par échappée & y cauſe du dommage, le maître de l'héritage ne pourra prétendre aucun intérêt, ou reſtitution de dommage, attendu qu'il doit s'imputer lui-même d'avoir débouché ſon héritage, ou de ne l'avoir pas tenu clos & fermé: *Nam & qui occaſionem præſtat, damnum feciſſe videtur.* C'eſt la diſpoſition du préſent article 531, *in fine.*

8. Une troiſieme obſervation qu'il faut faire, c'eſt que quand le bétail a été pris la nuit de garde faite, il faut prouver la garde pour avoir la confiſcation, & le ſerment du preneur ne

suffiroit pas. C'est la disposition de la Cout. d'Auvergne, titre 28, article 18, & l'observation de M. Jacques Potier & de M. François Menudel, sur l'article 530. Le serment de la prise, dit Menudel, ne suffiroit pas, comme en simple dégât; mais il faut faire preuve. Coutume d'Auvergne, *des Pâturages*, article 18.

ARTICLE DXXXII.

Et quant aux amendes de sept sols, & autres qu'en garde faite, si les Seigneurs Justiciers ont accoutumé les prendre plus grandes, il les auront: Aussi, si les Sujets ont accoutumé de les payer moindres, ils n'en payeront sinon ainsi qu'ils ont accoutumé.

Voyez ce qui a été dit sur l'article 160, *suprà*.

ARTICLE DXXXIII.

De contraindre chacun de clorre le sien.

Si aucun héritage n'est suffisamment clos & bouché, pour empêcher l'entrée du Bétail des circonvoisins, lesdits circonvoisins peuvent dénoncer au Seigneur de le clore dedans quarante jours; & à défaut de ce faire, ils peuvent de leur autorité clore ledit héritage aux dépens desdits circonvoisins.

1. C'Est la disposition de quelques-unes de nos Coutumes, qu'aucun n'est contraint de clore ou fermer son héritage, s'il ne veut. Telle est la disposition de la Coutume d'Auxerre, article 102; de celle de Sens, art. 100; telle est aussi la disposition de notre Coutume, au présent article; & c'est le sentiment de nos anciens: car M. Jacques Bergier rapporte qu'il a consulté avec M. le président Duret, & résolu qu'un voisin ne pouvoit contraindre son voisin de tenir son champ clos, & que le présent article 533 devoit s'entendre en telle sorte, qu'après avoir dénoncé au propriétaire de l'héritage de le clorre, il étoit permis au voisin de le clorre à ses dépens, & non pas aux dépens du seigneur de l'héritage; c'est sa remarque, & après lui de M. Menudel, *hic*.

2. Mais, si la haie vive, ou buisson qui ferme un héritage, se trouve entre deux héritages, & qu'elle soit commune aux propriétaires des deux héritages, l'un peut contraindre l'autre à contribuer à l'entretien d'icelle, ou à renoncer au droit qu'il y a, par argument tiré de l'article 514, *suprà*.

3. La haie qui est entre deux héritages de même qualité, est réputée commune, s'il n'y a titre ou possession contraire. La Thaumassiere, sur la Coutume de Berry, titre 10, art. 22; Tronçon, sur l'art. 213 de la Coutume de Paris; Potier, sur l'article 505, *suprà*.

4. Mais la haie vive, qui est entre le pré & la terre, est présumée être du pré, suivant qu'il est porté audit article 22 dudit titre 10 de la Coutume de Berry. La raison est que le pré a plus besoin de clôture que la terre: ce qui fait, selon la Thaumassiere, que cet article est tenu pour Coutume générale de France; & tel est l'avis du judicieux Coquille, sur la Coutume de Nivernois, chapitre 15, article 1.

5. Par la même raison, dit le même Coquille, *ibid.* la haie entre la vigne & la terre, entre le jardin & la terre, sera présumée être de la vigne & du jardin; & quant à la haie qui est entre le pré & le bois, ou le pré & la vigne, selon l'article 22 de la Cout. de Berry, titre 10, qui vient d'être cité, elle est réputée du pré, & non de la vigne & du bois, s'il n'appert du contraire. Coquille toutefois en ses *Instituts*, titre *des Servitudes*, tient en cela la vigne aussi privilégiée que le pré; en quoi il est contredit par Raguiau & la Thaumassiere, sur la Coutume de Berry, *ibid.*

* S'il y a un fossé au-delà la haie, en ce cas la haie, soit vive ou seche, appartient à celui du côté duquel elle est en deçà du fossé, parce que c'est celui qui veut interdire l'entrée de son fonds aux hommes & aux bestiaux, qui l'environne & l'enferme de fossés; & on ne peut prendre & jetter sa terre, ni nourrir le plant que sur le fonds qui est à soi.

6. Fossé entre deux héritages est réputé appartenir à celui du côté duquel la terre du fossé a été jettée, ce qu'on appelle le jet du fossé, ainsi qu'il est dit dans l'article 14 du tit. 11 de la Coutume de Berry: & tel est le sentiment de Coquille sur Nivernois, chap. 15, art. 1; de Labbé, sur la Coutume de Paris, art. 113; de Dumoulin, Loysel, &c. * La raison est que celui qui a fait un fossé, n'a pu creuser, ni prendre de la terre que sur son propre fonds; car le voisin ne lui auroit pas permis d'en user autrement; il n'a pu aussi jetter la terre qu'il a tirée du fossé que sur son propre fonds; ainsi le fossé fait nécessairement partie de son héritage.

7. Si le rejet se fait des deux côtés, le fossé est

est censé commun, & pareillement s'il n'y a apparence du jet : c'est ce qui est porté par ledit art. 14 du titre 11 de la Coutume de Berry ; & tel est le sentiment de Delhommeau, en ses *Max. du Droit Français*, livre 3, article 435.

8. A l'égard des arbres, si un arbre est planté ès confins des héritages de deux voisins, les fruits s'en doivent partager entr'eux. La raison est qu'en ce cas l'arbre est présumé commun, s'il n'appert du contraire, L. *Arbor 19*, ff. *communi dividendo*, & L. *Adeò*, 7, §. *ult. in fine*, ff. *de acquir. rer. dom.* Delhommeau, *ibid.* article 444.

9. Mais l'arbre, dont le tronc est assis en un héritage, appartient à celui à qui est l'héritage ; par la raison qu'étant sur cet héritage, il est à présumer qu'il y a été planté par le propriétaire de l'héritage, joint que l'arbre est nourri & élevé de la terre. C'est la disposition de la loi, *Si plures*, 6, §. *ult. in fine*, ff. *arborum furtim cæsarum.* Coquille sur Nivernois, chap. 35, art. 6, *in fine* ; Delhommeau, *ibid.* article 445.

10. Que si l'arbre, ou la plus grande partie de ses branches, est sur le fonds ou l'héritage d'autrui, le voisin peut prendre les fruits de ce qui panche sur lui, pour le dédommager de l'incommodité qu'il reçoit de l'ombre de l'arbre. Coquille, *ibid.* Delhommeau, *ibid.* article 445.

* Il y a plus, c'est que quand un arbre étend ses branches sur l'héritage d'autrui, ou ses racines dans son fonds ; dans ce cas il y en a qui prétendent qu'on a le choix, ou de partager les fruits, comme il a été dit, si c'est un arbre fruitier, ou de faire couper tout ce qui passe sur son fonds, quelque dédommagement qu'on offre pour ne le point faire, parce qu'enfin on est maître de son fonds depuis le ciel jusqu'au centre de la terre.

ARTICLE DXXXIV.

En la saison que les bleds & autres grains sont en terre, & non cueillis, il est prohibé mener les Bêtes pâturer ès chemins & voyes publiques prochains desdits fruits & bleds, avant le point du jour, & de les y tenir après le soleil couché, sur peine d'amende arbitraire. Quand Bêtes ne doivent pâturer ès grands chemins.

Les grands chemins sont des lieux publics, à l'usage libre de toutes personnes, & sont regardés comme vaine pâture publique, suivant qu'il est porté en l'article 5 du chap. 3 de la Coutume de Nivernois ; tellement qu'un chacun a droit d'y faire paître son bétail : mais, comme les terres sont défensables, dès que le bled est semé jusqu'à ce qu'il soit cueilli & mis hors du champ, & qu'on a grand intérêt de veiller à la conservation des bleds & autres grains ; c'est pour cela que notre Coutume, au présent article, défend de faire paître son bétail en chemins publics, proche des bleds & fruits, avant le point du jour & après le soleil couché : & la Coutume d'Orléans, art. 146, & celle de Dunois, article 53, contiennent une disposition semblable. *Nota*, dit M. Jean Papon, *hic, fructus maturos observatione maximâ commendari ; à vicinis autem à quibus liberi sunt, non tantùm tuti esse debent, sed & ab his etiam qui jure viæ, pecoris pascendi, aut ad aquam appellendi habent : nam his servitutibus, maturitatis tempore, ita liberè uti non licet ; cùmque sive noctu, sive interdiu alio tempore uti liceat..... tamen fructuum conservandorum causâ, interdiu agendum est quod jure servitutis agi potest, sive ad depascendum, aut ad aquam appellendum, aut aliter circà fundum alienum eundum.* Papon, *hic.*

TITRE TRENTE-TROISIEME.

Des Moulins & Fours.

1. Les moulins & fours, dont il est parlé dans le présent titre, sont les moulins & fours bannaux : or, la bannalité est un droit seigneurial ; c'est le droit qu'a le seigneur de contraindre les habitans de son territoire d'aller moudre à son moulin, de faire cuire le pain à son four, ou de porter la vendange à son pressoir. Et on appelle *Seigneur bannier* celui qui a le droit de bannalité ; on appelle aussi *bannier* celui qui est sujet au ban ou à la bannie.

2. Les moulins à eau sont de nouvelle invention ; & les loix romaines n'ont rien réglé à l'égard des moulins. *De Moletrinarum jure*, dit M. Dargentré sur le titre 17 de la Coutume de Bretagne, *nihil est veteri Jurisprudentiæ cautum, quandò Feudorum usu noncùm reperto, sibi quisque privatim & familiæ moluit : nunc magnæ de talibus cautiones, & earum jure ; nec ulla ferè Provinciarum Consuetudo de his non aliquid statuit, quandò magni indè proventus Nobilitati.* Ainsi nous ne devons chercher ce qui regarde les moulins, que

dans nos Coutumes & loix municipales.

3. Quelques Coutumes donnent aux seigneurs, pour raison de leurs justices, le droit de bannalité, comme celle de Poitou, article 34; celles d'Anjou & du Maine, article 14; de Tours, chapitre 1, article 7: dans d'autres, comme celle de la Marche, article 311, la bannalité est un attribut & une dépendance de la directe & féodalité, dont il ne peut être séparé ni démembré; dans d'autres enfin, comme dans la Coutume de Nivernois, chapitre 18, article 1, pour acquérir bannalité, il faut avoir titre, ou après prohibition & contradiction, une possession paisible de trente ans contre les laïcs, & de quarante ans contre l'église.

4. Dans cette Coutume, comme dans celle de Nivernois, pour acquérir droit de bannalité, il faut de deux choses l'une, ou titre, ou possession paisible après contradiction, de trente ans contre laïcs, & de quarante ans contre l'église, selon le sentiment de nos commentateurs, de Papon, & après lui de M. Jean Decullant.

5. Il n'est pas absolument nécessaire de rapporter les titres primitifs & originaires, il suffit qu'on produise des anciens aveux rendus par les seigneurs, où ils auroient compris le droit de bannalité qu'ils auroient sur leurs sujets, joint à une possession & jouissance paisible, publique, & continuelle d'un très-long-temps: & la raison c'est qu'il est difficile de conserver des titres primitifs pendant plusieurs siécles, à cause des troubles & des guerres qui arrivent de temps en temps dans les états; & même les titres s'égarent & se perdent assez souvent par la négligence des peres de famille.

6. Dans le présent titre, composé d'onze articles, il est traité de ces moulins bannaux: il y est parlé du droit de mouture; de la maniere dont les seigneurs & les meuniers doivent tenir leurs moulins; de l'obligation des sujets d'aller moudre aux moulins bannaux, & des cas auxquels ils peuvent s'en exempter: & ce qui est dit des moulins, peut être appliqué aux fours & pressoirs bannaux, suivant les articles 541 & 544.

Il n'y a point de titre sur cette matiere, dans l'ancienne Coutume de Bourbonnois

ARTICLE DXXXV.

Du droit de Moulage. DROIT de Moulage est tel, que quand on baille aux Meuniers le bled nettoyé, ils doivent rendre du boisseau de bled rez un comble de farine bien & convenablement moulue, outre le droit de mouture.

1. LA Coutume de Nivernois, chapitre 18, article 6; celle de Tours, article 14, & celles de la Marche, article 313; du Maine, article 26; de Poitou, article 36, contiennent une disposition semblable: celles de Lodunois, chapitre 1, article 10; de Blois, article 240, & d'Anjou, article 25, disent pareillement, que du bled nettoyé & curé les meuniers doivent rendre du boisseau de bled rez, un comble; & ajoutent de douze boisseaux treize, & au-dessous, à la raison susdite: la Coutume de Bretagne, article 387, donne au meunier la seizieme partie du bled qui aura été moulu. Le meilleur & le plus convenable aux particuliers seroit de donner le bled au poids, & de recevoir la farine au poids, & de payer le meunier en argent, comme le remarque le judicieux Coquille; car les meuniers sont taxés de tromper: *Nam furti infamiâ Molitores vexari solent, nec semper injuriâ*, dit M. Dargentré sur l'article 366, dans l'ordre de son commentaire.

2. Comme le comble est plus grand & emporte plus, quand la circonférence du boisseau est plus grande, les Coutumes de Touraine, de Poitou, de Lodunois, d'Anjou & du Maine réglent la profondeur & le diametre du boisseau, qui emportent la portion de la circonférence, & disent que le boisseau doit avoir de profond le tiers de son large.

ARTICLE DXXXVI.

Du Meunier qui mesure le bled. ET peuvent lesdits Meuniers si bon leur semble, faire mesurer en leur présence les bleds qui leur seront baillés & portés à moudre, autrement ils seront tenus en rendre tel nombre de bled, que celui ou ceux qui l'auront porté affirmeront, s'ils sont gens de bonne renommée, dedans le jour de leur farine rendue; & sont contraints lesdits Meuniers à rendre ladite mesure par détention de leurs Bêtes & autres leurs biens.

1. QUoique le défendeur soit plus favorable que le demandeur; que l'on doive être plus porté à absoudre qu'à condamner; que ce soit au demandeur à établir sa demande, par la maxime, *Actore non probante reus absolvitur*; & que par ces raisons, si le meunier dénie avoir reçu le bled, ou en si grande quantité que celui qui a donné à moudre, demande, la preuve doive être à la charge du moulant: toutefois notre Coutume, au

présent article, veut que foi soit ajoutée à celui qui donne à moudre, s'il est de bonne renommée, & qu'il soit cru à son affirmation. C'est aussi la disposition de la Coutume de Nivernois, chapitre 18, article 7, & de celle de Bretagne, article 385 : ce qui est fondé sur ce qui a été dit sur l'article précédent, que *furti infamiâ Molitores vexari solent*, ou, comme parle Papon, que *Molitores pessimè audiunt.*

2. Mais notre article attache une condition à l'affirmation du moulant, qui me paroît d'une difficile exécution, savoir, que cette affirmation soit prêtée dedans le jour de la farine rendue.

ARTICLE DXXXVII.

Et est tenu le Seigneur ou son Meunier tenir son Moulin à point rond & bien clos, sur peine d'amende arbitraire ; & sont tenus ceux qui ont Moulins quarrez, soit baniers ou autres, de les faire faire ronds dedans trois mois après la publication des Presentes, sur peine de dix livres d'amende & de démolition de leursdits Moulins, s'ils sont trouvés quarrez ledit tems passé.

Comment le Seigneur doit tenir son Moulin.

LA Coutume de Nivernois, chapitre 18, article 9 ; celles de la Marche, article 313 ; de Blois, article 241 ; de Poitou, article 37 ; de Lodunois, chapitre 1, article 11 ; de Touraine, article 15, contiennent une disposition semblable : & la raison de cette disposition est que quand le moulin est à point quarré, quantité de farine s'arrête dans les coins à la perte de ceux qui donnent leur bled à moudre, & que le moulin leur dérobe par ce moyen une partie de leur farine.

ARTICLE DXXXVIII.

Le Meunier du Moulin banier est tenu de rendre la farine moulue bien & convenablement dedans deux jours & une nuit, ou deux nuits & un jour, qui sont trente six heures ; autrement le Sujet pourra prendre son bled & le mener moudre ailleurs.

Du temps de rendre la farine, & quand le Sujet peut aller ailleurs.

1. LA Coutume de Touraine, article 13, & celle de Lodunois, chapitre 1, article 9, contiennent une disposition semblable ; celle de Saintonge dit trois jours : celles de Poitou, article 44 ; de la Marche, article 317 ; d'Anjou, article 26 ; du Maine, article 27 ; d'Angoumois, article 30 ; du Grand-Perche, article 25, & de Nivernois, chapitre 18, article 8, disent vingt-quatre heures.

2. Dans les deux jours & une nuit, ou deux nuits & un jour, que notre article donne au meunier pour rendre la mouture, le dimanche est compris, sur-tout si celui qui a donné à moudre, a besoin de sa farine, & que le besoin soit pressant. *Necessitas enim, sive publica, sive privata remoto quoad fieri potest scandalo, facit licita diebus festis opera servilia*, L. 3, Cod. *de Feriis*, cap. *Licèt*, & *conquestus*, *ext. de Feriis*, & cap. *Quod non est de reg. Jur.* C'est la remarque de M. le président Duret, sur le présent article : *In quibus spatiis*, dit-il, *dies Dominica continetur*, L. 3, *Cod. de Feriis* ; *nam & necessitas excusatur ab observantia*, *cap. Quod non est*, *de reg. Jur.* & *cap. Licèt*, & *cap. fin. de Feriis.*

ARTICLE DXXXIX.

Et si ledit Moulin n'étoit en état de moudre, comme s'il étoit rompu, qu'il n'y eût point d'eau ou autrement, pourquoi fût notoire que la farine ne pourroit être moulue dedans le tems dessusdit, ledit Sujet peut prendre sondit bled, & le faire moudre où bon lui semblera

1. LE droit de bannalité produit trois effets.

2. Le premier effet de la bannalité est de contraindre les vassaux de venir au moulin, four, ou pressoir, & d'y payer pour la mouture des grains, la cuisson du pain & le pressurage de la vendange, un droit qui est réglé, & sous certaines peines, comme nous le dirons sur l'article 545.

3. Mais cet effet est limité, & souffre des exceptions.

4. La premiere exception est celle qui est contenue au présent article ; savoir, quand le moulin bannal n'est pas en état suffisant pour moudre ; auquel cas le sujet bannier va où il lui plaît, sans péril d'amende : il faut raisonner de même du four & pressoir bannaux.

5. La seconde exception, qui dispense le sujet bannier de moudre au moulin bannal, est l'affluence des moulans & la disette d'eau, qui mettent le meunier hors d'état de rendre la farine dedans trente-six heures, ainsi que le meunier bannal y est tenu, suivant l'article précédent; auquel cas le sujet peut prendre son bled, & le mener moudre ailleurs, comme il est dit dans le présent article & dans l'article précédent.

6. La troisieme exception, qui dispense le sujet bannier de faire moudre son bled au moulin bannal, est quand le bled a été acheté hors le territoire du seigneur, & qu'on le fait moudre pour être vendu ou mangé hors ledit territoire, selon qu'il sera expliqué sur l'article 545, *infrà*.

7. La quatrieme exception, qui dispense le sujet bannier d'aller moudre au moulin bannal, est celle qui est marquée dans l'art. 542, *infrà*, & dont il sera parlé sur ledit article.

8. A l'égard des nobles & gens d'église, c'est une question s'ils sont assujettis à la bannalité du moulin & du four. Il y a des Coutumes, comme celles d'Anjou, article 31, & du Maine, art. 36, qui les en exemptent : dans celles qui gardent le silence sur ce sujet, les arrêts ont jugé différemment. On cite un arrêt, au rapport de M. de Fortia, du 19 juillet 1707, pour l'exemption, & un autre du 7 mars 1718, confirmatif d'une sentence du palais contre; & cette contrariété d'arrêts provient de l'usage différent des lieux, dit Dhericourt : car il y a des lieux où l'usage est d'assujettir les privilégiés à la bannalité, & d'autres où l'usage est contraire. Dhericourt, *Loix Eccl.* quatrieme partie, chapitre 8, nombre 17.

9. Il y a une grande différence entre la bannalité des moulins & des fours, & la bannalité des pressoirs. Celle des moulins & des fours est plus personnelle, que réelle; puisque tous les domiciliés y sont sujets, quand ils ne posséderoient aucuns héritages dans la seigneurie; mais le droit de bannalité des pressoirs est réel : c'est-pourquoi les tenanciers y sont sujets, quoiqu'ils demeurent hors la seigneurie, pour les vignes qu'ils tiennent dans ladite seigneurie. Duplessis sur la Coutume de Paris, traité *des Fiefs*, livre 8, chapitre 2.

10. Le second effet de la bannalité est d'empêcher les vassaux de construire des moulins, des fours ou des pressoirs, dans le ressort de la seigneurie; ainsi jugé. Brodeau sur M. Louet, lett. M, somm. 17.

11. Mais il faut excepter, pour ce qui regarde les fours, les gentilshommes & autres ayant fiefs dans l'étendue de la seigneurie, qui peuvent faire construire des fours dans leurs maisons, pour leurs usages particuliers; à cause de l'incommodité du four bannal, & de la corruption qui peut arriver aux pâtes, dans la multitude de celles qu'on met dans les fours bannaux.

12. Le troisieme effet de la bannalité est d'empêcher les meuniers voisins de venir chasser, c'est-à-dire, de venir prendre le bled des habitans de la seigneurie où il y a moulin bannal. C'est la disposition des Coutumes locales, de Tours, Buzançois, Azay-le-Ferron, S. Cyran, Châtel-Regnaud & Herbaud, & l'observation de Duplessis sur Paris, traité *des Fiefs*, liv. 8, chapitre 2.

13. Mais le seigneur qui n'a pas droit de bannalité, qui soit attaché & annexé à son moulin, à son four, ou à son pressoir, ne peut pas empêcher, 1°. les meuniers voisins de chasser sur ses terres le bled de ses justiciables. 2°. Il ne peut pas empêcher les particuliers ses tenanciers de bâtir moulin, four & pressoir sur leurs fonds & héritages, usans du droit commun & de la liberté naturelle; encore qu'il en souffre préjudice & dommage, par la diminution du gain & du profit qu'il retire de son moulin, four, ou pressoir. Brodeau, *ibid.*

14. Cela est général à l'égard des fours & des pressoirs; mais à l'égard des moulins, il y a des distinctions à faire.

15. 1°. Pour les fleuves publics & les rivieres navigables & flotables, la permission du roi est absolument nécessaire pour y bâtir moulin, aux termes de l'ordonnance de 1669, titre *de la police des Forêts & Eaux*, articles 42 & 43 : laquelle permission ne s'accorde qu'après qu'il a apparu, par l'avis des officiers des lieux, que le moulin n'incommodera pas la navigation, & n'empêchera pas la descente des bateaux.

16. 2°. Pour ce qui est du moulin ancien bâti sur un ruisseau, ou une riviere non navigable, encore qu'il ne soit point bannal, il n'est point au pouvoir d'un particulier, sur le fonds & héritage duquel passe le ruisseau ou riviere, d'en faire construire un au-dessus, par le moyen duquel il incommode son voisin qui en a un au-dessous, & lui ôte ou détourne le cours de l'eau; il faut qu'il soit à une distance légitime. Il en est de même de celui qui bâtit un moulin au-dessous : il ne peut pas retenir l'eau, pour la faire remonter & regorger : ainsi jugé par les arrêts rapportés par M. Julien Brodeau sur M. Louet, lett. M, somm. 17. Et la raison est que ce seroit préjudicier au droit déja acquis de son voisin, contre l'équité naturelle qui défend, *alteri per alterum iniquam inferri conditionem*, L. 74, ff. *de reg. Jur.*

ARTICLE DXL.

ARTICLE DXL.

ET ledit moulin mis en état de moudre, le Seigneur dudit moulin est tenu de le faire dénoncer & déclarer au Prône de la Messe Parochiale ou à son assise où est ledit moulin assis ; après laquelle dénonciation les Sujets dudit moulin sont tenus moudre audit moulin, comme auparavant.

Quand les Sujets doivent retourner ad Moulin du Seigneur.

1. QUand le seigneur a mis son moulin, qui ne faisoit pas farine, en état, il est obligé (aux termes du présent article) de dénoncer & faire savoir que son moulin est en état. C'est aussi la disposition de la Coutume de Nivernois, chapitre 18, article 12, & de celle de la Marche, article 316 ; & jusqu'à cette dénonciation le sujet n'est point répréhensible ; il peut aller moudre ailleurs sans amende ni intérêt, comme parle la Coutume de la Marche : mais aussi dès le moment de cette dénonciation, les sujets dudit moulin bannal sont tenus d'y aller moudre comme auparavant, ainsi qu'il est dit en notre article.

2. D'où il suit que les sujets ne peuvent pas prescrire la liberté contre la bannalité, pendant que le moulin est hors d'état de faire farine, selon que l'a observé Papon, sur l'article précédent, & M. Jacques Potier, sur le présent article, conformément à la loi 35, ff. *de Servit. rust. præd.* A la vérité, Coquille, sur l'article 12 du chapitre 18 de la Coutume de Nivernois, est de sentiment contraire : mais il a contre lui les dispositions de la Coutume d'Anjou, article 27, & du Maine, article 31, qui veulent que l'exemption d'aller au moulin & four bannal ne s'acquiert par trente ans de cessation, que quand le seigneur a ses moulins & fours en état.

ARTICLE DXLI.

MEUNIERS ou Fermiers de moulin & Four pour moudre & cuire comme il appartient, sont tenus de dédommager le moulant ou Cuisant interessé, jusqu'à cinq sols tournois, en jurant par ledit interessé s'il est de bonne renommée, ledit interêt, pourvû qu'il vienne huit jours après le dommage fait, autrement n'y est reçu. Mais si ledit dommage excedoit ladite somme de cinq sols tournois, ledit interessé est reçu à le prouver, & ledit Meunier à prouver le contraire.

De dédommager le Moulant & le Cuisant jusqu'à cinq sols.

1. LE four bannal est tenu de cuire si souvent, que les sujets puissent cuire leurs pains & pâtes, dit la Coutume de Nivernois, chapitre 18, article 10 : ce que la Coutume de Tours, article 49, limite à trois fois par semaine pour le moins.

2. Quant au dédommagement qui est dû par le meunier ou fermier du moulin & four au moulant ou cuisant, pour n'avoir pas moulu le bled, & cuit le pain comme il appartient, la Coutume de Nivernois, chapitre 18, article 13, contient une disposition semblable à la nôtre ; à la réserve qu'elle veut que le dédommagement soit demandé dans le jour, au lieu que la nôtre dit dans huit jours.

ARTICLE DXLII.

SI le Sujet est Boulanger public, & le moulin de son Seigneur ne soit propre à faire farine à pain blanc, déclaration premierement faite par la Justice du lieu, il peut moudre ailleurs ; car le bien public est préferé au particulier.

Quand le Boulanger va où il lui plaît.

LA Coutume de Nivernois, chapitre 18, article 14 ; celles de Lodunois, chapitre 1, article 6, & de Touraine, article 10, contiennent une disposition semblable. Et la raison qu'en donnent ces Coutumes, c'est que le bien public est préférable au particulier : mais pour cela il faut que déclaration soit préalablement faite en la justice du seigneur, & à lui ou à son procureur signifiée, comme dit la Coutume de Touraine.

ARTICLE DXLIII.

De prescription de n'aller au Moulin du Seigneur.

LES SUJETS ne se peuvent exempter de non aller au Moulin, Four, ou Pressoir banier, ayant droit dudit banage, par possession d'avoir été moudre ailleurs, pour moins de tems que de trente ans contre les Laïz, & quarante ans contre l'Eglise.

1. QUoique le seigneur ne puisse acquérir droit de bannalité sur son sujet par prescription, sans contradiction, & qu'il soit nécessaire que la contradiction précéde avant que la prescription commence à avoir cours, comme nous le dirons sur l'article suivant; toutefois le sujet qui est bannier, peut acquérir liberté de bannalité, s'il y a une cessation de trente ans de sa part, contre le seigneur laïc, ou de quarante ans contre l'église, sans qu'il soit nécessaire qu'il y ait contradiction qui ait donné le commencement à la prescription: & la raison est que la liberté étant plus favorable que la servitude, elle s'acquiert plus facilement; c'est ce qui résulte de ces termes de notre article, *par moins de temps que de 30 ans*, &c. Desquels termes il s'ensuit par une conséquence juste & nécessaire, que les droits de bannalité se perdent *per non usum*, & sont prescriptibles par trente ans, contre le seigneur laïc, ainsi que l'a observé M. Julien Brodeau, dans sa note, sur notre article; & c'est aussi l'observation de M. Jean Decullant, sur le présent article, & le sentiment de Bacquet, *des Droits de Justice*, chapitre 29, nombre 30.

2. *Quæritur*, dit Decullant, *an dissensus, vel denegatio servitutis debeat præcedere possessionem triginta vel quadraginta annis, quâ hìc libertas acquiritur contra Dominum fundatum in jure bannalio: Censeo sufficere simplicem possessionem, etiamsi nullus præcesserit dissensus, seu denegatio servitutis ex parte Vassalli; secùs autem si agatur de constitutione hujus servitutis per præscriptionem, quo casu censeo requiri possessionem triginta vel quadraginta ann. post prohibitionem factam Subditis ne alio Molendino vel Torculari utantur, quam possessionem volumus contradictoriam; & ita censet* Papon, *in fine notationis super hunc paragraphum 543.... Facit paragraphus Stat. Paris. 186: ratio diversitatis petitur ex favore libertatis quæ usucapi potest, & quòd servitutes sint odiosæ..... Hæc distinctio potest deduci ex paragrapho 519, suprà, qui ad acquirendam servitutem desiderat hanc possessionem contradictoriam; sed, cùm agitur de acquirendâ libertate, non desideratur in hoc nostro paragrapho, quòd contradictio, & dissensus Vassalli præcesserit possessionem*..... Jean Decullant, *hìc*.

3. Ainsi nous ne suivons pas dans notre Coutume la disposition de celle de Nivernois, chapitre 18, article 2, qui veut que l'exemption d'aller cuire, ou moudre au moulin, ou four bannal, ne s'acquiert pas par trente ans, s'il n'y a eu contradiction; mais bien celle d'Anjou, article 27, & du Maine, article 31, qui veulent que telle exemption s'acquiert par une cessation de 30 ans, au cas que le seigneur ait ses moulins & fours en état, & que les sujets demeurent au lieu qu'il les ait pu contraindre à ce.

4. Il faut bien remarquer cette condition que les Coutumes d'Anjou & du Maine ajoutent à une cessation de trente ans, pour produire la prescription du droit de bannalité; car, quand le moulin n'est pas en état de moudre, les sujets ne peuvent pas en ce cas prescrire la liberté contre la bannalité pendant le temps que le moulin est hors d'état de faire farine, ainsi qu'il a été dit sur l'article 540, *suprà*.

ARTICLE DXLIV.

Courtoisie n'engendre prescription.

LA POSSESSION faite d'aller au Moulin, Four, ou Pressoir, par ceux qui ne sont tenus ni sujets, mais y sont allez de leur volonté, sans contrainte & par forme d'aisance, courtoisie ou voisinage, ne leur peut préjudicier par quelque tems que ce soit, & n'acquiert droit au Seigneur desdits Moulins, Four banier, ou Pressoir, de les y contraindre pour l'avenir.

1. IL faut dans notre Coutume (comme il a été dit dans la préface de ce titre) pour acquérir droit de bannalité, de deux choses l'une: ou titre, ou possession paisible après contradiction de trente ans, contre laïcs, & quarante ans contre l'église. *Oportet*, dit Papon, *talia jura prætendentem* (en parlant du droit de bannalité) *niti privilegio, aut titulo, aut præscriptione.... Præscriptione frequentiùs hodiè prætenduntur jura superiora.... at, ad præscriptionem jurium hoc genus complendum, duo hæc videntur necessaria, prohibitionem*

scilicèt Domini, & Subditorum patientiam; non autem horum alterum sufficere potest.... Telle est l'observation de Papon, sur l'article précédent 543; c'est aussi le sentiment de M. Jean Decullant, dans l'endroit rapporté sur le même article précédent.

2. Ainsi, au défaut de titre, le droit de bannalité ne s'acquiert pas par une simple possession & jouissance, qui n'ait pas été précédée de prohibition, quelque longue qu'elle soit; la raison est que la bannalité est une espece de servitude, laquelle, comme contraire au droit commun & à la liberté publique, ne s'acquiert pas par une simple jouissance, qui est toujours, quand il n'y a pas eu de défense précédente, présumée faite par forme d'aisance, courtoisie ou voisinage, & ne peut par conséquent préjudicier aux sujets, & donner droit au seigneur du moulin, four bannal, ou pressoir, de les y contraindre à l'avenir, comme il est porté en notre article, & que l'a remarqué Papon, sur l'article précédent, & Bacquet, *des Droits de Justice*, ch. 29, nomb. 29.

3. *Si tempore*, dit Papon, *quantumvis antiquo & continuo, visum est unum Molendinum dumtaxat, item unum Prælum, & unus Furnus, ad quæ pro frumentis molendis, aut decoquendis, aut uvis premendis, respectivè ab incolis decursum est, cessaverintque illi Molas proprias habere, Furnum proprium, aut Torcular, & aliò ire destiterint: imò si Dominus Furni, Præli, aut Molarum id reputavit, asseruit & testatus est illa esse bannalia & singularia, idque passi sint connivendo incolæ, tamen contrà hos jus cogendi non esse quæsitum, cùm talia egisse videantur magis per modum facultatis, quàm necessitatis.... Aliò etenim ire ad molendum, aut decoquendum, aut exprimendum & torquendum non visum est commodum; quia aut longius, aut vix æquè facile & expeditum. Item Furnum, aut Prælum construere, aut Molas non placuit ob dispendium, aut aliam causam; horum etenim, ut rei suæ quilibet arbiter legitimus est. Item & putaverunt semper incolæ jus ea exequendi sibi salvum esse & durare, nulloque actu contrario videri adhuc sublatum; & sic semper durat possessio libertatis....* Papon, sur l'article 543 précédent.

4. Mais après la contradiction & paisible possession de trente ans contre laïcs, & de quarante ans contre l'église, le droit de bannalité est acquis par prescription, comme il est porté en l'article 1 du chapitre 18 de la Coutume de Nivernois, & qu'il résulte de l'article 519 de cette Coutume. La raison est que la possession & jouissance qui est précédée d'une défense de la part du seigneur, ne peut plus être présumée faite par forme d'aisance, courtoisie, ou voisinage, *sed jure servitutis.*

5. Il ne suffit pas que la défense ait été faite à quelques habitans, mais il faut que ce soit à la plus grande partie, & que tous ayent obéi. *Hanc autem prohibitionem*, dit Papon, *quibusdam factam esse satis non est, per quos cæteris præjudicium produci non potest... sed majori parti factam esse oportet, illamque partem majorem prohibitioni cessisse, etiamsi omnibus facta non sit, & sufficit quòd omnes cessaverunt & paruerunt....* Papon, *ibid.* sur l'article précédent.

6. La difficulté en ce cas est de savoir si la prohibition doit être judicielle. M. de la Thaumassiere, sur la Coutume de Berry, titre 11, article 2, soutient qu'elle doit l'être; Papon convient bien que c'est le plus sûr, mais ne croit pas que ce soit nécessaire: *Prohibitio efficax est*, dit-il, *etiam quæ extrà Judicium facta est, neque semper oportet in Jure hanc factam esse: satis autem erit, utcumque apparere Dominum eo jure singulari uti velle; item & Subditos assentiri, aut certè libertatem nolle persequi, malleque servituti cedere, licèt fortè injustè id fiat, & Subditorum assensus intercedat pro bono pacis... Erit tamen tutiùs, si ad Judicem provocetur, resque contradictoriè obfirmetur: idque maximè si Subditi infirmi & meticulosi sint, Dominus verò potens & sævus; quo casu sola prohibitio nihil novum facit, cùm semper violentiâ Domini, & metu Subditorum infirmorum omnia agi dicantur... ideò Dominus præpotens aget cautiùs, si nihil nisi à Judice autorisatum consequatur... Oportet igitur Dominum quantumvis pacificum prohibuisse, aut sævum in jure contendisse, utrumque autem obtinuisse, aut cessatione, aut Judicio.....* Tel est le raisonnement de Papon, sur l'article précédent: mais le sentiment de la Thaumassiere me paroît le meilleur, & j'y adhere; tellement que j'estime qu'il faut une contradiction judicielle, sans toutefois qu'il soit nécessaire qu'il intervienne une sentence définitive; suffisant que la contradiction ait été suivie de possession paisible, pendant tout le temps marqué par notre Coutume dans notre article.

ARTICLE DXLV.

QUI achete bled hors les limites du Moulin & Four baniers, & le porte dedans lesdites limites, il est tenu de moudre ou cuire ledit bled au Moulin & Four baniers, sur peine d'amende, s'il n'y a privilege ou due prescription au contraire. *De moudre & cuire ès Moulin & Four baniers.*

1. LA disposition du présent article ne doit être entendue que de celui qui achete le bled hors les limites du moulin & four baniers, & le porte dedans lesdites limites, pour l'y manger ou l'y faire cuire, selon qu'il est dit dans la Coutume de Nivernois, chapitre 18,

article 15. C'est l'observation de M. le président Duret, sur ces mots de notre article, *le porte dedans lesdites limites*; d'où il s'ensuit que, quand il ne le porte pas dans les limites du moulin, pour y être mangé, le bled n'est pas sujet à la loi de la bannalité.

2. Il y a plus; c'est que le bled même acheté dans l'étendue du territoire du seigneur, n'est pas sujet à la loi de la bannalité, si c'est pour en vendre la farine ou le pain hors le territoire du seigneur. C'est la disposition de la Coutume de Nivernois, chapitre 18, article 4; de celle de Touraine, article 12, & le sentiment de Coquille, sur ledit article de la Coutume de Nivernois.

* Ainsi, ces bannalités de moulins & de fours, ne consistent qu'à contraindre les habitans à moudre les grains & cuire le pain destinés à la nourriture de l'habitant & de sa famille, ou qu'il veut vendre dans la seigneurie, soit que les bleds soient crûs dans la seigneurie, soit qu'ils soient achetés d'ailleurs.

Mais si le tenancier achete du grain & le fait moudre avant de le transporter sur le territoire bannier, il n'encourt aucune amende; car le présent article ne parle que de celui qui achete du bled sur les limites du moulin & four bannier, & le porte dans lesdites limites; & comme le remarque M^e^. Guyot, il n'y a point de loi qui oblige un homme qui achete du bled ailleurs, de l'apporter en bled, c'est comme s'il avoit acheté de la farine; & nul doute qu'un habitant qui ne cueille rien, peut acheter de la farine & non du bled, & qu'on ne peut le forcer à acheter du bled pour l'apporter au moulin bannal. C'est le raisonnement de M^e^. Guyot, dans ses observations, sur les bannalités, chapitre 9, nombre 4, édition de 1738, qui cite pour ce sentiment Chopin, sur Anjou, article 14.

On ne peut, selon que l'observe M^e^. Guyot, *ibid.* nombre 4, après le Caron, sur l'article 14 de Peronne, entrer dans les maisons pour y faire perquisition des farines ou pâtes; mais il a été jugé en ce présidial sur un appointement à mettre, au rapport de M. Maquin, au profit de Jean Roche, meunier, intimé, contre Gilbert Corre & Personniers, appellans, qu'un meunier d'un moulin bannal étoit en droit de déférer le serment à un tenancier, sur le fait qu'il étoit allé moudre ailleurs. Le premier juge, sur le refus que Corre fit d'affirmer, reçut l'affirmation du meunier, qui affirma qu'il avoit connoissance que ledit Corre étoit allé moudre ailleurs; & en conséquence, le condamna par forme de restitution, à quatre cartons de bled pour une année. La demande avoit été formée pour plusieurs années; mais le demandeur se restreignit à la derniere, sur ce qu'on lui soutint au procès, que la demande étoit annale, & devoit être formée dans l'année. Cette sentence fut confirmée, & l'on jugea que le serment pouvoit être déféré au tenancier, conformément à la disposition de la Coutume de Bretagne, article 387, qui porte que, dans le cas du serment, il n'est pas dû d'amende. Ce fut ainsi jugé, moi présent, au mois de février 1740, en la chambre du conseil.

TITRE TRENTE-QUATRIEME.

Des Accenses, & Baux de Fermes.

TOutes conventions, par lesquelles on jouit & use du bien d'autrui pour un certain prix & pour un certain temps, sont comprises sous les noms de *Baux à loyer*, *Accenses* ou *Baux à Fermes*.

2. De ces baux il y en a de deux sortes:

3. Les uns qui se font volontairement, & de gré à gré, par des conventions particulieres entre particuliers.

4. D'autres qui se font publiquement, avec certaines solemnités, comme sont les publications, affiches, encheres & remises.

5. C'est de ces dernieres, dont il est parlé dans le présent titre, qui est composé de sept articles, depuis & y compris l'article 546, jusques & y compris l'article 552.

6. Il y a un titre dans l'ancienne Coutume *des Accenses & Fermes*, qui est le titre dixieme, composé de deux articles.

ARTICLE DXLVI.

ARTICLE DXLVI.

De bailler pleiges pour les Fermiers.

LES METTEURS & Encheriſſeurs des Aſſenſes & Fermes, auſquels elles ont été étrouſſées, ſont tenus de bailler pleige & caution ſuffiſante pour le payement de leurdite Ferme, dedans quatre jours après l'étrouſſe à eux faite; leſquels pleiges & cautions ſont tenus au payement deſdites Fermes, comme le principal Payeur, ſans y obſerver ordre & bénéfice de diviſion ne diſcuſſion: Et après les quatre jours paſſez, ſont contraints leſdits Fermiers à fournir leurſdits pleiges par priſe & détention de leurs perſonnes; & néanmoins auſdits cas peuvent leſdites Fermes être criées de nouvel, & baillées au plus Offrant & dernier Encheriſſeur, aux périls & fortunes deſdits premiers Metteurs, qui n'auroient baillé pleiges & cautions en la maniere deſſuſdite.

1. LA Coutume de Nivernois, chapitre 20, articles 1 & 2, contient une diſpoſition ſemblable; & cette diſpoſition n'a lieu, que pour les fermes du prince & celles faites en juſtice, & non pour les fermes de particuliers à particuliers; pour raiſon deſquelles on n'eſt pas tenu de donner caution, ſi elle n'a été demandée, & qu'on s'y ſoit ſoumis & obligé.

2. Les mots de *pleiges* & *cautions*, employés dans le préſent article, ſont ſynonymes & ne ſignifient que la même choſe: les pleiges & cautions, comme il a été dit ſur l'article 115, *ſuprà*, ſont ceux qui répondent en leur nom de la ſûreté de l'engagement, & qui s'obligent pour d'autres.

3. Il faut que la caution ſoit ſolvable, & poſſéde des immeubles dans le reſſort de la juriſdiction où l'adjudication de la ferme eſt faite; qu'elle faſſe ſa ſoumiſſion au greffe, & obſerve les formalités preſcrites par l'ordonnance de 1667, titre 28. La caution qui ne poſſéde que des meubles, ſans avoir aucun bien immeuble, n'eſt pas ſuffiſante; d'autant que les meubles n'ont pas ſuite par hypothéque, & que ſe pouvant facilement divertir, on n'y peut établir aucune ſûreté: ainſi jugé par arrêt rapporté par M. Louet, lett. C, ſomm. 9.

4. Lorſqu'un particulier reçoit une caution, il prend ou rejette (comme bon lui ſemble) ceux qu'on lui préſente, & il pourvoit de gré à gré à ſa ſûreté: mais, lorſqu'une caution eſt préſentée en juſtice, il eſt de l'office du juge de la recevoir ou la rejetter, ſelon que celui qui l'offre ou la caution même font voir la ſûreté; & les juges qui doivent recevoir les cautions, ſont obligés de prendre garde ſi elles ſont ſolvables, & il eſt même (dit Bornier) de leur intérêt particulier d'y veiller; parce qu'ils ſont tenus, dit-il, ſubſidiairement de leur inſolvabilité, du temps qu'ils les ont reçus. Mais il ſuffit, pour la décharge du juge, & du magiſtrat qui reçoit la caution, qu'elle ſoit ſolvable au temps qu'il la reçoit. *Si Magiſtratus*, dit le Droit, *idoneum exegit, quamvis poſteà facultatibus lapſus ſit, nihil eſt quòd ei, qui dedit, imputetur; non enim debent Magiſtratus futuros caſus & fortunam præſtare*, *L. 1*, *§. Si Magiſtratus*, *ff. de Magiſt. conve.* Bornier, ſur l'article premier du titre 28 de l'ordonnance de 1667.

5. Les cautions des fermes du roi, & autres faites en juſtice, autrement les cautions judiciaires, ne peuvent pas (ſuivant notre article) oppoſer le défaut de diſcuſſion du principal débiteur. Il y a plus, c'eſt qu'elles ſont contraignables par corps, ainſi qu'il a été dit ſur l'article 115, *ſuprà*; mais ordinairement les fermiers du domaine du roi font faire les adjudications à un ſimple particulier, dont ils ſont eux-mêmes cautions.

6. On obſerve de bailler, outre la caution, un certificateur, qui certifie que la caution eſt ſolvable au temps qu'elle ſe préſente, & qui ne répond pas de l'inſolvabilité qui peut ſurvenir: il fait des ſoumiſſions au greffe, de même que la caution.

7. L'uſage eſt, à défaut par l'adjudicataire de la ferme de donner cautions & certificateurs dans le temps preſcrit, de procéder à nouvelles encheres & adjudication à ſes périls & fortunes, & à ſa folle-enchere; c'eſt-à-dire, à la charge de payer ce qui manquera du prix de ſon enchere, s'il ne ſe trouve pas de nouveau fermier qui offre le même prix.

ARTICLE DXLVII.

Du temps de tiercer & doubler, & des sommes.

En toutes étrousses de Fermes & Assenses il n'y a que huit jours de tiercement, & autres huit jours après de doublement; & ladite premiere huitaine passée on n'est plus reçu à tiercer, & l'autre huitaine passée on n'est aussi plus reçu à doubler.

1. Les tiercement & doublement n'ont lieu dans les baux des particuliers, mais bien dans les fermes des droits de sa majesté, ou autres droits publics. Les baux à fermes de ces droits, qui se font aux encheres, & qui s'adjugent au plus offrant, renfermant cette condition, que si dans un certain temps après l'adjudication d'autres enchérissent jusqu'à un certain pied, ils seront mis à la place du premier fermier: ce qui n'a rien d'injuste; car, outre que les adjudicataires avoient connoissance de cet usage du droit qu'on a de tiercer & doubler, & n'avoient leur bail qu'à cette condition, c'est qu'un tel usage a son équité, par l'avantage qui en revient pour le bien public.

2. Le temps des tiercement & doublement est réglé par les ordonnances, d'une maniere différente de celle énoncée au présent article.

ARTICLE DXLVIII.

Et se prennent lesdits tiers & double sur la somme de la premiere mise; c'est-à-dire, que si la premiere mise est à dix livres tournois, le tiercement sera de cent sols tournois, & le doublement de dix livres tournois, & du plus plus, & du moins moins; & sont toujours pris lesdits tiers & double, si plusieurs y sont, sur la premiere mise.

1. Le tiercement & le doublement se font par rapport au prix de l'adjudication, que notre Coutume appelle, dans le présent article, la somme de la premiere mise: *Habito semper respectu ad primam sortem simplicem*, dit Dumoulin, dans sa note sur le précédent article.

2. Le tiercement se peut faire de plusieurs manieres. Il se peut faire premiérement, en triplant le prix de l'adjudication; ensorte que si le prix de l'adjudication est de dix mille liv. l'enchere qui se fait par tiercement soit de trente mille livres, ainsi qu'il est dit dans l'ordonnance du 22 juillet 1681, titre *des Publications, Encheres, & Adjudications des Fermes*, article 5.

3. Le tiercement se peut faire en second lieu en augmentant du tiers le prix de l'adjudication; de maniere que le tiercement est une enchere du tiers du prix de l'adjudication, & fait le quart sur le total; ensorte que, si le prix de l'adjudication est de quinze cents livres, le tiercement sera de cinq cents livres: ce qui sera en total deux mille livres, dont le quart est cinq cents livres, ainsi qu'il est expliqué en l'ordonnance de 1669, *des Eaux & Forêts*, au titre *de la vente des Bois*, article 33.

4. Le tiercement se peut faire enfin de la maniere qui est expliquée dans le présent article, en augmentant le prix de l'adjudication de la moitié en sus; de maniere que le tiercement soit une enchere qui fasse le tiers du total: tellement que si le prix de l'adjudication est à dix livres tournois, le tiercement sera de cent sous tournois qui est la moitié du prix de l'adjudication, & qui fait en total quinze livres tournois, dont le tiers est cent sous.

5. Quant au doublement, il n'y a nulle difficulté, c'est le double du prix de l'adjudication; ensorte que, si le prix de l'adjudication est de dix livres, le doublement sera d'autres dix livres: ce qui fera en total vingt livres.

ARTICLE DXLIX.

Qui sont reçus à enchérir, & dans quel temps.

ET après lesdits tiercement & doublement passez, ceux qui ont fait mises, & non autres, sont reçus dedans vingt-quatre heures après à encherir lesdites Fermes de deux sols pour livre, qui se prennent sur toute la somme tant desdites premieres mises, que des tierces & doubles, si plusieurs en y a sur la premiere mise: & se peuvent répéter lesdits deux sols pour livre de vingt-quatre heures en vingt-quatre heures, jusqu'à quinze jours après les tiercement & doublement finis: Et si aucun desdits metteurs n'y a mis deux sols pour livre, ladite Ferme est tenue pour étroussée, & demeure au précédent & immédiat metteur.

L'Ancienne Coutume de cette province, titre 10, article 5, & celle de Nivernois, chapitre 20, article 5, contiennent une disposition semblable : mais cette disposition ne s'observe pas; il faut pourtant remarquer que, suivant les déclarations de Louis XIV, des 3 mars & 7 juillet 1705, les deux sous pour livre par augmentation se levent sur tous les droits des fermes de sa majesté : ce qui a été porté dans la suite à quatre sous pour livre.

ARTICLE DL.

Du temps de notifier les tiers & double.

ET se doivent notifier lesdits tiers, doubles, & deux sols pour livre dedans les vingt-quatre heures, après qu'elles sont faites, à la personne des metteurs ou à leurs domiciles, lesquels ils sont tenus élire au lieu où est l'étrousse faite en présence de Témoins, ou d'un Notaire, pour leur notifier lesdites mises & folles-encheres.

TOutes personnes qui font des mises & encheres, sont tenues d'élire domicile au lieu où les adjudications sont faites, tant pour la validité des actes qui doivent suivre l'adjudication, que pour l'exécution de leurs mises, encheres, révocations & adjudications, tiercemens & doublemens, & de tous autres actes qu'il est nécessaire de faire. Telle est la disposition de l'ordonnance, & ainsi s'observe.

ARTICLE DLI.

Du temps qu'on se peut départir desdites mises, tiercemens & doublemens.

TOUS METTEURS & Encherisseurs en Fermes & Assenses se peuvent départir de leurs mises & encheres, tiercemens, doublemens, & deux sols pour livre, dedans vingt-quatre heures après la mise par eux faite, en payant comptant leur derniere mise, que l'on appelle folle-mise, & le faisant sçavoir à son précédent metteur, parlant à sa personne ou à domicile: en quoi faisant il demeure quitte de sa mise, & demeure chargé le précédent metteur de sa mise : mais il lui est loisible dedans vingt-quatre heures après la notification faite, faire le semblable, & aussi aux autres par ordre, en payant comptant leur derniere mise.

1. L'Ordonnance des eaux & forêts de 1669, au titre *de l'Assiette.... & vente des Bois*, art. 25 & 26, contient une disposition semblable. Selon cette ordonnance & notre Coutume, au présent article, il est libre à tous metteurs & enchérisseurs, en fermes & accenses qui se font par licitations publiques, où toutes personnes sont reçues à enchérir, de renoncer dans vingt-quatre heures à leur enchere, & de s'en départir en payant comptant leur folle-enchere. La raison c'est qu'ils ne sont pas tenus de tenir & exécuter un bail qui n'est pas parfait ; car le bail à ferme n'est point parfait avant l'acceptation de la mise, & tandis que l'on attend que quelqu'un fasse la condition du bail meilleure ; & la ferme n'est parfaite, que par l'adjudication ; jusques-là il n'y a pas de ferme, & le contrat est toujours en suspens.

2. Mais aussi d'un autre côté, tout metteur

qui renonce, & se départ de son enchere, est tenu de payer sa folle-enchere ; parce qu'il n'est pas permis d'abuser impunément de la liberté d'enchérir, par des encheres frivoles. La folle-enchere & folle-mise qu'on est tenu de payer, c'est ce qu'on a enchéri de plus sur la mise précédente.

3. Notre Coutume, dans le présent article, dit que dans le cas auquel le dernier enchérisseur renonce à son enchere & s'en départ, le précédent metteur demeure chargé de sa mise: mais qu'il peut s'en départir comme a fait le dernier enchérisseur, & ainsi des autres par ordre. Cette disposition n'a lieu que dans le cas énoncé dans notre article ; savoir, quand le dernier metteur revoque sa mise avant qu'elle ait été acceptée, & que l'adjudication lui ait été faite : car autre chose seroit, si sa mise avoit été acceptée, & que l'adjudication lui eût été faite ; en ce cas les précédens metteurs ne peuvent plus demeurer chargés ; parce que l'adjudication faite au dernier enchérisseur, le bail ayant reçu sa perfection, les précédens enchérisseurs sont quittes & libérés : & si le dernier metteur, qui a été fait adjudicataire, ne donne pas de cautions, on peut l'y contraindre, ou procéder à une nouvelle adjudication à ses périls & fortunes, & à sa folle-enchere ; mais il n'y a pas dans ce cas de folle-enchere, qu'à l'égard de ce dernier metteur à qui l'adjudication a été faite.

Voyez sur l'article 149.

ARTICLE DLII.

Comment les Seigneurs peuvent bailler leurs Fermes.

TOUTEFOIS par les articles précédens ne sont empêchez les Seigneurs de bailler leurs Fermes en autres manieres, qualitez & conditions, si bon leur semble, & les metteurs d'y mettre.

LA Coutume de Nivernois, chapitre 20, article 8, contient une disposition semblable ; & la raison de cette disposition se tire du droit qu'un chacun a de disposer de son bien comme bon lui semble, de la maniere qu'il juge à propos, & à telles charges & conditions qu'il lui plaît.

TITRE TRENTE-CINQUIEME.

De Cheptel de Bêtes.

1. LE bail à chetel c'est, comme il est porté dans l'art. 2 du tit. 21 de la Cout. de Nivernois, quand le bailleur baille & fournit le bétail, & le preneur le prend en garde & en sa charge, pour le nourrir, traiter, garder & gouverner, comme il devroit faire le sien propre.

2. Il y a deux sortes de chetel, le simple chetel, & le chetel de métairie.

3. Le simple chetel, c'est quand on donne des bestiaux à un particulier pour faire valoir ses propres héritages, à condition de partager avec lui le profit & le croît. Ainsi le simple chetel consiste dans les bestiaux que l'on donne à ceux qui sont eux-mêmes propriétaires des maisons qu'ils habitent ; ou qui les tiennent en bail d'autres que de ceux qui leur donnent des bestiaux en chetel.

4. Le chetel de métairie consiste dans les bestiaux que le propriétaire d'un domaine donne à son métayer, à la charge de prendre soin de leur nourriture, de les garder, de s'en servir pour la culture & amélioration des héritages, & à condition d'en partager le profit & le croît.

5. Quelquefois le bailleur & le preneur fournissent chacun moitié des bestiaux, qui sont gardés par le preneur, à moitié des chefs, croît & décroît d'iceux ; & en cas d'exigue, il n'est pas besoin d'estimation, le tout étant partagé également entre le bailleur & le preneur : c'est ce qu'on appelle *le Bail à moitié*, qui est le cas (dit M. de la Thaumassiere) de l'article 2 du titre 17 de la Coutume de Berry.

6. Le simple chetel retombe en l'espece du bail à moitié, quand le bailleur a seul pris les profits & le croît jusqu'à l'entier paiement de son capital, auquel cas le chetel est affranchi, comme parle la Coutume de Nivernois, titre 21, articles 6 & 14 ; car dès que le bailleur a pris seul jusqu'à concurrence de son capital, les profits & le croît dont la moitié appartient au preneur, il s'ensuit que le preneur n'en a proprement payé que la moitié de son propre bien, & l'autre moitié du bien du bailleur : ce qui fait que dans le chetel affranchi le bailleur a toujours la moitié du chetel en propriété, & que l'autre moitié appartient au preneur ; desorte qu'alors tout le chetel est commun entre le bailleur & le preneur, & tombe par conséquent dans le bail à moitié.

7. Dans le présent titre, composé de trois articles, il n'y est parlé proprement que du simple chetel : on y traite de la maniere dont se

ſe doit faire l'exigue ; & on y explique comment le croît & le profit doivent ſe partager, & par qui & comment la perte & détérioration du chetel doivent être ſupportés.

8. Il n'y a point de titre ſur cette matiere, dans l'ancienne Coutume.

ARTICLE DLIII.

QUAND Bêtes ſont exigées & priſées par le bailleur, le preneur a le choix, dedans huit jours de ladite priſée à lui notifiée & déclarée, de retenir leſdites Bêtes, ou icelles Bêtes délaiſſer au bailleur pour le prix que ledit bailleur les aura priſées, en payant ou baillant par ledit preneur caution fidejuſſoire dudit prix, autrement ſont miſes en main tierce : Et le ſemblable eſt obſervé quand elles ſont priſées par le preneur ; car en ce cas le bailleur a le choix de les retenir, ou les délaiſſer dedans huit jours.

Du choix du preneur ès Bêtes priſées.

1. LA Coutume de Nivernois, chapitre 21, articles 10 & 11, & celle de Berry, titre 17, article 3, contiennent une diſpoſition à-peu-près ſemblable.

2. Le terme, *exiger*, employé dans le préſent article, autrement *exequer* ou *exiguer*, ſignifie ſe départir du chetel des bêtes, ou faire partage des beſtiaux donnés à chetel. Quelques-uns tirent l'origine de ce mot, *ab exigendis rationibus* ; parce qu'au temps de l'exigue le bailleur & le preneur entrent en compte : d'autres le tirent du mot *educere*, parce qu'alors *pecudes educuntur de ſtabulis, quod Romani exigere dicebant. Exigere pecudes*, dit Ragueau, *verbo* EXIGER, *eſt è ſtabulis educere, ut inigere, agere, minare, eductis pecudibus ſolvitur ſocietas, quæ de pecore paſcendo in commune Contractu erat.*

3. En ſimple chetel, ſelon la forme de l'exigue preſcrite en notre article, celui qui veut exiguer, ſoit le bailleur ou le preneur, doit eſtimer & priſer les bêtes ; & cette eſtimation faite & notifiée, il peut contraindre l'autre de les lui laiſſer, ou de les retenir pour le prix ; lequel choix il eſt tenu de faire dans huitaine : *Id quippè*, dit M. le préſident Duret ſur notre article, *pro regulâ conſtat, ut diviſionem appetens, pretium indicet, alter verò eligat.*

4. Ainſi, ajoute le même M. Duret, nous n'obſervons pas ce qui eſt remarqué par M. Ch. Dumoulin, ſur le titre 17 de la Coutume de Berry, article 1 ; ſavoir, que le preneur doit commencer par rendre le nombre de bêtes qu'il a reçu ; & que, cela fait, le ſurplus ſe partage par moitié. *Planè*, dit M. Duret, *non obſervamus quod tamen notat Molin. in Conſ. Bitur. cap. 17, art. 1, gregem ſeu capitale in ſuo numero reſtitui, & reliquum commune eſſe, ſed ita obſervamus, ut ſi penès Dominum pecora manent, ab eo præſtetur Paſtori media pars hujus quod excedit pretium, quo pecora conceſſa ſunt. Si verò penès Paſtorem manent, in pecuniâ numeratâ Domino præſtet integram ſortem in conceſſione pecorum indictam, & medium ejus quod ipſam excedit.* . . . . . M. Duret, *hic.*

5. Si c'eſt le preneur qui retient le bétail, il doit (ſelon qu'il eſt porté en notre article) donner caution du prix ; autrement les bêtes doivent être miſes en main tierce.

6. Pendant le temps des huits jours que la Coutume accorde pour le choix que doit faire celui qui n'a pas fait la priſée, le preneur eſt tenu de garder, nourrir & ſoigner les bêtes, comme auparavant. C'eſt la diſpoſition de l'article 12 de la Coutume de Nivernois, titre 21 ; & ſi quelqu'une deſdites bêtes meurt ou ſe perd durant ces huit jours, avant que celui qui eſt dans ſon délai de choiſir, ait opté, la perte (dit Coquille ſur cet article) eſt à telle condition, qu'elle étoit avant l'eſtimation, & durant le temps que le bail de chetel étoit en ſa vigueur ; car audit cas l'obligation n'eſt pas finie : mais, ſi la perte arrive après le choix déclaré, le péril de la perte eſt à celui à qui le bétail eſt demeuré par le choix ; parce que par l'option il eſt fait ſien propre ; & en ce cas, ajoute Coquille, ſe doit dire que l'eſtimation transfere le domaine, *ad inſtar emptionis, L. Plerumque, ff. de jure dot.*

7. Ceci ne regarde que les ſimples chetels, & encore par rapport à ces ſortes de chetels, notre article ne s'obſerve-t-il pas à la lettre, dit M. Menudel : & l'une des parties ſe plaignant de la priſée, on a coutume d'appeller un tiers, pour régler le débat de la priſée, qui eſt entre le bailleur & le preneur : ainſi jugé contre M. Gaſpard Fouziton, bailli de Dompierre, en mai 1671. M. Menudel, *hic.*

8. Il y a plus ; c'eſt que ce qui s'obſervoit du temps de M. le préſident Duret, ne ſe pratique plus : & c'eſt l'uſage aujourd'hui, même à l'égard des ſimples chetels : dumoins je l'ai vu ainſi pratiquer, que le preneur commence par rendre le nombre des bêtes qu'il a reçu, ſuivant l'eſtimation qui en a été faite ; après quoi on partage le profit & le croît, ſi aucun il y en a : & cette pratique eſt fondée en juſtice ; car le preneur n'a point de part au capital chetel : le bailleur qui donne des beſtiaux à titre de chetel, ne les vend pas au chetelier ; il en demeure toujours le maître, & par conſéquent eſt toujours en droit de reprendre le même nombre & les mêmes eſpeces de

bestiaux mentionnés dans son chetel, s'ils se trouvent au temps de l'exigue, en partageant toutefois avec le preneur le profit & le croît, s'il y en a. C'est le sentiment de M. Ch. Dumoulin, dans sa note, sur l'article 1 du chapitre 17 de la Coutume de Berry, & celui de M. Jacques Potier, sur notre article.

9. Ce qui est sûr, c'est que cet usage est constant, par rapport aux chetels de métairies, & qu'il est autorisé d'un arrêt du parlement, rendu en la quatrieme chambre des enquêtes, le 20 août 1716: & voici ce qui s'observe, par rapport à ces sortes de chetels.

10. Les propriétaires des domaines ou métairies, dans cette province, les donnent à cultiver à moitié fruits à des laboureurs, que l'on nomme *Colons* ou *Métayers*; de maniere que ces métayers ont la moitié de tout ce qui se recueille dans la métairie, pour le salaire de leur culture, & le propriétaire l'autre moitié.

11. Ces métairies sont garnies de différentes especes de bestiaux pour l'exploitation d'icelles; & comme ces bestiaux font une partie du revenu qu'elles produisent, il est d'usage d'accorder aux métayers la moitié des croîts & profits qui peuvent arriver sur les bestiaux: mais, comme il peut aussi arriver que ces bestiaux, au lieu de profiter, diminuent & périssent, ces métayers sont obligés en ce cas de supporter la moitié de la perte.

12. Pour connoître & régler le profit & la perte qu'il peut y avoir à la fin du bail sur les bestiaux, qui composent le capital ou le fonds du chetel, on les fait estimer quand on les donne à chetel, & quand on les reprend; & cette estimation n'est pas une vente qui transfere au preneur ou chetelier la propriété des bestiaux: mais elle se fait uniquement, comme il vient d'être dit, pour connoître dans le temps de l'exigue s'il y a du profit ou de la perte, & à quelle somme montera le profit ou la perte.

13. L'estimation qui se fait des bestiaux, est si peu une vente, qu'on a soin de stipuler dans les baux à chetel, que le métayer ou preneur, au temps de l'exigue, sera tenu de rendre même nombre, mêmes especes de bestiaux qu'il a reçus, & pour le même prix; qu'à cet effet, pour conserver le capital chetel, le perpétuer, & en empêcher le dépérissement, le preneur sera tenu de nourrir chacun an une certaine quantité de veaux & d'autres especes de bestiaux. Cette clause est très-intéressante pour le propriétaire d'une métairie, qui a un grand intérêt qu'on ne dépouille pas sa métairie de ses bestiaux, & que le métayer y conserve perpétuellement le même nombre & mêmes especes de bestiaux, pour la faire valoir.

14. Le colon ou métayer est donc tenu de rendre au propriétaire les mêmes especes & le même nombre de bestiaux qu'il a reçus de lui, lorsqu'ils se trouvent à la sortie de sa métairie, & pour le même prix; & c'est l'usage que ces bestiaux se rendent comme ils ont été donnés à dire d'experts; que quand les deux experts ne conviennent pas, l'on nomme un tiers, & que l'on se tient à la décision de ce tiers; qu'il n'est pas à la liberté du preneur de s'en tenir à l'estimation la plus forte, & de forcer le bailleur de retenir ses bestiaux pour ce prix, ou de les lui laisser; qu'il faut qu'il en passe par l'estimation de l'expert tiers.

15. Tout ceci, savoir l'obligation qu'ont les métayers de rendre le même nombre & les mêmes especes de bestiaux qu'ils ont reçus, & pour le même prix, la maniere dont les bestiaux doivent être rendus, le profit & la perte réglés, se trouve autorisé par un arrêt infirmatif d'une sentence de cette Sénéchaussée, rendu à mon profit en la quatrieme des enquêtes, au rapport de M. Boutet de Guignonville, le 20 août 1716.

* J'avois donné mon domaine des Pommiers pour être cultivé à moitié fruits aux nommés Aubergers, qui, par obligation de chetel du 18 novembre 1707, reconnurent tenir de moi à moitié croît, profit & perte, la quantité de six bœufs pour la somme de 275 livres, sept jeunesses taures ou taureaux pour la somme de 40 livres, une jument & deux poulains pour celle de 30 livres, & des porcs pour 44 livres, en outre le nombre de 12 meres vaches, qui devoient être reprises vache pour vache, ou pour chacune défaillante la somme de 18 livres, quatre-vingt-dix-neuf chefs de brebis ou moutons, à rendre chef pour chef, ou pour chaque défaillant la somme de 20 sous; à la charge par les preneurs de bien & duement garder, nourrir & héberger tous les susdits bestiaux, & non les vendre, ni les aliéner sans le consentement dudit bailleur, & à la remise desdits bestiaux & entretenement des présentes, les parties obligerent, &c. (c'étoient les termes de l'obligation de chetel.)

Tous ces bestiaux se trouverent au temps de l'exigue, dans les mêmes especes & dans le même nombre qu'ils avoient été donnés, à l'exception d'onze brebis; il se trouva même deux jeunes bœufs de plus, & une jeune taure ou genisse.

Les vaches & brebis furent rendues chefs pour chefs, comme il avoit été convenu, & les Aubergers consentirent de me payer 5 liv. 10 sous pour le *deficit* d'onze brebis, il n'y eut en cela aucune contestation: mais il n'en fut pas de même des autres bestiaux.

Ils prétendirent composer le fonds de leur chetel à leur fantaisie, & après avoir fait estimer les six bœufs compris dans l'obligation de chetel à la somme de 340 livres, les deux jeunes bœufs de croît à celle de 70 liv. sous prétexte que ces deux sommes composoient, & même quelque chose au-delà, le prix des bestiaux de différentes especes compris en l'obligation de chetel, ils voulurent m'obliger à recevoir ces huit bœufs pour tout le fonds de mon chetel, soutinrent que tous les autres bestiaux devoient être partagés en especes par moitié, & refuserent de cette façon de me rendre le même nombre de bestiaux que je leur avois donné, & des mêmes especes.

Je ne me plaignois point de l'estimation des six bœufs à la somme de 340 livres, je consentois de les recevoir sur ce pied, & comme ces six bœufs ne valoient que 275 livres au temps de la premiere estimation, j'offris de tenir compte aux Aubergers de la moitié du profit, c'est-à-dire de la moitié de l'augmentation du prix.

Mais j'opposois deux choses à la prétention des Aubergers, qui vouloient me forcer à recevoir huit bœufs pour tout le fonds de mon chetel.

Mal-à-propos, leur disois-je en premier lieu, voulez-vous me forcer à prendre huit bœufs, tandis que je ne vous en ai donné que six, aux termes de votre obligation, & suivant l'usage le croit doit être partagé; les deux jeunes bœufs que vous voulez me faire prendre, sont croît, puisqu'ils sont au-delà du nombre que je vous ai remis, ils doivent donc être partagés; je demande qu'ils le soient, & vous n'êtes pas en droit de me faire la loi contre ce qui se pratique, & la clause de votre obligation.

Vous avez reçu de moi, leur disois-je en second lieu, outre les six bœufs, sept jeunesses, une jument, deux poulains, des porcs, tous bestiaux qui ont été estimés par experts, & qui se trouvent compris dans votre obligation de chetel : je ne vous ai point vendu ces bestiaux, j'en suis au-contraire toujours resté le maître; & l'estimation qui en a été faite, n'a été faite que pour connoître & régler le profit & la perte au temps de l'exigue : vous êtes même tenus par votre obligation de me rendre les bestiaux y spécifiés ; vous les avez, rendez-les moi; & pour cela, faites-les estimer, comme ils ont été quand vous les avez reçus; & s'il se trouve du profit dans cette seconde estimation, j'offre de vous en payer la moitié; pour le surplus des bestiaux qui sont de croît, étant pardessus le nombre que vous avez reçu, je consens de les partager.

Les Aubergers n'ayant pas voulu se conformer, ni à l'usage, ni à leur propre obligation, & ayant persisté dans leur prétention, la contestation fut portée en cette Sénéchaussée; & cette contestation consistoit, comme l'on voit, en ce que je voulois reprendre mon même nombre de bœufs, de jeunesses, de porcs & de jument, sur le pied de l'estimation, sous les offres de payer aux Aubergers en argent leur part du profit qui se trouvoit dans cette seconde estimation; au-lieu que les Aubergers prétendoient que je n'étois en droit de reprendre des bestiaux, que jusqu'à concurrence de la somme de 350 livres, prix de mon chetel; & comme les six grands bœufs, avec les deux jeunes, remplissoient & au-delà ce prix, ils soutenoient que les autres bestiaux devoient être partagés par moitié.

Sur cette contestation intervint sentence, le 29 mars 1715, en cette Sénéchaussée, au rapport de M. Farjonel, par laquelle il fut dit que l'estimation des six bœufs demeureroit faite à la somme de 340 livres. Que des autres bestiaux, autres que les vaches & brebis qui avoient été rendues en especes, il en seroit estimé à mon choix jusqu'à la somme de 49 livres, pour remplir celle de 389 livres, portée par l'obligation de chetel, qui à ce moyen seroit restituée, & me payant la somme de 5 livres 10 sous pour la moitié du *deficit* d'onze brebis; & que quant au surplus des bestiaux, il seroit partagé entre moi & les Aubergers en deux portions égales, dépens compensés.

J'appellai de cette sentence, non point en ce qu'elle avoit ordonné que les six bœufs me demeureroient pour la somme de 340 livres, parce que je n'avois jamais contesté cette estimation, & que ces six bœufs faisant partie de mon capital chetel, j'avois toujours offert de les reprendre, mais en ce que cette sentence n'avoit pas condamné les Aubergers à me rendre pareillement en especes les sept jeunesses, la jument, les poulains & les porcs qui faisoient les autres parties de mon capital chetel, sous les offres par moi faites de leur tenir compte, ou de leur payer la moitié du profit qu'il pouvoit y avoir par l'augmentation du prix de ces bestiaux, suivant l'estimation qui en seroit faite, de partager les deux jeunes bœufs & la petite taure excédant le fonds de mon chetel, & de ce qu'elle avoit au contraire décidé, qu'après le prix de tous les bestiaux qui composoient le chetel, rempli au moyen de l'estimation des six bœufs, & de celle qui seroit faite sur les autres bestiaux, jusqu'à la somme de 49 livres, tout le surplus seroit partagé par moitié en especes.

L'appel porté au parlement, & la cour saisie du différend, intervint arrêt le premier juin 1715, par lequel par provision il fut ordonné que tous les bestiaux en question seroient estimés par experts, si fait n'avoit été.

En exécution de cet arrêt, il y eut deux experts nommés par les parties, le 8 août 1715, devant le châtelain de Murat, juge commis, qui procéderent à l'estimation des bestiaux, & l'expert des Aubergers ayant par son estimation porté le prix des bestiaux à une somme exorbitante, les Aubergers, dans le dessein de profiter de cette estimation faite par leur expert, & prévoyant bien que je ne laisserois pas dépouiller mon domaine de mes bestiaux, s'aviserent de me faire signifier un acte, le 17 août 1715, par lequel ils offrirent de s'en tenir à l'estimation la plus forte, d'emmener les bestiaux qui faisoient la contestation, & pour cet effet de me compter la somme de 230 livres, pour ma moitié de la valeur d'iceux, si mieux je n'aimois les garder tous, & leur payer pareille somme de 230 liv. comme s'il avoit dépendu d'eux de fixer eux-mêmes un prix à des bestiaux qui ne leur appartenoient pas, & de me forcer à les retenir sur ce pied-là.

Ces offres étoient trop déraisonnables pour m'y arrêter : car ces bestiaux faisant partie de mon capital chetel, & m'appartenans, il ne s'agissoit que de savoir sur quel pied ils devoient m'être rendus; si je devois les recevoir pour le prix qu'il avoit plu aux Aubergers d'en fixer la valeur, & sur le pied de l'estimation de leur expert seul, ou bien sur celle de l'expert tiers, mon expert & le leur n'étant pas convenus du prix; ce qui ne pouvoit être décidé qu'en ma faveur, par la raison que ces bestiaux me devoient être remis comme je les avois donnés; qu'il étoit de l'équité que les Aubergers ne fussent pas plus les juges & les maîtres de l'estimation & du prix de ces bestiaux, quand ils me les remettoient, que je l'avois été quand je les leur confiai; & que comme en les leur donnant j'en passai par l'estimation de l'expert tiers, les experts nommés n'étant pas convenus, de même en me les rendant ils devoient en passer par l'estimation du tiers expert, les deux experts nommés n'étant pas convenus.

Ainsi, sans m'arrêter aux offres des Aubergers, je demandai qu'il plût au châtelain de Murat nommer un expert tiers : ce qu'il fit, & nomma un nommé Pierre Guoton, lequel procéda le 19 août à l'estimation de tous les bestiaux en question, qu'il estima 450 livres, non compris les six bœufs, dont l'estimation avoit été faite, comme il a été dit, à la somme de 340 livres. Et comme, suivant cette estimation, la moitié du profit revenant aux Aubergers, tant des six bœufs que des sept jeunesses, jument, poulains & porcs, se trouvoit monter à la somme de 135 livres; je leur offris cette somme à deniers découverts, par acte du 31 août 1715, & leur réiterai en même temps les offres & sommations de partager les deux jeunes bœufs & la petite taure; & sur le refus qu'ils en firent, je les fis estimer par l'expert tiers, & leur fis offres de les garder pour mon compte, suivant son estimation, & de leur payer la somme de 60 liv. qui leur en revenoit.

Les choses en cet état, est intervenu en la quatrieme chambre des enquêtes, au rapport de M. Boutet de Guignonville, le 20 août 1716, l'arrêt par lequel la cour, en infirmant la sentence de cette Sénéchaussée, ordonne que les bestiaux mentionnés dans l'obligation de chetel, du 18 octobre 1707, demeureront & appartiendront audit Auroux, en par lui payant auxdits Aubergers, suivant ses offres, la somme de 135 livres, pour leur part & portion du profit desdits bestiaux, suivant & conformément aux estimations qui en ont été faites, tant lors de la sortie desdits Aubergers du domaine dudit Auroux, que par ledit Guoton, tiers expert, le 19 août 1715; que le surplus desdits bestiaux, consistant en deux jeunes bœufs & une taure, sera partagé entre ledit Auroux & lesdits Aubergers, si mieux n'aiment à cet égard lesdits Aubergers délaisser audit Auroux lesdits deux jeunes bœufs & la taure, pour le prix & estimation qui en a été faite par ledit Guoton, en payant par ledit Auroux auxdits Aubergers, suivant ses offres, la somme de 60 livres... laquelle option lesdits Aubergers seront tenus de faire dans la quinzaine, à compter du jour de la signification du présent arrêt, au procureur; sinon l'option référée audit Auroux; & en cas d'option par lesdits Aubergers du partage desdits jeunes bœufs & de la taure, condamne lesdits Aubergers à payer audit Auroux la valeur des fourrages & pâtures qu'ils ont consommés & consommeront jusqu'au jour qu'icelui partage en sera fait, & ce, suivant l'estimation par experts, dont les parties conviendront pardevant le lieutenant général de S. Pierre-le-Moutier... condamne les Aubergers en la moitié des dépens de la cause principale, & en tous les dépens de la cause d'appel, même de ceux reservés par l'arrêt du premier juillet 1715, l'autre moitié des dépens de la cause principale compensée.

Et il est à observer que cet arrêt est conforme à l'usage de la province, attesté par plusieurs actes de notoriété de différentes châtellenies, que j'avois produits au procès.

16. L'exigue du bétail donné en chetel avec le bétail de métairie, ne se fait pas à volonté, mais après le bail de métairie expiré, comme étant le chetel accessoire du bail de métairie. C'est la remarque de Coquille, sur la Coutume de Nivernois, titre 21, article 45 de M. Menudel, sur le présent article; & tel est l'usage en cette province.

17. Quant au simple chetel, la Coutume de Berry, titre 17, articles 1 & 2, dit que le bailleur & le preneur ne peuvent exiguer avant les trois ans passés, à compter du temps du bail; & si le bail est à moitié, avant les cinq ans. Mais, comme l'a observé Coquille, cela dépend de la regle générale des sociétés, qui défend de dissoudre à contre-temps les sociétés, & qui ne veut pas qu'on soit contraint de demeurer en société contre son gré. Coquille, sur l'article 9 du titre 21 de la Coutume de Nivernois.

18. La clause mise dans le bail de chetel, que le bailleur pourra exiguer toutes fois & quantes, doit être interprétée civilement, & rapportée à un temps commode; de maniere qu'à moins qu'il n'y eût du mauvais ménage de la part du preneur, le bailleur ne peut exiguer en hiver, & au fort des moissons, ou des labourages. C'est l'observation de Coquille, au lieu cité; & selon la remarque de M. Louis Semin, sur le présent article, il a été jugé le 7 juillet 1627, que bien que le chetel ne soit point donné à un métayer, & qu'en l'obligation il y eût promesse de venir à exigue à la volonté du bailleur, néanmoins le preneur ne pouvoit

pouvoit être dépossédé du bétail qu'à la S. Martin d'hiver. Et il est à remarquer que cette clause mise dans le bail à chetel, que le bailleur pourra exiger toutes fois & quantes, doit être réciproque & commune au preneur; autrement la société seroit léonine, dit Coquille, y ayant plus d'avantage d'un côté que d'un autre. Coquille, sur l'article 9 du titre 21 de la Coutume de Nivernois.

19. Quand un métayer, après l'expiration de son bail, a quitté & abandonné le domaine ou métairie, du consentement du propriétaire, ledit propriétaire n'est pas recevable à demander l'exigue ou remise de ses bestiaux après l'an, quoiqu'il justifie de l'obligation; parce que la présomption n'est pas qu'un maître ait laissé sortir d'avec lui son métayer, qui avoit son bétail en garde, sans le retirer, & qu'après sa retraite & son domaine dégarni il ait demeuré un an sans lui faire action. C'est l'observation de M. Menudel, sur le présent article.

20. Autre chose est, dit le même Menudel, quand le bétail est tenu à chetel par un tiers; car en ce cas l'obligation dure trente ans.... *Nisi Pastor de divisione doceat contrà obligationis tenorem:* & ainsi a été jugé, le 7 mai 1644, en ce présidial, contre Antoine Mauguin, en confirmant la sentence du châtelain de Murat. M. Menudel, *ibid.*

21. Mais c'est une question, dit M. Louis Semin, si le chetelier obligé à cause de chetel, pour somme excédant cent livres, peut être reçu à faire preuve par témoins de la délivrance du bétail, l'obligation se trouvant riere le créancier saine & entiere. Cette question, ajoute-t-il, s'est présentée en ce présidial, & fut la cause appointée au conseil, le 19 avril 1614, sur un appel du châtelain de Verneüil, qui avoit reçu la preuve; & du depuis ouï, que par jugement la preuve a été reçue. M. Semin, *hic.*

* La même question s'étant de nouveau présentée à juger en cette Sénéchaussée, au rapport de M. Vernin, assesseur, la preuve fut admise; il s'agissoit d'une obligation de 1200 liv. de bestiaux tenus à chetel par un tiers. L'obligation étoit de l'année 1716, & la demande du mois d'avril 1727. Les parties au procès étoient François Desbrets, demandeur en vertu de ladite obligation, qu'il rapportoit saine & entiere, & sans aucun endossement ni décharge, contre Claudine Bargoin, défenderesse. Par sentence rendue le 3 septembre 1734, ladite Bargoin fut admise à faire preuve que les bestiaux en question avoient été rendus & remis audit Desbrets, qu'il les avoit retirés, & en avoit disposé en faveur d'autres personnes depuis plusieurs années. J'étois des juges.

ARTICLE DLIV.

Si au tems de la prisée lesdites Bêtes sont moins prisées, que du prix pour lequel elles ont été baillées à Cheptel & croît, le bailleur prendra icelles Bêtes, ou la somme du prix entierement comme dessus; & lesdits bailleurs & preneurs seront tenus, chacun par moitié, de la détérioration & perte, de laquelle moitié ledit preneur est tenu de rembourser ledit bailleur. Mais, si ladite détérioration est provenue par dol, fraude ou malversation dudit preneur, il est tenu des dommages & intérêts envers ledit bailleur.

Des Bêtes baillées à Chetel moins prisées.

1. Le bailleur peut donner des bestiaux au preneur, de différentes manieres.

2. 1°. Il peut les donner à son fermier par estimation, pour en percevoir tout le profit pendant son bail, & rendre à la fin d'icelui des bestiaux pour le prix de l'estimation qui en a été faite. Ces bestiaux, dit M. de la Thaumassiere, s'appellent *Bêtes de fer*; parce qu'elles ne peuvent mourir à leurs seigneurs, & que le fermier est tenu d'en rendre pour le même prix qu'il en a reçu.

3. Dans le bail des bêtes de fer, le preneur en peut disposer de la maniere qu'il lui plaît, en les payant, ou plutôt à la charge d'en rendre d'autres de mêmes especes, sur le pied de l'estimation qui en a été faite.

4. 2°. Le bailleur & le preneur peuvent fournir chacun moitié des bestiaux, qui sont gardés par le preneur, à moitié profit, croît & décroît d'iceux, qui est ce qu'on appelle *Bail à moitié*, comme il a été dit dans la préface de ce titre.

5. Dans le bail à moitié le bailleur & le preneur sont également les maîtres des bestiaux, ces bestiaux leur appartenant par moitié.

6. 3°. Le bailleur peut donner ses bestiaux au preneur en simple chetel, c'est-à-dire, à la charge de les garder, nourrir, traiter & gouverner, & à moitié croît & profit.

7. Dans le simple chetel, le preneur n'a point de part au capital chetel, & le bailleur en demeure toujours le maître; & c'est en quoi le simple chetel & le chetel de métairie different du bail à moitié & du chetel affranchi. Ainsi en simple chetel, & chetel de métairie, le preneur ne peut vendre les bêtes qu'il a en chetel sans le consentement du bailleur, ainsi qu'il est dit dans l'article 7 du titre 17 de la Coutume de Berry, & dans l'article 16 du titre 21 de celle de Nivernois.

8. Et comme ce n'étoit pas assez pour l'indemnité du bailleur, qui auroit un recours difficile contre le chetelier, peut-être insolvable, comme sont la plupart des cheteliers, les mêmes Coutumes donnent au bailleur action pour poursuivre & revendiquer les bestiaux qui auroient été vendus par le preneur, lesquels elles veulent lui être délivrés, en cas de contestation, par provision en baillant caution, & faisant sommairement apparoir qu'ils lui appartiennent. C'est ce qui est porté dans l'article 16 du titre 21 de la Coutume de Nivernois, & dans l'article 8 du titre 17 de celle de Berry.

9. Il y a plus ; c'est que, pour détourner les acheteurs, la Coutume de Berry, audit article 8, ordonne que ceux qui, sachant que les bêtes sont tenues à chetel, les auront achetées, soient punis selon droit & raison ; parce que celui qui sciemment achete la chose qu'il sait appartenir à autrui, dit la Thaumassiere sur cet article, commet furt & larcin.

10. A l'égard des bestiaux de fer, qui font partie des fermes, tout le profit appartient au preneur, en par lui payant le prix de la ferme, & toute la perte tombe sur lui : mais aussi le prix de la ferme est d'ordinaire plus considérable, à proportion des bestiaux qui la garnissent : car celui qui afferme une terre, peut (comme l'a observé M. Menudel sur l'article précédent, après Bouvot, *lib. 3, in verb.* BÉTAIL) en retirer un prix plus fort, par rapport aux bestiaux qui y sont. A la vérité beaucoup de casuistes soutiennent qu'il y a en cela de l'usure : mais, quelque chose qu'ils disent, l'usage est contraire à leur décision ; car il est certain qu'une terre nue, & sans bestiaux, s'afferme moins que quand elle est bien garnie de bestiaux ; & cet usage est fondé sur la raison, que le bétail est un fonds fructifiant aussi-bien que la terre.

11. Dans le bail à moitié & le chetel affranchi, le tout est partagé également entre le bailleur & le preneur, le gain & la perte, tant pour le capital chetel, que pour le croît & les profits : cela ne souffre pas de difficulté, puisque le capital chetel appartient par moitié au bailleur & au preneur.

12. Dans le simple chetel & le chetel de métairie, le croît & le profit se partagent entre le bailleur & le preneur, selon qu'il est dit dans l'article 4 du titre 21 de la Coutume de Nivernois, & dans l'article 3 du titre 17 de celle de Berry ; & ainsi se pratique dans notre Coutume.

13. Par le croît on entend la multiplication des chefs, qui se fait naturellement par génération ; & par le profit on entend, 1°. l'augmentation de la valeur, tant par l'âge, la graisse & amandement, que par la cherté & augmentation du prix du bétail ; 2°. la laine, le laitage, le travail & service du bœuf, & les fumiers & les graisses.

14. Dans le simple chetel, tout le croît du bétail donné en chetel se partage entre le bailleur & le preneur, aussi-bien que le profit qui en procéde, à la reserve toutefois des graisses, labeurs & laitages des bêtes, qui appartiennent au preneur. C'est la disposition précise de la Coutume de Nivernois, titre 21, article 4 ; & ainsi s'observe dans notre Coutume.

15. Quant à la détérioration & la perte qui peut arriver aux bestiaux donnés en chetel, & sur la question par qui & comment doit être supportée cette perte ou détérioration, il faut distinguer deux cas : le premier, si la perte & détérioration est arrivée par la faute, négligence ou malversation du preneur ; le second, si c'est sans sa faute & par un cas fortuit, par accident, ou force majeure.

16. Dans le premier cas, quand la perte ou détérioration est arrivée par la faute ou malversation du preneur, il en est seul tenu, parce qu'il est tenu de la garde & du soin du bétail. C'est la disposition de notre Coutume, au présent article ; celle de la Coutume de Nivernois, titre 21, article 3 ; de celle de Berry, titre 17, article 4 ; & l'observation de M. le président Duret, sur ces mots de notre article, OU MALVERSATION DUDIT PRENEUR. *Nimirùm*, dit Duret, *hic curam & custodiam præstare tenetur, Conf. Niv. cap. 21, art. 2 & seq.* Papon, sur notre article, a fait la même remarque : *Quòd si*, dit-il, *in pecore pascendo, aut cicurando peccavit, aut negligentiâ, aut imperitiâ ; quia eum operam præstare oportet, idque non gratis, eum & culpæ vitium subire æquum est. Textus est expressus in L. Si quis fundum, §. Cœlius, ff. locat.*

17. De-là il suit que si le bétail s'étant égaré, le preneur n'a été soigneux de le chercher, & que le loup l'ait mangé, il est tenu de la perte ; qu'il en est encore tenu, s'il le perd par simple larcin, sans fracture de porte, ou autre violence ; parce que le simple larcin se dit être la perte des choses mal gardées. Ce sont les observations de Coquille, sur l'article 3 du titre 21 de la Coutume de Nivernois.

18. Il y a plus ; c'est qu'on présume que c'est par la faute ou par la négligence du preneur, que la perte ou détérioration est arrivée, si le preneur ne prouve & vérifie le contraire ; & cela, parce qu'il est chargé de la garde du bétail, dont il a les profits & le croît en partie, pour ses gages, salaires & récompenses : ainsi le décident Coquille dans l'endroit cité, Mauduit sur la Coutume de Berry, titre 17, & après eux M. le président Duret, sur notre article : *Si Pastor*, dit-il, *intendat animalia fortuitò periisse, Dominus contrà negat, magis est ut à Pastore probationes exigantur ; qui enim excipit, probare debet quod excipitur, L. Si pactum, ff. de probat.* M. Jacques Potier, sur le présent article, a fait la même remarque.

19. Dans le second cas, quand la perte ou détérioration du chetel arrive par un cas fortuit & sans la faute du preneur, il y a des auteurs qui soutiennent qu'en ce cas le preneur ne participe point à la perte du capital chetel,

mais que chacun perd ce qu'il avoit dans la société; savoir, le bailleur son chetel & la moitié du profit, & le preneur l'autre moitié du profit: *Quia cuique res sua perit, & pro eâ parte & eo jure quo sua est*, *L. Pignus*, Cod. *de pig. act.* De maniere que, comme il n'y a que le croît & le profit qui soient communs entre le bailleur & le preneur, il n'y a aussi que la perte du croît & du profit qui doive être commune; qu'autrement, & si le preneur supporte la moitié de la perte du chetel, la société seroit léonine, & de la qualité de celles qui sont réprouvées par le droit, en tant que le preneur porteroit la perte du chetel auquel il n'a aucune part; & c'est, ajoute-t-on, la premiere condition des sociétés en commandite, tel qu'est le chetel non-affranchi, que celui qui en fournit le fonds, l'expose & le met dans la société, à ses risques & fortunes, parce qu'il en demeure toujours le maître. On ne se désaisit pas, dit le droit, de ce qu'on met dans une société pour en former le fonds; d'où il s'ensuit, conclut-on, que quand ce fonds périt sans la faute de l'associé à qui il est confié, toute la perte tombe sur le seul propriétaire qui l'y a mis, *res perit Domino*. Tel est le sentiment de Coquille, sur la Coutume de Nivernois, titre 21, article 4, & de quelques autres jurisconsultes.

20. Mais la disposition de nos Coutumes, quelque chose qu'on puisse dire, contrarie ouvertement cette opinion; le présent article y est formellement opposé. Il en faut dire autant de l'article 3 du titre 21 de la Coutume de Nivernois, de l'article 13 du même titre, de l'article 4 du titre 17 de la Coutume de Berry; qui tous portent que si au temps de l'exigue ou prisée les bêtes sont moins estimées, que du prix pour lequel elles ont été baillées à chetel & croît, le bailleur & le preneur seront tenus, chacun par moitié, de la détérioration & perte, de laquelle moitié le preneur est obligé de rembourser le bailleur. L'article suivant de notre Coutume & l'article 11 du titre 17 de celle de Berry résistent encore à cette opinion, quand ils disent que les contrats de chetel sont nuls & illicites, par lesquels les pertes & cas fortuits demeurent entiérement à la charge des preneurs; car de ce mot, *entiérement*, il s'ensuit, par un argument à sens contraire, que ces contrats sont bons & licites, quand le preneur ne supporte que sa part des pertes & cas fortuits. Tel est le sentiment de la Thaumassiere dans sa préface, sur le titre 17 de la Coutume de Berry, & de M. François Menudel, sur notre article, où il remarque que la disposition de cet article résiste absolument à l'opinion de Coquille, sur Nivernois, *hoc titulo, articulo quarto.*

21. L'usage est conforme aux dispositions de nos Coutumes, & ainsi s'observe pour conserver l'égalité entre le bailleur & le preneur: car comme le preneur, outre sa part au croît & profit, a encore entiérement pour lui les graisses, labeurs, & laitages des bêtes qui appartiennent au bailleur, il est juste pour indemniser le bailleur, & conserver l'égalité, qu'il supporte une partie de la perte & détérioration qui pourroit arriver au bétail qu'il a en chetel, quoique sans sa faute & par cas fortuits & purs accidens: ce qui ne regarde que le simple chetel. Car, pour le chetel de métairie, il est encore plus avantageux au preneur, & par conséquent plus susceptible de conventions favorables au bailleur, comme il sera dit sur l'article suivant.

22. Il ne sert rien d'opposer que dans les sociétés en commandite, tel qu'est le chetel non-affranchi, celui qui fournit le fonds, l'expose & le met à ses risques & périls; & que quand il vient à se perdre, il est perdu entiérement pour lui, par la raison que, *res perit Domino*; parce que cela ne s'observe ainsi, que quand l'industrie, les soins & les peines de l'autre associé sont autant estimés que le fonds: car, quand l'industrie de l'autre associé & ses peines sont moins estimées, on le charge pour conserver l'égalité d'une partie de la perte du sort principal ou du fonds; autrement, & s'il recevoit également le profit qui vient de la société, il recevroit plus qu'il ne devroit avoir.

ARTICLE DLV.

ET sont illicites & nuls tous Contrats & convenances de Cheptel de Bêtes, par lesquels les pertes & cas fortuits demeurent entierement à la charge des preneurs: Aussi ceux esquels, outre le Cheptel & croît, est promis par les preneurs aux bailleurs argent ou bled, que l'on appelle droit de moisson.

1. IL est nécessaire que dans les chetels de bêtes, comme dans toutes autres sociétés, on garde l'égalité; c'est-à-dire, que le preneur & le bailleur ne soient pas lésés plus l'un que l'autre, & que pour cet effet le profit, les frais, les pertes & dommages soient réglés selon les regles de l'équité; desorte que le preneur qui se charge du bétail, profite d'une partie qui soit proportionnée à son travail, à ses soins, à son industrie, & aux dépens qu'il lui faut faire, & que le bailleur y ait aussi une part raisonnable, à cause que le bétail lui appartient.

2. Notre Coutume, au présent article, réprouve & condamne les chetels dans lesquels cette égalité n'est pas observée: ce qui arrive, selon le présent article & l'article 11 du titre 17 de la Coutume de Berry, quand il est dit que les pertes & cas fortuits seront entiérement

à la charge du preneur : la raison est que par cette clause le bailleur ne court aucun risque, & prend toutefois part au croît & au profit : ce qui est contre la nature du contrat de société, qui veut que tous les associés participent à la perte & au profit.

3. Une seconde inégalité dans les contrats de chetel, marquée dans notre article, & réprouvée par notre Coutume, c'est quand le preneur, outre l'obligation de rendre le chetel, de compter au bailleur de sa part de croît, est encore obligé de lui payer chacun an une certaine somme en argent ou quantité de bled, que l'on appelle *Droit de moisson* : cette inégalité se prouve en ce que dans ces sortes de chetels le bailleur est assuré d'un profit certain, dans les cas mêmes où le preneur n'a que de la perte, & que le preneur s'oblige (quelque cas qu'il arrive) de payer ce droit de moisson, quand même il ne resteroit aucun croît ni profit, & qu'il n'y auroit que de la perte. Or dans les sociétés les profits ne se doivent prendre par les associés, qu'autant qu'il y en a ; desorte que, si la société n'en rend aucun, les associés n'en retirent point.

4. Ce qui n'empêche pourtant pas que dans le chetel de métairie on ne puisse stipuler, comme l'on fait ordinairement, que le métayer ou preneur sera tenu de donner chacun an une certaine quantité de fromages & de beurre pour le laitage des bêtes, ou bien une certaine somme d'argent, ce qu'on appelle *cervines* : ce qui se pratique pour éviter la discussion de ces profits, qu'il faudroit faire avec les villageois ; & ce qui est d'autant plus permis, que les chetels de métairie sont bien différens des chetels simples, qui sont passés par ceux qui sont eux-mêmes propriétaires des maisons qu'ils habitent, qu'ils sont plus avantageux aux bailleurs, que les simples chetels de personnes étrangeres ; parce que les propriétaires des métairies ne fournissent pas seulement le bétail, mais encore les maisons pour les logemens des preneurs, les étables & bergeries pour retirer les bestiaux, les prés, pâcages & fourrages pour les nourrir : ce qui fait qu'ils sont susceptibles de conventions plus favorables aux bailleurs, que ne le sont les simples chetels. Et de ceci il y en a une disposition formelle dans l'article 4 du titre 21 de la Coutume de Nivernois ; car après qu'il est dit dans cet article, que dans les chetels le péril, croît & profit est commun entre le bailleur & le preneur, sauf les graisses, labeurs, & laitages des bêtes, qui appartiennent au preneur, il est ajouté, *hormis en métairies, dont sera usé comme l'on a accoutumé, ou qu'il sera convenu.*

TITRE TRENTE-SIXIEME.

De la maniere de faire Assiette.

1. CElui qui doit une rente par quelque contrat ou constitution à perpétuité ou à temps, n'est pas tenu d'en faire assiette ; & il suffit qu'il paye la rente par ses mains, ainsi qu'il est dit au présent titre, dans l'article 1 du chapitre 37 de la Coutume de Nivernois, en l'article 353 de celle de Touraine, & en l'art. 2 du chap. 36 de celle de Lodunois.

2. Autre chose est, suivant notre Coutume, au présent titre, & celle de Nivernois en l'article cité, quand on a promis de faire assiette. Ainsi, si on a promis en mariage à une fille cent livres de rente en assiette, on est tenu de lui bailler & fournir des biens-immeubles de proche en proche, jusqu'à la valeur de cent livres de revenu annuel ; & si on n'a pas des biens-immeubles pour y asseoir la rente, on doit payer l'estimation du sort principal d'icelle, dit Coquille, sur l'article 1 du chapitre 37 de la Coutume de Nivernois.

3. M. Charles Loyseau, dans son traité *du Déguerpissement*, livre 1, chapitre 7, nombre 14, prétend que l'assiette de rente comprend non-seulement la détention & jouissance de l'héritage baillé en assiette au créancier, mais encore la seigneurie entiere & absolue : & M. Charles Dumoulin, dans une de ses notes, sur le présent titre, veut que l'assiette ne soit qu'une anthicrese ou engagement de l'héritage donné au créancier, pour en prendre le revenu au lieu de la rente qui lui est due : *Quo casu*, dit-il, *intelligitur antichresis secundùm æstimationem communem, & non ad latorem hujus Consuetudinis, nisi dictum sit* assiette coutumiere ; de maniere que l'assiette de la rente donne double droit au créancier, savoir, une assurance sur le fonds & la perception des revenus d'icelui, pour la rente que lui doit le débiteur.

4. Pour faire assiette, il faut commencer par estimer les fonds qu'on veut donner en assiette, en régler les revenus, ou par l'estimation des fruits, & autres choses qui composent ces revenus, ou par l'estimation du prix de la chose à vendre pour une seule fois. Et c'est cette prisée & estimation qui fait la matiere du présent titre ; on y déclare les choses qui peuvent être données en assiette, & on y fixe & régle le prix de chaque chose ; & le prix que notre Coutume donne dans ce titre à ces choses, s'appelle *Assiette coutumiere*, outre laquelle notre Coutume, dans le présent titre, en distingue deux autres, l'une qu'elle appelle *Assiette par amis*, plus forte que la coutumiere, & l'autre *Assiette par évaluement de terre*, qui est la plus forte des trois, & qui est le tiers en montant plus que la coutumiere.

5. Comme

5. Comme le prix des choses a beaucoup augmenté depuis la rédaction de la Coutume, ce titre est présentement inutile & d'aucun usage.

Il y a dans l'ancienne Coutume un titre sur cette matiere, qui est le titre 19.

Trois manieres d'Assiette.

Au pays & duché de Bourbonnois, y a trois manieres de faire assiette : l'une coutumiere, l'autre par amis, & l'autre en avaluement de terre.

D'Assiette en avaluement de terre.

Assiette en avaluement de terre, autrement appellée de rente rendable prise, ou revenu, se prend pour le tiers plus en montant que la coutumiere, soit ès deniers, bleds, vins, qu'autres choses. Et ce qui se prend en assiette coutumiere pour vingt sous, se prend en ladite assiette d'avaluement de terre pour trente sous tournois, & du plus plus, & du moins moins.

D'Assiette par amis.

Assiette par amis est faite du tournois le parisis de l'assiette coutumiere, & se prend en ladite assiette d'amis pour vingt sous tournois ; ce que par ladite assiette coutumiere vaut seize sous tournois, & du plus plus, & du moins moins.

D'Assiette coutumiere.

Assiette coutumiere se fait des choses ci-après déclarées, selon les prix & estimations qui s'ensuivent.

Estimation des choses liquides.

Taille doublant & tierçant, ou doublant simplement une année & autre non, se prend pour le tiers davantage ; c'est à savoir vingt sous tournois de taille doublant & tierçant, ou doublant simplement, se prend pour trente sous tournois.

Tonneau de vin de rente, trente sous tournois.

Tonneau de miel, trente-cinq sous tournois.

Tonneau de verjus de grain, vingt sous tournois.

Tonneau de vinaigre, vingt sous tournois.

Tonneau de verjus de pommes, douze sous six deniers tournois.

Quarte de sel, deux sous.

Estimation des grains.

Boisseau froment, huit deniers tournois.

Boisseau seigle, six deniers tournois.

Boisseau feves, six deniers tournois.

Boisseau orge, quatre deniers tournois.

Boisseau avoine, trois deniers tournois.

Et se baillent les bleds & grains dessusdits à la raison de douze boisseaux, mesure de Moulins pour septier, qui est le septier de S. Pourçain, combien qu'au septier mesure de Moulins y ait seize boisseaux.

Estimation de terre.

Trois quartellées de terre à froment, un quart froment.

Trois quartellées de terre varenne, un quart seigle.

Une quartellée de terre froide, six deniers.

Arpent de vigne, trente sous tournois.

Arpent de gros bois de haute futaye, contenant quarante toises en quarré, la coupe est estimée à prix de monnoie courant, & le dixieme denier de la somme est pris pour rente en assiette.

Arpent de bois revenant, deux sous six deniers.

Estimation de Garenne, & droit de pêche.

Garenne à connils, ou droit de pêche sur riviere, sont baillés en assiette ; c'est à savoir qu'ils sont estimés par gens à ce connoissans par neuf ans, & qui se mettent ensemble, & est faite une commune année, dont se rabat le tiers pour la directe, & les autres deux tiers se baillent en assiette coutumiere.

Chasse de sanglier de forêt n'est point baillée à ladite assiette.

Estimation de diverses volailles, chairs & autres choses.

Le Paon, deux sous six deniers.

Faisan bruyant, vingt deniers.

Le Cygne, vingt deniers.

La Gruë, vingt deniers.

Perdrix, neuf deniers.

Chapon, douze deniers.

Chaponneaux, six deniers.

Oiseaux de riviere, dix deniers.

Oie, huit deniers.

Oison, huit deniers.

Geline, quatre deniers.

Poulet, deux deniers.

Quatre œufs, un denier.

Pigeon, un denier.

Mouton avec laine, cinq sous.

Agneau, quinze deniers.

Veau, cinq sous.

Chevreau, quinze deniers.

Connil, dix-huit deniers.

Cochon, dix deniers.

La chair du Mouton, quatre sous.

La toison d'une Brebis ou Mouton, douze deniers.

Livre de poivre, trois sous.

Livre d'huile de noix, quatre deniers.

Livre de beurre, quatre deniers.

Livre de suif, quatre deniers.

Livre de plume, huit deniers.

Livre de cire, dix-huit deniers.

Charretée de foin pesant douze quintaux, dix sous.

Charretée de foin en pré, cinq sous.

Charretée de paille, deux sous.

Estimation d'homme sujet tenant feu.

Homme ayant maison & tenant feu, sujet en toute justice haute, moyenne & basse, avec les droits qui en dépendent, est baillée en assiette pour cinq sous tournois.

Estimation de feu en Justice haute, moyenne & basse.

Le feu de justice comprend les droits qui en dépendent.

Feu en justice moyenne & basse, 4 sous.

Feu en justice haute & moyenne seulement, trois sous.

Feu en justice basse seulement jusques en soixante sous tournois, trois sous tournois.

Droit de charroi ou manœuvre dû pour raison de feu taillable, se prend pour deux sous six deniers.

Homme mortaillable se prend en assiette à cause de la mortaille pour six sous.

Les guêts, Tailles aux quatre cas, charrois, manœuvres & autres droits & devoirs qui dépendent de justice, office de judicature, procureurs, greffiers & sergens ne sont pris en assiette, mais sont compris sur le feu de haute justice.

Le ressort se baille avec la Justice.

Le ressort n'est pour rien compté en assiette, & est tenu ledit seigneur justicier ayant ressort, bailler ledit ressort, quant & quant ladite justice, sans le pouvoir retenir.

Les fiefs se baillent en assiette pour la centieme partie de ce qu'ils valent de revenu annuel, comme le fief valant cent livres tournois de rente, se baille en assiette pour vingt sous tournois de rente: mais si ledit fief est chargé d'aucun devoir, il est déduit & défalqué de ladite valeur.

Usufruitiers ou douairieres ne sont tenus de prendre lesdits fiefs pour aucune chose.

Estimation de Châteaux, maisons & autres édifices.

Châteaux, maisons & autres édifices, dont dépendent aucunes seigneuries baillées en assiette, se baillent pour la dixieme partie de ce que valent lesdites seigneuries de rente de la qualité de l'assiette dont elle est baillée, ou d'iceux est faite estimation par gens experts: & est la trentieme partie de ladite estimation baillée en assiette au choix de celui auquel est faite ladite assiette; comme si une seigneurie vaut cent livres de rente, & le châtel & maison dont elle dépend, est prise ou estimée mille livres pour une fois payées, ladite maison se baille en assiette pour dix livres de rente, qui est la dixieme partie de la valeur de ladite seigneurie, ou pour trente-trois livres quatre deniers tournois de rente, qui est la trentieme partie de l'estimation de ladite maison, au choix de celui qui prend ladite assiette, comme dit est. Et n'est tenu le créancier, à qui est due assiette de ladite rente, prendre lesdits édifices en assiette, si ce n'est qu'en faisant ladite assiette, la moitié du revenu & chevance dépendant desdites places pour le moins lui soit baillée outre & pardessus l'estimation dudit édifice. Toutefois si audit créancier est plus dû en assiette de rente que ne monte la moitié de ladite chevance, & lesdits bâtimens excédent ce qu'il lui est dû de reste, il n'est tenu prendre lesdits bâtimens, pour ce qu'il faut que lesdits bâtimens soient pris entiérement ou laissés au débiteur, sinon que ledit débiteur voulût laisser ledit bâtiment pour ce qu'il resteroit de ladite rente.

Autres édifices & maisonnages en villes & ailleurs, qui ne dépendent d'aucunes seigneuries, sont baillés en assiette quand ils sont francs & quittes de cens & rentes, pour la quarantieme partie de la prisée desdits édifices.

Celui qui est tenu à faire assiette de rente, n'est tenu de bailler les deux parts bled, & tiers en argent; mais suffit qu'il fasse l'assiette des choses à lui appartenantes, à la raison dessusdite de prochain en prochain.

D'Assiette de cens ou rente censuelle.

Qui est obligé asseoir cens ou rente censuelle, selon la Coutume de l'assiette du pays, il faut qu'il la baille en directe seigneurie; & ne suffit de bailler rente rendable non portant directe seigneurie. Et quand on baille rente rendable au lieu dudit cens, on est tenu de fournir le tiers plus pour le droit de la directe; tellement que douze sous de rente rendable ne valent que huit sous en l'assiette coutumiere: & au-contraire, quand ladite rente directe est baillée pour rente rendable, elle se prend pour un tiers plus; tellement que huit sous en directe valent douze sous de rente rendable. Mais assiette de rente rendable, autrement dite en avaluement de terre, est prise pour ce qu'elle vaut: c'est-à-savoir, dix sous pour dix sous, sans faire augmentation ou diminution, & ce au cas auquel la rente peut être constituée.

Celui qui est tenu asseoir rente absolument sans autre adjection, il est quitte en asséant rente en avaluement de terre, autrement appellée rente rendable & de prise.

Celui qui doit rente pour quelque contrat ou constitution que ce soit, à perpétuel ou à temps, n'est tenu d'en faire assiette, & suffit qu'il la paye chacun an, sinon qu'il soit dit & accordé que de ladite rente soit faite assiette.

Celui qui est tenu, ou a commencé à faire assiette de rente en aucun lieu assis audit pays, il est tenu bailler tous les cens, rentes, devoirs & autres redevances qu'il y a, sans y rien retenir, jusqu'à la concurrence de la rente accordée; & s'il n'en y a assez, il est tenu de parfournir de son autre chevanche de prochain en prochain, & est tenu le créancier prendre ladite assiette.

En matiere d'assiette coutumiere le sou de rente est estimé pour une fois trente sous tournois, & en rente rendable le sou est estimé vingt sous tournois.

Quand aucun est obligé à asseoir cens ou rente en directe seigneurie, & cependant a promis payer jusqu'à ce que l'assiette en soit faite, & ils en sont dus des arrérages pour chacune livre de cens & rente en directe seigneurie, sont dus trente sous, qui est un tiers davantage.

D'Assiette de rente, dîme, parciere, de vins, & autres choses muables.

L'on peut bailler assiette de rente, dîme, parciere, tant de bleds que de vins, moulins, étangs, & autres choses muables qui soient quittes, & se doivent estimer; c'est-à-savoir mettre les neuf dernieres années ensemble, & icelles réduire à somme totale, de laquelle sera prise la neuvieme partie qui fait l'année commune, dont sera rabattu un tiers pour la directe, & un tiers pour les cas fortuits; & le reste se baille en assiette, déduites quant ès moulins & étangs les réparations nécessaires, & aussi l'empoissonement desdits étangs.

D'Assiette de bois pour bâtir.

Bois pour bâtir de haute futaye doivent être estimés combien peuvent valoir à vendre pour une fois les fonds arbres & revenus d'iceux; & s'ils sont estimés quinze cents livres tournois, ils sont baillés pour cinquante livres de rente en assiette, qui est la trentieme partie, & ainsi du plus plus, du moins moins.

D'Assiette de bois de haute futaye.

Bois de haute futaye, portant paisson de gland ou foine, se peuvent bailler en assiette; & faut regarder ce qu'ils ont valu les quinze dernieres années, & de la valeur d'icelles en faire une somme, de laquelle se prend la quinzieme partie qui se baille en assiette, rabattu le tiers pour la directe, & l'autre pour les cas fortuits. Toutefois le débiteur peut à son choix faire estimer ledit bois avec les fruits & fermes d'iceux; & dud. prix que lesdits bois & fruits sont estimés à vendre pour une fois, est pris la trentieme partie, laquelle trentieme partie dudit prix est baillée en assiette, qui est à la raison de trente sous, un sou: & du plus plus, & du moins moins.

La taille personnelle franche & imposable à volonté raisonnable, & les droits, se prennent en assiette pour le tiers davantage de ce qu'elle aura été imposée les neuf années précédentes, icelles réduites en somme totale, dont en sera fait une. D'Assiette de Taille personnelle.

Colombier se prend en assiette pour la neuvieme partie de ce qu'il a valu ou peut valoir par commune estimation, déduit le tiers pour l'entretenement des pigeons, & le tiers pour la directe.

S'ensuivent les Coutumes locales du Pays & Duché de Bourbonnois.

IL y a quatre Coutumes locales dans le pays & duché de Bourbonnois, pour certains cas particuliers qui y sont exprimés: & ces quatre Coutumes sont celles de Verneul, de Billy, de Germigny, & de Saint-Pourçain, qui sont renfermées dans l'étendue des quatre châtellenies de ces noms-là.

Coutume locale de Verneul.

ARTICLE PREMIER.

EN la Châtellenie de Verneul, Marciage a lieu ès choses tenues en censive & directe Seigneurie; & par le droit de Marciage le Seigneur censivier & direct a droit de prendre de trois années la dépouille de l'une, quand ce sont fruits naturels, comme sauldoi, quand c'est simplement sauldoi, ou de pré; & en ce cas le Tenancier est quitte du cens de ladite année: mais si ce sont fruits industriaux, comme labourages, ou vignes, le Seigneur ne prendra que la moitié de ladite dépouille pour son droit de Marciage, & ne payera le Tenancier que la moitié dudit cens de ladite année. Du droit de Marciage & ce que c'est.

1. LE marciage, dont il est parlé dans le présent article, considéré en général, est une redevance que le seigneur direct est en droit de percevoir dans les cas & les lieux marqués par la Coutume, sur les héritages compris en sa censive ou directe.

2. Le marciage, selon qu'il est dit dans notre article, a lieu dans l'étendue de la châtellenie de Verneul; & dans cette châtellenie le seigneur direct a droit de prendre pour le marciage, de trois années la dépouille de l'une. C'est la disposition du présent article, & celle de l'article premier du titre troisieme de l'ancienne Coutume.

3. Les trois années marquées par ces articles, sont celles qui suivent immédiatement la mort, qui a donné ouverture au droit de marciage: & si au temps de cette mort on a commencé à cueillir les fruits, & que l'année soit commencée, les trois années commencent à l'année suivante. C'est l'observation de M. le président Duret, sur ces mots de notre article, DES TROIS ANNÉES: *Proximè sequentibus mortem*, dit-il, *ex qua Marciagium debetur, atque præsens annus inspici debet, utique si adhuc sit integer, aliàs à sequenti immediatè inspicitur.* M. Duret, *hic.*

4. C'est au choix du seigneur de prendre de ces trois années celle qu'il lui plaît. C'est encore l'observation de M. Duret, sur notre article, sur le mot, DE L'UNE: *Sed cujus*, dit-il, *Domini est optio.*

5. Que si le propriétaire ou le détenteur de l'héritage, sujet à marciage, a empêché le seigneur de percevoir la dépouille que lui accorde la Coutume pour son droit de marciage, & que ce soit par son fait & faute qu'il ne l'ait pas perçue, lesdites trois années expirées, cette dépouille n'en est pas moins due au seigneur, & le paiement lui en doit être fait par rapport au prix que les fruits ont valu, l'une desdites trois années. *Etsi detentor*, dit M. le président Duret, *interim fructus perceperit, vel per eum steterit, quominùs ipse Dominus vel ejus hæres fructus ex Statuto ei delatos perciperet, præterito termino nihilominùs tenetur, & æstimatio unius ex præteritis est facienda.* M. Duret, *hic*, sur ces mots, *des trois années.*

6. Il y a plus; c'est que, quoiqu'il n'y ait aucun empêchement de la part du détenteur de l'héritage, & que le seigneur ait laissé passer les trois années sans demander le marciage, toutefois M. Menudel estime que, dans ce cas-là même, le seigneur est recevable à demander dans les dix ans son droit de marciage,

mais qu'il ne le peut plus après les dix ans. *Quid si Dominus*, dit M. François Menudel, *censum per tres annos perceperit, nullâ factâ protestatione Marciagii; puto tamen Dominum audiendum, quia Marciagium non est pœna, sed jus.... Ultrà decem annos Dominus mihi tamen non videtur recipiendus, ex ratione hujus paragraphi*, à commencer *in verbis*, EST QUITTE, *ex paragrapho tertio, eodem titulo* DES MARCIAGES. Telle est l'observation de M. Menudel & son sentiment, que le marciage doit être demandé dans les dix ans, à compter de l'ouverture d'icelui. Mais j'ai proposé la question à la chambre, & la plus grande partie de nos conseillers furent d'avis que le seigneur étoit en droit de demander le marciage, non-seulement dans les dix ans (comme le prétend M. Menudel,) mais même dans les trente années, comme le droit de lods qui se peut demander dans les trente ans, & dont l'action ne se prescrit que par ce temps-là. J'estime pourtant que le sentiment de M. Menudel doit prévaloir, ayant son fondement dans l'article 30 de notre Coutume générale, suivant lequel, si le seigneur néglige de se faire payer dans les dix ans du profit dû dans l'un des cas de la taille à quatre cas, il n'est plus recevable à le demander.

* Ainsi fut jugé, conformément au sentiment de M. Menudel, & au mien, en cette Sénéchaussée, au rapport de M. Desbouis, lieutenant particulier, le 30 avril 1739, moi présent, en qualité de juge, dans le procès d'entre M. Chretien de Brialles, demandeur en paiement de marciage, contre mademoiselle Heron, défenderesse; le marciage fut adjugé audit sieur Chretien, seigneur de Brialles & de Paray, pour raison des mutations seulement arrivées dans le cours & espace des dix années, qui avoient précédé la demande. Ce fut un des chefs décidés par ladite sentence; les juges étoient M[rs]. Berger, lieutenant général, Desbouis, rapporteur, Perret du Coudray, Maquin de Bouffac, Berault de la Materée, Imbert de la Cour, Heuillard de la Porte, Cantat, Parchot de Villemouse, & moi Auroux des Pommiers; M[rs]. Berger & Berault furent d'avis que le seigneur qui avoit laissé passer les trois années sans demander le marciage, & avoit reçu la totalité du cens pendant ledit temps, n'étoit plus recevable à en former la demande, sur-tout dans le cas de la mutation arrivée par le décès de son prédécesseur. M. Imbert fut seul de l'avis qu'on pouvoit le demander dans les trente ans, & tous les autres jugerent que le seigneur étoit recevable à le demander dans les dix ans; mais qu'il ne l'étoit plus après les dix ans. A la vérité, depuis cette sentence il a été jugé par arrêt que le marciage se pouvoit demander dans les trente ans, & l'arrêt a été rendu en la premiere des enquêtes, au mois de juillet, ou au commencement du mois d'août de la présente année 1739, au profit de M. Vernoy de Monjournal, contre le sieur de Genetoux & demoiselle Margueritte Regnaud, sa femme; mais on s'est beaucoup recrié contre cet arrêt.

7. Dans le cas du marciage arréragé, il se paye comme le cens; savoir, par estimation. Le 13 octobre 1634 il a été jugé, dit M. Louis Semin, en la Sénéchaussée, pour Aligier, fermier, que le marciage arréragé se payoit comme le cens, savoir, par estimation, suivant l'article 128 du Statut. M. Semin, *hic*.

8. La dépouille qui appartient au seigneur direct pour son droit de marciage, se prend différemment, par rapport aux fruits industriaux & naturels.

9. Des fruits industriaux, comme labourages & vignes, le seigneur, dit notre article, conformément à l'article 1 du titre 3 de l'ancienne Coutume, ne prendra que la moitié de ladite dépouille pour son droit de marciage: *Et altera medietas*, comme l'a observé M. Jean Decullant, *relinquetur pro sumptibus & impensis fructuum quærendorum, quos teneretur alioquin deducere non solùm Colono, sed & ipsi possessori Domino utili, per manus suas aranti, Molin. in §. 1 veter. Cons. Paris. gl. 5, n.* 83. C'est l'observation de M. Jean Decullant, & M. le président Duret a fait la même remarque.

10. Mais des fruits naturels, comme saudoi, quand c'est simplement saudoi ou de pré, le seigneur prend toute la dépouille; c'est la remarque de M. Jean Decullant, sur ces mots de notre article, LA DÉPOUILLE DE L'UNE: *Capit*, dit-il, *omnes fructus naturales, & mediam partem industrialium.* Ainsi le seigneur prend pour son droit de marciage la part du colon, comme celle du propriétaire; & ainsi jugé en cette Sénéchaussée. *Quamvis*, dit le même Jean Decullant, *regulariter Colonus partiarius non teneatur de solutione reditûs annui, seu pensionis fundariæ, sed proprietarius; tamen hoc jus* de marciage *percipitur in præjudicium Coloni, salvo recursu contrà proprietarium; & sic accepi à domino Joanne Roussello, Patrono dignissimo, fuisse judicatum in Curiâ ordinariâ Senescalli; patrocinantibus d. Roussello & d. Petro* Despineul, *quia per verba Statuti Dominus habet jus percipiendi fructus.* M. Jean Decullant, *hic*.

11. Il y a plus; c'est que, quoique les saudois ne se coupent que tous les trois ans, toutefois si la coupe tombe dans l'année que le seigneur a choisie, il prendra la coupe entiere. C'est encore la remarque de M. Jean Decullant: les saudois, dit-il, sont arbres appellés saules & aubais, *quæ cæduntur triennio ad usum vinearum; & Dominus licèt capiat fructum dumtaxat unius anni, tamen capiet totam hujus silvæ cæsuram, si sit matura, & veniet inscindenda illo anno quem elegerit; itaut non attendatur, nisi tempus maturitatis & inscisionis, quia hic paragraphus tribuit indistinctè Domino* la dépouille en ladite année par lui choisie. *Molinæus & alii aliter censent in Patrono feudali prehendente sub feudum, sed mens hujus*

hujus paragraphi ab illis dissentit. M. Jean Decullant, *hic.*

12. Il en faut dire autant des étangs, selon M. le président Duret; c'est sa remarque, sur notre article, sur le mot SAUDOI : *Quid*, dit-il, *in stagno, quod non nisi triennio semel piscari consuevit, & sanè ejus piscaturæ ita ratio habenda est, ut à Domino accipiatur, quod eâdem ratione probavimus in silva cæduâ, & aliis quæ in quinquennium vel aliud tempus renascuntur....* M. Duret, *hic.*

* A la vérité ce sentiment est rigide, & il a paru tel à M. Guyot, traité des fiefs, tome 2, chapitre 15, distinction 44, nombre 2, où il prétend que, dès que la Coutume ne donne au seigneur que les fruits d'une année, il ne doit avoir que l'estimation d'un an pour les bois & les étangs; mais la disposition de la Coutume est contraire, en ce qu'elle n'accorde pas simplement au seigneur les fruits d'une année, mais indistinctement & sans réserve, la dépouille en l'année ou de l'année par lui choisie; & ainsi l'ont expliqué & entendu nos anciens, qui vivoient dans des temps peu éloignés de la rédaction de la Coutume.

13. Au-reste les termes de *saudoi* & de *pré* n'ont été employés par la Coutume dans notre article, que pour servir d'exemple: c'est ce que le mot de *comme* donne à connoître, & c'est la remarque de M. Jean Decullant : *Exemplativè*, dit-il, *undè idem de prædiis urbanis, seu domibus in quibus tamen sequenda est dispositio Statuti Paris. in materiâ feudali, §. 58, quem vide, & Chop. lib. 1, de Morib. Paris. tit. 2, n. 4.* M. Decullant, *hic.*

14. Le propriétaire & le détenteur de l'héritage sujet au droit de marciage, ne doit aucun cens au seigneur pour l'année qu'il prend son droit de marciage, si ce sont fruits naturels, & que le seigneur prenne toute la dépouille: & si ce sont fruits industriaux, & que le seigneur ne prenne que la moitié de la dépouille pour son droit de marciage, le propriétaire & tenancier payera la moitié du cens de ladite année, comme il est dit dans le présent article, & dans l'article 1 du titre 3 de l'ancienne Coutume.

15. Quant aux autres charges & rentes qui peuvent être dues sur l'héritage sujet à marciage, & qui y ont été imposées sans le vouloir & consentement du seigneur, il ne s'en fait aucune déduction par le seigneur. *Capit Dominus*, dit M. Jean Decullant, *omnes fructus naturales, & mediam partem industrialium, nullâ deductione factâ pro pensionibus, reditibus, & quibuscumque oneribus impositis à Vasallo, etiam ad pias causas, quæ non tenetur solvere, nisi consenserit eorum impositioni, ut est in paragraphis 333 & 334; nec creditores agere poterunt contrà Dominum tanquam possessorem rei specialiter hypothecatæ; resoluto enim jure debitoris, resolvitur jus creditoris. Molin. in §. 18, num. 4 veter. Cons.* M. Jean Decullant, *hic.*

16. Il y a plus; c'est que quand il s'agit de fruits naturels, & que le seigneur prend toute la dépouille pour son droit de marciage, il ne fait aucune déduction pour les frais & dépenses que le colon a été obligé de faire, selon la remarque de M. Dubuisson, & après lui de M. Menudel; & ainsi a été jugé en cette Sénéchaussée. *Sic ratiocinatur Buissonius*, dit M. Menudel; *Molinæus deducendas impensas putat, & hoc benè, si fructuum verbo uteretur: sed verbum* DÉPOUILLE *latius est, & ideò non deduci impensas puto; quia in naturalibus totos fructus Domino tribuit:* ainsi fut jugé le 11 décembre 1596, pour les fermiers de Laugere.

17. Il est pourtant à propos d'observer qu'il y a sentiment contraire, & que M. le président Duret est d'un avis opposé dans sa remarque sur notre article, sur le mot, LA DÉPOUILLE : *Deductis impensis*, dit-il; *nam fructus intelliguntur deductis impensis, quòd non solùm in bonæ fidei possessore naturalis ratio expostulat, verùm etiam in prædonibus.....* M. Duret, *hic.* Tel est mon sentiment, parce que le marciage n'est pas imposé comme une peine, mais comme une redevance, qui ne doit se lever, *nisi deductis impensis legitimis.*

18. Comme le marciage se prend sur les fruits, il est à la charge de l'usufruitier, & c'est par lui qu'il se paye, & non par le propriétaire. *Quæritur*, dit M. le président Duret, *an illud Marciagium à proprietario vel usufructuario debeatur: Molin. ad Cons. Paris. de mat. feod. §. 32, glos. 1, 9, 41 & seq. numeris 155 & seq. ad fructuarium pertinere probat, quamvis usufructu constante plures mutationes ex capite proprietarii superveniant, nisi probabiles conjecturæ contrà moveant, velutì si ususfructus pro alimentis constitutus esset, & adeò tenuis esset reditus, ut aliundè se alere non posset....* M. le président Duret, *hic.*

ARTICLE II.

En la Châtellenie de Verneul si aucune chose est tenue en censif & directe Seigneurie à payer à terme & jour nommé, où l'on prend à défaut de payement sept sols tournois, l'on ne doit payer Marciage aucun ; ains en est-on quitte par la Coutume.

1. Le présent article est une exception du précédent pour le cas qui y est exprimé : savoir, quand l'héritage est tenu en censif; que le cens est dû à jour nommé; qu'il est portable, & qu'à défaut de paiement il est dû amende.

2. Sur quoi nos commentateurs ont observé que le seigneur ne peut avoir qu'une seule amende pour plusieurs années par lui demandées: *nisi quolibet anno Censuarius fuerit interpellatus, aut in jus vocatus; & hoc jure utimur ex bono & æquo*, disent-ils. C'est la remarque de M. le président Duret, de M. Jean Decullant, & de M. François Menudel, *hic.*

Coutume locale de Billy.

ARTICLE PREMIER.

En la Châtellenie de Billy, en choses qui sont tenues en cens & directe Seigneurie, Marciage a lieu : mais la générale Coutume de la Châtellenie dudit Billy est que l'on ne paye qu'autant de Marciage que de cens, exceptez ceux de la Ville & Justice de Varennes, qui disent en être exempts par Privilege, ou Coutume particuliere & locale dudit lieu.

Mr. le président Duret, dans ses remarques sur le présent article, atteste que de son temps ceux de la ville & justice de Varennes étoient en possession de ne point payer de marciage ; *& reverà*, dit-il, *eo jure utuntur* : &, selon M. François Menudel, sur leur possession vérifiée ils furent maintenus dans leur exemption, par arrêt contre le sieur de Chazeul. Mrs. Duret & Menudel, *hìc*.

ARTICLE II.

Quand Marciage est dû.

Marciage est dû du côté & par la mutation par mort du Seigneur, & du côté & par la mutation du Tenancier par mort : Et en vendition n'a point de Marciage, parce qu'il y a lods & ventes. Aussi héritages chargez de Taille & de cens ensemble, ne doivent point de Marciage, sinon qu'il y ait obligation ou convention au contraire.

1. La disposition du présent article est générale, tant pour la châtellenie de Verneul, que celle de Billy ; &, suivant qu'il est porté en cet article & en l'article 4 du titre 3 de l'ancienne Coutume, le marciage est dû en deux cas, en la mutation arrivée par mort du seigneur, & en celle qui arrive par la mort du tenancier ou propriétaire.

2. La mort qui donne ouverture au marciage, est la mort naturelle, & non la mort civile, si ce n'est la mort civile par entrée en religion. C'est l'observation de M. le président Duret, sur notre article, sur le mot PAR MORT : *Utique*, dit-il, *si naturalis sit, non etiam civilis... nisi mors civilis per ingressum Religionis.*

3. Si en une même année il arrive double mutation, il ne sera pas dû pour cela double profit, mais un seul & même droit de marciage pour toutes les mutations. *Si eodem anno*, dit M. Jean Decullant, *Dominus directus intereat, mox ejus filius, & sic plures hæredes successivè ; vel contrà hoc contingat in familiâ detentoris, seu Domini utilis, non ideò debebuntur tot Marciagia, quot mutationes, sed unicum dumtaxat pro mutationibus omnium uno eodemque anno mortuorum....* M. Jean Decullant, *hìc*, sur ces mots, *mort du Seigneur.*

* C'est aussi le sentiment du président Duret, sur le présent article. *Quod si*, dit-il, *eodem tempore Dominus & detentor obierint, benignius est ut aliud ab eo, quod alterius morte fieri debuit, non præstetur.*

Il faut avouer toutefois que cette décision a ses difficultés & ses contradicteurs. La question se trouve traitée & décidée par plusieurs auteurs des pays de Coutumes, & par les Coutumes mêmes, par rapport aux fiefs pour lesquels il est dû, dans les mutations qui arrivent en ligne collatérale, un droit de relief, ou rachat, qui est le revenu d'une année ; & les décisions en sont différentes.

Il y en a qui prétendent que, quand il arrive plusieurs mutations dans une même année, il est dû différens droits, par rapport à chaque mutation, & que les droits sont également dus, soit qu'elles arrivent dans une même année, ou dans deux années différentes ; que le premier droit étant acquis par la premiere mutation, il ne peut pas être détruit, ni entiérement confondu avec le second droit, qui arrive par une seconde mutation ; qu'au contraire, *debito novum succedit debitum* ; & qu'il ne se fait point de confusion de deux dettes dans la personne du débiteur à l'égard de son créancier. La confusion de deux dettes ne se pouvant faire, ni même concevoir, que lorsque le débiteur devient lui-même créancier.

D'autres soutiennent que, quand deux ou plusieurs rachats échéent en une même année, ce qu'on appelle *rachat rencontré*, l'ouverture du second rachat fait cesser le premier ; ensorte que le seigneur ne doit avoir qu'une année de jouissance, avec ce qu'il avoit pris pour le premier ; & ce sentiment est appuyé sur la disposition de plusieurs Coutumes.

D'autres distinguent les mutations qui arrivent par cas fortuit, d'avec les mutations volontaires, & disent que, dans les premieres, il n'est dû qu'un seul rachat ; mais que, dans les secondes, il est dû autant de rachats qu'il y a de mutations, les contractans ayant bien voulu s'y assujettir par leur propre fait. Cet avis se trouve soutenu par le sentiment de Me. Charles Dumoulin, sur l'article 22 de la Coutume de Paris, nombres 111, 112 & 113. Il a été adopté par les réformateurs de la Coutume d'Orléans, réformée en 1583, qui le décide ainsi dans deux articles différens ; le premier est l'article 17, & le second l'art. 139; Brodeau, sur M. Louet, lettre R, nombre 2, est encore de ce sentiment, & passe même plus avant; il rapporte pour son sentiment, un arrêt du 18 mars 1610, rendu en la Coutume de Poitou, & on cite aussi pour ce sentiment, un arrêt du 20 mars 1662, rendu sur les conclusions de M. l'avocat général Bignon, & rapporté au second volume du journal des audiences.

Suivant ce dernier sentiment, qui paroît le plus raisonnable, il reste à conclure que le droit de marciage, dû suivant le présent article, dans les mutations de mort, étant à-peu-près le même que celui de rachat & de relevoison, dont il est parlé dans la Coutume d'Orléans, article 139, il n'est dû dans notre Coutume qu'un simple droit de marciage pour plusieurs mutations arrivées en une même année, comme il n'est dû qu'un simple rachat pour plusieurs mutations de morts, échues en une même année, & ce, *ne gravamen censuariis nimium fiat*; joint qu'il paroît que ce n'a pas été la créance, ni l'intention des rédacteurs de notre Coutume, qu'il fût dû double marciage pour double mutation échue dans la même année; car si telle eût été leur intention, ils n'auroient pas manqué de l'exprimer, comme ils ont fait dans l'article 347 ci-dessus, au sujet de la taille aux quatre cas.

4. Dans la châtellenie de Billy, où l'on paye pour droit de marciage un double cens, c'est une question si le paiement doit s'en faire dans le temps de la mort, qui donne ouverture au marciage, ou seulement dans le temps que le cens se doit payer.

Quæritur, dit M. Jean Decullant, *an statim mutatione factâ possit exigi istud jus, an verò non venerit tempus nisi eo die quo census præstatur; & hæc quæstio fuit agitata in Curiâ ordinariâ Senescalli Molinis, die 17 Septembris 1608, patrocinantibus dominis Joanne Rousello, & Andræâ* Giraud. *Dominus* Giraud *dicebat ex hoc nostro Statuto deberi statim mutatione factâ, eodemque tempore posse exigi; ita ut si solvatur non in specie, sed pretio, habenda sit ratio temporis quo mutatio facta est; & hæc verba*, autant de Marciage que ce cens, *intelligi debere quoad quantitatem, sed non quoad tempus solutionis.*

5. *Dominus Rousellus contradicebat, mutatione factâ jus quidem deberi, sed non posse statim exigi, & illa verba*, AUTANT DE MARCIAGE, *debere intelligi quoad quantitatem & tempus solutionis, quia Statutum non distinguit; adducebat in arg. quod dicitur in paragrapho primo: scilicèt quòd in Castellaniâ* de Verneul *Dominus directus, pro suo jure* de Marciage, *accipit fructus unius anni ex tribus proximis, quod intelligitur de sequentibus mutationem, non de præcedentibus; hoc enim jus solvitur ex fructibus percipiendis post mutationem, non ex perceptis ante: Lis fuit in Concilium missa.* C'est ce qui est rapporté par M. Jean Decullant; & pour dire mon sentiment sur cette question, la cause de M. Roussel me paroît la meilleure, & ses raisons les plus solides.

6. Que si dans l'étendue de la châtellenie de Verneul, où l'on prend pour droit de marciage la dépouille d'une année, l'héritage sujet au droit de marciage est inculte au temps de la mort, qui a donné ouverture à ce droit, & qu'il ne soit pas cultivé pendant les trois années qui ont suivi cette mort, le seigneur en ce cas perdra son droit de marciage pour cette fois; parce qu'aux termes de la Coutume il n'a droit que de prendre la dépouille, & que dans ce cas il n'y a pas de dépouille à prendre. *Quid verò*, dit M. Menudel, *si ager censuarius non sit cultus tempore mortis Domini utilis, nec tribus annis immediatè sequentibus colatur: Nota quòd Statutum dicit* la dépouille. M. Menudel, *hìc.*

ARTICLE III.

PAR la Coutume du Pays de Bourbonnois l'Eglise ne marcie point, c'est-à-dire que l'Eglise ne prend nuls Marciages des choses tenues de sa censive & directe Seigneurie, par la mutation du Prélat ou Seigneur de l'Eglise : car l'Eglise ne meurt jamais, mais prend seulement Marciage par la mort du Tenancier, ès Châtellenies & lieux & sur les héritages, où ils ont accoutumé de le lever.

SElon M. François Menudel, il a été jugé contre les religieux de Souvigny, qui sont au lieu de M. le Duc, qu'ils ne peuvent prendre droit de marciage; par la raison que le roi n'usant pas du droit de marciage, ceux qui le représentent n'en doivent pas user non plus. Il y a eu, dit M. Menudel, arrêt rendu contre le sieur de Pingré, prieur, & Pierre Duthely, son fermier, le 19 février 1661, par lequel Fallier a été déchargé du marciage pour héritages par lui acquis en la châtellenie de Bourbon; ledit arrêt fondé sur ce qu'ils sont au lieu du Duc qui ne marcie point. M. Menudel, sur l'article 479, *suprà.*

ARTICLE IV.

MONSEIGNEUR le Duc ne marcie point, c'est-à-dire, qu'il ne prend aucun Marciage. Toutefois mondit Seigneur veut prétendre qu'il peut marcier ès terres portans Marciages, qu'il a acquises, acquerera, ou qui lui adviendront de nouvel de ses Vassaux & Sujets, lesdits Sujets disant le contraire; & pour ce en jouira mondit Seigneur ainsi que de raison.

Coutume locale de Germigny.

En la Châtellenie de Germigny & ressort d'icelle, toutes & quantes fois qu'aucune chose mouvant de Fief d'aucun Seigneur est vendue, aliénée, ou autrement transportée & mise en autrui main, les quints & requints en sont dus à Monseigneur le Duc.

1. Il est fait mention, dans le présent article, de monseigneur le Duc; parce qu'en ce temps-là monseigneur le Duc de Bourbonnois étoit le seigneur de Germigny : mais par la confiscation de Charles III, Connétable, Duc de Bourbon, le roi François I prit le duché de ce pays comme appanage de France, subrogé au lieu du comté de Clermont, & Louise de Savoie, comme proche héritiere de Susanne, fille unique & héritiere de Pierre II du nom, septieme duc de Bourbon, eut les terres & adjections faites audit Duché, qui n'avoient pas pris la nature d'appanage & domaine reversible à la couronne; entr'autres choses elle eût Germigny, lequel elle donna à M^re. Philibert Babon, seigneur de la Bourdoisiere. C'est la remarque de M. François Menudel.

2. Les droits de quints & de requints sont dus dans cette châtellenie de Germigny; parce que, comme elle faisoit autrefois partie du duché de Nivernois, elle a conservé les droits de quints dus au seigneur féodal dans l'étendue de ce duché, dans les mutations de vassal.

3. Mais, comme notre article donne le droit de quint, non pas au seigneur féodal immédiat, mais à monseigneur le Duc, M. François Menudel croit que c'est une erreur ou méprise, & que ces mots ont été jettés dans le cahier par les fiscaux, & ceux qui prenoient l'intérêt du Duc : ses raisons sont, la premiere que ces termes, *Monseigneur le Duc*, résistent aux articles 21 & 59, titre *des Fiefs* de la Cout. de Nivernois, dont la Coutume locale de Germigny est tirée; lesquels articles donnent les profits au seigneur féodal immédiat, & non au médiat, si ce n'est qu'il y eût ouverture de plein fief. La seconde, que dans l'ancienne Cout. de cette province de Bourbonnois, au titre *des Fiefs*, article pénultiéme, où il est parlé du droit de quints & requints, dû dans la Coutume locale de Germigny, il n'est pas dit que ce droit soit dû à monseigneur le Duc, & que dans tout le procès-verbal il n'est pas fait mention de cette réformation. M. Menudel, *hìc*.

Coutume locale de Saint-Pourçain.

ARTICLE PREMIER.

Le lignager peut recouvrer la chose immeuble vendue par son lignager, provenue de son estoc, dedans l'an & jour à prendre du jour de la vente, en payant le sort & loyaux coûtemens.

ARTICLE II.

En matiere d'asseuremens, *aliàs* assenemens, se gouvernent selon la Coutume du Païs Coutumier d'Auvergne; & en autres choses se gouvernent selon les Us & Coutume du Païs de Bourbonnois, hors leurs Privileges & compositions.

1. M. François Menudel estime que la Coutume locale de Saint-Pourçain ne comprend pas seulement la ville & les fauxbourgs, mais encore tout ce qui est compris dans l'étendue de sa justice. *Quærunt quidam*, dit-il, *utrùm hæc Consuetudo localis, intitulata* Sancti Porciani, *referatur tantùm ad urbem & suburbia, aut etiam ad vicos subditos Jurisdictioni* Sancti Porciani : *Ego localem Consuetudinem vicos etiam comprehendere autumo, ex ratione totius tituli, ubi loquitur generaliter de Castellanis Venolii, Billiaci, & Germiniaci; & hìc sub verbum* Sancti Porciani, *non solùm urbem & suburbem, sed omnem Jurisdictionis districtum comprehendo.* Menudel, *hìc*.

2. Mais pour ce qui est des châtellenies de Martilly, Busche-Cartel, la Feline, Bayet, Dully, Soyres, Loriger, Montort, Palilet, Ventuel, & Boutaresses, la Roche-de-Bronzat & Chazeul, en ce qui est au pays d'Auvergne, elles n'ont aucunes Coutumes locales, & se régissent par les Coutumes de Bourbonnois, ainsi qu'il est inséré aux Coutumes locales du bas pays d'Auvergne, à la tête de la Coutume locale de Saint-Pourçain.

FIN.

Regi sæculorum immortali & invisibili soli Deo honor & gloria in sæcula sæculorum. Amen.

TABLE

TABLE ALPHABÉTIQUE

DES MATIERES ET QUESTIONS PRINCIPALES DE DROIT ET DE COUTUME,

Contenues en la seconde Partie du Commentaire de la Coutume de Bourbonnois.

AVERTISSEMENT.

Ce Commentaire est divisé en deux Parties ; chaque Partie est distribuée en Titres, Articles & Nombres, & à la tête de chaque Titre il y a une préface.

Les lettres pr. *indiquent la Préface ; quand ces lettres se trouvent précédées, de la lettre* t. *c'est la Préface du Titre qu'elles indiquent ; quand il n'y a pas de* t. *qui les précède, c'est la Préface du Commentaire. La lettre* t. *indique le Titre, la lettre* a. *l'Article, la lettre* n. *le Nombre, la lettre* p. *la Page, & les chiffres marquent tel Titre, tel Article, tel Nombre, ou telle Page en particulier.*

A.

ABANDONNEMENT d'héritage, *voyez* Délaissement par hypothéque & Déguerpissement.

Abeilles, essain d'abeilles qui s'envolent hors leurs vaisseaux, si elles peuvent être poursuivies, t. 26, a. 337, n. 1, 151

Dans quel temps s'en doit faire la poursuite, & à qui elles appartiennent n'étant pas poursuivies dans le temps, *ibid.* n. 2 & 3, *ibid.*

Si celui qui a trouvé un essain d'abeilles dans son héritage, le recele, & ne le déclare pas au seigneur justicier, est amendable, *ibid.* n. 4, 152

Quid, de celui qui prend un essain d'abeilles dans le fonds d'autrui, & l'emporte, *ibid.* n. 5, *ibid.*

Acceptation de succession, comment se fait, t. 25, a. 325, n. 3 *& suiv.* 133 & 134

Voyez Acte d'héritier, & renonciation à succession.

Accroissement, si la portion de celui qui s'abstient de l'hérédité, en ligne directe, *nullo dato & accepto*, accroît à ceux de sa souche & branche seulement, t. 25, a. 323, n. 1, 2 & 3, 128

Quid, s'il renonce, *aliquo dato*, *ibid.* n. 4, 5, 6 & 7, 128 & 129

Comment se fait l'accroissement de la portion de celui qui renonce à l'hérédité en collatérale, soit qu'il le fasse en conséquence des avantages qu'il a reçus, ou non, *ibid.* n. 8, 9 & 10, 129 & 130

Quand dans le partage de la succession en directe il y a diversité de lits, si la portion de l'enfant qui renonce, accroît à toute la masse de la succession, ou à ses freres germains seulement, *ibid.* n. 11 & 12, 130

Si les enfans du renonçant peuvent profiter de la renonciation de leur pere, *ibid.* n. 11, *ibid.*

Accroissement de terre que forme une riviere, ou l'alluvion, à qui il appartient, *voyez* Riviere.

Acquereur peut être dépossédé par différentes sortes de retraits, t. 29, pr. n. 1, 248

Voyez Retrait.

Acquêts, s'ils sont sujets à retrait, *voyez* Retrait.

Quand ils sont faits propres naissans, *voyez* Propres.

Acte d'héritier, faire acte d'héritier, ce que c'est; différens actes d'héritiers, t. 25, a. 325, n. 3, 4 *& suiv.* 133 & 134

Actes qui ne doivent être regardés comme actes d'héritiers, *ibid.* n. 9, 11, 12, 13 & 14, 134

Qui sont ceux qui ne peuvent pas faire actes d'héritiers, *ibid.* n. 10 & 16 134 & 135

Regle générale pour connoître si l'acte est acte d'héritier, ou non, *ibid.* n. 15, 135

Voyez Succession, & Renonciation.

Actions, si elles sont sujettes à retrait, *voyez* Retrait.

Adjudication par decret, si pour telles adjudications lods & ventes sont dus, & comment ils se réglent, *voyez* Lods & Ventes.

Si en adjudication par decret retrait a lieu, *voyez* Retrait.

Administrateurs ne peuvent recevoir les dispositions testamentaires, faites à leur profit, t. 24, a. 292, n. 13, 14 & 15, 21

Voyez Testament.

Age requis pour tester, *voyez* Testament.

A quel âge est réglée la majorité féodale, *voyez* Fief.

Aînesse, le droit d'aînesse sur quoi fondé, & s'il n'a lieu qu'en successions directes de gens nobles, t. 25, a. 301, n. 1, 2 & 4, 38

S'il suffit, pour le droit d'aînesse, que le pere de l'enfant soit noble, & quelle doit être cette noblesse, *ibid.* n. 3, *ibid.*

Le fils aîné à qui appartient le droit d'aînesse, est le plus âgé des fils au temps de l'ouverture de la succession, *ibid.* n. 5, *ibid.*

Le fils représente le pere au droit d'aînesse, venant à la succession de l'aïeul, *ibid.* n. 6, *ibid.*

Le légitimé par mariage subséquent prend le droit d'aînesse, à l'exclusion de ceux qui sont nés du même mariage, *ibid.* n. 7, *ibid.*

Mais si l'enfant né avant le mariage de son pere, n'est légitimé que par un second mariage, l'enfant du premier lit est préféré, *ibid.* n. 8, *ibid.*

Le pere ne peut ôter à son fils aîné son droit d'aînesse, ni le diminuer ; & s'il le fait, le fils aîné s'en peut plaindre, quoique héritier de son pere, *ibid.* n. 9 & 10, 39

Et t. 19, a. 216, n. 35, *prem. Part.* 308

Renonciation au droit d'aînesse, de combien de manieres elle peut être faite, t. 25, a. 301, n. 12, 39
Si la renonciation au droit d'aînesse, faite moyennant récompense, profite à quelqu'un des puînés, *ibid.* n. 13, *ibid.*
Quid, quand le fils aîné a renoncé gratuitement, *ibid.* n. 14, 15, 16 & 17, 40
Le droit d'aînesse est annexé au droit successif, & qui ne succéde ne le prend, *ibid.* n. 18, *ibid.*
L'aîné est saisi du droit d'aînesse dès la mort de son pere, comme de sa légitime, *ibid.* n. 19, *ibid.*
Il ne peut se plaindre des donations entre-vifs faites par son pere, *ibid.* n. 20, *ibid.*
Le fils aîné exhérédé ne prend point de droit d'aînesse, *ibid.* n. 21, *ibid.*
Pour prendre le droit d'aînesse, il suffit d'être héritier de celui dans la succession duquel il se prend, *ibid.* n. 22, *ibid.*
Le droit d'aînesse se prend par préciput, & n'est tenu l'aîné de payer plus de dettes de la succession, à cause de son droit d'aînesse, *ibid.* n. 23 & 24, 40 & 41
Autre chose est des charges fonciéres, desquelles est chargé le fonds qui compose le droit d'aînesse, *ibid.* n. 25 & 26, 41
Quand est-ce que le droit d'aînesse est chargé de la légitime des puînés, & quand ne l'est-il pas? *ibid.* n. 27 & 28, *ibid.*
Il n'y a qu'un seul droit d'aînesse aux successions de pere, mere & autres ascendans, *ibid.* n. 30 & 31, *ibid.*
Si l'aîné peut prendre son droit d'aînesse sur la totalité du principal manoir, quand c'est un acquêt de la communauté, *ibid.* n. 32 & 33, 41 & 42
Quand l'aîné a choisi, il ne peut plus varier, *ibid.* n. 34, 42
Exceptions de cette regle, *ibid.* n. 34 & 35, *ibid.*
Le droit d'aînesse se prend en chaque Province, où il y a du bien de la succession, suivant les Coutumes, *ibid.* n. 36, *ibid.*
Il se prend avant le douaire coutumier, *ibid.* n. 37, *ibid.*
Si le droit d'aînesse se prend sur les rotures, *ibid.* a. 302, n. 1, 2, 3, 4 & *suiv.* 43
S'il n'y a pas dans la succession, de maison destinée pour le pere de famille, il n'y a pas de droit d'aînesse, *ibid.* n. 9, 44
Quel est le droit du fils aîné, dans le cas où le pere auroit vendu sa maison purement & simplement, ou sous faculté de rachat, *ibid.* n. 10 & 11, *ibid.*
Quel est aussi son droit, quand la maison a été acquise sous faculté de rachat, *ibid.* n. 12, *ibid.*
S'il est nécessaire, pour donner ouverture au droit d'aînesse, que le défunt habitât dans la maison, ou qu'elle soit en état d'y pouvoir loger, *ibid.* n. 13, *ibid.*
Ce que comprend le droit d'aînesse, *ibid.* n. 14, 15 & 16, *ibid.*
Moulins, fours, pressoirs & jardins qui sont dans l'enceinte accordée à l'aîné, quand ils appartiennent à l'aîné, & quand ils ne lui appartiennent pas, a. 303, n. 1, 2, 3 & 4, 45
Quand récompense en est due par l'aîné; quand elle n'est pas due; comment doit se faire cette récompense, & dans quel temps, *ibid.* n. 2, 3, 4, 5 & 6, *ibid.*
La justice en directe, ni les dîmes ne sont pas annexées dans cette Coutume au droit d'aînesse, *ibid.* n. 7, 46
Le droit d'aînesse n'appartient qu'aux mâles; & entre filles il n'y a pas de droit d'aînesse, *ibid.* a. 304, n. 1 & 2, *ibid.*
Il n'y a pas de droit d'aînesse, lorsque les mâles ne viennent à la succession de l'aïeul, que par la représentation des filles, *ibid.* n. 3, *ibid.*
Mais le droit d'aînesse est dû entre les petits-enfans d'une fille unique, venans à la succession de leur aïeul par la renonciation de leur mere, *ibid.* n. 4, *ibid.*
Si l'aîné décédé avant son pere n'a laissé que des filles, elles sont excluses du droit d'aînesse, & n'en profitent pas par représentation de leur pere dans cette Coutume, *ibid.* n. 5, 6, 7 & 8, 46 & 47
Allodial, *voyez* Franc-aleu.
Amende, faute de paiement de cens, *voyez* Cens.
Améliorations, *voyez* Réparations.
Amortissement, ce que c'est, & quel est son effet, t. 27, a. 390, n. 12 & 13, 201
Voyez Eglise & gens de main-morte, homme vivant & mourant, & indemnité.
Antichrese, ce que c'est, t. 28, a. 421, n. 5, 6 & 7, 246
En quoi elle differe du contrat pignoratif, *ibid.* n. 7 & 8, *ibid.*
Si l'antichrese est permise, ou non, *ibid.* n. 13 & 14, 247
Voyez Contrat pignoratif, & usure.
Appanage des filles, ce que c'est, & sur quoi fondé, t. 25, a. 305, n. 1, 47
Si l'appanage des filles est reçu par la Coutume générale de la France, *ibid.* n. 2, *ibid.*
Plusieurs conditions sont requises par cette Coutume pour la validité des appanages, *ibid.* n. 3, *ibid.*
Il est nécessaire que ce soit une fille, & non un mâle, qu'on appane; mais n'importe que la fille appanée soit noble ou roturiere, *ibid.* n. 4, 5, 6, 7 & 8, 48
Il faut que la fille soit actuellement mariée, & que son mariage soit valide, *ibid.* n. 9, 10, 11 & 12, 48 & 49
La fille doit être dotée par son contrat de mariage, *ibid.* n. 13, 49
Il n'est pas nécessaire que la dot soit payée comptant, pourvu qu'elle soit exigible dans un certain temps qui précéde la mort de celui qui dote, *ibid.* n. 14, 15 & *suiv.* *ibid.*
Le paiement anticipé d'une dot payable après la mort du constituant, ne rend pas l'appanage valide, *ibid.* n. 26, 51
Quid, d'une fille mariée sans le consentement de son pere, dont le suffrage survient après le mariage, accompagné d'une constitution dotale, *ibid.* n. 28, *ibid.*
Il est requis pour la validité de l'appanage, que la fille soit mariée par un ascendant, pere ou mere, aïeul ou aïeule; mais il suffit qu'elle ait été mariée & appanée par l'un d'eux, *ibid.* n. 29 & 30, *ibid.*
Une fille mariée & dotée par son pere seul, sa mere étant décédée, est excluse des successions de ses freres & sœurs, même quant aux biens qui leur appartiennent du chef de leur mere, *ibid.* n. 30, 31, 32 & *suiv.* 51 & 52
Une fille appanée par son pere seul est excluse de la succession des freres, même quant aux biens acquis par leur industrie ou autrement, *ibid.* n. 38, 52
Il n'est nécessaire pour la validité de l'appanage, qu'on se soit servi du mot *appanée*, pourvu qu'il y ait dotation faite à la fille, *ibid.* n. 39, 40, 41 & 42, 52 & 53
Il faut pour la validité de l'appanage, que la fille dotée soit mariée avant la mort des parens qui ont fait l'appanage, *ibid.* n. 43, 44 & 45, 53
Il est encore requis que la fille soit dotée des biens de celui qui la marie, *ibid.* n. 46 & 47, 54
L'appanage d'une seule somme, pour la succession échue de la mere, & pour celle du pere qui marie, est nul, *ibid.* n. 48, *ibid.*
Quand le pere & la mere sont vivans, s'il est nécessaire que chacun d'eux appane leur fille de sa succession, *ibid.* n. 50, 51 & *suiv.* *ibid.*
Il est nécessaire pour la validité de l'appanage, que la fille n'ait pas un droit acquis à la succession, l'appanage des filles ne regardant que les successions à échoir, & non les échues, *ibid.* n. 63, 64 & 65, 56 & 57

Effets de l'appanage, *ibid.* n. 66, 57
Premier effet; la fille appanée, mineure ou majeure, ne peut rien prétendre dans les successions à écheoir, directes & collatérales dans les termes de représentation, pas même le supplément de légitime, *ibid.* n. 67, *ibid.*
Second effet; ses enfans souffrent de son incapacité, & n'ont pas plus de droit qu'elle dans les successions, *ibid.* n. 68, *ibid.*
Cette exclusion est limitée aux termes de représentation, *ibid.* n. 69, *ibid.*
Si une renonciation indéfinie à toutes successions collatérales est nulle par rapport à celles qui sont hors des termes de représentations, si ceux de la succession desquels il s'agit n'y consentent, *ibid.* n. 70, *ibid.*
Si quand une fille appanée a fait une renonciation expresse, son exclusion doit être limitée aux termes de sa renonciation, a. 307, n. 26, 27 & 28, 70
L'appanage des filles n'est qu'en faveur des mâles, & profite à leurs enfans de l'un & l'autre sexe, a. 305, n. 72 57
Il est en faveur des freres germains, par préférence aux freres d'un autre lit, *voyez* Renonciation de la fille appanée.
Il ne regarde que les biens situés dans cette Coutume, *ibid.* n. 73, *ibid.*
Quid, de l'exclusion qui vient de la convention, & de la renonciation de la fille à une succession future, *ibid.* n. 74, 58
La fille appanée succéde au défaut des mâles avec ses autres sœurs, *ibid.* a. 309, n. 1, 73
Ce droit de la fille appanée subsiste, quoiqu'il n'y eût point eû, au temps de sa renonciation, de mâle, & que sa renonciation eût été générale & expresse, *ibid.* n. 3, *ibid.*
Elle ou ses descendans succédent au dernier descendant des mâles, selon la prérogative du degré, *ibid.* n. 1 & 2, *ibid.*
Si l'existence des mâles inhabiles à succéder empêche la fille appanée de succéder, *ibid.* n. 4, 74
Si le droit que la fille appanée a de succéder avec ses sœurs, est à son choix, *ibid.* n. 6, 7 & 8, 75
Si n'y ayant point de mâles, la renonciation de la fille peut être faite au profit d'une autre fille, ou de ses pere & mere, *voyez* Renonciation.
Renonciation de la fille au profit des freres germains, *voyez* Renonciation.
Si la portion de la fille appanée accroît aux mâles, & à quelle condition, t. 25, a. 310, n. 1 & 2, 76
Si les mâles refusent de payer la dot de la fille appanée, les filles restantes à marier succédent avec les mâles, en payant la dot *pro rata*, ou le restant d'icelle, *ibid.* n. 2, 3 & 4, 76 & 77
Dans le cas où les mâles ne prennent pas la portion de la fille appanée, elle se peut porter héritiere, en rapportant ce qu'elle a reçu, *ibid.* n. 5 & 6, 77
Les mâles qui prennent la portion de la fille appanée, ne sont pas tenus de rapporter ce qui lui a été payé, quand ils viennent à partage avec des sœurs ou des descendans de sœurs, *ibid.* n. 7, 8, 9 & 10, *ibid.*
Il en est autrement, quand ils viennent à partage avec des mâles, *ibid.* n. 11 & 12, 78
Comment se fait le rapport de la dot de la fille appanée, quand les filles succédent avec les mâles, *ibid.* n. 13 & 14, *ibid.*
La portion de la fille appanée n'accroît aux mâles, que quand la fille appanée ou ses enfans sont existans au temps de l'ouverture de la succession, & en état d'y prendre une portion, s'il n'y avoit pas eu d'appanage, *ibid.* n. 15, 16 & 17, *ibid.*
Quelle est la portion de la fille appanée, qui accroît aux mâles, *ibid.* n. 18, 79
Si les pere & mere, en instituant l'un de leurs enfans leur héritier universel, peuvent empêcher que les autres mâles ne prennent leur portion dans la portion héréditaire de leur sœur appanée, *ibid.* n. 19, 20 & 21, *ibid.*
S la fille appanée fait nombre pour la quotité de la légitime, *voyez* Légitime.
Voyez Renonciation de la fille appanée.
Arbre dont le tronc est assis en un héritage, appartient à celui à qui est l'héritage, t. 32, a. 533, n. 9, 361
Quand l'arbre est planté ès confins des héritages des deux voisins, les fruits s'en doivent partager entr'eux, *ibid.* n. 8 & 10, *ibid.*
Arriere-Fief, *voyez* Fief.
Ascendans sont les peres & meres, aïeuls & aïeules, t. 25, a. 314, n. 1, 95
S'ils succédent à leurs descendans, *voyez* Succession.
Accenses, *voyez* Fermes & bail de Ferme.
Assenement ou *Assignement*, ce que c'est, t. 27, a. 372, n. 6, 180
Et t. 28, a. 409, n. 5, 232
Assignat, dont il est parlé dans l'article 467 de cette Coutume, ce que c'est, t. 29, a. 467, n. 1 & 2, 298
L'assignat est translatif de propriété, mais non irrévocablement, *ibid.* n. 2, 3 & 4, 298 & 299
Si la femme vend son assignat, il est retrayable par les lignagers du mari, *ibid.* n. 4, 299
Mais si par le décès de la femme il passe à son héritier, & que cet héritier le vende, il est retrayable par les lignagers du vendeur, du côté de la femme, *ibid.* n. 5, *ibid.*
Assiette, ce que c'est, & quand on est tenu de faire assiette, t. 36, pr. n. 1, 2 & 3, 380
Ce qui est requis pour faire assiette, *ibid.* n. 4, *ibid.*
Combien de sortes d'assiettes, n. 4, *ibid.*
Aveu & dénombrement, *voyez* Dénombrement.
Authentique, Ingressi, abrogée, t. 25, a. 318, n. 1, 120
Aïeul, s'il succéde à son petit-fils aux biens qu'il lui a donnés, *voyez* Reversion ou droit de retour.

B.

BAIL à ferme, *voyez* Ferme.
Si en bail d'héritage à cens, ou rente fonciere, il y a lieu au retrait, *voyez* Retrait.
Si lods & ventes sont dus, *voyez* Lods & Ventes.
Bail de métairie, *voyez* Métairie.
Bail à chetel, *voyez* Chetel.
Bannalité, ce que c'est, t. 33, pr. n. 1, 361
Ce qui est nécessaire pour établir le droit de bannalité, *ibid.* n. 3 & 4, 362
S'il faut rapporter les titres primitifs & originaires, *ibid.* n. 5, *ibid.*
Si au défaut de titres le seigneur peut acquérir le droit de bannalité par prescription, & comment il le peut, a. 544, n. 1, 2, 3, 4, 5 & 6, 366 & 367
Quels sont les effets de la bannalité, a. 539, n. 1, 2 *& suiv.* 363 & 364
Exceptions que souffrent les effets de la bannalité, *ibid.* n. 3, 4 *& suiv.* *ibid.*
Voyez Four bannal & Moulin bannal.
Bannées ou *Bandées*, par qui & comment elles doivent être déclarées, t. 26, a. 351, n. 2, 166
S'il est permis à un Propriétaire de vendanger ses vignes avant le jour indiqué par la bandée, *voyez* Vignes.
Bannissement perpétuel hors du Royaume emporte mort civile, t. 25, a. 322, n. 1, 127
Si le banni à perpétuité du royaume peut succéder, *ibid.* n. 1, *ibid.*
Quid, du banni à perpétuité de la province sulement, *ibid.* n. 1, *ibid.*
Si les condamnés à peines qui emportent mort civile, peuvent succéder, *voyez* Condamné.
Barrage, ce qu c'est, & pourquoi le péage est appellé *barrage*, t. 26, a. 354, n. 2, 171
Bâtir, on ne peut point bâtir en terre commune sans le consent ement de son commun, t. 31,

C.

cens, *ibid.* a. 392, n. 1, 2, 3 & 4, 205
Dans le doute si la rente a été créée par la concession du fonds ou à prix d'argent, si c'est un cens ou non, la présomption est pour le cens, & cette présomption charge le débiteur de faire preuve du contraire, *ibid.* n. 5, *ibid.*
Dans la concurrence de deux seigneurs prétendans la directe, c'est l'antiquité du titre qui décide, *ibid.* n. 6, *ibid.*
Si une seule reconnoissance, suivie de prestations, suffit pour établir le droit du cens, *ibid.* n. 7, 206
Quid, des prestations sans reconnoissance, *ibid.* n. 7, *ibid.*
Les nouvelles reconnoissances, qui rappellent les anciennes, ne donnent aucun droit au seigneur, si elles ne sont conformes aux anciennes, *ibid.* n. 8, 9 & 10, *ibid.*
Elles servent toutefois à expliquer les droits, *ibid.* n. 11, *ibid.*
La maniere de payer le cens n'est pas uniforme; & il y a trois sortes de cens, le requérable, le quérable, & le portable, *ibid.* n. 12, 13, 14 & 15, *ibid.*
Quand est-ce que le cens est portable, ou non, *ibid.* n. 16, 17 & 18, 206 & 207
A quoi sont tenus les seigneurs directs, pour la levée de leurs cens, par l'arrêt de réglement de 1666, *ibid.* n. 19, 207
Le cens n'est dû que du bled & grains, tels que portent les terres, *ibid.* n. 20, *ibid.*
Si le cens est dû d'une certaine mesure de grains, l'augmentation ou diminution de la mesure, par le fait du prince, ne nuit ni ne sert au seigneur, *ibid.* n. 21, *ibid.*
Si le seigneur direct peut contraindre l'acquereur de lui exhiber son titre, *voyez* Exhibition de titre.
Reconnoissance de cens, si elle est due, quand & par qui elle est due, *ibid.* a. 393, n. 7, 8 & 9, 208
Aux dépens de qui elle doit être faite, *ibid.* n. 8, *ibid.*
Si le censitaire, comme maître de son héritage, en peut disposer à sa volonté, & s'il peut l'empirer, a. 398, n. 1, 2, 3 & 4, 216
S'il peut couper les bois de haute futaye, *voyez* Bois de haute futaye.
Le seigneur censier ne peut, faute de paiement de cens, user de main-mise, par laquelle il fasse les fruits siens t. 28, a. 408, n. 1, 230
Il n'est point dû d'amende faute de paiement de cens, si le terrier ne le porte, *ibid.* n. 2, *ibid.*
Dans le cas où l'amende est due par le terrier, quoiqu'il soit dû plusieurs années d'arrérages, il n'est dû qu'une seule amende, *ibid.* n. 2, *ibid.*
Et Cout. loc. de Verneuil, a. 2, n. 2, 385
Exceptions de ces deux divisions pour ce qui concerne l'amende, a. 408, n. 2 & 3, 230
Si le cens ou rente fonciere est solidaire & indivisible, & quel est l'effet de cette solidité ou indivisibilité, a. 409, n. 1 & 2, 230 & 231
Si le cens ou rente fonciere peut devenir divisible, & comment, *ibid.* n. 3 & 4, 231
Les détenteurs d'un max peuvent faire entr'eux un partage du cens, & le seigneur est tenu de recevoir de chacun leur portion sans préjudice de la solidité, a. 410, n. 1, 232
Comment le détenteur qui a payé la totalité du devoir, peut se faire payer de ses co-détenteurs, & s'il peut exercer contr'eux la solidité, *ibid.* n. 2, 3, 4 & 5, 232 & 233
Les seigneurs censiers & rentiers sont tenus d'enrégistrer les paiemens qui leur sont faits, dans des livres en bonne forme, *ibid.* a. 412, n. 1, 233
Ils doivent donner quittances libellées, & déclarer ce qu'ils ont reçu des co-détenteurs, *ibid.* n. 2, 3 & 4, *ibid.*
S'ils peuvent demander dix années en deniers ou quittances, & si la plus-pétition n'a pas lieu, même en action réelle & en fait de devoirs, *ibid.* n. 5 & 6, 233 & 234
Si faute de paiement de cens le seigneur censier peut faire procéder par empêchement & saisie de fruits, a. 413, n. 1 & 2, 234
Comment se doit faire cet empêchement & saisie, si le seigneur le peut faire de sa propre autorité, sans le ministere de la justice, *ibid.* n. 4, 5 & 6, 234 & 235
Quel est l'effet de cet empêchement, *ibid.* n. 3, 234
Sur quels biens & quels héritages se doit faire cette saisie, *ibid.* n. 7 & 8, 235
Si cette saisie se peut faire pour lods & ventes & amendes, *ibid.* n. 9, *ibid.*
Si le seigneur censier a droit de saisir les fruits de l'héritage censif, quoiqu'affermé, *ibid.* n. 12, 236
Le détenteur d'un héritage censif peut être poursuivi par action personnelle pour arrérages de son temps, a. 414, n. 1, *ibid.*
Et par action hypothécaire seulement pour les arrérages précédans sa détention, *ibid.* n. 2 & 3, 236 & 237
Il n'y a que le détenteur propriétaire, & non le fermier ou locataire, qui puisse être poursuivi, soit personnellement, soit hypothécairement pour arrérages de cens, *ibid.* n. 4, 237
Le détenteur saisi, faute de paiement de cens ou rente fonciere, peut avoir main-levée provisoire, en consignant les trois dernieres années, a. 415, n. 1 & 2, 239
S'il justifie de quittances des trois dernieres consécutives, il obtient main-levée définitive, *ibid.* n. 2, *ibid.*
Et a. 419, n. 1, 244
Il n'est pas nécessaire de rapporter trois quittances distinctes & séparées, une seule quittance des trois années suffit, a. 419, n. 2, 3 & 4, 245
Et il suffit qu'elle soit du seigneur, son receveur ou commis, *ibid.* n. 5, *ibid.*
Mais cette quittance de trois années doit être accompagnée de l'affirmation, que les précédentes ont été payées, *ibid.* n. 6, *ibid.*
La libération ne regarde que le seigneur, dont on rapporte les quittances, & non le précédent fermier, *ibid.* n. 7, *ibid.*
Le débiteur doit reconnoître pardevant notaire le paiement qu'il a fait, & ce aux dépens du seigneur, si le seigneur le requiert, a. 420, n. 1 & 2, *ibid.*
Il n'est rien dû pour quittances & reconnoissances écrites des mains des parties respectivement, *ibid.* n. 1 & 2, *ibid.*
Si on peut imposer un surcens sur l'héritage censif, *voyez* Surcens.

Champart, terrage, parciere & carpot, ce que c'est & de combien de sortes, t. 26, a. 352, n. 1 & 2, 167
Quand le droit de champart, parciere ou carpot, est seigneurial, & quand il ne l'est pas, *ibid.* n. 4, 5, 6 & 7, 167, 168 & 169
Si celui qui vendange ses vignes, ou moissonne ses héritages tenus à champart, parciere ou carpot, est tenu d'avertir le seigneur ou son commis, *ibid.* n. 8 & 9, 169
Quand les laboureurs & vignerons sont tenus de conduire le droit de champart & carpot, & quand ils n'y sont pas tenus, *ibid.* n. 10, *ibid.*
Si on peut appliquer les terres baillées à parciere, & vignes à carpot, à d'autres usages, sans le consentement du seigneur, a. 353, n. 1, *ibid.*
Quid, quand on en néglige la culture pendant trois ans consécutifs, *ibid.* n. 2 & 3, *ibid.*
Si la dîme se paye préférablement au champart, quoique seigneurial, *ibid.* n. 4, *ibid.*
Quand le laboureur peut prescrire le champart, & quand il ne le peut pas, *ibid.* n. 5 & 7, 170
S'il peut, quand le champart ou parciere est de pure faculté, prendre les fruits naturels qui ne demandent

D.

Quelles

E.

F.

Ce que c'est que fief, comment il se divise, & ce qu'on entend par fief dominant, fief servant, & arriere fief, *ibid.* n. 3 & 4, *ibid.*
Si tous les fiefs en France relévent du roi, *ibid.* n. 5, *ibid.*
Les fiefs dans leur origine n'étoient que viagers; ils ont été rendus dans la suite héréditaires, *ibid.* t. 27, a. 365, n. 1 & 2, 176
Les fiefs peuvent être vendus, engagés en tout ou partie, sans le consentement du seigneur, à la charge de la retenue féodale, *ibid.* n. 3, *ibid.*
Le fief peut être vendu, même pendant la saisie féodale, *ibid.* n. 4, *ibid.*
Les choses féodales peuvent se diviser sans le seigneur, & d'un seul fief il s'en peut faire plusieurs, même par rapport au seigneur, a. 366, n. 1, 2 & 3, 176 & 177
Les fiefs entrent dans l'ordre des successions, a. 367, n. 1 & 2, 177
Le vassal ne doit dans cette Coutume à son seigneur, que la foi-hommage & le dénombrement, sans aucuns droits féodaux, s'il n'y a titre, *ibid.* a. 368, n. 1 & 2, 177 & 178
Si on peut charger le chef-fief sans la volonté du seigneur, *voyez* Surcharge.
Si le seigneur qui jouit du fief du vassal, faute de foi & hommage, & de dénombrement, peut l'acquerir par prescription, a. 387, n. 1, 194
Si l'acquereur du seigneur le peut, *ibid.* n. 2, *ibid.*
Si le seigneur, qui ne posséde pas le fief *jure feudi, sed jure dominii*, le peut, *ibid.* n. 3, *ibid.*
Si le vassal peut prescrire la foi & hommage contre son seigneur, *ibid.* n. 4, *ibid.*
Si c'est au seigneur, qui prétend qu'un héritage est de sa mouvance féodale, à le prouver, *voyez* Franc-aleu.
Voyez Foi & hommage, souffrance, saisie féodale, commise, dénombrement, & réunion.
Fille, si le droit d'aînesse appartient aux filles, *voyez* Aînesse.
Fille appanée & dotée, *voyez* Appanage.
Si la fille appanée peut exercer le retrait, *voyez* Retrait.
Fils, si le fils exhérédé peut exercer le retrait, *voyez* Retrait.
Fisc, *voyez* seigneur justicier.
Foi & hommage est due à toutes mutations de seigneur & de vassal, t. 27, a. 368, n. 3 & 4, 178
Quel délai donne la Coutume pour aller à la foi, & comment se compte ce délai, *ibid.* n. 5 & 6, *ibid.*
S'il y a un nouveau délai, quand le nouveau vassal, non reçu en foi, décéde dans son délai, *ibid.* n. 8, *ibid.*
En mutation de la part du seigneur la foi & hommage n'est point due, si elle n'est requise, a. 369 & 370, n. 1, 178 & 179
Quelles sont les notifications que doit faire en ce cas le nouveau seigneur, & comment se doivent faire ces notifications, *ibid.* n. 2, 3, 4, 5 & 6, 179
Où se doit faire la foi & hommage, a. 378, n. 1, 186
Par qui elle doit être faite, *ibid.* n. 2 & 3, 186 & 187
A qui elle doit être faite, *ibid.* n. 4, 187
Qui peut commettre pour recevoir le vassal en foi, *ibid.* n. 5, *ibid.*
Si le seigneur doit recevoir le syndic d'une communauté à la foi & hommage, a. 379, n. 4, 188
S'il doit recevoir le tuteur & curateur des mineurs, *ibid.* n. 1 & 4, 187 & 188
Quand la douairiere & autres usufruitiers peuvent faire la foi & hommage, *ibid.* n. 5, 188
Quand le commissaire aux saisies réelles peut la faire, *ibid.* n. 6, *ibid.*
A quel âge est réglée la majorité féodale, *ibid.* n. 2, *ibid.*
Si pour la majorité féodale il faut suivre la Coutume du fief servant, ou celle du domicile du vassal, *ibid.* n. 3, *ibid.*
Par quelle Coutume doit se régler la maniere de faire la foi & hommage, a. 380, n. 1, *ibid.*
De quelle maniere se doit faire la foi & hommage en l'absence du seigneur, *ibid.* n. 2 & 3, 189
Si le vassal, qui veut faire la foi & hommage volontairement, est obligé de chercher le seigneur en personne, *ibid.* n. 2, *ibid.*
Si la maniere de rendre la foi & hommage par les gens d'église, est différente de celle des laïcs, *ibid.* n. 4, *ibid.*
Ce que peut & doit faire le vassal, quand plusieurs seigneurs prétendent que le fief servant reléve d'eux, s'il peut se faire recevoir en main souveraine, a. 385, n. 1 & 2, 192
Ce que c'est que main souveraine, & quel en est l'effet, *voyez* Main souveraine.
Quand c'est le roi qui conteste la mouvance avec un seigneur particulier, l'hommage est dû au roi par provision, *ibid.* n. 7, *ibid.*
Que doit faire le seigneur, quand plusieurs se prétendent propriétaires du fief servant, a. 384, n. 1, 191
Si le vassal qui déguerpit le fief, est exempt de toute sujettion envers le seigneur du fief, a. 380, n. 5, 189
Voyez Fief, & réunion en fief.
Formalités du retrait, *voyez* Retrait.
Formalités des testamens, *voyez* Testament.
Fossé entre deux héritages, à qui il appartient, t. 32, a. 533, n. 6 & 7, 360
Four, quel doit être l'espace entre un four, & mur commun, t. 31, a. 511, n. 1 & 2, 343 & 344
Four bannal, combien de fois par semaine il doit cuire, t. 33, a. 541, n. 1, 365
Dédommagement que doit le fermier du four bannal au cuisant, pour n'avoir pas cuit le pain comme il appartient, *ibid.* n. 2, *ibid.*
Voyez Bannalité.
Franc-aleu, ce que c'est, t. 28, pr. n. 1 & 2, 203
Combien il y a de sortes de franc-aleu, *ibid.* n 3, 204
Si cette Coutume est une Coutume allodiale, *ibid.* n. 4, *ibid.*
Si c'est au seigneur féodal à prouver qu'un héritage est de sa mouvance féodale, *ibid.* n. 4, *ibid.*
Si le seigneur censier doit prouver sa censive, *ibid.* n. 4 & 5, *ibid.*
Si le propriétaire des terres allodiales peut les donner à cens, *ibid.* n. 6, *ibid.*
Fraude, si la preuve en est reçue par témoins, t. 29, a. 455, n. 2, 6 & 7, 286
Et a. 456, n. 2, 287
Dans la fraude il faut deux choses, le dessein & l'événement, a. 455, n. 6, 286
Le temps du retrait ne court que du jour que la fraude a été découverte, *voyez* Retrait.
Freres germains, ou sœurs germaines, s'ils succédent avec les ascendans, *voyez* Successions d'ascendans.
Si le privilége de la germanité, ou double lien, étoit en usage dans l'ancien droit Romain, & quand introduit, t. 25, a. 317, n. 1, 115
Si en succession collatérale les freres germains excluent les autres parens collatéraux, *ibid.* n. 1 & 2, 115 & 116
Si le privilége du double lien, & de la germanité, profite aux descendans des germains, tant que la ligne des germains dure, & s'étend hors des termes de représentation, *ibid.* n. 2, 3, 4 & 5, 116
Si la fille appanée succéde à son frere germain, nonobstant son appanage, à l'exclusion de ses freres

G.

H.

I.

M.

N.

O.

43

P.

descendans, leur sont propres, comme s'ils leur étoient échus par succession, t. 29, a. 468, n. 1 & 2, 299
L'immeuble dont il est parlé dans l'article 468 de cette Coutume, est un acquêt donné par les pere ou mere à leurs enfans, & qui est fait propre naissant par cette donation en la personne des enfans, *ibid.* n. 3 *& suiv.* 299 & 300
L'immeuble donné par l'aïeul à son petit-fils, au préjudice de son fils, est propre en la personne du petit-fils, *ibid.* n. 12, 301
Si l'immeuble donné en collatérale à l'héritier présomptif, est un propre naissant en la personne du donataire, *ibid.* n. 13, *ibid.*
L'immeuble donné par le pere ou la mere à l'enfant, est retrayable en cas de vente par le donataire, par le parent du vendeur, du côté de celui qui l'a donné, *ibid.* n. 9 *& suiv.* 300
Propre en matiere de retrait, *voyez* Retrait.
Propres réels & fictifs, comment on y succéde en collatérale, *voyez* Succession des collatéraux.
Comment s'éteignent les stipulations de propres, *voyez* Stipulations de propres.
Puberté, si ceux qui ont atteint l'âge de puberté, peuvent tester, t. 24, a. 289, n. 4, 5 *& suiv.* 2 & 3
Voyez Testament.
Puînés, si les puînés doivent avoir leur légitime, quand le droit d'aînesse absorbe tous les biens de la succession, t. 25, a. 301, n. 27, 41
Puits, quelle distance il doit y avoir entre les latrines & le puits du voisin, *voyez* Latrines.

Q.

QUARTE falcidie, ce que c'est, t. 24, a. 291, n. 8, 12
Quittance, si les seigneurs censiers sont tenus de donner quittances libellées, *voyez* Cens.
Quittances d'un devoir des trois dernieres années consécutives, si elles emportent main-levée définitive, *voyez* Cens.
Quint, si les droits de quint & requint sont dus dans la châtellenie de Germigny, & à qui ils sont dus, Cout. loc. de Germigny, n. 1, 2 & 3, 388

R.

RACHAT de rentes constituées, s'il est toujours libre au débiteur, & jamais exigible de la part du créancier, *voyez* Rentes constituées.
Rappel de la fille appanée, pourquoi il se fait, & si le consentement des freres est nécessaire au rappel, t. 25, a. 311, n. 18, 83
Quel doit être le consentement des freres, s'il doit être exprès, *ibid.* n. 19, *ibid.*
Si les descendans de la fille appanée peuvent succéder sans rappel, *ibid.* n. 20, *ibid.*
Si le consentement des mineurs au rappel est sujet à restitution, *ibid.* n. 21, *ibid.*
Quid, du consentement des majeurs, dans le cas où venans à décéder, leurs enfans renoncent à leur succession, & sont héritiers de l'aïeul, *ibid.* n. 22, 23 & 24, *ibid.*
Quel est l'effet du rappel, *ibid.* n. 25 & 26, 83 & 84
S'il est défendu aux peres & ascendans de donner & léguer à la fille appanée, sans le consentement des freres, *ibid.* n. 27 & 28, 84
Quid, si la fille avoit été seulement réduite à sa légitime, & appanée par le contrat de mariage de son frere, en conséquence d'une institution d'héritier, *ibid.* n. 29, *ibid.*
Si le don fait à la fille appanée sans le consentement des intéressés, & à leur préjudice, peut excéder le quart, *ibid.* n. 30, 31 *& suiv.* *ibid.*
Si le quart peut être légué à la fille appanée, quoiqu'il excéde sa portion *ab intestat*, *ibid.* n. 33, 34, 35 & 36, 84 & 85
Si le rappel, ou institution d'héritiere, de la fille appanée, sans le consentement des freres, est nul, ou s'il vaut comme legs, *ibid.* n. 37, 38 *& suiv.* 85
Si la défense de rappeller à droit successif la fille appanée, sans le consentement des freres, ou parens intéressés, ne regarde que les ascendans qui ont doté & appané la fille mariée, & non les autres parens, *ibid.* n. 42, 43 & 44, 86
Rapport d'experts, si foi doit y être ajoutée, t. 31, a. 521, n. 1 & 10, 350 & 351
Comment doit se faire ce rapport, & ce qu'il faut observer pour parvenir au rapport, *ibid.* n. 2, 3 *& suiv.* 351
S'il est permis aux parties de récuser les experts suspects, *ibid.* n. 7, *ibid.*
Si la partie qui se plaint du rapport, en peut demander un autre, *ibid.* n. 10, *ibid.*
Rapport en succession, si le rapport doit se faire en succession directe, & qui sont ceux qui sont obligés de rapporter, t. 25, a. 313, n. 1 & 2, 87
Si les enfans, ou autres descendans, peuvent se tenir à leur don, & renoncer à la succession, pour ne pas rapporter, *ibid.* n. 3, 4, 5 & 6, 88
S'il y a des cas où on ne peut se dispenser du rapport, & quels sont ces cas, *ibid.* n. 7, 8, 9 & 10, *ibid.*
Ce que doit rapporter l'enfant, qui vient à la succession de son pere, *ibid.* n. 11, *ibid.*
Ce que doit rapporter le petit-fils, qui vient à la succession de son aïeul, *ibid.* n. 12 & 13, *ibid.*
Quel est le rapport que chaque souche doit faire dans les successions qui se partagent par souches entre les petits-fils, *ibid.* n. 14, 89
Si le rapport a lieu en collatérale par la disposition de la Coutume, *ibid.* n. 15, *ibid.*
S'il peut y avoir lieu par la disposition précise de l'homme, *ibid.* n. 16, *ibid.*
Si on peut imputer à l'héritier collatéral ce qu'il devoit au défunt, & ce au préjudice de ses créanciers, dont la créance étoit antérieure à celle du défunt, *ibid.* n. 17 & 18, *ibid.*
Réalisation, si la clause de réalisation exclut les ascendans de succéder dans les choses réalisées, *voyez* Succession des ascendans.
Quels sont les effets des réalisations, par rapport aux différentes manieres dont elles sont conçues, *voyez* Stipulations de propres.
Recelé, quelle est la peine du recelé & soustraction contre l'héritier, t. 25, a. 325, n. 16, 135
Réception de foi-hommage, *voyez* Foi-hommage.
Réception en main souveraine, *voyez* Main souveraine.
Reconnoissance de cens, *voyez* Cens.
Réduction du legs, *voyez* Legs.
Registres en fait de terrier, *voyez* Cens.
Religieux, à qui appartiennent les biens délaissés par celui qui entre en religion, s'ils sont acquis au monastere, *voyez* Dédication.
Si le religieux profès succéde, ou le monastere pour lui, t. 25, a. 319, n. 1, 2 & 3, 121
Profession expresse & tacite, *ibid.* n. 2, *ibid.*
Si un religieux, ou une religieuse, fait part & nombre pour la supputation de la légitime, *ibid.* n. 4, 5 & 6, 122
Si un religieux pourvu d'un bénéfice, peut intenter action & demande pour raison de son bénéfice, sans la permission de son supérieur, *ibid.* n. 6, *in fine*, *ibid.*
S'il peut être poursuivi pour dettes par lui contractées avant sa profession, *ibid.* n. 6, *in fine*, *ibid.*
Remboursement en fait de retrait, *voyez* Retrait & offres.
Renonciation à succession, si les héritiers présomptifs peuvent renoncer aux successions qui leur sont échues, & quand ils le peuvent, t. 25, a. 325, n. 1 & 2, 133
Et a. 326, n. 1, 135
Si celui qui a fait acte d'héritier, est recevable à

& un neveu, le neveu lui succédera, à l'exclusion de l'oncle, *ibid.* n. 27, 28 & 29, 61
Voyez Neveu.
Les enfans des freres & sœurs, cousins germains entr'eux, ne représentent pas, quand ils viennent à la succession d'un cousin germain, *ibid.* n. 30, 31, 33 & 34, 61 & 62
La tante, quoiqu'appanée, est préférée en la succession de son neveu, au cousin germain du défunt, *ibid.* n. 35, 36 *& suiv.* 62 & 63
Les enfans des freres, cousins germains entr'eux, venans à la succession d'un oncle, excluent de cette succession les enfans de leur tante appanée, sœur du défunt, *ibid.* n. 42, 43 *& suiv.* 63
Les freres & sœurs d'une fille appanée, venans à la succession d'un oncle ou d'une tante, frere ou sœur de celui ou celle qui a constitué l'appanage, excluent de cette succession leur sœur appanée, *ibid.* n. 48, 49 *& suiv.* 64 & 65
Autre chose seroit, si le frere de la sœur appanée avoit laissé un fils; en ce cas la sœur appanée viendroit à la succession de son oncle, à l'exclusion de son neveu, *ibid.* n. 53 & 54, 65
Effets de la représentation, *ibid.* n. 55, *ibid.*
La représentation produit toujours le partage par souches, *ibid.* n. 56, 57 & 58, 65 & 66
Si les petits-enfans venans à la succession de leur aïeul, leurs peres ou meres vivans, succédent par souches, *ibid.* n. 59 & 60, 66
Reserves des filles à droits successifs, si elles sont permises dans cette Coutume, t. 25, a. 311, n. 1, 80
Comment, & par qui elles doivent être faites, *ibid.* n. 2, 3 & 4, 81
Ce que la reserve opere, quand elle est faite des successions collatérales simplement, *ibid.* n. 7, 8 *& suiv.* 81 & 82
Si la renonciation de la fille aux successions de ses pere & mere seulement, doit être regardée comme une reserve des successions collatérales, *ibid.* n. 12, 82
A qui accroît la portion de la fille à qui on a reservé le droit successif, qui se contente de sa dot, & refuse de venir à succession, *ibid.* n. 13 & 14, *ibid.*
Si les reserves des filles, faites en contrat de mariage, sont irrévocables, *ibid.* n. 15, *ibid.*
Quel est l'effet de la reserve, & si elle opere également pour la fille reservée, & pour les enfans, *ibid.* n. 16 & 17, 82 & 83
Quelle différence il y a entre la reserve à droit successif, & l'institution contractuelle, & pourquoi la reserve doit être expresse, *ibid.* n. 5 & 6, 81
Si l'appanage de la fille du premier lit l'exclut des reserves faites en sa faveur par l'édit des secondes nôces, *voyez* Renonciation de la fille appanée.
Résolution d'une vente, quand elle donne ouverture du droit de lods & ventes, *voyez* Lods & ventes.
Restitution pour déception d'outre-moitié de juste prix, si elle a lieu en décret forcé, t. 29, a. 487, n. 1, 317
Si les mineurs peuvent opposer la lésion contre un décret forcé, *ibid.* n. 2, *ibid.*
S'ils le peuvent contre un décret volontaire, *ibid.* n. 3, *ibid.*
Retour, *voyez* Reversion.
Retrait, ce que c'est, & de combien de sortes, t. 29, pr. n. 1 & 2, 248
Ce que c'est que le retrait seigneurial, & le retrait lignager, *ibid.* n. 3 & 4, *ibid.*
Sur quoi est fondé le retrait seigneurial, *ibid.* n. 3, *ibid.*
Sur quoi le retrait lignager, s'il est de l'ancien usage de France, & de Coutume générale, *ibid.* n. 5, 249
Le retrait lignager est préféré au seigneurial, & peut le lignager retirer sur le seigneur, soit que le seigneur ait acquis du premier vendeur, ou retiré sur l'acquereur, a. 438, n. 2 & 3, 270
Le seigneur sera préféré au lignager, si, en vendant sa terre, il a reservé la reversion, à l'exclusion du lignager, *ibid.* n. 4, *ibid.*
Le retrait conventionnel est préféré à tous autres, *ibid.* n. 5, *ibid.*
Le retrait seigneurial est cessible, & non le lignager, qui ne peut l'être qu'à un parent du même estoc, a. 457, n. 1, 2, 3 & 4, 287 & 288
Retrait lignager, quels biens tombent en retrait lignager, & quelles sont les qualités requises en une chose, pour être sujette au retrait lignager, t. 29, a. 422, n. 1 & 2, 249
Si les choses mobiliaires tombent en retrait, *ibid.* n. 3, *ibid.*
Le retrait n'a pas de lieu en vente de choses mobiliaires, même d'universalité de meubles, a. 443, n. 4 & 5, 276
S'il a lieu dans la vente des fruits pendans, & dans celle d'un bois de haute futaye, *ibid.* n. 8, 9 *& suiv.* 276 & 277
Si les rentes constituées rachetables à perpétuité, sont sujettes au retrait, a. 422, n. 4, 249
Si les offices tombent en retrait, *ibid.* n. 5, *ibid.*
L'immeuble, pour être sujet au retrait, doit être propre au vendeur, *ibid.* n. 6, *ibid.*
Cas auxquels les acquêts & conquêts tombent en retrait, t. 29, a. 434, n. 9, 10 & 11, 268
La rente fonciere est sujette à retrait, quand elle est vendue, & l'héritage donné à rente, & depuis vendu à la charge de la rente, l'est aussi, t. 29, a. 442, n. 3 & 4, 275
Si les rentes d'assignat sont sujettes au retrait, & quelles sont ces sortes de rentes, a. 423, n. 1 & 2, 253
Les actions pour choses purement mobiliaires ne sont sujettes à retrait, il en est autrement de celles qui tendent à avoir des immeubles, a. 443, n. 6 & 7, 276
Si l'usufruit vendu est sujet à retrait, a. 463, n. 1, 293
Quid, quand après la vente de l'usufruit on vend la propriété au même acquereur, *ibid.* n. 2 & 3, 294
Ce que c'est que l'assignat dont il est parlé dans l'article 467 de la Coutume, s'il est retrayable, & par qui, *voyez* Assignat.
Si les immeubles donnés aux enfans en mariage par les peres & meres, sont propres aux enfans, & sujets à retrait en cas de vente, *voyez* Propre.
Si l'héritage avenu au bâtard légitimé, & par lui vendu, est sujet à retrait, a. 437, n. 4 & 5, 270
Le retrait lignager n'a lieu que dans la vente réelle & effective, & n'importe qu'elle soit passée pardevant notaire, a. 422, n. 7, 8 & 9, 250
Sous le mot de *vente* sont compris toutes sortes d'actes équipollens à vente, *ibid.* n. 10, *ibid.*
Le retrait lignager a lieu en vente par décret, a. 450, n. 2, 281
Il a lieu dans les ventes faites par contrat volontaire, à la charge du décret, *ibid.* n. 4, *ibid.*
Il a aussi lieu, quoique l'héritage adjugé par décret soit vendu sur un curateur aux biens vacans, *ibid.* n. 5, 282
L'héritage confisqué, déguerpi, ou abandonné à cause des hypothéques, vendu par décret, n'est pas sujet à retrait, *ibid.* n. 6, 7 *& suiv.* *ibid.*
Si l'héritage vendu par l'exécuteur testamentaire est sujet à retrait, a. 471, n. 1, 303
Si le retrait a lieu en vente sous faculté de réméré, a. 484, n. 1, 2 & 3, 313 & 314
En bail d'héritage à cens ou rente fonciere, perpétuelle, retrait n'a lieu, quoiqu'il y ait entrage en argent, pourvu que l'argent n'excede pas le devoir perpétuel, a. 442, n. 1 & 2, 274 & 275
Retrait a lieu en bail d'héritage à rente rachetable, *ibid.* n. 5, 275
Quand l'héritage a été vendu à rente rachetable, le retrayant peut le retirer à la charge de la rente,

a. 470, n. 7, 9 & 10, 302 & 303
Le retrait n'a pas lieu dans le cas du rachat de rentes assignées sur les héritages des villes & franchises, *secùs*, dans le rachat de celles assignées sur d'autres héritages, a. 473, n. 1, 304
Le retrait n'a pas lieu dans le rachat d'une rente constituée à prix d'argent, *ibid.* n. 2, *ibid.*
Si le retrait a lieu dans l'amortissement volontaire d'une rente non-rachetable, *ibid.* n. 3, 4 & 5, *ibid.*
Il n'y a pas lieu au retrait dans le cas de la diminution, & simple réduction de la rente fonciere, *ibid.* n. 6, *ibid.*
Si le lignager peut retraire l'héritage taillable, vendu du consentement du seigneur taillablier, a. 461, n. 3, 292
Le retrait n'a pas lieu dans les donations, a. 443, n. 1, 276
Quid, des donations rénumératoires, *ibid.* n. 2 & 3, *ibid.*
Le retrait n'a lieu en échange d'héritage contre héritage, s'il n'y a retour d'argent excédant la valeur de l'héritage donné par celui qui fait le retour, auquel cas il y a lieu au retrait pour le tout, a. 453, n. 1, 2, 3, 4 & 5, 284
Le retrait n'a aussi lieu en échange d'héritage, contre une rente constituée, due par un tiers, *ibid.* n. 6, *ibid.*
Quand le contrat d'échange est réputé frauduleux; & si dans le cas de fraude le lignager a le choix de retraire l'une ou l'autre des choses échangées, a. 454, n. 1, 2 & 3, 285
Et a. 459, n. 1, 2 & 3, 289
Le retrait a lieu en échange d'héritage contre chose mobiliaire, même d'un immeuble contre un meuble précieux, a. 452, n. 1 & 2, 283
L'héritage n'est retrayable, que quand la vente en est faite à un étranger du lignage, t. 29, a. 422, n. 11, 250
Lignager sur lignager n'a pas de retenue, & ne peut le lignager user du retrait, quand l'héritage est vendu à un homme du lignage, a. 439, n. 1 & 2, 271
S'il est nécessaire, pour exclure le retrait, que la vente en soit faite à un lignager qui soit parent dans le degré requis par la Coutume, pour pouvoir retraire, *ibid.* n. 3, 4 *& suiv.* *ibid.*
Si l'héritage acquis pendant la communauté est sujet à retrait durant icelle, quand l'un des communs est lignager du vendeur, a. 464, n. 1, 295
Comment il se partage dans la dissolution de la communauté; quel est le cas où il est sujet à retrait après le partage, *ibid.* n. 2, 3, 4 & 5, *ibid.*
Si le retrait a lieu, quand le commun survivant qui n'est pas en ligne, a des enfans qui sont en ligne, *ibid.* n. 7 & 8, 296
Quelles personnes sont admises au retrait lignager, a. 422, n. 12, 250
S'il est nécessaire que le retrayant soit descendu de celui qui a mis l'héritage dans la famille, *ibid.* n. 13, 14, 15 & 16, *ibid.*
S'il suffit d'être parent du vendeur, du côté & ligne d'où lui est venu l'héritage, *ibid.* n. 17 & 18, 250 & 251
S'il est nécessaire que le retrayant soit parent du double lien du vendeur, *ibid.* n. 19 & 20, 251
Le retrayant doit être parent du vendeur dans le sixieme degré de consanguinité, ou au-dessous, a. 434, n. 1, 2 & 7, 267 & 268
Les degrés se comptent suivant la supputation du droit civil, *ibid.* n. 3, 4, 5 & 6, *ibid.*
Si le parent lignager, auquel le retrait peut être cédé, doit être dans le degré auquel il est permis de retirer, a. 457, n. 5 & 6, 288
Si la cession ne se peut faire qu'après l'action du retrait intentée, *ibid.* n. 7, *ibid.*
En cas de cession le parent est déchu de son droit; & quoique la cession soit nulle, il ne peut plus reprendre son action, *ibid.* n. 8, *ibid.*
Si le retrayant décede sans avoir cédé, son action passe aux héritiers de la ligne seulement, *ibid.* n. 9, *ibid.*
Le pouvoir de retraire est un pouvoir de parenté, & non d'hérédité, a. 434, n. 1, 267
Toutefois qui n'est habile à succéder d'une inhabileté naturelle ou civile, comme un bâtard, ne peut retraire, a. 436, n. 1, 2, 3, 4 & 5, 269
Il en est autrement d'un exhérédé, ou d'une fille apanée, *ibid.* n. 2, *ibid.*
Il suffit, pour retraire, qu'on ait la capacité de succéder dans le temps que l'action du retrait est intentée, *ibid.* n. 6, *ibid.*
Si le juge pardevant lequel l'héritage est vendu, le poursuivant criées, & le créancier opposant, peuvent retraire, a. 450, n. 12, 283
Si le mari peut retraire sans le consentement de sa femme; quand il le peut, & comment il le peut, a. 465, n. 1, 2 & 3, 296
Quel est le cas où la femme doit être partie dans l'instance, *ibid.* n. 4, 297
Si le mari peut retraire malgré sa femme, *ibid.* n. 5 & 6, *ibid.*
Si la femme le peut sans l'autorité de son mari, *ibid.* n. 7, *ibid.*
Si le tuteur peut retraire au nom de ses mineurs; s'il peut retraire en son nom l'héritage vendu sur ses mineurs, ou au nom de ses mineurs l'héritage vendu sur lui, *ibid.* n. 8, *ibid.*
Si un mineur peut intenter action en retrait sans autorisation de curateur, *ibid.* n. 9 & 10, *ibid.*
Si le vendeur peut retraire l'héritage par lui vendu, & quels sont les cas où il le peut, a. 485, n. 1, 2 & 3, 315
Si le retrait peut être exercé par l'enfant, ou l'héritier du vendeur, *ibid.* n. 4 & 5, *ibid.*
Quid, si le pere a promis de garantir l'acquereur contre ses enfans & lignagers, *ibid.* n. 6 & 7, *ibid.*
Si le fide-jusseur, ou caution de la vente, peut exercer le retrait, *ibid.* n. 8, 316
Si le co-héritier qui a vendu, & s'est obligé solidairement à la vente, le peut, *ibid.* n. 1, 315
Quid, du co-héritier mineur, qui s'est fait restituer contre la vente de sa portion, *ibid.* n. 2, *ibid.*
La personne serve peut retirer l'héritage vendu par son lignager franc ou serf; mais ne peut la personne franche retirer l'héritage vendu par son lignager de condition servile, a. 461, n. 1 & 2, 292
Par quels parens sont retrayables les rentes, qui ont été constituées par forme d'assignat par le mari & la femme, a. 466, n. 1, 2, 3 & 4, 297 & 298
En retrait le parent le plus diligent l'emporte, a. 440, n. 1, 273
Dans le concours c'est le plus proche parent qui est préféré; pourquoi on a égard au double lien, & à la représentation, *ibid.* n. 5, 6 & 7, *ibid.*
Si les lignagers sont concurrens en degré & en diligence, chacun d'eux par égale portion aura la chose vendue, & n'est tenu l'acquereur laisser l'héritage aux uns plutôt qu'aux autres, ni se désister en partie au profit des uns, *ibid.* n. 8 & 9, *ibid.*
Quand un parent est réputé diligent, & quand il doit être estimé le plus diligent, a. 440, n. 2, 3 & 4, *ibid.*
Et a. 441, n. 1, 2, 3, 4 & 5, 474
Dans quel temps l'action en retrait lignager doit être intentée, a. 422, n. 21, 251
Si la chose retrayable est un bien corporel, tenu en fief, l'action en retrait doit être intentée dans les trois mois, après que l'acquereur a été reçu en foi-hommage, *ibid.* n. 22, *ibid.*
Si c'est un héritage tenu en censive, dans les trois mois qu'il a été investi, *ibid.* n. 22, *ibid.*
Que doit faire l'acquereur, pour faire courir le temps du retrait, quand le seigneur refuse d'investir, ou de recevoir en foi, *ibid.* n. 23 & 26, *ibid.*

Si le paiement de lods & reconnoissance du censitaire, après l'exhibition du contrat, suffit pour faire courir le temps du retrait lignager, *ibid.* n. 24, *ibid.*
Quid, de la simple quittance portant promesse d'investir, *ibid.* n. 25 & 26, *ibid.*
Voyez Ensaisinement.
Si la souffrance fait courir le temps du retrait, *voyez* Souffrance.
Si l'héritage sujet à retrait est allodial, l'action en retrait doit être intentée dans les trois mois de la prise de possession, *ibid.* n. 28, 252
Quelle doit être cette possession, & comment elle doit être prise, *ibid.* n. 28, *ibid.*
Dans quel temps doit être intentée l'action en retrait, quand la chose retrayable est un bien incorporel, *ibid.* n. 29 & 30, *ibid.*
Si l'action en retrait lignager se prescrit par 30 ans, quand les formalités, pour faire courir le temps du retrait, n'ont pas été observées; & si l'investiture faite après trente ans, donne lieu au retrait lignager, *ibid.* n. 31 & 32, *ibid.*
Si l'investiture du second acquereur purge le défaut du premier, qui ne s'étant pas fait investir, a vendu à un autre qui s'est fait ensaisiner, a. 460, n. 8, 9, 10, 11, 12 & 13, 291
Si l'héritage acquis pendant la communauté, dont l'un des communs est lignager du vendeur, est retrayable par les lignagers non communs, dans quel cas, dans quel temps, a. 464, n. 2, 3 & *suiv.* 295
Combien dure l'action en répétition de retrait en cas de fraude, d'où l'on doit compter le délai, & par quel temps se couvre la fraude, a. 455, n. 8 & 9, 286 & 287
Quelle est la peine de l'acquereur parjure, & quelles sont les suites de la fausse affirmation, a. 456, n. 1, 2, 3, 4 & 5, 287
Si les notaires sont tenus d'exhiber aux lignagers, seigneurs féodaux & directs, les contrats d'acquisitions par eux reçus, & leur en donner copie à leurs dépens, a. 433, n. 1 & 2, 266
Le lignager peut exercer le retrait, dès que le contrat de vente est parfait, & n'est plus recevable à le faire après l'expiration du délai marqué par la Coutume, lequel court contre toutes sortes de personnes, a. 425, n. 1, 2 & 3, 256
Quand le lignager peut intenter l'action en retrait en vente, sous faculté de rachat, a. 484, n. 1, 2 & 3, 313 & 314
Si en vente, sous faculté de réméré, le temps du retrait ne court que du jour du réméré fini, *ibid.* n. 4, 5 & *suiv.* 314
Si la faculté de rachat peut être vendue à autres, au préjudice des parens & du seigneur, *ibid.* n. 11, *ibid.*
Si l'héritage ayant été retrayé par le lignager, l'acquereur le retire en vertu de la faculté de rachat à lui vendue par le vendeur, cet héritage est derechef retrayable sur l'acquereur, & dans quel temps, *ibid.* n. 10, *ibid.*
Contre qui l'action en retrait lignager doit être intentée, & pardevant quel juge, a. 427, n. 1 & 2, 257
Si les présidiaux en peuvent connoître, *ibid.* n. 3, *ibid.*
Si l'assignation donnée pardevant juge incompétent, produit la déchéance du retrait, *ibid.* n. 4, *ibid.*
L'ajournement en retrait doit être revêtu de toutes les formalités requises par l'ordonnance & la Coutume, & la nullité fondée sur l'ordonnance ne se couvre pas par une nouvelle assignation, *ibid.* n. 5 & 6, *ibid.*
Si une simple erreur se peut corriger devant ou après la contestation en cause, *ibid.* n. 7, 258
Voyez Offres.
Où, & à qui se doit donner l'assignation, quand l'acquereur s'absente dans la crainte du retrait, ou qu'il est décédé avant l'assignation, a. 429, n. 1, 2, 3 & 4, 263 & 264
La convention de l'acquereur avec le vendeur, après la demande en retrait, ne peut nuire au retrayant; *secùs*, quand elle est faite avant l'ajournement & demande en retrait, a. 458, n. 1, 2 & 3, 288 & 289
Que doit faire l'acquereur qui a vendu dans le temps du retrait, avant l'ajournement & sans fraude, a. 460, n. 1, 289
Quid, s'il n'a revendu qu'après la demande en retrait, *ibid.* n. 2, 290
Quelle est l'obligation du retrayant, quand l'héritage a été plus ou moins revendu, *ibid.* n. 3, 4 & 5, *ibid.*
Si le retrayant est tenu de retraire tous les héritages vendus par une même vente, & pour un même prix, a. 447, n. 1 & 2, 278
Quid, quand ils ont été vendus à prix séparé ou par parcelles, & par différentes ventes, *ibid.* n. 3, 4 & 5, 278 & 279
Lorsqu'il y a des meubles vendus avec des immeubles, l'acquereur a le choix de tout remettre, ou de retenir les meubles, & de laisser les immeubles, a. 472, n. 1, 303
L'acquereur qui retient les meubles dans le cas de la vente d'une succession, & laisse les immeubles, ne doit payer que sa part des dettes, suivant la valeur des meubles qu'il retient, *ibid.* n. 2, *ibid.*
Que peut faire l'acquereur de différens héritages de divers estocs, quand il est poursuivi par les lignagers de chaque estoc, a. 448, n. 1 & 2, 279
Quid, quand les propres sont vendus conjointement avec les acquêts, par un même contrat, un seul & même prix, a. 449, n. 1, 280
Quelle différence il y a dans ce cas entre le retrait lignager, & le retrait seigneurial, *ibid.* n. 2, 3, 4, 5 & 6, *ibid.*
Si, quand l'acquereur oblige le lignager de retirer tous les héritages vendus, lods & ventes sont dus pour le retrait, pour les héritages qui ne sont pas de l'estoc, *ibid.* n. 7, 281
Qu'est-ce que le retrayant doit rembourser, a. 428, n. 44, 263
Quels sont les loyaux-coûts que le retrayant doit rembourser, a. 430, n. 1, 2, 3 & 4, 264
Si on y doit comprendre les lods & ventes non payés par l'acquereur, parce qu'il est privilégié, ou parce qu'ils lui ont été remis, *ibid.* n. 5, 6 & 7, *ibid.*
Quand supplément de juste prix, achat de réméré, & autres frais se remboursent par le retrayant, a. 431, n. 1 & 2, 265
Si les loyaux-coûts & frais, qui doivent être remboursés, doivent être consignés dans les 24 heures; & si après la liquidation des loyaux-coûts, il y a un temps fatal pour en faire le remboursement, *ibid.* n. 3, 4 & 5, *ibid.*
Si le retrait étant adjugé contre un adjudicataire par décret, & les especes augmentées depuis la consignation par lui faite, le remboursement doit être fait par le retrayant, à raison de cette augmentation, a. 432, n. 3, 266
Si le remboursement se peut faire par compensation, *ibid.* n. 4, *ibid.*
Si on est tenu de rembourser le prix en semblables especes esquelles l'acquisition a été faite, *ibid.* n. 1 & 2, 265 & 266
Quelles réparations le retrayant doit rembourser à l'acquereur, *voyez* Réparations.
L'acquereur, si le retrayant le requiert, est tenu de déclarer par serment la vérité du prix, & le lignager pareillement, s'il en est requis par l'acquereur, la sincérité du retrait, & s'il est de ses deniers & pour lui, a. 455, n. 1, 2, 3, 4 & 5, 285 & 286
Si après le serment prêté par l'acquereur sur le prix, & par le retrayant, que le retrait n'est pas en fraude, on peut faire preuve du contraire, & quand cette

S.

Comment

T.

Fin de la Table des Matieres de la seconde Partie.

PERMISSION.

FRANÇOIS-CLAUDE-MICHEL-BENOIT LE CAMUS DE NÉVILLE, *Chevalier, Conseiller du Roi en tous ses Conseils, Maître des Requêtes ordinaire de son Hôtel, Directeur général de la Librairie & Imprimerie.*

VU l'article VII de l'Arrêt du Conseil du 30 Août 1777, *portant Réglement pour la durée des privilèges en Librairie*, en vertu des pouvoirs à nous donnés par ledit Arrêt : Nous permettons au sieur DÉGOUTTE, Imprimeur à Riom, de faire une édition de l'ouvrage qui a pour titre : *Coutumes générales & locales du Pays & Duché de Bourbonnois*, laquelle édition sera tirée à sept cents cinquante exemplaires, en un volume, forma *in-folio* & sera finie dans le délai de à la charge par ledit sieur DÉGOUTTE d'avertir l'Inspecteur de la Chambre syndicale de Lyon du jour où l'on commencera l'impression dudit Ouvrage, au desir de l'article XXI de l'Arrêt du Conseil du 30 Août 1777, *portant suppression & création de différentes Chambres syndicales* ; de faire ladite édition absolument conforme à celle de Paris 1732, d'en remettre un exemplaire pour la Bibliotheque du Roi, aux mains des Officiers de la Chambre syndicale de Lyon, d'imprimer la présente Permission à la fin du livre, & de la faire enrégistrer dans deux mois pour tout délai, sur les registres de ladite chambre syndicale de Lyon, le tout à peine de nullité.

DONNÉ à Paris le 15 Avril 1779.

NÉVILLE.

Par Monsieur le Directeur général,
DE SANCY, *Sécrétaire général.*

Régistré la présente Permission sur le registre de la Chambre syndicale de Lyon, sous le numero trois. A Lyon ce 24 Mai 1779.

PERISSE DU LUC, *Syndic.*

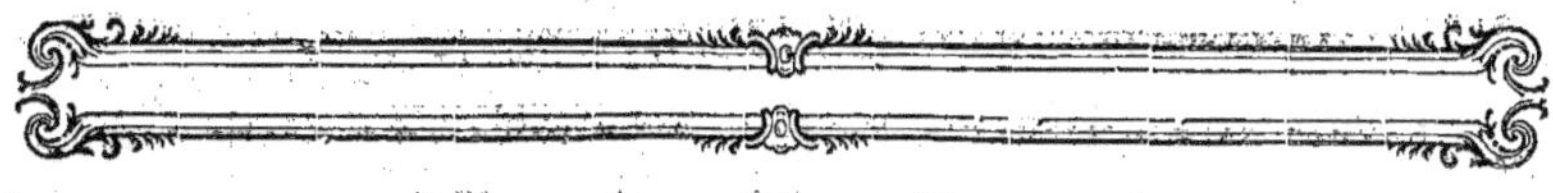

TABLE
DES TITRES ET ARTICLES
Contenus en cette seconde Partie.

STYLE de la Sénéchaussée de Bourbonnois, des Grands-Jours, Ressort d'icelle : publié en la Ville de Moulins, en la présence des trois États dudit Pays & Duché de Bourbonnois, par nous Roger Barme, Président, & Nicole Brachet, Conseiller du Roi, notre Sire, en sa Cour de Parlement, commis & députés par ledit Seigneur.

TITRE VINGT-QUATRE.

TITRE VINGT-CINQ.

TITRE VINGT-SIX.

TITRE VINGT-SEPT.

TITRE VINGT-HUIT.

TITRE VINGT-NEUF.

Fin de la Table des Titres & Articles de la seconde Partie.

TABLE DES TITRES

Contenus dans les anciennes Coutumes de Bourbonnois.

TABLE

DU PROCÈS-VERBAL

Des anciennes Coutumes de Bourbonnois.

FIN.

LES ANCIENNES COUTUMES *DU PAYS ET DUCHÉ* DE BOURBONNOIS.

Et premierement des Fiefs & Censives.

ARTICLE PREMIER.

L'EN tient par Coustume ou Pays & Duché de Bourbonnois, que sur la censive & sur le chief Fief d'aucun Seigneur, l'en ne peult vendre rentes : ne icelluy surcharger sans la voulenté du Seigneur du cens ou du Seigneur du chief Fief : & qui le faict deffaict la rente & surcharge sera ostée & l'heritaige deschargé : & à ce faire peult le Seigneur censivier ou feodal contraindre les parties. Autre chose est des membres du Fief : car l'en les peult surcharger, vendre & transporter. Le chief Fief ne peult estre surchargé sans le vouloir du Seigneur.

II. Item, l'en tient par ladicte Coustume que en ventes des heritaiges tenuz à cens de aucun Seigneur, l'achapteur est tenu de payer au Seigneur pour droict de lotz & ventes trois solz quatre deniers tournois pour livre du pris & somme qu'il aura achapté ledit heritaige dedans xl. jours, à compter du jour de la vente. Et s'il laisse passer lesdits xl. jours qu'il ne paye lesditz trois solz quatre deniers tournois pour livre il payera le double. C'est à savoir six solz huit deniers tournois : excepté que par Coustume particuliere & localle Monseigneur le Duc ne prent en la Chastellenie de Gannat que vingt deniers tournois pour le simple, & trois solz quatre deniers pour le double. Et oultre sur toute la somme prent une fois douze deniers tournois pour le simple, & deux solz tournois pour le double : & n'y a nul qui preigne lotz en ladicte Chastellenie que mondict Seigneur : & semblablement és terres d'Orval, saint Amand & Charonton, qui sont és Chastellenies d'Aynay & Hericon, on ne prent que vingt deniers tournois pour livre pour le simple, & trois solz quatre deniers pour le double. Et au regard des autres lieux dudict Duché où l'en a accoustumé de prendre ou plus ou moins, on en jouyra comme on a faict par cy-devant.

III. Item, l'en tient par ladicte Coustume, que si aucun vend une heritaige mouvant du Fief d'aucun Seigneur, & l'achapteur prent la possession de la chose vendue sans le sceu & vouloir du Seigneur, il n'y a point de confiscation ne de commise au Seigneur du Fief, mais se peult ledict Seigneur assigner à son Fief jusques à ce que la foy & hommaige luy soyent fais : & fera les fruictz siens s'il veult aprés ledict assignement, tant que le Vassal cessera : & fera en demeure de luy faire ladicte foy & hommaige : & ladicte foy & hommaige fais ; il est tenu de bailler sa nommée dedans quarante jours : & à faulte de ce, le Seigneur le peult empescher & remettre en sa main : mais il ne fera mye les fruictz siens. Le Seigneur de Fief fait les fruictz siens, jusques à ce que les foy & hommaiges lui soyent fairs.

IV. Item, presentation de foy & hommaige faicte au Seigneur de Fief, où est l'absence du Seigneur au lieu dont est tenu ledict Fief, empesche que ledict Seigneur ne peult faire les fruictz siens, ne les appliquer à luy, quelque empeschement qu'il fasse.

V. Item, par ladicte Coustume, ledict Seigneur feodal veult le contrat de la vente de l'heritaige & se mouvant de son Fief aura par droict de retenue la chose ainsi vendue, si avoir la veult dedans quarante jours, à compter aprés l'ostentation à luy faicte dudict contrat de vente.

VI. Item, l'en tient par ladicte Coustume, que quant le Seigneur donne respit de luy faire la foy & hommaige des choses mouvans de son Fief, icelluy respit vault foy faicte, tant que le terme d'icelluy dure, entant que touche les empeschemens & fruictz, mais non aprés quant à la retenue. Le Seigneur feodal peult prendre la chose vendue pour puissance de Fief.

A

VII. Item, l'en tient par ladicte Coustume, que Fief ne se prescript point par le Vassal contre le Seigneur, mais le Seigneur peult prescrire le Fief d'un autre Seigneur.

VIII. Item, l'en tient par ladicte Coustume, que supposé que l'en ne puisse surcharger le chief Fief de la chose feodale de rente & redevance : ne mettre aucunes charges dessus, ne aussi sur les choses mouvans de la censive & directe Seigneurie d'autruy, sans le vouloir & consentement dudict Seigneur, toutesfois si les Seigneurs feodaulx desquelz les choses sont tenuës en Fief, où les Seigneurs censiviers & directz seuffrent lad. rente & surcharges estre levées continuellement sur lesdictes choses aprés la notification à eulx faicte de ladicte surcharge par l'espace de trente ans sans faire diligence d'icelles, faire descharger que aprés ledict temps continué, & la possession desdictes rentes & charges sur lesditz Seigneurs feodaulx ou censiviers, viendront à tard à requerir que lesdictes surcharges & rentes soyent ostées de dessus lesdictes choses feodaulx : ains tiendront lesdictes surcharges & demeureront : sauf les droitz de directe Seigneurie, & esditz Seigneurs feodaulx & censiviers.

IX. Item, l'en tient par ladicte Coustume, que le tenancier qui tient une heritage à cens d'aucun Seigneur il le peult meliorer, & non pas empirer. Et s'il y a riens basti ou fait de nouvel chose prouffitable, il ne le peult mye oster, vendre, ne exploiter.

Des quintz & requintz deux pour chose vendue.

X. Item, l'en tient par la Coustume particuliere & localle en la Chastellenie de Germigny & ressort d'icelle, que toutes & quantesfois que aucune chose mouvant du Fief d'aucun Seigneur est venduë, alienée, ou autrement transportée & mise en autruy main, les quintz & requintz en font deux au Seigneur féodal.

XI. Item, quiconque tient & porte aucun heritaige à taille, cens ou rente d'aucun Seigneur, il le peult, se bon luy semble, guerpir & quitter audict Seigneur, en payant les arreraiges, & en laissant l'heritaige en bon & suffisant estat.

Des retenues & retraictz.

ARTICLE PREMIER.

Retraict & heritaige vendu, se fait dedans xl jours.

L'En tient par la Coustume generale du Pays de Bourbonnois, que la retenuë des heritaiges venduz a lieu dedans xl. jours, à compter du jour que la possession se prent de la chose venduë par l'achapteur quant au lignagier ; & quant au Seigneur censivier dedans xl. jours aprés l'ostension des lettres d'acquisition faicte audict Seigneur : excepté quant il y a remeré à certain temps, ou quel cas les dessusditz pourront faire la retenuë dedans le temps dessusdit. Et encores oultre dedans xl. jours aprés le remeré finy. Toutesfois le lignagier est préferé quant à ladicte retenuë aux Seigneurs feodaulx & censiviers. Et est à sçavoir que l'Eglise n'a point de retenuë par ladicte Coustume.

En accense perpetuelle n'y a point de retraict.

II. Item, l'en tient par ladicte Coustume, que le lignagier sur lignagier n'a point de retenuë : c'est à dire que si ung vendeur a vendu ung heritaige à ung homme de son lignage, que le plus prochain du lignagier du vendeur n'aura point de retenuë sur ledit heritaige qui est du lignage dudit vendeur, & du côté & estoc dont l'heritaige vient, & meult, ou si aucun du lignage vient premierement à la retenuë de la chose venduë à personne estrange, & qui n'est point du lignage dudit vendeur il aura la retenuë : & le plus prochain ne l'aura pas sur luy s'il vient aprés.

III. Item, par ladicte Coustume, l'en tient que quant on faict telles retenuës, soit le Seigneur censivier & direct, ou le lignagier, il fault payer ou consigner en Jugement tout le pris avecques les fraiz raisonnables : autrement la retenuë ne seroit pas vallable, mesmement quant le reteneur ou le retrayeur sçait la verité du pris : & se il ne le sçait, il doit offrir pris vray semblable, & protester ne parfaire le vray pris. Et s'il le refuse l'oblation sans consignation, vault interruption de prescription : mais le detenteur fera les fruictz siens, là où il n'y a point de consignation de pris.

IV. Item, l'en tient que en accense perpetuelle d'aucun heritaige baillé à perpetuel tenement pour aucun cens ou rente, supposé qu'il y ait encrages d'argent, il n'y a point de retenuë : ou retraict au Seigneur direct ou lignagier : sinon que lesditz encrages en argent excedassent la charge ou devoir perpetuelz, ou quel cas il aura retenuë.

V. Item, l'en tient par ladicte Coustume, que retraict lignagier n'a point de lieu en héritaiges acquis par le vendeur : mais a lieu seullement en heritaiges qui sont de l'estoc du vendeur : & n'a point de lieu retenuë & retraict de lignagier en conquestz, car conquestz suyvent nature de meubles.

VI. Item, l'en tient par ladicte Coustume, il fault & est requis que celuy qui veult faire retraict & retenuë, comme lignagier d'aucune chose venduë, soit du lignage du vendeur, & du costé dont l'heritaige vient & meult.

Des Marciaiges.

ARTICLE PREMIER.

L'En tient par la Coustume dudit Pays, Usance & commune observance, tenuë en la Chastellenie de Verneilh, que Marciaige a lieu és choses tenues en censive & directe Seigneurie : & pour les droictz de Marciaige, le Seigneur censivier & direct a droit de prendre de trois années de la despoüille de l'une quant ce sont fruictz naturelz, comme souldoy quant c'est simplement souldoy ou de pré : & en ce cas le tenancier est quitte du cens de ladicte année ; mais si sont fruictz industriaulx, comme labouraige ou vigne, ledit Seigneur ne prendra que la moytié de ladicte despoüille pour son droit de Marciaige : & ne payera le tenancier que la moitié dudit cens de ladicte année. En quoi consiste droit de Marciaige.

II. Item, l'en tient par ladicte Coustume & Usance en ladicte Chastellenie de Verneilh, que si aucune chose est tenuë en censif & directe Seigneurie à payer à terme & jour nommé, on l'en prent à deffault de payement sept sols tournois : l'en ne doit payer Marciaiges aucuns, ains est l'en quitte aprés par ladicte Coustume.

III. Item, l'en tient par ladicte Coustume & Usance en la Chastellenie de Billy, que en choses qui sont tenuës en cens & directe Seigneurie que Marciaige a lieu. Mais la generalle Coustume de ladicte Chastellenie de Billy, est que l'en ne paye que autant de Marciaige, comme l'on fait de cens, excepté ceulx de la Ville & Justice de Varennes : lesquelz se dyent en estre exemptz par privillege, ou Coustume particuliere & locallе dudict lieu.

IV. Item, & est deu Marciaige du costé & par la mutation par mort du Seigneur, & du costé par la mort & mutation du tenancier par mort, & en vendition n'a point de Marciaige, pource qu'il y a lotz & ventes. Aussi heritaiges chargez de taille & de cens, ensemble ne doivent point de Marciaige, sinon qu'il ait obligation ou convention au contraire. Marciaige n'a lieu en vendition.

V. Item, l'en tient par la Coustume de la Chastellenie de Bannat, comme en la Chastellenie de Billy, c'est à sçavoir que l'en paye tel cens, telz Marciaiges, & a lieu aussi bien du costé du Seigneur censivier, comme du costé du tenancier, selon l'article precedent.

VI. Item, par ladite Coustume du Pays de Bourbonnois, l'Eglise ne marcie point, c'est à dire que l'Eglise ne prent nulz Marciaiges des choses tenuës de sa censive & directe Seigneurie par la mutation du Prélat ou Seigneur d'Eglise, car l'Eglise ne meurt jamais : mais pour tous ses droitz prent seullement Marciaige par la mort du tenancier és Chastellenies & lieux, & sur tous heritaiges où ilz ont accoustumé de le lever. L'Eglise ne prent nulz marciaiges.

VII. Item, par ladicte Coustume, Monseigneur le Duc ne marcie point, c'est à dire qu'il ne prend aucun Marciaige ; toutesfois mondit Seigneur veult prétendre qu'il peult marcier és terres portans Marciaiges qu'il a acquises : acquerra ou luy adviendront de nouvel de ses Vassaulx & subjectz : lesdictz subjectz disans le contraire : & pource en jouyra mondit Seigneur le Duc, ainsi que de raison.

Des Donnations.

ARTICLE PREMIER.

L'En tient par la Coustume du Pays de Bourbonnois, que donnation universelle de tous biens, ou de partie de biens faicte *per modum quote* : comme de la moytié de ses biens, ou du quart, ou d'autre portion, ne vault riens sans apprehension & bail de possession réelle & actuelle.

II. Item, l'en tient par ladicte Coustume, que donnation particuliére d'aucuns biens, nomméement & particulierement est bonne & vallable sans bail de possession réel & actuel, excepté en la Chastellenie de Vichy, en laquelle par Coustume particuliere & localle donnation particuliere ne vault riens sans apprehension & bail de possession réel & actuel.

III. Item, par ladicte Coustume, insinuation n'est point necessaire, de quelque somme que soit ladicte donnation & extimation de la chose donnée : toutesfois si l'en fait insinuer ladicte donnation, elle n'en vault pas moins. Insinuation n'a lieu en donnation.

IV. Item, par la Coustume dudit Pays, le pere ou la mere, ou l'ung d'eulx, ne peuvent faire faire de meilleur condition l'ung de leurs enfans que l'autre, c'est à dire qu'ilz ne peuvent donner à l'ung de leurs enfans plus que à l'autre, si ce n'étoit que celluy à qui ilz vouldroient faire ladicte donnation fust émancipé : & que la donnation lui fust faite à bonne & juste cause, & que possession lui fust baillée de ce que donné & transporté luy seroit.

V. Item, par ladicte Coustume, notoirement tenuë & gardée audit Pays, donner & retenir ne vault riens, c'est à dire que si aucune chose est donnée, reservé & retenu à celluy qui donne, qu'il puisse disposer de la chose donnée à son plaisir & voulenté, toutes & quantes-fois que bon luy semble : telle donnation ne vault riens.

Donnation faicte *retento usufructu*, est bonne & vallable.

VI. Item, par ladicte Coustume, donnation particuliere faicte avec retention de l'usufruict à la vie du donneur ou autre temps, est bonne & vallable, & en ce cas n'est point donner & retenir, dont est parlé au prochain précedent article. Autre chose est en donnation universelle, ou faicte *per modum quote*, où l'en se gouverne selon le premier article de ce present Chapitre.

Des Donnations faictes en Contractz de Mariaige, & en faveur des Contrahans.

ARTICLE PREMIER.

Donnations faictes en faveur de mariaige, sont bonnes & vallables.

L'En tient par la Coustume du Pays & Duché de Bourbonnois, que toutes donnations, adventages, conventions, institutions, & autres choses faictes en contract du Mariaige, en faveur d'icelluy, au proffit & utilité des mariez, ou de l'ung d'eulx, sont bonnes & vallables, en quelque forme qu'elles soient faictes ; mais que la forme & les parolles substantialles de donnation y soyent, c'est à sçavoir la déclaration de la voulenté du donnateur, & que en faveur du mariaige il vueille que ladicte donnation vaille, & sont telles donnations bonnes & vallables, posé qu'elles soyent immenses ou inofficieuses, & jusques à l'exheredation du propre enfant du donnateur : reservé toutesfois aux enfans la quarte partie deuë de droit de nature, eu esgard au nombre des enfans, selon droit escript, soyent que lesdictes donnations & advantages faictes à personnes estranges & qui riens, n'appartiennent au donnateur, ou à personnes estans de son lignaige & affinité.

II. Item, & vault ladicte donnation par ladicte Coustume, tant personnes franches que serves, reservé que entre personnes serves elle ne tient, si n'est sur ceulx de leur condition, & d'ung mesme Seigneur.

III. Item, par ladicte Coustume, si en telles donnations faictes en faveur de mariaige, le donnateur reserve & retient, que au cas l'espoux à qui la donnation est faicte voise de vie à trespas sans hoirs descendans de son corps survivant ledit donnateur, quant en ce cas ledit donnateur soit son heritier. Telle reservation vault & tient des choses par luy données, & les recouvrera oudit cas, quant aux estrangiers ; mais quant aux peres & meres ilz recouvreront ce qu'ilz auront donné, & oultre tous les meubles & conquestz, & regard des heritaiges, ilz yront & retourneront à l'estoc dont ils sont venuz, écheuz & partys, combien que par la Coustume du Pays eschoites ne montent point, & que l'en ne puisse desheriter son propre & loyal heritier, que de la quarte partie.

De donnation mutuelle entre le mary & la femme.

IV. Item, par ladicte Coustume, l'en tient que donnation mutuelle se peult faire entre mary & la femme, constant leur mariaige de meubles & conquestz seullement, & vault telle donnation à la vie du survivant seullement, & non mys à perpetuité. Autrement par ladicte Coustume, le mary ne peut donner riens à sa femme, ne la femme au mary, ne autrement eulx advantager l'ung l'autre, soit par donnation entre vifs, par testament legat ou autrement, excepté en la Chastellenie de Vichy, & ressort d'icelle, en laquelle donnation mutuelle n'a point de lieu entre mary & femme par Coustume de ladicte Chastellenie.

V. Item, l'en tient par ladicte Coustume, que le mary peult donner, vendre & allienar, & autrement faire à sa voulenté des meubles, & aussi des conquestz qu'il a fais, constant le mariaige par donnation, vendition, permutation, & autre contract faict entre vifz, mais non pas pour legat, donnation, à cause de mort, ne autre contract qui aye traict à mort, ains en ce cas prendra femme la moytié. Et ne vauldroit ledit legat ou donnation que pour la moytié, mais par délict où il eschiet confiscation, le mary ne confisque que la moytié desdits meubles & conquestz immeubles. Aussi la femme audit cas de delict où il eschiet confiscation, confisquera ladicte moytié, excepté en la Chastellenie de Vichy & ressort d'icelle, en laquelle par Coustume particuliere & localle à la femme n'a riens és meubles & conquestz, ains appartiennent audit mary, & en peult disposer à sa voulenté.

Des Mariaiges & Doüaires.

ARTICLE PREMIER.

Le mary & la femme sont communs en biens, meubles & conquestz.

L'En tient par la Coustume du Pays de Bourbonnois, que le mary & la femme, le mariaige fait & accomply sont ungz & communs en tous biens, meubles, & aussi en conquests faitz, constant leur mariaige, en telle maniere, que aprés le décès du mary ou de la femme, le survivant doit avoir la moytié des meubles & conquests, & les héritiers du trespassé l'autre, excepté en la Chastellenie de Vichy, en laquelle par Coustume particuliere & localle,

localle, mary & femme ne sont point ungs & communs ensemble en meubles & conquestz; mais si le mary premeurt, la femme gaignera le tiers denier, en montant de la somme que elle aura apportée, qui est la moytié de son dot. Comme si elle a eu cent livres en mariaige, elle en gaignera cinquante livres, ainsi elle aura cent cinquante livres. Et au cas contraire, si le mary survit sadicte femme, il gaignera semblablement le tiers denier, en montant dudit dot de ladicte somme qu'elle aura apportée. Laquelle Coustume a lieu en toute ladicte Chastellenie & ressort d'icelle, fors en la Ville dudit Vichy, en laquelle par Coustume particuliere & localle, si la femme survit à son mary, elle aura la moytié des meubles à elle, & aux siens. Et oultre, elle aura la moytié des héritaiges dudit mary, soient conquestz patrimoniaulx, ou autres, pour en jouyr par le cours de sa vie seullement, ou elle gaignera le tiers denier seullement, en montant de sondit mariaige, à son chois.

Femme mariée ne peult vendre etiam de l'auctorité de son mary, ses heritiers.

II. Item, par ladicte Coustume, la femme aprés la mort de son mary peult & luy loist, se bon lui semble, renoncer à la communaulté qu'elle avoit avecques sondit mary, & biens d'icelle, qui est quant aux biens, meubles & aux conquests. Et en ce cas, elle aura son héritaige & son doüaire, & ne payera nulles debtes. Car par ladicte Coustume, debte sent nature de meuble entre communs. Et sera tenuë faire ladicte renonciation dedans xl. jours à compter du jour qu'elle aura sceu le trespas de son mary, excepté en la Chastellenie de Vichy, hors la Ville, en laquelle Chastellenie ladicte Coustume n'a point de lieu, pource que la femme n'a point de communaulté en meubles & conquestz avec son mary : ains comme dit est, elle gaigne seullement le tiers denier.

III. Item, par ladicte Coustume, la femme peult vendre, donner, eschanger, & autrement aliener ses heritaiges de l'auctorité de son mary, sans estre recompensée, excepté en ladicte Chastellenie dudit Vichy & ressort d'icelle. En laquelle par Coustume particuliere & localle, la femme ne peult riens vendre ne transporter à l'auctorité de son mary, ne autrement, sinon qu'elle soit recompensée par sondit mary, d'autant pourroit monter ce qu'elle auroit vendu & transporté.

IV. Item, l'en tient par ladicte Coustume, que le mary durant & constant le mariaige, peult au nom de sa femme, intenter, poursuyvir & demener toutes actions personnelles & possessoires. Et semblablement le Chief & Gouverneur d'une communaulté, au nom des communs.

Femme mariée peult intenter être convenuë en action de injure.

V. Item, l'en tient par ladicte Coustume & commune observance dudit Pays, que une femme durant & constant son mariaige, peult intenter toutes actions de injures, & aussi être convenuë en ladicte action, sans l'auctorité de son mary. Aussi fait semblablement filz de famille, sans l'auctorité de son pere.

VI. Item, l'en tient par ladicte Coustume, que la femme doibt avoir pour doüaire aprés la mort du mary, la moytié de tous les heritaiges que le mary a le jour de son trespas, dont il meurt saisy & vestu, pour d'icelle moytié des heritaiges, jouyr par maniere de doüaire & par le cours de sa vie seullement, reservé des conquests, sur lesquelz elle ne prent nul doüaire, excepté en la Chastellenie dudit Vichy, en laquelle les femmes n'ont point de doüaire : ains gaignent le tiers denier, comme dessus est dit.

La femme aprés la mort de son mary est saisie & vestuë de son doüaire.

VII. Item, par ladicte Coustume, la femme aprés la mort de son mary est saisie & vestuë de son doüaire coustumier, & de la moytié des meubles & conquestz. Et ne viendra mye par voye petitoire, se elle ne veut. Et semblablement du doüaire conventionnel, quand le doüaire conventionnel est chose certaine, comme d'une maison, d'ung pré, d'une Seigneurie, ou autre chose certaine. Autre chose est, quand c'est rente à prendre par l'heritier, ou à sçavoir ouquel cas la femme ne se pourra dire saisie, mais y viendra par action, excepté en la Chastellenie de Vichy, en laquelle la Coustume n'a point de lieu, pource que, comme dit est au precedent article, les femmes n'ont point de doüaire coustumier.

VIII. Item, l'en tient par ladicte Coustume que la femme doibt, & est tenuë de tenir en estat son doüaire, c'est à sçavoir en l'estat qu'elle l'a trouvé, autrement elle sera tenuë de l'empirement.

Doüaire sur doüaire n'a lieu.

IX. Item, l'en tient par ladicte Coustume, que doüaire n'a point de lieu, tant que le premier doüaire dure; toutesfois la seconde aura son recours & action pour estre recompensée de sondit doüaire, sur les biens de ceulx qui auront constitué ledit doüaire, ou de leurs heritiers.

X. Item, l'en tient par ladicte Coustume, que en l'estat que la femme laisse son doüaire qu'elle a tenu par le cours de sa vie, l'heritier de son feu mary le prendra en icelluy estat que il trouvera comme garny de fruitz pendans, & autrement; sauf le deteriorement duquel l'heritier peult avoir action contre tous les heritiers de la femme. Et semblablement la femme prendra son doüaire en l'estat qu'elle le trouvera aprés le trespas de son mary.

XI. Item, par ladicte Coustume, femme mariée est en la puissance de son mary, jaçoit ce qu'elle ait pere & mere, & qu'elle n'aye point esté émancipée. Et s'il advient qu'elle retourne en viduité, elle ne retourne plus en la puissance de sondit pere, ains est reputée Dame de ses droits.

B

Des Communaultez.

ARTICLE PREMIER.

Comment ſe acquiert communaulté couſtumiere.

L'En tient par la Couſtume du Pays de Bourbonnois, que communaulté couſtumiere ſe acquiert de meubles & conqueſtz entre aucuns par demourance d'an & jour, pourveu que ceulx qui font ladicte demourance d'an & jour enſemble ſoient âgez, c'eſt à ſçavoir le maſle à quatorze ans, & la fille de douze ans, & qu'ilz ſoient *ſui juris*, & hors puiſſance paternelle, & que mixtion de biens ſoit faicte entre eulx durant ladicte demourance d'an & jour, & vivent à communs deſpens, excepté en la Chaſtellenie de Vichy & reſſort d'icelle, en laquelle n'a point de communaulté couſtumiere.

II. Item, par ladicte Couſtume, communaulté couſtumiere s'entent de tous biens, meubles, & auſſi des conqueſtz faitz durant ladicte communaulté ſeullement, s'il ne eſtoit dit autrement par exprés, excepté en la Chaſtellenie de Vichy, en laquelle n'a point de communaulté, comme dit eſt.

III. Item, par ladicte Couſtume, conqueſts & debtes ſe partent eſtre communs, comme les biens meubles, & en ce cas ſortiſſent nature de meubles.

IV. Item, l'en tient par ladicte Couſtume, que ſi aucunes perſonnes ſont communes enſemble en biens, meubles & conqueſtz, & l'ung batiſt & édiffie ung Hoſtel en ſon heritaige durant ladicte communaulté, ledit édiffice demourera à celui à qui eſt l'heritaige, & n'y ont riens les autres communs partionniers; toutesfois ledit édiffice ſera extimé, & ſe payera ſur & de la part & portion d'icellui à qui eſt l'heritaige; il ſera tenu de rembourſer ſeſditz partionniers par forme.

Du mary qui baitir ſur le propre de ſa femme.

V. Item, & ſemblablement quant le mary baſtit de nouvel en l'heritaige de ſa femme, lui ou ſes heritiers, ſeront rembourſez ſur la femme, ou ſur ſes heritiers. Auſſi ſi le mary baſtit de nouvel en ſon heritaige propre, la femme ou ſes heritiers, ſeront recompenſez. Autre choſe ſeroit de reparation de l'heritaige, où il n'y eſchiet point de recompenſe.

VI. Item, l'en tient par ladicte Couſtume, que les enfans eſtans en puiſſançe de pere, n'acquierent point de communaulté avec leurdit pere, ne ſes partionniers, ſuppoſé qu'ilz ſoient ſeigneurs de leurs biens, à cauſe & comme heritiers de leurs feuë mere, ou autre.

VII. Item, par ladicte Couſtume dudit Pays, fruictz pendans ſont tenuz & reputez meubles entre communs, & s'entent des fruictz induſtriels ſeullement, comme de vignes aprés la taille, & les bledz aprés qu'ilz ſont ſemez.

VIII. Item, par ladicte Couſtume, l'en tient que enfans mineurs d'ans aprés la mort du pere & de la mere, n'acquierent point de communaulté avec les partionniers de leurſdictz pere & mere, tant qu'ilz demeureront en minorité & bas âge; ains auront la portion de leurſdicts pere & mere, repreſentans leurs chiefz ſeullement; mais eulz venuz en âge parfait, s'ils demeurent an & jour avec les communs partionniers de leurs feuz pere & mere, ils acquereront communaulté avec eulx, & feront chacun ung chief en icelle communaulté, & ſemblablement avec leur mere, aprés la mort de leur pere.

IX. Item, par ladicte Couſtume, l'en tient que quant aucun heritaige mouvant de l'eſtoc & branche d'ung partionnier d'aucune communaulté, ſoit d'entre mary & femme, ou autre, eſt acquis & achapté par ceulz de ladicte communaulté ou l'ung d'eulx, que ledit heritaige ne ſera point commun entre leſditz partionniers; ains demeurera à cellui qui eſt de l'eſtoc & branche dont meult ledit heritaige. Et feront les partionniers rembourſez de deniers pour leurs portions, car par ladicte Couſtume, l'heritaige de branche d'aucuns des communs, demeure à cellui qui eſt de l'eſtoc & branche, en rembourſant ſes compartionniers.

Des Droitz Seigneuriaulx & de Juſtice.

ARTICLE PREMIER.

L'En tient par ladicte Couſtume du Pays de Bourbonnois, que toutes terres, hermes & vaccans, ſont tenuës & reputées eſtre au Seigneur juſticier, en la juſtice duquel elles ſont ſituées & aſſiſes, qui ne prouvera le contraire, ſoit que particuliers prétendent leſdictes terres leur appartenir, ou que on les vueille prétendre communes aux Villes ou Villaiges. Et ne ſont reputées terres, hermes & vaccans, que les terres ou paſtoraulx dont aucunes Villes, Villaiges, ou autres communaultez, joüiſſent & ont joüy pour leur aiſance, ou de leur beſtail, & de tel & ſi long-temps qu'il n'eſt memoire du contraire, & ſans préjudice des Droitz Seigneuriaulx, Blairies, ou autres, telz que les Seigneurs Juſticiers auront accouſtumé prendre.

II. Item, par ladicte Coustume, toutes espaves sont & appartiennent au Seigneur hault justicier, & se doivent faire les criées & gardes d'icelles, en telle maniere, c'est à sçavoir que le Seigneur hault Justicier les doit garder par l'espace de xl. jours, durant lesquelz il les doit faire crier par trois huytaines, aux lieux accoustumez de faire criées. Et si dedans lesditz xl. jours celluy à qui est ladicte espave vient & la preuve estre sienne, elle luy est renduë, en payant les despens que l'espave a faict. Mais les xl. jours passez il vient à tard, sinon que l'espave soit de petite valleur, qui ne monte plus de xl. solz tournois, auquel cas elle pourra estre venduë dedans la premiere criée, en telle condition, que si le Seigneur vient dedans les xl. jours, elle luy sera renduë, ou la valleur d'icelle, en payant les fraiz, & entendent ladicte Coustume avoir lieu *in his quæ usu consumuntur, & quæ servari non possunt.*

Les espaves sont au hault Justicier.

III. Item, par ladicte Coustume, l'homme subject en Justice faisant feu, doibt pour raison de la haulte Justice, trois charrois l'an, s'il a beufz & charrette. Et s'il n'a beufz ou bestes trayant & charrette, il lui doibt trois corvées, là où il plaist au Seigneur de l'employer en sa Justice, ou hors: & doibt iceulx charrois ou corvées faire du soleil levant au soleil couchant, & tellement que du levant il puisse estre retourné en sa maison au couchant. Et est tenu ledit Seigneur qui prendra ledit charroy ou corvée, nourrir ceulx qui feront lesdits charrois ou corvées, ou payer pour le charroy à deux beufz six deniers tournois, à quatre beufz sept deniers tournois, & à six beufz dix-huit deniers tournois, & pour corvée six deniers tournois, au chois du Seigneur, & ne peuvent les Seigneurs contraindre leurs subjectz faire charroy pour autre que pour eulx & leurs affaires, ne aussi les prendre une année sur autre, car ilz ne se arréragent point. Et ne sont comprins en ceste taille les Villes & autres lieux dudit Pays, qui ont Franchise & Privilege, de ne faire aucun charroy ou corvée. Aussi ne sont comprins ceulx qui par Sentence, contract ou composition, en donnent plus ou moins, auquel cas ilz sont tenuz faire charroy, selon lesditz traictez, compositions & Sentence, excepté en la Chastellenie de Vichy, en laquelle n'est deu au Seigneur Justicier, pour raison de la Justice, aucun charroy.

Des corvées des hommes subjectz à hault Justicier, & comment elles se doivent payer, &c.

IV. Item, par ladicte Coustume du Pays de Bourbonnois, la riviere tolt & donne au Seigneur Justicier qui a Justice haulte, moyenne & basse, & ne donne mie au Seigneur tresfoncier & proprietaire qui n'a point de Justice. Et sera la croissance que la riviere donne vray Dommaine audit Seigneur Justicier, & se appellent communéement laiz, comme laiz d'Alyer, ou d'autre riviere. Et si la riviere laisse aucune Isle, elle sera au Seigneur Justicier de la Justice, duquel ladicte Isle sera le plus prés, eu regard au fil de l'eaue de ladicte riviere, & s'entent des rivieres d'Alyer, de Loyre, Cyole, Chier & Besbre. Autre chose est des autres petites rivieres & ruisseaulx; toutesfois par Coustume particuliere és Chastellenies de Mont-Luçon & Heriçon, les rivieres tollent & donnent au Seigneur tresfoncier, excepté en la Chastellenie de Vichy & ressort d'icelle, en laquelle, par Coustume particuliere & localle, les laiz de la riviere sont au commun consort, quant aux pasturages & plant. Mais le Seigneur Justicier prend la lacte & partiere, & ne les peult le Seigneur bailler à cens, ne autrement, les applicquer à son Dommaine.

De la croissance que donne la riviere au Seigneur.

V. Item, aussi par ladicte Coustume, l'en tient que si deux Seigneurs ont Justice deçà & delà la riviere, c'est à sçavoir l'ung deçà, & l'autre delà le fil de l'eaue, par les deux Justices.

VI. Item, par ladicte Coustume, moteferme est conservative au Seigneur proprietaire & tresfoncier, en telle maniere que si la riviere noye & inunde une partie de l'heritaige d'aucun Seigneur proprietaire, la partie qui demeure en terre ferme non inundée, conserve droict au proprietaire à la partie inundée, tellement que si la riviere par traict de temps laisse ladicte partie inundée, ledit Seigneur proprietaire la reprendra, & ne sera pas en ce cas au Seigneur Justicier.

De la riviere qui inunde partie de l'heritaige d'ung Seigneur.

VII. Item, l'en tient par ladicte Coustume & Usance, que en cas de delict qui n'est pas en meslée par la Justice riere, en laquelle ladicte meslée ou assemblée sera faicte, le Seigneur Justicier duquel le délinquant est justiciable aura la connoissance dudit delict, non mie le Justicier riere qui le delict est faict, sinon que le Justicier en la Justice duquel le delict est faict, fasse prompte poursuyte incontinent aprés ledit delict commis, & que le delinquant soit prins & apprehendé au moyen d'icelle poursuyte.

Des Droictz que le Seigneur prent sur les Bastardz.

ARTICLE PREMIER.

L'En tient par la Coustume du Pays de Bourbonnois, que quant la droite ligne du Bastard meurt, le Seigneur hault Justicier est heritier des biens estans en sa Justice, & prent chacun Seigneur Justicier les biens qui sont riere lui & en sa Justice, si ledit Bastard a des biens en plusieurs Justices; car ledit Bastard n'a point de souche par ladicte Coustume.

Le Bastard n'a point de souche.

II. Item, l'en tient par ladicte Coustume dudit Pays, que ledit Bastard ne succede point à cellui que l'en dit estre son pere, ne aussi à sa mere, combien qu'elle soit certaine.

III. Item, l'en tient par ladicte Coustume, que si d'ung Bastard descend enfant en loyal mariaige, ledit enfant est bien né & legitime, & succede à ses pere & mere.

IV. Item, & par ladicte Coustume, si ledit enfant né de Bastard en loyal mariaige succede à sa mere & il voise de vie à trespas, survivant son pere, selon ladicte Coustume, il aura deux heritiers si sa mere étoit legitime, c'est à sçavoir l'ung de l'estoc de sadicte mere, lequel emportera l'heritaige maternel, & la moytié des meubles, & l'autre heritier de par son pere, sera le Seigneur Justicier, lequel aura l'autre moytié desditz meubles; car comme dessus est dit, le Bastard n'a point de souche, & ne eschoite point le pere à son enfant; mais si dudit enfant né dudit Bastard & de sa femme legitime, estoit descendu autre enfant qui fût mort, les heritiers du costé de la mere dudit filz de Bastard, avoient eschoite des meubles & conquestz, & non pas le Seigneur Justicier, car en meubles, n'a pas quatre costez, mais deux seullement, & semblablement ce fait du costé paternel, quant le pere est legitime, & la mere est Bastarde.

V. Item, par ladicte Coustume, la succession des Aulbains est & appartient à mondit Seigneur le Duc, des biens estans en ladicte Duché & Pays de Bourbonnois.

Des Accenses & Fermes.

ARTICLE PREMIER.

Des estrouffes & accenses muables.

L'En tient par la Coustume és Pays de Bourbonnois, que en toutes estrouffes de Fermes & Accenses muables, il n'y a que huyt jours de tiercement, & quinze jours de doublement, en telle maniere, que qui ne le tierce dedans les huyt jours aprés l'estrouffe faicte, il n'est plus receu. Et semblablement la quinzaine passée, en est puis receu à double, sinon qu'il soit expressément reservé, en faisant lesdictes baillées.

II. Item, & au regard de deux solz pour livre, nul n'est receu, s'il n'a été metteur en la Ferme & Accense à l'estrouffe, lesquelz metteurs & chacun d'eulx seront receuz à mettre deux solz pour livre de toute la somme, avant les tiercemens & doublemens, & d'iceulx durant & aprés le doublement dedans xxiiii. heures, & de xxiiii. heures en xxiiii. heures on peult mettre deux solz pour livre sur le dernier metteur. Et icelluy qui met lesditz deux solz tournois pour livre, est tenu de faire sçavoir au precedent immediat metteur dedans xxiiii. heures aprés sadicte remise, laquelle signification se fera au dernier metteur, s'il est au lieu, ou à son domicile, qu'il sera tenu de eslire au lieu de la mise, ou faire escripre ladicte mise de deux solz pour livre au papier des mises, autrement sadicte mise est nulle, & demourera l'estrouffe faicte au precedent immediat metteur.

Des prinses des Bestes.

ARTICLE PREMIER.

Celluy qui prent bestes en son dommaige est creu de sa prinse, &c.

L'En tient par la Coustume & Usance du Pays de Bourbonnois, que en prinses de bestes, celluy qui les prent en faisant dommaige en ses prez, ou autres heritaiges, ou les suyt promptement, & incontinent aprés ledit dommaige, il sera creu de sa prinse & suyte, en monstrant sa diligence qu'il a faicte d'avoir prinses les bestes, comme menées & rendues à Justice, ou à son Hostel, ou avoir pris gaige ou pleige, & le maistre de la beste sera tenu du dommaige que sa beste aura fait; toutesfois si le demandeur veult prouver de plus grant dommaige que le deffendeur ne dira, il sera receu avant le serment, si le demandeur offre faire ladicte preuve, & il afferme le dommaige exceder la somme de cinq solz tournois.

Des bestes prinses en garennes faisans dommaige.

II. Item, par ladicte Coustume, prinse de bestes en garenne est pour l'interest du Seigneur de ladicte garenne, la premiere beste sept solz tournois, en monstrant deuëment de la prinse faicte en ladicte garenne, quant il y en a plusieurs ensemble à une prinse. Et s'il ne le veult chercher de la premiere, il aura son interest, selon l'Article precedent, en ce non compris l'amende du Seigneur, qui est de sept solz tournois. Et quant il y en y a une seulle, il y a toujours sept solz tournois, excepté quant ce seront brebis ou moutons, il n'y aura que sept solz tournois pour la premiere, & quatre deniers pour chacune des autres, excepté aussi en la Chastellenie de Vichy & ressort d'icelle, en laquelle par Coustume particuliere & localle, ung homme ne fera que une amende au Seigneur de ladicte garenne pour toutes ses bestes, laquelle est de sept solz tournois.

III. Item, par ladicte Coustume, taillis & boys revenans sont aprés la cope de garde trois ans & ung moins, en telle maniere, que la prinse des bestes faicte en iceulx durant ledit temps, est

est de telle valleur & extimation, comme celle de garenne; toutesfois si en garenne ou taillis, ou joignant iceulx à chemin royal passant lesdictes bestes, ne pourront estre prinses en passant seullement, pourveu qu'elles n'y arrestent aucunement. Et ne sera ledit Seigneur tenu faire telles preuves que en garenne, mais sera creu le preneur par son servier de la prinse, en monstrant de la diligence, selon le premier Article. Aussi si à l'yssuë des Villes & Villaiges à ung traict d'arc aucuns soient nobles, ou autres, ont boys taillis & revenant jusques à deux festiers, ils seront tenuz les tenir clos & bouchez, autrement ils ne peuvent user de prinses de bestes, comme en boys taillis, mais en pourront user comme en simple gast d'autres heritaiges, excepté en la Chastellenie de Vichy, en laquelle par Coustume particuliere & localle, ung homme ne fera que une amende au Seigneur du boys pour toutes ses bestes, qui est de sept solz tournois, comme dit est au precedent Article.

IV. Item, par ladicte Coustume dudit Pays, les prez estans en prairies non bouchez sont dessensables, depuis la Nostre-Dame de Mars jusques aprés la faulx; & les prez portans revivres sont dessensables, depuis la Nostre-Dame de Mars jusques à la S. Martin d'yver, & y peult l'en user de prinses de bestes, & de la S. Martin d'yver és forestz non: & au regard des pourceaulx, ils sont de prinse toute l'année: & quant aux prez & prairies bouchées qui ont accoustumé de l'estre, on y peult user de prinse toute l'année. Des prez, & quant ils sont dessensables.

Des Successions & Tutelles.

ARTICLE PREMIER.

L'En tient par la Coustume du Pays de Bourbonnois, que l'en ne peult desheriter son loyal heritier en testament, ne autrement par l'Ordonnance & disposition ayant traict à mort, sinon seullement de la quarte part de ses biens, sur laquelle quarte partie se doivent payer & prendre les laiz & funerailles dudit Testateur, en telle maniere, que les trois quartz doivent demourer à l'heritier franchement, sans charge de laiz & funerailles. L'en ne peult desheriter son loyal heritier.

II. Item, par ladicte Coustume, nul ne peult ne doibt estre heritier & legataire, c'est à dire que l'en ne peult advantaiger l'ung de ses heritiers plus que l'autre en testament, ne autrement par contract qui ayt traict à mort.

III. Item, l'en tient par ladicte Coustume, que tant qu'il y ait frere germain ou seur germaine, ou descendans d'eulx, que le frere & la seur qui ne sont que l'ung des costez, soit du costé paternel ou maternel, ne les descendans d'eulx, ne succedent point tant que la lignée du germain dure, excepté en la Chastellenie de Vichy & ressors d'icelle, en laquelle par Coustume particuliere & localle, les freres uterins & paternels succedent comme les germains.

IV. Item, l'en tient par ladicte Coustume, que succession & eschoite ne monte point en droicte ligne, c'est à dire que le pere & la mere, ne aucun d'eulx, ne peult estre heritier de son enfant, reservé des meubles & conquestz immeubles, esquelz le pere & la mere succederont, mais en succession & ligne collateralle *secus*, car les successions montent.

V. Item, par ladicte Coustume, succession du pere & de la mere se partent par lictz, & non mie par testes, c'est à dire que si ung homme de sa premiere femme a plusieurs enfans, & de la seconde, ou autre femme il a ung enfant seullement *vel è contra* que en l'eschoite dudit pere, enfant seul d'ung lict prendra autant comme tous les autres, & semblablement de la femme, si elle a eu enfans de deux marys, ou plusieurs, excepté en la Chastellenie de Germigny, & és Villes & Franchises de Montluçon, Heriçon & Cosne, & és terres d'Orval, Charenton & Changy, esquelz lieux les successions de peres & meres se partent par testes, & non mie par lictz, par Coustumes particulieres & localles esdits lieux. La succession de pere & de mere se part par lictz & non par testes.

VI. Item, par ladicte Coustume generalle dudit Pays, quant aucun va de vie à trespas sans hoirs descendans de luy en loyal mariaige, il y a deux heritiers en meubles & conquestz, c'est à sçavoir le plus prochain du costé & estoc paternel succede pour la moytié, & le plus prochain maternel pour l'autre moytié, & és heritaiges succedent les plus prochains des estocz dont ilz sont venuz, tant du costé & estoc paternel, que maternel.

VII. Item, par ladicte Coustume, l'en tient que fille mariée & appanée par le pere, ne peult venir à succession de pere, de mere, de seur & de frere, ne autre eschoite collateralle dedans les termes de representation, tant qu'il y ait masles, ou descendant de masles; mais en eschoites collateralles hors les termes de representation, elle succedera comme masle avec luy.

VIII. Item, & si la fille se marie sans le congé ou vouloir du pere, s'il est vivant, ou de la meré aprés le trespas du pere, ou de la mere, ou cas dessus-dit, pourront appaner leurdicte fille, si bon leur semble, ouquel cas elle pourra venir à leur succession, si les pere & mere ne vouloient, & ordonnoient du contraire. De la fille qui se marie sans le congé de pere.

IX. Item, l'en tient par ladicte Coustume, que quant Seigneurs Justiciers prennent biens confisqués par deliƈt, ou prennent biens vaccans, les creanciers seront payez, tant que les biens se pourront estendre, & non plus.

X. Item, l'en tient par ladicte Coustume, que qui perd le corps, il perd les biens, c'est à dire que toutes & quantes fois que aucun est jugé à mort pour crime, que ses biens sont confisquez au Seigneur Justicier, où ilz sont situez & assis.

XI. Item, par ladicte Coustume, renonciation faicte par la fille au contract de mariaige, és successions de ses pere & mere, & autres ses parens, sans autre expression, est & doibt estre faicte & entenduë au prouffit d'hoir masle seullement, si n'est que en ladicte renonciation faisant, il soit expressément dict au prouffit de qui elle se faict, excepté en la Chastellenie de Vichy en laquelle par Coustume particuliere & locale, la renonciation est autant au prouffit des filles à marier que des filz.

Du droict appartenant au filz aisné en la succession de ses pere & mere, &c.

XII. Item, l'en tient par ladicte Coustume entre les Nobles, que le Chastel ou maison principale sera au premier & aisné filz, & si l'aisné estoit trespassé, au filz de l'aisné, tel qu'il vouldra choisir & eslire, soit paternel ou maternel, pour droict d'aisnesse & d'advantaige, en cette maniere, que s'il y a Chastel ou Place fort, & il y a fossé ou fossez, & dedans la closture desdits fossez, il y a granges, estables, ou autres choses, ils demeureront à l'aisné ou à son filz, comme dessus, reservé que s'il y avoit aucuns moulins, pressoir, ou four bannier, l'aisné pourra, se bon luy semble, recompenser ses autres heritiers de leurs parts & portions, autrement lesdits moulins, pressoir & four, se partiront esgallement, & oultre l'enclos desdits fossez, xl. toises de terre à prendre du bort des fossez par dehors, tant que lesdictes xl. toises se pourront estendre à l'entour desdits fossez, tellement que si en quelque fossé dudit Chastel ou Place fort lesdictes xl. toises ne se peuvent trouver, il n'aura que ce qui se trouvera à chacun costé, & ne se pourra recompenser aux autres lieux : & s'il n'y a point de Chastel ou Place fort à fossé ou fossez, il aura la maison, & oultre ce qui est enclos, soit mur ou de pal, xl. toises tout entour à prendre de ladicte closture, soit de mur ou de pal : & s'il n'y a mur ou pal ou autre closture en ladicte maison, ce sera à prendre à ladicte maison, le tout comme dessus, & est ladicte toise de six pieds, excepté en la Chastellenie de Vichy, en laquelle les aisnez ne prennent aucun droict d'aisnesse.

La femme a l'administration de ses enfans mineurs d'ans, &c.

XIII. Item, l'en tient par ladicte Coustume, que la femme aprés la mort du mary, a le gouvernement & administration de ses enfans pupilles tant qu'ilz seront en minorité, & sera tenuë de prendre leurs biens par inventoire incontinent aprés la mort de son mary, & de bailler caution juratoire, & rendre compte si elle se remarie, & s'entend, tant qu'elle demourera en viduité.

XIV. Item, par ladicte Coustume, toutes Tutelles sont datives, excepté celle de la mere, qui est naturelle durant son veufvage.

Des Executions & ventes de Biens.

ARTICLE PREMIER.

Forme de proceder sur l'execution d'un obligé.

L'En tient par la Coustume, Usance & commune observance du Pays & Duché de Bourbonnois, que le creancier peult & luy loist, se bon luy semble, faire prendre les biens de son debteur à ce obligé ou condamné, & peult faire vendre les meubles aux jours & nuytz sur ce introduitz par ladicte Coustume, qui sont la premiere criée de huytaine, & la vente à la quinzaine ensuivant, à laquelle quinzaine les biens doivent estre venduz, au plus offrant & dernier encherissant, & les deniers qui en ystront, convertis & employez au payement du creancier, excepté en la Chastellenie de Vichy, en laquelle par Coustume particuliere & locale, il y a trois sepmaines en ventes de biens meubles, laquelle vente se fait en la maniere qui s'ensuyt, c'est à sçavoir la premiere criée huyt jours aprés la prinse, & la huytaine ensuyvant se fait l'estrousse, & à l'autre huitaine ensuyvant qui est le bout desdictes trois sepmaines, se fait la délivrance.

Le creancier peult commencer son execution *ad nomina debitorum*.

II. Item, par ladicte Coustume, le creancier peult & lui loist, se bon luy semble, commencer son execution *ad nomina debitorum*, & faire arrester sur les debteurs de son debteur ce qu'il peult estre deu à sondit debteur, jusques à la somme de son debte, & au tiers plus, & n'est point tenu, se bon ne luy semble, soy prendre premierement aux biens du principal debteur, ains est à son chois de faire convenir & poursuyr lequel qu'il luy plaist, excepté en la Chastellenie de Vichy, en laquelle ladicte Coustume n'a point de lieu.

III. Item, par ladicte Coustume, le creancier qui a plusieurs debteurs à luy obligez pour ung mesme debte, chacun seul & pour le tout, se peult prendre & adresser contre lequel qu'il luy plaira, & le contraindre pour toute la somme, sans ce qu'il se puisse ayder du benefice de division, lequel n'a point de lieu par ladicte Coustume.

IV. Item, par ladicte Coustume, quant aucun creancier a son principal debteur & pleiges ung ou plusieurs, il ne se peult adresser au pleige ou pleiges avant le principal debteur, sinon que les pleiges ou pleige se soyent constituez principaulx payeurs, ou debteurs.

V. Item, par ladicte Coustume, meuble n'a point de suyte, en telle maniere, que si aucun debteur durant le temps de son debte vend, aliene, ou autrement transporte sans fraude quelque chose mobiliaire, le creancier ne pourra icelle chose suyvre, ne y prétendre ne clamer droit. Et semblablement se ung homme est obligé à ung ou plusieurs, & l'ung des creanciers, posé que ce soit le dernier, fasse prendre & saisir sans fraulde aucuns biens meubles de son debteur pour être payé de ce qu'il luy seroit deu, l'autre creancier ne peult empescher l'execution & payement d'icelluy qui auroit fait prendre lesditz biens, jaçoit ce qu'il soit premier creancier, pourveu que les biens meubles, ainsi prins par execution, soient deplacez & mis hors de la possession du debteur.

VI. Item, par ladicte Coustume, compensation n'a point de lieu, *etiam liquidi ad liquidum*, en telle maniere, que ung debteur ne peult obicer à son creancier pour empescher son payement qu'il lui soit tenu en semblable somme, ou autre plus grande ou moindre; ains sera tenu ledit debteur de payer son creancier, & l'en pourra icelluy creancier contraindre par execution, prinse de biens & autrement. *Compensatio etiam liquidi ad liquidum*, n'a point de lieu.

VII. Item, par ladicte Coustume & Usance, l'en tient que ung Marchand public de denrées, comme de vin & d'espicerie, & autres denrées venduës en détail sera creu par son serment, des denrées qu'il affermera avoir baillées à ung tiers, jusques à cinq solz tournois dedans l'an & jour; pourveu que celluy contre qui il fera sa demande soit coustumier de croire dudit Marchand; & que le Marchand qui auroit prêté, soit homme de bonne renommée.

C'est la forme & maniere que l'en tient au pays de Bourbonnois, à faire criées & subhastations des heritaiges qui se vendent par peremptoires, selon le Stile, Usance & commune observance sur ce introduitz & gardez.

ARTICLE PREMIER.

PRemierement, que les heritaiges doivent être prins & mis en la main de Justice pour pourvoir sur ce suffisant, & ce fait, le Sergent qui fait l'execution, doibt notiffier & faire à sçavoir son exploit à la partie à qui sont les heritaiges, & avec ce luy doibt faire à sçavoir la criée d'iceulx heritaiges au huytiéme jour aprés, ou autre jour prefix, tel qu'il voit être expedient pour faire lesdictes criées.

II. Item, que lesditz heritaiges doivent être criez publiquement & en la place publicque & commune par trois huytaines, c'est à sçavoir trois fois de huyt en huyt jours, en disant, *qui vouldra mettre esditz heritaiges, ou s'il est aucun qui se vueille opposer à la vente d'iceulx, qu'il viengne avant l'estrousse, & il sera receu.* Criées se font publiquement.

III. Item l'en doibt crier lesditz heritaiges par trois quinzaines, c'est à sçavoir de quinze en quinze jours trois fois.

IV. Item, pareillement l'en doibt crier lesditz heritaiges par trois quarantaines, c'est à sçavoir trois fois de quarante en quarante jours.

V. Item, & aprés doivent lesditz heritaiges être criez par trois moys, c'est à sçavoir deux fois de trois moys, ou de deux moys en deux moys trois fois.

VI. Item, & d'abondant oultre lesdictes criées, lesditz heritaiges doivent être criez par trois jours, tel que bon semblera au Sergent qui fera lesdictes criées, par façon que lesdictes trois dernieres criées soient faictes dedans ung an & jour, eu regard au commencement desdictes criées, & que la derniere criée soit faicte droictement à la fin de l'an & jour; à laquelle derniere criée, le Sergent ou Crieur fera à sçavoir la délivrance desditz heritaiges, être faicte à celluy qui aura mis pris en iceulx heritaiges, à ce jour même, heure de Vespres, & doivent être faictes lesdictes criées continuellement par an & jour, en la façon & maniere dessus déclarée sans aucune interruption, & se aucun se oppose pardevant ledit Sergent à la vente desditz heritaiges, iceluy Sergent le doibt recevoir & luy assigner jour à la journée à quoy advient sa derniere criée, pour dire les causes de son opposition; mais ce nonobstant, ledit Sergent doibt toujours proceder & aller avant en sesdictes criées, & ne doibt point differer pour l'opposition des parties, pourveu qu'il luy soit apparu de l'obligation ou condemnation, mais de tout, faire relation au Juge par qui se doibt faire la délivrance desditz heritaiges & l'interposition du decret. Et doibt ledit Sergent en chacune criée avoir ung Notaire avec luy pour faire Registre desdictes criées, lequel Notaire à la fin desdictes criées, en doibt faire relation ou certification au Juge qui il appartiendra, excepté en la Chastellenie de Vichy & ressort d'icelle, en laquelle les criées & peremptoires des heritaiges se font par Coustume particuliere & localle, en la maniere qui s'ensuit, c'est à sçavoir que le jour que ce fait la prinse de l'heritaige, le Sergent qui a fait ladicte prinse le fait sçavoir au debteur à qui est ledit heritaige, ledit jour mesme, & lui assigne jour au lieu accoustumé à faire lesdictes criées à la huytaine ensuyvant, pour veoir crier & peremptorier ledit heritaige, à laquelle huytaine

Les criées doivent estre faictes par an & jour sans interruption.

Forme de faire criées à Vichy.

ledit Sergent faict sa criée, & icelle faicte, il délaisse ledit heritaige sans faire autre criée jusques au bout de xl. jours, & ledit jour signifié audit debteur, ladicte criée & premier peremptoire par luy avoir esté faicte, & lui donner de rechief assignation au bout desdits xl. jours, au bout desquelz il meêt encore de rechief en subhastation lesdits heritaiges en la presence dudit debteur, s'il y est, & s'il n'y est il donne deffault contre lui, & par vertu d'icelluy, il passe lesdits peremptoires, & donne assignation en general à la quinzaine ensuyvant, & adjourne en particulier ledit debteur à ladicte quinzaine, à laquelle quinzaine il passe le premier peremptoire, & donne encore assignation à la quinzaine aprés ensuyvant, & le doibt toujours signifier en particulier audit debteur, & au tiers peremptoire il fait son extime, appelle le creancier & debteur, & des prud'hommes, lesquelz il fait jurer, pour bien & loyaulment extimer l'heritaige, eu esgard aux charges que l'heritaige peult devoir, & assigne jour à la quinzaine ensuyvant pour le quart peremptoire & decret audit debteur en particulier, & les autres en general pardevant les Juges, & s'il n'y a contradiction l'heritaige est adjugé audit creancier, ou autre qui aura mis pour le pris qu'il est extimé, & non pas pour le pris que on y a mis, sinon qu'il y eust autre qui voulsist mettre à plus hault pris ledit heritaige que ne monteroit ladicte somme de l'extime, ouquel cas ledit heritaige sera vendu & estroussé audit plus mettant, sur lequel pris sera desduict audit creancier metteur, la quarte partie pour le droit de éviction des lotz & ventes, & oultre les despens qui ont esté faitz au fait desdits peremptoires, & le surplus des deniers sera distribué aux opposans, s'il en y a, selon ce qu'ilz seront premiers en datte.

Des Prescriptions.

ARTICLE PREMIER.

Toutes choses sont prescriptes, *spatio triginta annorum.*

L'En tient par la Coustume & commune observance dudit Pays de Bourbonnois, que toutes choses prescriptibles se prescripvent par le laps & espace de trente ans contre toutes gens, reserve contre l'Eglise, où il y a quarante ans.

II. Item, par ladicte Coustume, toutes prescriptions sont limitées à trente ans, reservé contre l'Eglise, où il y a quarante ans, comme dit est, & n'en y a point oudit Pays à moindre temps, excepté en denrées qui sont vendues à menu & à détail, & en travail & journées de laboureurs, de terres, vignes, & autres choses; ouquel cas les revendeurs ou laboureurs, seront receuz à demander leur droit & debte dedans an & jour seullement, autrement l'an & jour passez ilz en seront excluz, sinon qu'ilz preuvent que les vendeurs ou laboureurs eussent fait fin de compte, ou accord pour leursdictes journées ou denrées, ouquel cas ilz le peuvent demander jusques à trente ans.

Des Asseuremens.

ARTICLE PREMIER

En cas de asseurement le demandeur est creu par son serment.

L'En tient par la Coustume du Pays de Bourbonnois, que en cas d'asseurement le demandeur sera creu par son serment du doubte de sa partie adverse, & sera tenu ledit deffendeur de l'asseurer, selon la Coustume du Pays, par laquelle on tient que celluy qui asseure le complaignant l'asseure de luy & des siens qui sont en sa puissance, c'est à sçavoir femmes & enfans, excepté en la Chastellenie de Vichy & ressort d'icelle, en laquelle par Coustume particuliere & localle, ung homme n'est point tenu d'asseurer ung autre, si celluy qui demande l'asseurement ne preuve que le deffendeur l'ait battu ou menassé de basture à troxe, & s'il ne le preuve, il aura congé & despens.

II. Item, par ladicte Coustume, les Clercz mariez sont tenuz de asseurer les demandeurs, & ne sont point receuz à alleguer leur privilege en cestuy cas, qui touche asseurement.

III. Item, & si aucun Prestre ou Religieux demande asseurement, en la Cour, en la Sénéchaucie de Bourbonnois, ou autre Cour seculiere du Pays, contre aucune personne qui soit Laye, & le Lay asseure le Religieux ou Prestre: Et aprés le Lay demande asseurement du Religieux, Clerc ou Prestre, le Religieux, Clerc ou Prestre sera tenu de l'asseurer, & s'il en est refusant, l'asseurement que a fait le Lay sera mis au neant, & ne tiendra point.

IV. Item, par ladicte Coustume & Usance, l'en tient que si aucun asseure ung autre pardevant aucun Juge, & aprés l'asseurement il procede à le battre, ferir ou envillenir de fait, celluy qui aura ainsi enfrainct l'asseurement sera receu, à amende pecuniaire qui sera arbitraire; mais s'il y a mutilation de membre l'amende est criminelle, & y eschet pugnition corporelle, excepté en la Chastellenie de Vichy, en laquelle par Coustume particuliere & localle, tout asseurement enfrainct est criminel, & est l'infracteur pugny criminellement, posé qu'il n'y aye point mutilation de membres.

V. Item,

V. Item, par ladicte Coustume, asseurement se peult enfraindre aprés l'adjournement, posé & avant l'asseurement donné, en telle maniere que quand il est adjourné à donner asseurement à certain jour, & avant que le jour soit escheu & l'asseurement prins; celluy qui a esté adjourné bat & envillenist de faict, le demandeur en ce cas, ledit adjourné est tenu d'asseurement enfrainct, & comme tel sera pugny.

Des Tailles Réelles.

Article premier.

L'En tient qu'il y a au Pays de Bourbonnois ung devoir annuel, que l'en appelle Tailles, & celles-là sont en double difference, car les unes sont réelles, & les autres sont Tailles personnelles. Les Tailles réelles sont deuës sur & pour raison, & à cause des terres & heritaiges, comme prez, terres, & autres heritaiges, ensuivent la terre & heritaige. Les autres Tailles personnelles sont deuës sur le chief, & sur les personnes, desquelles Tailles sera dit cy-aprés, ce que la Coustume du Pays en veult & ordonne. *Les tailles sont en double difference.*

II. Item, par ladicte Coustume du Pays de Bourbonnois, quiconque doibt au mois d'Aoust pour raison d'aucun heritaige, argent, blé & geline, ou des trois les deux, dont l'argent soit l'ung, ledit debte & debvoir de Taille réelle, & est ledit heritaige taillable, pour raison duquel ledit debvoir est deu, & est droict de directe Seigneurie. *Du droict de directe Seigneurie.*

III. Item, par ladicte Coustume, quiconque porte aucun heritaige taillable & à Taille, il ne le peult, ou partie icelluy vendre, changer, transporter, associer autruy, ne autrement aliener, sans le congé & licence du Seigneur de qui il est tenu à Taille, & si le fait, ledit heritaige ou la partie alienée, changée ou transportée, est acquis & commis audit Seigneur, & s'en peult dire le Seigneur estre saisi & vestu par ladicte Coustume dedans l'an, que celluy qui vend, change ou transporte, s'en sera desparty & dessaisi, & que l'acquereur en prendra possession réelle, & pource que aucuns retiennent le bon vouloir & plaisir du Seigneur direct, & avant que avoir le gré & consentement du Seigneur, celluy qui vend, change ou transporte s'en dessaisit, & l'acquereur en prent possession réelle, ladicte reservation n'empesche point que l'heritaige vendu, échangé ou transporté, ne soit acquis au Seigneur, tout ainsi que s'il n'y avoit point eu de reservation, du bon plaisir & vouloir du Seigneur.

IV. Item, par ladicte Coustume, s'ilz sont plusieurs partionniers qui tiennent communément par indivis aucun heritaige taillable d'aucun Seigneur, il ne peult estre party ne divisé, sans la licence & congé du Seigneur de qui il est tenu à Taille, & s'ilz font le contraire, il est acquis au Seigneur, comme à l'article precedent. *De l'heritaige taillable qui est commun entre plusieurs.*

V. Item, & par ladicte Coustume, nul ne succede en l'heritaige taillable, ou tenancier d'icelluy, soient ses propres enfans ou autres, s'ilz sont divis & separez d'ensemble; & s'ilz n'estoient communs & demourans ensemble avec le trespassé à l'heure de son trespas, & ses prochains habilles à luy succeder ou ses enfans non separez de luy, posé qu'ilz ne soient communs avec le pere & mere, car eulz vivans ils n'ont point de biens; toutesfois s'ilz sont tousjours avec eulx ou par leur vouloir en service, ou ailleurs sans être separez d'eulx, ilz leur succedent en heritaiges taillables; mais s'ilz sont separez de lui voulentairement & sans impression, ilz ne succedent point; mais si par impression du pere & de la mere ou marastre, ou autres, ou par aucun debat & noise ils demourent hors d'avec leur pere, & il se preuve notoirement qui leur est convenu eulx separer, ilz ne laissent point à leur succeder.

VI. Item, & par ladicte Coustume, le tenancier de l'heritaige taillable ne peult surcharger d'autre charge de rente ou autre surcharge quelconque ledit heritaige, sans le consentement du Seigneur, & s'il le fait, ledit Seigneur peult faire empescher ladicte charge, & la faire déclairer par Justice estre acquise à luy. *De ne surcharger heritaige taillable.*

VII. Item, par ladicte Coustume, le tenancier de l'heritaige taillable ne peult ypothecquer à personne quelconque son heritaige taillable, ou partie d'icelle, sans le congé du Seigneur. *Du droict de taille réelle.*

VIII. Item, par ladicte Coustume, quiconque doibt Taille réelle à aucun Seigneur il luy doibt trois charrois l'an s'il a beufz, ou autres bestes trayans & charrette; & s'il n'a beufz & charrette, il luy doibt trois corvées de sa personne, pourveu que le tenancier soit basty, & ait & tienne feu & lieu au taillable; sinon aussi que en baillant ledit heritaige, lesdicts charrois & corvées ayent été abournées à deux ou trois, plus ou moins, ou autre charge, ainsi que plusieurs sont entre le Seigneur & le tenancier, & le tout, selon les modifications & qualifications contenues au troisieme Chapitre des Droitz Seigneuriaulx.

IX. Item, par ladicte Coustume, toutes Tailles deuës en Aoust sont doublans & tierçans au regard de l'argent, c'est à sçavoir quiconque doibt taille il doibt ung année simple, & l'autre année aprés le simple, & la moitié plus; comme si ung homme doibt cinq solz tournois, l'autre année sept solz six deniers tournois, l'autre année dix solz tournois, qui est communément ung année le simple, & l'autre année le double; mais le blé & autres debtes & devoirs, ne doublent ne tiercent.

X. Item, & combien que de leur nature toutes Tailles deuës en Aoust doublent & tiercent en la maniere que dit est, toutesfois il y a plusieurs Tailles simples, qui ne tiercent ne doublent, pource que ainsi a esté ordonné, accordé & convenu entre les Seigneurs & tenanciers, que l'en ne payeroit que le simple, sans doubler ou sans tiercer, ou que ainsi l'en a accoustumé que l'en ne le paye que le simple, par longue Coustume legitimement prescripte. Et aussi si par convention en Coustume legitimement prescripte il y a Tailles doublans & tierçans en autre temps que en Aoust, elle se paye selon lesditz accords & convenance & longue Coustume.

Du Droict & Bourdelage. XI. Item, & est à sçavoir que oudit Pays de Bourbonnois il y a plusieurs heritaiges baillez à Bourdelage, lequel droict de Bourdelage est de pareille condition & qualité que Taille. Et si gouverne l'en par ladicte Coustume, tout ainsi que en la forme & maniere que en l'heritaige taillable, & y a du Bourdelage qui double & tierce; aussi en y a-t-il de simple comme Taille simple, excepté en la Chastellenie de Germigny, en laquelle ces Bourdelages sont par la Coustume particuliere & localle de ladicte Chastellenie & ressort d'icelle, de la nature qui s'ensuit.

XII. Premierement, par la Coustume de ladicte Chastellenie de Germigny, quiconque porte heritaige ou tenement à Bourdelage d'aucun Seigneur, il le peult vendre, eschanger, transporter, & autrement aliener tout entier, sans le vouloir & consentement du Seigneur; mais il ne peult mie icelluy tenement surcharger, partir ne diviser, ne partie d'icelluy aliener, sans le congé dudit Seigneur : & s'il le faict, la portion ainsi alienée est commise audit Seigneur.

XIII. Item, par ladicte Coustume de ladicte Chastellenie, toutes & quantesfois que aucun heritaige tenu à Bourdelage est entierement vendu, eschangé & aliené, ou autrement transporté, le Seigneur prent pour son droict de lotz le tiers denier en montant, qui est la moitié de la chose totalle de l'achapt, ou extimation de la chose eschangée ou dudit héritaige, s'il est donné.

XIV. Item, par ladicte Chastellenie, nul ne succede en l'heritaige de Bourdelage ou tenancier d'icelle, soient ses propres enfans, ou autres, s'ilz sont divis & separez d'ensemble, & s'ilz n'estoient communs & demourans ensemble avec le trépassé à l'heure de son trespas & ses prochains habilles à lui succeder, ou ses enfans non separez de lui, posé qu'ilz ne soient communs avec les pere & mere, car eulx vivans ils n'ont point de biens; toutesfois s'ilz sont tousjours avec eulx, ou par leur voulloir service ou ailleurs sans estre separez d'eulx, ilz leur succederont en heritaiges de Bourdelage, mais s'ilz sont separez de luy volontairement & sans impression, ilz ne leur succederont point; mais si par impression du pere & de la mere ou marastre, ou autres, ou par aucun debat ou noise ilz demeurent hors d'avec leur pere, & il se preuve notoirement qu'il leur est convenu leur separer, ilz ne laisseront point à leur succeder.

Comment droict de Bourdelage est acquis au Seigneur. XV. Item, par ladicte Coustume, l'en tient en ladicte Chastellenie, que se le tenancier de Bourdelage cesse par trois ans continuelz de payer au Seigneur le devoir qu'il lui doibt chacun an à cause dudit Bourdelage, & que du payement ledit tenancier aye esté deuëment interpellé, ledit Bourdelage est acquis par droict de commisse au Seigneur de qui il est tenu.

Des Tailles personnelles.

ARTICLE PREMIER.

L'En tient par la Coustume ou Pays de Bourbonnois, qu'il y a des tailles qui sont tailles personnelles & sur le chief & la personne, dont les unes sont franches, car elles ne rendent point la personne serve, combien qu'il le soit, sur le chief & sur la personne; & d'autres sont, qui ne sont point franches, qui rendent la personne serve, & de poursuite & main morte.

Taille personnelle est à voulenté raisonnable. II. Item, par ladicte Coustume, quiconque doibt taille personnelle & est sur le chief, soit taille franche ou taille serve, ladicte taille est à voulenté raisonnable, & la peult le Seigneur croistre ou diminuer, selon la faculté d'icelluy qui la doibt.

III. Item, par ladicte Coustume, quiconque doibt taille personnelle & sur le chief, soit franche ou taille serve, il doibt quatre charrois l'an à son Seigneur, s'il a beufz & charrette, ou beste trayant, & s'il n'a beufz & charrette il doibt quatre corvées l'an, là où il plaist au Seigneur l'employer à son service.

De la diversité des serfz. IV. Item, l'en tient par Coustume dudit Pays de Bourbonnois, qu'il y a plusieurs serfz dudit Pays, dont il en y a les aucuns qui doivent quatre deniers, à cause de servitude, & s'appellent les quatre deniers de chantelle, & par ladicte Coustume n'eschoite point les ungs aux autres, ne leurs enfans, pourveu qu'ilz soient partis & separez autres choses, eulx estans communs.

V. Item, par ladicte Coustume, si Monseigneur le Duc & son Vassal ont ung serf par commun & il y a enfans qu'ilz soient à partir, mondit Seigneur le Duc a le chois quant on fait ledit partaige, & se fait le partaige par la Coustume, en cette maniere, que s'il y a plusieurs serfz ou femmes de serve condition, Monseigneur le Duc prent celluy que bon luy semble, & celluy qui est commun choisist l'austre, aprés tel que bon luy semble, & mondit Seigneur aprés jusques au parachever, & s'il en reste ung ou une, ilz demoureront communs. Du partaige des serfz en commun.

VI. Item, l'en tient par Coustume, que si une femme serve de Monseigneur le Duc ou autre, a plusieurs bastardz ou bastardes d'ung homme franc, sesditz enfans ung ou plusieurs, seront tous serfz de mondit Seigneur; & le contraire est, que si une femme franche a bastardz d'un homme serf, les enfans demoureront en bastardage, & ne seront point serfz.

VII. Item, par ladicte Coustume, nul ne peult demourer aux Chastellenies de Murat, Heriçon, Mont-Luçon & Chantelle, ne en aucune d'icelles par an & jour, qu'il ne doive taille franche à Monseigneur, ou à autre, laquelle est sur le chief & sur la personne, & est de suite, sinon que celle personne soit Noble, Clerc, ou personne privilegiée, ou il ne demoure au lieu de franchise.

VIII. Item, par ladicte Coustume, nul ne peult advoüer aubains ou nouveaulx venus estranges esdictes Chastellenies pour ses hommes ne leur induire ou imposer taille, sinon Monseigneur le Duc, & non autre, sinon qu'il aye Justice haulte, moyenne & basse.

IX. Item, & par ladicte Coustume, quiconque doibt taille personnelle à Vassal autre taille que à Monseigneur le Duc, ladicte taille est serve & de suite, & de main morte par ladicte Coustume.

X. Item, si aucune personne, homme ou femme doibt taille personnelle à Monseigneur & taille à son Vassal, la taille du Vassal est serve, comme dict est, & par le moyen d'icelle, la taille de mondit Seigneur est semblablement serve, par le moyen du Vassal qui la servist: & par la Coustume, la pire condition emporte & attraict à soy la meilleure. De taille serve & de suyte.

XI. Item, ladicte Coustume est telle que les enfans descendans en mariaige d'ung homme serf ou femme serve, ensuivent la condition de leursditz pere & mere, tellement que si le pere ou la mere sont serfz, ou l'une d'eulx seullement, l'enfant & tous les descendans de luy seront serfz, combien que Droict escrit die *Partus ventrem sequitur*, car par ladicte Coustume, la pire condition emporte la meilleure.

XII. Item, par ladicte Coustume, l'homme ou la femme, franc ou franche ne succedent point au serf, mais le serf succede biens à ses parens francz.

XIII. Item, par ladicte Coustume, la personne franche peult bien vendre & transporter son heritaige au serf, mais par le contraire la personne serve ne peult transporter son heritaige à personne franche, & s'il le fait, l'heritaige ainsi vendu & transporté, par ladicte Coustume, homme serf à personne franche est acquis au Seigneur de qui l'homme serf est serf, aprés que ledit serf seroit désvestu & dessaisi royallement & de fait, & l'acquereur en auroit prins la possession réelle.

XIV. Item, par ladicte Coustume, quiconque doibt taille personnelle trois fois l'an, c'est à sçavoir en Aoust, à Noël & à Pasques, esdictes quatre Chastellenies ladicte taille est serve, & la personne qui la doibt est serf ou serve, & de serve condition, & tous les descendans de luy, quelque part qu'ils se transportent.

XV. Item, par ladicte Coustume, tous ceulx qui doivent quatre deniers de taille personnelle, que l'en appelle les quatre deniers de Chantelle, & tous les descendans d'eulx, ainsi qu'ilz sont escriptz, & se trouvent au papier & terrier du Prevost desdits quatre deniers de Chantelle, ils sont tous serfz & de serve condition, de poursuite & de main morte.

XVI. Item, & combien que tous les dessusditz devans tailles serves soient serfz & de serve condition, toutesfois ce nonobstant ilz passent tous contracts & ventes, & transportz & à leur prouffit & contre eulx tant de mariaige que autrement, reservé alienation de leurs heritaiges à personnes franches & autres que de leur condition; mais à gens de leur condition qu'ilz sont hommes d'ung même Seigneur, ils peuvent vendre, aliener meubles, heritaiges, & autres biens quelzconques, comme les hommes francz, & passer tous contracts sans congé de leur Seigneur. Des quatre deniers de Chantelle.

XVII. Item, par ladicte Coustume, telz gens de telle condition peuvent porter tesmoignage & son receuz à tesmoignage, indifferemment comme autres gens, en tous cas & en toutes causes.

XVIII. Item, telz gens serfz & de serve condition peuvent ester en Jugement, commencer & poursuivir Procez & Causes, en demandant ou défendant contre leur Seigneur, ou autres, & sans le consentement de leur Seigneur, par ladicte Coustume. Gens serfz & de serve condition, peuvent ester en jugement.

XIX. Item, par ladicte Coustume, tels gens serfz & de serve condition succedent à leurs parens, comme dit est; & aussi leurs parens de leur condition, leur succedent, s'ilz sont de leur condition, communs en biens & demourans avecques eulx; mais s'ils sont separez d'eulx ilz ne leur fuccedent point, & appartiennent leurs biens & fucceffion à leurs Seigneurs par droict de mortaille, pofé qu'ils ayent enfans autres lignagiers, qu'ils foient feparez de biens d'avec eulx; toutesfois, fi les enfans ou autres partionniers habilles à fucceder eftoient départiz pour eftude, fervice, impreffion ou maltraictement, ils fuccederont neantmoins efditz cas, comme s'ilz eftoient demourans enfemble.

XX. Item, telz gens de ferve condition peuvent marier leurs enfans, & leur donner de leurs biens, meubles, immeubles, car leurs enfans & pofteritez enfuivent tousjours leur condition par les Couftumes & Ufages deffufdites, ainfi les heritaiges demourent tousjours en leur condition, car comme dit eft, la pire condition emporte la meilleure.

Les chofes qui s'enfuivent font baillées en Bourbonnois en affiette couftumement par Couftume tenuë audit Pays, pour le pris qui s'enfuit.

Tonneau de vin.	xxx. folz tournois.
Sextier de froment.	viii. f. tournois.
Sextier de feigle.	vi. f. tournois.
Sextier de febves.	vi. f. tournois.
Sextier d'orge.	iiii. f. tournois.
Sextier de avoyne.	iii. f. tournois.
Geline.	iiii. deniers tournois.
Une oye.	viii. d. tournois.
Ung aignel.	xv. d. tournois.
Livre d'huylle.	iiii. d. tournois.
Livre de cyre.	viii. d. tournois.
Charrettée de fain en pré.	folz tournois.

Chaffe de Garenne, quarante folz tournois de rente, ou plus ou moins, felon ce que la garenne eft bonne.

Efpaves qui font en Juftice, xx. folz tournois, ou plus felon la quantité ou qualité du Pays.

Juftice baffe jufques à lx. folz le feu.	iiii. folz tournois.
Le feu de haulte Juftice feullement.	ii. folz tournois.

Le feu de Juftice comprent la maifon & circuit, & heritaige à la maifon appartenant.

Une fexterée de terre de varennes.	quatre feille.
Une fexterée de terre fromental.	quatre froment.
Une quartelée de froide.	iiii. d. tournois.
Et en aucun lieu.	xii. d. tournois.

Quartelée de vigne, xxx. folz tournois, ou arpent qui comprent fix œuvres en foible terroüer. xxv. folz tournois.

Arpent de boys gros, ledit arpent monte quarante toifes en quarrure, la cope fera extimée à pris de monnoye courant, & le dixiéme denier de la fomme fera pris pour rente en affiette.

Arpent de boys revenant, l'arpent montant quarante toifes, comme deffus, l'arpent deux folz fix deniers tournois.

Eftang, la pefche fera extimée à monnoye courant, & puis rabatra l'en ce qu'il couftera à appoiffonner; & ce qui demourera fera prins & divifé en trois parties, & la fomme de la tierce partie, fera prinfe pour rente.

Item, deniers de tailles qui doublent & tiercent feront prins en affiete pour le tiers, *plus verbi gratia*, vingt livres tournois de taille doublant & tiercant pour trente livres tournois, pource que chacun en elles vallent tant: & en rente de taille fimple ou autre rente de cens & directe Seigneurie, fera prins pour leur pris qu'ilz courent annuellement, comme vingt livres tournois de cens ou taille fimple pour vingt livres tournois à rente rendable, qui ne porte lotz ne ventes, ne autre droict Seigneurial, fera prinfe pour le tiers moins, comme trente livres de rente pour vingt livres tournois feullement.

Difmes de bledz ou de vins feront trois années gettées, & le tiers de la fomme fera prins en affiete.

Quant ung feu doibt charroy & maneuvre, le charroy & maneuvre fera prins en affiete pour deux folz fix deniers tournois.

Hommes mortaillables, le droict de mortaille qui peult advenir, le feu fera prins pour fix folz tournois de rente par Couftume.

Chaffe de fangliers & de ferfz n'eft point baillée, ainfi fe fait par affiete Couftumiere, comme deffus eft efcripte.

D'affiete par amys & d'affiete en avaluement de terres.

Item, & audit Pays de Bourbonnois y a deux autres manieres d'affietes, dont l'une s'appelle affiete par amys, & l'autre s'appelle affiete en avaluement de terres, & font differentes de la Couftume deffufdite, en ce que l'affiete qui fe fait à valleur de terre, fe prent pour le tiers plus que par la couftumiere, tant en deniers, bledz, vins, que à autre chofe deffufdicte; c'eft c'est à sçavoir ce qui se prent pour vingt livres tournois en assiete coustumiere, vault & se prent en assiete de rente durable, ou à valleur de terre pour trente livres tournois: & ce qui se prent pour vingt livres tournois en assiete coustumiere, vault & se prent pour trente livres tournois en avaluement de terre : & sextier de froment qui en assiete coustumiere ne vault que huyt solz tournois, se prent pour douze solz tournois en ladicte assiete : & sextier de seigle, se prent pour neuf solz tournois : & par l'assiete coustumiere, il ne vault que six solz tournois, *& sic de similibus.*

Assiete par amys est faicte de tournois *Parisis*, quant au regard de l'assiete coustumiere, comme ce qui se baille pour xx. solz tournois en assiete coustumiere, vault & se prent pour xxv. solz tournois en assiete d'amys. Sextier de froment qui vault huit solz tournois en assiete coustumiere, se prent pour dix solz tournois assiete par amys. Sextier de seigle vault en ladicte assiete par amys sept solz six deniers tournois, & en assiete coustumiere, il ne se prent que pour six solz tournois; & ainsi se fait en toutes autres choses, & s'entendent les choses dessusdites, à la mesure de sainct Pourçain, tant en vin que en blé. Assiete d'amys & assiete coustumiere.

Les assietes dessusdites n'ont point de lieu en la Chastellenie de Vichy & ressorts d'icelles, ains par Coustume particuliere & localle de ladicte Chastellenie & ressort, l'assiete se faict en la maniere qui s'ensuit. Comme assietes se font en la Chastellenie de Vichy.

Premierement, la Coustume est telle, que qui assist rente de terre, il fault qu'il baille les deux parties en bledz, & la tierce en deniers.

Item, qui assist froment en ladicte Coustume, l'en baille le quarteron mesure de Clairmont pour douze deniers tournois, & par ainsi baille huit quarterons pour sextier, qui vault huit solz tournois en assiete de rente.

Item, le sextier de seigle se baille en assiete pour six solz tournois.

Item, le sextier de febves se baille en assiete pour cinq solz tournois.

Item, le sextier d'avoine, d'orge & de pasmelle à ladicte mesure quatre solz tournois.

Item, une geline quant on l'assist pour bled, elle s'assist pour quatre deniers, & quant elle s'assist pour argent, se baille pour six deniers tournois.

Item, qui baille assiete en vin qui est de sainct Pourcain, de Ris ou de Gannat, ou autre bon terroüer, la charge de Clairmont se baille pour xl. solz tournois, & vin d'autre terroüer, comme depuis Aiguesparse jusques à Clairmont, ou autres semblables, pour trente solz tournois.

Item, qui s'assist dismes ou partieres de bledz ou de vins au regard de trois années la commune vallue, non point la plus haulte ne la plus basse, mais la moyenne & la plus commune, & d'icelle l'en rabat le tiers pour les perilz, & les deux autres sont mises en assiete, soit bled, vin ou argent, ainsi que assiete se doit faire.

Item, que à Moulins qui baille bled ou argent l'en baille en assiete le bled, selon ce qu'il se doibt bailler par ladicte Coustume, & l'argent aussi & en rabat ou le quart, s'ils ne sont en directe Seigneurie, & le surplus s'exploicte en assiete.

Item, qui baille estangz ou pescheries, ils se baillent pour ce qu'ilz sont estimez loyaulment valloir, deduitz les fraiz, despenses & missions raisonnables, & s'en rabat le quart pour la directe, & le demourant s'assit pour rente.

Item, qui a garenne de connins & perdrix, bestes grosses, ou pescherie sur rivieres, toutes ces choses se peuvent bonnement mettre en assiete, si n'estoit par commune extimation de gens : & ce qu'ilz sont extimez à valloir pour trois ans se mect ensemble, & en rabat on le tiers de trois années, & le demourant se met pour rente assise.

Item, qui a rente de connins, le connin s'assist pour douze deniers : chacun oyseau de riviere, pour dix deniers : une perdrix de rente s'assist pour neuf deniers tournois.

Item, une oye quant elle se baille pour bled, elle vault en assiete huit deniers tournois : & quant elle se baille pour argent, elle vault douze deniers tournois.

Item, une livre de cire quant elle se baille pour bled vault douze deniers : & quant elle se baille en argent, elle vault dix-sept deniers.

Item, qui baille rente de miel, il se baille à la valleur de bon vin, selon plus ou moins.

Item, la chair du mouton de rente, s'assist pour deux solz six deniers de rente.

Item, la livre de fromage, pour quatre deniers obole tournois.

Item, qui baille Fief franc, les xx. solz dudict Fief se baillent à rente assise pour douze deniers tournois.

Item, quant l'en assist terre ou rente en lieu, où l'en use de main morte, la Coustume est telle, soit en plain pays ou en montaignes que l'en assist moitié bled, & l'autre en argent.

Item, quant l'en assist rente en lieux vaccans & terres hermes, la sextere de terre à febves ou à froment s'assist pour une émive de froment & quant la terre en petit terroüer s'assist selon l'extimation de gens, qui ont à regarder qu'elle peult porter de cens, selon la valleur du terroüer.

Item, une livre de plume, s'assist pour xii. deniers tournois.

Item, ung lyen de foin qui vault trois faix d'homme, vault le pris de quinze deniers tournois.

Item, ung asne chargé de foin franc, vault deux solz tournois.

Item, une charretée de foin à deux beufs, dix solz tournois.

Item, une charretée de paille, vault six solz huit deniers.

Item, six œufz en assiete, vallent ung denier.

Item, ung homme de Justice haulte, moyenne & basse où l'en peult prendre une manœuvre ou deux, vault en assiete cinq solz tournois.

Item qui baille boys l'en regarde qu'il peult valloir de douze années, & de ce qu'ils vallent l'en rabat le tiers, & le surplus s'assist en rente, qu'il monte & se dispose chacune année desdictes douze années.

Item, qui a forest où il y a paisson de foyne ou de glan, l'en voit que vallent les neuf années, & d'iceulx neuf ans l'en rabat le tiers, comme de boys dessusdit, & disposer que peult valloir le demourant chacun an, & cela se prent pour rente.

Item, qui a édifices, Chasteaulx, Fours & Moulin qui ne meuvent d'homme, l'en regarde la valleur & rabat l'en le quart, & le demourant s'assist.

Item, qui a rente de beufs, d'aigneaulx ou de pourceaulx, l'en regarde que peult valloir chacun an, & de ce l'en rabat le tiers, & le demourant se prent pour rente assise.

Item, qui a dismes de chanvres & de lins, l'en prent de trois années la plus commune, & de la valleur d'icelle, l'en rabat le tiers pour directe, & le demourant se prent pour rente assise.

Item, une livre d'huylle s'assist pour quatre deniers tournois.

Item, qui a rente de sel, la quarte qui vault quatre coupes à ladicte mesure Clairmontoise, vault en assiete la somme de deux solz tournois.

Item, qui baille ung homme de Justice qui est taillable & manouvrable à mercy & voulenté, l'en l'assit pour dix solz tournois.

Item, quant il est homme jusques à lx. solz tournois, il se baille nonobstant les lx. solz pour deux solz tournois.

Item, quant il est de lx. solz en solz, il se baille pour quatre solz tournois.

Item, qui baille ou assist ung sextier de froment rendable, ou d'autres bledz seullement à ladicte mesure Clairmontoise, le quart se rabat de ce qui vault à ladicte Coustume pour la directe, & le surplus s'assist.

Item, qui baille ung sextier de blé pour assiete d'argent, il se doibt augmenter du tiers, oultre ce qu'il vault, & est apprecié selon ladicte Coustume : & qui baille argent pour l'assiete du blé, qui est le plus prouffitable que d'argent.

Item, une œuvre de pré en bon soulaige & franc, & bon foin, se assist pour cinq solz tournois.

Item, à deux fruicts l'an pour sept solz six deniers.

Item, quant n'est point en bon soulaige, se assist par extimation.

Des Dismes.

Droit de reigle & suyte.

L'En tient par la Coustume de la Chastellenie d'Aynay & la Bruyere, que droict de reigle & suyte a lieu, c'est à dire que quant un laboureur laboure en autre dismerie que en celle où il demoure, le Seigneur dismier riere qui il demoure, prendra par droict de reigle & de suyte la moitié du disme des terres que sondit laboureur laboure, & s'entend quant les bestes desquelles il laboure sont touchans riere ledit Seigneur, riere lequel il demoure. Et semblablement est des Curez & autres dismiers d'Eglise, quand un homme va labourer en autruy Paroisse ou autre dismerie. Et quant aux autres Chastellenies dudit Pays, il n'y a point de Coustume ni Usage generalle & commune ; mais il y a Coustumes & Usances diverses & particulieres és Paroisses particulieres dicelles Chastellenies, lesquelles Paroisses d'icelles, autres Chastellenies, autre que Murat, Aynay & la Bruyere, elles se gouvernent selon leurs anciennes Usances & Coustumes, ainsi que les dismes se payent audit Pays, en diverses façons & qualitez.

De tauxes d'Amendes.

Comment se doivent tauxer les amendes des actions personnelles petitoires.

POurce que audit Pays & Duché de Bourbonnois, y a diverses tauxes d'amendes, & que les amendes des actions personnelles, petitoires, possessoires, saulvegarde, mainmise, exécution, assignement, & autres instances, se tauxent à diverses sommes & en diverses manieres, & qu'il y a diversité d'usage en divers lieux. Les tauxes d'icelles amendes se feront en chacun lieu, selon les anciens Usages d'iceulx lieux, pource que on n'y sçauroit donner ne assigner Coustume generalle.

Item, & au regard des amendes en cas de delict, elles sont arbitraires.

Item, le Séneschal de Bourbonnois ou son Lieutenant a accoustumé de tauxer toutes amendes arbitraires, faictes pardevant les Chastelains de mondit Seigneur & ses Juges qui excedent lx. solz tournois; & toutes celles qui se font pardevant luy ou sondit Lieutenant, à toutes sommes qu'elles se montent.

Et ne sont comprins esdictes Coustumes, ceulx qui contre icelles ont Sentences, Arrests ou Titres particuliers dont ilz sont en possession & ont joüy seullement, le contenu d'iceulx de toute ancienneté.

Et sans préjudice des autres droicts, prerogatives que Monseigneur le Duc a & peult avoir sur ses Vassaulx & Subjectz dudit Pays & Duché de Bourbonnois; & semblablement sans préjudice des Privileges, Libertez & Franchises, octroyez aux vassaulx & subjectz dudit Pays, par mondit Seigneur & ses Predecesseurs.

Ces presens articles cy-dessus escritz, ont esté accordez en la presence de Monseigneur le Duc, par les Commissaires cy-dessoubz nommez, esleuz & députez, tant par mondit Seigneur le Duc, que par les gens des Estatz du pays de Bourbonnois pour ce faire, & lesquelz sont cy-dessoubz nommez.

Hector de Bourbon, Archevesque de Toulouse, la Platiere, P. de Begnyn, Prieur de Sovigny, Charles Soireau, Jehant de Vienne, Mareschal & Sénefchal de Bourbon, R. Popillon, President des Comptes de Bourbonnois, de Bonnay, Anthoine de la Fin, de Viersac, Murat, Gayete, Donet, Bertrand Cadier, la Bize, J. de Villanova, P. Audayne, J. Chamelet, Pinelle Bacelier, B. de Jaligny.

Lesdictes Coustumes & Articles cy-dessus escriptz, ont esté leuz & publiez en l'Auditoire de la Sénefchaussée de Bourbonnois, en la Ville de Moulins, par le Greffier d'icelle cy-dessoubz signé, par l'Ordonnance de Nous Thibault Baillet, President, & B. de Besançon, Conseillers du Roy nostre Sire, en sa Cour de Parlement à Paris, Commis & Deputez par ledit Seigneur, pour faire faire ladicte publication desdictes Coustumes, és presences de Monseigneur Messire Hector de Bourbon, Archevesque de Toulouse, Chancelier de Bourbonnois, & les Gens des Estatz dudit Pays & Duché de Bourbonnois, pour ce appellez & assemblez, & ce sans prejudice des Droictz du Roy nostre Sire, telz qu'ils lui pourront appartenir és aulbenages & confiscation de biens des Criminelz de leze Majesté. Et aussi non comprins en ladicte publication, les trois & quatriéme Articles du tiltre des Tailles réelles, que les Habitans de Germigny ont contreditz & empeschez: Le 10 Article du tiltre des Fiefs & Censives, que les Habitans de Vernueil ont pareillement contredit & empesché : Le 4 Article audit tiltre des Fiefs & Censives que les Habitans de la Paroisse de Contigny en ladicte Chastellenie de Vernueil, ont semblablement contredit & empesché. Faict le Vendredy xix. jour de Septembre, l'an mil cinq cens. Et estoit signé

T. Baillet. V. de Besançon. Billon.

Cy finissent les Coustumes de la Duché & Pays de Bourbonnois.

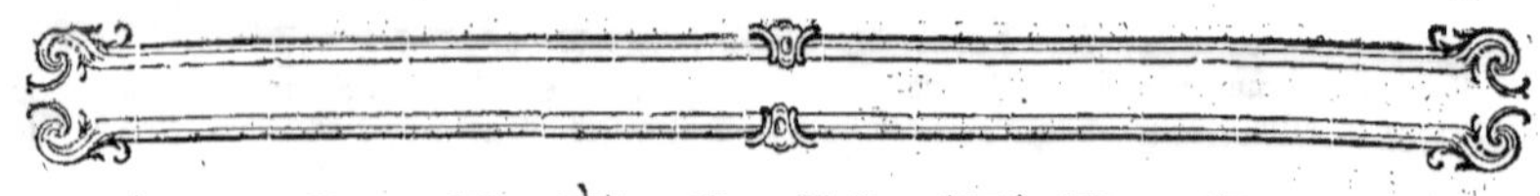

PROCÈS-VERBAL
DES ANCIENNES COUTUMES DE BOURBONNOIS.

COMMISSION.

PIERRE, Duc de Bourbonnois & d'Auvergne, Comte de Clermont, de Fourest, de la Marche, & de Gien, Vicomte de Carlatte & Murat, Seigneur de Beaujolois, d'Annonays & de Bourbon l'ancien, Pair & Chamberier de France, à nos amez & feaux le Seigneur de S. Gerand, Charles Soreau, nostre Conseiller & Chambellan, Maître Gilbert de Beauquaire, Prieur Commendataire de S. Libardin, Pierre Bertrand, & Jean Donet, Lieutenant & Procureur Generaux de nostredite Duché de Bourbonnois, SALUT. Comme par l'avis & deliberation des Gens de nostre Conseil, ayons voulu & ordonné, que les Coutumes tant generales que particulieres que locales, Usances & Stiles, observez, tenus & gardez en nostredit Pays & Duché de Bourbonnois, Chastellenies & Jurisdictions d'iceluy, fussent toutes redigées, mises par écrit & enregistrées, pour icelles faire decretter & autoriser pour Loy, connoissant qu'au moyen de ce, les Procez d'entre nos Subjets en feroient trop plus briefs, & les Parties soulagées & relevées de grands dépans, frais & missions, qui à faute de ce, leur convient faire, pour prouver lesdites Coutumes, Usances & Stiles. Pour ce est-il que nous recors & memoratifs desdites Ordonnances par nous faites par deliberation des Gens de notre grand conseil, & à l'instance, supplication & requeste des gens de nosdits trois Estats, desirant de tout nostre cueur, bonne Justice estre faite & entretenuë en nostredit Pays & Duché de Bourbonnois, & afin d'abreger les Procez & Procedures d'entre nosdits Subjets, & mettre certeneté aux Jugemens d'iceux, tant que faire se pourra, & oster toute matiere de variation & contrarieté, que le temps passé se sont ensuivis, à cause de la diversité desdites Coutumes, voulans nostredite Ordonnance estre gardée entierement & mise à execution, deuë de point en point. VOULONS, vous Mandons & Commandons, vous commettant, si besoin est, que vous transportiez aux Chastellenies & lieux de nostredit Duché & Pays de Bourbonnois, que verrez estre necessaire, & assembliez pardevant vous Gens d'Eglises, Nobles & Bourgeois, bons Coustumiers, bien famez & renommez, en nombre suffisant, & tel que verrez estre à faire, vous enquerez bien & diligemment de & sur la verité & effet desdites Coutumes, Usances & Stiles, ainsi que de tout temps & d'ancienneté, selon bonne raison & équité elles ont accoustumé estre gardées, entretenuës & observées en nostredit Pays & Duché de Bourbonnois, Chastellenies & Jurisdictions d'iceluy, & icelles accordez, redigez, & mettez, ou faites rediger & mettre par écript en forme deuë en un livre & cahyer, lequel voulons estre par vous signé, & scellé du Scel de nostre Sénéchaussée, & iceluy nous apportiez ou envoyez par l'un de vous, pour iceluy veu en ordonner au bien de nosdits Subjets, ainsi que verrons estre à faire pour le mieux: DE CE FAIRE, vous donnons pouvoir, autorité, Commission & Mandement special: MANDONS & commandons à tous nos Justiciers, Officiers & Subjets, que à vous, en ce faisant, obéissent & entendent diligemment; CAR TEL EST NOSTRE PLAISIR. Donné en nostre Ville de Montbrison en Fourest le 26 Mars 1493. *Et au dessous desdites Lettres estoit écript*: Par Monseigneur le Duc, les Sieurs Descars, Desbordes, & autres presens, & signé ROBERTET, & scellées du Scel de mondit Seigneur le Duc.

MONTLUÇON.

Le 10 May 1493 les Commissaires députez par les susdites Lettres, se transporterent en la Ville de Montluçon, & firent assembler en l'Auditoire tous les Notables, tant du Corps de l'Eglise, Noblesse, que du tiers Estat, du nombre desquels estoit Jean Decullant, Avocat à Montluçon, lesquels assemblez & d'eux pris le serment au cas requis, sçavoir des Gens d'Eglise par les saints Ordres, & des Nobles, Avocats, Praticiens & Bourgeois sur les saintes Evangiles de Dieu, furent sommez de dire & déposer verité, sur & touchant le fait desdites Coutumes, Usances & Stiles dudit Pays & Duché, ensemble de la maniere d'icelles pratiquer, & comment ils en usent, & en ont par cy-devant usé, & pour estre plus acertenez & avertis leur fut enjoint y penser jusques au lendemain, & chercher chacun en droit soy s'ils avoient nuls registres, livres & papiers desdites Coutumes, & que ce qu'ils en trouveroient, ils eussent à l'aporter pardevers lesdits Commissaires le lendemain, & autres jours que l'on besougneroit à l'examen d'iceux, sur le fait desdites Coustumes.

Et

Et le lendemain lesdits Gens d'Eglise, dont Gaspard de Beaucaire, Curé de S. Pierre de Montluçon, est le premier nommé, & autres notables, ayant comparu en l'Hostel desdits Commissaires, rapporterent leurs Coutumiers, Livres & Registres, & iceux estans exhibez, il fut procedé à l'examen des articles de l'ancienne Coutume en la forme qu'elle se trouve manuscripte, & suivant l'ordre des tiltres inscripts en icelle.

Et iceux interrogez sur chacun des articles en particulier, ont dit sçavoir ladite Coutume estre telle, pource que ainsi l'ont veu pratiquer & alleguer en Jugement, en ont plusieurs fois donné des conseils, l'ont oy dire & maintenir aux anciens Praticiens estre telle, & la pluspart de eux l'ont veuë écripte & enregistrée aux anciens Registres & Coutumiers dudit Pays.

Philippes de Fourest, Bessonat, & autres Praticiens de ladite Chastellenie, soutinrent que les quarante jours octroyez au Seigneur feodal pour faire sa retenuë, commencent au jour du contract de la vente & de la datte d'iceluy, & dirent l'avoir ainsi veu pratiquer, alleguer & maintenir, & aulcuns d'eux l'ont veu prouver par Turbes & juger en la Senéchaussée, & à S. Pierre.

Touchant les donations faites en contract de mariage pour le fait du deuxiéme article, lesdits Praticiens ont déclaré avoir veu juger un Procez à deffunt M^e. Pierre Deculand, Lieutenant General de Monsieur le Senéchal de Bourbonnois au prouffit de Monseigneur le Duc, entre son Procureur d'une part, & un nommé Rappin du Breüil, homme de franche condition d'autre, touchant la succession és biens de feu Dubois, homme de serfve condition, qui s'estoit donné audit Rappin, & l'avoit fait son heritier au contract de mariage dudit Rappin. Tit. des donations faites en contracts de mariages, &c.

Les mêmes furent d'avis que pour joüir du don mutuel, il falloit donner caution.

Sur l'article 2. du tit. des Mariages, il est fait estat qu'il n'y avoit point de temps reglé ni limité aux femmes pour renoncer à la communauté de leurs marys, mais lesdits notables conseillerent & suplierent Monseigneur le Duc qu'on y ordonne temps, & leur semble qu'il sera bien de quarante jours, à compter du jour du trépas du mary. Titre des mariages & doüaires.

Sur l'article 7. du tit. des Droits de Justice, il est déposé par lesdits notables que l'usage est, qu'un Sergent de Monseigneur le Duc est reçû à porter témoignage pour mondit Seigneur, en cas qui touche rebellion, désobéissance, refus, & delict fait à mondit Seigneur, & aussi en son Domaine; & semblablement tous autres Officiers de mondit Seigneur seront reçus à porter témoignage pour luy, au cas dessusdit. Tit. des droits seigneuriaux & de Justice.

Sur le 2. article du chap. des prises de Bestes, l'amende de la prise de bestes en garenne est de soixante sols tournois au Seigneur Justicier; & pour l'interest de partie, lesdits notables ont dit n'en sçavoir rien, neanmoins lesdits Cullant, Rocques, & autres, sont d'avis qu'on le doit regler à 12. deniers pour bestes, & que par ce moyen on évitera aux poursuites qui se font chacun jour, pour raison desdites prises. Tit. des prises de bestes.

Sur le 7. art. des successions les dessusdits déposerent, que lorsque le Seigneur Justicier prend biens confisquez par delict, il ne paye nul debte au créancier; mais quand il prend biens & succession vacante & jacente à faute d'hoirs, il paye les créanciers tant comme les biens se peuvent étendre, & non plus, & ce par Coutume particuliere de la Chastellenie de Montluçon; quant au bannissement, ils dirent qu'ils n'en sçavoient point de Coutume. Tit. des successions & tutelles.

Sur le 10. le droit d'aînesse de le Chastel avec le pourpris d'iceluy, & le residu de la succession se partira entre luy & ses freres; & entendent ledit pourpris par la Coutume, au vol du chapon: Chassauvert soutient que le pourpris s'entend la bassecourt, jardin, & aisance dudit Hostel.

Sur le 11. la femme aprés la mort de son mary a le gouvernement & administration de ses enfans pupilles tant qu'ils sont en minorité & bas âge, & n'est point tenuë de prendre leurs biens par inventaire, n'y d'en rendre compte la tutelle finie, que en conscience seullement.

Sur le 12. toutes tutelles sont datives, & n'en est nulle testamentaire ne legitime, excepté celle de la mere.

Par la Coutume particuliere & Usage de la Chastellenie de Montluçon la prescription de trente ans avoit lieu, tant contre les Gens d'Eglise que les Laïcs. Tit. des prescriptions.

Nulle autre prescription que de trente ans en ladite Chastellenie.

En ladite Coutume, le complaignant peut l'asseurer de ses enfans, sa femme & serviteurs demourans en son Hostel. Tit. des asseuremens.

Sur les art. 4. & 5. il n'y eut que le sieur Pinelle qui dépose du contenu en iceux & le sçavoir, les autres disans qu'ils n'en sçavoient rien. Tit. des tailles réelles.

Sur le 3. art. ont déposé que par la Cout. du Pays de Bourbonnois & mêmement des quatre Chastellenies, que quiconque doit taille personnelle & sur le chef soit franche ou taille serfve, il doit charrois à son Seigneur, ou corvées à volonté raisonnable, selon la faculté des biens de l'homme qui la doit, & là où il plaist au Seigneur l'employer à son service: & dient & déposent qu'il s'entend dedans la Chastellenie seullement, & d'un Souleil à l'autre, & dit ledit de Fourest, Receveur, que au temps que feu Monsieur le Duc Charles bâtissoit au Chaptel de Montluçon ses hommes de la Chastellenie de Murat ne venoient charroyer que Tit. des tailles personnelles.

jusques au bout de leurs Jurisdictions, & laissoient les pierres & autres choses qu'ils charroient au bout & limites de leurdite Chastellenie de Murat; & semblablement du temps de feu Monsieur le Duc Jean, quand la Chapelle dudit Montluçon fut bastie ledit de Fourest comme Receveur voulsit contraindre ceux de ladite Chastellenie de Murat à venir charrier jusques audit Chaptel de Montluçon; mais ils se mirent en contradiction, & pour cette cause allât Viersat leur Capitaine devers Monseigneur le Duc à Moulins, au moyen de quoi il délaissa la contrainte sur eux. Tant dient tous que au regard des Vassaux de ladite Chastellenie ils praignent charrois sur leurs roues d'un Souleil à autre, soit pour charrier dedans leurdite Justice ou dehors; & semblablement ceux qui n'ont point de justice, font charrier leurs hommes d'un Souleil à autre, & là où bon leur semble.

Sur le 7. ont déposé que ceux qui doivent taille trois fois l'an, c'est à sçavoir à Noël, en Aoust & Pasques, sont serfs de serfve condition.

Ont dit de plus, qu'après la mort de l'homme taillable Monseigneur part la succession avec le vassal, & sont ses enfans & posterité serfs, toutefois ils ne doivent à mondit Seigneur ladite taille qu'une fois l'an en Aoust, laquelle est imposable à voullonté raisonnable, comme dessus.

Ont déposé encore que par la Coutume dudit Pays, la personne franche peut bien vendre & transporter son heritage au serf, mais par le contraire le serf ne peut transporter son heritage au franc, & s'il le fait, l'heritage ainsi vendu & transporté par ledit homme serf à personne franche est acquis au Seigneur de qui l'homme est serf par droit de commise; toutefois ils dient tous, que si la vendition ou alienation faisant par ledit homme serf au franc, il a tenu & reservé le bon vouloir & plaisir du Seigneur, il n'y a point de commise, & est en ce cas au Seigneur d'agréer ladite vendition ou non.

Sur le 17. dient que par la Coutume dudit Pays, quiconque doit taille trois fois l'an, c'est à sçavoir en Aoust, à Noël, & Pasques esdites quatre Chastellenies, ladite taille est serfve, & la personne qui la doit est de serfve condition & tous les descendans de lui, & les peut ledit Seigneur suivre quelque part qu'ils se transportent; toutefois ils dient que Monseigneur le Duc à parée avec ceux de la Prevosté d'Issoldun & ressort d'icelle, en laquelle mondit Seigneur n'a point de suite sur ses hommes serfs qui y vont demourer, ains sont faits hommes du Seigneur d'Issoldun en semblable condition qu'ils estoient de mondit Seigneur, & semblablement ceux qui viennent d'Issoldun demourer riere mondit Seigneur le Duc, ils sont faits hommes de mondit Seigneur en semblable condition qu'ils estoient dudit Sieur d'Issoldun, & dit ledit Receveur qu'il en a ainsi veu imposer, & la pluspart des autres dient qu'ils n'en ont point veu faire d'impost qu'ils soient recors, toutefois tous concordablement dient que ladite Coustume est telle.

Sur le 18. article, dient & déposent que par la Coutume dudit Pays, tous ceux qui doivent quatre deniers de taille, qu'on appelle les quatre deniers de chantelle, & tous les descendans d'eux, ils sont tous serfs & de serfve condition, de poursuite & main-morte, & y a un qui a charge de lever lesdits quatre deniers sur eux, aux papiers & terriers de laquelle Prevosté ils sont tous enregistrez, & dient & déposent tous, que c'est la plus grande servitude qui soit, que celle des quatre deniers de chantelle.

Et dient & déposent tous, que les choses dessus par eux déposées sont vrayes, & que telles sont les Coutumes dudit Pays & le sçavent, car ainsi l'ont oy dire & maintenir aux anciens Praticiens, icelles ont veu alleguer & pratiquer en jugement, & ors jugement en ont donné des opinions & conseils, & icelles ont tenuës & veu tenir toutes notoires, & les anciens d'eux en ont veu faire plusieurs Turbes, & aussi les ont veuës écriptes & enregistrées en vieils papiers & registres.

Tit. des tauxes d'amendes. Sur le Chapitre faisant mention des tauxes d'amendes, dient & déposent qu'audit pays de Bourbonnois y a trois manieres de tauxes d'amendes, car les unes sont de sept sols, les autres de vingt-un sols, & les autres de soixante sols: celles de sept sont en toutes actions petitoires & personnelles, quand les parties font l'amende sans attendre la deffinitive; celles de soixante sols sont en cause d'apel en matiere possessoire, & en matiere d'execution & saissisement de biens, quand il y a main garnie, soient jugées diffinitivement ou non; & celles de vingt-un sols sont esdites causes personnelles, petitoires, & autres simples actions, quand il est jugé diffinitivement contre le deffendeur; mais quand le deffendeur est absoly, & il est jugé contre le demandeur, l'amende n'est que de sept sols, & au regard des amendes criminelles & en cas de delict elles sont arbitraires, excepté celles de main enfrainte, qui sont de soixante sols tournois, & ne peuvent, ne n'ont accoustumé lesdits Chastelains taxer lesdites amendes arbitraires, ains sont tenus & ont accoustumé icelles rapporter à Monsieur le Sénéchal à ses Assises, lequel en fait les taxes presens & apellez lesdits Chastelains ou leurs Lieutenans, Procureur & Receveur desdites Chastellenies.

Ceux qui assisterent à ladite assemblée furent, Gaspard de Beaucaire, Curé de S. Pierre de Mont-Luçon, Frere François Victor, Sousprieur de Nostre-Dame, Messire Gandalf, Curé de ladite Eglise de Nostre-Dame, Frere François de Malleret, Religieux dudit Prieuré, Frere Olivier Bessonnat, Religieux de l'Ordre de St. Augustin.

Nobles hommes Jean de Bramont, Ecuyer, Seigneur de Beaucheran, Anthoine Boulignon, aussi Ecuyer.

Honorables hommes & sages Maistres Geoffroy Pinelle, Lieutenant general en ladite Chastellenié de Mont-Luçon, & Licencié és Droits, Jacques de Chassamert, aussi Licencié aux Droits, Procureur Substitut en ladite Chastellenie, Phelippes de Fourest, Receveur pour Monseigneur le Duc en icelle Chastellenie, Maistres Jean Pellin, Jean Deculand, Anthoine Millet, Pierre Pointe, Guillaume Ragon, Noël Varinier, tous Licenciez en Loix, Avocats en ladite Cour de ladite Chastellenie & Sénéchaussée de Bourbonnois, Nicolas Dupeyret, Seigneur du Bienassis, Blaize Parcat, Rougier Bissonnat, Henry Blondeau, Olivier Thibaud, Anthoine Doupher, Gilbert Perichon, Pierre Tronçon, Claude de Lyon, François Rocques, François Sambard, Collas Fleury, Jean de la Hays, Jean Bezard, & Collas Rondeau, Procureurs, Bourgeois & Praticiens de ladite Chastellenie de Mont-Luçon.

HERIÇON ET LA CHAUSSIERE.

14 May 1493.

Lesdits Commissaires s'étant transportez en ladite Ville, manderent venir par devers eux nobles hommes Pierre de Grassais, Ecuyer, Seigneur de Ginçays, Pierre de Beauregard, Seigneur dudit Lieu, Louis Sanson, Ecuyer, Seigneur de Brisse, Archambaud de Villards, Seigneur de la Guierche, Bernard de la Perebutte, Seigneur des Forges, Jean de Vernages, Seigneur de Mauveziniere, & venerable & discrette personne Messire Charles Dufourg, Chanoine de l'Eglise Collegiale dudit Mont-Luçon, & autres, & religieuse personne Frere Guillaume Jacquelin, Prieur de Brethon, honorables & sages hommes Maistre Pierre Audene, Licencié és Loix, Lieutenant general en ladite Chastellenie d'Heriçon, Gilbert Deculand, aussi Licencié en Loix, & Substitut du Procureur Monsieur en ladite Chastellenie, Jean Madet, aussi Licencié en Loix, Lieutenant general en la Chastellenie de la Chaussiere; comme aussi firent assembler des Procureurs & Bourgeois au nombre de seize, & autres Praticiens desdites Chastellenies d'Heriçon & de la Chaussiere, desquels le serment pris comme devant pour déposer de verité sur & touchant le fait desdites Coutumes, Usances & Stiles dudit Pays & Duché de Bourbonnois, ensemble de la maniere d'icelles pratiquer, & comme ils en usent, & en ont par cy-devant usé, &c.

Ont dit sur le quatriéme art. du titre des Censives, que le droit de retenuë se doit faire dans les quarante jours du jour du contract, aussi bien que celuy du remeré, à compter du jour qu'il est finy. Tit. des Fiefs & Censives.

Sur l'art. 2. des Mariages, qu'il n'y avoit point de temps determiné à une femme pour faire la renonciation, aucuns dirent qu'il seroit bon d'y ordonner quarante jours, les autres disoient vingt-quatre heures, & les autres conseilloient trente jours. Tit. des Mariages & doüaires.

Sur l'art. 6. que le doüaire Coutumier de la femme survivant son mary estoit seulement de la moitié des heritages paternels & maternels & n'y estoient compris les heritages advenus par succession collateralle.

Au titre des Communautez art. 4. que si le mary bastit dans l'heritage de sa femme, ledit mary ny ses heritiers n'en sont point recompensez. Tit. des communautez.

Sur le 4. art. du titre des Droits Seigneuriaux, que l'usage est en ladite Chastellenie, que la riviere tolt & donne au Seigneur tresfoncier, & non pas au Seigneur Justicier, tellement que si la riviere fait & laisse aucune Isle, ladite Isle sera au Seigneur proprietaire & tresfoncier, & ne sera pas au Seigneur Justicier, & au regard des Justices, elles se partent par le filant de l'eau. Tit. des Droits Seigneuriaux & de Justice.

Sur le titre des prinses de Bestes, art. 3. dirent que l'interest de la partie sera selon le dommage qui aura esté fait, excepté dans les fourests de Monseigneur le Duc où l'on paye pour prinse de beste pour la premiere beste on paye sept sols & six deniers, & pour chacune des autres douze deniers, & disent qu'en ont ainsi veu user en la Cour des Fourests de toute leur memoire. Tit. des prinses de bestes.

Au titre des Successions, art. 5. que és Villes & Franchises d'Heriçon, Mont-Luçon & Cosne, qui ne succedent aux pere & mere par teste, & que c'est au sentiment de quelques uns par Coustume particuliere & localle desdits lieux, & d'autres que c'est par Privilege. Tit. des successions & tutelles.

Sur l'art. 7. déposent qu'il leur semble que le Seigneur Justicier doit payer les debtes, tant que les biens confisquez se peuvent estendre.

Sur le 10. parlant du droit d'aînesse, qu'il s'entend de l'Hostel & circuit d'iceluy par le vol du chapon, & les autres dirent qu'il s'entend de l'Hostel avec le pourpris, qui est jusques dessus le d'hoe du fossé s'il y a fossé, & s'il n'y a point de fossé, il s'entend de ce qui est dedans la cloture dudit Chastel.

Sur le 11. conseillent qu'on ordonnast par cy-aprés qu'inventaire soit fait, & que la mere prenne les biens par inventaire, & qu'elle baille caution à tout le moins juratoire.

Au titre des Executions, art. 4. leur semble que on se doit premierement prendre au principal debteur avant que au fidejusseur. Tit. des executions, &c.

Au titre des tailles réelles, art. 9. toutes tailles sont doublans & tierçans, en tant que touche l'argent, ainsi qu'il est contenu audit article. Tit. des tailles réelles.

Tit. des tailles personnelles. Au titre des Tailles personnelles, elles rendent la personne en servitude.

Sur l'Art. 3. faisant mention des charrois & maneuvres, ont dit que la Coutume dudit Pays est telle, pourveu que on ne les fasse charrier hors de ladite Chastellenie, & depuis le Souleil levant jusques au couchant, dedans les limites de ladite Chastellenie.

Sur le 4. que le Seigneur leur succede à faute d'enfans communs non separez, & ne leur succedent point les freres & autres parsonniers, jaçoit qu'ils soient communs avec eux.

Sur le 7. que si nul homme de la condition dessus dite se estoit party de l'une desdites quatre Chastellenies, & s'en alloit demourer en l'une des autres Chastellenies ou ailleurs, mondit Seigneur le peut suivre & demourera homme de la condition dessusdite.

Sur le 10. que si aucun estrangier vient demourer en la terre d'un Vassal, en l'une desdites quatre Chastellenies l'an & jour passé, Monseigneur le Duc ou son Prevost luy peut imposer la taille, & par ce moyen, il sera homme de mondit Seigneur s'il precede le Vassal à imposer ladite taille; mais aussi si le Vassal luy impose premiere taille que à mondit Seigneur ou son Prevost, il sera homme dudit Vassal.

Sur le 20. l'homme serf peut donner au franc quand il se marie ses heritages, en faveur dudit mariage dudit homme franc.

Sur le 23. un homme de serfve condition est une fois separé d'avecques ses parsonniers, il ne peut plus rentrer n'y retourner en icelle communauté avecques les autres comparsonniers sans le congé de son Seigneur.

Sur le 24. il y a une Coutume localle & particuliere en la Chastellenie d'Heriçon, par laquelle Coutume quiconque demoure dedans le mas serf par 30 ans continuels consecutifs, il est fait homme serf de Monseigneur, de main-morte & de suite, & luy peut mondit Seigneur le Duc imposer taille serfve à voulonté raisonnable.

AYNAY.

11. Juin 1493. Ont comparu par leurs Procureurs, Messieurs d'Orval de Chaumont, de Baudricourt, de Querlhe, de Chandon, & Hugonin de S. Aubin, Seigneur d'Arpentin. venerable & discrette personne Maître François de la Riviere, Protonotaire du S. Siege, Frere Hugues Chilon, Prieur d'Aynay, & autres Prestres.

Et honorables hommes & sages Anthoine Morne, Lieutenant general de ladite Chastellenie d'Aynay, Guilhaume Bachelier, Substitut du Procureur general en ladite Chastellenie, ensemble les Avocats, Procureurs & Bourgeois, lesquels interrogez & le serment presté comme dessus, &c. ont dit.

Tit. des Censives. Sur le Chapitre des Censives, au regard des surcharges sur les Censives, on les y peut mettre sans le vouloir du Seigneur, & ne peut agir à la descharge, mais il les aura par retenuë, si bon luy semble, ou en prendra lots & ventes au choix & eslection de luy.

Sur le 2. aux Terres & Seigneuries d'Orval, S. Amand, le Chastel & Cherenton, les lots & ventes ne sont que de quatre blancs pour livre pour le simple, & trois sols quatre deniers pour le double, excepté aux Censives de l'Eglise qui prennent comme la Coutume generale l'ordonne, & disent que c'est pource que l'Eglise n'a point de droit de retenuë sur les choses vendues mouvans de leur Censive, ce qui a lieu pour le quatriéme Article.

Le 5. s'entend en ce qui touche la levée des fruits, & non pas quant à la retenuë.

Tit. des retraits & retenues. Au titre des Retraits & Retenuës art. 1. disent que les quarante jours se prennent & commencent au temps que le Seigneur ou lignagier a sçeu ou pû sçavoir ladite vente: d'autres ont dit que lesdits quarante jours commencent au jour du contract de ladite vente.

Sur le 2. art. ont déposé que si deux lignagiers en un même instant viennent demander le retrait de la chose venduë, ils l'auront chacun par moitié: les autres ont déposé que audit cas le plus prochain l'emportera entierement.

Sur le 4. aucuns déposerent que si l'argent d'entrage excede la rente ou le cens, il y a retenuë: d'autres suivant la Coutume generale que ledit Seigneur n'avoit point droit de retenuë, mais qu'il prendra lots & ventes.

Sur le 5. que les quarante jours de la retenuë commencent au jour du rhemeré finy.

Tit. des marciages. En ce qui est du Marciage, il n'avoit pas lieu en ladite Chastellenie.

Tit. des donations. Au titre des Donations, sur le 4. il y a exception pour les donations faites en faveur de mariage.

Des donations en contracts de mariage, &c. Sur le premier, ils conseillent & suplient Monseigneur qu'on y fasse une restriction, c'est à sçavoir qu'il soit ordonné qu'on ne puisse desheriter son loyal heritier que jusques à la moitié, & leur semble ladite Coutume estre trop rigoureuse touchant l'exheredation des enfans.

Sur le 5. dirent qu'en cas de confiscation le mary ne confisque que sa part, & semblablement la femme ne peut confisquer que la sienne.

Tit. des mariages & douaires. Sur le 2. conseillent qu'on limite le temps de la renonciation de quarante jours aprés la mort du mary.

Que le 6. s'entend des heritages patrimoniaux seulement & non pas des adventifs par succession collateralle.

Sur

Sur le 4. que ledit article est bien raisonnable, & conseillent qu'ainsi soit ordonné & introduit, horsmis ledit Lieutenant qui dit qu'il n'y eschet point de remboursement, si n'est quand le mary bastit en son heritage, auquel cas il faut que la femme ou ses heritiers soient remboursez. Tit. des communautez.

Sur le 5. que par la Coutume localle & particuliere de ladite Chastellenie d'Aynay & ressort d'icelle, le fils marié est tenu & reputé émancipé, & peut acquerir communauté avec son pere, faire tous contracts, & ester en Jugement sans autorité de sondit pere.

Sur le 3. que le charrois est de huit deniers & la corvée de quatre deniers, & dient la pluspart d'eux qu'ils ne sont point tenus de charrier hors de ladite Chastellenie, & dient tous qu'és terres d'Orval & de Cherenton, n'y a point de charrois. Tit. Des Droits Seigneuriaux & de Justice.

Sur le premier, que par Coutume particuliere & localle en la Baronnie de Cherenton & en la terre de Chaugy il y a pour l'interest de la partie pour chacune beste bouvine ou chevaline quatre deniers, & pour brebis deux deniers. Tit. des prises de bestes.

Sur le 2. les Sieurs de Chandon, Prieur Allenat, d'Acres & S. Aubin, que la Coutume est telle qu'elle est contenuë audit article; les autres dirent qu'il n'y a que douze deniers pour chacune beste pour l'interest de partie, & sept sols tournois pour l'amende de Justice, horsmis ledit Ladon qui dit qu'il y a sept sols six deniers pour ladite amende, & que l'interest de partie est arbitraire: & dient quasi tous que si la garenne est au Seigneur Justicier, il ne prendra que l'amende ou l'interest à son choix.

Sur le 3. le Lieutenant general a dit que si ladite taille est petite, & qu'elle ne monte jusques à une septerée de terre, il convient qu'elle soit bouchée, autrement on n'y peut user de prise de bestes comme en garenne.

Sur le dernier, aprés la faulx n'a point de prise, & en prez bouchez & clodis on peut user de prise toute l'année, & aussi dient que par ladite Coutume, pourceaux sont de prise toute l'année.

Sur le 5. par Coutume particuliere & localle és terres d'Orval, Cherenton & Chaugy, les successions des pere & mere se partent par teste & non mye par licts. Tit. des successions & tutelles.

Sur le 8. que par la Coutume localle & particuliere de la Baronnie de Cherenton il n'y a point de confiscation, en quelque cas que ce soit.

Sur le 9. qu'ils tiennent le contraire dudit article, & que la renonciation faite par la fille mariée est autant au prouffit des filles à marier que des masles.

Sur le 2. faisant mention du droit d'aînesse, dient & déposent que la Coutume generalle dudit pays est telle qu'elle est contenuë audit article, & outre dient qu'il aura tout autour de ladite place ou maison, le circuit ou vol de chapon, horsmis & excepté ledit Bergerat qui dit qu'il n'y a point de vol de chapon par ladite Coutume, ains aura l'Hostel avec le pourpris, & s'entend ledit pourpris la cloture ou fossez s'il n'est clos; dit plus ledit Lieutenant general, que si dedans le vol de chapon, il est compris moulin ou four bannier, il ne sera pas à l'aîné pour droit d'aînesse, mais sera party entre lesdits freres.

Sur le fait des Tailles réelles & personnelles, ont dit n'en sçavoir rien, & n'estre d'usage dans ladite Chastellenie. Tit. des tailles réelles & personnelles.

Par la Coutume particuliere dudit Aynay, au lieu de l'amende par la Coutume generalle qui est de sept sols, elle n'est que de trois sols, excepté contre gens nobles, d'Eglise & Fourains, qui ne sont de la premiere Justice de Monseigneur le Duc, contre lesquels lesdites amendes sont de sept sols tournois: dient outre, que par la Coutume particuliere de la terre de Cherenton, toutes amendes sont de trois sols, horsmis contre Clercs & gens serfs, contre lesquels les amendes sont de sept sols, & au regard des terres d'Orval & S. Amand, lesdites amendes ne sont que de trois sols tournois, contre quelques personnes que ce soient, excepté les definitivemens jugez qui sont de vingt-un sols, & les autres d'apel de trois livres; & ainsi en use le Senéchal sur les Chastelains; mais au regard des Seigneurs Justiciers Vassaux, ils en font leur rapport audit Senéchal. Tit. des taux des amendes.

Plus ont dit & déposé, que par la Coutume tenuë & gardée en ladite Chastellenie d'Aynay, quand un laboureur laboure en autre dixmerie qu'en celle où il demoure, le Seigneur de la dixmerie soit Lay ou d'Eglise en laquelle le laboureur demoure, prendra la moitié de dixmes des terres que ledit laboureur aura labouré hors sadite dixmerie par droit de reilhe & de suite, & dit ledit Lieutenant qu'il s'entend quand les bestes desquelles est fait le labourage, sont norries riere ledit Seigneur, autrement celuy riere qui elles sont norries & yvernées prendra ledit droit de suite, & non pas le Seigneur riere qui ledit laboureur demoure. Tit. des dixmes.

Dient plus & déposent, que par la Coutume dudit Pays, nul ne peut de nouvel faire garenne ou colombier en Justice d'autruy sans le congé du Prince, excepté ledit Prevost Sadon, Rolhe, Morlat, & Touzette, qui dient qu'il souffit avoir congé du Seigneur Justicier. Tit. des droits Seigneuriaux & de Justice.

Dient & déposent tous les dessusdits, que les choses par eux déposées sont vrayes, & que telles sont les Coutumes dudit Pays & le sçavent, car ainsi l'ont ouy dire & maintenir aux anciens Praticiens, ont veu alleguer & pratiquer en Jugement, & ont donné des opinions & des conseils, & icelles ont tenuës & veu tenir toutes notoires, & les aucuns d'eux en ont veu prouver en Turbes, & aussi les ont veuës écriptes en viels papiers & registres, signé Bertrand, & Donet.

MURAT.

16. Juin 1493. Lesdits Commissaires s'estans transportez en la Ville de Ville-Franche, Chastellenie dudit Murat, firent appeller & mander par devers eux R. P. Monsieur le Prieur du Montet, Messire Anthoine Argenton, Prieur de Montcenoux, & Messires Jacques Bernardin, Phelippes Dubois, Pierre Metenier, Pierre de Biez & Anthoine de Vieillepeze, Prestres & Chanoines dudit Montcenoux, & nobles hommes Jacques de Serre, Ecuyer, Seigneur dudit lieu, Jacques de la Souche, Seigneur de Sallevert & de la Lande, Jacques du Peschin, Seigneur de Montgeorge, Jean Dubois, Seigneur dudit lieu, Jean Desfontaines, Seigneur dudit lieu, Gaillard de Francesche & Pierre Rodillon, Ecuyers, aussi honorables hommes & sages Guillaume Huguet, Substitut du Procureur general en ladite Chastellenie, Jean de Forest, Receveur de Murat, & autres Procureurs, Avocats, Bourgeois & Praticiens, tous mandez au logis de l'écu de France, &c. ont déposé, &c.

Tit. des Fiefs & Censives. Sur le 3. ont déposé que par ladite Coutume, quand le Fief noble est vendu à roturier, le Seigneur prend le tiers denier pour le droit de rachapt, les Gentilshommes nommez dessus ont dit ne sçavoir rien dudit rachapt.

Tit. des retenues & retraits. Sur le premier, que les quarante jours se prennent du jour du contract de la vente, lesdits Gentilshommes au contraire, que lesdits quarante jours commencent au jour de la possession prise par l'achepteur, & qu'il est sçeu par les circonvoisins.

Sur le 5. que lesdits quarante jours commencent aprés le rhemeré finy.

Tit. des donations. Sur le 4. que la Coutume generalle est telle, excepté en contract de mariage, auquel le pere & la mere peuvent donner à l'un de leurs enfans quand il se marie.

Tit. des donations en contract de mariage. Sur le 1. que ladite Coutume est generalle, toutefois il leur semble qu'elle est bien rigoureuse, & conseillent qu'on la limite & restreigne, touchant l'exheredation des enfans à la moitié de la succession & hoirie.

Sur le 5. en confiscation, le mary ou la femme ne peuvent confisquer que chacun leur part, excepté Griffat qui dit que le mary confisque tout.

Tit. des mariages & doüaires. Sur le 2. que dans les quarante jours la femme sera tenuë de declarer si elle renonce à la communauté ou non.

Sur le 6. faisant mention du doüaire de la femme, dient & déposent que la Coutume generalle dudit Pays est telle, qui n'est contenuë audit article, & entendent ladite Coutume de tous les heritages advenus au mary en succession, soit en droite ligne ou collateralle, excepté Barbin & Griffat qui dient que ladite Coutume s'entend des patrimoniaux seulement.

Sur le 7. que si une piece certaine de terre est nommée & baillée pour doüaire, ladite femme en est saisie comme du Coutumier, & si c'est rente, elle le doit prendre par la main de l'heritier.

Tit. des prises de bestes. Sur le premier dient en outre, que si le deffendeur veut mettre en fait que ses bestes ayent esté prises ailleurs qu'en heritages du demandeur, il sera receu à ce faire & prouver contre la prise.

Sur le 3. par la Coutume dudit Pays, bois revenant est de garde trois ans & un mois, mais touchant l'interest de la prise des bestes, ils n'en tiennent rien par Coutume.

Tit. des successions & tutelles. Sur le 9. ajoûtent que par la Coutume dudit Pays, la renonciation est autant au prouffit des filles à marier que des masles.

Sur le 10. article faisant mention du droit d'aînesse, dient & déposent concordablement que la Coutume generalle dudit Pays est telle qu'il est contenu audit article, & disent les aucuns d'eux qu'il s'entend l'Hostel & le circuit, selon le vol d'un chapon, & les autres dient qu'il s'entend de l'Hostel avec le pourpris, qui est le courtillage & bastiment servant audit Hostel.

Tit. des criées & subhastations des heritages, &c. Disent que quand le Seigneur saisit l'heritage, il souffit qu'il assigne jour à la partie à la premiere huitaine & aux jours & nuicts sur ce introduits.

Tit. des prescriptions. Sur le 2. concernant la prescription de trente ans, disent qu'ils n'en sçavent point de Coutume, bien sont tous d'opinion qu'elles seroient bien raisonnables, & conseillent qu'elles soient introduites.

Tit. des tailles réelles. Sur le 6. article, disent que par la Coutume du Pays nul ne peut surcharger l'heritage taillable sans le congé du Seigneur, mais ils ne sçavent point que la surcharge soit commise, si elle y est mise sans le congé du Seigneur.

Sur le 8. dient qu'ils ne sçavent rien de la Coutume contenue audit article, pource qu'ils n'ont nuls heritages taillables en ladite Chastellenie, excepté ledit de Mares, qui dit qu'à cause du tenement taillable il est deu charrois au Seigneur, & a ouy dire & maintenir à aucuns anciens Praticiens que lesdits charrois sont deus à la volonté raisonnable dudit Seigneur & aussi a ouy dire à d'autres Praticiens qu'il en est deu trois seulement, à cause dudit tenement taillable.

Tit. des Tailles personnelles. Sur le 3. les hommes taillables par la Coutume doivent charrois audit Seigneur, mais si lesdits charrois sont abbonez à certain nombre, ou s'ils sont à la volonté raisonnable dudit Seigneur, ils n'en sçavent rien.

Sur le 6. que ladite Coutume eſt generalle & a lieu, tant aux baſtards de ſerf de Monſeigneur le Duc que des Vaſſaux, & autres.

Sur le 7. que l'an & jour paſſé, ſi le Vaſſal ne l'impoſe, Monſeigneur & ſon Prevoſt le peuvent impoſer.

Sur le 10. quiconque doit taille au Vaſſal & taille à Monſeigneur le Duc, la taille de Monſeigneur eſt faite ſerfve, de main-morte & de ſuite, & autre choſe ne ſçavent du contenu audit article.

Sur le 14. que quand ſe vient à doubler la taille, la taille d'Aouſt eſt ſeulement doublée, & non pas celle de Noël, ou de Paſques.

Que par la Coutume tenuë & gardée en aucunes Chaſtellenies du Pays de Bourbonnois, & mêmement en la Chaſtellenie de Murat, quand un homme laboure en autre dixmerie qu'en celle où il demoure, le Seigneur de la dixmerie en laquelle il demoure par droit de reilhe & de ſuite, prendra la moitié du dixme des terres que ledit laboureur a labourées hors ſa dixmerie, & s'entend ladite Coutume quand les beſtes, deſquelles ſont faits les labourages, ſon nourries riere le Seigneur en la dixmerie duquel ledit laboureur demoure. Tit. des dixmes.

Par ladite Coutume de Murat, nul ne peut faire de nouvel garenne en la Juſtice d'autruy, ſans le congé & permiſſion du Prince. De pouvoir faire garenne & colombier.

VERNEUIL.

Furent mandez Meſſire Jean Courtaud, Doyen de Verneüil, & autres Chanoines & Preſtres, noble homme Monſieur de Beauvoir, Meſſire Henry d'Albon, Chevalier, Seigneur de Chazeul, Jean de Montcoquier, Ecuyer, Seigneur dudit lieu, Loüis de Graviere, Seigneur dudit lieu, Loüis de Chaumejean, Seigneur dudit lieu, Gabriël de Chinieres, Seigneur dudit lieu, Anthoine de Cuzy, Seigneur des Garennes, Huguonin Vigier, Ecuyer. Honorable homme & ſage Maître Jacques Dent, Licencié en Loix, Lieutenant general de ladite Chaſtellenie, Jacques Becquas, Subſtitut du Procureur general en ladite Chaſtellenie, & pluſieurs Avocats, Procureurs & Bourgeois, auſquels a eſté enjoint & commandé de chercher chacun en droit ſoy, s'ils avoient nuls regiſtres, livres & papiers deſdites Coutumes, qu'ils euſſent à les apporter en l'écu de Bourbon où eſtoient logez leſdits Commiſſaires pour beſogner auſdites Coutumes les jours ſuivans. 23. Juillet 1493.

Sur le 4. ledit Montcoquier & autres, dirent que quand aucun heritage eſt tenu en Fief noble eſt vendu & mis en main Roturiere & non Noble, l'achepteur doit payer au Seigneur féodal les rachapts qui ſont le tiers denier de la ſomme de ladite vente, & ſemblablement le dirent leſdits Chaumejean & Chinieres, & ledit Becquas dit qu'il l'avoit ainſi ouy dire, & a veu demander leſdits rachapts aux Commiſſaires de Monſeigneur le Duc, mais s'ils ont eſté payez, ne ſçavent. Tit. des Fiefs & Cenſives.

Sur le 7. leſdits Montcoquier & Chinieres, dirent que les trente ans commencent aprés ce qu'il eſt venu à la connoiſſance du Seigneur.

Leſdits de Montcoquier, Dent, Cuzy, & autres, dirent ſur le premier que les quarante jours ſe prennent à compter du temps que la vendition a eſté notifiée au Seigneur cenſivier. Tit. des retraits & retenuës.

Sur le 3. ledit Dent, Jaligny & autres dirent qu'il n'y a point de retenuë ni retrait, s'il n'y a conſignation réelle de deniers.

Sur le 4. faiſant mention d'accenſe perpetuelle, ont dit qu'ils ne ſçavent point de Coutume, ſelon le contenu audit article, excepté ledit Bourdon qui dit que ladite Coutume eſt écripte en ſon Coutumier, lequel il a exhibé telle qu'audit article eſt contenu.

Sur le premier, que la Coutume generalle dudit Pays eſt telle qu'il eſt écript audit article, quand les fruits naturels viennent ſans dépenſe, comme en ſauldoi, & pré en prairie qui ne porte point de bouchaille; mais s'il y a bouchaille, le Seigneur ne prend point le Marciage que la moitié des fruits, & fera la moitié des frais, & rabattra la moitié du cens: & dient que le Seigneur ne prend rien au revivre, & leſdits de Montcoquier, Becquas, Cuzy, Bouchier, Chaumejean, Graviere & de Chinieres, dient & dépoſent que la Coutume eſt telle qu'elle eſt écripte audit article. Tit. des marciages.

Sur le dernier, ont veu lever & prendre Marciage au Chapitre de Verneüil & autres gens d'Egliſe, & aucuns d'eux ont levé pour ceux dudit Chapitre, excepté ledit de Montcoquier qui dit que la Coutume eſt telle, qu'il eſt contenu audit article.

Sur le 4. faiſant mention de donation faite en l'enfant en ſon contract de mariage, elle s'entend de donation faite entre-vifs. Tit. des donations.

Sur le premier, la Coutume generalle eſt telle, & diſent icelle eſtre bien rigoureuſe, & conſeillent qu'on la reſtreigne & limite juſques à la legitime. Tit. des donations en contract de mariage.

Sur le 2. conſeillent qu'on ordonne quarante jours pour faire ladite renonciation.

Sur le 6. & s'entend tant des heritages patrimoniaux, que autres advenus par ſucceſſion collateralle, excepté ledit Bourdon qui dit que ladite Coutume s'entend des heritages patrimoniaux ſeulement; ledit de Cuzy dit qu'elle s'entend de tous les heritages que le mary a au jour des épouſailles. Tit. des mariages & doüaires.

Sur le 7. que la Coutume generalle dudit Pays est telle, qu'elle est contenuë audit article, touchant le doüaire Coutumier, & au regard du doüaire conventionnel, s'il est de certaine piece d'heritage, comme d'une chevance de maison, ou autre heritage nommé, la doüairiere en est saisie par ladite Coutume, & n'est point tenuë de le demander à l'heritier : mais aussi si ledit doüaire conventionnel est de rente, comme de 20, 30 livres de rente, ou autre somme, la doüairiere n'en est pas saisie par la Coutume, ains le doit prendre par la main de l'heritier.

Sur le 11. par la Coutume particuliere de ladite Chastellenie, le fils marié est reputé maître de soy, & le mariage le met hors de puissance paternelle, en telle maniere, qu'aprés la mort de sa femme, il ne retourne plus en la puissance de son pere.

Tit. des droits Seigneuriaux & de Justice. Sur le premier article, faisant mention des terres hermes & vacques, disent & déposent que la Coutume generalle dudit Pays est telle, qu'il est contenu audit article, & dient outre que les blairies sont deuës au Seigneur, à cause desdites terres hermes & vacques, & aisemens publics.

Sur le 6. Bourdon dit que ladite Coutume, ainsi qu'elle est écripte audit article, est écripte en son Coutumier.

Tit. des prises de bestes. Sur le premier, que le Sergent sera cru de sa diligence par sa relation.

Sur le 4. que les prez non bouchez sont de garde, depuis la Nostre-Dame de Mars jusques aprés la faulx, & les prez clos & bouchez sont de garde jusques à la saint Martin d'yver.

Tit. des successions & tutelles. Les sieurs de Chinieres, Cuzy, Jaligny, Dent, & autres, disent sur le 7. que la renonciation des filles appanées est autant pour les filles à marier que les masles.

Sur le 10. que le pourpris s'entend par le vol du chapon.

Sur le 11. conseillent que la mere baille caution, & qu'elle prenne les biens par inventaire.

Tit. des tailles réelles. Sur le 8. que la Coutume generalle est telle, excepté Chinieres, Cuzy, Dent, Jaligny, & autres, qui dient qu'il est dû trois charrois l'an, pour raison & à cause de la Justice; mais ils ne sçavent point qu'à cause de la taille il soit dû charrois, & lesdits du Chazeul & Brandon dient que les hommes taillables doivent charrois à la volonté raisonnable du Seigneur.

Tit. des tailles personnelles. Touchant les tailles personnelles, ils dient qu'ils n'en ont nulle en leurdite Chastellenie, pourquoi n'en sçavent bonnement déposer, & s'en rapportent à ce qui s'en trouvera és Chastellenies d'Heriçon, Mont-Luçon, Murat & Chantelle, ausquelles sont les tailles personnelles & servitudes.

Touchant le chapitre des Assietes, tant coutumieres, d'entre amys, que de rente rendable & de prise, dient & déposent, que lesdites Assietes sont telles qu'il est contenu audit chapitre, horsmis & excepté qu'ils dient que tonneau de vin se prend & baille en assiete coutumiere pour trente sols tournois, septier d'avoine pour quatre sols, & touchant les deniers de cens portans lots & rentes, ils se prennent en baillant ladite assiete coutumiere pour ce qu'ils vallent, *verbi gratiâ*, vingt sols tournois cens se prennent & baillent en ladite assiete pour vingt sols tournois, & en assiete par amys pour vingt-cinq sols tournois, & en assiete de rente rendable, ils se prennent pour trente sols tournois, & dient outre que ladite assiete coutumiere se doit faire les deux tiers en bled, & le tiers en argent, ou il convient bailler argent à l'équipollent dudit bled.

Ont dit que les hommes questables en une Place sont reparables & doivent reparation, és fossez & murailles d'icelle Place, en laquelle ils sont questables.

Tit. des dixmes. Dient & déposent que és Coutumes de Loschy, Cesset & de Cours, ils tiennent par Coutume, que si un laboureur laboure en autre dixmerie que en celle où il demoure, le Seigneur de la dixmerie en laquelle il demoure, prendra par droit de reilhe & de suite la moitié de dixmes des terres que ledit laboureur a labourées hors ladite dixmerie, & s'entend ladite Coutume quand les bestes, desquelles sont faits les labourages, sont nourries riere le Seigneur riere lequel ledit laboureur demoure.

De pouvoir faire garenne ou colombier. Dient & déposent les dessusdits, qu'ils tiennent par Coutume audit Pays, que nul ne peut faire garenne en la Justice d'autruy, sans le congé & puissance du Prince.

Et sçavent les dessusdits les choses par eux dites & déposées être vrayes, & les Coutumes dudit pays estre telles, pource que l'ont aussi ouy dire & maintenir aux anciens Praticiens du Pays, icelles ont veu alleguer & pratiquer en Jugement, & dehors, & ont plusieurs fois donné leurs opinions & conseils, & les aucuns d'icelles ont veu prouver en Turbes, icelles ont veu écriptes en viels papiers & regiſtres, & les tiennent & rapportent estre notoires audit Pays.

CHANTELLE LE CHASTEL.

26. Juillet 1493. Ont comparu pardevant lesdits Commissaires, Maître Gabriël de Choüigny, Protonotaire du S. Siege Apostolique, Prieur Commendataire du Prieuré de S. Germain de Salles, Frere Jacques de Rivandes, Sousprieur de Chantelle, & Prieur de Chezelle. Noble homme Loüis Jean, Seigneur de Bellenave, pour lequel s'est comparu Jean Dabert, son Procureur, François

François de Chauffecourt, Ecuyer, sieur de Douzon, Christophle Rolhand, Ecuyer, Seigneur du Coudray, Toussaint de Chars, Ecuyer, Seigneur de Montcelat, Allebert Lestel, Ecuyer, Seigneur de Chaillotz. Honorables hommes & sages Gabriël Barbier, Bachelier en Loix, Lieutenant general du Chastelain de Chantelle, Jacques Voil, Substitut du Procureur general en ladite Chastellenie, Bonnet de Chavannes, Receveur pour Monseigneur le Duc en icelle Chastellenie, Maîtres Phelippe Joly, Licencié en Loix, Jean Reignaud, Bachelier en Loix, Jean Bonnier, Mathieu Dubuisson, Lieutenant du Chastelain de Bellenave, & autres, tous Avocats, Procureurs & Praticiens en ladite Chastellenie de Chantelle & ressort d'icelle, en l'Auditoire de ladite Ville, ausquels fut dit & exposé l'effet de la legation & charge desdits Commissaires, ausquels fut fait lecture de leur commission & pouvoir ; ce fait, le serment pris d'eux, comme en tel cas appartient, pour dire & déposer verité sur & touchant le fait desdites Coutumes, Usances & Stiles dudit Pays & Duché de Bourbonnois, ensemble de la maniere d'icelles pratiquer, & comme ils en usent & en ont par cy-devant usé, & leur fut enjoint & commandé, pour en estre plus accertenez & advertis chercher chacun en droit soy s'ils avoient nuls registres, livres & papiers desdites Coutumes, & ce qu'ils en trouveroient, ils l'eussent à apporter pardevers eux tous les jours qu'ils besoigneroient & vacqueroient à l'examen desdites Coutumes, & l'aprés dîné dudit jour les dessusdits comparurent en l'Hostel dudit Jacques Voil, auquel lesdits Commissaires estoient logez, & depuis en l'Hostel de Maître Gabriël Barbier, Lieutenant, pource qu'il y avoit plus grand logis, & ceux qui avoient livres & registres desdites Coutumes les apporterent pardevers eux : ce fait fut procedé à l'examen d'iceux, tant particulierement qu'en general, & és présences les uns des autres, lesquels ont dit & déposé en la maniere que s'ensuit: sçavoir, que la Coutume estoit telle qu'elle est écripte, & dont lecture leur fut faite, hors & excepté aux articles cy-aprés.

Sur le 7. dient & déposent la Coutume generalle dudit Pays estre telle qu'en iceluy article est contenu, excepté lesdits Ducoudray & Douzon, qui dient que les trente ans commencent à courir à l'encontre du Seigneur aprés qu'il a esté adverti de ladite surcharge, & non autrement. Tit. des Fiefs & censives.

Aucuns dirent sur le premier, que les quarante jours commencent au temps que l'acheteur prend possession de la chose vendue, les autres du jour de la vente, & les autres du jour que la vente est notifiée au Seigneur. Tit. des tenues & retraits.

Sur le 4. lesdits Voil, Dubuisson, Dabert, Joly & Coste, dirent qu'ils ne sçavoient rien de ladite Coutume.

Sur le 5. que les quarante jours commencent au jour de la possession prise.

Sur les 2. & 3. ne sçavent rien du contenu ausdits articles. Tit. des marciages.

Sur le 4. par la Coutume dudit Pays, le contenu audit article est vray, touchant le Seigneur censivier ; mais touchant le tenancier, ils dient que le marciage est dû par la mort du tenancier seulement, & non point par mutation dudit tenancier autre que par la mort.

Sur le 6. par la Coutume generalle dudit Pays, l'Eglise ne prend nuls Marciages, excepté lesdits Douzon, Prieur de Chezel, & Pastoret, qui dient que l'Eglise prend Marciage par la mort du tenancier & non autrement, & dient & déposent tous, que nul cens n'est marciant, s'il n'est dit expressément & reconnu par terrier, ou autrement.

Sur le premier, que ladite Coutume pour le contenu en iceluy leur semble estre trop rigoureuse touchant l'exheredation des enfans, & conseillent qu'elle soit restrainte & moderée, jusques à la legitime. Tit. des donations en contract de mariage.

Sur le 3. que les donataires succedent *in solidum*, selon la teneur du contract.

Sur le 4. que cet article est vray, & ainsi le tiennent & dient que par ladite Coutume, le survivant donataire est tenu prendre les biens par inventaire, & bailler caution de les rendre.

Sur le dernier, la Coutume est telle, & dirent en outre que le mary ne confisque que la moitié des meubles & conquests, horsmis & excepté lesdits Douzon & Blondet, qui dient qu'en cas de confiscation, le mary confisque les meubles & conquests entierement, & la femme ne confisque rien.

Sur le 2. la Coutume est telle, & conseillent tous qu'on limite le temps dans lequel la femme sera tenuë de faire ladite renonciation, & dient aucuns d'eux qu'il souffira de dix jours aprés la mort du mary ; toutefois il semble à la pluspart des dessus nommez, qu'on doit ordonner quarante jours. Tit. des mariages & doüaires.

Sur le 6. faisant mention de doüaire, dient & déposent que la Coutume generalle dudit Pays de Bourbonnois est telle qu'audit article est contenu, & dient la pluspart d'eux qu'ils en ont veu faire & bailler plusieurs doüaires, selon le contenu audit article, & s'entend de tous heritages, de quelque part & quelque maniere qu'ils soient advenus audit mary, excepté des conquests, horsmis Ligier Blondet, qui dit que ladite Coutume s'entend des heritages patrimoniaux seulement.

Sur le 7. dient & déposent que la Coutume dudit Pays de Bourbonnois est telle qu'il est contenu audit article, excepté qu'ils dient que le doüaire conventionnel de certaines choses, comme d'une maison, ou autre heritage nommé & spécifié, la femme le peut prendre de son autorité, & s'en dire saisie de son autorité; mais si le doüaire conventionnel est en rente, comme vingt sols de rente, trente livres de rente, ou autre somme, en ce cas la femme est tenuë de demander l'assiete, & le prendre par la main de l'heritier.

Tit. des Droits Seigneuriaux & de Justice.

Sur le 3. par la Coutume generalle dudit Pays, les charrois sont dûs, à cause de la Justice, & sont dûs à volonté raisonnable du Seigneur, & là où il lui plaist les employer, soit en la Chastellenie, ou dehors, & d'un soleil à autre, excepté lesdits Dubuisson & Blondet, qui dient, qu'il n'est dû que trois charrois l'an, selon le contenu audit article.

Sur le 4. que la Coutume tolt & donne, dient & déposent qu'ils n'en sçavent point de Coutume, selon le contenu audit article, excepté ledit de Chavannes, qui dit que la Coutume est telle, qu'elle est écripte audit article, & dient la pluspart d'eux que la riviere tolt & donne au Seigneur foncier, & dient tous que le fil de l'eau fait les separations des Justices, ainsi qu'en la derniere clause dudit article est contenu.

Tit. des prises de bestes.

Sur le premier, que la Coutume generalle est telle qu'elle est contenuë audit article, & dient qu'aux Justices de Naddes, Veaulsse, Escolles, la Font S. Mageran, & Chovigny, le demandeur est cru par son serment de la prise, sans montre de la diligence, qui leur semble estre mauvaise Coutume, & requierent tous qu'elle soit corrigée & remise à la Coutume generalle.

Sur le 2. touchant la prise des bestes faite en garenne, dient & déposent que la Coutume generalle dudit Pays est telle qu'il est contenu audit article, excepté lesdits Voil, Dubuisson, Daulbert, Joly, Coste, Pastouret, Burnier, Chavannes & Barbiquat, qui dient que par la Coutume dudit Pays, amende de la prise de bestes en garenne est de sept sols seulement, pour le Seigneur Justicier, & pour l'interest du Seigneur de la garenne, l'amende est à l'arbitrage du Juge.

Sur le 3. par la Coutume dudit Pays, les bois de taille sont de garde, selon le contenu audit article, & en tant que touche les prises des bestes, ils dient comme dessus ont déposé prouchain precedent article des prises faites en garenne.

Sur le dernier, lesdits Coste, de Chars, du Coudray, Douzon, & Blondet, adjoûtent que les clodis portant revivres sont de garde toute l'année.

Tit. des successions & tutelles.

Sur le 7. dient & conseillent que le Seigneur qui prend les biens par confiscation paye les debtes, tant que les biens se peuvent étendre, comme il fait en biens vaccans.

Sur le 10. faisant mention du droit d'aînesse, dient & déposent que la Coutume generalle dudit Pays est telle qu'audit article est contenu, & dient qu'il s'entend de l'Hostel avecques le pourpris, lequel pourpris comprend ce qui est enclos aux fossez, s'il y a fossez, ou en la muraille, si elle est close, & non fossoyée; & si elle n'est close ni fossoyée, le pourpris se limite par le vol d'un chapon, excepté lesdits du Coudray & Douzon, qui dient que le pourpris comprend les jardins, étableries & granges, posé qu'ils ne soient dedans la cloture, ou muraille, ou fossez.

Tit. des executions & ventes de biens.

La Coutume est generalle pour tous lesdits articles, excepté le dernier, pour lequel ils dirent qu'ils ne sçavent point de Coutume, selon le contenu audit article, & usent du contraire.

Tit. des prescriptions.

Sur le 2. & dernier, dient que la Coutume est telle qu'il est contenu audit article, en tant que touche les journées des laboureurs; mais touchant les denrées venduës à menu & détail, dient qu'ils n'en sçavent point de Coutume.

Tit. des tailles réelles.

Sur les 3. 4. & 5. faisant mention des alienations, partages d'heritages taillables, & de la maniere de succeder à iceux, dient & déposent qu'ils n'en sçavent point de Coutume, & usent du contraire en ladite Chastellenie de Chantelle.

Sur le 6. comme au chapitre des Censives & Fiefs, dient qu'ils n'en sçavent point de Coutume, par laquelle la surcharge soit commise.

Sur le 8. faisant mention des charrois, dient qu'ils ne sçavent point de Coutume, par laquelle il soit dû charrois, à cause de la taille, ains dient que les charrois sont dûs par la Coutume du Pays, à cause de la haute Justice, & sont dûs à volonté raisonnable du Seigneur, là où il luy plaist les employer, soit en la Chastellenie ou au dehors, pourveu que le charrois soit fait entre deux Soleils, excepté lesdits Dubuisson & Bordes, qui dient qu'il n'est dû que trois charrois l'an par la Coutume.

Tit. des tailles personelles.

Sur le 2. que la Coutume dudit Pays, & mêmement des quatre Chastellenies serfves est telle, qu'audit article est contenu.

Sur le 3. la Coutume est telle, excepté ledit Bordes qui dit que les Francs ne doivent que trois charrois l'an, & les Serfs les doivent à la volonté du Seigneur, selon le contenu audit article.

Sur le 19. faisant mention des quatre deniers de Chaveroche & Vernüeil, dient qu'ils n'en sçavent point de Coutume.

Sur le 20. le contenu audit article est vray, & le tiennent par Coutume, excepté qu'ils dient qu'ils peúvent vendre l'un à l'autre, soit l'achepteur homme du Seigneur du vendeur, ou d'autre Seigneur, pourveu qu'ils soient serfs, tant l'achepteur que le vendeur.

Touchant les chapitres des assietes & amendes, ils sont suivis, & passent pour Coutume en ladite Chastellenie de Chantelle.

GANNAT.

Furent mandez venerables & discretes personnes Frere Pierre Charbonnier, Prieur de Gannat, Frere Gervais de Pons, Prieur de Champs, Frere Guilhaume Beraud, Prieur de Fermignal, Frere Loys de Lodan, Prieur de S. James, Messire James Imbert, & autres Prestres au nombre de sept, de la Communauté de sainte Croix de Gannat. Nobles hommes Messire Jean de Vienne, Chevalier Seigneur de Saulzet en partie, Martin Blanc, Ecuyer Seigneur dudit Saulzet en partie, Jean de la Mer, Ecuyer Seigneur de Matha, Hugues de S. Priest, Ecuyer Seigneur dudit lieu, Loüis de Neufville, Ecuyer Seigneur de l'Homme, Estienne de Chiroy, Ecuyer Seigneur dudit lieu. Honorables hommes & sages Maistres Anthoine Terrys, Bachelier en Loix, Lieutenant en ladite Chastellenie, Estienne Gay, Substitut du Procureur general, Michel Intrant, Receveur pour Monseigneur en ladite Chastellenie, Anthoine de la Ruë, Bachelier en Loix, Jean de la Fons, Commis de la garde des Sceaux, André Roy, Procureur des Escurolles, James Rochefort, Procureur de Saulzet, Pierre Millet, Bachelier en Loix, Pierre Rochefort, Noël Fillol, Barthelemy Intrant, Roland Doujat, Guilhaume Terrys, Elû de Combrailles, Jean Chamelet, Jean Intrant, & autres, ausquels a esté exposé le fait de ladite Commission, comme dessus, &c. 25. Juillet 1493.

Sur le 2. faisant mention des lots & ventes, dient & déposent que la Coutume generalle dudit Pays de Bourbonnois est telle qu'il est contenu audit article; mais par Coutume particuliere & localle en ladite Chastellenie, il n'y a que vingt deniers tournois pour simples lots pour livre, & trois sols quatre deniers tournois pour le double, & outre ladite somme, Monseigneur le Duc prend douze deniers tournois sur toute la vente; & si les quarante jours sont passez, lesdits douze deniers doublent, excepté lesdits de S. Priest, Matha, de l'Homme, & le Blanc, qui dient qu'ils ne sçavent rien de ladite Coutume, & outre, dient les Praticiens dessus nommez & noble homme ledit Matha, que par ladite Coutume particuliere, nul ne prend lots & ventes en ladite Coutume, que Monseigneur le Duc. Titre des Censives & Fiefs.

Le chapitre des retraits & retenuës, est suivy en ladite Chastellenie.

Touchant ledit chapitre, dient qu'ils n'en sçavent point de Coutume, fors seulement celle qui est écripte au cinquieme article dudit chapitre, & telle la tiennent en ladite Chastellenie. Tit. des mariages.

Ledit chapitre est en tout suivy & observé. Tit. des donations.

Sur le 2. dient & déposent qu'ils n'en sçavent rien par Coutume du contenu en iceluy, pource qu'il n'y a point de taille serfve en ladite Chastellenie. Tit. des donations en contract de mariage.

Sur le 3. que par la Coutume dudit Pays, la reservation derniere que fait le donateur est bonne & valable, & sera ledit donateur heritier entierement, & aura toute la succession du donataire, soit ledit donateur pere, mere, ou étrangier; toutefois les anciens des dessusdits, dient que la reservation derniere, que le pere & la mere, ou l'un d'eux font, est bonne & vallable pour toute la succession; mais si une personne étrange autre que le pere ou la mere fait ladite reservation de succession, elle vaut seulement par la Coutume pour & jusques à la valeur des biens qu'elle aura donné.

Sur le 2. & parce qu'il n'y a point de temps limité & ordonné à faire ladite renonciation, ils conseillent tous qu'il soit ordonné temps de quarante jours. Tit. des Mariages & douaires.

Sur le 3. dient que par la Coutume generalle dudit Pays de Bourbonnois, le contenu audit article est vray, & ainsi en use-t-on audit Pays, excepté lesdits Millet, Mareschal, & Barthelemy Intrant, qui dient que quand la femme vend ses biens patrimoniaux, il faut qu'elle soit recompensée par son mary, autrement la vente est nulle.

Sur le 6. & s'entend ladite Coutume des heritages patrimoniaux seulement, excepté lesdits Millet & Barthelemy Intrant, qui dient que les heritages advenus au mary par succession collateralle y sont compris, & au regard dudit de Matha, il dit qu'il n'en sçait point de Coutume.

Idem, pour le chapitre des Communautez. Tit. des communautez.

Sur le 2. vray, excepté qu'il ne faut qu'une criée, laquelle se fait à la premiere huitaine. Tit. des droits seigneuriaulx.

Sur le 3. faisant mention des charrois, déposent que par la Coutume dudit Pays, les charrois sont dûs au Seigneur Justicier, à cause de la haute Justice, & dient la plusspart d'eux qu'ils sont dûs à la volonté raisonnable du Seigneur, lequel doit au bouvier six deniers par septier de bled quand il charge bled, & quand il charrie autre chose, il luy est dû dix-huit deniers pour paire de bœufs, & les anciens dient qu'il n'est dû que trois charrois l'an, ou trois corvées au Seigneur, suivant le contenu audit article.

Sur le 4. & ne s'entend pas seulement ladite Coutume des Fleuves navigables, mais aussi elle se garde en la riviere de Ciole, & autres rivieres où il y a Ports.

Sur le 5. faisant mention de Mothe-ferme, dient qu'ils n'en sçavent point de Coutume, excepté lesdits Gay, Millet, de la Fons, & Roy, qui dient que la Coutume dudit Pays est telle qu'il est contenu audit article, & qu'iceluy est raisonnable, & conseillent qu'ainsi soit introduit.

Tit. des bastards & accenses. Idem, pour le chapitre des droits que le Seigneur prend sur les Bastards, & celuy des accenses des fermes muables.

Tit. des prises de bestes. Sur le premier article, dient que la Coutume generalle dudit Pays est telle qu'il est contenu audit article, excepté à la derniere clause; car ils dient que le demandeur n'est point reçeu à prouver plus grand dommage que le deffendeur n'aura dit, toutefois ils conseillent qu'ainsi soit ordonné, avant que ledit deffendeur jure.

Sur le 2. ledit Seigneur de Saulzet & Mareschal, dient que par Coutume particuliere & localle de la Justice de Saulzet, il y a soixante sols pour la prise desdites bestes.

Les prez yvernaux dans la Paroisse de Gannat le Vivier sont de la premiere nature. Sur le 4. & dernier article, que par la Coutume generalle dudit Pays, les prez estans en prairie sont deffensables & de garde jusques aprés la faulx seulement, & qui les voudroit boucher, on les pourroit déboucher; & touchant les prez & clodis bouchez d'ancienneté, ils sont de garde toute l'année, & y peut-on user de prise de bestes; & au regard des pourceaux, ils n'en sçavent point de Coutume; toutefois ils conseillent qu'on ordonne qu'on puisse user de prise toute l'année aux prairies.

Tit. des successions & tutelles. Sur le 9. aucuns dirent que la renonciation se fait autant au prouffit des sœurs à marier, que des freres.

Sur le 10. touchant le droit d'aînesse, que la Coutume est generalle suivant le contenu audit article, excepté ledit de Matha, que le droit d'aînesse se prend seulement sur les maisons paternelles.

Sur le 11. qui parle de la tutelle de la mere, dit que la Coutume est telle & generalle, & conseillent tous qu'il soit ordonné que doresnavant la mere soit tenuë prendre les biens par inventaire.

Tit. des executions. Sur le 4. dient qu'ils ne sçavoient point de Coutume touchant le contenu audit article, sinon que le pleige fut pleigé & principal payeur, auquel cas on pourroit faire convenir le pleige, suivant le contenu audit article.

Sur le 7. & dernier, que la Coutume dudit Pays est telle qu'il est contenu en iceluy, & ainsi l'ont veu écripte en plusieurs Coutumiers & Registres, tant dient qu'elle est mal gardée, & qu'ils n'en virent jamais user.

Tit. des criées & des prescriptions. Idem, pour le chapitre des ventes d'heritages & celuy des prescriptions.

Tit. des asseurements. Sur le premier, que la Coutume generalle est telle, en tant que touche la femme & les enfans; & touchant les serviteurs, ils n'en tiennent rien par Coutume, & lesdits de Saulzet & de Lionne, dient que ladite Coutume s'entend des enfans demourans avec le pere.

Tit. des tailles réelles & des tailles personnelles. Touchant le chapitre des tailles, tant réelles que personnelles, franches & serfves, dient qu'ils n'en sçavent point de Coutume, pource qu'en ladite Chastellenie de Gannat n'y a point de tailles, bien dient qu'ils les ont veuës écriptes en leurs Coutumiers & Registres, ainsi & par la forme qu'ils sont écriptes audit chapitre, tant dirent qu'ils ne les virent jamais pratiquer.

Tit. des assietes. Des assietes, idem, qu'en la Coutume generalle.

Tit. des taxes d'amendes. Sur le 4. & dernier, dient que la Coutume generalle dudit Pays est telle qu'en iceluy est contenu, en tant que touche les amendes qui excédent soixante sols, tant dient que de soixante sols en soubs les Chastelains ont accoutumé de les taxer.

Tit. des dixmes. Touchant le chapitre des dixmes, déposent que du contenu en iceluy ils n'en tiennent rien, & n'en sçavent point de Coutumes.

Dient & déposent tous les dessusdits, que les choses par eux dites & déposées sur les Coutumes dessusdites, & chacune d'icelles sont les Coutumes dudit Pays, & le sçavent, car ainsi l'ont ouy dire & maintenir aux anciens Praticiens du Pays, icelles ont veu alleguer & pratiquer en Jugement, & telles les ont veu écriptes en vieux registres & papiers, ont donné plusieurs opinions & conseils, & en ont esté prouvées en plusieurs Turbes.

BILLY

Dernier Juillet 1493. Ont comparu en la Ville de Varennes pour le Chastelain de Billy R. P. en Dieu Monsieur Labbé de S. Gilbert, par Frere Gilbert Gayet, Religieux de ladite Abbaye, son Procureur. Nobles hommes Messire Henry Dalbon, Chevalier, Seigneur de Chazeul, Messire Jean de Gayette, aussi Chevalier Seigneur dudit lieu, Archimbaud Moreau, Ecuyer, Seigneur de la Grange. Aussi furent mandez venir Messires de Listenois, Sénéchal de Bourbonnois, de Charluz & de Cordebœuf, lesquels ne vindrent point, ains s'excusa mondit Sieur le Sénéchal par lettres closes adressées ausdits Commissaires, & au regard des Seigneurs de Charluz & de Cordebœuf, ils comparurent par Procureurs. Aussi se comparurent venerables & discretes personnes Maître Charles Morel, Curé de Vouroux, Messire Jean Clerc, Curé de S. Reverien, Jean Edelin, Curé de Mathefroy, Estienne Mothet, Pierre Moynard, Estienne Saulday, Guilhaume

Guilhaume Parant, Jacques Cornelier, Claude de Villeneuve, Paul de Foncelles, Prestres. Honorables hommes & sages Maître Anthoine Cornelier, Conseiller & auditeur des Comptes de Monseigneur le Duc, Pierre Griffet, Licencié en Loix, Lieutenant general de la Chastellenie de Billy, Claude Bardon, Substitut du Procureur general audit lieu de Varennes, Anthoine Nury, Bachelier en Loix, Substitut du Procureur general en ladite Chastellenie de Billy, Loys de Fonsobert, Lieutenant de la Chastellenie de Vichy, Claude Dinet, Lieutenant dudit Chastelain de Billy au Siege de Varennes, Guilhaume Nury, Bachelier en Loix, Anthoine Griffet, Loys de Gobertieres, Gilbert Delaire, Jean Morel, Gilbert Morel, Guilhaume Burelle, Jean Dinet, George Moynard, Jean Auchard, Henry Molin, Guichard Tizon, Pierre Berray, Loys Bremant, Bonnet Aubert, Jean Viallet, Pierre Morel, Stevenin Cornilier, & Pierre Pastouret, tous Procureurs & Praticiens de ladite Chastellenie & ressort d'icelle, lesquels ont comparu le matin en l'Auditoire de ladite Ville de Varennes, & ausquels a esté fait sçavoir le sujet de nostre Commission, de laquelle lecture à eux faite, &c.

Sur le 2. dient que par Privilege en ladite Ville & Franchise de Varennes, ils ne payent que vingt deniers tournois par livre pour simples lots & trois sols quatre deniers tournois pour le double. Tit. des Fiefs & Censives.

Sur le 8. dirent le contenu en iceluy estre vray, excepté lesdits Moynard & de Villeneuve, qui dient qu'on ne peut oster ne démolir l'ancien bastiment; mais au regard des nouveaux bastimens, on les peut oster & démolir.

Sur le premier, que le temps de quarante jours commence au lignagier pour le retrait du jour de la vente, & au Seigneur censivier, du jour qu'il a sceu la vente. Tit. des retenuës & retraits.

Sur le 3. que la Coutume de la Chastellenie de Billy est, que l'on paye autant de marciage comme de cens: & en la Ville & Franchise de Varennes, par Privilege, on ne prend nuls marciages. Tit. des marciages.

Sur le 2. Donation particuliere ne vaut rien sans bail, & aprehension de possession réelle. Tit. des donations.

Sur le 3, Fontjobert dit qu'insinuation est necessaire, quand la donation excede.

Sur le premier, conseillent la plufpart d'eux qu'on la restraigne & limite, touchant l'exheredation des enfans à la legitime, laquelle on reservera ausdits enfans. Tit. des donations en contracts de mariage, &c.

Sur le 3. dient que la Coutume generalle dudit Pays est que les reservations mentionnées audit article par les donateurs touchant l'hoirie & succession des donataires, vaillent & tiennent pour toute la succession, & non pas seulement pour les choses données.

Sur le 2. conseillent qu'on donne temps de quarante jours, dedans lequel la femme sera tenue de faire ladite renonciation, autrement lesdits quarante jours passés, elle sera reputée comme une parsonniere, & ne sera plus reçeuë à faire ladite renonciation. Tit. des mariages & doüaires.

Le 6. s'entend, tant des heritages patrimoniaux qu'adventifs, excepté ledit de Chazeul, qui dit qu'il n'en sçait rien de ladite Coutume, & ledit Gayette conseille qu'on la restraigne aux patrimoniaux seulement.

Sur le 7. dient que la femme est saisie de son doüaire par la mort de son mary, & le peut prendre par sa main sans venir par action à l'encontre des heritiers de son dit mary, soit doüaire Coutumier ou conventionnel, si le conventionnel est de chose certaine & spécifiée; mais si elle est doüée de rente, comme de vingt ou trente livres de rente, ou autre somme, elle est tenuë de le demander à l'heritier, & venir par action, en ce cas la Coutume ne l'en saisit point.

Idem, pour le chapitre des communautez. Tit. des communautez.

Sur le premier, faisant mention des terres hermes, & vacques, dient que la Coutume generalle dudit Pays de Bourbonnois est telle qu'il est contenu en iceluy, excepté lesdits Fontjobert & Villeneuve, qui dient que le Seigneur ne les peut appliquer à soy, & convertir à autre usage qu'en pasturage. Tit. des Droits Seigneuriaux & de Justice.

Sur le 2. dirent qu'ils ne font qu'une criée, laquelle se fait és Assises qui se tiennent dedans les quarante jours.

Sur le 3. qui parle des charrois, dient que la Coutume est telle qu'elle est écripte audit article, sçavoir est, qu'il est dû trois charrois l'an, à cause de la haute Justice, & doit le Seigneur six deniers par paire de bœufs. Et dient les aucuns des dessus nommez, qu'ils sont tenus de charroyer, tant hors la Chastellenie que dedans & d'un soleil à autre, & les autres dient qu'ils ne sont point tenus de charrier hors, & les aucuns dient que quand on les fait charrier hors, on leur doit trois sols tournois.

Au 4. sur la derniere clause, ledit de Fontjobert dit que si le Prince est Seigneur Justicier d'un des costez de la riviere, que toute la riviere est sienne en Justice, & entendent tous les dessus nommez, que la Coutume mentionnée audit article, s'entend de fleuves navigables seulement.

Le chapitre des droits, que le Seigneur prend sur les bastards, idem. Tit. des droits sur les bastards.

Comme aussi des accenses muables. Tit. des accenses & fermes.

Sur le premier, par Coutume particuliere de ladite Chastellenie de Billy, le demandeur est creu de la prise sans montrer de la diligence, tant dient tous que ladite Coutume particuliere est mauvaise & damnable, pource qu'elle donne matiere aux demandeurs d'eux Tit. des prises de bestes.

parjurer, & suplient & requerent tous qu'elle soit réduite à la Coutume generalle, selon le contenu dudit article.

Sur le 4. & dernier, dient que le Seigneur doit tenir bouchez les prez portans revivre jusques à la saint Martin: anciennement ils n'usoient point de prise de bestes aprés la faulx.

Tit. des successions & tutelles. Sur le 5. faisant mention des successions des pere & mere qui se partent par lits, dient & déposent que par la Coutume generalle dudit Pays, lesdites successions se partent entre les enfans par lits, & non mie par testes, ainsi & par la forme & maniere qu'audit article est contenu.

Sur le 11. dient que la renonciation faite par la fille en son contract de mariage, est tant au profit des filles à marier que des masles, excepté Maître Anthoine Rury & Bourdon, qui dient que la Coutume generalle dudit Pays est telle qu'audit article est contenu.

Sur le 12. faisant mention du droit d'aînesse, dient que la Coutume generalle dudit Pays est telle qu'audit article est contenu, & dient outre que, par le droit d'aînesse, il aura le pourpris dudit Chastel qu'il choisira, lequel pourpris s'entend à l'entour dudit Hostel, selon le vol d'un chapon, excepté ledit Bourdon, qui dit que le pourpris comprend la bassecour seulement.

Sur le 13. conseillent que doresnavant il soit ordonné que la mere soit tenuë prendre les biens par inventaire, & qu'elle soit tenuë de rendre compte si elle convole à secondes nopces.

Tit. des executions & ventes de meubles. Sur le 4. ajoûtent, sinon que le pleige se soit continué pleige & principal payeur, auquel cas le contenu audit article est vray.

Tit. des criées d'heritages. Idem, de ventes d'heritages.

Tit. des prescriptions. Sur le 2. déposent qu'ils n'ont point veu user de ladite Coutume, selon le contenu audit article, tant dient qu'il leur semble raisonnable, & conseillent qu'ainsi soit ordonné, & en tant que touche les journées des laboureurs, & touchant les denrées venduës à menu & détail, ils conseillent qu'ainsi soit ordonné jusqu'à la somme de deux sols six deniers, & non plus.

Tit. des asseuremens. Sur le premier, dient que l'asseurement comprend seulement ceux qui sont en la puissance, comme femme & enfans, & ne comprend point les serviteurs, excepté lesdits Burelle, Parsevault, Villeneuve & de Foncelles, qui dient que par la Coutume les serviteurs y sont compris, tout ainsi & par la forme & maniere qu'il est contenu audit article.

Sur le 4. dient & déposent tous, excepté les gens d'Eglise, que la Coutume generalle dudit Pays est telle qu'est contenuë audit article, & au regard des gens d'Eglise, ils dient qu'ils ne sçavent rien de ladite Coutume.

Tit. des tailles réelles. Touchant le 3. de l'alienation des taillables, dient que la Coutume generalle dudit Pays est telle qu'il est contenu audit article, excepté qu'ils dient qu'il est requis que le Juge declare la chose venduë estre commise avant que le Seigneur s'en puisse dire saisi.

Sur le 4. la Coutume generalle est telle, sous & selon les modifications contenuës & par eux déposées sur le precedent article.

Sur le 8. faisant mention des charrois, déposent lesdits Gayette, de Chazeul, Griffet, Anthoine Nury & Bourdon, que la Coutume generalle dudit Pays est telle qu'il est contenu audit article, sous & selon les modifications par eux déposées sur le troisiéme article des droits Seigneuriaux & de Justice, & tous les autres dient qu'ils ne sçavent rien de la Coutume mentionnée audit article.

Tit. des tailles personnelles. Touchant les tailles personnelles, tant franches que serfves, dient qu'ils n'en sçavent rien, & qu'en ladite Chastellenie de Billy, n'y en a point.

Tit. des assietes. Tant coutumiere que d'entre amys, que de rendable, dient que la Coutume generalle dudit Pays est telle qu'il est contenu audit chapitre, & outre, dient que le couchon se prend en assiete coutumiere pour quinze deniers.

Tit. des taxes & amendes. Par Coutume particuliere en ladite Chastellenie de Billy, les hommes de Monseigneur le Duc ne payent que trois sols tournois pour amende.

Tit. des dixmes. Dient qu'ils ne sçavent point de Coutume, excepté lesdits de Gayette, Anthoine Nury, Guilhaume Nury, & Gobertieres, qui dirent que depuis vingt ans en ça, ils ont veu user, tenir & garder, que aux dixmeries inféodées, les novalles ne sont aux Curez que les trois premieres années, & aprés ils sont réputez dixmes anciens, & appartiennent aux Seigneurs desdites dixmeries.

Tit. des marciages. Le 15. Aoust 1493. les cy-dessus nommez ont dit & déposé que les Coutumes du Pays de Bourbonnois sont telles qu'il est contenu en la presente Enquête, horsmis & excepté qu'ils dient sur le quatriéme article du chapitre des Marciages, qu'ils entendent que Marciage n'est point dû, si n'est par la mort du Seigneur censivier ou du tenancier, & non autrement, & sur le dernier article dudit chapitre dient, que l'Eglise ne prend nul Marciage, soit par mort du Prelat, ou du tenancier: dient aussi sur le huitiéme article des censives, qu'ils entendent qu'on ne puis démolir les anciens bâtimens des tenemens tenus à cens; mais au regard des nouveaux bâtimens qu'on y auroit faits, ils se peuvent oster sans le congé du Seigneur, & entendent que Monseigneur le Duc ne prend nuls Marciages de son patrimoine; & au regard

Tit. des Fiefs & Censives.

des charrois dûs par les taillabliers declarez au huitiéme article des tailles réelles, ils entendent quand il y a demourance de feu & de lieu dedans le taillable, & ont tous signé, fors A. Moreau & Gayette. Tit. des tailles réelles.

BOURBON.

Furent mandez nobles hommes Gilbert Danlezy, Ecuyer, Seigneur du Plessis & Desvevres, Jean de la Garde, Ecuyer, Seigneur de la Chapelle. Honorables hommes & sages Maîtres Jean Vialet, Licencié és Loix, Lieutenant general de ladite Chastellenie de Bourbon, Loys Raquet, Licencié en Loix, Procureur Substitut en ladite Chastellenie, Jean Bachelier, Licencié en Loix, Bailly des Terres du Seigneur de Chaumon, Simon de la Pommerée, Licencié és Loix, Lieutenant general de la Cour des Eaux & Forests de Bourbon, Gilbert Raquet, Licencié en Loix, Chastelain de Montaigu en Combraille, Anthoine de Labre, Licencié en Loix, Guilhaume Bachelier, Licencié en Loix, François des Fougieres, Bachelier en Loix, Avocats en la Cour de la Senéchaussée de Bourbonnois, Chastelains dudit Bourbon & ressort d'icelle, Loüis Vigier, Martin Brachot, Loys Resmond, Guilhaume Macheron, Toussaint Macheron, Gilbert des Salles, Gilbert Marquat, Jean Brachot, Gilbert Goujon, Guilhaume Jarriel & Mathelin Proüet, Notaires, Procureurs & Praticiens en ladite Chastellenie; & aprés leur avoir exposé le fait de leur commission, & autres formalitez comme dessus, ont procedé comme s'ensuit. 13. Avril 1494.

Sur le 8. faisant mention des meliorations & empiremens d'heritages tenus à cens, dient & déposent lesdits Vialet, Bachelier & Raquet, que la Coutume generalle dudit Pays est telle qu'audit article est contenu, & les autres dessus nommez dient que la Coutume s'entend au taillable seulement, touchant la démolition des bastimens. Tit. des Fiefs & Censives.

Sur le 4. dient estre raisonnable chose, qu'on ordonne que toutefois & quantes que les entrages excederont la valeur du cens, que retenuë ait lieu. Tit. des retenuës & retraits.

Sur le 5. ledit Bachelier dit que, par la Coutume dudit Pays, les quarante jours de retrait ou retenuë commencent au remeré finy.

Est en tout suivy & observé en ladite Chastellenie. Tit. des donations.

Sur le premier, ledit Bachelier dit qu'il a veu des anciens Praticiens dudit Pays qui ont esté de diverses opinions touchant l'exheredation des enfans, & dit le Bachelier, qu'il y a plus de raison que ladite exheredation soit excluse que comprise en ladite Coutume, & est d'opinion qu'ainsi se doit faire. Tit. des donations en contract de mariage.

Est en tout observé en ladite Chastellenie. Tit. des mariages & doüaires.

Idem, du titre des communautez, des droits seigneuriaux & de Justice, des droits que le Seigneur prend sur les bastards & aubains, & des prises de bestes. Tit. des communautez.

Sur le 5. que par la Coutume generalle dudit Pays, les successions des pere & mere se partent entre les enfans par lits, & non mie par testes, comme il est contenu audit article. Tit. des successions & tutelles.

Sur le 7. faisant mention des filles mariées & appanées, dient & déposent que la Coutume generalle dudit Pays est telle qu'il est contenu audit article, excepté ledit Loys Vigier, qui dit qu'il y a par opinion d'aucuns anciens Praticiens, que le frere n'est point compris en ladite Coutume, lesdits Bachelier & Macheron le dient aussi, & sont de cette opinion, combien qu'ils dient & déposent que ladite Coutume est écripte aux anciens Coutumiers, ainsi qu'il est contenu audit article.

Sur le 10. le contenu en iceluy est vray, touchant la condamnation à mort, & touchant le bannissement, il y faut declaration de confiscation.

Sur le 2. lesdits Bachelier & autres, dient que ladite Coutume est contre droit, & qu'on la devroit limiter qu'elle eût lieu seulement à faute de meubles. Tit. des executions & ventes de meubles.

Sur le 3. lesdits Vialet & de Labre dient qu'ils n'en sçavent point de Coutume, bien dit ledit de Labre qu'il en a veu ainsi user en Bourbonnois.

Sur le 7. que telle est la Coutume generalle, & on la tient à Molins, & leur semble bien raisonnable, mêmement quand les Marchands sont bien famez, & de bonne renommée.

Ledit chapitre, au fait des peremptoires & subhastations, est suivy & executé. Tit. des ventes d'heritages.

Sur le 2. faisant mention de journées de laboureurs & de denrées venduës à menu & en détail, dient & déposent qu'ils n'en sçavent point de Coutume au Pays, selon le contenu audit article : & en usent au contraire en la Chastellenie de Bourbon, bien sont tous d'opinion que l'article est raisonnable, & que ce seroit le profit du Pays que ladite Coutume eût lieu, & au regard desdits Bachelier & Raquet, ils dient que la Coutume est telle qu'elle est contenuë audit article. Tit. des prescriptions.

Sur le premier, que la Coutume generalle est telle qu'il est contenu audit article, en tant que touche la femme & les enfans, & au regard des serviteurs, ils dient qu'ils n'y sont point compris par ladite Coutume, sinon que le Seigneur ait esté present, ou qu'il ait sçeu que le serviteur vouloit faire outrage, & qu'il ne l'ait prohibé ou deffendu. Tit. des asseuremens.

Touchant le chapitre des tailles, tant réelles que personnelles, dient qu'ils n'en ont point en leur Chastellenie, & n'en sçavent point les Coutumes, excepté ledit Bachelier, la déposition duquel est écripte & enregistrée en la Chastellenie dudit Molins. Tit. des tailles réelles & personnelles.

LA BRUYERE.

14. Juin 1494. Furent mandez honorables hommes & sages Maistres Jean Chaverot, Licencié és Loix, Lieutenant general en ladite Chastellenie, Philibert Bessonat, aussi Licencié és Loix, Procureur Substitut en icelle Chastellenie, Jean Pailhoux, Licencié en Loix, Phelippe Chocard, Bachelier en Loix, & Guilhaume Bessonnat, aussi Licencié en Loix, tous Avocats & Praticiens en la Cour de la Senéchaussée de Bourbonnois, & Chastellenie de la Bruyere, ausquels ayant esté fait sçavoir le fait de ladite commission & lecture d'icelle, d'eux pris le serment, comme en tel cas appartient, a esté procedé comme s'ensuit.

Tit. des Fiefs & censives. Idem, & comme il est contenu en ladite Coutume.

Tit. des retraits & retenues. Idem, des retraits & retenuës.

Tit. des donations. Sur le premier, la Coutume generalle est telle, sinon que ladite donation universelle fût faite en contract de mariage, auquel cas elle vaudroit sans aprehension de bail de possession.

Tit. des donations en contract de mariage. Idem, de l'article quatriéme.

Idem.

Tit. des Mariages & doüaires. Idem, de l'article 2. & conseillent qu'on limite temps de quarante jours, dedans lequel ladite femme sera tenuë de déclarer si elle se porte parsonniere ou non.

Sur le 6. faisant mention du doüaire, dient que la Coutume generalle dudit Pays est telle, en tant que touche les heritages patrimoniaux du mary à luy advenus en droite ligne; mais les heritages advenus audit mary par succession collateralle, & autrement que par succession en droite ligne ne sont pour compris audit doüaire.

Tit. des communautez. Sur le 4. tant dient que si le mary bastit dans l'heritage de la femme, que les heritiers dudit mary n'auront point de récompense ne remboursement dudit bastiment, car en ce cas il est reputé estre donné par le mary à la femme: mais si le mary bastit en son heritage, la femme sera recompensée.

Tit. Des Droits Seigneuriaux & de Justice. Sur le 3. la Coutume generalle est telle qu'il est contenu audit article, excepté qu'ils dient qu'ils ne sont tenus charrier hors de la Chastellenie.

Tit. des droits sur les bastards. Idem, des droits que le seigneur prend sur les bastards & aubains.

Tit. des prises de bestes. Idem, des prises de bestes.

Tit. des successions & tutelles. Sur le 7. ledit article est veritable, & dient quand la fille est mariée par le pere ou par la mere; mais quand elle est mariée par le frere, ils dient que ladite fille peut estre relevée s'il y a deception.

Sur le 9. faisant mention des biens confisquez, dient que la Coutume generalle dudit Pays est telle qu'est contenu audit article, combien que ledit Gardet dit qu'il a veu un Arrest du Parlement de Paris à l'encontre d'un quidam qui avoit baillé la maison de Guiot Penier, de Bourbon, par lequel Arrest la Cour déclara qu'avant que le Seigneur prenne les biens par confiscation, que satisfaction seroit faite sur iceux audit Penier, interessé.

Sur le 11. vray, s'il n'y a point de fille à marier; mais s'il y a fille à marier, la renonciation faite par la fille mariée & appanée, est autant au prouffit de ladite fille ou filles à marier que du masle.

Sur le 12. faisant mention du droit d'aînesse, dient que la Coutume generalle dudit Pays est telle qu'il est contenu audit article, & dient outre, qu'il aura l'Hostel qu'il voudra choisir avecques le pourpris, & entendent pour le pourpris, selon le vol d'un chapon, pour lequel vol de chapon ils dient que communément se prend la bassecour, foussé & jardin, excepté ledit Gardet qui dit que le droit d'aînesse se prend seulement sur l'Hostel ou Hostels paternels.

Tit. des executions & ventes de meubles. Sur le 5. faisant mention que meuble n'a point de suite, dient que la Coutume est generalle, tellement que si le debteur durant le temps de son debte vend ou aliene quelque chose mobiliaire, que le creancier ne pourroit icelle suivre, ne en icelle prétendre, ny clamer droit d'hypoteque, posé ores que ledit debteur ait obligé en general tous ses biens, meubles & immeubles; ains demourera ladite chose ainsi venduë, baillée ou transportée, à celuy à qui elle aura esté baillée.

Tit. des criées, prescriptions & asseuremens. Idem, pour les chapitres des ventes d'heritages, prescriptions & asseuremens.

Tit. des tailles réelles & personnelles. Touchant les tailles, tant réelles que personnelles, franches & serfves, dient qu'ils ne sçavent point quelles sont les Coutumes gardées & observées sur icelles, & s'en rapportent à ce qui s'en trouvera pour les quatre Chastellenies serfves.

Tit. des assietes. La Coutume generalle est telle, & en la forme & maniere dudit chapitre, excepté qu'ils dient que le tonneau de vin en assiete coutumiere vaut & se prend pour trente sols tournois de rente, & és assietes d'entre amys, & de rente rendable à l'équipolent.

Tit. des tauxes d'amendes. Idem, pour le chapitre des tauxes & amendes.

MOLINS.

Maistre Gilbert de Bauquaire, l'un desdits Commissaires, estant décedé, fut par Monseigneur le Duc surogué en son lieu R. P. Maistre Jean Labize, Protonotaire du S. Siege Apostolique, pour

pour besogner & vacquer au parachevement de la charge & légation touchant le fait desdites Coutumes, comme apert par les Lettres Patentes de mondit Seigneur le Duc, desquelles la teneur s'ensuit.

Pierre Duc de Bourbonnois & d'Auvergne, Comte de Clermont, Fourest, de la Marche & de Gyen, Vicomte de Carlat & Murat, Seigneur de Beaujollois, d'Annonay & de Bourbon l'ancien, pair & Chambrier de France, à nostre amé & feal Jean Labize, Protonotaire du S. Siege Apostolique, Chancelier de Langres, Salut & Benediction : Comme dés pieça pour le bien & entretenement de la Justice de nostred. Duché de Bourbonnois, & soulagement de nos Sujets, vous ayons ordonné que toutes les Coutumes, tant generalles, particulieres que locales, Usances & Stiles de toutes les Chastellenies de nostred. Duché de Bourbonnois, seroient mises & redigées par écript, & pour ce faire, ordonnâmes nos amez & feaux le Seigneur de S. Geran, Charles Soreau, nostre Conseiller & Chambellan, Maistres Gilbert de Beauquaire, Prieur Commendataire de S. Libardin, Pierre Bertrand, & Jean Donet, Lieutenant & Procureur generaux de nostredit Duché de Bourbonnois, & depuis n'a gueres avons été avertis, que ledit Prieur de S. Libardin est allé de vie à trépas, au moyen de quoy les choses dessusdites & autres plus à plain contenues en nosdites Lettres d'ordonnance pourroient demourer assoupies & inexecutées, si par vous n'estoit sur ce donné prompte provision : Sçavoir vous faisons que nous desirans nostredite Ordonnance & le contenu en icelle, sortir son plain & entier effet, confiant entierement en vos sens, science, loyauté, lecture, prud'homie, & bonne diligence.

Pour ces causes, & autres à ce nous mouvans, vous avons commis, ordonné & député, commettons, ordonnons & députons par ces présentes pour estre & assister avec les dessusdits au lieu dudit feu Prieur de S. Libardin, & avec eux besogner sur le fait de nostredite ordonnance, tout ainsi & par la forme & maniere que faisoit, & eust pu faire ledit prieur de S. Libardin n'eût esté son trépas, & qu'il est plus à plain déclaré en certaines autres Lettres de Commission par nous sur ce octroyées aux dessus nommez : de ce faire vous donnons plain pouvoir, autorité, commission & mandement special, mandons & commandons à tous nos Justiciers, Officiers, & Sujets, que à vous en ce faisant, soit obéi, car tel est notre plaisir. Donné en nostre Chastel de Molins le huitieme jour de Septembre, l'an de grace 1494. Et au marge desdites Lettres est écript, *par Monseigneur le Duc, les Sieurs Descarts, Desbordes, d'Aigremont, & autres presens, & signé*, *D E B A U D I M O N T.*

Nous Commissaires dessus nommez en la compagnie dudit Maistre Jean Labize nous fusmes transporté en la Ville de Molins, & en l'Auditoire d'icelle Ville, & illec se sont comparus pardevant nous R. P. en Dieu Monsieur l'Abbé de Septfons, par Frere N. de la Vallée, son Procureur, avec lettres que ledit Abbé nous a écriptes, contenant son excusation pourquoy il n'estoit pû venir en personne; Monsieur le Prieur de Souvigny par Jean Belon, & portant lettres d'excusation de sa comparoissance personnelle, Maistres Jean de Villeneuve, Chanoine & Official de Molins, Thomas Gontart, aussi Chanoine de Molins, Pierre Charbonnier, Curé de Trezeil, le Seigneur de Jaligny, pour lequel est comparu Mathieu Joindre, son Procureur, Jean Brescard, Ecuyer, Seigneur de Villard, le Seigneur de Champesgue, Jean de Pierrepont, Seigneur de la Grange & de Balenne, par Gilbert Filloux, son Procureur, Jean Cordier, Seigneur de Valiere & Chastelain de Molins. Et honorables hommes & sages Maistres Jean Cordier, Elû de Bourbonnois, Jehan Cordier, Avocat Fiscal, Jehan de Chamelot, Procureur du Domaine, Geoffroy le Tailleur, Seigneur du Tonnin, Jehan Bachelier, Bailly de Cherenton, Jean Billonnat, Lieutenant du Chastelain de Molins, Jehan Gayot, Substitut du Procureur general en ladite Chastellenie, Claude Gon, Controlleur du grenier à sel, Jehan Guieton, Geoffroy Penier, Anthoine de la Ville, Jehan de Lye, Pierre Févre, Lienard Ramyer, Remy Guilloüet, Michel de Chamelet, Jehan Auverjat, Charles Cotterouge, Anthoine de Fontjobert, Anthoine Sanglier, tous Licenciez en Loix, Avocats & Procureurs en la Senéchaussée de Bourbonnois & Chastellenie de Molins, Guilhaume Guionnet, Jean Bergier, Jean Alamarion, Jean Billonat, l'aîné, Pierre Babel, Guy Faucheur, Jean Guerin, Barthomier Bonnet, Pierre des Granges, Archimbaud Guionnet, Guilhaume de Lustieres, Nicolas Garnier, Michel Bonnetat, Guilhaume Bouciquaud, Michel Barraveau, Procureurs en la Cour Laye & Praticiens en ladite Senéchaussée de Bourbonnois & Chastellenie de Molins, Jean Duchat, Jean Cordier, Charlot du Moutier, Jean Guyon, Bourgeois de ladite Ville, Maistre Henry Michelle, Geoffroy Milles, Lieutenant & Procureur, Substitut de Souvigny, Jean Obeil, Licencié en Loix, Lieutenant de Chaveroche, Maistre Jean Taillandier, & Philippes Barchy, Licenciez en Loix, Lieutenant & Substitut de Belleperche, Gilbert Silloux, & Jean Lasnier, Avocats & Praticiens en ladite Senéchaussée de Bourbonnois; semblablement fait appeller & mander venir pardevers nous Messire Charles Popillon, Chevalier, President des Comptes de mondit Seigneur le Duc, Maistre Gabriel de la Goutte, Lieutenant du Domaine, Odard Bellossier, Jean Daiguet, Anthoine Cornelier, Pierre Mostet, Auditeur des Comptes, lesquels ne se sont point comparus, & aprés qu'aux dessusdits comparans, nous avons fait lecture & ostencion de nostre Commission & Pouvoir, & que leur avons exposé le fait de nostre Commission, Charge &

24. Novembre 1494.

Legation, nous iceux avons fait jurer, c'est-à-sçavoir les Gens d'Eglise par leurs saints Ordres, & les Nobles, Avocats, Praticiens & Bourgeois aux saints Evangiles de Dieu, de dire & déposer verité sur & touchant le fait desdites Coutumes, Usances & Stiles desdits Pays & Duché; ensemble de la maniere d'icelles pratiquer, & comment ils en usent, & en ont par ci-devant usé, & pour en estre plus accertenez & advertis, nous leur avons enjoint apporter pardevers nous leurs livres & registres desdites Coutumes, s'aucuns en avoient, tous les jours & aux heures que nous vacquerons à l'examen d'iceux sur le fait desdites Coutumes, ce fait & l'aprés dîné dudit jour nous avons procedé à iceux examen, tant en general qu'en particulier, sur le fait desdites Coutumes, lesquels ont dit & déposé en la presence les uns des autres en la maniere que s'ensuit.

Tit. des Fiefs & censives. Sur le premier article, que la Coutume generalle est telle & la tiennent, excepté lesdits Avocats Cordier, Chastelain de Molins & Jourdre, qui dient que qui charge le chef Fief, il y a commise de la surcharge mise & imposée sans le congé & consentement du Seigneur, si elle n'est déchargée dedans l'an aprés que ledit Seigneur auroit requis ladite surcharge estre ostée.

Tit. des retenuës & retraits. Sur le premier, dient que la science & les quarante jours de ladite retenuë se prennent & commencent quand ladite vente est sçeüe par les circonvoisins: dient outre les aucuns, que par privilege en ladite Ville & Franchise de Molins, il y a an & jour pour faire ladite retenuë & retrait.

Sur le 4. dient quand ledit cens & rente porte directe Seigneurie, anciennement il y a retenuë, excepté lesdits Bachelier, Chamelet, l'aîné, Cordier, Bonnet, Chastelain, & Billonat, l'aîné, qui dient que si les entrages excedent le cens, il y a retenuë & retrait.

Sur le 5. faisant mention de vente à remeré, que la Coutume generalle dudit Pays est telle, excepté ledit Bachelier, qui dit que les quarante jours de la retenuë ou retrait commencent au remeré finy.

Tit. des marciages. Sur le 5. dient & déposent qu'ils n'en sçavent point de Coutume, excepté lesdits Chamelet, l'aîné, Bergier, Bonnet, Guerin & Faucheur, qui dient que l'Eglise ne prend point de Marciages, Bachelier, Martray & la Ville, dient qu'elle marcie par la mort du tenancier seulement; Maistre Martin Rolland dit que l'Eglise ne prend point de Marciage des choses amorties, mais des choses non amorties elle prend Marciage.

Tit. des donations. Le dernier s'entend des donations particulieres.

Tit. des donations en contract de mariage. Sur le premier, que la Coutume generalle est telle, excepté lesdits Chamelet, l'aîné, & Perinne, qui dient touchant l'exheredation des enfans, qu'il s'entend jusques à la quarte, & lesdits Bachelier & Billonat dient que ladite Coutume s'entend jusques à l'exheredation des enfans, exclusivement.

Sur le 3. la Coutume generalle est telle, qu'au contenu dudit article, excepté lesdits Bachelier & Billonat, Martray, Gayet & Dumoustier, qui dient que le pere & la mere se peuvent reserver la succession de leur fille integralement, mêmement pour les estocs, & conseillent qu'ainsi soit ordonné & introduit par la Coutume.

Sur le dernier, Bachelier dit que ladite Coutume ne s'entend point en donation.

Tit. des mariages & doüaires. Sur le premier, la femme s'en peut dire saisie.

Sur le 2. conseillent tous qu'il soit préfix temps de faire ladite renonciation, qui soit de quarante jours.

Sur le 6. ledit Billonat, Fauvre & Fontjobert, dient que le doüaire se prend sur tous les heritages desquels le mary meurt saisi & vestu, en quelque maniere qu'ils soient venus audit mary.

Sur le 7. Ledit Billonat dit que du doüaire conventionnel, comme de certain heritage ou chevance, la femme est saisie comme du Coutumier.

Sur le 8. faisant mention des reparations du doüaire, dient que la Coutume dudit Pays est telle qu'est contenu audit article, tant dient qu'il s'entend des petites reparations, comme de couverture, & autres menuës reparations necessaires.

Tit. des communautez. Sur le 6. faisant mention des fruits pendans, dient que par ladite Coutume, le fruit des vignes est reputé meubles, & fruits pendans aprés la taille, & touchant les bleds, ils sont reputez meubles aprés la semence, & touchant les bois revenans, ils seront estimez pour la valeur de l'année que le partage se fera, & dient outre que les foins & fruits naturels sont reputez meubles aprés la Nostre-Dame de Mars.

Tit. des droits Seigneuriaux & de Justice. Sur le premier, le Tailleur dit qu'il n'en sçait point de Coutume, tant dit que les Ordonnances Royaux le portent.

Sur le 2. Chamelet, le jeune, dit que le Seigneur Justicier n'est tenu de garder l'espave que vingt-quatre jours, toutefois il conseille qu'il soit fait & ordonné, selon le contenu audit article.

Sur le 4. Chamelet dit que les lais d'allier sont à Monseigneur le Duc.

Sur le dernier, dient quand le Seigneur riere qui le délict est fait, fait poursuite de prendre le criminel incontinent & sans divertir à autres actes, auquel cas de poursuite, il doit avoir la connoissance dudit criminel.

Idem, pour le chapitre touchant les droits que le Seigneur prend sur les bastards. Tit. des droits sur les bastards.

Touchant les accenses desdites Fermes, dient que le contenu és deux articles dudit chapitre est raisonnable, & leur semble que aussi en use-t-on és bailles des Fermes de Monseigneur le Duc, qui se font à la Chambre des Comptes, & autrement n'en sçavent point de Coutume, n'y l'ont point veu écript en leurs Coutumiers, & ne sçavent si c'est par Ordonnance faite par mondit Seigneur. Tit. des accenses & fermes.

Sur le 2. faisant mention des bestes prises en garenne, que la Coutume est telle, sauf & reservé qu'ils dient qu'on n'est point tenu de montrer de la prise que par la renduë des bestes faite à Justice, lesdits Bachelier, Balard, Gon, Guilloüet, Rolland & Guerin, qui dient que le demandeur est tenu de montrer & prouver la prise autrement que par la renduë. Tit. des prises de bestes.

Sur le 3. idem, que du contenu de iceluy sous la qualité qu'ils ont déposé, touchant le fait en la garenne en l'article prochain précedent.

Idem, sur le 4. excepté qu'ils dient que touchant les clodis & prez portant revivre, les Seigneurs les doivent tenir bouchez, & dient aussi que par la Coutume dudit Pays, les prez & heritages estans sur les grands chemins reaux & à l'issuë des Villages, ou prés des bonnes Villes, doivent estre clos & bouchez, autrement les Seigneurs ne peuvent user de prises de bestes, sinon qu'on les y eût mises tout expressement, & de garde faite.

Sur le premier, que la Coutume generalle est telle, & entendent les trois parts estre franchement à l'heritier, en tant que touche les funerailles & legs seulement, & non pas en temps que touche les debtes, ne autres charges. Tit. des successions & tutelles.

Sur le 7. faisant mention de fille mariée & appanée, que la Coutume est telle, & en use-t-on communément, excepté lesdits Bachelier & Fauvre, qui dient que le frere n'est point compris en ladite Coutume.

Sur le 10. lesdits Bachelier, Gayet, Billonat, le jeune, Fauvre & Fontjobert, qui dient qu'en banissement, il faut déclaration de confiscation.

Sur le 12. entendent pour le pourpris ce qui est compris dans le fossé, & s'il n'y a fossé, il s'entend l'aisance de l'Hostel avec le jardin.

Sur le 13. conseillent que la mere soit tenuë prendre les biens par inventaire, & rendre compte *de dolosè gestis*.

Sur le premier, & ainsi en usent en la Chastellenie de Molins. Tit. des executions & ventes de biens.

Sur le 2. la Coutume generalle est telle, toutefois il semble à plusieurs que ladite Coutume est contre raison, & mêmement que le second debteur est contraint de jurer qu'il doit, & qu'on la devroit limiter qu'elle eût lieu à deffaut de meubles du principal debteur, & les autres dient & sont d'opinion, qu'elle doit demourer en ses termes, & selon qu'il est contenu audit article, car elle est introduite en faveur des créanciers.

Sur le 4. faisant mention du debteur & pleige, dient que la Coutume generalle dudit Pays est telle, excepté lesdits de la Ville, Fauchier & Guilloüet, qui dient que touchant les fidejusseurs & pleiges, ils en ont toujours veu faire contradiction.

Sur le 5. faisant mention que meuble n'a point de suite, dient que la Coutume generalle dudit Pays est telle, qu'il est contenu audit article, & dient qu'il faut déplacer lesdits meubles, excepté Billonat, le jeune, & la Ville, qui dient que aux choses qui sont legeres à déplacer, comme un cheval, un lit, & autres telles choses, ils dient comme les dessusdits, c'est-à-sçavoir qu'il faut déplacer; mais aux choses qui sont difficiles à déplacer il suffit de les faire prendre, & mettre en main de Justice.

Sur le 6. qui est de la compensation, ainsi en use-t-on en toutes les Cours Layes dudit Pays.

Idem, pour les ventes d'heritages. Tit. des criées.

Sur le premier article, dient que la Coutume generalle dudit Pays est telle qu'il est contenu audit article, excepté ledit Chamelet, l'aîné, qui dit que ladite Coutume n'a pas de lieu contre le fisque, & dient tous que prescription ne court point, ne n'a point de lieu, contre les furieux & pupilles. Tit. des prescriptions.

Sur le 2. que la Coutume dudit Pays est telle qu'elle est audit article, & dient qu'elle a semblablement lieu en action d'injures & prises de bestes, comme en journées de laboureurs, & que l'an passé on n'en peut faire action, & outre, conseillent les aucuns d'eux qu'on introduise semblablement ladite Coutume, touchant les salaires des serviteurs, ou que on les limite le terme de trois ans.

Idem, pour le terme des asseuremens. Tit. des asseuremens.

Sur le 3. dient que la Coutume generalle dudit Pays est telle qu'il est contenu audit article, & dient que le Seigneur s'en peut dire saisi dedans l'an, lequel commence au temps qu'il a sçeu ladite vente. Tit. des tailles réelles.

Sur le 8. faisant mention des charrois, dient que la Coutume generalle dudit Pays est telle qu'il est contenu audit article, pourveu toutefois que le lieu, feu & tenement, soit prouvé à taille, car si un homme ne portoit qu'une certaine piece ou pieces de terre, ou autre piece, & qu'il n'y eût point de feu, il ne doit point lesdits charrois ne corvées, & ledit Guyonnet dit que ladite Coutume s'entend de ceux qui doivent taille au mois d'Aoust,

& non d'autres, & que ceux qui doivent à autre terme, comme à la saint Michel, Noël, Pasques, où autres termes, que dudit mois d'Aoust, ne doivent charrois ni corvées; dient outre, & déposent tous que par la Coutume generalle dudit Pays, trois charrois l'an sont dûs au Seigneur haut Justicier, ou trois corvées, tout ainsi & par la forme & maniere qui est cy-dessus contenuë au troisiéme article du chapitre des Droits Seigneuriaux, excepté ledit Guyonnet qui dit que le charrois se doit faire dedans la Justice seulement.

Sur le 9. dient que ladite Coutume s'entend quand la taille est deuë au mois d'Aoust, & au regard de celles qui sont deuës à autres termes, ils ne tiercent ni ne doublent.

Tit. des tailles personnelles. Sur le premier, que la Coutume est generalle, & telle est écripte aux anciens Coutumiers, mais ils ne l'ont point pratiquée, pource que lesdites tailles sont aux quatre Chastellenies serfves, & n'y en a point en la Chastellenie de Molins.

Sur le 3. faisant mention des charrois, dient qu'ils n'en sçavent rien, fors ce que dessus ont déposé au chapitre des tailles réelles sur le huitiéme article, tant dient la pluspart d'eux, qu'ils ont veu ladite Coutume écripte aux anciens Coutumiers.

Sur les 4. 5. 6. 7. & 8. iceux à eux lus de mot à mot, dient & déposent que lesdites Coutumes sont aussi écriptes en leurs Coutumiers; & ainsi les tiennent, tant dient qu'ils ne les virent jamais pratiquer.

Sur le 9. n'en sçavent rien, & s'en rapportent à ce qui s'en trouve par les quatre Chastellenies serfves.

Idem, des autres jusques au dix-sept.

Sur le 17. par la Coutume dudit Pays (dit en outre ledit Chamelet, l'aîné) toutes tailles personnelles franches ou serfves sont doublans une année, & autre non.

Sur les autres dudit chapitre, ladite Coutume est ainsi écripte aux anciens Coutumiers, mais ne l'ont point pratiquée.

Tit. des assietes. Touchant le chapitre des assietes, tant coutumieres que d'entre amys & rente rendable, dient que la Coutume generalle est telle qu'il est contenu en iceluy, excepté que ledit Chamelet, l'aîné, Auverjat, Penier, Billonat, le jeune, Bachelier, Gayet, Delye, Costerouge, Bergier & Guerin, qui dient que le tonneau de vin vaut & se prend en assiete coutumiere pour trente sols, & Chamelet, le jeune, qu'en foible terroir il vaut vingt-cinq sols, & en fort terroir il vaut trente sols, & touchant les pois, dient qu'il leur semble qu'on les doit mettre en ladite assiete pour sept sols le sextier, excepté Bachelier qui dit qu'ils se doivent mettre pour huit sols, comme le froment; & touchant le millet dient tous qu'il se doit prendre pour six sols, comme le seigle, aussi dient tous touchant le foin, qu'il s'entend la charretée de foin estant en herbe.

Dient aussi lesdits Chamelet, l'aîné, Bergier & Guerin, que livre de chandelle en assiete se prend pour quatre deniers, & les autres dient tous qu'ils n'en tiennent rien par Coutume.

Touchant l'arpent de bois, Chamelet & Guyonnet dient que l'arpent contient quarante toises de bois en carreure, bien dient par opinion qu'il contient vingt toises de long & vingt-trois de large.

Touchant la pesche d'étang, Bachelier dit que de trois pesches, la meilleure sera prise pour rente en assiete coutumiere.

Touchant les deniers de rente, qui ne tiercent & ne doublent, dient tous, comme il est contenu audit article, excepté ledit Chamelet, l'aîné, Canvier & Billonat, qui dient que les deniers de cens se prennent pour ce qu'ils vallent en assiete coutumiere, comme deniers de taille doublant, & dient lesdits de Chamelet, l'aîné, Martray & Canvier, qu'en ladite assiete coutumiere, il faut asseoir les deux tiers en bled, & le tiers en argent, & les autres dient tous qu'il n'est point requis par ladite Coutume.

Idem, pour le premier.

Tit. des taxes d'amendes. Pour le 2. le contenu audit article est vray, excepté lesdits le Tailleur & la Ville, qui dient qu'il n'y a que sept sols en la définitive, s'il n'y a eu enqueste & preuve faite.

Sur le 3. Idem, & dient que semblablement en matiere d'assignation, quand il y a saisissement de biens pour avoir payement d'arrerages, & aussi en main enfrainte, il y a soixante sols d'amende.

Sur le dernier, dient que la Coutume dudit Pays est telle qu'elle est audit article, aux Jurisdictions de Monseigneur le Duc, mais les vassaux taxent les leurs.

Tit. des dixmes. Touchant les dixmes, dient qu'ils ne sçavent point de Coutume en la Chastellenie de Molins, du contenu des deux articles dudit chapitre.

Et dient tous les dessusdits, que les choses par eux dites & déposées sont vrayes, & que telles sont les Coutumes du Pays, qu'ils ont dit & déposé, & le sçavent, car ainsi l'ont ouy dire & maintenir aux anciens Praticiens dudit Pays, icelles ont veu alleguer & pratiquer en Jugement, & dehors, & en ont donné plusieurs fois leurs opinions & conseils, & les ont ainsi veu écriptes en vieils papiers & registres, & les ont plusieurs fois déposées pardevant des Seigneurs en Parlement, & autres Commissaires en Turbes, & autrement.

GERMIGNY.

GERMIGNY.

Lesdits Commissaires, par vertu desdites Lettres de commission, contenant leur pouvoir, s'estans transportez en la Ville de Germigny pour besogner au fait desdites Coutumes, se sont comparus R. P. en Dieu Monsieur l'Abbé de Fontmorigny, Bertrand Griveau, Seigneur de Grossesouvre, Geoffroy de Fontenay, Ecuyer, Seigneur de Bonnebuche; les Seigneurs de Montuerin, de la Vauvrilhe, de Chasteau Regnault, de la Chardonniere, des Nonettes, de la Maison Fort, de la Lande, de Bournet, Ecuyers, comparans en personnes, Jean de Murat, Ecuyer, Sieur de Pouzy & des Bordes, le Seigneur de Fontenay, par Estienne Beraud, son Procureur, le Seigneur de la Queulhe, par Maistre Pierre Byat, son Procureur & Chastelain, le Seigneur de Baugy, par Estienne Lolin, son Procureur, le Seigneur de Chezelles, par Jacques Josseaulme, son Procureur. Honorables hommes & sages Guilhaume Gascoin, Lieutenant du Chastelain de Germigny, Jean Mathé, le jeune, Substitut du Procureur, Monsieur, en ladite Chastellenie, Maistre Lobyat, Bachelier en Loix, Chastelain de Joy, Maître Jean Jorrand, & autres, tous Procureurs & Praticiens en ladite Chastellenie & ressort d'icelle, lesquels, sur le fait desdites Coutumes, ont dit & déposé comme s'ensuit. 22. Janvier 1495.

Sur le premier, faisant mention des surcharges des censives & chef de Fiefs, dient que la Coutume est generalle & notoirement tenuë & gardée en ladite Chastellenie, telle qu'il est contenu audit article, horsmis & excepté lesdits Gascoin, Loys, Cousson & Jean Mathé, qui dient que quand aucun tient un heritage à cens d'aucuns Seigneurs, il le peut surcharger de rente sans le vouloir du Seigneur du cens. Tit. des Fiefs & Censives

Sur le 4. lesdits Gascoin, Rochier & Berchet, dient que les quarante jours commencent & se prennent au jour du contract de la vente.

Sur le 5. qu'il s'entend en tant que touche les fruits, lesquels le Seigneur ne peut faire siens pendant le terme dudit répit, mais quant au droit de retenuë, le répit ne préjudicie en rien au Seigneur.

Sur le 7. dient que par la Coutume dudit Pays, le contenu audit article est vray, si les surcharges ont demeuré trente ans aprés la notification faite aux Seigneurs, autrement non, excepté lesdits Gascoin, Cousson & Jean Marche, l'aîné, qui dient que la Coutume est telle qu'il est contenu audit article, & que la notification n'y est point nécessaire.

Sur le 8. tous les Praticiens dessusdits nommez, dient le contraire, & tiennent que par la Coutume de ladite Chastellenie, le tenancier peut démolir ce que auroit esté basty de nouvel en l'heritage sans le congé du Seigneur censivier, & au regard des anciens bastimens, il ne les peut mye démolir sans le congé dudit Seigneur.

Sur le 9. Idem, plus dient tous les Praticiens dessus nommez, que par Coutume notoirement tenuë & gardée en ladite Chastellenie, toutes & quantesfois qu'aucun heritage mouvant du Fief d'autruy est vendu & mis en autre main, l'achepteur doit au Seigneur le droit de quint denier, de la somme totale de la vente & requint, & dient lesdits Loys, Cousson & Pierre Laleu, qu'ils en ont ainsi veu user, & iceux quints & requints lever pour mondit Seigneur le Duc en l'an 1471, par Maistre Aymé Daiguet, & autres Officiers de mondit Seigneur le Duc en sa Chambre des Comptes à Molins, & au regard desdits Seigneurs de Montuerin & de Grossouvre, ils dient qu'ils n'en sçavent point de Coutume, tant dit ledit de Montuerin que ledit Maistre Aymé Daiguet les a levez pour mondit Seigneur le Duc en ladite Chastellenie, & ledit de Grossouvre semblablement les a veu payer, & semblablement ledit de la Vauvrilhe dit que son feu pere les a payez, mais qu'il n'en sçait point de Coutume, & les autres Gentilshommes ne sçavent si c'est par Coutume ou non; toutefois lesdits Gentilshommes dessus nommez suplient que le plaisir de Monseigneur le Duc soit, soy départir dudit droit de quint & requint, & de leur part, ils s'en départiront.

Le premier, est gardé en ladite Chastellenie, & les Gentilshommes dessus nommez dient que par la Coutume les quarante jours commencent aprés que le Seigneur ou lignagier a esté averti de la vente. Tit. des retenuës & retraits.

Sur le 4. est telle, pourveu que les entrages n'excedent la rente, mais quand les entrages excedent & sont de plus grande valeur que la rente, le contract sortit nature de vente, & y a retenuë.

Sur le 5. que les quarante jours commencent au remeré finy.

Il n'y a nuls Marciages audit Pays. Tit. des marciages.

Le chapitre des donations est suivi en ladite Chastellenie en son entier. Tit. des donations.

Le premier est gardé en ladite Chastellenie, bien dient tous que ladite Coutume leur semble estre trop rigoureuse, & suplient tous qu'on la restraigne, & qu'on reserve la légitime aux enfans. Tit. des donations en contract de mariage

Le premier est notoirement tenu & gardé en ladite Chastellenie, & paye chacun la moitié des debtes. Tit. des mariages & douaires.

Sur le 2. conseillent tous qu'on doit donner temps à la femme de faire ladite renonciation dans quarante jours aprés qu'elle sera avertie de la mort de son mary, & cependant que les héritiers du mary puissent faire faire inventaire, si bon leur semble.

L

Sur le 6. Jean Jorrand, Loys Couſſon, dient qu'il s'entend des heritages patrimoniaux ſeulement, & non pas des adventifs.

Tit. des communautez.

Idem, du chapitre des communautez.

Tit. des Droits Seigneuriaux & de Justice.

Sur le premier, ledit Jorrand dit en outre que ſi une terre a demouré vacque trente ans, le Seigneur ne la peut appliquer à ſon Domaine, ne icelle bailler, ains eſt reputée commune.

Sur le 3. faiſant mention des charrois, dient qu'en ladite Chaſtellenie de Germiny & reſſort d'icelle, n'y a point de charrois, & n'en tiennent rien par Coutume, excepté Jean de Murat, Sieur de Pouzy, qui dit que la Coutume eſt telle, qu'il eſt contenu audit article.

Tit. des droits ſur les baſtards.

Idem, des droits que le Seigneur prend ſur ſes baſtards.

Tit. des accenſes & fermes.

Idem, de celuy des accenſes & fermes.

Tit. des priſes de beſtes.

Par la Coutume de ladite Chaſtellenie, le demandeur eſt creu du dommage que la beſte aura faite en ſon heritage, & non pas le deffendeur; leſdits de Murat, de Montuerin, de la Vauvrilhe, Filhet, Bonnebuche & Groſſouvre, qui dient que la Coutume eſt telle, qu'il eſt contenu audit article.

Sur le 2. que la Coutume eſt telle, & les autres dient qu'il n'y a que ſept ſols tournois pour tout l'intereſt.

Sur le 3. dient qu'il n'y a point de bois revenans en ladite Chaſtellenie, & les autres, qu'ils ne ſçavent rien de ladite Coutume.

Sur le 4. & dernier, tant dient leſdits de Pouzy, la Vauvrilhe, Couſſon & Bechet, que s'il y a clodis ou pré bien bouché, on y peut uſer de priſes de beſtes toute l'année.

Tit. des ſucceſſions & tutelles.

Sur le 4. dient que les pere & mere ſuccedent à leurs enfans és biens, meubles & conqueſts ſeulement.

Sur le 7. qu'ils l'ont ainſi veu écript aux anciens Coutumiers, mais qu'ils n'en ont point veu uſer.

Sur le 12. que la Coutume eſt telle, & y entendent le pourpris du vol du chapon; toutefois leſdits de Pouzy & autres Gentilshommes deſſus nommez, conſeillent qu'on limite le vol de chapon à quarante toiſes tout au tour.

Tit. des executions & ventes de biens.

Les trois premiers articles ſont gardez & ſuivis en ladite Chaſtellenie.

Sur le 4. dient qu'on ſe doit prendre premierement au principal debteur, ſinon que le pleige ſoit pleige & principal payeur.

Tit. des preſcriptions.

Idem, des preſcriptions.

Tit. des alleuremens.

Sur le premier, leſdits Gentilshommes conſeillent que les ſerviteurs n'y ſoient point compris.

Les autres quatre articles ſont vrais, & ainſi en uſe-t-on, & le tiennent en ladite Chaſtellenie de Germigny & reſſort d'icelle.

Tit. des tailles réelles. Coutume locale des bourdelages.

En ladite Chaſtellenie, il n'y a nuls heritages tenus à taille, bien dient qu'ils ont des heritages tenus à bourdelage, leſquels bourdelages ſont par la Coutume de ladite Chaſtellenie de la nature & condition qui s'enſuit. Premierement par la Coutume de ladite Chaſtellenie, quiconque porte heritage ou tenement à bourdelage d'aucun Seigneur, il peut vendre, échanger, & autrement aliener tout ledit tenement entier, mais il ne peut iceluy tenement partir ne diviſer, ne partie d'celuy aliener, ne iceluy ſurcharger ſans le congé & vouloir du Seigneur.

Et dient & dépoſent tous que la Coutume de ladite Chaſtellenie eſt telle, & ainſi en uſent, & dient & dépoſent outre leſdits Gentilshommes deſſus nommez, & ledit Jorrand, ſi le tenancier dudit bourdelage part ou diviſe ledit tenement ou portion d'iceluy aliene, que tout ledit tenement eſt acquis au Seigneur par droit de commiſe, & les Praticiens ou autres deſſus nommez dient & dépoſent que par ladite Coutume, il n'y a commis que la portion venduë & alienée.

Item, par ladite Coutume, l'on tient que toutefois & quantes qu'aucun heritage tenu à bourdelage eſt entierement vendu, échangé ou autrement aliené, le Seigneur prend pour ſon droit de lods, le tiers denier en montant, qui eſt la moitié de la ſomme totale de l'achapt ou eſtimation de la choſe échangée, & ainſi dient & dépoſent leſdits Gentilshommes; & les autres dient qu'ils n'en ſçavent de Coutume, les autres dient que Seigneur prend le tiers quand il y a vente, mais quand c'eſt échange, le Seigneur n'y prend rien.

Item, par ladite Coutume, Uſance, & commune obſervance de ladite Chaſtellenie, toutefois & quantes que le tenancier dudit bourdelage va de vie à trépas ſans lignagier demourant avec lui, ſes communs & parſonniers, le Seigneur bourdelagier luy ſuccedera audit bourdelage, ſuppoſé qu'il ait d'autres parens, s'ils ſont ſeparez de luy, leſquels ne luy ſuccederont point, ſoient ſes enfans ou autres.

Sur lequel article, dient & dépoſent leſdits Gentilshommes deſſus nommez & ledit Jorrand, que la Coutume eſt telle qu'il eſt contenu audit article, & ainſi en uſent en ladite Chaſtellenie & les autres dient qu'ils n'en ſçavent point de Coutume, excepté ledit Jean Mathé, l'aîné, qui dit que par ladite Coutume, les enfans du tenancier ſuccedent audit bourdelage, ſoient ſeparez de leur pere, ou non.

Item, par ladite Coutume l'on tient que si le tenancier de l'héritage cesse par trois ans continuels de payer au Seigneur le devoir qu'il lui doit chacun an à cause dudit bourdelage, & que du payement ledit tenancier ait esté duëment interpellé, ledit bourdelage est acquis au Seigneur de qui il est tenu.

Touchant les tailles personnelles, tant franches que serves, dient qu'il n'y en a point en ladite Chastellenie de Germigny, & n'en sçavent point de Coutume. Tit. des tailles personnelles.

Touchant le chapitre des assietes, tant coutumieres, d'entre amys & évalument de terre, dient qu'ils n'en virent jamais faire assiete, & n'en sçavent point de Coutume, excepté lesdits Jean de Murat & de Bobyat, qui dient que la Coutume est telle qu'il est contenu audit article. Tit. des assietes.

Touchant le chapitre des dixmes, dient que le contenu audit chapitre est vray, quant au labourage des bleds seulement. Tit. des dixmes.

Sur le 2. est vray, & dient les dessus nommez, que s'il y a eu enqueste, l'amende est de soixante sols tournois en la définitive, & s'il n'y a point d'enqueste, elle n'est que de sept sols tournois. Tit. des taxes & amendes.

VICHY.

Ont comparus religieuses & venerables personnes, F. Jacques Gabriel, Prieur du Couvent des Celestins de Vichy, le prieur de saint Germain des Fouffez, Messire Laurend Lespie, Prestre, Messire Jacques de Bourbon, Chevalier, Seigneur d'Aubigny & de Vendal, par Jean Molin, son Procureur, Messire Loys de Ventadour, Chevalier, Seigneur de Beauregard, par Phelippe Dalbost, son Procureur, les Dames de saint Germain des Fouffez, par Maistre Estienne de la Font, leur Chastelain & Procureur, le sieur de Montmorillon & saint Clement, le Seigneur de Creuzet, le Seigneur des Bouchaines, & le Seigneur de S. Porgue, par Maistre Michel Coustancin, Avocat pour le Roy nostre Sire à Cusset, & Chastellain desdits lieux, Gilbert de Chitain, Seigneur dudit lieu, par Anthoine Carrefour, son serviteur & excuseur, Sebastien Rollat, aussi Ecuyer, Bertrand de Rollat, aussi Ecuyer, Seigneur de Pelinieres : aussi ont comparus les Seigneurs de Chastel de Montagne, de Chastellus, de Droiturier & Darfeule : aussi se sont presentez honorables hommes & sages Maistre Jean Rolland, Licencié ès Loix, Lieutenant general de Monsieur le Bailly de saint Pierre le Moustier à son Siege de Cusset, & Chastelain d'Abret, ledit Michel Coustancin, ledit de la Font, Loys de Fontjobert, Lieutenant general de Monsieur le Chastelain de Vichy, Jean Guyot, Substitut de Monsieur le Procureur du Roy en ladite Chastellenie, Estienne Tamisier, Lieutenant particulier en ladite Chastellenie, & autres Procureurs & Praticiens, desquels le serment pris en tel cas requis, sur le fait desdites Coutumes generalles, particulieres & locales, ont déposé comme s'ensuit. 27. Janvier 1495.

Sur le premier, dient que depuis vingt-quatre ans en ça ou environ, Monseigneur le Duc leur a donné permission de surcharger ses directes en payant les lots & ventes; mais paravant ladite permission, lesdits Estienne Tamisier, Pierre André, Jean Molin, Marc Mareschal, Jacques Jolivet, Anthoine Garbin & Jean Bouyer, dient qu'on ne pouvoit mettre lesdites surcharges sans le vouloir du Seigneur, & les autres dessus nommez, dient qu'ils ne sçavent point de Coutume autre que la permission de mondit Seigneur. Tit. des Fiefs & Censives.

Sur le 2. iceluy est gardé, excepté ledit Coustancin qui dit qu'ès Chastellenies des Bouchaines & Bianart, ils payent le tiers denier en montant pour lots, *verbi gratiâ*, de vingt livres ils en payent dix livres.

Sur le 7. ledit Coustancin dit outre qu'il lui semble que les trente ans ne courent point contre le Seigneur, si n'est aprés l'extension & notification de l'achapt.

Sur le 8. la pluspart dient que la Coutume generalle est telle, & les autres dient que des nouveaux bastimens on les peut bien oster, mais non pas les vieux.

Sur le 9. Coustancin dit qu'il lui semble que s'il y a entrages qui excedent le tiers, déception y a.

Sur le premier, ledit Coustancin dit que les quarante jours commencent au jour de la vente. Tit. des retenuës & retraits.

Sur le 4. ladite Coutume est telle, pourveu que les entrages n'excedent la vente, mais quand ils excedent & sont de plus grande valeur que la rente, le contract sortit nature de vente & y a retenuë.

En donation particuliere, il faut bail de possession réelle, comme en donation universelle. Tit. des donations.

Sur le 5. par la Coutume tenuë en ladite Chastellenie de Vichy, les meubles & acquests sont au mary, & en peut disposer à son plaisir, soit par testament, ou autrement. Tit. des donations en contract de mariage.

Par la Coutume tenuë en la Ville de Vichy, la femme n'a point de communauté avec le mary; toutefois si le mary premeurt, la femme aura la moitié des meubles à elle & aux siens, & outre, elle aura la moitié des heritages dudit mary, soient conquests, patrimoniaux, ou autres, pour en joüir par le cours de sa vie, où elle gagnera le tiers denier en montant de toute la somme de sondit mariage à son choix, & par la Coutume de ladite Chastellenie, hors ladite Ville, ladite femme gagnera le tiers denier, si elle survit son mary, & en cas contraire, si le mary survit sa femme, il gagnera aussi le tiers en montant, qui est la moitié de ce que ladite femme a apporté. Tit. des Mariages & doüaires.

Sur le 2. ladite Coutume est notoirement tenuë & gardée en ladite Ville de Vichy, mais hors ladite Ville non, pource que la femme ne gagne que le tiers denier, comme dit est cy-dessus.

Sur le 3. par la Coutume de ladite Chastellenie, la femme ne peut rien vendre ne transporter, sinon qu'elle soit recompensée de son mary, d'autant que pourroit monter ce qu'elle avoit vendu ou transporté, & autrement non.

Sur le 6. dient & déposent tous que les femmes ne sont point douées par la Coutume gardée en ladite Chastellenie, autrement qu'ils ont dit & déposé au premier article de ce present chapitre.

Idem, du septiéme.

Tit. des communautez. Sur le premier, dient qu'ils ne tiennent rien par Coutume du contenu audit article, & qu'il n'y a point de communauté coutumiere en ladite Chastellenie.

Idem, du deuxiéme.

Sur les 3. & 4. par la Coutume generalle dudit Pays de Bourbonnois, notoirement tenuë & gardée en ladite Chastellenie de Vichy & ressort d'icelle, le contenu és articles est vray, & en usent ainsi.

Sur les 6. 7. & 8. n'en tiennent rien par Coutume, pource qu'il n'y a point de communauté coutumiere en ladite Chastellenie de Vichy & ressort d'icelle.

Tit. des droits Seigneuriaux & de Justice. Sur le 3. faisant mention des charrois, dient qu'ils n'en tiennent rien par la Coutume de ladite Chastellenie, & qu'il n'est dû aucun charrois au Seigneur Justicier.

Sur le 4. dient que par la Coutume tenuë en ladite Chastellenie de Vichy & ressort d'icelle, les Lais de la riviere sont commun confort, quant aux pasturages, mais le Seigneur Justicier prend la latte & parciere, & autrement le Seigneur ne le peut bailler à cens, & dient lesdits Jean Guyon, Estienne Tamisier, & Jehan Molin, que du temps de Pernet, Legaré, les Gens des Comptes de Monseigneur le Duc voulurent bailler des Lais de ladite Chastellenie audit Legaré, mais les Habitans dudit Vichy se mirent en contradiction, & par ce moyen ne furent point baillez.

Sur le 6. dit que le Sergent sera reçeu pour un témoin.

Tit. des droits sur les bastards & aubains. Sur le 5. dient que les Seigneurs Justiciers succedent ausdits étrangers & aubains, comme fait le Prince.

Tit. des accenses & fermes. Idem, pour le chapitre des accenses & fermes.

Tit. des prises de bestes. Sur le premier, déposent que la Coutume de ladite Chastellenie de Vichy est telle, que le demandeur est creu de la prise sans diligence; mais au regard de l'interest & dommage, le demandeur n'en est pas creu, mais faut qu'il le preuve, ainsi que la pluspart des dessus nommez ont dit & déposé; toutefois ils conseillent tous que la Coutume soit remise, selon le contenu dudit article.

Sur les 2. & 3. dient qu'un homme par la Coutume de ladite Chastellenie, ne fera qu'une amende de sept sols tournois pour la prise de ses bestes, tant en garenne que bois revenans, posé qu'il y ait plusieurs bestes.

Tit. des successions & tutelles. Sur le 3. tiennent qu'aussi bien succedent les freres uterins ou paternels, comme les germains, & dient lesdits Lieutenant & Avocat de Cusset, que la Coutume generalle d'Auvergne tenuë & gardée en ladite Chastellenie de Vichy est telle, qui est le contraire dudit article.

Sur le 5. en ladite Chastellenie, les successions des pere & mere se partent par teste, & non par lits.

Sur le 7. que par la Coutume notoirement tenuë & gardée en ladite Chastellenie de Vichy, fille mariée & appanée par le pere, mere, ayeul, ou ayeule, ou l'un d'eux, ne succede point és successions de ses pere & mere, freres & sœurs tant qu'il y ait masle ou descendans de masle dedans les termes de representation, & dient que le frere n'y est point compris.

Sur le 9. lesdits Lieutenant & Avocat de Cusset, dient que par la Coutume de ladite Chastellenie, le Seigneur qui prend biens par confiscation, est tenu de payer les debtes, tant que les biens se peuvent étendre.

Sur le 11. que la renonciation de la fille s'entend autant au prouffit des filles à marier, comme des fils, s'il n'est dit expressement, horsmis ledit Avocat, qui dit qu'il s'entend au prouffit des masles seulement.

Sur le 12. touchant le droit d'aînesse, dient tous qu'ils n'en tiennent rien par Coutume en ladite Chastellenie.

Tit. des executions & ventes de meubles. Par la Coutume de ladite Chastellenie de Vichy, il y a trois semaines en ventes de biens meubles, c'est à sçavoir que la premiere criée se fait huit jours aprés la prise, & à la huitaine ensuivant se fait l'estrousse, & à l'autre huitaine aprés ensuivant, qui est le bout desdites trois semaines se fait la délivrance.

Sur le 2. dient & déposent qu'ils ne tiennent rien par Coutume du contenu audit article en ladite Chastellenie, mais tiennent le contraire, car ils prennent premierement les meubles, & à faute de meubles *ad nomina debitorum*, excepté lesdits Lieutenant & Avocat de Cusset, qui dient qu'ils en usent selon la disposition de droit.

Sur

Sur le 4. on ne peut venir ny ſoy prendre aux pleiges avant que au principal debteur, ains doit iceluy debteur eſtre pris, convenu & executé.

Touchant le chapitre des criées des heritages vendus par peremptoires en ladite Chaſtellenie de Vichy & reſſort d'icelle, dient & dépoſent concordablement qu'ils tiennent par Cout. que le jour que ſe fait la priſe d'heritage, que le Sergent qui a fait ladite priſe, le fait ſçavoir au debteur à qui eſt led. heritage led. jour même, & luy aſſigne jour au lieu accoutumé faire leſd. criées à la huitaine enſuivant, pour voir crier & peremptorier led. heritage, à laquelle huitaine ledit Sergent fait ſa criée, & icelle faite, il delaiſſe ledit heritage ſans faire autres criées juſques au bout des quarante jours, & ledit jour, ſignifie audit debteur ladite criée & premier peremptoire par luy avoir eſté faite, & luy donne derechef aſſignation au bout deſdits quarante jours, au bout deſquels il met encore derechef en criées & ſubhaſtation leſdits heritages en la preſence dudit debteur, s'il y eſt, & s'il n'y eſt, il donne défaut contre luy, & par vertu d'iceluy, il paſſe leſdits peremptoires, & donne aſſignation en general à la quinzaine enſuivant, & adjourne en particulier led. debteur à ladite quinzaine, à laquelle quinzaine il paſſe le premier peremptoire, & donne encore aſſignation à la quinzaine aprés enſuivant, & le doit toujours ſignifier en particulier audit debteur & au tiers peremptoire. Il fait ſon eſtime, appelle le creancier & debteur & des prud'hommes, leſquels il fait jurer pour bien & loyaument eſtimer l'heritage, eu égard aux charges que l'heritage peut devoir, & aſſigne jour à la quinzaine enſuivant, & pour le quart peremptoire & decret, audit debteur en particulier, & les autres en general pardevant leurs Juges, & s'il n'y a contradiction, l'heritage eſt adjugé audit creancier, ou autre qui aura mis pour le prix qu'il eſt eſtimé, & non pas pour le prix que on y a mis, ſur lequel prix ſera déduit audit creancier debteur la quarte partie pour le droit d'éviction de lots & ventes, & outre les dépens qui en ont eſté faits au fait deſdits peremptoires, & le ſurplus des deniers ſera diſtribué aux oppoſans, s'il y en a, ſelon ce qu'ils ſeront premiers en dattes. Tit. des criées d'heritages.

Idem, des preſcriptions. Tit. des preſcriptions.

Sur le premier, dient tous que par la Coutume de ladite Chaſtellenie de Vichy, un homme n'eſt point tenu d'aſſeurer un autre, ſinon que le demandeur preuve que le défendeur l'ait battu ou menacé de battre, & s'il ne le preuve, le défendeur aura congé & dépens. Tit. des aſſeuremens.

Le 3. ne ſçavent point de Coutume du contenu en iceluy.

Sur le 4. dient tous que par la Coutume de ladite Chaſtellenie, l'aſſeurement enfraint eſt criminel, & eſt l'infracteur pugny criminellement, poſé qu'il n'y ait point de mutilation de membres.

Le 5. eſt vray, & ainſi en uſent.

Touchant le Chapitre des tailles, tant réelles que perſonnelles, franches ou ſerfves, dient tous les deſſus nommez, qu'en ladite Chaſtellenie de Vichy n'en n'y a point, & n'en ſçavent point de Coutume. Tit. des tailles réelles & perſonnelles.

Elle ſe fait en ladite Chaſtellenie, comme s'enſuit. Tit. d'aſſiete Coutumiere.

Premierement la Coutume eſt telle, que qui aſſit rentes de terre, il faut qu'il baille les deux parties en bleds & la tierce en deniers.

Item, qui aſſit froment, l'en baille le quarton meſure de Clermont pour douze deniers, & par ainſi baille huit cartons pour ſeptier, qui vaut huit ſols en aſſiete de terre.

Le ſeptier ſoilhe ſe baille en aſſiete pour ſix ſols.

Le ſeptier febves pour cinq ſols.

De avoine, avoine & paſinole à ladite meſure pour 4. ſols.

Une geline quant à l'aſſiete pour bled, elle s'aſſit pour 4. den. & quand elle s'aſſit pour argent, elle ſe baille pour 6. den.

Item, qui baille aſſiete en vin, qui eſt de S. Pourçain, de Riz, de Gannat, ou autre bon terrouër, la charge de Clermont ſe baille pour cinquante ſols ; & vin d'autre terrouër, comme depuis Aigueperce juſques à Clermont, ou autres ſemblables pour trente ſols.

Item, qui aſſit dixmes ou parcieres de bleds ou de vins, on regarde de 3 années la commune valuë, non point la plus haute ne la plus baſſe, mais la moyenne & la plus commune, & d'icelle l'en rabat le tiers pour les perils, & les deux autres parties ſont miſes en aſſiete, ſoit bled, vin ou argent, ainſi que aſſiete ſe doit faire.

Item, que à Molins qui baille bled ou argent, l'en baille en aſſiete le bled, ſelon qu'il ſe doit bailler par ladite Coutume, & l'argent auſſi, & en rabat-on le quart s'ils ne ſont en directe Seigneurie, & le ſurplus ſe exploicte en l'aſſiete.

Item, qui baille étangs ou peſcheries, ils ſe baillent pour ce qu'ils ſont eſtimez leaument valoir, déduits les frais des peſches & miſſions raiſonnables, & ſe rabat le quart pour la directe, & le demourant ſe aſſiſt pour rente.

Item, qui a garenne de connils, de perdrix, beſtes groſſes ou peſcheries ſur rivieres, toutes ces choſes ne ſe peuvent bonnement mettre en aſſiete, ſi n'eſtoit par commune eſtimation de gens, & ce qu'ils ſont eſtimez à valoir par trois ans, ſe met enſemble, & rabat-on le tiers de trois années, & le demourant ſe met pour rente aſſiſe.

Item, qui a rente de connils, le connil ſe aſſit pour douze deniers, chacun oyſeau de riviere, pour dix deniers, une perdrix de rente ſe aſſit pour neuf deniers.

M

Item, une oye quand elle se baille pour bled, elle vaut en assiete 8. deniers, & quand elle se baille pour argent elle vaut 12. deniers.

Item, pour une livre de cire quand elle se baille pour bled, elle vaut en assiete douze deniers, & quand elle est baillée en argent, elle vaut dix-huit deniers.

Item, qui baille rente de miel, il se baille à la valeur de bon vin, selon plus ou moins.

Item, la chair d'un mouton de rente se assit pour deux sols six deniers de rente.

La livre de fromage pour quatre deniers obole.

Item, qui baille Fief franc, les vingt sols dudit Fief se baillent en rente assise pour douze deniers.

Item, quand l'on assit terre en rente en lieu où l'en use de main-morte, la Coutume est telle, soit en plain pays ou en montagne, que l'en assit moitié en bled, & l'autre en argent.

Item, quand l'en assit rente en lieu vaccant & terres hermes, la septerée de terre à febves ou à froment se assit pour une œuvre ou émine de froment, & quand la terre est en petit terroir se assit selon l'estimation de gens qui ont à regarder que peut porter de cens, selon la valeur du terroir.

Item, une livre de plume se assit pour douze deniers.

Item, un lien de foin qui vaut trois fais d'hommes, vaut quinze deniers.

Item, un asne chargé de foin franc, vaut deux sols.

Item, une charretée de foin à deux paires de bœufs, vaut dix sols.

Item, une charretée pleine, vaut six sols huit deniers.

Item, six œufs en assiete, vallent un denier.

Item, un homme de Justice haute, moyenne, basse, on les peut prendre une manœuvre ou deux, vaut en assiete cinq sols.

Item, qui baille bois, l'en regarde que peut valoir de douze années, & de ce que valent l'en rabat le tiers, & le surplus se assit en rente, selon que monte & se dispose chacune année desdites douze années.

Item, qui a fourest où il y a paisson de faugne ou de gland, l'en voit que valent les neuf années, & d'iceux neuf ans, l'en rabat le tiers, comme des bois dessusdits, & disposer que peut valoir le demourant chacun an, & cela se prend pour rente.

Item, qui a Edifices, Chasteaux, Fours & Moulins qui ne meuvent, l'en regarde leur valeur, & rabat l'en le quart, & le demourant se assit.

Item, qui a rente de bœufs, d'aigneaux, ou de pourceaux, l'en regarde qu'ils peuvent valoir chacun an, & de ce l'en rabat le tiers, & le demourant se prend pour rente.

Item, qui a dixmes de chanvres, de lains, l'en prend de trois années la plus commune, & de valeur d'icelle, l'en rabat le tiers pour la directe, & le demourant se prent pour rente assise.

Item, une livre d'huile se assit pour quatre deniers.

Item, qui a rente de sel, la quarte qui vaut quatre copes à ladite mesure Clermontoise, vaut en assiete deux sols.

Item, qui baille un homme de Justice taillable & main-mortable, à mercy & voulonté, l'en assit pour dix sols.

Item, quand il est homme jusques à soixante sols, il se baille nonobstant les soixante sols, en sus pour deux sols.

Item, quand il est de soixante sols en soubs, juste valeur pour quatre sols.

Item, qui baille ou assit un septier de froment rendable, ou d'autres bleds seulement à ladite mesure Clermontoise, le quart se rabat de ce qu'il vaut à ladite mesure pour la directe, & le surplus se assit.

Item, qui baille un septier de bled pour assiete d'argent, il se doit augmenter du tiers, outre ce qu'il vaut & est apprecié, selon ladite Coutume; & qui baille argent pour assiete de bled, le tiers en doit estre rabattu pour l'assiete du bled, qui est plus profitable que d'argent.

Item, une hœuvre de pré en bon solaige & bon foin, se assit pour cinq sols.

Item, à deux fois l'an pour sept sols six deniers.

Item, quand n'est point en bon solaige, se assit par estimation.

Signé au bas, CHARLES SOREAU, LABIZE, P. BERTRAND, J. DONET, DE LA FONT, Greffier de la Commission.

FIN.

www.ingramcontent.com/pod-product-compliance
Lightning Source LLC
Chambersburg PA
CBHW071712230426
43670CB00008B/983

* 9 7 8 2 0 1 1 2 5 8 4 6 5 *